D1748092

SCHÄFFER
POESCHEL

Karl Born

Rechnungslegung international

IAS/IFRS im Vergleich mit HGB und US-GAAP

5., aktualisierte und erweiterte Auflage

2007
Schäffer-Poeschel Verlag Stuttgart

Bibliografische Information Der Deutschen Nationalbibliothek
Die Deutsche Nationalbibliothek verzeichnet diese Publikation in der
Deutschen Nationalbibliografie; detaillierte bibliografische Daten sind im Internet
über http://dnb.d-nb.de abrufbar.

Gedruckt auf chlorfrei gebleichtem, säurefreiem und alterungsbeständigem Papier

ISBN: 978-3-7910-2626-8

Dieses Werk einschließlich aller seiner Teile ist urheberrechtlich geschützt. Jede Verwertung außerhalb der engen Grenzen des Urheberrechtsgesetzes ist ohne Zustimmung des Verlages unzulässig und strafbar. Das gilt insbesondere für Vervielfältigungen, Übersetzungen, Mikroverfilmungen und die Einspeicherung und Verarbeitung in elektronischen Systemen.

© 2007 Schäffer-Poeschel Verlag für Wirtschaft · Steuern · Recht GmbH
www.schaeffer-poeschel.de
info@schaeffer-poeschel.de

Einbandgestaltung: Willy Löffelhardt
Satz: Johanna Boy, Brennberg
Druck und Bindung: Ebner & Spiegel, Ulm
Printed in Germany
März 2007

Schäffer-Poeschel Verlag Stuttgart
Ein Tochterunternehmen der Verlagsgruppe Handelsblatt

Inhaltsübersicht

A. Unterschiede in der internationalen Rechnungslegung und die Bestrebungen zu ihrer Harmonisierung und Standardisierung 1

B. International Accounting Standards (IAS)/International Financial Reporting Standards (IFRS) 41

C. Rechnungslegung in den USA (US-GAAP und SEC-Vorschriften) 323

D. Rechnungslegung in Deutschland 387

E. Unterschiede zwischen den International Accounting Standards (IAS)/International Financial Reporting Standards (IFRS) und der Rechnungslegung in Deutschland 503

F. Unterschiede zwischen der Rechnungslegung in den USA und der Rechnungslegung in Deutschland 543

G. Unterschiede zwischen den International Accounting Standards (IAS)/International Financial Reporting Standards (IFRS) und der Rechnungslegung in den USA 583

H. 4. und 7. EG-Richtlinie und neue Strategie der EU-Kommission 613

Anhang
Praktische Beispiele der Umstellung von HBG-Abschlüssen auf IAS/IFRS-Abschlüsse 627

Abkürzungsverzeichnis 681

Literaturverzeichnis 685

Stichwortverzeichnis 701

Inhaltsverzeichnis

Vorwort zur fünften Auflage	XXVII
Vorwort zur ersten Auflage	XXIX

A. Unterschiede in der internationalen Rechnungslegung und die Bestrebungen zu ihrer Harmonisierung und Standardisierung ... 1

I. Unterschiede in der internationalen Rechnungslegung ... 3
   1. Ursachen für die Unterschiede ... 3
      a) Unterschiedliche oder fehlende Zielsetzung der externen Rechnungslegung ... 3
      b) Maßgeblichkeit der Handelsbilanz für die Steuerbilanz und umgekehrt ... 3
      c) Rechtssystem ... 4
      d) Kapitalmarkt und Finanzierung der Unternehmen ... 5
      e) Berufsstand der Wirtschaftsprüfer ... 6
      f) Gesetzgebung aufgrund des gesellschaftlichen Umfeldes und historischer Erfahrungen ... 8
      g) Theorien der Rechnungslegung ... 9
   2. Die wesentlichen Unterschiede ... 10
      a) Vorsichtsprinzip und periodengerechte Erfolgsermittlung ... 10
      b) Rückstellungen und Wertberichtigungen ... 11
      c) Bewertung ... 11
      d) Rechtliche und wirtschaftliche Betrachtungsweise ... 12
      e) Wahlrechte und Gestaltungsspielräume ... 13
      f) Berichterstattung ... 13
      g) Andere Unterschiede ... 14
   3. Klassifizierung der Unterschiede ... 15
      a) Klassifizierung von Mueller 1967 ... 15
      b) Klassifizierung von Mueller 1968 ... 16
      c) Einflußzonen-Ansatz von Seidler/Previts ... 16
      d) Morphologie der American Accounting Association (AAA) von 1977 zum Vergleich von Rechnungslegungssystemen ... 16
      e) Einflußzonen-Ansatz der American Accounting Association (AAA) von 1977 ... 17
      f) Klassifizierung von Gray auf Basis von Wertvorstellungen ... 17
      g) Statistische Verfahren ... 18
      h) Klassifizierung von Mueller/Gernon/Meek ... 18
      i) Die hierarchische Klassifizierung von Nobes ... 20
      j) Von Nobes 1998 vorgeschlagene Klassifikation von Finanzberichtssystemen ... 21
      k) Weitere Klassifizierungen ... 21
      l) Untersuchung von d'Arcy ... 24

4. Zusammenfassung 24
II. Harmonisierung und Standardisierung der Rechnungslegung 27
   1. Gründe für eine Harmonisierung und Standardisierung
      der Rechnungslegung 27
      a) Globalisierung der Unternehmen 27
      b) Globalisierung des Kapitalmarktes 27
      c) Schaffung übernationaler Wirtschaftsräume 28
      d) Notierung von Aktien an ausländischen Wertpapierbörsen 28
      e) Unterschiede zwischen interner und externer Rechnungslegung
         in multinationalen Unternehmen 28
   2. Vorgebrachte Einwände gegen eine Harmonisierung
      und Standardisierung der Rechnungslegung 29
      a) Kosten der Umstellung 29
      b) Rechnungslegung ist Bestandteil der gesamten Rechts-
         und Wirtschaftsordnung eines Landes 30
      c) Keine Unterwerfung unter im Ausland festgelegte sogenannte
         angelsächsische Rechnungslegungsnormen 30
      d) Die Kapitalerhaltung des Unternehmens ist gefährdet 31
   3. Weltweite Bestrebungen zur Harmonisierung und Standardisierung
      der Rechnungslegung 33
      a) Organisation für wirtschaftliche Zusammenarbeit
         und Entwicklung (OECD) 33
      b) Vereinte Nationen (UN) 34
      c) Europäische Union (EU) 35
      d) International Accounting Standards Committee (IASC)/
         International Accounting Standards Committee Foundation (IASCF) 35
      e) International Organization of Securities Commissions (IOSCO) 35
   4. Die besonderen Probleme der Harmonisierung und Standardisierung
      in Deutschland und der weitere Verlauf der Harmonisierung
      und Standardisierung 36
III. Grundsätzlicher Unterschied zwischen einer Rechnungslegung
     nach IAS/IFRS bzw. US-GAAP einerseits und nach dem HGB
     andererseits und die Schwierigkeiten bei der Einführung
     einer Rechnungslegung nach IAS/IFRS in Deutschland 38

B. International Accounting Standards (IAS)/International Financial Reporting Standards (IFRS) 41

I. Allgemeine Informationen................................. 43
   1. Entwicklung und Ziele des International Accounting Standards
      Committee (IASC) und des International Accounting Standards
      Board (IASB) 43
   2. Organisation des IASC und des IASB..................... 44
      a) Alte Organisation 45
      b) Strategy Working Party und die Reorganisation des IASC 48

		c)	Organisation des IASB	53
	3.	\multicolumn{2}{l	}{Finanzierung der International Accounting Standards Committee Foundation (IASCF)}	64
	4.	\multicolumn{2}{l	}{Framework for the Preparation and Presentation of Financial Statements (Rahmenkonzept)}	65
	5.	\multicolumn{2}{l	}{Das formelle Verfahren (due process), d.h. der Entstehungsprozeß der International Financial Reporting Standards (IFRS) und der International Financial Reporting Standards Interpretationen (IFRIC)}	70

3. Finanzierung der International Accounting Standards Committee Foundation (IASCF) 64
4. Framework for the Preparation and Presentation of Financial Statements (Rahmenkonzept) 65
5. Das formelle Verfahren (due process), d.h. der Entstehungsprozeß der International Financial Reporting Standards (IFRS) und der International Financial Reporting Standards Interpretationen (IFRIC) 70
   - a) Entstehungsprozeß der International Financial Reporting Standards (IFRS) 70
   - b) Entstehungsprozeß der IFRS-Interpretationen (IFRIC) 71
6. Verlautbarungen 72
   - a) International Accounting Standards des IASC 72
   - b) International Financial Reporting Standards und andere Verlautbarungen des IASB 74
   - c) Interpretationen 77
   - d) Framework 80
   - e) Regelmäßige Veröffentlichungen 80
   - f) Übersetzungen der Verlautbarungen des IASB 80
   - g) Zusammenarbeit mit nationalen normsetzenden Institutionen 80
   - h) Konvergenzvereinbarung mit dem FASB 81
7. Zusammenarbeit mit der IOSCO 83
8. Die Wahlrechte in den IAS (Benchmark-Methode und alternativ zulässige Methode) 84
9. Verbreitung und zukünftige Entwicklung der IAS/IFRS 85

II. Rechnungslegung allgemein 87
  1. Grundsätze der Rechnungslegung 87
     - a) Ziele des Abschlusses und der Unternehmensberichterstattung 87
     - b) Vermittlung eines den tatsächlichen Verhältnissen entsprechenden Bildes (fair presentation) und Übereinstimmung mit den IAS/IFRS 87
     - c) Bilanzierungs- und Bewertungsmethoden 89
     - d) Annahme der Fortführung der Unternehmenstätigkeit 89
     - e) Periodengerechte Erfolgsermittlung 90
     - f) Darstellungsstetigkeit 90
     - g) Wesentlichkeit und Zusammenfassung von Posten 90
     - h) Saldierung 91
     - i) Anschaffungs- oder Herstellungskosten 91
     - j) Wirtschaftliche Betrachtungsweise 91
     - k) Vorsicht 91
  2. Bestandteile und Gliederung des Abschlusses 92
     - a) Bestandteile 92
     - b) Gliederung und Inhalt 93
     - c) Vorjahreszahlen 99
  3. Währungsumrechnung von Geschäftsvorfällen in fremder Währung 101
     - a) Anwendungsbereich 101
     - b) Definitionen 101

		c)	Erstmaliger Ansatz	102
		d)	Bilanzierung in Folgeperioden	102
		e)	Währungsumrechnungsdifferenzen	102
		f)	Angaben	102
		g)	Währungsumrechnungsdifferenzen in der Kapitalflußrechnung und im Konzernabschluß	103
	4.	Inflationsbereinigung		103
		a)	Hochinflationsländer	103
		b)	Bewertung in Hochinflationsländern	104
		c)	Konsolidierung von Tochterunternehmen aus Hochinflationsländern	104
		d)	Angaben	104
	5.	Änderung von Bilanzierungs- und Bewertungsmethoden		105
		a)	Definitionen	105
		b)	Strenges Stetigkeitsgebot	105
		c)	Änderung von Bilanzierungs- und Bewertungsmethoden	106
		d)	Änderung von Schätzungen	108
	6.	Korrekturen von Fehlern aus Vorperioden		108
		a)	Fehler	108
		b)	Angaben	109
	7.	Ereignisse nach dem Bilanzstichtag		109
		a)	Ansatz und Bewertung	109
		b)	Unternehmensfortführung	110
		c)	Angaben	110
	8.	Erstmalige Anwendung der IAS/IFRS		111
		a)	Anwendungsbereich	111
		b)	Ansatz und Bewertung	112
		c)	Darstellung und Angabepflichten	117
III.	Inhalt, Ausweis und Bilanzierungs- und Bewertungsgrundsätze einzelner Posten der Bilanz sowie der dazugehörigen Angaben			120
	1.	Immaterielle Vermögenswerte		120
		a)	Anwendungsbereich	120
		b)	Definitionen	120
		c)	Ansatz und erstmalige Bewertung eines immateriellen Vermögenswertes	122
		d)	Erfassung eines Aufwandes	123
		e)	Folgebewertung	124
		f)	Nutzungsdauer	125
		g)	Immaterielle Vermögenswerte mit begrenzter Nutzungsdauer	125
		h)	Immaterielle Vermögenswerte mit unbestimmbarer Nutzungsdauer	126
		i)	Erzielbarkeit des Buchwertes – Außerplanmäßige Abschreibungen für Verluste aus Wertminderungen	126
		j)	Stillegungen und Abgänge	126
		k)	Angaben	126
	2.	Sachanlagen		128
		a)	Definitionen	128
		b)	Ansatz	128
		c)	Erstmalige Bewertung von Sachanlagen	129
		d)	Nachträgliche Anschaffungs- oder Herstellungskosten	130

		e)	Folgebewertung.	130

- e) Folgebewertung. 130
- f) Planmäßige Abschreibung. 131
- g) Erzielbarkeit des Buchwertes – Außerplanmäßige Abschreibungen für Verluste aus Wertminderungen. 132
- h) Stillegungen und Abgänge. 132
- i) Angaben. 132
- j) Zur Veräußerung gehaltene langfristige Vermögenswerte und aufgegebene Geschäftsbereiche 134

3. Finanzanlagen. 134
   - a) Als Finanzinvestition gehaltene Immobilien 134
   - b) Anteile an Tochterunternehmen 138
   - c) Assoziierte Unternehmen 138
   - d) Gemeinschaftsunternehmen (joint ventures) 138
   - e) Langfristige Forderungen. 139

4. Vorräte 139
   - a) Anwendungsbereich. 139
   - b) Definition und Gliederung. 140
   - c) Bewertung. 140
   - d) Angaben. 142

5. Langfristige Fertigungsaufträge 142
   - a) Definitionen. 142
   - b) Zusammenfassung und Teilung von langfristigen Aufträgen .. 143
   - c) Ermittlung der Auftragserlöse und Kosten 143
   - d) Bewertung. 144
   - e) Verlustfreie Bewertung 145
   - f) Angaben. 145

6. Kurzfristige Forderungen und sonstige Vermögensgegenstände (einschließlich Rechnungsabgrenzungsposten) 147
   - a) Allgemeines. 147
   - b) Unterscheidung von Kurz- und Langfristigkeit 147
   - c) Bewertung. 147

7. Wertpapiere des Umlaufvermögens 148

8. Flüssige Mittel 148

9. Eigenkapital 148
   - a) Definitionen. 148
   - b) Gliederung. 149
   - c) Anteilsbasierte Vergütungen (share-based payment) 151

10. Rückstellungen für Pensionen und ähnliche Verpflichtungen 157
    - a) Anwendungsbereich 157
    - b) Definitionen 157
    - c) Kurzfristig fällige Leistungen an Arbeitnehmer 160
    - d) Leistungen nach Beendigung des Arbeitsverhältnisses: Unterscheidung zwischen beitragsorientierten und leistungsorientierten Plänen 160
    - e) Leistungen nach Beendigung des Arbeitsverhältnisses: beitragsorientierte Pläne 162
    - f) Leistungen nach Beendigung des Arbeitsverhältnisses: leistungsorientierte Pläne 162

g)	Andere langfristig fällige Leistungen an Arbeitnehmer	170
h)	Leistungen aus Anlaß der Beendigung des Arbeitsverhältnisses	170
i)	Übergangsvorschriften	171
j)	Bericht über die Versorgungspläne	172

11. Sonstige Rückstellungen, Eventualschulden und Eventualforderungen 175
    - a) Anwendungsbereich 175
    - b) Definitionen 175
    - c) Ansatz 177
    - d) Bewertung 178
    - e) Erstattungen 179
    - f) Anpassung der Rückstellungen 179
    - g) Inanspruchnahme der Rückstellungen 179
    - h) Anwendung der Bilanzierungs- und Bewertungsvorschriften 180
    - i) Angaben 181
    - j) Übergangsvorschriften 182
    - k) Rechte auf Anteile an Fonds für Entsorgung, Wiederherstellung und Umweltsanierung 183
    - l) Verbindlichkeiten, die sich aus der Teilnahme an einem spezifischen Markt ergeben – Elektro- und Elektronik-Altgeräte 183

12. Verbindlichkeiten (einschließlich Rechnungsabgrenzungsposten) 185
    - a) Definitionen 185
    - b) Ansatz 185
    - c) Darstellung 185

13. Latente Steuern 186
    - a) Definitionen 186
    - b) Ansatz 187
    - c) Bewertung 188
    - d) Ausweis 189
    - e) Angaben 189

14. Leasing.. 201
    - a) Anwendungsbereich................................. 201
    - b) Definitionen..................................... 202
    - c) Einstufung in Finanzierungsleasing und Mietleasing 204
    - d) Abschluß des Leasingnehmers 206
    - e) Abschluß des Leasinggebers 208
    - f) Sale and leaseback 209
    - g) Übergangsvorschriften 210

15. Derivative und nicht-derivate Finanzinstrumente, Sicherungsbeziehungen.. 211
    - a) Allgemeines..................................... 211
    - b) Anwendungsbereich................................. 213
    - c) Definitionen..................................... 216
    - d) Eingebettete derivative Finanzinstrumente 219
    - e) Darstellung 220
    - f) Ansatz und Ausbuchung............................... 222
    - g) Bewertung...................................... 225
    - h) Sicherungsmaßnahmen (hedging) 225

i) Angaben gemäß IAS 32 ... 238
j) Angaben gemäß IFRS 7 ... 239
k) Übergangsvorschriften IAS 39 ... 245

IV. Inhalt, Ausweis und Bilanzierungs und Bewertungsgrundsätze einzelner Posten der Gewinn- und Verlustrechnung sowie der dazugehörigen Angaben ... 246
  1. Ansatz und Realisierung von Erträgen ... 246
     a) Definitionen ... 246
     b) Bemessung der Erträge ... 246
     c) Verkauf von Waren und Erzeugnissen ... 246
     d) Erbringung von Dienstleistungen ... 247
     e) Zinsen, Lizenzerträge und Dividenden ... 247
     f) Angaben ... 248
  2. Zuwendungen der öffentlichen Hand ... 248
     a) Erfolgswirksame Buchung von Zuwendungen der öffentlichen Hand ... 248
     b) Investitionszuschüsse ... 249
     c) Aufwandszuschüsse ... 249
     d) Rückzahlung von Zuwendungen der öffentlichen Hand ... 249
     e) Angaben ... 249
     f) Übergangsvorschriften ... 250
  3. Forschungs- und Entwicklungskosten ... 250
  4. Abschreibungen ... 250
     a) Anwendungsbereich ... 250
     b) Definitionen ... 251
     c) Identifizierung eines Vermögenswertes, der wertgemindert sein könnte ... 252
     d) Bewertung des erzielbaren Betrages ... 253
     e) Erfassung und Bewertung eines Verlustes aus Wertminderung (impairment loss) ... 255
     f) Einnahmenüberschüsse generierende Sachgesamtheiten (cash generating units) ... 256
     g) Wertaufholung eines Verlustes aus Wertminderung ... 258
     h) Angaben ... 260
  5. Gewinne oder Verluste aus der Aufgabe von Geschäftsbereichen und der Bewertung der zur Veräußerung gehaltenen langfristigen Vermögenswerte ... 264
     a) Definition der zur Veräußerung gehaltenen langfristigen Vermögenswerte ... 264
     b) Bewertung ... 264
     c) Darstellung und Angaben ... 265
     d) Übergangsvorschriften ... 266
  6. Außerordentliche Aufwendungen und Erträge ... 266
  7. Fremdkapitalkosten ... 267
     a) Ansatz ... 267
     b) Angaben ... 268
     c) Übergangsvorschriften ... 268
  8. Ertragsteuern ... 268

V. Konzernabschluß ... 269
  1. Konsolidierungspflicht ... 269

2. Konsolidierungskreis ... 269
3. Vollkonsolidierung ... 270
   a) Kapitalkonsolidierung bei Unternehmenserwerb ... 270
   b) Kapitalkonsolidierung bei Interessenzusammenführung ... 274
   c) Konsolidierungsvorgang ... 274
   d) Angaben bei Unternehmenszusammenschlüssen ... 276
4. Gemeinschaftsunternehmen (joint ventures) – Anteilmäßige Konsolidierung ... 280
   a) Anwendungsbereich ... 280
   b) Bilanzierung ... 280
   c) Geschäftsvorfälle zwischen einem Partnerunternehmen und einem Gemeinschaftsunternehmen ... 281
   d) Angaben ... 281
5. Assoziierte Unternehmen – Equity-Bewertung ... 282
   a) Anwendungsbereich ... 282
   b) Definitionen ... 282
   c) Anwendung der Equity-Methode ... 283
   d) Angaben ... 284
6. Währungsumrechnung ausländischer Abschlüsse ... 285
   a) Definitionen ... 285
   b) Umrechnung von der funktionalen Währung in die Berichtswährung ... 286
   c) Umrechnung eines ausländischen Geschäftsbetriebs ... 286
   d) Abgang eines ausländischen Geschäftsbetriebs ... 286
   e) Angaben ... 286
   f) Übergangsvorschriften ... 287

VI. Zusätzliche Angaben und Informationen ... 288
1. Anhang bzw. Angabepflichten (notes) ... 288
2. Kapitalflußrechnung ... 288
   a) Pflichtbestandteil des Abschlusses ... 288
   b) Definitionen ... 288
   c) Darstellung einer Kapitalflußrechnung ... 289
   d) Mittelzuflüsse und -abflüsse aus der laufenden Geschäftstätigkeit ... 290
   e) Mittelzuflüsse und -abflüsse aus Investitionstätigkeit und Finanzierungstätigkeit ... 290
   f) Saldierung ... 291
   g) Mittelzuflüsse und -abflüsse in Fremdwährung ... 291
   h) Zinsen und Dividenden ... 291
   i) Ertragsteuern ... 292
   j) Anteile an Tochterunternehmen, assoziierten Unternehmen und Gemeinschaftsunternehmen ... 292
   k) Erwerb und Veräußerung von Tochterunternehmen und sonstigen Geschäftseinheiten ... 292
   l) Nicht zahlungswirksame Investitions- und Finanzierungsvorgänge ... 293
   m) Die Zusammensetzung der Zahlungsmittel und Zahlungsmitteläquivalente ... 293
   n) Weitere Angaben ... 293
3. Lagebericht ... 293
4. Beziehungen zu nahestehenden Unternehmen und Personen ... 294

		a) Anwendungsbereich	294
		b) Definitionen	294
		c) Angaben	295
	5.	Angaben nach Geschäftsfeldern und Regionen	297
		a) Anwendungsbereich	297
		b) Definitionen	297
		c) Bestimmung der berichtspflichtigen Segmente	299
		d) Segment-Rechnungslegungsgrundsätze	301
		e) Angaben	301
	6.	Ergebnis je Aktie	307
		a) Bewertung	307
		b) Rückwirkende Anpassungen	309
		c) Ausweis	309
		d) Angaben	309
	7.	Zwischenberichte	310
		a) Anwendungsbereich	310
		b) Inhalt eines Zwischenberichtes	311
		c) Angaben in Jahresabschlüssen	312
		d) Erfassung und Bewertung	313
		e) Anpassung früherer Zwischenberichte	313
VII.	Prüfungs- und Offenlegungspflicht		315
	1.	Prüfungspflicht	315
	2.	Offenlegungspflicht	315
VIII.	Branchenspezifische Standards		316
	1.	Angaben im Abschluß von Banken und ähnlichen Finanzinstitutionen	316
		a) Gewinn- und Verlustrechnung	316
		b) Bilanz	317
		c) Erfolgsunsicherheiten und andere Verpflichtungen, einschließlich anderer außerbilanzieller Positionen	317
		d) Fälligkeiten von Vermögenswerten und Schulden	318
		e) Konzentrationen von Vermögenswerten, Schulden und bilanzunwirksamen Positionen	318
		f) Verluste aus dem Kreditgeschäft	318
		g) Allgemeine Risiken der Tätigkeit einer Bank	318
		h) Als Sicherheit übertragene Vermögenswerte	319
	2.	Landwirtschaft	319
	3.	Versicherungsverträge	319
	4.	Exploration und Evaluierung von mineralischen Ressourcen	322

C. Rechnungslegung in den USA (US-GAAP und SEC-Vorschriften) ... 323

I.	Allgemeine Informationen		325
	1.	Geschichtliche Entwicklung	325

		a)	Entwicklung bis 1933	326
		b)	Entwicklung seit 1933	326
		c)	Sarbanes-Oxley Act vom Juli 2002	329
	2.		Die normsetzenden Institutionen (standard setter) in den USA	331
		a)	American Institute of Certified Public Accountants (AICPA)	331
		b)	Committee on Accounting Procedure (CAP) des AICPA	332
		c)	Accounting Principles Board (APB) des AICPA	332
		d)	Financial Accounting Standards Board (FASB)	333
	3.		Das Conceptual Framework des FASB	337
		a)	Allgemeines	337
		b)	Zusammengefaßter Inhalt der einzelnen SFAC des Conceptual Framework	338
		c)	Abschließende Bemerkungen	344
	4.		Generally Accepted Accounting Principles (GAAP)	345
		a)	Begriff	345
		b)	Rechtliche Bedeutung	345
		c)	Die GAAP-Quellen und die GAAP-Hierarchie	345
		d)	Promulgated GAAP und non-promulgated GAAP	348
	5.		Die Rechnungslegungsvorschriften und sonstige Offenlegungsvorschriften der SEC	359
		a)	Regulation S-X	359
		b)	Regulation S-K	363
		c)	Forms (Formblätter)	367
	6.		Verhältnis Handelsbilanz zur Steuerbilanz	385
	7.		Prüfungs- und Offenlegungspflicht	385
		a)	Prüfungspflicht	385
		b)	Offenlegungspflicht	386

D. Rechnungslegung in Deutschland 387

I.	Allgemeine Informationen			389
	1.		Geschichtliche Entwicklung der externen Rechnungslegung	389
		a)	Einzelabschluß	389
		b)	Konzernabschluß	392
		c)	Rechnungslegungskommission oder normsetzende Institution (standard setter) in Deutschland	395
		d)	Bilanztheorien und Wirtschaftswissenschaft	396
		e)	Wirtschaftsprüfer	404
		f)	Rechtsprechung	404
		g)	Kapitalaufnahmeerleichterungsgesetz (KapAEG)	405
		h)	Gesetze aus jüngster Zeit	409
		i)	Kritische Schlußbemerkungen zu der geschichtlichen Entwicklung der externen Rechnungslegung in Deutschland	411
	2.		Rechtliche und tatsächliche Grundlagen	413
	3.		Grundsätze ordnungsmäßiger Buchführung (GoB)	417
	4.		Verhältnis Handelsbilanz zur Steuerbilanz	419
II.	Rechnungslegung allgemein			420

1. Grundsätze der Rechnungslegung 420
2. Bestandteile und Gliederung des Jahresabschlusses 423
   a) Bestandteile 423
   b) Gliederung (bei Kapitalgesellschaften) und Vorjahreszahlen 423
3. Währungsumrechnung von Geschäftsvorfällen in fremder Währung . 428
   a) Bewertung 428
   b) Angaben 429
4. Inflationsbereinigung 429
5. Änderung von Bilanzierungs- und Bewertungsmethoden 429
6. Korrekturen von Fehlern aus Vorjahren 430
7. Ereignisse nach dem Bilanzstichtag 430

III. Inhalt, Ausweis und Bilanzierungs- und Bewertungsgrundsätze einzelner Posten der Bilanz sowie der dazugehörigen Angaben 431
1. Immaterielle Vermögenswerte 431
   a) Definition 431
   b) Ausweis 431
   c) Ansatz und Bewertung 431
   d) Selbstgeschaffene immaterielle Vermögensgegenstände 431
   e) Geschäfts- oder Firmenwert 431
   f) Sonderposten: Aufwendungen für die Ingangsetzung und Erweiterung des Geschäftsbetriebs 432
   g) Aufwendungen für die Gründung des Unternehmens und für die Beschaffung des Eigenkapitals 433
   h) Sonstiges 433
   i) Angaben 433
2. Sachanlagen 434
   a) Definition 434
   b) Ausweis 434
   c) Ansatz und Bewertung 434
   d) Angaben 435
3. Finanzanlagen 435
   a) Definition 435
   b) Ausweis 436
   c) Ansatz und Bewertung 436
   d) Allgemeine Vorschriften 436
   e) Angaben 437
4. Vorräte 438
   a) Ausweis 438
   b) Bewertung 438
   c) Angaben 439
5. Langfristige Fertigungsaufträge 439
6. Kurzfristige Forderungen und sonstige Vermögensgegenstände (einschließlich Rechnungsabgrenzungsposten) 439
   a) Ausweis 439
   b) Bewertung 440
   c) Rechnungsabgrenzungsposten 440
   d) Angaben 441

7. Wertpapiere des Umlaufvermögens ... 441
  a) Ausweis ... 441
  b) Bewertung ... 441
8. Flüssige Mittel ... 441
9. Eigenkapital ... 441
  a) Ausweis ... 441
  b) Sonderposten mit Rücklageanteil ... 444
  c) Stock options (Aktienoptionen an Mitarbeiter, insbesondere an Führungskräfte) ... 445
10. Rückstellungen für Pensionen und ähnliche Verpflichtungen ... 445
  a) Ansatz ... 445
  b) Bewertung ... 445
  c) Wahlrecht ... 445
  d) Steuerrecht ... 446
11. Sonstige Rückstellungen, Eventualschulden und Eventualforderungen ... 446
  a) Sonstige Rückstellungen ... 446
  b) Ausweis ... 447
  c) Haftungsverhältnisse ... 447
  d) Angaben ... 448
12. Verbindlichkeiten (einschließlich Rechnungsabgrenzungsposten) ... 448
  a) Ausweis ... 448
  b) Bewertung ... 449
  c) Rechnungsabgrenzungsposten ... 449
13. Latente Steuern ... 450
  a) Ausweis ... 450
  b) Angaben ... 450
14. Leasing ... 451
  a) Ausweis und Ansatz ... 451
  b) Steuerrecht ... 451
  c) Sale and leaseback ... 451
15. Derivative und nicht-derivative Finanzinstrumente, Sicherungsbeziehungen ... 451
  a) Definition ... 451

IV. Inhalt, Ausweis und Bilanzierungs- und Bewertungsgrundsätze einzelner Posten der Gewinn- und Verlustrechnung sowie der dazugehörigen Angaben ... 452
1. Ansatz und Realisierung von Erträgen ... 452
2. Zuwendungen der öffentlichen Hand ... 452
3. Forschungs- und Entwicklungskosten ... 452
  a) Ansatz ... 452
  b) Angaben ... 452
4. Abschreibungen ... 453
5. Gewinne oder Verluste aus der Aufgabe von Geschäftsbereichen und der Bewertung der zur Veräußerung gehaltenen langfristigen Vermögenswerte ... 455
6. Außerordentliche Aufwendungen und Erträge ... 455
  a) Ausweis ... 455

		b)	Angaben	455
	7.	Fremdkapitalkosten		455
	8.	Ertragsteuern		456
V.	Konzernabschluß			457
	1.	Konsolidierungspflicht		457
	2.	Konsolidierungskreis		462
	3.	Vollkonsolidierung		463
		a)	Kapitalkonsolidierung bei Unternehmenserwerb	463
		b)	Kapitalkonsolidierung bei Interessenzusammenführung	464
		c)	Konsolidierungsvorgang	464
	4.	Gemeinschaftsunternehmen (joint ventures) – Anteilmäßige Konsolidierung		468
	5.	Assoziierte Unternehmen – Equity-Bewertung		468
	6.	Währungsumrechnung ausländischer Jahresabschlüsse		470
VI.	Zusätzliche Angaben und Informationen			471
1.	Anhang bzw. Angabepflichten			471
	2.	Kapitalflußrechnung		478
	3.	Lagebericht		479
	4.	Beziehungen zu nahestehenden Unternehmen und Personen		480
	5.	Angaben nach Geschäftsfeldern und Regionen		483
	6.	Ergebnis je Aktie		483
	7.	Zwischenberichte		484
VII.	Prüfungs- und Offenlegungspflicht			485
	1.	Prüfungspflicht		485
	2.	Offenlegungspflicht		496

E. Unterschiede zwischen den International Accounting Standards (IAS)/International Financial Reporting Standards (IFRS) und der Rechnungslegung in Deutschland .. 503

I.	Allgemeine Informationen		505
	1.	Gesetzliche Vorschriften	505
	2.	Entwicklung, Umfang und Qualität der Rechnungslegungsgrundsätze	505
II.	Rechnungslegung allgemein		507
	1.	Grundsätze der Rechnungslegung	507
		a) Ziele des Abschlusses und der Unternehmensberichterstattung	507
		b) Annahme der Fortführung der Unternehmenstätigkeit	508
		c) Bewertungsstetigkeit	508
		d) Periodengerechte Erfolgsermittlung	508
		e) Vorsichtsprinzip	508
		f) Wirtschaftliche Betrachtungsweise	509
		g) Wesentlichkeit	509
		h) Verständlichkeit, Relevanz, Verläßlichkeit (glaubwürdige Darstellung, Neutralität, Vollständigkeit) und Vergleichbarkeit bei den IAS/IFRS und Klarheit, Übersichtlichkeit und Vollständigkeit im HGB	509

			i)	Saldierung	510

		i)	Saldierung	510
		j)	Ansatzvorschriften	510
		k)	Anschaffungs- oder Herstellungskosten	510
		l)	True and fair view (IAS/IFRS) und Generalnorm (HGB)	510
		m)	Angabe der Bilanzierungs- und Bewertungsmethoden	512
		n)	Grundsatz der Bilanzidentität	512
		o)	Grundsatz der Einzelbewertung	513
	2.	\multicolumn{2}{l	}{Bestandteile und Gliederung des Jahresabschlusses}	513
		a)	Bestandteile	513
		b)	Gliederung	513
	3.	\multicolumn{2}{l	}{Währungsumrechnung von Geschäftsvorfällen in fremder Währung}	514
	4.	\multicolumn{2}{l	}{Inflationsbereinigung}	514
	5.	\multicolumn{2}{l	}{Änderung von Bilanzierungs- und Bewertungsmethoden}	515
	6.	\multicolumn{2}{l	}{Korrekturen von Fehlern aus Vorperioden}	515
	7.	\multicolumn{2}{l	}{Ereignisse nach dem Bilanzstichtag}	516

III. Inhalt, Ausweis und Bilanzierungs- und Bewertungsgrundsätze einzelner Posten der Bilanz sowie der dazugehörigen Angaben 517

1. Immaterielle Vermögenswerte 517
2. Sachanlagen 518
3. Finanzanlagen 519
4. Vorräte 520
5. Langfristige Fertigungsaufträge 521
6. Kurzfristige Forderungen und sonstige Vermögensgegenstände (einschließlich Rechnungsabgrenzungsposten) 522
7. Wertpapiere des Umlaufvermögens 522
8. Flüssige Mittel 523
9. Eigenkapital 523
10. Rückstellungen für Pensionen und ähnliche Verpflichtungen 523
11. Sonstige Rückstellungen, Eventualschulden und Eventualforderungen 525
12. Verbindlichkeiten 526
13. Latente Steuern 526
14. Leasing 527
15. Derivative und nicht-derivative Finanzinstrumente, Sicherungsbeziehungen 528

IV. Inhalt, Ausweis und Bilanzierungs- und Bewertungsgrundsätze einzelner Posten der Gewinn- und Verlustrechnung sowie der dazugehörigen Angaben 529

1. Ansatz und Realisierung von Erträgen 529
2. Zuwendungen der öffentlichen Hand 529
3. Forschungs- und Entwicklungskosten 529
4. Abschreibungen 530
5. Gewinne oder Verluste aus der Aufgabe von Geschäftsbereichen und der Bewertung der zur Veräußerung gehaltenen langfristigen Vermögenswerte 530
6. Außerordentliche Aufwendungen und Erträge 530
7. Fremdkapitalkosten 531
8. Ertragsteuern 531

V.	Konzernabschluß	532
	1. Konsolidierungspflicht	532
	2. Konsolidierungskreis	532
	3. Vollkonsolidierung	533
	4. Gemeinschaftsunternehmen (joint ventures) – Anteilmäßige Konsolidierung	535
	5. Assoziierte Unternehmen – Equity-Bewertung	536
	6. Währungsumrechnung ausländischer Jahresabschlüsse	536
VI.	Zusätzliche Angaben und Informationen	537
	1. Anhang bzw. Angabepflichten (notes)	537
	2. Kapitalflußrechnung	537
	3. Lagebericht	537
	4. Beziehungen zu nahestehenden Unternehmen und Personen	538
	5. Angaben nach Geschäftsfeldern und Regionen	538
	6. Ergebnis je Aktie	539
	7. Zwischenberichte	539
VII.	Prüfungs- und Offenlegungspflicht	540
	1. Prüfungspflicht	540
	2. Offenlegungspflicht	540
VIII.	Branchenspezifische Standards	541

F. Unterschiede zwischen der Rechnungslegung in den USA und der Rechnungslegung in Deutschland ... 543

I.	Allgemeine Informationen	545
	1. Gesetzliche Vorschriften	545
	2. Entwicklung, Umfang und Qualität der Rechnungslegungsgrundsätze	545
II.	Rechnungslegung allgemein	547
	1. Grundsätze der Rechnungslegung	547
	a) Ziele des Abschlusses und der Unternehmensberichterstattung	547
	b) Annahme der Fortführung der Unternehmenstätigkeit	547
	c) Bewertungsstetigkeit	548
	d) Periodengerechte Erfolgsermittlung	548
	e) Vorsichtsprinzip	548
	f) Wirtschaftliche Betrachtungsweise	549
	g) Wesentlichkeit	549
	h) Verständlichkeit, Relevanz (Voraussagetauglichkeit, Erwartungsüberprüfung, zeitnahe Berichterstattung), Verläßlichkeit (Nachprüfbarkeit, Neutralität, glaubwürdige Darstellung) und Vergleichbarkeit bei den US-GAAP und Klarheit, Übersichtlichkeit und Vollständigkeit im HGB	549
	i) Saldierung	550
	j) Ansatzvorschriften	550
	k) Anschaffungs- oder Herstellungskosten	550
	l) Fair presentation (US-GAAP) und Generalnorm (HGB)	551
	m) Angabe der Bilanzierungs- und Bewertungsmethoden	552

		n)	Grundsatz der Bilanzidentität	552

        o) Grundsatz der Einzelbewertung 553
    2. Bestandteile und Gliederung des Jahresabschlusses 553
        a) Bestandteile 553
        b) Gliederung 553
    3. Währungsumrechnung von Geschäftsvorfällen in fremder Währung . 554
    4. Inflationsbereinigung 554
    5. Änderung von Bilanzierungs- und Bewertungsmethoden 554
    6. Korrekturen von Fehlern aus Vorperioden 555
    7. Ereignisse nach dem Bilanzstichtag 555
III. Inhalt, Ausweis und Bilanzierungs- und Bewertungsgrundsätze einzelner Posten der Bilanz sowie der dazugehörigen Angaben 556
    1. Immaterielle Vermögenswerte 556
    2. Sachanlagen 557
    3. Finanzanlagen 558
    4. Vorräte 559
    5. Langfristige Fertigungsaufträge 559
    6. Kurzfristige Forderungen und sonstige Vermögensgegenstände (einschließlich Rechnungsabgrenzungsposten) 560
    7. Wertpapiere des Umlaufvermögens 560
    8. Flüssige Mittel 561
    9. Eigenkapital 561
    10. Rückstellungen für Pensionen und ähnliche Verpflichtungen 562
    11. Sonstige Rückstellungen, Eventualschulden und Eventualforderungen 563
    12. Verbindlichkeiten 564
    13. Latente Steuern 565
    14. Leasing 566
    15. Derivative und nicht-derivative Finanzinstrumente, Sicherungsbeziehungen 566
IV. Inhalt, Ausweis und Bilanzierungs- und Bewertungsgrundsätze einzelner Posten der Gewinn- und Verlustrechnung sowie der dazugehörigen Angaben 568
    1. Ansatz und Realisierung von Erträgen 568
    2. Zuwendungen der öffentlichen Hand 568
    3. Forschungs- und Entwicklungskosten 568
    4. Abschreibungen 569
    5. Gewinne oder Verluste aus der Aufgabe von Geschäftsbereichen und der Bewertung der zur Veräußerung gehaltenen langfristigen Vermögenswerte 569
    6. Außerordentliche Aufwendungen und Erträge 569
    7. Fremdkapitalkosten 570
    8. Ertragsteuern 570
V. Konzernabschluß 571
    1. Konsolidierungspflicht 571
    2. Konsolidierungskreis 571
    3. Vollkonsolidierung 572
    4. Gemeinschaftsunternehmen (joint ventures) – Anteilmäßige

		Konsolidierung	574
	5.	Assoziierte Unternehmen – Equity-Bewertung	574
	6.	Währungsumrechnung ausländischer Jahresabschlüsse	575
VI.	Zusätzliche Angaben und Informationen	576
	1.	Anhang bzw. Angabepflichten (notes)	576
	2.	Kapitalflußrechnung	576
	3.	Lagebericht	576
	4.	Beziehungen zu nahestehenden Unternehmen und Personen	577
	5.	Angaben nach Geschäftsfeldern und Regionen	577
	6.	Ergebnis je Aktie	578
	7.	Zwischenberichte	578
VII.	Prüfungs- und Offenlegungspflicht	580
	1.	Prüfungspflicht	580
	2.	Offenlegungspflicht	580
VIII.	Branchenspezifische Standards	582

G. Unterschiede zwischen den International Accounting Standards (IAS)/International Financial Reporting Standards (IFRS) und der Rechnungslegung in den USA 583

I.	Allgemeine Informationen	585
	1. Gesetzliche Vorschriften	585
	2. Entwicklung, Umfang und Qualität der Rechnungslegungsgrundsätze	585
II.	Rechnungslegung allgemein	587
	1. Grundsätze der Rechnungslegung	587
	a) Ziele des Abschlusses und der Unternehmensberichterstattung	587
	b) Annahme der Fortführung der Unternehmenstätigkeit	587
	c) Bewertungsstetigkeit	587
	d) Periodengerechte Erfolgsermittlung	587
	e) Vorsichtsprinzip	587
	f) Wirtschaftliche Betrachtungsweise	587
	g) Wesentlichkeit	588
	h) Verständlichkeit, Relevanz, Verläßlichkeit (glaubwürdige Darstellung, Neutralität, Vollständigkeit) und Vergleichbarkeit bei den IAS/IFRS und Verständlichkeit, Relevanz (Voraussagetauglichkeit, Erwartungs- überprüfung, zeitnahe Berichterstattung, Verläßlichkeit (Nachprüfbarkeit, Neutralität, glaubwürdige Darstellung) und Vergleichbarkeit bei den US-GAAP	588
	i) Saldierung	588
	j) Ansatzvorschriften	588
	k) Anschaffungs- oder Herstellungskosten	588
	l) True and fair view (IAS/IFRS) und fair presentation (US-GAAP)	589
	m) Angabe der Bilanzierungs- und Bewertungsmethoden	589
	n) Grundsatz der Bilanzidentität	589
	o) Grundsatz der Einzelbewertung	589

2. Bestandteile und Gliederung des Jahresabschlusses ... 589
    a) Bestandteile ... 589
    b) Gliederung ... 589
3. Währungsumrechnung von Geschäftsvorfällen in fremder Währung .. 590
4. Inflationsbereinigung ... 590
5. Änderung von Bilanzierungs- und Bewertungsmethoden ... 590
6. Korrekturen von Fehlern aus Vorperioden ... 590
7. Ereignisse nach dem Bilanzstichtag ... 590

III. Inhalt, Ausweis und Bilanzierungs- und Bewertungsgrundsätze einzelner Posten der Bilanz sowie der dazugehörigen Angaben ... 591
1. Immaterielle Vermögenswerte ... 591
2. Sachanlagen ... 591
3. Finanzanlagen ... 592
4. Vorräte ... 593
5. Langfristige Fertigungsaufträge ... 593
6. Kurzfristige Forderungen und sonstige Vermögensgegenstände (einschließlich Rechnungsabgrenzungsposten) ... 594
7. Wertpapiere des Umlaufvermögens ... 594
8. Flüssige Mittel ... 594
9. Eigenkapital ... 594
10. Rückstellungen für Pensionen und ähnliche Verpflichtungen ... 595
11. Sonstige Rückstellungen, Eventualschulden und Eventualforderungen ... 595
12. Verbindlichkeiten ... 596
13. Latente Steuern ... 596
14. Leasing ... 596
15. Derivative und nicht-derivative Finanzinstrumente, Sicherungsbeziehungen ... 598

IV. Inhalt, Ausweis und Bilanzierungs- und Bewertungsgrundsätze einzelner Posten der Gewinn- und Verlustrechnung sowie der dazugehörigen Angaben ... 600
1. Ansatz und Realisierung von Erträgen ... 600
2. Zuwendungen der öffentlichen Hand ... 600
3. Forschungs- und Entwicklungskosten ... 600
4. Abschreibungen ... 601
5. Gewinne oder Verluste aus der Aufgabe von Geschäftsbereichen und der Bewertung der zur Veräußerung gehaltenen langfristigen Vermögenswerte ... 601
6. Außerordentliche Aufwendungen und Erträge ... 601
7. Fremdkapitalkosten ... 602
8. Ertragsteuern ... 602

V. Konzernabschluß ... 603
1. Konsolidierungspflicht ... 603
2. Konsolidierungskreis ... 603
3. Vollkonsolidierung ... 604
4. Gemeinschaftsunternehmen (joint ventures) – Anteilmäßige Konsolidierung ... 604
5. Assoziierte Unternehmen – Equity-Bewertung ... 605

	6.	Währungsumrechnung ausländischer Jahresabschlüsse	605
VI.	Zusätzliche Angaben und Informationen		606
	1.	Anhang bzw. Angabepflichten (notes)	606
	2.	Kapitalflußrechnung	606
	3.	Lagebericht	607
	4.	Beziehungen zu nahestehenden Unternehmen und Personen	607
	5.	Angaben nach Geschäftsfeldern und Regionen	607
	6.	Ergebnis je Aktie	608
	7.	Zwischenberichte	608
VII.	Prüfungs- und Offenlegungspflicht		610
	1.	Prüfungspflicht	610
	2.	Offenlegungspflicht	610
VIII.	Branchenspezifische Standards		611

H. 4. und 7. EG-Richtlinie und neue Strategie der EU-Kommission 613

I.	Allgemeine Informationen		615
	1.	Entwicklung der 4. und 7. EG-Richtlinie	615
	2.	Umsetzung der 4. und 7. EG-Richtlinie	615
	3.	Ziel der 4. und 7. EG-Richtlinie	616
	4.	Beurteilung der Harmonisierungsbestrebungen der EG	616
	5.	Weitere Aktivitäten der EU-Kommission	617
		a) Kontaktausschuß	617
		b) Accounting Advisory Forum (AAF)	617
		c) Mitteilung der Kommission zu Auslegungsfragen in Hinblick auf bestimmte Artikel der Vierten und der Siebenten Richtlinie des Rates auf dem Gebiet der Rechnungslegung	618
	6.	Neue Strategie der EU-Kommission seit 1995	618
		a) Mitteilung Com 95 (508) vom 29. November 1995 »Harmonisierung auf dem Gebiet der Rechnungslegung: Eine neue Strategie im Hinblick auf die Internationale Harmonisierung«	618
		b) Mitteilung der EU-Kommission an den Rat und das Europäische Parlament zur »Rechnungslegungsstrategie der EU: Künftiges Vorgehen« vom 13. Juni 2000 (KOM [2000] 359 endg.)	621
		c) Vorschlag für eine Verordnung des Europäischen Parlaments und des Rates betreffend die Anwendung internationaler Rechnungslegungsgrundsätze (KOM [2001] 80 endg.)	621
		d) IAS-Verordnung vom 19. Juli 2002	622
		e) Richtlinie 2001/65/EG des Europäischen Parlaments und des Rates vom 27. September 2001 zur Änderung der 4. und 7. EG-Richtlinie (Fair-Value-Richtlinie)	625
		f) Modernisierung der 4. und 7. EG-Richtlinie (Modernisierungsrichtlinie)	625
		g) Transparenz-Richtlinie vom 17. Dezember 2004	625
		h) Änderung der 4. und 7. EG-Richtlinie	625

Anhang
Praktische Beispiele der Umstellung von HGB-Abschlüssen auf IAS/IFRS-Abschlüsse ... 627

BASF Aktiengesellschaft ... 629
Deutsche Telekom AG ... 643
ElringKlinger AG ... 653
Grammer AG ... 657
INDUS Holding Aktiengesellschaft ... 663
K + S Aktiengesellschaft ... 669
Klöckner-Werke AG ... 673

Abkürzungsverzeichnis ... 681

Literaturverzeichnis ... 685

Stichwortverzeichnis ... 701

Vorwort zur fünften Auflage

Die zahlreichen Änderungen und Entwürfe für Änderungen der IAS/IFRS in den letzten beiden Jahren geben Anlaß, innerhalb von knapp zwei Jahren »Rechnungslegung international« neu aufzulegen.

Die IAS/IFRS sind inzwischen sehr unübersichtlich, weitschweifig, kompliziert und unbeständig geworden. Die gesamten Verlautbarungen in englischer Sprache (International Financial Reporting Standards [IFRSs] 2006 including International Accounting Standards [IASs] and Interpretations as at 1 January 2006) umfassen rund 2.300 Seiten. Hinzu kommen noch der im November 2006 veröffentlichte IFRS 8, die 2006 veröffentlichten IFRIC 8-12, 7 Entwürfe zu Änderungen von IAS/IFRS, 4 IFRIC-Entwürfe sowie einige Diskussionspapiere, die insgesamt mehrere hundert Seiten umfassen. Die amtlichen EU-Texte der IAS/IFRS in deutscher Sprache (d.h. ohne die nicht übersetzten introduction, basis for conclusions, guidance on implementing/implementation guidance, illustrative examples) enthalten rund 800 Seiten. Erschwerend für das Verständnis kommt hinzu, daß die amtlichen EU-Texte in deutscher Sprache zu sehr an der englischen Originalfassung kleben und dadurch oft schwerfällig oder unverständlich klingen und die Übersetzungen manchmal ungenau, uneinheitlich, um nicht zu sagen fehlerhaft sind. Dieses Buch stellt die IAS/IFRS mit rund 10% des Textumfangs der englischen Originalfassung in einer klaren und verständlichen Sprache, übersichtlich nach den Bestandteilen des Jahresabschlusses gegliedert, weitgehend vollständig, d.h. unter Verzicht auf weitschweifige Beschreibungen, Erläuterungen u.ä., dar. Es wurde auf Kritik an den IAS/IFRS und die Darstellung unterschiedlicher Meinungen, die für die Praxis irrelevant sind, verzichtet. Da, wo es angebracht erschien, wurden Beispiele eingefügt.

Neben den IAS/IFRS werden in Kurzform die Rechnungslegung in den USA und die Rechnungslegung in Deutschland nach dem HGB dargestellt.

Das Buch enthält wie bisher ausführliche zusätzliche Informationen über die internationale Rechnungslegung sowie einen Vergleich der einzelnen Rechnungslegungsvorschriften der IAS/IFRS mit der Rechnungslegung in Deutschland nach dem HGB und der Rechnungslegung in den USA.

Da das Bilanzrechtsreformgesetz vom 4.12.2004 nicht nur kapitalmarktorientierte Mutterunternehmen ab dem 1. Januar 2005 verpflichtet, Konzernabschlüsse nach den IAS/IFRS zu erstellen, sondern auch nicht kapitalmarktorientierten Unternehmen erlaubt, anstelle eines HGB-Konzernabschlusses einen Konzernabschluß nach IAS/IFRS zu erstellen, enthält die 5. Auflage einen Anhang mit praktischen Beispielen der Umstellung von HGB-Abschlüssen auf IAS/IFRS-Abschlüsse des Geschäftsjahres 2005, die entsprechend IFRS 1 die ausdrückliche und uneingeschränkte Bestätigung der Übereinstimmung mit den IAS/IFRS enthalten.

Der IASB strebt mit dem Financial Accounting Standards Board (FASB) der USA eine Konvergenz der IAS/IFRS mit den US-GAAP, dem in der Vergangenheit besten informationsorientierten Rechnungslegungssystem der Welt an. Deshalb werden die einzelnen Konvergenzprojekte ausführlich dargestellt, um sich auf voraussichtliche Änderungen vorbereiten zu können.

Das Buch ist somit ein Kompendium, das sowohl eine ausführliche, praxisbezogene Darstellung der IAS/IFRS enthält als auch die vergangene und mögliche zukünftige Entwicklung der externen Rechnungslegung nicht mit HGB-Scheuklappen, sondern aus internationaler Sicht zeigt.

Sämtliche Kapitel wurden auf den Stand vom 1.1.2007 aktualisiert.

Am 24.7.2006 gab der IASB u.a. bekannt, daß bis zum 1.1.2009 keine neuen IFRS oder wesentliche Änderungen bestehender IAS/IFRS in Kraft treten sollen. Das vorliegende Buch erlaubt es somit, sich sowohl mit den jetzt und bis zum 1.1.2009 im wesentlichen nicht verändernden Rechnungslegungsvorschriften als auch mit den vielen in Vorbereitung befindlichen und zum 1.1.2009 oder später in Kraft tretenden Regelungen vertraut zu machen.

Leverkusen, im Januar 2007

Vorwort zur ersten Auflage

Der Verfasser hat bereits vor über 30 Jahren deutsche und ausländische Jahresabschlüsse im In- und Ausland geprüft. Seit 25 Jahren analysiert er Jahresabschlüsse aus vielen Ländern zum Zwecke der Unternehmensbewertung. Bei seiner Tätigkeit mußte er erkennen, daß die US-amerikanischen Jahresabschlüsse die aussagefähigsten und die deutschen Jahresabschlüsse, die unter Beachtung der sogenannten »Grundsätze ordnungsmäßiger Buchführung« erstellt werden, zu denen gehören, die den geringsten Informationsgehalt bieten und außerdem den Jahresabschlußleser täuschen können.

Um auf dem globalen Kapitalmarkt wettbewerbsfähig zu sein, sehen sich große deutsche Gesellschaften gezwungen, nach US Generally Accepted Accounting Principles (US-GAAP) oder International Accounting Standards (IAS) zu bilanzieren. In der deutschen Bilanzliteratur wird jedoch weiterhin von der »Überlegenheit der deutschen Rechnungslegung« (Moxter 1995) gesprochen, und es wird versucht, »angelsächsischer Rechnungslegung« etwas Unsolides anzuhängen. Gleichzeitig will man nicht zur Kenntnis nehmen, daß die sogenannten deutschen »Grundsätze ordnungsmäßiger Buchführung« nur ungenügende Informationen bieten, ja sogar Möglichkeiten der Täuschung zulassen. Welche Möglichkeiten der Täuschung deutsche Jahresabschlüsse bieten, die von deutschen Wirtschaftsprüfern das Testat »vermittelt unter Beachtung der Grundsätze ordnungsmäßiger Buchführung ein den tatsächlichen Verhältnissen entsprechendes Bild der Vermögens-, Finanz- und Ertragslage« erhalten, kann man einem Aufsatz von Küting/Kaiser (Küting, Karlheinz/Kaiser, Thomas: Bilanzpolitik in der Unternehmenskrise. In: Betriebs-Berater, Beilage 2 zu Heft 3/1994) entnehmen. Auch der Aufsatz »Wie deutsche Konzerne mit ihren Bilanzen jonglieren« in Capital 10/96 zeigt, wie sich deutsche Unternehmen, die nach dem HGB und den sogenannten deutschen Grundsätzen ordnungsmäßiger Buchführung bilanzieren, »nach Belieben arm oder reich rechnen«. Die aus dem Ausland zu hörenden Vorbehalte gegen deutsche Jahresabschlüsse sind deshalb nur zu verständlich.
Ziel dieses Buches ist es, daß der Leser die IAS und US-GAAP unkommentiert und nicht durch die Brille des HGB kennenlernt und außerdem in die Lage versetzt wird, IAS und US-GAAP zu verstehen und anzuwenden.
In Kapitel A »Unterschiede in der internationalen Rechnungslegung und die Bestrebungen zur Harmonisierung und Standardisierung der Rechnungslegung« werden die Probleme der Rechnungslegung in einem weltweiten Zusammenhang behandelt.
Die Kapitel B, C und D enthalten eine Darstellung der IAS, der US-GAAP einschließlich der Vorschriften der Securities and Exchange Commission (SEC) und der Vorschriften für die Handelsbilanz nach dem HGB. Bei den IAS wird auch auf mögliche zukünftige Regelungen eingegangen. Darüber hinaus gibt es allgemeine Informationen zu den IAS, den US-GAAP (einschließlich der Vorschriften der SEC) sowie zum HGB, wobei insbesondere auf die Entstehung und Entwicklung der Rechnungslegungsgrundsätze eingegangen wird.
Bei der Darstellung der IAS, der US-GAAP und des HGB wird immer die gleiche Reihenfolge nach Bilanzierungsproblemen gewählt, so daß ein Vergleich sehr leicht möglich ist. Es folgt in den Kapiteln E, F und G eine Darstellung der Unterschiede zwischen IAS, US-GAAP und HGB, wobei ebenfalls die gleiche Reihenfolge gewählt wird. Die auf-

gezeigten Unterschiede werden durch eine Darstellung der Inkompatibilitäten zwischen IAS und HGB sowie zwischen US-GAAP und HGB ergänzt.

Die Darstellung der IAS, die Unterschiede und Inkompatibilitäten zwischen IAS und HGB sind selbstredend. Es wird deshalb bewußt auf eine Kommentierung der IAS auf der Grundlage des deutschen Bilanzrechts verzichtet, da eine gleichzeitige Anwendung der IAS und des HGB in einem sogenannten dualen Jahresabschluß oder »Einheitsabschluß« in den seltensten Fällen möglich sein dürfte. Zudem riskiert man, daß ein solcher »Einheitsabschluß« trotz des Testats eines deutschen Wirtschaftsprüfers später von der SEC und anderen Börsenaufsichtsbehörden nicht anerkannt wird. Eine verbindliche Interpretation der IAS kann ggf. nur durch das IASC selbst oder eine unter seiner Aufsicht stehende Institution erfolgen. Dies ist auch vom IASC beabsichtigt. Nationale Kommentare zu den IAS darf es nicht geben, da sie die einheitliche internationale Anwendung der IAS gefährden würden.

In Kapitel H wird die 4. und 7. EG-Richtlinie und ihre Kompatibilität bzw. Konformität mit den IAS behandelt; dieses Kapitel verdient wegen des demnächst zu erwartenden Kapitalaufnahmeerleichterungsgesetzes (KapAEG) Beachtung.

Schließlich sei noch auf das letzte Kapitel I aufmerksam gemacht, das einen tabellenartigen Vergleich der Rechnungslegungsgrundsätze von zwölf Ländern mit den IAS und den EG-Richtlinien enthält.

Das Buch wendet sich an
- Wirtschaftsprüfer, Wirtschaftsprüferassistenten, vereidigte Buchprüfer und Steuerberater, die demnächst Jahresabschlüsse nach IAS oder US-GAAP prüfen oder ihre Klienten bei der Vorbereitung solcher Jahresabschlüsse beraten sollen,
- Vorstände, Geschäftsführer, Leiter und leitende Mitarbeiter der Bereiche Rechnungswesen, Controlling und Investor Relations von Unternehmen, die sich mit dem Gedanken tragen, ihre Rechnungslegung auf IAS oder US-GAAP umzustellen oder sie bereits umgestellt haben,
- Dozenten der Betriebswirtschaftslehre mit dem Schwerpunkt Rechnungswesen,
- Studenten der Betriebswirtschaftslehre mit dem Schwerpunkt Rechnungswesen und in der Ausbildung befindliche Bilanzbuchhalter, damit sie den zukünftigen Anforderungen an ihren Beruf gerecht werden können,
- alle Personen, die Jahresabschlüsse lesen wollen oder müssen (Aufsichtsräte, Gesellschafter, Kreditgeber, Wirtschaftsjournalisten, Aktionäre, Betriebsräte, potentielle Erwerber von Unternehmen, Mergers- & Akquisitionsberater, Finanzanalysten), und
- Personen, die glauben, einen Beitrag dazu leisten zu können, den beklagenswerten Zustand des deutschen Bilanzrechts zu ändern (Politiker, Ministerialbeamte).

Das Buch ist nicht zuletzt auch für diejenigen interessant, die mit Hilfe der Vergleiche das deutsche Bilanzrecht, insbesondere die Schwächen des deutschen Bilanzrechts, besser kennenlernen wollen.

Meinen Söhnen cand. rer. pol. Matthias Born und Dipl.-Kfm. Andreas Born sowie den Herren Dipl.-Kfm. Friedhelm Dietz und Dr. rer. pol. Dirk Sommer danke ich für die kritische Durchsicht des Manuskriptes. Besonderer Dank gilt meiner Frau Ingrid für die geduldige Durchführung der PC-Arbeit, ihre Hilfe bei der Übersetzung und ihre kritische Durchsicht des Manuskriptes. Hervorheben möchte ich auch die angenehme Zusammenarbeit mit Herrn Volker Dabelstein vom Schäffer-Poeschel Verlag.

A. Unterschiede in der internationalen Rechnungslegung und die Bestrebungen zu ihrer Harmonisierung und Standardisierung

I. Unterschiede in der internationalen Rechnungslegung

1. Ursachen für die Unterschiede

Es gibt zahlreiche Ursachen für die Unterschiede in der Rechnungslegung der Unternehmen in den verschiedenen Staaten. Sie sind weitgehend historisch bedingt. Ihre Bedeutung ist sehr unterschiedlich. Teilweise sind sie miteinander verflochten.

a) Unterschiedliche oder fehlende Zielsetzung der externen Rechnungslegung

Eine wesentliche Ursache für die Unterschiede in der externen Rechnungslegung liegt in verschiedenen und teilweise fehlenden Zielsetzungen in den einzelnen Ländern. In Deutschland gibt es z.B. keine gesetzlichen oder anderen Vorschriften über die Ziele der externen Rechnungslegung. In den angelsächsischen Ländern sieht man das Ziel darin, Informationen zur Entscheidungsfindung zu liefern und Rechenschaft abzulegen. In Frankreich und Schweden ist die externe Rechnungslegung dagegen stark von der nationalen Wirtschaftskontrolle und von gesamtwirtschaftlichen Zielsetzungen geprägt.

b) Maßgeblichkeit der Handelsbilanz für die Steuerbilanz und umgekehrt

Es gibt
- Länder, die eine Maßgeblichkeit der Handelsbilanz für die Steuerbilanz und umgekehrt kennen, und
- Länder, die keine Verknüpfung der Handelsbilanz mit der Steuerbilanz kennen.

Diese Ursache für die Unterschiede in der internationalen Rechnungslegung hängt eng mit der im vorigen Abschnitt genannten Ursache zusammen.
Zu der ersten Ländergruppe gehören hauptsächlich die kontinentaleuropäischen Länder ohne die Niederlande und zu der zweiten Ländergruppe die angelsächsischen Länder.
Die Maßgeblichkeit und umgekehrte Maßgeblichkeit hat zur Folge, daß die steuerlichen Vorschriften und die Urteile der Steuergerichte die Handelsbilanz erheblich beeinflussen. Die weitere Folge daraus war, daß es in den Ländern, in denen man die Maßgeblichkeit und die umgekehrte Maßgeblichkeit kennt, nur wenige oder gar keine Vorschriften gibt, die nur für die Handelsbilanz gelten. Dies bedeutet in der Praxis – obwohl das Gesetz etwas Gegenteiliges aussagt –, daß die Handelsbilanz nur ein Anhängsel der Steuerbilanz ist und nicht umgekehrt. Es gab somit in der Vergangenheit in den meisten kontinentaleuropäischen Ländern in Wirklichkeit keine

echte Handelsbilanzen, sondern nur einige, manchmal sogar schlechte Retuschen der Steuerbilanzen, die als handelsrechtliche Rechnungslegung deklariert wurden. Solche Handelsbilanzen können weder die gewünschte Informationsfunktion des Jahresabschlusses erfüllen noch eignen sie sich als Rechenschaftslegung der Unternehmensleitung. Da sie vom internationalen Kapitalmarkt nicht akzeptiert werden, gehen große kontinentaleuropäische Unternehmen dazu über, eine Rechnungslegung nach US-GAAP oder IAS vorzunehmen.

c) Rechtssystem

Eine weitere Ursache liegt in den unterschiedlichen Rechtssystemen. Man unterscheidet das auf das römische Recht zurückgehende Code Law, bei dem es umfangreiche Gesetzesvorschriften gibt, die möglichst alle Spezialfälle abdecken, und das Rechtssystem des Common Law, bei dem es nur eine begrenzte Anzahl von Gesetzesvorschriften gibt. Die Rechtsprechung und somit die Fortentwicklung des Rechts erfolgt beim Common Law hauptsächlich durch das Ableiten von Prinzipien aus bereits entschiedenen Einzelfällen (case law).
Das Rechtssystem des Code Law gilt in den kontinentaleuropäischen Ländern und das Rechtssystem des Common Law in den angelsächsischen Ländern.
Diese unterschiedlichen Rechtssysteme haben auch die Denkweise und die Gesetzgebung hinsichtlich der Rechnungslegung in den einzelnen Ländern beeinflußt. So wurde z.B. in Großbritannien 1981 mit dem UK Companies Act erstmals ein Gesetz über Rechnungslegung erlassen, und zwar aufgrund der Umsetzung der EG-Richtlinien in nationales Recht. Vorher gab es in Großbritannien nur Rechnungslegungsstandards des privatrechtlichen Accounting Standards Committee (ASC), die die Rechnungslegung der Unternehmen regelten.
Die Länder, in denen das Code Law gilt, sind weitgehend identisch mit denen, in denen auch das Maßgeblichkeitsprinzip (Ausnahme Niederlande) gilt, und die Länder, in denen das Common Law gilt, sind weitgehend identisch mit denen, die kein Maßgeblichkeitsprinzip kennen.
In der deutschen Literatur über internationale Rechnungslegung wird stark der Unterschied zwischen dem Code Law und dem Common Law herausgestellt, um dadurch eine gewisse Überlegenheit des Code Law und damit der in Deutschland praktizierten Rechnungslegung zu suggerieren. Tatsächlich ist es aber so, daß es in den Ländern mit dem Code Law nur wenige Vorschriften für die Handelsbilanz, die teilweise selbstverständlich sein sollten oder fast den Charakter von Allgemeinplätzen haben (Klarheit, Übersichtlichkeit, Bilanzidentität, Fortführung der Unternehmenstätigkeit, Einzelbewertung, Vorsicht, periodengerechte Erfolgsermittlung, Saldierungsverbot), gibt. Demgegenüber bestehen jedoch umfangreiche Gesetzesvorschriften im Steuerrecht, die auf die Handelsbilanz einen großen Einfluß haben. In den Ländern, in denen das Common Law gilt, gibt es dagegen sehr viele Vorschriften von nicht-staatlichen Institutionen, die in ihrer tatsächlichen Bedeutung mehr oder weniger Gesetzen gleichkommen. Auf Wahlrechte wird dabei weitgehend verzichtet.
Nachteil des Code Law bei der Rechnungslegung ist es, daß es selbst bei nur wenigen Vorschriften durch

- seinen langwierigen Gesetzgebungsprozeß,
- eine Überbetonung der juristischen gegenüber den wirtschaftlichen Aspekten und
- die Inkompetenz der Politiker und der Ministerialbürokratie auf diesem Gebiet

eine zügige Anpassung der Rechnungslegung an wirtschaftliche Veränderungen verhindert (z.B. zu späte Einführung der Konzernrechnungslegung, da es keine rechtliche Einheit Konzern gibt). Außerdem wird Mißbrauch mit ursprünglich sinnvollen Regelungen betrieben (z.B. Vorsichtsprinzip als Vorwand für Steuerminimierung und Ergebnisglättung).

Die besten Rechnungslegungsnormen haben die Länder mit dem Common Law. Das liegt daran, daß aufgrund des völligen Fehlens von gesetzlichen Rechnungslegungsvorschriften normsetzende Institutionen (standard setter) gebildet wurden. Sie erarbeiteten Rechnungslegungsnormen, bei denen die wirtschaftliche Betrachtungsweise und die periodengerechte Erfolgsermittlung im Vordergrund stehen, was Voraussetzung für die Darstellung eines den tatsächlichen Verhältnissen entsprechenden Bildes der Vermögens-, Finanz- und Ertragslage bzw. für eine true and fair view (englisch) bzw. fair presentation (amerikanisch) ist.

Die Qualität und die Verbindlichkeit der Rechnungslegungsnormen dieser Länder sind durchaus unterschiedlich. Die höchste Qualität haben die US-GAAP. Dies hat zwei wesentliche Gründe:
- Die normsetzende Institution (standard setter), der 1972 gegründete FASB, ist unabhängig und wird von verschiedenen Gruppen getragen (vorher wurden Rechnungslegungsnormen nur von den Wirtschaftsprüfern entwickelt).
- Die SEC, die die Interessen der Jahresabschlußleser (Investoren, Kreditgeber, Öffentlichkeit) wahrt, hat großen Einfluß.

Das International Accounting Standards Committee (IASC) bzw. der International Accounting Standards Board (IASB) arbeitet nach ähnlichen Prinzipien. Deshalb haben die IAS/IFRS inzwischen eine vergleichbare Qualität wie die US-GAAP erreicht.

d) Kapitalmarkt und Finanzierung der Unternehmen

Einen großen Einfluß auf die Rechnungslegung und Publizität der Unternehmen hat die Bedeutung des Kapitalmarktes und die Art der Finanzierung der Unternehmen in dem jeweiligen Land.

In den Ländern,
- in denen die Rechtsform der Aktiengesellschaft vorherrschend ist und die Finanzierung der Unternehmen in hohem Maße über die Börse vorgenommen wird (d.h. in denen die Börsenkapitalisierung im Verhältnis zum Bruttosozialprodukt sehr hoch ist), und
- die viele institutionelle von den Geschäftsbanken unabhängige auf Informationen drängende Kapitalanleger (z.B. Pensionsfonds, Investmentfonds) haben,

sind die Vorschriften für die Rechnungslegung und Publizität der Unternehmen zwangsläufig wesentlich weiter entwickelt.

In den Ländern dagegen, in denen
- das Eigenkapital der Unternehmen dauerhaft in fester Hand ist (Familien, Banken, Versicherungen, öffentliche Hand),
- andere Unternehmensrechtsformen eine größere Rolle spielen und
- es oft eine hohe Fremdfinanzierung gibt, ist die Rechnungslegung und Publizität noch rückständig.

Zu der ersten Gruppe gehören insbesondere die USA, Großbritannien und die Niederlande und zur zweiten Gruppe u.a. Deutschland, Frankreich und Italien.

e) Berufsstand der Wirtschaftsprüfer

Während es in den USA, Großbritannien und den Niederlanden bereits im vorigen Jahrhundert Wirtschaftsprüfer gab, entstand der Berufsstand der Wirtschaftsprüfer in Deutschland, Frankreich und Italien rund 50 Jahre später. Die folgende Tabelle zeigt eine Übersicht über das Alter und die Mitgliederzahl der Wirtschaftsprüferinstitute in verschiedenen Ländern:

Age and size of some professional accountancy bodies[1]

Country	Body	Founding date*	Approx. number (thousands) 2003
Australia	CPA Australia	1952 (1886)	97
	Institute of Chartered Accountants in Australia	1928 (1885)	34
Canada	Canadian Institute of Chartered Accountants	1902 (1880)	68
China	Chinese Institute of Certified Public Accountants	1988	127
France	Ordre des Experts Comptables	1942	16
Germany	Institut der Wirtschaftsprüfer	1932	11
India	Institute of Chartered Accountants of India	1949	93
Japan	Japanese Institute of Certified Public Accountants	1948 (1927)	13**
Netherlands	Koninklijk Nederlands Instituut van Registeraccountants	1967 (1895)	13
New Zealand	Institute of Chartered Accountants of New Zealand	1909 (1894)	27

---

1 Nobes, Christopher/Parker, Robert: Comparative International Accounting, 8th ed., 2004, S. 6

Country	Body	Founding date*	Approx. number (thousands) 2003
United Kingdom and Ireland	Institute of Chartered Accountants in England and Wales	1880 (1870)	124
	Institute of Chartered Accountants of Scotland	1951 (1854)	15
	Association of Chartered Certified Accountants	1939 (1891)	95
	Institute of Chartered Accountants in Ireland	1888	13
United States	American Institute of Certified Public Accountants	1887	328

Note: *Dates of earliest predecessor bodies in brackets. The names of some of the bodies have changed from time to time.
** Excluding junior CPAs.

(Anmerkung: Der Begriff Accountant ist in der englischen Sprache weiter gefaßt als der deutsche Begriff Wirtschaftsprüfer. Unter den deutschen Begriff Wirtschaftsprüfer fallen nur Personen, die diesen Beruf aktiv ausüben, während in Großbritannien in »professional accountancy bodies« auch Personen Mitglied sind, die sich in der Wirtschaft, in öffentlichen sowie wissenschaftlichen Institutionen mit Fragen der Rechnungslegung befassen. In Deutschland hat das Institut der Wirtschaftsprüfer in den Vergangenheit versucht, die Eintrittsbarriere in die »Zunft« der Wirtschaftsprüfer möglichst hoch zu halten.)

Die nächste Tabelle zeigt eine Übersicht über die Herkunftsländer der vier größten Wirtschaftsprüfungsunternehmen der Welt:

Leading international accountancy firms, 2004[2]

	Main countries of origin
Deloitte	UK, USA, Canada, Japan
Ernst & Young	USA, UK
KPMG	Netherlands, UK, USA, Germany
PricewaterhouseCoopers	UK, USA

Note: The names given above are those of the international firms. National firms may have different names.

Die wesentlich frühere Gründung des Berufsstandes der Wirtschaftsprüfer und seine wesentlich größere Bedeutung in Ländern wie den USA, Großbritannien und den Niederlanden ist nicht zuletzt auf die frühe Entstehung von Kapitalgesellschaften

---

2 Nobes, Christopher/Parker, Robert: Comparative International Accounting, 8th, ed., 2004, S. 7

(z.B. englische Ostindische Kompanie 1599 und niederländische Vereinigte Ostindische Kompanie 1602) und die hohe Börsenkapitalisierung in diesen Ländern zurückzuführen.

Während in Deutschland der Börsenkrach von 1929 erst zur Gründung des Berufs der Wirtschaftsprüfer führte, bewirkte er in den USA die Gründung der Securities and Exchange Commission (SEC), die ihrerseits die Wirtschaftsprüfer beauftragte, schriftlich fixierte »generally accepted accounting principles« auszuarbeiten.

f) Gesetzgebung aufgrund des gesellschaftlichen Umfeldes und historischer Erfahrungen

Das gesellschaftliche Umfeld und die historischen Erfahrungen prägen auch die unterschiedliche Gesetzgebung in den einzelnen Ländern.

Während man aufgrund der vorher genannten Ursachen die Rechnungslegungswelt etwas großzügig in zwei Blöcke, nämlich die kontinentaleuropäische und die angelsächsische Welt, aufteilen könnte, treten durch die nationale Gesetzgebung immer mehr Unterschiede in den einzelnen Blöcken auf.

Aufgrund des Securities Act von 1933 und des Securities Exchange Act von 1934 in den USA, die eine Folge des Börsenkrachs von 1929 waren, koppelte sich z.B. die amerikanische Rechnungslegung immer mehr von der englischen Rechnungslegung ab.

Während man in Frankreich und vielen anderen Ländern Kontinentaleuropas bis in die 60er Jahre des letzten Jahrhunderts und länger praktisch nur eine auf der Steuerbilanz beruhende Einheitsbilanz kannte, schuf man in Deutschland wesentlich früher ein Aktienrecht, das wegen der Unternehmenszusammenbrüche in der Vergangenheit den Gläubigerschutz und das Vorsichtsprinzip betonte. Dadurch gab es in Deutschland bei den Aktiengesellschaften und zum Teil bei den Gesellschaften mit beschränkter Haftung keine Identität der Handelsbilanz mit der Steuerbilanz mehr. Das Vorsichtsprinzip gab den Unternehmensleitungen in Deutschland fast an Willkür grenzende bilanzpolitische Gestaltungsmöglichkeiten. Der mit dem Etikett »Vorsichtsprinzip« von der Unternehmensleitung gewünschte bilanzpolitische Spielraum führte auch dazu, daß die Generalnorm der 4. EG-Richtlinie in Deutschland – im Gegensatz zu den anderen Mitgliedstaaten der EU – nicht korrekt in nationales Recht transformiert wurde.

Eine den Interessen der Unternehmensleitungen, d.h. den Jahresabschlußerstellern und nicht den Jahresabschlußlesern, entgegenkommende Gesetzgebung in Deutschland, die aber inzwischen aufgrund der Internationalisierung der Kapitalmärkte zu einem Handicap für die Unternehmensleitungen der großen Gesellschaften wurde, führte dazu, daß bis zur Verabschiedung des Kapitalaufnahmeerleichterungsgesetzes im Jahre 1998 Unternehmen in Deutschland, die nach internationalen Gepflogenheiten bilanzieren wollten, entweder zwei Jahresabschlüsse erstellen mußten oder nur einen dualen Konzernabschluß, d.h. eine »light«-Version von IAS oder US-GAAP, wählen konnten.

Ein weiteres Beispiel des Einflusses des gesellschaftlichen Umfeldes und der historischen Erfahrungen auf die Gesetzgebung bei der Rechnungslegung ist die Inflation. Hier ist auf die lateinamerikanischen Staaten mit dem Vorreiter Brasilien hinzuweisen. Aber auch in einigen Staaten Europas, wie z.B. Frankreich, Italien und Spanien, gab es gelegentlich Gesetze über die Aufwertung des Sachanlagevermögens.

Als Beispiel für den Einfluß des gesellschaftlichen Umfeldes und historischer Erfahrungen auf die Gesetzgebung ist auch die Kolonialgeschichte mancher Länder in Asien und Afrika anzusehen.

Die Unterschiede in der Rechnungslegung in den einzelnen Ländern erklären sich somit zu einem erheblichen Teil aus den unterschiedlichen Machtverhältnissen einzelner Gruppen (z.B. Banken, Kleinaktionäre, Großaktionäre, Gesellschafter-Geschäftsführer, Vorstände international tätiger Großunternehmen), die Einfluß auf die Gesetzgebung und die normsetzenden Institutionen ausüben. So konnten z.B. in Deutschland die Wirtschaftsverbände, in denen die Leitungen der Unternehmen (Vorstände, Geschäftsführer) und nicht die Anteilseigner der Unternehmen das Sagen haben, in der Vergangenheit eine für den Abschlußleser sehr unfreundliche Rechnungslegung durchsetzen und bis 1998 (siehe Abschnitt D.I.1g Deutsches Rechnungslegungs Standards Committee [DRSC]) die Bildung einer normsetzenden Institution verhindern. Die Unternehmensleitungen glaubten nämlich durch eine Änderung der Rechnungslegungsnormen die bisherigen großen bilanzpolitischen Möglichkeiten zu verlieren. Außerdem nahmen sie an, steuerliche Vorteile durch die bisher mögliche überzogene Anwendung des Vorsichtsprinzips zu verlieren. Im Rahmen der Globalisierung, d.h. unter dem Druck des internationalen Kapitalmarktes, versuchten jedoch seit einigen Jahren – wie bereits oben gesagt – international tätige deutsche börsennotierte Großunternehmen, für Konzernabschlüsse die US-GAAP und/oder die IAS als Rechnungslegungsnorm in Deutschland durchzusetzen. Die Mehrheit der mittelständischen Unternehmen wehrt sich jedoch weiterhin gegen eine Änderung der Rechnungslegungsnormen, da sie Angst hat, daß eine Änderung der Rechnungslegungsnormen für den Konzernabschluß auf den Einzelabschluß durchschlagen wird und dadurch die obengenannten Vorteile verloren gehen. Das Bundesministerium der Justiz hat sich in der Vergangenheit der Lobby der Jahresabschlußersteller gegenüber nachgiebig gezeigt, was beispielsweise das Bilanzrichtlinien-Gesetz beweist. Als sich diese Lobby aber vor einigen Jahren spaltete, antwortete das Bundesministerium der Justiz darauf mit dem Kapitalaufnahmeerleichterungsgesetz.

g) Theorien der Rechnungslegung

Der Einfluß der Wissenschaft auf die Unterschiede der Rechnungslegung ist sehr gering.

Die in Deutschland entwickelten betriebswirtschaftlichen Bilanztheorien (z.B. Schmalenbach, Eugen: Grundlagen dynamischer Bilanzlehre, 1. Aufl. 1919 bis Dynamische Bilanz, 13. Aufl. 1962; übersetzt in mehrere Sprachen) hatten praktisch keinen Einfluß auf die Rechnungslegung. Das lag nicht am Mangel der von Schmalenbach vertretenen dynamischen Bilanztheorie – in den angelsächsischen Ländern wurde der Gedanke von Schmalenbach auch ohne Bilanztheorie verwirklicht –, sondern hauptsächlich an dem mächtigen Einfluß der Spitzenverbände der deutschen Wirtschaft, die die Interessen der Jahresabschlußersteller vertreten, auf den Gesetzgeber. Der Einfluß der Jahresabschlußleser bzw. Kapitalanleger ist in Deutschland dagegen bisher unbedeutend, da es praktisch keine mächtigen deutschen Pensionsfonds und geschäftsbankenunabhängige Investmentfondsgesellschaften gibt und Gesetzgeber, Aufsichtsräte und Wirtschaftsprüfer die Interessen der Jahresabschlußleser und Kapitalanleger ungenügend wahrnehmen. Hinzu kommt, daß die Interessenvertreter der Jahresabschlußersteller das Vorsichtsprinzip und den Gläubigerschutz als etwas Positives für die Allgemeinheit stark herausgestellt haben. Diese vorgeschobenen Gründe dienen tatsächlich nur den Steuersparinteressen und der Bilanzpolitik der Jahresabschlußersteller. Bedauerlicherweise haben sich auch große Teile der »Enkel- und Urenkel-Generation« von Schmalenbach an die Machtverhältnisse im Bilanzwesen angepaßt.

Als Einfluß der Wissenschaft auf die Rechnungslegung ist in der Literatur (Nobes/Parker und Mueller/Gernon/Meek) lediglich derjenige von Theodore Limperg jr. auf die Bewertung zu Wiederbeschaffungskosten in den Niederlanden bekannt.

2. Die wesentlichen Unterschiede

a) Vorsichtsprinzip und periodengerechte Erfolgsermittlung

Das Vorsichtsprinzip wird in den verschiedenen Ländern unterschiedlich ausgelegt. Man kann bei seiner Auslegung die Rechnungslegungswelt nicht in zwei Blöcke, nämlich den kontinentaleuropäischen und den angelsächsischen Block, einteilen, da innerhalb der einzelnen Blöcke Auslegungsunterschiede bestehen. Die US-amerikanische Rechnungslegung ist z.B. vorsichtiger als die britische. In Großbritannien – auch gemäß IAS/IFRS – können z.B. Entwicklungskosten unter bestimmten Voraussetzungen aktiviert werden, nicht dagegen in den USA und auch nicht in Deutschland. An diesem Beispiel zeigt sich, daß man weder von einer angelsächsischen Rechnungslegung noch von einer kontinentaleuropäischen Rechnungslegung sprechen sollte. Trotz der 4. gesellschaftsrechtlichen EG-Richtlinie von 1978 und der 7. gesellschaftsrechtlichen EG-Richtlinie von 1983 konnte man bisher auch nicht von einer EU-Rechnungslegung sprechen.

> Die extremste Auslegung des Vorsichtsprinzips erfolgt in Deutschland, wo sie die periodengerechte Erfolgsermittlung erheblich beeinträchtigt. Das Vorsichtsprinzip bezieht sich in Deutschland allerdings nur auf die Bewertung von Bilanzposten und nicht den Ausweis des Ergebnisses. In der Praxis wird deshalb in guten Jahren vorsichtig bilanziert und in schlechten Jahren, wenn das Vorsichtsprinzip eher angebracht wäre, wird weniger vorsichtig bilanziert. Das bedeutet, daß eine stille Auflösung von stillen Reserven möglich ist, wenn der entsprechende Bilanzposten immer noch (etwas) vorsichtig bewertet wird. Das ist eine Umkehr und ein Mißbrauch des Vorsichtsprinzips, d.h. eine nicht durch das Vorsichtsprinzip gedeckte zusätzliche Verzerrung der periodengerechten Erfolgsermittlung und somit eine Täuschung der Jahresabschlußleser und das Gegenteil des Gläubigerschutzes.
>
> Darüber hinaus kann durch eine lasche Handhabung des Stetigkeitsgebotes die periodengerechte Erfolgsermittlung in Deutschland verzerrt werden.

Unter das Vorsichtsprinzip im Sinne des Gläubigerschutzes fällt auch die Bildung von gesetzlichen Rücklagen in vielen kontinentaleuropäischen Ländern. Hierbei handelt es sich jedoch nicht um Bewertungsfragen, sondern um Ausschüttungsbeschränkungen im Sinne des Gläubigerschutzes.

b) Rückstellungen und Wertberichtigungen

Durch die Bildung und Auflösung von Rückstellungen und Wertberichtigungen kann die Erfolgsermittlung erheblich beeinflußt werden. Man könnte diesen Abschnitt deshalb auch als einen Unterabschnitt des vorigen Abschnitts »Vorsichtsprinzip und periodengerechte Erfolgsermittlung« betrachten.
Für Rückstellungen gilt in den meisten Ländern der Grundsatz, daß sie wahrscheinlich und einschätzbar sein müssen. In Deutschland reicht es aus, wenn die Verpflichtung nur möglich ist. Darüber hinaus sind in Deutschland auch Aufwandsrückstellungen erlaubt.
Unterschiedlich ist auch die Bildung von Pensionsrückstellungen. Während in den angelsächsischen Ländern in der Regel keine Pensionsrückstellungen notwendig sind, da rechtlich selbständige Pensionsfonds bestehen, gibt es in den kontinentaleuropäischen Ländern auch Pensionszusagen, aber in der Regel keine Pensionsfonds. Es wären deshalb in diesen Ländern entsprechende Pensionsrückstellungen zu bilden. In einer Reihe von Ländern war in der Vergangenheit die Bildung von Pensionsrückstellungen keine Pflicht. In Deutschland besteht z.B. eine Rückstellungspflicht für Neuzusagen erst ab dem 1.1.1987, was für einige Jahrzehnte noch eine Unterdotierung der Pensionsrückstellungen bedeutet.

> Im Gegensatz zu den meisten anderen Ländern wird in Deutschland das Vorsichtsprinzip bei der Bildung von Rückstellungen oft zu stark strapaziert, während die Bildung von Pensionsrückstellungen oft zu unvorsichtig erfolgt.

Unterschiede bei den Wertberichtigungen sind hauptsächlich auf steuerliche Vorschriften zurückzuführen. Während in manchen Ländern steuerlich sehr strenge Vorschriften für die Bildung von individuellen Wertberichtigungen bei Forderungen bestehen und dadurch notwendige Wertberichtigungen manchmal unterbleiben, sind in Deutschland in gewissem Umfang sogar pauschale Wertberichtigungen, die nicht dem erwarteten Forderungsausfall entsprechen müssen, zulässig.
Wesentliche Unterschiede können bei der Bildung von Wertberichtigungen bei Sachanlagen aufgrund der unterschiedlichen Schätzung der Nutzungsdauer und der Art der Abschreibung entstehen (linear/degressiv). Der steuerrechtliche Einfluß bei diesem Posten ist in den kontinentaleuropäischen Ländern groß.

c) Bewertung

In den meisten kontinentaleuropäischen und angelsächsischen Ländern erfolgt die Bewertung zu Anschaffungs- oder Herstellungskosten. In den Niederlanden ist auch die Bewertung zu Wiederbeschaffungskosten möglich und zum Teil üblich. In Großbritannien ist neben der Bewertung zu Anschaffungs- oder Herstellungskosten auch die Bewertung zu Wiederbeschaffungskosten oder zum Marktwert zulässig und üblich.

In Frankreich, Italien und Spanien war in der Vergangenheit in einzelnen Jahren eine Aufwertung des Sachanlagevermögens wegen der Inflation möglich.

In vielen lateinamerikanischen Ländern erfolgte in der Vergangenheit wegen der Hochinflation regelmäßig eine Aufwertung des Sachanlagevermögens und teilweise des Vorratsvermögens.

Bei der Vorratsbewertung ist in manchen Ländern neben einer Bewertung zu Vollkosten auch eine Bewertung zu Einzelkosten möglich und üblich (Belgien, Deutschland). In manchen Ländern ist eine Lifo-Bewertung der Vorräte nicht üblich (Großbritannien, Japan, Kanada) oder nicht zulässig (Schweden).

d) Rechtliche und wirtschaftliche Betrachtungsweise

Im Jahresabschluß sollen sich die wirtschaftlichen Verhältnisse eines Unternehmens widerspiegeln. Deshalb sollte bei der Erstellung des Jahresabschlusses in erster Linie die wirtschaftliche und weniger die rechtliche Betrachtungsweise maßgebend sein.

Leasing
Bei der Behandlung von Leasingverträgen zeigt sich deutlich, inwieweit die wirtschaftliche Betrachtungswiese bei der Rechnungslegung in den einzelnen Ländern berücksichtigt wird.

In Deutschland werden Leasingverträge in der Regel so gestaltet, daß eine Aktivierung und Passivierung beim Leasingnehmer nicht zu erfolgen hat. Der Umfang der Leasingverträge braucht auch nicht gesondert im Anhang angegeben zu werden.

In den angelsächsischen Ländern dagegen werden die Leasingverträge entsprechend der wirtschaftlichen Betrachtungsweise behandelt.

Konsolidierung
Ein weiteres Beispiel, inwieweit die rechtliche oder wirtschaftliche Betrachtungsweise in einem Land dominiert, ist die Konsolidierung.

Da ein Konzern eine wirtschaftliche und keine rechtliche Einheit ist, haben sich die konsolidierten Jahresabschlüsse in den USA aufgrund der wirtschaftlichen Betrachtungsweise im Gegensatz z.B. zu Deutschland viel früher durchgesetzt.

In den USA gab es die ersten konsolidierten Jahresabschlüsse bereits vor 1900, und nach 1920 wurden sie allgemeine Praxis. Sie ersetzten die Einzelabschlüsse. In Großbritannien und den Niederlanden wurden konsolidierte Jahresabschlüsse in den 30er Jahren üblich.

In Deutschland wurde erst 1965 für Aktiengesellschaften und für Kommanditgesellschaften auf Aktien der Konzernabschluß, der allerdings nur die inländischen Tochterunternehmen enthalten mußte, Pflicht. Die Kapitalkonsolidierung erfolgte dabei nach der erfolgsunwirksamen deutschen Methode. Seit etwa 1970 haben größere deutsche Unternehmen freiwillig zusätzlich sogenannte Weltbilanzen erstellt, was jedoch nicht nach einheitlichen Kriterien geschah.

Zwischen 1985 und 1993 wurde aufgrund der 7. EG-Richtlinie ein zusätzlicher Konzernabschluß (Weltabschluß) neben dem Einzelabschluß in allen EG-Staaten Pflicht. In den meisten EG-Staaten war vorher ein Konzernabschluß unbekannt.
Diese unterschiedlichen Erfahrungen der einzelnen Länder mit der Konsolidierung haben noch Auswirkungen auf die heutige Konsolidierungspraxis. Es gibt deshalb Unterschiede beim Konsolidierungskreis, der Anwendung der Interessenzusammenführungsmethode und der Quotenkonsolidierung, der Definition der Tochterunternehmen und der assoziierten Unternehmen sowie der Behandlung des Geschäfts- oder Firmenwertes (Goodwill).

> In Deutschland ist die wirtschaftliche Betrachtungsweise, ähnlich wie in Frankreich, Italien und Schweden, schwach ausgeprägt.

Aufgrund der wirtschaftlichen Betrachtungsweise ist in den USA ein vergleichbares Wort für »Bilanzrecht« unbekannt.

e) Wahlrechte und Gestaltungsspielräume

Unterschiede in der Rechnungslegung können auch durch die unterschiedliche Nutzung von Wahlrechten und Gestaltungsspielräumen entstehen.
In den Ländern, die bis vor wenigen Jahrzehnten nur eine auf der Steuerbilanz beruhende Einheitsbilanz kannten, sind die Wahlrechte und Gestaltungsspielräume relativ gering, da das Steuerrecht meistens keine Wahlrechte und Gestaltungsspielräume enthält. In den angelsächsischen Ländern enthalten die Rechnungslegungsnormen in der Regel auch kaum Wahlrechte und Gestaltungspielräume.

> In Deutschland hingegen ist trotz der starken Verknüpfung mit dem Steuerrecht das Ausmaß der Wahlrechte in der Handelsbilanz besonders groß. Zum einen liegt das an den expliziten Wahlrechten im HGB, und zum anderen ergibt es sich aus den fehlenden Rechnungslegungsnormen im HGB, die faktisch zu Wahlrechten und Gestaltungsspielräumen führen.

f) Berichterstattung

Ein Jahresabschluß, d.h. eine Zwischenabrechnung im Leben eines Unternehmens, nur in Form einer Bilanz und Gewinn- und Verlustrechnung kann bei
- den heutigen komplexen wirtschaftlichen und technischen Verhältnissen sowie den rechtlichen Gestaltungsmöglichkeiten,
- der Größe, den verschiedenen Tätigkeitsbereichen und den unterschiedlichen regionalen Schwerpunkten der Unternehmen und
- den vielen Notwendigkeiten der Schätzung und der nicht versicherbaren Risiken (z.B. Umweltschutz, Rechtsstreitigkeiten von besonderer Bedeutung, neue Gesetze und Verordnungen)

selbst bei einer weltweiten Standardisierung der Rechnungslegung und bei Beachtung des true and fair Gebotes nur noch ungenügend die wirtschaftliche Lage eines Unternehmens darstellen.

Ein wesentlicher Unterschied in der externen Rechnungslegung in den verschiedenen Ländern liegt deshalb im Umfang und der betriebswirtschaftlichen Aussagekraft der zusätzlichen Berichterstattung der Unternehmen.

In Deutschland sind Umfang und betriebswirtschaftliche Aussagekraft der gesetzlich geforderten Berichterstattung relativ gering.

g) Andere Unterschiede

Unterschiede ergeben sich auch aus der unterschiedlichen oder fehlenden Zielsetzung der externen Rechnungslegung in den einzelnen Ländern.

In den angelsächsischen Ländern sieht man, wie in Abschnitt A.I.1a gesagt, das Ziel der externen Rechnungslegung darin, Informationen zur Entscheidungsfindung zu liefern und Rechenschaft abzulegen. Dies ist nur möglich, wenn die Rechnungslegung auf einer true and fair view basiert bzw. wenn sie eine fair presentation darstellt. In den kontinentaleuropäischen Länder, wie z.B. in Deutschland, betrachtete man bisher die externe Rechnungslegung mehr als eine vom Gesetz vorgeschriebene Pflichtübung.

Als Folge dieser unterschiedlichen oder fehlenden Zielsetzung im Zusammenhang mit der Dominanz der Steuerbilanz und der geringen Regelungsdichte bei der Handelsbilanz wird in Deutschland Bilanzpolitik wesentlich stärker als in anderen Ländern betrieben. Dies trifft nicht nur für die Bewertung von Bilanzposten, sondern auch für Sachverhaltsgestaltungen (z.B. Leasing, sale and lease back) zu.

Ein weiterer Unterschied ist, daß in kontinentaleuropäischen Ländern Zuschreibungen in der Steuerbilanz aufgrund von steuerlichen Betriebsprüfungen auch in der Handelsbilanz vorgenommen werden.

> Bei der deutschen externen Rechnungslegung stand bisher in den meisten Fällen die Ausschöpfung bilanzpolitischer Möglichkeiten und die steuerlich optimale Gestaltung im Vordergrund. Dies ist das Gegenteil einer true and fair view bzw. fair presentation.

Ein Beispiel für diese Denkweise in Deutschland ist der praktische Leitfaden für die Aufstellung IAS-konformer Jahres- und Konzernabschlüsse des Instituts der Wirtschaftsprüfer von 1995. Darin enthält jeder besprochene Posten einen Abschnitt »Wahlrechte und Gestaltungsspielräume«. Es wird somit – entgegen dem Framework der IAS – nicht angestrebt, eine true and fair view zu vermitteln, sondern man hält daran fest, möglichst viel Bilanzpolitik zu betreiben. Bei einem Leitfaden für die Aufstellung von IAS-konformen Jahresabschlüssen darf nicht die Frage nach den Wahlrechten und Gestaltungsspielräumen eine Rolle spielen, sondern es müßte eher die Frage diskutiert werden, wie man vorhandene Wahlrechte und Gestaltungsspielräume im Sinne einer true and fair view und der Ziele der externen Rechnungslegung nutzen kann.

3. Klassifizierung der Unterschiede

Im folgenden werden die in der Literatur erwähnten Klassifizierungen der Unterschiede der Rechnungslegung, soweit sie in der Zeit nach dem zweiten Weltkrieg entstanden sind, in zeitlicher Reihenfolge dargestellt. Aus der davorliegenden Zeit ist nur der sehr unvollständige Klassifizierungsversuch von Hatfield aus dem Jahre 1911 bekannt (Hatfield, Henry Rand: Some Variations in Accounting Practice in England, France, Germany and the United States. In: Journal of Accounting Research, Autumn 1966, S. 169-182. Abdruck eines Vortrages aus dem Jahre 1911).
Bemerkenswert ist, daß sich bisher fast nur angelsächsische Autoren mit diesem Thema beschäftigt haben. Hierin mag man auch einen Hinweis auf die provinzielle Engstirnigkeit der Kontinentaleuropäer bezüglich der externen Rechnungslegung sehen, d.h. diese interessierten sich bisher nur für ihre nationale Steuerbilanz.

a) Klassifizierung von Mueller 1967

Der erste bedeutende Versuch einer Klassifizierung von Rechnungslegungssystemen nach dem zweiten Weltkrieg stammt von Mueller (Mueller, Gerhard G.: International Accounting, New York 1967). Nach Mueller sind die Rechnungslegungsnormen eines Landes das Ergebnis wirtschaftlicher, politischer und sonstiger Umwelteinflüsse. Mueller teilt die Rechnungslegungssysteme in die folgenden vier Gruppen auf und gibt dazu wenige Beispiele (Choi, Frederick D.S./Mueller, Gerhard G.: International Accounting, New York 1992, S. 43):

1. Makroökonomisch orientiertes Rechnungslegungssystem Es orientiert sich an gesamtwirtschaftlichen Zielsetzungen. Schweden kommt diesem Rechnungslegungssystem am nächsten.
2. Mikroökonomisch orientiertes Rechnungslegungssystem Es basiert auf einem marktorientierten Wirtschaftssystem. Die Niederlande kommen diesem Rechnungslegungssystem am nächsten.
3. Autonom entwickeltes Rechnungslegungssystem Rechnungslegungsgrundsätze sind pragmatisch entstanden. Großbritannien und die USA sind Beispiele für dieses Rechnungslegungssystem.
4. Einheitliches Rechnungslegungssystem Es dient der Regierung zur Wirtschaftskontrolle und zur Steuereinziehung. Frankreich ist das beste Beispiel für dieses Rechnungslegungssystem.

Mueller unterstellt bei seiner Klassifizierung, daß sich Rechnungslegungssysteme aufgrund ähnlicher Umwelteinflüsse auch ähnlich entwickeln. Nicht immer lassen sich jedoch Rechnungslegungssysteme einer dieser vier Gruppen zuteilen. Oft treffen Elemente aus mehr als einer Gruppe auf ein Rechnungslegungssystem zu. Nicht zuletzt aus diesem Grunde dürfte Mueller so wenige Beispiele angegeben haben.

b) Klassifizierung von Mueller 1968

1968 stellte Mueller (Mueller, Gerhard G.: Accounting Principles Generally Accepted in the United States Versus Those Generally Accepted Elsewhere. In: International Journal of Accounting, Spring 1968) eine zweite Klassifizierung vor.
Aufgrund der Einschätzung
- des Grades der wirtschaftlichen Entwicklung,
- der Komplexität der Wirtschaft,
- des politischen und sozialen Klimas und
- des Rechtssystems

stellte er folgende zehn Gruppen von Ländern zusammen, die jeweils ähnlichen Umwelteinflüssen unterliegen:
- USA/Kanada/Niederlande,
- British Commonwealth (ohne Kanada),
- Deutschland/Japan,
- Kontinentaleuropa (ohne Deutschland, die Niederlande und Skandinavien),
- Skandinavien,
- Israel/Mexiko,
- Südamerika,
- Entwicklungsländer im Nahen und Fernen Osten,
- Afrika (ohne Südafrika),
- Kommunistische Länder.

Diese Aufstellung ist keine Klassifizierung der finanziellen Berichterstattung, sondern es wird nur angenommen, daß verschiedene Umwelteinflüsse auch zu verschiedenen Rechnungslegungssystemen führen, was bei einem Versuch, ein Rechnungslegungssystem zu ändern oder zu harmonisieren, berücksichtigt werden sollte.

c) Einflußzonen-Ansatz von Seidler/Previts

Seidler stellte 1967 einen von Previts 1975 ergänzten Einflußzonen-Ansatz vor. Er wird hier nicht näher erläutert, nicht zuletzt wegen des nachfolgenden Zitats »Dabei wurde Deutschland als zur amerikanischen Einflußzone gehörig betrachtet, weil ›The American system of professional CPA has been ... imitated by some NATO countries, including Germany‹« (zitiert nach Rost, S. 76).

d) Morphologie der American Accounting Association (AAA) von 1977 zum Vergleich von Rechnungslegungssystemen

Die AAA (American Accounting Association: Report of the American Accounting Association Committee on International Accounting Operations and Education 1975-1976. In: The Accounting Review, Supplement 1977, S. 99-101) hat 1977 eine Morphologie zur Klassifizierung von Rechnungslegungssystemen entwickelt. Sie enthält die folgenden acht Einflußfaktoren

- politisches System,
- wirtschaftliches System,
- Stand der wirtschaftlichen Entwicklung,
- Zwecke des Jahresabschlusses,
- Art der Entwicklung der Rechnungslegungsgrundsätze,
- Ausbildung, Weiterbildung, Zulassung,
- Durchsetzung der Rechnungslegungsgrundsätze,
- Nutzer der Jahresabschlüsse und unterscheidet jeweils fünf Ausprägungsarten.

Diese Morphologie ist bisher noch nicht empirisch überprüft worden.

e) Einflußzonen-Ansatz der American Accounting Association (AAA) von 1977

Die AAA (American Accounting Association: Report of the American Accounting Association Committee on International Accounting Operations and Education 1975-1976. In: The Accounting Review, Supplement 1977, S. 105 und S. 129-130) hat 1977 auf Basis historischer, kultureller und sozioökonomischer Quellen folgende fünf Einflußzonen der Rechnungslegung unterschieden:
- britisch,
- französisch-spanisch-portugiesisch,
- deutsch-niederländisch,
- US-amerikanisch,
- kommunistisch.

Aufgrund der tatsächlichen Verhältnisse scheint die Bildung einer deutsch-niederländischen Einflußzone nicht richtig zu sein, zumal zwischen einer britischen und einer amerikanischen Einflußzone unterschieden wurde.

f) Klassifizierung von Gray auf Basis von Wertvorstellungen

Gray (Gray, S.J.: Towards a theory of cultural influence on the development of accounting systems. In: Abacus, March 1988) schlägt eine Klassifizierung der Rechnungslegungssysteme auf Basis von Wertvorstellungen vor. Er baut dabei auf den Arbeiten von Hofstede (Hofstede, Geert: Culture's Consequences: International Differences in Work – Related Values. Beverly Hills 1980) auf. Gray glaubt, auf Basis der Wertvorstellungen eines Landes Aussagen über die verschiedenen Verhaltensweisen und somit auch die Art der Rechnungslegungspraxis machen zu können. Gray unterscheidet vier verschiedene Rechnungslegungswertdimensionen:
- professionalism versus statutory control,
- uniformity versus flexibility,
- conservatism versus optimism,
- secrecy versus transparency.

Gray hat 38 Länder diesen vier Wertdimensionen zugeordnet.
Eine ausführliche empirische Bestätigung der Hypothese von Gray liegt noch nicht vor.

g) Statistische Verfahren

Es gab in der Vergangenheit mehrere Klassifizierungen auf der Basis von statistischen Verfahren, nämlich
- Da Costa/Bourgeois/Lawson 1978,
- Frank 1979,
- Nair/Frank 1980,
- Nair 1982.

Diese statistischen Verfahren beruhen auf der Auswertung von Erhebungen von Price Waterhouse. 1973 gab Price Waterhouse eine Zusammenstellung von 233 Rechnungslegungspraktiken und deren Anwendung in 38 Ländern heraus. 1975 erfolgte eine Ergänzung, und 1979 wurden 267 Rechnungslegungspraktiken in 64 Ländern zusammengestellt. Dabei wurden bei der Ermittlung der Anwendung jedes accounting principle in den einzelnen Ländern bis zu sieben Ausprägungsformen von »gefordert« (1) bis »nicht gestattet« (7) unterschieden.

Die Ergebnisse dieser Klassifizierungen waren nicht zufriedenstellend. Folgende Kritik sei im einzelnen angemerkt: Es wird nicht gesagt, was für die einzelnen Gruppen charakteristisch ist und was sie voneinander trennt. Die einzelnen Länder sind den verschiedenen Klassifizierungen sehr unterschiedlich zugeordnet. Bei Da Costa/Bourgeois/Lawson wurde festgestellt, daß der Unterschied zwischen den USA und Großbritannien größer ist als zwischen der Schweiz und Großbritannien. Die Niederlande und Kanada konnten gar nicht klassifiziert werden. Frank ordnete Deutschland dem US-amerikanischen Modell zu, und Nair ordnete Frankreich und Großbritannien bei den Bewertungspraktiken in eine Gruppe. Bei der Auswertung werden wichtige und unwichtige Rechnungslegungspraktiken gleich gewichtet. Es wird bezweifelt, ob die Daten von Price Waterhouse für eine solche Analyse ausreichend waren. Weitere Kritik hierzu ist in Nobes, Christopher/Parker, Robert: Comparative International Accounting. 6th ed., London 2000, S. 55-57 enthalten.

h) Klassifizierung von Mueller/Gernon/Meek

Mueller/Gernon/Meek (Mueller, Gerhard G./Gernon, Helen/Meek, Gary K.: Accounting: an international perspective. 4th ed., Burr Ridge, Ill. 1997) veröffentlichten 1987 eine Klassifizierung, die sie 1994 und 1997 aktualisierten. Sie haben aufgrund verschiedener Umweltfaktoren folgende vier verschiedene Rechnungslegungssysteme identifiziert.

List of Selected Countries Comprised by the Four Major Accounting Models

British-American Model*			
Australia	Cyprus	Liberia	Puerto Rico
Bahamas	Dominican Republic	Malawi	Singapore
Barbados	Fiji	Malaysia	South Africa
Benin	Ghana	Mexico	Tanzania
Bermuda	Hong Kong	Netherlands	Trinidad & Tobago
Botswana	India	New Zealand	Uganda
Canada	Indonesia	Nigeria	United Kingdom
Cayman Islands	Ireland	Pakistan	United States
Central America	Israel	Panama	Venezuela
Colombia	Jamaica	Papua New Guinea	Zambia
Costa Rica	Kenya	Philippines	Zimbabwe
Continental Model**			
Algeria	Finland	Luxembourg	Sweden
Angola	France	Mali	Switzerland
Austria	Germany	Morocco	Togo
Belgium	Greece	Norway	Turkey
Burkina	Guinea	Portugal	Zaire
Cameroon	Italy	Senegal	
Denmark	Ivory	Sierra Leone	
Egypt	Cost Japan	Spain	
South American Model***			
Argentina	Ecuador	Honduras	Uruguay
Bolivia	El Salvador	Nicaragua	
Brazil	Guyana	Paraguay	
Chile	Guatemala	Peru	
Mixed Economy Model****			
Albania	Czech Republic	Lithuania	Slovenia
Armenia	Estonia	Moldavia	Tadzhikstan
Azerbaijan	Georgia	Poland	Turkmenistan
Belorussia	Hungary	Romania	Ukraine
Bosnia-Herzegovina	Kazakhstan	Russia	Uzbekistan
Bulgaria	Kirgizia	Serbia	Vietnam
Croatia	Latvia	Slovak Republic	

*　　Britisch-Amerikanisches Modell
　　　Jahresabschlüsse sind für die Entscheidungsbedürfnisse von Investoren oder Gläubiger bestimmt; es bestehen entwickelte Kapitalmärkte, Verständnis für Rechnungslegungsinformationen, große multinationale Gesellschaften.
**　 Kontinentales Modell
　　　Unternehmensfinanzierung durch Banken, Rechnungslegung legalistisch orientiert, Tendenz zu konservativer Rechnungslegung, Rechnungslegung dient nicht der Entscheidungsfindung, sondern steuerlichen und wirtschaftspolitischen Zielsetzungen.
***　Südamerikanisches Modell
　　　Perrmanente Erfassung der inflationsbedingten Auswirkungen im Rechnungswesen, steuerliche Rechnungslegung wird oft für die externe Rechnungslegung benutzt.
**** Gemischtes Modell
　　　Staaten unter früherer kommunistischer Herrschaft
　　　Rechnungslegung hat planwirtschaftliche und britisch-amerikanische Züge (einschließlich IAS).

Die Einteilung ist nicht sehr detailliert, aber im Prinzip richtig.

i) Die hierarchische Klassifizierung von Nobes

Nobes hat 1981 eine hierarchische Klassifizierung von entwickelten westlichen Ländern aufgrund der Bilanzierungs- und Bewertungspraktiken von veröffentlichten Jahresabschlüssen vorgenommen. Diese Klassifizierung hat er mehrmals verändert und erweitert. Seine letzte 2000[1] veröffentlichte Fassung sieht wie folgt aus:

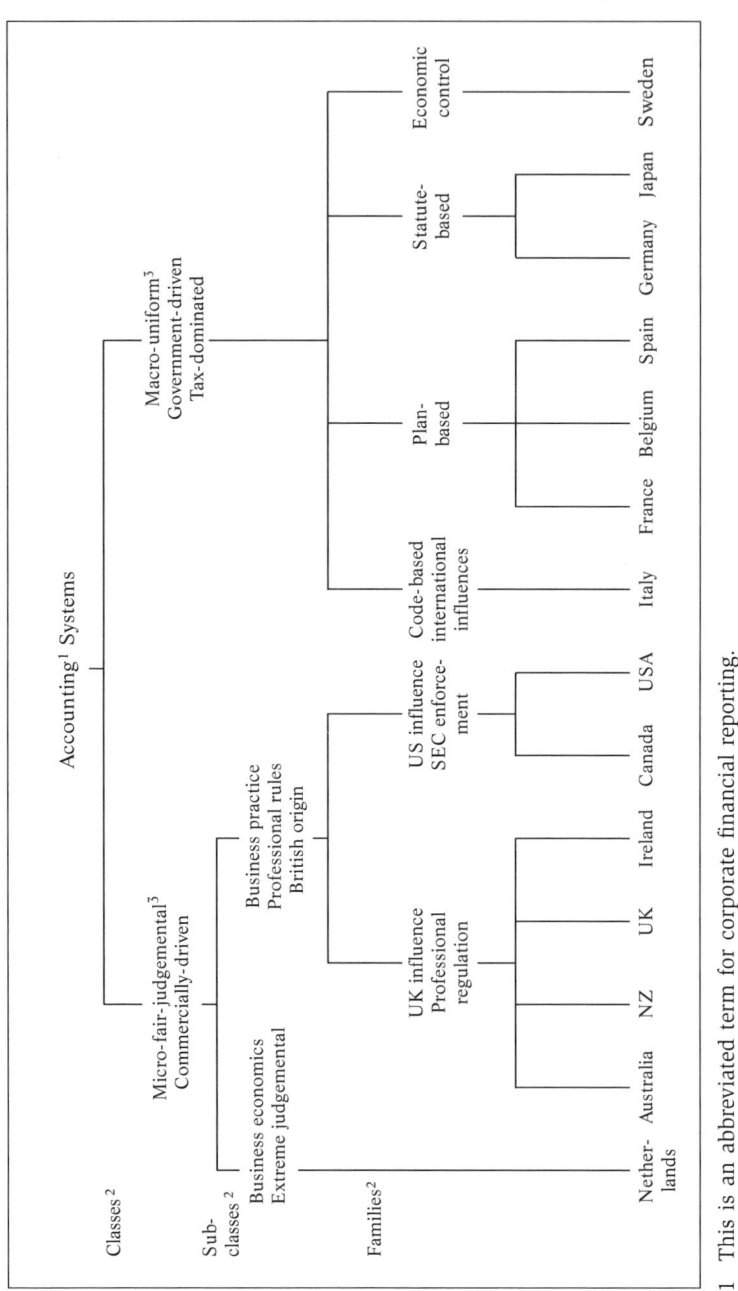

```
Accounting¹ Systems
├── Micro-fair-judgemental³ (Commercially-driven)
│   ├── Business economics / Extreme judgemental
│   │   └── Netherlands — Australia
│   └── Business practice / Professional rules / British origin
│       ├── UK influence / Professional regulation
│       │   └── NZ — UK — Ireland
│       └── US influence / SEC enforcement
│           └── Canada — USA
└── Macro-uniform³ (Government-driven, Tax-dominated)
    ├── Code-based international influences
    │   └── Italy
    ├── Plan-based
    │   └── France — Belgium — Spain
    └── Statute-based
        ├── Germany — Japan
        └── Economic control
            └── Sweden
```

Classes²: Micro-fair-judgemental³ / Macro-uniform³
Sub-classes²: Business economics / Business practice / Government-driven / Tax-dominated
Families²: UK influence / US influence / Code-based / Plan-based / Statute-based / Economic control

1 This is an abbreviated term for corporate financial reporting.
2 These terms, borrowed from biology, should be interpreted merely as loose labels.
3 The terms at these and other branching points are merely labels to be used as shorthand to try to capture some of the attributes of the members of the accounting systems below them. This classification has been prepared by a UK researcher and may contain usage of terms that will mislead those from other cultures.

A suggested classification of accounting »systems« in some developed Western countries in 1980.

---

1 Nobes, Christopher/Parker, Robert: Comparative International Accounting, 8th ed., 2004, S. 66

Die Differenzierung beruht auf folgenden neun Faktoren:
1. Art der Abschlußnutzer der veröffentlichten Jahresabschlüsse der börsennotierten Gesellschaften,
2. Umfang von detaillierten Gesetzen und Standards, die Ermessensspielräume ausschließen,
3. Bedeutung der Steuergesetze für die Bewertung,
4. Vorsicht (z.B. Bewertung von Gebäuden, Vorräten, Forderungen),
5. Anwendung der historischen Anschaffungs- oder Herstellungskosten,
6. Möglichkeit von Berichtigungen auf Basis von Wiederbeschaffungskosten im Jahresabschluß oder in einer Nebenrechnung,
7. Konsolidierungspraxis,
8. Möglichkeit der großzügigen Bildung von Rückstellungen und der Ergebnisglättung,
9. Einheitliche Anwendung der Rechnungslegungsvorschriften.

j) Von Nobes 1998 vorgeschlagene Klassifikation von Finanzberichtssystemen

1998 hat Nobes (Nobes, C.W.: Towards a general model of the reasons for international differences in financial reporting. In: Abacus, Vol. 34, No. 2 und Nobes, Christopher/Parker, Robert: Comparative International Accounting, 8th ed., 2004, S. 69) folgende Klassifikation von Finanzberichtssystemen vorgeschlagen (siehe nächste Seite).

k) Weitere Klassifizierungen

Es gibt noch weitere Klassifizierungen. Hier seien erwähnt:
- Abu Jbarah 1972,
- Buckley/Buckley 1974,
- Russett 1975,
- Goodrich 1980 und 1986,
- Schoenfeld 1981,
- Macharzina/Scholl 1984,
- Al Najjar 1986,
- Berry 1987,
- Doupnik/Salter 1993 und 1995.

Die ersten fünf angeführten Klassifizierungen sind wenig hilfreich, ungereimt, oder sogar teilweise als nicht korrekt zu bezeichnen, und bei den letzten vier Klassifizierungen handelt es sich um Abarten oder die Fortführung der hierarchischen Klassifizierung von Nobes. Berry und Doupnik/Salter bestätigen die Existenz einer lateinamerikanischen Gruppe.
Weitere Einzelheiten zu diesen als auch zu den in den vorangegangenen Abschnitten erwähnten Klassifizierungen sind bei Hayn (Hayn, Sven: Internationale Rechnungslegung. Stuttgart 1997) enthalten. Hayn hat auf S. 53 die wesentlichen Klassifizierungsansätze und ihre wichtigsten Vertreter in einer Abbildung zusammengestellt, die nachstehend wiedergegeben wird (siehe übernächste Seite).

Some Accounting Systems in 1998

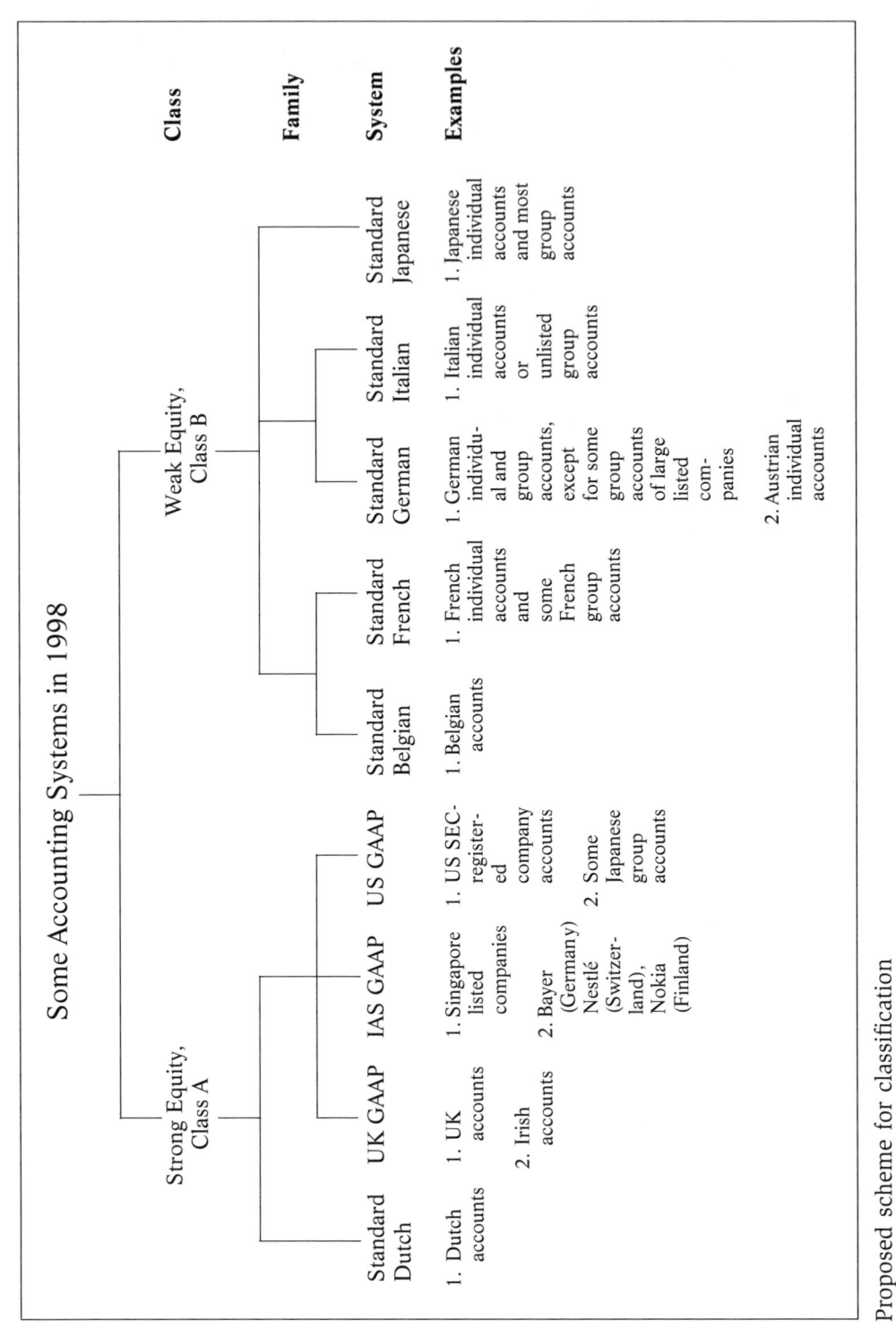

Class:
- Strong Equity, Class A
- Weak Equity, Class B

Family:
- (under Class A)
- (under Class B)

System:
- Standard Dutch
- UK GAAP
- IAS GAAP
- US GAAP
- Standard Belgian
- Standard French
- Standard German
- Standard Italian
- Standard Japanese

Examples:

- **Standard Dutch:** 1. Dutch accounts
- **UK GAAP:** 1. UK accounts; 2. Irish accounts
- **IAS GAAP:** 1. Singapore listed companies; 2. Bayer (Germany) Nestlé (Switzerland), Nokia (Finland)
- **US GAAP:** 1. US SEC-registered company accounts; 2. Some Japanese group accounts
- **Standard Belgian:** 1. Belgian accounts
- **Standard French:** 1. French individual accounts and some French group accounts
- **Standard German:** 1. German individual and group accounts, except for some group accounts of large listed companies; 2. Austrian individual accounts
- **Standard Italian:** 1. Italian individual accounts or unlisted group accounts
- **Standard Japanese:** 1. Japanese individual accounts and most group accounts

Proposed scheme for classification

Nobes, Christopher. In: Abacus, Vol. 34, No. 2 und in: Nobes, Christopher/Parker, Robert: Comparative International Accounting, 8th ed., 2004, S. 69

I. Unterschiede in der internationalen Rechnungslegung

Klassifizierungsansätze von Rechnungslegungssystemen

- subjektive Einteilung
  - einfache Gruppierung von Rechnungsusancen und Umweltfaktoren
    - Grundorientierung
      - MUELLER (1967)
    - Umwelten
      - (HATFIELD)
      - MUELLER (1968)
      - MUELLER/ GERNON/ MEEK
    - Einflußzonen
      - SEIDLER
      - PREVITS
      - AAA
      - RUSSETT
      - SCHOENFELD
  - Morphologien
    - AAA
    - BUCKLEY/ BUCKLEY
    - (NOBES)
    - (ALNAJJAR)
  - hierarchische Systeme
    - rein subjektive Anordnung
      - MACHARZINA/ SCHOLL
      - BERRY
    - Überprüfung mittels statistischer Analyse
      - NOBES
      - ALNAJJAR
      - DOUPNIK/ SALTER
  - kulturelle Wertdimensionen
    - (HOFSTEDE)
    - GRAY
- Einteilung mittels statistischer Analyse empirischen Datenmaterials
  - DA COSTA/ BOURGEOIS/ LAWSON
  - FRANK
  - NAIR/ FRANK
  - NAIR
  - GOODRICH

Wesentliche Klassifizierungsansätze und ihre wichtigsten Vertreter

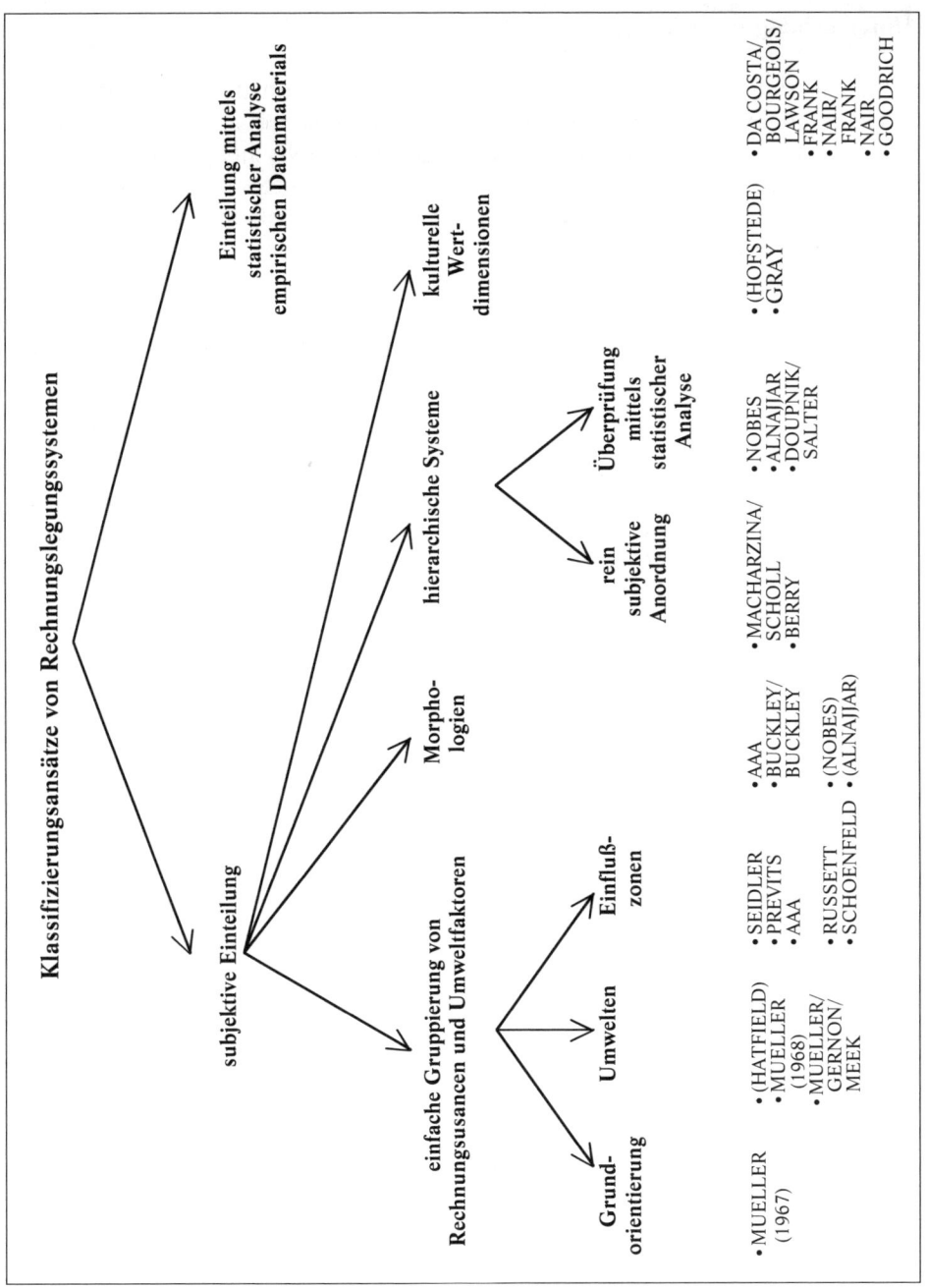

Hayn, Sven: Internationale Rechnungslegung. Stuttgart 1997, S. 53

l) Untersuchung von d'Arcy

Eine Untersuchung in deutscher Sprache ist die Arbeit von d'Arcy (Anne d'Arcy: Gibt es eine anglo-amerikanische oder eine kontinentaleuropäische Rechnungslegung? – Klassen nationaler Rechnungslegungssysteme zwischen Politik und statistischer Überprüfbarkeit. Frankfurt am Main 1999). Die Untersuchung enthält auch eine Übersicht zu den Merkmalen wichtiger Klassifizierungsversuche nationaler Rechnungslegungssysteme (S. 121-125).

Die Untersuchung von d'Arcy beruht auf den Ansatz- und Bewertungsmethoden sowie Konsolidierungsmethoden von 14 Industrienationen (Australien, Österreich, Belgien, Kanada, Dänemark, Frankreich, Deutschland, Japan, Niederlande, Spanien, Schweden, Schweiz, Großbritannien, USA) und den IAS. Die Datenbasis wurde entnommen aus Ordelheide, Dieter, KPMG: TRANSACC – Transnational Accounting. London 1995.

D'Arcy sagt in der Zusammenfassung auf S. 230 u.a. folgendes:
- *»Bei einer auf das TRANSACC-Sample bezogenen 3-Cluster-Lösung kann eine europäische, eine nordamerikanische und eine australische Gruppe identifiziert werden;*
- *Australien ist ein deutlicher Außenseiter gegenüber allen anderen Systemen;*
- *Großbritannien gehört zur europäischen Gruppe und grenzt sich deutlich gegenüber den nordamerikanischen Systemen ab;*
- *Deutschland und Österreich sind die mit Abstand ähnlichsten Systeme;*
- *Frankreich und USA sind sich sehr unähnlich;*
- *die europäische Gruppe ist in sich homogener als die nordamerikanische;*
- *innerhalb der europäischen Gruppe kann ein Kern identifiziert werden, der sich aus Österreich, Deutschland, Frankreich und Belgien zusammensetzt;*
- *Spanien, Schweden und Japan als Mitglieder der europäischen Gruppe zeigen deutliche Tendenzen zur Bildung einer eigenen Gruppe bei höherzahligen Clusterlösungen, bilden somit den heterogenen Teil des europäischen Clusters.*

Insgesamt herrscht wenig Übereinstimmung mit den Ergebnissen anderer Studien. Insbesondere die Rolle Großbritanniens wird in der Regel unterschiedlich bewertet.
Bei einer getrennten Analyse der Einzel- und Konzernabschlußdaten zeigt sich, daß sich die Außenseiterrolle Australiens hauptsächlich auf Einzelabschlußregelungen bezieht. Bezüglich des Konzernabschlusses stellt nun Japan den Ausreißer. Schweden ist hinsichtlich des Einzelabschlusses dem europäischen Kerncluster zuzuordnen, während es im Konzernabschluß sogar in die nordamerikanische Gruppe wechselt. Umgekehrt zeigt sich die Niederlande bezüglich der Konzernabschlußregelungen nahe dem europäischen Kerncluster.«

4. Zusammenfassung

Bei allen vorerwähnten Klassifizierungen schält sich immer ein starker Unterschied zwischen der Rechnungslegung in angelsächsischen Ländern einerseits und der Rechnungslegung in Kontinentaleuropa andererseits heraus. Weiter unten werden die Ursachen für die Unterschiede zusammengefaßt dargestellt.

Bei einer solchen Gegenüberstellung der Ursachen für die Unterschiede muß man
– wenn man nicht der groben Leichtfertigkeit geziehen werden will – die Gültigkeit
der Aussagen für die einzelnen Länder der beiden Gruppen mehr oder weniger etwas
einschränken. Zu diesen Einschränkungen gehören beispielsweise die erheblichen
Unterschiede zwischen der Rechnungslegung in den USA und Großbritannien, die
in der Darstellung von Nobes zu der gleichen sub-class gehören und in der deutschen Bilanzliteratur gerne als angelsächsische Rechnungslegung, manchmal sogar
unter Einbeziehung der IAS, zusammengefaßt werden. Es sollte auch nicht übersehen werden, daß in manchen Punkten (z.B. Bewertung zu Anschaffungs- oder Herstellungskosten, Vorsichtsprinzip bei der Behandlung von Entwicklungskosten) die
Rechnungslegung in den USA der deutschen Rechnungslegung näher steht als der
Rechnungslegung in Großbritannien. Sowohl in den USA als auch in Deutschland
stört man sich an der manchmal etwas sehr »kreativen« Bilanzierung in Großbritannien.

Aus den bisherigen Ausführungen läßt sich entnehmen, daß bei der Klassifizierung
von Rechnungslegungssystemen die der Rechnungslegung zugrunde liegenden Ziele
eine größere Bedeutung haben als die Art der Lösung einzelner Bilanzierungsfragen.
Mit den Zielen der Rechnungslegung hängen auch der Umfang und die betriebswirtschaftliche Aussagekraft der Unternehmensberichterstattung zusammen. In diesem Punkte unterscheidet sich die Rechnungslegung in Deutschland und die in den
USA sehr wesentlich.

Ursachen für die Unterschiede der Rechnungslegung in angelsächsischen Ländern und in Kontinentaleuropa		
	Rechnungslegung in angelsächsischen Ländern (insbesondere in den USA, aufgrund der Dominanz der SEC)	Rechnungslegung in Kontinentaleuropa (unterschiedliche Ausprägung in den einzelnen Ländern)
Zielsetzung der externen Rechnungslegung	Vermittlung von Informationen für wirtschaftliche Entscheidungen; Rechenschaftslegung; fair presentation	Keine expliziten Ziele
Steuerliche Einflüsse	Keine steuerlichen Einflüsse	Maßgeblichkeit der Handelsbilanz für die Steuerbilanz und umgekehrte Maßgeblichkeit
Rechtssystem	Wenige gesetzliche Regelungen; Entwicklung der Rechnungslegungsnormen durch privatrechtliche normsetzende Institutionen; hohe Regelungsdichte	Vorwiegend gesetzliche Regelungen; Überbetonung der juristischen gegenüber den wirtschaftlichen Aspekten; späte Anpassung an wirtschaftliche Veränderungen (In Deutschland: sehr wenige gesetzliche Regelungen mit Allgemeinplatzcharakter; umfangreiche Kommentarliteratur, die private Meinungen darstellen und die sich teilweise widersprechen; viele Wahlrechte und Gestaltungsmöglichkeiten)

Ursachen für die Unterschiede der Rechnungslegung in angelsächsischen Ländern und in Kontinentaleuropa		
	Rechnungslegung in angelsächsischen Ländern, (insbesondere in den USA, aufgrund der Dominanz der SEC)	Rechnungslegung in Kontinentaleuropa (unterschiedliche Ausprägung in den einzelnen Ländern)
Kapitalmarkt und Finanzierung der Unternehmen	Finanzierung der Unternehmen erfolgt in hohem Maße über die Börse; viele von den Geschäftsbanken unabhängige auf Informationen drängende Kapitalanleger	Eigenkapital der Unternehmen oft dauerhaft in fester Hand (Familie, Banken, Versicherungen, öffentliche Hand); außer Aktiengesellschaften spielen andere Unternehmensrechtsformen eine große Rolle; hohe Fremdfinanzierung; in den letzten Jahren Änderung dieser Situation aufgrund der Globalisierung des Kapitalmarktes und der Zunahme der Shareholder Value-Orientierung
Berufsstand der Wirtschaftsprüfer	Durch frühe Gründung des Berufsstandes der Wirtschaftsprüfer stärkerer Einfluß auf den Normsetzungsprozeß	Geringe Einflußnahme auf den Gesetzgeber
Gesetzgebung aufgrund des gesellschaftlichen Umfeldes und historischer Erfahrungen	In den USA aufgrund des Börsenkraches von 1929 Gründung der mit umfangreichen Vollmachten versehenen Börsenaufsichtsbehörde SEC	In Deutschland aufgrund betrügerischer Bankrotte im vorvorigen Jahrhundert immer noch starke Betonung des Vorsichtsprinzips, das als Vorwand für Willkürbilanzierungen dienen kann; zunehmende Änderung dieser Situation aufgrund der Globalisierung des Kapitalmarktes

Eine aktuelle umfangreiche vergleichende Darstellung der Rechnungslegung aus Ländern der EU, Argentinien, Australien, Japan, Kanada, der Schweiz und den USA sowie die IAS und die EG-Richtlinien bietet Ordelheide, Dieter/KPMG Worldwide (Hrsg.): Transnational Accounting, TRANSACC, 2. überarbeitete und aktualisierte Auflage, drei Bände in englischer Sprache, London 2001.
In den folgenden Büchern in deutscher Sprache sind ebenfalls Darstellungen der Rechnungslegung verschiedener Länder enthalten:
Haller, Axel/Raffournier, Bernard/Walton, Peter (Hrsg.) unter Mitarbeit von Brigitte Eierle: Unternehmenspublizität im internationalen Wettbewerb. Stuttgart 2000.
Born, Karl: Bilanzanalyse international. 2., aktualisierte und überarbeitete Auflage, Stuttgart 2001.

II. Harmonisierung und Standardisierung der Rechnungslegung

1. Gründe für eine Harmonisierung und Standardisierung der Rechnungslegung

In der Zeit nach dem letzten Weltkrieg, insbesondere aber in den letzten zwei bis drei Jahrzehnten, hat eine zunehmende Globalisierung der Wirtschaft stattgefunden. Daraus ergibt sich zwangsläufig ein zunehmendes Interesse an der Rechnungslegung in anderen Ländern. Da es fast so viele verschiedene Rechnungslegungssysteme wie Länder auf der Welt gibt, ist es unmöglich, alle zu kennen. Selbst die gleichzeitige Kenntnis der Rechnungslegungssysteme der wichtigen Industriestaaten ist kaum möglich.

Im nachfolgenden werden die Gründe für die Notwendigkeit einer Harmonisierung (d.h. Einschränkung unterschiedlicher Rechnungslegungsmöglichkeiten in den einzelnen Ländern, um Jahresabschlüsse verschiedener Länder besser vergleichen zu können) und Standardisierung (d.h. Vereinheitlichung der Rechnungslegung in den einzelnen Ländern) näher betrachtet.

a) Globalisierung der Unternehmen

Der grenzüberschreitende Handel mit Gütern und Dienstleistungen hat in den letzten Jahrzehnten stärker zugenommen als das Bruttosozialprodukt in den einzelnen Ländern. Die Höhe der Direktinvestitionen der Industrieländer im Ausland ist darüber hinaus in den vergangenen Jahrzehnten, besonders in den letzten zwei bis drei Jahrzehnten, wesentlich stärker als der grenzüberschreitende Handel mit Gütern und Dienstleistungen gestiegen. Zur Beurteilung solcher Direktinvestitionen im Ausland, die vornehmlich in Form von Akquisitionen vorgenommen werden, gehört aber eine aussagefähige Rechnungslegung. Dazu wäre es notwendig, daß die Investoren die Rechnungslegung von den Ländern kennen, in denen sie eine Investition erwägen. Eine standardisierte internationale Rechnungslegung könnte somit die Entscheidung bei grenzüberschreitenden Akquisitionen erleichtern.

b) Globalisierung des Kapitalmarktes

Ähnlich wie die Direktinvestitionen haben in den letzten zwei bis drei Jahrzehnten auch die ausländischen Investitionen der Kapitalanleger (z.B. Pensionsfonds, Investmentfonds) wesentlich stärker zugenommen als der Welthandel. Durch eine internationale Diversifikation ihres Portfolios ist es den großen Kapitalanlegern möglich, bei gleicher erwarteter Rendite ihr Risiko zu reduzieren. Deshalb ist es auch für die internationalen Kapitalanleger notwendig, die Rechnungslegung von den Ländern zu kennen, aus denen sie Aktien oder Anleihen in ihr Portfolio aufnehmen. Eine standardisierte internationale Rechnungslegung könnte auch die Entscheidungen der Kapitalanleger erleichtern.

c) Schaffung übernationaler Wirtschaftsräume

Neben der Globalisierung der Unternehmen und der Kapitalmärkte findet auch eine Schaffung übernationaler Wirtschaftsräume wie EU, NAFTA, Anden-Pakt, Mercosur und Panamerikanische Freihandelszone (FTAA) statt. Hieraus ergibt sich ein dringender Bedarf nach einer Harmonisierung und Standardisierung der Rechnungslegung.

d) Notierung von Aktien an ausländischen Wertpapierbörsen

Durch die Globalisierung der Wirtschaft halten es große Gesellschaften im Rahmen ihrer Internationalisierungsstrategie und zur Senkung ihrer Kapitalkosten für notwendig, daß ihre Aktien an allen großen Börsen der Welt notiert werden. In den USA, wo sich die größte Börse der Welt, nämlich die New York Stock Exchange (NYSE) befindet, ist es aber aufgrund der Vorschriften der Börsenaufsichtsbehörde Securities and Exchange Commission (SEC) notwendig, daß die Gesellschaft den Jahresabschluß entweder nach US-GAAP erstellt oder ihrem Landesabschluß eine Überleitung des Eigenkapitals und des Ergebnisses auf US-GAAP und zusätzliche Informationen beifügt. Es versteht sich, daß die Erfüllung dieser Forderung der SEC für die an einer Börsennotierung in den USA interessierten Gesellschaften mit erheblichem Aufwand und Nachteilen verbunden ist, die bei einer standardisierten internationalen Rechnungslegung vermieden werden könnten.

e) Unterschiede zwischen interner und externer Rechnungslegung in multinationalen Unternehmen

Die großen multinationalen Unternehmen sprechen heute viel von Shareholder Value. Wenn dieses Schlagwort ernst gemeint ist, darf es keine Unterschiede zwischen der internen und externen Rechnungslegung geben, d.h. die Rechnungslegung, die dem internen Controlling dient, darf nicht von der externen Berichterstattung abweichen. In der Vergangenheit war das meistens nicht so. Das galt besonders für deutsche Unternehmen. Publizitätsfreudige Unternehmen, die nach IAS oder US-GAAP bilanzieren und sich dem Shareholder Value verpflichtet fühlen, haben das geändert. Für eine einheitliche interne und externe Rechnungslegung ist aber eine aufgrund gesetzlicher Vorschriften unterschiedliche Rechnungslegung in den einzelnen Ländern sehr nachteilig und kostspielig.

> Eine konzerneinheitliche Bilanzierung des Mutterunternehmens und aller Tochterunternehmen nach IAS/IFRS, d.h. Erstellung aller Einzelabschlüsse nach

IAS/IFRS in multinationalen Unternehmen, macht die Erstellung der sogenannten Handelsbilanz II (Anpassung an konzerneinheitliche Bilanzierungsregeln) für die einzelnen Tochterunternehmen überflüssig, sie vermeidet Mißverständnisse und ermöglicht schneller die Beschaffung von vergleichbaren entscheidungsrelevanten Informationen aus allen Tochterunternehmen. Das spricht eindeutig dafür, daß bei der Umsetzung der Rechnungslegungsstrategie der EU-Kommission (alle börsennotierten EU-Unternehmen haben ab 2005 Konzernabschlüsse nach IAS/IFRS zu erstellen) in nationales Recht auch die nicht börsennotierten Unternehmen und der Einzelabschluß einbezogen werden sollten. Auch sollte danach möglichst bald das Maßgeblichkeitsprinzip abgeschafft werden.

2. Vorgebrachte Einwände gegen eine Harmonisierung und Standardisierung der Rechnungslegung

Gegen eine Harmonisierung und Standardisierung der Rechnungslegung werden, insbesondere in Deutschland, folgende Argumente vorgetragen:
- Kosten der Umstellung,
- Rechnungslegung ist Bestandteil der gesamten Rechts- und Wirtschaftsordnung eines Landes,
- keine Unterwerfung unter im Ausland festgelegte sogenannte angelsächsische Rechnungslegungsnormen,
- die Kapitalerhaltung des Unternehmens ist gefährdet.

a) Kosten der Umstellung

Es gibt praktisch keine Kosten der Umstellung für die Jahresabschlußersteller, wenn man das vorhandene interne Rechnungswesen gleichzeitig zur externen Berichterstattung nimmt. Die vorübergehend entstehenden Mehrkosten sind nicht als Kosten der Umstellung der externen Berichterstattung auf IAS, sondern als Kosten für ein verbessertes, einheitliches, entscheidungsorientiertes internes Berichtssystem zu betrachten. Eine solche Rechnungslegung ist sogar kostengünstiger und vermeidet manche Mißverständnisse und Ärger, da die bilanzpolitische Jahresabschlußakrobatik und eine interne Überleitung von der im externen Jahresabschluß vorgenommenen, aber betriebswirtschaftlich nicht gerechtfertigten Bewertung auf das interne Rechnungswesen entfällt. Die komplette Umstellung aller Konzerngesellschaften auf eine einheitliche Rechnungslegung nach IAS/IFRS macht auch die bereits erwähnte Erstellung einer sogenannten Handelsbilanz II (Anpassung an konzerneinheitliche Bilanzierungsregeln) überflüssig.
Der beste Beweis gegen dieses Argument ist die Tatsache, daß deutsche und ausländische Unternehmen in zunehmendem Maße ihre Rechnungslegung auf IAS/IFRS oder US-GAAP umgestellt und den Unterschied zwischen interner und externer Rechnungslegung abgeschafft haben.

> Für die Jahresabschlußersteller entstehen keine Kosten, wenn Jahresabschlüsse – anstatt nach den sogenannten Grundsätzen ordnungsmäßiger Buchführung erstellt zu werden – Informationen zur Entscheidungsfindung liefern und der Rechenschaftslegung dienen. Im Gegenteil, für international tätige Unternehmen ist es nicht nur ein Vorteil, sondern sogar notwendig, daß sie über ein konzernweites einheitliches Rechnungswesen auf der Basis international anerkannter und betriebswirtschaftlichen Erfordernissen entsprechende Rechnungslegungsgrundsätze verfügen, um auf der Basis vergleichbarer Daten alle Geschäftsprozesse, die Geschäftsfelder, die Tochterunternehmen und den Konzern steuern zu können.

b) Rechnungslegung ist Bestandteil der gesamten Rechts- und Wirtschaftsordnung eines Landes

Das deutsche Bilanzwesen bzw. die sogenannten Grundsätze ordnungsmäßiger Buchführung sind ein Konglomerat aus steuerlichen Vorschriften und einem Gebot der vorsichtigen Bewertung, das auf Vorschriften aus der Gründerzeit beruht, die betrügerische Bankrotte verhindern sollten. Diese beiden Denkweisen widersprechen sich, da die steuerlichen Vorschriften eine möglichst hohe oder zumindest eine realistische Bewertung, das Gebot der vorsichtigen Bewertung aber eine möglichst niedrige Bewertung verlangen.

Durch das Ausnutzen dieser beiden entgegengesetzten Denkweisen und das Fehlen eindeutiger Vorschriften versuchten die Jahresabschlußersteller in Deutschland bisher, zum Nachteil der Jahresabschlußleser in hohem Maße Bilanzpolitik zu betreiben. Bilanzpolitik ist ein legaler, nicht strafbarer Versuch des Jahresabschlußerstellers, den Jahresabschlußleser zu täuschen. Dadurch hat sich in Deutschland eine Bilanzakrobatik und eine Bilanzstreitkultur, aber keine Bilanzkultur entwickelt.

> Diese Bilanzakrobatik und Bilanzstreitkultur existieren zwar, aber sie sind keinesfalls ein schutzwürdiger Bestandteil unserer gesamten Rechts- und Wirtschaftsordnung, sondern ein zu beseitigender Mißstand.

c) Keine Unterwerfung unter im Ausland festgelegte sogenannte angelsächsische Rechnungslegungsnormen

Es ist falsch zu sagen, daß man sich wegen einer Harmonisierung und Standardisierung der Rechnungslegung im Ausland festgelegter angelsächsischer Rechnungslegungsnormen unterwirft und die eigene kontinentaleuropäische Bilanzkultur aufgibt. Statt von angelsächsischen Rechnungslegungsnormen zu sprechen, sollte man von Rechnungslegungsnormen sprechen, die die Erstellung von Jahresabschlüssen zum Ziel haben, die der Entscheidungsfindung und der Rechenschaftslegung dienen; statt von kontinentaleuropäischen Rechnungslegungsnormen zu sprechen, sollte man von Rechnungslegungsnormen sprechen, die im wesentlichen der Erstellung eines Jahresabschlusses für Zwecke der Besteuerung dienen.

Die anderen kontinentaleuropäischen Länder hatten bisher nur »reinrassige« oder »fast reinrassige« steuerliche Jahresabschlüsse. Auch wenn sie nicht in erster Linie den externen Jahresabschlußlesern, sondern dem Fiskus dienten, so hatten sie doch den Vorteil, daß sie auf eindeutigen Vorschriften beruhten. Das ist bei deutschen Jahresabschlüssen nicht der Fall. Für sie ist weder im Gesetz ein Ziel vorgegeben noch gelten eindeutige Vorschriften, sie sind aber aufgrund des vorgeschobenen Gläubigerschutzes und der sogenannten nicht definierten Grundsätze ordnungsmäßiger Buchführung sehr manipulierbar.

Es geht somit nicht um die Frage, im Ausland festgelegte sogenannte angelsächsische Rechnungslegungsnormen einzuführen, sondern um die Frage, ob Rechnungslegungsnormen eingeführt werden, die dem Jahresabschlußleser bei der Entscheidungsfindung helfen und die der Rechenschaftslegung dienen.

Aufgrund der IAS-Verordnung der EU vom 19. Juli 2002 wurde 2 ½ Jahre später in Deutschland das Bilanzrechtsreformgesetz verkündet. Es verpflichtet kapitalmarktorientierte Mutterunternehmen, Konzernabschlüsse ab dem Jahre 2005 nach IAS/IFRS zu erstellen und erlaubt nicht kapitalmarktorientierten Unternehmen, anstelle eines HGB-Abschlusses einen Konzernabschluß nach IAS/IFRS zu erstellen. In der deutschen Literatur wird aber fleißig gegen diese freiwillige Anwendung der IAS/IFRS Stellung bezogen.

> Bei den IAS/IFRS handelt es sich nicht um angelsächsische Rechnungslegungsnormen, sondern um Normen des IASC bzw. IASB, bei dem Deutschland immerhin Gründungsmitglied und von Anfang an im Board vertreten war.

d) Die Kapitalerhaltung des Unternehmens ist gefährdet

In der Literatur wird immer wieder gerne das Argument gebracht, daß die angelsächsischen Rechnungslegungsnormen den Ausweis eines hohen Gewinnes ermöglichen, der an die Anteilseigner ausgeschüttet werden kann, womit die Kapitalerhaltung des Unternehmens gefährdet werde. Das Gegenteil ist der Fall. In Deutschland können sogar in Verlustjahren Gewinne, die aus der stillen Auflösung stiller Reserven stammen, ausgewiesen und ausgeschüttet werden.

Gelegentlich wird sogar behauptet, angelsächsische Jahresabschlüsse weisen immer höhere Ergebnisse aus. Das ist barer Unsinn, da irgendwann einmal der Umkehreffekt eintreten muß. Da die angelsächsische Rechnungslegung keine stillen Reserven (ausgenommen die Zwangsreserven aufgrund von Wert- und Preissteigerungen) kennt und somit auch keine stillen Reserven still aufgelöst werden können, kann man angelsächsischen Jahresabschlüssen wesentlich eindeutigere Hinweise auf Kapitalverluste entnehmen und schneller notwendige Maßnahmen ergreifen. Die Kapitalerhaltung des Unternehmens ist dadurch besser gewährleistet.

Das Argument der Kapitalerhaltung des Unternehmens ist ein Vorwand der Unternehmensleitungen, um über die Rendite dieses durch stille Reserven gebildeten Kapitals in Zukunft keine Rechenschaft ablegen zu müssen. Leider durchzieht dieses falsche Argument die gesamte deutsche Bilanzliteratur. Die Autoren, die dieses Argument vertreten, machen sich dadurch zum Helfershelfer unfähiger Unternehmensleitungen.

Auch das in diesem Zusammenhang gebrachte Argument der hohen Entnahmeerwartungen der Gesellschafter ist abwegig. Nichts kann die Entnahmeerwartung der Gesellschafter besser dämpfen als eine korrekte Rechenschaftslegung und eine in die Zukunft gerichtete Informationspolitik. Und nichts ist für die Kapitalerhaltung eines Unternehmens abträglicher als die Bildung stiller Reserven, d.h. die Bildung von Kapital, für das die Unternehmensleitung keine Rechenschaft ablegen muß, da dadurch der Unternehmensleitung eine stille Auflösung stiller Reserven, d.h. ein Kapitalschwund ohne Rechenschaftslegung, ermöglicht wird. Gegenteilige Aussagen kann man nur als Schutzbehauptung einer oft unfähigen Unternehmensleitung oder als dummes Nachgeplapper bezeichnen.

Die gewünschte Kapitalerhaltung, die der Verfasser im Einklang mit den folgenden Literaturauszügen in Frage stellt, ließe sich auch durch Vorschriften über eine Ausschüttungsbegrenzung erreichen, sie sollte jedoch keinesfalls durch eine Verfälschung von Informationen durchgesetzt werden.

»Aus Sicht der Cash-flow-orientierten Finanztheorie ist zunächst nicht einsichtig, warum sich durch die Änderung des bilanziell ausgewiesenen Gewinns notwendigerweise auch die Dividendenpolitik der Unternehmungen – und darüber hinaus die gesamte Kapitalmarktverfassung – ändern sollte. Im Interesse einer Marktwertmaximierung sollte eine Unternehmung, unabhängig vom Bilanzgewinn, jene Mittel an die Aktionäre ausschütten, für die innerhalb des Unternehmens keine lohnenden Investitionsmöglichkeiten bestehen. Ist eine Unternehmung bspw. in einem schrumpfenden Markt tätig und lassen weitere Investitionen keine risikoadäquate Verzinsung erwarten, sollten die freiwerdenden Gelder (»free cash flow«) an die Aktionäre ausgezahlt werden, damit diese über ihre weitere Verwendung entscheiden können. Für den Erhalt des Kapitals von Unternehmungen, die nicht über lohnenswerte Investitionsprojekte verfügen, gibt es aus Sicht der Finanztheorie keine Begründung.«

»Gleichermaßen kann mit dem Instrumentarium der neoklassischen Finanztheorie nicht schlüssig erklärt werden, warum andere Unternehmungen, denen rentable Investitionsmöglichkeiten offenstehen, Dividenden an ihre Aktionäre auszahlen.« (Glaum, Martin/Mandler, Udo: Rechnungslegung auf globalen Kapitalmärkten. Wiesbaden 1996, S. 84-85).

»Deshalb ist anzunehmen, daß die durch Vorsichts-, Imparitäts- und Realisationsprinzip eingeräumte Befugnis zur verdeckten Bildung und Auflösung von Rücklagen mit dem Bilanzziel konfligiert, die Rationalität unternehmensbezogenen Handelns durch verbesserte Informationen zu fördern. Dabei geht es nicht zuletzt um Grundfragen der treuhänderischen Verantwortung: es ist heute weniger denn je einzusehen, daß es der Verwaltung erlaubt sein sollte, die Anteilseigner (und möglicherweise den Aufsichtsrat) durch Bilanzoperationen über den Zustand des Unternehmens zu täuschen. Fragwürdige Konzepte des Gläubigerschutzes können das nicht mehr rechtfertigen.« (Kübler, Friedrich: Vorsichtsprinzip versus Kapitalmarktinformation. In: Förschle, Gerhart/Kaiser, Klaus/Moxter, Adolf (Hrsg.): Rechenschaftslegung im Wandel. Festschrift für Wolfgang Dieter Budde. München 1995, S. 361-375, hier S. 373).

3. Weltweite Bestrebungen zur Harmonisierung und Standardisierung der Rechnungslegung

Bereits Anfang des vorigen Jahrhunderts, nämlich im Jahre 1904, wurde auf dem »First International Congress of Accountants« in St. Louis das Thema der internationalen Rechnungslegung diskutiert. Das Thema wurde auf nachfolgenden Kongressen, bei den internationalen Wirtschaftsorganisationen und in der Fachliteratur wiederholt aufgegriffen.

Seit den 70er Jahren des vorigen Jahrhunderts beschäftigen sich auch politische Organisationen mit dem Thema der Harmonisierung und Standardisierung der Rechnungslegung.

Die Arbeit der Organisationen, die sich mit der Harmonisierung und Standardisierung der Rechnungslegung beschäftigen, soll nachstehend, soweit sie in Europa oder weltweit von Bedeutung sind, vorgestellt werden.

a) Organisation für wirtschaftliche Zusammenarbeit und Entwicklung (OECD)

Die OECD wurde als Nachfolgeorganisation der europäischen Organisation für wirtschaftliche Zusammenarbeit (OEEC) durch das im Dezember 1960 unterzeichnete Pariser Übereinkommen gegründet, das 1961 in Kraft trat. Die OECD hatte 1961 zwanzig und 2001 dreißig Mitgliedsstaaten. Es sind überwiegend westliche Industriestaaten. Die OECD soll die Wirtschaftspolitik der Mitgliedsstaaten koordinieren und ist auf dem Gebiet der Entwicklungshilfe tätig.

1975 gründete die OECD das Committee on International Investment and Multinational Enterprises (CIME). Sie gab 1976 die Declaration on International Investment and Multinational Enterprises heraus. Dieser Declaration waren im Anhang Leitlinien für multinationale Unternehmen (Guidelines for Multinational Enterprises) beigefügt, die einen Abschnitt »Disclosure of Information« enthielten. Die Declaration wurde mehrfach geringfügig überarbeitet und ergänzt. Gemäß der »Disclosure of Information« sollen multinationale Unternehmen regelmäßig, jedoch mindestens jährlich, Jahresabschlüsse und andere sachdienliche Informationen veröffentlichen, die Auskunft über folgende Punkte geben:

- Unternehmensstruktur mit Angabe des Namens und Sitzes der Muttergesellschaft, ihrer wichtigsten Tochtergesellschaften, ihrer direkten und indirekten Anteile an diesen Tochtergesellschaften einschließlich gegenseitiger Kapitalbeteiligung,
- die Regionen, in denen eine wirtschaftliche Tätigkeit stattfindet und die hauptsächlichen Tätigkeitsbereiche der Muttergesellschaft und der wesentlichen Tochtergesellschaften in diesen Regionen,
- Geschäftsergebnisse und Umsätze, aufgeteilt nach Regionen, und den Umsatz des Gesamtunternehmens in den wichtigsten Geschäftsbereichen des Gesamtunternehmens,
- bedeutende Neuinvestitionen, aufgeteilt nach Regionen und – soweit möglich – nach den wichtigsten Geschäftsbereichen des Gesamtunternehmens,
- Herkunft und Verwendung der Mittel des Gesamtunternehmens,
- die durchschnittliche Zahl der Beschäftigten in den einzelnen Regionen,

- die Forschungs- und Entwicklungskosten des Gesamtunternehmens,
- die Preispolitik innerhalb des Gesamtunternehmens und
- die Rechnungslegungsgrundsätze einschließlich der Konsolidierungsgrundsätze, die bei den veröffentlichten Informationen zugrunde gelegt wurden.

1978 wurde vom CIME eine Ad Hoc Working Group on Accounting Standards gegründet, die 1979 in eine permanente Working Group on Accounting Standards umgewandelt wurde. Ziel dieser Working Group on Accounting Standards ist es, die Bemühungen zur Verbesserung der Vergleichbarkeit von Rechnungslegungsgrundsätzen zu fördern und Erläuterungen zu den Leitlinien zu geben. Außerdem soll sie ein Forum für den Meinungsaustausch mit der UN auf dem Gebiet der Rechnungslegungs- und Offenlegungsstandards sein.

An den Sitzungen der Working Group on Accounting Standards nehmen auch der beratende Industrieausschuß der OECD (BIAC) und der beratende Gewerkschaftsausschuß der OECD (TUAC) teil. Das IASC und die FEE (Fédération des Experts Comptables Européens) entsenden Beobachter. Die Working Group on Accounting Standards betrachtet sich jedoch nicht als eine normsetzende Institution (standard setter), da sie sich nur mit Offenlegungsfragen befaßt und keine Bilanzierungs- und Bewertungsgrundsätze empfiehlt. Die Working Group gibt eine Schriftenreihe »Accounting Standards Harmonization« sowie weitere Publikationen heraus.

Die OECD nahm als Beobachter an den Tagungen der Consultative Group des IASC teil. Des weiteren nahm die OECD an Konferenzen teil, die hauptsächlich dem Gedankenaustausch dienen.

Bei der »Disclosure of Information« handelt es sich nicht um Bilanzierungs- und Bewertungsgrundsätze, sondern lediglich um Offenlegungsleitlinien. Sie haben deshalb praktisch keine Bedeutung für die Harmonisierung oder gar Standardisierung der Rechnungslegung. Durch ihre Vorreiterrolle dürften sie aber indirekt die Harmonisierung und Standardisierung gefördert haben.

Durch die Tätigkeit des IASC haben die Bemühungen der OECD heute keine große Bedeutung.

b) Vereinte Nationen (UN)

1977 veröffentlichte die im Auftrag der UN eingesetzte Group of Experts on International Standards of Accounting and Reporting (GEISAR) einen Bericht »International Standards of Accounting and Reporting for Transnational Corporations«, der Offenlegungsempfehlungen enthielt. Dieser Bericht wurde nicht offiziell verabschiedet.

1979 wurde die Ad Hoc Intergovernmental Working Group of Experts on International Standards of Accounting and Reporting gegründet, die 1982 eine Liste von Mindestanforderungen an die Berichterstattung transnationaler Unternehmen veröffentlichte. Sie stießen jedoch auf heftige Kritik.

1982 wurde als Nachfolgeorganisation der Ad-hoc-Arbeitsgruppe die Intergovernmental Working Group of Experts on International Standards of Accounting and Reporting (ISAR) gegründet. Die ISAR hat ein umfangreiches Publikationsprogramm, als normsetzende Institution (standard setter) ist sie jedoch nicht tätig.

Der Einfluß der UN auf die Harmonisierung der Rechnungslegung dürfte als sehr gering einzustufen sein.

c) Europäische Union (EU)

Die Tätigkeit der EU hinsichtlich der Harmonisierung der Rechnungslegung ist in Kapitel H ausführlich dargestellt.

d) International Accounting Standards Committee (IASC)/International Accounting Standards Committee Foundation (IASCF)

Bei dem IASC bzw. der IASCF handelt es sich um eine private Organisation bzw. seit dem Jahre 2001 um eine Stiftung, während es sich bei der OECD, der UN und der EU um Organisationen handelt, die auf internationalen Verträgen zwischen Staaten beruhen.
Die Ergebnisse der Tätigkeit des IASC bzw. der IASCF haben gegenüber den Ergebnissen der anderen drei Organisationen den größten oder genauer gesagt einen überragenden Einfluß auf die Harmonisierung und Standardisierung der Rechnungslegung.
Die Tätigkeit des IASC bzw. der IASCF bei der Harmonisierung und Standardisierung der Rechnungslegung ist in Kapitel B ausführlich dargestellt.

e) International Organization of Securities Commissions (IOSCO)

Die International Organization of Securities Commissions (IOSCO) ist 1983 aus der 1974 gegründeten Inter-American Association of Securities Commissions hervorgegangen. In der IOSCO haben sich nationale Börsenaufsichtsbehörden mit dem Ziel zusammengeschlossen, den Erfahrungsaustausch und die grenzüberschreitende Zusammenarbeit bei der Börsenzulassung und der Börsenaufsicht zu fördern.
Die IOSCO formuliert Anforderungen an die Rechnungslegungs-, Offenlegungs- und Prüfungsvorschriften für Unternehmen, die an der Börse gelistet sind. Beispielsweise hat die IOSCO 1993 dem IASC eine Liste von »Kernstandards« (core standards) übermittelt, von deren Erfüllung die IOSCO die Empfehlung an ihre Mitglieder abhängig machte, nur den Unternehmen den Zugang zu ausländischen Börsen zu gewähren, deren Jahresabschlüsse nach den Standards des IASC aufgestellt wurden (siehe Abschnitt B.I.7).

4. Die besonderen Probleme der Harmonisierung und Standardisierung in Deutschland und der weitere Verlauf der Harmonisierung und Standardisierung

In Deutschland ist die Rechnungslegung allgemein im Handelsgesetzbuch (HGB) geregelt. Eine Zielsetzung der Rechnungslegung ist im HGB nicht enthalten. Das Steuerrecht ist mit dem HGB durch die Maßgeblichkeit der Handelsbilanz für die Steuerbilanz verbunden. Die externe Rechnungslegung hat somit Einfluß auf die Höhe der zu zahlenden Steuern. Dies hat zur Folge, daß bei der handelsrechtlichen Bilanzierung die steuerlichen Konsequenzen berücksichtigt werden. Da nicht jede handelsrechtlich angemessene Bilanzierung auch steuerlich anerkannt wird, wird oft keine handelsrechtlich angemessene Bilanzierung vorgenommen, sondern man richtet sich bei der handelsrechtlichen Bilanzierung nach den steuerlichen Vorschriften. Die im Gesetz vorgesehene Maßgeblichkeit der Handelsbilanz für die Steuerbilanz existiert somit in Wirklichkeit nicht, sondern die Handelsbilanz wird von der Steuerbilanz dominiert. Es ist noch schlimmer, da gewisse Steuervergünstigungen (z.B. Sonderabschreibungen) nur in Anspruch genommen werden können, wenn in der Handelsbilanz nach den steuerrechtlichen Vorschriften, d.h. handelsrechtlich falsch, bilanziert wird. Daß unter diesen Bedingungen – nämlich Maßgeblichkeit und umgekehrte Maßgeblichkeit – die IAS/IFRS wegen der Furcht vor dem Wegfall des in Deutschland sehr stark betonten Vorsichtsprinzips und folglich vor dem Verlust von Steuervorteilen bei den steuerpflichtigen Jahresabschlußerstellern in der Vergangenheit wenig Beifall fanden, ist nur zu verständlich. Abhilfe kann nur eine strikte Trennung der externen handelsrechtlichen Rechnungslegung vom Steuerrecht schaffen.

Die IAS/IFRS und auch die US-GAAP dagegen regeln auf privatrechtliche Art und Weise Grundsatzfragen und spezielle Rechnungslegungsfragen ohne Verknüpfung mit dem Steuerrecht. Sie berücksichtigen dabei die Interessen der Jahresabschlußleser. Dadurch dienen sie in einer anwendungsorientierten Form den Zielen der externen Rechnungslegung, nämlich Informationen zur Rechenschaftslegung und zur Entscheidungsfindung zu liefern.

Die Rechnungslegung im HGB zu regeln, hatte Ende des 19. Jahrhunderts seinen Sinn. Heute hat dies jedoch keinen Sinn mehr, da die einzelnen Probleme der Rechnungslegung gar nicht mehr zufriedenstellend und – wegen der komplexen und sich ständig ändernden wirtschaftlichen Verhältnisse – schon gar nicht zeitnah rechtlich regelbar sind.

Ein weiteres gravierendes Problem in Deutschland ist, daß in der Literatur das Vorsichtsprinzip als Stütze des Gläubigerschutzes und der Ausschüttungsbemessungsfunktion hochstilisiert wurde und deutsche Rechnungswesenfachleute dazu verführt hat, auf die »vorsichtige« deutsche Rechnungslegung eingebildet und stolz zu sein. Dieser Stolz auf das Vorsichtsprinzip ist vollkommen unberechtigt, da man in Deutschland stille Reserven still auflösen kann und dadurch in Verlustjahren einen nicht vorhandenen, aber ausgewiesenen »Jahresüberschuß des Geschäftsjahres« ausschütten kann, was das Gegenteil des Gläubigerschutzes ist. Es wird in Deutschland vollkommen verdrängt, daß das Vorsichtsprinzip als Vorwand für eine heuchlerische Bilanzierung benutzt wird.

Während diese Art der Rechnungslegung bisher den Interessen der Unternehmen und der Unternehmensleitungen diente, nicht jedoch ihren Anteilseignern und auch nicht den Gläubigern und der Öffentlichkeit, ist dies neuerdings aufgrund der Globalisierung der Kapitalmärkte nicht mehr so. Bereits vor Verkündigung des Bilanzrechtsreformgesetzes im Dezember 2004, das kapitalmarktorientierte Mutterunternehmen verpflichtet, Konzernabschlüsse nach IAS/IFRS zu erstellen, bilanzierten große deutsche Unternehmen in zunehmendem Maße nach internationalen Regeln, soweit es das rückständige HGB erlaubte, oder stellten sogar zwei Jahresabschlüsse auf. Diese Tendenz, d.h. die Aufstellung von Jahresabschlüssen nach IAS oder US-GAAP, hat aufgrund der Verabschiedung des Kapitalaufnahmeerleichterungsgesetzes sowie aufgrund der Vorschriften des Neuen Marktes der Frankfurter Börse, Jahresabschlüsse nach IAS oder US-GAAP veröffentlichen zu müssen, erheblich zugenommen. Darüber hinaus beabsichtigen auch mittelständische Unternehmen, die keinen Gang an die Börse planen, ihre Rechnungslegung auf IAS oder US-GAAP umzustellen, um sich besser präsentieren zu können. Ebenso führt die Tatsache, daß immer mehr deutsche Unternehmen, die bereits nach IAS oder US-GAAP bilanzieren, auch ihr internes Rechnungswesen auf IAS oder US-GAAP umstellen, da es betriebswirtschaftlich sinnvoller ist und sie dadurch eine aufwendige unterschiedliche interne und externe Rechnungslegung vermeiden können, zu einer weiteren Harmonisierung und Standardisierung der Rechnungslegung. Wesentliche Impulse für eine Harmonisierung und Standardisierung der Rechnungslegung gehen in Deutschland von dem 1998 gegründeten Deutschen Rechnungslegungs Standards Committee e.V. (DRSC) aus. Das heißt, die Front der Verteidiger der »bewährten deutschen Bilanzierungsprinzipien« erfährt einen gewaltigen immer größer werdenden Riß. Die Verteidiger der »bewährten deutschen Bilanzierungsprinzipien« müssen jetzt umdenken, da die Beschützten (d.h. die Unternehmen) den Beschützern (Verbandsfunktionäre sowie Professoren der Betriebswirtschaftslehre und Wirtschaftsprüfer, die aus Bequemlichkeit oder Egoismus den alten unbefriedigenden Zustand beibehalten wollen) weglaufen.

III. Grundsätzlicher Unterschied zwischen einer Rechnungslegung nach IAS/IFRS bzw. US-GAAP einerseits und nach dem HGB andererseits und die Schwierigkeiten bei der Einführung einer Rechnungslegung nach IAS/IFRS in Deutschland

Der wesentliche grundsätzliche Unterschied zwischen einer Rechnungslegung nach dem HGB und nach IAS/IFRS bzw. US-GAAP besteht – wie bereits in Abschnitt A.II.4 gesagt – darin, daß die Rechnungslegung nach dem HGB zumindest in der Vergangenheit eine rein gesetzliche Pflichtübung war, die den Interessen der Unternehmensleitungen diente, während IAS-/IFRS bzw. US-GAAP-Abschlüsse dem Leser entscheidungsrelevante Informationen liefern.
Die Rechnungslegungsgrundsätze der IAS/IFRS und US-GAAP sind sehr streng und betriebswirtschaftlich sinnvoll, während die Rechnungslegungsgrundsätze des HGB nicht so streng sind bzw. in der Praxis lax gehandhabt werden und bei den Jahresabschlüssen nach dem HGB die rechtliche Betrachtungsweise dominiert. Die den Jahresabschlüssen gemäß IAS/IFRS und US-GAAP beizufügenden Zusatzinformationen (notes) sind wesentlich umfangreicher und für die Jahresabschlußleser qualitativ höherwertiger als die Anhangangaben nach dem HGB.
Die Ursache für diesen grundsätzlichen Unterschied liegt darin, daß nach dem Börsenkrach von 1929 in den USA die mächtige Börsenaufsichtsbehörde Securities and Exchange Commission (SEC) gegründet wurde, die sich den Interessen der Kapitalanleger verpflichtet fühlt und unter deren Aufsicht durch private Organisationen die qualitativ hochwertigen US-GAAP entwickelt wurden. Da das International Accounting Standards Committee (IASC) bzw. der International Accounting Standards Board (IASB) die Anerkennung seiner International Accounting Standards (IAS) bzw. der International Financial Reporting Standards (IFRS) durch die SEC anstrebt, müssen die IAS/IFRS eine vergleichbare Qualität wie die US-GAAP haben.
In Deutschland dagegen konnte es die Lobby der mächtigen Wirtschaftsverbände, die von den Leitungen der Unternehmen und nicht von ihren Anteilseignern beherrscht werden, erreichen, daß es bisher keine detaillierten verbindlichen Vorschriften für die Jahresabschlußerstellung, d.h. für die Rechenschaftslegung der Unternehmensleitungen, gibt. Hinzukommt, daß die Unternehmen bei einer Änderung des Bilanzrechts wegen des Maßgeblichkeitsprinzips Angst um den Verlust von steuerlichen Vorteilen haben. Das Institut der Wirtschaftsprüfer (IDW), deren Mitglieder im Prinzip die Interessen der Anteilseigner vertreten sollten, und die weit überwiegende Zahl der Hochschullehrer für Betriebswirtschaft haben bisher nichts unternommen, diesen Zustand zu ändern.
Aufgrund der in Deutschland einseitigen Ausbildung im Interesse der Jahresabschlußersteller ohne Berücksichtigung der Interessen der Jahresabschlußleser wird es immer noch von einem nicht unbedeutenden Teil der deutschen Fachleute des Rechnungswesens fast als ein Verlust von moralischen Werten, zumindest als ein Kulturschock,

angesehen, wenn eine Rechnungslegung nach IAS/IFRS bzw. US-GAAP in Deutschland für alle Unternehmen als zulässig anerkannt und die Maßgeblichkeit der Handelsbilanz für die Steuerbilanz in Frage gestellt wird.

Zusammenfassend kann man sagen, daß die jahrzehntelange Indoktrinierung in Deutschland, das Vorsichtsprinzip und die sogenannten Grundsätze ordnungsmäßiger Buchführung dienten dem Gläubigerschutz und der Kapitalerhaltung und somit einer vermeintlichen soliden Rechnungslegung (sie tatsächlich aber eine Möglichkeit der Täuschung der Anteilseigner, Gläubiger und der Öffentlichkeit sein können), sowie die Furcht vor dem Verlust von Steuervorteilen die Hauptschwierigkeiten bei der Einführung einer entscheidungsorientierten externen Rechnungs- und Rechenschaftslegung nach IAS/IFRS in Deutschland sind.

Weitere wesentliche Schwierigkeiten können sein:
- Erstellung einer Kapitalflußrechnung und dabei auftretende Probleme, wie Änderung des Konsolidierungskreises, Währungsumrechnung, Leasing,
- Ermittlung der latenten Steuern für die einzelnen Posten des Jahresabschlusses bei allen Konzernunternehmen,
- Beschaffung der Informationen für die Berichterstattung nach Geschäftsfeldern und Regionen,
- andere Art der Ermittlung des Niederstwertes bei den Vorräten,
- möglicherweise erweiterter Konsolidierungskreis,
- Kapitalkonsolidierung wegen Ermittlung der Daten zum Zeitpunkt des Erwerbs,
- Angaben gemäß IFRS 7.

Die Umstellung auf IAS/IFRS bedarf deshalb einer langfristigen Planung, wobei insbesondere die Anforderungen an die Berichterstattung der Tochterunternehmen an das Mutterunternehmen rechtzeitig und genau festgelegt werden müssen, um festzustellen, welche Schwierigkeiten entstehen können und wie sie gelöst werden können.

B. International Accounting Standards (IAS)/International Financial Reporting Standards (IFRS)

I. Allgemeine Informationen

1. Entwicklung und Ziele des International Accounting Standards Committee (IASC) und des International Accounting Standards Board (IASB)

Am 29. Juni 1973 wurde das International Accounting Standards Committee (IASC), die Vorgängerorganisation des International Accounting Standards Board (IASB), durch eine Vereinbarung von sich mit der Rechnungslegung befassenden Berufsverbänden aus Australien, Deutschland, Frankreich, Großbritannien und Irland, Japan, Kanada, Mexiko, den Niederlanden und den USA als eine unabhängige privatrechtliche Organisation gegründet. Die Gründung des IASC geht auf einen Vorschlag der mit der Rechnungslegung befaßten Berufsverbände von England/Wales (von wo die Initiative ausging), Kanada und den USA im Jahre 1972 auf dem 10. International Congress of Accountants in Sydney zurück. Diese drei Berufsorganisationen arbeiteten bereits seit 1966 in der Accountants International Study Group (AISG) zusammen und gaben Studien über die Bilanzierungspraxis in den drei Ländern und Empfehlungen für die externe Rechnungslegung heraus (International Financial Reporting, Toronto 1975). Seit 1983 waren alle mit der Rechnungslegung befaßten Berufsverbände, die Mitglied der International Federation of Accountants (IFAC) sind, auch Mitglied des IASC. Bei der Bildung der neuen rechtlichen Einheit, nämlich der International Accounting Standards Committee Foundation (IASCF) im Jahre 2000 und der anschließenden Schaffung des International Accounting Standards Board (IASB) gehörten dem IASC 143 Mitglieder – darunter aus Deutschland das IDW und die WPK – aus über 100 Ländern an.

Die in der alten 1992 beschlossenen Satzung festgelegten Ziele waren:
- die Formulierung und Veröffentlichung von Rechnungslegungsgrundsätzen (accounting standards) im Interesse der Öffentlichkeit, die bei der Aufstellung und Darstellung der Abschlüsse anzuwenden sind, und die Förderung deren weltweiter Akzeptanz und Einhaltung sowie
- allgemein das Bemühen um die Verbesserung und Harmonisierung der Vorschriften, Rechnungslegungsgrundsätze und Verfahren in Verbindung mit der Aufstellung und Darstellung von Abschlüssen.

In der neuen im März 2000 vom Board beschlossenen Satzung werden folgende Ziele genannt:
- im öffentlichen Interesse einen einzigen gültigen Satz an hochwertigen, verständlichen und durchsetzbaren globalen Standards der Rechnungslegung zu entwickeln, die hochwertige, transparente und vergleichbare Informationen in Abschlüssen und sonstigen Finanzberichten erfordern, um die Teilnehmer in den Kapitalmärkten der Welt und andere Nutzer beim Treffen von wirtschaftlichen Entscheidungen zu unterstützen;

- die Nutzung und rigorose Anwendung dieser Standards zu fördern;
- eine Konvergenz der nationalen Standards der Rechnungslegung mit den International Financial Reporting Standards zu hochwertigen Lösungen herbeizuführen.

In die im Juni 2005 von den Treuhändern überarbeitete Satzung wurde zusätzlich noch
- die Bedürfnisse der kleinen und mittleren Unternehmen und der Entwicklungsländer – soweit möglich – bei Erfüllung der vorgenannten Ziele zu berücksichtigen;

aufgenommen.

Gemäß dem Preface to Statements of International Accounting Standards von 1975, geändert 1982, verpflichteten sich die Mitglieder des IASC, die Arbeit des IASC mittels Veröffentlichung jedes International Accounting Standards, der vom Board des IASC zur Veröffentlichung genehmigt wurde, im entsprechenden Land zu unterstützen und sich ferner nach besten Kräften zu bemühen, um
- sicherzustellen, daß die veröffentlichten Abschlüsse in allen wesentlichen Punkten mit den International Accounting Standards übereinstimmen und diese Übereinstimmung auch angeben,
- die entsprechenden staatlichen Stellen und normsetzenden Institutionen (standard setter) davon zu überzeugen, daß die Abschlüsse in allen wesentlichen Punkten mit den International Accounting Standards übereinstimmen müssen,
- die Börsenaufsichtsbehörden sowie die Industrie und den Dienstleistungssektor davon zu überzeugen, daß die veröffentlichten Abschlüsse in allen wesentlichen Punkten mit den International Accounting Standards übereinstimmen und diese Übereinstimmung auch angeben müssen,
- sicherzustellen, daß sich die Abschlußprüfer davon überzeugen, daß die Abschlüsse in allen wesentlichen Punkten mit den International Accounting Standards übereinstimmen, und
- die Akzeptanz und Einhaltung der International Accounting Standards international zu fördern.

Die deutschen Mitglieder, das IDW und die WPK, sind diesen Verpflichtungen nur ungenügend nachgekommen.
Das Vorwort wurde im Rahmen der Reorganisation des IASC bzw. IASB im April 2002 wesentlich geändert.

2. Organisation des IASC und des IASB

Anfang 2001 wurde das IASC vollkommen reorganisiert. Da die jetzt noch gültigen IAS unter der alten Organisation beschlossen wurden, wird zunächst die alte Organisation des IASC geschildert. Die Vorbereitungen für die Reorganisation und die neue Organisation werden in Abschnitt B.I.2b Strategy Working Party und die Reorganisation des IASC sowie in Abschnitt B.I.2c die Organisation des IASB dargestellt.

a) Alte Organisation

Mitglieder

Das International Accounting Standards Committee setzte sich aus allen sich mit der Rechnungslegung befassenden Berufsverbänden (professional accountancy bodies) zusammen, die Mitglieder (members) der International Federation of Accountants (IFAC) waren.

Die IFAC wurde 1977 in München gegründet und ist Nachfolgeorganisation des International Co-Ordination Committee of the Accountancy Profession (ICCAP). Sie hat jetzt ihren Sitz in New York. Die IFAC beschäftigt sich in erster Linie mit dem Erarbeiten von Prüfungsrichtlinien. Alle 2½ Jahre hält sie eine Mitgliederversammlung ab, die die Mitglieder des aus 18 Ländern bestehenden IFAC-Council für 2½ Jahre bestellt. Aufgrund gegenseitiger Verpflichtungserklärungen, die im Oktober 1982 von den Mitgliedern der IFAC und des IASC ratifiziert wurden,
- hatten beide Organisationen identische Mitglieder (für IASC-Mitglieder galt bis 1984 eine Übergangszeit),
- bestellte der IFAC-Council 13 Board-Mitglieder des IASC,
- berichtete das IASC dem IFAC-Council jährlich,
- erkannte die IFAC die Autonomie des IASC bezüglich der Verabschiedung von Accounting Standards an,
- unterstützte die IFAC die Arbeit des IASC und verlangte von ihren Mitgliedsorganisationen ebenso zu verfahren,
- bestritt die IFAC 10% des jährlichen Haushaltsbudgets des IASC und
- durfte der IFAC-Präsident oder sein Stellvertreter an den IASC-Sitzungen teilnehmen. Ihm stand das Rede-, nicht aber das Stimmrecht zu; dieselben Rechte hatte der IASC-Chairman in bezug auf IFAC-Council-Sitzungen.

Board

Die Geschäfte des IASC wurden von einem Board geführt. Gemäß der alten Satzung konnte der Board bis zu 17 Mitglieder (Board Members) umfassen, und zwar
- bis zu dreizehn Länder (oder Ländergruppen), die durch den IFAC-Council benannt und bestellt wurden und die durch Vertreter von Mitgliedern des IASC, d.h. durch mit der Rechnungslegung befaßte Berufsverbände, vertreten wurden, und
- bis zu vier Organisationen, die an Fragen der Rechnungslegung interessiert sind. Sie konnten vom Board durch Kooption in den Board gewählt werden.

Die Board-Vertreter (Board Representatives) der einzelnen Mitgliedsländer konnten bis zu fünf Jahre in den Board entsandt werden. Eine Wiederwahl war möglich. Sie erhielten vom IASC keine Vergütung für ihre Tätigkeit. Die Dauer der Berufung von Organisationen wurde vom Board zum Zeitpunkt der Berufung festgelegt.
Jedes Board-Mitglied (Board Member) konnte bis zu zwei Vertreter zu den Board-Sitzungen entsenden, wobei sie von einem Fachberater (Technical Adviser) begleitet werden konnten. Das IASC riet jedem Board-Mitglied, in seine Delegation mindestens eine Person aus der Industrie und eine Person aus der nationalen normsetzenden Institution zu berufen. (Deutschland hatte im Gegensatz zu den meisten Industrieländern bisher keine normsetzende Institution. Deutschland war durch das IDW vertreten. Eine Person der Industrie war erst seit 1993 im Board.)

Der Board tagte bis 1996 dreimal jährlich und seit 1997 zur Beschleunigung des Arbeitsprogramms »Kernstandards« (core standards) der IOSCO viermal jährlich. Die Board-Sitzungen dauerten etwa eine Woche. Die Sitzungen waren ab 1999 öffentlich. Im Mai 1997 hatte der IFAC-Council für den zweieinhalbjährigen Berufungszeitraum ab dem 1. Januar 1998 dieselben Board-Mitglieder in den Board berufen, die im vorhergehenden Berufungszeitraum Mitglied des Board waren, nämlich

Australien	Malaysia
Deutschland	Mexiko
Frankreich	die Niederlande
Großbritannien	die Nordic Federation of Public Accountants
Indien	Südafrika
Japan	die USA
Kanada	

wobei in der indischen Delegation ein Vertreter von Sri Lanka und in der südafrikanischen Delegation ein Vertreter von Simbabwe saß. Der IFAC-Council hielt die Kontinuität in der Board-Mitgliedschaft wegen des großen Zeitdrucks bei der Erstellung der »Kernstandards« (core standards) der IOSCO für wichtig.

Im Oktober/November 1997 kooptierte der Board wieder für zweieinhalb Jahre beginnend mit dem 1. Januar 1998
- das International Co-ordinating Committee of Financial Analysts' Associations (ICCFAA),
- die International Association of Financial Executives Institutes (IAFEI) und
- die Federation of Swiss Industrial Holding Companies als stimmberechtigte Mitglieder in den Board.

Als Beobachter nahm weiterhin je ein Vertreter
- der EU-Kommission (seit 1991),
- des Financial Accounting Standards Board (FASB) (seit 1991),
- der International Organization of Securities Commissions (IOSCO) (seit 1996),
- des Chinese Institute of Certified Public Accountants (seit 1997)
teil.

Die letzten deutschen Board-Vertreter waren Helmut Berndt, Henkel KGaA, Düsseldorf, und Jochen Pape, PricewaterhouseCoopers, Düsseldorf.
Der Vorsitzende (Chairman) des Board wurde für zweieinhalb Jahre aus den eigenen Reihen gewählt. Eine Wiederwahl war nicht möglich. Der Vorsitzende war seit dem 1. Juli 2000 Thomas E. Jones (USA), der vorhergehende Vorsitzende war Stig Enevoldsen (Dänemark).
Jedes Board-Mitglied hatte eine Stimme. Sofern nichts Gegenteiliges in der Satzung oder in einem anderen Verfahren bestimmt war, wurden Entscheidungen mit einfacher Mehrheit herbeigeführt. Die Verabschiedung der Exposure Drafts erfolgte mit Zustimmung von mindestens zwei Drittel der Board-Mitglieder und die Verabschiedung der IAS mit Zustimmung von mindestens drei Viertel der Board-Mitglieder.
Der Board hatte ein Executive Committee gebildet. Es nahm administrative Aufgaben wahr und fällte keine fachlichen Entscheidungen.

Consultative Group
1981 richtete der IASC Board eine Consultative Group ein, in der internationale Organisationen, die sich mit der Erstellung und Auswertung von Jahresabschlüssen befassen, sowie Börsen und Börsenaufsichtsorgane vertreten waren. Die Consultative Group umfaßte ferner Vertreter oder Beobachter von Entwicklungsorganisationen, normsetzenden Institutionen und zwischenstaatlichen Organisationen.

Die Consultative Group trat in regelmäßigen Abständen mit dem Board zusammen, um die technischen Fragen der IASC-Projekte, das IASC-Arbeitsprogramm und die IASC-Strategie zu diskutieren. Die Sitzungen waren nicht öffentlich.

Advisory Council
1995 wurde ein internationaler Advisory Council ins Leben gerufen, der aus renommierten Personen in Führungspositionen auf dem Gebiet der Rechnungslegung (accountancy profession) und der Wirtschaft und anderen Empfängern von Jahresabschlüssen bestand. Der Advisory Council sollte die Akzeptanz der International Accounting Standards und das Ansehen der Arbeit des IASC u.a. durch folgende Maßnahmen fördern:
– Prüfung und Kommentierung der Strategie und der Vorhaben des Board, um sich davon zu überzeugen, daß die Ziele der an der Arbeit des IASC interessierten Kreise erreicht werden,
– Aufstellung eines Jahresberichtes über die Effizienz des Board beim Erreichen seiner Ziele und beim Entstehungsprozeß (due process) der IAS,
– Förderung der Teilnahme an der Arbeit des IASC und deren Akzeptanz durch den Berufsstand, Unternehmen, Adressaten von Abschlüssen und andere daran interessierte Parteien,
– Beschaffung von Mitteln für die Arbeit des IASC in einer Art und Weise, die die Unabhängigkeit des IASC nicht beeinträchtigt, und
– Überprüfung des Haushaltes sowie des Abschlusses des IASC.

Der Advisory Council sollte sicherstellen, daß die Unabhängigkeit und Objektivität des Board bei den fachlichen Entscheidungen über vorgeschlagene International Accounting Standards nicht beeinträchtigt wurden. Der Advisory Council nahm an solchen Entscheidungen nicht teil und versuchte auch nicht, sie zu beeinflussen. Die Mitglieder des Advisory Council wurden vom Board ernannt und erhielten vom IASC keine Vergütung für ihre Tätigkeit. Es fand jährlich eine Sitzung statt.

Mitarbeiterstab
Der Board wurde durch einen kleinen Mitarbeiterstab in London unterstützt. Teilweise waren die Mitarbeiter von internationalen Wirtschaftsprüfungsgesellschaften, normsetzenden Institutionen, Konzernen, Universitäten und anderen Organisationen für einige Zeit »ausgeliehen«. Im Mai 1995 wurde Sir Bryan Carsberg (Großbritannien) für fünf Jahre zum Generalsekretär (secretary-general) ernannt worden. Sein Vertrag wurde um ein Jahr bis Mai 2001 verlängert. Von April 1985 bis Dezember 1994 war David Cairns (Großbritannien) Generalsekretär. Der Generalsekretär nahm seine Aufgaben hauptberuflich wahr. Neben der Leitung des Mitarbeiterstabs oblag ihm die Vertretung des IASC nach außen.

Steering Committees

Für die Entwicklung und die Überarbeitung der einzelnen International Accounting Standards setzte der Board Arbeitsgruppen (Steering Committees) ein.

In der Regel gehörten einem Steering Committee drei bis vier Vertreter aus Mitgliedsländern des Board, ein Mitglied der Consultative Group und ein oder mehrere Vertreter von anderen Organisationen an. In mehrere Steering Committees hatte die IOSCO Beobachter entsandt. Das Steering Committee wurde bei seiner Arbeit durch Mitarbeiter des IASC, insbesondere durch den Projekt-Manager des jeweiligen Steering Committee, unterstützt. Den Vorsitz übernahm gewöhnlich ein Board-Vertreter. Die Sitzungen der Steering Committees waren nicht öffentlich.

Standing Interpretations Committee

Im September 1996 beschloß der Board die Bildung eines Standing Interpretations Committee (SIC).

Das SIC sollte zeitnah Rechnungslegungsfragen erörtern, die wahrscheinlich mangels einer maßgeblichen Anleitung abweichend oder in nicht akzeptabler Weise behandelt werden. Diese Prüfung erfolgt im Rahmen der bestehenden International Accounting Standards und des Rahmenkonzeptes der IASC-Rechnungslegung. Bei der Ausarbeitung der Interpretationen konsultierte das SIC ähnliche nationale Komitees, die zu diesem Zweck von Mitgliedern benannt wurden.

Das SIC behandelte Themen einer angemessen umfassenden Bedeutung, nicht solche, die nur eine kleine Gruppe von Unternehmen betreffen. Die Interpretationen bezogen sich auf:
- anstehende Fragen (unbefriedigende Praxis im Anwendungsbereich bestehender International Accounting Standards) und
- neu auftretende Themen (neue Themen bezüglich eines International Accounting Standards, die bei dessen Ausarbeitung noch nicht behandelt wurden).

Das SIC tagte viermal im Jahr und zwar in der Regel vor den Board-Sitzungen. Eine Kommunikation der Mitglieder des SIC zwischen den Sitzungen durch Post oder E-mail war möglich. Eine Interpretation war vom SIC angenommen, wenn nicht mehr als drei anwesende Mitglieder des SIC dagegen gestimmt hatten. Anschließend mußte sie mit Dreiviertelmehrheit vom Board genehmigt werden. Die Entwürfe für Interpretationen wurden vom SIC veröffentlicht, und Kommentierungen konnten dem SIC innerhalb von zwei Monaten eingereicht werden. Die Sitzungen waren ab August 2000 öffentlich.

b) Strategy Working Party und die Reorganisation des IASC

Strategy Working Party

Im September 1996 hatte der Board beschlossen, eine Strategy Working Party zu bilden, die die Strategie des IASC – nach Verabschiedung der »Kernstandards« (core standards) der IOSCO im Jahre 1998 – durchleuchten sollte.

Die Strategy Working Party bestand zuletzt aus folgenden Personen:

Edward Waitzer (Chairman)	Chairman Stikeman, Elliott Former Chairman, Ontario Securities Commission Former Chairman, IOSCO Technical Committee	Canada
Georges Barthès de Ruyter	Chairman, Conseil National de la Comptablité Former Chairman of IASC	France
Sir Bryan Carsberg	Secretary-General, IASC	
Anthony Cope	Board Member, Financial Accounting Standards Board	USA
Stig Enevoldsen	Chairman, IASC	
Frank Harding	President, International Federation of Accountants	
Kazuo Hiramatsu	Professor of Accounting, Kwansei Gakuin University, Former Member, Business Accounting Deliberation Council	Japan
Birgitta Kantola	Vice President, Finance and Planning, International Finance Corporation	
Jacques Manardo	Global Managing Partner – Strategic Clients – Member of the Executive Group, Deloitte Touche Tohmatsu	France
David S. Ruder	Professor of Law, Northwestern University Trustee, Financial Accounting Foundation Former Chairman, US Securities and Exchange Commission	USA
Michael Sharpe	Past Chairman, IASC	
Sir David Tweedie	Chairman Accounting Standards Board	United Kingdom

1999 sind vorzeitig ausgeschieden:

Werner Seifert	Chief Executive Officer, Deutsche Börse AG	Germany
Peter Sjostrand	Partner, BZ Group, Board Member, Pharma Vision	Sweden

Die Strategy Working Party sollte sich u.a. folgender Themen annehmen:
- Verhältnis des IASC zu den nationalen normsetzenden Institutionen,
- Ausgleich des Konfliktes zwischen der Erhöhung der Mitgliederzahl des Board und der Verringerung der Anzahl der Vertreter an den Board-Sitzungen, um effektive Entscheidungen treffen zu können,
- Bestellung von einem oder mehreren hauptberuflichen Board-Mitgliedern und Öffentlichkeit der Sitzungen des Board und seiner Committees,

– Rolle des IASC hinsichtlich Aus- und Weiterbildung bezüglich der Standards,
– Vereinbarungen zur Beschaffung von finanziellen Mitteln.

Die Strategy Working Party hat im Dezember 1998 ein Discussion Paper »Shaping IASC for the Future« vorgelegt, das veröffentlicht wurde. Es schlug eine neue Struktur des IASC und eine neue Strategie bei der Zusammenarbeit mit nationalen und supranationalen normsetzenden Institutionen vor. Kommentare zu dem Discussion Paper konnten dem Generalsekretär des IASC bis zum 30. April 1999 eingereicht werden. Der endgültige Bericht »Recommendations on Shaping IASC for the Future« der Strategy Working Party wurde vom Board im November und Dezember 1999 einstimmig gebilligt. Nach diesen Empfehlungen soll das IASC als eine unabhängige Institution wie eine Stiftung reorganisiert und von Treuhändern (trustees) geführt werden.

Nominierungskomitee
Im Dezember 1999 ernannte der Board einstimmig ein Nominierungskomitee. Einzige Aufgabe des Nominierungskomitees war die Ernennung der ersten Treuhänder nach der neuen Struktur des IASC. Die Mitglieder des Nominierungskomitees waren:

Dr. Karl H. Baumann, Chairman of the Supervisory Board, Siemens AG, and Deputy Chairman of the DRSC (German national accounting standard setter)
James E. Copeland, Jr., Chief Executive Officer, Deloitte Touche Tohmatsu
Howard Davies, Chairman, UK Financial Services Authority
Arthur Levitt, Chairman, US Securities and Exchange Commission
Michel Prada, Chairman, French Commission des Opérations de Bourse
Andrew Sheng, Chairman, Hong Kong Securities and Futures Commission
James Wolfensohn, President, The World Bank

Auf der ersten Sitzung des Nominierungskomitees im Januar 2000 wurde Arthur Levitt, seinerzeit Vorsitzender der SEC, zum Vorsitzenden ernannt.

Mitglieder
Bis zur Bildung der neuen rechtlichen Einheit gemäß § 18c der Satzung bestanden die Mitglieder des IASC wie bisher aus den Mitgliedern der IFAC.

Treuhänder
Die Treuhänder setzten sich aus neunzehn Personen (aufgrund der Satzungsänderung 2005: zweiundzwanzig Personen) aus unterschiedlichen Regionen und Berufsgruppen zusammen. Um das geographische Gleichgewicht einzuhalten, sollten sechs Personen aus Nordamerika, sechs aus Europa, vier aus der Asien/Pazifik-Region (aufgrund der Satzungsänderung 2005: sechs Personen) und drei aus anderen Regionen stammen. Die IFAC konnte Kandidaten vorschlagen, um fünf der neunzehn Treuhänderposten zu besetzen, und internationale Organisationen von Aufstellern von Abschlüssen, Adressaten von Abschlüssen und von Hochschullehrern konnten jeweils einen Kan-

didaten vorschlagen. Die verbleibenden elf Treuhänder wurden nicht in Abstimmung mit anderen Organisationen (at large) gewählt. Die Treuhänder werden für einen Zeitraum von drei Jahren gewählt. Eine Wiederwahl ist möglich. Um die Kontinuität zu wahren, wird ein Teil der ersten Treuhänder vier oder fünf Jahre tätig sein. Für die Wahl von nachfolgenden Treuhändern zur Besetzung der freien Posten werden die bereits gewählten Treuhänder ein ähnliches Verfahren anwenden.

Die Treuhänder ernennen die Mitglieder des Board, des SIC und des Standards Advisory Council. Sie überprüfen jährlich die Strategie des IASC und ihre Wirksamkeit, beschaffen finanzielle Mittel für das IASC, genehmigen das Budget des IASC und tragen die Verantwortung für Änderungen der Satzung. Die Treuhänder haben alle Vollmachten des IASC, mit Ausnahme derjenigen, die dem Board, dem SIC und dem Standards Advisory Council vorbehalten sind.

International Accounting Standards Board

Der International Accounting Standards Board (IASB) besteht aus vierzehn Personen, und zwar zwölf hauptberuflichen Mitgliedern und zwei Teilzeitmitgliedern. (Der nach der alten Satzung bestellte Board war ehrenamtlich tätig.) Der Board trägt die alleinige Verantwortung für die Entwicklung der Rechnungslegungsstandards. Die wichtigste Qualifikation für die Mitgliedschaft im Board ist die fachliche Erfahrung. Der Board soll nicht von einem bestimmten Kreis oder regionalen Interessen dominiert werden. Von den Board-Mitgliedern sollen mindestens fünf Erfahrung als praktizierende Wirtschaftsprüfer, mindestens drei Erfahrung in der Aufstellung von Abschlüssen, mindestens drei Erfahrung als Abschlußadressaten haben und mindestens einer Hochschullehrer sein. (Die überarbeitete Satzung von 2005 enthält keine quantitativen Vorgaben mehr.) Sieben der vierzehn hauptberuflichen Board-Mitglieder sollen Bindeglieder (official liaisons) zu nationalen normsetzenden Institutionen sein (aufgrund der Satzungsänderung 2005 weggefallen), um die Annäherung der nationalen Rechnungslegungsgrundsätze an die IAS zu fördern. Sie dürfen jedoch nicht gleichzeitig stimmberechtigte Mitglieder von nationalen normsetzenden Institutionen sein.

Für die Entwicklung von International Accounting Standards ist weiterhin die Einsetzung von Steering Committees vorgesehen (siehe Abschnitt B.I.2a Steering Committees).

Die Veröffentlichung eines Exposure Draft, eines endgültigen International Accounting Standard oder einer endgültigen SIC-Interpretation bedarf der Zustimmung von acht der vierzehn Board-Mitglieder. Andere Entscheidungen des Board erfordern die Zustimmung der einfachen Mehrheit der anwesenden Mitglieder. (Im März 2005 beschlossen die Treuhänder der IASC Foundation, daß die Verabschiedung von IFRS, IFRS-Entwürfen und IFRIC-Interpretationen mit neun von vierzehn Stimmen zu erfolgen hat.)

Die Board-Mitglieder werden für bis zu fünf Jahre ernannt. Eine einmalige Wiederwahl ist zulässig. Um die Kontinuität zu wahren, wird ein Teil der ersten Board-Mitglieder nur für drei oder vier Jahre ernannt. Um ihre Unabhängigkeit zu gewährleisten, müssen die hauptberuflichen Board-Mitglieder alle vertraglichen Bindungen mit den bisherigen Arbeitgebern kündigen und dürfen keine Verträge eingehen, die ihre Unabhängigkeit bei der Festsetzung von Rechnungslegungsstandards in Frage stellen könnten. Die Board-Sitzungen sind grundsätzlich öffentlich.

International Financial Reporting Interpretations Committee (IFRIC)
Das Standing Interpretations Committee (SIC) wurde in International Financial Reporting Interpretations Committee (IFRIC) umbenannt. Es besteht aus zwölf stimmberechtigten Mitgliedern, die von den Treuhändern für drei Jahre ernannt werden, und einem von den Treuhändern benannten nicht stimmberechtigten Vorsitzenden, der ein Mitglied des IASB, der Fachliche Direktor oder ein anderes dienstaltes Mitglied des Personals des IASB oder eine andere entsprechend qualifizierte Person ist. Zu den Sitzungen entsendet der Board zusätzlich ein oder zwei Board-Mitglieder, die nicht stimmberechtigt sind. Repräsentanten der EU-Kommission und der IOSCO wohnen den Sitzungen des IFRIC als Beobachter bei. Das IFRIC tagt bei Bedarf. Die Sitzungen sind in der Regel öffentlich. Der Entwurf einer Interpretation oder eine Interpretation ist vom IFRIC angenommen, wenn nicht mehr als drei seiner Mitglieder dagegen gestimmt haben. Die Interpretationen müssen vom IASB genehmigt werden.

Das IFRIC hat
- unter Beachtung des Rahmenkonzepts des IASB die Anwendung der International Accounting Standards und der International Financial Reporting Standards zu interpretieren und für nicht ausdrücklich in den IAS und IFRS behandelte Fragen der Finanzberichterstattung rechtzeitig Lösungen zu erarbeiten sowie auf Wunsch des IASB andere Aufgaben wahrzunehmen,
- mit nationalen Standardsettern zusammenzuarbeiten, um eine internationale Konvergenz der Rechnungslegungsstandards auf hohem Qualitätsniveau zu erzielen,
- Entwürfe von Interpretationen nach Freigabe durch den IASB zu veröffentlichen und Stellungnahmen dazu in der endgültigen Interpretation angemessen zu berücksichtigen,
- dem IASB zu berichten und seine Zustimmung für endgültige Interpretationen einzuholen.

Standards Advisory Council
Ein neu geschaffener Standards Advisory Council (SAC), der die bisherige Consultative Group ersetzt, soll Organisationen und Einzelpersonen, die sich mit internationaler Finanzberichterstattung beschäftigen und die aus verschiedenen Regionen und Berufsgruppen stammen, ein Forum bieten. Er berät den Board und ggf. die Treuhänder. Der Standards Advisory Council bestand bei seiner Gründung im Juli 2001 aus 49 Mitgliedern aus verschiedenen Regionen und Berufsgruppen. Sie werden von den Treuhändern für drei Jahre ernannt. Eine Wiederwahl ist zulässig. Den Vorsitz hatte bis Juli 2005 der Vorsitzende des Board.

Der Standards Advisory Council soll mindestens dreimal im Jahr tagen. Die Sitzungen sind öffentlich. Der Standards Advisory Council soll vor wichtigen Entscheidungen vom Board und vor vorgeschlagenen Satzungsänderungen von den Treuhändern konsultiert werden.

Generaldirektor (chief executive) und Mitarbeiterstab (staff)
Der Vorsitzende (chairman) des IASB ist gleichzeitig auch der Generaldirektor (chief executive) der IASB Foundation. Seine Tätigkeit wird von den Treuhändern überwacht. Dem Generaldirektor steht ein Mitarbeitstab zur Seite. Dieser wird von einem Fachlichen Direktor (Director of Technical Activities) geleitet, der von dem Generaldirektor in Abstimmung mit den Treuhändern ernannt wird. Der Fachliche Direktor

kann an den Sitzungen des IASB und des IFRIC ohne Stimmrecht teilnehmen. Ferner werden von dem Generaldirektor in Abstimmung mit den Treuhändern ein Leiter der Geschäftstätigkeit (Director of Operations) und ein Kaufmännischer Leiter (Commercial Director) ernannt, die für die Veröffentlichungen, die Verwaltung und die Finanzierung verantwortlich sind. Ein Generalsekretär (secretary-general) ist in der neuen Satzung nicht mehr vorgesehen.

c) Organisation des IASB

Neue Satzung

Im März 2000 stimmte der Board des IASC einstimmig der neuen Satzung zu. Im Mai 2000 stimmten die 143 Mitglieder des IASC auf einer Vollversammlung in Edinburgh einstimmig der geplanten Neuorganisation zu.

Gemeinnützige Stiftung International Accounting Standards Committee Foundation

Im März 2001 haben die Treuhänder die neue Satzung in Kraft gesetzt. Zu diesem Zweck wurde im US-Bundesstaat Delaware eine gemeinnützige Stiftung mit dem Namen International Accounting Standards Committee Foundation (IASCF) gegründet, die den in London ansässigen International Accounting Standards Board (IASB) überwachen soll. Die Satzung wurde mit Wirkung vom 8. Juli 2002 durch die Treuhänder geringfügig geändert. Die Adresse des IASB ist 30 Cannon Street, London EC4M 6XH, Großbritannien, Telefon: +44 (020) 7246-6410, Telefax: +44 (020) 7246-6411, E-mail iasb.@iasb.org, Internet: www.iasb.org.

Treuhänder

Das Nominierungskomitee hat im Mai 2000 die Namen der ersten 19 Treuhänder bekanntgegeben. Sie lauteten:

Name	Tätigkeit	Region
Paul A. Volcker Chairman of Trustees	Former Chairman, U.S. Federal Reserve Board	North America – USA
Roy Andersen	Deputy Chairman and CEO, The Liberty Life Group	Other – South Africa
John H. Biggs	Chairman, TIAA-CREF	North America – USA
Andrew Crockett	General Manager, Bank for International Settlements	Other – International Organisation based in Switzerland
Roberto Teixeira Da Costa	Former Chairman, Brazilian Comissão de Valores Mobiliários	Other – Brazil
Guido A. Ferrarini	Professor of Law, University of Genoa	Europe – Italy
L. Yves Fortier	Chairman, Ogilvy Renault, Barristers and Solicitors Former Ambassador of Canada to the United Nations	North America – Canada

Name	Tätigkeit	Region
Toshikatsu Fukuma	Chief Financial Officer, Mitsui & Co., Ltd.	Asia Pacific – Japan
Cornelius Herkstroter	Former President, Royal Dutch Petroleum	Europe – The Netherlands
Hilmar Kopper	Chairman of the Supervisory Board, Deutsche Bank AG	Europe – Germany
Philip A. Laskawy	Chairman, Ernst & Young International	North America – USA
Charles Yeh Kwong Lee	Chairman, Hong Kong Exchange and Clearing Ltd.	Asia Pacific – China/Hong Kong
Sir Sydney Lipworth	Chairman, U.K. Financial Reporting Council	Europe – UK
Didier Pineau-Valencienne	Chairman, Association Française des Entreprises Privées	Europe – France
Jens Røder	Senior Partner, PricewaterhouseCoopers	Europe – Denmark
David S. Ruder	Former Chairman, U.S. Securities & Exchange Commission	North America – USA
Kenneth H. Spencer	Former Chairman, Australian Accounting Standards Board	Asia Pacific – Australia
William C. Steere, Jr.	Chairman and CEO, Pfizer Inc.	North America – USA
Koji Tajika	Former Chairman, Deloitte Touche Tohmatsu	Asia Pacific – Japan

Im Rahmen der Überarbeitung der Satzung der IASC Foundation im Juni 2005 wurde die Zahl der Treuhänder von 19 auf 22 erhöht. Die IASC Foundation hatte danach folgende Treuhänder:

Name	Tätigkeit	Region	ernannt bis
Tommaso Padoa-Schioppa, Chairman	Former Member, Executive Board, European Central Bank	Italy	1.12.2008 trat wegen Ernennung zum italienischen Finanzminister zurück
Roy Andersen	Chairman, Sanlam Ltd.	South Africa	31.12.2006
Marvin KT Cheung	Member of the Executive Council of the Hong Kong Government, Director of Hong Kong Exchanges and Clearing Ltd., Retired Chairman and CEO of KPMG, China and Hong Kong	Hong Kong SAR, China	31.12.2008

I. Allgemeine Informationen 55

Name	Tätigkeit	Region	ernannt bis
Bertrand Collomb	Chairman, Lafarge	France	31.12.2006
Samuel DiPiazza, Jr	Global Chief Executive Officer, PricewaterhouseCoopers	United States	31.12.2008
Oscar Fanjul	Vice Chairman, Omega Capital, and former Chairman Founder and CEO, Repsol, SA	Spain	31.12.2007
L. Yves Fortier	Chairman, Ogilvy Renault, Barristers and Solicitors Former Ambassador of Canada to the United Nations	Canada	31.12.2006
Tsuguoki Fujinuma	Chairman and President Japanese Institute of Certified Public Accountants	Japan	31.12.2007
Cornelius Herkströter	Former President, Royal Dutch Petroleum and Chairman of the Committee of Managing Directors of the Royal Dutch/Shell Group	The Netherlands	31.12.2006
Richard Humphry	Director of HSBC (Australia) and United Group Ltd. Retired Managing Director and CEO, Australian Stock Exchange	Australia	31.12.2007
Max Dietrich Kley	Member of the Supervisory Board, BASF AG	Germany	31.12.2008
Malcolm Knight	General Manager, Bank for International Settlements	Canada	31.12.2007
Alicja Komasiewicz	CEO and Chairman of CA IB Group in Poland	Poland	31.12.2007
Philip A. Laskawy nach Rücktritt von Tommaso Padoa-Schioppa Chairman	Retired Chairman, Ernst & Young International	United States	31.12.2006
Bill McDonough	Vice Chairman and Special Advisor to the Chairman, Merrill Lynch & Co Inc	United States	31.12.2008
Sir Bryan Nicholson	Former Chairman, UK Financial Reporting Council	United Kingdom	31.12.2008
Mohandas Pai	Member of the Board and Chief Financial Officer, Infosys Technologies Ltd	India	31.12.2008
David L. Shedlarz	Vice Chairman, Pfizer Inc	United States	31.12.2008
Roberto Teixeira da Costa	First Chairman, Brazilian Securities and Exchange Commission (CVM)	Brazil	31.12.2007

Name	Tätigkeit	Region	ernannt bis
Junichi Ujiie	Chairman, Nomura Holdings Inc	Japan	31.12.2008
Antonio Vegezzi	Vice Chairman, Capital International SA	Switzerland	31.12.2007
Liu Zhongli	President, Chinese Institute of Certified Public Accountants and former Minister of Ministry of Finance, PRC	China	31.12.2008

International Accounting Standards Board

Im Januar 2001 haben die Treuhänder die Namen der 14 Mitglieder des International Accounting Standards Board (IASB) bekanntgegeben. Sie lauten:

Sir David Tweedie	UK	Chairman	ernannt bis 30.6.2006, verlängert bis 30.6.2011
Thomas E. Jones	USA resident, UK nationality	Vice Chairman	ernannt bis 30.6.2004, verlängert bis 30.6.2009
Mary E. Barth	USA	(part-time member)	ernannt bis 30.6.2004, verlängert bis 30.6.2009
Hans-Georg Bruns	Germany		ernannt bis 30.6.2006, verlängert bis 30.6.2011
Anthony T. Cope	USA resident, UK nationality		ernannt bis 30.6.2004, verlängert bis 30.6.2009
Robert P. Garnett	South Africa citizen, UK nationality		ernannt bis 30.6.2005, verlängert bis 30.6.2010
Gilbert Gélard	France		ernannt bis 30.6.2005, verlängert bis 30.6.2010
Robert H. Herz	USA	(part-time member)	ernannt bis 30.6.2005, ausgeschieden

James J. Leisenring	USA	ernannt bis 30.6.2005, verlängert bis 30.6.2010
Warren McGregor	Australia	ernannt bis 30.6.2006, verlängert bis 30.6.2011
Patricia L. O'Malley	Canada	ernannt bis 30.6.2004, verlängert bis 30.6.2009
Harry K. Schmid	Switzerland	ernannt bis 30.6.2005, ausgeschieden
Geoffrey Whittington	UK	ernannt bis 30.6.2006, ausgeschieden
Tatsumi Yamada	Japan	ernannt bis 30.6.2006, verlängert bis 30.6.2011

Anthony T. Cope und James J. Leisenring waren vorher Mitglied des Financial Accounting Standards Board (FASB) der USA. Thomas E. Jones, Mary E. Barth und Robert H. Herz haben vorher in verschiedenen Gremien des FASB mitgearbeitet, und Hans-Georg Bruns war vorher Leiter Rechnungswesen Konzern der DaimlerChrysler AG, die nach US-GAAP bilanziert.

Robert H. Herz ist aus dem Board ausgeschieden, da er am 1.7.2002 Chairman des FASB wurde. Nachfolger von Robert H. Herz ist John T. Smith, Partner von Deloitte & Touche, USA. John T. Smith wurde 2006 bis zum 30.6.2011 zum hauptberuflichen Mitglied des Board gewählt.

Jan Engström, früher Vorstandsmitglied der Volvo Group wurde mit Wirkung vom 1. Mai 2004 bis zum 30. Juni 2009 zum Mitglied des Board ernannt. Er ist Nachfolger von Harry K. Schmid, der im März 2004 zurückgetreten ist. Nachfolger von Geoffrey Whittington, der sich nicht zur Wiederwahl stellte, wurde Philippe Danjou (Frankreich).

Zhang Wei-Guo wurde mit Wirkung vom 1.7.2007 bis 30.6.2012 zum Mitglied des Board gewählt.

Standards Advisory Council (SAC)
Der Standards Advisory Council hat jetzt 40 Mitglieder. Sie lauten:

Nelson Carvalho Chairman	Professor, Universidade de São Paulo, and Partner, NCV Consulting, M&A and Corporate Finance – Capital Markets	Brazil
		Africa
Benoît Antoine Atangana Onana	President, The Institute of Chartered Accountants of Cameroon	Cameroon
Darrel Antony Scott	Head of Finance, Firstrand Banking Group	South Africa
		Asia excluding Japan
Shailesh V. Haribhakti	CEO and Managing Partner, Haribhakti & Co	India
P.M. Kam	Group Financial Controller, Jardine Matheson Ltd	Hong Kong SAR, China
Rifaat Ahmed Abdel Karim	Secretary-General, Islamic Financial Services Board	Malaysia
Suk Jun Lee	Vice President, Corporate Overseas Management Group, Samsung Electronics Co Ltd	Korea
Danny Teoh	Managing Partner, KPMG Singapore	
Wang Jun	Secretary General, China Accounting Standards Committee, Ministry of Finance	China
		Australia
Judith Downes	Chief Operating Officer, Institutional Division, Australian and New Zealand Banking Group Limited	
		Europe
José Antonio Alvarez	Chief Financial Officer, Banco Santander	Spain
Sarah Deans	Vice President, Head of Accounting and Valuation Research, JP Morgan	United Kingdom
Alberto Giussani	Audit Partner, PricewaterhouseCoopers and member, Organismo Italiano di Contabilità	Italy
Mauro Grande	Director, Financial Stability and Supervision, European Central Bank	
Ingebret Hisdal	Managing Partner, Deloitte	Norway
David Lindsell	Director of Global IFRS Services, Ernst & Young	United Kingdom

Patrice Marteau	Chief Corporate Officer, PPR	France
Anna di Michele	Director, Investment Solutions, UBS (Italia) SpA	Italy
Heinz-Joachim Neubürger	Chairman, DRSC	Germany
Jochen Pape	Member of the Management Board, PricewaterhouseCoopers Germany, and Head of the International Financial Reporting Centre, PwC Eurofirms	Germany
Vladimir Preobrazhenskiy	Chief Financial Officer, Siberian Coal Energy Company	Russia
Hugo Schaub	Group Controller, Member of the Group Management Board, UBS AG	Switzerland
Kees J. Storm	Retired CEO, Aegon NV	The Netherlands
Richard Thorpe	Member, Financial Reporting Committee of the Committee of European Securities Regulators (CESR-fin): Head of Accounting and Auditing Policy, UK Financial Services Authority	United Kingdom
		Japan
Eiko Tsujiyama	Member, Accounting Standards Board of Japan; Professor of Accounting, Waseda University	
Yoshiki Yagi	Chairman, Sub-Committee on Accounting, Nippon Keidanren; Board Director (Chair), Hitachi Ltd	
		Latin America
Héctor Estruga	Retired partner and former Professional Practice Director for South America; Member of the Special Audit and Accounting Standards Committee (CENCYA); Argentine Federation of Professional Councils in Economic Sciences	Argentina
Héctor Vela Dib	Corporate Financing Director, CEMEX	Mexico
		Middle East
Adir Inbar	Chairman, Professional Board of the Institute of Certified Public Accountants in Israel; IFRS Leader and Senior Audit Partner, Deloitte	Israel
		United States
Frank H. Brod	Vice President and Controller, The Dow Chemical Company	

Colleen Cunningham	President and CEO, Financial Executives International
Trevor Harris	Managing Director, Morgan Stanley
Patricia McConnell	Senior Managing Director, Bear, Stearns & Co Inc

International Organisations

Basel Committee on Banking Supervision

Arnold Schilder	Executive Director, De Nederlandsche Bank; Chairman, Basel Committee Accounting Task Force

International Association of Insurance Supervisors

Henning Göbel	Economic Adviser, Federal Financial Supervisory Authority

International Federation of Accountants

Ian Ball	Chief Executive

International Monetary Fund

Kenneth Sullivan	Senior Financial Sector Expert

International Organization of Securities Commissions

John Carchrae	Chief Accountant, Ontario Securities Commission
Christoph Ernst	Head of Division, Accounting and Auditing Law Division, Ministry of Justice, Germany

United Nations Conference on Trade and Development (UNCTAD)

Tatiana Krylova	Head, Investment and Enterprise Competitiveness Branch

The World Bank

Charles McDonough	Director of Accounting and Chief Accountant

Official Observers

European Commission

Financial Services Agency of Japan

US Securities and Exchange Commission

Den Vorsitz hatte bisher der Vorsitzende des Board. Aufgrund der Überarbeitung der Satzung der IASC Foundation wurde am 18.7.2005 ein unabhängiger Vorsitzender, nämlich Nelson Carvalho, Professor für Bilanzierung und Finanzen, São Paulo, ernannt. Seine Amtszeit endet am 31.12.2008.

Trustee Appointments Advisory Group
Im November 2005 haben die Treuhänder der IASC Foundation die Gründung eines Gremiums bekanntgegeben, das sie bei der Auswahl neuer Treuhänder unterstützen soll. Mitglieder der Trustee Appointments Advisory Group sind:

Paul A. Volcker, Chairman	Former Chairman US Federal Reserve Board, USA
Jane Diplock	Chairman of the Executive Committee, International Organization of Securities Commissions
Mario Draghi	Chairman, Financial Stability Forum
Donald Kaberuka	President, African Development Bank
Haruhiko Kuroda	President, Asian Development Bank
Luis Alberto Moreno	President, Inter-American Development Bank
Rodrigo de Rato y Figaredo	Managing Director, International Monetary Fund
Jean-Claude Trichet	President, European Central Bank
Paul Wolfowitz	President, World Bank

International Financial Interpretations Committee (IFRIC)
Mitglieder des IFRIC waren im Dezember 2006:

Philip D. Ameen	Vice President and Comptroller General Electric Company	United States
Jeannot Blanchet	Managing Director, Morgan Stanley Europe	France
Michael E. Bradbury	Professor of Accounting, Unitec	New Zealand
Claudio De Conto	General Manager Administration and Control, Pirelli & C. S.p.A.	Italy
Sarah York Kenny	World Bank Group	
Jean-Louis Lebrun	Partner, Chairman of Governance Council Mazars	France
Domingo Mario Marchese	Partner, Marchese Grandi Mesón & Asoc.	Argentina
Takatsugu Ochi	Sumitomo Corporation	Japan
Ruth Picker	Ernst & Young	Australia
Mary Tokar	Second Partner, KPMG IFRIC Limited	United States

Ken Wild	Global Leader of IFRS, Deloitte Touche Tohmatsu	United Kingdom
Ian Wright	Global IFRS Leader, PricewaterhouseCoopers	United Kingdom
Robert P. Garnett	Member IASB	nichtstimm-berechtigter Vorsitzender
EU-Kommission		Beobachter
IOSCO		Beobachter

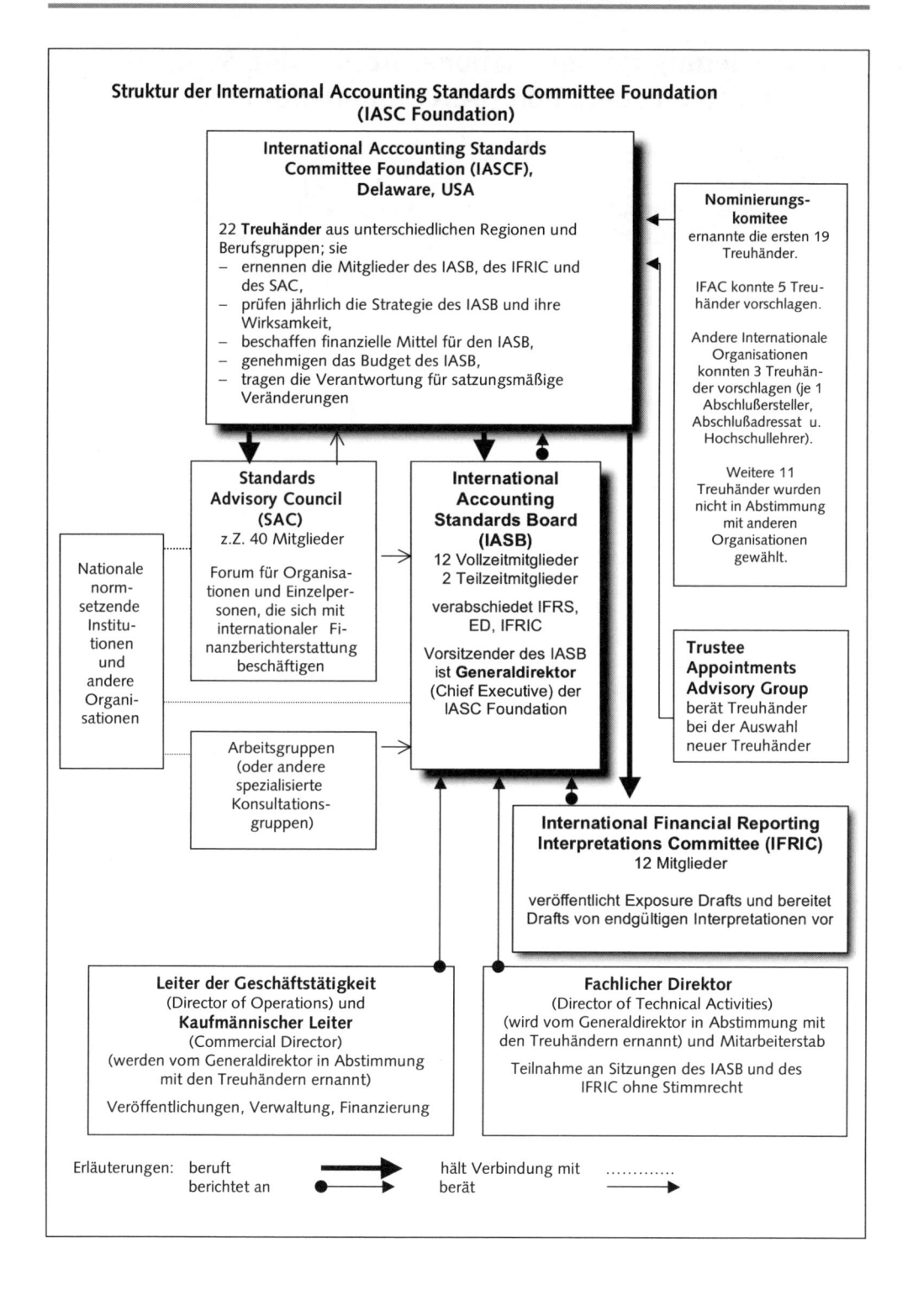

Struktur der International Accounting Standards Committee Foundation (IASC Foundation)

International Acccounting Standards Committee Foundation (IASCF), Delaware, USA

22 **Treuhänder** aus unterschiedlichen Regionen und Berufsgruppen; sie
- ernennen die Mitglieder des IASB, des IFRIC und des SAC,
- prüfen jährlich die Strategie des IASB und ihre Wirksamkeit,
- beschaffen finanzielle Mittel für den IASB,
- genehmigen das Budget des IASB,
- tragen die Verantwortung für satzungsmäßige Veränderungen

Nominierungskomitee

ernannte die ersten 19 Treuhänder.

IFAC konnte 5 Treuhänder vorschlagen.

Andere Internationale Organisationen konnten 3 Treuhänder vorschlagen (je 1 Abschlußersteller, Abschlußadressat u. Hochschullehrer).

Weitere 11 Treuhänder wurden nicht in Abstimmung mit anderen Organisationen gewählt.

Standards Advisory Council (SAC)
z.Z. 40 Mitglieder

Forum für Organisationen und Einzelpersonen, die sich mit internationaler Finanzberichterstattung beschäftigen

International Accounting Standards Board (IASB)
12 Vollzeitmitglieder
2 Teilzeitmitglieder

verabschiedet IFRS, ED, IFRIC

Vorsitzender des IASB ist **Generaldirektor** (Chief Executive) der IASC Foundation

Trustee Appointments Advisory Group
berät Treuhänder bei der Auswahl neuer Treuhänder

Nationale normsetzende Institutionen und andere Organisationen

Arbeitsgruppen (oder andere spezialisierte Konsultationsgruppen)

International Financial Reporting Interpretations Committee (IFRIC)
12 Mitglieder

veröffentlicht Exposure Drafts und bereitet Drafts von endgültigen Interpretationen vor

Leiter der Geschäftstätigkeit (Director of Operations) und **Kaufmännischer Leiter** (Commercial Director)
(werden vom Generaldirektor in Abstimmung mit den Treuhändern ernannt)
Veröffentlichungen, Verwaltung, Finanzierung

Fachlicher Direktor (Director of Technical Activities)
(wird vom Generaldirektor in Abstimmung mit den Treuhändern ernannt) und Mitarbeiterstab

Teilnahme an Sitzungen des IASB und des IFRIC ohne Stimmrecht

Erläuterungen: beruft
berichtet an
hält Verbindung mit
berät

3. Finanzierung der International Accounting Standards Committee Foundation (IASC Foundation)

Es ist Aufgabe der Treuhänder, die notwendigen finanziellen Mittel zu beschaffen. Die IASC Foundation veröffentlicht in ihrem Annual Report die Namen der Wirtschaftsprüfungsgesellschaften, Unternehmen und anderen Organisationen, die die IASC Foundation finanziell unterstützen. Die größten Spender sind die vier großen weltweit tätigen Wirtschaftsprüfungsgesellschaften. Seit der Neuorganisation im Jahre 2001, d.h. dem Zeitpunkt, seit dem die Board-Mitglieder hauptberuflich und nicht mehr ehrenamtlich tätig sind, ist das Budget, das früher bei ca. 2 Millionen £ jährlich lag, erheblich gestiegen.

Nachstehend wird das im Annual Report 2005 dargestellte Statement of Activities gezeigt:

Statement of Acitivities

Year ended 31 December	2005 £'000	2004 £'000
Revenues		
Contributions	9,374	9,318
Revenues from publications and related activities	4,514	4,154
Interest income	534	460
Other income	27	46
	14,449	13,978
Less direct cost of sales from publications and related activities	(2,753)	(2,924)
	11,696	**11,054**
Operating expenses		
Salaries, wages and benefits	8,316	8,195
Accomodation	984	1,028
Board meetings	781	808
Committees	394	390
Travel for consultations	323	314
External relations	136	115
Audit, legal & taxation	121	124
Communications	261	197
Other costs	167	146
Total operating expenses	**11,483**	**11,317**

Trustees' costs		
Fees	333	386
Meeting expenses	<u>208</u>	<u>263</u>
	541	649
Total expenses	**12,024**	**11,966**
Expenses in excess of revenues	(328)	(912)
Changes in fair value of financial instruments	(915)	(150)
Foreign exchange gains	681	1,437
Portfolio management fee	(14)	(12)
(Decrease)/Increase in net assets	(576)	363
Net assets at beginning of year	<u>11,930</u>	<u>11,567</u>
Net assets at end of year	**11,354**	**11,930**

4. Framework for the Preparation and Presentation of Financial Statements (Rahmenkonzept)

Das im Juli 1999 vom IASC herausgegebene und vom IASB im April 2001 angenommene Framework stellt das Konzept dar, das bei der Aufstellung und Darstellung von Abschlüssen für externe Adressaten zugrunde liegt. Zweck des Framework ist,
– den Board des IASC bei der Entwicklung künftiger IAS und bei der Überarbeitung bestehender IAS zu unterstützen,
– den Board des IASC bei der Förderung der Harmonisierung von Vorschriften, Rechnungslegungsstandards und Verfahren für die Aufstellung von Abschlüssen durch Zurverfügungstellen einer Grundlage für die Reduzierung von in den IAS enthaltenen alternativ zulässigen Methoden zu unterstützen,
– nationale normsetzende Institutionen bei der Entwicklung von nationalen Rechnungslegungsnormen zu unterstützen,
– den Abschlußerstellern zu helfen, die IAS anzuwenden und Probleme zu lösen, die erst Gegenstand künftiger IAS sein werden,
– Wirtschaftsprüfern bei der Beurteilung, ob Abschlüsse IAS-konform sind, behilflich zu sein,
– Abschlußadressaten bei der Interpretation von in IAS-konformen Abschlüssen enthaltenen Informationen Hilfestellung zu geben und
– denjenigen, die an der Arbeit des IASC interessiert sind, Informationen über die Methode der Formulierung von IAS zu geben (F 1).

Das Framework stellt selbst keinen IAS dar und definiert somit keine Grundsätze für spezielle Fragen der Bewertung oder von Angaben. Das Framework ist keine Generalnorm (overriding principle), d.h. die speziellen IAS sind gegenüber dem Framework vorrangig (F 2).
Der Board des IASC erkennt an, daß es in wenigen Fällen einen Konflikt zwischen dem Framework und einem IAS geben kann. In diesen Fällen geht die Regelung des einzelnen IAS vor. Da sich der Board bei der Entwicklung künftiger Standards und der Überarbeitung von bestehenden Standards vom Framework leiten lassen will, werden sich diese Konfliktfälle zwischen dem Framework und den IAS im Laufe der Zeit vermindern (F 3).
Das Framework wird von Zeit zu Zeit auf Basis der mit ihm gemachten Erfahrungen überarbeitet werden (F 4). Das Framework befaßt sich mit folgenden Punkten:
- Zielsetzung von Abschlüssen,
- qualitative Anforderungen, die den Nutzen von Informationen im Abschluß bestimmen,
- Definition, Ansatz und Bewertung der Abschlußposten,
- Kapital- und Kapitalerhaltungskonzepte (F 5).

Das Framework gilt für die Rechnungslegung aller öffentlichen und privaten Handels-, Industrie- und Dienstleistungsunternehmen, die Abschlüsse veröffentlichen (F 8).
Abschlußadressaten sind jetzige und potentielle Investoren, Arbeitnehmer, Kreditgeber, Lieferanten und andere Kreditoren, Kunden, Regierungen sowie deren Behörden und die Öffentlichkeit. Sie haben unterschiedliche Informationsbedürfnisse (F 9).
Da nicht alle Informationsbedürfnisse der Abschlußadressaten befriedigt werden können, wird davon ausgegangen, daß die Informationsbedürfnisse der Investoren, die Risikokapital zur Verfügung stellen, auch weitgehend den Informationsbedürfnissen der anderen Abschlußadressaten entsprechen (F 10).

Zielsetzung von Abschlüssen
Die Zielsetzung von Abschlüssen ist es, Informationen über die Vermögens- und Finanzlage (financial position), die Ertragslage (performance) und die Veränderung der Vermögens- und Finanzlage (changes in financial position) eines Unternehmens zu geben, die für einen weiten Adressatenkreis bei wirtschaftlichen Entscheidungen (economic decisions) nützlich sind (F 12).
Abschlüsse dienen auch der Rechenschaftslegung der Unternehmensleitung. Abschlüsse sollen es deshalb ermöglichen, über das Halten oder Verkaufen von Anteilen an dem Unternehmen und die Wiederbestellung oder Abberufung der Unternehmensleitung entscheiden zu können (F 14).
Der Abschluß soll es den Abschlußadressaten ermöglichen abzuschätzen, wann und mit welcher Wahrscheinlichkeit ein Unternehmen in der Lage ist, Zahlungsmittel und Zahlungsmitteläquivalente zu erwirtschaften (F 15).

Zugrundeliegende Annahmen (underlying assumptions)
Um die Zielsetzung von Abschlüssen zu erreichen, wird die periodengerechte Erfolgsermittlung (accrual basis) zugrunde gelegt und in der Regel eine Fortführung der Unternehmenstätigkeit (going concern) angenommen (F 22, 23).

Qualitative Anforderungen an den Abschluß
(qualitative characteristics of financial statements)

Als qualitative Anforderungen gelten die Merkmale, durch die die in Abschlüssen enthaltenen Informationen für Adressaten nützlich werden. Die vier wichtigsten qualitativen Anforderungen sind:
- Verständlichkeit (understandability),
- Relevanz (relevance),
- Verläßlichkeit (reliability),
- Vergleichbarkeit (comparability) (F 24).

Verständlichkeit bedeutet, daß ein Adressat mit angemessenen Kenntnissen geschäftlicher und wirtschaftlicher Tätigkeiten und der Rechnungslegung sowie der Bereitschaft, die Informationen mit entsprechender Sorgfalt zu lesen, keine Verständnisprobleme hat. Informationen zu komplexen Sachverhalten, die aufgrund ihrer Relevanz für wirtschaftliche Entscheidungen der Adressaten im Abschluß enthalten sein müssen, dürfen jedoch nicht allein deswegen weggelassen werden, weil sie für bestimmte Adressaten zu schwer verständlich sein könnten (F 25).

Informationen sind dann relevant, wenn sie die wirtschaftlichen Entscheidungen der Adressaten beeinflussen, indem sie ihnen bei der Beurteilung vergangener, derzeitiger oder zukünftiger Ereignisse helfen oder ihre Beurteilungen aus der Vergangenheit bestätigen oder korrigieren (F 26). Konkrete Prognosen werden nicht ausdrücklich verlangt (F 28).

Die Relevanz einer Information wird durch ihre Art und
- Wesentlichkeit (materiality)

beeinflußt. Eine Information ist wesentlich, wenn ihr Fehlen oder ihre fehlerhafte Darstellung die auf Basis des Abschlusses getroffenen wirtschaftlichen Entscheidungen beeinflussen könnte (F 29 und 30).

Die qualitative Anforderung an die Verläßlichkeit beinhaltet die
- glaubwürdige Darstellung (faithful representation),
- wirtschaftliche Betrachtungsweise (substance over form),
- Neutralität, d.h. Willkürfreiheit, Wertfreiheit, Objektivität (neutrality),
- Vorsicht (prudence),
- Vollständigkeit (completeness).

Informationen sind dann verläßlich, wenn sie keine wesentlichen Fehler enthalten, nicht verzerrt dargestellt werden und sich die Adressaten darauf verlassen können, daß sie glaubwürdig das darstellen, was sie vorgeben darzustellen oder was vernünftigerweise inhaltlich von ihnen erwartet werden kann (F 31).

Falls Informationen zwar relevant, aber nicht verläßlich sind, sollten sie nicht in der Bilanz berücksichtigt werden; es kann jedoch angebracht sein, sie in den notes anzugeben (F 32).

Um Informationen über Geschäftsvorfälle und andere Ereignisse glaubwürdig (faithfully) darzustellen, sind sie nach ihrem wirtschaftlichen Gehalt (substance) und ihrer wirtschaftlichen Realität (economic reality) und nicht nur entsprechend ihrer rechtlichen Gestaltung (legal form) zu bilanzieren und darzustellen. Es ist der Grundsatz der wirtschaftlichen Betrachtungsweise (substance over form) anzuwenden (F 35). Die qualitative Anforderung Vorsicht (prudence) ist nur eine Schätzregel. Vorsicht bedeutet ein gewisses Maß an Sorgfalt bei der Ermessensausübung, die für die erforderlichen Schätzungen unter ungewissen Umständen erforderlich ist, so daß Vermögenswerte oder Erträge nicht zu hoch und Schulden oder Aufwendungen nicht zu niedrig angesetzt werden. Vorsicht darf nicht zu stillen Reserven führen und gegen die Neutralität und die qualitative Anforderung der Verläßlichkeit verstoßen (F 37).

Der im Framework enthaltene Grundsatz der Vergleichbarkeit bezieht sich sowohl auf den Zeitvergleich als auch auf den Unternehmensvergleich (F 39).
Die bei der Aufstellung der Abschlüsse zugrunde gelegten Bilanzierungs- und Bewertungsmethoden, Änderungen dieser Methoden und deren Auswirkungen sind anzugeben. Unterschiede in den Bilanzierungs- und Bewertungsmethoden für ähnliche Geschäftsvorfälle und andere Ereignisse, die von einem Unternehmen im Zeitablauf und von verschiedenen Unternehmen angewendet werden, müssen erkennbar sein (F 40). Änderungen sind angebracht, wenn die angewendete Methode nicht mit den qualitativen Anforderungen an die Relevanz und Verläßlichkeit übereinstimmt oder wenn Alternativen bestehen, die den Anforderungen an die Relevanz und Verläßlichkeit besser entsprechen (F 41).

Bei den qualitativen Anforderungen Relevanz und Verläßlichkeit ist auch
– der zeitnahen Berichterstattung (timeliness) und
– dem Kosten-/Nutzenverhältnis (balance between benefit and cost)
Rechnung zu tragen. Bei einer im Einzelfall notwendigen Abweichung von den einzelnen qualitativen Anforderungen (balance between qualitative characteristics) muß die Zielsetzung des Abschlusses berücksichtigt werden (F 43-45).

Die Beachtung der grundlegenden qualitativen Anforderungen (principal qualitative characteristics) und der IAS/IFRS und SIC/IFRIC vermitteln im Regelfall
– ein den tatsächlichen Verhältnissen entsprechendes Bild (true and fair view/fair presentation) (F 46).

Die Abschlußposten
Die Abschlußposten der Bilanz sind Vermögenswerte (assets), Schulden (liabilities) und Eigenkapital (equity), und die Posten der Gewinn- und Verlustrechnung sind Erträge (income) und Aufwendungen (expenses). In die Kapitalflußrechnung gehen üblicherweise die Posten der Gewinn- und Verlustrechnung und die Veränderungen der Posten der Bilanz ein (F 47).
Bei der Definition eines Vermögenswertes, einer Schuld oder des Eigenkapitals gilt die wirtschaftliche Betrachtungsweise (z.B. beim Finanzierungsleasing) (F 51).
Ein Vermögenswert ist eine in der Verfügungsmacht des Unternehmens stehende Ressource, die ein Ergebnis von Ereignissen der Vergangenheit darstellt und von der künftiger wirtschaftlicher Nutzen für das Unternehmen erwartet wird (F 49a). Der künftige wirtschaftliche Nutzen eines Vermögenswertes ist seine Fähigkeit, direkt oder indirekt zum Zufluß von Zahlungsmitteln oder Zahlungsmitteläquivalenten an das Unternehmen beizutragen (F 53). Das gilt auch für immaterielle Vermögenswerte

(F 56). Ausgaben sind kein hinreichender Beweis für die Annahme einer Ertragsquelle; das Fehlen einer Ausgabe schließt nicht die Annahme einer Ertragsquelle aus (z.B. Geschenk) (F 59).

Eine Schuld ist eine gegenwärtige Verpflichtung des Unternehmens, die aus vergangenen Ereignissen entstanden ist und deren Erfüllung für das Unternehmen erwartungsgemäß mit einem Abfluß von Ressourcen mit wirtschaftlichem Nutzen verbunden ist (F 49b). Zu den Schulden zählen z.B. auch Kulanzrückstellungen (F 60) und Pensionsrückstellungen (F 64).

Eigenkapital ist die Residualgröße, die nach Abzug aller Schulden von den Vermögenswerten verbleibt (F 49c).

Erträge (income) sind die Zunahme des wirtschaftlichen Nutzens in der Berichtsperiode in Form von Zuflüssen oder Wertsteigerungen von Vermögenswerten oder der Abnahme von Schulden, die zu einer Erhöhung des Eigenkapitals führen, welche nicht auf Einlagen der Anteilseigner beruht (F 70). Die Definition Erträge umfaßt sowohl Erträge im Rahmen der gewöhnlichen Tätigkeit (revenue), z.B. Umsatzerlöse, Dienstleistungsentgelte, Zinsen, Dividenden, Lizenzerträge und Mieteinnahmen, als auch andere Erträge (gains), z.B. Erträge aus dem Verkauf von Anlagevermögen oder aus der Aufwertung von Wertpapieren des Umlaufvermögens oder der Zuschreibung beim Anlagevermögen (F 74-76).

Aufwendungen (expenses) stellen eine Abnahme des wirtschaftlichen Nutzens in der Berichtsperiode durch Abflüsse oder Verluste aus Wertminderungen von Vermögenswerten oder durch Erhöhung von Schulden dar, die zu einer Abnahme des Eigenkapitals führen, welche nicht auf Ausschüttungen an die Anteilseigner zurückzuführen ist (F 70). Zu den Aufwendungen zählen sowohl Aufwendungen im Rahmen der gewöhnlichen Tätigkeit des Unternehmens (expenses that arise in the course of the ordinary activities of the enterprise) als auch andere Aufwendungen (losses), z.B. Aufwendungen aus Naturkatastrophen, Verluste aus der Veräußerung langfristiger Vermögenswerte und Kursverluste bei Fremdwährungsverbindlichkeiten (F 78, F 80).

Erfassung von Abschlußposten

Ein Posten (item), der die oben angegebene Definition eines Abschlußpostens erfüllt, ist zu erfassen, wenn
– es wahrscheinlich ist, daß ein mit dem Posten verbundener künftiger wirtschaftlicher Nutzen dem Unternehmen zu- oder von dem Unternehmen abfließen wird, und
– die Anschaffungs- oder Herstellungskosten oder der Wert des Postens verläßlich ermittelt werden können (F 83).

Wenn ein Posten die Ansatzkriterien nicht erfüllt, seine Kenntnis aber für die Beurteilung der Finanz- und Ertragslage von Bedeutung ist, dann sind dazu Angaben zu machen (F 88).

Aufwendungen sind der Periode zuzurechnen, in der auch die damit in Beziehung stehenden Erträge erfolgswirksam berücksichtigt werden (F 95).

Die Bewertung von Abschlußposten

Das Framework führt folgende Bewertungsgrundlagen auf:
– Anschaffungs- oder Herstellungskosten bzw. historische Kosten (historical cost),
– Wiederbeschaffungskosten bzw. Tageswert (current cost),

- Veräußerungswert und Erfüllungsbetrag (realisable/settlement value),
- Barwert (present value) (F 100).

Die am meisten benutzten Bewertungsgrundlagen sind die Anschaffungs- oder Herstellungskosten. Sie werden in der Regel mit anderen Bewertungsgrundlagen kombiniert (Niederstwertprinzip bei Vorräten, Wertpapiere des Umlaufvermögens zu Marktwerten, Pensionsverpflichtungen zum Barwert, Wiederbeschaffungskosten bei nicht monetären Vermögenswerten, wenn Anschaffungs- oder Herstellungskosten die Auswirkungen der Preisveränderungen nicht richtig wiedergeben können) (F 101).

Kapital- und Kapitalerhaltungskonzept
Zur Zeit hat der Board des IASB nicht die Absicht, ein bestimmtes Kapitalerhaltungskonzept vorzuschreiben. Eine Ausnahme ist die Rechnungslegung von Unternehmen in Ländern mit Hochinflation (F 110).

Vorgesehene Änderungen
Im Juli 2006 wurde gemeinsam mit dem FASB ein erstes Diskussionspapier mit dem Titel »Preliminary Views on an improved Conceptual Framework for Financial Reporting: The Objective of Financial Reporting and Qualitative Characteristics of Decision-useful Financial Reporting Information« veröffentlicht. Es stellt die Vorschläge des Board für die ersten zwei von acht Kapitel des gemeinsamen Rahmenkonzeptes (Conceptual Framework) vor. Das Thema ist ein Konvergenzprojekt des IASB mit dem FASB.

5. Das formelle Verfahren (due process), d.h. der Entstehungsprozeß der International Financial Reporting Standards (IFRS) und der International Financial Reporting Standards Interpretationen (IFRIC)

In dem im Mai 2002 veröffentlichten Vorwort zu den International Financial Reporting Standards wird das formelle Verfahren (due process), d.h. der Entstehungsprozeß der International Financial Reporting Standards (IFRS) und der International Financial Reporting Standards Interpretationen (IFRIC) wie folgt beschrieben:

a) Entstehungsprozeß der International Financial Reporting Standards (IFRS)

IFRS werden unter Verwendung eines internationalen formellen Verfahrens entwickelt, an dem Abschlußprüfer, Finanzanalysten und andere Abschlußadressaten, der Unternehmenssektor, Börsen, Aufsichts- und Justizbehörden, Akademiker und andere interessierte Personen und Organisationen der ganzen Welt beteiligt sind. In öffentlichen Sitzungen konsultiert der IASB bei bedeutenden Projekten, Beschlüssen zum Arbeitsprogramm und Arbeitsprioritäten den SAC und diskutiert Sachfragen im öffentlich zugänglichen Sitzungen. Das für Projekte geltende formelle Verfahren beinhaltet

normalerweise, aber nicht unbedingt, die folgenden Schritte (die nach der Satzung der IASCF vorgeschriebenen Schritte sind durch Sternchen* gekennzeichnet):
(a) Zunächst ist es Aufgabe der Mitarbeiter, alle mit dem Thema verbundenen Fragestellungen zu identifizieren und zu überprüfen, sowie die Anwendbarkeit des Rahmenkonzepts zu erwägen,
(b) Untersuchung nationaler Rechnungslegungsvorschriften und -praktiken und Meinungsaustausch mit nationalen Rechnungslegungsgremien über die Fragestellungen,
(c*) Konsultation des SAC hinsichtlich der Ratsamkeit einer Aufnahme des Themas in das Arbeitsprogramm des IASB,
(d) Bildung einer Konsultationsgruppe, die den IASB hinsichtlich des Projekts zu beraten hat,
(e) Veröffentlichung eines Diskussionspapiers zur öffentlichen Kommentierung,
(f*) Veröffentlichung eines Exposure Drafts zur öffentlichen Kommentierung, sofern mindestens acht IASB-Mitglieder diesen genehmigt haben. Der Exposure Draft beinhaltet auch abweichende Meinungen von IASB-Mitgliedern,
(g) Veröffentlichung einer Grundlage für Schlußfolgerungen innerhalb eines Exposure Drafts,
(h*) Berücksichtigung aller innerhalb des Kommentierungszeitraums eingegangenen Kommentare zu Diskussionspapieren und Exposure Drafts,
(i) Erwägung, ob eine öffentliche Anhörung und die Durchführung von Anwendungstests wünschenswert sind. Falls ja, sind solche Anhörungen abzuhalten und derartige Anwendungstests durchzuführen,
(j*) Genehmigung eines Standards, sofern sich mindestens acht Mitglieder des IASB dafür aussprechen, und Einbeziehung aller gegensätzlichen Meinungen in den veröffentlichten Standard,
(k) Veröffentlichung von Grundlagen für Schlußfolgerungen innerhalb eines Standards, die u.a. die Schritte des formellen Verfahrens des IASB und die Behandlung öffentlicher Kommentare zu dem Exposure Draft durch den IASB erklären.

b) Entstehungsprozeß der IFRS-Interpretationen (IFRIC)

IFRS-Interpretationen werden unter Verwendung eines internationalen formellen Verfahrens entwickelt, an dem Abschlußprüfer, Finanzanalysten und andere Abschlußadressaten, der Unternehmenssektor, Börsen, Aufsichts- und Justizbehörden, Akademiker und andere interessierte Personen und Organisationen der ganzen Welt beteiligt sind. Das IFRIC diskutiert Sachfragen in öffentlich zugänglichen Sitzungen. Das formelle Verfahren beinhaltet für jedes Projekt normalerweise, aber nicht unbedingt, die folgenden Schritte (die nach der Satzung der IASCF vorgeschriebenen Schritte sind durch Sternchen* gekennzeichnet):
– Zunächst ist es Aufgabe der Mitarbeiter, alle mit dem Thema verbundenen Fragestellungen zu identifizieren und zu überprüfen, sowie die Anwendbarkeit des Rahmenkonzepts zu erwägen,
– Untersuchung nationaler Rechnungslegungsvorschriften und -praktiken und Meinungsaustausch bezüglich der Fragestellungen mit nationalen Rechnungslegungs-

gremien einschließlich nationaler Komitees, die für die Interpretation nationaler Standards verantwortlich sind,
- *Veröffentlichung eines Interpretationsentwurfs zur öffentlichen Kommentierung, falls nicht mehr als drei der IFRIC-Mitglieder gegen den Vorschlag gestimmt haben,
- *Berücksichtigung aller innerhalb des Kommentierungszeitraums zu Interpretationsentwürfen eingegangenen Kommentare,
- Verabschiedung einer Interpretation durch das IFRIC, sofern nicht mehr als drei IFRIC-Mitglieder nach Berücksichtigung der öffentlichen Kommentare zu dem Interpretationsentwurf gegen die Interpretation stimmen,
- *Genehmigung der Interpretation, falls mindestens acht Mitglieder des IASB dafür stimmen.

6. Verlautbarungen

a) International Accounting Standards des IASC

Das IASC hat bisher die folgenden International Accounting Standards herausgegeben:

IAS	1	Darstellung des Abschlusses
IAS	2	Vorräte
IAS	3	(ersetzt durch IAS 27 und IAS 28)
IAS	4	(ersetzt durch IAS 16, IAS 22 und IAS 38)
IAS	5	(ersetzt durch IAS 1)
IAS	6	(ersetzt durch IAS 15)
IAS	7	Kapitalflußrechnungen
IAS	8	Bilanzierungs- und Bewertungsmethoden, Änderungen von Schätzungen und Fehlern
IAS	9	(ersetzt durch IAS 38)
IAS	10	Ereignisse nach dem Bilanzstichtag
IAS	11	Fertigungsaufträge
IAS	12	Ertragsteuern
IAS	13	(ersetzt durch IAS 1)
IAS	14	Segmentberichterstattung (wird ab 1.1.2009 durch IFRS 8 ersetzt)
IAS	15	Informationen über die Auswirkungen von Preisänderungen (aufgehoben)
IAS	16	Sachanlagen
IAS	17	Leasingverhältnisse
IAS	18	Erträge
IAS	19	Leistungen an Arbeitnehmer
IAS	20	Bilanzierung und Darstellung von Zuwendungen der öffentlichen Hand
IAS	21	Auswirkungen von Änderungen der Wechselkurse
IAS	22	(ersetzt durch IFRS 3)
IAS	23	Fremdkapitalkosten
IAS	24	Angaben über Beziehungen zu nahestehenden Unternehmen und Personen

IAS 25 (ersetzt durch IAS 39 und 40)
IAS 26 Bilanzierung und Berichterstattung von Altersversorgungsplänen
IAS 27 Konzernabschlüsse und separate Einzelabschlüsse nach IFRS
IAS 28 Bilanzierung von Anteilen an assoziierten Unternehmen
IAS 29 Rechnungslegung in Hochinflationsländern
IAS 30 Angaben im Abschluß von Banken und ähnlichen Finanzinstitutionen (ersetzt durch IFRS 7 ab 1.1.2007)
IAS 31 Rechnungslegung über Anteile an Joint Ventures
IAS 32 Finanzinstrumente: Darstellung
IAS 33 Ergebnis je Aktie
IAS 34 Zwischenberichterstattung
IAS 35 (ersetzt durch IFRS 5)
IAS 36 Wertminderung von Vermögenswerten
IAS 37 Rückstellungen, Eventualschulden und Eventualforderungen
IAS 38 Immaterielle Vermögenswerte
IAS 39 Finanzinstrumente: Ansatz und Bewertung
IAS 40 Als Finanzinvestition gehaltene Immobilien
IAS 41 Landwirtschaft

Viele IAS wurden im Laufe der Zeit überarbeitet, umgegliedert oder umbenannt.
Die einzelnen Standards haben folgenden einheitlichen Aufbau:
– Zielsetzung,
– Anwendungsbereich,
– Definitionen,
– Text der Rechnungslegungsvorschriften
  • fett gedruckt = verbindliche Vorschriften,
  • normal gedruckt = Hintergrundmaterialien (Erläuterungen und Anwendungsleitlinien),
– Angabepflichten,
– Übergangsvorschriften,
– Zeitpunkt des Inkrafttretens.

Einige Standards enthalten nicht alle obigen Punkte, da sie nicht notwendig sind. Einige Standards haben noch einen Anhang (Appendix) mit Beispielen; der Anhang ist jedoch nicht Bestandteil des Standards.
Aufgrund des Improvement Project von Dezember 2003 wurden einigen IAS ähnlich wie den IFRS noch Begründungserwägungen (basis for conclusions = BC) und Implementierungsleitlinien (implementation guidance oder guidance on implementing = IG) hinzugefügt, die keine zwingenden Vorschriften sind.

> Ziel des Aufbaus der Standards ist es, daß sie für sich selbst sprechen und keines Kommentars bedürfen.

Von den Mitarbeitern des IASC wurde im Januar 1975, geändert im November 1982, ein Preface to Statements of International Accounting Standards herausgegeben. Es wurde durch das im Mai 2002 vom IASB herausgegebene Preface to International Financial Reporting Standards ersetzt.

b) International Financial Reporting Standards und andere Verlautbarungen des IASB

Der IASB nennt seine Standards nicht mehr International Accounting Standards (IAS), sondern International Financial Reporting Standards (IFRS). In IAS 1.11 wird gesagt, daß auch die International Accounting Standards und die Interpretationen des IFRIC und des SIC unter den Oberbegriff der International Financial Reporting Standards (IFRS) fallen.

Der Aufbau der IFRS wurde gegenüber dem oben dargestellten Aufbau der IAS erweitert. Die IFRS enthalten zusätzlich:
- eine Einführung (introduction = IN),
- Begründungserwägungen (basis for conclusions = BC),
- Implementierungsleitlinien (implementation guidance oder guidance on implementing = IG), teilweise
- Anhänge (appendices)
  - Definitionen/Begriffsbestimmungen/Begriffsdefinitionen (uneinheitliche Übersetzung von defined terms im amtlichen EU-Text) (bei IAS im Standard enthalten),
  - Anwendungsleitlinien (application guidance oder application supplement),
  - Änderungen anderer Standards (amendments to other IFRSs),
  - illustrierende Beispiele (illustrative examples = IE) (teilweise).

Die Einführung, Begründungserwägungen, Implementierungsleitlinien und illustrierenden Beispiele sind keine zwingenden Vorschriften, sondern Interpretationshilfen bzw. Kommentare des IASB. Sie werden nicht im Amtsblatt der EU veröffentlicht.

Der IASB hat bisher die folgenden Verlautbarungen herausgegeben:

Änderung zu IAS 19 (Mai 2002)
  Der Standard wurde geringfügig geändert.
IFRS 1 Erstmalige Anwendung der International Financial Reporting Standards (ersetzt SIC-8) (Juni 2003)
Improvements to International Accounting Standards (Dezember 2003)
  Diese Verlautbarung enthält die überarbeiteten IAS 1, IAS 2, IAS 8, IAS 10, IAS 16, IAS 17, IAS 21, IAS 24, IAS 27, IAS 28, IAS 31, IAS 33 und IAS 40. IAS 15 wurde aufgehoben.
IAS 32 Finanzinstrumente: Angaben und Darstellung (Dezember 2003)
  Der Standard wurde überarbeitet.
IAS 39 Finanzinstrumente: Ansatz und Bewertung (Dezember 2003)
  Der Standard wurde überarbeitet.
IFRS 2 Anteilsbasierte Vergütung (Februar 2004)
  (amtliche, nicht korrekte EU-Übersetzung: aktienbasierte Vergütung)
IFRS 3 Unternehmenszusammenschlüsse (März 2004)
IAS 36 Wertminderung von Vermögenswerten (März 2004)
  Der Standard wurde überarbeitet.
IAS 38 Immaterielle Vermögenswerte (März 2004)
  Der Standard wurde überarbeitet.

IFRS 4   Versicherungsverträge (März 2004)

IFRS 5   Zur Veräußerung gehaltene langfristige Vermögenswerte und aufgegebene Geschäftsbereiche (März 2004)

Änderung zu IAS 39: Bilanzierung von Sicherungsgeschäften (Hedge Accounting) bei einer Portfolioabsicherung des Zinsänderungsrisikos (März 2004)

Bei den obigen bis Ende März 2004 herausgegebenen Verlautbarungen handelt es sich um Standards, die neben den noch gültigen IAS ab 1. Januar 2005 in der Europäischen Union von kapitalmarktorientierten Unternehmen anzuwenden sind.

IFRS 6   Exploration und Evaluierung von mineralischen Ressourcen (Dezember 2004)

Änderung zu IAS 19: Versicherungsmathematische Gewinne und Verluste, zusätzliche Angaben (Dezember 2004)

Änderungen zu IAS 39 und IFRS 1: Übergang und erstmalige Erfassung von finanziellen Vermögenswerten und Schulden (Dezember 2004)

Änderung zu IAS 39: Cash Flow Hedging konzerninterner Transaktionen (April 2005)

Änderung zu IAS 39: Wahlrecht der Bewertung zum beizulegenden Zeitwert (Fair Value Option) (Juni 2005)

Änderungen zu IFRS 1 und IFRS 6: Ausnahmebestimmungen IFRS 6 (Juni 2005)

IFRS 7   Finanzinstrumente: Angaben (August 2005)

Änderung zu IAS 1: Angaben zum Kapital (IFRS 7 Anhang D) (August 2005)

Änderungen zu IAS 39 und IFRS 4: Finanzgarantien (August 2005)

Änderung zu IAS 21: Auswirkungen von Änderungen der Wechselkurse – Nettoinvestition in einen ausländischen Geschäftsbetrieb (Dezember 2005)

Änderung zu IFRS 4: Überarbeitete Implementierungsleitlinien (Dezember 2005)

Die ab Dezember 2004 herausgegebenen Verlautbarungen sind ab 1. Januar 2006 in der Europäischen Union von kapitalmarktorientierten Unternehmen anzuwenden. Ausgenommen davon sind IFRS 7 und Änderung zu IAS 1, die ab 1. Januar 2007 anzuwenden sind.

IFRS 8 Segmentberichterstattung (November 2006)
IFRS 8 ist ab 1.1.2009 anzuwenden.

Preface to International Financial Reporting Standards (2002) (ersetzt Preface des IASC)

Des weiteren wurden vom IASB folgende Exposure Drafts (Entwürfe) veröffentlicht. Sie sind Teil der Konvergenzvereinbarungen zwischen dem IASB und dem FASB:

Amendment to IFRS 3 Business Combinations (Juni 2005)
Die Änderungen betreffen Einzelfragen bei der Anwendung der vollständigen Neubewertungsmethode. In den Änderungen ist der Ausweis des gesamten Geschäfts- oder Firmenwertes vorgesehen, d.h. auch der auf die konzernfremden Gesellschafter entfallende Geschäfts- oder Firmenwert.

Amendment to IAS 27 Consolidated and Separate Financial Statements (Juni 2005)
Im Entwurf wird vorgeschlagen, Minderheitsanteile im Eigenkapital auszuweisen und den Erwerb von Minderheitsanteilen als Eigenkapitaltransfer zu bilanzieren.

Amendments to IAS 37 Provisions, Contingent Liabilities and Contingent Assets and
  IAS 19 Employee Benefits (Juni 2005)
>   Der Entwurf enthält Änderungen bei den Definitionen, beim Ansatz und bei der Bewertung von Rückstellungen sowie bei den Restrukturierungsrückstellungen

Amendment to IFRS 2 Share-Based Payment (Februar 2006)
>   Der Entwurf sieht vor, die Ausübungsbedingungen auf Dienst- und Leistungsbedingungen zu begrenzen und alle Kündigungen bilanziell gleich zu behandeln.

Amendment to IAS 1 Presentation of Financial Statements (März 2006)
>   Der Entwurf befaßt sich nur mit der Darstellung von Informationen im Jahresabschluß, nicht mit Ansatz- und Bewertungsvorschriften.

Amendment to IAS 23 Borrowing Costs (Mai 2006)
>   Der Entwurf eliminiert das Wahlrecht zur sofortigen Aufwandserfassung von Fremdkapitalkosten, die dem Erwerb, dem Bau oder der Herstellung eines qualifizierten Vermögenswertes direkt zugeordnet werden können.

ED 32   Amendments to IAS 32 and IAS 1 Financial Instruments Puttable at Fair Value and Obligations Arising on Liquidation (Juni 2006)
>   Der Entwurf sieht vor, kündbare Anteile bei Personengesellschaften und Genossenschaften unter bestimmten Voraussetzungen als Eigenkapital zu qualifizieren.

Außerdem veröffentlichte der IASB folgende Diskussionspapiere:

Small and Medium-sized Entities (Juni 2004)
>   Das Diskussionspapier befaßt sich mit den Plänen des IASB, für kleine und mittlere Unternehmen spezielle internationale Rechnungslegungsregeln zu entwickeln. Durch eine einfachere Anwendung sollen diese Regeln besser auf die Bedürfnisse dieser Unternehmen zugeschnitten sein, aber im Einklang mit den Grundkonzepten der IFRS-Rechnungslegung stehen.
>   Im November 2006 hat der Board eine neue Version veröffentlicht. Der endgültige Entwurf soll in Kürze herausgegeben werden.

Management Commentary (Oktober 2005)
>   Das Diskussionspapier ist das Ergebnis eines IASB-Forschungsprojektes, an dem das DRSC und die Partner-Standardsetter des IASB aus Großbritannien, Kanada und Neuseeland beteiligt waren. Das Diskussionspapier gibt einen Überblick über die bestehenden nationalen Vorschriften und enthält Empfehlungen, wie der IASB die Anwendung der besten Regelungen des Management Commentary (Lagebericht) im Interesse der Kapitalanleger fördern kann.

Measurement Bases for Financial Reporting – Measurement on Initial Recognition (November 2005)
>   In dem Diskussionspapier werden verschiedene mögliche Bewertungsmaßstäbe für die erstmalige Bewertung von Vermögenswerten und Schulden diskutiert. Das Diskussionspapier wurde vom kanadischen Accounting Standards Board (AcSB) ausgearbeitet.

Vorläufige Überlegungen zu den ersten zwei Kapitel eines gemeinsamen Rahmenkonzeptes (Conceptual Framework) mit dem FASB (Juli 2006)

Fair Value Measurements (November 2006)
Das Diskussionspapier orientiert sich an dem vom FASB herausgegebenen SFAS 157 Fair Value Measurements.

Am 24.7.2006 gab der IASB in einer Presseerklärung folgendes bekannt:
– neue Standards und wesentliche Änderungen von Standards sollen erst nach mindestens einem Jahr nach Veröffentlichung in Kraft treten, um ausreichend Zeit für die Übersetzung und Implementierung der Standards einzuräumen,
– in Zukunft sollen vermehrt erst Diskussionspapiere statt Entwürfe von IFRS herausgegeben werden, um der Öffentlichkeit mehr Möglichkeiten zu Meinungsäußerungen zu geben,
– es sollen demnächst Runde Tische (ED 37 Rückstellungen und Überarbeitung des Rahmenkonzeptes) stattfinden,
– bis zum 1.1.2009 sollen keine neuen IFRS oder wesentliche Änderungen bestehender IAS/IFRS in Kraft treten.

c) Interpretationen

Das SIC hat folgende Interpretationen herausgegeben:

SIC-1 Stetigkeit – Unterschiedliche Verfahren zur Zuordnung der Anschaffungs- oder Herstellungskosten von Vorräten (IAS 2) (aufgehoben durch IAS 2 geändert 2003)
SIC-2 Stetigkeit – Aktivierung von Fremdkapitalkosten (IAS 23) (aufgehoben durch IAS 8 überarbeitet 2003)
SIC-3 Eliminierung von nicht realisierten Gewinnen und Verlusten aus Transaktionen mit assoziierten Unternehmen (IAS 28) (aufgehoben durch IAS 28 überarbeitet 2003)
SIC-5 Klassifizierung von Finanzinstrumenten – Bedingte Erfüllungsvereinbarungen (IAS 32) (aufgehoben durch IAS 32 überarbeitet 2003)
SIC-6 Kosten der Anpassung vorhandener Software (Rahmenkonzept) (aufgehoben durch IAS 16 überarbeitet 2003)
SIC-7 Einführung des Euro (IAS 21)
SIC-8 Erstmalige Anwendung der IAS als primäre Grundlage der Rechnungslegung (IAS 1) (aufgehoben durch IFRS 1)
SIC-9 Unternehmenszusammenschlüsse – Klassifizierung als Unternehmenserwerbe oder Interessenzusammenführungen (IAS 22) (aufgehoben durch IFRS 3)
SIC-10 Beihilfen der öffentlichen Hand – Kein spezifischer Zusammenhang mit betrieblichen Tätigkeiten (IAS 20)
SIC-11 Fremdwährung – Aktivierung von Verlusten aus erheblichen Währungsabwertungen (IAS 21) (aufgehoben durch IAS 21 überarbeitet 2003)
SIC-12 Konsolidierung – Zweckgesellschaften (IAS 27)
SIC-13 Gemeinschaftlich geführte Einheiten – Nicht monetäre Einlagen durch Partnerunternehmen (IAS 31)

SIC-14 Sachanlagen – Entschädigung für die Wertminderung oder den Verlust von Gegenständen (IAS 16) (aufgehoben durch IAS 16 überarbeitet 2003)
SIC-15 Operating-Leasingverhältnisse – Anreizvereinbarungen (IAS 17)
SIC-16 Gezeichnetes Kapital – Rückgekaufte eigene Eigenkapitalinstrumente (eigene Anteile) (IAS 32) (aufgehoben durch IAS 32 überarbeitet 2003)
SIC-17 Eigenkapital – Kosten einer Eigenkapitaltransaktion (IAS 32) (aufgehoben durch IAS 32 überarbeitet 2003)
SIC-18 Stetigkeit – Alternative Verfahren (IAS 1)) (aufgehoben durch IAS 32 überarbeitet 2003) (aufgehoben durch IAS 8 überarbeitet 2003)
SIC-19 Berichtswährung – Bewertung und Darstellung von Abschlüssen gemäß IAS 21 und IAS 29) (aufgehoben durch IAS 21 überarbeitet 2003)
SIC-20 Equity-Methode – Erfassung von Verlusten (IAS 28) (aufgehoben durch IAS 28 überarbeitet 2003)
SIC-21 Ertragsteuern – Realisierung von neubewerteten, nicht planmäßig abzuschreibenden Vermögenswerten (IAS 12)
SIC-22 Unternehmenszusammenschlüsse – Nachträgliche Anpassung der ursprünglich erfaßten beizulegenden Zeitwerte und des Geschäfts- oder Firmenwertes (IAS 22) (aufgehoben durch IFRS 3)
SIC-23 Sachanlagen – Kosten für die Großinspektionen oder Generalüberholungen (IAS 16) (aufgehoben durch IAS 16 überarbeitet 2003)
SIC-24 Ergebnis je Aktie – Finanzinstrumente und sonstige Verträge, die in Aktien erfüllt werden können) (aufgehoben durch IAS 33 überarbeitet 2003)
SIC-25 Ertragsteuern – Änderungen im Steuerstatus des Unternehmens oder seiner Anteilseigner (IAS 12)
SIC-27 Beurteilung des wirtschaftlichen Gehalts von Transaktionen in der rechtlichen Form von Leasingverhältnissen (IAS 1, IAS 17 und IAS 18)
SIC-28 Unternehmenszusammenschlüsse – »Tauschzeitpunkt« und beizulegender Zeitwert von Eigenkapitalinstrumenten (IAS 22) (aufgehoben durch IFRS 3)
SIC-29 Angabe – Vereinbarungen von Dienstleistungslizenzen (IAS 1)
SIC-30 Berichtswährung – Umrechnung von der Bewertungs- in die Darstellungswährung (IAS 21 und IAS 29) (aufgehoben durch IAS 21 überarbeitet 2003)
SIC-31 Erträge – Tausch von Werbeleistungen (IAS 18)
SIC-32 Immaterielle Vermögenswerte – Websitekosten (IAS 38)
SIC-33 Vollkonsolidierungs- und Equity-Methode – Potentielle Stimmrechte und Ermittlung von Beteiligungsquoten (IAS 27, IAS 28 und IAS 39) (aufgehoben durch IAS 27 und IAS 28 überarbeitet 2003)

Das IFRIC hat bisher folgende Verlautbarungen herausgegeben:
Die Interpretationsentwürfe SIC-D4, SIC-D26 und SIC-D34 wurden nicht als endgültige Interpretationen veröffentlicht.

Durch die Bildung des SIC wurde den bereits im Ansatz bestehenden national und unternehmensspezifisch gefärbten Interpretationen der IAS der Boden entzogen. Die IAS/IFRS können nur auf Basis der in dem Framework und den IAS/IFRS enthaltenen Ziele und Rechnungslegungsgrundsätze interpretiert werden.

Nach den internen Richtlinien des IASB ist es den Mitarbeitern des IASB im allgemeinen nicht gestattet, Auslegungshilfen zu den International Financial Reporting Standards abzugeben.

IFRIC 1 Änderungen bestehender Rückstellungen für Entsorgungs-, Wiederherstellungs- und ähnliche Verpflichtungen (Mai 2004)
IFRIC 2 Geschäftsanteile an Genossenschaften und ähnliche Instrumente (November 2004)
IFRIC 3 Emissionsrechte (Dezember 2004, zurückgezogen Juli 2005)
IFRIC 4 Feststellung, ob eine Vereinbarung ein Leasingverhältnis enthält (Dezember 2004)
IFRIC 5 Rechte auf Anteile an Fonds für Entsorgung, Wiederherstellung und Umweltsanierung (Dezember 2004)
IFRIC 6 Verbindlichkeiten, die sich aus einer Teilnahme an einem spezifischen Markt ergeben – Elektro- und Elektronik-Altgeräte (September 2005)
IFRIC 7 Darstellung von Vergleichsangaben in IAS 29 Rechnungslegung in Hochinflationsländern (November 2005)
IFRIC 8 Anwendung von IFRS 2 (Januar 2006)
IFRIC 9 Eingebettete Derivate (März 2006)
IFRIC 10 Zwischenberichterstattung und Wertminderungen (Juli 2006)
IFRIC 11 IFRS 2 – Anteilsbasierte Vergütungen mit Anteilen anderer Konzernunternehmen (November 2006)
IFRIC 12 Dienstleistungskonzessionenvereinbarungen (Dezember 2006)

IFRIC D6 Gemeinschaftliche Pensionspläne mehrerer Arbeitgeber (Mai 2004)
IFRIC D9 Arbeitnehmerversorgungspläne mit zugesagten Mindestrenditen (Juli 2004) (Arbeiten an diesem Projekt wurden im November 2006 eingestellt, da das Thema auch Teil eines Projektes des IASB zu Pensionen ist.)
IFRIC D11 Änderungen des Sparplans bei Mitarbeiterbeteiligungsprogrammen (Dezember 2004)
IFRIC D19 IAS 19 – The Asset Ceiling: Availability on Economic Benefits and Minimum Funding Requirements (August 2006)
IFRIC D20 Customer Loyalty Programmes (September 2006)

Da sich die Ziele und Rechnungslegungsgrundsätze der IAS/IFRS von denen des deutschen Bilanzrechts in wesentlichen Punkten erheblich unterscheiden, sollte man keinesfalls eine Interpretation der IAS/IFRS auf Basis des deutschen Bilanzrechts vornehmen. Das könnte die Glaubwürdigkeit des Jahresabschlusses sehr erschüttern und sogar zu einer Ablehnung an ausländischen Börsen führen.

Da sich die Ziele und Rechnungslegungsgrundsätze der IAS/IFRS mit den Zielen und Rechnungslegungsgrundsätzen der US-GAAP praktisch decken, sollte man sich bis zum Erscheinen entsprechender Interpretationen in Zweifelsfällen – sofern bei der zu lösenden Bilanzierungsfrage kein ausdrücklicher Gegensatz zwischen den IAS/IFRS und den US-GAAP besteht – an dem sehr detaillierten Regelwerk der US-GAAP orientieren. Die vorstehende Empfehlung wird durch IAS 8.11-12 gestützt.

d) Framework

Im Juli 1989 hat das IASC das Framework for the Preparation and Presentation of Financial Statements, d.h. ein Rahmenkonzept bzw. Grundsätze und Leitlinien für die Erstellung von International Accounting Standards (siehe Abschnitt B.I.4) herausgegeben.

e) Regelmäßige Veröffentlichungen

Der IASB veröffentlicht als Buch (Bound Volume) jährlich die gültigen International Accounting Standards/International Financial Reporting Standards einschließlich des Framework for the Preparation and Presentation of Financial Statements und das Preface to International Financial Reporting Standards sowie die Interpretations.

Das Bound Volume (Preis £ 60,00) und sämtliche anderen Veröffentlichungen des IASB sind erhältlich bei der IASC Foundation Publications Department, 30 Cannon Street, London EC4M 6XH, Großbritannien. Telefon: +44 (0)20 7332 2730, Telefax: +44 (0)20 7332 2749, E-Mail: publications@iasb.org, Internet: www.iasb.org.

f) Übersetzungen der Verlautbarungen des IASB

Die Verlautbarungen des IASB erfolgen in englischer Sprache. Sie werden in viele Sprachen übersetzt. Im Jahre 1998 wurde erstmals eine autorisierte Fassung der IAS in einem deutschen Verlag herausgegeben. Durch die Übernahme der IAS/IFRS in Europäisches Recht sind die IAS/IFRS in alle Amtssprachen der Europäischen Union zu übersetzen, wobei die Übersetzungen gleichrangig mit der englischen Fassung stehen. Die einzelnen von der EU übernommenen Verlautbarungen des IASB werden im Amtsblatt der Europäischen Union veröffentlicht und können im Internet heruntergeladen werden.

g) Zusammenarbeit mit nationalen normsetzenden Institutionen

Bei der Entwicklung von International Accounting Standards arbeitete das IASC in zunehmendem Maße mit nationalen normsetzenden Institutionen zusammen. Besonders zu erwähnen sind hierbei die Treffen mit den normsetzenden Institutionen aus Australien, Großbritannien, Kanada und den USA und teilweise mit Neuseeland, die auch »G4 + 1« genannt wurden. Die G4 + 1 group gab eine Reihe von Diskussionspapieren (discussion papers) heraus. Aufgrund der Reorganisation des IASC hat sich die G4 + 1 group im Januar 2001 aufgelöst.

Im Oktober/November 1997 hatte der Board des IASC beschlossen, zusammen mit den normsetzenden Institutionen von Australien, Frankreich, Großbritannien, Japan, Kanada, Neuseeland, den fünf nordischen Staaten (Nordic Federation of Public Accountants) und den USA sowie einem Vertreter Deutschlands (Jochen Pape) der Joint Working Group of National Standard-Setters zur Entwicklung eines integrierten und harmonisierten internationalen Accounting Standard »Financial Instruments«

beizutreten. Im Dezember 2000 hatte die Joint Working Group of Standard-Setters einen »Draft Standard and Basis for Conclusions: Financial Instruments and Similar Items« herausgegeben.
Bei IAS 33 Ergebnis je Aktie erfolgte eine Zusammenarbeit mit dem FASB und bei IAS 14 Segmentberichterstattung (überarbeitet) mit den normsetzenden Institutionen in den USA (FASB) und Kanada.

h) Konvergenzvereinbarung mit dem FASB

Im Oktober 2002 vereinbarten der IASB und der FASB eine Zusammenarbeit mit der Zielsetzung, die Konvergenz zwischen bestehenden US-amerikanischen und internationalen Praktiken zu fördern und künftige Standards gemeinsam zu erreichen (Norwalk Agreement). SEC und EU-Kommission begrüßten diese Vereinbarung.

Im April 2005 ist vereinbart worden, daß in Zukunft die Zusammenarbeit unter Einbeziehung der EU-Kommission und der SEC verstärkt fortgesetzt werden soll. Im Juli 2005 haben der IASB und der FASB mit der Ausarbeitung eines gemeinsamen Rahmenkonzeptes (Framework) begonnen. Im Oktober 2005 erarbeiteten der IASB und der FASB ein gemeinsames Arbeitsprogramm für ihre Konvergenzprojekte. Im Februar 2006 veröffentlichten der IASB und der FASB die Vereinbarung »A Roadmap of Convergence between IFRS and US-GAAP – 2006-2008 – Memorandum of Understanding between the FASB and the IASB«, die das gemeinsame Ziel bekräftigt, qualitativ hochwertige gemeinsame Rechnungslegungsstandards für die Kapitalmärkte der Welt zu entwickeln und bestehende Unterschiede zwischen US-GAAP und IFRS abzubauen. SEC und EU haben dieses Memorandum of Understanding ausdrücklich begrüßt.

Kurzfristig soll die Konvergenz bei folgenden Projekten erreicht werden (short-term convergence):

Borrowing Costs (Fremdkapitalkosten)
        ED wurde im Mai 2006 veröffentlicht.

Income Taxes (Ertragsteuern)
        ED wird in absehbarer Zeit erwartet.

Segment Reporting (Segmentberichterstattung)
        IFRS 8 wurde im November 2006 veröffentlicht.

Government Grants (Zuwendungen der öffentlichen Hand)
        Projekt wurde aufgeschoben.

Impairment (Wertminderung)
        Projekt ist erst in einem frühen Stadium.

Joint-Ventures (Gemeinschaftsunternehmen)
        ED wird in absehbarer Zeit erwartet.

Weitere Konvergenzprojekte (long-term convergence):

Business Combination, phase II
    Änderungsvorschläge zu IFRS 3 und IAS 23 wurden im Juni 2005 veröffentlicht. Neuer Standard wird im Jahre 2007 erwartet.
Consolidation
    ED wird im 1. Halbjahr 2007 erwartet.
Fair value measurement
    Es ist beabsichtigt, den vom FASB im September 2006 herausgegebenen Standard bezüglich des fair value measurement als Exposure Draft des IASB zu veröffentlichen.
Performance reporting (Financial Statement Presentation)
    Änderungsvorschlag zu IAS 1 im März 2006 veröffentlicht (Stufe A). Stufe B wird zur Zeit mit dem FASB diskutiert.
Revenue recognition
    Es wird in absehbarer Zeit ein Diskussionspapier erwartet.
Liabilities and equity
    Der FASB hat erste Untersuchungen eingeleitet.

Mögliche weitere Konvergenzprojekte, die noch nicht aktiv bearbeitet wurden:

Derecognition
Financial instruments: improvement and simplification in the longer term
Intangible assets
Leases

Andere Konvergenzprojekte:

Pensions
    Ein Diskussionspapier wird Ende 2007 erwartet.
Conceptual Framework
    Im Juli 2006 wurde ein Diskussionspapier veröffentlicht.
IAS 37 Provisions, Contingent Liabilities and Contingent Assets
    Änderungsvorschläge zu IAS 37 und IAS 19 wurden im Juni 2005 veröffentlicht.

Weitere Aktivitäten außerhalb der Konvergenzprojekte:

Insurance contracts
    Der Board hofft, demnächst ein erstes Diskussionspapier insurance contracts, phase II, zu veröffentlichen.
Accounting Standards for Small and Medium-sized Entities (SMEs)
    Ein Diskussionspapier wurde im Juni 2004 veröffentlicht. Im August 2006 wurde die Arbeitsversion eines Standardentwurfs herausgegeben. Es ist beabsichtigt, demnächst einen endgültigen Exposure Draft zu veröffentlichen.
Management Commentary
    Im Oktober 2005 wurde ein Diskussionspapier veröffentlicht.
Measurement
    Im November 2005 wurde ein Diskussionspapier »Measurement Bases for Financial Reporting – Measurement on Initial Recognition« veröffentlicht.

7. Zusammenarbeit mit der IOSCO

1987 hat das IASC mit der internationalen Organisation der Börsenaufsichtsbehörden, der International Organization of Securities Commissions (IOSCO), eine Vereinbarung mit der Verpflichtung abgeschlossen, die in den Empfehlungen des IASC enthaltenen Wahlrechte einzuschränken und die Publizitätsanforderungen zu erhöhen. Die IOSCO hat in Aussicht gestellt, ihren Mitgliedern zu empfehlen, die weiterentwickelten IAS als Zulassungsstandards an internationalen Börsenplätzen anzuerkennen. Aus diesem Grunde wurde eine Reihe von Standards überarbeitet. Sie traten am 1.1.1995 in Kraft.

Im Mai 2000 hat die IOSCO ihren Mitgliedsorganisationen empfohlen, ausländischen Unternehmen die Anwendung der IAS als Zugangsvoraussetzung zu ihren nationalen Wertpapierbörsen zu gestatten.

Die Securities and Exchange Commission (SEC) der USA hat im Februar 2000 ein Concept Release »International Accounting Standards« einstimmig verabschiedet und veröffentlicht. In diesem Concept Release erwägt die SEC, trotz einiger Vorbehalte die IAS für eine Notierung ausländischer Unternehmen an amerikanischen Börsen zu akzeptieren, ohne wie bisher die Erstellung einer Überleitung (reconciliation) von der nationalen Rechnungslegung auf US-GAAP zu verlangen. Dies geschah bisher jedoch noch nicht.

Bei einem Treffen des IASB mit Vertretern der nationalen Standardsetter am 27.-29. September 2004 stellte der Chief Accountant der SEC, Donald T. Nicolaisen, die Anerkennung von IFRS-Abschlüssen ohne Überleitung für den Fall in Aussicht, daß der globale Standardisierungs- und Konvergenzprozeß weiterhin solche Fortschritte mache wie bisher.

8. Die Wahlrechte in den IAS (Benchmark-Methode und alternativ zulässige Methode)

Die IAS hatten früher eine Vielzahl von Wahlrechten. Nach der Überarbeitung der IAS aufgrund der Zusammenarbeit mit der IOSCO und nach der Verabschiedung des Improvements Project im Dezember 2003 verbleiben noch folgende Wahlrechte:

IAS	Problem	Benchmark-Methode	alternativ zulässige Methode
IAS 16	Grundstücke, Betriebs- und Geschäftsausstattung	Bewertung zu Anschaffungs- oder Herstellungskosten	Bewertung zu Wiederbeschaffungskosten
IAS 22	Bewertung von Minderheitsanteilen	Bewertung zum Buchwert vor dem Erwerbszeitpunkt	Bewertung mit dem beizulegenden Zeitwert
IAS 23	Fremdkapitalkosten	Aufwand des laufenden Jahres (Wahlrecht Benchmark-Methode soll gemäß Exposure Draft »Amendment to IAS 23« vom Mai 2006 entfallen)	Aktivierung bei den Anschaffungs- oder Herstellungskosten
IAS 31	Gemeinschaftsunternehmen	anteilmäßige Konsolidierung	Equity-Methode
IAS 38	Immaterielle Vermögenswerte	Bewertung zu Anschaffungs- oder Herstellungskosten	Bewertung zu Wiederbeschaffungskosten

Der Wortlaut der IAS 16 und 31 wurde zwar geändert und das Wort alternativ zulässige Methode ist in diesen IAS nicht mehr enthalten, ein Wahlrecht besteht aber weiterhin. Die IAS 22, 23 und 38 waren nicht Teil des Improvements Project, so daß die darin enthaltenen Wahlrechte weiterhin bestehen.

Außer den oben in den IAS als Benchmark-Methode und alternativ zulässige Methode gezeigten Wahlrechten gibt es noch andere ausdrücklich genannte oder faktische Wahlrechte, die bei einer Bilanzanalyse von Bedeutung sein können. Hierzu zählen die Befreiungen in IFRS 1.13ff, die mögliche Behandlung der versicherungsmathematischen Gewinne und Verluste in IAS 19.93A-B und die Vorschriften über die Entwicklungskosten in IAS 38.57.

9. Verbreitung und zukünftige Entwicklung der IAS/IFRS

Welche Bedeutung die IAS/IFRS in Deutschland schon vor der Verkündigung des Bilanzrechtsreformgesetzes am 4.12.2004 hatten, zeigt sich sehr deutlich darin, daß 19 der Dax-30-Gesellschaften im Jahre 2004 nach IAS bilanzierten. Hierbei handelt es sich um:

Adidas Salomon AG	Hypo-Vereinsbank AG
Allianz AG	Linde AG
Altana AG	MAN AG
Bayer AG	Metro AG
BMW AG	Münchener Rückversicherungs-Gesellschaft AG
Commerzbank AG	RWE AG
Deutsche Lufthansa AG	Schering AG
Deutsche Börse AG	TUI AG
Deutsche Post AG	Volkswagen AG
Henkel KGaA	

Die übrigen 11 Gesellschaften bilanzierten nach US-GAAP bzw. nach dem HGB mit einer Überleitung nach US-GAAP (BASF AG, Deutsche Telekom AG). Der Grund für die Bilanzierung nach US-GAAP ist bei fast allen Gesellschaften ihre Notierung an der New Yorker Börse. Nicht unerwähnt soll bleiben, daß 4 von den nach IAS bilanzierenden Gesellschaften ebenfalls an der New Yorker Börse notieren (Allianz, Altana, Bayer, Schering). Sie machen Überleitungen nach US-GAAP.

Zur Verbreitung der IAS/IFRS in Deutschland trug auch der Anfang März 1997 eröffnete Neue Markt der Deutsche Börse AG bei. Die im Neuen Markt gelisteten Gesellschaften hatten nach einer zweijährigen Übergangszeit Jahresabschlüsse nach IAS oder US-GAAP zu erstellen. Etwa die Hälfte der am Neuen Markt gelisteten Unternehmen hatte sich für eine Bilanzierung nach IAS entschieden. Der Neue Markt ist seit dem 1. Januar 2003 geschlossen. Die am 1. Januar 2003 in Kraft getretene Börsenordnung verlangt für den neu geschaffenen Prime Standard die Anwendung von IAS/IFRS oder US-GAAP.

Nach Angaben des IASB ist die Anwendung der IAS/IFRS in rund 35 Ländern für sämtliche an inländischen Börsen notierte Unternehmen Pflicht. Gemäß Annual Report 2005 der IASC Foundation werden die IAS/IFRS inzwischen in etwa 100 Ländern angewandt.

Aufgrund der zum 31.12.2006 in Kraft tretenden »Neuen Basler Eigenkapitalvereinbarung« (Basel II) dürften die Kreditinstitute, insbesondere in Deutschland, in Zukunft bei ihren Kreditnehmern auf Abschlüsse mit mehr Informationen und weniger bilanzpolitischen Gestaltungsspielräumen, d.h. auf IAS/IFRS-Abschlüsse statt auf HGB-Abschlüsse drängen.

Da die IAS/IFRS und die US-GAAP die gleichen Ziele haben, es eine intensive Zusammenarbeit der IOSCO und seit vier Jahren des Financial Accounting Standards Board der USA (FASB) mit dem IASB gibt und die SEC wegen einer möglichen Inländerdiskriminierung keine Rechnungslegungsnormen akzeptieren wird, die mit den US-GAAP nicht gleichwertig sind, ist anzunehmen, daß sich die IAS/IFRS und US-GAAP in Zukunft in wesentlichen Punkten nur noch formell, jedoch immer weniger materiell unterscheiden werden. Dies dürfte wie bisher in erster Linie auf eine weitgehende Anpassung der IAS/IFRS an die US-GAAP, in Einzelfällen aber auch auf eine Anpassung der US-GAAP an die IAS/IFRS hinauslaufen. Die Zusammensetzung des seit dem 1. April 2001 im Amt befindlichen International Accounting Standards Board und die Aufteilung des Arbeitsprogramms für die Konvergenzprojekte auf den IASB und den FASB dürfte diese These noch mehr bestärken.

Es darf aber nicht verkannt werden, daß ohne die »Konkurrenz« der US-GAAP und ohne die SEC und IOSCO, die sich in erster Linie den Jahresabschlußlesern und nicht den Jahresabschlußerstellern verpflichtet fühlen, die IAS/IFRS niemals in so kurzer Zeit eine so hohe Qualität erreicht hätten.

Durch die EU-Verordnung Nr. 1606/2002 vom 19. Juli 2002 (IAS-Verordnung), veröffentlicht im Amtsblatt der Europäischen Union am 11.9.2002, wurde die Einführung der IFRS in das Recht der EU für Konzernabschlüsse kapitalmarktorientierter Unternehmen ab 2005 vorgeschrieben. (Für Unternehmen, die bereits nach US-GAAP bilanzieren und deren Aktien in einem Nicht-Mitgliedsstaat, d.h. in der Regel in den USA, zum öffentlichen Handel zugelassen sind, sowie Unternehmen, von denen lediglich Schuldtitel zum öffentlichen Handel zugelassen sind, gibt es eine Übergangsfrist bis 2007).

In Australien, Hongkong, Südafrika und Rußland wurden ebenfalls die IFRS eingeführt.

II. Rechnungslegung allgemein

1. Grundsätze der Rechnungslegung

a) Ziele des Abschlusses und der Unternehmensberichterstattung

Das Ziel von Abschlüssen ist es, den Anforderungen derjenigen Abschlußleser zu entsprechen, die nicht in der Lage sind, genau die Informationen zu fordern, die ihren speziellen Bedürfnissen entsprechen (IAS 1.3).
Abschlüsse sollen es allen Abschlußlesern, nämlich derzeitigen und potentiellen Investoren, Arbeitnehmern, Kreditgebern, Lieferanten und anderen Kreditoren, Kunden, Regierungen und ihren Behörden und der Öffentlichkeit, erlauben, ihre unterschiedlichen Informationsbedürfnisse zu befriedigen. Ziel eines nach den IAS erstellten Abschlusses ist, Informationen über die Vermögens- und Finanzlage (financial position), die Ertragslage, d.h. die erbrachte Leistung (financial performance), und die Mittelzuflüsse und -abflüsse eines Unternehmens zu vermitteln, d.h. Informationen, die für wirtschaftliche Entscheidungen nützlich sind.
Abschlüsse dienen auch der Rechenschaftslegung der Unternehmensleitung. Abschlüsse sollen es deshalb ermöglichen, über das Halten oder Verkaufen von Anteilen an dem Unternehmen und das Wiederbestellen oder Ersetzen der Unternehmensleitung entscheiden zu können. Der Abschluß einschließlich der notes (Zusatzinformationen) soll seinen Lesern helfen, die künftigen Mittelzuflüsse und -abflüsse des Unternehmens zu prognostizieren und insbesondere Aussagen darüber machen zu können, wann und mit welcher Wahrscheinlichkeit das Unternehmen in der Lage sein wird, Zahlungsmittel und Zahlungsmitteläquivalente zu erwirtschaften (IAS 1.7, F 9, F 12, F 14, F 15).

b) Vermittlung eines den tatsächlichen Verhältnissen entsprechenden Bildes (fair presentation) und Übereinstimmung mit den IAS/IFRS

Abschlüsse sollen die Vermögens- und Finanzlage (financial position), die Ertragslage, d.h. die erbrachte Leistung (financial performance), und die Mittelzuflüsse und -abflüsse eines Unternehmens den tatsächlichen Verhältnissen entsprechend darstellen. Die Vermittlung eines den tatsächlichen Verhältnissen entsprechenden Bildes erfordert die glaubwürdige Darstellung der Auswirkungen der Geschäftsvorfälle, sonstiger Ereignisse und Bedingungen in Übereinstimmung mit den Definitionen und Ansatzkriterien für Vermögenswerte, Schulden, Erträge und Aufwendungen, wie sie im Rahmenkonzept (framework) niedergelegt sind. Die Anwendung der IFRS, ggf. ergänzt um zusätzliche Angaben, führt praktisch dazu, daß die Abschlüsse ein den tatsächlichen Verhältnissen entsprechendes Bild vermitteln (IAS 1.13).

Ein Unternehmen, dessen Abschlüsse mit den IFRS in Einklang stehen, hat dies ausdrücklich und vorbehaltlos anzugeben. Eine solche Angabe darf nicht gemacht werden, wenn nicht sämtliche Anforderungen der IFRS erfüllt sind (IAS 1.14).

Eine nicht angemessene Anwendung von Standards kann weder durch Angabe der Bilanzierungs- und Bewertungsmethoden noch durch notes (Zusatzinformationen) oder andere Erläuterungen geheilt werden (IAS 1.16).

In den äußerst seltenen Fällen, in denen die Unternehmensleitung zu dem Schluß kommt, daß die Einhaltung einer Vorschrift in einem Standard bzw. einer Interpretation so irreführend wäre, daß dies mit dem im Rahmenkonzept genannten Ziel von Abschlüssen in Widerspruch steht, soll das Unternehmen von der Anwendung der Vorschrift in der in IAS 1.18 angegebenen Art absehen, falls das Rahmenkonzept eine Abweichung erfordert oder nicht verbietet (IAS 1.17).

Weicht ein Unternehmen von einer Vorschrift eines Standards bzw. einer Interpretation in Übereinstimmung mit IAS 1.17 ab, hat es anzugeben:
- daß die Unternehmensleitung zu dem Schluß gekommen ist, daß der Abschluß die Vermögens-, Finanz- und Ertragslage sowie die Mittelzuflüsse und -abflüsse den tatsächlichen Verhältnissen entsprechend darstellt,
- daß der Abschluß mit den anzuwendenden Standards und Interpretationen übereinstimmt, mit der Ausnahme, daß zum Zwecke der Vermittlung eines den tatsächlichen Verhältnissen entsprechenden Bildes von einer bestimmten Vorschrift abgewichen wurde,
- von welchem Standard bzw. welcher Interpretation abgewichen wurde, die Art der Abweichung einschließlich der Bilanzierungsweise, die der Standard bzw. die Interpretation vorgeschrieben hätte, den Grund, warum dies unter den gegebenen Umständen so irreführend wäre und daß er mit dem im Rahmenkonzept genannten Ziel in Widerspruch steht sowie die angewandte Bilanzierungsweise,
- für jede dargestellte Periode die finanzielle Auswirkung der Abweichung auf jeden Abschlußposten, der bei Einhaltung der Vorschriften berichtet worden wäre (IAS 1.18).

Wenn ein Unternehmen in einer früheren Periode von einer Vorschrift eines Standards bzw. einer Interpretation abgewichen ist, und diese Abweichung den in der Berichtsperiode angesetzten Betrag beeinflußt, so hat es Angaben entsprechend IAS 1.18c und d zu machen (IAS 1.19).

In den äußerst seltenen Fällen, in denen die Unternehmensleitung zu dem Schluß kommt, daß die Einhaltung einer Vorschrift in einem Standard bzw. einer Interpretation so irreführend wäre, daß dies mit dem genannten Ziel von Abschlüssen in Konflikt steht, aber die geltenden gesetzlichen Rahmenbedingungen ein Abweichen von dieser Vorschrift verbieten, hat das Unternehmen die als irreführend erachteten Aspekte so gut wie möglich durch folgende Angaben zu minimieren:
- den Standard bzw. die Interpretation, die Art der Vorschrift und den Grund, warum die Unternehmensleitung zu dem Schluß kommt, daß diese Vorschrift unter den gegebenen Umständen so irreführend wäre, daß sie mit dem im Rahmenkonzept genannten Ziel in Widerspruch steht und
- für jede dargestellte Periode die Anpassungen jedes Postens in den Abschlüssen, die nach Ansicht der Unternehmensleitung für die Vermittlung eines den tatsächlichen Verhältnissen entsprechenden Bildes notwendig sind (IAS 1.21).

c) Bilanzierungs- und Bewertungsmethoden

Ist ein Standard oder eine Interpretation ausdrücklich auf einen Geschäftsvorfall, sonstige Ereignisse oder Bedingungen anzuwenden, dann ist die Bilanzierungs- und Bewertungsmethode für den entsprechenden Posten zu ermitteln und die diesbezüglichen Umsetzungsleitlinien (Implementation Guidances) sind zu beachten (IAS 8.7). Die Umsetzungsleitlinien sind nicht Teil der Standards, und es besteht deshalb keine Pflicht, sie anzuwenden (IAS 8.9).

Falls kein Standard oder keine Interpretation vorliegt, der/die auf einen Geschäftsvorfall, sonstige Ereignisse oder Bedingungen zutrifft, hat die Unternehmensleitung gemäß ihrer Beurteilung eine Bilanzierungs- und Bewertungsmethode zu entwickeln und anzuwenden, die Informationen liefert,
- die relevant für wirtschaftliche Entscheidungen der Abschlußleser sind,
- die dadurch verläßlich sind, daß die Abschlüsse
  - die Vermögens- und Finanzlage, die Ertragslage und Mittelzuflüsse und -abflüsse zutreffend wiedergeben,
  - den wirtschaftlichen Gehalt von Geschäftsvorfällen, sonstigen Ereignissen und Bedingungen und nicht nur die rechtliche Form widerspiegeln,
  - neutral, d.h. willkürfrei sind,
  - vorsichtig sind und
  - in allen wesentlichen Punkten vollständig sind (IAS 8.10).

Bei der in IAS 8.10 beschriebenen Beurteilung hat sich die Unternehmensleitung auf folgende Quellen zu beziehen und ihre Anwendbarkeit in absteigender Reihenfolge in Betracht zu ziehen:
- die Anforderungen und Anwendungsleitlinien von Standards und Interpretationen, die ähnliche und verwandte Sachverhalte behandeln,
- das Rahmenkonzept (IAS 8.11).

Außerdem können die jüngsten Verlautbarungen anderer Standardsetter, die ein ähnliches Rahmenkonzept bei der Entwicklung von Standards zugrunde legen, andere Fachliteratur und anerkannte Branchenpraktiken, sofern diese nicht mit IAS 8.11 in Widerspruch stehen, berücksichtigt werden (IAS 8.12).

Bei den Verlautbarungen anderer Standardsetter, die ein ähnliches Rahmenkonzept bei der Entwicklung von Standards zugrunde legen, handelt es sich um die US-GAAP. Nicht zuletzt aus dem Grunde, dem Leser eine Hilfe bei der Auslegung der IAS/IFRS zu bieten, wurden am Schluß der einzelnen Abschnitte des Kapitals C. Rechnungslegung in den USA (US-GAAP und SEC-Vorschriften) die jeweiligen US-GAAP-Quellen angegeben.

d) Annahme der Fortführung der Unternehmenstätigkeit

Bei der Erstellung eines Abschlusses muß die Unternehmensleitung prüfen, ob das Unternehmen fortgeführt werden kann. Abschlüsse müssen auf der Annahme der Unternehmensfortführung aufgestellt werden, es sei denn, die Unternehmensleitung will das Unternehmen liquidieren oder die Geschäftstätigkeit aufgeben bzw. sie wird gezwungen, dies zu tun. Wenn aufgrund von Ereignissen und Bedingungen eine erhebliche Unsicherheit über die Fortführung des Unternehmens besteht, so ist diese Unsicherheit anzugeben. Wenn der Abschluß nicht auf der Annahme der Unternehmensfortführung aufgestellt wird, so muß diese Tatsache angegeben werden, zusammen mit der Annahme, auf der der Abschluß basiert und dem Grund, warum von einer Fortführung des Unternehmens nicht ausgegangen wird (IAS 1.23).

Bei der Beurteilung, ob die Annahme der Unternehmensfortführung angemessen ist, sind sämtliche verfügbaren Informationen für die Zukunft, d.h. mindestens für die nächsten 12 Monate, zu berücksichtigen (IAS 1.24).

e) Periodengerechte Erfolgsermittlung

Ein Unternehmen hat seinen Abschluß mit Ausnahme der Kapitalflußrechnung nach dem Grundsatz der periodengerechten Erfolgsermittlung zu erstellen (IAS 1.25).

Bei der periodengerechten Erfolgsermittlung sind Vermögenswerte, Schulden, Eigenkapital, Erträge und Aufwendungen dann anzusetzen, wenn sie den im Rahmenkonzept aufgeführten Definitionen und Ansatzkriterien entsprechen (IAS 1.26).

f) Darstellungsstetigkeit

Die Darstellung und der Ausweis von Posten im Abschluß sind von einer Periode zur nächsten beizubehalten, solange nicht
- offensichtlich ist, daß aufgrund einer wesentlichen Änderung der Geschäftstätigkeit oder einer Überprüfung des Abschlusses eine andere Darstellung oder Ausweis für die Wahl und Anwendung von Bilanzierungs- und Bewertungsmethoden in IAS 8 geeigneter ist oder
- ein Standard oder eine Interpretation eine Änderung der Darstellung verlangt (IAS 1.27).

g) Wesentlichkeit und Zusammenfassung von Posten

Jede wesentliche Gruppe ähnlicher Posten ist im Abschluß gesondert darzustellen. Posten von unähnlicher Art oder Funktion sind gesondert darzustellen, es sei denn, sie sind unwesentlich (IAS 1.29).

Wenn ein Posten nicht wesentlich genug ist, um ihn gesondert im Abschluß darzustellen, kann er trotzdem so wesentlich sein, daß eine gesonderte Darstellung in den notes angemessen ist (IAS 1.30).

Nach dem Prinzip der Wesentlichkeit muß den spezifischen Angabeerfordernissen eines Standards oder einer Interpretation nicht entsprochen werden, wenn die Information nicht wesentlich ist (IAS 1.31).

h) Saldierung

Vermögenswerte und Schulden sowie Erträge und Aufwendungen sind nicht zu saldieren, es sei denn, ein Standard oder eine Interpretation verlangt oder erlaubt die Saldierung (IAS 1.32).

i) Anschaffungs- oder Herstellungskosten

Neben den Anschaffungs- oder Herstellungskosten sind andere Bewertungsansätze möglich (Neubewertung, beizulegender Zeitwert).

j) Wirtschaftliche Betrachtungsweise

Dieser Grundsatz wurde bereits unter Abschnitt B.II.1c erwähnt.

k) Vorsicht

Dieser Grundsatz wurde bereits unter Abschnitt B.II.1c erwähnt.

Vorgesehene Änderungen

Zum Thema »Performance Reporting« (Financial Statement Presentation), das Teil des langfristigen Konvergenzprojektes des IASB mit dem FASB ist, wurde im März 2006 ein Änderungsvorschlag zu IAS 1 veröffentlicht (Stufe A). Die Stufe B, die sich mit der Zusammenfassung von Informationen und dem Ausweis von Summen und Zwischensummen befaßt, wird zur Zeit mit dem FASB beraten.

Am 15.9.2006 hat der FASB SFAS 157 »Fair Value Measurements« (Bewertung zum beizulegenden Zeitwert) herausgegeben. Das Thema ist Teil des langfristigen Konvergenzprojektes des IASB mit dem FASB. Der IASB will SFAS 157 als IASB Exposure Draft veröffentlichen und in der Einladung zur Kommentierung des Exposure Drafts seine Einwände dagegen mitteilen.

Das Thema »Impairment« (Wertminderung), das Teil des kurzfristigen Konvergenzprojektes mit dem FASB ist, ist erst in einem frühen Stadium.

Der IASB beschäftigt sich mit der Frage der Anwendung der IAS/IFRS bei kleinen und mittleren Unternehmen, d.h. nicht börsennotierten Unternehmen, die keine öffentliche Rechenschaftspflicht haben, aber Finanzberichte für externe Nutzer erstellen. Im Juni 2004 veröffentlichte der IASB ein Diskussionspapier, auf das 120 Stellungnahmen eingingen. Im April 2005 veröffentlichte der IASB einen Fragebogen, in dem gefragt wurde, welche Geschäftsvorfälle bei kleinen und mittleren Unternehmen Ansatz- und Bewertungsprobleme verursachen, warum es das Problem gibt und wie es gelöst werden kann. Hierauf gingen über hundert Antworten ein. Im Oktober 2005 begann der Board des IASB Runde-Tisch-Gespräche mit den Beantwortern des Fragebogens. Im August 2006 veröffentlichte der IASB eine Arbeitsversion des Standardentwurfs »International Financial Reporting Standards for Small and Medium-sized Entities«. Es wird in absehbarer Zeit mit einem endgültigen Exposure Draft gerechnet.

2. Bestandteile und Gliederung des Abschlusses

a) Bestandteile

Ein vollständiger Abschluß enthält die folgenden Bestandteile:
- Bilanz,
- Gewinn- und Verlustrechnung,
- Aufstellung der Veränderungen des Eigenkapitals (kurz Eigenkapitalveränderungsrechnung genannt), die entweder
  - alle Eigenkapitalveränderungen oder
  - die Eigenkapitalveränderungen, die nicht durch Geschäftsvorfälle mit Anteilseignern in ihrer Eigenschaft als Anteilseigner entstehen (diese Darstellung ist in der Praxis nicht üblich),
  zeigt,
- Kapitalflußrechnung,
- Zusatzinformationen (notes), die die Zusammenfassung der maßgeblichen Bilanzierungs- und Bewertungsmethoden und andere erläuternde Informationen enthalten (IAS 1.8).

Viele Unternehmen veröffentlichen neben dem Abschluß eine Art Lagebericht (financial review), der die wesentlichen Punkte der Ertragslage und der Vermögens- und Finanzlage sowie die wichtigsten Unsicherheiten, die für das Unternehmen bestehen, beschreibt. Ein derartiger Lagebericht kann folgende Punkte umfassen:
- die Hauptfaktoren und Einflüsse, die die Ertragslage (financial performance) beeinflussen einschließlich der Veränderungen der Umwelt, in der das Unternehmen tätig ist, die Reaktionen des Unternehmens auf diese Veränderungen und deren Auswirkungen sowie die Investitionspolitik des Unternehmens, um die Ertragslage, einschließlich der Dividendenzahlungen, aufrechtzuerhalten und zu verbessern,
- die Finanzierungsquellen des Unternehmens und der angestrebte Verschuldungsgrad des Unternehmens,
- die gemäß IFRS nicht aus der Bilanz ersichtlichen Kapitalquellen (IAS 1.9).

Deutsche Unternehmen, die nach § 315a HGB einen IFRS-Konzernabschluß aufstellen oder nach § 325 Abs. 2a HGB einen IFRS-Einzelabschluß im Bundesanzeiger offenlegen, haben den IFRS-Abschluß gemäß § 315a Abs. 1 bzw. § 325 Abs. 2a HGB um einen nach den Regelungen des HGB aufgestellten Konzernlagebericht bzw. Lagebericht zu ergänzen.

b) Gliederung und Inhalt

Allgemeines

Abschlüsse müssen von anderen Informationen, die im gleichen Dokument (z.B. Geschäftsbericht) veröffentlicht werden, eindeutig unterscheidbar sein (IAS 1.44). Jeder Bestandteil eines Abschlusses ist eindeutig zu bezeichnen. Zusätzlich sind die folgenden Informationen deutlich sichtbar darzustellen und ggf. zu wiederholen, falls sie so besser verständlich sind:
- der Name oder ein anderes Erkennungszeichen des Unternehmens und jede Änderung seit dem letzten Bilanzstichtag,
- die Angabe, ob es sich um einen Einzel- oder einen Konzernabschluß handelt,
- der Bilanzstichtag bzw. die Berichtsperiode,
- die Berichtswährung gemäß IAS 21,
- die Angabe, ob die Zahlen beispielsweise auf Tausend oder Millionen gerundet wurden (IAS 1.46).

Abschlüsse sind mindestens jährlich aufzustellen. Wenn sich der Bilanzstichtag ändert und der Berichtszeitraum länger oder kürzer als ein Jahr ist, so hat das Unternehmen zusätzlich anzugeben:
- den Grund für eine längere oder kürzere Berichtsperiode,
- die Tatsache, daß Vergleichsbeträge der Gewinn- und Verlustrechnung, der Eigenkapitalveränderungsrechnung, der Kapitalflußrechnung und der Zusatzinformationen nicht vollständig vergleichbar sind (IAS 1.49).

Bilanz

Unterscheidung von Kurz- und Langfristigkeit
Kurzfristige und langfristige Vermögenswerte und kurzfristige und langfristige Schulden sind getrennt entsprechend IAS 1.57-67 auszuweisen, sofern nicht eine Gliederung nach der Liquidität verläßlich und relevanter ist. Falls dies zutrifft, sind alle Vermögenswerte und Schulden grob nach der Liquidität zu gliedern (IAS 1.51).
Welche Darstellung auch gewählt wird, ein Unternehmen hat für jeden Vermögens- und Schuldposten, in denen Beträge enthalten sind, die sowohl vor als auch nach 12 Monaten nach dem Bilanzstichtag ausgeglichen werden sollen, den Betrag anzugeben, der nach 12 Monaten ausgeglichen werden soll (IAS 1.52).
Wenn ein Unternehmen in unterschiedlichen Geschäftsfeldern tätig ist, kann es angebracht sein, eine Mischform anzuwenden, wenn dadurch verläßliche und relevantere Informationen zu erzielen sind (IAS 1.55).

Kurzfristige Vermögenswerte
Ein Vermögenswert ist als kurzfristig auszuweisen, wenn er mindestens eine der folgenden Kriterien erfüllt:
- seine Realisierung wird innerhalb des normalen Geschäftszyklus des Unternehmens erwartet oder er wird zum Verkauf oder Verbrauch innerhalb dieses Zeitraumes gehalten,
- er wird primär für Handelszwecke gehalten,
- er wird zur kurzfristigen erwarteten Realisierung innerhalb von 12 Monaten nach dem Bilanzstichtag gehalten,

- es handelt sich um Zahlungsmittel oder Zahlungsmitteläquivalente (gemäß IAS 7), soweit sie nicht vom Umtausch ausgeschlossen oder zur Tilgung einer Schuld innerhalb von 12 Monaten nach dem Bilanzstichtag bestimmt sind.

Alle anderen Vermögenswerte sind als langfristig auszuweisen (IAS 1.57).

Kurzfristige Schulden
Eine Schuld ist als kurzfristig auszuweisen, wenn sie eine der folgenden Kriterien erfüllt:
- es ist zu erwarten, daß sie innerhalb eines normalen Geschäftszyklus reguliert wird,
- sie wird vornehmlich für Handelszwecke gehalten,
- sie wird innerhalb von 12 Monaten nach dem Bilanzstichtag fällig,
- das Unternehmen hat nicht das uneingeschränkte Recht, die Schulden später als 12 Monate nach dem Bilanzstichtag zu begleichen.

Alle anderen Schulden sind als langfristig auszuweisen (IAS 1.60).

Ein Unternehmen hat seine finanziellen Schulden als kurzfristig auszuweisen, wenn sie innerhalb von 12 Monaten nach dem Bilanzstichtag fällig sind, selbst wenn
- das ursprüngliche Zahlungsziel länger als 12 Monate war und
- nach dem Bilanzstichtag, jedoch vor der Veröffentlichung des Abschlusses eine Vereinbarung über eine Verlängerung der Fälligkeit getroffen wurde (IAS 1.63).

Informationen, die in der Bilanz darzustellen sind
Die Bilanz hat mindestens folgende Posten zu enthalten:
- Sachanlagen,
- als Finanzinvestition gehaltene Immobilien,
- immaterielle Vermögenswerte,
- finanzielle Vermögenswerte (ohne nach der Equity-Methode bilanzierte Finanzanlagen, Forderungen aus Lieferungen und Leistungen und sonstige Forderungen sowie Zahlungsmittel und Zahlungsmitteläquivalente),
- nach der Equity-Methode bilanzierte Finanzanlagen,
- biologische Vermögenswerte,
- Vorräte,
- Forderungen aus Lieferungen und Leistungen und sonstige Forderungen
- Zahlungsmittel und Zahlungsmitteläquivalente,
- Verbindlichkeiten aus Lieferungen und Leistungen und sonstige Verbindlichkeiten,
- Rückstellungen,
- Finanzverbindlichkeiten,
- Steuerschulden und Steuererstattungsansprüche,
- latente Steuerschulden und latente Steueransprüche gemäß IAS 12,
- Minderheitsanteile am Eigenkapital (getrennt ausweisen innerhalb des Eigenkapitals),
- gezeichnetes Kapital und Rücklagen, die den Anteilseignern des Mutterunternehmens zuzuordnen sind (IAS 1.68).

Die Mindestgliederung ist ggf. um die gemäß IFRS 5 zur Veräußerung gehaltenen langfristigen Vermögenswerte und aufgegebenen Geschäftsbereiche sowie um die darauf entfallenden Schulden zu erweitern (IAS 1.68A).
Zusätzliche Posten, Überschriften und Zwischensummen sind in der Bilanz darzustellen, wenn deren Ausweis für das Verständnis der Finanzlage relevant ist (IAS 1.69).
Wenn ein Unternehmen lang- und kurzfristige Vermögenswerte bzw. lang- und kurzfristige Schulden getrennt ausweist, dürfen latente Steueransprüche (-schulden) nicht als kurzfristige Vermögenswerte (Schulden) ausgewiesen werden (IAS 1.70).

Informationen, die in der Bilanz oder in den notes darzustellen sind
Ein Unternehmen hat entweder in der Bilanz oder in den notes weitere Untergliederungen der Posten in einer der Unternehmenstätigkeit entsprechenden Art vorzunehmen (IAS 1.74).
Ein Unternehmen hat in der Bilanz oder in den notes anzugeben:
– für jede Anteilsart
  - Anzahl der genehmigten Anteile,
  - Anzahl der ausgegebenen und voll eingezahlten Anteile und der noch ausstehenden Einlagen,
  - Nennwert je Anteil oder die Angabe, daß sie keinen Nennwert haben,
  - eine Überleitung der Anzahl der im Umlauf befindlichen Anteile am Anfang der Periode auf die Anzahl am Ende der Periode,
  - Rechte, Vorzugsrechte und Beschränkungen der einzelnen Anteilsarten einschließlich der Beschränkungen bei Dividendenausschüttungen und der Kapitalrückzahlung,
  - eigene Anteile, die vom Mutterunternehmen, von Tochterunternehmen oder von assoziierten Unternehmen gehalten werden,
  - Anteile, die für eine Ausgabe aufgrund von Optionen und Verkaufsverträgen vorgehalten werden, unter Angabe der Bedingungen und Beträge,
– eine Beschreibung von Art und Zweck jeder einzelnen Rücklage innerhalb des Eigenkapitals (IAS 1.76).

Personengesellschaften haben Informationen entsprechend IAS 1.76 zu geben, indem sie die während der Periode erfolgten Änderungen sowie die Rechte, Vorzugsrechte und Beschränkungen bei jeder Eigenkapitalkategorie beschreiben (IAS 1.77).

Gewinn- und Verlustrechnung
Die Gewinn- und Verlustrechnung hat mindestens die folgenden Posten zu enthalten:
– Umsatzerlöse,
– Finanzierungsaufwendungen,
– Gewinn- und Verlustanteile an assoziierten Unternehmen und Gemeinschaftsunternehmen, die nach der Equity-Methode bilanziert werden,
– Ertragsteuern,
– Ergebnis nach Steuern aus aufgegebenen Geschäftsbereichen und Bewertung der zur Veräußerung gehaltenen langfristigen Vermögenswerte gemäß IFRS 5.33,
– Ergebnis (IAS 1.81).

In der Gewinn- und Verlustrechnung ist der auf die Minderheitsgesellschafter entfallende Gewinn oder Verlust und der auf die Gesellschafter des Mutterunternehmens entfallende Gewinn oder Verlust getrennt auszuweisen (IAS 1.82).

Zusätzliche Posten, Überschriften und Zwischensummen sind in der Gewinn- und Verlustrechnung darzustellen, wenn deren Ausweis für das Verständnis der Ertragslage relevant ist (IAS 1.83).

Der Ausweis von außerordentlichen Posten ist nicht zulässig (IAS 1.85).

Wenn Ertrags- oder Aufwandsposten wesentlich sind, sind Art und Betrag dieser Posten gesondert anzugeben (IAS 1.86).

Umstände, die zu einer gesonderten Angabe von Ertrags- und Aufwandsposten führen, können sein:
- außerplanmäßige Abschreibung von Vorräten auf den Nettoveräußerungswert oder von Sachanlagen auf den erzielbaren Betrag sowie die Wertaufholung solcher außerplanmäßigen Abschreibungen,
- Restrukturierung der Tätigkeiten eines Unternehmens und die Auflösung von Rückstellungen für Restrukturierung,
- Abgang von Posten der Sachanlagen,
- Veräußerung von Finanzanlagen,
- Aufgabe von Geschäftsbereichen,
- Beendigung von Rechtsstreitigkeiten,
- sonstige Auflösungen von Rückstellungen (IAS 1.87).

Ein Unternehmen hat die Aufgliederung der Aufwendungen nach dem Gesamtkostenverfahren oder nach dem Umsatzkostenverfahren zu zeigen. Es hat die Aufgliederung zu wählen, die verläßlich und am sachgerechtesten ist (IAS 1.88 und 1.94).

Unternehmen, die das Umsatzkostenverfahren anwenden, haben Zusatzinformationen über die Art der Aufwendungen, einschließlich der planmäßigen Abschreibungen und Leistungen an Arbeitnehmer zu geben (IAS 1.93).

Ein Unternehmen hat entweder in der Gewinn- und Verlustrechnung, der Eigenkapitalveränderungsrechnung oder in den notes die beschlossene Dividende sowie die Dividende je Aktie für das Berichtsjahr anzugeben (IAS 1.95).

Aufstellung der Veränderungen des Eigenkapitals

Ein Unternehmen hat in einer Aufstellung der Veränderungen des Eigenkapitals (kurz Eigenkapitalveränderungsrechnung genannt) zu zeigen:
- Periodenergebnis,
- jeden Posten der Erträge und Aufwendungen, Gewinne oder Verluste, der aufgrund eines anderen Standards oder einer Interpretation direkt mit dem Eigenkapital verrechnet wurde, sowie die Summe dieser Posten,
- Gesamterträge und -aufwendungen der Periode (Summe der beiden vorher angegebenen Posten), wobei die Beträge, die auf die Eigentümer des Mutterunternehmens und auf die Minderheitsgesellschafter entfallen, getrennt auszuweisen sind,
- für jeden Posten des Eigenkapitals die Auswirkungen der Änderungen der Bilanzierungs- und Bewertungsmethoden und der Korrektur von Fehlern gemäß IAS 8.

Eine Aufstellung der Eigenkapitalveränderungen, die nur diese Posten beinhaltet, ist unter der Bezeichnung »Aufstellung der erfaßten Erträge und Aufwendungen« zu führen (IAS 1.96).

Zusätzlich hat ein Unternehmen entweder in der Eigenkapitalveränderungsrechnung oder in den notes anzugeben:
- Kapitaltransaktionen mit den Anteilseignern und Ausschüttungen an die Anteilseigner,
- die Gewinnrücklagen zu Beginn der Periode und zum Bilanzstichtag sowie die Veränderungen während der Periode,
- eine Überleitung der Buchwerte jeder Kategorie des gezeichneten Kapitals und sämtlicher Rücklagen vom Beginn der Periode zum Bilanzstichtag unter Angabe jeder einzelnen Veränderung (IAS 1.97).

Kapitalflußrechnung
Die gemäß IAS 7 in der Kapitalflußrechnung zu machenden Angaben sind in Abschnitt B.VI.2 dargestellt.

Notes (Zusatzinformationen)

Struktur
In den notes sind anzugeben:
- Informationen über die Grundlagen der Aufstellung des Abschlusses und die besonderen Bilanzierungs- und Bewertungsmethoden, die gemäß IAS 1.108-115 angewandt wurden,
- die von den IFRS verlangten Informationen, sofern sie nicht in der Bilanz, der Gewinn- und Verlustrechnung, der Eigenkapitalveränderungsrechnung oder der Kapitalflußrechnung angegeben werden,
- zusätzliche Informationen, die nicht in der Bilanz, der Gewinn- und Verlustrechnung, der Eigenkapitalveränderungsrechnung oder der Kapitalflußrechnung enthalten sind, die aber für das Verständnis des Abschlusses relevant sind (IAS 1.103).

Die notes in den Abschlüssen sind, soweit praktikabel, systematisch darzustellen. Bei jedem Posten der Bilanz, der Gewinn- und Verlustrechnung, der Eigenkapitalveränderungsrechnung und der Kapitalflußrechnung ist ein Querverweis zu den entsprechenden Informationen in den notes zu machen (IAS 1.104).
Es wird folgende Reihenfolge der notes vorgeschlagen:
- eine Erklärung über die Übereinstimmung mit den IFRS gemäß IAS 1.14,
- eine Zusammenfassung der wesentlichen angewandten Bilanzierungs- und Bewertungsmethoden,
- ergänzende Informationen zu den in der Bilanz, der Gewinn- und Verlustrechnung, der Eigenkapitalveränderungsrechnung und der Kapitalflußrechnung dargestellten Posten in der Reihenfolge der Abschlußbestandteile und der darin enthaltenen Posten,
- andere Angaben, einschließlich
  - Eventualschulden und nicht bilanzierte vertragliche Verpflichtungen und
  - nicht finanzielle Angaben (z.B. das Risikomanagementsystem des Unternehmens) (IAS 1.105).

Angabe der Bilanzierungs- und Bewertungsmethoden
Bei der Zusammenfassung der wesentlichen Bilanzierungs- und Bewertungsmethoden in den notes ist folgendes zu beschreiben:
- die Bewertungsgrundlage, die beim Erstellen des Abschlusses angewendet wurde, und
- sonstige angewandte Bilanzierungs- und Bewertungsmethoden, die für das Verständnis des Abschlusses relevant sind (IAS 1.108).

Der neue IAS 1.110, der den alten IAS 1.99 ersetzt, enthält keine Aufzählung der Bilanzierungs- und Bewertungsmethoden, die veröffentlicht werden sollten, sondern gibt nur allgemeine Hinweise und zählt nur wenige Beispiele auf.
Ein Unternehmen hat die Ermessensausübung der Unternehmensleitung bei der Anwendung der Bilanzierungs- und Bewertungsmethoden, die einen wesentlichen Einfluß auf die im Abschluß gezeigten Posten haben, anzugeben (IAS 1.113).

Schätzungsunsicherheiten
Ein Unternehmen hat in den notes Angaben über die wichtigsten Annahmen über die Zukunft und über die sonstigen wesentlichen Quellen von Schätzungsunsicherheiten zum Bilanzstichtag zu machen, die ein beträchtliches Risiko beinhalten, das zu einer Korrektur der Buchwerte der Vermögenswerte und Schulden im folgenden Geschäftsjahr führen kann. Die notes haben deshalb Einzelheiten über die Art und die Buchwerte am Bilanzstichtag zu enthalten (IAS 1.116).

Kapital
Es sind Angaben zu veröffentlichen, die den Adressaten des Abschlusses eine Bewertung der Ziele, Methoden und Prozesse des Unternehmens beim Kapitalmanagement ermöglichen (IAS 1.124A).

Es sind anzugeben:
- qualitative Angaben zu den Zielen, Methoden und Prozessen beim Kapitalmanagement, wozu u.a. zählen:
  - eine Beschreibung dessen, was als Kapital betrachtet wird,
  - sofern das Unternehmen externen Mindestkapitalanforderungen unterliegt, eine Darstellung dieser Anforderungen und deren Einbeziehung in das Kapitalmanagement,
  - Angaben, wie die Ziele für das Kapitalmanagement erfüllt werden,
- zusammengefaßte quantitative Angaben, was als Kapital betrachtet wird,
- Veränderungen bei den vorgenannten qualitativen und quantitativen Angaben gegenüber dem vorangegangenen Berichtszeitraum,
- Angaben darüber, ob im Berichtszeitraum alle externen Mindestkapitalanforderungen erfüllt wurden,
- bei einem Verstoß gegen solche externen Mindestkapitalanforderungen die sich daraus ergebenden Konsequenzen (IAS 1.124B).

Die Vorschriften von IAS 1.124A-C zum Kapital treten am 1.1.2007 in Kraft.

Weitere Angaben
Ein Unternehmen hat in den notes anzugeben:
- den Betrag der vor der Veröffentlichung des Abschlusses vorgeschlagenen oder beschlossenen, aber noch nicht bilanzierten Dividende und
- den Betrag der nicht ausgewiesenen kumulativen Vorzugsdividenden (IAS 1.125).

Ein Unternehmen hat folgende Angaben zu machen, falls diese nicht an anderer Stelle im Abschluß veröffentlicht wurden:
- den Sitz und die Rechtsform des Unternehmens, das Land, in dem es registriert ist, und die Adresse des eingetragenen Sitzes (oder Hauptgeschäftssitzes, wenn dieser vom eingetragenen abweicht),
- eine Beschreibung der Art der Geschäftätigkeit des Unternehmens und seiner Haupttätigkeitsgebiete,
- den Namen des Mutterunternehmens und des obersten Mutterunternehmens des Konzerns (IAS 1.126).

c) Vorjahreszahlen

Ausgenommen ein Standard bzw. eine Interpretation erlaubt oder fordert nichts anderes, sind im Abschluß Vergleichsinformationen für die Vorperiode für alle Beträge anzugeben. Vergleichsinformationen sind in die verbalen und beschreibenden Informationen einzubeziehen, wenn sie für das Verstehen des Abschlusses der Berichtsperiode von Bedeutung sind (IAS 1.36).
Wenn die Darstellung oder Gliederung von Posten im Abschluß geändert wird, sind auch die Vergleichsbeträge neu zu gliedern, außer wenn dies praktisch undurchführbar ist (impracticable). In diesen Fällen sind anzugeben:
- die Art der Neugliederung,
- die Beträge jedes Postens oder die Art des Postens, der neu gegliedert wurde,
- der Grund für die Neugliederung (IAS 1.38).

Wenn es praktisch undurchführbar ist, Vergleichsbeträge neu zu gliedern, dann sind anzugeben:
- der Grund, warum eine Neugliederung nicht vorgenommen worden ist,
- die Art der Anpassungen, die gemacht worden wären, wenn die Beträge neu gegliedert worden wären (IAS 1.39).

Vorgesehene Änderungen

Allgemeines
Im März 2006 veröffentlichte der IASB Amendment to IAS 1 Presentation of Financial Statements (ED IAS 1). Dieser Exposure Draft ist das Ergebnis der Stufe A des gemeinsamen Projektes von IASB und FASB bezüglich der Erfolgsberichterstattung (Performance Reporting). Der Entwurf befaßt sich nur mit der Darstellung von Informationen im Jahresabschluß, nicht mit Ansatz- und Bewertungsvorschriften.

Die eingegangenen Kommentare werden vom Board noch beraten.

Änderungen im einzelnen
Die zukünftig vorgesehenen Bestandteile des Abschlusses werden nachstehend im Vergleich zu den Abschlußbestandteilen gemäß IAS 1.8 dargestellt, wobei auf die geänderten Bezeichnungen hingewiesen wird:

Abschlußbestandteile ED IAS 1	Abschlußbestandteile IAS 1.8
Darstellung der Vermögenslage zum Periodenbeginn (statement of financial position as at the beginning of the period)	
Darstellung der Vermögenslage zum Periodenende (statement of financial position as at the end of the period)	Bilanz (balance sheet)
Aufstellung der im Geschäftsjahr erfaßten Ertrags- und Aufwandsposten (statement of recognised income and expenses)	Gewinn- und Verlustrechnung (income statement)
Eigenkapitalveränderungsrechnung (statement of changes in equity)	Eigenkapitalveränderungsrechnung (statement of changes in equity), die entweder – alle Eigenkapitalveränderungen oder – alle Eigenkapitalveränderungen, die nicht aus Transaktionen mit Anteilseignern in ihrer Eigenschaft als Anteilseigner entstehen, darstellt
Kapitalflußrechnung (statement of cash flows)	Kapitalflußrechnung (cash flow statement)
Zusatzinformationen (notes)	Zusatzinformationen (notes)

Die Darstellung der Vermögenslage zu Periodenbeginn gemäß ED IAS 1.31f bedeutet in Verbindung mit IAS 1.38f die Veröffentlichung von drei Bilanzen.

In der Eigenkapitalveränderungsrechnung sollen in Zukunft
– Eigenkapitalveränderungen aufgrund von Transaktionen mit Anteilseignern in ihrer Eigenschaft als Anteilseigner (owner changes in equity) und
– andere Eigenkapitalveränderungen (non-owner changes in equity)
getrennt dargestellt werden.
Die anderen Eigenkapitalveränderungen können entweder
– in einem Abschlußbestandteil, nämlich der Aufstellung der erfaßten Erträge und Aufwendungen (statement of recognised income and expenses), erfaßt werden,

welcher sowohl die im Geschäftsjahr erfolgsneutral als auch die erfolgswirksam erfaßten Erträge und Aufwendungen enthält und die Bezeichnung total recognised income and expenses trägt, oder
- in zwei Abschlußbestandteilen, nämlich einer Gewinn- und Verlustrechnung (statement of profit and loss) und einer Aufstellung der erfaßten Aufwendungen und Erträge (statement of recognised income and expense), die – ausgehend vom Gewinn bzw. Verlust – durch Angabe der erfolgsneutralen Ergebnisbestandteile auf die gesamten Aufwendungen und Erträge (total recognised income and expense) übergeleitet wird.

Erträge und Aufwendungen, die in einer Vorperiode in den anderen Erträgen und Aufwendungen erfolgsneutral gezeigt wurden und im Berichtsjahr im Periodenergebnis erfaßt werden, d.h. Umklassifizierungen (reclassification adjustments) sind, sind – um eine doppelte Berücksichtigung der gesamten Erträge und Aufwendungen zu vermeiden – entweder in der Aufstellung der erfaßten Erträge und Aufwendungen oder in den notes anzugeben.

Aufgrund der geplanten Änderungen sind zahlreiche Änderungen in anderen Standards und Interpretationen notwendig, die hier nicht angegeben werden.

3. Währungsumrechnung von Geschäftsvorfällen in fremder Währung

a) Anwendungsbereich

Derivative Finanzinstrumente, die in den Anwendungsbereich von IAS 39 fallen, sind vom Anwendungsbereich des IAS 21 ausgeschlossen (IAS 21.4).

b) Definitionen

Funktionale Währung ist die Währung des primären wirtschaftlichen Umfeldes, in dem das Unternehmen tätig ist, d.h.
- die Währung, die den größten Einfluß auf die Verkaufspreise seiner Waren und Dienstleistungen hat,
- die Währung des Landes, dessen Wettbewerbskräfte und Bestimmungen die Preise der Waren und Dienstleistungen überwiegend beeinflussen,
- die Währung, die den größten Einfluß auf die Lohn-, Material- und sonstigen Kosten hat.

Berichtswährung ist die Währung, in der die Abschlüsse veröffentlicht werden (IAS 21.8-9).

c) Erstmaliger Ansatz

Geschäftsvorfälle in fremder Währung, d.h. einer Währung, die mit der funktionalen Währung nicht identisch ist, sind bei dem erstmaligen Ansatz in der funktionalen Währung mit dem Umrechnungskurs zum Zeitpunkt des Geschäftsvorfalls anzusetzen (IAS 21.21). Aus Gründen der Praktikabilität ist auch die Verwendung eines Wochen- oder Monatsdurchschnittkurses zulässig, sofern nicht wesentliche Kursschwankungen vorliegen (IAS 21.22).

d) Bilanzierung in Folgeperioden

In den folgenden Abschlüssen sind
- monetäre Posten mit dem Kurs des Abschlußstichtages,
- nicht monetäre Posten, die zu historischen Anschaffungs- oder Herstellungskosten bewertet wurden, unverändert mit dem Kurs der erstmaligen Erfassung und
- nicht monetäre Posten, die mit dem beizulegenden Zeitwert bewertet worden sind, mit dem Kurs zum Zeitpunkt der Festlegung des beizulegenden Zeitwertes auszuweisen (IAS 21.23).

e) Währungsumrechnungsdifferenzen

Währungsumrechnungsdifferenzen aus der Abwicklung oder der Umrechnung monetärer Posten, die aufgrund unterschiedlicher Kurse gegenüber der erstmaligen Erfassung während der Periode oder die aufgrund unterschiedlicher Kurse in früheren Abschlüssen entstehen, sind erfolgswirksam in der Periode ihrer Entstehung zu behandeln. IAS 21.32 enthält Ausnahmen, die sich auf Nettoinvestitionen in ausländische Geschäftsbetriebe beziehen (IAS 21.28).
Gewinne oder Verluste aus Währungsumrechnungsdifferenzen bei nicht monetären Posten sind entsprechend wie die Gewinne und Verluste aus der Bewertung erfolgsneutral bzw. erfolgswirksam zu erfassen (IAS 21.30 und 21.31).
Währungsumrechnungsdifferenzen aus monetären Posten, die in Zusammenhang mit einer Nettoinvestition in einen ausländischen Geschäftsbetrieb (siehe B.V.6d) stehen, sind im Konzernabschluß erfolgsneutral im Eigenkapital zu erfassen. Zum Zeitpunkt der Veräußerung der Nettoinvestition werden die kumulierten Währungsumrechnungsdifferenzen erfolgswirksam entsprechend IAS 21.48 behandelt. Im Einzelabschluß sind solche Währungsumrechnungsdifferenzen erfolgswirksam zu erfassen. (IAS 21.32).

f) Angaben

Folgende Angaben sind zu machen:
- die im Ergebnis erfaßten Währungsumrechnungsdifferenzen mit Ausnahme der zum beizulegenden Zeitwert bilanzierten Finanzinstrumente gemäß IAS 39,
- die im Eigenkapital gesondert ausgewiesenen Währungsumrechnungsdifferenzen und die Entwicklung dieses Postens in der Berichtsperiode (IAS 21.52).

Falls die Berichtswährung von der funktionalen Währung abweicht, ist dies zusammen mit der funktionalen Währung und dem Grund für eine abweichende Berichtswährung anzugeben (IAS 21.53).

Wenn die funktionale Währung für das Mutterunternehmen oder einen wesentlichen ausländischen Geschäftsbetrieb geändert wurde, ist dies und der Grund dafür anzugeben (IAS 21.54).

g) Währungsumrechnungsdifferenzen in der Kapitalflußrechnung und im Konzernabschluß

Bezüglich der Währungsumrechnungsdifferenzen im Konzernabschluß und in der Kapitalflußrechnung siehe die Abschnitte B.V.6 und B.VI.2g.

4. Inflationsbereinigung

IAS 15 wurde aufgehoben.

a) Hochinflationsländer

Für Abschlüsse in Hochinflationsländern gilt die ausführliche Regelung des IAS 29. Hinweise für das Vorliegen solcher Länder sind:
- Ersparnisse werden hauptsächlich in Sachwerten oder in relativ stabiler ausländischer Währung angelegt. In lokaler Währung zugeflossene Beträge werden sofort investiert, um die Kaufkraft zu erhalten.
- Geldbeträge und Preise werden in einer relativ stabilen ausländischen Währung ausgedrückt.
- Bei Kreditverkäufen wird selbst bei einem kurzfristigen Zahlungsziel der erwartete Kaufkraftverlust in die Preise hineingerechnet.
- Zinssätze, Löhne und Preise sind an einen Preisindex gebunden.
- Die kumulative Preissteigerungsrate über drei Jahre beträgt annähernd 100% oder mehr (IAS 29.3).

Der Abschluß eines Unternehmens, dessen funktionale Währung die Währung eines Hochinflationslandes ist, ist unabhängig davon, ob er auf historischen Anschaffungs- oder Herstellungskosten oder auf Wiederbeschaffungskosten bzw. Tageswerten basiert, in Maßeinheiten zum Abschlußstichtag auszudrücken. Die geforderten Vergleichszahlen der Vorperiode und alle anderen Informationen über frühere Perioden sind ebenfalls zu der am Bilanzstichtag geltenden Maßeinheit anzugeben. Für die Darstellung von Vergleichsbeträgen in einer anderen Berichtswährung sind IAS 21.42b und IAS 43 zu beachten (IAS 29.8).

Der Gewinn oder Verlust aus der Nettoposition der monetären Posten ist in der Gewinn- und Verlustrechnung getrennt auszuweisen (IAS 29.9).

b) Bewertung in Hochinflationsländern

In IAS 29.11ff sind folgende Bewertungsvorschriften enthalten:
- Bilanzposten, die noch nicht in der am Bilanzstichtag geltenden Maßeinheit ausgedrückt sind, sind mit einem allgemeinen Preisindex anzupassen (IAS 29.11). Liegt ausnahmsweise kein allgemeiner Preisindex vor, ist er z.B. über den Kaufkraftparitätenzusammenhang mit einer stabilen Währung zu schätzen (IAS 29.17). Die angepaßten Beträge der nicht monetären Posten dürfen nicht den Betrag überschreiten, der ihrem zukünftigen Nutzen entspricht (IAS 29.19).
- Monetäre Posten sind nicht anzupassen, da sie bereits die Wertverhältnisse am Bilanzstichtag widerspiegeln (IAS 29.12).
- Liegen für Vermögenswerte und Schulden Preisanpassungsklauseln vor, so sind diese Posten entsprechend anzupassen (IAS 29.13).
- Es ist nicht zulässig, fremdfinanzierte Vermögenswerte anzupassen und gleichzeitig die entsprechenden Fremdkapitalkosten, die die Inflation während dieser Periode ausgleichen, zu aktivieren (IAS 29.21).
- Bei der erstmaligen Anwendung des IAS 29 ist das Eigenkapital, mit Ausnahme der Gewinnrücklage und einer eventuellen Neubewertungsrücklage, mit einem allgemeinen Preisindex anzupassen. Die Indexierung hat mit dem Zeitpunkt der Einbringung oder Entstehung des Eigenkapitals zu beginnen. Eine eventuelle Neubewertungsrücklage aus früheren Perioden ist zu eliminieren. Die Höhe der angepaßten Gewinnrücklage ergibt sich aus dem Saldo aller übrigen angepaßten Bilanzposten (IAS 29.24).
- Alle Posten der Gewinn- und Verlustrechnung sind anzupassen. Als Basiszeitpunkt für die Anwendung des allgemeinen Preisindexes ist das Datum der erstmaligen Erfassung der Erträge und Aufwendungen zu nehmen (IAS 29.26).
- Die Anpassungsbeträge aufgrund der Indexierung der Wertansätze sind erfolgswirksam zu erfassen (IAS 29.27-28).

IFRIC 7 enthält Regelungen zu den Anpassungen für das erste Jahr der Hochinflation sowie zu den latenten Steuern.

c) Konsolidierung von Tochterunternehmen aus Hochinflationsländern

Abschlüsse ausländischer Tochterunternehmen, die in einer Hochinflationswährung erstellt sind, sind zunächst anzupassen und anschließend mit dem Stichtagskurs in die Währung des Konzernabschlusses umzurechnen (IAS 29.35).

d) Angaben

Es ist anzugeben,
- daß im Abschluß und bei den vergleichbaren Zahlen der Vorperioden dem Kaufkraftverlust Rechnung getragen wurde,
- ob der Abschluß auf Basis von historischen Anschaffungs- oder Herstellungsko-

sten (historical cost approach) oder auf Basis von Wiederbeschaffungskosten bzw. Tageswerten (current cost approach) erstellt wurde und
– die Art und Höhe des zugrunde gelegten Preisindexes und die Entwicklung des Preisindexes während der Berichtsperiode und der Vorperiode (IAS 29.39).

5. Änderung von Bilanzierungs- und Bewertungsmethoden

a) Definitionen

Die rückwirkende Anwendung besteht darin, eine neue Bilanzierungs- und Bewertungsmethode auf Geschäftsvorfälle, sonstige Ereignisse und Bedingungen anzuwenden, als ob die Bilanzierungs- und Bewertungsmethode stets zur Anwendung gekommen sei. Die rückwirkende Anpassung ist die Korrektur einer Erfassung, Bewertung und Angabe von Beträgen aus Bestandteilen eines Abschlusses, so als ob ein Fehler in einer früheren Periode nie aufgetreten wäre.
Die Anwendung einer Vorschrift gilt dann als undurchführbar (impracticable), wenn sie trotz aller angemessenen Anstrengungen des Unternehmens nicht angewandt werden kann. Für eine bestimmte frühere Periode ist die rückwirkende Anwendung einer Änderung einer Bilanzierungs- und Bewertungsmethode bzw. eine rückwirkende Anpassung zur Fehlerkorrektur dann undurchführbar, wenn
– die Auswirkungen der rückwirkenden Anwendung bzw. rückwirkenden Anpassung nicht zu ermitteln sind,
– die rückwirkende Anwendung bzw. rückwirkende Anpassung Annahmen über die mögliche Absicht der Unternehmensleitung in der entsprechenden Periode erfordert oder
– die rückwirkende Anwendung bzw. rückwirkende Anpassung umfangreiche Schätzungen der Beträge erforderlich macht und es unmöglich ist, eine objektive Unterscheidung der Informationen aus diesen Schätzungen, die
  • einen Nachweis über die Sachverhalte vermitteln, die zu dem Zeitpunkt bestanden, zu dem die entsprechenden Beträge zu erfassen, zu bewerten oder anzugeben sind, und
  • zur Verfügung gestanden hätten, als der Abschluß für jene frühere Periode zur Veröffentlichung genehmigt wurde,
von sonstigen Informationen vorzunehmen (IAS 8.5).

b) Strenges Stetigkeitsgebot

Bilanzierungs- und Bewertungsmethoden sind für ähnliche Geschäftsvorfälle, sonstige Ereignisse und Bedingungen stetig anzuwenden, sofern nicht ein Standard oder eine Interpretation eine Kategorisierung von Sachverhalten fordert oder erlaubt, für die andere Bilanzierungs- und Bewertungsmethoden angebracht sind. In diesem Falle ist für jede Kategorie eine angemessene Bilanzierungs- und Bewertungsmethode stetig anzuwenden (IAS 8.13).

c) Änderung von Bilanzierungs- und Bewertungsmethoden

Eine Änderung von Bilanzierungs- und Bewertungsmethoden darf nur aufgrund eines Standards oder einer Interpretation oder wenn sie zu einer verläßlichen und aussagefähigeren Darstellung der Auswirkungen von Geschäftsvorfällen, sonstigen Ereignissen oder Bedingungen bezüglich der Vermögens-, Finanz- und Ertragslage und der Mittelzuflüsse und -abflüsse führt, vorgenommen werden (IAS 8.14).

Eine Änderung von Bilanzierungs- und Bewertungsmethoden, die auf einer erstmaligen Anwendung eines Standards oder einer Interpretation beruht, ist nach den dort genannten Übergangsvorschriften zu behandeln. Falls keine Übergangsvorschriften angegeben sind, hat die Anwendung rückwirkend zu erfolgen (IAS 8.19).

Wenn ein Unternehmen einen neuen Standard oder eine neue Interpretation, der/die veröffentlicht, aber noch nicht in Kraft getreten ist, nicht anwendet, hat das Unternehmen anzugeben:
- diesen Tatbestand und
- bekannte oder vernünftig schätzbare Informationen über die möglichen finanziellen Auswirkungen bei der erstmaligen Anwendung des neuen Standards oder der neuen Interpretation (IAS 8.30).

In Erfüllung von IAS 8.30 sind zu veröffentlichen:
- der Titel des Standards oder der Interpretation,
- die Art der bevorstehenden Änderung der Bilanzierungs- und Bewertungsmethoden,
- der Zeitpunkt, ab dem die Anwendung des Standards oder der Interpretation Pflicht ist,
- der Zeitpunkt, ab dem die Anwendung des Standards oder der Interpretation erstmals beabsichtigt ist,
- entweder eine Aussage darüber,
  - welche Auswirkungen die erstmalige Anwendung des Standards oder der Interpretation auf die Abschlüsse des Unternehmens haben wird oder
  - daß die Auswirkungen nicht bekannt sind oder nicht vernünftig geschätzt werden können (IAS 8.31).

Wenn eine Änderung von Bilanzierungs- und Bewertungsmethoden gemäß IAS 8.19 rückwirkend vorzunehmen ist, dann sind der Anfangsbestand jedes betroffenen Eigenkapitalpostens in der frühest dargestellten Periode und die anderen veröffentlichten Vergleichszahlen so anzupassen, als wenn die neuen Bilanzierungs- und Bewertungsmethoden immer angewandt worden wären (IAS 8.22).

Wenn durch IAS 8.19 eine rückwirkende Anwendung gefordert ist, dann sind die Bilanzierungs- und Bewertungsmethoden rückwirkend anzuwenden, es sei denn, die Ermittlung der periodenspezifischen Effekte oder der kumulierten Auswirkung der Änderung ist undurchführbar (impracticable) (IAS 8.23).

Wenn es undurchführbar ist, die periodenspezifischen Effekte der Änderung von Bilanzierungs- und Bewertungsmethoden für eine oder mehrere veröffentlichte Vorperioden zu bestimmen, dann hat das Unternehmen die neue Bilanzierungs- und Bewertungsmethode bei den Buchwerten der Vermögenswerte und Schulden für die frühest mögliche Periode anzuwenden, bei der eine rückwirkende Anwendung durchführbar ist. Dies kann die Berichtsperiode sein, wobei eine entsprechende Anpassung des Anfangsbestandes bei jedem betreffenden Eigenkapitalposten für diese Periode zu machen ist (IAS 8.24).

Wenn es undurchführbar ist, den kumulierten Effekt am Beginn der Berichtsperiode zu bestimmen, dann hat das Unternehmen die Vergleichsinformationen für die neuen Bilanzierungs- und Bewertungsmethoden prospektiv vom frühest möglichen Zeitpunkt an anzupassen (IAS 8.25).

Angaben
Wenn die erstmalige Anwendung eines Standards oder einer Interpretation eine Auswirkung auf die Berichtsperiode oder eine Vorperiode hat – es sei denn, die Ermittlung des Anpassungsbetrages wäre undurchführbar – oder sich in Zukunft eine solche Auswirkung ergeben könnte, dann sind folgende Angaben zu machen:
- der Titel des Standards oder der Interpretation,
- Angaben, daß die Übergangsvorschriften, sofern es welche gibt, beachtet wurden,
- die Art der Änderung von Bilanzierungs- und Bewertungsmethoden,
- Beschreibung der Übergangsvorschriften, sofern es welche gibt,
- Übergangsvorschriften, sofern es welche gibt, die Auswirkungen auf zukünftige Perioden haben könnten,
- für die Berichtsperiode und jede dargestellte Vorperiode, soweit durchführbar, die Anpassungsbeträge für jeden betroffenen Abschlußposten und ggf. die Angabe des Ergebnisses und des verwässerten Ergebnisses je Aktie,
- die Anpassungsbeträge der der nicht dargestellten Perioden, soweit durchführbar,
- falls die nach IAS 8.19a oder b geforderte rückwirkende Anwendung für Vorperioden undurchführbar ist, eine Beschreibung, wie und ab wann die Änderung der Bilanzierungs- und Bewertungsmethode erfolgte (IAS 8.28).

Wenn eine freiwillige Änderung von Bilanzierungs- und Bewertungsmethoden eine Auswirkung auf die Berichtsperiode oder eine Vorperiode hat oder sich in Zukunft eine solche Auswirkung ergeben könnte, dann sind folgende Angaben zu machen:
- die Art der Änderung von Bilanzierungs- und Bewertungsmethoden,
- die Gründe, warum die Anwendung der neuen Bilanzierungs- und Bewertungsmethoden verläßliche und relevantere Informationen liefert,
- für die Berichtsperiode und jede dargestellte Vorperiode, soweit durchführbar, den Anpassungsbetrag für jeden betroffenen Abschlußposten und ggf. die Angabe des Ergebnisses und des verwässerten Ergebnisses je Aktie,
- den Anpassungsbetrag der der nicht dargestellten Perioden, soweit durchführbar,
- falls die rückwirkende Anwendung für Vorperioden undurchführbar ist, eine Beschreibung, wie und ab wann die Änderung der Bilanzierungs- und Bewertungsmethoden erfolgte (IAS 8.29).

Wenn ein Unternehmen einen neuen Standard oder eine neue Interpretation, der/die noch nicht in Kraft getreten ist, noch nicht angewandt hat, dann hat es dies anzugeben und dessen mögliche Auswirkungen auf den Abschluß des Unternehmens in der Periode der erstmaligen Anwendung abzuschätzen (IAS 8.30).

d) Änderung von Schätzungen

Bei der Erstellung von Abschlüssen sind teilweise Schätzungen (Bewertungsannahmen) notwendig (z.B. zweifelhafte Forderungen, Wertminderung von Vorräten, beizulegender Wert bei finanziellen Vermögenswerten und Schulden, Nutzungsdauer von Sachanlagen, Gewährleistungsgarantien). Liegen neue Erkenntnisse vor, so sind die Schätzungen zu korrigieren. Eine solche Änderung der Schätzung darf sich nicht auf frühere Perioden beziehen und ist keine Korrektur eines Fehlers (IAS 8.32-34). Die Auswirkung der Änderung einer Schätzung ist prospektiv (nicht retrospektiv wie es in der amtlichen EU-Übersetzung heißt) erfolgswirksam zu berücksichtigen:
- in der Periode der Änderung (z.B. zweifelhafte Forderungen), wenn nur diese Periode davon betroffen ist, oder
- in der Periode der Änderung und in künftigen Perioden (z.B. Nutzungsdauer von Sachanlagen), wenn die Berichtsperiode und künftige Perioden davon betroffen sind (IAS 8.36 und 8.38).

Soweit die Änderung einer Schätzung zu einer Änderung von Vermögenswerten und Schulden führt oder einen Posten des Eigenkapitals betrifft, ist dies durch eine Anpassung des Buchwertes dieses Postens in der Periode der Änderung zu berücksichtigen (IAS 8.37).

Angaben
Ein Unternehmen hat die Art und den Betrag der Änderung einer Schätzung, die eine Auswirkung auf die Berichtsperiode oder wahrscheinlich auf zukünftige Perioden hat, anzugeben, es sei denn, die Angabe für zukünftige Perioden ist undurchführbar. Falls die Auswirkung auf zukünftige Perioden nicht angegeben wird, weil ihre Schätzung undurchführbar ist, ist dies anzugeben (IAS 8.39-40).

6. Korrekturen von Fehlern aus Vorperioden

a) Fehler

Wesentliche Fehler (material errors), die in den Vorperioden nicht entdeckt wurden, sind in den Vergleichsbeträgen der folgenden Periode zu korrigieren (siehe IAS 8.42-8.47)(IAS 8.41).

Ein Unternehmen hat wesentliche Fehler aus früheren Perioden rückwirkend in der ersten Periode nach ihrer Entdeckung zu korrigieren, und zwar durch
- Anpassung der Vergleichsbeträge der früheren Periode(n), in der der Fehler auftrat, oder
- falls der Fehler vor der frühest dargestellten Periode entstand, Anpassung des Anfangsbestandes der Vermögenswerte, Schulden und des Eigenkapitals der frühest dargestellten Periode (IAS 8.42).

Ein Fehler einer früheren Periode ist dann nicht rückwirkend zu ändern, wenn es undurchführbar ist, die periodenspezifischen Effekte oder die kumulierte Auswirkung des Fehlers zu bestimmen (IAS 8.43).

Wenn es undurchführbar ist, die periodenspezifischen Effekte eines Fehlers bei den Vergleichsinformationen bei einem oder mehreren vorher dargestellten Perioden zu bestimmen, hat das Unternehmen den Anfangsbestand der Vermögenswerte, Schulden und des Eigenkapitals der frühest möglichen Periode anzupassen, für die eine rückwirkende Änderung durchführbar ist (IAS 8.44).

Wenn es undurchführbar ist, am Beginn der Berichtsperiode die kumulierte Auswirkung eines Fehlers in allen früheren Perioden zu bestimmen, dann hat das Unternehmen die Vergleichsinformationen ab dem frühest möglichen Zeitpunkt prospektiv anzupassen (IAS 8.45).Die Korrektur eines Fehlers aus einer Vorperiode darf nicht in der Periode, in der er entdeckt worden ist, erfolgswirksam berücksichtigt werden. Alle Informationen über die Vorperioden sind soweit zurück wie möglich anzupassen (IAS 8.46). Wenn es undurchführbar ist, den Fehler für alle Vorperioden zu bestimmen, dann sind vergleichbare Informationen prospektiv zum frühest möglichen Zeitpunkt zu korrigieren (IAS 8.47).

b) Angaben

Bei Anwendung von IAS 8.42 hat das Unternehmen folgende Angaben zu machen:
- die Art des Fehlers in der früheren Periode,
- für jede dargestellte Periode, soweit es durchführbar ist, den Betrag der Korrektur
   - für jeden betroffenen Posten des Abschlusses und
   - falls IAS 33 von dem Unternehmen angewandt wird, für das Ergebnis je Aktie und für das verwässerte Ergebnis je Aktie,
- den Korrekturbetrag am Beginn der frühest dargestellten Periode und
- falls eine rückwirkende Anpassung für eine bestimmte frühere Periode undurchführbar ist, die Angabe der Umstände, die dazu geführt haben, und die Beschreibung, wie und von wann an dieser Fehler beseitigt wurde.

Abschlüsse folgender Perioden brauchen diese Angaben nicht zu wiederholen (IAS 8.49).

7. Ereignisse nach dem Bilanzstichtag

a) Ansatz und Bewertung

Wertaufhellende Tatsachen (Ereignisse zwischen dem Bilanzstichtag und dem Tag der Freigabe des Abschlusses zur Veröffentlichung, die weitere Klarheit über bereits

zum Bilanzstichtag bestehende Gegebenheiten bringen) sind im Abschluß zu berücksichtigen (IAS 10.3 und 10.8).
Wertbeeinflussende Tatsachen (Ereignisse zwischen dem Bilanzstichtag und dem Tag der Freigabe des Abschlusses zur Veröffentlichung, die nicht im Zusammenhang mit den Verhältnissen am Bilanzstichtag stehen) sind nicht im Abschluß zu berücksichtigen (IAS 10.3 und 10.10).
Nach dem Bilanzstichtag beschlossene Dividenden sind nicht als Verbindlichkeit zu passivieren (IAS 10.12). Sie sind gesondert in den notes anzugeben (IAS 10.13).

b) Unternehmensfortführung

Ein Abschluß darf nicht unter der Annahme der Unternehmensfortführung aufgestellt werden, wenn die Unternehmensleitung nach dem Bilanzstichtag beabsichtigt, das Unternehmen zu liquidieren oder den Geschäftsbetrieb einzustellen, oder zu den vorgenannten Maßnahmen keine Alternative besteht (IAS 10.14).

c) Angaben

Es ist der Tag anzugeben, an dem der Abschluß zur Veröffentlichung freigegeben wurde. Falls Anteilseigner oder andere berechtigt sind, den Abschluß nach Veröffentlichung zu ändern, ist dies anzugeben (IAS 10.17).
Erhält ein Unternehmen Informationen über Gegebenheiten, die bereits am Bilanzstichtag vorgelegen haben, sind die betreffenden Angaben auf der Grundlage der neuen Informationen zu aktualisieren (IAS 10.19).
Sind Ereignisse nach dem Bilanzstichtag, die nicht im Abschluß zu berücksichtigen sind (wertbeeinflussende Tatsachen), wesentlich, so daß eine Nichtveröffentlichung die wirtschaftlichen Entscheidungen der Abschlußadressaten auf der Grundlage des Abschlusses beeinträchtigen würde, dann sind die Art des Ereignisses und die Schätzung der finanziellen Auswirkungen oder eine Aussage darüber, daß eine solche Schätzung nicht vorgenommen werden kann, anzugeben (IAS 10.21).
Nachstehend werden Beispiele von nicht zu berücksichtigenden Ereignissen (wertbeeinflussende Tatsachen), die in der Regel zu veröffentlichen sind, angegeben:
– ein umfangreicher Unternehmenszusammenschluß nach dem Bilanzstichtag (IAS 22 Unternehmenszusammenschlüsse erfordert in solchen Fällen besondere Angaben) oder die Veräußerung eines größeren Tochterunternehmens,
– Bekanntgabe eines Planes über die Aufgabe von Geschäftsbereichen, Veräußerung von Vermögenswerten oder Bezahlung von Schulden im Rahmen der Aufgabe von Geschäftsbereichen oder der Abschluß verbindlicher Vereinbarungen, um solche Vermögenswerte zu veräußern oder solche Schulden zu bezahlen (siehe IAS 35 Aufgabe von Geschäftsbereichen),
– umfangreiche Einkäufe und Veräußerungen von Vermögenswerten oder Enteignung von umfangreichen Vermögenswerten,
– Zerstörung einer bedeutenden Produktionsstätte durch einen Brand nach dem Bilanzstichtag,

- Bekanntgabe oder Beginn der Durchführung einer umfangreichen Restrukturierung (siehe IAS 37),
- umfangreiche Transaktionen bei Stammaktien und potentiellen Stammaktien nach dem Bilanzstichtag,
- ungewöhnlich große Preisänderungen von Vermögenswerten oder Wechselkursschwankungen nach dem Bilanzstichtag,
- nach dem Bilanzstichtag in Kraft getretene oder angekündigte Änderungen der Steuersätze oder der Steuervorschriften, die wesentliche Auswirkungen auf tatsächliche und latente Steueransprüche und -schulden haben,
- Eingehen wesentlicher Verpflichtungen oder Eventualschulden, z.B. durch Zusage bedeutsamer Gewährleistungen,
- Beginn umfangreicher Rechtsstreitigkeiten, die ausschließlich aufgrund von Ereignissen entstehen, die nach dem Bilanzstichtag eingetreten sind (IAS 10.22).

8. Erstmalige Anwendung der IAS/IFRS

a) Anwendungsbereich

Ein Unternehmen, das einen IFRS-Abschluß für ein Geschäftsjahr aufstellt, das am oder nach dem 1.1.2004 beginnt, hat IFRS 1 anzuwenden. Das gilt auch für Zwischenberichte, die gemäß IAS 34 in der ersten IFRS-Berichtsperiode aufgestellt werden (IFRS 1.2 und 1.47).
Der erste IFRS-Abschluß ist ein Abschluß, bei dem erstmalig eine ausdrückliche und uneingeschränkte Aussage enthalten ist, mit sämtlichen IFRS in Einklang zu stehen. Der erste IFRS-Abschluß liegt beispielsweise vor, wenn ein Unternehmen
- den vorhergehenden Abschluß
  - nach nationalen Vorschriften, die nicht in allen Punkten mit den IFRS in Einklang stehen,
  - der mit sämtlichen IFRS in Einklang stand, der aber keinen ausdrücklichen und uneingeschränkten Übereinstimmungsvermerk mit allen IFRS enthielt,
  - der einen ausdrücklichen Übereinstimmungsvermerk mit einigen, aber nicht allen IFRS enthielt,
  - der nicht mit den IFRS in Einklang stand, in dem jedoch einzelne IFRS für Posten angewandt wurden, für die es keine nationalen Vorschriften gab,
  - mit einer Überleitung auf einige in den IFRS beschriebene Beträge, veröffentlicht hat,
- einen Abschluß nach IFRS nur für interne Zwecke erstellt hat, ohne ihn für die Eigentümer oder andere Nutzer zugänglich zu machen,
- einen Abschluß für Konsolidierungszwecke nach IFRS erstellt hat, ohne einen kompletten Abschluß gemäß IAS 1 zu erstellen,
- keinen Abschluß für vorhergehende Perioden veröffentlicht hat (IFRS 1.3).

IFRS 1 ist nicht anzuwenden, wenn ein Unternehmen bereits nach IFRS bilanziert und erstmalig einzelne neu erlassene IFRS anwendet. In diesem Falle sind IAS 8 bezüglich Änderung von Bilanzierungs- und Bewertungsmethoden sowie die ggf. in dem neuen Standard enthaltenen Übergangsvorschriften anzuwenden (IFRS 1.5).

b) Ansatz und Bewertung

Umstellungszeitpunkt
Zum Zeitpunkt des Übergangs auf IFRS hat das Unternehmen eine IFRS-Eröffnungsbilanz zu erstellen, die jedoch nicht veröffentlicht werden muß. Hierbei handelt es sich um den Beginn der frühesten Vergleichsperiode des ersten veröffentlichten IFRS-Abschlusses (z.B. Eröffnungsbilanz zum 1.1.2004, wenn ein Unternehmen erstmalig zum 31.12.2005 einen IFRS-Abschluß veröffentlichen muß) (IFRS 1.6).

Bilanzierungs- und Bewertungsmethoden
Ein Unternehmen hat in der IFRS-Eröffnungsbilanz und in allen innerhalb des ersten veröffentlichten IFRS-Abschlusses dargestellten Abschlüssen einheitliche Bilanzierungs- und Bewertungsmethoden anzuwenden. Hierbei handelt es sich um die zum Abschlußstichtag geltenden IFRS mit Ausnahme der Befreiungen und Verbote, die in IFRS 1.13-34 enthalten sind (IFRS 1.7). Diese Regelung bedeutet, daß alle zum Zeitpunkt der Eröffnungsbilanz dargestellten Vermögenswerte und Schulden retrospektiv zu ermitteln sind, d.h. Geschäftsvorfälle sind bis zum Zeitpunkt der erstmaligen Einbuchung zurückzuverfolgen und so zu bilanzieren, als hätte das Unternehmen immer schon die im ersten IFRS-Berichtszeitraum geltenden Standards angewandt. Das heißt beispielsweise:
– es müssen immaterielle Vermögenswerte angesetzt werden, die nach nationalen Vorschriften nicht aktiviert werden durften,
– Leasingverhältnisse, die bisher als Mietleasing behandelt wurden, sind als Finanzierungsleasing zu bilanzieren,
– bei steuerlich motivierten Abschreibungen sind die kumulierten Abschreibungen, sofern sie wesentlich von den nach IFRS zulässigen Abschreibungen abweichen, zu korrigieren,
– bei allen Vermögenswerten und Schulden sind zum Umstellungszeitpunkt mögliche Anhaltspunkte für eine Wertminderung oder Wertaufholung zu prüfen,
– Aufwandsrückstellungen sind zu eliminieren.

In anderen Standards enthaltene Übergangsvorschriften bei Änderung der Bilanzierungs- und Bewertungsmethoden – mit Ausnahme der in IFRS 1.25D, 1.34A und 1.34B genannten – gelten nicht bei der Erstanwendung der IFRS (IFRS 1.9).

Die Unterschiede zwischen der IFRS-Eröffnungsbilanz und der zum gleichen Zeitpunkt nach nationalem Recht erstellten Bilanz sind erfolgsneutral mit den Gewinnrücklagen oder in einer anderen Kategorie des Eigenkapitals in der IFRS-Eröffnungsbilanz zu verrechnen (IFRS 1.11).

Befreiungen von der retrospektiven Anwendung der IFRS
Unternehmen können sich in folgenden Fällen von der Verpflichtung der retrospektiven Anwendung der IFRS teilweise oder ganz befreien:

- Unternehmenszusammenschlüsse (IFRS 1.15),
- beizulegender Zeitwert oder Neubewertung als Ersatz für fortgeführte Anschaffungskosten (IFRS 1.16-19),
- Leistungen an Arbeitnehmer, d.h. Pensionsverpflichtungen (IFRS 1.20),
- kumulierte Währungsumrechnungsdifferenzen (IFRS 1.21-22),
- zusammengesetzte Finanzinstrumente (IFRS 1.23),
- Vermögenswerte und Schulden von Tochterunternehmen, assoziierten Unternehmen und Gemeinschaftsunternehmen (IFRS 1.24-25),
- Klassifizierung von früher erfaßten Finanzinstrumenten (IFRS 1.25A),
- anteilsbasierte Vergütungen (IFRS 1.25B-C),
- Versicherungsverträge (IFRS 1.25D),
- in den Anschaffungskosten von Sachanlagen enthaltene Entsorgungsverpflichtungen (IFRS 1.25E),
- Leasingverhältnisse (IFRS 1.25F),
- Bewertung von finanziellen Vermögenswerten und finanziellen Schulden zum beizulegenden Zeitwert beim erstmaligen Ansatz (IFRS 1.25G).

Diese Ausnahmen sind nicht durch Analogieschluß auf andere Posten anzuwenden (IFRS 1.13).

Die Befreiungen sind an keine Voraussetzungen geknüpft, und die Anwendung eines Befreiungswahlrechtes verpflichtet nicht zur Anwendung der anderen Befreiungswahlrechte. Diese Befreiungsvorschriften erschweren es aber den Bilanzlesern, erstmalige IFRS-Abschlüsse mit anderen erstmaligen IFRS-Abschlüssen und bisher bereits nach IFRS bilanzierten Abschlüssen zu vergleichen.

Unternehmenszusammenschlüsse
Ein Unternehmen braucht bei der erstmaligen Erstellung eines IFRS-Konzernabschlusses für Unternehmenszusammenschlüsse in der Vergangenheit IFRS 3 nicht retrospektiv anzuwenden. Wenn ein Unternehmen jedoch bei einem Unternehmenszusammenschluß IFRS 3 anwendet, d.h. die Vermögenswerte oder Schulden anpaßt, dann sind auch bei allen folgenden Unternehmenszusammenschlüssen IFRS 3 und IAS 36 und IAS 38 anzuwenden (IFRS 1, Anhang B1).
Falls ein Unternehmen für Unternehmenszusammenschlüsse in der Vergangenheit IAS 22 nicht retrospektiv anwendet, so hat dies für die Bilanzierung folgende Konsequenzen:
- Die nach bisherigen Rechnungslegungsstandards vorgenommene Klassifizierung der Unternehmenszusammenschlüsse als Unternehmenserwerb, umgekehrter Unternehmenserwerb oder Interessenzusammenführung bleibt bestehen.
- In der IFRS-Eröffnungsbilanz sind alle Vermögenswerte und Schulden, die bei vergangenen Unternehmenszusammenschlüssen erworben wurden, anzusetzen, mit Ausnahme von
  - den unter den bisherigen angewandten Rechnungslegungsstandards ausgebuchten finanziellen Vermögenswerten und finanziellen Schulden (siehe IFRS 1.27) und
  - Vermögenswerten, einschließlich Geschäfts- oder Firmenwerten, und Schulden, die nach den bisher angewandten Rechnungslegungsstandards im Konzernab-

schluß des Erwerbers nicht angesetzt wurden und auch nicht in einem Einzelabschluß des erworbenen Unternehmens nach IFRS anzusetzen wären.
Alle Anpassungen sind in den Gewinnrücklagen zu erfassen mit Ausnahme des Ansatzes von immateriellen Vermögenswerten, die vorher Bestandteil des Geschäfts- oder Firmenwertes waren.
- Vermögenswerte und Schulden, die nicht den Ansatzkriterien der IFRS entsprechen, dürfen nicht ausgewiesen werden. Die Anpassungen sind wie folgt vorzunehmen:
  - vorher als immaterielle Vermögenswerte angesetzte Beträge, einschließlich evtl. damit verbundene latente Steuern und Minderheitsanteile, sind als Teil des Geschäfts- oder Firmenwertes auszuweisen, sofern der Geschäfts- oder Firmenwert nicht mit dem Eigenkapital verrechnet wurde,
  - die anderen Beträge sind mit den Gewinnrücklagen zu verrechnen.
- Falls die IFRS eine Bewertung von Vermögenswerten und Schulden zum beizulegenden Zeitwert vorschreiben, sind die Vermögenswerte und Schulden in der IFRS-Eröffnungsbilanz entsprechend zu bewerten. Die Anpassungen sind mit den Gewinnrücklagen zu verrechnen.
- Die Buchwerte zum Zeitpunkt des Unternehmenszusammenschlusses sind als Anschaffungs- oder Herstellungskosten anzusetzen und sind die Basis für die Abschreibung ab dem Zeitpunkt des Unternehmenszusammenschlusses.
- Vermögenswerte und Schulden, die nach den bisher angewandten Rechnungslegungsstandards bei einem Unternehmenszusammenschluß nicht angesetzt wurden (z.B. nicht angesetztes Finanzierungsleasing), sind mit dem Betrag anzusetzen, mit dem sie im IFRS-Einzelabschluß des erworbenen Unternehmens zu bilanzieren wären.
- Der Geschäfts- oder Firmenwert ist um folgende Anpassungen zu korrigieren:
  - immaterielle Vermögenswerte, die nach den bisher angewandten Rechnungslegungsstandards und IFRS unterschiedlich zu behandeln sind,
  - bedingte Kaufpreisbestandteile, die sich zum Zeitpunkt des Übergangs auf IFRS konkretisiert haben,
  - Ergebnisse eines zwingend vorzunehmenden Werthaltigkeitstests zum Zeitpunkt des Übergangs auf IFRS.
- Bisher nicht konsolidierte Tochterunternehmen sind zu konsolidieren.
- Die Minderheitsanteile und die latenten Steuern sind aufgrund der Anpassungen der Vermögenswerte und Schulden neu zu ermitteln (IFRS 1, Anhang B2).

Die Befreiungen für Unternehmenszusammenschlüsse in der Vergangenheit gelten auch für den Erwerb von assoziierten Unternehmen und Gemeinschaftsunternehmen (IFRS 1, Anhang B3).

Beizulegender Zeitwert oder Neubewertung als Ersatz für fortgeführte Anschaffungskosten
Ein Unternehmen kann bei der IFRS-Eröffnungsbilanz Posten des Sachanlagevermögens zum beizulegenden Zeitwert bewerten und diesen Wert als fortgeführte Anschaffungskosten ansetzen (IFRS 1.16).
Eine Neubewertung nach bisher angewandten Rechnungslegungsstandards von Posten des Sachanlagevermögens kann als fortgeführte Anschaffungskosten beibehalten werden, wenn dieser Wertansatz in etwa

- dem beizulegenden Zeitwert oder
- den fortgeführten Anschaffungskosten nach IFRS, angepaßt an einen allgemeinen oder speziellen Preisindex,

entspricht (IFRS 1.17).

IFRS 1.16 und 1.17 sind auch anwendbar für
- als Finanzinvestition gehaltene Immobilien, sofern das Anschaffungskostenmodell in IAS 40 angewandt wird und
- immaterielle Vermögenswerte, für die die Ansatzkriterien und die Kriterien der Neubewertung von IAS 38 gelten (IFRS 1.18).

Die aufgrund einer Privatisierung oder eines Börsengangs in der Vergangenheit vorgenommene Neubewertung nach bisher angewandten Rechnungslegungsstandards darf zu fortgeführten Anschaffungskosten in der IFRS-Eröffnungsbilanz beibehalten werden (IFRS 1.19).

Leistungen an Arbeitnehmer, d.h. Pensionsverpflichtungen
Alle bisher ermittelten versicherungsmathematischen Gewinne und Verluste können in der IFRS-Eröffnungsbilanz erfolgsneutral verrechnet werden, selbst wenn zukünftig der 10%-Korridor angewandt wird. Das Wahlrecht ist für alle leistungsorientierten Versorgungspläne einheitlich auszuüben (IFRS 1.20).

Kumulierte Währungsumrechnungsdifferenzen
Kumulierte Währungsumrechnungsdifferenzen ausländischer Geschäftsbetriebe müssen nicht gesondert in der IFRS-Eröffnungsbilanz erfaßt werden und können mit Null angesetzt werden. Folglich entfällt auch bei einem späteren Abgang ausländischer Geschäftsbetriebe eine erfolgswirksame Erfassung von kumulierten Währungsumrechnungsdifferenzen vor dem Zeitpunkt der IFRS-Eröffnungsbilanz (IFRS 1.22).

Zusammengesetzte Finanzinstrumente
Die beiden Eigenkapitalkomponenten (ursprüngliche Eigenkapitalkomponente und während der Laufzeit durch die kumulierten Zinsen entstandene Eigenkapitalkomponente) müssen in der IFRS-Eröffnungsbilanz nicht getrennt ausgewiesen werden, wenn die Fremdkapitalkomponente zum Zeitpunkt der IFRS-Eröffnungsbilanz nicht mehr bilanzierungspflichtig ist (IFRS 1.23).

Vermögenswerte und Schulden von Tochterunternehmen, assoziierten Unternehmen und Gemeinschaftsunternehmen
Wenn ein Tochterunternehmen erstmals einen IFRS-Abschluß später als das Mutterunternehmen erstellt, dann hat es in seinem Abschluß seine Vermögenswerte und Schulden wie folgt zu bewerten:
- es kann die in dem Konzernabschluß des Mutterunternehmens enthaltenen Bilanzwerte fortführen, soweit keine Konsolidierungsmaßnahmen darin enthalten sind, oder
- es können die Buchwerte angesetzt werden, die sich aus den Vorschriften von IFRS 1 ergeben.

Dieses Wahlrecht besteht auch für assoziierte Unternehmen und Gemeinschaftsunternehmen (IFRS 1.24).

Wenn ein Mutterunternehmen später als sein Tochterunternehmen nach IFRS bilanziert, hat es die Wertansätze des Tochterunternehmens zuzüglich der Konsolidierungsmaßnahmen in seinen Konzernabschluß zu übernehmen (IFRS 1.25).

Klassifizierung von früher erfaßten Finanzinstrumenten
Ungeachtet der Vorschriften in IAS 39 kann die Klassifizierung von früher erfaßten Finanzinstrumenten zum Zeitpunkt der erstmaligen Anwendung der IAS/IFRS erfolgen (IFRS 1.25A).

Anteilsbasierte Vergütungen
IFRS 1.25B-C räumen verschiedene Wahlrechte bezüglich der erstmaligen Anwendung von IFRS 2 ein.

Versicherungsverträge
Es können die Übergangsvorschriften von IFRS 4 angewandt werden (IFRS 1.25D).

In den Anschaffungskosten von Sachanlagen enthaltene Entsorgungsverpflichtungen
IFRS 1.25E enthält bezüglich IFRIC 1 folgende Wahlrechte:
- Die Entsorgungsverpflichtungen werden bei der erstmaligen Anwendung der IAS/IFRS nach IAS 37 bewertet,
- der Barwert der Rückstellung, der sich zum Zeitpunkt der Entstehung der Verpflichtungen unter Anwendung eines risikobereinigten Abzinsungssatzes ergibt, ist als Teil der Anschaffungskosten der Sachanlage anzusetzen,
- bei der erstmaligen Anwendung der IAS/IFRS ist die kumulierte Abschreibung der Sachanlage auf der Grundlage der laufenden Schätzung der Nutzungsdauer des Vermögenswertes unter Anwendung der vom Unternehmen gemäß IFRS eingesetzten Abschreibungsmethode zu berechnen.

Leasingverhältnisse
Die Übergangsvorschriften von IFRIC 4 dürfen angewandt werden (IFRS 1.25F).

Bewertung von finanziellen Vermögenswerten und finanziellen Schulden zum beizulegenden Zeitwert
Bei der erstmaligen Anwendung der IAS/IFRS können IAS 39.AG76 und IAS 39.AG76A prospektiv auf nach dem 25. Oktober 2002 oder prospektiv auf nach dem 1. Januar 2004 erfolgte Transaktionen angewandt werden (IFRS 1.25G).

Verbote der retrospektiven Anwendung der IFRS
In folgenden Fällen ist eine retrospektive Anwendung von IFRS verboten:
- Ausbuchung von finanziellen Vermögenswerten und finanziellen Schulden (siehe IFRS 1.27),
- Bilanzierung von Sicherungsbeziehungen (siehe IFRS 1.28-30),
- Schätzungen (siehe IFRS 1.31-34),
- zur Veräußerung gehaltene langfristige Vermögenswerte und aufgegebene Geschäftsbereiche (siehe IFRS 1.34A und B) (IFRS 1.26).

Ausbuchung von finanziellen Vermögenswerten und finanziellen Schulden
Die Vorschriften zur Ausbuchung von Finanzinstrumenten in IAS 39 sind prospektiv anzuwenden, d.h. sofern vor dem 1.1.2004 nicht derivative finanzielle Vermögenswerte und nicht derivative finanzielle Schulden nach den bisher angewandten Rechnungslegungsstandards ausgebucht wurden, dürfen diese nicht in die IFRS-Eröffnungsbilanz übernommen werden.
Ungeachtet IFRS 1.27 kann ein Unternehmen die Ausbuchungsvorschriften in IAS 39 rückwirkend ab einem frei zu wählenden Datum anwenden, sofern die dazu benötigten Informationen zur Verfügung stehen (IFRS 1.27A).

Bilanzierung von Sicherungsbeziehungen
In der IFRS-Eröffnungsbilanz sind wie in IAS 39 gefordert
– alle Derivate zum beizulegenden Zeitwert zu erfassen und
– alle abgegrenzten Verluste und Gewinne, die aus Derivaten stammen, die nach den bisher angewandten Rechnungslegungsstandards gebucht und als Vermögenswerte oder Schulden behandelt wurden, auszubuchen (IFRS 1.28).

Sicherungsbeziehungen, die nicht die in IAS 39 geforderten Voraussetzungen für eine Bilanzierung von Sicherungsgeschäften erfüllen, dürfen nicht in die IFRS-Eröffnungsbilanz übernommen werden. Wenn eine gesicherte Nettoposition nach den bisher angewandten Rechnungslegungsstandards als gesichertes Grundgeschäft angesehen wurde, dann dürfen einzelne Posten daraus als gesichertes Grundgeschäft nach IFRS angesehen werden (IFRS 1.29). Auf die übrigen Sicherungsbeziehungen sind IAS 39.91 und 39.101 anzuwenden (IFRS 1.30).

Schätzungen
Die Schätzungen in der IFRS-Eröffnungsbilanz müssen mit den Schätzungen in dem für den gleichen Stichtag erstellten Abschluß nach den bisher angewandten Rechnungslegungsstandards übereinstimmen, sofern sie nicht fehlerhaft waren (IFRS 1.31).
Dies gilt auch für die im ersten IFRS-Abschluß dargestellten Vergleichszahlen des Vorjahres (IFRS 1.34).

Zur Veräußerung gehaltene langfristige Vermögenswerte und aufgegebene Geschäftsbereiche
Ein Unternehmen, das vor dem 1. Januar 2005 auf IFRS umstellt, hat die Übergangsbestimmungen von IFRS 5.43 anzuwenden. Erfolgt die Umstellung am oder nach dem 1. Januar 2005 ist IFRS 5 retrospektiv anzuwenden (IFRS 1.34A und B).

c) Darstellung und Angabepflichten

IFRS 1 enthält keine Befreiungen von den Darstellungs- und Angabepflichten anderer IFRS (IFRS 1.35).

Vergleichsinformationen
Der erste veröffentlichte IFRS-Abschluß hat mindestens die Vergleichsangaben des vorherigen Abschlusses nach IFRS zu enthalten (IFRS 1.36).

Werden zusätzlich zusammengefaßte Informationen für den Zeitraum vor der nach IFRS dargestellten Vergleichsperiode veröffentlicht, so ist ggf. anzugeben, daß sie nicht nach IFRS ermittelt wurden, und es sind verbale Angaben für eine Überleitung auf IFRS zu machen. Eine rechnerische Überleitung wird nicht gefordert (IFRS 1.37).

Erläuterung des Übergangs auf IFRS
Ein Unternehmen hat zu erläutern, welche Auswirkungen der Übergang der bisherigen Rechnungslegung auf IFRS auf die Darstellung der Vermögens- und Finanzlage, der Ertragslage und der Mittelzuflüsse und -abflüsse hat (IFRS 1.38).

Überleitungen
Um diese Auswirkungen zeigen zu können, hat der erste IFRS-Abschluß folgendes zu enthalten:
- eine Überleitung des nach bisheriger Rechnungslegung dargestellten Eigenkapitals auf das Eigenkapital nach IFRS
  - zum Zeitpunkt der Eröffnungsbilanz und
  - zum Ende des letzten nach nationalem Recht veröffentlichten Zeitraumes,
- eine Überleitung des Gewinnes und Verlustes des letzten nach bisheriger Rechnungslegung erstellten Abschlusses auf den Gewinn oder Verlust nach IFRS der gleichen Periode und
- sofern Wertminderungen oder Wertaufholungen bei der IFRS-Eröffnungsbilanz erstmals berücksichtigt wurden, Angaben gemäß IAS 36 (IFRS 1.39).

Sofern bisher eine Kapitalflußrechnung veröffentlicht wurde, sind wesentliche Anpassungen der Kapitalflußrechnung ebenfalls zu erläutern (IFRS 1.40).
Falls in der Bilanzierung nach den bisher angewandten Rechnungslegungsstandards Fehler entdeckt werden, sind diese getrennt von den nach IFRS 1.39 anzugebenden Auswirkungen der Änderungen der Bilanzierungs- und Bewertungsmethoden anzugeben (IFRS 1.41). IAS 8 ist bei der erstmaligen IFRS-Bilanzierung nicht anwendbar (IFRS 1.42).

Beizulegender Zeitwert
Wenn ein Unternehmen in der IFRS-Eröffnungsbilanz für Sachanlagen, als Finanzinvestition gehaltene Immobilien oder immaterielle Vermögenswerte den beizulegenden Zeitwert als Ersatz für Anschaffungs- und Herstellungskosten verwendet, hat es für jeden Posten in dem ersten IFRS-Abschluß die Summe der darin enthaltenen Zeitwerte und die Summe, um die der jeweilige Buchwert nach nationalem Recht angepaßt wurde, anzugeben (IFRS 1.44).

Zwischenberichte
Wenn ein Unternehmen im Jahre des ersten IFRS-Abschlusses Zwischenberichte nach IAS 34 veröffentlicht, dann hat es neben den Angabepflichten des IAS 34 folgende zusätzliche Angaben zu machen:
- Für alle Quartale des Vorjahres sind – sofern für die Vergleichsperiode ein Zwischenbericht erstellt wurde – sowohl für das Eigenkapital am Ende des Quartals als auch für den Gewinn und Verlust (laufend und kumuliert) Überleitungen von der bisherigen Rechnungslegung auf IFRS zu zeigen.

– Der erste Zwischenbericht hat zusätzlich die Überleitungen des Eigenkapitals und des Gewinnes oder Verlustes für die Vorjahresperiode nach den bisher angewandten Rechnungslegungsstandards auf IFRS, wie sie im ersten IFRS-Abschluß gemäß IFRS 1.39 enthalten sind, zu zeigen (IFRS 1.45).

Außerdem sind Informationen, die wichtig für das Verständnis des Zwischenberichtes sind, sofern sie nicht im letzten Jahresabschluß gemacht wurden, zu veröffentlichen (IFRS 1.46).

III. Inhalt, Ausweis und Bilanzierungs- und Bewertungsgrundsätze einzelner Posten der Bilanz sowie der dazugehörigen Angaben

1. Immaterielle Vermögenswerte

a) Anwendungsbereich

IAS 38 ist für die Bilanzierung von immateriellen Vermögenswerten anzuwenden, mit Ausnahme von
- immateriellen Vermögenswerten, die in den Anwendungsbereich eines anderen Standards fallen,
- finanziellen Vermögenswerten, wie sie in IAS 39 definiert sind,
- dem Ansatz und der Bewertung von Vermögenswerten aus Exploration und Evaluierung (siehe IFRS 6),
- Ausgaben für die Förderung und den Abbau von Mineralien, Öl, Erdgas und ähnlichen nicht regenerativen Ressourcen (IAS 38.2).

b) Definitionen

Ein immaterieller Vermögenswert ist ein identifizierbarer, nicht monetärer Vermögenswert ohne physische Substanz.

Ein Vermögenswert ist eine Ressource,
- die aufgrund von Ereignissen in der Vergangenheit in der Verfügungsmacht eines Unternehmens steht und
- von der erwartet wird, daß dem Unternehmen aus ihr künftiger wirtschaftlicher Nutzen zufließt.

Monetäre Vermögenswerte sind vorhandene Geldmittel und Vermögenswerte, für die das Unternehmen einen festen oder bestimmbaren Geldbetrag erhält.

Forschung ist die eigenständige und planmäßige Suche mit der Aussicht, zu neuen wissenschaftlichen oder technischen Erkenntnissen zu gelangen.

Entwicklung ist die Anwendung von Forschungsergebnissen oder von anderem Wissen für die Planung oder Gestaltung einer Produktion von neuen oder beträchtlich verbesserten Materialien, Vorrichtungen, Produkten, Verfahren, Systemen oder Dienstleistungen vor Aufnahme der kommerziellen Produktion oder Nutzung.

Abschreibung ist die systematische Verteilung des Abschreibungsvolumens eines immateriellen Vermögenswertes über dessen Nutzungsdauer.

Abschreibungsvolumen sind die Anschaffungs- oder Herstellungskosten eines Vermögenswertes oder eines die Anschaffungs- oder Herstellungskosten ersetzenden Betrages abzüglich seines Restwertes.

Die Nutzungsdauer ist
- der Zeitraum, über den ein Vermögenswert voraussichtlich von dem Unternehmen genutzt wird, oder
- die voraussichtlich durch den Vermögenswert im Unternehmen zu erzielende Anzahl an Produktionseinheiten oder ähnlichen Maßgrößen.

Anschaffungs- oder Herstellungskosten sind der zum Erwerb oder zur Herstellung eines Vermögenswertes entrichtete Betrag an Zahlungsmitteln oder Zahlungsmitteläquivalenten oder, falls anwendbar, der beizulegende Zeitwert einer anderen Gegenleistung zum Zeitpunkt des Erwerbs oder der Herstellung.

Restwert eines immateriellen Vermögenswertes ist der erwartete Betrag, den ein Unternehmen jetzt beim Abgang des Vermögenswertes nach Abzug der geschätzten Veräußerungskosten erzielen würde, wenn der Vermögenswert schon das Alter und den Zustand am Ende der Nutzungsdauer hätte.

Der beizulegende Zeitwert (fair value) eines Vermögenswertes ist der Betrag, zu dem der Vermögenswert zwischen sachverständigen, vertragswilligen und voneinander unabhängigen Geschäftspartnern getauscht werden könnte.

Ein aktiver Markt ist ein Markt, der die folgenden Bedingungen erfüllt:
- die auf dem Markt gehandelten Waren sind homogen,
- vertragswillige Käufer und Verkäufer können in der Regel jederzeit gefunden werden, und
- die Preise sind der Öffentlichkeit zugänglich.

Ein Verlust aus Wertminderung ist der Betrag, um den der Buchwert eines Vermögenswertes seinen erzielbaren Betrag übersteigt.

Der Buchwert ist der Betrag, mit dem ein Vermögenswert in der Bilanz nach Abzug aller kumulierten Abschreibungen und aller kumulierten Verluste aus Wertminderung angesetzt wird.

Das Vertragsdatum bei einem Unternehmenszusammenschluß ist der Zeitpunkt, an dem eine endgültige Vereinbarung zwischen den sich zusammenschließenden Partnern erzielt wurde und, im Falle von börsennotierten Unternehmen, veröffentlicht wurde. Bei einer feindlichen Übernahme muß eine ausreichende Anzahl der bisherigen Aktienbesitzer das Angebot des Erwerbers angenommen haben, die Kontrolle zu übernehmen (IAS 38.8).

Identifizierbarkeit von immateriellen Vermögenswerten

Die Definition eines immateriellen Vermögenswertes verlangt, daß der immaterielle Vermögenswert identifizierbar und unterscheidbar vom Geschäfts- oder Firmenwert ist (IAS 38.11).

Ein Vermögenswert erfüllt das Kriterium der Identifizierbarkeit bei der Definition eines immateriellen Vermögenswertes, wenn
- er von dem Unternehmen getrennt werden kann, d.h. wenn er einzeln oder zusammen mit einem zugrundeliegenden Vertrag, einem Vermögenswert oder einer Schuld verkauft, übertragen, lizenziert, vermietet oder getauscht werden kann oder
- aus einem vertraglichen oder anderen gesetzlichen Recht stammt, unabhängig davon, ob dieses Recht übertragbar oder abtrennbar vom Unternehmen oder anderen Rechten oder Verpflichtungen ist (IAS 38.12).

c) Ansatz und erstmalige Bewertung eines immateriellen Vermögenswertes

Ein immaterieller Vermögenswert ist anzusetzen, wenn
- es wahrscheinlich ist, daß der von ihm erwartete künftige wirtschaftliche Nutzen dem Unternehmen zufließen wird, und
- seine Anschaffungs- oder Herstellungskosten verläßlich bewertet werden können (IAS 38.21).

Ein Unternehmen hat die Wahrscheinlichkeit des erwarteten künftigen wirtschaftlichen Nutzens aufgrund vernünftiger und vertretbarer Annahmen zu beurteilen, die die bestmögliche Schätzung der wirtschaftlichen Rahmenbedingungen während der Nutzungsdauer des Vermögenswertes darstellen (IAS 38.22).
Ein immaterieller Vermögenswert ist bei Zugang mit seinen Anschaffungs- oder Herstellungskosten zu bewerten (IAS 38.24).

Ein immaterieller Vermögenswert kann durch
- einen einzelnen Erwerb (IAS 38.25),
- Erwerb im Rahmen eines Unternehmenszusammenschlusses (IAS 38.33),
- Zuwendungen der öffentlichen Hand (IAS 38.44),
- Tausch (IAS 38.45)

erworben oder selbst geschaffen werden.

Nachträgliche Ausgaben für getrennt oder im Rahmen eines Unternehmenserwerbs erworbene und aktivierte Forschungs- und Entwicklungsprojekte sind entsprechend IAS 38.54-62 zu behandeln (IAS 38.42).

Selbstgeschaffener Geschäfts- oder Firmenwert

Ein selbstgeschaffener Geschäfts- oder Firmenwert darf nicht aktiviert werden (IAS 38.48).

Selbstgeschaffene immaterielle Vermögenswerte

Ein aus der Forschung (oder der Forschungsphase eines internen Projektes) entstandener immaterieller Vermögenswert darf nicht aktiviert werden. Kosten für die Forschung (oder für die Forschungsphase eines internen Projektes) sind in der Periode als Aufwand zu erfassen, in der sie anfallen (IAS 38.54).

Ein aus der Entwicklung (oder der Entwicklungsphase eines internen Projektes) entstandener immaterieller Vermögenswert ist zu aktivieren, wenn ein Unternehmen alle folgenden Voraussetzungen nachweisen kann:
- die technische Realisierbarkeit, den immateriellen Vermögenswert fertigzustellen, damit er zur Nutzung oder zum Verkauf zur Verfügung stehen wird,
- seine Absicht, den immateriellen Vermögenswert fertigzustellen und ihn zu nutzen oder zu verkaufen,
- seine Fähigkeit, den immateriellen Vermögenswert zu nutzen oder zu verkaufen,
- wie der immaterielle Vermögenswert voraussichtlich künftigen wirtschaftlichen Nutzen erzielen wird. Dies kann unter anderem durch die Existenz eines Marktes für die Produkte des immateriellen Vermögenswertes oder den immateriellen Vermögenswert oder bei interner Verwendung durch den Nutzen des immateriellen Vermögenswertes selbst nachgewiesen werden;
- die Verfügbarkeit hinreichender technischer, finanzieller und anderer Ressourcen, um die Entwicklung abschließen und den immateriellen Vermögenswert intern nutzen oder verkaufen zu können, und
- seine Fähigkeit, die Kosten, die dem immateriellen Vermögenswert während seiner Entwicklung zuzurechnen sind, verläßlich zu ermitteln (IAS 38.57).

Selbstgeschaffene Marken, Drucktitel, Verlagsrechte, Kundenlisten und ähnliche Rechte und Werte sind nicht als immaterielle Vermögenswerte anzusetzen (IAS 38.63).

IFRIC 3 regelt die Bilanzierung von handelbaren Emissionsrechten. Sie sind mit dem beizulegenden Zeitwert als immaterielle Vermögenswerte anzusetzen. Für ausgestoßene Emissionen ist eine Rückstellung gemäß IAS 37 zu bilden.

d) Erfassung eines Aufwandes

Ausgaben für einen immateriellen Vermögenswert sind in der Periode als Aufwand zu erfassen, in der sie anfallen, es sei denn:
- sie sind Teil der Anschaffungs- oder Herstellungskosten für einen immateriellen Vermögenswert, der die Ansatzkriterien gemäß IAS 38.18-67 erfüllt, oder
- der Posten ist bei einem Unternehmenskauf erworben worden und kann nicht als immaterieller Vermögenswert angesetzt werden. Falls dies zutrifft, sind diese in dem Kaufpreis enthaltenen Ausgaben Teil des zum Zeitpunkt des Unternehmenskaufs dem Geschäfts- oder Firmenwert zuzuordnenden Betrages (IAS 38.68).

Gründungs- und Anlaufkosten, Ausgaben für Aus- und Weiterbildung, für Werbung und Verkaufsförderung und für die Verlegung oder Reorganisation des Unternehmens oder Teilen davon sind in der Periode als Aufwand zu erfassen, in der sie anfallen (IAS 38.69).

Keine Aktivierung früherer Aufwendungen als Vermögenswert
Zuvor als Aufwand erfaßte Ausgaben für einen immateriellen Vermögenswert dürfen später nicht als immaterieller Vermögenswert aktiviert werden (IAS 38.71).

e) Folgebewertung

Nach dem erstmaligen Ansatz eines immateriellen Vermögenswertes ist er entweder mit den fortgeführten Anschaffungs- oder Herstellungskosten gemäß IAS 38.74 oder nach der Neubewertungsmethode gemäß IAS 38.75 zu bewerten. Wird ein immaterieller Vermögenswert neu bewertet, dann sind alle anderen Vermögenswerte dieser Gruppe ebenfalls neu zu bewerten, es sei denn, es gibt keinen aktiven Markt für diese Vermögenswerte (IAS 38.72).

Fortgeführte Anschaffungs- oder Herstellungskosten
Nach dem erstmaligen Ansatz ist ein immaterieller Vermögenswert zu seinen Anschaffungs- oder Herstellungskosten abzüglich kumulierter planmäßiger Abschreibungen und kumulierter Verluste aus Wertminderungen anzusetzen (IAS 38.74).

Neubewertungsmethode
Nach der erstmaligen Erfassung ist ein immaterieller Vermögenswert zu einem Neubewertungsbetrag anzusetzen, der seinem beizulegenden Zeitwert am Tage der Neubewertung abzüglich späterer kumulierter planmäßiger Abschreibungen und späterer kumulierter Verluste aus Wertminderungen entspricht. Zum Zwecke von Neubewertungen gemäß diesem Standard ist der beizulegende Zeitwert von einem aktiven Markt abzuleiten. Neubewertungen haben mit solcher Regelmäßigkeit zu erfolgen, damit zum Bilanzstichtag der Buchwert des Vermögenswertes nicht wesentlich vom beizulegenden Zeitwert abweicht (IAS 38.75).
Kann ein immaterieller Vermögenswert einer Gruppe von neubewerteten immateriellen Vermögenswerten nicht neubewertet werden, weil es für diesen Vermögenswert keinen aktiven Markt gibt, ist der Vermögenswert zu seinen Anschaffungs- oder Herstellungskosten abzüglich kumulierter planmäßiger Abschreibungen und kumulierter Verluste aus Wertminderungen anzusetzen (IAS 38.81).
Kann der beizulegende Zeitwert eines neubewerteten immateriellen Vermögenswertes nicht länger von einem aktiven Markt abgeleitet werden, dann entspricht der Buchwert des Vermögenswertes dem Neubewertungsbetrag zum Zeitpunkt der letzten von einem aktiven Markt abgeleiteten Neubewertung abzüglich späterer kumulierter planmäßiger Abschreibungen und späterer kumulierter Verluste aus Wertminderungen (IAS 38.82).
Führt eine Neubewertung zu einer Erhöhung des Buchwertes eines immateriellen Vermögenswertes, dann ist der Aufwertungsbetrag erfolgsneutral in eine Neubewertungsrücklage innerhalb des Eigenkapitals einzustellen. Eine Werterhöhung ist jedoch erfolgswirksam zu behandeln, soweit sie eine frühere Abwertung rückgängig macht, die als Aufwand behandelt wurde (IAS 38.85).
Wird der Buchwert eines immateriellen Vermögenswertes aufgrund einer Neubewertung vermindert, ist die Abwertung erfolgswirksam zu erfassen. Eine Abwertung ist jedoch direkt mit einer zu diesem Vermögenswert gehörenden Neubewer-

tungsrücklage zu verrechnen, soweit sie den Betrag dieser Neubewertungsrücklage nicht übersteigt (IAS 38.86).

Die Neubewertungsrücklage kann bei Realisierung durch Stillegung, Abgang bzw. entsprechend der Nutzung des immateriellen Vermögenswertes direkt in die Gewinnrücklage umgebucht werden (IAS 38.87).

f) Nutzungsdauer

Ein Unternehmen hat zu entscheiden, ob ein immaterieller Vermögenswert eine begrenzte oder eine unbestimmbare Nutzungsdauer hat, und, falls die Nutzungsdauer begrenzt ist, ist die Dauer oder die Anzahl der Produktions- oder ähnlicher Einheiten, die die Nutzungsdauer bestimmen, festzulegen. Eine unbestimmbare Nutzungsdauer liegt vor, wenn unter Berücksichtigung aller Faktoren kein vorhersehbares Ende der Mittelzuflüsse aus dem Vermögenswert erkennbar ist (IAS 38.88).

Unbestimmbare Nutzungsdauer bedeutet nicht unendliche Nutzungsdauer (IAS 38.91).

Die Nutzungsdauer eines immateriellen Vermögenswertes, die auf vertraglichen oder gesetzlichen Rechten beruht, darf die vertragliche oder gesetzliche Nutzungsdauer nicht überschreiten, sie kann aber entsprechend der von dem Unternehmen erwarteten Nutzungsdauer kürzer sein. Falls die vertraglichen oder gesetzlichen Rechte für eine begrenzte Periode verlängerbar sind, darf die erweiterte Nutzungsdauer nur berücksichtigt werden, wenn dafür nur unbedeutende Kosten anfallen (IAS 38.94).

g) Immaterielle Vermögenswerte mit begrenzter Nutzungsdauer

Die Abschreibung eines immateriellen Vermögenswertes mit begrenzter Nutzungsdauer hat planmäßig über seine Nutzungsdauer zu erfolgen. Die Abschreibung beginnt, wenn der Vermögenswert genutzt werden kann und endet entweder wenn der immaterielle Vermögenswert nach IFRS 5 als zur Veräußerung gehalten klassifiziert oder wenn er ausgebucht wird, je nachdem welches Ereignis eher eintritt. Die Abschreibungsmethode hat dem erwarteten Verbrauch des wirtschaftlichen Nutzens des Vermögenswertes durch das Unternehmen zu entsprechen. Falls dieser Nutzenverlauf nicht verläßlich bestimmt werden kann, ist die lineare Abschreibungsmethode anzuwenden. Die Abschreibungen für jede Periode sind erfolgswirksam zu erfassen, soweit es nicht dieser oder ein anderer Standard erlaubt oder verlangt, sie in den Buchwert eines anderen Vermögenswertes einzubeziehen (IAS 38.97).

Der Restwert eines immateriellen Vermögenswertes mit begrenzter Nutzungsdauer ist mit Null anzusetzen, es sei denn:
– es gibt eine Verpflichtung Dritter, den Vermögenswert am Ende seiner Nutzungsdauer zu kaufen, oder
– es gibt einen aktiven Markt für den Vermögenswert und
  • der Restwert kann von diesem Markt abgeleitet werden, und
  • es ist wahrscheinlich, daß ein solcher Markt am Ende seiner Nutzungsdauer bestehen wird (IAS 38.100).

Der Abschreibungszeitraum und die Abschreibungsmethode sind mindestens am Ende eines jeden Geschäftsjahres zu überprüfen. Wenn die erwartete Nutzungsdauer des Vermögenswertes von früheren Schätzungen abweicht, ist der Abschreibungszeitraum entsprechend zu ändern. Sofern Änderungen in dem erwarteten wirtschaftlichen Nutzenverlauf des Vermögenswertes eingetreten sind, ist die Abschreibungsmethode zu ändern, um den geänderten Nutzenverlauf widerzuspiegeln. Solche Änderungen der Abschreibungsmethode sind als Änderung einer Schätzung gemäß IAS 8 zu betrachten (IAS 38.104).

h) Immaterielle Vermögenswerte mit unbestimmbarer Nutzungsdauer

Ein immaterieller Vermögenswert mit unbestimmbarer Nutzungsdauer ist nicht abzuschreiben (IAS 38.107).
Es ist ein Werthaltigkeitstest gemäß IAS 36 durch Vergleich des erzielbaren Betrages mit dem Buchwert vorzunehmen, und zwar
– jährlich und
– wenn ein Hinweis auf Wertminderung vorliegt (IAS 38.108).

In jeder Berichtsperiode ist zu überprüfen, ob die Ereignisse oder Umstände es erlauben, weiterhin eine unbestimmbare Nutzungsdauer zu unterstellen. Sollte sich eine Umklassifizierung von unbestimmbarer auf begrenzte Nutzungsdauer ergeben, ist dies als Änderung einer Schätzung gemäß IAS 8 zu behandeln (IAS 38.109).

i) Erzielbarkeit des Buchwertes – Außerplanmäßige Abschreibungen für Verluste aus Wertminderungen

Es ist IAS 36 anzuwenden, d.h. es ist ein Werthaltigkeitstest vorzunehmen. Siehe B.IV.4 (IAS 38.111).

j) Stilllegungen und Abgänge

Ein immaterieller Vermögenswert ist bei seinem Abgang oder wenn kein weiterer wirtschaftlicher Nutzen aus seiner Verwendung oder seinem Abgang erwartet wird, auszubuchen (IAS 38.112).
Der bei Ausbuchung eines immateriellen Vermögenswertes entstehende Gewinn oder Verlust ist als Unterschied zwischen dem Nettoveräußerungserlös und dem Buchwert zu ermitteln und erfolgswirksam zu erfassen. Gewinne sind nicht als Erlöse auszuweisen (IAS 38.113).

k) Angaben

Allgemeines
Für jede Gruppe von immateriellen Vermögenswerten – unterschieden nach selbst

geschaffenen immateriellen Vermögenswerten und anderen immateriellen Vermögenswerten – sind folgende Angaben zu machen:
- ob die Nutzungsdauern unbestimmbar oder begrenzt sind und – falls sie begrenzt sind – die Nutzungsdauern oder Abschreibungssätze,
- die Abschreibungsmethoden für die immateriellen Vermögenswerte mit begrenzter Nutzungsdauer,
- der Bruttobuchwert und die kumulierten Abschreibungen (zusammen mit den kumulierten Verlusten aus Wertminderungen) zu Beginn und zum Ende der Periode,
- der (die) Posten der Gewinn- und Verlustrechnung, in dem (denen) die Abschreibungen auf immaterielle Vermögenswerte enthalten sind,
- eine Überleitung des Buchwertes vom Anfang zum Ende der Periode mit Ausweis der
  - Zugänge, wobei die aus eigener Entwicklung, die gesondert erworbenen und die durch Unternehmenszusammenschlüsse erworbenen getrennt auszuweisen sind,
  - zur Veräußerung gemäß IFRS 5 bestimmte Vermögenswerte,
  - Aufwertungen oder Abwertungen während der Berichtsperiode aufgrund von Neubewertungen gemäß IAS 38.75, 38.85 und 38.86 und aufgrund von Verlusten aus Wertminderungen, die direkt im Eigenkapital gemäß IAS 36 erfaßt oder rückgängig gemacht wurden,
  - in der Gewinn- und Verlustrechnung gemäß IAS 36 enthaltene Verluste aus Wertminderungen,
  - in der Gewinn- und Verlustrechnung gemäß IAS 36 rückgängig gemachte Verluste aus Wertminderungen,
  - Abschreibungen,
  - Nettowährungsumrechnungsdifferenzen aufgrund der Umrechnung von Abschlüssen in die Berichtswährung und aufgrund der Umrechnung eines ausländischen Geschäftsbetriebs in die Berichtswährung des Unternehmens,
  - sonstige Änderungen des Buchwertes während der Berichtsperiode
(IAS 38.118).

Ferner sind folgende Angaben zu machen:
- für einen immateriellen Vermögenswert mit unbestimmbarer Nutzungsdauer den Buchwert und die Gründe für die Annahme einer unbestimmbaren Nutzungsdauer sowie die Faktoren, die eine wesentliche Rolle bei dieser Annahme spielten,
- eine Beschreibung, den Buchwert und den verbleibenden Abschreibungszeitraum jedes einzelnen immateriellen Vermögenswertes, der als wesentlich anzusehen ist,
- für immaterielle Vermögenswerte, die durch eine Zuwendung der öffentlichen Hand erworben wurden und zunächst zum beizulegenden Zeitwert (siehe IAS 38.44) angesetzt wurden,
  - den zunächst für diese Vermögenswerte angesetzten beizulegenden Zeitwert,
  - den Buchwert und
  - ob sie in der Folgebewertung mit den fortgeführten Anschaffungs- oder Herstellungskosten oder nach der Neubewertungsmethode bewertet werden,

- die Existenz und die Buchwerte von immateriellen Vermögenswerten, deren Eigentumsrechte beschränkt sind und die Buchwerte der immateriellen Vermögenswerte, die als Sicherheit für Schulden verpfändet wurden, und
- die Höhe der eingegangenen Verpflichtungen für den Erwerb von immateriellen Vermögenswerten (IAS 38.122).

Immaterielle Vermögenswerte, bewertet nach der Neubewertungsmethode
Werden immaterielle Vermögenswerte neubewertet, sind folgende Angaben zu machen:
- für jede Gruppe der immateriellen Vermögenswerte:
  - den Stichtag der Neubewertung,
  - den Buchwert der neubewerteten immateriellen Vermögenswerte und
  - den Buchwert, der sich ergeben hätte, wenn die immateriellen Vermögenswerte mit den fortgeführten Anschaffungs- oder Herstellungskosten gemäß IAS 38.74 bewertet worden wären,
- die Neubewertungsrücklage bezüglich der immateriellen Vermögenswerte zu Beginn und am Ende der Berichtsperiode mit Angabe der Änderungen in der Periode und eventuell bestehender Ausschüttungsbeschränkungen an die Anteilseigner (IAS 38.113),
- die Methoden und wesentliche Annahmen bei der Schätzung der beizulegenden Zeitwerte (IAS 38.124).

Forschungs- und Entwicklungskosten
Es ist der Gesamtbetrag der Forschungs- und Entwicklungskosten, die als Aufwendungen während der Berichtsperiode erfaßt wurden, anzugeben (IAS 38.126).

2. Sachanlagen

a) Definitionen

Sachanlagen sind materielle Vermögenswerte,
- die zur Herstellung oder Lieferung von Gütern und Dienstleistungen, Vermietung an Dritte oder für Verwaltungszwecke dienen und
- die voraussichtlich länger als eine Periode genutzt werden (IAS 16.6)

Weitere Definitionen siehe unter B.III.1 Immaterielle Vermögenswerte. Bezüglich als Finanzinvestition gehaltener Immobilien (investment property) siehe B.III.3 Finanzanlagen.

b) Ansatz

Die Anschaffungs- oder Herstellungskosten einer Sachanlage sind als Vermögenswert anzusetzen, wenn

- es wahrscheinlich ist, daß dem Unternehmen hieraus ein künftiger wirtschaftlicher Nutzen zufließen wird, und
- die Anschaffungs- oder Herstellungskosten verläßlich bewertet werden können (IAS 16.7).

Ersatzteile und Wartungsgeräte werden normalerweise als Vorräte behandelt. Bedeutende Ersatzteile und Reservegeräte sind dagegen Sachanlagen, wenn das Unternehmen von einer über eine Periode hinausgehenden Nutzung ausgeht. Ersatzteile und Wartungsgeräte, die nur in Zusammenhang mit einem bestimmten Sachanlagegegenstand genutzt werden können, werden als Sachanlagen angesetzt (IAS 16.8).
Sachanlagen sind aufzuteilen, wenn einzelne Bestandteile eines Vermögenswertes (z.B. Flugzeug und seine Triebwerke) eine unterschiedliche Nutzungsdauer aufweisen (IAS 16.43-47).

c) Erstmalige Bewertung von Sachanlagen

Eine Sachanlage ist beim erstmaligen Ansatz zu den Anschaffungs- oder Herstellungskosten zu bewerten (IAS 16.15).
Die Anschaffungs- oder Herstellungskosten einer Sachanlage umfassen:
- Kaufpreis einschließlich Einfuhrzölle und nicht erstattungsfähige Umsatzsteuer abzüglich Rabatte, Boni und Skonti,
- alle direkt zurechenbaren Kosten, um die Sachanlage in den betriebsbereiten und bestimmungsgemäßen Zustand zu bringen,
- die geschätzten Kosten, die im Zusammenhang mit der Verpflichtung zum Abbruch, zum Abräumen der Sachanlage und zur Wiederherstellung des Standortes, an dem sie sich befindet, stehen, soweit sie nicht auf die Produktion von Vorräten entfallen (IAS 16.16).

Nicht zu den Anschaffungs- oder Herstellungskosten gehören:
- Kosten für die Eröffnung einer neuen Betriebsstätte,
- Kosten für de Einführung eines neuen Produktes/einer neuen Dienstleistung (einschließlich Kosten für Werbung und Verkaufsförderung),
- Kosten im Zusammenhang mit der Betriebsführung an einem neuen Standort oder mit einer neuen Kundengruppe (einschließlich Schulungskurse),
- Verwaltungs- und andere Gemeinkosten (IAS 16.19).

Ferner zählen folgende Kosten nicht zu den Anschaffungs- oder Herstellungskosten:
- Kosten wegen noch geringer Kapazitätsauslastung,
- Anfangsverluste,
- Kosten der Verlagerung oder Umstrukturierung der Produktion (IAS 16.20).

Tauschgeschäfte sind mit dem beizulegenden Zeitwert zu bewerten, sofern nicht
- dem Tauschgeschäft eine wirtschaftliche Substanz (siehe IAS 16.25) fehlt oder
- weder der beizulegende Zeitwert des hingegebenen noch des erhaltenen Vermögenswertes verläßlich bestimmbar (siehe IAS 16.26) ist.

In diesem Falle hat die Bewertung mit dem Buchwert des hingegebenen Vermögenswertes zu erfolgen (IAS 16.24).

d) Nachträgliche Anschaffungs- oder Herstellungskosten

Die laufenden Reparatur- und Instandhaltungsaufwendungen, d.h. insbesondere Lohn- und Materialkosten einschließlich kleiner Ersatzteile von Sachanlagen, dürfen nicht aktiviert werden, sondern sind erfolgswirksam zu erfassen (IAS 16.12).
Regelmäßig zu ersetzende Teile (z.B. Ausfütterungen von Hochöfen, Sitze und Bordküchen von Flugzeugen) sind zu aktivieren, wenn die Ansatzvoraussetzungen erfüllt sind. Ein noch vorhandener Buchwert der ersetzten Teile ist auszubuchen (IAS 16.13).
Regelmäßig anfallende wesentliche Generalinspektionen oder Generalüberholungen sind zu aktivieren, wenn die Ansatzvoraussetzungen erfüllt sind. Ein noch vorhandener Buchwert aus vorherigen Inspektionen oder Überholungen ist auszubuchen (IAS 16.14).

e) Folgebewertung

Nach dem erstmaligen Ansatz kann die Bewertung zu den fortgeführten Anschaffungs- oder Herstellungskosten gemäß IAS 16.30 oder nach der Neubewertungsmethode gemäß IAS 16.31ff erfolgen, wobei jeweils eine gesamte Gruppe von Sachanlagen einheitlich zu bewerten ist (IAS 16.29).

Fortgeführte Anschaffungs- oder Herstellungskosten
Nach dem erstmaligen Ansatz sind Sachanlagen mit den Anschaffungs- oder Herstellungskosten abzüglich kumulierter planmäßiger Abschreibungen und kumulierter Verluste aus Wertminderungen anzusetzen (IAS 16.30).

Neubewertungsmethode
Nach dem erstmaligen Ansatz sind Sachanlagen, wenn ihr beizulegender Zeitwert verläßlich ermittelt werden kann, zum beizulegenden Zeitwert abzüglich kumulierter planmäßiger Abschreibungen und abzüglich kumulierter Verluste aus Wertminderungen anzusetzen. Neubewertungen haben mit hinreichender Regelmäßigkeit zu erfolgen, damit der Buchwert nicht wesentlich von dem Wert abweicht, der sich bei einer Bewertung mit dem beizulegenden Zeitwert am Bilanzstichtag ergeben hätte (IAS 16.31).
Der beizulegende Zeitwert von Grundstücken und Gebäuden ist der Verkehrswert. Er ist in der Regel durch Sachverständigengutachten zu ermitteln. Der beizulegende Zeitwert von technischen Anlagen und Betriebs- und Geschäftsausstattungen ist in der Regel der durch Schätzungen ermittelte Marktwert. Kann kein Marktwert ermittelt werden, sind diese Sachanlagen mit dem Ertragswert oder mit den fortgeführten Wiederbeschaffungskosten zu bewerten (IAS 16.32-33).
Bei starken Schwankungen des beizulegenden Zeitwertes ist eine jährliche Neubewertung erforderlich, bei geringfügigen Schwankungen ist eine Neubewertung alle drei oder fünf Jahre ausreichend (IAS 16.34).

Wird eine Sachanlage neubewertet, dann ist die gesamte Gruppe der Sachanlagen, zu denen dieser Gegenstand gehört, neu zu bewerten (IAS 16.36).
Unter einer Gruppe von Sachanlagen sind Vermögenswerte ähnlicher Art und ähnlicher Verwendung zu verstehen. Im folgenden sind Beispiele für solche Gruppen aufgeführt:
- unbebaute Grundstücke,
- Grundstücke und Gebäude,
- Maschinen und technische Anlagen,
- Schiffe,
- Flugzeuge,
- Kraftfahrzeuge,
- Betriebsausstattung,
- Geschäftsausstattung (IAS 16.37).

Führt eine Neubewertung zu einer Erhöhung des Buchwertes eines Vermögenswertes, dann ist der Aufwertungsbetrag erfolgsneutral in eine Neubewertungsrücklage innerhalb des Eigenkapitals einzustellen. Eine Werterhöhung ist jedoch erfolgswirksam zu behandeln, soweit sie eine frühere Abwertung rückgängig macht, die als Aufwand behandelt wurde (IAS 16.39).
Falls eine Einstellung in eine Neubewertungsrücklage erfolgt, sind latente Steuern zu berücksichtigen (siehe IAS 12.61ff).
Wird der Buchwert eines Vermögenswertes aufgrund einer Neubewertung vermindert, ist die Abwertung erfolgswirksam zu erfassen. Eine Abwertung ist jedoch mit einer zu diesem Vermögenswert gehörenden Neubewertungsrücklage zu verrechnen, soweit sie den Betrag dieser Neubewertungsrücklage nicht übersteigt (IAS 16.40).
Die Neubewertungsrücklage kann bei der Ausbuchung des Vermögenswertes erfolgsneutral in die Gewinnrücklage umgebucht werden. (Einzelheiten siehe IAS 16.41).

f) Planmäßige Abschreibung

Jeder Teil einer Sachanlage mit einem im Verhältnis zum gesamten Wert bedeutenden Anschaffungswert ist getrennt abzuschreiben (IAS 16.43).
Die Abschreibungen einer Periode sind als Aufwand zu erfassen, sofern sie nicht bei einem anderen Vermögenswert aktivierungspflichtig sind (IAS 16.48).
Das Abschreibungsvolumen ist planmäßig über seine Nutzungsdauer zu verteilen (IAS 16.50). Der Restwert und die Nutzungsdauer sind an jedem Geschäftsjahresende zu überprüfen. Wenn die Erwartungen von früheren Schätzungen abweichen, sind die Änderungen als Änderungen von Schätzungen gemäß IAS 8 zu behandeln (IAS 16.51).
Die planmäßige Abschreibung beginnt, wenn die Sachanlage betriebsbereit ist (IAS 16.55). Grundstücke, mit Ausnahme von Steinbrüchen und Müllgruben, sind nicht planmäßig abzuschreiben (IAS 16.58).
Die Abschreibungsmethode hat der erwarteten wirtschaftlichen Nutzung des Vermögenswertes zu entsprechen (IAS 16.60).
Die angewandte Abschreibungsmethode ist mindestens an jedem Geschäftsjahresende zu überprüfen. Falls eine wesentliche Änderung des erwarteten Nutzungsverlaufes eingetreten ist, ist die Abschreibungsmethode entsprechend zu ändern. Falls

eine solche Änderung der Abschreibungsmethode notwendig ist, ist sie als Änderung einer Schätzung gemäß IAS 8 zu behandeln (IAS 16.61).
Als Abschreibungsmethode werden die lineare Abschreibung, die degressive Abschreibung und die leistungsabhängige Abschreibung aufgeführt. Eine gewählte Methode ist beizubehalten, sofern nicht eine Änderung des Nutzungsverlaufes des Vermögenswertes zu erwarten ist (IAS 16.62).

g) Erzielbarkeit des Buchwertes – Außerplanmäßige Abschreibungen für Verluste aus Wertminderungen

Außerplanmäßige Abschreibungen sind vorzunehmen, wenn Verluste aus Wertminderungen eingetreten sind.
Um festzustellen, ob eine Sachanlage wertgemindert ist, ist IAS 36 Wertminderung von Vermögenswerten anzuwenden (IAS 16.63) (siehe Abschnitt B.IV.4).

h) Stillegungen und Abgänge

Eine Sachanlage ist bei ihrem Abgang oder wenn kein weiterer wirtschaftlicher Nutzen aus ihrer Nutzung oder ihrem Abgang erwartet wird, auszubuchen (IAS 16.67).
Die bei Ausbuchung einer Sachanlage entstehenden Gewinne oder Verluste sind als Unterschied zwischen dem Nettoveräußerungserlös und dem Buchwert zu ermitteln und erfolgswirksam zu erfassen. Gewinne sind nicht als Erlöse auszuweisen (IAS 16.68, 16.71).

i) Angaben

Im Abschluß sind für jede Gruppe von Sachanlagen folgende Angaben zu machen:
- die bei der Bestimmung des Bruttobuchwertes angewandten Bewertungsgrundlagen,
- die angewandten Abschreibungsmethoden,
- die angenommenen Nutzungsdauern oder die angewandten Abschreibungssätze,
- der Bruttobuchwert und die kumulierten Abschreibungen (einschließlich Verluste aus Wertminderungen), zu Beginn und am Ende der Periode,
- eine Entwicklung des Buchwertes von Anfang bis Ende der Periode mit Angabe der
  - Zugänge,
  - Abgänge und Vermögenswerte, die nach IFRS 5 als zur Veräußerung gehalten klassifiziert wurden,
  - Zugänge im Zusammenhang mit Unternehmenszusammenschlüssen,
  - Erhöhungen oder Verminderungen von Wertansätzen aufgrund von Neubewertungen gemäß IAS 16.31, 16.39 und 16.40 und von direkt im Eigenkapital erfaßten oder aufgehobenen Verlusten aus Wertminderungen,
  - erfolgswirksam erfaßte Verluste aus Wertminderungen gemäß IAS 36,
  - erfolgswirksam aufgehobene Verluste aus Wertminderungen gemäß IAS 36,
  - planmäßige Abschreibungen,

- Währungsumrechnungsdifferenzen aus der Umrechnung von Abschlüssen von der funktionalen Währung in eine unterschiedliche Berichtswährung einschließlich der Umrechnung eines ausländischen Geschäftsbetriebs in die Berichtswährung des Unternehmens und
- sonstige Änderungen (IAS 16.73).

Es sind ferner anzugeben:
- die Existenz und die Beträge von Verfügungsbeschränkungen sowie Verpfändungen von Sachanlagevermögen als Sicherheiten für Schulden,
- Höhe der Zahlungen für Anlagen im Bau und
- Betrag der vertraglichen Verpflichtungen für den Erwerb von Sachanlagen,
- falls nicht in der Gewinn- und Verlustrechnung gesondert angegeben, der im Gewinn oder Verlust enthaltene Entschädigungsbetrag von Dritten für Sachanlagen, die wertgemindert, untergegangen oder außer Betrieb genommen wurden (IAS 16.74).

Falls Neubewertungen von Sachanlagen vorgenommen wurden, sind folgende Angaben zu machen:
- Stichtag der Neubewertung,
- Angabe, ob bei der Neubewertung ein unabhängiger Gutachter hinzugezogen wurde,
- Methoden und wesentliche Annahmen, die bei der Neubewertung angewandt wurden,
- der Umfang, in dem die Neubewertung durch Ableitung von Preisen auf einem aktiven Markt oder von kürzlich zu marktüblichen Bedingungen getätigten Transaktionen oder durch andere Bewertungstechniken erfolgte,
- Buchwert für jede Gruppe von Sachanlagen, der anzusetzen wäre, wenn die Vermögenswerte zu fortgeführten Anschaffungskosten bewertet worden wären, und
- die Neubewertungsrücklage unter Angabe der Veränderungen während der Periode und eventuell bestehender Ausschüttungsbeschränkungen an die Anteilseigner (IAS 16.77).

Die Abschlußleser können noch folgende Informationen für entscheidungsrelevant halten:
- Buchwert von vorübergehend ungenutzten Sachanlagen,
- Bruttobuchwert der vollständig abgeschriebenen, jedoch noch genutzten Sachanlagen,
- Buchwert der nicht mehr genutzten Sachanlagen, die nicht gemäß IFRS 5 als zur Veräußerung gehalten klassifiziert wurden,
- bei der Bewertung zu Anschaffungs- oder Herstellungskosten der beizulegende Zeitwert der Sachanlagen, sofern dieser vom Buchwert wesentlich abweicht.

Die Angabe dieser Beträge wird empfohlen (IAS 16.79).

j) **Zur Veräußerung gehaltene langfristige Vermögenswerte und aufgegebene Geschäftsbereiche**

Siehe B.IV.5 Gewinne oder Verluste aus der Aufgabe von Geschäftsbereichen und der Bewertung der zur Veräußerung gehaltenen langfristigen Vermögenswerte

3. Finanzanlagen

Es gibt keinen eigenen IAS/IFRS für Finanzanlagen. Finanzanlagen werden in IAS 27, 28, 31, 39 und 40 behandelt.
IAS 27 befaßt sich mit Anteilen an Tochterunternehmen, IAS 28 mit Anteilen an assoziierten Unternehmen, IAS 31 mit Gemeinschaftsunternehmen, IAS 39 mit Ansatz und Bewertung von Finanzinstrumenten und IAS 40 mit als Finanzinvestition gehaltenen Immobilien.
IAS 39 befaßt sich
- sowohl mit finanziellen Vermögenswerten als auch finanziellen Schulden und Eigenkapitalinstrumenten,
- sowohl mit originären als auch derivativen Finanzinstrumenten,
- sowohl mit (langfristigen) Finanzanlagen als auch mit (kurzfristigen) Wertpapieren des Umlaufvermögens.

Um den Inhalt von IAS 39 nicht durch eine Verteilung auf verschiedene Abschnitte auseinanderreißen zu müssen, was seine Verständlichkeit erheblich beeinträchtigen würde, werden die Finanzanlagen, soweit sie nicht in IAS 27, 28, 31 und 40 behandelt werden, in dem Abschnitt B.III.15 Derivative und nicht-derivative Finanzinstrumente, Sicherungsbeziehungen besprochen. Es wird besonders auf die in dem Abschnitt B.III.15 enthaltenen Ausführungen unter IAS 39.9 (bis zur Endfälligkeit zu haltende Finanzinvestitionen) und IAS 39.43, 39.46, 39.9, 39.51-54, 39.56, 39.63, 39.65-66 verwiesen.

a) Als Finanzinvestition gehaltene Immobilien

Definition und Bewertung
Als Finanzinvestition gehaltene Immobilien oder Teile davon (investment properties), d.h. Investitionen in Grundstücke und Gebäude, die zur Erzielung von Einkünften aus Vermietung und Verpachtung oder zum Zwecke der Wertsteigerung und nur in unbedeutendem Umfang zu betrieblichen Zwecken oder zum Verkauf im Rahmen der gewöhnlichen Geschäftstätigkeit gehalten werden, sind bei der erstmaligen Erfassung mit den Anschaffungs- oder Herstellungskosten zu bewerten und können in den Jahren nach der Anschaffung entweder mit dem beizulegenden Zeitwert zum jeweiligen Bilanzstichtag oder mit den fortgeführten Anschaffungs- oder Herstellungskosten bewertet werden, wobei das Wahlrecht für als Finanzinvestition gehaltene Immobilien einheitlich auszuüben ist (IAS 40.5, 40.10, 40.20, 40.30, 40.38).

Werden alle als Finanzinvestition gehaltene Immobilien mit dem beizulegenden Zeitwert bewertet, dann können im Rahmen eines Mietleasing als Finanzinvestition gehaltene Immobilien als Finanzierungsleasing betrachtet werden. Dieses Wahlrecht kann für jede einzelne als Finanzinvestition gehaltene Immobilie ausgeübt werden. Wird jedoch dieses Wahlrecht für eine im Rahmen eines Mietleasing gehaltene Immobilie angewandt, dann sind alle als Finanzinvestition gehaltene Immobilien mit dem beizulegenden Zeitwert zu bewerten (IAS 40.6 i.V.m. IAS 40.34).

Es wird für die Ermittlung des beizulegenden Zeitwertes empfohlen, jedoch nicht vorgeschrieben, einen unabhängigen und einschlägig erfahrenen Gutachter zu beauftragen (IAS 40.32).

Gewinne und Verluste aus Veränderungen des beizulegenden Zeitwertes sind in der Periode der Entstehung erfolgswirksam zu berücksichtigen (IAS 40.35). (Anmerkung: Aufwertungen von Sachanlagen gemäß IAS 16.39 sind erfolgsneutral in eine Neubewertungsrücklage einzustellen.)

Es besteht die widerlegbare Vermutung, daß es einem Unternehmen möglich ist, den beizulegenden Zeitwert fortlaufend verläßlich zu bestimmen. Nur in Ausnahmefällen kann ein Unternehmen den beizulegenden Zeitwert nicht fortlaufend verläßlich bestimmen. Dies ist der Fall, wenn vergleichbare Markttransaktionen selten sind und alternative Wertermittlungen, z.B. auf Basis von diskontierten erwarteten Mittelzuflüssen, nicht möglich sind. In solchen Fällen sind die als Finanzinvestition gehaltenen Immobilien mit den in IAS 16 spezifizierten Anschaffungs- oder Herstellungskosten zu bewerten, und IAS 16 ist dann bis zum Abgang dieser Finanzinvestition anzuwenden (IAS 40.53).

Eine als Finanzinvestition zum beizulegenden Zeitwert bewertete Immobilie ist bis zu deren Abgang (oder bis zur Eigennutzung oder bis zur Vorbereitung für einen Verkauf im Rahmen der gewöhnlichen Geschäftstätigkeit) weiterhin zum beizulegenden Zeitwert zu bewerten (IAS 40.55).

Übertragungen und Abgänge

Werden zum beizulegenden Zeitwert bewertete als Finanzinvestition gehaltene Immobilien in die betrieblich genutzten Sachanlagen oder Vorräte übernommen, dann ist dieser Vermögenswert mit dem beizulegenden Zeitwert zum Zeitpunkt der Nutzungsänderung anzusetzen (IAS 40.60).

Werden betrieblich genutzte Sachanlagen in als Finanzinvestition gehaltene Immobilien, die zum beizulegenden Zeitwert bewertet werden, übertragen, ist ein Unterschied gemäß den Vorschriften zur Neubewertung in IAS 16 zu behandeln (IAS 40.61).

Werden Vorräte in als Finanzinvestition gehaltene Immobilien übertragen, dann hat das erfolgswirksam zu geschehen (IAS 40.63).

Werden selbsterstellte Gebäude fertiggestellt und in als Finanzinvestition gehaltene Immobilien übertragen und zum beizulegenden Zeitwert bewertet, dann ist der Unterschied zwischen dem Buchwert und dem beizulegenden Zeitwert erfolgswirksam zu behandeln (IAS 40.65).

Eine als Finanzinvestition gehaltene Immobilie ist bei ihrem Abgang, oder wenn sie dauerhaft nicht mehr genutzt werden soll und ein zukünftiger wirtschaftlicher Nutzen aus ihrem Abgang nicht mehr erwartet wird, auszubuchen (IAS 40.66).

Entschädigungen von Dritten für die Wertminderung, den Verlust oder die Aufgabe von als Finanzinvestition gehaltenen Immobilien sind erfolgswirksam zu buchen, sobald sie einforderbar werden (IAS 40.72).

Angaben
Es sind folgende Angaben zu machen:
- Angaben gemäß IAS 17 Leasingverhältnisse (IAS 40.74),
- die Bewertungsmethode (beizulegender Zeitwert oder Anschaffungs- oder Herstellungskosten),
- bei Anwendung des beizulegenden Zeitwertes, ob und unter welchen Umständen auf Basis eines Mietleasing als Finanzinvestition gehaltene Immobilien als solche eingeordnet und bewertet wurden,
- die angewandten Kriterien bei der Abgrenzung von als Finanzinvestition gehaltenen Immobilien von den betrieblichen Zwecken dienenden Sachanlagen und von zum Verkauf im Rahmen gewöhnlicher Geschäftstätigkeit bestimmten Sachanlagen,
- bei der Bestimmung des beizulegenden Zeitwertes die angewandte Methode und die zugrunde gelegten wesentlichen Annahmen,
- Informationen, ob ein Schätzgutachten von einem unabhängigen und einschlägig erfahrenen Gutachter vorliegt,
- in der Gewinn- und Verlustrechnung erfaßte
  - Mieterträge aus als Finanzinvestition gehaltenen Immobilien,
  - direkte Aufwendungen einschließlich Reparatur- und Instandhaltungskosten für Finanzinvestitionen, für die Mieterträge erzielt wurden,
  - direkte Aufwendungen einschließlich Reparatur- und Instandhaltungskosten für Finanzinvestitionen, die keine Mieterträge erbrachten,
- Beschränkungen bei der Veräußerungsmöglichkeit von als Finanzinvestition gehaltenen Immobilien oder bei Zahlungen für veräußerte Finanzinvestitionen,
- vertragliche Verpflichtungen zum Erwerb, zur Errichtung oder Entwicklung von als Finanzinvestition gehaltenen Immobilien oder für Reparaturen, Instandhaltungen oder Erweiterungen (IAS 40.75).

Bei einer Bewertung mit dem beizulegenden Zeitwert ist zusätzlich eine Entwicklung des Buchwertes der Berichtsperiode zu zeigen, wobei folgende Informationen zu geben sind:
- Zugänge, unter gesonderter Angabe der Zugänge, die aus dem Erwerb und die aus der Aktivierung nachträglicher Anschaffungs- oder Herstellungskosten stammen,
- Zugänge im Zusammenhang mit Unternehmenszusammenschlüssen,
- Abgänge,
- Nettogewinne und -verluste aus der Anpassung des beizulegenden Zeitwertes,
- Währungsumrechnungsdifferenzen aus der Umrechnung von Abschlüssen in eine unterschiedliche Berichtswährung und aus der Umrechnung eines ausländischen Geschäftsbetriebs in die Berichtswährung des Unternehmens,
- Übertragungen in den bzw. aus dem Bestand der Vorräte und der zu betrieblichen Zwecken genutzten Grundstücke und Gebäude und
- sonstige Änderungen (IAS 40.76).

Wird die Bewertung einer als Finanzinvestition gehaltenen Immobilie für den Abschluß erheblich angepaßt, dann ist in einer Überleitung der Unterschied darzustellen (IAS 40.77).

Folgende zusätzliche Angaben bei einer Bewertung zum beizulegenden Zeitwert sind zu machen, wenn in den in IAS 40.53 genannten Ausnahmefällen eine Bewertung mit den Anschaffungs- oder Herstellungskosten gemäß IAS 16 erfolgt:
- getrennte Darstellung dieser als Finanzinvestition gehaltenen Immobilie und Entwicklung des Buchwertes gemäß IAS 40.76,
- eine Beschreibung der als Finanzinvestition gehaltenen Immobilien,
- eine Erklärung, warum eine Bewertung zum beizulegenden Zeitwert nicht verläßlich möglich ist,
- falls möglich, eine Schätzungsbandbreite, in der der beizulegende Zeitwert höchstwahrscheinlich liegt,
- beim Abgang von nicht zum beizulegenden Zeitwert bewerteten als Finanzinvestition gehaltenen Immobilien
  - Informationen über den Abgang solcher Vermögenswerte,
  - Buchwert zum Zeitpunkt des Verkaufs,
  - der als Gewinn oder Verlust erfaßte Betrag (IAS 40.78).

Bei einer Bewertung mit den fortgeführten Anschaffungs- oder Herstellungskosten sind zusätzlich folgende Informationen zu geben:
- die angewandten Abschreibungsmethoden,
- die Nutzungsdauern bzw. die Abschreibungssätze,
- der Bruttobuchwert und die kumulierten Abschreibungen (einschließlich der kumulierten Verluste aus Wertminderungen) zum Anfang und zum Ende der Berichtsperiode,
- eine Entwicklung des Buchwertes der Berichtsperiode, wobei folgende Informationen zu geben sind:
  - Zugänge, unter gesonderter Angabe der Zugänge, die aus dem Erwerb und die aus der Aktivierung nachträglicher Anschaffungs- oder Herstellungskosten stammen,
  - Zugänge im Zusammenhang mit Unternehmenszusammenschlüssen,
  - Abgänge,
  - planmäßige Abschreibungen,
  - Verluste aus Wertminderungen und Wertaufholungen von Verlusten aus Wertminderungen,
  - Währungsumrechnungsdifferenzen aus der Umrechnung von Abschlüssen in eine unterschiedliche Berichtswährung und aus der Umrechnung eines ausländischen Geschäftsbetriebs in die Berichtswährung des Unternehmens,
  - Übertragungen in den bzw. aus dem Bestand der Vorräte und der zu betrieblichen Zwecken genutzten Grundstücke und Gebäude und
  - sonstige Änderungen sowie
- der beizulegende Zeitwert der als Finanzinvestition gehaltenen Immobilien. Falls das nicht möglich ist, sind anzugeben:
  - eine Beschreibung der als Finanzinvestition gehaltenen Immobilien,
  - eine Erklärung, warum der beizulegende Zeitwert nicht verläßlich bestimmt werden kann,
  - falls möglich, eine Schätzungsbandbreite, in der der beizulegende Zeitwert höchstwahrscheinlich liegt (IAS 40.79).

Übergangsvorschriften

Falls sich ein Unternehmen zum ersten Mal dafür entscheidet, einige oder alle im Rahmen eines Mietleasing gehaltenen Immobilien als Immobilien, die als Finanzinvestition gehalten werden, auszuweisen, dann ist der Unterschiedsbetrag in der Gewinnrücklage der Eröffnungsbilanz des Umstellungsjahres zu erfassen. Außerdem werden weitere Anpassungen für die Vorjahre empfohlen (IAS 40.80).

b) Anteile an Tochterunternehmen

Im Einzelabschluß eines Mutterunternehmens sind Anteile an Tochterunternehmen, Gemeinschaftsunternehmen und assoziierten Unternehmen entweder
– zu Anschaffungskosten oder
– gemäß IAS 39
auszuweisen (27.37).

Anteile an Tochterunternehmen, Gemeinschaftsunternehmen und assoziierte Unternehmen, die im Konzernabschluß gemäß IAS 39 bilanziert werden, sind im Einzelabschluß genauso zu bilanzieren (IAS 27.39).

c) Assoziierte Unternehmen

Ein assoziiertes Unternehmen ist ein Unternehmen einschließlich einer Nicht-Kapitalgesellschaft, wie etwa eine Personengesellschaft, auf das der Anteilseigner maßgeblichen Einfluß hat und das weder ein Tochterunternehmen noch ein Gemeinschaftsunternehmen ist. Maßgeblicher Einfluß ist die Möglichkeit, an den finanz- und geschäftspolitischen Entscheidungen des assoziierten Unternehmens mitzuwirken, ohne einen beherrschenden Einfluß ausüben zu können (IAS 28.2).
Im Einzelabschluß eines Mutterunternehmens sind Anteile an einem assoziierten Unternehmen gemäß IAS 27.37-42 auszuweisen (IAS 28.35).

d) Gemeinschaftsunternehmen (joint ventures)

Ein Gemeinschaftsunternehmen liegt vor, wenn sich zwei oder mehrere Partner dazu verpflichten, eine wirtschaftliche Tätigkeit unter gemeinsamer Geschäftsführung (joint control) durchzuführen (IAS 31.3).
Man unterscheidet drei Formen von Gemeinschaftsunternehmen (joint ventures), nämlich
– jointly controlled operations (gemeinsam geführte Tätigkeiten, d.h. gemeinsame Durchführung von Projekten, wie z.B. Arbeitsgemeinschaft zur Flugzeugherstellung),
– jointly controlled assets (gemeinsam geführtes Vermögen mit dem Ziel gemeinsamer wirtschaftlicher Tätigkeit) und
– jointly controlled entities (gemeinsam geführte Gesellschaften) (IAS 31.7).

Bei gemeinsam geführten Tätigkeiten bilanziert jeder Partner in seinem Abschluß
- die seiner Verfügungsmacht unterliegenden Vermögenswerte und die eingegangenen Schulden und
- die ihm entstandenen Aufwendungen und seinen Anteil am Umsatz aus dem Verkauf von Waren oder der Erbringung von Dienstleistungen durch das Gemeinschaftsunternehmen (IAS 31.15).

Bei gemeinsam geführtem Vermögen bilanziert jeder Partner in seinem Abschluß
- seinen Anteil an den gemeinsam genutzten Vermögenswerten unter den entsprechenden Bilanzposten,
- die Schulden, die er eingegangen ist,
- seinen Anteil an den Schulden, die er zusammen mit den anderen Partnern für das Gemeinschaftsunternehmen eingegangen ist,
- die Erträge aus dem Verkauf oder der Nutzung seines Anteils an den vom Gemeinschaftsunternehmen erbrachten Leistungen sowie seinen Anteil an den dem Gemeinschaftsunternehmen entstandenen Aufwendungen und
- die sonstigen Aufwendungen, die ihm im Zusammenhang mit der Beteiligung am joint venture entstanden sind (IAS 31.21).

Eine gemeinsam geführte Gesellschaft hat wie jede andere Gesellschaft eine eigene Rechnungslegung (IAS 31.28).
Im Einzelabschluß eines Mutterunternehmens sind Anteile an einem Gemeinschaftsunternehmen gemäß IAS 27.37-42 auszuweisen (IAS 31.46).
Falls der Anteilseigner nicht an einer gemeinsamen Geschäftsführung beteiligt ist, ist IAS 39 anzuwenden oder, falls er maßgeblichen Einfluß auf das Gemeinschaftsunternehmen hat, ist IAS 28 anzuwenden (IAS 31.51).

e) Langfristige Forderungen

Es wird auf Abschnitt B.III.15 verwiesen, in dem IAS 39 Ansatz und Bewertung von Finanzinstrumenten behandelt wird.

4. Vorräte

a) Anwendungsbereich

IAS 2 ist auf alle Vorräte anzuwenden mit folgenden Ausnahmen:
- unfertige Erzeugnisse im Rahmen von Fertigungsaufträgen einschließlich damit unmittelbar zusammenhängender Dienstleistungsverträge (siehe IAS 11),
- Finanzinstrumente,
- biologische Vermögenswerte, die mit landwirtschaftlicher Tätigkeit und landwirtschaftlicher Produktion zum Zeitpunkt der Ernte im Zusammenhang stehen (siehe IAS 41) (IAS 2.2).

Dieser Standard ist nicht auf die Bewertung von folgenden Vorräten anzuwenden:
- Vorräte von Erzeugern land- und forstwirtschaftlicher Erzeugnisse, landwirtschaftlicher Produktionen nach der Ernte sowie Mineralien und mineralischen Stoffen jeweils insoweit, als diese Erzeugnisse in Übereinstimmung mit der gut eingeführten Praxis ihrer Branche mit dem Nettoveräußerungswert bewertet werden. Werden solche Vorräte mit dem Nettoveräußerungswert bewertet, werden Wertänderungen erfolgswirksam in der Berichtsperiode der Änderung erfaßt;
- Vorräte von Warenmaklern/-Händlern, die ihre Vorräte mit dem Nettoveräußerungswert abzüglich der Vertriebsaufwendungen bewerten. Werden solche Vorräte mit dem Nettoveräußerungswert abzüglich der Vertriebsaufwendungen bewertet, werden die Wertänderungen erfolgswirksam in der Berichtsperiode der Änderung erfaßt (IAS 2.3).

b) Definition und Gliederung

Vorräte sind Vermögenswerte,
- die zum Verkauf im Rahmen der normalen Geschäftstätigkeit bestimmt sind,
- die sich in der Herstellung befinden und zum Verkauf bestimmt sind,
- die als Roh-, Hilfs- und Betriebsstoffe dazu bestimmt sind, im Herstellungsprozeß oder bei der Erbringung von Dienstleistungen verbraucht zu werden.

Der Nettoveräußerungswert ist der geschätzte im normalen Geschäftsgang erzielbare Verkaufserlös abzüglich der geschätzten Kosten bis zur Fertigstellung und der geschätzten notwendigen Verkaufskosten (IAS 2.6).

Ein starres Gliederungsschema ist nicht vorgeschrieben. IAS 2.37 bezeichnet folgende Gliederung als üblich:
- Handelswaren,
- Roh-, Hilfs- und Betriebsstoffe,
- unfertige Erzeugnisse,
- Fertigerzeugnisse.

c) Bewertung

Vorräte sind mit dem niedrigeren Wert aus Anschaffungs- oder Herstellungskosten und Nettoveräußerungswert zu bewerten (IAS 2.9).
Die Anschaffungs- oder Herstellungskosten der Vorräte umfassen alle Kosten des Erwerbs und der Herstellung sowie sonstige Kosten, die angefallen sind, um die Vorräte an ihren derzeitigen Ort und in ihren derzeitigen Zustand zu bringen (IAS 2.10).
Die Anschaffungskosten umfassen den Kaufpreis, Einfuhrzölle und andere nicht erstattungsfähige Steuern (keine Vorsteuern), Transport- und Abwicklungskosten und andere direkt zurechenbare Kosten, die beim Erwerb von Waren, Rohstoffen oder Leistungen entstehen. Skonti, Rabatte und andere vergleichbare Nachlässe sind abzuziehen (IAS 2.11).

Die Herstellungskosten umfassen alle direkt zurechenbaren Einzelkosten (z.B. direkt zurechenbare Lohnkosten) sowie alle fixen und variablen Produktionsgemeinkosten, die im Zusammenhang mit der Herstellung anfallen. Fixe Produktionsgemeinkosten sind indirekte Kosten der Produktion, die unabhängig von der Kapazitätsauslastung relativ konstant bleiben, wie Abschreibungen und Instandhaltungskosten der Betriebsgebäude und technischen Anlagen und Kosten der Betriebsleitung und der Verwaltung. Variable Produktionsgemeinkosten sind indirekte Kosten der Produktion, wie Materialgemeinkosten und Fertigungsgemeinkosten, die mehr oder weniger mit der Kapazitätsauslastung schwanken (IAS 2.12).

Die Verrechnung der fixen Produktionsgemeinkosten hat auf der Grundlage einer normalen Kapazitätsauslastung zu erfolgen. Die aktuelle Kapazitätsauslastung darf zugrunde gelegt werden, wenn sie von der normalen Kapazitätsauslastung nicht wesentlich abweicht. Die fixen Produktionsgemeinkosten je Produktionseinheit dürfen nicht wegen niedriger Produktion oder stillstehender Anlagen erhöht werden. Nicht verrechnete Produktionsgemeinkosten sind sofort als Aufwand zu erfassen. Bei außergewöhnlich hoher Auslastung sind die je Produktionseinheit zu verrechnenden fixen Produktionsgemeinkosten zu kürzen, damit die Vorräte nicht über den tatsächlichen Kosten bewertet werden (IAS 2.13).

Folgende Kosten sind keine Herstellungskosten:
– überhöhte Ausschußmengen, sowie überhöhte Arbeits- und andere Produktionskosten,
– Lagerkosten, außer notwendiger Zwischenlagerungskosten während des Produktionsprozesses,
– Verwaltungsgemeinkosten, die nicht dazu beitragen, Vorräte an ihren derzeitigen Ort und in ihren derzeitigen Zustand zu bringen, und
– Vertriebskosten (IAS 2.16).

Unter bestimmten Voraussetzungen können gemäß IAS 23 Fremdkapitalkosten aktiviert werden (IAS 2.17). Bei unüblich langem Zahlungsziel ist das im Kaufpreis enthaltene Zinselement als Zinsaufwand über die Laufzeit der Finanzierung zu verteilen (IAS 2.18).

Die Bewertung zu Standardkosten oder die retrograde Methode ist aus Vereinfachungsgründen zulässig, wenn sie eine zuverlässige Annäherung an die tatsächlichen Kosten darstellt (IAS 2.21).

Die Anschaffungs- oder Herstellungskosten für nicht gleichartige Gegenstände des Vorratsvermögens, d.h. die normalerweise nicht austauschbar sind, sowie für solche, die projektbezogen hergestellt wurden, sind einzeln zu ermitteln (IAS 2.23).

Für die nicht in IAS 2.23 erwähnten Vorräte ist das Fifo-Verfahren oder die gewogene Durchschnittsmethode anzuwenden. Für Vorräte, die unterschiedlich beschaffen sind oder verwendet werden, können unterschiedliche Verfahren angewandt werden (IAS 2.25).

Die gewogene Durchschnittsbewertung kann abhängig von den individuellen Verhältnissen des Unternehmens erfolgen (IAS 2.27).

Wenn der Wert eines Vorratsguts unter den Anschaffungs- oder Herstellungskosten liegt, ist es auf den niedrigeren Nettoveräußerungswert abzuwerten (IAS 2.28).

Das Lifo-Verfahren ist nicht mehr zulässig (BC9).

d) Angaben

Folgende Angaben sind zu machen:
- die angewandten Bilanzierungs- und Bewertungsmethoden einschließlich der verwendeten Verfahren zur Ermittlung der Anschaffungs- oder Herstellungskosten,
- der Gesamtbuchwert der Vorräte sowie eine unternehmensspezifische Aufteilung der Buchwerte,
- der Buchwert der Vorräte, der zum beizulegenden Zeitwert abzüglich Vertriebsaufwendungen angesetzt wurde,
- der Betrag der Vorräte, die als Aufwand in der Berichtsperiode erfaßt wurden,
- die Höhe der Abwertung von Vorräten gemäß IAS 2.34,
- der Betrag der in der Berichtsperiode erfolgswirksam vorgenommenen Wertaufholungen,
- die Umstände oder Ereignisse, die zu der Wertaufholung der Vorräte geführt haben, und
- der Buchwert der als Sicherheit für Verbindlichkeiten verpfändeten Vorräte (IAS 2.36).

Ferner sind bei Anwendung des Gesamtkostenverfahrens die den Erträgen zurechenbaren Aufwendungen nach Kostenarten (Rohstoffe, Hilfs- und Betriebsstoffe, Personalkosten, andere betriebliche Kosten und die Bestandsveränderungen der Vorräte) anzugeben (IAS 2.39).

5. Langfristige Fertigungsaufträge

a) Definitionen

Ein Fertigungsauftrag ist ein Vertrag über die Herstellung eines einzelnen Gegenstandes (z.B. Brücke, Gebäude, Damm, Pipeline, Straße, Schiff oder Tunnel) oder einer Gesamtheit von Gegenständen (z.B. Raffinerien oder andere komplexe Anlagen), die speziell für den Auftraggeber entwickelt wurden und die hinsichtlich ihres Designs, ihrer Technologie und ihrer Funktion oder ihrer Verwendung aufeinander abgestimmt oder voneinander abhängig sind.

Ein Festpreisvertrag ist ein Fertigungsauftrag, bei dem der Auftragnehmer einen festen Preis für den gesamten Auftrag oder pro hergestellte Einheit vereinbart, wobei Preisgleitklauseln möglich sind.

Ein Kosten-Plus-Vertrag ist ein Fertigungsauftrag, bei dem der Auftragnehmer anfallende Kosten zuzüglich einer prozentualen oder fixen Marge vergütet bekommt (IAS 11.3-4).

Fertigungsaufträge im Sinne von IAS 11.3 umfassen auch Verträge über Dienstleistungen, die im direkten Zusammenhang mit der Fertigung eines Gegenstandes stehen, z.B. Dienstleistungen von Projektleitern und Architekten und Verträge über den Abriß oder die Restaurierung von Gegenständen sowie die Rekultivierung nach dem Abriß von Gegenständen (IAS 11.5).

Kombinationen aus Festpreisaufträgen und Kosten-Plus-Verträgen sind möglich (IAS 11.6).

b) Zusammenfassung und Teilung von langfristigen Aufträgen

Umfaßt ein Vertrag mehrere Einzelleistungen, dann ist jede Leistung als ein eigener Fertigungsauftrag zu behandeln, wenn
- getrennte Angebote für jede Einzelleistung unterbreitet wurden,
- über jede Einzelleistung getrennt verhandelt wurde und sowohl der Auftragnehmer als auch der Kunde die Vertragsbestandteile, die jede Einzelleistung betreffen, getrennt annehmen oder ablehnen konnten und
- Kosten und Erlöse jeder einzelnen vertraglichen Leistung getrennt ermittelt werden können (IAS 11.8).

Eine Gruppe von Verträgen, die mit einem oder mit mehreren Kunden abgeschlossen worden sind, sind als ein einziger Fertigungsauftrag zu behandeln, wenn
- über die Gruppe von Verträgen als Paket verhandelt worden ist,
- die Verträge so eng miteinander verknüpft sind, daß sie faktisch Teil eines einzigen Projektes mit einer Gesamtgewinnmarge sind, und
- die Verträge gleichzeitig oder unmittelbar aufeinanderfolgend ausgeführt werden (IAS 11.9).

Ist in einem Vertrag vorgesehen, daß bei Ausübung einer Option seitens des Auftraggebers ein Folgeauftrag erteilt wird, dann ist dieser Folgeauftrag als ein gesonderter Vertrag zu behandeln, wenn
- er sich in Design, Technologie oder Funktion wesentlich von den Leistungen im ursprünglichen Vertrag unterscheidet oder
- der Preis für diese Leistung unabhängig von dem ursprünglichen Preis ausgehandelt wurde (IAS 11.10).

c) Ermittlung der Auftragserlöse und Kosten

Die Auftragserlöse umfassen:
- den ursprünglich im Vertrag vereinbarten Erlös und
- Abweichungen dieser Erlöse aufgrund von Änderungen des Vertragsumfangs seitens des Auftraggebers, Ausgleichszahlungen für vom Auftraggeber zu verantwortende Fehler und Prämien für vorzeitige Erfüllung des Auftrags o.ä., soweit die Realisierung der Nachforderungen wahrscheinlich ist und sie verläßlich ermittelt werden können (IAS 11.11 und 11.13-15).

Die geschätzten Auftragserlöse hängen von einer Reihe von Ungewißheiten ab. Sie sind deshalb laufend zu überprüfen und anzupassen (IAS 11.12).

Die Auftragskosten umfassen:
- Kosten, die sich direkt auf einen bestimmten Vertrag beziehen,
- allgemeine Kosten langfristiger Auftragsfertigung, die einzelnen Verträgen zugerechnet werden können, und
- sonstige Kosten, die aufgrund vertraglicher Vereinbarungen dem Kunden gesondert berechnet werden können (IAS 11.16).

IAS 11.17 – 11.21 enthält Einzelheiten zu den zurechenbaren und nicht zurechenbaren Kosten.

d) Bewertung

Wenn sich das Ergebnis eines Fertigungsauftrages verläßlich schätzen läßt, sind die Auftragserlöse und die dazugehörigen Auftragskosten entsprechend dem Grad der Fertigstellung zum Abschlußstichtag erfolgswirksam zu erfassen (IAS 11.22). IAS 11 schreibt somit die Anwendung der percentage of completion method vor, d.h. die Gewinnrealisierung erfolgt entsprechend dem Leistungsfortschritt.

Bei Festpreisaufträgen kann das Ergebnis eines Fertigungsauftrages verläßlich geschätzt werden, wenn alle folgenden Voraussetzungen erfüllt sind:
- Die gesamten Auftragserlöse können verläßlich ermittelt werden.
- Es ist wahrscheinlich, daß dem Unternehmen der wirtschaftliche Nutzen aus dem Vertrag zufließt.
- Am Bilanzstichtag können sowohl die bis zur endgültigen Fertigstellung noch anfallenden Kosten als auch der Grad der Fertigstellung verläßlich ermittelt werden.
- Die dem Vertrag zurechenbaren Kosten können eindeutig bestimmt und verläßlich ermittelt werden, so daß die bisher angefallenen Kosten mit den früheren Kostenschätzungen verglichen werden können (IAS 11.23).

Bei Kosten-plus-Verträgen kann das Ergebnis eines Fertigungsauftrages verläßlich geschätzt werden, wenn alle folgenden Voraussetzungen erfüllt sind:
- Es ist wahrscheinlich, daß dem Unternehmen der wirtschaftliche Nutzen aus dem Vertrag zufließt.
- Die dem Vertrag zurechenbaren Kosten können – unabhängig davon, ob sie gesondert abrechenbar sind oder nicht – eindeutig bestimmt und verläßlich ermittelt werden (IAS 11.24).

Der Fertigstellungsgrad eines Auftrages kann durch mehrere Methoden bestimmt werden. Es ist die Methode anzuwenden, mit deren Hilfe die erbrachte Leistung eines Auftrages verläßlich ermittelt werden kann. In Frage kommen folgende Methoden:
- das Verhältnis der bis zum Stichtag angefallenen Auftragskosten zu den geschätzten gesamten Auftragskosten,
- die Ermittlung auf Basis der erbrachten Leistung,

- die Ermittlung auf Basis des Anteils der fertiggestellten Leistung an der vereinbarten Gesamtleistung.

Abschlagszahlungen und erhaltene Anzahlungen spiegeln die erbrachte Leistung häufig nicht wider (IAS 11.30).

Wenn das Ergebnis eines Fertigungsauftrages nicht verläßlich geschätzt werden kann,
- dürfen Umsatzerlöse nur bis zur Höhe der angefallenen und wahrscheinlich abrechenbaren Kosten erfolgswirksam erfaßt werden,
- sind die Auftragskosten in der Periode, in der sie anfallen, als Aufwand zu erfassen (IAS 11.32).

Wenn die Unsicherheitsfaktoren, die einer verläßlichen Ermittlung des Ergebnisses des Auftrages entgegenstanden, nicht mehr bestehen, sind die Auftragserlöse und die dazugehörigen Auftragskosten entsprechend dem Grad der Fertigstellung gemäß IAS 11.22 erfolgswirksam und nicht gemäß IAS 11.32 zu erfassen (IAS 11.35).

e) Verlustfreie Bewertung

Ein erwarteter Verlust ist sofort als Aufwand zu erfassen (IAS 11.36).

f) Angaben

Folgende Angaben sind zu machen:
- die in der Berichtsperiode erfaßten Auftragserlöse,
- die angewandten Methoden zur Ermittlung der in der Berichtsperiode erfaßten Auftragserlöse und
- die angewandten Methoden zur Bestimmung des Fertigstellungsgrades laufender Projekte (IAS 11.39).

Für jeden noch nicht am Bilanzstichtag abgeschlossenen Auftrag sind anzugeben:
- der Gesamtbetrag der bis zum Abschlußstichtag angefallenen Kosten und der ausgewiesenen Gewinne (abzüglich erfolgswirksam erfaßter Verluste),
- der Betrag der erhaltenen Anzahlungen und
- der Betrag der Garantieeinbehalte (IAS 11.40).

Für alle noch nicht abgerechneten langfristigen Fertigungsaufträge, bei denen der Saldo aus den bis dahin angefallenen Kosten zuzüglich ausgewiesener Gewinne abzüglich ausgewiesener Verluste und erstellter Teilrechnungen positiv ist, hat das Unternehmen einen Vermögenswert mit Forderungscharakter auszuweisen (IAS 11.42a und 11.43).

Für alle noch nicht abgerechneten langfristigen Fertigungsaufträge, bei denen der Saldo aus den bis dahin angefallenen Kosten zuzüglich ausgewiesener Gewinne abzüglich ausgewiesener Verluste und erstellter Teilrechnungen negativ ist, hat das Unternehmen eine Schuld auszuweisen (IAS 11.42b und 11.44).

Darüber hinaus sind die Eventualforderungen und die Eventualschulden anzugeben, die gemäß IAS 37 aufgrund von Gewährleistungskosten, Nachforderungen, Vertragsstrafen und möglichen Verlusten entstehen können (IAS 11.45).

Beispiel

	Jahr 1	Jahr 2	Jahr 3
Ursprünglich vereinbarte Auftragserlöse	9.000	9.000	9.000
Änderung	–	200	200
Auftragserlöse gesamt	9.000	9.200	9.200
Bis zum Bilanzstichtag angefallene Auftragskosten	2.093	6.168	8.200
Auftragskosten bis zur Fertigstellung	5.957	2.032	–
Geschätzte Auftragskosten gesamt	8.050	8.200	8.200
Geschätzter Gewinn	950	1.000	1.000

*Fertigstellungsgrad berechnet auf Basis der bis zum Stichtag angefallenen Auftragskosten an den geschätzten gesamten Auftragskosten:

Jahr 1	2.093 : 8.050 = 26%
Jahr 2 (./. Material für 3. Jahr = 100)	6.068 : 8.200 = 74%
Jahr 3	8.200 : 8.200 =100%

Erlöse, Aufwendungen und Gewinne

		Stichtag	in Vorjahren erfaßt	im laufenden Jahr erfaßt
Jahr 1				
Erlös	(9.000 x 0,26)	2.340	–	2.340
Aufwendungen	(8.050 x 0,26)	2.093	–	2.093
Gewinn		247	–	247
Jahr 2				
Erlös	(9.200 x 0,74)	6.808	2.340	4.468
Aufwendungen	(8.200 x 0,74)	6.068	2.093	3.975
Gewinn		740	247	493
Jahr 3				
Erlös	(9.200 x 1,00)	9.200	6.808	2.392
Aufwendungen	(8.200 x 1,00)	8.200	6.068	2.132
Gewinn		1.000	740	260

Vermögenswert mit Forderungscharakter (Ausweis im Jahresabschluß)
Jahr 1   2.093 + 247 ./. Abschlagszahlung
Jahr 2   6.168 + 247 + 493 ./. Abschlagszahlung

6. Kurzfristige Forderungen und sonstige Vermögensgegenstände (einschließlich Rechnungsabgrenzungsposten)

a) Allgemeines

Es gibt keinen speziellen Standard für Forderungen und sonstige Vermögensgegenstände. Im Regelfall handelt es sich hierbei um Finanzinstrumente, für die IAS 32 und IAS 39 zu beachten sind (siehe Abschnitt B.III.15). Aktive Rechnungsabgrenzungsposten dürfen nur aktiviert werden, wenn sie die Definition eines Vermögenswertes erfüllen (IAS 1.26).

b) Unterscheidung von Kurz- und Langfristigkeit

Ein Unternehmen hat kurzfristige und langfristige Vermögenswerte und kurzfristige und langfristige Schulden getrennt entsprechend IAS 1.57-67 auszuweisen, sofern nicht eine Gliederung nach der Liquidität verläßlich und relevanter ist. Falls das zutrifft, sind alle Vermögenswerte und Schulden grob nach der Liquidität zu gliedern (IAS 1.51).
Welche Darstellung auch gewählt wird, ein Unternehmen hat für jeden Vermögens- und Schuldposten, in denen Beträge enthalten sind, die sowohl vor als auch nach 12 Monaten nach dem Bilanzstichtag ausgeglichen werden sollen, den Betrag anzugeben, der nach 12 Monaten ausgeglichen werden soll (IAS 1.52).

Als kurzfristig ist eine Forderung auszuweisen, wenn ihre Realisierung innerhalb des normalen Geschäftszyklus oder innerhalb von 12 Monaten ab Bilanzstichtag erwartet wird (IAS 1.57).

In der Mindestgliederung für die Bilanz unterscheidet man
- Forderungen aus Lieferungen und Leistungen und sonstige Forderungen sowie
- finanzielle Vermögenswerte (ohne nach der Equity-Methode bilanzierte Finanzanlagen, Forderungen aus Lieferungen und Leistungen und sonstige Forderungen sowie Zahlungsmittel und Zahlungsmitteläquivalente) (IAS 1.68)

Wenn es für das Verständnis der Finanzlage relevant ist, ist eine über die Mindestgliederung hinausgehende Untergliederung vorzunehmen (IAS 1.69).
Entweder in der Bilanz oder in den notes sind die Forderungen in
- Forderungen an Handelskunden,
- Forderungen an nahestehende Unternehmen und Personen,
- Vorauszahlungen,
- sonstige Forderungen
zu untergliedern (IAS 1.75).

c) Bewertung

Ist der Eingang einer Forderung zweifelhaft, so ist eine Wertberichtigung vorzunehmen. Für eine Gruppe von Forderungen mit gleichartigen Kreditrisikomerkmalen ist eine Wertberichtigung auf Portfoliobasis möglich (IAS 39.63-64).

Fremdwährungsforderungen sind mit dem Stichtagskurs umzurechnen (IAS 21.23a).

7. Wertpapiere des Umlaufvermögens

Wertpapiere des Umlaufvermögens werden in IAS 39 behandelt.
IAS 39 befaßt sich
- sowohl mit finanziellen Vermögenswerten als auch finanziellen Schulden und Eigenkapitalinstrumenten,
- sowohl mit originären als auch derivativen Finanzinstrumenten,
- sowohl mit (langfristigen) Finanzanlagen als auch mit (kurzfristigen) Wertpapieren des Umlaufvermögens.

Um den Inhalt von IAS 39 nicht durch eine Verteilung auf verschiedene Abschnitte auseinanderreißen zu müssen, was seine Verständlichkeit erheblich beeinträchtigen würde, werden die Wertpapiere des Umlaufvermögens in dem Abschnitt B.III.15 Derivative und nicht-derivative Finanzinstrumente, Sicherungsinstrumente besprochen. Es wird besonders auf die in dem Abschnitt B.III.15 enthaltenen Ausführungen unter IAS 39.9 (zu Handelszwecken gehaltene Vermögenswerte und zur Veräußerung verfügbare finanzielle Vermögenswerte) und IAS 39.43, 39.46, 39.50-55, 39.57, 39.67-70 verwiesen.

8. Flüssige Mittel

Gemäß IAS 1.66 sind Zahlungsmittel und Zahlungsmitteläquivalente in einem Posten in der Bilanz auszuweisen. IAS 7.6 definiert Zahlungsmittel als Barmittel und Sichteinlagen und Zahlungsmitteläquivalente als kurzfristige, äußerst liquide Finanzinvestitionen, die jederzeit in bestimmte Zahlungsmittelbeträge umgewandelt werden können und nur unwesentlichen Wertschwankungen unterliegen.
Es gibt keinen speziellen IAS/IFRS für flüssige Mittel. Flüssige Mittel sind Finanzinstrumente, für die IAS 32 und IAS 39 zu beachten sind (siehe Abschnitt B.III.15).

9. Eigenkapital

a) Definitionen

Eigenkapital ist der nach Abzug aller Schulden verbleibende Restbetrag der Vermögenswerte des Unternehmens (F 49c).
Ein Eigenkapitalinstrument ist ein Vertrag, der einen Residualanspruch an den Vermögenswerten eines Unternehmens nach Abzug aller Schulden begründet (IAS 32.11).

Zu weiteren Einzelheiten, insbesondere zur Darstellung von Schulden und Eigenkapital, wird auf Abschnitt B.III.15d, d.h. auf IAS 32.15ff, hingewiesen.
IFRIC 2 stellt klar, unter welchen Voraussetzungen Genossenschaftsanteile und Anteile an Personengesellschaften als Eigenkapital bzw. Fremdkapital zu bilanzieren sind.

b) **Gliederung**

Für die Entscheidungsbedürfnisse des Abschlußlesers ist es angebracht, daß aus der Gliederung des Eigenkapitals gesetzliche oder andere Beschränkungen der Ausschüttbarkeit oder Beschränkungen bei der anderweitigen Verwendbarkeit von Teilen des Eigenkapitals sowie unterschiedliche Rechte bei Dividendenausschüttungen und Kapitalrückzahlungen hervorgehen (F 65-66).
Gemäß IAS 1.68 sind mindestens das gezeichnete Kapital, die Rücklagen sowie im Konzernabschluß die Minderheitsanteile getrennt auszuweisen.
Zusätzlich sind in der Bilanz oder in den notes gemäß IAS 1.74-77 weitere Angaben zu machen (siehe Abschnitt B.II.2b Bilanz).

Der wirtschaftliche Gehalt eines Finanzinstrumentes, eher als seine rechtliche Form, bestimmt die Einordnung in die Bilanz. Inhalt und Form sind im allgemeinen, aber nicht immer im Einklang. Manche Finanzinstrumente zeigen die rechtliche Form von Eigenkapital, aber sind wirtschaftlich gesehen Schulden, und andere mögen auf Eigenkapitalinstrumente, aber auch auf finanzielle Schulden hinweisen. Zum Beispiel:
- Eine Vorzugsaktie, die den obligatorischen Rückkauf durch den Emittenten zu einem festen oder festzulegenden Geldbetrag und zu einem fest verabredeten oder zu bestimmenden Rücknahmezeitpunkt vorsieht oder dem Inhaber das Recht einräumt, vom Emittenten den Rückkauf des Finanzinstrumentes zu bzw. nach einem bestimmten Datum und zu einem festen oder festzulegenden Geldbetrag zu verlangen, ist eine finanzielle Schuld.
- Ein Finanzinstrument, das dem Inhaber ein Rückgaberecht an den Emittenten gegen flüssige Mittel oder andere Vermögenswerte gibt (a puttable instrument), ist eine finanzielle Schuld (z.B. Anteile an Personengesellschaften und Genossenschaften) (IAS 32.18).
- Ein Finanzinstrument, das eine vertragliche Verpflichtung, flüssige Mittel oder andere finanzielle Vermögenswerte zu liefern, nicht ausdrücklich begründet, kann sie jedoch indirekt über die Verkaufs- und Zahlungsbedingungen begründen. Zum Beispiel:
- Ein Finanzinstrument kann eine nicht-finanzielle Verpflichtung enthalten, die zu begleichen ist, und das Unternehmen versäumt die Ausschüttung oder den Rückkauf des Finanzinstrumentes. Wenn das Unternehmen den Transfer flüssiger Mittel oder anderer finanzieller Vermögenswerte nur vermeiden kann, indem es die nicht-finanziellen Verpflichtungen begleicht, ist das Finanzinstrument eine finanzielle Schuld.
- Ein Finanzinstrument ist eine finanzielle Schuld, wenn sie dazu führt, daß das Unternehmen zur Begleichung entweder
  • flüssige Mittel oder andere finanzielle Vermögenswerte oder
  • seine eigenen Aktien, deren Wert dazu bestimmt ist, den Wert der flüssigen Mittel oder der anderen finanziellen Vermögenswerte beträchtlich zu übersteigen,
hergibt.

Obwohl das Unternehmen keine ausdrückliche vertragliche Verpflichtung hat, flüssige Mittel oder andere finanzielle Vermögenswerte zu liefern, wird es sich aufgrund des Wertes der Anteile für einen Ausgleich in flüssigen Mitteln entscheiden. Auf jeden Fall ist dem Inhaber im wesentlichen der Erhalt eines Betrages garantiert worden, der mindestens der Option einer Erfüllung in Zahlungsmitteln entspricht (siehe 32.21) (IAS 32.20).

Der Emittent eines Finanzinstrumentes, das sowohl eine Fremdkapital- als auch eine Eigenkapitalkomponente enthält, hat diese Komponenten getrennt auszuweisen (IAS 32.15). Der Emittent eines nicht-derivativen Finanzinstrumentes hat die Bedingungen des Finanzinstrumentes auszuloten, um zu sehen, ob es sowohl eine Schuld als auch eine Eigenkapitalkomponente enthält. Solche Komponenten sind separat als finanzielle Schulden, finanzielle Vermögenswerte oder Eigenkapitalinstrumente in Übereinstimmung mit IAS 32.15 zu klassifizieren (IAS 32.28).

Rückgekaufte eigene Eigenkapitalinstrumente (treasury shares)
Wenn ein Unternehmen seine eigenen Eigenkapitalinstrumente zurückkauft, sind diese Instrumente vom Eigenkapital abzusetzen. Beim Kauf, Verkauf, bei der Ausgabe oder Einziehung eigener Eigenkapitalinstrumente darf kein Gewinn oder Verlust in der Bilanz ausgewiesen werden. Solche eigenen Eigenkapitalinstrumente können vom Unternehmen oder anderen Mitgliedern der Konzerngruppe erworben und gehalten werden. Gezahlte oder erhaltene Gegenleistungen sind direkt im Eigenkapital zu erfassen (IAS 32.33).

Aufwendungen einer Kapitalerhöhung sind, gemindert um die Ertragsteuerwirkung, vom Eigenkapital abzusetzen (IAS 32.34).

Da die IAS/IFRS keinen Zusammenhang zwischen Handels- und Steuerbilanz kennen, gibt es keinen Sonderposten mit Rücklageanteil. Der Eigenkapitalanteil ist somit den Rücklagen zuzuführen und der Fremdkapitalanteil als latente Steuern zu passivieren.

Vorgesehene Änderungen

Allgemeines
Die Vorschriften im Rahmenkonzept und in IAS 32 führen dazu, daß Personengesellschaften und Genossenschaften kein Eigenkapital ausweisen können, da die Gesellschafter ein Kündigungsrecht gegenüber der Gesellschaft haben.
Im Juni 2006 veröffentlichte der IASB ED 32 Änderungen zu IAS 32 und IAS 1 Financial Instruments Puttable at Fair Value and Obligations Arising on Liquidation, der vorsieht, daß kündbare Anteile an Personengesellschaften und Genossenschaften unter bestimmten Voraussetzungen als Eigenkapital klassifiziert werden können.

Änderungen im einzelnen
Eine Klassifizierung als Eigenkapital kann erfolgen, wenn folgende Bedingungen kumulativ erfüllt sind:
– Die kündbaren Anteile gehören der nachrangigsten Kapitalklasse an.
– Die Ausgabe der Anteile erfolgt zum beizulegenden Zeitwert des anteiligen Nettovermögens.

- Der Gesellschafter ist zu einer Rückgabe der Anteile an den Emittenten zum beizulegenden Zeitwert des anteiligen Nettovermögens berechtigt.
- Die kündbaren Anteile führen bei der Liquidation der Gesellschaft zu einem Anspruch am anteiligen Nettovermögen.
- Der Abfindungsanspruch am anteiligen Nettovermögen ist zu keinem Zeitpunkt durch Vertragsbedingungen beschränkt oder garantiert.

Der IASB nennt es eine pragmatische und kurzfristige Lösung. Der IASB und der FASB wollen im Rahmen des long-term-Konvergenzprojektes zu Schulden und Eigenkapital eine endgültige Lösung entwickeln.

c) Anteilsbasierte Vergütungen (share-based payment)

Anwendungsbereich
IFRS 2 ist bei allen anteilsbasierten Vergütungen, insbesondere
- Eigenkapitalinstrumenten (beispielsweise Aktien und Optionen auf Aktien) als Entgelte für Güter oder Dienstleistungen (equity-settled share-based payment transactions),
- am Preis (oder Wert) von Eigenkapitalinstrumenten orientierten Geldzahlungen, d.h. virtuellen Eigenkapitalinstrumenten (cash-settled share-based payment transactions), und
- Gegenleistungen, bei denen das Unternehmen oder der Entgeltempfänger zwischen Zahlungen in bar (oder anderen Vermögenswerten) oder Ausgabe von Eigenkapitalinstrumenten (Kombinationsmodell) wählen kann,

mit Ausnahme der in IFRS 2.5-6 aufgeführten Fälle, anzuwenden (IFRS 2.2). (Da sich IFRS 2 share-based payment nicht nur mit der Vergütung an Mitarbeiter in Form von Aktien oder Aktienoptionen, sondern mit allen Transaktionen, bei denen das Unternehmen, d.h. Aktiengesellschaften oder andere Gesellschaftsformen, Güter oder Dienstleistungen erhält, befaßt, wurde share-based payment nicht wie im amtlichen EU-Text mit aktionorientierter, sondern mit anteilsbasierter Vergütung übersetzt.)

Als Vergütungsschuldner von Eigenkapitalinstrumenten kommen außer dem Unternehmen das Mutterunternehmen oder andere in den Konzernabschluß einbezogene Unternehmen in Betracht (IFRS 2.3).
Bezugsrechte an alte Aktionäre fallen nicht unter IFRS 2 (IFRS 2.4).
Nicht in den Anwendungsbereich von IFRS 2 fallen Transaktionen, die in IAS 22, IAS 32.8-10 und IAS 39.5-7 geregelt sind (IFRS 2.5-6).

Ansatz
Die im Rahmen von IFRS 2 erworbenen Güter oder Dienstleistungen sind zum Zeitpunkt des Zugangs zu erfassen. Die Gegenleistung wird bei Eigenkapitalinstrumenten, z.B. Aktienoptionen, Belegschaftsaktien, im Eigenkapital und bei am Wert von Eigenkapitalinstrumenten orientierten Geldzahlungen, d.h. virtuellen Eigenkapitalinstrumenten, als Verbindlichkeit bzw. Rückstellung gebucht (IFRS 2.7). Wenn die erhaltenen oder erworbenen Güter oder Dienstleistungen bei einer anteilsbasierten Vergütung nicht aktivierungsfähig sind, sind sie als Aufwand zu erfassen (IFRS 2.8).

Bei der Gewährung von Aktienoptionen erfolgt somit die Buchung »Personalaufwand an Eigenkapital«, d.h. das Eigenkapital insgesamt bleibt unverändert. Das gleiche gilt auch bei Belegschaftsaktien für den Unterschied zwischen dem Kaufpreis der Belegschaftsaktien und dem Marktwert der Aktien.

Bewertung Eigenkapitalinstrumente
Bei anteilsbasierten Vergütungen, die durch Eigenkapitalinstrumente erbracht werden, hat die Bewertung der Güter und Dienstleistungen und der Eigenkapitalerhöhung mit dem beizulegenden Zeitwert der erhaltenen Güter und Dienstleistungen (direkte Methode) oder – falls dies nicht verläßlich möglich ist – mit dem beizulegenden Zeitwert der gewährten Eigenkapitalinstrumente (indirekte Methode) zu erfolgen (IFRS 2.10). Bei Dienstleistungen von Arbeitnehmern ist die indirekte Methode anzuwenden (IFRS 2.11-12).
Bei erhaltenen Gütern und Dienstleistungen von Dritten (Nicht-Arbeitnehmer) gilt die widerlegbare Vermutung, daß der beizulegende Zeitwert der erhaltenen Güter und Dienstleistungen zum Zeitpunkt des Erhalts verläßlich geschätzt werden kann (IFRS 2.13).
Wenn die Gewährung von Eigenkapitalinstrumenten von einem Anstellungsverhältnis oder von der Erfüllung von Erfolgszielen abhängt, ist die Aufwandsverteilung und die Eigenkapitalerhöhung pro rata temporis über die Sperrfrist zu verteilen (IFRS 2.14-15).
Die Bewertung der Eigenkapitalinstrumente soll möglichst zu Marktpreisen erfolgen (IFRS 2.16). Falls keine Marktpreise zur Verfügung stehen, ist ein allgemein anerkanntes Bewertungsmodell für Finanzinstrumente anzuwenden (IFRS 2.17).
Anhang B von IFRS 2 enthält Anleitungen für die Bewertung von Aktien und Aktienoptionen (IFRS 2.18).
Der Gesamtaufwand des Wertes der Güter und Dienstleistungen ergibt sich aus dem beizulegenden Zeitwert der Eigenkapitalinstrumente multipliziert mit der Anzahl der voraussichtlich zu erwerbenden Eigenkapitalinstrumente (IFRS 2.19). Bei der Zusage von Optionen ist deshalb zu schätzen, wie viele Eigenkapitalinstrumente bis zum Ablauf der Sperrfrist erworben werden (z.B. durch Berücksichtigung der Mitarbeiterfluktuation) und bei der zu berücksichtigenden Anzahl der Eigenkapitalinstrumente anzusetzen sind. Falls neue Erkenntnisse über die Anzahl der zu erwerbenden Eigenkapitalinstrumente vorliegen, ist die Schätzung zu korrigieren. Bei Ablauf der Sperrfrist muß die Schätzung mit den erworbenen Eigenkapitalinstrumenten übereinstimmen (IFRS 2.20). Die Ermittlung des beizulegenden Zeitwertes der Eigenkapitalinstrumente hat unter Berücksichtigung der Marktbedingungen (z.B. angestrebter Aktienkurs) zu erfolgen (IFRS 2.21).
Nach Ablauf des Übertragungszeitpunktes (vesting date) sind keine Anpassungen beim Eigenkapital, z.B. für verfallene (forfeited) oder nicht ausgeübte (not exercised) Optionen, mehr vorzunehmen. Eine Umgliederung im Eigenkapital ist jederzeit möglich (IFRS 2.23).
Wenn in seltenen Fällen der beizulegende Zeitwert der Eigenkapitalinstrumente gemäß IFRS 2.16-22 nicht verläßlich ermittelt werden kann, sind die Eigenkapitalinstrumente zum Zusagezeitpunkt und bei der Folgebewertung mit dem inneren Wert (intrinsic value), d.h. dem Unterschied zwischen dem Bezugskurs der Option und

den aktuellen Wert des Anteils, anzusetzen. Die Wertänderungen sind erfolgswirksam zu behandeln (IFRS 2.24).
Bei einer nachträglichen Änderung der Bedingungen (z.B. Neufestsetzung des Ausübungspreises) ist eine Neubewertung vorzunehmen (IFRS 2.26-27). Bei einem Widerruf (cancellation) oder Ausgleich der Optionen während der Sperrfrist (vesting period) ist der Aufwand sofort zu erfassen (IFRS 2.28).

Bewertung virtueller Eigenkapitalinstrumente
Bei virtuellen Eigenkapitalinstrumenten hat die Bewertung der Güter und Dienstleistungen und der Verbindlichkeit/Rückstellung mit dem beizulegenden Zeitwert der Verbindlichkeit/Rückstellung zu erfolgen (indirekte Methode). Bis zum Ausgleich der Verbindlichkeit/Rückstellung sind zu jedem Bilanzstichtag und zum Tag der Zahlung die Änderungen des beizulegenden Zeitwertes erfolgswirksam zu erfassen (IFRS 2.30). Falls keine Sperrfrist vereinbart wurde, ist die Verbindlichkeit/Rückstellung sofort erfolgswirksam zu erfassen. Falls eine Sperrfrist vereinbart wurde, ist der Aufwand über die Sperrfrist zu verteilen (IFRS 2.32). Die Bewertung hat mit einem Optionspreismodell zu erfolgen (IFRS 2.33).

Bewertung Kombinationsmodelle
Bei Kombinationsmodellen, bei denen das Unternehmen oder der Entgeltempfänger zwischen Zahlungen in bar (oder anderen Vermögenswerten) oder Ausgabe von Eigenkapitalinstrumenten wählen kann, hat das Unternehmen diese Transaktion oder die Teile dieser Transaktion als virtuelle Eigenkapitalinstrumente zu behandeln, wenn und soweit das Unternehmen eine Verbindlichkeit eingegangen ist, Barzahlung oder andere Vermögenswerte zu leisten bzw. als Eigenkapitalinstrumente zu behandeln, wenn und soweit eine solche Verbindlichkeit nicht eingegangen wurde (IFRS 2.34).
Wenn der Entgeltempfänger ein Wahlrecht hat, dann hat das Unternehmen ein zusammengesetztes Finanzinstrument gewährt, das eine Fremdkapitalkomponente (Recht, Zahlungen in bar zu verlangen) und eine Eigenkapitalkomponente (Recht, Eigenkapitalinstrumente zu verlangen) umfaßt. Bei Transaktionen mit Begünstigten, die keine Mitarbeiter sind, ist die Eigenkapitalkomponente aus dem Unterschied zwischen dem beizulegenden Zeitwert der erhaltenen Güter oder Dienstleistungen und dem beizulegenden Zeitwert der Fremdkapitalkomponente zum Zeitpunkt des Zugangs der erhaltenen Güter und Dienstleistungen zu ermitteln (IFRS 2.35). Bei anderen Transaktionen, einschließlich der Transaktionen mit Mitarbeitern, ist der beizulegende Zeitwert des Kombinationsmodells zum Gewährungszeitpunkt gemäß den gewährten Wahlrechten zu bemessen (IFRS 2.36). Es ist zunächst der beizulegende Zeitwert der Fremdkapitalkomponente zu ermitteln und anschließend der der Eigenkapitalkomponente, sofern es einen solchen Wert gibt (IFRS 2.37). Zum Zeitpunkt der Regulierung ist bei Erfüllung mit Fremdkapital der letzte Bilanzausweis an den Erfüllungsbetrag erfolgswirksam anzugleichen und bei Erfüllung mit Eigenkapital ist die Verbindlichkeit in das Eigenkapital umzubuchen (IFRS 2.39).
Wenn das Unternehmen ein Wahlrecht hat, ist festzustellen, ob eine Zahlungsverpflichtung vorliegt, die dann entsprechend zu bewerten ist. Eine solche Zahlungsverpflichtung liegt vor, wenn z.B. eine Vergütung durch Eigenkapitalinstrumente wirtschaftlich nicht sinnvoll ist, das Unternehmen aus rechtlichen Gründen keine Aktien

ausgeben kann, das Unternehmen in der Vergangenheit immer einen Barausgleich vorgenommen hat oder beabsichtigt, einen Barausgleich vorzunehmen (IFRS 2.41). In diesem Fall ist IFRS 2.30-31 anzuwenden (IFRS 2.42).

Angaben
Es sind Angaben zu machen, die es dem Abschlußleser ermöglichen, Art und Umfang der in der Berichtsperiode existierenden anteilsbasierten Vergütungen zu verstehen (IFRS 2.44). Es sind mindestens anzugeben:
- Detaillierte Beschreibung der einzelnen während der Berichtsperiode existierenden Vereinbarungen,
- die Anzahl und der gewichtete durchschnittliche Ausübungspreis der Optionen, wie folgt aufgegliedert
  - zu Beginn der Periode ausstehende Optionen,
  - in der Periode gewährte Optionen,
  - in der Periode erloschene (forfeited) Optionen,
  - in der Periode ausgeübte Optionen,
  - in der Periode verfallene (expired) Optionen,
  - am Ende der Periode ausstehende Optionen,
  - am Ende der Periode ausübbare Optionen,
- den gewichteten durchschnittlichen Ausübungspreis der während der Berichtsperiode ausgeübten Optionen,
- die Bandbreite der Ausübungspreise und die gewichtete durchschnittliche Restlaufzeit der am Ende der Berichtsperiode ausstehenden Optionen (IFRS 2.45).

Die Ermittlung der beizulegenden Zeitwerte der erhaltenen Güter oder Dienstleistungen oder der während der Berichtsperiode gewährten Eigenkapitalinstrumente ist zu beschreiben (IFRS 2.46).
Es sind mindestens die folgenden Angaben bei indirekter Ermittlung des Wertes der erhaltenen Güter und Dienstleistungen zu machen:
- für die während der Berichtsperiode gewährten Optionen der gewichtete durchschnittliche Wert dieser Optionen und wie der beizulegende Zeitwert ermittelt wurde, einschließlich
  - Optionspreismodell einschließlich Angabe der eingegebenen Parameter wie durchschnittlicher Aktienpreis, Ausübungspreis, erwartete Volatilität, Laufzeit der Option, erwartete Dividende, risikofreier Zinssatz und andere eingegebene Parameter, insbesondere die benutzte Methode und Annahmen über erwartete vorzeitige Ausübung,
  - Ermittlung der erwarteten Volatilität, insbesondere inwieweit die erwartete Volatilität auf der vergangenen Volatilität basiert,
  - ob und wie andere Merkmale der gewährten Optionen in die Bemessung des beizulegenden Zeitwertes einflossen,
- für die anderen während der Berichtsperiode gewährten Eigenkapitalinstrumente (d.h. andere als Aktienoptionen), die Anzahl und der gewichtete durchschnittliche beizulegende Zeitwert dieser Eigenkapitalinstrumente und wie der beizulegende Zeitwert ermittelt wurde, insbesondere
  - wenn der beizulegende Zeitwert nicht auf Basis von Marktpreisen ermittelt wurde, wie er bestimmt wurde,

- ob und wie erwartete Dividenden in die Bewertung des beizulegenden Zeitwertes einbezogen wurden,
- ob und wie andere Merkmale in die Bemessung des beizulegenden Zeitwertes einbezogen wurden,
– für während der Berichtsperiode geänderte anteilsbasierte Vergütungen
  - eine Erläuterung dieser Änderungen,
  - der sich aufgrund der Änderungen ergebende zusätzliche beizulegende Zeitwert,
  - Informationen, ob der zusätzliche beizulegende Zeitwert entsprechend den oben genannten Anforderungen ermittelt wurde (IFRS 2.47).

Bei direkter Ermittlung des beizulegenden Zeitwertes der erhaltenen Güter und Dienstleistungen sind anzugeben, wie die beizulegenden Zeitwerte ermittelt wurden (IFRS 2.48), ggf. die Begründung der Widerlegung der in IFRS 2.13 angegebenen Vermutung (IFRS 2.49).

Es sind Informationen über die Auswirkung der anteilsbasierten Vergütungen auf das Ergebnis der Berichtsperiode und auf die Finanzlage zu geben (IFRS 2.50), und zwar mindestens
– die gesamten erfolgswirksamen Aufwendungen für anteilsbasierte Vergütungen, bei denen kein Vermögenswert angesetzt werden konnte unter gesonderter Angabe des Aufwandes aufgrund der Ausgabe von Eigenkapitalinstrumenten,
– die Höhe der Verbindlichkeiten aufgrund von anteilsbasierten Vergütungen und den inneren Wert der Verbindlichkeiten, die die Berechtigten sich am Periodenende in bar oder in anderen Vermögenswerten vergüten lassen können (IFRS 2.51).

Es sind zusätzliche Angaben zu machen, wenn die im einzelnen geforderten Mindestangaben den in IFRS 2.44, 2.46 und 2.50 geforderten grundsätzlichen Informationen nicht genügen (IFRS 2.52).

Übergangsvorschriften

IFRS 2 gilt für alle anteilsbasierten Vergütungen, die in Eigenkapitalinstrumenten erbracht werden, die nach dem 7.11.2002 gewährt wurden und deren Ausübungszeit bei Inkrafttreten des IFRS 2 (1.1.2005) noch läuft (IFRS 2.53). IFRS 2.54-59 enthalten weitere Übergangsvorschriften.

> **Beispiel**
>
> Ein Unternehmer gewährt jedem seiner 500 Mitarbeiter 100 Aktienoptionen. Voraussetzung für die Gewährung ist das Fortbestehen des Arbeitsverhältnisses während der nächsten drei Jahre. Jede Option wird vom Unternehmen auf 15 € geschätzt. Aufgrund einer durchschnittlichen Wahrscheinlichkeitsberechnung wird unterstellt, daß 20% der Mitarbeiter während der Dreijahresperiode ausscheiden und folglich ihre Optionen verfallen werden.
>
> Bei einem erwartungsgemäßen Verlauf ergeben sich folgende Aufwandsbuchungen (Gegenbuchung Eigenkapital):
>
> Planmäßiger Aufwand
>
> | Jahr | | Vergütungs-aufwand je Periode € | Vergütungs-aufwand kumuliert € |
> |---|---|---|---|
> | 1 | (50.000 Optionen x 80% x 15 € x 1/3 Jahr) | 200.000 | 200.000 |
> | 2 | (50.000 Optionen x 80% x 15 € x 2/3 Jahr) − 200.000 € | 200.000 | 400.000 |
> | 3 | (50.000 Optionen x 80% x 15 € x 3/3 Jahr) − 400.000 € | 200.000 | 600.000 |
>
> Tatsächlicher Aufwand
> Im Jahr 1 scheiden 20 Mitarbeiter aus. Das Unternehmen revidiert daraufhin seine Schätzung bezüglich des Gesamtausscheidens über die Dreijahresperiode von 20% (100 Mitarbeiter) auf 15% (75 Mitarbeiter). Im Jahr 2 scheiden weitere 22 Mitarbeiter aus. Das Unternehmen revidiert seine Schätzung über das Gesamtausscheiden während der Dreijahresperiode von 15% auf 12% (60 Mitarbeiter). Im Jahr 3 scheiden weitere 15 Mitarbeiter aus. Insgesamt sind in der Dreijahresperiode die Optionen von 57 Mitarbeitern verfallen und 44.300 Optionen (443 Mitarbeiter x 100 Optionen) ausgegeben. Daraus ergibt sich folgender tatsächlicher Aufwand:
>
> | Jahr | | Vergütungs-aufwand je Periode € | Vergütungs-aufwand kumuliert € |
> |---|---|---|---|
> | 1 | (50.000 Optionen x 85% x 15 € x 1/3 Jahr) | 212.000 | 212.000 |
> | 2 | (50.000 Optionen x 88% x 15 € x 2/3 Jahr) − 212.500 € | 227.500 | 440.000 |
> | 3 | (44.300 Optionen x 15 €) − 440.000 € | 224.500 | 664.500 |
>
> Weitere Beispiele siehe IFRS 2 Guidance on Implementing (IG). Im einzelnen handelt es sich dabei um Optionen,
> - bei denen der Erdienungszeitraum (resting period) variiert (IG2),
> - bei denen die Anzahl der zugesagten Optionen variiert (IG3),
> - bei denen der Ausübungspreis variiert (IG4),
> - die von Marktverhältnissen abhängig sind (IG5),
> - die von Marktverhältnissen abhängig sind und bei denen der Erdienungszeitraum variiert (IG6),
> - bei denen die Optionsbedingungen nachträglich geändert wurden (IG7-9),
> - die zum inneren Wert bewertet werden (IG10),
> - die Mitarbeiteraktienkaufpläne sind (IG11),
> - bei denen virtuelle Eigenkapitalinstrumente gewährt werden (IG12),
> - bei denen ein Erfüllungswahlrecht in bar oder in Eigenkapitalinstrumenten besteht (IG13).

Vorgesehene Änderungen

Allgemeines

Im Februar 2006 veröffentlichte der IASB Amendment to IFRS 2 Vesting Conditions and Cancellations (ED IFRS 2 amend).

Änderungen im einzelnen
Durch dieses Amendment sollen Unklarheiten bei zwei Definitionen beseitigt werden. Es wird festgelegt, daß die Ausübungsbedingungen nur die Dienstbedingungen und die Leistungsbedingungen umfassen. Zum anderen wurde IFRS 2.28 so formuliert, daß Kündigungen durch Mitarbeiter oder durch das Unternehmen bilanziell gleich behandelt werden.

10. Rückstellungen für Pensionen und ähnliche Verpflichtungen

a) Anwendungsbereich

Von Arbeitgebern ist bei der Bilanzierung von Leistungen an Arbeitnehmer IAS 19 anzuwenden, ausgenommen Leistungen, auf die IFRS 2 anzuwenden ist (IAS 19.1). IAS 19 bezieht sich nicht nur auf Rückstellungen für Pensionen und ähnliche Verpflichtungen, d.h. Leistungen nach Beendigung des Arbeitsverhältnisses und andere langfristig fällige Leistungen an Arbeitnehmer, sondern auch auf kurzfristig fällige Leistungen an Arbeitnehmer und Leistungen aus Anlaß der Beendigung des Arbeitsverhältnisses (IAS 19.4).

b) Definitionen

Leistungen an Arbeitnehmer sind alle Formen der Vergütung, die ein Unternehmen im Austausch für die von Arbeitnehmern erbrachte Arbeitsleistung gewährt.

Kurzfristig fällige Leistungen an Arbeitnehmer sind Leistungen des Unternehmens an Arbeitnehmer (außer Leistungen aus Anlaß der Beendigung des Arbeitsverhältnisses und Leistungen durch Gewährung von Kapitalbeteiligungen), die innerhalb von zwölf Monaten nach Ende der Berichtsperiode, in der die Arbeitnehmer die entsprechende Arbeitsleistung erbracht haben, in voller Höhe fällig werden.

Leistungen nach Beendigung des Arbeitsverhältnisses sind Leistungen an Arbeitnehmer, die nach Beendigung des Arbeitsverhältnisses zu zahlen sind (außer Leistungen aus Anlaß der Beendigung des Arbeitsverhältnisses und Leistungen durch Gewährung von Kapitalbeteiligungen).

Pläne für Leistungen nach Beendigung des Arbeitsverhältnisses sind formelle oder informelle Vereinbarungen, denen zufolge ein Unternehmen für einen oder mehrere Arbeitnehmer Versorgungsleistungen nach Beendigung des Arbeitsverhältnisses gewährt.

Beitragsorientierte Pläne sind Pläne für Leistungen nach Beendigung des Arbeitsverhältnisses, denen zufolge ein Unternehmen festgelegte Beiträge in eine eigenständige

Einheit (Fonds) einzahlt und weder rechtlich noch faktisch zu darüber hinausgehenden Zahlungen verpflichtet ist, falls der Fonds nicht über ausreichende Vermögenswerte verfügt, um alle Leistungen an Arbeitnehmer in Bezug auf ihre Arbeitsleistungen in der Berichtsperiode und früheren Perioden zu erbringen.

Leistungsorientierte Pläne sind Pläne für Leistungen nach Beendigung des Arbeitsverhältnisses, die keine beitragsorientierten Pläne sind.

Gemeinschaftliche Pläne mehrerer Arbeitgeber sind beitragsorientierte Pläne (außer staatlichen Plänen) oder leistungsorientierte Pläne (außer staatlichen Plänen), die
- Vermögenswerte von verschiedenen Unternehmen, die nicht einer gemeinschaftlichen Beherrschung unterliegen, zusammenfassen und
- diese Vermögenswerte nutzen, um Leistungen an Arbeitnehmer aus mehr als einem Unternehmen zur Verfügung zu stellen, ohne daß die Beitrags- und Leistungshöhe von den jeweils beschäftigenden Unternehmen abhängt.

Andere langfristig fällige Leistungen an Arbeitnehmer sind Leistungen (außer Leistungen nach Beendigung des Arbeitsverhältnisses, Abfindungen und Gewährung von Kapitalbeteiligungen), die nicht innerhalb von zwölf Monaten nach Ende der Berichtsperiode, in der die Arbeitnehmer die entsprechende Arbeitsleistung erbracht haben, in voller Höhe fällig werden.

Abfindungen sind zu zahlende Leistungen an Arbeitnehmer, die daraus resultieren, daß
- entweder ein Unternehmen die Beendigung des Arbeitsverhältnisses vor dem normalen Pensionierungszeitpunkt beschlossen hat oder
- ein Arbeitnehmer freiwillig seiner Freisetzung im Austausch für diese Leistungen zustimmt.

Gewährungen von Kapitalbeteiligungen sind Leistungen an Arbeitnehmer, durch die
- entweder Arbeitnehmer einen Anspruch auf vom Unternehmen oder dessen Mutterunternehmen ausgegebene Eigenkapitalinstrumente haben oder
- die Höhe der Verpflichtung des Unternehmens gegenüber den Arbeitnehmern vom künftigen Preis der vom Unternehmen ausgegebenen Eigenkapitalinstrumente abhängt.

Pläne für Kapitalbeteiligungsleistungen sind formelle oder informelle Vereinbarungen, denen zufolge ein Unternehmen Kapitalbeteiligungsleistungen an einen oder mehrere Arbeitnehmer gewährt.

Unverfallbare Leistungen sind Leistungen an Arbeitnehmer, deren Gewährung nicht vom Fortbestand des Arbeitsverhältnisses abhängt.

Der Barwert einer leistungsorientierten Verpflichtung ist der ohne Abzug von Planvermögen beizulegende Barwert erwarteter künftiger Zahlungen, die erforderlich sind, um die Verpflichtungen, die aufgrund von Arbeitnehmerleistungen in der Berichtsperiode und früheren Perioden entstanden sind, begleichen zu können.

Laufender Dienstzeitaufwand ist die Erhöhung des Barwertes einer leistungsorientierten Verpflichtung, die auf die von Arbeitnehmern in der Berichtsperiode erbrachte Arbeitsleistung entfällt.

Zinsaufwand bezeichnet die Erhöhung des Barwertes einer leistungsorientierten Verpflichtung während einer Periode, die entsteht, weil der Zeitpunkt der Leistungserfüllung eine Periode näher gerückt ist.

Planvermögen umfaßt
- Vermögen, das durch einen langfristig ausgelegten Fonds zur Erfüllung von Leistungen an Arbeitnehmer gehalten wird und
- qualifizierte Versicherungspolicen.

Vermögen, das durch einen langfristig ausgelegten Fonds zur Erfüllung von Leistungen an Arbeitnehmer gehalten wird, ist Vermögen (ausgenommen nicht übertragbare Finanzinstrumente, die vom berichtenden Unternehmen ausgegeben werden), das
- von einer Einheit (einem Fonds) gehalten wird, die rechtlich unabhängig von dem berichtenden Unternehmen ist und ausschließlich zur Zahlung oder Erfüllung der Leistungsverpflichtungen gegenüber den Arbeitnehmern dient,
- nur zur Zahlung oder Erfüllung der Leistungsverpflichtungen gegenüber den Arbeitnehmern dient, außerhalb des Zugriffes der Gläubiger des Unternehmens (selbst bei Insolvenz) liegt und nicht auf das berichtende Unternehmen rückübertragen werden kann, außer wenn
  • das im Fonds verbleibende Vermögen ausreicht, alle Leistungsverpflichtungen gegenüber den Arbeitnehmern aus dem Plan zu erfüllen, oder
  • das Vermögen an das berichtende Unternehmen zurückgegeben wird, um damit bereits gezahlte Leistungsverpflichtungen an die Arbeitnehmer zurückzuerstatten.

Eine qualifizierte Versicherungspolice ist eine von einem Versicherer, der kein nahestehendes Unternehmen im Sinne von IAS 24 ist, ausgegebene Police, wenn die Erträge aus der Police
- nur zur Zahlung oder Erfüllung der Leistungsverpflichtungen gegenüber den Arbeitnehmern entsprechend einem leistungsorientierten Plan dienen und
- außerhalb des Zugriffes der Gläubiger des Unternehmens (selbst bei Insolvenz) liegen und nicht an das berichtende Unternehmen gezahlt werden können, außer wenn
  • die Erträge einen Überschuß darstellen, der nicht zur Erfüllung aller Leistungsverpflichtungen gegenüber den Arbeitnehmern aus der Police benötigt wird, oder
  • die Erträge an das berichtende Unternehmen zurückgegeben werden, um damit bereits gezahlte Leistungsverpflichtungen an die Arbeitnehmer zurückzuerstatten.

Der beizulegende Zeitwert ist der Betrag, zu dem zwischen sachverständigen, vertragswilligen und voneinander unabhängigen Geschäftspartnern ein Vermögenswert getauscht oder eine Schuld beglichen werden könnte.

Erträge aus Planvermögen sind Zinsen, Dividenden und sonstige Erträge aus dem Planvermögen einschließlich realisierter oder nicht realisierter Gewinne oder Verluste beim Planvermögen abzüglich der Verwaltungskosten des Plans und etwaiger Steuern, die vom Plan selbst zu entrichten sind.

Versicherungsmathematische Gewinne und Verluste umfassen:
- erfahrungsbedingte Anpassungen (die Auswirkungen der Unterschiede zwischen früheren versicherungsmathematischen Annahmen und der tatsächlichen Höhe der Verpflichtungen),
- Auswirkungen von Änderungen versicherungsmathematischer Annahmen.

Nachzuverrechnender Dienstzeitaufwand ist der Anstieg des Barwertes einer auf Arbeitsleistung in vorangegangenen Perioden entfallenden leistungsorientierten Verpflichtung, der in der Berichtsperiode aufgrund der Einführung oder Änderung eines Plans für Leistungen nach Beendigung des Arbeitsverhältnisses oder anderer langfristig fälliger Leistungen an Arbeitnehmer eintritt. Der nachzuverrechnende Dienstzeitaufwand kann sowohl positiv (wenn Leistungen eingeführt oder verbessert werden) als auch negativ (wenn bestehende Leistungen gekürzt werden) sein (IAS 19.7).

c) Kurzfristig fällige Leistungen an Arbeitnehmer

Die in IAS 19.8 bis 19.23 behandelten kurzfristig fälligen Leistungen an Arbeitnehmer, nämlich
- Löhne, Gehälter und Sozialversicherungsbeiträge,
- bezahlte kurzfristige Abwesenheiten (wie z.B. bezahlter Jahresurlaub und Lohnfortzahlung im Krankheitsfall, sofern die Abwesenheit innerhalb von zwölf Monaten nach Ende der Periode erfolgt, in der die entsprechende Arbeitsleistung erbracht wurde),
- Gewinnbeteiligungen und Boni, die innerhalb von zwölf Monaten nach Ende der Periode, in der die entsprechende Arbeitsleistung erbracht wurde, zu zahlen sind,
- geldwerte Leistungen (wie z.B. medizinische Versorgung, Unterkunft, Auto und kostenlose oder vergünstigte Abgabe von Waren oder Dienstleistungen) an aktive Arbeitnehmer,

sind keine Pensionen und ähnliche Verpflichtungen. Ihre Bilanzierung ist im allgemeinen einfach, da keine versicherungsmathematischen Annahmen zu machen sind und sie nicht abzuzinsen sind (IAS 19.8-9).

d) Leistungen nach Beendigung des Arbeitsverhältnisses: Unterscheidung zwischen beitragsorientierten und leistungsorientierten Plänen

Es wird zwischen beitragsorientierten und leistungsorientierten Plänen unterschieden (IAS 19.25).

Gemeinschaftliche Pläne mehrerer Arbeitgeber
Ein gemeinschaftlicher Plan mehrerer Arbeitgeber ist von einem Unternehmen entsprechend den Regelungen des Plans (einschließlich der faktischen Verpflichtung, die über die formalen Regelungen des Plans hinausgehen) als beitragsorientierter Plan oder als leistungsorientierter Plan einzuordnen. Wenn ein gemeinschaftlicher Plan mehrerer Arbeitgeber ein leistungsorientierter Plan ist, dann hat das Unternehmen

- seinen proportionalen Anteil an der leistungsorientierten Verpflichtung, dem Planvermögen und den mit dem Plan verbundenen Kosten genauso zu behandeln wie andere leistungsorientierte Pläne und
- die gemäß IAS 19.120A geforderten Angaben zu machen (IAS 19.29).

Wenn keine ausreichenden Informationen zur Verfügung stehen, um einen leistungsorientierten gemeinschaftlichen Plan mehrerer Arbeitgeber wie einen leistungsorientierten Plan zu behandeln, dann hat das Unternehmen
- den Plan gemäß IAS 13.44-46 zu behandeln, d.h. als ob es sich um einen beitragsorientierten Plan handelt,
- anzugeben,
  - daß es sich um einen leistungsorientierten Plan handelt,
  - aus welchem Grund keine ausreichenden Informationen zur Verfügung stehen, um das Unternehmen in die Lage zu versetzen, den Plan als leistungsorientierten Plan zu behandeln,
- soweit eine Vermögensüber- oder -unterdeckung des Plans Auswirkungen auf die Höhe der künftigen Beitragszahlungen haben könnte, zusätzlich anzugeben:
  - alle verfügbaren Informationen über die Vermögensüber- oder -unterdeckung,
  - die zur Bestimmung der Vermögensüber- oder -unterdeckung verwendeten Grundlagen,
  - die Auswirkungen auf das Unternehmen, sofern sich solche ergeben (IAS 19.30).

An einem gemeinschaftlichen Plan beteiligte Unternehmen haben beschlossene Rückerstattungen (Überdeckung des Plans) und Sonderbeiträge (Defizit), die aus einem beitragsorientierten Plan entstehen, erfolgswirksam zu erfassen (IAS 19.32A).

Nicht beschlossene, aber mögliche und wahrscheinliche Rückerstattungen und Sonderbeiträge sind gemäß IAS 37 zu behandeln (IAS 19.32B).

Konzerninterne Pensionspläne
Konzerninterne Pensionspläne sind keine gemeinschaftlichen Pläne mehrerer Arbeitgeber (IAS 19.34). Der Pensionsaufwand für solche Pläne ist in den Einzelabschlüssen des Unternehmens zu erfassen (IAS 19.34A). Die Teilnahme an einem solchen Plan ist bei den einzelnen Unternehmen als ein Geschäftsvorfall zwischen nahestehenden Unternehmen und Personen anzusehen und hat in IAS 19.34B aufgeführte Angabepflichten zur Folge (IAS 19.34B).

Staatliche Pläne
Ein Unternehmen hat einen staatlichen Plan genau so zu behandeln wie einen gemeinschaftlichen Plan mehrerer Arbeitgeber (siehe IAS 19.29-30) (IAS 19.36).

Versicherte Leistungen
Ein Unternehmen kann einen Plan für Leistungen nach Beendigung des Arbeitsverhältnisses durch Zahlung von Versicherungsprämien finanzieren. Ein solcher Plan ist als beitragsorientierter Plan zu behandeln, es sei denn, das Unternehmen ist direkt oder indirekt durch den Plan rechtlich oder faktisch verpflichtet,

- die Leistungen bei Fälligkeit unmittelbar an die Arbeitnehmer zu zahlen oder
- zusätzliche Beträge zu zahlen, falls der Versicherer nicht alle Leistungen zahlt, die sich die Arbeitnehmer in der laufenden oder in früheren Perioden erdient haben.

Falls bei dem Unternehmen eine solche rechtliche oder faktische Verpflichtung verbleibt, ist der Plan als leistungsorientierter Plan zu behandeln (IAS 19.39).

e) Leistungen nach Beendigung des Arbeitsverhältnisses: beitragsorientierte Pläne

Erfassung und Bewertung
Wenn ein Arbeitnehmer im Verlauf einer Periode Arbeitsleistungen für ein Unternehmen erbracht hat, hat das Unternehmen die für diese Arbeitsleistungen zu zahlenden Beiträge an einen beitragsorientierten Plan wie folgt zu erfassen:
- als Schuld (abgegrenzter Aufwand) unter Abzug der bereits entrichteten Beiträge. Falls der bereits bezahlte Beitrag den für die bis zum Bilanzstichtag erbrachte Arbeitsleistung geschuldeten Beitrag übersteigt, dann hat das Unternehmen den Unterschiedsbetrag in dem Umfang, in dem die Vorauszahlung beispielsweise zu einer Verringerung künftiger Zahlungen oder einer Rückerstattung führt, als Vermögenswert zu aktivieren (aktivische Abgrenzung),
- als Aufwand, sofern nicht ein anderer IAS die Einbeziehung des Beitrags in die Anschaffungs- oder Herstellungskosten eines Vermögenswertes fordert oder erlaubt (siehe z.B. IAS 2 Vorräte und IAS 16 Sachanlagen) (IAS 19.44).

Soweit Beiträge an einen beitragsorientierten Plan nicht in voller Höhe innerhalb von zwölf Monaten nach dem Ende der Periode, in der die Arbeitnehmer die damit in Zusammenhang stehende Arbeitsleistung erbracht haben, fällig werden, sind sie unter Anwendung des in IAS 19.78 spezifizierten Zinssatzes abzuzinsen (IAS 19.45).

Angaben
Der als Aufwand für einen beitragsorientierten Versorgungsplan erfaßte Betrag ist im Abschluß anzugeben (IAS 19.46).
Gegebenenfalls sind gemäß IAS 24 zusätzliche Angaben über Beiträge an beitragsorientierte Versorgungspläne für Mitglieder der Unternehmensleitung zu machen (IAS 19.47).

f) Leistungen nach Beendigung des Arbeitsverhältnisses: leistungsorientierte Pläne

Erfassung und Bewertung
Bei einem leistungsorientierten Plan trägt letztlich das Unternehmen die mit dem Plan verbundenen versicherungsmathematischen Risiken und das Anlagerisiko (IAS 19.49).

Bilanzierung einer faktischen Verpflichtung
Ein Unternehmen hat nicht nur seine rechtlichen Verpflichtungen eines beitragsorientierten Plans zu erfassen, sondern auch alle faktischen Verpflichtungen, die sich aus der betrieblichen Übung des Unternehmens ergeben. Betriebliche Übung begründet faktische Verpflichtungen, wenn das Unternehmen keine realistische Alternative zur Zahlung der Leistungen an Arbeitnehmer hat. Eine faktische Verpflichtung liegt beispielsweise dann vor, wenn eine Änderung der üblichen betrieblichen Praxis einen nicht wiedergutzumachenden Schaden in den Beziehungen zwischen Arbeitnehmern und Unternehmen hervorrufen würde (IAS 19.52).

Bilanz
Der als Schuld aus einem leistungsorientierten Plan zu erfassende Betrag entspricht dem Saldo folgender Beträge:
- Barwert der leistungsorientierten Verpflichtung zum Bilanzstichtag (siehe IAS 19.64),
- zuzüglich etwaiger versicherungsmathematischer Gewinne (abzüglich etwaiger versicherungsmathematischer Verluste), die aufgrund der in IAS 19.92-93 dargestellten Behandlung noch nicht erfolgswirksam erfaßt wurden,
- abzüglich eines etwaigen bisher nicht erfaßten nachzuverrechnenden Dienstzeitaufwandes (siehe IAS 19.96),
- abzüglich des am Bilanzstichtag beizulegenden Zeitwertes des Planvermögens (soweit vorhanden), mit dem die Verpflichtungen unmittelbar zu begleichen sind (siehe IAS 19.102-104) (IAS 19.54).

Die Barwerte der leistungsorientierten Verpflichtungen sowie der beizulegende Zeitwert des Planvermögens sind mit hinreichender Regelmäßigkeit zu bestimmen, damit die im Abschluß erfaßten Beträge nicht wesentlich von den Beträgen abweichen, die sich am Bilanzstichtag ergeben würden (IAS 19.56).
Der unter IAS 19.54 ermittelte Betrag kann negativ sein, d.h. er kann einen Vermögenswert darstellen. Ein sich ergebender Vermögenswert ist mit dem niedrigeren der beiden folgenden Beträge zu bewerten:
- dem gemäß IAS 19.54 ermittelten Betrag und
- der Summe aus:
  - allen kumulierten, nicht erfaßten saldierten versicherungsmathematischen Verlusten und nachzuverrechnendem Dienstzeitaufwand (siehe IAS 19.92-93, 19.96) und
  - dem Barwert jedes wirtschaftlichen Nutzens in Form von Rückerstattungen aus dem Plan oder Verringerungen künftiger Beitragszahlungen an den Plan. Der Barwert dieses wirtschaftlichen Nutzens ist unter Verwendung des in IAS 19.78 beschriebenen Abzinsungssatzes zu ermitteln (IAS 19.58).

Periodenergebnis
Der Saldo der folgenden Beträge ist erfolgswirksam zu erfassen, sofern nicht ein anderer Standard deren Einbeziehung in die Anschaffungs- oder Herstellungskosten eines Vermögenswertes verlangt oder erlaubt:
- laufender Dienstzeitaufwand (siehe IAS 19.63-91),
- Zinsaufwand (siehe IAS 19.82),

- erwarteter Ertrag aus etwaigem Planvermögen (siehe IAS 19.105-107) und etwaige Rückerstattungsrechte (siehe IAS 19.104A),
- versicherungsmathematische Gewinne oder Verluste gemäß den Bilanzierungs- und Bewertungsmethoden des Unternehmens (siehe IAS 19.92-93D),
- nachzuverrechnender Dienstzeitaufwand (siehe IAS 19.96)
- die Auswirkungen etwaiger Plankürzungen oder Abgeltungen (siehe IAS 19.109-110),
- die Auswirkungen der Obergrenze in IAS 19.58b, es sei denn, sie werden gemäß IAS 19.93C außerhalb des Ergebnisses erfaßt (IAS 19.61).

Erfassung und Bewertung: Barwert leistungsorientierter Verpflichtungen und laufender Dienstzeitaufwand

Versicherungsmathematische Bewertungsmethode
Um den Barwert der leistungsorientierten Verpflichtung und den damit verbundenen Dienstzeitaufwand sowie ggf. den nachzuverrechnenden Dienstzeitaufwand zu bestimmen, ist die Methode der laufenden Einmalprämien (projected unit credit method) anzuwenden (IAS 19.64). Bei der Methode der laufenden Einmalprämien (Anwartschaftsansammlungsverfahren oder Anwartschaftsbarwertverfahren) wird in jedem Berichtsjahr der Aufwand in Höhe des Gegenwertes der eingegangenen Neuzusagen erfaßt (siehe IAS 19.67-71); die gesamte Verpflichtung ergibt sich aus den kumulierten Zusagen der Vorperioden und der aktuellen Berichtsperiode (siehe IAS 19.72-91) (IAS 19.65).

Zuordnung von Leistungen und Dienstjahren
Bei der Bestimmung des Barwertes der leistungsorientierten Verpflichtungen und des damit verbundenen Dienstzeitaufwandes und ggf. des nachzuverrechnenden Dienstzeitaufwandes sind die Leistungen den Dienstjahren entsprechend der Planformel zuzuordnen. Falls jedoch die in späteren Dienstjahren erbrachte Arbeitsleistung eines Arbeitnehmers zu einem wesentlich höheren Leistungsniveau führt als die in früheren Dienstjahren erbrachte Arbeitsleistung, dann ist die Leistungszuordnung linear vorzunehmen, ausgehend
- von dem Zeitpunkt, an dem die Arbeitsleistung des Arbeitnehmers erstmals zu Leistungen aus dem Plan führt (unabhängig davon, ob die Leistungen vom Fortbestand des Arbeitsverhältnisses abhängig sind oder nicht),
- bis zu dem Zeitpunkt, ab dem die weitere Arbeitsleistung des Arbeitnehmers die Leistungen aus dem Plan, ausgenommen Erhöhungen wegen Gehaltssteigerungen, nicht mehr wesentlich erhöht (IAS 19.67).

Versicherungsmathematische Annahmen
Versicherungsmathematische Annahmen müssen unvoreingenommen gewählt werden und aufeinander abgestimmt sein (IAS 19.72).
Finanzielle Annahmen haben auf den am Bilanzstichtag bestehenden Erwartungen des Marktes für den Zeitraum zu basieren, über den die Verpflichtungen zu erfüllen sind (IAS 19.77).

Abzinsungssatz
Der Zinssatz, der zur Abzinsung der Verpflichtungen für die nach Beendigung des Arbeitsverhältnisses zu erbringenden Leistungen (mit oder ohne Fonds) angewendet wird, ist auf der Grundlage der am Bilanzstichtag erzielbaren Rendite von erstrangigen festverzinslichen Industrieanleihen zu bestimmen. In Ländern, in denen kein liquider Markt für derartige Papiere besteht, sind die (am Bilanzstichtag) marktüblichen Renditen von Staatsanleihen zugrunde zu legen. Währung und Laufzeit der Industrie- oder Staatsanleihen sollten mit der Währung und der geschätzten Fälligkeit der nach Beendigung der Arbeitsverhältnisse zu erfüllenden Verpflichtungen übereinstimmen (IAS 19.78).

Der Zinsaufwand wird ermittelt, indem der zu Beginn der Periode festgesetzte Zinssatz mit dem Barwert der leistungsorientierten Verpflichtungen für die Periode multipliziert wird, wobei wesentliche Änderungen der Verpflichtungen während des Jahres (z.B. bedeutende Übertragungen) zu berücksichtigen sind (IAS 19.82).

Gehälter, Leistungen und Kosten medizinischer Versorgung
Bei der Bewertung von Verpflichtungen für nach Beendigung des Arbeitsverhältnisses zu erbringende Leistungen sind folgende Faktoren zu berücksichtigen:
– erwartete künftige Gehaltssteigerungen,
– die aufgrund der Regelungen des Plans (oder aufgrund einer über die Regelungen des Plans hinausgehenden faktischen Verpflichtung) am Bilanzstichtag zugesagten Leistungen,
– die geschätzten künftigen Änderungen des Niveaus staatlicher Leistungen, die sich auf die nach Maßgabe des leistungsorientierten Plans zu zahlenden Leistungen auswirken, wenn
  • diese Änderungen vor dem Bilanzstichtag in Kraft getreten sind oder
  • die Erfahrungen in der Vergangenheit oder andere verläßliche Erkenntnisse darauf hindeuten, daß sich die staatlichen Leistungen in einer einigermaßen vorhersehbaren Weise ändern werden, z.B. in Anlehnung an künftige Änderungen des allgemeinen Preis- oder Gehaltsniveaus (IAS 19.83).

Bei den Annahmen zu den Kosten der medizinischen Versorgung sind erwartete Änderungen bei den Kosten des Gesundheitswesens, die sich aufgrund von Inflation oder aus spezifischen Änderungen der Kosten der medizinischen Versorgung ergeben werden, zu berücksichtigen (IAS 19.88).

Versicherungsmathematische Gewinne und Verluste
Bei der Bewertung der Schuld aus einer leistungsorientierten Zusage gemäß IAS 19.54 ist der (in IAS 19.93 spezifizierte) Teil seiner versicherungsmathematischen Gewinne und Verluste als Ertrag oder Aufwand zu erfassen, wenn der Saldo der kumulierten nicht erfaßten versicherungsmathematischen Gewinne und Verluste am Ende der vorherigen Berichtsperiode den höheren der folgenden Beträge übersteigt (Korridor):
– 10% des Barwertes der leistungsorientierten Verpflichtung zu diesem Stichtag (vor Abzug des Planvermögens),
– 10% des beizulegenden Zeitwertes eines etwaigen Planvermögens zu diesem Stichtag.

Diese Grenzen sind für jeden leistungsorientierten Plan gesondert zu errechnen und anzuwenden (IAS 19.92).

Die für jeden leistungsorientierten Plan anteilig zu erfassenden versicherungsmathematischen Gewinne und Verluste sind gleich dem gemäß IAS 19.92 ermittelten Betrag außerhalb des Korridors geteilt durch die erwartete durchschnittliche Restlebensarbeitszeit der vom Plan erfaßten Arbeitnehmer. Es kann jedes systematische Verfahren angewendet werden, das ein schnelleres Erfassen der versicherungsmathematischen Gewinne und Verluste ermöglicht, vorausgesetzt, daß dasselbe Verfahren sowohl auf Gewinne als auch auf Verluste und stetig von Periode zu Periode angewendet wird. Solche systematischen Verfahren können auch auf versicherungsmathematische Gewinne und Verluste innerhalb der in IAS 19.92 spezifizierten Grenzen angewendet werden (IAS 19.93). Versicherungsmathematische Gewinne und Verluste können sofort erfolgsneutral (anstatt erfolgswirksam in der Gewinn- und Verlustrechnung oder Nutzung des Korridor-Ansatzes) in der Eigenkapitalveränderungsrechnung unter dem Titel »Aufstellung der erfaßten Erträge und Aufwendungen« eingesetzt werden, sofern dies für
- alle leistungsorientierten Pläne und
- alle versicherungsmathematischen Gewinne und Verluste
geschieht (IAS 19.93A-B).

Anmerkung: Durch Anwendung von IAS 19.93A-B wird zwar der Ausweis der Pensionsrückstellungen richtiger, andererseits werden diese versicherungsmathematischen Gewinne und Verluste niemals in einer Gewinn- und Verlustrechnung erfaßt.

Nachzuverrechnender Dienstzeitaufwand
Bei der Bemessung der Schuld aus einem leistungsorientierten Plan gemäß IAS 19.54 ist der nachzuverrechnende Dienstzeitaufwand linear über den durchschnittlichen Zeitraum bis zum Eintritt der Unverfallbarkeit der Anwartschaften zu verteilen. Soweit Anwartschaften sofort nach Einführung oder Änderung eines leistungsorientierten Plans unverfallbar sind, ist der nachzuverrechnende Dienstzeitaufwand sofort erfolgswirksam zu erfassen (IAS 19.96).

Planvermögen

Bewertung des Planvermögens
Die Bewertung des Planvermögens erfolgt zu Marktwerten bzw. zum beizulegenden Zeitwert (IAS 19.102).

Rückerstattungsansprüche
Nur wenn es so gut wie sicher ist, daß eine andere Partei die Ausgaben, die notwendig sind, um die leistungsorientierten Verpflichtungen zu erfüllen, teilweise oder ganz erstatten wird, ist der Rückerstattungsanspruch als ein gesonderter Vermögenswert zu aktivieren (IAS 19.104A).

Erträge aus Planvermögen
Der Unterschied zwischen erwarteten und tatsächlichen Erträgen des Planvermögens ist ein versicherungsmathematischer Gewinn oder Verlust (IAS 19.105).
Der erwartete Ertrag ist auf Basis der zu Beginn der Periode bestehenden Erwartungen des Marktes bezüglich der Erträge im gesamten Zeitraum, in dem die Ver-

pflichtung besteht, zu ermitteln. Änderungen des beizulegenden Zeitwertes des Planvermögens aufgrund von Beitragszahlungen an den Fonds und Leistungszahlungen des Fonds sind bei dem erwarteten Ertrag aus Planvermögen zu berücksichtigen (IAS 19.106).

Plankürzungen und Abgeltungen
Gewinne oder Verluste aus der Kürzung von Versorgungsleistungen (curtailment) oder Einmalzahlungen bei Abgeltungen (settlement) bei einem leistungsorientierten Plan sind zum Zeitpunkt der Kürzung oder Abgeltung zu erfassen. Gewinne oder Verluste aus der Kürzung oder Abgeltung haben zu beinhalten:
- jede daraus resultierende Änderung des Barwertes der leistungsorientierten Verpflichtung,
- jede daraus resultierende Änderung des beizulegenden Zeitwertes des Planvermögens,
- alle etwaigen damit verbundenen versicherungsmathematischen Gewinne und Verluste und etwaigen nachzuverrechnenden Dienstzeitaufwand, soweit diese Posten noch nicht nach IAS 19.92 und 96 erfaßt wurden (IAS 19.109).

Bevor die Auswirkung einer Plankürzung oder Abgeltung ermittelt wird, sind die Verpflichtungen (und das entsprechende Planvermögen, soweit vorhanden) unter Verwendung aktueller versicherungsmathematischer Annahmen (einschließlich aktueller marktüblicher Zinssätze oder anderer aktueller Marktpreise) neu zu bewerten (IAS 19.110).

Darstellung

Saldierung
Ein Vermögenswert aus einem Plan darf nur dann mit einer Schuld aus einem anderen Plan saldiert werden, wenn
- ein einklagbares Recht besteht, die Vermögensüberdeckung des einen Plans zur Ablösung von Verpflichtungen aus dem anderen Plan zu verwenden,
- beabsichtigt ist, entweder den Ausgleich der Verpflichtungen auf Nettobasis vorzunehmen oder gleichzeitig mit der Verwertung der Vermögensüberdeckung des einen Plans die Verpflichtung aus dem anderen Plan abzulösen (IAS 19.116).

Angaben
Es sind Angaben zu machen, die es den Abschlußadressaten ermöglichen, die Art der leistungsorientierten Pläne und die finanziellen Auswirkungen von Änderungen dieser Pläne während der Berichtsperiode zu beurteilen (IAS 19.120).

Folgende Angaben über leistungsorientierte Pläne sind zu machen:
- die angewandte Methode zur Erfassung der versicherungsmathematischen Gewinne und Verluste,
- eine allgemeine Beschreibung der Art des Plans,
- eine Überleitung des Barwertes der leistungsorientierten Verpflichtungen vom Jahresanfang zum Jahresende, wobei – sofern durchführbar – folgende Posten getrennt zu zeigen sind:

- laufender Dienstzeitaufwand,
- Zinsaufwand,
- Arbeitnehmerbeiträge,
- versicherungsmathematische Gewinne und Verluste,
- Währungsumrechnungsdifferenzen (wenn der Plan in einer anderen Währung als der Berichtswährung geführt wird),
- gezahlte Versorgungsleistungen,
- nachzuverrechnender Dienstzeitaufwand,
- Unternehmenszusammenschlüsse,
- Plankürzungen,
- Abgeltungen,
– eine Aufteilung der leistungsorientierten Verpflichtungen auf nicht kapitalgedeckte, vollständig kapitalgedeckte und teilweise kapitalgedeckte Pläne,
– eine Überleitung des beizulegenden Zeitwertes des Planvermögens vom Jahresanfang zum Jahresende und aller als Vermögenswert gemäß IAS 19.104A angesetzten Erstattungsansprüche vom Jahresanfang zum Jahresende, wobei – sofern durchführbar – folgende Posten getrennt zu zeigen sind:
- erwartete Erträge aus dem Planvermögen,
- versicherungsmathematische Gewinne und Verluste,
- Währungsumrechnungsdifferenzen (wenn der Plan in einer anderen Währung als der Berichtswährung geführt wird),
- Arbeitgeberbeiträge,
- Arbeitnehmerbeiträge,
- gezahlte Versorgungsleistungen,
- Unternehmenszusammenschlüsse,
- Abgeltungen,
– eine Überleitung des Barwertes der leistungsorientierten Verpflichtungen und des beizulegenden Zeitwertes des Planvermögens auf die in der Bilanz angesetzten Vermögenswerte und Schulden, wobei mindestens anzugeben sind:
- der Saldo der noch nicht in der Bilanz erfaßten versicherungsmathematischen Gewinne und Verluste (siehe IAS 19.92),
- der noch nicht in der Bilanz erfaßte nachzuverrechnende Dienstzeitwand (siehe IAS 19.96),
- der aufgrund der Begrenzung von IAS 19.58b nicht als Vermögenswert angesetzte Betrag,
- der zum Bilanzstichtag beizulegende Zeitwert von Rückerstattungsansprüchen, die gemäß IAS 19.104A als Vermögenswert angesetzt wurden (mit einer kurzen Beschreibung des Zusammenhangs zwischen den Rückerstattungsansprüchen und der entsprechenden Verpflichtung),
- die anderen in der Bilanz erfaßten Beträge,
– die gesamten erfolgswirksam erfaßten Beträge für jede der folgenden Komponenten unter Angabe des jeweiligen Postens, unter dem sie in der Gewinn- und Verlustrechnung ausgewiesen sind:
- laufender Dienstzeitaufwand,
- Zinsaufwand,
- erwartete Erträge aus dem Planvermögen,

- erwartete Erträge aus Rückerstattungsansprüchen, die gemäß IAS 19.104A als Vermögenswert angesetzt wurden,
- versicherungsmathematische Gewinne und Verluste,
- nachzuverrechnender Dienstzeitaufwand,
- Auswirkungen von Plankürzungen und Abgeltungen,
- Auswirkungen der Obergrenze von IAS 19.58b,
– der gesamte in der Aufstellung der erfaßten Erträge und Aufwendungen für jeden der folgenden Posten erfaßte Betrag:
  - versicherungsmathematische Gewinne und Verluste,
  - Auswirkungen der Obergrenze von IAS 19.58b,
– für Unternehmen, die ihre versicherungsmathematischen Gewinne und Verluste in der Aufstellung der erfaßten Erträge und Aufwendungen in Übereinstimmung mit IAS 19.93A erfassen, den kumulierten Betrag der versicherungsmathematischen Gewinne und Verluste,
– für jede Hauptkategorie des Planvermögens, insbesondere Eigenkapitalinstrumente, Fremdkapitalinstrumente, Immobilien und alle anderen Vermögenswerte, der Prozentsatz oder Betrag des beizulegenden Zeitwertes des gesamten Planvermögens,
– die im beizulegenden Zeitwert des Planvermögens enthaltenen Beträge für
  - jede Kategorie von eigenen Finanzinstrumenten des Unternehmens,
  - alle vom Unternehmen selbst genutzten Immobilien oder andere Vermögenswerte,
– eine Beschreibung der Grundlagen zur Bestimmung der erwarteten Rendite des Planvermögens,
– die tatsächlichen Erträge aus Planvermögen sowie die tatsächlichen Erträge aus Rückerstattungsansprüchen, die gemäß IAS 19.104A als Vermögenswert angesetzt wurden,
– die wichtigsten zum Bilanzstichtag verwendeten versicherungsmathematischen Annahmen, sofern zutreffend, einschließlich
  - der Abzinsungssätze,
  - der erwarteten Renditen auf das Planvermögen für die im Abschluß dargestellten Berichtsperioden,
  - der erwarteten Renditen aus Rückerstattungsansprüchen, die gemäß IAS 19.104A als Vermögenswert angesetzt wurden, für die im Abschluß dargestellten Berichtsperioden,
  - der erwarteten Lohn- und Gehaltssteigerungen,
  - der Kostentrends in der medizinischen Versorgung,
  - aller anderen wesentlichen versicherungsmathematischen Annahmen.
  Alle versicherungsmathematischen Annahmen sind in absoluten Zahlen anzugeben (z.B. absoluter Prozentsatz) und nicht als Spanne zwischen verschiedenen Prozentsätzen oder anderen Variablen;
– die Auswirkung einer Steigerung und Senkung der angenommenen Kostentrends in der medizinischen Versorgung um einen Prozentpunkt auf
  - die Summe der laufenden Dienstzeitaufwands- und Zinsaufwandskomponenten für die medizinische Versorgung nach Beendigung des Arbeitsverhältnisses und
  - die kumulierten Verpflichtungen für die medizinische Versorgung nach Beendigung des Arbeitsverhältnisses.

Wegen dieser Angaben sind alle anderen Annahmen konstant zu halten;
- folgende Beträge für die Berichtsperiode und die vier vorhergehenden Berichtsperioden:
  • der Barwert der leistungsorientierten Verpflichtung, der beizulegende Zeitwert des Planvermögens sowie die Überdeckung oder Unterdeckung des Plans und
  • die erfahrungsbedingten Anpassungen
    -- der Schulden des Plans, ausgedrückt als Betrag oder als Prozentsatz der Schulden des Planvermögens zum Bilanzstichtag,
    -- des Planvermögens, ausgedrückt als Betrag oder als Prozentsatz der Vermögenswerte des Planvermögens zum Bilanzstichtag,
- die erwarteten Beiträge des Arbeitgebers im folgenden Geschäftsjahr (IAS 19.120A).

g) Andere langfristig fällige Leistungen an Arbeitnehmer

Ansatz und Bewertung

Der als Schuld für andere langfristig fällige Leistungen an Arbeitnehmer (z.B. Sonderurlaub nach langjähriger Dienstzeit, Jubiläumsgelder, langfristige Leistungen bei Erwerbsunfähigkeit, längerfristig aufgeschobene Vergütungen, siehe IAS 19.126) anzusetzende Betrag entspricht dem Barwert der leistungsorientierten Verpflichtung am Bilanzstichtag (siehe IAS 19.64), abzüglich des am Bilanzstichtag beizulegenden Zeitwertes des Planvermögens (soweit vorhanden), aus dem die Verpflichtungen zu erfüllen sind (siehe IAS 19.102-104). Für die Bewertung der Schuld ist IAS 19.49-91 mit Ausnahme von IAS 19.54 und 19.61 anzuwenden. Für den Ansatz und die Bewertung von Rückerstattungsrechten ist IAS 19.104A anzuwenden (IAS 19.128). Für andere langfristig fällige Leistungen an Arbeitnehmer ist der Saldo der folgenden Beträge als Aufwand oder (gemäß IAS 19.58) als Ertrag zu erfassen, ausgenommen jedoch die Beträge, deren Einbeziehung in die Anschaffungs- oder Herstellungskosten eines Vermögenswertes ein anderer IAS verlangt oder erlaubt:
- laufender Dienstzeitaufwand (siehe IAS 19.63-91),
- Zinsaufwand (siehe IAS 19.82),
- erwartete Erträge aus dem Planvermögen (siehe IAS 19.105-107) und aus aktivierten Rückerstattungsrechten (siehe IAS 19.104A),
- versicherungsmathematische Gewinne und Verluste, die sofort in voller Höhe zu berücksichtigen sind,
- nachzuverrechnender Dienstzeitaufwand, der sofort in voller Höhe zu berücksichtigen ist,
- die Auswirkungen von Plankürzungen oder Abgeltungen (siehe IAS 19.109-110) (IAS 19.129).

h) Leistungen aus Anlaß der Beendigung des Arbeitsverhältnisses

Erfassung

Leistungen aus Anlaß der Beendigung des Arbeitsverhältnisses sind nur dann als Schuld und Aufwand zu erfassen, wenn das Unternehmen nachweislich verpflichtet ist,

- entweder das Arbeitsverhältnis eines Arbeitnehmers oder einer Gruppe von Arbeitnehmern vor der normalen Pensionierung zu beenden oder
- Abfindungen aufgrund eines Angebotes zur Förderung eines freiwilligen vorzeitigen Ausscheidens zu zahlen (IAS 19.133).

Ein Unternehmen ist nachweislich zu einer Beendigung des Arbeitsverhältnisses verpflichtet, wenn es einen detaillierten formalen Plan für die Beendigung des Arbeitsverhältnisses hat und keine realistische Möglichkeit hat, sich dem zu entziehen. Der detaillierte Plan muß mindestens folgende Angaben enthalten:
- Standort, Funktion und annähernde Zahl der Arbeitnehmer, deren Arbeitsverhältnis beendet werden soll,
- die Höhe der Abfindung für jede Arbeitsplatzkategorie oder Funktion,
- Zeitpunkt der Umsetzung des Plans; die Umsetzung sollte sobald wie möglich beginnen, und der Zeitraum für die vollständige Umsetzung sollte so bemessen sein, daß wesentliche Änderungen des Plans unwahrscheinlich sind (IAS 19.134).

Zu den Leistungen aus Anlaß der Beendigung des Arbeitsverhältnisses gehören auch Zahlungen, denen sich das Unternehmen aufgrund der Rechtsprechung, von Vereinbarungen mit den Arbeitnehmern oder betrieblicher Übung faktisch nicht entziehen kann, wie z.B. Aufstockung von Altersversorgungsplänen, Lohnfortzahlungen für einen bestimmten Zeitraum ohne zukünftige Arbeitsleistung des Arbeitnehmers (IAS 19.135).

Bewertung
Sind Abfindungen bei Beendigung des Arbeitsverhältnisses mehr als 12 Monate nach dem Bilanzstichtag fällig, dann sind sie mit den gemäß IAS 19.78 abgeleiteten Zinssätzen abzuzinsen (IAS 19.139).
Bei einem Angebot zur Förderung des freiwilligen vorzeitigen Ausscheidens sind die Leistungen aus Anlaß der Beendigung von Arbeitsverhältnissen auf der Basis der Anzahl der Arbeitnehmer, die das Angebot voraussichtlich annehmen werden, zu bewerten (IAS 19.140).

Angaben
Wenn die Zahl der Arbeitnehmer ungewiß ist, die das Angebot für eine freiwilliges vorzeitiges Ausscheiden annehmen, dann liegt eine Eventualschuld vor, für die sich eine Angabepflicht nach IAS 37 ergibt (IAS 19.141).

i) Übergangsvorschriften

Bei der erstmaligen Anwendung von IAS 19 ist die Schuld aus leistungsorientierten Plänen zum Übergangsstichtag wie folgt festzustellen:
- Barwert der Verpflichtung (siehe IAS 19.64) zum Zeitpunkt der erstmaligen Anwendung,
- abzüglich des zum Zeitpunkt der erstmaligen Anwendung beizulegenden Zeitwertes des zur unmittelbaren Erfüllung der Verpflichtungen vorhandenen Planvermögens (siehe IAS 19.102-104),

– abzüglich eines etwaigen nachzuverrechnenden Dienstzeitaufwandes, der gemäß IAS 19.96 in späteren Perioden anzusetzen ist (IAS 19.154).

Wenn die Schuld am Übergangsstichtag den Betrag, den das Unternehmen zu demselben Zeitpunkt nach seinen bisher angewendeten Bilanzierungs- und Bewertungsmethoden ausgewiesen hätte, übersteigt, dann muß das Unternehmen eine unwiderrufliche Entscheidung treffen, wie es den übersteigenden Betrag als Teil seiner Schuld aus einem leistungsorientierten Plan nach IAS 19.54 erfassen will, nämlich
– entweder sofort gemäß IAS 8 oder
– als Aufwand, der linear über einen Zeitraum von höchstens fünf Jahren ab dem Zeitpunkt der erstmaligen Anwendung von IAS 19 zu verteilen ist. Entscheidet sich das Unternehmen für das letztere,
  • ist die in IAS 19.58b beschriebene Begrenzung hinsichtlich der Bewertung eines in der Bilanz erfaßten Vermögenswertes anzuwenden,
  • sind an jedem Bilanzstichtag anzugeben:
    -- die Höhe des noch nicht erfaßten Mehrbetrages und
    -- die Höhe des in der laufenden Berichtsperiode erfaßten Betrages,
  • ist die Erfassung von späteren versicherungsmathematischen Gewinnen und Verlusten (jedoch nicht die von negativem nachzuverrechnendem Dienstzeitaufwand) wie folgt zu begrenzen: wenn ein versicherungsmathematischer Gewinn nach IAS 19.92-93 erfaßt werden muß, dann ist dieser versicherungsmathematische Gewinn nur insoweit zu erfassen, als die kumulierten nicht erfaßten versicherungsmathematischen Nettogewinne (vor Berücksichtigung dieses versicherungsmathematischen Gewinnes) den noch nicht erfaßten Teil des Mehrbetrages aus dem Übergang übersteigen, und
  • ist der noch nicht erfaßte Mehrbetrag aus dem Übergang anteilig in die Ermittlung späterer Gewinne oder Verluste aus einer Abgeltung oder Plankürzung einzubeziehen.

Wenn die Schuld zum Übergangsstichtag geringer ist als die Schuld, die zu demselben Zeitpunkt unter den zuvor angewendeten Bilanzierungs- und Bewertungsmethoden ausgewiesen worden wäre, dann ist dieser Unterschiedsbetrag sofort nach IAS 8 zu erfassen (IAS 19.155).

j) Bericht über die Versorgungspläne

Falls – getrennt von der Berichterstattung des die Versorgungszusage gebenden Unternehmens – ein Bericht über Versorgungspläne erstellt wird, hat diese Berichterstattung nach IAS 26 zu erfolgen (IAS 26.1-2). IAS 26 ergänzt somit IAS 19 (IAS 26.4).

Beitragsorientierte Versorgungspläne (defined contribution plans)
Der Bericht über einen beitragsorientierten Versorgungsplan sollte eine Aufstellung über das vorhandene Nettovermögen (statement of net assets available for benefits) und eine Beschreibung der Dotierungspolitik (description of the funding policy) enthalten (IAS 26.13).
Weitere Hinweise zum Inhalt des Berichtes über Versorgungspläne sind in IAS 26.16 enthalten.

Leistungsorientierte Versorgungspläne (defined benefit plans)
Der Bericht über einen leistungsorientierten Versorgungsplan sollte
- entweder eine Aufstellung, aus der
  - das Nettovermögen, das zur Erfüllung von Versorgungszusagen zur Verfügung steht,
  - der versicherungsmathematisch ermittelte Barwert der Versorgungszusagen, wobei zwischen unverfallbaren (vested) und verfallbaren (non-vested) Zusagen zu unterscheiden ist, sowie
  - die sich daraus ergebende Vermögensüber- oder -unterdeckung hervorgeht,
- oder eine Aufstellung über das Nettovermögen, das zur Erfüllung von Versorgungszusagen zur Verfügung steht,
  - die entweder den versicherungsmathematisch ermittelten Barwert der Versorgungszusagen – verfallbare und unverfallbare Zusagen getrennt – angibt oder
  - in der auf ein beigefügtes versicherungsmathematisches Gutachten hingewiesen wird,

enthalten.

Sofern am Abschlußstichtag kein versicherungsmathematisches Gutachten erstellt wurde, ist das jüngste Gutachten zugrunde zu legen und das Datum des Gutachtens anzugeben (IAS 26.17).
Weitere Hinweise zum Inhalt des Berichtes über Versorgungspläne sind in IAS 26.28-31 enthalten.
Der nach IAS 26.17 versicherungsmathematisch ermittelte Barwert der Versorgungszusagen kann auf der Grundlage des derzeitigen Gehaltsniveaus oder der zukünftigen Gehaltsentwicklung ermittelt werden, wobei die gewählte Grundlage anzugeben ist. (Gemäß IAS 19.46 ist die voraussichtliche Gehaltsentwicklung zu berücksichtigen.) Änderungen von versicherungsmathematischen Annahmen, die zu wesentlichen Änderungen des Barwerts der Versorgungszusagen führen, sind ebenfalls anzugeben (IAS 26.18).
In dem Bericht sind das Verhältnis zwischen dem versicherungsmathematisch ermittelten Barwert der Versorgungsverpflichtungen und dem verfügbaren Nettovermögen sowie die Dotierungspolitik des Versorgungsplans anzugeben (IAS 26.19).
Der Berichtspflicht wird in der Regel durch folgende Angaben Genüge getan:
- eine Beschreibung der wesentlichen Aktivitäten in der Periode und eine Darstellung der Auswirkungen von Änderungen hinsichtlich der Versorgungspläne sowie der Mitgliedschaft und der Bestimmungen der Versorgungspläne,
- Darstellung der Transaktionen und des Anlageerfolges in der Periode sowie der Finanzlage des Versorgungsplans am Ende der Periode,
- versicherungsmathematische Berechnung entweder als Teil der Berichterstattung oder in einem gesonderten Bericht und
- eine Beschreibung der Anlagepolitik (IAS 26.22).

Bewertung
Das angelegte Vermögen ist mit dem beizulegenden Zeitwert (fair value) zu bewerten. Bei marktgängigen Wertpapieren ist das der Marktwert. Falls eine Schätzung des beizulegenden Zeitwertes nicht möglich ist, ist anzugeben, weshalb der beizulegender Zeitwert nicht angesetzt wurde (IAS 26.32).

Angaben

In dem Bericht über den Versorgungsplan (und zwar sowohl bei den leistungsorientierten Versorgungszusagen als auch bei den beitragsorientierten Versorgungszusagen) sind außerdem folgende Angaben zu machen:
- eine Aufstellung über die Veränderungen des verfügbaren Nettovermögens,
- eine Zusammenfassung der wesentlichen Bilanzierungs- und Bewertungsmethoden und
- eine Beschreibung des Versorgungsplanes und die Auswirkungen von Änderungen des Versorgungsplanes in der Periode (IAS 26.34).

In IAS 26.35 und 26.36 ist eine Untergliederung der in IAS 26.34 angegebenen Angabepflichten enthalten.

Beispiel

Methode der laufenden Einmalprämien (projected unit credit method) (IAS 39.65)

Bei Beendigung des Arbeitsverhältnisses ist eine Kapitalleistung in Höhe von 1% des Endgehaltes für jedes geleistete Dienstjahr zu zahlen. Im ersten Dienstjahr beträgt das Gehalt 10.000 €, das erwartungsgemäß jedes Jahr um 7% (bezogen auf den Vorjahresstand) ansteigt. Der Abzinsungssatz beträgt 10% per annum. Die folgende Tabelle veranschaulicht, wie sich die Verpflichtung für einen Mitarbeiter aufbaut, der erwartungsgemäß am Ende des 5. Dienstjahres ausscheidet, wobei unterstellt wird, daß die versicherungsmathematischen Annahmen keinen Änderungen unterliegen. Zur Vereinfachung wird im Beispiel die ansonsten erforderliche Berücksichtigung der Wahrscheinlichkeit vernachlässigt, daß der Arbeitnehmer vor oder nach diesem Zeitpunkt ausscheidet.

Jahr	1	2	3	4	5
Leistung erdient in					
früheren Dienstjahren	0	131	262	393	524
dem laufenden Dienstjahr (1% des Endgehaltes)	131	131	131	131	131
dem laufenden und früheren Dienstjahren	131	262	393	524	655
Verpflichtung zu Beginn des Berichtszeitraums	–	89	196	324	476
10% Zinsen	–	9	20	33	48
laufender Dienstzeitaufwand	89	98	108	119	131
Verpflichtung am Ende des Berichtszeitraumes	89	196	324	476	655

Anmerkung:
Die jeweilige Verpflichtung zu Beginn des Berichtszeitraumes entspricht dem Barwert der Leistungen, die früheren Dienstjahren zugeordnet werden.
Der laufende Dienstzeitaufwand entspricht dem Barwert der Leistungen, die der Berichtsperiode zugeordnet werden.
Die jeweilige Verpflichtung am Ende einer Berichtsperiode entspricht dem Barwert der Leistungen, die früheren und der laufenden Periode zugeordnet werden.

11. Sonstige Rückstellungen, Eventualschulden und Eventualforderungen

Die Regelung der Bilanzierung von sonstigen Rückstellungen, Eventualschulden und Eventualforderungen ist in IAS 37 enthalten.

a) Anwendungsbereich

IAS 37 ist von allen Unternehmen bei der Bilanzierung von sonstigen Rückstellungen, Eventualschulden und Eventualforderungen anzuwenden, ausgenommen die Rückstellungen, Eventualschulden und Eventualforderungen,
– die sich aus schwebenden Verträgen, außer bei drohenden Verlusten, ergeben und
– die durch einen anderen Standard abgedeckt werden (IAS 37.1).

Durch einen anderen Standard sind beispielsweise
– langfristige Fertigungsaufträge (IAS 11),
– Ertragsteuern (IAS 12),
– Leasingverhältnisse (IAS 17),
– Leistungen an Arbeitnehmer (IAS 19),
– Versicherungsverträge (IFRS 4)
abgedeckt (IAS 37.5).

b) Definitionen

Eine Rückstellung ist eine Schuld, bei der die Höhe oder der Zeitpunkt der Erfüllung ungewiß ist.

Eine Schuld ist eine gegenwärtige Verpflichtung des Unternehmens, die aus Ereignissen der Vergangenheit entstanden ist und deren Erfüllung für das Unternehmen erwartungsgemäß mit einem Abfluß von Ressourcen mit wirtschaftlichem Nutzen verbunden ist.

Ein verpflichtendes Ereignis ist ein Ereignis, das eine rechtliche oder faktische Verpflichtung schafft, die dazu führt, daß das Unternehmen keine realistische Alternative zur Erfüllung dieser Verpflichtung hat.

Eine rechtliche Verpflichtung ist eine Verpflichtung, die sich aus
– einem Vertrag (ausdrücklich oder stillschweigend),
– einem Gesetz oder
– sonstigen gesetzlichen Einflüssen
ergibt.

Eine faktische Verpflichtung ist eine aus den Handlungen eines Unternehmens entstehende Verpflichtung, wenn das Unternehmen

- durch sein beständiges Verhalten in der Vergangenheit, durch die veröffentlichte Unternehmenspolitik oder durch eine ausreichend konkrete Verlautbarung gegenüber Dritten die Übernahme gewisser Verpflichtungen angedeutet hat und
- dadurch bei anderen die begründete Erwartung geweckt hat, daß es dieser Verpflichtung nachkommen will.

Eine Eventualschuld ist
- eine mögliche Verpflichtung, die aus Ereignissen der Vergangenheit entstanden ist und deren tatsächliches Entstehen von unsicheren künftigen Ereignissen abhängt, die nicht vollständig durch das Unternehmen beeinflußt werden können, oder
- eine gegenwärtige Verpflichtung, die aus Ereignissen der Vergangenheit entstanden ist, aber nicht angesetzt wird, weil
  - es nicht wahrscheinlich ist, daß ein Abfließen von Ressourcen mit wirtschaftlichem Nutzen zur Erfüllung der Verpflichtung erforderlich wird, oder
  - die Höhe der Verpflichtung nicht ausreichend verläßlich zu ermitteln ist.

Eine Eventualforderung ist ein möglicher Vermögenswert, der aus Ereignissen in der Vergangenheit entstanden ist und dessen tatsächliches Entstehen von unsicheren künftigen Ereignissen abhängt, die nicht vollständig durch das Unternehmen beeinflußt werden können.

Ein nachteiliger Vertrag, d.h. drohende Verluste aus schwebenden Geschäften, ist ein Vertrag, bei dem die zur Erfüllung der Verpflichtungen aus diesem Vertrag anfallenden unvermeidbaren Kosten den erwarteten wirtschaftlichen Nutzen übersteigen.

Eine Restrukturierung ist ein Programm, das von der Unternehmensleitung geplant und gesteuert wird, und entweder
- den Umfang der Geschäftstätigkeit oder
- die Art, wie die Geschäfte betrieben werden,
wesentlich verändert (IAS 37.10).

Abgegrenzte Schulden (z.B. erhaltene, jedoch noch nicht berechnete Lieferungen und Leistungen, noch zu zahlende Urlaubsgelder) sind als Schulden und nicht als Rückstellungen auszuweisen (IAS 37.11).

IAS 37 unterscheidet zwischen
- Rückstellungen, die als Schulden erfaßt werden (vorausgesetzt, eine verläßliche Schätzung ist möglich), weil sie gegenwärtige Verpflichtungen darstellen und ihre Erfüllung wahrscheinlich einen Abfluß von Ressourcen mit wirtschaftlichem Nutzen zur Folge hat, und
- Eventualschulden, die nicht als Schulden erfaßt werden, weil sie
  - entweder mögliche Verpflichtungen sind, bei denen noch nachzuweisen ist, ob es sich um eine gegenwärtige Verpflichtung handelt, die zu einem Abfluß von Ressourcen mit wirtschaftlichem Nutzen führen kann,
  - oder gegenwärtige Verpflichtungen sind, die die Ansatzkriterien von IAS 37 nicht erfüllen (weil es entweder nicht wahrscheinlich ist, daß sie zu einem

Abfluß von Ressourcen mit wirtschaftlichem Nutzen führen werden oder die Höhe der Verpflichtung nicht verläßlich geschätzt werden kann) (IAS 37.13).

c) Ansatz

Eine Rückstellung ist anzusetzen, wenn
- ein Unternehmen eine rechtliche oder faktische gegenwärtige Verpflichtung aufgrund eines Ereignisses in der Vergangenheit hat,
- es wahrscheinlich ist, daß der Abfluß von Ressourcen mit wirtschaftlichem Nutzen zur Erfüllung dieser Verpflichtung erforderlich wird, und
- die Höhe der Verpflichtung verläßlich geschätzt werden kann.

Wenn diese Bedingungen nicht zutreffen, ist keine Rückstellung anzusetzen (IAS 37.14).

Vereinzelt gibt es Fälle, bei denen unklar ist, ob es sich um eine gegenwärtige Verpflichtung handelt. Wenn in diesen Fällen unter Berücksichtigung aller verfügbaren Informationen mehr dafür als dagegen (more likely than not) spricht, daß es sich um eine gegenwärtige Verpflichtung handelt, dann ist eine gegenwärtige Verpflichtung zum Bilanzstichtag anzunehmen (IAS 37.15).
Wenn es (z.B. bei einem Rechtsstreit) fraglich ist, ob gewisse Ereignisse eine gegenwärtige Verpflichtung zur Folge haben, dann sind alle Informationen (z.B. Sachverständigengutachten) und Ereignisse nach dem Bilanzstichtag auszuwerten, um festzustellen, ob eine gegenwärtige Verpflichtung zum Bilanzstichtag besteht. Falls dies wahrscheinlich ist, hat das Unternehmen – vorausgesetzt die Ansatzkriterien sind erfüllt – eine Rückstellung zu bilden. Falls dies eher unwahrscheinlich ist, ist eine Eventualschuld anzugeben, sofern die Möglichkeit eines Abflusses von Ressourcen mit wirtschaftlichem Nutzen besteht (IAS 37.16).
Rückstellungen für Aufwendungen, die durch die künftige Geschäftstätigkeit verursacht werden, dürfen nicht angesetzt werden (IAS 37.18).
Rückstellungen dürfen nur für solche aus der Vergangenheit herrührenden Ereignisse angesetzt werden, die unabhängig von der künftigen Geschäftstätigkeit des Unternehmens entstehen (IAS 37.19).
Der Ansatz einer Rückstellung setzt eine Verpflichtung gegenüber Dritten voraus, deren Identität jedoch nicht bekannt sein muß. Aufwandsrückstellungen, d.h. Rückstellungen für Verpflichtungen gegenüber sich selbst, sind somit nicht erlaubt (IAS 37.20).
Die Ansatzkriterien für die Rückstellungen sind regelmäßig zu überprüfen (IAS 37.21).
Noch nicht verabschiedete Gesetze begründen nur dann eine Verpflichtung, die Anlaß zu einer Rückstellung gibt, wenn die Verabschiedung des Gesetzes so gut wie sicher ist (IAS 37.22).
Der Ansatz einer Rückstellung setzt voraus, daß es als wahrscheinlich (probable) angesehen wird, daß es zu einem Abfluß von Ressourcen mit wirtschaftlichem Nutzen kommt, d.h. wenn es eher wahrscheinlich ist, daß es zu einem Abfluß kommt als daß es nicht dazu kommt (more likely than not to occur) (IAS 37.23).
Bei einer Vielzahl ähnlicher Verpflichtungen (z.B. Gewährleistungen) ist die Wahrscheinlichkeit des Ressourcenabflusses für die gesamte Gruppe von Verpflichtungen zu

bestimmen und eine entsprechende Rückstellung zu bilden (IAS 37.24).
Wenn aus einer Bandbreite möglicher Werte der erwartete Umfang der Verpflichtung abgeleitet werden kann, ist das Kriterium der ausreichenden Schätzbarkeit einer Rückstellung erfüllt (IAS 37.25).
In den äußerst seltenen Fällen, in denen keine verläßliche Schätzung gemacht werden kann, liegt keine passivierungspflichtige Schuld, sondern eine Eventualschuld (contingent liability), die in den notes anzugeben ist, vor (IAS 37.26).
Eventualschulden und Eventualforderungen sind nicht anzusetzen (IAS 37.27 und 37.31).
Wenn die Realisierung eines wirtschaftlichen Nutzens so gut wie sicher ist (virtually certain), dann ist ein Vermögenswert anzusetzen (IAS 37.33).

d) Bewertung

Die Rückstellung ist mit dem Betrag zu bewerten, der nach der bestmöglichen Schätzung (best estimate) erforderlich ist, um die gegenwärtige Verpflichtung am Bilanzstichtag zu erfüllen (IAS 37.36).
Die Einschätzung der finanziellen Konsequenzen ist von der Unternehmensleitung vorzunehmen unter Berücksichtigung von Erfahrungen aus ähnlichen Vorgängen und ggf. aus Gutachten unabhängiger Sachverständiger. Wertaufhellende Tatsachen nach dem Bilanzstichtag sind zu berücksichtigen (IAS 37.38).
Falls die Rückstellung eine große Zahl gleichartiger Einzelsachverhalte betrifft, dann sind zur Ermittlung des Erwartungswertes die möglichen Beträge mit den Eintrittswahrscheinlichkeiten zu gewichten. Falls eine Bandbreite gleich wahrscheinlicher Werte vorliegt, dann ist die Rückstellung mit dem arithmetischen Mittel der Bandbreite zu bewerten (IAS 37.39).
Wenn eine einzelne Verpflichtung zu bewerten ist, dann ist der wahrscheinlichste Wert anzusetzen. Falls andere Wahrscheinlichkeiten größtenteils höher oder niedriger als der wahrscheinlichste Wert sind, dann ist ein höherer oder niedrigerer Wert anzusetzen (IAS 37.40).
Die Risiken und Unsicherheiten, die unvermeidbar bei vielen Ereignissen und Umständen bestehen, sind bei der bestmöglichen Schätzung einer Rückstellung zu berücksichtigen (IAS 37.42).
Es dürfen keine stillen Reserven gebildet werden (IAS 37.43).
Wenn der Unterschied zwischen dem Barwert und dem Nominalbetrag der Zahlungsverpflichtung wesentlich ist, dann ist der Barwert der Ausgaben als Rückstellung anzusetzen (IAS 37.45).
Der Abzinsungssatz sollte ein Abzinsungssatz vor Steuern sein, der sich an den aktuellen Marktzinssätzen sowie den speziellen Risiken der Schuld orientiert. Der Abzinsungssatz sollte nicht Risiken berücksichtigen, die bei den künftigen Zahlungsstrom-Schätzungen bereits berücksichtigt wurden (IAS 37.47).
Künftige Ereignisse, die sich auf den zur Erfüllung einer Verpflichtung erforderlichen Betrag auswirken können, sind im Rückstellungsbetrag zu berücksichtigen, sofern sie mit hinreichend objektiver Sicherheit vorausgesagt werden können (IAS 37.48). Zu diesen Ereignissen können z.B. Kosteneinsparungen aufgrund des effizienteren Einsatzes einer bestehenden Technologie oder neue kostengünstigere Technologien

zur Beseitigung von Umweltschäden gehören (IAS 37.49).
Gewinne aus der erwarteten Veräußerung von Vermögenswerten sind bei der Bewertung einer Rückstellung nicht zu berücksichtigen (IAS 37.51).

e) Erstattungen

Wenn zu erwarten ist, daß eine oder alle zur Erfüllung einer Rückstellung erforderlichen Ausgaben ganz oder teilweise von Dritten erstattet werden, ist der Rückgriffsanspruch als separater Vermögenswert zu aktivieren, wenn es so gut wie sicher ist, daß die Erstattung bei Erfüllung der Verpflichtung erfolgen wird. Der aktivierte Rückgriffsanspruch darf den Rückstellungsbetrag nicht übersteigen (IAS 37.53).

In der Gewinn- und Verlustrechnung können die Aufwendungen für die Bildung der Rückstellung saldiert mit dem Rückgriffsanspruch ausgewiesen werden (IAS 37.54).

f) Anpassung der Rückstellungen

Rückstellungen sind an jedem Bilanzstichtag zu überprüfen und ggf. an die bestmögliche aktuelle Schätzung anzupassen. Wenn es nicht länger wahrscheinlich ist, daß der Abfluß von Ressourcen mit wirtschaftlichem Nutzen zur Erfüllung der Verpflichtung erforderlich ist, ist die Rückstellung aufzulösen (IAS 37.59).
Die Zunahme des Buchwertes einer Rückstellung, die durch das Näherkommen des Erfüllungszeitpunktes bedingt ist, ist als Zinsaufwand auszuweisen (IAS 37.60).

Bewertungsänderungen bestehender Rückstellungen für Entsorgungs-, Wiederherstellungs- und ähnliche Verpflichtungen sind in Abhängigkeit von dem gewählten Bewertungsmodell der Sachanlagen zu behandeln (IFRIC 1.4). Bei Bewertung zu Anschaffungskosten sind die Änderungen der Rückstellungen dem Buchwert des dazugehörigen Vermögenswertes hinzuzufügen oder davon abzuziehen. Ist der abzuziehende Betrag größer als der Buchwert, ist der übersteigende Betrag erfolgswirksam zu erfassen. Bei einer Erhöhung der Anschaffungskosten ist zu überprüfen, ob ein Anhaltspunkt für einen Verlust auf Wertminderung vorliegt (IFRIC 1.5). Bei einer Bewertung nach dem Neubewertungsmodell gehen die Änderungen in die für diesen Vermögenswert angesetzten Neubewertungsrücklage ein. Weitere Einzelheiten zu einer Bewertung nach der Neubewertungsmethode siehe IFRIC 1.6.

g) Inanspruchnahme der Rückstellungen

Eine Rückstellung ist nur für Ausgaben in Anspruch zu nehmen, für die sie ursprünglich gebildet wurde (IAS 37.61).

h) Anwendung der Bilanzierungs- und Bewertungsvorschriften

Künftige operative Verluste

Für künftige operative Verluste dürfen keine Rückstellungen angesetzt werden (IAS 37.63). Erwartete künftige operative Verluste sind jedoch ein Hinweis auf mögliche Verluste aus Wertminderungen von Vermögenswerten (IAS 37.65).

Drohende Verluste aus schwebenden Verträgen

Verluste aus nachteiligen Verträgen (onerous contracts), d.h. drohende Verluste aus schwebenden Geschäften, sind zu passivieren (IAS 37.66).

Die Rückstellung ist mit dem Unterschiedsbetrag aus der eigenen Leistung und der niedrigeren Gegenleistung oder – falls niedriger – mit den Vertragsstrafen zu bewerten, die zu zahlen sind, wenn die Leistung nicht erbracht wird (IAS 37.68).

Falls im Zusammenhang mit einem schwebenden Geschäft bereits ein Vermögenswert aktiviert wurde, darf eine Rückstellung erst dann angesetzt werden, nachdem eine außerplanmäßige Abschreibung für Verluste aus Wertminderungen vorgenommen wurde (IAS 37.69).

Restrukturierungsmaßnahmen

Im folgenden werden Beispiele gegeben, die unter den Begriff Restrukturierung fallen:
- Verkauf oder Aufgabe eines Geschäftsfeldes,
- Stillegung von Werken in einem Land oder einer Region oder die Verlagerung von Geschäftsaktivitäten in andere Länder oder Regionen,
- Änderungen in der Managementstruktur, z.B. Auflösung einer Managementebene,
- grundlegende Reorganisationsmaßnahmen, die wesentliche Auswirkungen auf die Art und den Schwerpunkt der Geschäftstätigkeit des Unternehmens haben (IAS 37.70).

Eine faktische Verpflichtung zur Restrukturierung entsteht nur, wenn das Unternehmen
- einen detaillierten formalen Restrukturierungsplan hat, der mindestens folgendes enthält:
  - das betroffene Geschäftsfeld bzw. Teil des Geschäftsfeldes,
  - die wichtigsten betroffenen Standorte,
  - Standort, Funktion und ungefähre Zahl der Mitarbeiter, die für die Beendigung ihres Arbeitsverhältnisses eine Abfindung erhalten werden,
  - die entstehenden Ausgaben,
  - den Umsetzungszeitpunkt des Plans, und
- bei den Betroffenen die berechtigte Erwartung geweckt hat, daß aufgrund des Beginns der Restrukturierungsmaßnahmen oder aufgrund der Mitteilung der wichtigsten Details des Restrukturierungsplans an die Betroffenen die Restrukturierung durchgeführt wird (IAS 37.72).

Es muß die frühest mögliche Umsetzung des Restrukturierungsplans vorgesehen sein, so daß wesentliche Änderungen des Plans unwahrscheinlich erscheinen (IAS 37.74).

Eine faktische Verpflichtung zur Restrukturierung liegt noch nicht vor, wenn vor dem Bilanzstichtag nur der Beschluß der Unternehmensleitung gefaßt wurde, sofern nicht
- entweder mit dieser Umsetzung begonnen wurde oder
- den Betroffenen die wichtigsten Details des Restrukturierungsplanes mitgeteilt wurden und bei ihnen die berechtigte Erwartung geweckt wurde, daß das Unternehmen die Restrukturierung durchführen wird.

Wenn ein Unternehmen nach dem Bilanzstichtag einen Restrukturierungsplan erstellt oder die wesentlichen Kriterien eines solchen Plans veröffentlicht, dann sind Angaben gemäß IAS 10 zu machen, falls es sich um eine wesentliche Restrukturierung handelt und die Nichtangabe die wirtschaftlichen Entscheidungen des Abschlußlesers auf der Grundlage des Abschlusses beeinflussen könnte (IAS 37.75).

Es liegt solange keine Verpflichtung zum Verkauf eines Geschäftsfeldes vor, solange nicht ein bindender Verkaufsvertrag vorliegt (IAS 37.78). Wenn ein Verkauf im Rahmen einer Restrukturierung geplant ist, kann jedoch ein Verlust aus Wertminderung bei Vermögenswerten vorliegen (IAS 37.79).

Eine Rückstellung für Restrukturierungskosten darf nur die direkten Ausgaben für die Restrukturierung enthalten, nämlich die,
- die zwangsweise aufgrund der Restrukturierung anfallen und
- die nicht mit den laufenden Aktivitäten des Unternehmens in Zusammenhang stehen (IAS 37.80).

In die Rückstellung für Restrukturierungskosten dürfen nicht einbezogen werden:
- Aufwendungen für die Umschulung oder Versetzung von weiterhin beschäftigten Mitarbeitern,
- Marketingkosten oder
- Investitionen in neue Systeme und Vertriebsnetze (IAS 37.81).

Gewinne aus dem Abgang von Vermögenswerten sind gemäß IAS 37.51 nicht zu berücksichtigen, selbst dann nicht, wenn der Verkauf Teil der Restrukturierung ist (IAS 37.83).

i) Angaben

Für jede Gruppe von Rückstellungen sind folgende Angaben zu machen:
- Buchwert zu Beginn und zum Ende der Periode,
- Bildung neuer Rückstellungen, einschließlich der Erhöhung bestehender Rückstellungen,
- in Anspruch genommene Rückstellungen,
- Auflösung von Rückstellungen,
- Erhöhungen während der Periode aufgrund der Aufzinsung von abgezinsten Beträgen und aufgrund von Zinssatzänderungen.

Vergleichsangaben sind nicht erforderlich (IAS 37.84).

Für jede Gruppe von Rückstellungen sind folgende Angaben zu machen:
- eine kurze Beschreibung der Art der Verpflichtung und der erwartete Zeitpunkt des Abflusses von wirtschaftlichem Nutzen,

- ein Hinweis auf die Unsicherheiten über die Höhe oder den Zeitpunkt dieser Abflüsse; falls die Angabe adäquater Informationen erforderlich ist, sind gemäß IAS 37.48 die wesentlichen Annahmen bezüglich künftiger Ereignisse anzugeben;
- erwartete Erstattungen und die Beträge, mit denen die einzelnen Vermögenswerte, für die eine Erstattung erwartet wird, angesetzt wurden (IAS 37.85).

Sofern die Möglichkeit eines Mittelabflusses zur Erfüllung nicht sehr gering (remote) ist, hat das Unternehmen für jede Gruppe von Eventualschulden zum Bilanzstichtag eine kurze Beschreibung der Art der Eventualschulden zu geben und, falls möglich, die folgenden Angaben zu machen:
- eine Schätzung der finanziellen Auswirkungen, bewertet nach den in IAS 37.36-52 enthaltenen Bewertungsvorschriften für Rückstellungen,
- Hinweise auf die Unsicherheiten hinsichtlich der Höhe und des Zeitpunktes eines Mittelabflusses und
- Hinweise auf die Möglichkeit einer Rückerstattung durch Dritte (IAS 37.86).

Wenn aufgrund desselben Sachverhaltes sowohl eine Rückstellung gebildet wurde als auch nicht passivierte Eventualschulden bestehen, dann sind die diesbezüglich gemäß IAS 37.84-86 geforderten Angaben so zu gestalten, daß der Zusammenhang zwischen Rückstellung und Eventualschulden ersichtlich ist (IAS 37.88).

Wo ein Zufluß von wirtschaftlichem Nutzen wahrscheinlich ist, sind eine kurze Beschreibung der Art der Eventualforderungen zum Bilanzstichtag und, soweit möglich, eine Schätzung der finanziellen Auswirkungen, bewertet nach den in IAS 37.36-52 enthaltenen Bewertungsvorschriften für Rückstellungen, erforderlich (IAS 37.89).

Es ist sicherzustellen, daß die gemachten Angaben über Eventualforderungen nicht zu irreführenden Andeutungen über die Wahrscheinlichkeit von möglichen Erträgen führen (IAS 37.90).

Wird eine der in IAS 37.86 und 37.89 geforderten Angaben nicht gemacht, weil dies nicht praktikabel ist, dann ist darauf hinzuweisen (IAS 37.91).

In äußerst seltenen Fällen können von IAS 37.84-89 geforderte Angaben dazu führen, die Position des Unternehmens in einem Rechtsstreit mit Dritten ernsthaft zu beeinträchtigen. In solchen Fällen können die Angaben unterbleiben, aber es sind Angaben über die Art des Rechtsstreites zusammen mit einem Hinweis auf die Anwendung dieser Schutzklausel und die Gründe für die Anwendung der Schutzklausel zu machen (IAS 37.92).

j) Übergangsvorschriften

Bei erstmaliger Anwendung von IAS 37 sind die Auswirkungen davon mit dem Vortrag der Gewinnrücklagen zu verrechnen. Es wird empfohlen, diese Verrechnung in der frühest dargestellten Berichtsperiode vorzunehmen und Vergleichsinformationen anzupassen. Falls keine Vergleichsinformationen gegeben werden, ist auf diese Tatsache hinzuweisen (IAS 37.93).

k) Rechte auf Anteile an Fonds für Entsorgung, Wiederherstellung und Umweltsanierung

Der Teilnehmer eines Fonds hat seine Verpflichtung, den Entsorgungsaufwand zu leisten, als Rückstellung und seinen Anteil an dem Fonds getrennt anzusetzen, es sei denn, der Teilnehmer haftet nicht für die Zahlung des Entsorgungsaufwands, selbst wenn der Fonds nicht zahlt (IFRIC 5.7). Wenn IAS 27, IAS 28, IAS 31 oder SIC-12 nicht anzuwenden sind, ist der Anteil an dem Fonds in Höhe des Erstattungsanspruchs gemäß IAS 37 zu bilanzieren (IFRIC 5.9). Mögliche zusätzliche Beiträge, z.B. im Falle der Insolvenz eines anderen Teilnehmers, sind eine Eventualschuld (IFRIC 5.10).

l) Verbindlichkeiten, die sich aus der Teilnahme an einem spezifischen Markt ergeben – Elektro- und Elektronik-Altgeräte

Die Teilnahme am Markt im Erfassungszeitraum stellt das verpflichtende Ereignis im Sinne von IAS 37.140 dar. Es ist deshalb keine Verbindlichkeit für Abfallbewirtschaftungskosten anzusetzen, weil die Geräte hergestellt oder verkauft werden. Die Bildung der Rückstellung hat sich an der Anzahl der abgegebenen »historischen« Haushaltsgeräte und dem Absatzanteil des Marktteilnehmers im Erfassungszeitraum zu orientieren (IFRIC 6).

Vorgesehene Änderungen

Allgemeines
Im Juni 2005 veröffentlichte der IASB Amendments to IAS 37 Provisions, Contingent Liabilities and Contingent Assets (ED IAS 37) and IAS 19 Employee Benefits (ED IAS 19). Dieser Exposure Draft wurde zusammen mit dem Business Combination Project Phase II im Rahmen des Konvergenzprojektes mit dem FASB erarbeitet. Der Entwurf enthält eine vollständige und grundlegende Überarbeitung von IAS 37 und Anpassungen bei den Regelungen zu Leistungen anläßlich der Beendigung des Arbeitsverhältnisses (termination benefits). IAS 37 soll in »Nichtfinanzielle Verbindlichkeiten« (non-financial liabilities) umbenannt werden.

Bis zum Ende der Kommentierungsfrist am 28. Oktober 2005 gingen beim IASB 123 Kommentare ein. Sie werden zur Zeit vom Board beraten.

Wesentliche Änderungen im einzelnen
IAS 37 verwendet nur noch den Begriff »non-financial liability« und nicht mehr die Begriffe »provision«, »accrual« und »contingent liability«.

Die Begriffe »Eventualforderung« (contingent asset) und »Eventualschuld« (contingent liability) sind nicht mehr in IAS 37 enthalten. Gemäß dem Entwurf ist eine Schuld, deren Höhe von einem oder mehreren zukünftigen Ereignissen abhängt, unabhängig davon, wie wahrscheinlich diese zukünftigen Ereignisse sind, anzusetzen.

Eine nichtfinanzielle Schuld muß angesetzt werden, wenn sie die Definition einer Schuld im Sinne des Framework erfüllt und verläßlich bestimmbar ist. Wahrscheinlichkeitskriterien, d.h. Unsicherheit bei der Höhe oder dem Zeitpunkt des wirtschaftlichen Nutzens, spielen beim Ansatz keine Rolle mehr, sondern nur bei der Bewertung der Schuld.

ED IAS 37 unterscheidet zwischen einer unbedingten Verpflichtung (unconditional obligation), d.h. der Frage, liegt eine Schuld vor oder nicht, und einer bedingten Verpflichtung (conditional obligation), d.h. der Frage, die sich auf die Wahrscheinlichkeit des Eintritts eines zusätzlichen Ereignisses richtet.

Eine Gewährleistungsverpflichtung an sich ist beispielsweise eine »unconditional obligation«, da sich der Verkäufer während einer bestimmten Zeit dieser Verpflichtung nicht entziehen kann (stand ready obligation). Für diese unbedingte Verpflichtung ist deshalb eine Schuld anzusetzen. Die erwartete Inanspruchnahme aus der Gewährleistungsverpflichtung, d.h. ob Ansprüche für aufgetretene Mängel geltend gemacht werden, also die »conditional obligation«, fließt in die Bewertung ein, betrifft jedoch nicht mehr die vorgelagerte Frage, ob eine Schuld zu erfassen ist oder nicht.

Nach ED IAS 37 sind Rückstellungen mit dem Erwartungswert, d.h. dem Betrag, der sich als Summe der mit ihrer Eintrittswahrscheinlichkeit gewichteten möglichen Ereignisse ergibt, anzusetzen und nicht mehr wie bisher mit dem Wert mit der höchsten Wahrscheinlichkeit.

Ein »unconditional right« ist ein immaterieller Vermögenswert und soll gemäß IAS 38 bilanziert werden.

Die Regelungen zu »belastenden Verträgen« (onerous contracts) sollen enger gefaßt werden.

Eine nichtfinanzielle Schuld für Kosten, die im Rahmen einer Restrukturierung entstehen, ist nur dann anzusetzen, wenn sie die Definition einer Schuld erfüllt. Die Definition einer Schuld ist nicht wie bisher durch Beschluß und Ankündigung eines Restrukturierungsplans erfüllt.

Abfindungen, die die Mitarbeiter ermutigen sollen, das Unternehmen freiwillig zu verlassen, sind dann als Restrukturierungsrückstellungen anzusetzen, wenn der Mitarbeiter das Angebot angenommen hat, und nicht wie bisher, wenn sich das Unternehmen nachweislich dazu verpflichtet hat.

Abfindungen, die im Rahmen einer betriebsbedingten Kündigung zu zahlen sind, sind dann als Restrukturierungsrückstellungen anzusetzen, wenn das Unternehmen den betroffenen Mitarbeitern den Restrukturierungsplan mitgeteilt hat und der Plan die Kriterien eines detaillierten Restrukturierungsplans erfüllt. Bisher war es für eine Rückstellungsbildung nicht notwendig, die betroffenen Mitarbeiter zu informieren.

12. Verbindlichkeiten (einschließlich Rechnungsabgrenzungsposten)

a) Definitionen

Der Begriff liability ist in den IFRS weiter gefaßt als der deutsche Begriff Verbindlichkeiten. Eine Schuld (liability) ist eine gegenwärtige Verpflichtung des Unternehmens, die aus vergangenen Ereignissen entstanden ist und deren Erfüllung für das Unternehmen erwartungsgemäß mit einem Abfluß von Ressourcen mit wirtschaftlichem Nutzen verbunden ist (F 49b).
Im Regelfall handelt es sich bei einer Verbindlichkeit um ein Finanzinstrument, für das IAS 32 und IAS 39 zu beachten sind (siehe Abschnitt B.III.15).
Passive Rechnungsabgrenzungsposten dürfen nur dann passiviert werden, wenn sie die Definition einer Schuld erfüllen (IAS 1.26).

b) Ansatz

Eine Schuld ist zu bilanzieren, wenn es wahrscheinlich ist, daß Ressourcen, die wirtschaftlichen Nutzen verkörpern, zum Ausgleich einer Verpflichtung abfließen werden und dieser Betrag verläßlich ermittelt werden kann (F 91).

c) Darstellung

Ein Unternehmen hat kurzfristige und langfristige Vermögenswerte und kurzfristige und langfristige Schulden getrennt entsprechend IAS 1.57-67 auszuweisen, sofern nicht eine Gliederung nach der Liquidität verläßlich und relevanter ist. Falls das zutrifft, sind alle Vermögenswerte und Schulden grob nach der Liquidität zu gliedern (IAS 1.51).
Welche Darstellung auch gewählt wird, ein Unternehmen hat für jeden Vermögens- und Schuldposten, in denen Beträge enthalten sind, die sowohl vor als auch nach 12 Monaten nach dem Bilanzstichtag ausgeglichen werden sollen, den Betrag anzugeben, der nach 12 Monaten ausgeglichen werden soll (IAS 1.52).
Eine Schuld ist als kurzfristig auszuweisen, wenn sie mindestens eine der folgenden Kriterien erfüllt:
- es ist zu erwarten, daß sie innerhalb eines normalen Geschäftszyklus reguliert wird,
- sie wird primär für Handelszwecke gehalten,
- sie wird innerhalb von 12 Monaten ab Bilanzstichtag fällig,
- das Unternehmen hat kein uneingeschränktes Recht, die Erfüllung der Verpflichtung um mindestens 12 Monate nach dem Bilanzstichtag zu verschieben.

Alle anderen Schulden sind als langfristig auszuweisen (IAS 1.60).

In der Mindestgliederung für die Bilanz unterscheidet man
- Verbindlichkeiten aus Lieferungen und Leistungen und sonstige Verbindlichkeiten,
- Steuerschulden gemäß IAS 12,
- latente Steuerschulden gemäß IAS 12,
- Finanzverbindlichkeiten (IAS 1.68).

Wenn es für das Verständnis der Finanzlage relevant ist, ist eine über die Mindestgliederung hinausgehende Untergliederung, z.B. hinsichtlich Art oder Fälligkeit, vorzunehmen (IAS 1.69 und 1.72c).

In den notes sind anzugeben:
- der Betrag der vor der Veröffentlichung des Abschlusses vorgeschlagenen oder beschlossenen, aber noch nicht bilanzierten Dividende sowie der entsprechende Betrag je Aktie und
- der Betrag der aufgelaufenen noch nicht bilanzierten Vorzugsdividenden (IAS 1.125).

13. Latente Steuern

IAS 12 regelt sowohl die Behandlung von latenten Steuerschulden und latenten Steueransprüchen als auch von tatsächlichen Steuerschulden und Steuererstattungsansprüchen.

a) Definitionen

Latente Steuerschulden bzw. passive latente Steuern (deferred tax liabilities) sind Ertragsteuern, die in künftigen Perioden aufgrund von zu versteuernden temporären Unterschieden zu zahlen sind.

Latente Steueransprüche bzw. aktive latente Steuern (deferred tax assets) sind Ertragsteuern, die in künftigen Perioden erstattungsfähig sind.

Temporäre Unterschiede (temporary differences) sind Unterschiede zwischen dem handelsrechtlichen Wertansatz eines Vermögenswertes oder einer Schuld und dem steuerrechtlichen Wertansatz bzw. Steuerwert. Temporäre Unterschiede können
- entweder steuerpflichtige temporäre Unterschiede sein, d.h. die nach der Realisierung des Vermögenswertes oder der Begleichung der Schuld in Zukunft zu steuerpflichtigen Beträgen führen, oder
- steuerlich abzugsfähige temporäre Unterschiede sein, d.h. die nach der Realisierung des Vermögenswertes oder der Begleichung der Schuld in Zukunft zu steuerlich abzugsfähigen Beträgen führen.

Der Steuerwert eines Vermögenswertes oder einer Schuld ist der diesem Posten für steuerliche Zwecke beizulegende Betrag (IAS 12.5).

b) Ansatz

Aufwendungen für Steuern der laufenden und der früheren Perioden sind als Steueraufwendungen und, soweit sie noch nicht bezahlt sind, als Schuld auszuweisen. Falls der für die laufende oder für frühere Perioden bezahlte Betrag den für diese Perioden geschuldeten Betrag übersteigt, ist der zuviel gezahlte Betrag als Vermögenswert auszuweisen (IAS 12.12).

Der Vorteil aus einem steuerlichen Verlustrücktrag ist als Vermögenswert anzusetzen (IAS 12.13).

Passive latente Steuern sind für alle steuerpflichtigen temporären Unterschiede anzusetzen, sofern die passiven latenten Steuern nicht aus folgenden Gründen entstehen:
- erstmaliger Ansatz eines Geschäfts- oder Firmenwertes, dessen Abschreibung steuerlich nicht anerkannt wird oder
- erstmaliger Ansatz eines Vermögenswertes oder einer Schuld bei einem Geschäftsvorfall, der
  - kein Unternehmenszusammenschluß ist und
  - zum Zeitpunkt des Geschäftsvorfalls weder das handelsrechtliche noch das steuerrechtliche Ergebnis beeinflußt.

Für steuerpflichtige temporäre Unterschiede im Zusammenhang mit Anteilen an Tochterunternehmen, Zweigniederlassungen, assoziierten Unternehmen und Anteilen an Gemeinschaftsunternehmen sind jedoch passive latente Steuern gemäß IAS 12.39 zu bilanzieren (IAS 12.15).

Aktive latente Steuern sind für alle steuerlich abzugsfähigen temporären Unterschiede in der Höhe anzusetzen, in der wahrscheinlich (probable) ein steuerpflichtiger Gewinn anfallen wird, gegen den die steuerlich abzugsfähigen Unterschiede verrechnet werden können, sofern die latenten Steuern nicht aus dem erstmaligen Ansatz eines Vermögenswertes oder einer Schuld bei einem Geschäftsvorfall, der
- kein Unternehmenszusammenschluß ist und
- zum Zeitpunkt des Geschäftsvorfalls weder das handelsrechtliche noch das steuerrechtliche Ergebnis beeinflußt,

stammen.

Für steuerlich abzugsfähige temporäre Unterschiede in Zusammenhang mit Investitionen in Tochterunternehmen, Zweigniederlassungen, assoziierten Unternehmen und Anteilen an Gemeinschaftsunternehmen sind jedoch aktive latente Steuern gemäß IAS 12.44 zu bilanzieren (IAS 12.24).

Aktive latente Steuern sind für noch nicht genutzte steuerliche Verlustvorträge und nicht genutzte Steuergutschriften in dem Umfang anzusetzen, in dem es wahrscheinlich ist, daß in Zukunft steuerpflichtige Ergebnisse zu erwarten sind, um die aktiven latenten Steuern realisieren zu können (IAS 12.34). Einzelheiten zur Bewertung sind in IAS 12.35 und 12.36 geregelt.

Ein Unternehmen hat für alle steuerpflichtigen temporären Unterschiede in Zusammenhang mit Anteilen an Tochterunternehmen, Zweigniederlassungen, assoziierten

Unternehmen und Anteilen an Gemeinschaftsunternehmen passive latente Steuern anzusetzen, sofern nicht die beiden folgenden Bedingungen erfüllt sind:
- das Mutterunternehmen, der Anteilseigner oder das Partnerunternehmen sind in der Lage, den zeitlichen Verlauf der Umkehrung der temporären Unterschiede zu steuern, und
- es ist wahrscheinlich, daß sich der temporäre Unterschied in absehbarer Zeit nicht umkehren wird (IAS 12.39).

Ein Unternehmen hat für alle steuerlich abzugsfähigen temporären Unterschiede in Zusammenhang mit Anteilen an Tochterunternehmen, Zweigniederlassungen, assoziierte Unternehmen und Anteilen an Gemeinschaftsunternehmen aktive latente Steuern nur in dem Umfang anzusetzen, in dem es wahrscheinlich ist, daß
- sich die temporären Unterschiede in absehbarer Zeit umkehren und
- steuerpflichtige Ergebnisse zur Verfügung stehen werden, um die temporären Unterschiede realisieren zu können (IAS 12.44).

c) **Bewertung**

Tatsächliche Steuerschulden und Steueransprüche für die laufende und frühere Perioden sind mit den Steuersätzen (und Steuergesetzen) zu bemessen, die zum Bilanzstichtag gelten oder verbindlich angekündigt sind (IAS 12.46 und 12.48).
Aktive und passive latente Steuern sind mit den Steuersätzen zu bemessen, die voraussichtlich zum Zeitpunkt der Realisierung der aktiven oder passiven Steuern Gültigkeit haben werden, d.h. zum Bilanzstichtag verabschiedete und angekündigte mit Sicherheit zu erwartende Änderungen von Steuersätzen und Steuergesetzen sind zu berücksichtigen (IAS 12.47).

Bei unterschiedlichen Steuersätzen ist der durchschnittliche Steuersatz zugrunde zu legen, der bei der Umkehrung der temporären Unterschiede auf das steuerpflichtige Einkommen (Verlust) wahrscheinlich anzuwenden ist (IAS 12.49).

Bei unterschiedlicher Besteuerung von einbehaltenen und ausgeschütteten Gewinnen sind die laufenden und latenten Steueransprüche und Steuerschulden mit dem Steuersatz für einbehaltene Gewinne zu bewerten (IAS 12.52A). Der Steuersatz für ausgeschüttete Gewinne ist erst zu berücksichtigen, wenn die Dividende als Schuld angesetzt wird (IAS 12.52B). Aktive und passive latente Steuern dürfen nicht abgezinst werden (IAS 12.53).

Die Voraussetzungen für die Aktivierung von latenten Steuern sind zu jedem Bilanzstichtag zu prüfen. Die aktiven latenten Steuern sind in dem Maße zu vermindern, in dem es nicht mehr länger wahrscheinlich ist, daß ausreichende steuerpflichtige Ergebnisse zur Verfügung stehen werden, um den Vorteil von einem Teil oder sämtlichen aktiven latenten Steuern zu nutzen. Jede Minderung von latenten Steuern ist in dem Maße rückgängig zu machen, in dem es wahrscheinlich ist, daß ausreichende steuerpflichtige Ergebnisse zur Verfügung stehen werden (IAS 12.56).

Tatsächliche und latente Steuern sind als Ertrag oder Aufwand zu erfassen und im Periodenergebnis zu berücksichtigen, soweit die Steuern nicht aus

- einem Geschäftsvorfall oder Ereignis, der bzw. das in der gleichen oder in einer anderen Periode direkt im Eigenkapital berücksichtigt wurde (siehe IAS 12.61-65), oder
- einem Unternehmenszusammenschluß (siehe IAS 12.66-68)

entstanden sind (IAS 12.58).

Tatsächliche und latente Steuern sind direkt mit dem Eigenkapital zu verrechnen, wenn sich die Steuern auf Posten beziehen, die in der gleichen oder in einer anderen Periode direkt mit dem Eigenkapital verrechnet wurden (IAS 12.61).

d) Ausweis

Tatsächliche Steueransprüche und tatsächliche Steuerschulden sind zu saldieren, wenn
- ein einklagbares Recht besteht, die bilanzierten Beträge gegeneinander aufzurechnen und
- beabsichtigt ist, die Regulierung auf einer Nettobasis vorzunehmen oder gleichzeitig mit der Realisierung des betreffenden Vermögenswertes die dazugehörige Schuld abzulösen (IAS 12.71).

Aktive latente Steuern und passive latente Steuern sind zu saldieren, wenn
- ein einklagbares Recht zur Aufrechnung tatsächlicher Steueransprüche gegen tatsächliche Steuerschulden besteht und
- sich die aktiven latenten Steuern und die passiven latenten Steuern auf Ertragsteuern, die von derselben Steuerbehörde erhoben werden, beziehen, die
  - entweder dasselbe steuerpflichtige Unternehmen betreffen, oder
  - mehrere steuerpflichtige Unternehmen betreffen, die in jeder künftigen Periode, in der wesentliche aktive und passive latente Steuern zu erwarten sind, beabsichtigen, die Regulierung der Steuerschulden und -forderungen auf einer Nettobasis vorzunehmen oder gleichzeitig mit der Realisierung der Ansprüche die Verpflichtungen abzulösen (IAS 12.74).

Der sich auf das Ergebnis der gewöhnlichen Geschäftstätigkeit beziehende Steueraufwand (Steuerertrag) ist in der Gewinn- und Verlustrechnung gesondert auszuweisen (IAS 12.77).

e) Angaben

Die wesentlichen Bestandteile des Steueraufwandes (Steuerertrages) sind getrennt auszuweisen (IAS 12.79).
Bestandteile des Steueraufwandes (Steuerertrages) können sein:
- tatsächlicher Steueraufwand (Steuerertrag),
- in der Periode berücksichtigte Korrekturen, die Vorperioden betreffen,
- der Betrag des latenten Steueraufwandes (Steuerertrages), der auf das Entstehen oder der Umkehrung temporärer Unterschiede zurückzuführen ist,

- der Betrag des latenten Steueraufwandes (Steuerertrages) aufgrund der Änderung von Steuersätzen oder der Einführung neuer Steuern,
- der Betrag der Minderung des tatsächlichen Steueraufwandes aufgrund eines bisher nicht berücksichtigten steuerlichen Verlustvortrages aufgrund von Steuergutschriften oder eines bisher nicht berücksichtigten temporären Unterschiedes einer früheren Periode,
- Minderung des latenten Steueraufwandes aufgrund eines bisher nicht berücksichtigten steuerlichen Verlustvortrages, aufgrund von Steuergutschriften oder eines bisher nicht berücksichtigten temporären Unterschiedes einer früheren Periode,
- passive latente Steuern aufgrund der Abwertung oder der Wertaufholung eines latenten Steueranspruchs gemäß IAS 12.56,
- der Betrag des Steueraufwandes (Steuerertrages), der sich aus einer Änderung der Bilanzierungs- und Bewertungsmethoden und der Korrektur von Fehlern gemäß IAS 8 ergibt, da sie nicht retrospektiv angesetzt werden können (IAS 12.80).

Weiterhin sind ebenfalls getrennt anzugeben:
- die tatsächlichen und latenten Steuern, die sich auf Posten beziehen, die erfolgsneutral mit dem Eigenkapital verrechnet wurden,
- eine Erläuterung des Verhältnisses zwischen dem Steueraufwand (Steuerertrag) und dem Ergebnis vor Ertragsteuern
  - entweder in einer Überleitungsrechnung zwischen dem Steueraufwand (Steuerertrag) und dem Produkt aus dem Ergebnis vor Ertragsteuern und dem anzuwendenden Steuersatz (applicable tax rate) unter Angabe der Ermittlung des anzuwendenden Steuersatzes oder
  - in einer Überleitungsrechnung zwischen dem durchschnittlichen effektiven Steuersatz (average effective tax rate) und dem anzuwendenden Steuersatz unter Angabe der Ermittlung des anzuwendenden Steuersatzes,
- eine Erläuterung zu Änderungen des anzuwendenden Steuersatzes im Vergleich zu der vorherigen Periode,
- der Betrag (ggf. das Verfalldatum) der abzugsfähigen temporären Unterschiede nicht genutzter steuerlicher Verlustvorträge und nicht genutzter Steuergutschriften, für die keine aktiven latenten Steuern in der Bilanz berücksichtigt wurden,
- der Gesamtbetrag der temporären Unterschiede, die im Zusammenhang mit Anteilen an Tochterunternehmen, Zweigniederlassungen, assoziierten Unternehmen und Anteilen an Gemeinschaftsunternehmen stehen, für die keine passiven latenten Steuern angesetzt wurden (siehe IAS 12.39),
- für jede Art von temporären Unterschieden und jede Art von nicht genutzten steuerlichen Verlustvorträgen und nicht genutzten Steuergutschriften
  - der in der Bilanz für jede Periode angesetzte Betrag der aktiven und passiven latenten Steuern,
  - der in der Gewinn- und Verlustrechnung angesetzte Betrag der abgegrenzten Steuererträge und Steueraufwendungen, sofern er nicht aus der Veränderung der in der Bilanz angesetzten Beträge hervorgeht,
- der Steueraufwand für
  - Gewinne oder Verluste aus dem Verkauf oder der Aufgabe von Geschäftsbereichen und

- Gewinne oder Verluste aus der normalen Geschäftstätigkeit von verkauften oder aufgegebenen Geschäftsbereichen für die Periode zusammen mit entsprechenden Beträgen für jede dargestellte Vorperiode.
- die Folgen bezüglich der Ertragsteuern für Dividenden, die zwischen dem Abschlußstichtag und dem Tage der Freigabe des Abschlusses zur Veröffentlichung vorgeschlagen oder beschlossen wurden, die aber nicht passiviert wurden (IAS 12.81).

Ein Unternehmen hat den Betrag der aktiven latenten Steuern und die Begründung für seine Bilanzierung anzugeben, wenn
- die Realisierung der aktiven latenten Steuern davon abhängt, ob in Zukunft steuerpflichtige Ergebnisse über dem Gewinn aus sich umkehrenden steuerpflichtigen temporären Unterschieden vorliegen und
- es in der Berichtsperiode oder Vorperiode in dem steuerlichen Zuständigkeitsbereich, denen die aktiven latenten Steuern zuzurechnen sind, einen Verlust erlitten hat (IAS 12.82).

Bei unterschiedlicher Besteuerung von einbehaltenen und ausgeschütteten Gewinnen (siehe IAS 12.52A) ist die Art der potentiellen Folgen bezüglich der Ertragsteuern, die sich aus den Dividendenzahlungen ergeben, anzugeben. Außerdem sind anzugeben, sofern bestimmbar, die entsprechenden Beträge potentieller Folgen bezüglich der Ertragsteuern und ob nicht bestimmbare potentielle Folgen bezüglich der Ertragsteuern bestehen (IAS 12.82A).

Beispiel

Latente Steueransprüche und latente Steuerschulden

Das Beispiel befaßt sich mit einem Unternehmen über einen Zeitraum von zwei Berichtsperioden, nämlich Jahr 5 und Jahr 6. Im Jahr 5 betrug der gültige Steuersatz für Ertragsteuern 40% des zu versteuernden Einkommens. Im Jahr 6 betrug der gültige Steuersatz für Ertragsteuern 35% des zu versteuernden Einkommens.

Spenden für gemeinnützige Zwecke werden zum Zeitpunkt der Zahlung als Aufwand erfaßt, sind aber steuerlich nicht abzugsfähig.

Im Jahr 5 wurde das Unternehmen von den zuständigen Behörden unterrichtet, daß diese beabsichtigen werden, gegen das Unternehmen aufgrund von Schwefelemissionen eine Klage einzureichen. Obwohl bis zum Dezember Jahr 6 noch keine Klage vor Gericht eingereicht worden war, bilanzierte das Unternehmen eine Schuld von 700 € im Jahr 5 als beste Einschätzung für die Geldstrafe, die aufgrund dieser Klage verhängt werden könnte. Geldstrafen sind steuerlich nicht abzugsfähig.

Im Jahr 2 hatte das Unternehmen Kosten für die Entwicklung eines neuen Produktes in Höhe von 1.250 €. Diese Kosten wurden im Jahr 2 für steuerliche Zwecke in Abzug gebracht. Für Bilanzierungszwecke aktivierte das Unternehmen diese Ausgaben und schrieb sie linear über fünf Jahre ab. Zum 31.12.Jahr 4 betrug der noch nicht abgeschriebene Betrag dieser Entwicklungskosten 500 €.

Im Jahr 5 schloß das Unternehmen mit seinen aktiven Arbeitnehmern eine Vereinbarung über medizinische Versorgungsleistungen für Pensionäre ab. Das Unternehmen erfaßt die Kosten dieses Versorgungsplans entsprechend der Leistungserbringung durch die Arbeitnehmer. Für derartige Leistungen wurden im Jahr 5 und Jahr 6 keine Zahlungen an Pensionäre geleistet. Medizinische Versorgungsleistungen sind erst mit ihrer Zahlung an Pensionäre steuerlich abzugsfähig. Das Unternehmen geht davon aus, daß es wahrscheinlich ist, daß ein zu versteuerndes Ergebnis zur Verfügung stehen wird, gegen das jeder sich ergebende latente Steueranspruch verwertet werden kann.

Gebäude werden für Bilanzierungszwecke mit 5% im Jahr linear und für steuerliche Zwecke mit 10% im Jahr linear abgeschrieben. Kraftfahrzeuge werden für Bilanzierungszwecke mit 20% im Jahr linear und für steuerliche Zwecke mit 25% im Jahr linear abgeschrieben. Für Bilanzierungszwecke wird in dem Jahr, in dem ein Vermögenswert erworben wurde, die Abschreibung für ein volles Jahr abgesetzt.

Zum 1.1.Jahr 6 wurde das Gebäude mit 65.000 € neu bewertet, und das Unternehmen schätzte die verbleibende Nutzungsdauer des Gebäudes auf 20 Jahre, gerechnet vom Zeitpunkt der Neubewertung. Die Neubewertung beeinflußte das zu versteuernde Ergebnis für das Jahr 6 nicht, und die Steuerbehörden nahmen keine Anpassung des Steuerwertes des Gebäudes entsprechend der bilanziellen Neubewertung vor. Im Jahr 6 übertrug das Unternehmen 1.033 € aus der Neubewertungsrücklage in die Gewinnrücklagen. Der Betrag stellt den Unterschied von 1.590 € zwischen der tatsächlichen Abschreibung des Gebäudes (3.250 €) und der entsprechenden Abschreibung auf Basis der Anschaffungskosten des Gebäudes (1.660 €, der Buchwert von 33.200 € am 1.1.Jahr 6 geteilt durch die verbleibende Nutzungsdauer von 20 Jahren), abzüglich der damit verbundenen latenten Steuern von 557 € (siehe IAS 12.64), dar.

	Jahr 5 €	Jahr 6 €
gezahlter Steueraufwand		
handelsrechtliches Periodenergebnis (vor Ertragsteuern)	8.775	8.740
Hinzurechnungen		
bilanzielle Abschreibung	4.800	8.250
Spenden	500	350
Geldstrafe für Umweltverschmutzung	700	–
Entwicklungskosten	250	250
medizinische Versorgungsleistungen	2.000	1.000
	17.025	18.590

Absetzungen
steuerliche Absetzungen für Abnutzung (8.100) (11.850)
zu versteuerndes Einkommen 8.925 6.740

gezahlter Steueraufwand 40% 3.570
gezahlter Steueraufwand 35% 2.359

Buchwert der Sachanlagen

	Gebäude	Kraftfahrzeuge	Summe
Anschaffungskosten	€	€	€
Saldo am 31.12.Jahr 4	50.000	10.000	60.000
Zugänge Jahr 5	6.000	–	6.000
Saldo am 31.12.Jahr 5	56.000	10.000	66.000
Eliminierung der kumulierten Abschreibungen bei Neubewertung am 1.1.Jahr 6	(22.800)	–	(22.800)
Neubewertung am 1.1.Jahr 6	31.800	–	31.800
Saldo am 1.1.Jahr 6	65.000	10.000	75.000
Zugänge Jahr 6	–	15.000	15.000
Saldo am 31.12.Jahr 6	65.000	25.000	90.000
Kumulierte Abschreibungen (5% bzw. 20%)			
Saldo am 31.12.Jahr 4	20.000	4.000	24.000
Abschreibung Jahr 5	2.800	2.000	4.800
Saldo am 31.12.Jahr 5	22.800	6.000	28.800
Neubewertung am 1.1.Jahr 6	(22.800)	–	(22.800)
Saldo am 1.1.Jahr 6	–	6.000	6.000
Abschreibung Jahr 6	3.250	5.000	8.250
Saldo am 31.12.Jahr 6	3.250	11.000	14.250
Buchwert			
31.12.Jahr 4	30.000	6.000	36.000
31.12.Jahr 5	33.200	4.000	37.200
31.12.Jahr 6	61.750	14.000	75.750

Steuerwert der Sachanlagen

	Gebäude	Kraftfahrzeuge	Summe
Anschaffungskosten	€	€	€
Saldo am 31.12.Jahr 4	50.000	10.000	60.000
Zugänge Jahr 5	6.000	–	6.000
Saldo am 31.12.Jahr 5	56.000	10.000	66.000
Zugänge Jahr 6	–	15.000	15.000
Saldo am 31.12.Jahr 6	56.000	25.000	81.000

Kumulierte Abschreibungen (10% bzw. 26%)

Saldo am 31.12.Jahr 4	40.000	5.000	45.000
Abschreibung Jahr 5	5.600	2.500	8.100
Saldo am 31.12.Jahr 5	45.600	7.500	53.100
Abschreibung Jahr 6	5.600	6.250	11.850
Saldo am 31.12.Jahr 6	51.200	13.750	64.950

Steuerwert

31.12.Jahr 4	10.000	5.000	15.000
31.12.Jahr 5	10.400	2.500	12.900
31.12.Jahr 6	4.800	11.250	16.050

Latente Steueransprüche, latente Steuerschulden und latenter Steueraufwand zum 31.12.Jahr 4

	Buchwert	Steuerwert	temporäre Differenzen
	€	€	€
Forderungen	500	500	–
Vorräte	2.000	2.000	–
Entwicklungskosten	500	–	500
Finanzinvestitionen	33.000	33.000	–
Sachanlagen	36.000	15.000	21.000
AKTIVA	72.000	50.000	21.500
tatsächliche Ertragsteuerschuld	3.000	3.000	–
Lieferantenverbindlichkeiten	500	500	–
Geldstrafen	–	–	–
Verpflichtungen aus medizinischen Versorgungsleistungen	–	–	–
langfristige Verbindlichkeiten	20.000	20.000	–
latente Ertragsteuern	8.600	8.600	–
gezeichnetes Kapital	5.000	5.000	–
Neubewertungsrücklage	–	–	–
Gewinnrücklagen	34.900	13.400	
PASSIVA	72.000	50.500	
temporäre Differenzen			21.500
latente Steuerschulden (21.500 zu 40%)			8.600
latenter Steueranspruch			–
latente Steuerschulden, netto			8.600

III. Inhalt, Ausweis und Bilanzierungs- und Bewertungsgrundsätze einzelner Posten der Bilanz

Latente Steueransprüche, latente Steuerschulden und latenter Steueraufwand zum 31.12.Jahr 5

	Buchwert	Steuerwert	temporäre Differenzen
	€	€	€
Forderungen	500	500	–
Vorräte	2.000	2.000	–
Entwicklungskosten	250	–	250
Finanzinvestitionen	33.000	33.000	–
Sachanlagen	37.200	12.900	24.300
AKTIVA	72.950	48.400	24.500
tatsächliche Ertragsteuerschuld	3.570	3.570	–
Lieferantenverbindlichkeiten	500	500	–
Geldstrafen	700	700	–
Verpflichtungen aus medizinischen Versorgungsleistungen	2.000	–	(2.000)
langfristige Verbindlichkeiten	12.475	12.475	–
latente Ertragsteuern	9.020	9.020	–
gezeichnetes Kapital	5.000	5.000	–
Neubewertungsrücklage	–	–	–
Gewinnrücklagen	39.685	17.135	
PASSIVA	72.950	48.400	
temporäre Differenzen			22.550
latente Steuerschulden (24.550 zu 40%)			9.820
latenter Steueranspruch (2.000 zu 40%)			(800)
latente Steuerschulden, netto			9.020
./. Anfangssaldo der latenten Steuerschulden			(8.600)
latenter Steueraufwand (Steuerertrag) aus Entstehung und Umkehrung temporärer Differenzen			420

Latente Steueransprüche, latente Steuerschulden und latenter Steueraufwand zum 31.12.Jahr 6

	Buchwert	Steuerwert	temporäre Differenzen
	€	€	€
Forderungen	500	500	–
Vorräte	2.000	2.000	–
Entwicklungskosten	–	–	–
Finanzinvestitionen	33.000	33.000	–
Sachanlagen	75.750	16.050	59.700
AKTIVA	111.250	51.550	59.700

tatsächliche Ertragsteuerschuld	2.359	2.359	–
Lieferantenverbindlichkeiten	500	500	–
Geldstrafen	700	700	–
Verpflichtungen aus medizinischen Versorgungsleistungen	3.000	–	(3.000)
langfristige Verbindlichkeiten	12.805	12.805	–
latente Ertragsteuern	19.845	19.845	–
gezeichnetes Kapital	5.000	5.000	–
Neubewertungsrücklage	19.637	–	–
Gewinnrücklagen	47.404	10.341	
PASSIVA	111.250	51.550	
temporäre Differenzen			56.700

latente Steuerschulden (59.700 zu 35 %)	20.895
latenter Steueranspruch ([3.000] zu 35 %) – –	(1.050)
latente Steuerschulden, netto	19.845
./. Anfangssaldo der latenten Steuerschulden	(9.020)
Anpassung des Anfangssaldos der latenten Steuerschulden aufgrund der Verringerung des Steuersatzes (22.550 zu 5 %)	1.127
latente Steuern, die der Neubewertungsrücklage zurechenbar sind (31.800 zu 35 %)	(11.130)
latenter Steueraufwand (Steuerertrag) aus Entstehung und Umkehrung temporärer Differenzen	822

Angabepflichten

Zusammensetzung des Steueraufwandes

	Jahr 5 €	Jahr 6 €
gezahlte Steuern	3.570	2.359
latenter Steueraufwand aus Entstehung und Umkehrung temporärer Unterschiede	420	822
latenter Steueraufwand (Steuerertrag) aus Steuersatzsenkung	–	(1.127)
Steueraufwand	3.990	2.054

Summe der gezahlten und latenten Steuern auf Eigenkapitalveränderungen

latente Steuern aus Neubewertung von Gebäuden	–	(11.130)

Zusätzlich wurden im Jahr 6 latente Steuern in Höhe von 557 € aus den Gewinnrücklagen in die Neubewertungsrücklage übertragen. Diese beruhen auf dem Unterschied zwischen der tatsächlichen Abschreibung auf das Gebäude und der entsprechenden Abschreibung auf Grundlage der Anschaffungskosten des Gebäudes.

Erläuterung des Verhältnisses zwischen Steueraufwand und Ergebnis vor Ertragsteuern (IAS 12.81c)
IAS 12 erlaubt zwei alternative Verfahren, um das Verhältnis zwischen dem Steueraufwand (Steuerertrag) und dem Ergebnis vor Ertragsteuern zu erläutern. Beide Alternativen werden nachstehend dargestellt.

a) Überleitungsrechnung zwischen dem Steueraufwand (Steuerertrag) und dem Produkt aus dem Ergebnis vor Ertragsteuern und dem anzuwendenden Steuersatz (den anzuwendenden Steuersätzen) mit Angabe der Ermittlung der anzuwendenden Steuersätze

	Jahr 5 €	Jahr 6 €
handelsrechtliches Periodenergebnis (vor Ertragsteuern)	8.775	8.740
Steuern zum anzuwendenden Steuersatz (Jahr 5: 40%, Jahr 6: 35%)	3.510	3.059
Steuerauswirkungen von Aufwendungen, die bei der Ermittlung des zu versteuernden Einkommens nicht abzugsfähig sind:		
Spenden	200	122
Geldstrafe für Umweltverschmutzung	280	
Verringerung des Anfangssaldos der latenten Steuern aus Steuersatzsenkung	–	(1.127)
Steueraufwand	3.990	2.054

Der anzuwendende Steuersatz ist die Summe des Ertragsteuersatzes des Bundes von 30% (Jahr 5: 35%) und des Ertragsteuersatzes der Gemeinde von 5%.

b) Überleitungsrechnung zwischen dem durchschnittlichen effektiven Steuersatz und dem anzuwendenden Steuersatz mit Angabe der Ermittlung der anzuwendenden Steuersätze

	Jahr 5 %	Jahr 6 %
anzuwendender Steuersatz	40.0	35.0
Steuerauswirkungen von steuerlich nicht abzugsfähigen Aufwendungen:		
Spenden	2.3	1.4
Geldstrafe für Umweltverschmutzung	3.2	–
Auswirkung der Steuersatzsenkung auf den Anfangssaldo der latenten Steuern	–	(12.9)
durchschnittlicher effektiver Steuersatz (Steueraufwand : Ergebnis vor Steuern)	45.5	23.5

Der anzuwendende Steuersatz ist die Summe des Ertragsteuersatzes des Bundes von 30% (Jahr 5: 35%) und des Ertragsteuersatzes der Gemeinde von 5%.

Erläuterung der Änderungen des (der) anzuwendenden Steuersatzes (Steuersätze) im Vergleich zur vorherigen Berichtsperiode (IAS 12.81d)

Im Jahr 6 verfügte die Regierung eine Senkung des nationalen Ertragsteuersatzes von 35% auf 30%.

Bezüglich jeder Art von temporären Differenzen und noch nicht genutzten steuerlichen Verlusten und Steuergutschriften sind auszuweisen:
– die latenten Steueransprüche und latenten Steuerschulden, die in der Bilanz für jede dargestellte Periode angesetzt wurden;
– der latente Steuerertrag oder latente Steueraufwand, der in der Gewinn- und Verlustrechnung für jede dargestellte Periode erfaßt wurde, falls dies nicht aus den Änderungen der in der Bilanz angesetzten Beträge hervorgeht (IAS 12.81g)

	Jahr 5	Jahr 6
Erläuterung der latenten Steuerschulden	€	€
höhere steuerliche Abschreibungen für steuerliche Zwecke	9.720	10.322
Verpflichtungen aus medizinischen Versorgungsleistungen, die steuerlich erst bei Zahlung abzugsfähig sind	(800)	(1.050)
Entwicklungskosten, die in Vorjahren das zu versteuernde Einkommen gekürzt haben	100	–
Neubewertung./. der damit verbundenen Abschreibung	–	10.573
latente Steuerschulden	9.020	19.845

Beispiel

Unternehmenszusammenschlüsse

Am 1.1.Jahr 5 erwarb Unternehmen A 100% der Anteile von Unternehmen B zu Anschaffungskosten von 600 €. Gemäß der für A geltenden Steuergesetzgebung beläuft sich zum Erwerbszeitpunkt der Steuerwert der Anteile von A an B auf 600 €. Verminderungen des Buchwertes des Geschäfts- oder Firmenwertes sind ebenfalls nicht abzugsfähig, falls B sein zugrunde liegendes Geschäft veräußert. Der Steuersatz gemäß der für A geltenden Steuergesetzgebung beträgt 30%, und der Steuersatz gemäß der für B geltenden Steuergesetzgebung beträgt 40%.

Der beizulegende Zeitwert der von A erworbenen identifizierbaren Vermögenswerte und übernommenen Schulden (ausgenommen der latenten Steueransprüche und latenten Steuerschulden) ist in der folgenden Tabelle dargelegt, zusammen mit ihren Steuerwerten gemäß der für B geltenden Steuergesetzgebung und den sich ergebenden temporären Unterschieden.

	Anschaffungs-kosten des Unternehmens-erwerbs €	Steuer-wert €	temporäre Differen-renzen €
Sachanlagen	270	155	115
Forderungen	210	210	–
Vorräte	174	124	50
Pensionsverpflichtungen	(30)	–	(30)
Lieferantenverbindlichkeiten	(120)	(120)	–
beizulegender Zeitwert der erworbenen identifizierbaren Vermögenswerte u. übernommenen Schulden ohne latente Steuern	504	369	135

Der latente Steueranspruch aus den Pensionsverpflichtungen wird mit den latenten Steuerschulden aus den Sachanlagen und den Vorräten saldiert (siehe IAS 12.74).

Für die Anschaffungskosten des Geschäfts- oder Firmenwertes ist gemäß der für B geltenden Steuergesetzgebung kein Abzug möglich. Daher ist der Steuerwert des Geschäfts- oder Firmenwertes gemäß der für B geltenden Steuergesetzgebung Null. Gemäß IAS 12.15a bilanziert A jedoch keine latente Steuerschuld für die in der Steuergesetzgebung von B mit dem Geschäfts- oder Firmenwert verbundenen zu versteuernden temporären Differenz.

Der Buchwert der Anteile an B teilt sich im Konzernabschluß von A wie folgt auf:

	€
beizulegender Zeitwert der erworbenen identifizierbaren Vermögenswerte und übernommenen Schulden ohne latente Steuern	504
latente Steuerschuld (135 zu 40%)	(54)
beizulegender Zeitwert der erworbenen identifizierbaren Vermögenswerte und übernommenen Schulden	450
Geschäfts- oder Firmenwert	150
Buchwert	600

Da sich zum Erwerbszeitpunkt der Steuerwert der Anteile von A an B gemäß der für A geltenden Steuergesetzgebung auf 600 € beläuft, ist mit diesen Anteilen gemäß der Steuergesetzgebung von A keine temporäre Differenz verbunden.

Während des Jahres 5 änderte sich das Eigenkapital von B (unter Berücksichtigung der Bewertungsanpassungen an die beizulegenden Zeitwerte bedingt durch den Unternehmenszusammenschluß) wie folgt:

	€
Stand 1.1.Jahr 5	450
nicht ausgeschüttete Ergebnisse für Jahr 5 (Periodengewinn von 150,./. Dividende von 80)	70
Stand 31.12.Jahr 5	520

A bilanziert eine Schuld für alle Quellensteuern oder andere Steuern, die auf die Dividendenforderung von 80 € zu zahlen sind.

Der Buchwert der zugrunde liegenden Anteile von A an B ohne die Dividendenforderung ist am 31.12.Jahr 5 wie folgt:

	€
Reinvermögen von B	520
Geschäfts- oder Firmenwert	150
Buchwert	670

Die mit den zugrunde liegenden Anteilen von A verbundene temporäre Differenz beträgt 70 €. Dieser Betrag entspricht dem seit dem Erwerbszeitpunkt kumulierten nicht ausgeschütteten Ergebnis.

Falls A entschieden hat, daß es die Anteile in absehbarer Zeit nicht verkaufen wird und daß B seine nicht ausgeschütteten Ergebnisse in absehbarer Zeit nicht ausschütten wird, wird in bezug auf die Anteile von A an B keine latente Steuerschuld bilanziert (siehe IAS 12.39 und 12.40). Es ist zu beachten, daß diese Ausnahme auf Anteile an einem assoziierten Unternehmen nur anzuwenden ist, wenn eine Vereinbarung besteht, nach der die Gewinne des assoziierten Unternehmens in absehbarer Zeit nicht ausgeschüttet werden (siehe IAS 12.42). A gibt den Betrag der temporären Differenz, für den keine latenten Steuern angesetzt werden, an, d.h. 70 € (siehe IAS 12.81f).

Falls A davon ausgeht, daß es seine Anteile an B verkaufen wird oder daß B seine nicht ausgeschütteten Ergebnisse in absehbarer Zeit ausschütten wird, bilanziert A eine latente Steuerschuld in dem Umfang, in dem erwartet wird, daß sich die temporäre Differenz umkehren wird. Der Steuersatz spiegelt die Art und Weise wider, in der A erwartet, den Buchwert seiner Anteile zu realisieren (siehe IAS 12.51). A schreibt die latenten Steuern dem Eigenkapital gut oder belastet sie diesem, und zwar in dem Umfang, in dem die latenten Steuern aus Währungsumrechnungsdifferenzen stammen, die unmittelbar dem Eigenkapital belastet oder gutgeschrieben wurden (IAS 12.61). A gibt getrennt an:
– den Betrag latenter Steuern, der unmittelbar dem Eigenkapital belastet oder gutgeschrieben wurde (IAS 12.81a) und
– den Betrag jeder verbleibenden temporären Differenz, von der nicht erwartet wird, daß sie sich in absehbarer Zeit umkehren wird, und für die daher keine latenten Steuern angesetzt werden (siehe IAS 12.81f).

Vorgesehene Änderungen

Das Thema ist Teil des kurzfristigen Konvergenzprojektes des IASB mit dem FASB. Es wird in absehbarer Zeit ein Exposure Draft erwartet.

14. Leasing

a) Anwendungsbereich

IAS 17 ist bei der Bilanzierung von allen Leasingverhältnissen anzuwenden, außer für
– Leasingverhältnisse bei der Exploration und Verarbeitung von Mineralien, Öl, Erdgas und ähnlichen nicht regenerativen Ressourcen und
– Lizenzvereinbarungen, beispielsweise über Filme, Videoaufnahmen, Theaterstücke, Manuskripte, Patente und Urheberrechte.

IAS 17 ist jedoch nicht anzuwenden für
– von Leasingnehmern als Finanzinvestition gehaltene Immobilien (siehe IAS 40),
– als Finanzinvestition gehaltene Immobilien, die von Leasinggebern im Rahmen eines Mietleasing vermietet werden (siehe IAS 40),

- biologische Vermögenswerte, die von Leasingnehmern im Rahmen eines Finanzierungsleasing gehalten werden (siehe IAS 41),
- biologische Vermögenswerte, die von Leasinggebern im Rahmen eines Mietleasing vermietet werden (siehe IAS 41) (IAS 17.2).

IFRIC 4 regelt die bilanzielle Darstellung von Vereinbarungen (z.B. Dienstleistungs- und Outsourcing-Vereinbarungen) die rechtlich keine Leasingverhältnisse darstellen, jedoch Vertragsbestandteile enthalten, die einem Leasingverhältnis gleichzusetzen sind.

b) Definitionen

Ein Leasingverhältnis ist eine Vereinbarung, bei der der Leasinggeber dem Leasingnehmer gegen eine Zahlung oder eine Reihe von Zahlungen das Recht auf Nutzung eines Vermögenswertes für einen vereinbarten Zeitraum überträgt.

Ein Finanzierungsleasing ist ein Leasingverhältnis, bei dem im wesentlichen alle mit dem Eigentum verbundenen Risiken und Chancen eines Vermögenswertes übertragen werden. Dabei kann letztendlich das Eigentumsrecht übertragen werden oder nicht.

Ein Mietleasing, auch Operating-Leasingverhältnis genannt, ist ein Leasingverhältnis, bei dem es sich nicht um ein Finanzierungsleasing handelt.

Ein unkündbares Leasingverhältnis ist ein Leasingverhältnis, das nur aufgelöst werden kann, wenn:
- ein unwahrscheinliches Ereignis eintritt,
- der Leasinggeber seine Einwilligung dazu gibt,
- der Leasingnehmer mit demselben Leasinggeber ein neues Leasingverhältnis über denselben oder einen entsprechenden Vermögenswert eingeht oder
- durch den Leasingnehmer ein derartiger zusätzlicher Betrag zu zahlen ist, daß schon bei Vertragsbeginn die Fortführung des Leasingverhältnisses hinreichend sicher ist.

Als Beginn des Leasingverhältnisses gilt der frühere der beiden folgenden Zeitpunkte: der Tag der Leasingvereinbarung oder der Tag, an dem sich die Vertragsparteien über die wesentlichen Bestimmungen des Leasingverhältnisses geeinigt haben. Zu diesem Zeitpunkt
- wird das Leasingverhältnis entweder ein Mietleasing oder ein Finanzierungsleasing und
- im Falle eines Finanzierungsleasing werden die Leasingzahlungen festgelegt.

Der Beginn der Laufzeit des Leasingverhältnisses ist der Zeitpunkt, von dem an der Leasingnehmer Anspruch auf die Ausübung seines Nutzungsrechtes am Leasinggegenstand hat. Es ist der Zeitpunkt des erstmaligen Ansatzes des Leasingverhältnisses.

Die Laufzeit des Leasingverhältnisses umfaßt die unkündbare Zeitperiode, für die sich der Leasingnehmer vertraglich verpflichtet hat, den Vermögenswert zu mieten, sowie weitere Zeiträume, für die der Leasingnehmer mit oder ohne weitere Zahlungen eine Option ausüben kann, wenn zu Beginn des Leasingverhältnisses die Inanspruchnahme der Option durch den Leasingnehmer hinreichend sicher ist.

Die Mindestleasingzahlungen sind diejenigen Zahlungen, die der Leasingnehmer während der Laufzeit des Leasingverhältnisses zu leisten hat oder zu denen er herangezogen werden kann, außer bedingten Mietzahlungen, Kosten für Dienstleistungen und Steuern, die der Leasinggeber zu zahlen hat und die ihm erstattet werden, sowie:
– beim Leasingnehmer alle von ihm oder von einer mit ihm verbundenen Partei garantierten Beträge oder
– beim Leasinggeber jegliche Restwerte, die ihm garantiert wurden, entweder:
  • vom Leasingnehmer,
  • von einer mit dem Leasingnehmer verbundenen Partei oder
  • von einer vom Leasinggeber unabhängigen dritten Partei, die finanziell in der Lage ist, diese Garantie zu erfüllen.

Besitzt der Leasingnehmer allerdings für den Vermögenswert eine Kaufoption zu einem Preis, der voraussichtlich deutlich niedriger als der zum möglichen Optionsausübungszeitpunkt beizulegende Zeitwert ist, so daß bereits bei Leasingbeginn die Ausübung der Option hinreichend sicher ist, dann umfassen die Mindestleasingzahlungen die während der Laufzeit des Leasingverhältnisses bis zur erwarteten Ausübung der Kaufoption zu zahlenden Mindestraten sowie die für die Ausübung dieser Kaufoption erforderliche Zahlung.

Die wirtschaftliche Nutzungsdauer ist entweder
– der Zeitraum, in dem ein Vermögenswert voraussichtlich von einem oder mehreren Nutzern wirtschaftlich nutzbar ist, oder
– die voraussichtlich durch den Vermögenswert von einem oder mehreren Nutzern zu erzielende Anzahl an Produktionseinheiten oder ähnlichen Maßgrößen.

Die Nutzungsdauer ist der geschätzte verbleibende Zeitraum ab dem Beginn der Laufzeit des Leasingverhältnisses, ohne Beschränkung durch die Laufzeit des Leasingverhältnisses, über den der im Vermögenswert enthaltene wirtschaftliche Nutzen voraussichtlich vom Unternehmen verbraucht wird.

Der garantierte Restwert ist
– beim Leasingnehmer der Teil des Restwertes, der vom Leasingnehmer oder von einer Partei, die mit dem Leasingnehmer in Verbindung steht, garantiert wurde (der Betrag der Garantie ist der Höchstbetrag, der im Zweifelsfall zu zahlen ist) und
– beim Leasinggeber der Teil des Restwertes, der vom Leasingnehmer oder einer dritten Partei garantiert wurde, die nicht mit dem Leasinggeber in Verbindung steht und die finanziell in der Lage ist, den Verpflichtungen der Garantie nachzukommen.

Der nicht garantierte Restwert ist derjenige Teil des Restwertes des Leasinggegenstandes, dessen Realisierung durch den Leasinggeber nicht gesichert ist oder nur durch eine mit dem Leasinggeber verbundene Partei garantiert wird.

Die Bruttoinvestition in das Leasingverhältnis ist die Summe der vom Leasinggeber im Rahmen eines Finanzierungsleasing zu erhaltenen Mindestleasingraten zuzüglich eines dem Leasinggeber zuzurechnenden nicht garantierten Restwertes.

Die Nettoinvestition in das Leasingverhältnis ist die Bruttoinvestition in das Leasingverhältnis abgezinst mit dem Zinssatz, der dem Leasingverhältnis zugrunde liegt.

Der noch nicht realisierte Finanzertrag ist die Differenz zwischen der Bruttoinvestition und der Nettoinvestition.

Der dem Leasingverhältnis zugrundeliegende Zinssatz ist der Abzinsungssatz, bei dem zu Beginn des Leasingverhältnisses die Summe der Barwerte der Mindestleasingzahlungen und des nicht garantierten Restwertes dem beizulegenden Zeitwert des Leasinggegenstandes zuzüglich der bei Abschluß des Leasingvertrages vom Leasingnehmer zu zahlenden Kosten entspricht.

Der Grenzfremdkapitalzinssatz ist derjenige Zinssatz, den der Leasingnehmer bei einem vergleichbaren Leasingverhältnis zahlen müßte, oder, wenn dieser nicht ermittelt werden kann, derjenige Zinssatz, den der Leasingnehmer zu Beginn des Leasingverhältnisses vereinbaren müßte, wenn er für den Kauf des Vermögenswertes Fremdkapital für die gleiche Dauer und mit der gleichen Sicherheit aufnehmen würde.

Eine bedingte Mietzahlung ist der Teil der Leasingzahlungen in einem Leasingverhältnis, der im Betrag nicht festgelegt ist, sondern von dem zukünftigen Wert eines anderen Faktors als dem Zeitablauf abhängt (beispielsweise zukünftige Verkaufsquote, zukünftige Nutzungsintensität, zukünftige Preisindizes, zukünftige Marktzinssätze) (IAS 17.4).

c) Einstufung in Finanzierungsleasing und Mietleasing

Ein Leasingverhältnis wird als Finanzierungsleasing klassifiziert, wenn es im wesentlichen alle Risiken und Chancen, die mit dem Eigentum verbunden sind, überträgt. Ein Leasingverhältnis wird als Mietleasing klassifiziert, wenn es nicht im wesentlichen alle Risiken und Chancen, die mit dem Eigentum verbunden sind, überträgt (IAS 17.8).
Normalerweise dürften Leasinggeber und Leasingnehmer den Leasinggegenstand bezüglich der Art des Leasings korrespondierend behandeln. Aufgrund verschiedener Umstände bei den beiden Vertragsparteien ist eine unterschiedliche Behandlung bei Leasinggeber und Leasingnehmer nicht ausgeschlossen (IAS 17.9).
Die Einstufung, ob es sich um Finanzierungsleasing oder Mietleasing handelt, hängt eher von dem wirtschaftlichen Gehalt der Vereinbarungen als von der formalen Ver-

tragsform ab. Beispiele für Situationen, die normalerweise zu einem Leasingverhältnis führen würden, das als Finanzierungsleasing klassifiziert wird, sind:
- am Ende der Laufzeit des Leasingverhältnisses wird dem Leasingnehmer das Eigentum an dem Vermögenswert übertragen,
- der Leasingnehmer hat die Option, den Vermögenswert zu einem Preis zu erwerben, der voraussichtlich deutlich niedriger als der zum möglichen Optionsausübungszeitpunkt beizulegende Zeitwert des Vermögenswertes ist, so daß zu Beginn des Leasingverhältnisses hinreichend sicher ist, daß die Option ausgeübt wird,
- die Laufzeit des Leasingverhältnisses umfaßt den überwiegenden Teil der wirtschaftlichen Nutzungsdauer des Vermögenswertes; auch wenn das Eigentumsrecht nicht übertragen wird,
- zu Beginn des Leasingverhältnisses entspricht der Barwert der Mindestleasingzahlungen im wesentlichen mindestens dem beizulegenden Zeitwert des Leasinggegenstandes und
- die Leasinggegenstände haben eine spezielle Beschaffenheit, so daß sie nur der Leasingnehmer nutzen kann, ohne daß wesentliche Veränderungen vorgenommen werden (IAS 17.10).

Darüber hinaus spricht das Vorhandensein eines oder mehrerer der folgenden Indikatoren für eine Klassifizierung als Finanzierungsleasing:
- bei vorzeitiger Kündigung des Leasingverhältnisses durch den Leasingnehmer hat dieser die dem Leasinggeber daraus entstehenden Verluste zu ersetzen,
- Gewinne oder Verluste, die durch Schwankungen des beizulegenden Restzeitwertes entstehen, fallen dem Leasingnehmer zu (beispielsweise in Form einer Mietrückerstattung, die einem Großteil des Verkaufserlöses am Ende des Leasingverhältnisses entspricht) und
- der Leasingnehmer hat die Möglichkeit, das Leasingverhältnis für eine zweite Mietperiode zu einer Miete fortzuführen, die wesentlich niedriger ist als die marktübliche Miete (IAS 17.11).

Leasing von Grundstücken und Gebäuden ist genauso in Finanzierungsleasing und Mietleasing zu klassifizieren wie andere Vermögensgegenstände. Ist bei Grundstücken eine spätere Eigentumsübergabe nicht zu erwarten, so handelt es sich um ein Mietleasing (IAS 17.14).

Bei der Klassifizierung von Leasingverhältnissen sind Grundstücke und Gebäude getrennt zu behandeln (IAS 17.15).

Bei der getrennten bilanziellen Behandlung von Grundstücken und Gebäuden sind die Mindestleasingzahlungen für die Grundstücke und Gebäude im Verhältnis des beizulegenden Zeitwertes der Leistungen für die Nutzungsrechte zu Beginn des Leasingverhältnisses aufzuteilen(IAS 17.16). Ist der Grundstücksanteil unwesentlich, dann sind Grundstücke und Gebäude als eine Einheit zu sehen (IAS 17.17). Eine getrennte Behandlung von Grundstücken und Gebäuden ist nicht notwendig, wenn der Leasingnehmer die Grundstücke und Gebäude gemäß IAS 40 bilanziert und die Bewertung mit dem beizulegenden Zeitwert erfolgt (IAS 17.18). Ein Leasingnehmer kann eine im Rahmen eines Mietleasing gehaltene Immobilie als Finanzinvestition gehaltene Immobilie gemäß IAS 40 klassifizieren. Die Immobilie ist dann so zu bilanzieren, als läge ein Finanzierungsleasing vor; außerdem hat die Folgebewertung mit dem beizulegenden Zeitwert zu erfolgen (IAS 17.19).

d) Abschluß des Leasingnehmers

Finanzierungsleasing

Leasingnehmer haben Finanzierungsleasingverhältnisse als Vermögenswerte und Schulden in gleicher Höhe in ihrer Bilanz anzusetzen, und zwar in Höhe des zu Beginn des Leasingverhältnisses beizulegenden Zeitwertes des Leasinggegenstandes, oder mit dem Barwert der Mindestleasingzahlungen, sofern dieser Wert niedriger ist. Bei der Berechnung des Barwertes der Mindestleasingzahlungen dient der dem Leasingverhältnis zugrunde liegende Zinssatz als Abzinsungssatz, sofern er in praktikabler Weise ermittelt werden kann. Ist dies nicht der Fall, ist der Grenzfremdkapitalzinssatz des Leasingnehmers anzuwenden. Die bei Abschluß des Leasingvertrages zu zahlenden Kosten sind ebenfalls zu aktivieren (IAS 17.20).

Schulden im Zusammenhang mit geleasten Vermögenswerten, die aufgrund eines Finanzierungsleasing im Abschluß des Leasingnehmers zu bilanzieren sind, sind gesondert von den übrigen Schulden auszuweisen, wobei sie in kurzfristige und langfristige Posten aufzuteilen sind (IAS 17.23).

Anfängliche direkte Kosten werden oft in Verbindung mit spezifischen Leasingaktivitäten verursacht. Die Kosten, die den Aktivitäten des Leasingnehmers für ein Finanzierungsleasing direkt zugerechnet werden können, sind Teil des Betrages, der als Vermögenswert bei einem Leasingverhältnis berücksichtigt wird (IAS 17.24).

Die Mindestleasingraten sind in einen Zins- und einen Tilgungsanteil aufzuteilen. Der Zinsanteil ist über die Vertragslaufzeit so abzugrenzen, daß sich in jeder Periode ein gleichbleibender Zinssatz auf die verbliebene Schuld ergibt. Bedingte Mietzinszahlungen (contingent rents) sind bei der Zahlung als Aufwand zu erfassen (IAS 17.25).

Finanzierungsleasing verursacht grundsätzlich sowohl Abschreibungsaufwand als auch Zinsaufwand. Die Abschreibungspolitik für geleaste Vermögenswerte hat derjenigen für eigene Vermögenswerte zu entsprechen. Die Abschreibungen sind gemäß IAS 16 und IAS 38 zu ermitteln. Kann nicht mit hinreichender Sicherheit davon ausgegangen werden, daß der Leasingnehmer am Ende des Leasingzeitraumes das Eigentum an dem geleasten Vermögenswert erwirbt, ist der geleaste Vermögenswert über die Vertragslaufzeit oder – falls kürzer – über die wirtschaftliche Nutzungsdauer abzuschreiben (IAS 17.27).

Um festzustellen, ob ein Leasinggegenstand in seinem Wert gemindert wurde, ist IAS 36 anzuwenden (IAS 17.30).

Leasingnehmer haben zusätzlich zu den Vorschriften des IAS 32 die folgenden Angaben bei einem Finanzierungsleasing zu machen:
- für jede Gruppe von Vermögenswerten den Nettobuchwert,
- eine Überleitung von der Summe der künftigen Mindestleasingzahlungen am Bilanzstichtag zu deren Barwert. Zusätzlich sind die Summe der künftigen Mindestleasingzahlungen am Bilanzstichtag und deren Barwert für jede der folgenden Perioden anzugeben:
  - bis zu einem Jahr,
  - länger als ein Jahr und bis zu fünf Jahren,
  - länger als fünf Jahre,
- die im Periodenergebnis berücksichtigten bedingten Mietzahlungen,

- die Summe der zu erwartenden künftigen Mindestzahlungen aufgrund von unkündbaren Untermietverhältnissen und
- eine allgemeine Beschreibung der wesentlichen Leasingvereinbarungen des Leasingnehmers, einschließlich der folgenden, aber nicht darauf beschränkt:
  - die Grundlage, auf der bedingte Mietzahlungen festgelegt sind,
  - das Bestehen und die Bestimmungen von Verlängerungs- oder Kaufoptionen und Preisanpassungsklauseln und
  - durch Leasingvereinbarungen auferlegte Beschränkungen, z.B. bezüglich Dividenden, zusätzlicher Aufnahme von Schulden und weiterer Leasingverhältnisse (IAS 17.31).

Mietleasing
Leasingzahlungen aufgrund eines Mietleasingverhältnisses sind als Aufwand linear über die Laufzeit des Leasingverhältnisses zu erfassen, es sei denn, eine andere systematische Grundlage entspricht eher dem zeitlichen Verlauf des Nutzens für den Leasingnehmer (IAS 17.33).
Bei einem Mietleasing werden Leasingzahlungen (ausgenommen Aufwendungen für Leistungen wie Versicherung und Instandhaltung) linear als Aufwand erfaßt, es sei denn, eine andere systematische Grundlage entspricht dem zeitlichen Verlauf des Nutzens für den Leasingnehmer, selbst wenn die Zahlungen nicht auf dieser Grundlage erfolgen (IAS 17.34).
Leasingnehmer haben zusätzlich zu den Vorschriften des IAS 32 die folgenden Angaben für Mietleasing zu machen:
- die Summe der künftigen Mindestleasingzahlungen aufgrund von unkündbaren Mietleasingverhältnissen für jede der folgenden Perioden:
  - bis zu einem Jahr,
  - länger als ein Jahr und bis zu fünf Jahren,
  - länger als fünf Jahre,
- die Summe der zu erwartenden Mindestleasingzahlungen aufgrund von unkündbaren Untermietverhältnissen, und
- Zahlungen aus Leasingverhältnissen und Untermietverhältnissen, die im Periodenergebnis enthalten sind, getrennt nach Beträgen für Mindestleasingzahlungen, bedingte Mietzahlungen und Zahlungen aus Untermietverhältnissen,
- eine allgemeine Beschreibung der wesentlichen Leasingvereinbarungen des Leasingnehmers, einschließlich der folgenden, aber nicht darauf beschränkt:
  - die Grundlage, auf der bedingte Mietzahlungen festgelegt sind,
  - das Bestehen und die Bestimmungen von Verlängerungs- oder Kaufoptionen und Preisanpassungsklauseln und
  - durch Leasingvereinbarungen auferlegte Beschränkungen, z.B. bezüglich Dividenden, zusätzlicher Aufnahme von Schulden und weiterer Leasingverhältnisse (IAS 17.35).

e) Abschluß des Leasinggebers

Finanzierungsleasing

Leasinggeber haben Vermögenswerte aus einem Finanzierungsleasing als Forderung auszuweisen, und zwar in Höhe des Nettoinvestitionswertes aus dem Leasingverhältnis (IAS 17.36).

Anfängliche direkte Kosten bei einem Finanzierungsleasing, die vor oder zu Beginn des Leasingverhältnisses im Zusammenhang mit der Vertragsgestaltung entstehen, sind über die Laufzeit des Leasingvertrages zu verteilen (IAS 17.38).

Die Erfassung der Finanzerträge ist auf eine Weise vorzunehmen, die eine konstante periodische Verzinsung der ausstehenden Nettoinvestition des Leasinggebers in das Finanzierungsleasingverhältnis widerspiegelt (IAS 17.39).

Die Finanzerträge sind über die Laufzeit des Leasingverhältnisses auf einer planmäßigen und vernünftigen Grundlage zu verteilen. Diese Ertragsverteilung basiert auf einer konstanten periodischen Verzinsung der Nettoinvestition des Leasinggebers in das Finanzierungsleasingverhältnis. Leasingzahlungen der Berichtsperiode, ausgenommen solche für Dienstleistungen, werden mit der Bruttoinvestition in das Leasingverhältnis verrechnet, um sowohl den Nominalbetrag als auch den nicht realisierten Finanzertrag zu reduzieren (IAS 17.40).

Die geschätzten nicht garantierten Restwerte sind regelmäßig auf ihre Werthaltigkeit zu überprüfen. Bei einer Minderung des Restwertes ist die Ertragsverteilung über die Laufzeit des Leasingverhältnisses zu berichtigen. Minderungen bereits abgegrenzter Beträge sind unmittelbar erfolgswirksam zu erfassen (IAS 17.41).

Ist der Leasinggeber Hersteller oder Händler, so hat er bei den Umsätzen von solchen Gewinnen und Verlusten auszugehen, wie sie sich für ihn aus einem gewöhnlichen Verkaufsgeschäft ergeben würden. Falls ungewöhnlich niedrige Zinssätze in den Leasingvertrag eingerechnet wurden, darf ein Gewinn nur in der Höhe ausgewiesen werden, wie er sich unter Anwendung eines marktüblichen Zinssatzes ergeben würde. Mit dem Vertragsabschluß direkt zusammenhängende Aufwendungen sind bei der Realisierung des beim Verkauf erzielten Gewinnes als Aufwand zu erfassen (IAS 17.42).

Als Umsatzerlöse hat der Hersteller oder Händler, der zugleich Leasinggeber ist, den beizulegenden Zeitwert des Leasingobjektes oder, falls er niedriger ist, den unter Verwendung eines marktüblichen Zinssatzes ermittelten Barwert der Mindestleasingraten zuzüglich des ungarantierten Restwertes zu verbuchen (IAS 17.44).

Leasinggeber haben zusätzlich zu den Vorschriften des IAS 32 die folgenden Angaben zu machen:
- eine Überleitung von der Bruttoinvestition in das Leasingverhältnis am Bilanzstichtag auf den Barwert der am Bilanzstichtag ausstehenden Mindestleasingzahlungen. Zusätzlich sind die Bruttoinvestition in das Leasingverhältnis und der Barwert der ausstehenden Mindestleasingzahlungen für jede der folgenden Perioden anzugeben:
  - bis zu einem Jahr,
  - länger als ein Jahr und bis zu fünf Jahren,
  - länger als fünf Jahre,
- die noch nicht realisierten Finanzerträge,

- die nicht garantierten Restwerte, die zugunsten des Leasinggebers anfallen,
- die kumulierten Wertberichtigungen für uneinbringliche ausstehende Mindestleasingzahlungen,
- die im Periodenergebnis berücksichtigten bedingten Mietzahlungen und
- eine allgemeine Beschreibung der wesentlichen Leasingvereinbarungen des Leasinggebers (IAS 17.47).

Mietleasing

Leasinggeber haben Vermögenswerte, die Gegenstand von Mietleasingverhältnissen sind, in ihrer Bilanz entsprechend den Eigenschaften dieser Vermögenswerte darzustellen (IAS 17.49).
Leasingerträge aus Mietleasingverhältnissen sind im Periodenergebnis linear über die Laufzeit des Leasingverhältnisses zu erfassen, es sei denn, eine andere planmäßige Verteilung entspricht eher dem zeitlichen Verlauf, in dem sich der aus dem Leasinggegenstand erzielte Nutzenvorteil verringert (IAS 17.50).
Anfängliche direkte Kosten bei einem Mietleasing, die dem Leasinggeber entstehen, werden dem Buchwert des Leasinggegenstandes hinzugerechnet und über die Laufzeit des Leasingverhältnisses erfolgswirksam erfaßt (IAS 17.52).
Die Abschreibung der Leasinggegenstände hat entsprechend der normalen Abschreibungspolitik des Leasinggebers für vergleichbare Vermögenswerte und entsprechend IAS 16 und IAS 38 zu erfolgen (IAS 17.53).
Leasinggeber haben zusätzlich zu den Vorschriften des IFRS 7 die folgenden Angaben zu machen:
- die Summe der künftigen Mindestleasingzahlungen aus unkündbaren Mietleasingverhältnissen als Gesamtbetrag und für jede der folgenden Perioden:
  • bis zu einem Jahr,
  • länger als ein Jahr und bis zu fünf Jahren,
  • länger als fünf Jahre,
- die Summe der im Periodenergebnis berücksichtigten bedingten Mietzahlungen und
- eine allgemeine Beschreibung der wesentlichen Leasingvereinbarungen des Leasinggebers (IAS 17.56).

Außerdem sind für im Rahmen von Mietleasingverhältnissen vermietete Vermögenswerte die Angaben gemäß IAS 16, IAS 36, IAS 38, IAS 40 und IAS 41 zu machen (IAS 17.57).

f) Sale and leaseback

Wenn eine Sale-and-leaseback-Transaktion zu einem Finanzierungsleasing führt, so darf ein entstehender Ertrag aus dem Veräußerungsgeschäft nicht unmittelbar im Abschluß des Leasingnehmers erfolgswirksam berücksichtigt werden; der Überschuß ist passiv abzugrenzen und erfolgswirksam über den Leasingzeitraum zu verteilen (IAS 17.59).
Wenn eine Sale-and-leaseback-Transaktion zu einem Mietleasing führt und die Transaktion eindeutig zum beizulegenden Zeitwert abgewickelt wurde, so ist der Gewinn oder Verlust sofort zu berücksichtigen. Liegt der Verkaufspreis unter dem beizule-

genden Zeitwert, so ist der Gewinn oder Verlust sofort zu berücksichtigen, es sei denn, Verluste werden durch künftige unter dem Marktpreis liegende Leasingraten ausgeglichen; dann sind sie aktiv abzugrenzen und proportional zu den Leasingzahlungen über die voraussichtliche Nutzungsdauer des Vermögenswertes zu verteilen. Liegt der Verkaufspreis über dem beizulegenden Zeitwert, so ist der den beizulegenden Zeitwert übersteigende Betrag passiv abzugrenzen und über die voraussichtliche Nutzungsdauer des Vermögenswertes erfolgswirksam aufzulösen (IAS 17.61).

Liegt bei einem Mietleasing der beizulegende Zeitwert zum Zeitpunkt der Sale-and-leaseback-Transaktion unter dem Buchwert des Vermögenswertes, so ist der Verlust, d.h. der Unterschied zwischen dem Buchwert und dem beizulegenden Zeitwert, sofort zu erfassen (IAS 17.63). Liegt bei einem Finanzierungsleasing der beizulegende Zeitwert zum Zeitpunkt der Sale-and-leaseback-Transaktion unter dem Buchwert des Vermögenswertes, dann ist der Buchwert gemäß IAS 36 auf den erzielbaren Betrag zu reduzieren (IAS 17.64).

Die Angabepflichten für Leasingnehmer und Leasinggeber gelten auch bei Sale-and-leaseback-Transaktionen. Im Rahmen der Beschreibung der Leasingverhältnisse sind einzigartige oder ungewöhnliche Bestimmungen bei Sale-and-leaseback-Transaktionen anzugeben (IAS 17.65).

g) Feststellung, ob eine Vereinbarung ein Leasingverhältnis enthält

Ob eine Vereinbarung ein Leasingverhältnis ist oder enthält, hängt von dem wirtschaftlichen Gehalt der Vereinbarung ab. Es ist abzuschätzen, ob
- die Erfüllung der Vereinbarung von der Nutzung eines bestimmten Vermögenswertes abhängt und
- die Vereinbarung ein Recht auf Nutzung des Vermögenswertes überträgt (IFRIC 4.6).

Diese beiden Voraussetzungen werden in IFRIC 4.7-9 näher erläutert.

Beispiele für Vereinbarungen, mit denen Nutzungsrechte übertragen werden können, sind:
- Outsourcing-Vereinbarungen (z.B. das Auslagern der Datenverarbeitungsprozesse eines Unternehmens),
- Vereinbarungen in der Telekommunikationsbranche, in denen Anbieter von Netzkapazitäten Verträge abschließen, um Erwerbern Kapazitätsrechte einzuräumen,
- Take-or-pay-Vereinbarungen oder ähnliche Verträge, bei denen der Käufer zu bestimmen Zahlungen verpflichtet wird, unabhängig davon, ob die vertragliche Leistung in Anspruch genommen wird oder nicht (IFRIC 4.1).

h) Übergangsvorschriften

Wurde IAS 17 (überarbeitet 1997) retrospektiv angewandt, sind sämtliche Änderungen, welche durch die Neuregelung entstehen, ebenfalls retrospektiv anzuwenden. Wurde IAS 17 (überarbeitet 1997) nicht retrospektiv angewandt, sind retrospektive

Anpassungen nur für die Leasingverträge vorzunehmen, die seit der erstmaligen Anwendung von IAS 17 (überarbeitet 2003) abgeschlossen wurden (IAS 17.68).

15. Derivative und nicht-derivative Finanzinstrumente, Sicherungsbeziehungen

Dieser Abschnitt behandelt die Standards IAS 32, IAS 39 und IFRS 7. Diese Standards befassen sich mit Finanzinstrumenten insgesamt und nicht nur speziell mit derivativen Finanzinstrumenten (IAS 32.AG15). Um den Inhalt dieser Standards nicht durch eine Verteilung auf verschiedene Abschnitte auseinanderreißen zu müssen, was ihre Verständlichkeit erheblich beeinträchtigen würde, werden in diesem Abschnitt auch die darin behandelten originären Finanzinstrumente besprochen. Entsprechende Verweise finden sich in Abschnitt B.III.3, B.III.6, B.III.7, B.III.8, B.III.9 und B.III.12.

a) Allgemeines

Im November 1993 verabschiedete der Board den Exposure Draft 48 Financial Instruments. E 48 beruhte auf den Überlegungen des im September 1991 herausgegebenen E 40 und den dazu erhaltenen Kommentaren.

Im Juni 1994 gab der Board Vertretern nationaler normsetzender Institutionen aus 14 Ländern die Gelegenheit, E 48 zu kommentieren und über ihre Erfahrungen mit ähnlichen Vorhaben in ihren Ländern zu berichten.

Aufgrund der von verschiedenen normsetzenden Institutionen (standard setter) vorgebrachten Argumente, der erhaltenen Kommentare zu E 48 und einem kanadischen Exposure Draft zu diesem Thema sowie der von der Financial Instruments Consultative Group des IASC im Oktober 1994 vorgebrachten Argumente beschloß der Board im November 1994, das Projekt Financial Instruments zu splitten.

Im März 1995 verabschiedete der Board IAS 32 Finanzinstrumente: Angaben und Darstellung. IAS 32 entsprach im wesentlichen den entsprechenden Abschnitten des E 48. Bezüglich der im E 48 enthaltenen Abschnitte Ansatz und Bewertung einschließlich Sicherungsgeschäften setzte sich der Board mit Nachdruck dafür ein, daß bald ein oder mehrere neue IAS entwickelt werden. Ein neues Steering Committee wurde dazu gebildet (März 1995), das im Oktober 1995 erstmals zusammentraf. Im Rahmen seiner Beratungen über das Projekt Financial Instruments beschloß der Board im November 1995, auf diesem Gebiet weiterhin – wie seit sechs Jahren – mit dem Canadian Accounting Standards Board des Canadian Institute of Chartered Accountants (CICA) zusammenzuarbeiten.

Im Dezember 1998 verabschiedete der Board IAS 39 Finanzinstrumente: Ansatz und Bewertung. Bei dem IAS 39 handelte es sich um ein Interimsprojekt, das das dringende Bedürfnis für die Regelung des Ansatzes und der Bewertung von Finanzinstrumenten beinhaltete.

Unabhängig von der Verabschiedung des IAS 39 wollte das IASC zusammen mit den normsetzenden Institutionen von Australien, Frankreich, Großbritannien, Japan, Kanada, Neuseeland, den fünf nordischen Saaten (Nordic Federation of Public Accountants) und den USA sowie drei Vertretern Deutschlands (Norbert Breker, Günther Gebhardt, Jochen Pape) in der Joint Working Group of Standard Setters (JWG) einen integrierten und harmonisierten internationalen Standard für den Ansatz und die Bewertung von Finanzinstrumenten entwickeln. Das Projekt baute auf dem IASC Discussion Paper Accounting for Financial Assets and Financial Liabilities und der Arbeit von nationalen normsetzenden Institutionen auf. Die Joint Working Group of Standard Setters (JWG) hatte im Dezember 2000 einen Draft Standard and Basis for Conclusions on Financial Instruments and Similar Items zur Kommentierung veröffentlicht. Von einem vom Board ernannten Implementation Guidance Committee (IGC) wurde 2000/2001 in sechs Teilen die IAS 39 Implementation Guidance in Frage- und Antwort-Form (Questions and Answers) herausgegeben. Im Jahr 2000 wurden IAS 32 und IAS 39 überarbeitet.

Im Dezember 2003 gab der IASB im Zusammenhang mit dem Improvements Project eine Neufassung von IAS 32 und IAS 39 heraus. Dieser Neufassung gingen viele Beratungen und umfangreiche Konsultationen mit verschiedenen Interessengruppen voraus. Durch den IAS 39 (2003) wird für einen Teil von Finanzinstrumenten die Bewertung zum beizulegenden Zeitwert (fair value) und für derivative Finanzinstrumente die Bilanzierung zwingend eingeführt. Außerdem gab es weitere Änderungen, insbesondere bei der Bilanzierung von Sicherungsgeschäften (hedge accounting). Viele bisher in Standards enthaltene Regelungen sind jetzt in eine Application Guidance (Anwendungsleitlinie) verlagert worden.

IAS 39 wurde am 9.12.2004 im Amtsblatt der Europäischen Union veröffentlicht, wobei jedoch die Bestimmungen, die die Verwendung der Option der Bewertung zum beizulegenden Zeitwert und einige Bestimmungen auf dem Gebiet der Bilanzierung von Sicherungsgeschäften betreffen, ausgeschlossen wurden.

Danach wurden noch folgende Änderungen zu IAS 32 und IAS 39 herausgegeben:
- Änderung zu IAS 39: Bilanzierung von Sicherungsgeschäften (Hedge Accounting) bei einer Portfolio-Absicherung des Zinsänderungsrisikos (März 2004),
- Änderung zu IAS 39: Übergang und erstmalige Erfassung von finanziellen Vermögenswerten und Schulden (Dezember 2004),
- Änderung zu IAS 39: Cash Flow Hedging konzerninterner Transaktionen (April 2005),
- Änderung zu IAS 39: Wahlrecht der Bewertung zum beizulegenden Zeitwert (Fair Value Option) (Juni 2005). Sie wurde am 16.11.2005 im Amtsblatt der Europäischen Union veröffentlicht. Durch diese Änderung wurde die mit der Überarbeitung von IAS 39 eingeführte Bewertung zum beizulegenden Zeitwert, die von der EU seinerzeit nicht angenommen wurde, eingeschränkt,
- Änderungen zu IAS 39 und IFRS 4: Finanzgarantien (August 2005),
- IFRS 7 Finanzinstrumente: Angaben (August 2005). Er enthält u.a. überarbeitete Angabepflichten aus IAS 32.

b) Anwendungsbereich

Anwendungsbereich von IAS 32

IAS 32 ist von allen Unternehmen auf alle Arten von Finanzinstrumenten anzuwenden, ausgenommen:
- Anteile an Tochterunternehmen, assoziierten Unternehmen und Gemeinschaftsunternehmen, die gemäß IAS 27, IAS 28 oder IAS 31 bilanziert werden; wenn Anteile an Tochterunternehmen, assoziierten Unternehmen und Gemeinschaftsunternehmen in Ausnahmefällen nach IAS 39 bilanziert werden, gelten die Angabepflichten gemäß IAS 27, IAS 28 oder IAS 31 zusätzlich zu denen dieses Standards. Dieser Standard ist auch auf alle derivativen Finanzinstrumente für Anteile an Tochterunternehmen, assoziierten Unternehmen oder Gemeinschaftsunternehmen anzuwenden,
- Rechte und Verpflichtungen eines Arbeitgebers aus Versorgungsplänen, auf die IAS 19 anzuwenden ist,
- Verträge über bedingte Kaufpreiszahlungen bei einem Unternehmenszusammenschluß (siehe IFRS 3). Diese Ausnahme gilt nur für den Erwerber,
- Versicherungsverträge im Sinne von IFRS 4. Für in Versicherungsverträge eingebettete Derivate gilt dieser Standard jedoch, wenn das Unternehmen sie nach IAS 39 getrennt ausweisen muß. Auch auf Finanzgarantien hat ein Emittent diesen Standard anzuwenden, wenn er bei deren Ansatz und Bewertung nach IAS 39 verfährt; entscheidet er sich nach IFRS 4.4d jedoch dafür, bei Ansatz und Bewertung IFRS 4 anzuwenden, so gilt IFRS 4,
- Finanzinstrumente, auf die IFRS 4 anzuwenden ist, da sie eine ermessensabhängige Überschußbeteiligung enthalten. Der Verpflichtete dieser Finanzinstrumente ist von der Anwendung von IAS 32.15-32 und IAS 32.AG25-33 bezüglich der Unterscheidung zwischen finanziellen Schulden und Eigenkapitalinstrumenten nicht ausgenommen. Diese Finanzinstrumente unterliegen jedoch allen anderen Vorschriften dieses Standards. Außerdem ist dieser Standard auf derivative Finanzinstrumente, die in diese Finanzinstrumente eingebettet sind, anzuwenden (siehe IAS 39),
- Finanzinstrumente, Verträge und Verpflichtungen in Zusammenhang mit anteilsbasierten Vergütungen, auf die IFRS 2 Anwendung findet. Dies gilt nicht für
  - in den Anwendungsbereich von IAS 32.8-10 fallende Verträge,
  - IAS 32.33-34, die auf eigene Anteile anzuwenden sind, welche im Rahmen von Mitarbeiteraktienoptionsplänen, Mitarbeiteraktienkaufplänen und anderen anteilsbasierten Vergütungsvereinbarungen erworben, verkauft, ausgegeben oder widerrufen wurden (IAS 32.4).

Dieser Standard ist auf Verträge über den Kauf oder Verkauf eines nichtfinanziellen Postens anzuwenden, die durch Zahlungsmittel oder ein anderes Finanzinstrument oder durch Tausch von Finanzinstrumenten beglichen werden können, mit Ausnahme von Verträgen, die zur Deckung des erwarteten Einkaufs-, Verkaufs- oder Nutzungsbedarfs dienen (IAS 32.8).

Anwendungsbereich von IFRS 7
IFRS 7 ersetzt IAS 30 und die Angabepflichten aus IAS 32. IFRS 7 ist für Geschäftsjahre, die ab 1.1.2007 beginnen, von allen Unternehmen, die Finanzinstrumente halten, anzuwenden. Eine frühere Anwendung wird empfohlen.

Anwendungsbereich von IAS 39
IAS 39 ist von allen Unternehmen auf alle Arten von Finanzinstrumenten anzuwenden, ausgenommen:
- Anteile an Tochterunternehmen, assoziierten Unternehmen und Gemeinschaftsunternehmen, die gemäß IAS 27, 28 oder IAS 31 bilanziert werden; dieser Standard ist dagegen auf Anteile an Tochterunternehmen, assoziierten Unternehmen oder Gemeinschaftsunternehmen anzuwenden, wenn sie gemäß IAS 27, IAS 28 oder IAS 31 nach diesem Standard zu bilanzieren sind. Dieser Standard ist auch auf alle derivativen Finanzinstrumente für Anteile an Tochternehmen, assoziierten Unternehmen oder Gemeinschaftsunternehmen anzuwenden, es sei denn, das derivative Finanzinstrument fällt unter die Definition eines Eigenkapitalinstrumentes gemäß IAS 32,
- Rechte und Verpflichtungen aus Leasingverhältnissen, auf die IAS 17 anzuwenden ist, jedoch
  - in der Bilanz des Leasinggebers erfaßte Forderungen aus Leasingverhältnissen unterliegen den in diesem Standard aufgeführten Vorschriften über Ausbuchung und Wertminderung (siehe IAS 39.15-37, 39.58, 39.59, 39.63-65, 39.AG36-52 und 39.AG84-93),
  - in der Bilanz des Leasingnehmers erfaßte Verbindlichkeiten aus Leasingverhältnissen unterliegen den in diesem Standard aufgeführten Vorschriften über Ausbuchung (siehe IAS 39.39-42, 39.AG57-63), und
  - in Leasingverhältnisse eingebettete derivative Finanzinstrumente unterliegen den in diesem Standard aufgeführten Vorschriften über eingebettete derivative Finanzinstrumente (siehe IAS 39.10-13 und 39.AG27-33),
- Rechte und Verpflichtungen eines Arbeitgebers aus Altersversorgungsplänen, auf die IAS 19 anzuwenden ist,
- vom berichtenden Unternehmen herausgegebene Eigenkapitalinstrumente, die als Eigenkapitalinstrumente gemäß IAS 32 (einschließlich Optionen und Optionsscheine) eingestuft wurden. Jedoch hat der Inhaber solcher Eigenkapitalinstrumente diesen Standard für diese Instrumente anzuwenden, es sei denn, sie erfüllen die im ersten Abschnitt von IAS 39.2 aufgeführten Ausnahmen,
- Ansprüche und Verpflichtungen aus einem Versicherungsvertrag im Sinne von IFRS 4, bei denen es sich nicht um Ansprüche und Verpflichtungen eines Emittenten aus einem Versicherungsvertrag handelt, der der Definition einer Finanzgarantie in IAS 39.9 entspricht, oder aus einem Vertrag, der aufgrund der Tatsache, daß er eine ermessensabhängige Überschußbeteiligung vorsieht, in den Anwendungsbereich von IFRS 4 fällt. Für ein Derivat, das in einen unter IFRS 4 fallenden Vertrag eingebettet ist, gilt dieser Standard aber dennoch, wenn das Derivat nicht selbst ein Vertrag ist, der in den Anwendungsbereich von IFRS 4 fällt (siehe IAS 39.10-13 und 39.AG27-AG33). Hat ein Finanzgarantiegeber darüber hinaus zuvor ausdrücklich erklärt, daß er diese Garantien als Versicherungsverträge betrachtet, und hat er sie nach den für Versicherungsverträge geltenden Vorschriften bilan-

ziert, so kann er auf die genannten Finanzgarantien entweder diesen Standard oder IFRS 4 anwenden (siehe IAS 39.AG4 und AG4A). Der Garantiegeber kann diese Entscheidung vertragsweise fällen, doch ist sie für jeden Vertrag unwiderruflich,
- bedingte Kaufpreiszahlungen bei einem Unternehmenszusammenschluß (siehe IFRS 3). Diese Ausnahme gilt nur für den Erwerber,
- Verträge zwischen einem Erwerber und einem Verkäufer in einem Unternehmenszusammenschluß, das erworbene Unternehmen zu einem zukünftigen Zeitpunkt zu erwerben oder zu veräußern,
- Kreditzusagen, bei denen es sich nicht um die in IAS 39.4 beschriebenen Zusagen handelt. Auf Kreditzusagen, die nicht unter diesen Standard fallen, hat der Emittent IAS 37 anzuwenden. Sämtliche Kreditzusagen fallen jedoch unter die Ausbuchungsvorschriften dieses Standards (siehe IAS 39.15-42 und 39.AG36-AG63),
- Finanzinstrumente, Verträge und Verpflichtungen im Zusammenhang mit anteilsbasierten Vergütungen, auf die IFRS 2 anzuwenden ist, ausgenommen Verträge, die in den Anwendungsbereich von IAS 39.5-7 fallen,
- Ansprüche auf Entschädigungen für Ausgaben, die das Unternehmen zur Begleichung einer Verbindlichkeit tätigen muß, für die es gemäß IAS 37 eine Rückstellung ansetzt oder früher angesetzt hat (IAS 39.2).

Dieser Standard ist auf folgende Kreditzusagen anzuwenden:
- Kreditzusagen, die das Unternehmen als finanzielle Verbindlichkeiten einstuft, die erfolgswirksam zum beizulegenden Zeitwert bewertet werden. Ein Unternehmen, das in der Vergangenheit die Vermögenswerte aus seinen Kreditzusagen gewöhnlich kurz nach der Ausreichung verkauft hat, hat diesen Standard auf alle seine Kreditzusagen derselben Klasse anzuwenden,
- Kreditzusagen, die durch einen Ausgleich in bar oder durch Lieferung oder Emission eines anderen Finanzinstruments erfüllt werden können. Diese Kreditzusagen sind derivative Finanzinstrumente. Eine Kreditzusage gilt nicht allein deshalb als durch Nettoausgleich erfüllt, weil das Darlehen in Tranchen ausgezahlt wird (beispielsweise ein Hypothekenkredit, der gemäß dem Baufortschritt in Tranchen ausgezahlt wird),
- Zusagen, einen Kredit unter dem Marktzinssatz zur Verfügung zu stellen. Zur Folgebewertung finanzieller Verbindlichkeiten nach derartigen Zusagen siehe IAS 39.47d (IAS 39.4).

Dieser Standard ist auf Verträge über den Kauf oder Verkauf eines nichtfinanziellen Postens anzuwenden, die durch Zahlungsmittel oder ein anderes Finanzinstrument oder durch Tausch von Finanzinstrumenten beglichen werden können, mit Ausnahme von Verträgen, die zur Deckung des erwarteten Einkaufs-, Verkaufs- oder Nutzungsbedarfs dienen (IAS 39.5).

c) **Definitionen**

Ein Finanzinstrument ist ein Vertrag, der bei dem einen Unternehmen zu einem finanziellen Vermögenswert und bei dem anderen Unternehmen zu einer finanziellen Schuld oder einem Eigenkapitalinstrument führt.

Finanzielle Vermögenswerte umfassen:
- flüssige Mittel,
- ein von einem anderen Unternehmen ausgegebenes Eigenkapitalinstrument,
- ein vertragliches Recht,
    - flüssige Mittel oder einen anderen finanziellen Vermögenswert von einem anderen Unternehmen zu erhalten oder
    - finanzielle Vermögenswerte oder finanzielle Schulden mit einem anderen Unternehmen unter potentiell vorteilhaften Bedingungen für das Unternehmen austauschen zu können, oder
- einen Vertrag, der in eigenen Eigenkapitalinstrumenten des Unternehmens erfüllt wird oder werden kann und der
    - ein nicht-derivatives Finanzinstrument ist, durch das das Unternehmen zur Annahme einer variablen Anzahl eigener Eigenkapitalinstrumente verpflichtet ist oder sein kann, oder
    - ein derivatives Finanzinstrument ist, das anders als durch den Austausch eines bestimmten Betrages flüssiger Mittel oder anderer finanzieller Vermögenswerte für eine bestimmte Anzahl eigener Eigenkapitalinstrumente erfüllt wird oder werden kann. In diesem Sinne umfassen die eigenen Eigenkapitalinstrumente des Unternehmens keine Instrumente, die selbst Verträge zur künftigen Annahme oder Abgabe eigener Eigenkapitalinstrumente darstellen.

Finanzielle Schulden sind
- eine vertragliche Verpflichtung,
    - flüssige Mittel oder einen anderen finanziellen Vermögenswert an ein anderes Unternehmen abzugeben oder
    - finanzielle Vermögenswerte oder finanzielle Schulden mit einem anderen Unternehmen unter potentiell nachteiligen Bedingungen für das Unternehmen austauschen zu müssen (Financial liabilities wurde nicht wie im amtlichen EU-Text mit finanziellen Verbindlichkeiten, sondern mit finanziellen Schulden übersetzt, da financial liabilities nicht nur Verbindlichkeiten, sondern auch Schulden mit Rückstellungscharakter enthalten) oder
- ein Vertrag, der in eigenen Eigenkapitalinstrumenten des Unternehmens erfüllt wird oder werden kann und der
    - ein nicht-derivatives Finanzinstrument ist, durch das das Unternehmen zur Abgabe einer variablen Anzahl eigener Eigenkapitalinstrumente verpflichtet ist oder werden kann, oder
    - ein derivatives Finanzinstrument ist, das nicht durch den Austausch eines bestimmten Betrages flüssiger Mittel oder anderer finanzieller Vermögenswerte gegen eine bestimmte Anzahl eigener Eigenkapitalinstrumente erfüllt wird oder werden kann. In diesem Sinne beinhalten die eigenen Eigenkapitalinstrumente keine Instrumente, die selbst Verträge zur künftigen Annahme oder Abgabe eigener Eigenkapitalinstrumente darstellen.

Ein Eigenkapitalinstrument ist ein Vertrag, der einen Residualanspruch an den Vermögenswerten eines Unternehmens nach Abzug aller Schulden begründet (IAS 32.11).

Der Begriff »Unternehmen« umfaßt Einzelpersonen, Personengesellschaften, Kapitalgesellschaften, Konzerne und Betriebe der öffentlichen Hand (IAS 32.14).

Finanzinstrumente umfassen sowohl originäre Instrumente wie Forderungen, Schulden und Eigenkapitaltitel als auch derivative Finanzinstrumente wie Optionen, Futures und Forwards, Zins- und Währungsswaps (IAS 32.AG15).

Definition eines derivativen Finanzinstrumentes
Ein derivatives Finanzinstrument ist ein Finanzinstrument oder anderer Vertrag mit den folgenden drei Merkmalen:
- seine Wertänderung beruht auf der Änderung eines festgelegten Zinssatzes, Preises eines Finanzinstrumentes, Rohstoffpreises, Fremdwährungskurses, Preis- oder Zinsindexes, Bonitätsratings oder einer anderen Variablen,
- es erfordert im Verhältnis zu anderen Vertragsarten, die ähnlich auf Änderungen der Marktbedingungen reagieren, keine oder nur eine geringe Nettoinvestition zu Beginn der Laufzeit, und
- es wird zu einem späteren Zeitpunkt beglichen.

Definition der vier Kategorien von Finanzinstrumenten

Erfolgswirksam zum beizulegenden Zeitwert bewertete finanzielle Vermögenswerte und Schulden
Ein erfolgswirksam zum beizulegenden Zeitwert bewerteter finanzieller Vermögenswert oder eine finanzielle Schuld erfüllt eine der beiden folgenden Bedingungen:
- Er/sie wird als zu Handelszwecken gehalten eingestuft und
  - wird hauptsächlich mit der Absicht erworben oder eingegangen, ihn/sie in nächster Zeit zu verkaufen oder zurückzukaufen,
  - ist Teil eines Portfolios identifizierbarer Finanzinstrumente, die zusammen gemanagt werden und für die Hinweise auf eine Folge von kurzfristigen Gewinnmitnahmen in der jüngeren Vergangenheit vorliegen, oder
  - ist ein derivatives Finanzinstrument (ausgenommen Finanzgarantien oder Sicherungsinstrumente).
- Er/sie wird bei der erstmaligen Erfassung als erfolgswirksam zum beizulegenden Zeitwert zu bewerten eingestuft, aber nur, wenn dies gemäß IAS 39.11A gestattet ist oder dadurch relevantere Informationen vermittelt werden, weil entweder
  - dadurch Ergebnisverzerrungen vermieden oder erheblich verringert werden, die sich sonst durch unterschiedliche Bewertungsmethoden ergeben würden, oder
  - eine Gruppe von Finanzinstrumenten gemäß einer dokumentierten Risikomanagement- oder Anlagestrategie gesteuert und ihre Wertentwicklung auf Basis des beizulegenden Zeitwertes beurteilt wird und diese Informationen an die Personen in Schlüsselpositionen weitergereicht werden.

Investitionen von Eigenkapitalinstrumenten, für die kein notierter Marktpreis auf einem aktiven Markt vorliegt und deren beizulegender Zeitwert nicht verläßlich ermittelt werden kann, dürfen nicht erfolgswirksam zum beizulegenden Zeitwert bewertet werden (siehe IAS 39.46c und 39.AG80-81).

Bis zur Endfälligkeit zu haltende Finanzinvestitionen
Bis zur Endfälligkeit zu haltende Finanzinvestitionen sind nicht-derivative finanzielle Vermögenswerte mit festen oder bestimmbaren Zahlungen und einer festen Laufzeit, die das Unternehmen bis zur Endfälligkeit halten will und kann (siehe IAS 39.AG16-25), ausgenommen solche,
- die bei der erstmaligen Erfassung als erfolgswirksam zum beizulegenden Zeitwert zu bewerten eingestuft werden,
- die als zur Veräußerung verfügbar eingestuft werden und
- die als Kredite und Forderungen bezeichnet sind.

Ein Unternehmen hat finanzielle Vermögenswerte nicht als bis zur Endfälligkeit zu haltende Finanzinvestitionen einzustufen, wenn es im laufenden Geschäftsjahr oder während der beiden vorhergehenden Geschäftsjahre mehr als einen unbedeutenden Teil von bis zur Endfälligkeit zu haltenden Finanzinvestitionen vor Fälligkeit verkauft oder umgestuft hat, es sei denn, die Verkäufe oder Umstufungen
- liegen so nahe am Endfälligkeits- oder Ausübungstag des finanziellen Vermögenswertes (z.B. weniger als drei Monate vor Fälligkeit), daß Änderungen des Marktzinses keine große Wirkung auf den beizulegenden Zeitwert des finanziellen Vermögenswertes hätten,
- erfolgen, nachdem das Unternehmen bereits vorher den wesentlichen Teil des ursprünglichen Kapitalbetrages des finanziellen Vermögenswertes durch planmäßige Zahlungen oder vorzeitige Zahlungen vereinnahmt hat, oder
- sind auf ein Ereignis zurückzuführen, das außerhalb des Einflusses des Unternehmens liegt, das nicht wiederkehrt und nicht vorhersehbar war.

Kredite und Forderungen
Kredite und Forderungen sind nicht-derivative finanzielle Vermögenswerte mit festen oder bestimmbaren Zahlungen, die nicht auf einem aktiven Markt notiert sind, es sei denn, es handelt sich um Kredite und Forderungen,
- die das Unternehmen sofort oder in nächster Zeit verkaufen will, die als zu Handelszwecken gehalten einzustufen sind, und um solche, die das Unternehmen nach der erstmaligen Erfassung als erfolgswirksam zum beizulegenden Zeitwert zu bewerten einstuft,
- die das Unternehmen bei der erstmaligen Erfassung als zur Veräußerung verfügbar einstuft,
- für die der Kreditgeber nicht im wesentlichen sein gesamtes Anfangsinvestment erzielen kann, außer wenn dies auf Kreditabwertungen zurückzuführen ist, und die als zur Veräußerung verfügbar einzustufen sind.

Ein Anteil, der aus einem Pool von Vermögenswerten, die keine Kredite oder Forderungen sind, erworben wurde (z.B. ein Anteil an einem offenen Investmentfonds oder einem ähnlichen Fonds), ist weder ein Kredit noch eine Forderung.

Zur Veräußerung verfügbare finanzielle Vermögenswerte
Zur Veräußerung verfügbare finanzielle Vermögenswerte sind nicht-derivative finanzielle Vermögenswerte, die zur Veräußerung verfügbar sind oder nicht als Kredite und Forderungen, als bis zur Endfälligkeit zu haltende Investitionen oder als erfolgswirksam zum beizulegenden Zeitwert bewertete Vermögenswerte eingestuft wurden.

Definition einer Finanzgarantie
Eine Finanzgarantie ist ein Vertrag, bei dem der Garantiegeber zur Leistung bestimmter Zahlungen verpflichtet ist, die den Garantienehmer für einen Verlust entschädigen, der entsteht, weil ein bestimmter Schuldner seinen Zahlungsverpflichtungen gemäß den ursprünglichen oder geänderten Bedingungen eines Schuldinstruments nicht fristgemäß nachkommt.

Definitionen zur Bilanzierung von Sicherungsbeziehungen
Eine feste Verpflichtung ist eine rechtlich bindende Vereinbarung zum Austausch einer bestimmten Menge an Ressourcen zu einem festgesetzten Preis und einem festgesetzten Zeitpunkt oder Zeitpunkten.
Eine erwartete Transaktion ist eine noch nicht kontrahierte, aber voraussichtlich eintretende künftige Transaktion.
Ein Sicherungsinstrument ist ein designierter derivativer oder (im Falle einer Absicherung von Währungsrisiken) nicht-derivativer finanzieller Vermögenswert bzw. eine nicht-derivative finanzielle Verbindlichkeit, von deren beizulegendem Zeitwert oder Cash-flows erwartet wird, daß sie Änderungen des beizulegenden Zeitwertes oder der Cash-flows eines designierten Grundgeschäftes kompensieren (in IAS 39.72-77 und IAS 39.AG94-97 wird die Definition eines Sicherungsinstrumentes weiter ausgeführt).
Ein Grundgeschäft ist ein Vermögenswert, eine Verbindlichkeit, eine feste Verpflichtung, eine erwartete und mit hoher Wahrscheinlichkeit eintretende künftige Transaktion oder eine Nettoinvestition in einen ausländischen Geschäftsbetrieb, durch das das Unternehmen dem Risiko einer Änderung des beizulegenden Zeitwertes oder der künftigen Cash-flows ausgesetzt ist und das als gesichert designiert wird (in IAS 39.78-84 und IAS 39.AG98-101 wird die Definition des Grundgeschäftes weiter ausgeführt).
Die Wirksamkeit einer Sicherung bezeichnet den Grad, mit dem die einem gesicherten Risiko zurechenbaren Änderungen des beizulegenden Zeitwertes oder der Cash-flows des Grundgeschäftes durch Änderungen des beizulegenden Zeitwertes oder der Cash-flows des Sicherungsinstrumentes kompensiert werden (siehe IAS 39.AG105-113) (IAS 39.9).

d) Eingebettete derivative Finanzinstrumente

Ein eingebettetes derivatives Finanzinstrument ist ein derivatives Finanzinstrument, wenn es Teil eines zusammengesetzten Finanzinstrumentes ist, das aus einem derivativen Finanzinstrument und einem Basisvertrag besteht, so daß sich ein Teil des Cash-flows des zusammengesetzten Finanzinstrumentes in ähnlicher Weise verändert wie ein eigenständiges derivatives Finanzinstrument. Ein derivatives Instrument, das einem Finanzinstrument angehängt wird, aber vertraglich separat von diesem Instrument handelbar ist oder einen anderen Partner als dieses Instrument hat, ist kein eingebettetes derivatives Instrument, sondern ein eigenständiges Finanzinstrument (IAS 39.10).

Ein eingebettetes derivatives Finanzinstrument ist vom Basisvertrag zu trennen und als derivatives Finanzinstrument zu bilanzieren, wenn die folgenden Voraussetzungen erfüllt sind:
- die wirtschaftlichen Merkmale und Risiken des eingebetteten derivativen Finanzinstrumentes sind nicht eng mit denen des Basisvertrages verbunden (siehe IAS 39.AG30 und AG33),
- ein eigenständiges Instrument mit den gleichen Konditionen wie das eingebettete derivative Finanzinstrument würde die Definition eines derivativen Instrumentes erfüllen,
- das zusammengesetzte Finanzinstrument wird nicht zum beizulegenden Zeitwert bewertet, dessen Änderungen erfolgswirksam gebucht werden (IAS 39.11).

Wenn ein Vertrag ein oder mehrere eingebettete derivative Finanzinstrumente enthält, kann der gesamte strukturierte Vertrag erfolgswirksam zum beizulegenden Zeitwert bewertet werden, es sei denn,
- das/die eingebettete(n) derivative(n) Finanzinstrument(e) verändert/verändern ansonsten anfallende Zahlungsströme aus dem Vertrag nur unerheblich oder
- es ist ohne oder mit nur geringem Analyseaufwand ersichtlich, daß eine Abspaltung des/der eingebetteten finanziellen Finanzinstrumente(s) unzulässig ist (IAS 39.11A).

IFRIC 9 enthält Regelungen bezüglich der Trennung des derivativen Finanzinstrumentes vom Basisvertrag.

e) Darstellung

Schulden und Eigenkapital
Der Emittent eines Finanzinstrumentes hat das Instrument oder dessen Bestandteile bei der erstmaligen Erfassung als finanzielle Schuld, finanzieller Vermögenswert oder Eigenkapitalinstrument entsprechend dem Inhalt der vertraglichen Vereinbarung und den Definitionen für eine finanzielle Schuld, einen finanziellen Vermögenswert oder ein Eigenkapitalinstrument zu klassifizieren (IAS 32.15).

Finanzinstrumente, die die Inhaber zur Rückgabe an den Emittenten gegen flüssige Mittel oder andere finanzielle Vermögenswerte berechtigen
Ein Finanzinstrument, das den Inhaber zur Rückgabe an den Emittenten gegen flüssige Mittel oder andere finanzielle Vermögenswerte berechtigt, ist eine finanzielle Schuld (IAS 32.18). Personengesellschaften und Genossenschaften besitzen demnach kein Eigenkapital (siehe auch IFRIC 2).

Begleichung mit eigenen Eigenkapitalinstrumenten
Ein Vertrag ist nicht allein deswegen ein Finanzinstrument, weil er zum Erhalt oder zur Lieferung der eigenen Eigenkapitalinstrumente eines Unternehmens führt. Ein Unternehmen kann ein vertragliches Recht oder Verpflichtung haben, eine veränderliche Anzahl seiner eigenen Aktien oder anderer Eigenkapitalinstrumente zu empfangen oder zu liefern, so daß der beizulegende Zeitwert der zu erhaltenen oder zu liefernden eigenen Eigenkapitalinstrumente dem Betrag des vertraglichen Rechtes oder Verpflichtung gleichkommt. Solch ein vertragliches Recht oder Verpflichtung kann für einen festen Betrag oder einen Betrag gelten, der teilweise oder ganz schwankt entsprechend den Änderungen einer Variablen, die aber nicht der Marktpreis der eigenen Eigenkapitalinstrumente ist (z.B. ein Zinssatz, Rohstoffpreis oder Preis für ein Finanzinstrument). Zwei Beispiele:
– ein Vertrag, so viele eigene Eigenkapitalinstrumente zu liefern, wie sie dem Wert von 100 Geldeinheiten entsprechen,
– ein Vertrag, so viele eigene Eigenkapitalinstrumente zu liefern, wie sie dem Wert von 100 Unzen Gold entsprechen.

Ein solcher Vertrag ist eine finanzielle Schuld des Unternehmens, auch wenn das Unternehmen sie mit eigenen Eigenkapitalinstrumenten begleichen muß oder kann. Es ist kein Eigenkapitalinstrument, weil das Unternehmen eine veränderliche Anzahl seiner eigenen Eigenkapitalinstrumente nutzt, um den Vertrag zu erfüllen. Somit ergibt sich aus dem Vertrag kein Residualanspruch an den Vermögenswerten des Unternehmens nach Abzug aller Schulden (IAS 32.21).

Bedingte Erfüllungsvereinbarungen
Ein Finanzinstrument kann mit flüssigen Mitteln oder anderen finanziellen Vermögenswerten beglichen werden oder es ist als finanzielle Schuld bei Eintreten oder Nichteintreten ungewisser künftiger Ereignisse (oder beim Auftreten ungewisser Umstände), die außerhalb der Kontrolle sowohl des Emittenten als auch des Inhabers des Instruments liegen, zu behandeln, wie eine Änderung beim Aktienindex, Verbraucherpreisindex, Zinssatz, den Steuergesetzen, den zukünftigen Umsatzerlösen, Gewinnen oder Verschuldungskoeffizienten des Emittenten. Der Emittent eines solchen Instruments hat nicht das uneingeschränkte Recht, eine Zahlung mit flüssigen Mitteln oder anderen finanziellen Vermögenswerten zu vermeiden (oder so zu begleichen, daß es eine finanzielle Schuld würde). Daher handelt es sich um eine finanzielle Schuld des Emittenten, es sei denn,
– die bedingte Erfüllungsvereinbarung, die die Begleichung mit flüssigen Mitteln oder einem anderen finanziellen Vermögenswert (oder derart, daß es eine finanzielle Schuld wird) verlangt, ist nicht echt oder
– von dem Emittenten kann verlangt werden, die Verpflichtung mit flüssigen Mitteln oder einem anderen finanziellen Vermögenswert (oder derart zu begleichen, daß es eine finanzielle Schuld wird) nur im Falle seiner Liquidation zu begleichen (IAS 32.25).

Zusammengesetzte Finanzinstrumente
Der Emittent eines nicht-derivativen Finanzinstrumentes, das sowohl Fremd- als auch Eigenkapitalbestandteile enthält, hat die Bestandteile getrennt gemäß IAS 32.15 darzustellen (IAS 32.28).

Zinsen, Dividenden, Verluste und Gewinne

Zinsen, Dividenden, Verluste und Gewinne, die mit einem Finanzinstrument oder Bestandteilen davon zusammenhängen, die finanzielle Schulden sind, sind als Aufwand oder Ertrag zu erfassen. Ausschüttungen an Inhaber eines als Eigenkapital erfaßten Finanzinstrumentes sind beim Emittenten direkt dem Eigenkapital zu belasten gemindert um alle damit verbundenen Ertragsteuervorteile. Transaktionskosten für eine Eigenkapitalübertragung, sind im Gegensatz zu Kosten für die Ausgabe von Eigenkapitalinstrumenten, die direkt dem Unternehmenserwerb zuzuordnen sind (die gemäß IAS 22 bilanziert werden) als Abzug vom Eigenkapital, gemindert um alle damit verbundenen Ertragsteuervorteile, zu bilanzieren (IAS 32.35).

Saldierung eines finanziellen Vermögenswertes und einer finanziellen Schuld

Finanzielle Vermögenswerte und finanzielle Schulden sind nur zu saldieren und netto auszuweisen, wenn ein Unternehmen
- jetzt einen Rechtsanspruch hat, die erfaßten Beträge gegeneinander aufzurechnen, und
- beabsichtigt, entweder den Ausgleich auf Nettobasis durchzuführen oder den Vermögenswert zu realisieren und gleichzeitig die dazugehörigen Schulden zu begleichen.

Bei der Buchung der Übertragung eines finanziellen Vermögenswertes, der zur Ausbuchung nicht in Frage kommt, sind der übertragene Vermögenswert und die entsprechende Schuld nicht zu saldieren (siehe IAS 39.36) (IAS 32.42).

f) Ansatz und Ausbuchung

Erstmaliger Ansatz

Ein Unternehmen hat einen finanziellen Vermögenswert oder eine finanzielle Schuld in seiner Bilanz dann anzusetzen, wenn es Vertragspartei zu den vertraglichen Regelungen des Finanzinstruments wird (siehe IAS 39.38 bezüglich marktüblicher Kauf oder Verkauf von finanziellen Vermögenswerten) (IAS 39.14).

Termingeschäfte, die zum Kauf oder Verkauf von Finanzinstrumenten zu einem zukünftigen Zeitpunkt und zu einem im voraus festgesetzten Preis verpflichten, sind als Vermögenswerte oder Schulden zu dem Zeitpunkt zu erfassen, an dem die vertragliche Verpflichtung eingegangen wurde und nicht erst zu dem Zeitpunkt, an dem der Austausch tatsächlich stattfindet (IAS 39.AG 34-35).

Ausbuchung eines finanziellen Vermögenswertes

Es ist zunächst zu prüfen, ob und inwieweit die Ausbuchungsvorschriften nach IAS 39.17-23 auf einen Vermögenswert oder eine Gruppe von Vermögenswerten in seiner Gesamtheit oder nur auf Teile eines Vermögenswertes oder eine Gruppe von ähnlichen Vermögenswerten anzuwenden sind (IAS 39.16).

Ein Teil eines Vermögenswertes oder eine Gruppe von ähnlichen Vermögenswerten ist dann auszubuchen, wenn eine der drei folgenden Bedingungen erfüllt wird:

- Der Teil umfaßt nur die spezifisch identifizierten Cash-flows aus einem Vermögenswert. Zum Beispiel den kompletten Zahlungsstrom aus einem vom Mantel getrennten Zinskupon einer Anleihe.
- Der Teil besteht nur aus einem exakt proportional abgegrenzten Anteil an den Cash-flows eines Vermögenswertes. Zum Beispiel: Ein Unternehmen trifft eine Vereinbarung, bei der der Partner 90 % aller Cash-flows aus einer Anleihe erhält. Die Ausbuchungskriterien werden dann auf 90 % der Zins- und Kapitalzahlungen einer Anleihe angewandt.
- Der Teil besteht nur aus einem exakt abgegrenzten Anteil an spezifisch identifizierten Cash-flows eines Vermögenswertes. Zum Beispiel: Ein Unternehmen trifft eine Vereinbarung, bei der der Partner 90 % des Cash-flows aus einem vom Mantel getrennten Zinskupon einer Anleihe erhält. Bei der Übertragung von Cash-flows an mehrere Vertragsparteien müssen die empfangenden Vertragsparteien nicht einen proportionalen Anteil der Cash-flows erhalten, vorausgesetzt die übertragende Partei hat einen proportionalen Anteil (IAS 39.16a).

In allen anderen Fällen ist IAS 39.17-23 anzuwenden. Zum Beispiel: Ein Unternehmen überträgt die Rechte an den ersten oder letzten 90 % der Zahlungseingänge aus dem finanziellen Vermögenswert oder die Rechte an 90 % der Cash-flows einer Gruppe von Forderungen, gibt aber gleichzeitig eine Garantie, den Käufer für Kreditausfälle über 8 % des Nominalbetrages zu entschädigen (IAS 39.16b).

Ein finanzieller Vermögenswert ist auszubuchen, wenn
- die vertraglichen Rechte an den Cash-flows des finanziellen Vermögenswertes auslaufen (IAS 39.17a) oder
- das Unternehmen den Vermögenswert, wie in IAS 39.18 und 39.19 ausgeführt, überträgt und diese Übertragung zum Ausbuchen gemäß IAS 39.20 berechtigt (IAS 39.17b).

Ein Unternehmen überträgt einen finanziellen Vermögenswert, wenn es
- die vertraglichen Rechte überträgt, um die Cash-flows des finanziellen Vermögenswertes zu erhalten (IAS 39.18a) oder
- die vertraglichen Rechte behält, damit ihm die Cash-flows des Vermögenswertes zufließen, aber eine vertragliche Verpflichtung zur Zahlung der Cash-flows an einen oder mehrere Empfänger eingeht in einer Vereinbarung gemäß IAS 39.19 (IAS 39.18b).

Zum Beispiel: Wenn das Unternehmen eine Zweckgesellschaft ist, die als Treuhänderin lediglich die finanziellen Vermögenswerte verwaltet. In diesem Fall wären die finanziellen Vermögenswerte auszubuchen (IAS 39.AG37).
Folgende drei Bedingungen müssen erfüllt sein, damit es zu einer Ausbuchung gemäß IAS 39.18b kommt:
- die aus der vertraglichen Verpflichtung zu erbringenden Cash-flows entsprechen den aus dem finanziellen Vermögenswert erhaltenen Cash-flows,
- die Veräußerung oder Beleihung des finanziellen Vermögenswertes außer an den Empfänger der Cash-flows ist nicht zulässig,

– die aus dem finanziellen Vermögenswert erhaltenen Cash-flows werden ohne wesentliche Verzögerung weitergeleitet (IAS 39.19).

Wenn ein finanzieller Vermögenswert übertragen wird (siehe IAS 39.18), ist zu untersuchen, in welchem Umfang die Risiken und Chancen, die mit dem finanziellen Vermögenswert verbunden sind, übertragen wurden:
– Falls im wesentlichen alle Risiken und Chancen übertragen wurden, ist der Vermögenswert auszubuchen und die durch die Übertragung geschaffenen oder zurückbehaltenen Rechte oder Verpflichtungen sind als Vermögenswerte oder Schulden zu bilanzieren.
– Falls im wesentlichen alle Chancen und Risiken, die mit dem finanziellen Vermögenswert verbunden sind, zurückbehalten wurden, dann ist der finanzielle Vermögenswert weiterhin anzusetzen.
– Falls im wesentlichen alle Risiken und Chancen, die mit dem finanziellen Vermögenswert verbunden sind, weder übertragen noch zurückbehalten wurden, ist festzustellen, ob die Verfügungsmacht über den Vermögenswert behalten wurde:
  • Falls die Verfügungsmacht nicht zurückbehalten wurde, ist der finanzielle Vermögenswert auszubuchen und die durch die Übertragung geschaffenen oder zurückbehaltenen Rechte oder Verpflichtungen sind als Vermögenswerte oder Schulden zu bilanzieren.
  • Falls die Verfügungsmacht zurückbehalten wurde, ist der Vermögenswert im Umfang des fortbestehenden Engagements weiterhin anzusetzen (IAS 39.20).

Entsteht bei der Übertragung ein neuer finanzieller Vermögenswert oder eine neue finanzielle Schuld, so sind diese zum beizulegenden Zeitwert zu bilanzieren (IAS 39.25).
Bei der Ausbuchung eines finanziellen Vermögenswertes ist der Unterschied zwischen dem Buchwert und dem erzielten Erlös – ggf. unter Berücksichtigung einer im Eigenkapital erfolgsneutral ausgewiesenen Anpassung des beizulegenden Zeitwertes – erfolgswirksam zu erfassen (IAS 39.26).

Wenn sich das Engagement nur auf einen Teil eines finanziellen Vermögenswertes bezieht, dann ist der vorherige Buchwert auf den weiterhin bilanzierten und den nicht mehr angesetzten Teil im Verhältnis der beizulegenden Zeitwerte der beiden Teile zum Zeitpunkt der Übertragung zu verteilen. Der Unterschied zwischen dem Teil des Buchwertes, der auf den nicht mehr angesetzten Teil entfällt und dem Wert der Gegenleistung für den übertragenen Teil zuzüglich direkt im Eigenkapital kumulierter anteiliger Gewinne oder Verluste ist erfolgswirksam zu erfassen (IAS 39.34).

Marktüblicher Kauf oder Verkauf eines finanziellen Vermögenswertes
Ein marktüblicher Kauf oder Verkauf von finanziellen Vermögenswerten ist entweder zum Handelstag oder zum Erfüllungstag zu bilanzieren. Die gewählte Methode ist für alle Käufe und Verkäufe derselben Kategorie von finanziellen Vermögenswerten stetig anzuwenden (IAS 39.38 und 39.AG53).

Ausbuchung einer finanziellen Schuld
Eine finanzielle Schuld (oder ein Teil davon) darf nur ausgebucht werden, wenn sie erloschen, d.h. wenn sie beglichen, aufgehoben oder ausgelaufen ist (IAS 39.39). Der Unterschied zwischen dem Buchwert einer getilgten oder auf eine andere Partei übertragenen Schuld (oder eines Teils davon) und dem hierfür gezahlten Betrag, einschließlich übertragener nicht zahlungswirksamer Vermögenswerte oder übernommener Schulden, ist erfolgswirksam in der Berichtsperiode zu erfassen (IAS 39.41).

g) Bewertung

Erstmalige Bewertung von finanziellen Vermögenswerten und finanziellen Schulden
Bei dem erstmaligen Ansatz eines finanziellen Vermögenswertes oder einer finanziellen Schuld sind diese mit dem beizulegenden Zeitwert zu bewerten. Bei nicht erfolgswirksam zum beizulegenden Zeitwert bewerteten finanziellen Vermögenswerten oder finanziellen Schulden sind Transaktionskosten mit einzubeziehen (IAS 39.43). Bei diesem erstmaligen Ansatz ist der beizulegende Zeitwert in der Regel der Transaktionspreis (IAS 39.AG64).

Folgebewertung von finanziellen Vermögenswerten
Nach dem erstmaligen Ansatz sind finanzielle Vermögenswerte einschließlich der derivativen Finanzinstrumente, die Vermögenswerte sind, zum beizulegenden Zeitwert ohne Abzug von Transaktionskosten, die beim Verkauf oder einer anders gearteten Veräußerung entstehen können, zu bewerten, mit Ausnahme der folgenden finanziellen Vermögenswerte:
– Kredite und Forderungen gemäß IAS 39.9 sind zu fortgeführten Anschaffungskosten unter Verwendung der Effektivzinsmethode zu bewerten,
– bis zur Endfälligkeit zu haltende Finanzinstrumente gemäß IAS 39.9 sind zu fortgeführten Anschaffungskosten unter Verwendung der Effektivzinsmethode zu bewerten,
– Eigenkapitalinstrumente, die keinen notierten Marktpreis auf einem aktiven Markt haben und deren beizulegender Zeitwert nicht verläßlich ermittelt werden kann, sowie Derivate, die mit einem nicht notierten Eigenkapitalinstrument verbunden sind und nur durch die Lieferung eines solchen nicht notierten Eigenkapitalinstruments beglichen werden können, sind zu Anschaffungskosten zu bewerten (siehe IAS 39.AG80 und AG81).

Finanzielle Vermögenswerte, die gesicherte Grundgeschäfte sind, sind nach IAS 39.89-102 zu bewerten. Alle finanziellen Vermögenswerte, außer den erfolgswirksam zum beizulegenden Zeitwert bewerteten Vermögenswerten, sind einem Werthaltigkeitstest nach IAS 39.58-70 und 39.AG84-93 zu unterziehen (IAS 39.46).

Bis zur Endfälligkeit zu haltende Finanzinvestitionen
Ein Unternehmen hat nicht die feste Absicht, einen finanziellen Vermögenswert mit fester Laufzeit bis zu seiner Endfälligkeit zu halten, wenn
– das Unternehmen die Absicht hat, den finanziellen Vermögenswert für unbestimmte Zeit zu halten,

- das Unternehmen bereit ist, den finanziellen Vermögenswert (außer in nicht wiederkehrenden und vom Unternehmen nicht vorhersehbaren Fällen) bei Änderungen der Marktzinsen oder -risiken, Bedarf an flüssigen Mitteln, Änderungen bei der Verfügbarkeit und der Verzinsung alternativer Investitionen, Änderungen bei den Finanzierungsquellen und -bedingungen oder Änderungen der Wechselkursrisiken zu veräußern oder
- der Emittent das Recht hat, den finanziellen Vermögenswert zu einem wesentlich unter den fortgeführten Anschaffungskosten liegenden Betrag zu begleichen (IAS 39.AG16).

Ein Unternehmen darf finanzielle Vermögenswerte nicht als bis zur Endfälligkeit zu haltende Finanzinvestitionen einstufen, wenn es im laufenden Geschäftsjahr oder während der zwei vorhergehenden Geschäftsjahre mehr als einen unwesentlichen Teil der bis zur Endfälligkeit zu haltenden Finanzinvestitionen vor Endfälligkeit verkauft oder umklassifiziert hat, sofern nicht
- die Verkäufe so nahe beim Endfälligkeits- oder Ausübungstag (z.B. weniger als drei Monate vor Fälligkeit) liegen, daß Änderungen des Marktzinssatzes keine wesentliche Auswirkungen auf den beizulegenden Zeitwert des finanziellen Vermögenswertes haben würden,
- das Unternehmen bereits vorher den gesamten ursprünglichen Betrag des finanziellen Vermögenswertes durch planmäßige Zahlungen oder vorzeitige Zahlungen im wesentlichen vereinnahmt hat oder
- die Verkäufe auf ein besonderes Ereignis zurückzuführen sind, das außerhalb der Kontrolle des Unternehmens liegt, von einmaliger Natur ist und von dem Unternehmen nicht vorhergesehen werden konnte, z.B. eine wesentliche Bonitätsverschlechterung des Emittenten, Änderung der Steuergesetzgebung, Unternehmenszusammenschluß, aufsichtsrechtliche Änderungen (IAS 39.9 und 39.AG22).

Ein Unternehmen besitzt nicht die nachgewiesene Fähigkeit, eine Investition in einen finanziellen Vermögenswert mit fester Laufzeit bis zur Endfälligkeit zu halten, wenn es
- nicht die erforderlichen Finanzreserven hat, um die Finanzinvestition bis zur Endfälligkeit zu halten, oder
- gesetzliche oder andere Beschränkungen gibt, die seine Halteabsicht zunichte machen können (IAS 39.AG23).

Folgebewertung von finanziellen Schulden
Nach dem erstmaligen Ansatz sind alle finanziellen Schulden zu fortgeführten Anschaffungskosten gemäß der Effektivzinsmethode zu bewerten, ausgenommen
- erfolgswirksam zum beizulegenden Zeitwert bewertete Schulden. Solche Schulden, einschließlich derivative Finanzinstrumente, die Schulden sind, sind zum beizulegenden Zeitwert zu erfassen, mit Ausnahme einer derivativen Schuld, die mit einem nicht notierten Eigenkapitalinstrument verbunden ist, dessen beizulegender Zeitwert nicht verläßlich bestimmbar ist und nur durch Lieferung eines solchen beglichen werden kann; diese ist zu Anschaffungskosten zu bilanzieren,
- finanzielle Schulden, die entstehen, wenn die Übertragung eines finanziellen Vermögenswertes nicht zu einer Ausbuchung berechtigt oder wenn nach dem Ansatz

des anhaltenden Engagements verfahren wird. Zur Bewertung solcher finanziellen Schulden siehe IAS 39.29 und 39.31,
- in IAS 39.9 definierte Finanzgarantien. Nach dem erstmaligen Ansatz hat der Emittent eines solchen Vertrags (außer für den Fall, daß IAS 39.47a oder b Anwendung finden) bei dessen Bewertung den höheren der beiden folgenden Beträge zugrunde zu legen:
  • den gemäß IAS 37 bestimmten Betrag,
  • den ursprünglich erfaßten Betrag (siehe IAS 39.43) abzüglich, soweit zutreffend, der gemäß IAS 18 erfaßten kumulierten Amortisationen,
- Zusagen, einen Kredit unter dem Marktzinssatz zur Verfügung zu stellen. Nach dem erstmaligen Ansatz hat das Unternehmen, das eine solche Zusage gibt (außer für den Fall, daß IAS 39.47a Anwendung findet), bei deren Bewertung den höheren der beiden folgende Beträge zugrunde zu legen:
  • den gemäß IAS 37 bestimmten Betrag,
  • den ursprünglich erfaßten Betrag (siehe IAS 39.43) abzüglich, soweit zutreffend, der gemäß IAS 18 erfaßten kumulierten Amortisationen.

Finanzielle Schulden, die als Grundgeschäfte designiert wurden, unterliegen den Bewertungsvorschriften von IAS 39.89-102 (IAS 39.47).

Bestimmung des beizulegenden Zeitwertes
Bei der Ermittlung des beizulegenden Zeitwertes eines finanziellen Vermögenswertes oder einer finanziellen Schuld für Zwecke der Anwendung von IAS 32, IAS 39 oder IFRS 7 ist IAS 39.AG69-82 anzuwenden (IAS 39.48).
Der beizulegende Zeitwert von Eigenkapitalinstrumenten, die nicht auf einem aktiven Markt gehandelt werden, sowie von derivativen Finanzinstrumenten, die mit einem nicht notierten Eigenkapitalinstrument verbunden sind und nur durch die Lieferung eines solchen beglichen werden können (siehe IAS 39.46c und 39.47), ist verläßlich ermittelbar, wenn die Bandbreite der vernünftigen Schätzungen des beizulegenden Zeitwertes für dieses Instrument unerheblich ist oder die Eintrittswahrscheinlichkeiten der verschiedenen Schätzungen innerhalb dieser Bandbreite vernünftig bestimmt und für die Bewertung verwendet werden können (IAS 39.AG80). Ist eine zuverlässige Ermittlung nicht möglich, erfolgt die Bewertung zu Anschaffungskosten (IAS 39.AG81).

Umklassifizierungen
Ein erfolgswirksam zum beizulegenden Zeitwert bewertetes Finanzinstrument darf aus dieser Kategorie nicht heraus oder hinein umklassifiziert werden, während es gehalten oder ausgegeben wird (IAS 39.50).
Falls es aufgrund einer Änderung der Absicht oder der Fähigkeit nicht länger gerechtfertigt ist, eine Finanzinvestition als bis zur Endfälligkeit zu halten zu klassifizieren, so ist sie als zur Veräußerung verfügbar umzuklassifizieren und zum beizulegenden Zeitwert zu bewerten und der Unterschied zwischen dem Buchwert und dem beizulegenden Zeitwert ist gemäß IAS 39.55b zu bilanzieren (IAS 39.51).

Wenn eine verläßliche Bewertung für einen finanziellen Vermögenswert oder eine finanzielle Schuld, die vorher nicht möglich war, möglich wird und die Bewertung des Ver-

mögenswertes oder der Schuld bei Vorliegen verläßlicher Meßdaten zum beizulegenden Zeitwert gefordert wird (siehe IAS 39.46c und 39.47), so ist der Vermögenswert oder die Schuld zum beizulegenden Zeitwert zu bewerten und der Unterschied zwischen dem Buchwert und dem beizulegenden Zeitwert gemäß IAS 39.55 zu erfassen (IAS 39.53). Falls es aufgrund einer Änderung der Absicht oder der Fähigkeit oder weil in seltenen Fällen eine verläßliche Bewertung zum beizulegenden Zeitwert nicht mehr möglich ist oder weil die in IAS 39.9 angeführten »zwei vorhergehenden Geschäftsjahre« abgelaufen sind, angebracht ist, einen finanziellen Vermögenswert oder eine finanzielle Schuld zu Anschaffungskosten oder fortgeführten Anschaffungskosten anstatt zum beizulegenden Zeitwert zu bewerten, dann ist zu diesem Zeitpunkt der Buchwert des beizulegenden Zeitwertes des finanziellen Vermögenswertes oder der finanziellen Schuld als neue Anschaffungskosten bzw. fortgeführte Anschaffungskosten anzusehen. Ein im Eigenkapital erfaßter früherer Gewinn oder Verlust gemäß IAS 39.55b ist wie folgt zu behandeln:
– bei einem finanziellen Vermögenswert mit fester Laufzeit ist der Gewinn oder Verlust über die restliche Laufzeit der bis zur Endfälligkeit zu haltenden Finanzinvestitionen mittels der Effektivzinsmethode zu verteilen. Ein Unterschied zwischen den neuen fortgeführten Anschaffungskosten und dem Betrag bei Endfälligkeit ist über die restliche Laufzeit des finanziellen Vermögenswertes mittels der Effektivzinsmethode erfolgswirksam zu verteilen, ähnlich der Verteilung eines Agios oder Disagios. Falls der finanzielle Vermögenswert in der Folgezeit wertberichtigt wird, ist der Gewinn oder Verlust, der direkt im Eigenkapital erfaßt wurde, als Gewinn oder Verlust gemäß IAS 39.67 zu erfassen, und
– bei einem finanziellen Vermögenswert ohne feste Laufzeit hat ein Gewinn oder Verlust aus diesem Vermögenswert bis zum Verkauf oder anderweitiger Veräußerung des finanziellen Vermögenswertes im Eigenkapital zu verbleiben. Zu diesem Zeitpunkt ist er im Periodenergebnis zu erfassen. Falls der finanzielle Vermögenswert in der Folgezeit wertberichtigt wird, ist jeder frühere Gewinn oder Verlust, der direkt im Eigenkapital erfaßt wurde, als Gewinn oder Verlust gemäß IAS 39.67 zu erfassen (IAS 39.54).

Gewinne und Verluste
Ein aus einer Änderung des beizulegenden Zeitwertes eines finanziellen Vermögenswertes oder einer finanziellen Schuld, die nicht Teil einer Sicherungsbeziehung sind (siehe IAS 39.89-102), entstandener Gewinn oder Verlust ist wie folgt auszuweisen:
– ein Gewinn oder Verlust aus einem erfolgswirksam zum beizulegenden Zeitwert bewerteten finanziellen Vermögenswert oder einer finanziellen Schuld ist erfolgswirksam zu erfassen,
– ein Gewinn oder Verlust aus einem zur Veräußerung verfügbaren finanziellen Vermögenswert ist direkt im Eigenkapital durch die Eigenkapitalveränderungsrechnung zu erfassen (siehe IAS 1) außer für Verluste aus Wertminderungen (siehe IAS 39.67-70) und Gewinne bzw. Verluste aus Währungsumrechnungen (siehe IAS 39.AG83), bis der finanzielle Vermögenswert ausgebucht wird; zu diesem Zeitpunkt sind die kumulierten Gewinne oder Verluste, die vorher im Eigenkapital erfaßt wurden, erfolgswirksam zu erfassen. Zinsen, die nach der Effektivzinsmethode errechnet wurden, sind erfolgswirksam zu erfassen (siehe IAS 18). Divi-

denden aus einem zur Veräußerung verfügbaren Eigenkapitalinstrument sind bei der Entstehung des Rechtsanspruchs des Unternehmens auf Zahlung erfolgswirksam zu erfassen (siehe IAS 18) (IAS 39.55).

Gewinne oder Verluste aus finanziellen Vermögenswerten und finanziellen Schulden, die mit fortgeführten Anschaffungskosten angesetzt werden (siehe IAS 39.46 und 39.47) werden erfolgswirksam erfaßt, wenn der finanzielle Vermögenswert oder die finanzielle Schuld ausgebucht, wertgemindert oder abgeschrieben wird. Jedoch ist der Gewinn oder Verlust von finanziellen Vermögenswerten oder finanziellen Schulden, die Grundgeschäfte sind (siehe 39.78-84 und 39.AG98-101), nach IAS 39.89-102 zu bilanzieren (IAS 39.56).

Wertminderung und Uneinbringlichkeit von finanziellen Vermögenswerten
Ein Unternehmen hat zu jedem Bilanzstichtag zu beurteilen, ob es objektive Anzeichen für eine Wertminderung eines finanziellen Vermögenswertes oder einer Gruppe von Vermögenswerten gibt. Wenn es solche Anzeichen gibt, hat das Unternehmen IAS 39.63 (für zu fortgeführten Anschaffungskosten bilanzierte finanzielle Vermögenswerte), IAS 39.66 (für zu Anschaffungskosten bilanzierte finanzielle Vermögenswerte) oder IAS 39.67 (für zur Veräußerung verfügbare finanzielle Vermögenswerte) anzuwenden, um den Verlust aus Wertminderung zu erfassen (IAS 39.58).
Verluste aus Wertminderung sind nur zu erfassen, wenn objektive Hinweise auf eine Wertminderung vorliegen. Verluste aufgrund erwarteter zukünftiger Ereignisse, unabhängig von deren Eintrittswahrscheinlichkeit, d.h. Risikorückstellungen, dürfen nicht angesetzt werden.
Anzeichen für eine Wertminderung sind:
- erhebliche finanzielle Schwierigkeiten des Emittenten oder des Schuldners,
- Vertragsbruch durch Nichtleistung oder Verzug von Zins- oder Tilgungszahlungen,
- Vertragsänderungen wegen finanzieller Probleme des Schuldners,
- wahrscheinliche Insolvenz oder sonstiger Sanierungsbedarf des Schuldners,
- Wegfall eines aktiven Marktes für diesen finanziellen Vermögenswert aufgrund finanzieller Schwierigkeiten,
- beobachtbare Daten, die zeigen, daß eine meßbare Verringerung der erwarteten künftigen Zahlungsströme aus einer Gruppe von finanziellen Vermögenswerten seit erstmaligem Ansatz eingetreten ist, obwohl die Verringerung noch nicht einem einzelnen finanziellen Vermögenswert der Gruppe zugerechnet werden kann (IAS 39.59).

Der Wegfall eines aktiven Marktes oder eine Herabstufung des Bonitätsratings allein reichen für eine Wertminderung nicht aus (IAS 39.60).
Zusätzlich zu den in IAS 39.59 genannten Ereignissen liegen Anzeichen für eine Wertminderung bei einem Eigenkapitalinstrument vor, wenn es Informationen über bedeutende, nachteilige Änderungen im technologischen, marktbezogenen sowie im wirtschaftlichen oder rechtlichen Umfeld des Emittenten gibt, die darauf schließen lassen, daß die Anschaffungskosten des Eigenkapitalinstruments nicht mehr erzielt werden können. Eine wesentliche oder nachhaltige Verringerung des beizulegenden Zeitwertes eines Eigenkapitalinstrumentes unter seine Anschaffungskosten ist ebenfalls ein Anzeichen für eine Wertminderung (IAS 39.61).

Mit fortgeführten Anschaffungskosten bilanzierte finanzielle Vermögenswerte
Wenn ein Verlust aus Wertminderung bei zu fortgeführten Anschaffungskosten bewerteten Krediten und Forderungen oder bis zur Endfälligkeit zu haltenden Finanzinvestitionen eingetreten ist, dann ist als Verlust der Unterschied zwischen dem Buchwert des Vermögenswertes und dem Barwert der erwarteten künftigen Mittelzuflüsse abgezinst mit dem ursprünglichen Effektivzinssatz des finanziellen Vermögenswertes anzusetzen. Mittelzuflüsse aus kurzfristigen Forderungen sind, wenn sie unwesentlich sind, nicht abzuzinsen, Der Buchwert des Vermögenswertes ist entweder direkt oder durch eine Wertberichtigung auf seinen geschätzten erzielbaren Betrag zu vermindern. Der Verlust aus Wertminderung ist erfolgswirksam zu erfassen (IAS 39.63 und 39.AG84).

Es ist in einem ersten Schritt zu prüfen, ob objektive Hinweise auf eine Wertminderung bei einzelnen bedeutenden finanziellen Vermögenswerten und bei finanziellen Vermögenswerten, die einzeln nicht bedeutend sind, vorliegen (siehe IAS 39.59). Bestehen keine Hinweise auf eine Wertminderung bei einzeln untersuchten Vermögenswerten (unabhängig davon, ob es sich um bedeutende oder nicht bedeutende Vermögenswerte handelt), so sind diese in Gruppen mit gleichen Kreditrisikomerkmalen zusammenzufassen und zu bewerten (IAS 39.64).

Wenn bei einer Folgebewertung die Wertminderung geringer ist und dies auf ein Ereignis nach der außerplanmäßigen Abschreibung zurückzuführen ist (wie eine Verbesserung des Kreditratings des Schuldners), ist die außerplanmäßige Abschreibung direkt oder durch Korrektur der Wertberichtigung rückgängig zu machen. Die Wertaufholung darf höchstens bis zu den fortgeführten Anschaffungskosten vorgenommen werden, die sich ohne eine Wertminderung ergeben hätten, und ist erfolgswirksam zu berücksichtigen (IAS 39.65).

Mit Anschaffungskosten bilanzierte finanzielle Vermögenswerte
Existieren objektive Hinweise auf eine Wertminderung bei einem nicht notierten Eigenkapitalinstrument, das nicht zum beizulegenden Zeitwert bilanziert wird, weil dieser nicht verläßlich bestimmbar ist, oder bei einem derivativen Vermögenswert, der mit einem nicht notierten Eigenkapitalinstrument verbunden ist und durch die Lieferung eines solchen beglichen werden muß, so entspricht die Höhe des Verlustes aus Wertminderung dem Unterschied zwischen dem Buchwert des finanziellen Vermögenswertes und dem Barwert der erwarteten künftigen Cash-flows, diskontiert mit dem aktuellen Marktzins für einen ähnlichen finanziellen Vermögenswert (siehe IAS 39.46c und 39.AG80 und AG81). Eine Wertaufholung ist nicht zulässig (IAS 39.66).

Zur Veräußerung verfügbare finanzielle Vermögenswerte
Wenn eine Abnahme des beizulegenden Zeitwertes eines zur Veräußerung verfügbaren Vermögenswertes direkt im Eigenkapital erfaßt wurde und bei dem Vermögenswert offensichtlich eine Wertminderung stattgefunden hat (siehe IAS 39.59), so ist der im Eigenkapital angesetzte kumulierte Verlust in das Periodenergebnis zu übernehmen, auch wenn der finanzielle Vermögenswert nicht ausgebucht worden ist (IAS 39.67).

Der in das Periodenergebnis zu übernehmende kumulierte Verlust gemäß IAS 39.67 ist der Unterschied zwischen den Anschaffungskosten (abzüglich etwaiger Tilgun-

gen und Amortisationsbeträge) und dem aktuellen beizulegenden Zeitwert abzüglich vorher bereits erfolgswirksam erfaßter Verluste aus Wertminderung (IAS 39.68).
Bei Eigenkapitalinstrumenten der Kategorie zur Veräußerung verfügbare finanzielle Vermögenswerte dürfen Wertaufholungen nicht erfolgswirksam rückgängig gemacht werden (IAS 39.69).
Steigt der beizulegende Zeitwert eines mit dem beizulegenden Zeitwert bilanzierten Schuldinstrumentes, das zur Veräußerung verfügbar ist, in einer nachfolgenden Berichtsperiode aufgrund eines nach der Erfassung des Verlustes aus Wertminderung eintretenden Ereignisses an, ist der Verlust erfolgswirksam rückgängig zu machen (IAS 39.70).

h) Sicherungsmaßnahmen (hedging)

Wenn es eine designierte Sicherungsbeziehung zwischen einem Sicherungsinstrument und einem in IAS 39.85-88 und 39.AG102-104 beschriebenen Grundgeschäft gibt, so ist der Gewinn oder Verlust aus dem Sicherungsinstrument und dem Grundgeschäft gemäß IAS 39.89-102 zu erfassen (IAS 39.71).

Sicherungsinstrumente (hedging instruments)
Als Sicherungsinstrumente können grundsätzlich nur solche Finanzinstrumente in Betracht gezogen werden, bei denen unternehmens- bzw. konzernexterne Parteien (z.B. extern bezüglich der Gruppe, des Geschäftsbereiches oder eines individuellen Unternehmens, über das berichtet wird) involviert sind (IAS 39.73).
Nicht derivative finanzielle Vermögenswerte oder nicht derivative finanzielle Schulden kommen als Sicherungsinstrument nur zur Absicherung von Währungsrisiken in Betracht (IAS 39.72).
In der Regel ist ein Sicherungsinstrument in seiner Gesamtheit mit einem einzigen beizulegenden Zeitwert zu bewerten. Einzige Ausnahme sind Optionskontrakte (innerer Wert + Zeitwert = Optionskontrakt) und Terminkontrakte (Kassakurs + Zinskomponente = Terminkontrakt) (IAS 39.74).
Ein Teil eines Sicherungsinstrumentes kann als Sicherungsinstrument bestimmt werden, jedoch kann ein Teil der Laufzeit nicht als Sicherungsinstrument bestimmt werden (IAS 39.75).
Zwei oder mehr derivative Finanzinstrumente oder Teile davon (oder, im Falle der Absicherung eines Währungsrisikos, zwei oder mehr nicht-derivative Finanzinstrumente oder Teile davon, oder eine Kombination von derivativen und nicht-derivativen Finanzinstrumenten oder Teilen davon) können zusammen betrachtet und als Sicherungsinstrument bestimmt werden, einschließlich einiger derivativer Finanzinstrumente, die durch Saldieren die Risiken anderer Finanzinstrumente ausgleichen. Jedoch ist ein Collar oder ein anderes derivatives Finanzinstrument, das eine geschriebene Option und eine erworbene Option enthält, kein Sicherungsinstrument, wenn es sich netto um eine geschriebene Option handelt (für die eine Nettoprämie erhalten wird). Entsprechend können zwei oder mehr Finanzinstrumente (oder Teile davon) als Sicherungsinstrument designiert werden, wenn keines von ihnen eine geschriebene Option bzw. netto eine geschriebene Option ist (IAS 39.77).
Eigene Anteile des bilanzierenden Unternehmens sind keine finanziellen Vermö-

genswerte oder finanziellen Schulden und daher auch keine Sicherungsinstrumente (IAS 39.AG97).
Eine geschriebene Option stellt kein Sicherungsinstrument dar, es sei denn, sie dient der Glattstellung einer erworbenen Option (IAS 39.AG94).
Zu fortgeführten Anschaffungskosten bewertete bis zur Endfälligkeit zu haltende Finanzinvestitionen können Sicherungsinstrumente für Währungsrisiken sein (IAS 39.AG95).
Ein nicht notiertes Eigenkapitalinstrument, das nicht zum beizulegenden Zeitwert bewertet wird, weil der beizulegende Zeitwert nicht verläßlich bestimmbar ist, oder ein derivatives Finanzinstrument, das mit einem nicht notierten Eigenkapitalinstrument verbunden ist und nur durch die Lieferung eines solchen beglichen werden muß (siehe IAS 39.46c und 39.47), kann kein Sicherungsinstrument sein (IAS 39.AG96).

Grundgeschäfte (hedged items)
Ein Grundgeschäft kann ein bilanzierter Vermögenswert oder eine bilanzierte Schuld, eine nicht bilanzierte feste Verpflichtung, ein sehr wahrscheinlich erwartetes Geschäft oder eine Nettoinvestition in einen ausländischen Geschäftsbetrieb sein. Das gesicherte Grundgeschäft kann sein:
- ein einzelner Vermögenswert, eine einzelne Schuld, eine feste Verpflichtung, ein sehr wahrscheinlich erwartetes Geschäft oder eine Nettoinvestition in einen ausländischen Geschäftsbetrieb,
- eine Gruppe von Vermögenswerten, Schulden, festen Verpflichtungen, sehr wahrscheinlich erwarteten Geschäften oder Nettoinvestitionen in ausländische Geschäftsbetriebe mit vergleichbarem Risikoprofil oder
- nur bei einer Portfolioabsicherung eines Zinssatzrisikos der Teil des Portfolios von finanziellen Vermögenswerten oder finanziellen Schulden, die demselben Risiko unterliegen (IAS 39.78).

Anders als bei Krediten und Forderungen, kann eine bis zur Endfälligkeit zu haltende Finanzinvestition kein Grundgeschäft bezüglich eines Zinsänderungsrisikos oder Vorabzahlungsrisikos sein, weil seine Einstufung als bis zur Endfälligkeit zu haltende Finanzinvestition die Absicht zeigt, die Investition bis zur Endfälligkeit zu halten, ohne die Änderungen des beizulegenden Zeitwertes oder der Mittelzuflüsse und -abflüsse einer solchen Investition zu berücksichtigen, die den Änderungen des Zinssatzes zuzuordnen sind. Dagegen kann eine bis zur Endfälligkeit zu haltende Finanzinvestition ein Grundgeschäft zur Absicherung von Währungsrisiken und Kreditrisiken sein (IAS 39.79).
Konzerninterne Geschäfte dürfen nicht als Grundgeschäfte designiert werden. Als eine Ausnahme kann das Fremdwährungsrisiko aus einem konzerninternen monetären Posten die Voraussetzung eines Grundgeschäftes erfüllen, wenn es in einer anderen Währung als der funktionalen Währung des Unternehmens designiert ist und das Konzernergebnis beeinflußt (IAS 39.80).
Bei finanziellen Vermögenswerten oder finanziellen Schulden ist auch die Absicherung eines Teils der Risiken möglich, sofern die Wirksamkeit bewertet werden kann (IAS 39.81).
Bei der Absicherung des beizulegenden Zeitwertes eines Portfolios finanzieller Vermö-

genswerte oder finanzieller Schulden (und nur im Falle einer solchen Absicherung) gegen Zinsänderungsrisiken kann der abgesicherte Teil in Form eines Währungsbetrages (z.B. Betrag in $ oder £) anstelle eines einzelnen Vermögenswertes (oder einer Schuld) festgelegt werden. Auch wenn das Portfolio aus Gründen des Risikomanagements Vermögenswerte und Schulden beinhalten kann, ist der festgelegte Betrag ein Betrag von Vermögenswerten oder ein Betrag von Schulden. Die Festlegung eines Nettobetrages aus Vermögenswerten und Schulden ist nicht erlaubt. Das Unternehmen kann einen Teil des Zinsänderungsrisikos, das mit diesem festgelegten Betrag verbunden ist, absichern. Zum Beispiel im Falle der Absicherung eines Portfolios, das vorzeitig rückzahlbare Vermögenswerte enthält, kann das Unternehmen das Risiko einer Änderung des beizulegenden Zeitwertes, das auf einer Änderung des abgesicherten Zinssatzes beruht, basierend auf erwarteten, statt der vertraglichen Zinsanpassungstermine, absichern. Wenn der abgesicherte Teil auf erwarteten Zinsanpassungsterminen beruht, ist die Wirkung, die diese Änderungen des Zinssatzes auf die erwarteten Zinsanpassungstermine haben, mit einzubeziehen, wenn die Änderung des beizulegenden Zeitwertes bei einer Sicherungsmaßnahme bestimmt wird. Folglich kann ein Portfolio, das vorzeitig rückzahlbare Finanzinstrumente enthält und mit einem nicht vorzeitig rückzahlbaren Derivat abgesichert wird, wirkungslos sein, wenn die Termine, zu denen die Finanzinstrumente im abgesicherten Portfolio im voraus zu bezahlen sind, geändert werden oder aktuelle Vorauszahlungstermine von den erwarteten abweichen (IAS 39.81A).

Wenn das Grundgeschäft ein nicht finanzieller Vermögenswert oder eine nicht finanzielle Schuld ist, so ist es als Grundgeschäft entweder für Währungsrisiken oder insgesamt für alle Risiken zu betrachten, weil es schwierig ist, den genauen Anteil der Mittelzuflüsse und -abflüsse oder Änderungen des beizulegenden Zeitwertes, der sich auf die besonderen Risiken, soweit sie keine Währungsrisiken sind, bezieht, abzutrennen und zu bewerten (IAS 39.82).

Die Absicherung nur einer Nettoposition (z.B. des Saldos aller festverzinslichen Vermögenswerte und festverzinslichen Schulden mit annähernd gleichen Laufzeiten) erfüllt nicht die Kriterien für eine Bilanzierung als Sicherungsgeschäft, da die Sicherungsinstrumente und die Grundgeschäfte nicht einzeln zugeordnet werden können (IAS 39.84).

Eine feste Verpflichtung zum Erwerb eines Unternehmens kann nur gegen Währungsrisiken abgesichert werden, da die anderen Risiken nicht gesondert ermittelt werden können. Die anderen Risiken sind allgemeine Geschäftsrisiken (IAS 39.AG98).

Bilanzierung von Sicherungsbeziehungen (hedge accounting)

Bei der Bilanzierung von Sicherungsbeziehungen werden die gegenläufigen Auswirkungen der Änderungen des beizulegenden Zeitwertes eines Sicherungsinstrumentes und des gesicherten Grundgeschäftes auf den Gewinn oder Verlust erfaßt, d.h. sie werden aufgerechnet (IAS 39.85).

Es gibt drei Arten von Sicherungsbeziehungen (hedging relationships):
– Absicherung des beizulegenden Zeitwertes (fair value hedge), d.h. die Absicherung des Risikos von Änderungen des beizulegenden Zeitwertes eines bilanzierten Vermögenswertes oder einer Schuld oder einer nicht bilanzierten Verpflichtung oder eines genau definierten Teils davon, das einem bestimmten Risiko zugeordnet werden kann und das Ergebnis beeinflussen kann,

- Absicherung des Risikos von Schwankungen der künftigen Mittelzuflüsse und -abflüsse (cash flow hedge), d.h. die Absicherung des Risikos von Schwankungen der künftigen Mittelzuflüsse und -abflüsse, das einem bestimmten mit dem bilanzierten Vermögenswert oder der Schuld verbundenen Risiko (z.B. Zinsen einer variabel verzinslichen Schuld) oder mit einem sehr wahrscheinlich erwarteten Geschäft verbundenen Risiko zugeordnet werden kann und das Ergebnis beeinflussen kann.
- Absicherung einer Nettoinvestition in einen ausländischen Geschäftsbetrieb gegen das Währungsrisiko (hedge of a net investment in a foreign operation) gemäß IAS 21 (IAS 39.86).

Die Absicherung einer festen Verpflichtung (z.B. Absicherung gegen das Risiko einer möglichen Änderung des Ölpreises bei einer nicht bilanzierten vertraglichen Verpflichtung eines Energieversorgungsunternehmens zum Kauf von Öl zu einem festgesetzten Preis) ist die Absicherung des Risikos einer Änderung des beizulegenden Zeitwertes (fair value hedge). Jedoch kann die Absicherung von Fremdwährungsrisiken bei festen Verpflichtungen gemäß IAS 39.87a alternativ auch als Absicherung des Risikos von Schwankungen der künftigen Mittelzuflüsse und -abflüsse (cash flow hedge) bilanziert werden (IAS 39.AG104).

Nur wenn sämtliche folgenden Bedingungen erfüllt sind, ist die Bilanzierung von Sicherungsgeschäften gemäß IAS 39.89-102 vorzunehmen:

- Zu Beginn der Absicherung sind sowohl die Sicherungsbeziehung als auch das Sicherungsziel und die Sicherungsstrategie zu dokumentieren. Diese Dokumentation hat das Sicherungsinstrument, das gesicherte Grundgeschäft bzw. die gesicherte Transaktion und die Art des abzusichernden Risikos zu beinhalten. Weiterhin hat das Unternehmen die Methode darzulegen, wie es die Wirksamkeit des Sicherungsinstrumentes, die Risiken aus Änderungen des beizulegenden Zeitwertes des gesicherten Grundgeschäftes oder der Mittelzuflüsse und -abflüsse der gesicherten Transaktion zu kompensieren, bestimmen wird.
- Es muß anzunehmen sein, daß die Absicherung der dem abgesicherten Risiko zuzurechnenden Änderungen des beizulegenden Zeitwertes oder der Mittelzuflüsse und -abflüsse sehr wirksam ist (siehe IAS 39.AG105-113) und mit der ursprünglich dokumentierten Sicherungsstrategie für diese spezielle Sicherungsbeziehung übereinstimmt.
- Bei Cash-flow-Hedges muß die geplante abzusichernde Transaktion sehr wahrscheinlich sein und muß Schwankungen bei den Mittelzuflüssen und -abflüssen ausgesetzt sein, die das ausgewiesene Ergebnis beeinflussen können.
- Die Wirksamkeit der Sicherungsbeziehung kann verläßlich ermittelt werden, d.h. der beizulegende Zeitwert oder die Mittelzuflüsse und -abflüsse des gesicherten Grundgeschäftes und der beizulegende Zeitwert des Sicherungsinstruments können verläßlich ermittelt werden (siehe IAS 39.46, 39.47, 39.AG80 und 39.AG81 für Regelungen zum beizulegenden Zeitwert).
- Die Sicherungsbeziehung wird laufend überprüft und als sehr wirksam während der gesamten Berichtsperiode eingestuft (IAS 39.88).

Beurteilung der Wirksamkeit einer Sicherungsbeziehung
Eine Sicherungsbeziehung gilt als hoch wirksam, wenn die tatsächlichen Ergebnisse in einer Bandbreite zwischen 80 und 125 Prozent liegen (IAS 39.AG105). Es ist keine spezielle Methode zur Beurteilung der Wirksamkeit einer Sicherungsbeziehung vorgeschrieben; sie richtet sich nach der Sicherungsstrategie (IAS 39.AG107 und 39.AG108).
In der Dokumentation der Sicherungsstrategie sind Angaben über die zur Beurteilung der Wirksamkeit eingesetzten Methoden und Verfahren zu machen. Die Beurteilung der Wirksamkeit hat mindestens bei der Aufstellung des Jahres- oder Zwischenabschlusses zu erfolgen (IAS 39.AG106-108).

Absicherung des beizulegenden Zeitwertes
Wenn die Absicherung des beizulegenden Zeitwertes während der Berichtsperiode die Bedingungen von IAS 39.88 erfüllt, ist sie wie folgt zu bilanzieren:
– der Gewinn oder Verlust aus der erneuten Bewertung des Sicherungsinstrumentes zum beizulegenden Zeitwert (für ein derivatives Sicherungsinstrument) oder der Fremdwährungskomponente im Buchwert bewertet gemäß IAS 21 (für ein nichtderivatives Sicherungsinstrument) ist erfolgswirksam zu erfassen, und
– der Gewinn oder Verlust bei dem abgesicherten Grundgeschäft, der auf das abgesicherte Risiko zurückzuführen ist, ist im Buchwert des abgesicherten Grundgeschäftes zu berücksichtigen und erfolgswirksam zu erfassen. Dies gilt, falls das gesicherte Grundgeschäft sonst zu Anschaffungskosten bilanziert wird. Die Erfassung des Gewinnes oder Verlustes aus diesem abgesicherten Risiko erfolgt in der Gewinn- und Verlustrechnung, falls das Grundgeschäft ein zur Veräußerung verfügbarer finanzieller Vermögenswert ist (IAS 39.89).

Bei der Absicherung des beizulegenden Zeitwertes eines Teils eines Portfolios finanzieller Vermögenswerte oder finanzieller Schulden gegen Zinsänderungsrisiken kann die Anforderung in IAS 39.89b erfüllt werden, indem der Gewinn oder Verlust, der dem Grundgeschäft zuzuordnen ist, entweder
(a) in einem gesonderten Posten innerhalb der Vermögenswerte für die Zinsanpassungsperioden, in denen das Grundgeschäft ein Vermögenswert ist, oder
(b) in einem gesonderten Posten innerhalb der Schulden für die Zinsanpassungsperioden, in denen das Grundgeschäft eine Schuld ist,
ausgewiesen wird.
Die gesonderten Posten gemäß (a) und (b) sind bei den finanziellen Vermögenswerten oder finanziellen Schulden auszuweisen. Beträge, die in den gesonderten Posten enthalten sind, sind aus der Bilanz herauszunehmen, wenn die sich darauf beziehenden Vermögenswerte oder Schulden ausgebucht werden (IAS 39.89A).

Jede Anpassung gemäß IAS 39.89b des Buchwertes eines gesicherten Finanzinstrumentes, das zu fortgeführten Anschaffungskosten bewertet wird (oder im Falle einer Portfolioabsicherung gegen Zinsänderungsrisiken des gesonderten Postens der Bilanz gemäß IAS 39.89b) ist erfolgswirksam zu aufzulösen. Die Auflösung hat zu beginnen, wenn eine Anpassung existiert und darf nicht später als mit dem Zeitpunkt beginnen, wenn das Grundgeschäft nicht mehr um Änderungen des beizulegenden Zeitwertes, dem das abzusichernde Risiko zuzuordnen ist, berichtigt wird. Die Anpassung basiert auf einem neu berechneten Effektivzinssatz zu dem Zeitpunkt, an dem die Amortisation beginnt. Wenn jedoch im Falle einer Absicherung des beizulegenden Zeitwertes eines Portfolios von finanziellen Vermögenswerten oder finanziellen Schulden gegen Zinsänderungsrisiken eine Amortisierung mit einem neu berechneten Effektivzinssatz undurchführbar ist, ist die Anpassung mittels einer linearen Amortisationsmethode aufzulösen. Die Anpassung ist voll bei Fälligkeit des Finanzinstrumentes oder im Falle der Portfolioabsicherung eines Zinsänderungsrisikos bei Ablauf der entsprechenden Zinsanpassungsperiode aufzulösen (IAS 39.92).

Bilanzierung der Absicherung des beizulegenden Zeitwertes eines Portfdolios von finanziellen Vermögenswerten und finanziellen Schulden gegen Zinsänderungsrisiken
Die Anforderungen an die Absicherung des beizulegenden Zeitwertes eines Portfolios von finanziellen Vermögenswerten und finanziellen Schulden gegen Zinsänderungsrisiken stellen sich wie folgt dar:
- Identifizierung des abzusichernden Portfolios,
- Aufteilung nach Zinsanpassungsperioden,
- Bestimmung der abzusichernden Grundgeschäfte (keine Nettoposition),
- Bestimmung des abzusichernden Zinsänderungsrisikos,
- Bestimmung der Sicherungsinstrumente,
- Festlegung des Effektivitätstests,
- Bestimmung der Änderung des beizulegenden Zeitwertes der Grundgeschäfte und Buchung der Wertänderungen gemäß IAS 39.89A,
- Bestimmung der Änderung des beizulegenden Zeitwertes der Sicherungsinstrumente und Buchung der Wertänderungen,
- Erfassung der Unwirksamkeit in der Gewinn- und Verlustrechnung (IAS 39.AG114).

Das Unternehmen hat die in IAS 39.89 dargestellte Bilanzierung von Sicherungsbeziehungen zu beenden, wenn einer der folgenden Sachverhalte eintritt:
- Das Sicherungsinstrument läuft aus oder wird veräußert, beendet oder ausgeübt (für diesen Fall wird der Ersatz oder die Weiterführung eines Sicherungsinstrumentes durch ein anderes Sicherungsinstrument nicht als Auslaufen oder Beendigung angesehen, wenn der Ersatz oder die Weiterführung Teil der dokumentierten Sicherungsstrategie des Unternehmens ist),
- das Sicherungsgeschäft erfüllt nicht länger die Voraussetzungen für eine Bilanzierung von Sicherungsbeziehungen gemäß IAS 39.88 oder
- das Unternehmen widerruft die Zuordnung (IAS 39.91).

Absicherung des Risikos von Schwankungen der künftigen Mittelzuflüsse und -abflüsse
Wenn eine Absicherung der Schwankungen der künftigen Mittelzuflüsse und -abflüsse während der Berichtsperiode die Bedingungen von IAS 39.88 erfüllt, ist sie wie folgt auszuweisen:
- Der Teil des Gewinnes oder Verlustes aus dem Sicherungsinstrument, der als wirksam eingestuft wird (siehe IAS 39.88), ist direkt in der Eigenkapitalveränderungsrechnung auszuweisen (siehe IAS 1) und

– der ineffektive Teil des Gewinnes oder Verlustes aus dem Sicherungsinstrument ist erfolgswirksam zu erfassen (IAS 39.95).

Führt ein abgesichertes erwartetes Geschäft später zum Ansatz eines finanziellen Vermögenswertes oder einer finanziellen Schuld, so sind die damit im Zusammenhang stehenden gemäß IAS 39.95 direkt im Eigenkapital erfaßten Gewinne oder Verluste in den Perioden, in denen der Vermögenswert oder die Schuld erfolgswirksam wird, erfolgswirksam aufzulösen. Wenn erwartet wird, daß dem Verlust oder einem Teil des Verlustes, der direkt im Eigenkapital erfaßt ist, keine künftigen Erträge gegenüberstehen, ist dieser Verlust oder ein Teil des Verluste erfolgswirksam aufzulösen (IAS 39.97).

Führt eine abgesichertes erwartetes Geschäft später zum Ansatz eines nicht-finanziellen Vermögenswertes oder einer nicht-finanziellen Schuld, oder ein erwartetes Geschäft bezüglich eines nicht-finanziellen Vermögenswertes oder einer nicht-finanziellen Schuld wird zu einer festen Verpflichtung, auf die eine Absicherung zum beizulegenden Zeitwert vorgenommen wird, dann kann das Unternehmen eine der folgenden Möglichkeiten anwenden:
– Die gemäß IAS 39.95 direkt im Eigenkapital erfaßten Gewinne oder Verluste sind in den gleichen Perioden, in denen der Vermögenswert oder die Schuld erfolgswirksam wird (z.B. in den Perioden, in denen die Abschreibungen oder Vertriebskosten erfaßt werden), erfolgswirksam zu berücksichtigen. Wenn ein Unternehmen erwartet, daß dem Verlust oder einem Teil des Verlustes, der im Eigenkapital erfaßt ist, keine künftigen Erträge gegenüberstehen, ist dieser Verlust oder Teil des Verlustes erfolgswirksam aufzulösen.
– Die gemäß IAS 39.95 direkt im Eigenkapital erfaßten Gewinne und Verluste sind auszubuchen und bei der Erstbewertung der Anschaffungskosten oder sonstigen Buchwerte des Vermögenswertes oder der Schuld zu berücksichtigen (IAS 39.98).

Für alle Absicherungen der Mittelzuflüsse und -abflüsse, außer den in IAS 39.97 und 39.98 genannten, sind die im Eigenkapital erfaßten Beträge erfolgswirksam in der Periode oder in den Perioden zu erfassen, in denen das abgesicherte erwartete Geschäft das Ergebnis beeinflußt (z. B. wenn der geplante Verkauf realisiert wird) (IAS 39.100).

Das Unternehmen hat die in IAS 39.95-100 angegebene Bilanzierung von Sicherungsbeziehungen zu beenden, wenn einer der folgenden Sachverhalte eintritt:
– Das Sicherungsinstrument läuft aus, wird veräußert, beendet oder ausgeübt (für diesen Fall wird der Ersatz oder die Weiterführung eines Sicherungsinstruments durch ein anderes Sicherungsinstrument nicht als Auslaufen oder Beendigung angesehen, wenn der Ersatz oder die Weiterführung Teil der dokumentierten Sicherungsstrategie des Unternehmens ist). In diesem Fall hat der kumulierte Gewinn oder Verlust aus dem Sicherungsinstrument, der direkt im Eigenkapital ausgewiesen ist, seitdem die Sicherungsbeziehung wirksam war (siehe IAS 39.95a), als gesonderter Posten im Eigenkapital zu verbleiben, bis das erwartete Geschäft realisiert ist. Wenn das Geschäft realisiert ist, sind die Vorschriften von IAS 39.97, 39.98 und 99.100 anzuwenden.
– Das Sicherungsgeschäft erfüllt nicht mehr die Voraussetzungen für eine Bilanzie-

rung von Sicherungsbeziehungen gemäß IAS 39.88. In diesem Fall hat der kumulierte Gewinn oder Verlust aus dem Sicherungsinstrument, der direkt im Eigenkapital ausgewiesen ist, seitdem die Sicherungsbeziehung wirksam war (siehe IAS 39.95a), als gesonderter Posten im Eigenkapital zu verbleiben, bis das erwartete Geschäft realisiert ist. Wenn das Geschäft realisiert ist, sind die Vorschriften von IAS 39.97, 39.98 und 39.100 anzuwenden.
- Der Eintritt des erwarteten Geschäftes wird nicht mehr erwartet. In diesem Falle ist der kumulierte Gewinn oder Verlust aus dem Sicherungsinstrument, der direkt im Eigenkapital ausgewiesen ist, seitdem die Sicherungsbeziehung wirksam war (siehe IAS 39.95a), erfolgswirksam zu erfassen. Ein erwartetes Geschäft, das nicht mehr als sehr wahrscheinlich gilt (siehe IAS 39.88c), kann trotzdem noch eintreten.
- Das Unternehmen widerruft die Bestimmung. Für die Absicherung eines erwarteten Geschäftes hat der kumulierte Gewinn oder Verlust aus dem Sicherungsinstrument, der direkt im Eigenkapital ausgewiesen ist, seitdem die Sicherungsbeziehung wirksam war (siehe IAS 39.95a), als gesonderter Posten im Eigenkapital zu verbleiben, bis das erwartete Geschäft eintritt oder dessen Eintreten nicht mehr erwartet wird. Wenn das Geschäft eintritt, ist IAS 39.97, 39.98 oder 39.100 anzuwenden. Wenn der Eintritt des Geschäftes nicht mehr erwartet wird, ist der kumulierte Gewinn oder Verlust, der direkt im Eigenkapital ausgewiesen war, erfolgswirksam zu erfassen (IAS 39.101).

Absicherung einer Nettoinvestition
Absicherungen einer Nettoinvestition in einen ausländischen Geschäftsbetrieb (siehe IAS 21) sind in gleicher Weise wie Absicherungen der Mittelzuflüsse und -abflüsse zu erfassen:
- Der Teil des Gewinnes oder Verlustes aus dem Sicherungsinstrument, der als wirksam eingestuft wird (siehe IAS 39.88), ist direkt in der Eigenkapitalveränderungsrechnung auszuweisen (siehe IAS 1) und
- der ineffektive Teil ist erfolgswirksam zu erfassen.

Der Gewinn oder Verlust aus einem Sicherungsinstrument, der dem wirksamen Teil der Sicherungsbeziehung zuzurechnen ist und im Eigenkapital direkt ausgewiesen wurde, ist erfolgswirksam bei der Aufgabe des ausländischen Geschäftsbetriebs zu erfassen (IAS 39.102).

i) Angaben gemäß IAS 32

Der Abschnitt Angaben gemäß IAS 32 wird durch IFRS 7 Finanzinstrumente: Angaben ersetzt. IFRS 7 ist für Geschäftsjahre, die ab 1.1.2007 beginnen, von allen Unternehmen, die Finanzinstrumente halten, anzuwenden. Eine frühere Anwendung wird empfohlen.

j) Angaben gemäß IFRS 7

Ziel

Ziel des IFRS 7 ist es, die Adressaten des Abschlusses über
- die Bedeutung von Finanzinstrumenten für die Finanzlage und den Unternehmenserfolg und
- die Art und den Umfang der Risiken aus den Finanzinstrumenten und die Handhabung dieser Risiken durch das Unternehmen

zu informieren (IFRS 7.1).

Anwendungsbereich

IFRS 7 ist von allen Unternehmen auf sämtliche Arten von Finanzinstrumenten anzuwenden, ausgenommen:
- Anteile an Tochterunternehmen, assoziierten Unternehmen und Gemeinschaftsunternehmen, die gemäß IAS 27, IAS 28 oder IAS 31 bilanziert werden. Für Anteile an Tochterunternehmen, assoziierten Unternehmen und Gemeinschaftsunternehmen, die in Ausnahmefällen nach IAS 39 zu bilanzieren sind, gelten die Angabepflichten gemäß IAS 27, IAS 28 oder IAS 31 zusätzlich zu denen dieses Standards. Dieser Standard ist auch auf alle derivativen Finanzinstrumente für Anteile an Tochterunternehmen, assoziierten Unternehmen oder Gemeinschaftsunternehmen anzuwenden, es sei denn, das derivative Finanzinstrument erfüllt die Definition eines Eigenkapitalinstruments in IAS 32;
- Rechte und Verpflichtungen eines Arbeitgebers aus Versorgungsplänen für Arbeitnehmer, auf die IAS 19 anzuwenden ist,
- Verträge über bedingte Kaufpreiszahlungen bei einem Unternehmenszusammenschluß (siehe IFRS 3): Diese Ausnahme gilt nur für den Erwerber;
- Versicherungsverträge im Sinne von IFRS 4: Für in Versicherungsverträge eingebettete Derivate gilt dieser Standard jedoch, wenn das Unternehmen sie nach IAS 39 getrennt ausweisen muß. Auch auf Finanzgarantien hat ein Emittent diesen Standard anzuwenden, wenn er bei deren Ansatz und Bewertung nach IAS 39 verfährt; entscheidet er sich nach IFRS 4.4d jedoch dafür, bei Ansatz und Bewertung IFRS 4 anzuwenden, so gilt IFRS 4;
- Finanzinstrumente, Verträge und Verpflichtungen im Zusammenhang mit anteilsbasierten Vergütungen, auf die IFRS 2 Anwendung findet. Dies gilt nicht für in den Anwendungsbereich von IAS 39.5-7 fallende Verträge (IFRS 7.3).

Dieser Standard ist für bilanzwirksame und bilanzunwirksame Finanzinstrumente anzuwenden. Bilanzwirksame Finanzinstrumente beinhalten finanzielle Vermögenswerte und finanzielle Schulden gemäß IAS 39. Bilanzunwirksame Finanzinstrumente beinhalten einige Finanzinstrumente, die nicht zum Anwendungsbereich von IAS 39, aber zu diesem Standard gehören (wie z.B. einige Kreditzusagen) (IFRS 7.4).

Dieser Standard gilt für Verträge zum Kauf oder Verkauf eines nicht-finanziellen Postens, der in den Anwendungsbereich von IAS 39 fällt (siehe IAS 39.5-7) (IFRS 7.5).

Klassen (classes) von Finanzinstrumenten
Wenn Angaben je nach Klasse des Finanzinstruments vorgeschrieben sind, dann sind die Finanzinstrumente so in Klassen zusammenzufassen, daß sie der Art der anzugebenden Informationen Rechnung tragen und die Charakteristika dieser Finanzinstrumente berücksichtigen. Die Angaben müssen eine Überleitung auf die Posten der Bilanz ermöglichen (IFRS 7.6).
(In der amtlichen EU-Übersetzung wurde »classes« statt mit »Klassen« mit »Kategorien« übersetzt. Dieser Begriff »Kategorie« (»category«) ist jedoch in IFRS 7 bereits mit einer anderen Bedeutung vergeben.)

Bedeutung von Finanzinstrumenten für die Finanzlage und den Unternehmenserfolg
Es sind die Informationen offenzulegen, die Nutzer des Abschlusses benötigen, um die Bedeutung der Finanzinstrumente für die Finanzlage und den Unternehmenserfolg bewerten zu können (IFRS 7.7).

Angaben zur Bilanz
Die Buchwerte für jede Kategorie der folgenden in IAS 39 definierten finanziellen Vermögenswerte und finanziellen Schulden sind entweder in der Bilanz oder im Anhang anzugeben:
- erfolgswirksam zum beizulegenden Zeitwert bewertete Vermögenswerte, getrennt nach
  - beim erstmaligen Ansatz erfolgswirksam zum beizulegenden Zeitwert bewertete Vermögenswerte und
  - zu Handelszwecken gehaltene finanzielle Vermögenswerte,
- bis zur Endfälligkeit zu haltende Finanzinvestitionen,
- Kredite und Forderungen,
- zur Veräußerung verfügbare finanzielle Vermögenswerte,
- erfolgswirksam zum beizulegenden Zeitwert bewertete finanzielle Schulden, getrennt nach
  - beim erstmaligen Ansatz erfolgswirksam zum beizulegenden Zeitwert bewertete Schulden und
  - zu Handelszwecken gehaltene finanzielle Schulden,
- zu fortgeführten Anschaffungskosten bewertete Schulden (IFRS 7.8).

Für erfolgswirksam zum beizulegenden Zeitwert bewertete Kredite und Forderungen sind folgende Angaben zu machen:
- das maximale Kreditrisiko,
- die Minderung des Kreditrisikos durch Kreditderivate o.ä.
- die Änderung des beizulegenden Zeitwertes der Kredite bzw. Forderungen durch Änderung des Kreditrisikos während des Berichtszeitraumes und kumulativ,
- die Änderung des beizulegenden Zeitwertes der Kreditderivate o.ä. während des Berichtszeitraumes und kumulativ (IFRS 7.9).

Für erfolgswirksam zum beizulegenden Zeitwert bewertete Schulden sind folgende Angaben zu machen:
- die Änderung des beizulegenden Zeitwertes der finanziellen Schulden, die auf Änderungen der Bonität zurückzuführen ist, während des Berichtszeitraumes und kumulativ,

- der Unterschiedsbetrag zwischen dem Buchwert der finanziellen Schulden und dem Rückzahlungsbetrag (IFRS 7.10).

Die Methoden der Ermittlung des beizulegenden Zeitwertes der Kredite und Forderungen sowie finanziellen Schulden sind ebenfalls anzugeben (IFRS 7.11).

Bei der Neueinstufung eines finanziellen Vermögenswertes (von der Bewertung zum beizulegenden Zeitwert zur Bewertung zu Anschaffungskosten oder fortgeführten Anschaffungskosten bzw. umgekehrt) sind der Betrag und der Grund der Neueinstufung anzugeben (IFRS 7.12).

Bei übertragenen, aber nicht ausgebuchten Vermögenswerten sind folgende Angaben zu machen:
- Art der Vermögenswerte,
- Art der verbleibenden Risiken und Chancen,
- Buchwerte der Vermögenswerte und der damit verbundenen Schulden,
- bei Teilabgängen (siehe IAS 39.15H) der Gesamtbetrag der ursprünglichen Vermögenswerte und der weiterhin in der Bilanz erfaßte Teil der Vermögenswerte und der damit verbundenen Schulden (IFRS 7.13).

Es sind die Buchwerte der finanziellen Vermögenswerte, die als Sicherheit für Schulden und Eventualschulden gestellt werden, sowie die dazugehörigen vertraglichen Vereinbarungen anzugeben (IFRS 7.14). Es sind der beizulegende Zeitwert der gehaltenen Sicherheiten und der verwerteten Sicherheiten (mit Angabe der Rückübertragungsverpflichtungen), die das Unternehmen ohne Ausfall des Kreditnehmers verwerten darf, sowie die dazugehörigen vertraglichen Vereinbarungen anzugeben (IFRS 7.15).

Sofern keine Direktabschreibungen für Kreditausfälle gemacht werden, ist die Änderung der Wertberichtigung während der Periode für jede Klasse der finanziellen Vermögenswerte darzustellen (IFRS 7.16).

Ausgegebene Finanzinstrumente, die sowohl Fremdkapital- als auch Eigenkapitalbestandteile enthalten und die mehrfache eingebettete Derivate haben, deren Werte voneinander abhängen, sind zu beschreiben (IFRS 7.17).

Bei erhaltenen Krediten sind Angaben über Zahlungsverzug und Vertragsverletzungen während der Berichtsperiode, den Buchwert zum Abschlußstichtag und ob der Zahlungsverzug behoben wurde und ob die Bedingungen für die erhaltenen Kredite vor der Freigabe des Abschlusses neu verhandelt wurden, zu machen (IFRS 7.18-19).

Angaben zur Gewinn- und Verlustrechnung und zum Eigenkapital
Es sind folgende Angaben zu machen:
- Nettogewinne oder -verluste aus
  - erfolgswirksam zum beizulegenden Zeitwert bewerteten finanziellen Vermögenswerten oder finanziellen Schulden getrennt nach beim erstmaligen Ansatz erfolgswirksam zum beizulegenden Zeitwert bewerteten Vermögenswerten und Schulden und zu Handelszwecken gehaltenen finanziellen Vermögenswerten und Schulden,

- zur Veräußerung verfügbaren finanziellen Vermögenswerten, wobei gesondert der direkt im Eigenkapital erfaßte Gewinn oder Verlust sowie der Betrag, der vom Eigenkapital in die Gewinn- und Verlustrechnung umgebucht wurde, auszuweisen sind,
- bis zur Endfälligkeit zu haltenden Finanzinvestitionen,
- Krediten und Forderungen,
- zum fortgeführten Anschaffungswert bewerteten Schulden,
– gesamte Zinserträge und Zinsaufwendungen (berechnet nach der Effektivzinsmethode) aus finanziellen Vermögenswerten und finanziellen Schulden, die nicht erfolgswirksam zum beizulegenden Zeitwert bewertet wurden,
– Erträge und Aufwendungen aus
- finanziellen Vermögenswerten und finanziellen Schulden, die nicht als erfolgswirksam zum beizulegenden Zeitwert zu bewerten eingestuft wurden, und
- treuhänderischen Tätigkeiten,
– Zinserträge für wertberichtigte finanzielle Vermögenswerte,
– Wertberichtigungen für jede Kategorie von finanziellen Vermögenswerten (IFRS 7.20).

Sonstige Angaben
Die für das Verständnis des Abschlusses wichtigen Bilanzierungs- und Bewertungsmethoden sind im Anhang zu beschreiben (IFRS 7.21).
Einzelheiten sind in IFRS 7 Anhang B Anwendungsleitlinien B5 beschrieben. Wesentliche Bedeutung haben die folgenden Angabepflichten:
– die Art der finanziellen Vermögenswerte oder der finanziellen Schulden, die als erfolgswirksam zum beizulegenden Zeitwert zu bewerten eingestuft wurden,
– die Kriterien für die Einstufung dieser finanziellen Vermögenswerte oder finanziellen Schulden bei der erstmaligen Erfassung,
– auf welche Weise das Unternehmen die Kriterien in IAS 39.9, IAS 39.11 oder 39.12 für diese Einstufung erfüllt hat (IFRS 7B5a),
– die Kriterien für die Einstufung finanzieller Vermögenswerte als zur Veräußerung verfügbare finanzielle Vermögenswerte (IFRS 7B5b),
– ob marktübliche Käufe oder Verkäufe von finanziellen Vermögenswerten (siehe IAS 39.38) zum Handelstag oder zum Erfüllungstag gebucht werden (IFRS 7B5c),
– Kriterien für die Beurteilung der Wertminderung (IFRS 7B5d).

Für jede Art der in IAS 39 beschriebenen Sicherungsgeschäfte (Sicherungsgeschäfte zum beizulegenden Zeitwert, Absicherung des Cash-flows, Absicherung von Nettoinvestitionen in ausländische Geschäftsbetriebe) sind folgende Angaben zu machen:
– Beschreibung der Art der Sicherungsgeschäfte,
– Beschreibung der Finanzinstrumente, die als Sicherungsinstrumente eingestuft wurden und ihrer beizulegenden Zeitwerte zum Abschlußstichtag,
– die Art der abgesicherten Risiken (IFRS 7.22).

Bei Absicherungen des Cash-flows sind folgende Angaben zu machen:
– in welchen Berichtszeiträumen mit den Cash-flows zu rechnen ist und wann sie sich in der Gewinn- und Verlustrechnung auswirken,
– Beschreibung früher gesicherter erwarteter künftiger Transaktionen, mit deren Eintritt nicht mehr zu rechnen ist,

- Betrag, der in der Berichtsperiode direkt im Eigenkapital erfaßt wurde,
- Betrag, der aus dem Eigenkapital in die Gewinn- und Verlustrechnung umgebucht wurde, getrennt nach den einzelnen Posten der Gewinn- und Verlustrechnung,
- Betrag, der aus dem Eigenkapital entnommen und in die Anschaffungskosten oder in einen sonstigen Buchwert eines nicht-finanziellen Vermögenswertes oder einer nicht-finanziellen Schuld einbezogen wurde, wobei es sich bei deren Erwerb oder dessen Eintreten um eine gesicherte Transaktion handelt, die mit hoher Wahrscheinlichkeit prognostiziert wurde (IFRS 7.23). Für Sicherungsgeschäfte zum beizulegenden Zeitwert sind Gewinne oder Verluste aus den Sicherungsinstrumenten und aus den Grundgeschäften sowie die in der Gewinn- und Verlustrechnung erfaßten Ineffektivitäten aus Cash-flow-Absicherungen und Absicherungen von Nettoinvestitionen in ausländische Geschäftsbetriebe anzugeben (IFRS 7.24).

Für jede Klasse von finanziellen Vermögenswerten und finanziellen Schulden ist der beizulegende Zeitwert so anzugeben, daß er mit den Buchwerten verglichen werden kann (IFRS 7.25).

Eine Saldierung der beizulegenden Zeitwerte ist nur in dem Umfang zulässig, wie auch eine Saldierung der Buchwerte in der Bilanz erfolgt (IFRS 7.26).

Es sind folgende Angaben zu den beizulegenden Zeitwerten zu machen:
- für jede Klasse von finanziellen Vermögenswerten und finanziellen Schulden die jeweils angewandte Methode zur Ermittlung der beizulegenden Zeitwerte und ggf. die Annahmen,
- ob die beizulegenden Zeitwerte ganz oder teilweise direkt unter Verwendung von veröffentlichten Kursen auf aktiven Märkten ermittelt oder unter Verwendung von Bewertungsverfahren geschätzt wurden,
- bei Verwendung von Bewertungsverfahren sind, wenn die Annahmen weder aus Markttransaktionen mit dem gleichen Instrument abgeleitet wurden noch auf öffentlich verfügbaren Marktdaten basieren, weitere Informationen zu geben (IFRS 7.27).

Falls kein aktiver Markt existiert und zum Zeitpunkt des erstmaligen Ansatzes der beizulegende Zeitwert auf Basis des Transaktionspreises (d.h. Wert der Gegenleistung) und der zu diesem Zeitpunkt unter Anwendung eines Bewertungsverfahrens ermittelte Wert nicht identisch sind, sind für jede Klasse von Finanzinstrumenten zusätzliche Angaben zu machen (IFRS 7.28).

Angaben zum beizulegenden Zeitwert sind in folgenden Fällen nicht erforderlich:
- wenn der Buchwert dem beizulegenden Zeitwert annähernd entspricht (z.B. bei kurzfristigen Forderungen oder Verbindlichkeiten aus Lieferungen und Leistungen),
- bei nicht am Kapitalmarkt notierten Eigenkapitalinstrumenten und damit verbundenen Derivaten, die gemäß IAS 39 zu Anschaffungskosten bewertet werden, weil ihr beizulegender Zeitwert nicht verläßlich bestimmt werden kann,
- wenn der beizulegende Zeitwert eines Vertrages, der eine ermessensabhängige Überschußbeteiligung enthält (wie in IFRS 4 beschrieben), nicht verläßlich ermittelt werden kann (IFRS 7.29).

In den beiden in IFRS 7.29 zuletzt genannten Fällen sind anzugeben:
- die Tatsache, daß die Informationen zum beizulegenden Zeitwert nicht angegeben wurden, weil er nicht verläßlich ermittelt werden kann,
- eine Beschreibung der Finanzinstrumente, deren Buchwert und eine Erklärung, warum der beizulegende Zeitwert nicht verläßlich ermittelt werden kann,
- Informationen über den Markt für diese Finanzinstrumente,
- Informationen, ob und wie die Finanzinstrumente veräußert werden sollen,
- bei Ausbuchung von Finanzinstrumenten, deren beizulegender Zeitwert nicht verläßlich ermittelt werden konnte, der Buchwert zum Zeitpunkt der Ausbuchung und der erfaßte Gewinn oder Verlust (IFRS 7.30).

Art und Umfang von Risiken, die sich aus Finanzinstrumenten ergeben
Es sind Angaben zum machen, die es den Adressaten des Abschlusses ermöglichen, Art und Umfang der aus Finanzinstrumenten resultierenden Risiken zu beurteilen, denen das Unternehmen zum Abschlußstichtag ausgesetzt war (IFRS 7.31). Hierzu zählen typische Risiken wie das Kreditrisiko, das Liquiditätsrisiko und das Marktpreisrisiko, ohne auf diese beschränkt zu sein (IFRS 7.32).

Qualitative Angaben
Für jedes aus der Verwendung von Finanzinstrumenten resultierende Risiko sind folgende Angaben zu machen:
- die Risiken und die Art ihrer Entstehung,
- die Ziele, Strategien und Verfahren des Risikomanagements und die Methoden der Risikomessung,
- Änderungen bei den vorstehenden Sachverhalten gegenüber der vorangegangenen Berichtsperiode (IFRS 7.33).

Quantitative Angaben
Für jede aus der Verwendung von Finanzinstrumenten resultierende Risikoart sind folgende Angaben zu machen:
- quantitative Angaben der Risiken zum Abschlußstichtag, wie sie im Rahmen des Managementinformationssystems des Unternehmens erfaßt werden,
- Angaben zu Risikokonzentrationen (IFRS 7.34),
- zusätzliche Informationen, wenn die zum Abschlußstichtag angegebenen Daten nicht repräsentativ für die Berichtsperiode sind (IFRS 7.35).

Für jede Klasse von Finanzinstrumenten sind anzugeben:
- das maximale Kreditrisiko am Abschlußstichtag ohne Abzug von Sicherheiten,
- Beschreibung der erhaltenen Sicherheiten (nicht wie es im amtlichen EU-Text heißt »der als ein Wertpapier gehaltenen Sicherheit«) und sonstiger risikomindernder Vereinbarungen,
- Informationen über die Bonität der finanziellen Vermögenswerte, die weder überfällig noch wertgemindert sind,
- Buchwert der finanziellen Vermögenswerte, deren Konditionen neu ausgehandelt wurden, da sie ansonsten überfällig oder wertgemindert gewesen wären (IFRS 7.36),
- eine Analyse der Altersstruktur der finanziellen Vermögenswerte, die zum Abschlußstichtag überfällig, aber nicht wertgemindert waren,

- eine Analyse der finanziellen Vermögenswerte, die zum Abschlußstichtag einzeln wertberichtigt wurden und welche Kriterien dabei berücksichtigt wurden,
- eine Beschreibung der erhaltenen Sicherheiten für die beiden vorgenannten Fälle (IFRS 7.37).

Für in Anspruch genommene Sicherheiten sind die Art und der Buchwert der erworbenen Vermögenswerte sowie ihre Verwertbarkeit anzugeben (IFRS 7.38).

Für die finanziellen Schulden ist eine Fälligkeitsanalyse auf Basis der vereinbarten Restlaufzeiten und eine Beschreibung der Steuerung des Liquiditätsrisikos anzugeben (IFRS 7.39).

Es ist eine Sensitivitätsanalyse für jede Art von Marktpreisrisiko (Zinsänderungsrisiko, Währungsrisiko, andere Preisrisiken), dem das Unternehmen zum Abschlußstichtag ausgesetzt ist, darzustellen. Darin ist zu zeigen, wie der Gewinn bzw. Verlust und das Eigenkapital durch mögliche Änderungen der relevanten Risikovariablen beeinflußt worden wären. Es sind die bei der Analyse angewandten Methoden und zugrunde gelegten Annahmen sowie die Änderungen gegenüber früheren Berichtsperioden hinsichtlich der angewandten Methoden und zugrunde gelegten Annahmen sowie die Gründe für diese Änderungen anzugeben (IFRS 7.40). Alternativ für die in IFRS 7.40 beschriebene Sensitivitätsanalyse können auch Risikoinformationen auf Basis einer Value-at-Risk-Methode dargestellt werden, wenn diese Methode auch zur Risikosteuerung verwandt wird. In diesem Fall ist die angewandte Methode zu erläutern und die wichtigsten Parameter und Annahmen sind anzugeben. Außerdem sind das Ziel der angewandten Methode und die Einschränkungen, die möglicherweise dazu führen können, daß die Informationen den beizulegenden Zeitwert der einbezogenen Vermögenswerte und Schulden nicht angemessen widerspiegeln, anzugeben (IFRS 7.41).

Wenn die nach IFRS 7.40 oder 7.41 dargestellten Sensitivitätsanalysen das Risiko nicht repräsentativ darstellen (da z.B. das Risiko zum Abschlußstichtag nicht dem Risiko während des Geschäftsjahres entspricht), dann ist das anzugeben und zu begründen (IFRS 7.42).

k) Übergangsvorschriften IAS 39

Wenn dieser Standard zum ersten Mal angewandt wird, kann das Unternehmen einen vorher erfaßten finanziellen Vermögenswert als zur Veräußerung verfügbar zuordnen. Für einen finanziellen Vermögenswert, der der Kategorie zur Veräußerung verfügbar zugeordnet wird, hat das Unternehmen alle kumulierten Änderungen des beizulegenden Zeitwertes als getrennten Posten im Eigenkapital zu erfassen bis zur späteren Ausbuchung oder Wertminderung, wenn das Unternehmen den kumulierten Gewinn oder Verlust erfolgswirksam erfassen muß. Außerdem hat das Unternehmen
- den finanziellen Vermögenswert gemäß der neuen Zuordnung neu zu bewerten und
- den beizulegenden Zeitwert der finanziellen Vermögenswerte sowie die Klassifizierung und den Buchwert in den früheren Jahresabschlüssen anzugeben (IAS 39.105).

IV. Inhalt, Ausweis und Bilanzierungs- und Bewertungsgrundsätze einzelner Posten der Gewinn- und Verlustrechnung sowie der dazugehörigen Angaben

1. Ansatz und Realisierung von Erträgen

a) Definitionen

Ertrag (revenue) ist der aus der gewöhnlichen Geschäftstätigkeit resultierende Bruttozufluß wirtschaftlichen Nutzens während der Berichtsperiode, der zu einer Erhöhung des Eigenkapitals führt, soweit er nicht aus Einlagen der Anteilseigner stammt. (Anmerkung: Es handelt sich somit nur um Erträge mit Erlöscharakter und nicht um Erträge aus Wertsteigerungen, jedoch auch um Erträge, die nach HGB unter sonstige betriebliche Erträge fallen.)

Der beizulegende Zeitwert ist der Betrag, zu dem zwischen sachkundigen, vertragswilligen und voneinander unabhängigen (in an arm's length) Geschäftspartnern ein Vermögenswert getauscht oder eine Schuld beglichen werden könnte (IAS 18.7).

b) Bemessung der Erträge

Erträge sind mit dem beizulegenden Zeitwert der erhaltenen oder zu beanspruchenden Gegenleistung zu bemessen (IAS 18.9).
Falls längerfristige Zahlungsziele vereinbart werden, ist ein Teil der Erträge als Zinserträge zu erfassen (IAS 18.11).
Der Tausch oder Swap von gleichartigen und gleichwertigen Erzeugnissen, Waren oder Dienstleistungen führt nicht zu Erträgen (IAS 18.12).
Einzelne Geschäftsvorfälle sind ggf. entsprechend ihrem wirtschaftlichen Gehalt aufzusplitten oder zusammenzufassen, wie z.B. im Verkaufspreis enthaltene in folgenden Perioden zu erbringende Serviceleistungen, Rückkaufverpflichtungen (IAS 18.13).
Der Anhang des IAS 18 enthält eine Reihe von Beispielen für die Erfassung von Erträgen.

c) Verkauf von Waren und Erzeugnissen

Erlöse aus dem Verkauf von Waren und Erzeugnissen sind zu erfassen, wenn alle folgenden Bedingungen erfüllt sind:
- das Unternehmen hat die mit dem Eigentum der verkauften Waren und Erzeugnisse verbundenen wesentlichen Risiken und Chancen (significant risks and rewards of ownership) auf den Käufer übertragen,
- dem Unternehmen verbleibt weder ein weiter bestehendes Verfügungsrecht, wie es

gewöhnlich mit dem Eigentum verbunden ist, noch die tatsächliche Verfügungsmacht über die verkauften Waren und Erzeugnisse,
- die Höhe der Erträge kann verläßlich ermittelt werden,
- es ist wahrscheinlich, daß dem Unternehmen der wirtschaftliche Nutzen aus dem Verkauf zufließen wird, und
- die im Zusammenhang mit dem Verkauf angefallenen oder noch anfallenden Kosten können verläßlich ermittelt werden (IAS 18.14).

Wann die wesentlichen Risiken und Chancen auf den Käufer übergegangen sind, hängt von den Umständen der jeweiligen Transaktion ab. In der Regel fällt der Übergang von Risiken und Chancen mit der Übertragung des rechtlichen Eigentums oder mit dem Übergang des tatsächlichen Besitzes auf den Käufer zusammen (IAS 18.15). Verbleiben noch bedeutende Risiken bei dem Unternehmen (z.B. Verpflichtung zu wesentlicher Nachleistung, Abhängigkeit vom Weiterverkauf durch den Käufer, Verpflichtung zu wesentlichen Montageleistungen, Rücktrittsrecht des Käufers vom Kaufvertrag), so darf keine Gewinnrealisierung erfolgen (IAS 18.16). Eigentumsvorbehalte zur Kreditsicherung und Rücknahmegarantien im Einzelhandel, falls die Höhe der Rücknahmen verläßlich geschätzt werden kann und dafür eine entsprechende Rückstellung gebildet wurde, behindern nicht die Realisierung von Umsatzerlösen (IAS 18.17).
Uneinbringliche Forderungen sind als Aufwand und nicht als Korrektur von Erlösen zu behandeln (IAS 18.18).

d) Erbringung von Dienstleistungen

Wenn das Ergebnis eines Dienstleistungsgeschäftes verläßlich geschätzt werden kann, hat die Ertragsrealisierung nach dem Grad der Fertigstellung zu erfolgen (IAS 18.20). Die Anforderungen von IAS 11 Fertigungsaufträge sind gemäß IAS 18.21 im allgemeinen auch auf die Behandlung von Dienstleistungen anzuwenden (siehe Abschnitt B.III.5).
Wenn keine verläßliche Schätzung möglich ist, kann ein Erlös nur bis zur Höhe des abrechenbaren Aufwandes realisiert werden (IAS 18.26).

e) Zinsen, Lizenzerträge und Dividenden

Für die Realisierung von Zinsen, Lizenzerträgen und Dividenden gilt folgendes:
- Zinsen sind zeitanteilig unter Verwendung des Effektivzinssatzes des Vermögenswertes zu erfassen,
- Lizenzerträge sind periodengerecht entsprechend den materiellen Vertragsvereinbarungen zu erfassen,
- Dividenden sind dann zu erfassen, wenn der Anspruch des Aktionärs auf Zahlung feststeht (IAS 18.30).

Voraussetzung für die Realisierung von Zinsen, Lizenzerträgen und Dividenden ist, daß

- es wahrscheinlich ist, daß der wirtschaftliche Nutzen aus dem Geschäft dem Unternehmen zufließen wird, und
- die Höhe des Ertrages verläßlich ermittelt werden kann (IAS 18.29).

f) Angaben

Es sind anzugeben:
- die angewendeten Bilanzierungs- und Bewertungsmethoden für die Ermittlung der ausgewiesenen Erträge und die angewendeten Methoden zur Bestimmung des Grades der Fertigstellung bei Dienstleistungen,
- die Höhe jeder wesentlichen (significant) in der Berichtperiode realisierten Ertragsart (Verkauf von Waren und Erzeugnissen, Erbringung von Dienstleistungen, Zinsen, Lizenzerträge und Dividenden) und
- die Höhe der Erträge aus Tauschgeschäften mit Waren oder Dienstleistungen, die in jeder wesentlichen Ertragsart enthalten sind (IAS 18.35).

Vorgesehene Änderungen

Das Thema ist Teil des langfristigen Konvergenzprojektes des IASB mit dem FASB. Es soll ein neuer Standard erarbeitet werden. In absehbarer Zeit wird ein Diskussionspapier erwartet. Mit einem Exposure Draft dürfte erst 2008 zu rechnen sein.

2. Zuwendungen der öffentlichen Hand

a) Erfolgswirksame Buchung von Zuwendungen der öffentlichen Hand

Zuwendungen der öffentlichen Hand, einschließlich des beizulegenden Zeitwertes der nicht finanziellen Zuwendungen (government grants, including non-monetary grants at fair value), dürfen im Abschluß erst dann erfaßt werden, wenn hinreichend sicher ist, daß
- das Unternehmen die damit verbundenen Auflagen erfüllt und
- die Zuwendungen auch gewährt werden (IAS 20.7).

Zuwendungen müssen in den Perioden erfolgswirksam verbucht werden, in denen die entsprechenden Aufwendungen anfallen. Sie dürfen nicht direkt mit dem Eigenkapital verrechnet werden (IAS 20.12).
Zuwendungen, die als Ersatz für bereits angefallene Aufwendungen oder Verluste sowie Zuwendungen, die als finanzielle Soforthilfe an das Unternehmen gegeben werden und keine Beziehung mit in Zukunft anfallenden Kosten haben, sind in der Periode, in der der Anspruch entstanden ist, erfolgswirksam zu verbuchen (IAS 20.20).

Beihilfen der öffentlichen Hand ohne eine spezielle Beziehung zu der Geschäftstätigkeit

Beihilfen der öffentlichen Hand an Unternehmen lassen sich als Zuwendungen der öffentlichen Hand in IAS 20 definieren, auch wenn es keine speziellen Bedingungen im Zusammenhang mit der Tätigkeit des Unternehmens gibt, als nur die Forderung, in bestimmten Gebieten oder Industrien tätig zu werden. Sie dürfen deshalb nicht direkt mit dem Eigenkapital verrechnet werden (SIC-10.3).

b) Investitionszuschüsse

Zuwendungen im Zusammenhang mit dem Erwerb oder der Herstellung eines Vermögenswertes (grants related to assets, including non-monetary grants at fair value) sind in der Bilanz entweder als passiver Abgrenzungsposten auszuweisen oder von dem Vermögenswert zu kürzen (IAS 20.24). Der passive Abgrenzungsposten ist während der Nutzungsdauer des Vermögenswertes planmäßig als Ertrag zu erfassen (IAS 20.27).

c) Aufwandszuschüsse

Aufwandszuschüsse (grants related to income) sind entweder gesondert oder als sonstige Erträge (other income) auszuweisen. Alternativ ist auch eine Verrechnung mit den entsprechenden Aufwendungen zulässig (IAS 20.29).

d) Rückzahlung von Zuwendungen der öffentlichen Hand

Falls Zuwendungen zurückzuzahlen sind, handelt es sich um eine Änderung einer Schätzung (siehe IAS 8). Bei der Rückzahlung von Aufwandszuschüssen ist zunächst der noch nicht genutzte entsprechende Abgrenzungsposten zu kürzen. Falls die Rückzahlung die Abgrenzung übersteigt oder kein Abgrenzungsposten vorhanden ist, ist dieser Betrag sofort als Aufwand zu behandeln. Bei der Rückzahlung von Investitionszuschüssen ist entweder der Buchwert des Vermögenswertes um den zurückzuzahlenden Betrag zu erhöhen oder der passive Abgrenzungsposten entsprechend zu kürzen. Die kumulierten zusätzlichen Abschreibungen, die angefallen wären, wenn eine Zuwendung nicht gezahlt worden wäre, sind sofort nachzuholen (IAS 20.32).

e) Angaben

Folgende Angaben sind zu machen:
- die für die Zuwendungen angewendete Bilanzierungs- und Bewertungsmethode und die Art der Darstellung im Abschluß,
- die Art und der Umfang der im Abschluß enthaltenen Zuwendungen sowie ein Hinweis auf andere Formen von Beihilfen seitens der öffentlichen Hand, von denen das Unternehmen unmittelbar profitiert hat, und

– noch nicht erfüllte Auflagen und andere Erfolgsunsicherheiten, die sich auf im Abschluß erfaßte Beihilfen der öffentlichen Hand beziehen (IAS 20.39).

f) Übergangsvorschriften

Bei erstmaliger Anwendung von IAS 20 hat das Unternehmen
– die Angabepflichten zu beachten, wo dies angemessen ist,
– und
  - seine Abschlüsse wegen der Änderung der Bilanzierungs- und Bewertungsmethoden entsprechend IAS 8 anzupassen oder
  - die Ausweis- und Bewertungsvorschriften nur auf solche Zuwendungen oder Teile davon anzuwenden, für die erst nach Inkrafttreten des Standards ein Anspruch oder eine Rückzahlungspflicht entstanden ist (IAS 20.40).

Vorgesehene Änderungen

Das Thema ist Teil des kurzfristigen Konvergenzprojektes des IASB mit dem FASB. Das Projekt wurde aufgeschoben.

3. Forschungs- und Entwicklungskosten

Die Vorschriften über die Forschungs- und Entwicklungskosten werden in Abschnitt B.III.1c Selbst geschaffene immaterielle Vermögenswerte behandelt.

4. Abschreibungen

Die Vorschriften über planmäßige Abschreibungen sind unter den einzelnen Posten des Anlagevermögens behandelt.
Die folgenden Ausführungen betreffen nur die außerplanmäßigen Abschreibungen für Verluste aus Wertminderungen von Vermögenswerten. Die Regelung der außerplanmäßigen Abschreibungen ist in IAS 36 enthalten.

a) Anwendungsbereich

IAS 36 ist anzuwenden auf alle Vermögenswerte, außer auf
– Vorräte (siehe IAS 2),
– Vermögenswerte, die aus langfristigen Fertigungsaufträgen entstehen (siehe IAS 11),
– aktive latente Steuern (siehe IAS 12),
– Vermögenswerte, die aus Leistungen an Arbeitnehmer entstehen (siehe IAS 19),

- finanzielle Vermögenswerte, die in IAS 39 behandelt werden,
- als Finanzinvestition gehaltene Immobilien, die zum beizulegenden Zeitwert bewertet werden (siehe IAS 40),
- biologische Vermögenswerte aus landwirtschaftlicher Tätigkeit, die zum beizulegenden Zeitwert abzüglich geschätzter Verkaufskosten bewertet werden (siehe IAS 41),
- abgegrenzte Akquisitionskosten und immaterielle Vermögenswerte aus Versicherungsverträgen, die in IFRS 4 behandelt werden,
- zur Veräußerung gehaltene langfristige Vermögenswerte gemäß IFRS 5 (IAS 36.2).

IAS 36 ist bei Tochterunternehmen (IAS 27), assoziierten Unternehmen (IAS 28) und Gemeinschaftsunternehmen (IAS 31) anzuwenden. Bei Wertverlusten anderer finanzieller Vermögenswerte ist IAS 39 zu berücksichtigen (IAS 36.4).

b) Definitionen

Ein aktiver Markt ist ein Markt, der die folgenden Bedingungen erfüllt:
- die auf dem Markt gehandelten Waren sind homogen,
- vertragswillige Käufer und Verkäufer können in der Regel jederzeit gefunden werden,
- die Preise sind der Öffentlichkeit zugänglich.

Der erzielbare Betrag ist der höhere Betrag, der entweder durch Veräußerung (Nettoveräußerungspreis) oder durch weitere Nutzung (Nutzungswert) eines Vermögenswertes erzielt werden kann.

Der Nutzungswert ist der Barwert der erwarteten künftigen Einnahmenüberschüsse aus einem Vermögenswert oder einer Einnahmenüberschüsse generierenden Sachgesamtheit

Der Nettoveräußerungspreis (fair value less costs to sell) ist der Betrag, der durch den Verkauf eines Vermögenswertes oder einer Einnahmenüberschüsse generierenden Sachgesamtheit zwischen sachverständigen, vertragswilligen und voneinander unabhängigen Geschäftspartnern nach Abzug der dem Verkauf direkt zurechenbaren Kosten erzielt werden könnte.

Der Verlust aus Wertminderung ist der Betrag, um den der Buchwert eines Vermögenswertes oder einer Einnahmenüberschüsse generierenden Sachgesamtheit den erzielbaren Betrag übersteigt.

Eine Einnahmenüberschüsse generierende Sachgesamtheit ist die kleinste identifizierbare Gruppe von Vermögenswerten, die Mittelzuflüsse generiert, die weitestgehend unabhängig von den Mittelzuflüssen anderer Vermögenswerte sind.

Gemeinschaftliche Vermögenswerte (corporate assets), d.h. Vermögenswerte der Konzern- oder Geschäftsbereichszentrale, sind Vermögenswerte (mit Ausnahme von

Geschäfts- oder Firmenwerten), die zu den künftigen Mittelzuflüssen sowohl einer bestimmten Einnahmenüberschüsse generierenden Sachgesamtheit als auch zu denen anderer Sachgesamtheiten beitragen (IAS 36.6).

c) Identifizierung eines Vermögenswertes, der wertgemindert sein könnte

An jedem Bilanzstichtag ist zu prüfen, ob ein Anhaltspunkt dafür vorliegt, daß ein Vermögenswert wertgemindert sein könnte. Wenn dies der Fall ist, ist der erzielbare Betrag zu schätzen (IAS 36.9).
Unabhängig davon, ob ein Hinweis auf eine Wertminderung vorliegt, ist bei
- einem immateriellen Vermögenswert mit unbestimmbarer Nutzungsdauer oder einem immateriellen Vermögenswert, der noch nicht zur Nutzung zur Verfügung steht, jährlich ein Werthaltigkeitstest durch Vergleich des Buchwertes mit dem erzielbaren Betrag vorzunehmen. Dieser Werthaltigkeitstest kann zu jedem Zeitpunkt im Jahr vorgenommen werden, er hat jedoch jedes Jahr zum gleichen Zeitpunkt zu erfolgen. Für unterschiedliche immaterielle Vermögenswerte können die Werthaltigkeitstests zu unterschiedlichen Zeitpunkten durchgeführt werden. Wurde ein solcher immaterieller Vermögenswert jedoch erstmals in der aktuellen Berichtsperiode angesetzt, so ist für diesen immateriellen Vermögenswert der erste Werthaltigkeitstest vor Ablauf der aktuellen Berichtsperiode vorzunehmen;
- Geschäfts- oder Firmenwerten aus Unternehmenszusammenschlüssen jährlich ein Werthaltigkeitstest gemäß IAS 38.80-99 vorzunehmen (IAS 36.10).

Folgende Anhaltspunkte sind bei der Beurteilung, ob eine Wertminderung vorliegen könnte, auf jeden Fall zu berücksichtigen:
- Externe Informationsquellen
  - der Marktwert eines Vermögenswertes ist in der Berichtsperiode erheblich stärker gesunken, als dies durch den Zeitablauf oder die gewöhnliche Nutzung zu erwarten wäre,
  - in dem technischen, marktbezogenen, wirtschaftlichen oder rechtlichen Umfeld des Unternehmens oder dem Markt, für den der Vermögenswert bestimmt ist, sind wesentliche nachteilige Veränderungen eingetreten oder sind in naher Zukunft zu erwarten,
  - die Marktzinssätze oder andere Marktrenditen sind in der Berichtsperiode gestiegen, und diese Erhöhungen werden sich wahrscheinlich auf den Abzinsungssatz, der für die Berechnung des Nutzungswertes angewandt wird, auswirken und den erzielbaren Betrag des Vermögenswertes wesentlich vermindern,
  - der Buchwert des Reinvermögens des Unternehmens ist höher als seine Marktkapitalisierung;
- Interne Informationsquellen
  - es liegen Anhaltspunkte für eine Überalterung oder eine Beschädigung eines Vermögenswertes vor,
  - während der Berichtsperiode sind wesentliche nachteilige Veränderungen in dem Umfang oder der Art, wie der Vermögenswert genutzt wird, aufgetreten oder werden in naher Zukunft erwartet; hierzu zählen Stillegung einer Maschine sowie geplante Betriebsstillegungen oder Restrukturierungen des Bereiches, in

dem der Vermögenswert eingesetzt wird, oder Planungen für den Abgang eines Vermögenswertes vor dem ursprünglich erwarteten Zeitpunkt sowie die Einstufung eines Vermögenswertes mit unbestimmbarer Nutzungsdauer in begrenzte Nutzungsdauer,
- das interne Berichtswesen liefert Anhaltspunkte dafür, daß die wirtschaftliche Leistungsfähigkeit eines Vermögenswertes unter den Erwartungen liegt (IAS 36.12).

d) Bewertung des erzielbaren Betrages

Falls es nicht möglich ist, den Nettoveräußerungspreis zu bestimmen, kann der erzielbare Betrag mit seinem Nutzungswert gleichgesetzt werden (IAS 36.20).
Wenn es nicht möglich ist, einen einzelnen Vermögenswert einem Mittelzufluß zuzuordnen, ist der erzielbare Betrag für die Einnahmenüberschüsse generierende Sachgesamtheit zu bestimmen, zu der der Vermögenswert gehört (IAS 36.22).

Nettoveräußerungspreis
Der beste Anhaltspunkt für den Nettoveräußerungspreis eines Vermögenswertes ist der in einem verbindlichen Kaufvertrag zwischen unabhängigen Geschäftspartnern vereinbarte Preis nach Abzug der dem Verkauf direkt zurechenbaren Kosten (IAS 36.25). Falls kein verbindlicher Kaufvertrag vorliegt, ist der Nettoverkaufspreis aus Marktwerten abzuleiten (IAS 36.26). Falls kein verbindlicher Kaufvertrag und kein aktiver Markt vorliegen, ist der Nettoveräußerungspreis auf Basis der verfügbaren Informationen (z.B. kürzlich stattgefundene Transaktion für ähnliche Vermögenswerte) zu ermitteln (IAS 36.27).

Nutzungswert
Bei der Berechnung des Nutzungswertes ist folgendes zu berücksichtigen:
- eine Schätzung der erwarteten zukünftigen Mittelzuflüsse aus der Nutzung des Vermögenswertes,
- Erwartungen über mögliche Änderungen im Betrag oder im Zeitpunkt der zukünftigen Mittelzuflüsse,
- der Zeitwert des Geldes, dargestellt durch den aktuellen risikofreien Marktzinssatz,
- der Risikozuschlag für die Vermögenswerte,
- andere Faktoren, wie z.B. Illiquidität, die Marktteilnehmer bei der Bewertung der zukünftigen Mittelzuflüsse aus dem Vermögenswert ansetzen (IAS 36.30).

Die Schätzung des Nutzungswertes umfaßt die folgenden Schritte:
- die Schätzung der künftigen Mittelzuflüsse und -abflüsse aus der fortgesetzten Nutzung und dem späteren Abgang des Vermögenswertes und
- die Anwendung eines angemessenen Abzinsungssatzes (IAS 36.31).

Grundlage für die Schätzung der künftigen Einnahmenüberschüsse
Bei der Ermittlung des Nutzungswertes
- müssen die Prognosen der künftigen Einnahmenüberschüsse auf vernünftigen und vertretbaren Annahmen beruhen, die die bestmögliche Einschätzung der wirtschaftlichen Rahmenbedingungen durch die Unternehmensleitung während der Restnutzungsdauer des Vermögenswertes widerspiegeln, wobei unternehmensexternen Hinweisen ein größeres Gewicht beizumessen ist,
- müssen die Prognosen der künftigen Einnahmenüberschüsse auf den aktuellen Finanzplänen ohne Berücksichtigung von Restrukturierungen oder Leistungsverbesserungen des Vermögenswertes basieren. Sie sollten einen Zeitraum von maximal fünf Jahren umfassen, sofern nicht ein längerer Zeitraum gerechtfertigt werden kann,
- sind die Einnahmenüberschüsse über den Prognosehorizont hinaus durch Extrapolation unter Annahme einer gleichbleibenden oder rückläufigen Wachstumsrate zu schätzen, es sei denn, eine steigende Wachstumsrate kann gerechtfertigt werden. Diese Wachstumsrate darf die langfristige durchschnittliche Wachstumsrate für die Produkte, die Branchen oder das Land bzw. die Länder, in dem/denen das Unternehmen tätig ist bzw. für den Markt, in dem der Vermögenswert genutzt wird, nicht überschreiten, es sei denn, eine höhere Wachstumsrate kann gerechtfertigt werden (IAS 36.33).

In IAS 36.34 werden Hinweise auf angemessene Annahmen für die Schätzung der künftigen Einnahmenüberschüsse im Vergleich mit der Vergangenheit gegeben.

Zusammensetzung der geschätzten künftigen Einnahmenüberschüsse
Die geschätzten künftigen Einnahmenüberschüsse müssen beinhalten:
- Prognosen der Mittelzuflüsse aus der fortgesetzten Nutzung des Vermögenswertes,
- Prognosen der Mittelabflüsse, die notwendig sind, um Mittelzuflüsse aus der fortgesetzten Nutzung des Vermögenswertes zu erzielen (einschließlich der Mittelabflüsse, die notwendig sind, um den Vermögenswert in einen betriebsbereiten Zustand zu versetzen) und die direkt oder auf eine vernünftige und stetige Art und Weise dem Vermögenswert zugeordnet werden können,
- Nettozahlungseingänge aus dem Abgang des Vermögenswertes am Ende der Nutzungsdauer (IAS 36.39).

Preissteigerungen entsprechend der allgemeinen Inflation können entweder im Abzinsungssatz berücksichtigt werden, oder es sind reale Beträge und ein Realzinssatz anzuwenden (IAS 36.40).
Zu den geschätzten Mittelabflüssen gehören auch künftige Gemeinkosten, die der Nutzung des Vermögenswertes direkt oder auf eine vernünftige und stetige Art und Weise zugeordnet werden können (IAS 36.41).
Künftige Einnahmenüberschüsse sind auf der Basis des jetzigen Zustandes des Vermögenswertes zu schätzen. Schätzungen der künftigen Einnahmenüberschüsse aus künftigen Restrukturierungen, zu denen sich das Unternehmen noch nicht verpflichtet hat, und künftige Leistungsverbesserungen des Vermögenswertes sind nicht zu berücksichtigen (IAS 36.44).

In den Schätzungen der künftigen Mittelzuflüsse und -abflüsse dürfen keine Mittelzuflüsse und -abflüsse aus Finanzierungsaktivitäten und aus Ertragsteuererstattungen und -zahlungen enthalten sein (IAS 36.50).

Die Schätzung der Nettomittelzuflüsse, die für den Abgang eines Vermögenswertes am Ende der Nutzungsdauer eingehen, ist der Betrag, den ein Unternehmen bei einer Transaktion zwischen sachverständigen, vertragswilligen und voneinander unabhängigen Geschäftspartnern nach Abzug der dem Verkauf zurechenbaren Kosten erwartet (IAS 36.52).

Abzinsungssatz

Als Abzinsungssatz ist ein Zinssatz vor Steuern anzusetzen, der die aktuelle Marktsituation und die speziellen Risiken des Vermögenswertes, die bei den zukünftigen Mittelzuflüssen und -abflüssen noch nicht berücksichtigt worden sind, widerspiegelt (IAS 36.55). Ein solcher Abzinsungssatz ergibt sich aus Zinssätzen, die Investoren für Finanzinvestitionen mit gleichem Betrag, Risiko und gleicher Anlagedauer ansetzen würden (IAS 36.56).

Wenn ein vermögenswertspezifischer Abzinsungssatz nicht zur Verfügung steht, können als Ausgangspunkt der Schätzung
– die gewichteten durchschnittlichen Kapitalkosten des Unternehmens nach dem Capital Asset Pricing Model (CAPM),
– der Zinssatz für Neukredite des Unternehmens und
– andere marktübliche Fremdkapitalzinssätze
genommen werden (IAS 36.57 und 36.A17).

Der Abzinsungssatz ist unabhängig von der Kapitalstruktur des Unternehmens und der Art der Finanzierung des Vermögenswertes zu ermitteln (IAS 36.A19).

e) Erfassung und Bewertung eines Verlustes aus Wertminderung (impairment loss)

Wenn der erzielbare Betrag eines Vermögenswertes unter seinem Buchwert liegt, ist der Buchwert des Vermögenswertes auf den erzielbaren Betrag abzuschreiben. Diese Abschreibung ist ein Verlust aus Wertminderung (IAS 36.59).

Ein Verlust aus Wertminderung ist sofort erfolgswirksam zu erfassen, sofern der Vermögenswert nicht in Übereinstimmung mit einem anderen Standard (z.B. nach der Neubewertungsmethode in IAS 16) aufgewertet wurde. Jeder Verlust aus Wertminderung eines aufgewerteten Vermögenswertes ist wie ein durch Neubewertung festgestellter Abwertungsbetrag unter diesem anderen Standard zu behandeln (IAS 36.60).

Falls der geschätzte Verlust aus Wertminderung höher als der Buchwert des Vermögenswertes ist, dann ist eine Schuld anzusetzen, sofern dies durch einen anderen Standard gefordert wird (IAS 36.62).

Der Abschreibungsplan ist auf Grund des Ansatzes des Verlustes aus Wertminderung entsprechend zu korrigieren, d.h. der geänderte Buchwert abzüglich des Restwertes ist planmäßig auf die restliche Nutzungsdauer zu verteilen (IAS 36.63).

Latente Steuern sind gemäß IAS 12 anzupassen (IAS 36.64).

f) Einnahmenüberschüsse generierende Sachgesamtheiten (cash generating units)

Identifizierung der Einnahmenüberschüsse generierenden Sachgesamtheit, zu der ein Vermögenswert gehört

Falls es ein Anzeichen dafür gibt, daß ein Verlust aus Wertminderung bei einem Vermögenswert eingetreten ist, ist der erzielbare Betrag für den einzelnen Vermögenswert zu schätzen. Falls es nicht möglich ist, den erzielbaren Betrag für den einzelnen Vermögenswert zu schätzen, hat das Unternehmen den erzielbaren Betrag der Einnahmenüberschüsse generierenden Sachgesamtheit, zu der der Vermögenswert gehört, zu bestimmen(IAS 36.66).

Falls ein aktiver Markt für die produzierten Erzeugnisse und Dienstleistungen eines Vermögenswertes oder eine Gruppe von Vermögenswerten existiert, dann ist dieser Vermögenswert oder diese Gruppe von Vermögenswerten als eine Einnahmenüberschüsse generierende Sachgesamtheit zu identifizieren, selbst wenn die produzierten Erzeugnisse und Dienstleistungen ganz oder teilweise intern genutzt werden (IAS 36.70).

Für die Bildung von Einnahmenüberschüsse generierenden Sachgesamtheiten gilt das Stetigkeitsgebot, sofern eine Änderung nicht gerechtfertigt ist (IAS 36.72).

Erzielbarer Betrag und Buchwert einer Einnahmenüberschüsse generierenden Sachgesamtheit

Der erzielbare Betrag einer Einnahmenüberschüsse generierenden Sachgesamtheit ist der höhere der beiden Beträge aus Nettoveräußerungspreis und Nutzungswert (IAS 36.74).

Der Buchwert der Einnahmenüberschüsse generierenden Sachgesamtheit muß konsistent mit dem erzielbaren Betrag der Einnahmenüberschüsse generierenden Sachgesamtheit ermittelt werden (IAS 36.75).

Als zugehörig zu einer Einnahmenüberschüsse generierenden Sachgesamtheit gelten die Buchwerte solcher Vermögenswerte, die ihr direkt zugerechnet oder auf einer vernünftigen und stetigen Grundlage indirekt zugeordnet werden können und die zur Erwirtschaftung der künftigen Einnahmenüberschüsse, die bei der Bestimmung des Nutzungswertes geschätzt wurden, beitragen. Nicht zugehörig sind bilanzierte Schulden, es sei denn, der erzielbare Betrag kann nicht ohne Einbeziehung dieser Schulden bestimmt werden (IAS 36.76).

Geschäfts- oder Firmenwert

Für den Werthaltigkeitstest ist der Geschäfts- oder Firmenwert aus einem Unternehmenszusammenschluß auf die einzelnen Einnahmenüberschüsse generierenden Sachgesamtheiten oder Gruppen von Sachgesamtheiten, von denen ein Nutzenzufluß aus den Synergien des Zusammenschlusses erwartet wird, aufzuteilen. Jede Sachgesamtheit oder Gruppe von Sachgesamtheiten, auf die der Geschäfts- oder Firmenwert aufgeteilt wurde, soll
– die kleinstmögliche unternehmensinterne Bereichsebene sein und
– nicht größer als ein Segment nach dem primären oder sekundärem Berichtsformat sein (IAS 36.80).

Falls die erstmalige Aufteilung des bei einem Unternehmenszusammenschluß erworbenen Geschäfts- oder Firmenwertes nicht vor dem Ende des Geschäftsjahres, in dem der Unternehmenszusammenschluß erfolgte, vorgenommen werden kann, dann ist die Aufteilung vor dem Ende des ersten Geschäftsjahres nach dem Unternehmenserwerb vorzunehmen (IAS 36.84).

Bei einer Reorganisation der Berichtsstruktur ist der Geschäfts- oder Firmenwert auf die betreffenden Einheiten neu aufzuteilen. Dies hat auf der Basis des relativen Wertes zu erfolgen, es sei denn, eine andere Methode spiegelt den mit den reorganisierten Einheiten verbundenen Geschäfts- oder Firmenwert besser wider (IAS 36.87).

Wenn ein Geschäfts- oder Firmenwert zu einer Einnahmenüberschüsse generierenden Sachgesamtheit gehört, aber noch nicht zugeordnet wurde, ist für diese Einheit ein Werthaltigkeitstest vorzunehmen, wenn ein Hinweis besteht, daß eine Wertminderung vorliegt. Dies hat durch Vergleich des Buchwertes der Einheit ohne Geschäfts- oder Firmenwert mit ihrem erzielbaren Betrag zu geschehen. Ein Verlust aus Wertminderung ist gemäß IAS 36.104 anzusetzen (IAS 36.88).

Für Einnahmenüberschüsse generierende Sachgesamtheiten, auf die ein Geschäfts- oder Firmenwert aufgeteilt wurde, ist jährlich und wenn ein Hinweis auf eine Wertminderung vorliegt, ein Werthaltigkeitstest vorzunehmen. Dies hat durch Vergleich des Buchwertes der Einheit – einschließlich Geschäfts- oder Firmenwert – mit ihrem erzielbaren Betrag zu geschehen. Wenn der Buchwert der Einheit höher als der erzielbare Betrag der Einheit ist, ist ein Verlust aus Wertminderung gemäß IAS 36.104 anzusetzen (IAS 36.90).

Vermögenswerte der Konzern- oder Geschäftsbereichszentrale
Beim Test, ob eine Einnahmenüberschüsse generierende Sachgesamtheit von einem Verlust aus Wertminderung betroffen ist, hat das Unternehmen auch die Vermögenswerte der Konzern- oder Geschäftsbereichszentrale, wie Gebäude der Hauptverwaltung, EDV-Ausrüstung oder Forschungszentrum, die mit der betreffenden Einnahmenüberschüsse generierenden Sachgesamtheit in Beziehung stehen, zu identifizieren. Wenn ein Teil des Buchwertes eines Vermögenswertes der Konzern- oder Geschäftsbereichszentrale
– auf vernünftige und stetige Weise dieser Einheit zugeordnet werden kann, dann ist der Buchwert der Einheit, einschließlich des Teils des Buchwertes der Konzern- oder Geschäftsbereichszentrale, der der Einheit zugeordnet wurde, mit seinem erzielbaren Betrag zu vergleichen. Ein eventueller Verlust aus Wertminderung ist gemäß IAS 36.104 anzusetzen,
– nicht auf vernünftige und stetige Weise dieser Einheit zugeordnet werden kann, dann ist
  • der Buchwert der Einheit ohne die Vermögenswerte der Konzern- oder Geschäftsbereichszentrale mit dem erzielbaren Betrag zu vergleichen und ein eventueller Verlust aus Wertminderung gemäß IAS 36.104 anzusetzen,
  • die kleinste Gruppe von Einnahmenüberschüsse generierenden Sachgesamtheiten zu identifizieren, die die betreffende Einnahmenüberschüsse generierende Sachgesamtheit enthält und der ein Teil des Buchwerte der Konzern- oder Geschäftsbereichszentrale auf eine vernünftige und stetige Weise zugeordnet werden kann und
  • der Buchwert dieser Gruppe von Einnahmenüberschüsse generierenden Sachgesamtheiten, einschließlich des Teils des Buchwertes der Konzern- oder Geschäfts-

bereichszentrale, der dieser Gruppe von Einnahmenüberschüsse generierenden Sachgesamtheiten zugeordnet wurde, mit dem erzielbaren Betrag dieser Gruppe von Einheiten zu vergleichen. Ein eventueller Verlust aus Wertminderung ist gemäß IAS 36.104 anzusetzen (IAS 36.100-102).

Verlust aus Wertminderung einer Einnahmenüberschüsse generierenden Sachgesamtheit

Ein Verlust aus Wertminderung einer Einnahmenüberschüsse generierenden Sachgesamtheit ist nur dann anzusetzen, wenn der erzielbare Betrag geringer als der Buchwert ist. Der Verlust aus Wertminderung ist auf folgende Art und Weise bei der Wertberichtigung der Buchwerte der Vermögenswerte der Sachgesamtheit zu berücksichtigen:
- zuerst beim Geschäfts- oder Firmenwert, der der Einnahmenüberschüsse generierenden Sachgesamtheit zugeordnet wurde, und
- anschließend bei den übrigen Vermögenswerten der Sachgesamtheit, und zwar anteilig zu den Buchwerten jedes Vermögenswertes in der Sachgesamtheit.

Diese Wertberichtigungen der Buchwerte sind als Verlust aus Wertminderung der einzelnen Vermögenswerte entsprechend IAS 36.60 anzusetzen (IAS 36.104).

Bei der Zuordnung eines Verlustes aus Wertminderung gemäß IAS 36.104 darf der Buchwert eines Vermögenswertes nicht unter den höchsten der folgenden Werte, und zwar
- den Nettoverkaufspreis (sofern bestimmbar),
- den Nutzungswert (sofern bestimmbar) und
- Null,
vermindert werden.

Der Verlust aus Wertminderung, der andernfalls dem Vermögenswert zugerechnet worden wäre, ist den anderen Vermögenswerten der Sachgesamtheit anteilig zuzuordnen (IAS 36.105).

Nach Anwendung der Anforderungen von IAS 38.104 und 38.105 ist eine Schuld für den verbleibenden Restbetrag eines Verlustes aus Wertminderung nur dann zu passivieren, wenn dies von einem anderen Standard verlangt wird (IAS 36.108).

g) Wertaufholung eines Verlustes aus Wertminderung

Ein Unternehmen hat zu jedem Bilanzstichtag zu prüfen, ob irgendein Anhaltspunkt dafür vorliegt, daß ein in Vorjahren angesetzter Verlust aus Wertminderung eines Vermögenswertes außer dem Geschäfts- oder Firmenwert nicht mehr oder nur noch teilweise besteht. Falls dafür ein Anhaltspunkt vorhanden ist, hat das Unternehmen den erzielbaren Betrag zu schätzen (IAS 36.110).
Bei der Beurteilung, ob ein Anhaltspunkt vorliegt, daß ein in Vorjahren angesetzter Verlust aus Wertminderung eines Vermögenswertes außer dem Geschäfts- oder Firmenwert nicht mehr oder nur noch teilweise besteht, hat das Unternehmen mindestens folgende Anhaltspunkte zu berücksichtigen:

- Externe Informationsquellen
  - der Marktwert eines Vermögenswertes ist während der Berichtsperiode erheblich gestiegen,
  - in dem technischen, marktbezogenen, wirtschaftlichen oder rechtlichen Umfeld des Unternehmens oder dem Markt, für den der Vermögenswert bestimmt ist, sind wesentliche günstige Veränderungen eingetreten oder werden in naher Zukunft erwartet,
  - die Marktzinssätze oder andere Marktrenditen sind in der Berichtsperiode gesunken und diese Rückgänge werden sich wahrscheinlich auf den Abzinsungssatz, der für die Berechnung des Nutzungswertes angewandt wird, auswirken und den erzielbaren Betrag des Vermögenswertes wesentlich erhöhen;
- Interne Informationsquellen
  - während der Berichtsperiode sind wesentliche günstige Veränderungen in dem Umfang oder der Art der Nutzung aufgetreten oder werden in naher Zukunft erwartet. Hierzu zählen Anschaffungs- oder Herstellungskosten, die während der Berichtsperiode getätigt wurden, um die Leistung des Vermögenswertes zu verbessern oder seinen Wert zu erhöhen oder das Geschäft zu restrukturieren, zu dem der Vermögenswert gehört,
  - das interne Berichtswesen liefert Anhaltspunkte dafür, daß die wirtschaftliche Leistungsfähigkeit eines Vermögenswertes sich gegenüber den Erwartungen verbessert hat oder verbessern wird (IAS 36.111).

Für einen in den Vorjahren angesetzten Verlust aus Wertminderung bei einem Vermögenswert außer dem Geschäfts- oder Firmenwert ist eine Wertaufholung nur dann vorzunehmen, wenn es eine Änderung bei den Annahmen zur Bestimmung des erzielbaren Betrages des Vermögenswertes seit dem letzten Ansatz eines Verlustes aus Wertminderung gab. In diesem Fall ist der Buchwert des Vermögenswertes auf den erzielbaren Betrag zu erhöhen (Ausnahme IAS 36.117). Diese Erhöhung ist eine Wertaufholung eines Verlustes aus Wertminderung (IAS 36.114).
Eine Erhöhung des erzielbaren Betrages, der nur auf einer verringerten Abzinsung wegen des Näherrückens der künftigen Einnahmenüberschüsse und nicht auf einer Änderung der Leistungsfähigkeit des Vermögenswertes beruht, darf nicht werterhöhend berücksichtigt werden (IAS 36.115-116).

Wertaufholung eines Verlustes aus Wertminderung eines einzelnen Vermögenswertes
Der aufgrund einer Wertaufholung eines Verlustes aus Wertminderung gestiegene Buchwert eines Vermögenswertes außer dem Geschäfts- oder Firmenwert darf nicht den Buchwert übersteigen, der sich ergeben hätte, falls kein Verlust aus Wertminderung für den Vermögenswert in den Vorjahren angesetzt worden wäre (IAS 36.117).
Eine Wertaufholung eines Verlustes aus Wertminderung eines Vermögenswertes außer dem Geschäfts- oder Firmenwert ist erfolgswirksam zu erfassen, sofern der Vermögenswert nicht nach einem anderen Standard (z.B. der Neubewertungsmethode in IAS 16) neubewertet wurde. Jede Wertaufholung eines Verlustes aus Wertminderung eines neubewerteten Vermögenswertes ist als eine Werterhöhung aufgrund einer Neubewertung nach dem betreffenden Standard zu behandeln (IAS 36.119).
Nach Ansatz einer Wertaufholung eines Verlustes aus Wertminderung sind die Abschreibungen des Vermögenswertes in den künftigen Berichtsperioden anzupas-

sen, indem der korrigierte Buchwert abzüglich des Restwertes (sofern es einen gibt) planmäßig über die restliche Nutzungsdauer verteilt wird (IAS 36.121).

Wertaufholung eines Verlustes aus Wertminderung einer Einnahmenüberschüsse generierenden Sachgesamtheit

Eine Wertaufholung eines Verlustes aus Wertminderung einer Einnahmenüberschüsse generierenden Sachgesamtheit hat die Vermögenswerte der Sachgesamtheit außer dem Geschäfts- oder Firmenwert anteilig zu erhöhen.

Diese Erhöhungen der Buchwerte sind als Wertaufholung von Verlusten aus Wertminderungen einzelner Vermögenswerte zu behandeln und gemäß IAS 36.119 zu erfassen (IAS 36.122).

Bei der Zuordnung einer Wertaufholung eines Verlustes aus Wertminderung für eine Einnahmenüberschüsse generierende Sachgesamtheit gemäß IAS 36.122 darf der Buchwert eines Vermögenswertes nicht über den niedrigeren der folgenden Beträge erhöht werden:
- seinen erzielbaren Betrag (sofern bestimmbar) und
- den Buchwert, der sich ohne Abschreibungen ergeben hätte, falls kein Verlust aus Wertminderung für den Vermögenswert in den Vorjahren angesetzt worden wäre.

Der Betrag der Wertaufholung des Verlustes aus Wertminderung, die dem Vermögenswert hätte zugeordnet werden müssen, ist anteilig den anderen Vermögenswerten der Sachgesamtheit, mit Ausnahme des Geschäfts- oder Firmenwertes, zuzuordnen (IAS 36.123).

Wertaufholung eines Verlustes aus Wertminderung eines Geschäfts- oder Firmenwertes

Der angesetzte Verlust aus Wertminderung eines Geschäfts- oder Firmenwertes darf in den folgenden Berichtsperioden nicht aufgeholt werden (IAS 36.124). Dadurch wird die Aktivierung eines selbstgeschaffenen Geschäfts- oder Firmenwertes verhindert (IAS 36.125).

h) Angaben

Für jede Gruppe von Vermögenswerten sind im Abschluß anzugeben:
- der Betrag, der während der Berichtsperiode erfolgswirksam erfaßten Verluste aus Wertminderung unter Angabe der Posten der Gewinn- und Verlustrechnung, in denen die Verluste aus Wertminderung enthalten sind,
- der Betrag, der während der Berichtsperiode erfolgswirksam erfaßten Wertaufholungen von Verlusten aus Wertminderung unter Angabe der Posten der Gewinn- und Verlustrechnung, in denen diese Verluste aus Wertminderung rückgängig gemacht worden sind,
- der Betrag der Verluste aus Wertminderung, die während der Berichtsperiode direkt mit dem Eigenkapital verrechnet wurden,

– der Betrag der Wertaufholungen von Verlusten aus Wertminderung, die während der Berichtsperiode direkt mit dem Eigenkapital verrechnet wurden (IAS 36.126).

Ein Unternehmen, das IAS 14 anwendet, hat für jedes Segment, über das als primäres Segment (definiert gemäß IAS 14) berichtet wird, anzugeben:
– den Betrag der während der Berichtsperiode erfolgswirksam und direkt mit dem Eigenkapital verrechneten Verluste aus Wertminderung,
– den Betrag der während der Berichtsperiode erfolgswirksam und direkt mit dem Eigenkapital verrechneten Wertaufholungen (IAS 36.129).

Für wesentliche Verluste aus Wertminderungen oder Wertaufholungen eines einzelnen Vermögenswertes (einschließlich des Geschäfts- oder Firmenwertes) oder einer Einnahmenüberschüsse generierenden Sachgesamtheit während der Berichtsperiode sind folgende Angaben zu machen:
– die Ereignisse und Umstände, die zur Erfassung eines Verlustes aus Wertminderung oder einer Wertaufholung führten,
– die Höhe des Verlustes aus Wertminderung oder der Wertaufholung;
– für einzelne Vermögenswerte
  • die Art des Vermögenswertes und
  • das berichtspflichtige primäre Segment, zu dem der Vermögenswert gehört,
– für Einnahmenüberschüsse generierende Sachgesamtheiten
  • eine Beschreibung der Einnahmenüberschüsse generierenden Sachgesamtheit (z.B. Produktlinie, Werk, Tätigkeitsbereich, Region, ein gemäß IAS 14 definiertes berichtspflichtiges Segment o.ä.),
  • die Höhe des Verlustes aus Wertminderung oder der Wertaufholung aufgeteilt nach Gruppen von Vermögenswerten und nach primären Segmenten und,
  • falls sich die Zusammensetzung der Vermögenswerte der Einnahmenüberschüsse generierenden Sachgesamtheit seit der letzten Schätzung des erzielbaren Betrages der Einnahmenüberschüsse generierenden Sachgesamtheit geändert hat, hat das Unternehmen die jetzige und letzte Methode der Zusammensetzung der Vermögenswerte und die Gründe für die Änderung der Methode der Zusammensetzung der Einnahmenüberschüsse generierenden Sachgesamtheit zu beschreiben,
– ob es sich bei dem erzielbaren Betrag um seinen Nettoverkaufspreis oder seinen Nutzungswert handelt,
– falls es sich bei dem erzielbaren Betrag um den Nettoverkaufspreis handelt, die Art der Bestimmung des Nettoverkaufspreises (z.B. Ableitung von einem aktiven Markt),
– falls es sich bei dem erzielbaren Betrag um den Nutzungswert handelt, den Abzinsungssatz bzw. die Abzinsungssätze, die für die jetzige Schätzung und letzte Schätzung des Nutzungswertes benutzt wurden (IAS 36.130).

Für die Summe der während der Berichtsperiode erfaßten Verluste aus Wertminderungen und Wertaufholungen, für die keine Informationen gemäß IAS 36.130 gegeben werden, sind folgende Angaben zu machen:
– die Hauptgruppen der Vermögenswerte, bei denen Verluste aus Wertminderung, und die Hauptgruppen der Vermögenswerte, bei denen Wertaufholungen vorlagen, und

– die wesentlichen Ereignisse und Umstände, die zu einem Verlust aus Wertminderung oder einer Wertaufholung führten (IAS 36.131).

Wenn gemäß IAS 36.84 ein Teil der während der Berichtsperiode bei einem Unternehmenszusammenschluß erworbenen Geschäfts- oder Firmenwerte nicht zum Bilanzstichtag auf eine Einnahmenüberschüsse generierende Sachgesamtheit aufgeteilt wurde, dann ist der nicht aufgeteilte Geschäfts- oder Firmenwert unter Angabe der Gründe, warum er nicht aufgeteilt wurde, anzugeben (IAS 36.133).

Für jede Einnahmenüberschüsse generierende Sachgesamtheit sind, wenn der Buchwert des Geschäfts- oder Firmenwertes oder der immateriellen Vermögenswerte mit unbestimmter Nutzungsdauer wesentlich im Verhältnis zum Gesamtwert des Geschäfts- oder Firmenwertes oder der immateriellen Vermögenswerte mit unbestimmbarer Nutzungsdauer sind, folgende Angaben zu machen:
– Buchwert des der Einnahmenüberschüsse generierenden Sachgesamtheit zugeordneten Geschäfts- oder Firmenwertes,
– Buchwert der der Einnahmenüberschüsse generierenden Sachgesamtheit zugeordneten immateriellen Vermögenswerte mit unbestimmbarer Nutzungsdauer,
– Grundlage zur Bestimmung des erzielbaren Betrages der Einnahmenüberschüsse generierenden Sachgesamtheit (z.B. Nutzungswert oder Nettoveräußerungspreis),
– wenn die Ermittlung des erzielbaren Betrages der Einnahmenüberschüsse generierenden Sachgesamtheit auf dem Nutzungswert beruht:
  • Beschreibung der wesentlichen Annahmen, auf denen die Cash-flow-Prognosen der letzten Finanzpläne/Vorhersagen beruhen. Wesentliche Annahmen sind solche mit der höchsten Sensitivität für die Bestimmung des erzielbaren Betrages,
  • Beschreibung der Vorgehensweise hinsichtlich einzelner wesentlicher Annahmen bei der Wertermittlung, und zwar ob sie auf Erfahrungen in der Vergangenheit oder auf externen Informationsquellen beruhen, und wenn nicht, wie und warum sie davon abweichen,
  • Zeitraum der Cash-flow-Prognosen auf Basis der Finanzpläne/Vorhersagen und bei einer längeren Periode als fünf Jahren eine Erklärung, warum diese längere Periode gerechtfertigt ist,
  • die in dem über die Finanzpläne/Vorhersagen hinausgehenden Zeitraum bei den Cash-flows benutzte extrapolierte Wachstumsrate, sowie eine Begründung, falls eine Wachstumsrate angewandt wurde, die den langjährigen Durchschnitt der Wachstumsrate der Produkte, der Branche oder des Landes bzw. der Länder übersteigt, in denen das Unternehmen tätig ist,
  • der bei den Cash-flow-Prognosen angewandte Abzinsungssatz,
– wenn die Ermittlung des erzielbaren Betrages der Einnahmenüberschüsse generierenden Sachgesamtheit auf dem Nettoveräußerungspreis beruht, die Methode zu seiner Bestimmung und bei Fehlen von Marktpreisen, zusätzlich folgende Informationen:
  • Beschreibung der wesentlichen Annahmen bei der Bestimmung des Nettoveräußerungspreises. Wesentliche Annahmen sind solche mit der höchsten Sensitivität für die Bestimmung des erzielbaren Betrages,
  • Beschreibung der Vorgehensweise hinsichtlich der einzelnen wesentlichen Annahmen bei der Wertermittlung, und zwar ob sie auf Erfahrungen in der Vergan-

genheit oder auf externen Informationsquellen beruhen und wenn nicht, wie und warum sie davon abweichen,
- wenn durch eine vernünftige mögliche Änderung einer wesentliche Annahme bei der Ermittlung des erzielbaren Betrages der Buchwert den erzielbaren Betrag überschreiten würde
  - die Höhe des Unterschiedsbetrages,
  - der der wesentlichen Annahme zugeordnete Wert,
  - der Betrag, um den sich der den wesentlichen Annahmen zugeordnete Wert – unter Einbeziehung der sich aus dieser Änderung ergebenden Auswirkungen auf die anderen Variablen, die bei der Bewertung des erzielbaren Betrages benutzt wurden – ändern muß, damit der erzielbare Betrag der Einheit dem Buchwert entspricht (IAS 36.134).

Wenn der Buchwert des Geschäfts- oder Firmenwertes oder der immateriellen Vermögenswerte mit unbestimmbarer Nutzungsdauer auf verschiedene Einnahmenüberschüsse generierende Sachgesamtheiten zugeordnet wird und der den einzelnen Einheiten zugeordnete Betrag im Verhältnis zum gesamten Buchwert des Geschäfts- oder Firmenwertes oder der immateriellen Vermögenswerte mit unbestimmbarer Nutzungsdauer gering ist, ist dies zusammen mit dem gesamten Buchwert des Geschäfts- oder Firmenwertes oder der immateriellen Vermögenswerte mit unbestimmbarer Nutzungsdauer anzugeben. Wenn der erzielbare Betrag einer dieser Einheiten auf Basis der gleichen wesentlichen Annahmen ermittelt wurde und der gesamte Buchwert des Geschäfts- oder Firmenwertes und der immateriellen Vermögenswerte mit unbestimmbarer Nutzungsdauer im Verhältnis zum gesamten Buchwert dieser Vermögenswerte wesentlich ist, ist dies sowie folgendes anzugeben:
- der gesamte Buchwert der Geschäfts- oder Firmenwerte, der diesen Einheiten zugeordnet wurde,
- der gesamte Buchwert der immateriellen Vermögenswerte mit unbestimmter Nutzungsdauer, der diesen Einheiten zugeordnet wurde,
- Beschreibung der wesentlichen Annahmen,
- Beschreibung der Vorgehensweise hinsichtlich der einzelnen wesentlichen Annahmen bei der Wertermittlung, und zwar, ob sie auf Erfahrungen in der Vergangenheit oder auf externen Informationsquellen beruhen und, wenn nicht, wie und warum sie davon abweichen,
- wenn durch eine vernünftige mögliche Änderung wesentlicher Annahmen die Summe der Buchwerte der Einheiten den gesamten erzielbaren Betrag überschreiten würde,
  - die Höhe des Unterschiedsbetrages,
  - der den wesentlichen Annahmen zugeordnete Wert,
  - der Betrag, um den sich der den wesentlichen Annahmen zugeordnete Wert – unter Einbeziehung der sich aus dieser Änderung ergebenden Auswirkungen auf die anderen Variablen, die bei der Bewertung des erzielbaren Betrages benutzt wurden – ändern muß, damit die erzielbaren Beträge der Einheiten dem Buchwert entsprechen (IAS 36.135).

5. Gewinne oder Verluste aus der Aufgabe von Geschäftsbereichen und der Bewertung der zur Veräußerung gehaltenen langfristigen Vermögenswerte

a) Definition der zur Veräußerung gehaltenen langfristigen Vermögenswerte

Ein Unternehmen hat einen langfristigen Vermögenswert (oder Gruppen von Vermögenswerten) als zur Veräußerung gehaltene langfristige Vermögenswerte auszuweisen, wenn der Buchwert grundsätzlich durch einen Verkauf und nicht durch weitere Nutzung realisiert werden soll (IFRS 5.6). Zu einer Gruppe von Vermögenswerten (disposal group) zählen Vermögenswerte und diesen direkt zurechenbare Schulden und Umlaufvermögen, wenn in der Gruppe mindestens ein langfristiger Vermögenswert enthalten ist und die Gruppe als Einheit zur Veräußerung bestimmt ist (IFRS 5.4). Es muß sich um Vermögenswerte handeln, deren unmittelbare Veräußerung im jetzigen Zustand sehr wahrscheinlich ist (IFRS 5.7). Diese Voraussetzung liegt vor, wenn die zuständigen Manager zum Verkauf aufgrund eines Planes verpflichtet sind, aktiv mit der Suche nach einem Käufer begonnen wurde, die Preisvorstellungen realistisch sind, mit einer Realisierung des Verkaufs innerhalb eines Jahres zu rechnen ist und es unwahrscheinlich ist, daß der Plan wesentlich geändert oder aufgegeben wird (IFRS 5.8).

Wenn vom Unternehmen nicht zu vertretende Verzögerungen auftreten, die eine Veräußerung innerhalb eines Jahres nicht zulassen, das Unternehmen aber seinem Veräußerungsplan verpflichtet bleibt, dann ist der Ausweis als zur Veräußerung gehaltener langfristiger Vermögenswert nicht zu ändern (IFRS 5.9).

Anlagen, die stillgelegt werden sollen, sind in der Bilanz nicht als zur Veräußerung bestimmt auszuweisen. Die Ergebnisse und die Mittelzuflüsse und -abflüsse der stillgelegten Anlagen sind dagegen im Jahr der Stillegung als aufgegebener Geschäftsbereich auszuweisen (IFRS 5.13).

b) Bewertung

Zur Veräußerung gehaltene langfristige Vermögenswerte sind mit dem beizulegenden Zeitwert abzüglich Verkaufskosten zu bewerten, wenn dieser niedriger als der Buchwert ist (IFRS 5.15). Der Zugang eines zur Veräußerung gehaltenen langfristigen Vermögenswertes im Rahmen eines Unternehmenserwerbs ist zum beizulegenden Zeitwert abzüglich Verkaufskosten zu bewerten (IFRS 5.16). Ein Verlust aus Wertminderung ist somit nicht zu verrechnen.

Soweit der beizulegende Zeitwert abzüglich Verkaufskosten unter dem Buchwert liegt, ist der Unterschied als Verlust aus Wertminderung zu verrechnen (IFRS 5.20). Zur Veräußerung gehaltene langfristige Vermögenswerte sind nicht mehr planmäßig abzuschreiben (IFRS 5.25).

Wenn die Veräußerungsabsicht aufgegeben worden ist, ist der Posten in der Bilanz umzugliedern und der niedrigere der beiden folgenden Werte anzusetzen:
– der um planmäßige Abschreibungen und Neubewertungen fortgeführte Buchwert,
– der erzielbare Betrag zum Zeitpunkt der Aufgabe der Verkaufsabsicht (IFRS 5.26-27).

c) Darstellung und Angaben

Es ist eine Darstellung zu wählen und es sind Angaben zu machen, die es den Abschlußlesern ermöglichen, die finanziellen Auswirkungen der aufgegebenen Geschäftsbereiche (discontinued operations) und der zur Veräußerung gehaltenen langfristigen Vermögenswerte zu beurteilen (IFRS 5.30).

Ein Unternehmensteil umfaßt Geschäftstätigkeiten und Mittelzu- und -abflüsse, die operativ und für die Finanzberichterstattung eindeutig vom Rest des Unternehmens getrennt werden können (IFRS 5.31).

Ein aufgegebener Geschäftsbereich ist ein Unternehmensteil (component of an entity), der entweder bereits veräußert ist oder als zur Veräußerung gehalten klassifiziert wird. Er
- stellt einen gesonderten wesentlichen Geschäftszweig oder geographischen Bereich der Geschäftstätigkeit dar,
- ist Teil eines einzelnen abgestimmten Veräußerungsplans oder
- ist ein Tochterunternehmen, das ausschließlich mit Weiterveräußerungsabsicht erworben worden ist (IFRS 5.32).

In der Gewinn- und Verlustrechnung sind in einem Gesamtbetrag anzugeben:
- das Ergebnis nach Steuern der aufgegebenen Geschäftsbereiche und
- das Ergebnis nach Steuern aus der Bewertung zum beizulegenden Zeitwert abzüglich Verkaufskosten oder aus der Veräußerung von Vermögenswerten der aufgegebenen Geschäftsbereiche.

In der Gewinn- und Verlustrechnung oder in den notes ist eine Aufschlüsselung des obigen Gesamtbetrages anzugeben in
- die Erlöse, Aufwendungen und Ergebnis vor Steuern der aufgegebenen Geschäftsbereiche,
- den Gewinn oder Verlust aus der Bewertung zum beizulegenden Zeitwert abzüglich Verkaufskosten oder aus der Veräußerung von Vermögenswerten der aufgegebenen Geschäftsbereiche und
- die diesbezüglichen Steuern gemäß IAS 12.81h.

In der Kapitalflußrechnung oder in den notes sind die Netto-Cash-flows aus laufender Geschäftstätigkeit, Investitionstätigkeit und Finanzierungstätigkeit der aufgegebenen Geschäftsbereiche anzugeben (IFRS 5.33).

Die Vorjahreszahlen der gemäß IFRS 5.33 anzugebenden Informationen sind anzupassen (IFRS 5.34).

Wertveränderungen aus der Anpassung des Buchwertes eines langfristigen Vermögenswertes auf den beizulegenden Zeitwert abzüglich Verkaufskosten sind im Ergebnis aus fortzuführenden Geschäftsbereichen auszuweisen (IFRS 5.37).

Die zur Veräußerung gehaltenen langfristigen Vermögenswerte sowie die Schulden, die mit den Gruppen von Vermögenswerten verbunden sind, sind in der Bilanz gesondert auszuweisen. In der Bilanz oder den notes sind diese Beträge nach Hauptgruppen aufzuschlüsseln. Ein direkt im Eigenkapital erfaßter Bewertungserfolg ist gesondert anzugeben (IFRS 5.38). Für zur Veräußerung bestimmte kürzlich erworbene Tochterunternehmen ist eine Aufschlüsselung nach Hauptgruppen nicht gefordert (IFRS 5.39). Vorjahresvergleichszahlen sind nicht umzugliedern (IFRS 5.40).

Folgende Informationen sind in den notes der Geschäftsjahre zu geben, in denen Vermögenswerte als zur Veräußerung gehaltene langfristige Vermögenswerte ausgewiesen oder verkauft wurden:
- eine Beschreibung der zur Veräußerung gehaltenen langfristigen Vermögenswerte,
- eine Beschreibung der Sachverhalte und der Umstände des Verkaufs oder der erwarteten Veräußerung und die erwartete Art und den erwarteten Zeitpunkt der Veräußerung,
- das gemäß IFRS 5.20-22 erfaßte Bewertungsergebnis,
- das Segment, in dem die zur Veräußerung gehaltenen langfristigen Vermögenswerte enthalten sind (IFRS 5.41).

Bei einer Änderung des Veräußerungsplans sind die Gründe für diese Planänderung und die Auswirkungen auf das Ergebnis des Berichtsjahres und der Vorjahre anzugeben (IFRS 5.42).

d) Übergangsvorschriften

IFRS 5 ist ab dem 1. Januar 2005 prospektiv anzuwenden. Für Unternehmen, die erst im Geschäftsjahr 2007 IFRS anwenden (für an US-amerikanischen Börsen notierte Unternehmen, die ihren Konzernabschluß nach US-GAAP erstellen), ist eine retrospektive Anwendung geboten.

6. Außerordentliche Aufwendungen und Erträge

Der Ausweis außerordentlicher Aufwendungen und außerordentlicher Erträge ist weder in der Gewinn- und Verlustrechnung noch in den notes zulässig (IAS 1.85). Wenn Posten der Gewinn- und Verlustrechnung wesentlich sind, sind ihre Art und die Beträge gesondert anzugeben (IAS 1.86).
Zu den Umständen, die zu einer gesonderten Angabe von Ertrags- und Aufwandsposten Anlaß geben, gehören:
- außerplanmäßige Abschreibung der Vorräte auf den Nettoveräußerungswert und der Sachanlagen auf den erzielbaren Betrag sowie die Wertaufholung von außerordentlichen Abschreibungen,
- Restrukturierungen der Tätigkeiten eines Unternehmens und Auflösungen von Rückstellungen für Restrukturierungsaufwand,
- Abgänge von Sachanlagen,
- Abgänge von Finanzanlagen,
- Aufgabe von Geschäftsbereichen,
- Beendigung von Rechtsstreitigkeiten,
- sonstige Auflösungen von Rückstellungen (IAS 1.87).

7. Fremdkapitalkosten

a) Ansatz

Benchmark-Methode
Fremdkapitalkosten sind sofort als Aufwand zu erfassen, unabhängig davon, wofür das Fremdkapital verwendet worden ist (IAS 23.7-8).
Die Bilanzierungs- und Bewertungsmethode zur Ermittlung der Fremdkapitalkosten ist anzugeben (IAS 23.9).

Alternativ zulässige Methode
Fremdkapitalkosten sind grundsätzlich mit Ausnahme der in IAS 23.11 genannten Fälle sofort als Aufwand zu erfassen (IAS 23.10). Fremdkapitalkosten, die dem Erwerb, dem Bau oder der Herstellung eines qualifizierten Vermögenswertes (d.h. eines Vermögenswertes, der einen längeren Zeitraum benötigt, bis er für die beabsichtige Nutzung oder den beabsichtigten Verkauf zur Verfügung steht) als Teil der Anschaffungs- oder Herstellungskosten direkt zurechenbar sind, sind zu aktivieren (IAS 23.11). Falls die alternativ zulässige Methode angewandt wird, dann ist sie für alle qualifizierten Vermögenswerte einheitlich und stetig anzuwenden (IAS 8.13).
Die Aktivierung setzt voraus, daß den Fremdkapitalkosten wahrscheinlich ein wirtschaftlicher Nutzen gegenübersteht und sie verläßlich ermittelt werden können (IAS 23.12).
Erfolgte eine Fremdkapitalaufnahme speziell für einen qualifizierten Vermögenswert, sind die aktivierungsfähigen Fremdkapitalkosten mit den tatsächlich angefallenen Fremdkapitalkosten dieser Kredite abzüglich der Zinserträge aus einer vorübergehenden Anlage der aufgenommenen Mittel festzusetzen (IAS 23.15).
Werden für die Finanzierung eines qualifizierten Vermögenswertes Mittel verwendet, die nicht speziell für seine Anschaffung oder Herstellung aufgenommen wurden, sind die aktivierungsfähigen Fremdkapitalkosten aus den gewichteten durchschnittlichen Fremdkapitalkosten der aufgenommenen Kredite des Unternehmens, die nicht für die Finanzierung eines speziellen qualifizierten Vermögenswertes bestimmt waren, zu ermitteln. Die aktivierten Fremdkapitalkosten dürfen die tatsächlichen Fremdkapitalkosten der Periode nicht überschreiten (IAS 23.17).
Fremdkapitalkosten können als Teil eines qualifizierten Vermögenswertes aktiviert werden, sobald
– die Ausgaben für den Vermögenswert angefallen sind,
– die Fremdkapitalkosten angefallen sind und
– mit den notwendigen Arbeiten für die beabsichtigte Nutzung oder den Verkauf des Vermögenswertes begonnen wurde (IAS 23.20).

Die Aktivierung von Fremdkapitalkosten ist auszusetzen, wenn das Projekt für einen längeren Zeitraum unterbrochen wird (IAS 23.23).
Die Aktivierung von Fremdkapitalkosten ist zu beenden, wenn alle für die beabsichtigte Nutzung oder den Verkauf des qualifizierten Vermögenswertes notwendigen Arbeiten im wesentlichen abgeschlossen sind (IAS 23.25).

Wenn Teilprojekte selbständig verwendbar sind und die Arbeiten an einem Teilprojekt im wesentlichen abgeschlossen sind, dürfen keine Fremdkapitalkosten mehr für das Teilprojekt aktiviert werden (IAS 23.27).

b) Angaben

Folgende Angaben sind zu machen:
– die für die Fremdkapitalkosten angewandte Bilanzierungs- und Bewertungsmethode,
– der Betrag der in der Periode aktivierten Fremdkapitalkosten und
– der Fremdkapitalkostensatz, der für die Ermittlung der aktivierten Fremdkapitalkosten zugrunde gelegt wurde (IAS 23.29).

c) Übergangsvorschriften

Stellt die erstmalige Anwendung des IAS 23 eine Änderung der Bilanzierungs- und Bewertungsmethoden dar, wird dem Unternehmen empfohlen, seine Abschlüsse entsprechend IAS 8 anzupassen. Alternativ sind nur diejenigen Fremdkapitalkosten zu aktivieren, die nach dem Inkrafttreten des Standards angefallen sind und die die Voraussetzung für eine Aktivierung erfüllen (IAS 23.30).

Vorgesehene Änderungen

Allgemeines
Im Mai 2006 veröffentlichte der IASB den Exposure Draft IAS 23 Borrowing Costs (ED IAS 23). Dieser Exposure Draft wurde im Rahmen des Konvergenzprojektes mit dem FASB herausgegeben.

Änderungen im einzelnen
Der Entwurf eliminiert das Wahlrecht zur sofortigen Aufwandserfassung von Fremdkapitalkosten, die dem Erwerb, dem Bau oder der Herstellung eines qualifizierten Vermögenswertes direkt zugeordnet werden können (Benchmark-Methode).

8. Ertragsteuern

Aktive und passive latente Ertragsteuern sind abzugrenzen (siehe Abschnitt B.III.13 Latente Steuern).

V. Konzernabschluß

1. Konsolidierungspflicht

Jedes Mutterunternehmen, mit Ausnahme der in IAS 27.10 angegebenen, hat einen Konzernabschluß zu erstellen (IAS 27.9).

Befreiend übergeordneter Konzernabschluß im mehrstufigen Konzern
Ein Mutterunternehmen ist von der Pflicht zur Erstellung eines Teil-Konzernabschlusses befreit, wenn
- das Mutterunternehmen selbst vollständig einem übergeordneten Mutterunternehmen gehört oder das Mutterunternehmen teilweise einem übergeordneten Mutterunternehmen gehört und die anderen Eigentümer, einschließlich der nicht stimmberechtigten, darüber informiert worden sind, daß das Mutterunternehmen keinen Konzernabschluß erstellt, und die anderen Eigentümer keine Einwendungen dagegen haben,
- die Eigen- und Fremdkapitalinstrumente nicht an einem öffentlichen Markt (nationale oder ausländische Börse oder Freiverkehrsmarkt, einschließlich lokale und regionale Märkte), gehandelt werden und
- das Mutterunternehmen keinen Börsengang vorbereitet und
- das oberste oder ein zwischengeschaltetes Mutterunternehmen Konzernabschlüsse nach IFRS veröffentlicht (IAS 27.10).

2. Konsolidierungskreis

Alle Tochterunternehmen, auf die das Mutterunternehmen einen beherrschenden Einfluß ausübt, sind zu konsolidieren (IAS 27.12).
Ein beherrschender Einfluß (control) wird unterstellt, wenn das Mutterunternehmen, direkt oder indirekt, über mehr als die Hälfte der Stimmrechte verfügt, sofern nicht in Ausnahmefällen eindeutig nachgewiesen werden kann, daß kein beherrschender Einfluß ausgeübt werden kann. Ein beherrschender Einfluß liegt auch vor, wenn das Mutterunternehmen die Hälfte oder weniger als die Hälfte der Stimmrechte eines anderen Unternehmens besitzt, aber das Mutterunternehmen
- mehr als die Hälfte der Stimmrechte aufgrund einer vertraglichen Vereinbarung mit anderen Anteilseignern ausüben kann,
- die Möglichkeit hat, aufgrund der Satzung oder eines Vertrages einen beherrschenden Einfluß auf die Finanz- und Geschäftspolitik auszuüben,
- die Möglichkeit hat, die Mehrheit der Mitglieder des Geschäftsführungs- und/oder Aufsichtsorgans oder eines vergleichbaren Leitungsorgans zu ernennen oder abzurufen und die Beherrschung von diesen Organen ausgeht oder

– die Möglichkeit hat, die Mehrheit der Stimmen bei Sitzungen des Geschäftsführungs- und/oder Aufsichtsorgans zu beeinflussen und die Beherrschung von diesen Organen ausgeht (IAS 27.13).

Im Rahmen der Prüfung, ob ein Unternehmen die Mehrheit der Stimmrechte besitzt, sind grundsätzlich auch potentielle Stimmrechte (z.B. Wandlungs- und Optionsrechte), die jederzeit ausübbar sind, zu berücksichtigen (IAS 27.14).
Zweckgesellschaften (special purpose entities) sind zu konsolidieren, wenn die wirtschaftliche Betrachtung des Verhältnisses zwischen dem Unternehmen und der Zweckgesellschaft zeigt, daß die Zweckgesellschaft durch das Unternehmen beherrscht wird. Eine Beherrschung kann auch bestehen, wenn keine Beteiligung vorliegt, aber dem Unternehmen die Risiken und Chancen aus der Tätigkeit der Zweckgesellschaft im wesentlichen zufließen (SIC-12).
Ein Tochterunternehmen ist nicht deshalb von der Konsolidierung auszuschließen, weil es sich um eine Wagniskapitalgesellschaft, einen Investmentfonds, einen Unit Trust oder ein ähnliches Unternehmen handelt (IAS 27.19).
Tochterunternehmen mit abweichender Geschäftstätigkeit sind nicht von der Konsolidierung auszuschließen. Durch die Konsolidierung und zusätzliche Informationen über die abweichende Tätigkeit sowie die Segmentberichterstattung gemäß IAS 14 werden bessere Informationen zur Verfügung gestellt werden (IAS 27.20).
Ein Mutterunternehmen beherrscht ein Tochterunternehmen dann nicht mehr, wenn es nicht mehr in der Lage ist, dessen Finanz- und Geschäftspolitik zu bestimmen, um aus seiner Tätigkeit Nutzen zu ziehen. Dies kann beispielsweise eintreten, wenn ein Tochterunternehmen unter die Kontrolle einer staatlichen Behörde, eines Gerichtes, eines Zwangsverwalters oder einer Aufsichtsbehörde gerät oder wenn es vertraglich vereinbart wird (IAS 27.21).

3. Vollkonsolidierung

a) Kapitalkonsolidierung bei Unternehmenserwerb

Unternehmenszusammenschlüsse sind ausschließlich nach der Erwerbsmethode (purchase method) abzubilden (IFRS 3.14). Die Erwerbsmethode ist aus der Sicht des erwerbenden Unternehmens vorzunehmen (IFRS 3.15).
Die Anwendung der Erwerbsmethode beinhaltet folgende Schritte:
– ein Erwerber wird identifiziert,
– die Anschaffungskosten des Unternehmenszusammenschlusses werden bewertet und
– die Anschaffungskosten des Unternehmenszusammenschlusses auf die erworbenen Vermögenswerte, Schulden und Eventualschulden zum Zeitpunkt des Erwerbs werden aufgeteilt (IFRS 3.16).

Identifizierung des Erwerbers
Der Erwerber ist das Unternehmen, das einen beherrschenden Einfluß auf die anderen am Unternehmenszusammenschluß beteiligten Unternehmen oder Geschäftsbetriebe erhält (IFRS 3.17).

Folgende Indikatoren geben Hinweise auf die Identifizierung des Erwerbers:
- der beizulegende Zeitwert eines der sich zusammenschließenden Unternehmen ist wesentlich höher als der des anderen sich zusammenschließenden Unternehmens; das größere Unternehmen kann als Erwerber vermutet werden,
- der Unternehmenszusammenschluß kommt dadurch zustande, daß ein Unternehmen Zahlungsmittel oder andere Vermögenswerte gegen Stammaktien mit Stimmrecht tauscht; das Unternehmen das Zahlungsmittel oder andere Vermögenswerte gibt, kann als Erwerber vermutet werden,
- die Unternehmensleitung des einen Unternehmens hat die Möglichkeit, die Zusammensetzung der Unternehmensleitung des zusammengeschlossenen Unternehmens zu bestimmen; das Unternehmen, das die Unternehmensleitung des zusammengeschlossenen Unternehmens bestimmen kann, kann als Erwerber vermutet werden (IFRS 3.20).

Maßgebend für die Identifizierung des Erwerbers ist nicht die rechtliche, sondern die wirtschaftliche Beurteilung des Erwerbers (IFRS 3.21). Erläuterungen hierzu siehe Anhang B, B1-15 (Sonderfall: umgekehrter Unternehmenserwerb – reverse acquisitions).

Anschaffungskosten
Die Anschaffungskosten des Erwerbers setzen sich aus
- den zum beizulegenden Zeitwert zum Tauschzeitpunkt übertragenen Vermögenswerten, den eingegangenen oder übernommenen Schulden und ausgegebenen Eigenkapitalinstrumenten sowie
- den direkten dem Unternehmenszusammenschluß zuzurechnenden Anschaffungsnebenkosten

zusammen (IFRS 3.24).

Erwerbszeitpunkt ist der Tag, an dem der Erwerber einen beherrschenden Einfluß auf das erworbene Unternehmen erhält. Wenn ein sukzessiver Anteilserwerb vorliegt, dann setzen sich die Anschaffungskosten aus den zusammengesetzten Anschaffungskosten jeder einzelnen Transaktion zusammen (IFRS 3.25).
Als bestmöglicher Schätzwert für vom Erwerber ausgegebene Eigenkapitalinstrumente ist in der Regel der Börsenkurs zum Erwerbszeitpunkt anzusehen. Bei einer besonderen Marktenge dieser Eigenkapitalinstrumente zum Erwerbszeitpunkt ist der Börsenkurs nicht als zuverlässiger Wertindikator anzusehen. Hinweise auf eine anderweitige Wertermittlung sind in IAS 39 enthalten (IFRS 3.27).
Zu den direkt dem Unternehmenszusammenschluß zuzurechnenden Anschaffungsnebenkosten zählen Honorare für Wirtschaftsprüfer, Rechtsberater, Gutachter und andere mit dem Erwerb befaßte Berater. Indirekt mit dem Erwerb zusammenhängende Kosten, wie z.B. Kosten einer Akquisitionsabteilung, zählen nicht zu den Anschaffungsnebenkosten (IFRS 3.29). Kosten der Eigenkapitalbeschaffung zählen nicht zu den Anschaffungsnebenkosten (IFRS 3.31).
Wenn eine Vereinbarung über einen Unternehmenszusammenschluß vorsieht, daß eine Korrektur der Anschaffungskosten des Unternehmenszusammenschlusses von zukünftigen Ereignissen abhängt, dann hat der Erwerber den Korrekturbetrag in den Anschaffungskosten am Tage des Erwerbs zu berücksichtigen, wenn die Korrektur

wahrscheinlich ist und verläßlich bewertet werden kann (IFRS 3.32). Beispiele für solche zukünftigen Ereignisse wären das Erreichen bestimmter Erfolgsziele oder die Höhe des Kurses der hingegebenen Eigenkapitalinstrumente. Falls die erwarteten Ereignisse nicht eintreffen oder die Schätzung geändert werden muß, sind die Anschaffungskosten später zu korrigieren (IFRS 3.33). Wenn die zukünftigen Ereignisse zum Erwerbszeitpunkt nicht wahrscheinlich sind oder nicht verläßlich bewertet werden können, dann ist eine Korrektur zu einem späteren Zeitpunkt vorzunehmen, wenn das Ereignis wahrscheinlich ist und verläßlich bewertet werden kann (IFRS 3.34).

Aufteilung der Anschaffungskosten des Unternehmenszusammenschlusses auf die erworbenen Vermögenswerte, Schulden und Eventualschulden
Der Erwerber hat zum Erwerbszeitpunkt die Anschaffungskosten des Unternehmenszusammenschlusses auf die identifizierbaren Vermögenswerte, Schulden und Eventualschulden mit dem beizulegenden Zeitwert – mit Ausnahme des zur Veräußerung bestimmten Anlagevermögens, das zum beizulegenden Zeitwert abzüglich Verkaufskosten zu bewerten ist – aufzuteilen. Ein möglicher Unterschied zwischen den Anschaffungskosten des Unternehmenszusammenschlusses und der obigen Aufteilung ist als Geschäfts- oder Firmenwert (siehe IFRS 3.51-57) anzusehen (IFRS 3.36).
Die Vermögenswerte, Schulden und Eventualschulden sind nur anzusetzen, wenn sie folgende Kriterien erfüllen:
- Vermögenswerte, mit Ausnahme von immateriellen Vermögenswerten, wenn dem Erwerber wahrscheinlich ein zukünftiger Nutzen daraus zufließen wird und ihr beizulegender Zeitwert verläßlich ermittelt werden kann,
- Schulden, mit Ausnahme von Eventualschulden, wenn zu ihrer Begleichung wahrscheinlich ein Mittelabfluß stattfinden wird und der ihnen beizulegende Zeitwert verläßlich ermittelt werden kann,
- immaterielle Vermögenswerte und Eventualschulden, wenn ihr beizulegender Zeitwert verläßlich ermittelt werden kann (IFRS 3.37).

Restrukturierungsrückstellungen sind nur dann anzusetzen, wenn das erworbene Unternehmen zum Erwerbszeitpunkt bereits Restrukturierungsrückstellungen gemäß IAS 37 angesetzt hat. Der Erwerber darf bei der Aufteilung der Anschaffungskosten keine Restrukturierungsrückstellungen für zukünftige Verluste oder andere Kosten ansetzen, die aufgrund des Unternehmenszusammenschlusses erwartet werden (IFRS 3.41).
Es sind alle identifizierbaren Vermögenswerte und Schulden zu erfassen, unabhängig davon, ob sie bereits in der Bilanz des erworbenen Unternehmens erfaßt wurden, wie z.B. bisher nicht werthaltige aktive latente Steuern (IFRS 3.44).
Immaterielle Vermögenswerte sind nur dann gesondert auszuweisen, wenn sie die Aktivierungsvoraussetzungen von IAS 38 erfüllen und ihr beizulegender Zeitwert verläßlich ermittelt werden kann. Das heißt erworbene Forschungs- und Entwicklungsprojekte sind getrennt vom Geschäfts- oder Firmenwert zu aktivieren, wenn die vorgenannten Voraussetzungen gegeben sind (IFRS 3.45).
Ein immaterieller Vermögenswert ist nur dann identifizierbar, wenn
- er separierbar ist, d.h. er kann allein oder zusammen mit Vermögenswerten oder Schulden verkauft, übertragen, lizenziert, vermietet oder getauscht werden, oder

– er auf vertraglichen oder anderen gesetzlichen Rechten beruht, unabhängig davon, ob diese Rechte transferierbar oder separierbar vom Unternehmen oder von anderen Rechten oder Verpflichtungen sind (IFRS 3.46).

Wenn der beizulegende Zeitwert der Eventualschulden nicht verläßlich ermittelt werden kann, ist das anzugeben (IFRS 3.47). Der beizulegende Zeitwert einer Eventualschuld ergibt sich aus dem Betrag, den ein Dritter verlangen würde, wenn er die Eventualschuld übernehmen würde (IFRS 3, Anhang B16). Nach dem erstmaligen Ansatz sind Eventualschulden mit dem höheren Wert zu bewerten, der nach IAS 37 anzusetzen wäre und dem ursprünglich angesetzten Betrag (IFRS 3.48).

Geschäfts- oder Firmenwert (Goodwill)
Der Überschuß der Anschaffungskosten des Unternehmenserwerbs über dem beizulegenden Nettozeitwert der identifizierbaren Vermögenswerte, Schulden und Eventualschulden ist als Geschäfts- oder Firmenwert anzusetzen (IFRS 3.51).
Geschäfts- oder Firmenwert bei einem Unternehmenszusammenschluß ist die Zahlung des Erwerbers für künftigen wirtschaftlichen Nutzen der Vermögenswerte, bei denen es nicht möglich ist, sie individuell zu identifizieren und getrennt anzusetzen (IFRS 3.52).
Der Geschäfts- oder Firmenwert ist nicht planmäßig abzuschreiben. Es ist jährlich und wenn ein Hinweis auf eine Wertminderung vorliegt, ein Werthaltigkeitstest vorzunehmen. Festgestellte Verluste aus Wertminderung sind durch Abschreibung zu berücksichtigen (IFRS 3.54-55). Weitere Einzelheiten siehe B.IV.4f.

Wenn der beizulegende Zeitwert der identifizierbaren Vermögenswerte, Schulden und Eventualschulden gemäß IFRS 3.36 höher ist als die Anschaffungskosten des Unternehmenszusammenschlusses, dann sind
– die Identifikation und die Bewertung der Vermögenswerte, Schulden und Eventualschulden sowie die Bewertung der Anschaffungskosten des Unternehmenszusammenschlusses nochmals zu überprüfen und
– ein eventuell noch verbleibender passiver Unterschiedsbetrag, d.h. ein negativer Geschäfts- oder Firmenwert, ist erfolgswirksam zu behandeln (IFRS 3.56).

Sukzessiver Erwerb von Anteilen
Bei einem sukzessiven Anteilserwerb ist jeder wesentliche Erwerb getrennt zu behandeln (IFRS 3.58).
Falls der beizulegende Zeitwert zu den einzelnen Zugangszeitpunkten unterschiedlich ist, dann sind die Korrekturen des beizulegenden Zeitwertes, die sich auf vorher erworbene Anteile beziehen, als Neubewertungsrücklagen anzusetzen (IFRS 3.59). Einzelheiten siehe IFRS 3, Illustrative Example 6.

Nachträgliche Anpassung der Anschaffungskosten
Falls die erstmalige Erfassung der Vermögenswerte, Schulden und Eventualschulden auf vorläufiger Basis vorgenommen wurde, können die beizulegenden Zeitwerte der Vermögenswerte, Schulden und Eventualschulden sowie des Geschäfts- oder Firmenwertes bzw. passiven Unterschiedsbetrages bis zum Ablauf von 12 Monaten nach dem Erwerbszeitpunkt korrigiert werden (IFRS 3.62). Nach 12 Monaten ist

IAS 8 anzuwenden, d.h. die Anpassung ist als eine Korrektur eines Fehlers anzusehen (IFRS 3.63).

Wenn ein im Rahmen der Erstkonsolidierung nicht als Vermögenswert angesetzter steuerlicher Verlustvortrag oder andere latente Steuern in den Folgejahren zu einer Steuerentlastung führt, so ist diese Entlastung als Steuerertrag gemäß IAS 12 erfolgswirksam anzusetzen. Außerdem ist ein ausgewiesener Geschäfts- oder Firmenwert um den Betrag zu kürzen, um den er geringer ausgefallen wäre, wenn die latenten Steuern bereits bei der Erstkonsolidierung als Vermögenswert angesetzt worden wären. Diese Reduzierung des Buchwertes des Geschäfts- oder Firmenwertes ist als Aufwand darzustellen, so daß sich eine erfolgsneutrale Verrechnung des realisierten Steuervorteils ergibt. Diese Vorgehensweise darf nicht zu einem Unterschied gemäß IFRS 3.56 (Negativer Geschäfts- oder Firmenwert) führen (IFRS 3.65).

b) Kapitalkonsolidierung bei Interessenzusammenführung

IFRS 3 läßt die Interessenzusammenführungsmethode (pooling-of-interests method) nicht zu.

c) Konsolidierungsvorgang

Konzerninterne Transaktionen (Schuldenkonsolidierung, Aufwands- und Ertragskonsolidierung und Zwischenergebniseliminierung)
Forderungen und Schulden sowie Transaktionen zwischen den konsolidierten Unternehmen sowie Erträge und Aufwendungen sind in voller Höhe zu eliminieren (IAS 27.24).
Zeitliche Ergebnisunterschiede aus der Eliminierung von unrealisierten Gewinnen und Verlusten aus konzerninternen Transaktionen sind gemäß IAS 12 zu behandeln (IAS 27.25).

Abschlußstichtag
Die Abschlüsse des Mutterunternehmens und der Tochterunternehmen, die in den Konzernabschluß einbezogen werden, sind zum gleichen Stichtag zu erstellen. Wenn diese Daten voneinander abweichen, hat das Tochterunternehmen einen zusätzlichen Abschluß zum Stichtag des Konzernabschlusses zu erstellen, sofern es nicht unpraktikabel ist (IAS 27.26). Wird ein Abschluß mit einem abweichenden Stichtag verwandt, sind Anpassungen für wesentliche Geschäftsvorfälle oder andere Ereignisse zwischen den Stichtagen vorzunehmen. Der zeitliche Abstand zwischen den Stichtagen darf höchstens drei Monate betragen (IAS 27.27).

Einheitliche Bewertung
Konzernabschlüsse sind unter Anwendung von einheitlichen Bilanzierungs- und Bewertungsmethoden zu erstellen, d.h. ähnliche Geschäftsvorfälle und Sachverhalte sind unter vergleichbaren Umständen gleich zu behandeln (IAS 27.28).

Beginn und Ende der Vollkonsolidierung

Erträge und Aufwendungen von Tochterunternehmen sind entsprechend IAS 22 ab dem Erwerbszeitpunkt in den Konzernabschluß einzubeziehen. Erträge und Aufwendungen von veräußerten Tochterunternehmen einschließlich der erfolgsneutral im Eigenkapital erfaßten Währungsumrechnungsdifferenzen gemäß IAS 21 sind bis zum Veräußerungszeitpunkt in den Konzernabschluß einzubeziehen, d.h. dem Zeitpunkt, an dem die Beherrschung durch das Mutterunternehmen endet (IAS 27.30).

Sobald ein Unternehmen nicht mehr als Tochterunternehmen zu betrachten ist und kein assoziiertes Unternehmen oder Gemeinschaftsunternehmen wird, ist IAS 39 anzuwenden (IAS 27.31). Der Buchwert ist anschließend als Anschaffungswert gemäß IAS 39 anzusetzen (IAS 27.32).

Anteile anderer Gesellschafter

Minderheitsanteile am Reinvermögen konsolidierter Tochterunternehmen sind in der Konzernbilanz innerhalb des Eigenkapitals in einer gesonderten Zeile auszuweisen. Minderheitsanteile an dem Ergebnis des Konzerns sind ebenfalls getrennt auszuweisen (IAS 27.22 und 27.33).

Falls die auf die Minderheitsanteilseigner entfallenden Verluste eines konsolidierten Tochterunternehmens das anteilige Eigenkapital dieser Anteilseigner übersteigen, sind die übersteigenden Beträge mit dem Eigenkapital des Mehrheitsanteilseigners zu verrechnen, es sei denn, die Minderheitsanteilseigner sind verpflichtet und in der Lage, die anteiligen Verluste des Tochterunternehmens auszugleichen. Wenn das Tochterunternehmen in Zukunft Gewinne ausweist, sind den Mehrheitsanteilseignern solange Gewinne zuzuweisen, bis die den Mehrheitsanteilseignern vorher zugewiesenen Verlustanteile der Minderheitsanteilseigner ausgeglichen sind (IAS 27.35).

Angaben

Es sind folgende Angaben zu machen:
- die Tatsache, daß ein Tochterunternehmen nicht gemäß IAS 27.16 konsolidiert wurde,
- die Art der Beziehung zwischen dem Mutterunternehmen und einem Tochterunternehmen, wenn dem Mutterunternehmen direkt oder indirekt nicht mehr als die Hälfte der Stimmrechte zuzurechnen ist,
- die Gründe, warum, trotz des direkten oder indirekten Besitzes von mehr als der Hälfte der Stimmrechte oder potentiellen Stimmrechte, das Mutterunternehmen keinen beherrschenden Einfluß ausübt,
- die Angabe von abweichenden Abschlußstichtagen von Tochterunternehmen und die Gründe dafür,
- Art und Umfang von erheblichen Beschränkungen bei der Fähigkeit der Tochterunternehmen, an das Mutterunternehmen Bardividenden zu überweisen oder Kredite zurückzuzahlen (IAS 27.40).

Wenn gemäß IAS 37.10 das Unternehmen nur einen Einzelabschluß erstellt, ist folgendes anzugeben:
- Die Tatsache, daß es sich um einen Einzelabschluß handelt und die Befreiungsvorschriften in Anspruch genommen wurde, Name und Land des Mutterunternehmens, in dessen Konzernabschluß nach IFRS das Unternehmen einbezogen wurde sowie die Anschrift, wo dieser Konzernabschluß veröffentlicht ist,

- Liste der wesentlichen Tochterunternehmen, Gemeinschaftsunternehmen und assoziierten Unternehmen mit Angabe des Namens, Landes, der Beteiligungsquote und
 - soweit abweichend - der Stimmrechtsquote,
- Beschreibung der Bilanzierungsmethode für die vorgenannten Unternehmen (IAS 27.41).

d) Angaben bei Unternehmenszusammenschlüssen

Es sind Angaben zu machen, die es den Abschlußlesern erlauben, die Art und die finanziellen Auswirkungen der während der Berichtsperiode und nach dem Abschlußstichtag, aber vor der Veröffentlichung des Abschlusses erfolgten Unternehmenszusammenschlüsse zu beurteilen (IFRS 3.66). Aus diesem Grund sind folgende Informationen zu veröffentlichen:
- Namen und Beschreibungen der zusammengeschlossenen Unternehmen oder Geschäftsbetriebe,
- Erwerbszeitpunkt,
- Prozentsatz der erworbenen stimmberechtigten Eigenkapitalinstrumente,
- Anschaffungskosten des Unternehmenserwerbs und Zusammensetzung der Anschaffungskosten einschließlich der Anschaffungsnebenkosten. Wenn Eigenkapitalinstrumente als Gegenleistung für die Anschaffungskosten ausgegeben wurden:
  - Anzahl der ausgegebenen oder noch auszugebenden Eigenkapitalinstrumente und
  - beizulegender Zeitwert dieser Instrumente sowie die zugrunde liegenden Bewertungsannahmen. Falls kein veröffentlichter Börsenkurs vorliegt, sind die wesentlichen Bewertungsannahmen anzugeben. Falls ein veröffentlichter Börsenkurs vorliegt, dieser aber nicht verwandt wurde, sind die Gründe dafür, die Bewertungsmethode und die wesentlichen Bewertungsannahmen sowie der Unterschied zum veröffentlichten Börsenkurs anzugeben,
- Einzelheiten zu den Geschäftsbereichen, die nach dem Unternehmenszusammenschluß aufgegeben werden sollen,
- zum Erwerbszeitpunkt angesetzte Werte für jede Gruppe von Vermögenswerten, Schulden und Eventualschulden, Buchwerte jeder Gruppe, bewertet nach IFRS vor dem Unternehmenszusammenschluß. Falls dies undurchführbar ist, sind die Gründe hierfür anzugeben,
- gemäß IFRS 3.56 erfolgswirksam vereinnahmter negativer Unterschiedsbetrag (negativer Geschäfts- oder Firmenwert) und in welchem Posten der Gewinn- und Verlustrechnung er enthalten ist,
- Beschreibung der Faktoren, die die Anschaffungskosten beeinflußt haben, daß ein Geschäfts- oder Firmenwert angesetzt wurde oder ein passiver Unterschiedsbetrag erfolgswirksam verrechnet wurde,
- Betrag des im konsolidierten Ergebnis enthaltenen Gewinnes oder Verlustes des erworbenen Unternehmens seit dem Erwerbszeitpunkt. Falls diese Angaben undurchführbar sind, sind die Gründe dafür anzugeben (IFRS 3.67).

Die Angaben sind für jeden einzelnen Unternehmenserwerb getrennt zu machen; für unwesentliche Unternehmenserwerbe können sie zusammengefaßt werden (IFRS 3.68).

Konnte die Aufteilung des Kaufpreises nur vorläufig erfolgen, ist das anzugeben und zu begründen (IFRS 3.69).

Die konsolidierten Umsätze und Ergebnisse der zusammengeschlossenen Unternehmen der Berichtsperiode sind so anzugeben, als wäre der Zeitpunkt des Erwerbs am Anfang der Berichtsperiode gewesen. Falls dies undurchführbar ist, ist das zu begründen (IFRS 3.70).

Angaben gemäß IFRS 3.67 sind für jeden Unternehmenserwerb nach dem Bilanzstichtag, aber vor Veröffentlichung des Jahresabschlusses zu machen. Falls dies undurchführbar ist, ist das zu begründen (IFRS 3.71).

Es sind Angaben zu machen, die es den Abschlußlesern ermöglichen, die finanziellen Auswirkungen von Gewinnen, Verlusten, Korrekturen von Fehlern oder anderen Anpassungen im Geschäftsjahr zu beurteilen, die Unternehmenszusammenschlüsse im Berichtsjahr oder in den Vorjahren betreffen (IFRS 3.72). Um die in IFRS 3.72 genannten finanziellen Auswirkungen beurteilen zu können, sind folgende Angaben zu machen:
– Betrag und Erläuterung eines in der Berichtsperiode angesetzten Gewinnes oder Verlustes,
  • der sich auf identifizierbare Vermögenswerte, Schulden oder Eventualschulden bei einem in der Berichtsperiode oder Vorperiode getätigten Unternehmenserwerb bezieht und
  • der von solchem Umfang, Art oder Häufigkeit ist, daß eine Angabe für das Verstehen der Konzernertragslage relevant ist,
– Berichtigung und Erläuterung der im Vorjahr nur vorläufig erfolgten Erstkonsolidierung,
– Informationen über die Korrektur von Fehlern gemäß IAS 8 im Zusammenhang mit der Bilanzierung von Unternehmenszusammenschlüssen (IFRS 3.73).

Es sind Angaben zu machen, die es den Abschlußlesern erlauben, Änderungen des Buchwertes des Geschäfts- oder Firmenwertes während der Berichtsperiode zu beurteilen (IFRS 3.74). Aus diesem Grunde sind folgende Informationen zu veröffentlichen:
– Bruttobuchwert und kumulierte Verluste aus Wertminderungen zum Beginn der Berichtsperiode,
– Zugänge von Geschäfts- oder Firmenwerten, mit Ausnahme von Geschäfts- oder Firmenwerten, die zu Gruppen von Vermögenswerten gehören, die beim Erwerb als zur Veräußerung bestimmt waren,
– Anpassungen aufgrund des nachträglichen Ansatzes von aktiven latenten Steuern,
– Geschäfts- oder Firmenwerte, die zu einer Gruppe von Vermögenswerten gehören, die zur Veräußerung bestimmt sind, und Abgänge von Geschäfts- oder Firmenwerten, die vorher nicht in einer solchen Gruppe enthalten waren,
– Verluste aus Wertminderungen gemäß IAS 36,
– Währungsumrechnungsdifferenzen gemäß IAS 21,
– sonstige Veränderungen des Buchwertes,
– Bruttobuchwert und kumulierte Verluste aus Wertminderungen zum Ende der Berichtsperiode (IFRS 3.75).

Übergangsvorschriften

IFRS 3 ist auf Unternehmenszusammenschlüsse anzuwenden, deren Einigungszeitpunkt (agreement date) am oder nach dem 31. März 2004 lag (IFRS 3.78).

IFRS 3 ist auf vor dem 31. März 2004 entstandene Geschäfts- oder Firmenwerte prospektiv anzuwenden. Deshalb sind für ab oder nach dem 31. März 2004 beginnende Geschäftsjahre keine planmäßigen Abschreibungen mehr vorzunehmen, der Buchwert der kumulierten Abschreibungen von dem Geschäfts- oder Firmenwert zu kürzen und ein Werthaltigkeitstest des Geschäfts- oder Firmenwertes durchzuführen (IFRS 3.79).

Ein zum 31. März 2004 vorhandener negativer Geschäfts- oder Firmenwert ist zu Beginn des am oder nach dem 31. März 2004 beginnenden Geschäftsjahres gegen die Gewinnrücklagen aufzulösen (IFRS 3.81).

Vorgesehene Änderungen

Allgemeines

Im Juni 2005 veröffentlichte der IASB Amendment to IFRS 3 Business Combinations (ED IFRS 3) und Amendment to IAS 27 Consolidated and Separate Financial Statements (ED IAS 27).

Diese Exposure Drafts wurden im Rahmen des Business Combinations Project Phase II zeitgleich mit einem weitgehend wortgleichen Standardentwurf des FASB im Rahmen des Konvergenzprojektes veröffentlicht. Ziel der Phase II ist keine Revision, sondern eine Weiterentwicklung sowie eine weitestgehende Vereinheitlichung der Regelungen zur Abbildung von Unternehmenszusammenschlüssen nach IFRS und US-GAAP, wobei sich Phase II vor allem mit Anwendungsfragen der Erwerbsmethode (purchase method, in ED IFRS 3 in acquisition method umbenannt) beschäftigt.

Phase I des Business Combinations Project wurde mit IFRS 3 abgeschlossen und im März 2004 verabschiedet. Dieser Standard enthält grundsätzliche Regelungen zur Abbildung von Unternehmenszusammenschlüssen (z.B. Abschaffung der Interessenzusammenführungsmethode und Verbot der planmäßigen Abschreibung des Geschäfts- oder Firmenwertes) und ersetzt IAS 22 vollkommen.

Bis zum Ende der Kommentierungsfrist am 28. Oktober 2005 gingen beim IASB bzw. FASB 285 Kommentare zu ED IFRS 3 und 95 Kommentare zu ED IAS 27 ein. Sie werden zur Zeit vom Board beraten. Mit endgültigen Standards ist nicht vor Mitte 2007 zu rechnen.

Wesentliche Änderungen im einzelnen

Die bisher aus dem Anwendungsbereich des IFRS 3 ausgenommenen
- Zusammenschlüsse von Unternehmen auf Gegenseitigkeit (mutual entities) und
- Unternehmen, die nur vertraglich zu einer Berichtseinheit zusammengefaßt werden, ohne daß Anteile erworben wurden (dual listed companies),

sollen in IFRS 3 geregelt werden.

Ein Unternehmenszusammenschluß ist eine Transaktion oder ein anderes Ereignis, mit dem ein Erwerber die Kontrolle über ein oder mehrere Geschäftsbetriebe erhält (bisher: ein Unternehmenszusammenschluß ist die Zusammenführung von rechtlich selbständigen Unternehmen oder Geschäftseinheiten zu einer Berichtseinheit). Anstatt der Erwerbsmethode (purchase method) in Form der Neubewertungsmethode ist künftig die Akquisitionsmethode (acquisition method) in Form der full goodwill method anzuwenden. Dabei ist folgendermaßen vorzugehen:
- Identifizierung des Erwerbers,
- Bestimmung des Erwerbszeitpunktes (Zeitpunkt, zu dem der Erwerber die Kontrolle über das erworbene Unternehmen erhält),
- Ermittlung des beizulegenden Zeitwertes (fair value) des erworbenen Unternehmens,
- Ermittlung des beizulegenden Zeitwertes und Ausweis der erworbenen Vermögenswerte und Schulden.

Als Geschäfts- oder Firmenwert ist der Überschuß des Gesamt-fair-value des erworbenen Unternehmens über dessen Reinvermögen, bewertet mit dem beizulegenden Zeitwert und nicht zu den Anschaffungskosten, anzusetzen. Das bedeutet, daß der Anteil von Minderheiten am Gesamt-Geschäfts- oder Firmenwert ebenfalls zu aktivieren ist (full goodwill method). Ausgenommen von der Fair-value-Bewertung sind:
- Vermögenswerte im Anwendungsbereich von IFRS 5, die mit dem beizulegenden Zeitwert abzüglich Veräußerungskosten zu bewerten sind,
- latente Steueransprüche und Steuerschulden, die gemäß IAS 12 zu bewerten sind,
- Nutzungsrechte aus erworbenen Mietleasingverträgen, die im Rahmen des Kaufpreises nicht getrennt von deren Verpflichtungen zu erfassen sind, ebenso der Unternehmenszusammenschluß, der kein Ereignis für eine Neuklassifikation von Leasingverhältnissen darstellt,
- Vermögenswerte oder Schulden aus Versorgungsplänen für Arbeitnehmer, die nach IAS 19 zu bewerten sind.

Nebenkosten des Unternehmenserwerbs sind erfolgswirksam zu erfassen.

Bei der Erlangung oder dem Verlust der Kontrolle ist eine Neubewertung vorzunehmen. Die Wertdifferenzen sind erfolgswirksam zu erfassen.

Beteiligungsänderungen ohne Verlust der Kontrolle sind erfolgsneutral zu erfassen.

Bei einem sukzessiven Anteilserwerb entfällt aufgrund der full goodwill method die stufenweise Ermittlung des Geschäfts- oder Firmenwertes.

4. Gemeinschaftsunternehmen (joint ventures) – Anteilmäßige Konsolidierung

a) Anwendungsbereich

IAS 31 ist nicht auf Anteile, die von Wagniskapitalgesellschaften, Investmentfonds, Unit Trusts und ähnlichen Gesellschaften einschließlich fondsgebundene Versicherungen oder die als zu Handelszwecken gehalten werden, anzuwenden. Auf diese Anteile ist IAS 39 anzuwenden (IAS 31.1).

Ein Partnerunternehmen an einem Gemeinschaftsunternehmen braucht seine Anteile nicht nach IAS 31.30 und IAS 31.38 zu konsolidieren, wenn
- die Anteile mit der Absicht erworben wurden und gehalten werden, sie innerhalb von 12 Monaten zu veräußern, und das bilanzierende Unternehmen aktiv nach einem Käufer sucht,
- die Ausnahmeregelung in IAS 27.10, die einem Mutterunternehmen eines Gemeinschaftsunternehmens erlaubt, keinen Konzernabschluß aufzustellen, zutrifft oder
- sämtliche folgenden Tatbestände zutreffen:
  - das Partnerunternehmen an dem Gemeinschaftsunternehmen gehört vollständig einem übergeordneten Mutterunternehmen oder teilweise einem übergeordneten Mutterunternehmen und die anderen Eigentümer einschließlich der nicht stimmberechtigten sind darüber informiert worden und haben keine Einwendungen dagegen,
  - Eigen- und Fremdkapitalinstrumente des Partnerunternehmens an dem Gemeinschaftsunternehmen werden nicht an einem öffentlichen Markt (nationale oder ausländische Börse oder Freiverkehrsmarkt, einschließlich lokale und regionale Märkte) gehandelt,
  - das Partnerunternehmen an dem Gemeinschaftsunternehmen bereitet keinen Börsengang vor,
  - das oberste oder ein zwischengeschaltetes Mutterunternehmen veröffentlicht Konzernabschlüsse nach IFRS (IAS 31.2).

b) Bilanzierung

Gemeinschaftsunternehmen (joint ventures), d.h. Unternehmen, die eine gemeinsame Leitung haben (jointly controlled entity), sind anteilsmäßig zu konsolidieren (IAS 31.30). Alternativ ist für die Bilanzierung von Anteilen an einem Gemeinschaftsunternehmen die Equity-Methode gestattet (IAS 31.38). Sobald die gemeinsame Leitung oder der maßgebliche Einfluß entfallen, ist die Equity-Methode aufzugeben (IAS 31.41).

Ausnahmen von der anteilmäßigen Konsolidierung und der Equity-Methode
Anteile an Gemeinschaftsunternehmen, die mit der Absicht erworben wurden und gehalten werden, sie innerhalb von 12 Monaten zu veräußern und für die das bilanzierende Unternehmen aktiv nach einem Käufer sucht, sind nach IAS 39 zu bilanzieren (IAS 31.42).

Sobald ein unter gemeinsamer Leitung stehendes Unternehmen (jointly controlled entity) ein Tochterunternehmen wird, ist nach IAS 27 zu bilanzieren und sobald es ein assoziiertes Unternehmen wird, ist nach IAS 28 zu bilanzieren (IAS 31.45).

c) Geschäftsvorfälle zwischen einem Partnerunternehmen und einem Gemeinschaftsunternehmen

Werden Vermögenswerte von einem Partnerunternehmen in ein Gemeinschaftsunternehmen eingebracht oder an das Gemeinschaftsunternehmen verkauft, haben die Gewinne oder Verluste aus der Transaktion die tatsächlichen wirtschaftlichen Verhältnisse widerzuspiegeln. Solange die Vermögenswerte beim Gemeinschaftsunternehmen verbleiben und die mit dem Eigentum verbundenen wesentlichen Risiken und Chancen auf das Gemeinschaftsunternehmen übergegangen sind, darf das Partnerunternehmen einen Gewinn oder Verlust aus der Transaktion nur insoweit ausweisen, als er nicht auf seinen Anteil am Gemeinschaftsunternehmen entfällt. Das Partnerunternehmen hat einen Verlust aus der Einbringung oder dem Verkauf in vollem Umfang zu erfassen, wenn durch die Transaktion eine Minderung des Nettoveräußerungswertes eines kurzfristigen Vermögenswertes oder ein Verlust aus Wertminderung erkennbar geworden ist (IAS 31.48). Nähere Erläuterungen hierzu enthält SIC-13.5-7.

Erwirbt ein Partnerunternehmen Vermögenswerte von dem Gemeinschaftsunternehmen, darf er seine daraus sich ergebenden Anteile am Gewinn erst nach Weiterverkauf an einen fremden Dritten realisieren. Bei Verlust ist genauso zu verfahren, sofern nicht eine Minderung des Nettoveräußerungswertes von kurzfristigen Vermögenswerten oder ein Verlust aus Wertminderung vorliegt (IAS 31.49).

d) Angaben

Ein Partnerunternehmen hat die folgenden Eventualschulden, sofern deren Inanspruchnahme nicht als sehr gering anzusehen ist, gesondert von den anderen Eventualschulden auszuweisen:
- Eventualschulden, die der Partner im Zusammenhang mit seinem Anteil am Gemeinschaftsunternehmen eingegangen ist und seinen Anteil an den gemeinsam mit anderen Partnerunternehmen des Gemeinschaftsunternehmens eingegangenen Eventualschulden,
- der Anteil an den Eventualschulden des Gemeinschaftsunternehmens, für die es eventuell zu haften hat, und
- Eventualschulden, die daraus entstehen, daß das Partnerunternehmen für Verpflichtungen der anderen Partnerunternehmen ggf. haften muß (IAS 31.54).

Ein Partnerunternehmen hat jeweils den Gesamtbetrag der folgenden Verpflichtungen in Höhe des Anteils am Gemeinschaftsunternehmen, gesondert von den anderen Verpflichtungen, anzugeben:
- Investitions- oder Einzahlungsverpflichtungen des Partners im Zusammenhang mit seinen Anteilen an Gemeinschaftsunternehmen und der anteilige Gesamtbe-

trag entsprechender Verpflichtungen, die es gemeinsam mit anderen Partnerunternehmen eingegangen ist, und
- der Anteil an den Investitions- oder Einzahlungsverpflichtungen des Gemeinschaftsunternehmens selbst (IAS 31.55).

Die Anteile eines Partnerunternehmens an wesentlichen Gemeinschaftsunternehmen sind mit Nennung der Anteilsquoten anzugeben und zu beschreiben. Wird eine Quotenkonsolidierung der einzelnen Posten oder eine Equity-Konsolidierung vorgenommen, dann ist der Gesamtbetrag der kurzfristigen Vermögenswerte, der langfristigen Vermögenswerte, der kurzfristigen Schulden, der langfristigen Schulden, der Erträge und Aufwendungen quotal anzugeben (IAS 31.56).

Ein Partnerunternehmen hat die angewandte Bilanzierungsmethode für die Anteile an Gemeinschaftsunternehmen anzugeben (IAS 31.57).

Vorgesehene Änderungen

Das Thema ist Teil des kurzfristigen Konvergenzprojektes des IASB mit dem FASB. Wahrscheinlich wird das Wahlrecht zwischen der Anwendung der Quotensaldierung und der Equity-Methode abgeschafft und es wird nur noch die Equity-Methode zulässig sein. Ein Exposure Draft wird in absehbarer Zeit erwartet.

5. Assoziierte Unternehmen – Equity-Bewertung

a) Anwendungsbereich

IAS 28 ist nicht auf Anteile, die von Wagniskapitalgesellschaften, Investmentfonds, Unit Trusts und ähnlichen Gesellschaften einschließlich fondsgebundener Versicherungen oder die als zu Handelszwecken gehalten werden, anzuwenden. Auf diese Anteile ist IAS 39 anzuwenden (IAS 28.1).

b) Definitionen

Ein assoziiertes Unternehmen ist ein Unternehmen, einschließlich einer Nicht-Kapitalgesellschaft wie einer Personengesellschaft, auf das der Anteilseigner maßgeblichen Einfluß hat und das weder ein Tochterunternehmen noch ein Gemeinschaftsunternehmen des Anteilseigners ist.

Maßgeblicher Einfluß ist die Möglichkeit, an den finanz- und geschäftspolitischen Entscheidungen des assoziierten Unternehmens mitzuwirken, ohne einen beherrschenden Einfluß oder gemeinsam einen beherrschenden Einfluß ausüben zu können (IAS 28.2).

Maßgeblicher Einfluß wird widerlegbar vermutet, wenn der Anteilseigner direkt oder indirekt mindestens 20% der Stimmrechte hält. Die Mehrheitsbeteiligung eines ande-

ren Unternehmens schließt die Möglichkeit eines maßgeblichen Einflusses nicht aus (IAS 28.6).
Der Nachweis des maßgeblichen Einflusses eines Anteilseigners ist in der Regel bei Vorliegen eines oder mehrerer der folgenden Sachverhalte anzunehmen:
- Zugehörigkeit zum Geschäfts- und/oder Aufsichtsorgan oder einem vergleichbaren Leitungsorgan,
- Mitwirkung an den Entscheidungsprozessen einschließlich Beschlüsse über Dividendenausschüttungen,
- wesentliche Geschäftsbeziehungen zwischen dem Anteilseigner und dem assoziierten Unternehmen,
- Austausch von Führungskräften oder
- Zurverfügungstellung von wesentlichen technischen Informationen (IAS 28.7).

c) Anwendung der Equity-Methode

Anteile an einem assoziierten Unternehmen sind nach der Equity-Methode zu bewerten, es sei denn
- es ist offensichtlich, daß die Anteile ausschließlich mit der Absicht erworben wurden und gehalten werden, sie innerhalb von 12 Monaten nach dem Erwerb zu verkaufen, und die Unternehmensleitung aktiv nach einem Käufer sucht,
- die Ausnahmeregelung von IAS 27.10 zur Anwendung kommt, die einem Mutterunternehmen, das Anteile an einem assoziierten Unternehmen hält, erlaubt, keinen Konzernabschluß zu veröffentlichen, oder
- alle folgenden Tatbestände zutreffen:
  • es handelt sich um ein Mutterunternehmen, das vollständig oder teilweise einem übergeordneten Mutterunternehmen gehört und die anderen Anteilseigner einschließlich der nicht stimmberechtigten sind darüber informiert worden und haben keine Einwendungen dagegen,
  • Eigen- und Fremdkapitalinstrumente des Anteilseigners werden nicht an einem öffentlichen Markt gehandelt (nationale oder ausländische Börse oder Freiverkehrsmarkt, einschließlich lokale oder regionale Märkte),
  • der Anteilseigner bereitet keinen Börsengang vor,
  • das oberste oder ein zwischengeschaltetes Mutterunternehmen veröffentlicht Konzernabschlüsse nach IFRS (IAS 28.13).

Die Equity-Methode ist von dem Zeitpunkt an nicht mehr anzuwenden, an dem der maßgebliche Einfluß auf das assoziierte Unternehmen wegfällt. Es ist dann gemäß IAS 39 zu bilanzieren, sofern es kein Tochterunternehmen oder Gemeinschaftsunternehmen wird (IAS 28.18). Von diesem Zeitpunkt an ist der Buchwert als Anschaffungskosten anzusehen (IAS 28.19).
Gewinne oder Verluste aus Upstream-Transaktionen (z.B. Verkäufe von Vermögenswerten eines assoziierten Unternehmens an einen Anteilseigner) und Downstream-Transaktionen (z.B. Verkäufe von Vermögenswerten eines Anteilseigners an ein assoziiertes Unternehmen) zwischen einem Anteilseigner (einschließlich seiner konsolidierten Tochterunternehmen) und einem assoziierten Unternehmen sind im Abschluß des Anteilseigners in Höhe des Anteils am Gewinn oder Ver-

lust des assoziierten Unternehmens aus solchen Transaktionen zu eliminieren (IAS 28.22).

Die Equity-Methode ist von dem Zeitpunkt an anzuwenden, an dem das Unternehmen als assoziiertes Unternehmen anzusehen ist. Bei dem Erwerb der Beteiligung ist der Unterschied (positiv oder negativ) zwischen den Anschaffungskosten und dem auf den Anteilseigner entfallenden Anteil am beizulegenden Zeitwert des Reinvermögens als Geschäfts- oder Firmenwert (siehe IFRS 3) zu behandeln. Der Geschäfts- oder Firmenwert für ein assoziiertes Unternehmen ist im Buchwert der Anteile enthalten. Sachgerechte Anpassungen auf den Ergebnisanteil des Anteilseigners sind z.B. für die Abschreibung der abschreibungsfähigen am Erwerbszeitpunkt zum beizulegenden Zeitwert bewerteten Vermögenswerte zu machen (IAS 28.23).

Für die Anwendung der Equity-Methode ist der letzte verfügbare Abschluß des assoziierten Unternehmens heranzuziehen.Bei unterschiedlichem Abschlußstichtag hat das assoziierte Unternehmen einen Zwischenabschluß zum Abschlußstichtag des Anteilseigners zu erstellen, es sei denn, dies ist undurchführbar (IAS 28.24). Werden Abschlüsse mit unterschiedlichen Stichtagen verwendet, dann sind für die Auswirkungen von bedeutenden Geschäftsvorfällen oder Ereignissen, die zwischen den Stichtagen liegen, Korrekturen vorzunehmen. Die Stichtage dürfen nicht mehr als drei Monate voneinander abweichen. Die Dauer der Berichtsperioden und die Abweichungen zwischen den Stichtagen müssen unverändert bleiben (IAS 28.25).

Wendet das assoziierte Unternehmen abweichende Bilanzierungs- und Bewertungsmethoden für ähnliche Geschäftsvorfälle und Ereignisse unter vergleichbaren Umständen als der Anteilseigner an, sind bei dem assoziierten Unternehmen in der Handelsbilanz II Anpassungen an die von dem Anteilseigner üblicherweise angewandte Bewertung vorzunehmen (IAS 28.26-27).

Erreicht oder übersteigt der anteilige Verlust den Wert des Beteiligungsanteils, dann werden beim Anteilseigner keine Verluste mehr angesetzt. Der Wert des Beteiligungsanteils entspricht dem nach der Equity-Methode ermittelten Buchwert des assoziierten Unternehmens zuzüglich langfristiger Forderungen sowie ähnlicher Rechte (IAS 28.29). Falls der Anteilseigner rechtliche oder faktische Verpflichtungen eingegangen ist oder Zahlungen für das assoziierte Unternehmen geleistet hat, ist jedoch eine entsprechende Rückstellung zu bilden (IAS 28.30).

Falls Anzeichen für einen Verlust aus Wertminderung vorliegen, ist IAS 36 anzuwenden (IAS 28.31-34).

d) Angaben

Es sind anzugeben:
- der beizulegende Zeitwert der Anteile an assoziierten Unternehmen, für die öffentlich notierte Marktpreise existieren,
- zusammengefaßte Finanzinformationen über die assoziierten Unternehmen, einschließlich zusammengefaßter Beträge der Vermögenswerte, Schulden, Umsatzerlöse und Gewinne oder Verluste,
- die Gründe dafür, daß das Unternehmen trotz eines Anteils von weniger als 20% der Stimmrechte einen maßgeblichen Einfluß ausüben kann,

- die Gründe dafür, daß das Unternehmen trotz eines Anteils von mindestens 20% der Stimmrechte keinen maßgeblichen Einfluß ausüben kann,
- abweichende Stichtage bei Abschlüssen von assoziierten Unternehmen und deren Begründung,
- die Art und das Ausmaß von bestehenden wesentlichen Beschränkungen beim Finanzmitteltransfer zum Mutterunternehmen,
- nicht erfaßte Verluste von assoziierten Unternehmen sowohl in der Berichtsperiode als auch kumuliert, wenn der Anteilseigner seinen Verlustanteil bei einem assoziierten Unternehmen nicht mehr ansetzt,
- zusammengefaßte Finanzinformationen einschließlich der Höhe der gesamten Vermögenswerte, Schulden, Erlöse und Gewinne oder Verluste über die assoziierten Unternehmen, die nicht gemäß IAS 28.13 nach der Equity-Methode bilanziert worden sind (IAS 28.37).

Bei Anwendung der Equity-Methode sind die Anteile an assoziierten Unternehmen als langfristige Vermögenswerte auszuweisen. Der Anteil des Anteilseigners am Ergebnis der assoziierten Unternehmen und der Buchwert dieser assoziierten Unternehmen sind gesondert auszuweisen.
Der Anteil des Anteilseigners an allen zur Veräußerung bestimmten Geschäftsbereichen ist ebenfalls gesondert anzugeben (IAS 28.38).
Der Anteil des Anteilseigners an erfolgsneutralen Eigenkapitalveränderungen der assoziierten Unternehmen ist in der Eigenkapitalveränderungsrechnung des Anteilseigners zu zeigen (IAS 28.39).
Der Anteilseigner hat in Übereinstimmung mit IAS 37 folgendes anzugeben:
- seinen Anteil an den Eventualschulden, die er gemeinsam mit anderen Anteilseignern eingegangen ist,
- solche Eventualschulden, die entstehen, weil der Anteilseigner allein für alle oder einzelne Schulden des assoziierten Unternehmens haftet (IAS 28.40).

6. Währungsumrechnung ausländischer Abschlüsse

a) Definitionen

Funktionale Währung ist die Währung des primären wirtschaftlichen Umfeldes, in dem das Unternehmen tätig ist, d.h.
- die Währung, die den größten Einfluß auf die Verkaufspreise seiner Waren und Dienstleistungen hat,
- die Währung des Landes, dessen Wettbewerbskräfte und Bestimmungen die Preise der Waren und Dienstleistungen überwiegend beeinflussen,
- die Währung, die den größten Einfluß auf die Lohn-, Material- und sonstigen Kosten hat.

Berichtswährung ist die Währung, in der die Abschlüsse veröffentlicht werden.

Ein ausländischer Geschäftsbetrieb ist ein Tochterunternehmen, ein assoziiertes Unternehmen, ein Gemeinschaftsunternehmen (joint venture) oder eine Niederlassung des berichtenden Unternehmens, dessen Geschäftstätigkeit in einem anderen Land angesiedelt oder in einer anderen Währung ausgeübt wird oder sich auf ein anderes Land oder eine andere Währung als die des berichtenden Unternehmens erstreckt (IAS 21.8-9).

b) Umrechnung von der funktionalen Währung in die Berichtswährung

Abschlüsse sind von der jeweiligen funktionalen Währung in die Berichtswährung umzurechnen. Vermögenswerte und Schulden sind mit dem Stichtagskurs, Erträge und Aufwendungen mit dem Kurs des Geschäftsvorfalls umzurechnen und Währungsumrechnungsdifferenzen sind in einem gesonderten Posten des Eigenkapitals zu erfassen (IAS 21.39). Aus Gründen der Praktikabilität ist die Verwendung von Durchschnittskursen der Periode bei den Erträgen und Aufwendungen zulässig, sofern nicht wesentliche Kursschwankungen vorliegen (IAS 21.40).

Falls die funktionale Währung die eines Hochinflationslandes ist, sind bei der Umrechnung in die Berichtswährung (Hartwährungsabschluß) alle Posten des Abschlusses mit dem Stichtagskurs der letzten Bilanz umzurechnen; Vorjahresvergleichszahlen sind nicht anzupassen (IAS 21.42). Abschlüsse aus Hochinflationsländern sind – bevor das Unternehmen IAS 21.42 anwendet – gemäß IAS 29 anzupassen und anschließend umzurechnen (IAS 21.43).

c) Umrechnung eines ausländischen Geschäftsbetriebs

Der aus dem Erwerb eines ausländischen Geschäftsbetriebs entstandene Geschäfts- oder Firmenwert und die Anpassung der Buchwerte an die beizulegenden Zeitwerte sind in der funktionalen Währung des ausländischen Geschäftsbetriebs zu führen und zum Stichtagskurs gemäß IAS 21.39 und 21.42 umzurechnen (IAS 21.47).

d) Abgang eines ausländischen Geschäftsbetriebs

Beim Abgang eines ausländischen Geschäftsbetriebs sind die kumulierten Umrechnungsdifferenzen, die bis zu diesem Zeitpunkt als separater Bestandteil des Eigenkapitals abgegrenzt wurden und die sich auf diesen ausländischen Geschäftsbetrieb beziehen, im Ergebnis der gleichen Periode zu erfassen, in der auch der Gewinn oder Verlust aus dem Abgang erfaßt wird (IAS 21.48).

e) Angaben

Es sind anzugeben (Angaben betreffen teilweise auch die Währungsumrechnung von Geschäftsvorfällen in fremder Währung):

- die im Ergebnis erfaßten Währungsumrechnungsdifferenzen, ohne die Währungsumrechnungsdifferenzen aus Finanzinstrumenten, die erfolgswirksam mit dem beizulegenden Zeitwert bewertet werden,
- die im Eigenkapital gesondert ausgewiesenen Währungsumrechnungsdifferenzen und die Entwicklung dieses Postens in der Berichtsperiode (IAS 21.52).

Falls die Berichtswährung von der funktionalen Währung des Unternehmens abweicht, ist dies zu begründen und die funktionale Währung anzugeben. Der Grund, der zu einem Wechsel der Berichtswährung geführt hat, ist ebenfalls anzugeben (IAS 21.53-54).

f) Übergangsvorschriften

IAS 21.47 gilt für alle Akquisitionen, die nach dem Beginn des Geschäftsjahres erfolgen, in dem der Standard erstmals angewandt wird. Eine retrospektive Anwendung von IAS 21.47 ist zulässig (IAS 21.59). Alle anderen Änderungen, die aus der Anwendung dieses Standards erfolgen, sind in Einklang mit IAS 8 zu behandeln (IAS 21.60).

VI. Zusätzliche Angaben und Informationen

1. Anhang bzw. Angabepflichten (notes)

Die IAS enthalten eine Vielzahl von Angabepflichten. Hierbei handelt es sich um zusätzliche Angaben zur Ergänzung und Erläuterung der übrigen Teile des Abschlusses sowie um zusätzliche Informationen. Die Angabepflichten sind in den einzelnen vorhergehenden Abschnitten enthalten.

2. Kapitalflußrechnung

a) Pflichtbestandteil des Abschlusses

Eine Kapitalflußrechnung ist Pflichtbestandteil eines Abschlusses (IAS 7.1). Anhang A von IAS 7 enthält je ein Beispiel der direkten und indirekten Methode zur Erläuterung.

b) Definitionen

Als Zahlungsmittel werden im folgenden Barmittel und Sichteinlagen und als Zahlungsmitteläquivalente kurzfristige äußerst liquide Anlagen, die jederzeit in bestimmte Zahlungsmittelbeträge umgewandelt werden können und die nur einem unbedeutenden Kursrisiko unterliegen, bezeichnet (IAS 7.6).

Zahlungsmitteläquivalente werden gehalten, um kurzfristigen Zahlungsverpflichtungen nachkommen zu können; sie sind keine Finanzinvestitionen. Grundsätzlich sind Finanzinvestitionen nur dann den Zahlungsmitteläquivalenten zuzuordnen, wenn sie zum Erwerbszeitpunkt eine Restlaufzeit von drei Monaten oder weniger aufweisen. Aktien oder andere Eigenkapitaltitel gehören nicht zu den Zahlungsmitteläquivalenten, es sei denn, sie können materiell als Zahlungsmitteläquivalente angesehen werden (z.B. Vorzugsaktien, die kurz vor ihrer Fälligkeit erworben wurden und für die es einen festgelegten Rückzahlungstermin gibt) (IAS 7.7).

Verbindlichkeiten gegenüber Kreditinstituten gehören in der Regel zu der Finanzierungstätigkeit. Kurzfristige Banküberziehungskredite können ein negativer Bestandteil der Zahlungsmittel und Zahlungsmitteläquivalente sein, insbesondere wenn ein stetiger Wechsel zwischen Soll- und Habensalden vorliegt (IAS 7.8).

c) Darstellung einer Kapitalflußrechnung

In der Kapitalflußrechnung sind die Mittelzuflüsse und -abflüsse (cash flows) getrennt nach
- laufender Geschäftstätigkeit (operating activities),
- Investitionstätigkeit (investing activities) und
- Finanzierungstätigkeit (financing activities) darzustellen (IAS 7.10).

Eine bestimmte Gliederung innerhalb der einzelnen Bereiche ist nicht vorgeschrieben. Die Darstellung der Mittelzuflüsse und -abflüsse hat in einer der wirtschaftlichen Betätigung des Unternehmens angemessenen Weise zu erfolgen (IAS 7.11).

Laufende Geschäftstätigkeit
Beispiele für Mittelzuflüsse und -abflüsse aus laufender Geschäftstätigkeit sind:
- Zahlungseingänge aus dem Verkauf von Waren und der Erbringung von Dienstleistungen,
- Zahlungseingänge aus Lizenzen, Honoraren, Provisionen und sonstigen Erlösen,
- Zahlungsausgänge an Lieferanten,
- Lohn- und Gehaltszahlungen,
- Zahlungsein- und -ausgänge von Versicherungsunternehmen für Prämien und Schadensregulierungen, Renten und andere Versicherungsleistungen,
- Zahlungen oder Rückerstattungen von Ertragsteuern, wenn diese nicht direkt der Finanzierungs- und Investitionstätigkeit zuzuordnen sind, und
- Zahlungseingänge und -ausgänge aus Verträgen, die für Handelszwecke abgeschlossen wurden (IAS 7.14).

Mittelzuflüsse und -abflüsse aus dem Kauf oder Verkauf von Wertpapieren, die zu Handels- oder Spekulationszwecken gehalten werden, betreffen die laufende Geschäftstätigkeit (IAS 7.15).

Investitionstätigkeit
Beispiele für Mittelzuflüsse und -abflüsse aus Investitionstätigkeit sind:
- Zahlungen für Sachanlagen, immaterielle und sonstige langfristige Vermögenswerte, einschließlich aktivierter Entwicklungskosten und selbsterstellter Anlagen,
- Zahlungseingänge aus dem Verkauf von Sachanlagen, immateriellen und sonstigen langfristigen Vermögenswerten,
- Zahlungen für den Erwerb von Finanzanlagen,
- Zahlungseingänge aus der Veräußerung von Finanzanlagen,
- Kredite und Darlehen an Dritte,
- Rückzahlungen von an Dritte gewährten Krediten und Darlehen,
- Zahlungsausgänge aus Termin-, Devisentermin-, Options- und Swap-Geschäften, ausgenommen wenn die Verträge für Handelszwecke abgeschlossen wurden oder die Zahlungen als eine Finanzierungstätigkeit zu betrachten sind,
- Zahlungseingänge aus Termin-, Devisentermin-, Options- und Swap-Geschäften, ausgenommen wenn die Verträge für Handelszwecke abgeschlossen wurden oder die Zahlungen als eine Finanzierungstätigkeit zu betrachten sind.

Bei einem Sicherungsgeschäft (hedge) für ein bestimmbares Grundgeschäft sind die Mittelzuflüsse und -abflüsse aus dem Sicherungsgeschäft dem Grundgeschäft zuzuordnen (IAS 7.16).

Finanzierungstätigkeit
Beispiele für Mittelzuflüsse und -abflüsse aus Finanzierungstätigkeit sind:
- Mittelzuflüsse aus Kapitalerhöhungen,
- Mittelabflüsse aus Kapitalrückzahlungen,
- Mittelzuflüsse aus kurz- oder langfristigen Krediten,
- Mittelabflüsse aus Kredittilgungen und
- Mittelabflüsse beim Leasingnehmer zur Tilgung der Verbindlichkeiten aus Finanzierungsleasing (IAS 7.17).

d) Mittelzuflüsse und -abflüsse aus der laufenden Geschäftstätigkeit

Die Mittelzuflüsse und -abflüsse aus der laufenden Geschäftstätigkeit können
- nach der direkten Methode, wobei die wesentlichen Arten der Mittelzu- und -abflüsse brutto zu zeigen sind, oder
- nach der indirekten Methode, wobei das Periodenergebnis um die zahlungsunwirksamen Vorgänge (z.B. Abschreibungen, Rückstellungen, latente Steuern, nicht realisierte Gewinne und Verluste aus der Währungsumrechnung, nicht ausgeschüttete Gewinne von assoziierten Unternehmen und Minderheitenanteile), die Veränderungen der Vorräte, Forderungen aus der laufenden Geschäftstätigkeit und Verbindlichkeiten aus der laufenden Geschäftstätigkeit und die Aufwendungen und Erträge, die mit der Investitions- und Finanzierungstätigkeit zusammenhängen, zu berichtigen ist,

berechnet werden (IAS 7.18, 7.20).

Es ist auch zulässig, bei der indirekten Methode den Netto-Cash-flow aus der laufenden Geschäftstätigkeit in der Weise darzustellen, indem die in der Gewinn- und Verlustrechnung ausgewiesenen Aufwendungen und Erträge und die Veränderungen der Vorräte, Forderungen aus der laufenden Geschäftstätigkeit und Verbindlichkeiten aus der laufenden Geschäftstätigkeit gezeigt werden (IAS 7.20).

Die Anwendung der direkten Methode wird empfohlen (IAS 7.19). In der Praxis wird jedoch meistens die indirekte Methode angewandt.

e) Mittelzuflüsse und -abflüsse aus Investitionstätigkeit und Finanzierungstätigkeit

Die wesentlichen Posten von Ein- und Auszahlungen aus der Investitionstätigkeit und der Finanzierungstätigkeit sind gesondert darzustellen (IAS 7.21).

f) Saldierung

Folgende Mittelzuflüsse und -abflüsse aus der laufenden Geschäftstätigkeit, Investitionstätigkeit und Finanzierungstätigkeit können saldiert werden:
- im Namen von Kunden empfangene und geleistete Zahlungen, wenn die Mittelzuflüsse und -abflüsse mehr mit der Geschäftstätigkeit des Kunden als mit der des Unternehmens zusammenhängen (z.B. Annahme und Rückzahlung von Sichteinlagen bei einem Kreditinstitut, von einer Anlagegesellschaft für Kunden gehaltene Fonds, für Grundstückseigentümer eingezogene und an diese weitergereichte Mieten), und
- empfangene und geleistete Zahlungen für Posten mit hoher Umschlagshäufigkeit, großen Beträgen und kurzen Fälligkeiten (offene Posten von Kreditkartenkunden, Kauf und Verkauf von Finanzinvestitionen, andere kurzfristige Ausleihungen, wie z.B. Kredite mit einer Laufzeit bis zu drei Monaten) (IAS 7.22-23).

g) Mittelzuflüsse und -abflüsse in Fremdwährung

Mittelzuflüsse und -abflüsse aus Geschäftsvorfällen sind in der funktionalen Währung des bilanzierenden Unternehmens zu erfassen, wobei der Wechselkurs zum Zahlungszeitpunkt anzuwenden ist (IAS 7.25).
Mittelzuflüsse und -abflüsse von ausländischen Tochterunternehmen sind mit den Wechselkursen zum Zahlungszeitpunkt in die funktionale Währung umzurechnen (IAS 7.26).
Zur Vereinfachung ist entsprechend IAS 21 auch eine Umrechnung zu einem zeitnahen Wechselkurs, z.B. Periodendurchschnittskurs, möglich (IAS 7.27).
Unrealisierte Gewinne und Verluste aus Wechselkursänderungen sind nicht als Mittelzuflüsse und -abflüsse zu betrachten.
Nicht zahlungswirksame Auswirkungen von Wechselkursänderungen bei Zahlungsmitteln und Zahlungsmitteläquivalenten, die in fremder Währung gehalten werden oder fällig sind, sind in der Kapitalflußrechnung gesondert anzugeben, um eine Überleitung vom Anfangsbestand zum Endbestand der Periode vornehmen zu können (IAS 7.28).

h) Zinsen und Dividenden

Mittelzuflüsse und -abflüsse aus erhaltenen und gezahlten Zinsen und Dividenden sind jeweils gesondert auszuweisen. Sie sind unter Beachtung des Stetigkeitsgrundsatzes der laufenden Geschäftstätigkeit, Investitionstätigkeit oder Finanzierungstätigkeit zuzuordnen (IAS 7.31).
Sämtliche Zinszahlungen sind, unabhängig von einer möglichen Aktivierung als Anschaffungs- oder Herstellungskosten, in der Kapitalflußrechnung auszuweisen (IAS 7.32).
Bei Finanzinstitutionen sind gezahlte und erhaltene Zinsen sowie erhaltene Dividenden der laufenden Geschäftstätigkeit zuzuordnen. Bei anderen Unternehmen ist alternativ auch eine Zuordnung zu der Finanzierungs- bzw. der Investitionstätigkeit möglich (IAS 7.33).

Gezahlte Dividenden können der Finanzierungstätigkeit zugeordnet werden, alternativ ist auch eine Zuordnung zu der laufenden Geschäftstätigkeit möglich (IAS 7.34).

i) Ertragsteuern

Mittelzuflüsse und -abflüsse aus Ertragsteuern sind gesondert anzugeben. Sie sind der laufenden Geschäftstätigkeit zuzuordnen, es sei denn, sie betreffen speziell die Finanzierungstätigkeit oder die Investitionstätigkeit (IAS 7.35).

j) Anteile an Tochterunternehmen, assoziierten Unternehmen und Gemeinschaftsunternehmen

Werden Anteile an assoziierten Unternehmen oder Tochterunternehmen nach der Equity-Methode oder nach dem Anschaffungskostenprinzip bilanziert, so enthält die Kapitalflußrechnung des berichtenden Unternehmens nur die Mittelzuflüsse und -abflüsse zwischen dem berichtenden Unternehmen und diesen Unternehmen, wie z.B. Dividenden und Kredite (IAS 7.37).

Werden die Anteile an Gemeinschaftsunternehmen quotal konsolidiert, so sind die Mittelzuflüsse und -abflüsse des Gemeinschaftsunternehmens anteilig in die Konzernkapitalflußrechnung zu übernehmen. Werden solche Anteile nach der Equity-Methode bilanziert, so enthalten die Kapitalflußrechnungen nur die Mittelzuflüsse und -abflüsse in Höhe des Anteils an dem Gemeinschaftsunternehmen sowie die Ausschüttungen und andere Zahlungen zwischen dem berichtenden Unternehmen und dem Gemeinschaftsunternehmen (IAS 7.38).

k) Erwerb und Veräußerung von Tochterunternehmen und sonstigen Geschäftseinheiten

Der Gesamtbetrag der Mittelzuflüsse und -abflüsse aus dem Erwerb und der Veräußerung von Tochterunternehmen oder sonstigen Geschäftseinheiten ist gesondert als Investitionstätigkeit anzugeben (IAS 7.39).

Für die in der Berichtsperiode getätigten Käufe und Veräußerungen von Tochterunternehmen und sonstigen Geschäftseinheiten sind in zusammengefaßter Form folgende Angaben zu machen:
- Gesamtkaufpreis bzw. Gesamtverkaufserlös,
- Teil des Kauf- oder Verkaufspreises, der durch Zahlungsmittel und Zahlungsmitteläquivalente beglichen wurde,
- der mit dem Tochterunternehmen oder mit der Geschäftseinheit erworbene oder verkaufte Bestand an Zahlungsmitteln und Zahlungsmitteläquivalenten und
- der mit dem Tochterunternehmen oder der Geschäftseinheit erworbene oder verkaufte Bestand an sonstigen Vermögenswerten und Schulden, aufgeteilt nach Hauptposten (IAS 7.40).

l) Nicht zahlungswirksame Investitions- und Finanzierungsvorgänge

Nicht zahlungswirksame Investitions- und Finanzierungsvorgänge sind nicht in der Kapitalflußrechnung zu berücksichtigen. Sie sind an anderer Stelle im Abschluß anzugeben, damit alle relevanten Informationen über die Investitions- und Finanzierungsvorgänge vermittelt werden (IAS 7.43).
Beispiele für nicht zahlungswirksame Transaktionen sind:
- Kauf von Vermögenswerten durch Schuldenübernahme oder Finanzierungsleasing,
- Unternehmenserwerb durch Ausgabe von Anteilen oder
- Umwandlung von Schulden in Eigenkapital (IAS 7.44).

m) Die Zusammensetzung der Zahlungsmittel und Zahlungsmitteläquivalente

Die Zusammensetzung der Zahlungsmittel und Zahlungsmitteläquivalente ist anzugeben, und es ist eine Überleitung von diesen Posten in der Kapitalflußrechnung zu den entsprechenden Bilanzposten vorzunehmen (IAS 7.45).

n) Weitere Angaben

Wesentliche Bestandteile der Zahlungsmittel und Zahlungsmitteläquivalente, auf die das Unternehmen keinen Zugriff hat, sind anzugeben und zu erläutern (IAS 7.48). Weitere Informationen, die es dem Abschlußleser ermöglichen, die Finanz- und Liquiditätslage besser zu beurteilen, werden empfohlen, nämlich:
- nicht ausgenutzte Kreditlinien,
- Gesamtbetrag der Mittelzuflüsse und -abflüsse aus der laufenden Geschäftstätigkeit, aus Investitionstätigkeit und aus Finanzierungstätigkeit von anteilmäßig bilanzierten Gemeinschaftsunternehmen,
- getrennte Angabe der Mittel für die Erweiterung der Kapazität und die Aufrechterhaltung der Kapazität und
- Betrag der Mittelzuflüsse und -abflüsse aus laufender Geschäftstätigkeit, aus Investitionstätigkeit und aus Finanzierungstätigkeit nach Segmenten (IAS 7.50).

3. Lagebericht

Ein Lagebericht ist nicht vorgeschrieben.
Wesentliche Ereignisse nach dem Bilanzstichtag sind anzugeben. Darüber hinaus enthält der Jahresabschluß in den notes wesentliche Zusatzinformationen. Es besteht keine ausdrückliche Verpflichtung, Angaben über die voraussichtliche Entwicklung der Gesellschaft zu machen.

Vorgesehene Änderungen

Im Oktober 2005 veröffentlichte der IASB ein Diskussionspapier. Es ist das Ergebnis eines Forschungsprojektes, an dem der DRSC und die Partner-Standardsetter des IASB aus Großbritannien, Kanada und Neuseeland beteiligt waren. Das Diskussionspapier enthält Empfehlungen, wie der IASB die besten Regelungen des Management Commentary (Lageberichterstattung) im Interesse der Kapitalanleger übernehmen kann. Ein Exposure Draft ist noch nicht in Aussicht.

4. Beziehungen zu nahestehenden Unternehmen und Personen

a) Anwendungsbereich

IAS 24 ist anzuwenden auf die Beziehungen und Geschäftsvorfälle mit nahestehenden Unternehmen und Personen und die offenen Posten aus dem Geschäftsverkehr mit nahestehenden Unternehmen und Personen (IAS 24.2).
Der Anwendungsbereich gilt sowohl für den Konzernabschluß als auch für den Einzelabschluß (IAS 24.3).

b) Definitionen

Unternehmen und Personen werden als nahestehend bezeichnet, wenn sie
- direkt oder indirekt über eine oder mehrere Zwischenstufen
    - das Unternehmen (einschließlich Mutterunternehmen, Tochterunternehmen und Schwestergesellschaften) beherrschen, von ihnen beherrscht werden oder unter gemeinsamer Beherrschung stehen,
    - einen Anteil am Unternehmen besitzen, das ihnen maßgeblichen Einfluß auf das Unternehmen gewährt oder
    - an der gemeinsamen Führung des Unternehmens beteiligt sind,
- assoziierte Unternehmen sind (vgl. IAS 28),
- Gemeinschaftsunternehmen sind, bei denen das Unternehmen Partnerunternehmen ist,
- Personen in Schlüsselpositionen des Unternehmens oder seines Mutterunternehmens sind,
- nahe Familienangehörige von Personen der erstgenannten und letztgenannten Gruppe sind,
- Unternehmen sind, die beherrscht, gemeinsam beherrscht oder dem maßgeblichen Einfluß von natürlichen Personen der beiden vorgenannten Personenkreise unterliegen bzw. die bedeutende Stimmrechte in einem solchen Unternehmen haben,
- Unternehmen sind, die Pensionsverpflichtungen gegenüber Mitarbeitern des bilanzierenden Unternehmens oder ihnen nahestehenden Unternehmen haben.

Personen in Schlüsselpositionen sind Personen, die für die Planung, Leitung und Überwachung der Tätigkeiten des Unternehmens direkt zuständig und verantwortlich sind; das schließt Mitglieder der Geschäftsführung und Aufsichtsorgane ein.
Nahe Familienangehörige einer natürlichen Person sind solche Familienmitglieder, von denen angenommen werden kann, daß sie bei Transaktionen mit dem Unternehmen auf diese Person Einfluß nehmen oder von ihr beeinflußt werden können. Dazu gehören
- der Lebenspartner und die Kinder der natürlichen Person,
- die Kinder des Lebenspartners der natürlichen Person,
- Angehörige der natürlichen Person und ihres Lebenspartners (IAS 24.9).

Bei der Beurteilung der Beziehungen zu nahestehenden Unternehmen und Personen ist der wirtschaftliche Gehalt und nicht nur die rechtliche Gestaltung zu berücksichtigen (IAS 24.10).
Als nahestehende Unternehmen und Personen werden nicht notwendigerweise angesehen:
- zwei Unternehmen allein aufgrund der Tatsache, daß eine Person gleichzeitig in der Unternehmensleitung von beiden Unternehmen tätig ist,
- zwei Partnerunternehmen, die nur die gemeinsame Leitung über ein Gemeinschaftsunternehmen haben,
- Kapitalgeber, Gewerkschaften, öffentliche Versorgungsbetriebe, Behörden und öffentliche Institutionen im Rahmen normaler Geschäftsbeziehungen und
- einzelne Kunden, Lieferanten, Franchise-Geber, Vertriebspartner oder Generalvertreter, mit denen das Unternehmen ein wesentliches Geschäftsvolumen abwickelt (IAS 24.11).

c) Angaben

Alle Beziehungen zwischen Mutterunternehmen und Tochterunternehmen sind anzugeben, unabhängig davon, ob Geschäfte zwischen den nahestehenden Unternehmen und Personen stattgefunden haben. Es ist der Name des Mutterunternehmens und – falls unterschiedlich – der Name des obersten Mutterunternehmens anzugeben (IAS 24.12).
Ein Unternehmen hat die Vergütungen der Unternehmensleitung wie folgt aufgegliedert anzugeben:
- laufende feste und variable Vergütungen sowie geldwerte Leistungen, Pensionen und andere Altersversorgungsleistungen,
- sonstige Vergütungen, die nicht laufend gewährt werden (z.B. Jubiläumszahlungen),
- Abfindungen,
- anteilsbasierte Vergütungen (IAS 24.16 und 24.9).

Falls Geschäfte zwischen nahestehenden Unternehmen und Personen stattgefunden haben, sind die Art der Beziehung zu den nahestehenden Unternehmen und Personen und Informationen über die Geschäfte und offenen Posten, die zum Verständnis der möglichen Auswirkungen der Beziehung notwendig sind, anzugeben.

Mindestens sollte angegeben werden:
- der Betrag der Geschäftsvorfälle,
- die offenen Posten und die Konditionen, einschließlich Angaben über Sicherheiten und Garantien,
- Wertberichtigungen auf die offenen Posten,
- Aufwand des Geschäftsjahres für uneinbringliche oder zweifelhafte Forderungen (IAS 24.17).

Die in IAS 24.17 geforderten Angaben sind für jede der folgenden Kategorien getrennt zu machen:
- Mutterunternehmen,
- Gemeinschaftsunternehmen oder Unternehmen mit maßgeblichem Einfluß auf das Unternehmen,
- Tochterunternehmen,
- assoziierte Unternehmen,
- Gemeinschaftsunternehmen, in denen das Unternehmen Partnerunternehmen ist,
- Mitglieder der Unternehmensleitung oder seines Mutterunternehmens,
- sonstige nahestehende Unternehmen und Personen (IAS 24.18).

Beispiele für zu erläuternde Geschäftsvorfälle sind:
- Käufe oder Verkäufe von fertigen oder unfertigen Erzeugnissen,
- Käufe oder Verkäufe von Grundstücken, Gebäuden und anderen Vermögenswerten,
- geleistete oder bezogene Dienstleistungen,
- Leasingverhältnisse,
- Transfers im Bereich von Forschung und Entwicklung,
- Lizenzverhältnisse,
- Finanzierungsvereinbarungen,
- Bürgschaften oder Sicherheiten,
- Zahlung von Verbindlichkeiten für Rechnung des Unternehmens oder durch das Unternehmen für Rechnung Dritter.

Die Teilnahme eines Mutterunternehmens oder eines Tochterunternehmens an einem leistungsorientierten Plan, der Risiken zwischen den Unternehmen einer Gruppe aufteilt, stellt einen Geschäftsvorfall zwischen nahestehenden Unternehmen und Personen dar (siehe IAS 19.34B) (IAS 24.20).

Gleichartige Posten können zusammengefaßt angegeben werden, sofern nicht ein getrennter Ausweis notwendig ist, um die Auswirkungen der Geschäftsvorfälle mit nahestehenden Unternehmen und Personen auf den Abschluß der berichtenden Gesellschaft besser verständlich zu machen (IAS 24.22).

5. Angaben nach Geschäftsfeldern und Regionen

a) Anwendungsbereich

IAS 14 Segmentberichterstattung ist von Unternehmen anzuwenden, deren Eigenkapitalanteile oder Schuldtitel öffentlich gehandelt werden, sowie von Unternehmen, die dabei sind (process of issuing), Eigenkapitalanteile oder Schuldtitel an einer Wertpapierbörse auszugeben (IAS 14.3).

Falls ein Unternehmen, dessen Wertpapiere nicht öffentlich gehandelt werden, freiwillig Segmentinformationen in Abschlüssen nach den International Financial Reporting Standards gibt, dann muß dieses Unternehmen die Anforderungen dieses Standards vollständig erfüllen (IAS 14.5).

Falls der Geschäftsbericht eines Unternehmens, dessen Wertpapiere öffentlich gehandelt werden, sowohl den Konzernabschluß als auch den Einzelabschluß des Mutterunternehmens oder eines oder mehrerer Tochterunternehmen enthält, haben die Segmentinformationen nur für den Konzernabschluß zu erfolgen. Wenn ein Tochterunternehmen selbst ein Unternehmen ist, dessen Wertpapiere öffentlich gehandelt werden, dann hat es Segmentinformationen in seinem gesonderten Geschäftsbericht zu geben (IAS 14.6).

Falls der Geschäftsbericht sowohl den Abschluß eines Unternehmens, dessen Wertpapiere öffentlich gehandelt werden, als auch den Abschluß eines nach der Equity-Methode bewerteten assoziierten Unternehmens oder Gemeinschaftsunternehmens, an denen das Unternehmen beteiligt ist, enthält, haben Segmentinformationen nur auf der Grundlage des Abschlusses des Unternehmens zu erfolgen. Falls die Wertpapiere des nach der Equity-Methode bewerteten assoziierten Unternehmens oder des Gemeinschaftsunternehmens öffentlich gehandelt werden, dann hat es Segmentinformationen in seinem gesonderten Geschäftsbericht zu geben (IAS 14.7).

b) Definitionen

Ein Geschäftsfeld (business segment) ist ein unterscheidbarer Teilbereich (distinguishable component) eines Unternehmens, der ein individuelles Produkt oder Dienstleistung oder eine Gruppe von ähnlichen Produkten oder Dienstleistungen herstellt bzw. erbringt und der sich hinsichtlich der Risiken und Erträge von anderen Geschäftsfeldern unterscheidet. Faktoren, die bei der Zusammenfassung von ähnlichen Produkten oder Dienstleistungen berücksichtigt werden sollten, sind
- die Art der Produkte und Dienstleistungen,
- die Art der Produktionsprozesse,
- die Art oder Gruppe der Kunden für die Produkte oder Dienstleistungen,
- die Methoden des Vertriebs oder der Bereitstellung von Produkten oder Dienstleistungen,
- sofern anwendbar, die Art des rechtlichen Umfeldes, z.B. bei Banken, Versicherungen oder öffentlichen Versorgungsunternehmen.

Ein geographisches Segment bzw. Region (geographical segment) ist eine unterscheidbare Teilaktivität eines Unternehmens, die sich mit der Lieferung von Produk-

ten oder dem Erbringen von Dienstleistungen in einem bestimmten wirtschaftlichen Umfeld befaßt, und dessen Risiken und Erträge sich von denen in einem anderen wirtschaftlichen Umfeld unterscheiden. Faktoren, die bei der Bildung von geographischen Segmenten bzw. Regionen berücksichtigt werden sollten, sind
- gleichartige wirtschaftliche und politische Rahmenbedingungen,
- Beziehungen zwischen Tätigkeiten in unterschiedlichen geographischen Gebieten,
- räumliche Nähe der Aktivitäten,
- spezielle Risiken, die mit der Tätigkeit in einem bestimmten Gebiet verbunden sind,
- Devisenverkehrsbestimmungen,
- zugrunde liegende Währungsrisiken.

Ein berichtspflichtiges Segment (reportable segment) ist aufgrund obenstehender Definitionen ein bestimmtes Geschäftsfeld oder eine Region, für die Segmentinformationen gemäß diesem Standard anzugeben sind (IAS 14.9).

Eine Region kann ein einzelnes Land, eine Gruppe von zwei oder mehr Ländern oder eine Region innerhalb eines Landes sein (IAS 14.12).

Die Risiken und Erträge eines Unternehmens werden sowohl von dem geographischen Standort seiner Tätigkeit als auch von dem Standort seiner Märkte beeinflußt.

Die Bestimmung der geographischen Segmente (Regionen) kann sich deshalb entweder nach dem Standort der Produktionsanlagen oder Dienstleistungserbringung und anderer Vermögenswerte eines Unternehmens oder dem Standort seiner Absatzmärkte orientieren (IAS 14.13).

Es wird unterstellt, daß die Organisationsstruktur und die interne Berichtsstruktur durch die Risiken und Chancen des Unternehmens bestimmt werden, so daß die Organisationsstruktur des Unternehmens und sein internes Berichtswesen Basis für die Entscheidung sind, ob die Regionen nach dem Standort der Vermögenswerte oder nach dem Standort der Kunden bestimmt werden (IAS 14.14).

Zu den Erträgen eines Segments, d.h. eines Geschäftsfeldes oder einer Region, zählen die Erträge, die einem Segment direkt zugeordnet werden können, und die relevanten Teile der Erträge des Unternehmens, die auf einer vernünftigen Grundlage auf ein Segment verteilt werden können, unabhängig davon, ob es sich um Umsätze mit fremden Dritten (Außenumsätze) oder um Erträge aus Transaktionen mit anderen Segmenten (Innenumsätze) handelt.
Nicht zu den Segmenterträgen zählen:
- außerordentliche Erträge,
- Zinsen und Dividenden,
- Gewinne aus dem Verkauf von Finanzinvestitionen.

Segmenterträge beinhalten den Anteil des Unternehmens an den Gewinnen oder Verlusten von assoziierten Unternehmen, Gemeinschaftsunternehmen oder anderen Finanzinvestitionen, die nach der Equity-Methode bilanziert werden, nur dann, wenn diese Posten in den Konzernerträgen oder den Gesamterträgen des Unternehmens enthalten sind. Segmenterträge beinhalten die anteiligen Erträge von Gemeinschaftsunternehmen, die gemäß IAS 31 quotal konsolidiert werden.

Zu den Segmentaufwendungen zählen die direkten und indirekten Aufwendungen sowohl für Außenumsätze als auch für Innenumsätze mit anderen Segmenten. Nicht zu den Segmentaufwendungen zählen:
- außerordentliche Aufwendungen,
- Zinsen,
- Verluste aus dem Verkauf von Finanzinvestitionen,
- Verluste aus den nach der Equity-Methode bilanzierten Unternehmen,
- Ertragsteuern,
- Zentralverwaltungskosten.

Segmentaufwendungen beinhalten die anteiligen Aufwendungen von Gemeinschaftsunternehmen, die gemäß IAS 31 quotal konsolidiert werden.

Das Segmentergebnis ist vor Anpassung für Minderheitenanteile zu ermitteln (IAS 14.16).

c) Bestimmung der berichtspflichtigen Segmente

Primäre und sekundäre Segmentberichte
Bei den Anforderungen an die Berichterstattung wird zwischen primären Segmentberichten (primary segment reporting format) und sekundären Segmentberichten (secondary segment reporting format) unterschieden. Wenn die Risiken und die Eigenkapitalrendite des Unternehmens hauptsächlich auf seine Produkte und Dienstleistungen zurückzuführen sind, dann bilden die Geschäftsfelder die primären Segmentberichte und die Regionen die sekundären Segmentberichte. Andernfalls ist es umgekehrt (IAS 14.26).
Die interne Organisations- und Führungsstruktur und das System der internen Berichterstattung an die Unternehmensleitung sollten die Grundlage für die Abgrenzung der hauptsächlichen Herkunft und Art (dominant source and nature) der Risiken und der unterschiedlichen Eigenkapitalrenditen des Unternehmens sein und deshalb zur Bestimmung der primären und sekundären Segmentberichte dienen. Diese Regelung gilt mit folgenden zwei Ausnahmen:
- Sofern die Risiken und Eigenkapitalrenditen sowohl durch die Unterschiede der Produkte und Dienstleistungen als auch durch die Unterschiede der Regionen, in denen das Unternehmen tätig ist, beeinflußt werden, und das durch eine Matrixstruktur für die Leitung des Unternehmens und das interne Berichtswesen bestätigt wird, bilden die Geschäftsfelder die primären Segmentberichte und die Regionen die sekundären Segmentberichte.
- Wenn die interne Organisations- und Führungsstruktur eines Unternehmens und sein internes Berichtssystem weder auf einzelnen Produkten/Produktgruppen oder Dienstleistungen/Dienstleistungsgruppen noch auf Regionen basieren, hat die Unternehmensleitung zu entscheiden, ob sich die Risiken und Renditen eher auf die hergestellten Produkte und erbrachten Dienstleistungen oder mehr auf die

Regionen, in denen das Unternehmen tätig ist, beziehen. Es hat danach die primären und sekundären Segmentberichte festzulegen (IAS 14.27).

Geschäftsfelder und Regionen
Grundlage für die Abgrenzung der in der externen Berichterstattung auszuweisenden Segmente ist die interne Berichterstattung an die Unternehmensleitung (IAS 14.31).
Wenn das interne Berichtssystem weder auf Produkten/Produktgruppen oder Dienstleistungen/Dienstleistungsgruppen noch auf Regionen beruht, sind die Segmente für die externe Berichterstattung von der Unternehmensleitung gemäß den in IAS 14.9 genannten Faktoren abzugrenzen. Hierbei ist folgendes zu beachten:
(a) Falls eines oder mehrere im internen Berichtswesen enthaltene Segmente der Definition eines Geschäftsfeldes oder einer Region gemäß IAS 14.9 entsprechen, andere aber nicht, ist auf die letzteren der folgende Abschnitt (b) anzuwenden.
(b) Für die Segmente des internen Berichtssystems, die nicht der Definition von IAS 14.9 entsprechen, hat die Unternehmensleitung die nächst niedrigere Berichtsebene des internen Berichtssystems zugrunde zu legen.
(c) Sofern ein solches niedrigeres Segment (internally reported lower-level segment) der Definition eines Geschäftsfeldes oder einer Region gemäß IAS 14.9 entspricht, sind die in IAS 14.34 und 14.35 enthaltenen Kriterien darauf anzuwenden (IAS 14.32).

Berichtspflichtige Segmente
Zwei oder mehr Geschäftsfelder oder Regionen des internen Berichtssystems, die im wesentlichen ähnlich sind, können zu einem einzigen Geschäftsfeld oder Region zusammengefaßt werden. Geschäftsfelder und Regionen sind dann im wesentlichen ähnlich, wenn
- sie langfristig eine ähnliche Ertragskraft haben und
- sie in allen in IAS 14.9 genannten Faktoren ähnlich sind (IAS 14.34).

Ein Geschäftsfeld oder eine Region ist als ein berichtspflichtiges Segment zu bestimmen, wenn es die Mehrheit seiner Erträge durch Umsätze mit fremden Dritten erzielt und entweder
- die Erträge durch Umsätze mit fremden Dritten und aus Transaktionen mit anderen Segmenten mindestens 10 % der gesamten externen und internen Erträge aller Segmente betragen oder
- das Betriebsergebnis (Gewinn oder Verlust) des Segments mindestens 10 % der gesamten Gewinne oder der gesamten Verluste aller Segmente beträgt, je nachdem welcher Betrag von beiden absolut größer ist, oder
- seine Vermögenswerte mindestens 10 % der Vermögenswerte aller Segmente ausmachen (IAS 14.35).

Wenn ein Segment des internen Berichtssystems unter allen drei Kriterien von IAS 14.35 liegt, dann
- kann dieses Segment ungeachtet seiner Größe trotzdem als berichtspflichtiges Segment ausgewiesen werden,

- kann dieses Segment, sofern es nicht ungeachtet seiner Größe als berichtspflichtiges Segment ausgewiesen wird, mit einem oder mehreren anderen gleichartigen unter allen drei Kriterien liegenden intern berichteten Segmenten zu einem gesondert berichtspflichtigen Segment zusammengefaßt werden, oder
- ist es, sofern es weder gesondert noch zusammengefaßt dargestellt wird, als nicht zugeordneter Restposten auszuweisen (IAS 14.36).

Falls die gesamten den berichtspflichtigen Segmenten zuzordnenden Erträge weniger als 75% der gesamten Erträge des Konzerns oder des Unternehmens betragen, sind zusätzliche Segmente zu bilden – selbst wenn nicht der 10%-Schwellenwert von IAS 14.35 erreicht wird –, bis mindestens 75% der Erträge der Konzerns oder des Unternehmens in den berichtspflichtigen Segmenten enthalten sind (IAS 14.37).
Falls ein Segment im Vorjahr den 10%-Schwellenwert erreichte, im laufenden Geschäftsjahr jedoch nicht, dann ist es trotzdem als gesondertes Segment auszuweisen, falls die Unternehmensleitung es langfristig für bedeutend hält (segment of continuing significance) (IAS 14.42).
Falls ein Segment im Berichtsjahr den 10%-Schwellenwert erreicht, im Vorjahr jedoch nicht gesondert ausgewiesen wurde, dann sind die zu Vergleichszwecken angegebenen Vorjahresangaben anzupassen, sofern es praktisch nicht unmöglich ist (IAS 14.43).

d) Segment-Rechnungslegungsgrundsätze

Die Segmentinformationen müssen in Übereinstimmung mit den Bilanzierungs- und Bewertungsgrundsätzen des Konzern- oder Einzelabschlusses des Unternehmens erfolgen (IAS 14.44). Vermögenswerte, die von mehreren Segmenten genutzt werden, dürfen nur dann auf die Segmente verteilt werden, wenn die entsprechenden Erträge und Aufwendungen ebenfalls auf diese Segmente verteilt werden (IAS 14.47).

e) Angaben

Primäre Segmentberichte
Folgende Angaben sind je Segment zu machen:
- Erträge, getrennt nach Umsätzen mit fremden Dritten und anderen Segmenten (IAS 14.51),
- Segmentergebnis (IAS 14.52),
- Buchwert der Vermögenswerte (IAS 14.55),
- Schulden (IAS 14.56),
- Anschaffungskosten der Periode für Vermögenswerte, die länger als ein Jahr genutzt werden sollen (Sachanlagen, immaterielle Vermögenswerte) (IAS 14.57),
- Abschreibungen (IAS 14.58),
- Gesamtsumme der wesentlichen nicht zahlungswirksamen Aufwendungen, ausgenommen die bereits gemäß IAS 14.58 anzugebenden Abschreibungen (IAS 14.61),
- Anteil am Gewinn oder Verlust von nach der Equity-Methode bilanzierten Unternehmen, falls diese Unternehmen hauptsächlich im jeweiligen Segment tätig sind (IAS 14.64),

- Buchwert der Beteiligungen der nach der Equity-Methode bilanzierten Unternehmen (IAS 14.66),
- Überleitung von den Segmentinformationen auf Informationen im Konzern- oder Einzelabschluß. Dabei sind
  - die Segmenterträge auf die Erträge des Unternehmens mit fremden Dritten,
  - die Segmentergebnisse sowohl auf das Ergebnis der laufenden Geschäftstätigkeit als auch auf den Gewinn oder Verlust des Unternehmens und
  - die Segmentvermögenswerte und die Segmentschulden auf die Vermögenswerte und Schulden des Unternehmens

  überzuleiten (IAS 14.67).

Weitere Berichtspflichten ergeben sich aus IAS 36.129 für Verluste aus Wertminderungen und Wertaufholungen.

Außerdem wird empfohlen, folgende Angaben zu machen:
- Art und Höhe von Erträgen und Aufwendungen von besonderer Größe, Art und Häufigkeit, wenn diese Angabe zur Erklärung der Ertragskraft, d.h. der erbrachten Leistung (performance), von Bedeutung ist (IAS 14.59),
- Mittelzuflüsse und -abflüsse nach Segmenten gemäß IAS 7 (IAS 14.62). (Falls Angaben über Mittelzuflüsse und -abflüsse nach Segmenten gemacht werden, entfallen die nach IAS 14.58 und 14.61 zu machenden Angaben) (IAS 14.63).

Sekundäre Segmentberichte
Wenn die primären Segmente Geschäftsfelder darstellen, dann sind für die Regionen folgende Angaben zu machen:
- Segmenterträge aus Umsätzen mit fremden Dritten für jede Region auf Basis der Absatzmärkte, deren Umsätze mit fremden Dritten 10% oder mehr der Umsätze des Unternehmens mit fremden Dritten betragen,
- Buchwert der Segmentvermögenswerte nach dem Standort der Vermögenswerte für jede Region, deren Vermögenswerte mehr als 10% der Gesamtvermögenswerte aller Regionen betragen,
- Anschaffungskosten der Periode für Vermögenswerte, die länger als ein Jahr genutzt werden sollen (Sachanlagen, immaterielle Vermögenswerte) nach dem Standort der Vermögenswerte für jede Region, deren Vermögenswerte mehr als 10% der Gesamtvermögenswerte aller Regionen betragen (IAS 14.69).

Wenn die primären Segmente Regionen (Standorte oder Absatzmärkte) sind, dann sind für die Geschäftsfelder, deren Erträge aus Umsätzen mit fremden Dritten oder deren Vermögenswerte mindestens 10% des entsprechenden Betrages des Gesamtunternehmens ausmachen, folgende Angaben zu machen:
- Segmenterträge aus Umsätzen mit fremden Dritten,
- Buchwert der Segmentvermögenswerte,
- Anschaffungskosten der Periode für Vermögenswerte, die länger als ein Jahr genutzt werden sollen (Sachanlagen und immaterielle Vermögenswerte) (IAS 14.70).

Wenn die primären Segmente Regionen auf Basis der Produktionsstandorte sind und die Absatzmärkte von den Produktionsstandorten abweichen, sind zusätzlich die

Erträge aus Umsätzen mit fremden Dritten nach Absatzmärkten anzugeben, sofern sie mindestens 10% der Erträge des gesamten Unternehmens mit fremden Dritten betragen (IAS 14.71).

Wenn die primären Segmente Regionen auf Basis der Absatzmärkte sind und die Produktionsstandorte von den Absatzmärkten abweichen, sind folgende Segmentinformationen für jeden Produktionsstandort, dessen Erträge aus Umsätzen mit fremden Dritten oder dessen Segmentvermögenswerte mindestens 10% der entsprechenden Beträge des Unternehmens ausmachen, zu geben:
- Buchwert der Segmentvermögenswerte nach Produktionsstandort,
- Anschaffungskosten der Berichtsperiode für Vermögenswerte, die länger als ein Jahr genutzt werden sollen (Sachanlagen und immaterielle Vermögenswerte) nach Produktionsstandorten (IAS 14.72).

Sonstige Angaben

Falls ein Geschäftsfeld oder eine Region im internen Berichtssystem enthalten ist, aber extern nicht berichtspflichtig ist, weil die Mehrheit der Erträge mit anderen Segmenten erzielt wird, aber die Erträge aus Umsätzen mit Dritten mindestens 10% der Erträge aus Umsätzen des gesamten Unternehmens mit externen Dritten ausmachen, hat das Unternehmen diese Tatsache sowie den Betrag der Erträge aus Umsätzen mit fremden Dritten und die Erträge aus Umsätzen mit anderen Segmenten anzugeben (IAS 14.74).

Die Grundlage der Ermittlung von Verrechnungspreisen für Transfers zwischen den Segmenten und deren Änderungen sind anzugeben (IAS 14.75).

Änderungen der Rechnungslegungsgrundsätze bei der Segmentberichterstattung, die wesentliche Auswirkungen auf die Segmentinformationen haben, sind anzugeben, und die für Vergleichszwecke dargestellten Informationen der vorangegangenen Berichtsperiode sind anzupassen, sofern es nicht unzweckmäßig ist. Es sind die Art der Änderung, die Gründe für die Änderung und die Tatsache, daß eine Anpassung der Vergleichsinformationen vorgenommen wurde oder unzweckmäßig war, und die finanzielle Auswirkung, sofern sie vernünftig ermittelt werden kann, anzugeben. Wenn ein Unternehmen die Bestimmung seiner Segmente ändert und die Vergleichsinformationen nicht anpaßt, weil es unzweckmäßig ist, dann sind aus Gründen der Vergleichbarkeit im Jahr der Änderung sowohl die Daten für die alten als auch die neuen Segmente anzugeben (IAS 14.76).

Ein Unternehmen hat die Art seiner Produkte und Dienstleistungen, die in seinen Geschäftsfeldern enthalten sind, und die Zusammensetzung seiner Regionen anzugeben, sofern sie nicht an anderer Stelle im Abschluß oder Geschäftsbericht enthalten sind (IAS 14.81).

Den Unternehmen wird empfohlen, die für die primären Segmente verlangten Angaben auch für die sekundären Segmente zu machen (IAS 14.49).

Vorgesehene Änderungen

Allgemeines

Am 30.11.2006 veröffentlichte der IASB IFRS 8 Segmentberichterstattung. IFRS 8 ersetzt IAS 14 Segmentberichterstattung. Der Standard ist für Geschäftsjahre anzuwenden, die am oder nach dem 1.1.2009 beginnen. Eine vorzeitige Anwendung ist erlaubt.

IFRS 8 ist Teil des Konvergenzprojektes mit dem FASB. Mit IFRS 8 wurden die Regelungen von SFAS 131 fast wortgleich übernommen. Nach IFRS 8 und SFAS 131 erfolgt die Segmentierung entsprechend der internen Berichterstattung an das Management bzw. der internen Steuerung (management approach).

Änderungen im einzelnen
Der künftige Standard ist von allen Unternehmen anzuwenden, deren Wertpapiere öffentlich gehandelt werden oder die die Ausgabe von Wertpapieren an einer Wertpapierbörse in die Wege geleitet haben (IFRS 8.2).

Gemäß IFRS 8 ist nicht mehr wie bisher nach IAS 14 eine Segmentierung nach Geschäftsfeldern und Regionen vorgesehen und es gibt keine primären und sekundären Segmentberichte mehr, sondern nur noch operative Segmente.

Ein operatives Segment ist eine Teileinheit eines Unternehmens,
- durch deren Aktivitäten Erträge erzielt und Aufwendungen verursacht werden,
- deren operative Ergebnisse regelmäßig von der Unternehmensleitung überwacht werden, um die erbrachten Leistungen zu beurteilen und Entscheidungen über die Verwendung von Mitteln zu fällen und
- für die gesonderte finanzielle Informationen vorliegen (IFRS 8.4).

Nicht jeder Teil eines Unternehmens (z.B. Konzernführung, Stabsstelle) ist ein Segment.

Berichtspflichtig sind alle Segmente,
- die als operative Segmente identifiziert wurden oder die wegen grundlegender Gemeinsamkeiten gemäß IFRS 8.11 zusammengefaßt werden und
- die die in IFRS 8.12 genannten Schwellenwerte übersteigen (IFRS 8.10).

Zwei oder mehrere operative Segmente können zu einem berichtspflichtigen Segment zusammengefaßt werden, wenn
- die Zusammenfassung mit dem Kerngrundsatz dieses Standards vereinbar ist,
- die Segmente ähnliche wirtschaftliche Eigenschaften haben und
- sich die Segmente in den folgenden Kriterien ähnlich sind:
  • Art der Produkte und Dienstleistungen,
  • Art der Produktionsprozesse,
  • Art der Kunden,
  • Vertriebsmethoden,
  • Art des regulatorischen Umfeldes (IFRS 8.11).

Über ein operatives Segment ist zu berichten, wenn eine der folgenden Größenkriterien erreicht wird:
- die Segmenterlöse einschließlich der Innenumsätze betragen mindestens 10% der gesamten externen und internen Erlöse aller operativen Segmente,
- das Segmentergebnis beträgt mindestens 10% aller operativen Segmente mit einem positiven Ergebnis oder aller operativen Segmente mit einem ausgewiesenen Verlust, wobei der jeweils größere Gesamtbetrag zugrunde zu legen ist,
- das Gesamtvermögen entspricht mindestens 10% des Gesamtvermögens aller operativen Segmente.

Erfüllt ein Segment keines dieser drei Kriterien, so kann dieses Segment dennoch als berichtspflichtiges Segment bestimmt werden, wenn die Unternehmensleitung meint, daß das Segment wesentlich st und die separate Darstellung des Segments dem Abschlußleser entscheidungsrelevante Informationen zur Verfügung stellt (IFRS 8.12).

Segmente, die unter diesen Schwellenwerten liegen, können mit anderen Segmenten zu einem berichtspflichtigen Segment zusammengefaßt werden, wenn die zusammengefaßten operativen Segmente in der Mehrheit mit den in IFRS 8.11 genannten Kriterien übereinstimmen (IFRS 8.13).

Falls die nach obigen Kriterien ermittelten Segmente nicht mindestens 75 % der konsolidierten Umsatzerlöse ausmachen, müssen weitere Segmente gebildet werden (IFRS 8.14).

Andere Aktivitäten und Segmente, für die keine gesonderte Information erfolgt, sind unter der Bezeichnung »übrige Segmente« zusammenzufassen. Ihre Erlösquellen sind zu beschreiben (IFRS 8.15).

Falls die Unternehmensleitung ein operatives Segment für wichtig hält, das nicht mehr die Kriterien für eine Berichtspflicht gemäß IFRS 8.12 erfüllt, ist weiterhin getrennt über das Segment zu berichten (IFRS 8.16).

Falls ein Segment zum ersten Mal diese Kriterien erfüllt, sind vergleichbare Zahlen für die Vorperioden anzugeben (IFRS 8.17).

Zehn Segmente werden als eine vernünftige Höchstzahl für Zwecke der Segmentinformation angesehen (IFRS 8.18).

Allgemeine Angaben:
- Kriterien, die bei der Bestimmung der operativen Segmente, über die berichtet wird, verwandt wurden, wobei Informationen über die Organisationsstruktur zu machen sind,
- die Art der Produkte und Dienstleistungen, mit denen die einzelnen Segmente Erlöse erzielen (IFRS 8.21).

Angaben zum Ergebnis und zu den Vermögenswerten:
- Summe der Vermögenswerte,
- Gewinn und Verlust für jedes berichtspflichtige Segment, wobei über die Erlöse und Aufwendungen getrennt zu berichten ist, wenn sie von der Unternehmensleitung getrennt betrachtet werden:
  - Umsätze mit Dritten,
  - Umsätze mit anderen Segmenten,
  - Zinserträge ⎫ können saldiert dargestellt werden, falls die
  - Zinsaufwendungen ⎭ Steuerung auf Basis der Nettoerlöse erfolgt
  - Abschreibungen,
  - wesentliche Ertrags- und Aufwandsposten im Sinne von IAS 1.86,
  - Ergebnisbeitrag von nach der Equity-Methode bilanzierten Beteiligungen,
  - Ertragsteueraufwendungen und -erträge,
  - sonstige wesentliche nicht zahlungswirksame Aufwendungen und Erträge (IFRS 8.22),
- Investitionen in assoziierte Unternehmen und Gemeinschaftsunternehmen, sofern diese Informationen der Unternehmensleitung regelmäßig zur Verfügung gestellt werden,

- Investitionen in Anlagevermögen außer Finanzinstrumente, aktive latente Steuern, Vermögenswerte gemäß IAS 18.54-58 und Rechte aus Versicherungsverträgen, sofern diese Informationen der Unternehmensleitung regelmäßig zur Verfügung gestellt werden (IFRS 8.23).

Angaben über Produkte und Dienstleistungen:
Erlöse aus Verkäufen an Dritte für jedes Produkt und jede Dienstleistung oder jede Gruppe ähnlicher Produkte und Dienstleistungen, es sei denn, die Informationen sind nicht verfügbar und eine Beschaffung der Informationen wäre wirtschaftlich nicht vertretbar; diese Tatsache ist jedoch anzugeben (IFRS 8.31).

Angaben über Regionen:
Informationen nach Regionen, es sei denn, die Informationen sind nicht verfügbar und eine Beschaffung der Informationen wäre wirtschaftlich nicht vertretbar, wobei diese Tatsache jedoch anzugeben ist:
- Erlöse aus Verkäufen an Dritte in dem Land, in dem das Unternehmen seinen Sitz hat,
- Erlöse aus Verkäufen an Dritte in allen anderen Ländern,
- Erlöse aus Verkäufen an Dritte aus einem einzelnen anderen Land, sofern diese wesentlich sind,
- Anlagevermögen außer Finanzinstrumente, latente Steuern, Vermögenswerte nach IAS 18.54-58 und Rechte aus Versicherungsverträgen in dem Land, in dem das Unternehmen seinen Sitz hat,
- Anlagevermögen außer Finanzinstrumente, latente Steuern, Vermögenswerte nach IAS 18.54-58 und Rechte aus Versicherungsverträgen in allen anderen Ländern,
- Anlagevermögen außer Finanzinstrumente, latente Steuern, Vermögenswerte nach IAS 18.54-58 und Rechte aus Versicherungsverträgen aus einem einzelnen anderen Land, sofern wesentlich (IFRS 8.32).

Angaben über Großkunden:
Informationen über Kunden, mit denen 10 % oder mehr der Umsätze realisiert werden:
- Gesamtsumme der Umsätze mit jedem Kunden,
- das Segment oder die Segmente, denen diese Umsätze zugeordnet werden; die Identität des/der Kunden muß nicht angegeben werden (IFRS 8.33).

Die Angabepflichten nach Regionen und für Großkunden gelten auch für Unternehmen, die nur ein berichtspflichtiges Segment besitzen (IFRS 8.30).

Überleitungsrechnungen:
- von der Summe der Segmentumsatzerlöse auf die konsolidierten Umsatzerlöse,
- von der Summe der Segmentergebnisse auf das konsolidierte Ergebnis vor Ertragsteuern und Aufgabe von Geschäftsbereichen,
- von der Summe der Vermögenswerte der Segmente auf die konsolidierten Vermögenswerte,
- von der Summe aller weiter offengelegten Segmentdaten auf die entsprechenden Unternehmensdaten,
und Beschreibung der wesentlichen Überleitungsposten (IFRS 8.27).

Anpassung der Vergleichsperioden:
Falls sich die Organisationsstruktur des Unternehmens und folglich die berichtspflichtigen Segmente ändern, sind die Vergleichsperioden – sofern praktikabel – anzupassen (IFRS 8.28).

Erläuterungen zur Bewertung:
- Grundlagen der Bilanzierung von Transaktionen zwischen den Segmenten,
- Unterschiede zwischen der Bewertung der Segmentergebnisse und der Bewertung in der Konzern-Gewinn- und Verlustrechnung vor Ertragsteuern und Aufgabe von Geschäftsbereichen, falls nicht in der Überleitung gemäß IFRS 8.27 enthalten,
- Unterschiede zwischen der Bewertung des Segmentvermögens und der Bewertung in der Konzernbilanz, falls nicht in der Überleitung gemäß IFRS 8.27 enthalten,
- Änderungen der Bewertungsmethoden gegenüber früheren Perioden und ihre Auswirkungen auf das Segmentergebnis,
- verzerrte Zuordnungen zu Segmenten (z.B. Zuordnung von Abschreibungen zu einem Segment ohne Zuordnung des entsprechenden Vermögenswertes zu dem Segment) (IFRS 8.26).

6. Ergebnis je Aktie

a) Bewertung

Unverwässertes Ergebnis je Aktie
Ein Unternehmen hat das unverwässerte Ergebnis je Aktie für das den Stammaktionären zurechenbare Ergebnis und, falls dargestellt, das den Stammaktionären zurechenbare Ergebnis aus laufender Geschäftstätigkeit je Aktie zu ermitteln (IAS 33.9).
Das unverwässerte Ergebnis je Aktie wird durch Division des den Stammaktionären zustehenden Periodenergebnisses durch die gewichtete durchschnittliche Anzahl der während der Periode im Umlauf befindlichen Stammaktien ermittelt (IAS 33.10).
Zur Ermittlung des unverwässerten Ergebnisses je Aktie ist die Vorzugsdividende nach Steuern und ähnliche Effekte der Vorzugsaktien vom Gewinn oder Verlust der Periode abzuziehen (IAS 33.12).
Bei der Ermittlung des unverwässerten Ergebnisses je Aktie entspricht die Anzahl der Stammaktien der gewichteten durchschnittlichen Anzahl der während der Periode im Umlauf befindlichen Stammaktien (IAS 33.19).
Stammaktien, die aufgrund der Umwandlung eines wandlungspflichtigen Instruments (z.B. Wandelanleihen) ausgegeben werden, sind ab dem Zeitpunkt des Vertragsabschlusses in die Berechnung des unverwässerten Ergebnisses je Aktie einzubeziehen (IAS 33.23).
Die gewichtete durchschnittliche Anzahl der während der Periode und aller übrigen dargestellten Perioden im Umlauf befindlichen Stammaktien ist aufgrund von Ereignissen, die die Anzahl der im Umlauf befindlichen Stammaktien verändert haben, ohne daß eine entsprechende Änderung der Ressourcen damit verbunden war, z.B.

Gratisaktien, Aktiensplit, zu bereinigen. Nicht zu den Ereignissen zählt eine Umwandlung potentieller Stammaktien (IAS 33.26-27).

Verwässertes Ergebnis je Aktie
Ein Unternehmen hat das verwässerte Ergebnis je Aktie für das den Stammaktionären zurechenbare Ergebnis und, falls dargestellt, das den Stammaktionären zurechenbare Ergebnis aus laufender Geschäftstätigkeit je Aktie zu ermitteln (IAS 33.30).

Zur Ermittlung des verwässerten Ergebnisses je Aktie sind das den Stammaktionären zurechenbare Ergebnis und die gewichtete durchschnittliche Anzahl der sich im Umlauf befindlichen Stammaktien um die Auswirkungen aller verwässernden potentiellen Stammaktien zu bereinigen (IAS 33.31).

Zur Ermittlung des verwässerten Ergebnisses je Aktie ist das gemäß IAS 33.12 ermittelte den Stammaktionären zurechenbare Ergebnis der Periode um die Nachsteuerwirkungen folgender Posten zu bereinigen:
– alle Dividenden oder ähnliche Beträge auf verwässernde potentielle Stammaktien, die gemäß IAS 33.12 abgezogen wurden, um das Ergebnis der Periode, das den Stammaktionären zurechenbar ist, zu erhalten,
– die in der Periode für die verwässernden potentiellen Stammaktien angesetzten Zinsen,
– sonstige Änderungen im Ertrag oder Aufwand, die sich aus der Umwandlung der verwässernden potentiellen Stammaktien ergeben hätten (IAS 33.33).

Bei der Ermittlung des verwässerten Ergebnisses je Aktie entspricht die Anzahl der Stammaktien der gewichteten durchschnittlichen Anzahl der gemäß IAS 33.19 und IAS 33.26 ermittelten Stammaktien zuzüglich der gewichteten durchschnittlichen Anzahl der Stammaktien, die aufgrund der Umwandlung aller verwässernden potentiellen Stammaktien in Stammaktien ausgegeben würden. Die Umwandlung von verwässernden potentiellen Stammaktien gilt mit dem Beginn der Periode als erfolgt oder, falls später, mit dem Tag, an dem die potentiellen Stammaktien ausgegeben wurden (IAS 33.36). Es ist der maximal mögliche Verwässerungseffekt der potentiellen Stammaktien festzustellen (IAS 33.39).

Potentielle Stammaktien sind nur dann als verwässernd anzusehen, wenn ihre Umwandlung in Stammaktien den Gewinn je Aktie mindern bzw. den Verlust je Aktie aus dem fortzuführenden Geschäft erhöhen würde (IAS 33.41).

Bei der Ermittlung des verwässerten Ergebnisses je Aktie hat ein Unternehmen von der Ausübung verwässernder Optionen und Optionsscheinen des Unternehmens auszugehen. Die angenommenen Erlöse aus diesen Emissionen sind so zu ermitteln, als wenn sie aus einer Emission von Stammaktien zum durchschnittlichen Börsenkurs der Periode erzielt worden wären. Der Unterschiedsbetrag zwischen der Anzahl der ausgegebenen Aktien und der Anzahl der Aktien, die zum durchschnittlichen Börsenkurs der Periode erzielt worden wären, ist als Ausgabe von Stammaktien ohne Entgelt zu behandeln (IAS 33.45).

IAS 33.45-63 enthalten Erläuterungen zur Berechnung des verwässerten Ergebnisses je Aktie (Optionen und Optionsscheine, wandelbare Instrumente, bedingt emissionsfähige Aktien, Verträge, die in Stammaktien oder liquiden Mitteln erfüllt werden können, gekaufte Optionen, geschriebene Verkaufsoptionen).

b) Rückwirkende Anpassungen

Bei einer Zunahme der sich im Umlauf befindlichen Stammaktien oder potentiellen Stammaktien aufgrund einer Kapitalisierung, Ausgabe von Gratisaktien oder einem Aktiensplit oder bei einer Abnahme aufgrund einer Zusammenlegung des Aktienkapitals ist die Berechnung des unverwässerten und verwässerten Ergebnisses je Aktie für alle dargestellten Perioden rückwirkend zu berichtigen. Falls diese Änderungen nach dem Bilanzstichtag aber vor Veröffentlichung des Abschlusses eintreten, sind die Berechnungen je Aktie für den Abschluß der letzten Periode und die vorhergehenden Perioden auf Basis der neuen Anzahl der Aktien vorzunehmen. Die Tatsache, daß die Berechnungen je Aktie derartige Änderungen in der Anzahl der Aktien zeigen, ist anzugeben. Zusätzlich sind die unverwässerten und verwässerten Ergebnisse je Aktie für alle dargestellten Perioden hinsichtlich der Auswirkungen der Berichtigung von Fehlern und Anpassungen aufgrund von Änderungen der Bilanzierungs- und Bewertungsmethoden, die rückwirkend vorgenommen wurden, anzupassen (IAS 33.64).

c) Ausweis

Ein Unternehmen hat unter der Gewinn- und Verlustrechnung das unverwässerte und verwässerte Ergebnis je Aktie aus fortlaufender Geschäftstätigkeit (continuing operations) und das Ergebnis je Aktie für jede Art von Stammaktien, die ein unterschiedliches Recht am Ergebnis der Periode haben, anzugeben. Ein Unternehmen hat die unverwässerten und verwässerten Ergebnisse je Aktie in allen dargestellten Perioden gleichrangig anzugeben (IAS 33.66). Das unverwässerte und das verwässerte Ergebnis je Aktie aus aufgegebenen Geschäftsbereichen ist ggf. zusätzlich entweder unter der Gewinn- und Verlustrechnung oder in den notes anzugeben (IAS 33.68).
Die Angabe von unverwässerten und verwässerten Ergebnissen hat auch bei Verlusten zu erfolgen (IAS 33.69).

d) Angaben

Folgende Angaben sind zu machen:
- die zur Ermittlung von unverwässerten und verwässerten Ergebnissen je Aktie im Zähler angesetzten Beträge sowie eine Überleitung dieser Beträge auf den Gewinn oder Verlust. Die Überleitung hat die Einzelauswirkungen jeder Art von Instrumenten zu enthalten, die das Ergebnis je Aktie beeinflussen,
- die gewichtete durchschnittliche Anzahl der Stammaktien, der als Nenner bei der Ermittlung des unverwässerten und verwässerten Ergebnisses je Aktie verwendet wurde, sowie eine Überleitung dieser Nenner zueinander,
- Instrumente, die möglicherweise das unverwässerte Ergebnis je Aktie künftig verwässern könnten, aber nicht in die Berechnung des verwässerten Ergebnisses eingeflossen sind, weil sie für die dargestellten Perioden einer Verwässerung entgegenwirken,

– eine Beschreibung der Transaktionen mit Stammaktien oder potentiellen Stammaktien, außer den in IAS 33.64 genannten, die nach dem Bilanzstichtag stattfanden, und die Anzahl der am Ende der Berichtsperiode im Umlauf befindlichen Stammaktien oder potentiellen Stammaktien erheblich verändert hätten, wenn diese Transaktionen vor dem Ende der Berichtsperiode stattgefunden hätten (IAS 33.70).

Falls ein Unternehmen zusätzlich zu dem unverwässerten und verwässerten Ergebnis je Aktie Beträge je Aktie angibt, bei denen ein in der Gewinn- und Verlustrechnung enthaltener Bestandteil, der von diesem Standard abweicht, verwandt wurde, dann sind diese Beträge unter Verwendung der gemäß diesem Standard ermittelten gewichteten durchschnittlichen Anzahl von Stammaktien zu berechnen. Unverwässerte und verwässerte Ergebnisse je Aktie, die sich auf einen derartigen Bestandteil beziehen, sind gleichrangig anzugeben und in den notes darzustellen. Es ist die Grundlage anzugeben, wie der Nenner ermittelt wurde, sowie ob es sich um Vor- oder Nachsteuerbeträge handelt. Bei Verwendung eines Bestandteils des Ergebnisses, der nicht als gesonderter Posten in der Gewinn- und Verlustrechnung enthalten ist, ist eine Überleitung von diesem verwandten Bestandteil zu einem in der Gewinn- und Verlustrechnung enthaltenen Posten zu machen (IAS 33.73).
Ergebnisse je Aktie, die auf dem Ergebnis des Einzelabschlusses beruhen, dürfen nicht im Konzernabschluß angegeben werden (IAS 33.4).

Vorgesehene Änderungen

Es ist damit zu rechnen, daß IAS 33 an SFAS 128 hinsichtlich der Berechnung der verwässernden Effekte von Optionen angepaßt wird.

7. Zwischenberichte

a) Anwendungsbereich

IAS 34 schreibt nicht vor, welche Unternehmen wie oft und innerhalb welchen Zeitraums nach dem Ablauf der Zwischenberichtsperiode Zwischenberichte zu veröffentlichen haben. Es wird auf Regierungen, Börsenaufsichtsbehörden, Börsen und auf die Berufsverbände, die sich mit Rechnungslegung befassen, verwiesen. IAS 34 ist anzuwenden, wenn ein Unternehmen pflichtgemäß oder freiwillig einen Zwischenbericht in Übereinstimmung mit den IFRS veröffentlicht. Das IASC empfiehlt börsennotierten Unternehmen, Zwischenberichte zu erstellen, die IAS 34 entsprechen. Insbesondere börsennotierten Unternehmen wird empfohlen,
– Zwischenberichte wenigstens zum Ende der ersten Hälfte des Geschäftsjahres herauszugeben und
– sie nicht später als 60 Tage nach Ende der Zwischenberichtsperiode zu veröffentlichen (IAS 34.1).

b) Inhalt eines Zwischenberichtes

Ein Zwischenbericht sollte mindestens die folgenden Bestandteile enthalten:
- verkürzte Bilanz,
- verkürzte Gewinn- und Verlustrechnung,
- verkürzte Aussagen über entweder
  - alle Eigenkapitalveränderungen oder
  - Veränderungen des Eigenkapitals, die nicht aus Kapitaltransaktionen mit den Anteilseignern oder Ausschüttungen an Anteilseigner resultieren,
- verkürzte Kapitalflußrechnung und
- ausgewählte erläuternde zusätzliche Informationen (IAS 34.8).

Wird ein vollständiger Abschluß in einem Zwischenbericht veröffentlicht, dann haben Form und Inhalt des Abschlusses den Anforderungen von IAS 1 an vollständige Abschlüsse zu entsprechen (IAS 34.9).
Wenn ein Unternehmen einen verkürzten Abschluß in seinem Zwischenbericht veröffentlicht, dann hat dieser mindestens jede Überschrift und jede Zwischensumme zu enthalten, die in seinem letzten Jahresabschluß enthalten waren, sowie die von diesem Standard vorgeschriebenen erläuternden Angaben. Zusätzliche Posten oder Angaben sind einzubeziehen, wenn ihr Fehlen zu Mißverständnissen führen würde (IAS 34.10).
Das unverwässerte und das verwässerte Ergebnis je Aktie der Zwischenberichtsperiode sind in der vollständigen oder verkürzten Gewinn- und Verlustrechnung anzugeben (IAS 34.11).
Ein Unternehmen hat mindestens die folgenden Informationen als notes in seinen Zwischenbericht aufzunehmen, wenn diese wesentlich sind und nicht bereits an anderer Stelle gegeben werden. Die Informationen sind in der Regel für den Zeitraum vom Beginn des Geschäftsjahres bis zum Berichtszeitpunkt zu geben. Das Unternehmen hat jedoch auch alle Ereignisse oder Geschäftsvorfälle anzugeben, die für das Verständnis der aktuellen Zwischenberichtsperiode wesentlich sind:
- eine Erklärung, daß im Zwischenbericht die gleichen Bilanzierungs- und Bewertungsmethoden wie im letzten Jahresabschluß angewendet wurden oder, falls diese Methoden geändert worden sind, eine Beschreibung der Art und Auswirkungen der Änderungen,
- Erläuterungen über die Saison- und Konjunktureinflüsse auf die Geschäftstätigkeit der Zwischenberichtsperiode,
- die Art und der Umfang von Sachverhalten, die Vermögenswerte, Schulden, Eigenkapital, Ergebnis oder Mittelzuflüsse und -abflüsse beeinflussen und die aufgrund ihrer Art, ihres Ausmaßes oder ihrer Häufigkeit ungewöhnlich sind,
- die Art und der Umfang der Änderungen bei der Schätzung von Beträgen in vorherigen Zwischenberichtsperioden des laufenden Geschäftsjahres oder in vorherigen Geschäftsjahren, wenn sich diese Änderungen wesentlich auf die aktuelle Zwischenberichtsperiode auswirken,
- Emissionen, Rückkäufe und Rückzahlungen von Fremdkapital- und Eigenkapitaltiteln,
- gezahlte Dividenden (gesamt oder je Aktie) gesondert für Stammaktien und sonstige Aktien,

- Segmenterlöse und Segmentergebnisse für Geschäftsfelder oder Regionen, je nachdem, auf welcher Grundlage das Unternehmen berichtet,
- wesentliche Ereignisse nach dem Ende der Zwischenberichtsperiode, die nicht im Abschluß der Zwischenberichtsperiode berücksichtigt wurden,
- die Auswirkungen von Änderungen in der Unternehmens- und Beteiligungsstruktur während der Zwischenberichtsperiode einschließlich Unternehmenszusammenschlüssen, Erwerb oder Veräußerung von Tochterunternehmen und langfristigen Finanzinvestitionen, Restrukturierungen und Aufgabe von Geschäftsbereichen und
- Änderungen der Eventualschulden oder Eventualforderungen seit dem letzten Bilanzstichtag (IAS 34.16).

Wenn der Zwischenbericht den Vorschriften dieses IAS entspricht, ist dies anzugeben. Ein Zwischenbericht darf nicht als übereinstimmend mit den IAS bezeichnet werden, wenn er nicht allen Anforderungen aller anzuwendenden Standards und aller anzuwendenden Interpretationen des Standing Interpretations Committee entspricht (IAS 34.19).

Zwischenberichte haben Zwischenabschlüsse (verkürzt oder vollständig) in folgender Form zu umfassen:
- eine Bilanz zum Ende der aktuellen Zwischenberichtsperiode und eine vergleichende Bilanz zum Ende des unmittelbar vorangegangenen Geschäftsjahres,
- eine Gewinn- und Verlustrechnung für die aktuelle Zwischenberichtsperiode und eine kumulierte Gewinn- und Verlustrechnung für das laufende Geschäftsjahr sowie vergleichbare Gewinn- und Verlustrechnungen für die entsprechenden Zwischenberichtsperioden des unmittelbar vorangegangenen Geschäftsjahres,
- eine Aufstellung, die die Eigenkapitalveränderungen kumuliert vom Beginn des laufenden Geschäftsjahres bis zum Zwischenberichtsstichtag mit vergleichbaren Daten für den vergleichbaren Zeitraum des unmittelbar vorangegangenen Geschäftsjahres zeigt,
- eine Kapitalflußrechnung vom Beginn des laufenden Geschäftsjahres bis zum Zwischenberichtsstichtag mit vergleichbaren Daten für den vergleichbaren Zeitraum des unmittelbar vorangegangenen Geschäftsjahres (IAS 34.20).

Bei der Entscheidung, wie ein Posten bei einem Zwischenbericht zu erfassen, zu bewerten, einzuordnen oder anzugeben ist, sollte dessen Wesentlichkeit im Verhältnis zu den Finanzdaten der Zwischenberichtsperiode berücksichtigt werden. Bei der Beurteilung der Wesentlichkeit ist zu beachten, daß Bewertungen in einem Zwischenbericht in größerem Umfang auf Schätzungen beruhen als die Bewertung von Jahresfinanzdaten (IAS 34.23).

c) Angaben in Jahresabschlüssen

Wenn sich die Schätzung eines Betrages, der in einem Zwischenbericht angegeben wurde, in der letzten Zwischenberichtsperiode des Geschäftsjahres erheblich ändert, aber kein eigener Zwischenbericht für diese Periode veröffentlicht wird, dann sind Art und Höhe dieser Änderung der Bewertungsannahme in einer note im Jahresabschluß dieses Geschäftsjahres anzugeben (IAS 34.26).

d) Erfassung und Bewertung

Ein Unternehmen hat in seinem Zwischenbericht die gleichen Bilanzierungs- und Bewertungsmethoden anzuwenden wie in seinen Jahresabschlüssen, mit Ausnahme der Änderung der Bilanzierungs- und Bewertungsmethoden, die nach dem Stichtag des letzten Jahresabschlusses vorgenommen wurden und die im nächsten Jahresabschluß zu erläutern sind. Die Berichtsfrequenz des Unternehmens (jährlich, halbjährlich, vierteljährlich) darf jedoch die Bemessung des Jahresergebnisses nicht beeinflussen. Um dieses Ziel zu erreichen, sind Bewertungen in Zwischenberichten auf der Grundlage des bisher abgelaufenen Geschäftsjahres vorzunehmen (IAS 34.28). Erträge, die innerhalb eines Geschäftsjahres saisonal bedingt, konjunkturell bedingt oder gelegentlich erzielt werden, sind nicht zu einem Zwischenberichtsstichtag vorwegzunehmen oder abzugrenzen, wenn diese Vorwegnahme oder Abgrenzung am Ende des Geschäftsjahres des Unternehmens nicht angemessen wäre (IAS 34.37).
Aufwendungen, die unregelmäßig während des Geschäftsjahres eines Unternehmens anfallen, sind für Zwischenberichtszwecke vorwegzunehmen oder abzugrenzen, wenn es auch angemessen wäre, sie am Ende des Geschäftsjahres vorwegzunehmen oder abzugrenzen (IAS 34.39).
Die Vorgehensweise bei der Bewertung in einem Zwischenbericht sollte sicherstellen, daß die sich daraus ergebenden Informationen verläßlich sind und daß alle wesentlichen Finanzinformationen, die für das Verständnis der Vermögens- und Finanzlage oder Ertragslage (performance) des Unternehmens relevant sind, angemessen gezeigt werden. Wenn auch Jahresabschlüsse und Zwischenberichte oft auf vernünftigen Schätzungen beruhen, wird die Aufstellung von Zwischenberichten in der Regel mehr auf Schätzungen beruhen als die von Jahresabschlüssen (IAS 34.41).

e) Anpassung früherer Zwischenberichte

Bei einer Änderung der Bilanzierungs- und Bewertungsmethoden, die nicht durch einen neuen Standard oder eine neue Interpretation begründet sind, ist wie folgt vorzugehen:
- die Abschlüsse früherer Zwischenberichtsperioden des aktuellen Geschäftsjahres und vergleichbarer Zwischenberichtsperioden früherer Geschäftsjahre die im Jahresabschluß gemäß IAS 8 angepaßt werden, sind anzupassen oder
- wenn es undurchführbar ist, zu Beginn des Geschäftsjahres die kumulierte Auswirkung der Anwendung einer neuen Bilanzierungs- und Bewertungsmethode auf alle Vorperioden zu bestimmen, sind die Abschlüsse der vorherigen Zwischenberichtsperioden des aktuellen Geschäftsjahres anzupassen und bei den Vergleichszwischenberichtsperioden von früheren Geschäftsjahren ist die neue Bilanzierungs- und Bewertungsmethode vom frühest möglichen Zeitpunkt an prospektiv anzuwenden (IAS 34.43).

Vorgesehene Änderungen

Im November 2006 veröffentlichte der IASB IFRS 8 Segmentberichterstattung. Dieser Standard wurde im Rahmen des Konvergenzprojektes mit dem FASB herausgegeben. IFRS 8 enthält folgende Angabepflichten für den Zwischenbericht:
- Erlöse aus Verkäufen an Dritte,
- Erlöse aus Transaktionen mit anderen Segmenten,
- Segmentergebnisse,
- die gesamten Vermögenswerte, bei denen es wesentliche Veränderungen im Vergleich zum letzten Jahresabschluß gab,
- sofern relevant, Beschreibung von Unterschieden der Grundlage der Segmentierung und der Grundlage für die Bewertung des Segmentergebnisses im Vergleich zum letzten Jahresabschluß,
- eine Überleitung der gesamten Segmentergebnisse auf das konsolidierte Unternehmensergebnis vor Steuern und Aufgabe von Geschäftsbereichen,
- Beschreibung aller wesentlichen Überleitungsposten.

VII. Prüfungs- und Offenlegungspflicht

1. Prüfungspflicht

Die IAS/IFRS befassen sich nur mit der Rechnungslegung und nicht mit der Prüfung von Jahresabschlüssen.
Standards und Verlautbarungen für die Prüfung von Jahresabschlüssen werden vom International Auditing Practice Committee (IAPC) der International Federation of Accountants (IFAC) herausgegeben.

2. Offenlegungspflicht

Der IASB kann Unternehmen nicht zwingen, Jahresabschlüsse offenzulegen.

VIII. Branchenspezifische Standards

1. Angaben im Abschluß von Banken und ähnlichen Finanzinstitutionen

IAS 30 Angaben im Abschluß von Banken und ähnlichen Finanzinstitutionen schreibt vor, welche Angaben von Banken und ähnlichen Finanzinstitutionen zu machen sind. IAS 30 enthält keine Bilanzierungs- und Bewertungsvorschriften.
IAS 30 wird durch IFRS 7 Finanzinstrumente: Angaben ersetzt. IFRS 7 ist für Geschäftsjahre, die ab 1.1.2007 beginnen, von allen Unternehmen, d.h. nicht nur von Banken und ähnlichen Finanzinstitutionen, anzuwenden. Eine frühere Anwendung wird empfohlen. IFRS 7 ist in Abschnitt B.III.15 Derivative und nicht-derivative Finanzinstrumente, Sicherungsbeziehungen dargestellt.

a) Gewinn- und Verlustrechnung

Banken haben eine Gewinn- und Verlustrechnung vorzulegen, in der Erträge und Aufwendungen nach Arten zu gruppieren und die Summe der Hauptertrags- und Hauptaufwandsarten anzugeben sind (IAS 30.9).
Zusätzlich zu den Anforderungen anderer Standards sind in der Gewinn- und Verlustrechnung oder in den notes mindestens folgende Ertrags- und Aufwandsposten auszuweisen:
- Zinsen und ähnliche Erträge,
- Zinsen und ähnliche Aufwendungen,
- Dividendenerträge,
- Dienstleistungsentgelte und Provisionserträge,
- Provisionsaufwendungen,
- Gewinne abzüglich Verluste aus Wertpapieren des Handelsbestandes,
- Gewinne abzüglich Verluste aus Wertpapieren des Anlagevermögens,
- Gewinne abzüglich Verluste aus dem Devisenhandel,
- sonstige betriebliche Erträge,
- Verluste aus dem Kreditgeschäft,
- allgemeine Verwaltungsaufwendungen,
- sonstige betriebliche Aufwendungen (IAS 30.10).

Zu den Hauptertragsarten gehören Zinserträge, Dienstleistungsentgelte, Provisionen und Handelsergebnisse (IAS 30.11). Zu den Hauptaufwandsarten gehören Zinsen, Provisionen, Verluste aus dem Kreditgeschäft, Aufwendungen aus der Verminderung des Buchwertes von Finanzinvestitionen und allgemeine Verwaltungsaufwendungen (IAS 30.12).
Eine Saldierung von Aufwendungen und Erträgen ist nicht zulässig, mit Ausnahme von Kurssicherungsgeschäften (IAS 30.13). Gewinne und Verluste bei Wertpapieren

des Handelsbestandes, bei Wertpapieren des Anlagevermögens und aus Devisenhandelsaktivitäten werden normalerweise saldiert ausgewiesen (IAS 30.15).

b) Bilanz

Banken haben eine Bilanz vorzulegen, in der die Vermögenswerte und die Schulden nach Arten zusammenzufassen und nach abnehmender Liquidität zu ordnen sind (IAS 30.18).
Zusätzlich zu den Anforderungen anderer IAS sind in der Bilanz oder in den notes mindestens folgende Posten auszuweisen:

Aktiva
Barreserve und Guthaben bei der Zentralnotenbank,
Schatzwechsel und andere rediskontfähige Wechsel,
öffentliche und andere Wertpapiere des Handelsbestandes,
Forderungen und Kredite an Kreditinstitute,
andere Geldmarktgeschäfte,
Forderungen an Kunden,
Wertpapiere des Anlagevermögens;

Passiva
Verbindlichkeiten gegenüber Kreditinstituten,
andere Verbindlichkeiten aus Geldmarktgeschäften,
Verbindlichkeiten gegenüber anderen Kunden,
Einlagenzertifikate,
eigene Akzepte und andere verbriefte Schulden,
andere aufgenommene Gelder (IAS 30.19).

Es sind die beizulegenden Zeitwerte für jede Klasse von finanziellen Vermögenswerten und Schulden entsprechend IAS 32 anzugeben (IAS 30.24).

c) Erfolgsunsicherheiten und andere Verpflichtungen, einschließlich anderer außerbilanzieller Positionen

Folgende Eventualschulden und andere Verpflichtungen sind anzugeben:
- Art und Höhe unwiderruflicher Kreditzusagen, weil sie nicht zurückgezogen werden können, ohne das Risiko bedeutsamer Vertragsstrafen bzw. Aufwendungen auf sich nehmen zu müssen;
- Art und Höhe von Eventualschulden und anderen Verpflichtungen, die aus bilanzunwirksamen Posten entstehen, einschließlich derjenigen, die sich beziehen auf
  - unmittelbare Kreditsubstitute einschließlich allgemeiner Kreditgarantien, Bankakzeptgarantien und Standby-Akkreditiven, die als finanzielle Garantien für Kredite und Sicherheiten dienen,
  - bestimmte transaktionsbezogene Eventualschulden einschließlich Vertragserfüllungsgarantien, Bietungsgarantien, Gewährleistungen und mit bestimmten Transaktionen zusammenhängende Standby-Akkreditive,

- kurzfristige selbstliquidierende handelsbezogene Eventualschulden, die aus dem Güterverkehr entstehen, wie z.B. Dokumentenakkreditive, bei denen die zu Grunde liegende Lieferung als Sicherheit verwendet wird,
- Pensionsgeschäfte (Kauf- und Rückkaufvereinbarungen), die nicht bilanziert werden (IAS 30.26).

d) Fälligkeiten von Vermögenswerten und Schulden

Aktiva und Passiva sind nach Restlaufzeiten in Gruppen zusammengefaßt auszuweisen (IAS 30.30.). Die Fälligkeitskategorien für Aktiva und Passiva müssen gleich sein (IAS 30.34).

e) Konzentrationen von Vermögenswerten, Schulden und bilanzunwirksamen Positionen

Wesentliche Konzentrationen von Vermögenswerten, Schulden und bilanzunwirksamen Positionen nach Regionen, Kunden- oder Branchengruppen oder anderen Risikoschwerpunkten sind anzugeben. Zusätzlich ist die Höhe von erheblichen offenen Nettodevisenpositionen anzugeben (IAS 30.40).

f) Verluste aus dem Kreditgeschäft

Es sind anzugeben:
- die Bilanzierungs- und Bewertungsmethoden, nach denen risikobehaftete Kredite und Darlehen erfaßt und abgeschrieben werden,
- eine detaillierte Entwicklung der Risikovorsorge im Kreditgeschäft der Berichtsperiode. Separat anzugeben sind hierbei die Verluste aus dem Kreditgeschäft (Wertberichtigungen), die direkten Abschreibungen (Sofortabschreibungen) und die Erträge aus in früheren Perioden abgeschriebenen, aber in der Berichtsperiode eingegangenen Forderungen,
- der Gesamtbetrag der Risikovorsorge im Kreditgeschäft zum Bilanzstichtag (IAS 30.43).

g) Allgemeine Risiken der Tätigkeit einer Bank

Für allgemeine Risiken der Tätigkeit einer Bank können Vorsorgereserven außerhalb der Gewinn- und Verlustrechnung gebildet werden, d.h. diese Vorsorgereserven bleiben Bestandteil des Eigenkapitals (Gewinnrücklagen) (IAS 30.50). Dadurch wird eine Überbewertung der Schulden, eine Unterbewertung der Vermögenswerte, stille Reserven und eine verzerrte Darstellung des Ergebnisses und des Eigenkapitals vermieden (IAS 30.51).

h) Als Sicherheit übertragene Vermögenswerte

Es sind der Gesamtbetrag der besicherten Schulden sowie die Art und die Höhe der als Sicherheit begebenen Vermögenswerte anzugeben (IAS 30.53).

2. Landwirtschaft

Biologische Vermögenswerte sowie landwirtschaftliche Erzeugnisse zum Zeitpunkt der Ernte sind mit dem beizulegenden Zeitwert abzüglich geschätzter Verkaufskosten zu bewerten. Es wird von der widerlegbaren Vermutung ausgegangen, daß ein Marktwert bestimmt werden kann. Gewinne oder Verluste aus den Änderungen des beizulegenden Zeitwertes sind erfolgswirksam zu erfassen (IAS 41).

3. Versicherungsverträge

Der IASB hat entschieden, die Schaffung der Regelungen zur Bilanzierung und Bewertung von Versicherungsverträgen durch Versicherungsunternehmen in zwei Phasen vorzunehmen. IFRS 4 (Phase I) erlaubt es den Versicherungsunternehmen, ihre bisherigen Bilanzierungs- und Bewertungsmethoden im wesentlichen beizubehalten. Die Vergleichbarkeit der Abschlüsse der Versicherungsunternehmen soll durch Anhangangaben erleichtert werden. Die Aufteilung in zwei Phasen erfolgt wegen der Versicherungsunternehmen in der EU, die ab 2005 IFRS anwenden müssen, um wenigstens gewisse Fortschritte bei der Vereinheitlichung von Versicherungsabschlüssen und wichtigen Anhangangaben zu erzielen. Wann ein IFRS Phase II erscheint, der Bilanzierungs- und Bewertungsvorschriften auf Basis eines Fair-value-Konzeptes beinhalten soll, ist offen.

Ansatz und Bewertung
Bis zur Einführung der Phase II brauchen die Regelungen von IAS 8.10-12 (Vorgehensweise bei Regelungslücken der IFRS) nicht angewandt zu werden (IFRS 4.13). Folgendes ist jedoch trotz vorstehender Regelungen zu beachten:
- Katastrophen- und Schwankungsrückstellungen für noch nicht abgeschlossene zukünftige Versicherungsverträge sind nicht zulässig,
- der in IFRS 4.15-19 vorgeschriebene Angemessenheitstest für Verpflichtungen (liability adequacy test) ist vorzunehmen,
- versicherungstechnische Schulden dürfen nur ausgebucht werden, wenn sie getilgt, d.h. wenn die Verpflichtungen erfüllt, gekündigt oder erloschen sind,
- eine Verrechnung von Ansprüchen aus den Rückversicherungsverträgen mit den zugehörigen Versicherungsverbindlichkeiten darf nicht vorgenommen werden und Erträge und Aufwendungen aus der Rückversicherung dürfen nicht mit den damit zusammenhängenden Aufwendungen und Erträgen aus Versicherungsverträgen verrechnet werden,

– aktivierte Ansprüche aus Rückversicherungen sind nur dann als nicht werthaltig anzusehen, wenn objektive Hinweise vorliegen, daß die Ansprüche nicht erfüllt werden können und sich diese Wertminderung verläßlich schätzen läßt (IFRS 4.14).

Zu jedem Bilanzstichtag ist der Bilanzwert der Rückstellungen mit dem Barwert der erwarteten Zahlungsströme aus den Versicherungsverträgen zu vergleichen. Wenn der Bilanzwert der Rückstellungen (abzüglich der abgegrenzten Abschlußkosten und der diesbezüglichen immateriellen Vermögenswerte gemäß IFRS 4.31-32) nicht den erwarteten Zahlungsströmen entspricht, dann ist die Rückstellung erfolgswirksam zu erhöhen (IFRS 4.15). Ansprüche gegen Rückversicherer sind erfolgswirksam abzuschreiben, wenn aufgrund objektiver Kriterien damit zu rechnen ist, daß die Ansprüche aus dem Versicherungsvertrag nicht mehr erfüllt werden (IFRS 4.20).

Ein Versicherungsunternehmen kann seine Bilanzierungs- und Bewertungsmethoden von Versicherungsverträgen nur ändern, wenn dadurch die Abschlüsse aussagefähiger und nicht weniger verläßlich oder verläßlicher und nicht weniger aussagefähig werden (IFRS 4.22). Beim Erwerb eines Versicherungsunternehmens, das in einen Konzernabschluß einbezogen wird, sind entsprechend IFRS 3 die übernommenen Schulden und Vermögenswerte aus Versicherungsverträgen mit dem beizulegenden Zeitwert zum Erwerbszeitpunkt zu bewerten. Es ist auch erlaubt, den beizulegenden Zeitwert der erworbenen Versicherungsverträge auf zwei Komponenten aufzuteilen, nämlich auf
– Schulden, bewertet gemäß den Bilanzierungs- und Bewertungsmethoden des Versicherers, und
– einen immateriellen Vermögenswert, der den Unterschied zwischen
  • dem beizulegenden Zeitwert der erworbenen vertraglichen Rechte aus den Versicherungsverträgen abzüglich der dafür eingegangenen Verpflichtungen und
  • den oben beschriebenen bilanzierten Schulden
  darstellt.
Die Folgebewertung des immateriellen Vermögenswertes ist in Einklang mit der Bewertung der Schulden des Versicherungsvertrages vorzunehmen (IFRS 4.31).

Für ermessensabhängige Überschußbeteiligungen (discretionary participation features) wird keine verbindliche Bilanzierungsmethode für die Zuordnung zum Eigenkapital und Fremdkapital vorgeschrieben. Der Posten darf in Eigenkapital und Fremdkapital aufgesplittet werden, ein Ausweis als besonderer Bilanzposten, der weder Eigenkapital noch Fremdkapital ist, ist jedoch nicht zulässig (IFRS 4.34).

Angaben
Es sind Angaben zu machen, die die in den Abschlüssen ausgewiesenen Beträge aus Versicherungsverträgen identifizieren und erläutern. Dazu gehören:
– die bei den Versicherungsverträgen und den diesbezüglichen Vermögenswerten, Schulden, Erträgen und Aufwendungen angewandten Bilanzierungs- und Bewertungsmethoden,
– die angesetzten Vermögenswerte, Schulden, Erträge und Aufwendungen (und, falls eine Kapitalflußrechnung nach der direkten Methode erstellt wird, die Mittelzuflüsse und -abflüsse), die aus Versicherungsverträgen resultieren. Ferner sind, wenn das Versicherungsunternehmen ein Zedent ist, anzugeben:

- erfolgswirksam erfaßte Gewinne und Verluste beim Abschluß von Rückversicherungsverträgen und
- wenn der Zedent Gewinne und Verluste aus dem Abschluß von Rückversicherungsverträgen auf die Laufzeit verteilt, die Abschreibungen der Berichtsperiode und die noch nicht abgeschriebenen Beträge am Anfang und Ende der Berichtsperiode,
- Beschreibung der Ermittlung der Annahmen, die die größten Auswirkungen auf die Bewertung der vorgenannten Posten haben. Wenn es möglich ist, sind auch quantitative Angaben zu machen,
- die Auswirkungen auf die Abschlüsse, die sich aus Änderungen der Annahmen bei der Bewertung der Vermögenswerte und Schulden ergaben, wobei Änderungen, die eine wesentliche Auswirkung auf die Abschlüsse hatten, gesondert anzugeben sind,
- die Entwicklung der Schulden aus Versicherungsverträgen, der Vermögenswerte aus Rückversicherungen und der eventuell aktivierten Abschlußkosten (IFRS 4.36-4.37).

Es sind Angaben zu machen, die es den Abschlußlesern erlauben, die Beträge, den zeitlichen Anfall und die Unsicherheiten zukünftiger Mittelzuflüsse und -abflüsse aus Versicherungsverträgen zu verstehen. Dazu gehören:
- Ziele des Risikomanagements der Versicherungsverträge und die Maßnahmen zur Minderung des Risikos,
- Bedingungen von Versicherungsverträgen, die wesentliche Auswirkungen auf die Beträge, den zeitlichen Anfall und die Unsicherheiten zukünftiger Mittelzuflüsse und -abflüsse haben,
- Informationen über Versicherungsrisiken (vor und nach der Rückversicherung) unter Angabe von
  - Sensitivitäten hinsichtlich des Gewinnes oder Verlustes und des Eigenkapitals bei Änderungen von Variablen, die eine wesentliche Auswirkung haben,
  - Risikokonzentrationen,
  - Angaben zur tatsächlichen Schadensentwicklung im Vergleich zur prognostizierten Schadensentwicklung. Die Angaben sind über die ganze Abwicklungsdauer zu machen, jedoch höchstens über zehn Jahre,
- Informationen über Zinsänderungsrisiken und Ausfallrisiken, die gemäß IAS 32 zu machen wären,
- Informationen über Zinsänderungsrisiken und Marktrisiken in eingebetteten Derivaten eines Basisversicherungskontraktes, wenn die eingebetteten Kontrakte nicht zum beizulegenden Zeitwert bewertet werden (IFRS 4.38-39).

Übergangsvorschriften

IFRS 4.42-4.45 enthält Übergangsvorschriften.

Vorgesehene Änderungen

Es wird in absehbarer Zeit für Phase II ein Diskussionspapier erwartet, das sich mit den Bilanzierungs- und Bewertungsvorschriften befaßt.

4. Exploration und Evaluierung von mineralischen Ressourcen

IFRS 6 ist eine Zwischenlösung, die den in dieser Branche tätigen Gesellschaften die Einhaltung der IFRS ohne größere Veränderungen ihrer Rechnungslegungspraxis ermöglichen soll.

IFRS 6 ist auf die einem Unternehmen entstehenden Ausgaben für die Exploration und Evaluierung von mineralischen Ressourcen anzuwenden (IFRS 6.3). IFRS 6 gilt nicht für Ausgaben, die vor der Exploration und Evaluierung von mineralischen Ressourcen und die nach dem Nachweis der technischen Durchführbarkeit und Rentabilität einer mineralischen Ressource entstehen (IFRS 6.5).

IFRS 6 erlaubt einem Unternehmen, ohne Berücksichtigung von IAS 8.11-12 Bilanzierungs- und Bewertungsmethoden für die Exploration und Evaluierung von Vermögenswerten zu entwickeln. Daher kann ein Unternehmen die bisherigen Bilanzierungs- und Bewertungsmethoden beibehalten (IFRS 6-7).

Unternehmen haben für die erfaßten Vermögenswerte aus Exploration und Evaluierung eine Wertminderungsprüfung vorzunehmen, wenn Tatsachen und Umstände nahelegen, daß der Buchwert deren erzielbaren Betrag übersteigen kann (IFRS 6.18). Indizien, die eine Wertminderung vermuten lassen, sind in IFRS 6.20 aufgeführt. Die Wertminderung ist in Übereinstimmung mit IAS 36 zu erfassen.

Es sind folgende Angaben zu machen:
- die Bilanzierungs- und Bewertungsmethoden für Explorations- und Evaluierungsausgaben sowie hinsichtlich des Ansatzes von solchen Vermögenswerten,
- die Höhe der Vermögenswerte, Schulden, Erträge und Aufwendungen sowie der Cash-flows aus betrieblicher und Investitionstätigkeit, die aus der Exploration und Evaluierung von mineralischen Ressourcen resultieren (IFRS 6.24).

Die Vermögenswerte aus Exploration und Evaluierung sind als gesonderter Bilanzposten auszuweisen. Die Vorschriften von IAS 16 und IAS 38 sind zu beachten (IFRS 6.25).

C. Rechnungslegung in den USA (US-GAAP und SEC-Vorschriften)

Ab 1. Januar 2005 sind kapitalmarktorientierte Mutterunternehmen in Deutschland verpflichtet, Konzernabschlüsse nach IAS/IFRS zu erstellen. Unternehmen, die an einer ausländischen Börse notiert sind und bisher US-GAAP anwandten, müssen erst ab 1. Januar 2007 Konzernabschlüsse nach IAS/IFRS erstellen. Folglich besteht in Deutschland kein Bedarf mehr an einer detaillierten Darstellung einzelner Rechnungslegungsvorschriften der USA. Dieses Kapitel enthält deshalb nur allgemeine Informationen zur Rechnungslegung in den USA. In den Kapitel F und G werden aber weiterhin die Unterschiede zwischen der Rechnungslegung in den USA und den IAS/IFRS und der Rechnungslegung nach dem HGB in Deutschland gezeigt.

I. Allgemeine Informationen

1. Geschichtliche Entwicklung

a) Entwicklung bis 1933

Bis zu den 30er Jahren des vorigen Jahrhunderts gab es in den USA keine verbindlichen einheitlichen Normen für die Erstellung von Jahresabschlüssen.
Wegen fehlender gesetzlicher Grundlagen war auch der Berufsstand der Wirtschaftsprüfer, der bereits 1887 die American Association of Public Accountants (AAPA) gründete, nicht in der Lage, verbindliche Normen aufzustellen, die bei der Erstellung von Jahresabschlüssen zu beachten waren. 1917 jedoch erschien von der AAPA, die sich im gleichen Jahr in American Institute of Accountants (AIA) umbenannte, ein Beitrag zur Entwicklung von »accounting principles«.
Nach 1930 Jahre kam es auf Initiative des AIA zu einer Zusammenarbeit des Special Committee on Co-operation with Stock Exchange des AIA mit dem Exchange's Committee on Stock Listing der New York Stock Exchange (NYSE), um die von börsennotierten Gesellschaften anzuwendenden Rechnungslegungsgrundsätze und Offenlegungspflichten zu verbessern. Der in diesem Zusammenhang stehende Briefwechsel zwischen beiden Committees wurde zu einem Bericht zusammengefaßt und 1934 unter dem Titel »Audit of Corporate Accounts« veröffentlicht. Aufgrund dieser Zusammenarbeit entstand der Begriff »accepted principles of accounting«, der zwei Jahre später in »generally accepted accounting principles« abgeändert wurde.
In allen Einzelstaaten mit Ausnahme von Delaware – für das Gesellschaftsrecht sind die Einzelstaaten und nicht der Bund zuständig – wurden in der Zeit von 1911 bis 1931 lediglich Wertpapiergesetze (blue sky laws) erlassen, die die Anleger durch eine vorherige Registrierungs- und Prüfungspflicht der zu emittierenden Wertpapiere schützen sollten. Der angestrebte Anlegerschutz war aber unzureichend, da sich der Anwendungsbereich der Gesetze nur auf den innerstaatlichen und nicht auf den zwischenstaatlichen Wertpapierverkauf erstreckte.
Unabhängig von den nicht vorhandenen Normen für die Erstellung von Jahresabschlüssen wurden von einzelnen Unternehmen bereits früh relativ ausführliche Informationen veröffentlicht.
In den USA wurden die ersten Konzernabschlüsse bereits vor 1900 veröffentlicht (Eisolt, Dirk: US-amerikanische und deutsche Konzernrechnungslegung. Hamburg 1992, S. 9) und seit 1919 verlangte die NYSE die Vorlage von Konzernabschlüssen oder von verschiedenen Einzelabschlüssen (Eisolt, S. 12).
Die amerikanische Literatur beschäftigte sich erst lange nach der Veröffentlichung von Konzernabschlüssen mit diesem Thema (Eisolt, S. 10/11).

b) Entwicklung seit 1933

Der Börsenkrach von 1929 veranlaßte den Kongreß, den Securities Act (SA) von 1933, der sich auf Neuemissionen von Wertpapieren (Initial Public Offering = IPO) bezieht, und den Securities Exchange Act (SEA) von 1934, der sich mit dem Handel von Wertpapieren nach deren Emission befaßt, sowie weitere Wertpapiergesetze zu erlassen. Letztere befassen sich mit Spezialproblemen (the Public Utility Holding Company Act of 1935, the Trust Indenture Act of 1939, the Investment Company Act of 1940, the Investment Advisers Act of 1940, the Securities Investor Protection Act of 1970, the Foreign Corrupt Practices Act of 1977, the Insider Trading Sanctions Act of 1984, the Insider Trading and Securities Fraud Enforcement Act of 1988). Der Securities Act (SA) von 1933 und der Securities Exchange Act (SEA) von 1934 werden auch als primary acts und die anderen Wertpapiergesetze als secondary acts bezeichnet.

Ziel des Securities Act von 1933 ist es, zukünftige Investoren zu schützen. Dies geschieht durch die Veröffentlichung umfangreicher Informationen über die angebotenen Wertpapiere und den Emittenten in einem registration statement (Börsenzulassungspapier). Der Kern des registration statement ist der Prospekt. Er ist jedem Interessenten auf Anfrage zuzusenden. Ziel des Securities Exchange Act (SEA) von 1934 ist die Offenlegung wichtiger Finanzdaten und sonstiger Informationen über die Wertpapiere, die an US-amerikanischen Wertpapiermärkten oder am OTC (over the counter market) gehandelt werden, durch ein streng geregeltes Berichtssystem. Zu den weiteren Zielen des SEA gehört die Regelung der Wertpapiermärkte, einschließlich der Kreditkontrolle in diesen Märkten, sowie die Überwachung des Insiderhandels und anderer unfairer Praktiken. Die gemäß dem SEA eingereichten registration statements und Berichte sind öffentlich und können von der SEC gegen eine Gebühr bezogen oder im Internet eingesehen werden.

Die von den Einzelstaaten erlassenen Wertpapiergesetze gelten weiterhin; sie regeln aber nur den Wertpapierhandel innerhalb eines Staates.

Die Securities and Exchange Commission (SEC)
Zur Überwachung der Einhaltung der im Securities Act (SA) und im Securities Exchange Act (SEA) enthaltenen Bestimmungen sowie der weiteren später erlassenen Wertpapiergesetze wurde im Jahre 1934 als unabhängige Bundesbehörde die »Securities and Exchange Commission« (SEC) vom Kongreß gegründet. Sie wird von fünf »Commissioners« geleitet, wovon einer der Vorsitzende (Chairman) ist. Vorsitzender der SEC ist seit dem 3. August 2005 Christopher Cox. Höchstens drei »Commissioners« dürfen derselben Partei angehören. Die »Commissioners« werden vom Präsidenten der USA mit Zustimmung des Senats für fünf Jahre bestellt, wobei in jedem Jahr die Amtszeit eines Commissioners ausläuft. Der Präsident und die Regierung haben keine Weisungsbefugnis gegenüber den »Commissioners« und können sie zwischenzeitlich auch nicht absetzen.

Die SEC hat ohne die Verwaltungsstellen folgende divisions und offices:
- Office of International Affairs,
- Division of Market Regulation,
- Division of Enforcement,
- Division of Investment Management,

- Division of Corporation Finance,
- Office of Administrative Law Judges,
- Office of the General Counsel,
- Office of the Chief Accountant,
- Directorate of Economic and Policy Analysis.

Der Sitz der SEC ist 450 Fifth Street NW, Washington DC 20549. Außerdem gibt es noch regionale Büros (regional offices). Die SEC ist für ca. 11.000 bei ihr registrierte Gesellschaften zuständig. Sie beschäftigt rund 2.000 Personen.

Für die Rechnungslegung der Unternehmen ist die Division of Corporation Finance von besonderer Bedeutung. Ihre Hauptaufgabe besteht darin, die bei ihr eingereichten Berichte und Informationen zu überprüfen und auf die Einhaltung der Publizitätsvorschriften bei den registrierten Gesellschaften hinzuwirken. Sie interpretiert auch die durch Gesetze oder Verordnungen vorgeschriebenen Publizitätsbestimmungen und steht den registrierten Gesellschaften bei Zweifelsfragen zu Gesprächen zur Verfügung.

Die der Division of Corporation Finance eingereichten Jahresabschlüsse einschließlich der beigefügten tabellenartigen Übersichten (schedules) müssen von einem unabhängigen Wirtschaftsprüfer testiert sein.

Von besonderem Gewicht sind auch das Office of the Chief Accountant und die Division of Enforcement. Das Office of the Chief Accountant ist der Hauptberater der Commission bezüglich Rechnungslegungs- und Prüfungsfragen. Außerdem ist es die Verbindungsstelle zu dem Financial Accounting Standards Board (FASB) und zum American Institute of Certified Public Accountants (AICPA) (siehe nächster Abschnitt). Chief Accountant ist seit August 2003 Donald T. Nicolaisen. Die Division of Enforcement ist die Überwachungsstelle der SEC. Sie kann Disziplinar- und Strafmaßnahmen einleiten.

Die SEC ist ermächtigt, Ausführungsbestimmungen zu dem SA und dem SEA zu erlassen. Sie kann somit bestimmen, welche zusätzlichen Grundsätze und Richtlinien für die Aufstellung und den Inhalt der von den Unternehmen einzureichenden Berichte zu beachten sind. Von dieser Ermächtigung hat die SEC bisher nur bei der formellen gliederungs- und ausweistechnischen Ausgestaltung der bei ihr einzureichenden Abschlüsse Gebrauch gemacht.

Die Formulierung von materiellen Rechnungslegungsgrundsätzen, d.h. von Generally Accepted Accounting Principles (GAAP), hat sie 1938 an die Berufsorganisation der Wirtschaftsprüfer, das American Institute of Certified Public Accountants (AICPA), das bis 1957 noch American Institute of Accountants (AIA) hieß, mit ASR 4 delegiert. Von 1939 bis 1958 nahm diese Aufgabe das Committee on Accounting Procedure (CAP) des AICPA und danach bis 1973 der Accounting Principles Board (APB) des AICPA wahr. Danach wurde diese Aufgabe dem FASB übertragen. Im Mai 2003 hat die SEC ihre Absicht, die Zuständigkeit für die Entwicklung von Generally Accepted Accounting Principles bis auf Widerruf an das FASB zu delegieren, wiederholt. Die Notwendigkeit einer solchen Klarstellung ergab sich aus dem Sarbanes-Oxley Act von 2002.

Die Entscheidung der SEC wurde im Dezember 1973 mit ASR 150 durch folgende Aussage bekräftigt: »Principles, standards and practices promulgated by the FASB in its Statements and Interpretations will be considered by the Commission as having substantial authorative support, and those contrary to such FASB promulgations will be considered to have no such support«.

Durch diese Delegation hat die SEC ihr Recht zum Erlassen von materiellen Rechnungslegungsgrundsätzen nicht aufgegeben. Sie macht auf neue Probleme aufmerksam und übt weiterhin eine Überwachungsfunktion bei der Aufstellung von materiellen Rechnungslegungsgrundsätzen aus.

Die SEC veröffentlichte bisher folgende wesentliche Verordnungen und Stellungnahmen:

Regulation S-X
  Vorschriften über Form, Inhalt, Prüfung und Offenlegungsfristen der bei der SEC einzureichenden Jahresabschlüsse

Regulation S-K
  Vorschriften über die Publizitätspflicht von Informationen außerhalb der Jahresabschlüsse

Forms (Formblätter)
Beispiele:
  S-1   Bericht über die erstmalige Registrierung amerikanischer Gesellschaften
  10-K Jahresbericht amerikanischer Gesellschaften
  10-Q Quartalsbericht amerikanischer Gesellschaften
  F-1   Bericht über die erstmalige Registrierung ausländischer Gesellschaften
  20-F Jahresbericht ausländischer Gesellschaften
  Bei den Forms handelt es sich nicht um Formulare, sondern um die Darstellung des formellen Aufbaus und des Inhaltes (items) der bei der SEC einzureichenden Berichte (siehe Abschnitt C.I.5c).

Accounting Series Releases (ASR)
  Erlasse, d.h. Kommentierungen, Änderungen und Ergänzungen zu den Regulations und Forms. ASR wurden bis 1982 veröffentlicht. Sie werden durch die Financial Reporting Releases (FRR) und die Accounting and Auditing Enforcement Releases (AAER) ersetzt.

Financial Reporting Releases (FRR)
  Nachfolger der ASR, jedoch ohne disziplinarische Erlasse. In FRR 1 wurden alle noch gültigen die Rechnungslegung betreffenden ASR zusammengefaßt.

Accounting and Auditing Enforcement Releases (AAER)
  Erlasse, die mit Disziplinarverfahren in Verbindung stehen, die die SEC gegen Unternehmen geführt hat. Die AAER zeigen anhand von praktischen Fällen, wie die SEC bestimmte Vorschriften und Grundsätze interpretiert.

Staff Accounting Bulletins (SAB)
  SAB befassen sich nur mit Sonderfragen. Sie wurden 1975 eingeführt. SAB werden von der Division of Corporation Finance herausgegeben, um über die Hand-

habung bestimmter Rechnungslegungs- und Offenlegungsfragen durch den SEC-Staff zu informieren.

Industry Guides
Industry Guides sind Empfehlungen für die Anwendung der Regulations in bestimmten Industrien (z.B. Öl- und Gasindustrie, Bergbau).

Ausländische Gesellschaften unterliegen grundsätzlich den gleichen Registrierungs- und Berichtspflichten wie US-Unternehmen. Es gibt jedoch gewisse Erleichterungen. Das zeigt sich dadurch, daß für ausländische Gesellschaften andere Forms zu verwenden sind.
Unterlagen von inländischen Gesellschaften sind seit 1996 und von ausländischen Gesellschaften seit November 2002 bei der SEC elektronisch über das EDGAR-System (Electronic Data Gathering Analysis and Retrieval System) einzureichen. Informationen können auch elektronisch abgerufen werden. Einzelheiten sind in Regulation S-T (EDGAR) geregelt. Die Internet-Adresse der SEC ist: www.sec.gov.

c) Sarbanes-Oxley Act vom Juli 2002

Im Juli 2002 wurde vom Präsidenten der USA der zuvor im Senat und Repräsentantenhaus verabschiedete Public Company Accounting Reform and Investor Protection Act 2002 (Sarbanes-Oxley Act) unterzeichnet.
Von diesem Gesetz sind alle bei der SEC registrierten Unternehmen betroffen. Dadurch fallen auch alle deutschen Unternehmen, die den US-amerikanischen Kapitalmarkt in Anspruch nehmen, unter das Gesetz. Ebenfalls sind von diesem Gesetz im Ausland ansässige Tochterunternehmen von SEC-registrierten Gesellschaften betroffen.

Das Gesetz hat folgende wesentliche Inhalte:

I   Es wird ein von der SEC kontrollierte Wirtschaftsprüferaufsicht in Gestalt des gebührenfinanzierten gemeinnützigen Public Company Accounting Oversight Board (PCAOB) geschaffen, der fünf Vollzeitmitglieder hat. Vorsitzender des PCAOB ist seit Januar 2003 Charles D. Niemeier. Die PCAOB hat ihrerseits im Mai 2003 eine Registrierungspflicht für Wirtschaftsprüfer eingeführt. Alle Wirtschaftsprüfungsgesellschaften, die Abschlüsse börsennotierter US-Gesellschaften erstellen, bestätigen oder einen wesentliche Rolle bei der Erstellung und Prüfung der Abschlüsse solcher Unternehmen spielen wollen, müssen sich beim PCAOB registrieren lassen. Dies gilt auch für ausländische Wirtschaftsprüfungsgesellschaften.

II Bestimmungen zur Unabhängigkeit der Wirtschaftsprüfer.

III Erläuterungen und Erweiterung der Verantwortlichkeiten der einzelnen Unternehmen u.a. durch Bildung eines Audit Committee und eidesstattliche Erklärungen des Chief Executive Officer (CEO) und Chief Financial Officer (CFO), daß die der SEC eingereichten Berichte vollständig sind und den tatsächlichen wirtschaftlichen Verhältnissen entsprechen.

IV Festlegung von erweiterten Veröffentlichungspflichten für Finanzinformationen (z.B. wesentliche bilanzunwirksame Geschäfte und vertragliche Verpflichtungen) sowie einen Bericht der Unternehmensleitung über das interne Kontrollsystem, der vom Wirtschaftsprüfer zu bestätigen ist.

V Vorschriften zur Verhinderung von Interessenkonflikten bei Finanzanalysten.

VI Einzelregelungen bezüglich Finanzierung und Befugnissen der SEC.

VII Festlegung der Themen, zu denen US-Behörden Studien und Berichte zu erstellen haben.

VIII Regelungen zu Informantenschutz und erweiterten Aufbewahrungspflichten für Dokumente.

IX Verschärfung der strafrechtlichen Bestimmungen bei unrichtiger eidesstattlicher Bestätigung.

X Festlegung zur Unterzeichnung der Steuererklärung durch den CEO.

XI Bestimmungen zur Verantwortlichkeit der Geschäftsleitung im Falle von Unregelmäßigkeiten.

Die SEC hat im Januar 2003 aufgrund des Sarbanes-Oxley Act folgendes beschlossen:
– Mit einer neuen Regulation G wird die Veröffentlichung von sogenannten »Pro-Forma Kennzahlen«, z.B. in Ad-hoc- oder sonstigen Pressemitteilungen, eingeschränkt. Die mißbräuchlichen Angaben solcher Kennzahlen, etwa zwecks Verschleierung negativer Ergebnistrends, wird untersagt und eine nachvollziehbare Überleitung auf US-GAAP-Angaben verlangt.
– Die Erweiterung der Bestimmungen zur Ad-hoc-Publizität (Form 8-K) um die Position »Disclosure of Results of Operations and Financial Condition« verpflichtet die Unternehmen, der SEC künftig wesentliche bisher nicht-öffentliche Finanzinformationen über vergangene Jahre und Quartale zu geben.
– Unternehmen haben im Jahresabschluß anzugeben, ob in ihren Prüfungsausschüssen (Audit Committees) mindestens ein vom Management unabhängiger Finanzexperte (Audit Committee Financial Expert) vertreten ist. Chief Executive Officer (CEO) und Chief Financial Officer (CFO) sind ab 29.8.2002 verpflichtet, Richtigkeit und Vollständigkeit der von ihnen unterzeichneten Quartals- und Jahresberichte persönlich zu bestätigen. Dies gilt auch für die Vorstände ausländischer an US-Börsen notierter Gesellschaften.

Im Juni 2003 beschloß die SEC aufgrund des Sarbanes-Oxley Act mit der Final Rule »Management's Reports on Internal Control over Financial Reporting and Certification of Disclosure in Exchange Act Periodic Reports«, daß Unternehmen in ihren Geschäftsberichten eine umfangreiche Stellungnahme über ihre Finanzberichterstattung abgeben müssen. Diese Angaben sind vom Wirtschaftsprüfer zu bestätigen.

2. Die normsetzenden Institutionen (standard setter) in den USA

a) American Institute of Certified Public Accountants (AICPA)

Das AICPA ist die Berufsorganisation der amerikanischen Wirtschaftsprüfer. Es trug bis 1957 den Namen »American Institute of Accountants« (AIA). Die Verlautbarungen des AICPA wurden bis 1972 – dem Gründungsjahr des FASB – durch die Gremien des AICPA, nämlich das Committee on Accounting Procedure (CAP) und den Accounting Principles Board (APB) erstellt. Die Verlautbarungen dieser beiden Gremien des AICPA wurden von der SEC für die bei ihr einzureichenden Geschäftsberichte akzeptiert.
Seit der Gründung des FASB im Jahre 1972 gibt das Accounting Standards Executive Committee (AcSEC) des AICPA noch
- AICPA Industry Audit and Accounting Guides
- AICPA Statements of Position (SOP)
- AICPA Issues Papers
- AICPA Practice Bulletins

heraus. Das AcSEC wird in Zukunft nur noch branchenspezifische SOP veröffentlichen.
Die AICPA Industry Audit and Accounting Guides sind Empfehlungen zur Bilanzierung und Prüfung in bestimmten Branchen.
Die AICPA Statements of Position (SOP) behandeln Themen, die weder vom FASB noch von der SEC aufgegriffen wurden. In der Regel befaßte sich der FASB ziemlich bald mit diesem Thema und übernahm große Teile der SOP.
Die AICPA Issues Papers sind Diskussionspapiere, die aktuelle Probleme behandeln. Meistens gibt der FASB später zu diesen Problemen einen Standard, eine Interpretation oder ein Technical Bulletin heraus.
Die AICPA Practice Bulletins beschäftigen sich vorwiegend mit Fragen der Berichterstattung.
Das AcSEC gibt nur Industry Audit and Accounting Guides und Statements of Position (SOP) heraus, wenn der FASB dagegen keine Einwendungen hat.

Das AICPA hat noch folgende Aktivitäten:
- Der Auditing Standards Board (ASB) des AICPA gibt die Statements on Auditing Standards (SAS) heraus. Sie bilden die Grundsätze ordnungsmäßiger Prüfung, die als Generally Accepted Auditing Standards (GAAS) bezeichnet werden.
- Das AICPA bereitet die Prüfungen der Certified Public Accountants (CPA) vor und führt sie durch.
- Das AICPA stellt die CPA-Berufsgrundsätze auf (Code of Conduct; bis 1988 hießen sie Code of Professional Ethics).
- Das AICPA gibt eine Reihe von Publikationen heraus, wie z.B. das Journal of Accountancy.
- Das AICPA bildete 1991 ein Special Committee on Financial Reporting. Es bestand aus 16 dem AICPA angehörenden Mitgliedern unter dem Vorsitz von Edmund L. Jenkins. 1994 veröffentlichte das Committee den Comprehensive Report »Impro-

ving Business Reporting – A Customer Focus: Meeting the Information Needs of Investors and Creditors« (siehe Abschnitt C.I.9).

b) Committee on Accounting Procedure (CAP) des AICPA

Das Committee on Accounting Procedure (CAP) wurde 1938 von dem American Institute of Certified Public Accountants (AICPA) gegründet, nachdem die SEC die Erstellung von Rechnungslegungsgrundsätzen an das AICPA delegiert hatte.
Das CAP hat bis zu seiner Auflösung im Jahre 1959 51 Accounting Research Bulletins (ARB) herausgegeben. 1953 wurden die bis dahin erschienen 42 ARB revidiert, zusammengefaßt und als ARB 43 herausgegeben. Danach wurden noch weitere 8 ARB herausgegeben.
In den ARB wurden drängende Einzelprobleme der Rechnungslegung behandelt. Allgemeine Rechnungslegungsgrundsätze wurden nicht entwickelt.
Von den ARB haben einige in Teilen noch heute Gültigkeit (43, 45, 46 und 51). Die ARB sind die ersten dokumentierten amerikanischen generally accepted accounting principles (US-GAAP).
Mitglieder des CAP waren praktizierende Wirtschaftsprüfer, die ihre Tätigkeit ehrenamtlich durchführten.
Aufgrund vielfältiger Kritik an den Ergebnissen des CAP wurde es 1959 aufgelöst.

c) Accounting Principles Board (APB) des AICPA

Der Accounting Principles Board (APB) wurde 1959 als Nachfolgeorganisation des CAP von dem AICPA gegründet.
Der APB hat zwischen 1962 und 1973 31 APB Opinions als offizielle Verlautbarungen herausgegeben, wovon ein großer Teil ganz oder in Teilen noch heute Gültigkeit hat.
Des weiteren wurden durch den Stab des AICPA seit 1969 Accounting Interpretations herausgebracht. Es waren Auslegungen bestehender Vorschriften oder Antworten auf aktuelle Fragen. Die Accounting Interpretations durchliefen nicht den langwierigen Prozeß der Opinions und waren nur Empfehlungen.
Darüber hinaus hat der APB noch vier Statements herausgebracht, die aber als unverbindliche Diskussionsvorschläge zu betrachten sind.
Außerdem hat die Accounting Research Division (ARD) des AICPA in den Jahren 1961 bis 1972 12 Accounting Research Studies (ARS) herausgegeben. Sie sollten die Opinions des APB fundieren und waren teilweise Versuche einer Aufstellung von allgemeinen Rechnungslegungsgrundsätzen.
Der APB hatte zunächst 18, später 21 Mitglieder. Sie bestanden vorwiegend aus Vertretern der acht großen Wirtschaftsprüfungsgesellschaften, die ehrenamtlich tätig waren.
Wegen der fehlenden Erstellung von allgemeinen Grundsätzen der Rechnungslegung, der Abhängigkeit von den acht großen Wirtschaftsprüfungsgesellschaften sowie der zu starken Betonung der Interessen der Wirtschaftsprüfer und ihrer Klienten statt der Interessen der Öffentlichkeit geriet der APB unter zunehmende Kritik. Deshalb berief

das AICPA 1971 eine Arbeitsgruppe, die nach ihrem Vorsitzenden Wheat benannt wurde. Aufgrund des Berichtes des Wheat Committee wurde 1972 als Nachfolger des APB der Financial Accounting Standards Board (FASB) gegründet, der 1973 seine Arbeit aufnahm. Er sollte unabhängig von dem AICPA sein.

d) Financial Accounting Standards Board (FASB)

Gründung und Struktur des FASB

Der FASB besteht aus sieben hauptberuflichen Mitgliedern, die nicht alle geprüfte Wirtschaftsprüfer sein müssen. Sie werden jeweils für fünf Jahre (einmalige Wiederwahl ist möglich) von der unabhängigen Stiftung Financial Accounting Foundation (FAF) ernannt. Die FAF bestimmt auch den Vorsitzenden (Chairman) aus den Reihen der FASB-Mitglieder. Um ihre Unabhängigkeit zu gewährleisten, sind die bestellten Mitglieder des FASB verpflichtet, während ihrer Amtszeit sämtliche sonstigen geschäftlichen und beruflichen Tätigkeiten aufzugeben, weswegen sie gut bezahlt werden.

Der FASB hat zur Zeit folgende Mitglieder:
  Robert H. Herz, Vorsitzender, ernannt bis 2007
  Georg J. Batavick, ernannt bis 2008
  G. Michael Crooch, ernannt bis 2010
  Leslie F. Seidman, ernannt bis 2011
  Thomas J. Linsmeier, ernannt bis 2011
  Edward W. Trott, ernannt bis 2009
  Donald M. Young, ernannt bis 2008

Robert H. Herz war vorher Teilzeitmitglied im Board des IASB.

Die Financial Accounting Foundation (FAF) wird von folgenden Berufsorganisationen getragen und finanziert (Sponsoring Organizations):
American Accounting Association (AAA)
    (Hochschullehrer des Fachs Accounting und theoretisch interessierte Praktiker)
American Institute of Certified Public Accountants (AICPA)
    (Berufsverband der Wirtschaftsprüfer)
Association for Investment Management and Research (AIMR)
    (Vereinigung der Finanzanalysten)
Financial Executives Institute (FEI)
    (Vereinigung leitender Angestellter im Bereich Finanzierung)
Institute of Management Accountants (IMA)
    (Vereinigung der mit internem Rechnungswesen befaßten Praktiker)
    (vorher National Association of Accountants = NAA)
Securities Industry Association (SIA)
    (Vereinigung der Investmentbanker)
Government Finance Officers Association
    (Government group)
National Association of State Auditors, Comptrollers and Treasurers
    (Government group)

Die Financial Accounting Foundation (FAF) wird von einem 16 Mitglieder umfassenden »Board of Trustees« geführt. 11 Mitglieder werden von den Sponsoring Organizations der FAF für drei Jahre gewählt (einmalige Wiederwahl ist möglich), und fünf Mitglieder werden von den trustees kooptiert.

Zur Zeit setzt sich der »Board of Trustees« wie folgt zusammen:

Hochschullehrer (AAA)	1
Finanzanalyst (AIMR)	1
Regierungsvertreter	3
Industrie (FEI, IMA)	2
Wirtschaftsprüfer (AICPA)	3
Investmentbanker (SIA)	<u>1</u>
	11
kooptierte Mitglieder	<u>5</u>
	<u>16</u>

Die Zusammensetzung des Board of Trustees wurde 1996 durch mächtigen Druck von Arthur Levitt, dem Vorsitzenden der SEC – er drohte damit, den ASR 150 »substantial authoritative support« in Frage zu stellen –, geändert. Vorher hatten die Industrie (FEI, IMA) drei statt zwei trustees und die Wirtschaftsprüfer (AICPA) vier statt drei trustees. Außerdem wurde das Übergewicht der Industrie bei den kooptierten Mitgliedern abgeschafft.

Der Board of Trustees trifft sich mindestens viermal im Jahr. Seine Sitzungen sind öffentlich (Ausnahme: Wahl oder Wiederwahl der FASB- und FASAC-Mitglieder).

Die Financial Accounting Foundation (FAF) ernennt außerdem die Mitglieder des Financial Accounting Standards Advisory Council (FASAC), eines mindestens 20köpfigen, in der Regel 30-35köpfigen ehrenamtlichen Ausschusses, der die Meinungs- und Interessenvielfalt der unterschiedlichen Gruppen widerspiegeln soll, und den FASB berät, insbesondere bei der den einzelnen Projekten beizumessenden Priorität und bei den ersten Meinungsänderungen des FASB.

Die Mitglieder des FASAC werden jeweils für ein Jahr ernannt. (dreimalige Wiederwahl ist möglich.) Die Tätigkeit ist – mit Ausnahme des teilzeitbeschäftigten Vorsitzenden – ehrenamtlich. Die vierteljährlichen Sitzungen des FASAC, an denen auch der FASB teilnimmt, sind öffentlich. Der Chief Accountant der SEC, der kein Mitglied des FASAC ist, nimmt als Beobachter an den Diskussionen im FASAC teil.

Außerdem ernennt die FAF die Mitglieder des Governmental Accounting Standards Board (GASB) und des Governmental Accounting Standards Advisory Council (GASAC), die sich mit Rechnungslegungsfragen öffentlicher Institutionen befassen. Der GASAC erfüllt beim GASB die Rolle, die der FASAC beim FASB erfüllt.

Der FASB wird von etwa 68 erfahrenen, sachlich versierten Mitarbeitern unterstützt. Darüber hinaus stehen dem FASB gemeinsam mit dem GASB noch weitere Personen für administrative Aufgaben einschließlich Bibliothek, Textverarbeitung und Vertrieb zur Verfügung.

2003 wurde ein neues Beratungsgremium gegründet, nämlich der User Advisory Council (UAC). Durch dieses Gremium soll die Teilnahme der interessierten Öffentlichkeit an der Verabschiedung von Standards intensiviert werden. Insbesondere ist beabsichtigt, mehr über die Art und Weise, in der Analysten, Rating-Agenturen, institutionelle Investoren und ähnliche Berufsgruppen von Rechnungslegungsinformatio-

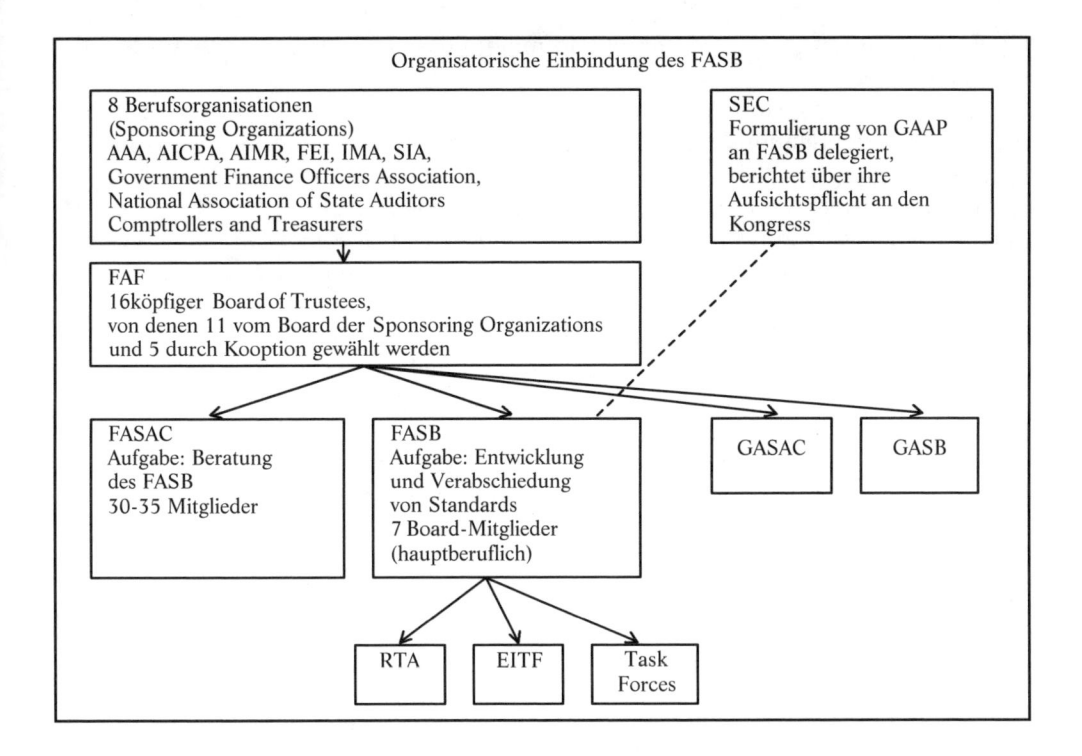

```
┌─────────────────────────────────────────────────────────────────────────┐
│                  Organisatorische Einbindung des FASB                   │
│  ┌──────────────────────────────────────┐   ┌────────────────────────┐  │
│  │ 8 Berufsorganisationen               │   │ SEC                    │  │
│  │ (Sponsoring Organizations)           │   │ Formulierung von GAAP  │  │
│  │ AAA, AICPA, AIMR, FEI, IMA, SIA,     │   │ an FASB delegiert,     │  │
│  │ Government Finance Officers Assoc.,  │   │ berichtet über ihre    │  │
│  │ National Association of State        │   │ Aufsichtspflicht an    │  │
│  │ Auditors Comptrollers and Treasurers │   │ den Kongress           │  │
│  └──────────────────────────────────────┘   └────────────────────────┘  │
│  ┌──────────────────────────────────────────────────┐                   │
│  │ FAF                                              │                   │
│  │ 16köpfiger Board of Trustees,                    │                   │
│  │ von denen 11 vom Board der Sponsoring            │                   │
│  │ Organizations und 5 durch Kooption gewählt       │                   │
│  │ werden                                           │                   │
│  └──────────────────────────────────────────────────┘                   │
│  ┌──────────────┐  ┌──────────────────┐  ┌────────┐  ┌────────┐         │
│  │ FASAC        │  │ FASB             │  │ GASAC  │  │ GASB   │         │
│  │ Aufgabe:     │  │ Aufgabe:         │  │        │  │        │         │
│  │ Beratung     │  │ Entwicklung und  │  │        │  │        │         │
│  │ des FASB     │  │ Verabschiedung   │  │        │  │        │         │
│  │ 30-35        │  │ von Standards    │  │        │  │        │         │
│  │ Mitglieder   │  │ 7 Board-         │  │        │  │        │         │
│  │              │  │ Mitglieder       │  │        │  │        │         │
│  │              │  │ (hauptberuflich) │  │        │  │        │         │
│  └──────────────┘  └──────────────────┘  └────────┘  └────────┘         │
│                    ┌─────┐ ┌──────┐ ┌────────┐                          │
│                    │ RTA │ │ EITF │ │ Task   │                          │
│                    │     │ │      │ │ Forces │                          │
│                    └─────┘ └──────┘ └────────┘                          │
└─────────────────────────────────────────────────────────────────────────┘
```

nen Gebrauch machen, zu erfahren. Der User Advisory Council (UAC), bestehend aus mehr als 35 Berufsangehörigen, soll sowohl Entscheidungen über den künftigen Arbeitsplan des FASB treffen als auch bei grundlegenden Fragen zu laufenden Projekten eingebunden werden.

Die FAF und die SEC sind Aufsichtsorgane des FASB. Die SEC hat jährlich über die Ausübung ihrer Aufsichtspflicht an den Kongreß zu berichten.

Verlautbarungen des FASB
Bis Dezember 2006 hat der FASB
    158   Statements of Financial Accounting Standards (abgekürzt SFAS oder FAS)
      7   Statements of Financial Accounting Concepts (abgekürzt SFAC oder CON)
     48   Interpretations (FIN),
     51   Technical Bulletins (TB)
herausgegeben.

Statements of Financial Accounting Standards (SFAS) sind detaillierte Rechnungslegungsgrundsätze, die einen »due process« (siehe nächsten Abschnitt) durchlaufen.
Statements of Financial Accounting Concepts (SFAC) sind allgemeine Rechnungslegungsgrundsätze und gehören zum Conceptual Framework.
Interpretations sind Erläuterungen von SFAS, ARB oder APB Opinions. Sie durchlaufen keinen langen »due process« wie die Statements of Financial Accounting Standards, sondern der Entwurf muß nur mindestens 30 Tage vorher der Öffentlichkeit vorgestellt werden, um Stellungnahmen abgeben zu können. Die Interpre-

tations werden mit der Zustimmung von mindestens fünf der sieben Board-Mitglieder verabschiedet.

Technical Bulletins sind Hilfestellungen bei der Anwendung von FASB Statements und Interpretations und von ARB und APB Opinions und beziehen sich auf Rechnungslegungsprobleme einzelner Unternehmen oder spezieller Branchen. Sie werden kurzfristig vom FASB Staff herausgegeben, sofern nicht mehr als zwei Board-Mitglieder dagegen Einwendungen haben. Von den 51 Technical Bulletins erschienen 47 in der Zeit von 1979-1988; 1990, 1994, 1997 und 2001 wurde je ein Technical Bulletin verabschiedet.

Um für dringende Probleme, für die es keine anerkannten Rechnungslegungsgrundsätze (established accounting principles) gibt, schnell eine Lösung zu finden, wurde 1984 die Emerging Issues Task Force (EITF) eingerichtet. Sie besteht aus 17 stimmberechtigten Personen und setzt sich aus Vertretern großer und regionaler Wirtschaftsprüfungsgesellschaften sowie Rechnungslegungsfachleuten großer Unternehmen zusammen. Außerdem nimmt je ein Vertreter des AcSEC und der SEC an den sechsmal im Jahr stattfindenden öffentlichen Sitzungen teil. Obwohl der Vertreter der SEC nur Beobachter ist, beteiligt er sich aktiv an den Diskussionen. Falls nicht mehr als zwei stimmberechtigte Mitglieder der EITF gegen den Lösungsvorschlag stimmen, wird ein EITF Consensus herausgegeben. Seit November 2002 wird jeder EITF Consensus vom FASB formell bestätigt.

Außerdem gibt der FASB noch andere Publikationen wie die vom FASB Staff erarbeiteten und ohne ausdrückliche Zustimmung des Board veröffentlichten Implementation Guides (die sogenannten »Qs and As«, d.h. Questions and Answers), die ab Februar 2003 FASB Staff Positions (FSP) heißen, das sind Anwendungshilfen für neu erlassene SFAS, sowie Research Reports, Discussion Memorandums, Invitations to Comment und seit Mai 2001 die Newsletters »Understanding the Issues«, die wichtige und komplexe Konzepte, die der FASB im Rahmen seiner Standardisierungsarbeit entwickelt, erläutern und verdeutlichen, heraus.

Die Verlautbarungen des FASB sind direkt vom Financial Accounting Standards Board, 401 Merritt 7, P.O. Box 5116, Norwalk, CT 06856-5116 erhältlich. Die Internet-Adresse lautet: www.fasb.org.

Entstehungsprozeß (due process) eines Statement of Financial Accounting Standards (SFAS)

Der Entstehungsprozeß, d.h. das förmliche Verfahren der Verabschiedung eines Statement of Financial Accounting Standards (SFAS), läuft kurz zusammengefaßt wie folgt ab:
- Aufgrund von Vorschlägen der Board-Mitglieder und Mitarbeiter des FASB, der Mitglieder des FASAC, der SEC und interessierter Personen und Organisationen entscheidet der Board nach eingehender Diskussion, ob ein Problem in die Agenda (Arbeitsprogramm) aufgenommen wird. Bei der Entscheidung des Board spielen die Bedeutung des Problems, die sehr unterschiedlichen Lösungsmöglichkeiten des Problems und die hohe Wahrscheinlichkeit der Lösung des Problems durch den FASB eine wesentliche Rolle.
- Oft wird eine Arbeitsgruppe (task force) von 15-20 Personen gebildet. Der Vorsitzende der Arbeitsgruppe ist in der Regel Mitglied des FASB. Mitglieder der Arbeitsgruppe können Mitglieder des FASB und des FASAC, Personen aus der Rechnungslegungspraxis, Spezialisten auf diesem Gebiet oder Interessenvertreter sein.

- Es finden Beratungen mit dem Research and Technical Activities Staff (RTA) statt.
- Die Arbeitsgruppe erstellt in der Regel ein Discussion Memorandum, das an die interessierte Öffentlichkeit verteilt wird. Es können schriftliche Stellungnahmen eingereicht werden.
- Anschließend findet meistens eine öffentliche Anhörung statt.
- Es wird ein Entwurf (Exposure Draft) erstellt und an die interessierte Öffentlichkeit verteilt, die schriftliche Stellungnahmen einreichen kann. Für eine Verabschiedung des Entwurfs ist die Zustimmung von fünf der sieben Board-Mitglieder notwendig. Es können wiederum schriftliche Stellungnahmen eingereicht werden, und es findet nochmals eine öffentliche Anhörung statt.
- In weiteren Beratungen werden die eingegangenen Stellungnahmen zum Exposure Draft ausgewertet.
- Das SFAS wird verabschiedet. Das Votum und die Entscheidungsgründe werden bekanntgegeben. Für eine Verabschiedung als SFAS ist die Zustimmung von vier (vor 2002 fünf) der sieben Board-Mitglieder notwendig.

Die Sitzungen des Board finden öffentlich am Sitz des FASB in Norwalk, Connecticut, statt.

3. Das Conceptual Framework des FASB

a) Allgemeines

Das CAP und der APB sind nicht zuletzt daran gescheitert, daß das CAP kein und der APB ein nicht allgemein als ausreichend angesehenes theoretisches Konzept mit übergeordneten Rechnungslegungsgrundsätzen herausgegeben haben.
Aus diesem Grunde wurde 1971 von dem AICPA das »Trueblood Committee« eingesetzt. Das »Trueblood Committee« sollte die allgemeinen Ziele des Abschlusses herausarbeiten, die als Grundlage für ein umfassendes theoretisches Konzept zur Entwicklung von Rechnungslegungsgrundsätzen dienen sollten.
Sofort nach der Gründung nahm der FASB ein Theorieprojekt in seine Agenda auf. Er stützte sich dabei auch auf den 1973 veröffentlichten Bericht »Objectives of Financial Statements des Trueblood Committee«.
Das Conceptual Framework sollte
- eine Leitlinie für den FASB bei der Entwicklung von Standards sein,
- ein Rahmen bei der Lösung von Fragen sein, für die noch keine »promulgated« GAAP entwickelt wurden,
- den Ermessensspielraum bei der Erstellung von Abschlüssen begrenzen,
- bei den Abschlußadressaten die Verständlichkeit von Abschlüssen und das Vertrauen in Abschlüsse fördern und
- die Vergleichbarkeit von Abschlüssen erhöhen.

Das Conceptual Framework des FASB setzt sich bisher aus folgenden sieben Statements of Financial Accounting Concepts (SFAC) zusammen:

SFAC No.	Titel	Entstehungsdatum
1	Objectives of Financial Reporting by Business Enterprises	November 1978
2	Qualitative Characteristics of Accounting Information	Mai 1980
3	Elements of Financial Statements of Business Enterprises	Dezember 1980
4	Objectives of Financial Reporting by Nonbusiness Organizations	Dezember 1980
5	Recognition and Measurement in Financial Statements of Business Enterprises	Dezember 1984
6	Elements of Financial Statements	Dezember 1985
7	Using Cash Flow Information and Present Value in Accounting Measurements	Februar 2000

SFAC 4 beschäftigt sich mit Nonbusiness Organizations und SFAC 6 ersetzt und erweitert SFAC 3. Aus diesem Grunde wird auf SFAC 3 und SFAC 4 nicht mehr näher eingegangen.

b) Zusammengefaßter Inhalt der einzelnen SFAC des Conceptual Framework

SFAC 1 Objectives of Financial Reporting by Business Enterprises
Die Ziele der Unternehmensberichterstattung werden hauptsächlich von den Bedürfnissen externer Abschlußadressaten bestimmt, die nicht die Macht haben, die benötigten Informationen zu fordern und die sich auf die von der Unternehmensleitung gegebenen Informationen verlassen müssen.
Die gesamte Unternehmensberichterstattung und somit auch der Abschluß sollen für wirtschaftliche Entscheidungen relevante Informationen liefern, d.h. den jetzigen und potentiellen Investoren und Kreditgebern und anderen Abschlußadressaten, z.B. Lieferanten, Arbeitnehmern, Kunden, Finanzanalysten, Behörden, Börsen, Gewerkschaften und der Öffentlichkeit, beim Treffen von Investitions-, Kredit- und anderen Entscheidungen nützen.
Die Informationen müssen für in der Wirtschaft tätige Personen in angemessener Zeit verständlich sein.
Die Unternehmensberichterstattung soll Informationen liefern, die Investoren, Kreditgebern und anderen Abschlußadressaten helfen, die Beträge, den Zeitpunkt und die Wahrscheinlichkeit künftiger Mittelzuflüsse und -abflüsse des Unternehmens abzuschätzen.
Die Unternehmensberichterstattung soll Informationen über die wirtschaftlichen Ressourcen, (z.B. Vermögenswerte eines Unternehmens) die Anspruchsberechtigten der Ressourcen (z.B. Gläubiger und Eigenkapitalgeber) und die Auswirkungen von

Transaktionen, Ereignissen und Umständen, die eine Änderung der Ressourcen und der Anspruchsberechtigten der Ressourcen bewirken, liefern.

Hauptziel der Unternehmensberichterstattung sind Informationen über die Höhe und die Zusammensetzung der Ergebnisse des Unternehmens.

Das Unternehmensergebnis sollte nach dem »accrual principle«, d.h. durch die sachliche Zuordnung von Erträgen und Aufwendungen zum jeweiligen Geschäftsjahr, ermittelt werden.

Des weiteren dient die Unternehmensberichterstattung dazu, Rechenschaft über die Verwaltung (stewardship) und effiziente Nutzung des der Unternehmensleitung von den Anteilseignern anvertrauten Vermögens abzulegen.

SFAC 2 Qualitative Characteristics of Accounting Information

Die Rechnungslegungsinformationen haben den Grundsatz der
- Verständlichkeit (understandability)

zu wahren.

Die wichtigsten qualitativen Merkmale, die Rechnungslegungsinformationen für Entscheidungsträger nützlich machen (decision usefulness), sind
- Relevanz (relevance) und
- Verläßlichkeit (reliability).

Relevanz bedeutet, daß die Informationen Hilfestellung bei der Beurteilung von künftigen Ergebnissen von Entscheidungen bieten sollen, d.h. das Merkmal der
- Voraussagetauglichkeit (predictive value)

erfüllen müssen, und Hilfestellung bei der Bestätigung oder Korrektur bereits früher angestellter Erwartungen bieten sollen, d.h. das Merkmal der
- Erwartungsüberprüfung (feedback value)

haben müssen.

Auf entscheidungsrelevante Informationen muß ebenfalls das Merkmal der
- zeitnahen Berichterstattung (timeliness)

zutreffen.

Verläßlichkeit bedeutet, daß die Informationen das Merkmal der
- Nachprüfbarkeit (verifiability),
- Neutralität, d.h. Willkürfreiheit, Wertfreiheit, Objektivität (neutrality),
- glaubwürdige Darstellung (representational faithfulness)

erfüllen.

Zusammen mit der Relevanz und der Verläßlichkeit müssen die Informationen noch das Merkmal der
- Vergleichbarkeit (comparability) einschließlich der Stetigkeit (consistency)

erfüllen. Vergleichbarkeit bedeutet, daß gleiche Sachverhalte von verschiedenen Unternehmen in gleicher Weise dargestellt werden, damit ein Unternehmensvergleich möglich ist.

Die Gültigkeit der oben genannten qualitativen Merkmale wird durch den Grundsatz der
- Wesentlichkeit (materiality) und
- Wirtschaftlichkeit, d.h. Beachtung des Kosten-/Nutzenverhältnisses (benefits vs. costs)

eingeschränkt. Informationen brauchen somit nur gegeben zu werden, wenn sie für Entscheidungen des Informationsempfängers wesentlich sind (threshold for recognition) und wennder erwartete Nutzen einer Information die mit der Berichterstattung verbundenen Kostenübersteigt (pervasive constraint).

In SFAC 2 ist auch das Prinzip der Vorsicht (conservatism) erwähnt. Danach ist bei zukünftig zu zahlenden oder zu empfangenden Beträgen, deren Eintrittswahrscheinlichkeit als gleich anzusehen ist, die weniger optimistische Schätzung anzunehmen. Eine Unterbewertung von Vermögenswerten und Ergebnissen kann nicht durch das Vorsichtsprinzip gerechtfertigt werden.

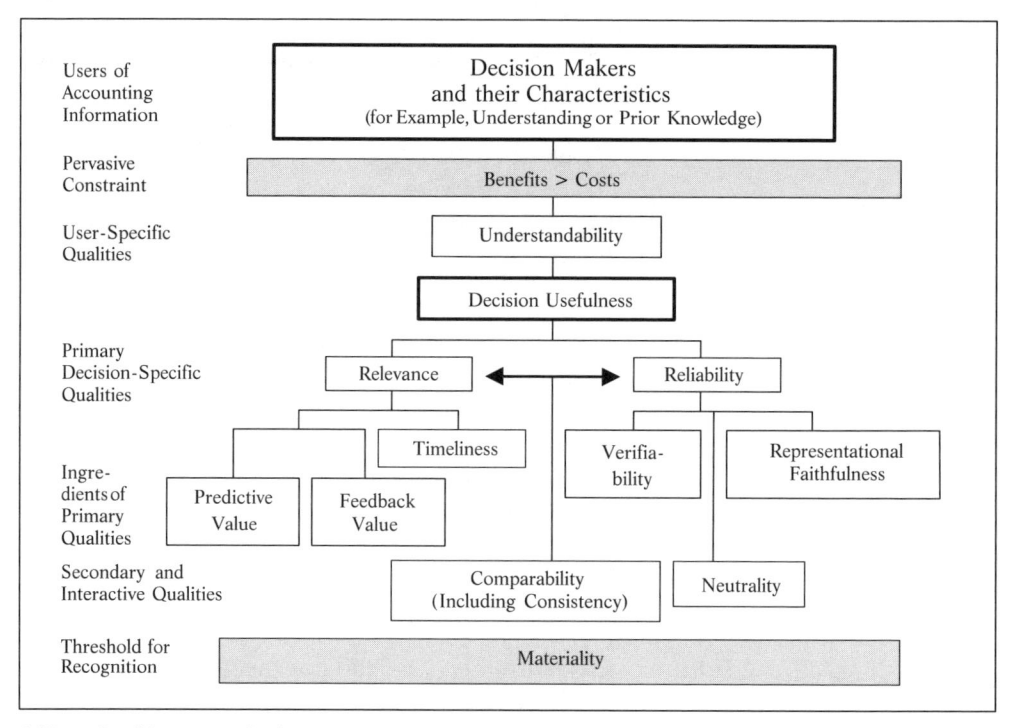

A Hierarchy of Accounting Qualities
(Quelle: Statement of Financial Accounting Concepts No. 2)

SFAC 3 Elements of Financial Statements of Business Enterprises
SFAC 3 wurde durch SFAC 6 ersetzt.

SFAC 4 Objectives of Financial Reporting by Nonbusiness Organizations
Da sich SFAC 4 mit Nonbusiness Organizations befaßt, wird auf SFAC 4 nicht näher eingegangen.

SFAC 5 Recognition and Measurement in Financial Statements of Business Enterprises
Der Begriff Financial Statements (Abschluß) ist ein Unterbegriff von Financial Reporting (Unternehmensberichterstattung). SFAC 5 und SFAC 6 beschäftigen sich nur mit Financial Statements, nämlich
- Bilanz (statement of financial position),
- Gewinn- und Verlustrechnung (statement of earnings),
- Gesamtgewinn (comprehensive income = total nonowner changes in equity),
- Kapitalflußrechnung (statement of cash flows) und
- Eigenkapitalveränderung aufgrund von Einzahlungen und Auszahlungen von/an Anteilseigner (statement of investments by and distributions to owners),

während sich SFAC 1 und SFAC 2 auf die gesamte Unternehmensberichterstattung beziehen.

Die verschiedenen Bestandteile des Financial Reporting gemäß SFAC 5 gehen aus folgender Übersicht hervor:

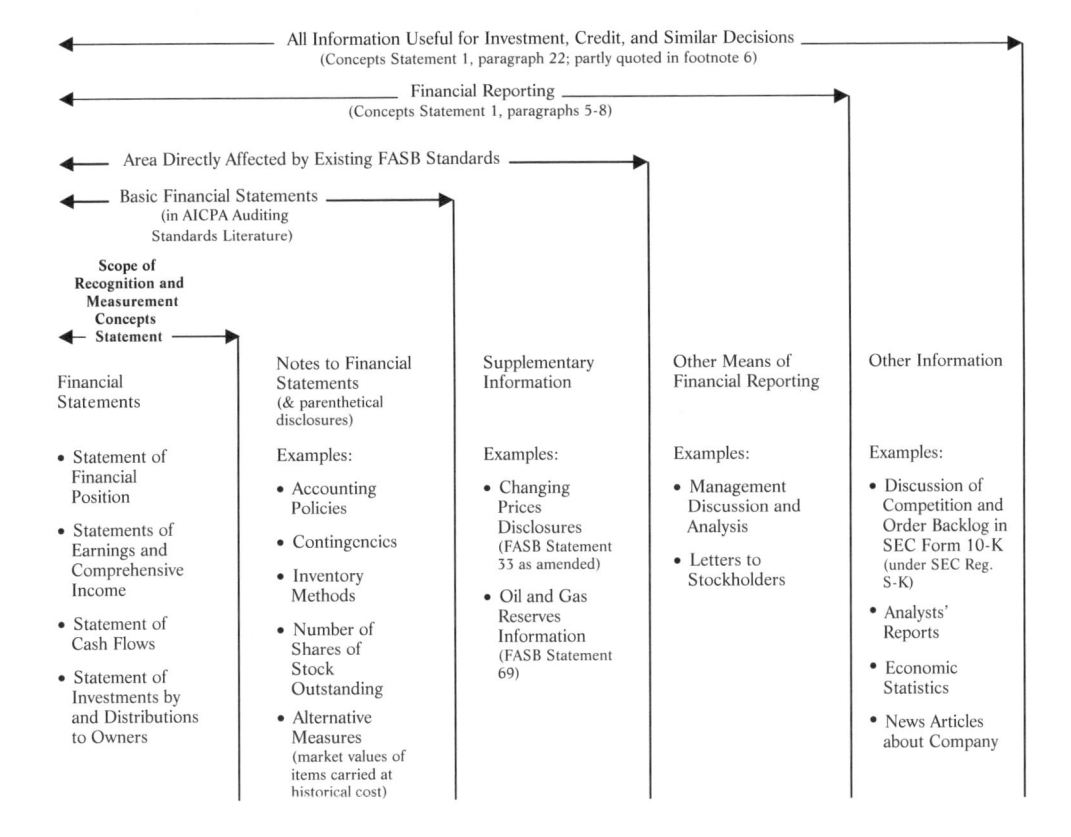

All Information Useful for Investment, Credit, and Similar Decisions				
(Concepts Statement 1, paragraph 22; partly quoted in footnote 6)				
Financial Reporting				
(Concepts Statement 1, paragraphs 5-8)				
Area Directly Affected by Existing FASB Standards				
Basic Financial Statements (in AICPA Auditing Standards Literature)				
Scope of Recognition and Measurement Concepts Statement				
Financial Statements	Notes to Financial Statements (& parenthetical disclosures)	Supplementary Information	Other Means of Financial Reporting	Other Information
• Statement of Financial Position • Statements of Earnings and Comprehensive Income • Statement of Cash Flows • Statement of Investments by and Distributions to Owners	Examples: • Accounting Policies • Contingencies • Inventory Methods • Number of Shares of Stock Outstanding • Alternative Measures (market values of items carried at historical cost)	Examples: • Changing Prices Disclosures (FASB Statement 33 as amended) • Oil and Gas Reserves Information (FASB Statement 69)	Examples: • Management Discussion and Analysis • Letters to Stockholders	Examples: • Discussion of Competition and Order Backlog in SEC Form 10-K (under SEC Reg. S-K) • Analysts' Reports • Economic Statistics • News Articles about Company

Ansatz- und Bewertungsvoraussetzungen beim Abschluß
Ein Sachverhalt muß folgende vier Voraussetzungen erfüllen, um in den Abschluß aufgenommen werden zu können:
- der Sachverhalt muß unter ein der zehn Elemente fallen, die in SFAC 6 aufgeführt sind,

- der Sachverhalt muß mit genügender Verläßlichkeit (sufficient reliability) bewertbar sein (measurability),
- die Information über den Sachverhalt muß für den Abschlußadressaten relevant sein (relevance), und
- die Information über den Sachverhalt muß glaubwürdig (representationally faithful), nachprüfbar (verifiable) und willkürfrei (neutral) sein.

Liegt eine der ersten beiden Voraussetzungen nicht vor, so ist der Sachverhalt als Zusatzinformation in die »notes« aufzunehmen. Es erfolgt somit eine »disclosure« (Offenlegung), aber keine »recognition« (Ansatz).
Sachverhalte können im Abschluß in Abhängigkeit von der Art des Sachverhalts wie folgt bewertet werden:
- historical cost (historische Anschaffungs- oder Herstellungskosten), Regelbewertung beim Anlagevermögen,
- current (replacement) cost (Wiederbeschaffungskosten), z.B. Vorräte, wenn die Wiederbeschaffungskosten unter die Anschaffungskosten gefallen sind,
- current market value (Tageswert am Absatzmarkt), z.B. teilweise bei Vorräten und Wertpapieren,
- net realizable (settlement) value (erwarteter Zahlungseingang), z.B. bei kurzfristigen Forderungen,
- present (or discounted) value of future cash flows (diskontierter erwarteter Zahlungseingang), z.B. bei langfristigen Forderungen.

Die Bewertung hat zu Nominalwerten zu erfolgen, d.h. es ist keine Korrektur wegen einer Änderung der Kaufkraft vorzunehmen.

Erträge (revenues and gains) sind zu erfassen, wenn sie realisiert (realized) oder realisierbar (realizable) und verdient (earned) sind.
Aufwendungen (expenses and losses) sind dann zu erfassen, wenn der sachlich zugehörige Ertrag realisiert ist oder, falls ein solcher Zusammenhang nicht hergestellt werden kann, wenn sie anfallen.

Verschiedene Gewinnbegriffe
Als earnings wird der Gewinn des Geschäftsjahres einschließlich der außerordentlichen Aufwendungen und Erträge angesehen.
Als net income werden die earnings zuzüglich der kumulierten Effekte, die sich aus der Änderung der Bilanzierungs- und Bewertungsmethoden (cumulative effect on prior years of a change in accounting principle) ergeben, bezeichnet.
Als comprehensive income wird die Reinvermögensveränderung ohne Kapitaleinzahlungen und Kapitalauszahlungen von Gesellschaftern, d.h. das net income zuzüglich Bewertungsänderungen (z.B. Änderungen bei einer Bewertung zu Marktwerten), verstanden. 1997 wurde hierzu vom FASB SFAS 130 Reporting Comprehensive Income herausgegeben.

SFAC 6 Elements of Financial Statements
SFAC 6 enthält auch einen Teil, der sich auf nichterwerbswirtschaftliche Unternehmen (nonbusiness organizations) bezieht. Hierauf wird im folgenden nicht eingegangen.

In SFAC 6 werden zehn Bestandteile des Abschlusses definiert. Sie werden im folgenden wiedergegeben:
- Assets are probable future economic benefits obtained or controlled by a particular entity as a result of past transactions or events.
- Liabilities are probable future sacrifices of economic benefits arising from present obligations of a particular entity to transfer assets or provide services to other entities in the future as a result of past transactions or events.
- Equity or net assets is the residual interest in the assets of an entity that remains after deducting its liabilities. In a business enterprise, the equity is the ownership interest.
- Investments by owners are increases in equity of a particular business enterprise resulting from transfers to it from other entities of something valuable to obtain or increase ownership interests (or equity) in it. Assets are most commonly received as investments by owners, but that which is received may also include services or satisfaction or conversion of liabilities of the enterprise.
- Distributions to owners are decreases in equity of a particular business enterprise resulting from transferring assets, rendering services, or incurring liabilities by the enterprise to owners. Distributions to owners decrease ownership interest (or equity) in an enterprise.
- Comprehensive income is the change in equity of a business enterprise during a period from transactions and other events and circumstances from nonowner sources. It includes all changes in equity during a period except those resulting from investments by owners and distributions to owners.
- Revenues are inflows or other enhancements of assets of an entity or settlements of its liabilities (or a combination of both) from delivering or producing goods, rendering services, or other activities that constitute the entity's ongoing major or central operations.
- Expenses are outflows or other using up of assets or incurrences of liabilities (or a combination of both) from delivering or producing goods, rendering services, or carrying out other activities that constitute the entity's ongoing major or central operations.
- Gains are increase in equity (net assets) from peripheral or incidental transactions of an entity and from all other transactions and other events and circumstances affecting the entity except those that result from revenues or investments by owners.
- Losses are decreases in equity (net assets) from peripheral or incidental transactions of an entity and from all other transactions and other events and circumstances affecting the entity except those that result from expenses or distributions to owners.

Anmerkungen zu einzelnen Definitionen
Der Begriff assets (Vermögenswerte) geht über den im HGB benutzten, jedoch nicht definierten Begriff Vermögensgegenstand hinaus. SFAC 6 definiert assets als wahrscheinlicher künftiger Nutzen, der das Ergebnis von vergangenen Transaktionen oder Ereignissen ist. Demnach können selbstgeschaffene immaterielle Vermögensgegenstände und unentgeltlich erworbene Vermögensgegenstände aktivierungsfähige assets sein.

Der Begriff liabilities (Schulden) ist nicht mit dem im HGB benutzten Begriff Verbindlichkeiten identisch. SFAC 6 definiert liabilities als wahrscheinliche künftige Belastungen, die aus gegenwärtigen Verpflichtungen des Unternehmens herrühren, anderen Unternehmen in der Zukunft aufgrund vergangener Transaktionen oder Ereignisse Vermögenswerte zu übertragen oder Dienstleistungen zu erbringen. Liabilities umfassen somit Verbindlichkeiten und Rückstellungen (ohne Aufwandsrückstellungen).

In SFAC 6 werden neben dem Begriff periodengerechte Erfolgsermittlung (accrual principle) weitere Begriffe wie
- matching (leistungsentsprechende Gegenüberstellung von Aufwendungen und Erträgen),
- realization (Zeitpunkt der buchhalterischen Erfassung des Erfolges),
- recognition (Ansatz),
- deferral (Abgrenzung),
- allocation (Verteilung von Beträgen),
- amortization (Abschreibung)

erklärt, die bei der Anwendung des »accrual principle« benutzt werden.

SFAC 7 Using Cash Flow Information and Present Value in Accounting Measurements

SFAC 7 zeigt ein Rahmenkonzept, wie zukünftige Cash-flows zu bewerten sind. Das Statement enthält allgemeine Grundsätze zur Ermittlung des Barwertes, insbesondere wenn die Höhe und das Eingangsdatum der zukünftigen Cash-flows unsicher sind. Der FASB legt dar, daß ein diskontierter Zahlungsstrom sachdienlichere Informationen als eine Bewertung auf Basis eines nicht diskontierten Zahlungsstromes bietet und einem fiktiven Marktpreis näher kommt.

c) Abschließende Bemerkungen

In der Literatur wird dem FASB vorgeworfen, daß er sein Ziel, mit dem Conceptual Framework ein allgemeingültiges theoretisches Konzept für die Rechnungslegung zu entwickeln, nicht voll erfüllt hat, sondern versucht hat, aus einer bisher üblichen Rechnungslegungspraxis mit zum Teil sehr vagen Ausführungen ein theoretisches Konzept zu schaffen, um die bisherige Rechnungslegungspraxis nicht ändern zu müssen und bei der Erstellung zukünftiger SFAS einen großen Spielraum zu haben.

Bei Haller (Haller, Axel: Die Grundlagen der externen Rechnungslegung in den USA. Stuttgart 1994, 4. Aufl., S. 218-230) ist eine ausführliche kritische Würdigung des Conceptual Framework enthalten.

Anzumerken ist noch, daß die Statements of Financial Accounting Concepts (SFAC), die eine Basis für die Entwicklung von Rechnungslegungsgrundsätzen liefern sollen, durch das AICPA Statement of Auditing Standards (SAS) 69 als »other accounting literature« in die letzte GAAP-Ebene an erster Stelle eingestuft wurden. Vorher waren die SFAC nicht Bestandteile der GAAP. Diese Einstufung zeigt, daß das Conceptual Framework für die Praxis der Abschlußerstellung immer noch wenig Bedeutung hat.

Trotz der vorgebrachten Kritik sei festgestellt, daß das Conceptual Framework ein Fortschritt ist.

Wenn man sich vor Augen hält, daß das Conceptual Framework für die Praxis und nicht für die Theorie bestimmt ist, sei abschließend die Frage erlaubt, ob wesentlich mehr zu erreichen gewesen wäre oder überhaupt erstrebenswert wäre. Um sich für die Zukunft keine Fesseln anzulegen, war es wahrscheinlich besser, daß der FASB das Problem nicht zu dogmatisch, sondern im Konsens unter der Aufsicht der SEC – die die Interessen der Investoren und somit auch der anderen Abschlußadressaten wahrt – pragmatisch gelöst hat.

4. Generally Accepted Accounting Principles (GAAP)

a) Begriff

Es gibt keine gesetzliche Definition des Begriffes GAAP. Auch die SEC hat den Begriff GAAP nicht definiert.
In dem AICPA Statement on Auditing Standards (SAS) 69 vom Dezember 1991 »The Meaning of Present Fairly in Conformity With Generally Accepted Accounting Principles in the Independent Auditor's Report« werden die GAAP wie folgt beschrieben:
»*The phrase ›generally accepted accounting principles‹ is a technical accounting term that encompasses the conventions, rules, procedures necessary to define accepted accounting practice at a particular time. It includes not only broad guidelines of general application, but also detailed practices and procedures. Those conventions, rules, and procedures provide a standard by which to measure financial presentations.*«

b) Rechtliche Bedeutung

Obwohl die GAAP weder ein Gesetz noch gesetzlich definiert sind, haben sie aufgrund der Anerkennung durch die SEC praktisch Gesetzeskraft (substantial authoritative support).
Rechtliche Verbindlichkeit erhalten die GAAP außerdem dadurch, daß ein Wirtschaftsprüfer nur bei Einhaltung der GAAP einen uneingeschränkten (unqualified) Bestätigungsvermerk geben darf.
Unternehmen, die keiner Prüfungspflicht unterliegen und sich auch nicht freiwillig einer Prüfung unterziehen, sind jedoch nicht an die GAAP gebunden.

c) Die GAAP-Quellen und die GAAP-Hierarchie

Die einzelnen GAAP-Quellen (sources) werden im AICPA Statement of Auditing Standards (SAS) 69 in einer Rangfolge aufgezählt. Für diese Rangfolge hat sich die Bezeichnung »the house of GAAP« eingebürgert. Die Bezeichnung The House of GAAP geht auf Rubin, Steve: The House of GAAP, in: Journal of Accountancy, June 1984, S. 122-129, zurück. In der Folgezeit wurde von anderen Verfassern The House of GAAP leicht modifiziert.

Die Rangfolge ist wie folgt:
(a) Accounting principles promulgated by a body designated by the AICPA Council to establish such principles, pursuant to rule 203 of the AICPA Code of Professional Conduct. Zur Kategorie (a) gehören:
   – FASB Statements of Financial Accounting Standards (abgekürzt SFAS oder FAS),
   – FASB Interpretations (FIN),
   – APB Opinions und
   – AICPA Accounting Research Bulletins (ARB) des CAP.

(b) Pronouncements of bodies, composed of expert accountants, that deliberate accounting issues in public forums for the purpose of establishing accounting principles or describing existing accounting practices that are generally accepted, provided those pronouncements have been exposed for public comment and have been cleared by a body referred to in category (a). Zur Kategorie (b) gehören:
   – FASB Technical Bulletins (FTB),
   – AICPA Industry Audit and Accounting Guides und
   – AICPA Statements of Position (SOP).

Die beiden letzten Verlautbarungen der Kategorie (b) gelten nur dann als GAAP, wenn sie vom FASB akzeptiert (cleared) worden sind. Davon ist auszugehen, wenn die Verlautbarung keinen gegenteiligen Vermerk enthält.

(c) Pronouncements of bodies, organized by a body referred to in category (a) and composed of expert accountants, that deliberate accounting issues in public forums for the purpose of interpretating or establishing accounting principles or describing existing accounting practices that are generally accepted, or pronouncements referred to in category (b) that have been cleared by a body referred to in category (a) but have been exposed for public comment. Zur Kategorie (c) gehören:
   – AICPA AcSEC Practice Bulletins, die vom FASB »cleared« sind, und
   – Consensus Positions of the FASB Emerging Issues Task Force (EITF).

(d) Practices or pronouncements that are widely recognized as being generally accepted because they represent prevalent practice in a particular industry, or the knowledgeable application to specific circumstances of pronouncements that are generally accepted. Zur Kategorie (d) gehören:
   – AICPA Accounting Interpretations (AIN),
   – FASB Implementation Guides (die sogenannten »Qs and As«), die vom Staff des FASB veröffentlicht werden,
   – FASB Staff Positions (FSP) und
   – practices that are widely recognized and prevalent either generally or in the industry.

Falls die bilanzielle Behandlung (accounting treatment) eines Geschäftsvorfalls nicht durch eine Verlautbarung der Kategorie (a) gedeckt ist, kommen die anderen GAAP-Quellen zur Anwendung. Dabei ist grundsätzlich der Quelle in der höheren Kategorie Folge zu leisten, sofern nicht die Anwendung einer niederrangigen Regel den

Geschäftsvorfall unter den gegebenen Umständen besser darstellt.
Falls es kein »established accounting principle« der Kategorien (a) bis (d) gibt, darf der Abschlußprüfer auf die sonstige Bilanzierungsliteratur zurückgreifen. Hierzu gehören:
- FASB Statements of Financial Accounting Concepts (abgekürzt SFAC oder CON),
- APB Statements,
- AICPA Issues Papers,
- IAS/IFRS,
- Statements, Interpretations und Technical Bulletins des Governmental Accounting Standards Board (GASB),
- Pronouncements of other professional associations or regulatory agencies,
- Technical Information Service Inquiries und Replies in AICPA Technical Practice Aids und
- Lehrbücher, Handbücher und Fachaufsätze.

The House of GAAP

	FASB Statements of Financial Accounting Concepts (SFAC)	APB Statements	AICPA Issues Papers	IAS/IFRS	GASB Statements, Interpretations and Technical Bulletins	Pronouncements of other professional associations or regulatory agencies; AICPA Technical Practice Aids; Textbooks, Handbooks, Articles
Kategorie (d)	AICPA Accounting Interpretations (AIN)		FASB Implementation Guides (Qs and As)		FASB Staff Positions (FSP)	Practices widely recognized and prevalent either generally or in the industry
Kategorie (c)	Consensus Positions of the FASB Emerging Issues Task Force (EITF)				AICPA AcSEC Practice Bulletins	
Kategorie (b)	FASB Technical Bulletins (FTB)		AICPA Industry Audit and Accounting Guides		AICPA Statements of Position (SOP)	
Kategorie (a)	FASB Statements of Financial Accounting Standards (SFAS)		FASB Interpretations (FIN)		APB Opinions	AICPA Accounting Research Bulletins (ARB)

Ob die sonstige Bilanzierungsliteratur als eine Quelle von »established accounting principles« herangezogen werden kann, hängt von ihrer Relevanz im Einzelfall, ihrer Genauigkeit und der allgemeinen Anerkennung des Herausgebers oder Autors als »Autorität« ab. Beispielsweise ist den FASB Statements of Financial Accounting Concepts normalerweise mehr Gewicht als den Lehrbüchern, Handbüchern oder Fachaufsätzen beizumessen.

Der vom AICPA vorgeschriebene Text des Bestätigungsvermerkes lautet:

»In our opinion, the financial statements ... present fairly, in all material respects, the financial position of... and the results of their operations and their cash flows ... in conformity with generally accepted accounting principles.«

Gemäß Rule 203 des Code of Professional Conduct des AICPA darf ein Abschlußprüfer einen uneingeschränkten Bestätigungsvermerk nur dann erteilen, wenn der Jahresabschluß den Verlautbarungen der Kategorie (a) entspricht. Diese Verlautbarungen umfassen rund 3.000 Seiten.

Nur wenn wegen ungewöhnlicher Umstände die Anwendung der Verlautbarungen der Kategorie (a) zu einem unzutreffenden Bild im Abschluß führen würde, ist eine Abweichung von dieser Regel unter Beschreibung der Abweichung und ihrer wahrscheinlichen Konsequenzen und der Gründe, warum die Einhaltung der Vorschriften zu einem unzutreffenden Bild führen würde, zulässig.

Eine Mißachtung dieser Vorschriften kann zu Disziplinarmaßnahmen führen, die bis zum Entzug der CPA-Lizenz reichen können.

Die US-GAAP enthalten grundsätzlich keine expliziten Wahlrechte. Die unvermeidbaren Ermessensspielräume (Schätzungswahlrechte) beeinträchtigen den Aussagewert von Jahresabschlüssen wegen der umfangreichen Zusatzinformationen so gut wie nicht.

Am 28.4.2005 veröffentlichte der FASB den Entwurf »The Hierarchy of Generally Accepted Accounting Principles«. Der Entwurf behält die Hierarchie des AICPA Statement of Auditing Standards (SAS) 69 vom Dezember 1991, der für Wirtschaftsprüfer und nicht für die Ersteller von Jahresabschlüssen verfaßt wurde, weitgehend bei mit der Ausnahme, daß die FASB Implementation Issues for SFAS 133 und die FASB Staff Positions (FSP) in die Kategorie a eingefügt wurden.

Das AICPA veröffentlichte am 19. Mai 2005 einen Entwurf zu Änderungen am SAS 69.

d) Promulgated GAAP und non-promulgated GAAP

In den USA wird immer noch zwischen promulgated GAAP und non-promulgated GAAP unterschieden. Promulgated GAAP sind solche Standards, die in einer offiziellen Verlautbarung enthalten sind. Non-promulgated GAAP sind Standards, die sich in der Praxis gebildet haben und noch nicht in einer offiziellen Verlautbarung enthalten sind. Wegen des inzwischen erreichten hohen Grades der Kodifizierung der GAAP ist deren Bedeutung zurückgegangen.

Um einen Überblick über den Umfang und den Detaillierungsgrad der promulgated GAAP der Kategorie (a) zu erhalten, werden nachstehend das Erscheinungsdatum und der Titel der bis Februar 2005 herausgegebenen Verlautbarungen angegeben. Durch diese Aufstellung der promulgated GAAP der Kategorie (a), d.h. ohne die Vielzahl der GAAP der Kategorien (b), (c) und (d), erhält man bereits einen guten Eindruck von dem sehr komplexen und kaum durchschaubaren Regelwerk der US-GAAP, für das es keine deutsche Übersetzung, auch nicht teilweise, gibt.

Accounting Research Bulletins

6/53	43	Restatement and Revision of Accounting Research Bulletins Nos. 1-42,
		Ch. 1 Prior Opinions (abgeändert)
		Ch. 2 Form of Statements (abgeändert)
		Ch. 3 Working Capital (abgeändert)
		Ch. 4 Inventory Pricing
		Ch. 5 Intangible Assets (aufgehoben)
		Ch. 6 Contingency Reserves (aufgehoben)
		Ch. 7 Capital Accounts (abgeändert)
		Ch. 8 Income and Earned Surplus (aufgehoben)
		Ch. 9 Depreciation (abgeändert)
		Ch. 10 Taxes (abgeändert)
		Ch. 11 Government Contracts (abgeändert)
		Ch. 12 Foreign Operations and Foreign Exchange (aufgehoben)
		Ch. 13 Compensation (abgeändert)
		Ch. 14 Disclosures of Long-Term Leases in Financial Statements of Leases (aufgehoben)
		Ch. 15 Unamortized Discount, Issue Cost, and Redemption Premium on Bonds Refunded (aufgehoben)
10/54	44	Declining-Balance Depreciation (aufgehoben)
10/55	45	Long-Term Construction-Type Contracts
2/56	46	Discontinuance of Dating Earned Surplus
9/56	47	Accounting for Costs of Pension Plans (aufgehoben)
1/57	48	Business Combinations (aufgehoben)
4/58	49	Earnings per Share (aufgehoben)
10/58	50	Contingencies (aufgehoben)
8/59	51	Consolidated Financial Statements (abgeändert)

Accounting Principles Board Opinions

11/62	1	New Depreciation Guidelines and Rules (aufgehoben)
12/62	2	Accounting for the »Investment Credit« (abgeändert)
10/63	3	The Statement of Source and Application of Funds (aufgehoben)
3/64	4	Accounting for the »Investment Credit« (Amending No. 2)
9/64	5	Reporting of Leases in Financial Statements of Lessee (aufgehoben)
10/65	6	Status of Accounting Research Bulletins (abgeändert)
5/66	7	Accounting for Leases in Financial Statements of Lessors (aufgehoben)
11/66	8	Accounting for the Cost of Pension Plans (aufgehoben)
12/66	9	Reporting the Results of Operations (abgeändert)
12/66	10	Omnibus Opinion – 1966 (abgeändert)
12/67	11	Accounting for Income Taxes (aufgehoben)
12/67	12	Omnibus Opinion – 1967 (abgeändert)
3/69	13	Amending Paragraph 6 of APB Opinion No. 9, Application to Commercial Banks
3/69	14	Accounting for Convertible Debt and Debt Issued with Stock Purchase Warrants
5/69	15	Earnings per Share (aufgehoben)
8/70	16	Business Combinations (aufgehoben)

8/70	17	Intangible Assets (aufgehoben)
3/71	18	The Equity Method of Accounting for Investments in Common Stock (abgeändert)
3/71	19	Reporting Changes in Financial Position (aufgehoben)
7/71	20	Accounting Changes (aufgehoben)
8/71	21	Interest on Receivables and Payables (abgeändert)
4/72	22	Disclosure of Accounting Policies (abgeändert)
4/72	23	Accounting for Income Taxes – Special Areas (abgeändert)
4/72	24	Accounting for Income Taxes – Investments in Common Stock Accounted for by the Equity Method (Other than Subsidiaries and Corporate Joint Ventures) (aufgehoben)
10/72	25	Accounting for Stock Issued to Employees (abgeändert)
10/72	26	Early Extinguishment of Debt (abgeändert)
11/72	27	Accounting for Lease Transactions by Manufacturer or Dealer Lessors (aufgehoben)
5/73	28	Interim Financial Reporting (abgeändert)
5/73	29	Accounting for Nonmonetary Transactions (abgeändert)
6/73	30	Reporting the Results of Operations – Reporting the Effects of Disposal of a Segment of a Business, and Extraordinary, Unusual and Infrequently Occurring Events and Transactions (abgeändert)
6/73	31	Disclosure of Lease Commitments by Lessees (aufgehoben)

FASB Statements of Financial Accounting Standards

12/73	1	Disclosure of Foreign Currency Translation Information (aufgehoben)
10/74	2	Accounting for Research and Development Costs (abgeändert)
12/74	3	Reporting Accounting Changes in Interim Financial Statements (aufgehoben)
3/75	4	Reporting Gains and Losses from Extinguishment of Debt (aufgehoben)
3/75	5	Accounting for Contingencies (abgeändert)
5/75	6	Classification of Short-Term Obligations Expected to Be Refinanced
6/75	7	Accounting and Reporting by Development Stage Enterprises (abgeändert)
10/75	8	Accounting for the Translation of Foreign Currency Transactions and Foreign Currrency Financial Statements (aufgehoben)
10/75	9	Accounting for Income Taxes – Oil and Gas Producing Companies (aufgehoben)
10/75	10	Extension of »Grandfather« Provisions for Business Combinations (aufgehoben)
12/75	11	Accounting for Contingencies – Transition Method
12/75	12	Accounting for Certain Marketable Securities (aufgehoben)
11/76	13	Accounting for Leases (abgeändert)
12/76	14	Financial Reporting for Segments of a Business Enterprise (aufgehoben)
6/77	15	Accounting by Debtors and Creditors for Troubled Debt Restructurings (abgeändert)
6/77	16	Prior Period Adjustments (abgeändert)

11/77	17	Accounting for Leases – Initial Direct Costs (aufgehoben)
11/77	18	Financial Reporting for Segments of a Business Enterprise – Interim Financial Statements (aufgehoben)
12/77	19	Financial Accounting and Reporting by Oil and Gas Producing Companies (abgeändert)
12/77	20	Accounting for Forward Exchange Contracts (aufgehoben)
4/78	21	Suspension of the Reporting of Earnings per Share and Segment Information by Nonpublic Enterprises (aufgehoben)
6/78	22	Changes in the Provisions of Lease Agreements Resulting from Refundings of Tax-Exempt Debt (abgeändert)
8/78	23	Inception of the Lease
12/78	24	Reporting Segment Information in Financial Statements That Are Presented in Another Enterprise's Financial Report (aufgehoben)
2/79	25	Suspension of Certain Accounting Requirements for Oil and Gas Producing Companies (aufgehoben)
4/79	26	Profit Recognition on Sales-Type Leases of Real Estate (aufgehoben)
5/79	27	Classification of Renewals or Extensions of Existing Sales-Type or Direct Financing Leases
5/79	28	Accounting for Sales with Leasebacks (abgeändert)
6/79	29	Determining Contingent Rentals (abgeändert)
8/79	30	Disclosure of Information about Major Customers (aufgehoben)
9/79	31	Accounting for Tax Benefits Related to U.K. Tax Legislation concerning Stock Relief (aufgehoben)
9/79	32	Specialized Accounting and Reporting Principles and Practices in AICPA Statements of Position and Guides on Accounting and Auditing Matters (aufgehoben)
9/79	33	Financial Reporting and Changing Prices (aufgehoben)
10/79	34	Capitalization of Interest Cost (abgeändert)
3/80	35	Accounting and Reporting by Defined Benefit Pension Plans (abgeändert)
5/80	36	Disclosure of Pension Information (aufgehoben)
7/80	37	Balance Sheet Classification of Deferred Income Taxes (aufgehoben)
9/80	38	Accounting for Preacquisition Contingencies of Purchased Enterprises (aufgehoben)
10/80	39	Financial Reporting and Changing Prices: Specialized Assets – Mining and Oil and Gas (aufgehoben)
11/80	40	Financial Reporting and Changing Prices: Specialized Assets – Timberlands and Growing Timber (aufgehoben)
11/80	41	Financial Reporting and Changing Prices: Specialized – Income-Producing Real Estate (aufgehoben)
11/80	42	Determining Materiality for Capitalization of Interest Cost
11/80	43	Accounting for Compensated Absences (abgeändert)
12/80	44	Accounting for Intangible Assets of Motor Carriers (aufgehoben)
3/81	45	Accounting for Franchise Fee Revenue
3/81	46	Financial Reporting and Changing Prices: Motion Picture Films (aufgehoben)
3/81	47	Disclosure of Long-Term Obligations (abgeändert)
6/81	48	Revenue Recognition When Right of Return Exists

6/81	49	Accounting for Product Financing Arrangements (abgeändert)
11/81	50	Financial Reporting in the Record and Music Industry
11/81	51	Financial Reporting by Cable Television Companies (abgeändert)
12/81	52	Foreign Currency Translation (abgeändert)
12/81	53	Financial Reporting by Producers and Distributors of Motion Picture Films (aufgehoben)
1/82	54	Financial Reporting and Changing Prices: Investment Companies (aufgehoben)
2/82	55	Determining whether a Convertible Security Is a Common Stock Equivalent (aufgehoben)
2/82	56	Designation of AICPA Guide and Statement of Position (SOP) 81-1 on Contractor Accounting and SOP 81-2 concerning Hospital-Related Organizations as Preferable for Purposes of Applying APB Opinion 20 (aufgehoben)
3/82	57	Related Party Disclosures (abgeändert)
4/82	58	Capitalization of Interest Cost in Financial Statements That Include Investments Accounted for by the Equity Method
4/82	59	Deferral of the Effective Date of Certain Accounting Requirements for Pension Plans of State and Local Governmental Units (aufgehoben)
6/82	60	Accounting and Reporting by Insurance Enterprises (abgeändert)
6/82	61	Accounting for Title Plant (abgeändert)
6/82	62	Capitalization of Interest Cost in Situations Involving Certain Tax-Exempt Borrowings and Certain Gifts and Grants
6/82	63	Financial Reporting by Broadcasters
9/82	64	Extinguishments of Debt Made to Satisfy Sinking-Fund Requirements (aufgehoben)
9/82	65	Accounting for Certain Mortgage Banking Activities (abgeändert)
10/82	66	Accounting for Sales of Real Estate (abgeändert)
10/82	67	Accounting for Costs and Initial Rental Operations of Real Estate Projects (abgeändert)
10/82	68	Research and Development Arrangements (abgeändert)
11/82	69	Disclosures about Oil and Gas Producing Activities (abgeändert)
12/82	70	Financial Reporting and Changing Prices: Foreign Currency Translation (aufgehoben)
12/82	71	Accounting for the Effects of Certain Types of Regulation (abgeändert)
2/83	72	Accounting for Certain Acquisitions of Banking or Thrift Institutions (abgeändert)
8/83	73	Reporting a Change in Accounting for Railroad Track Structures
8/83	74	Accounting for Special Termination Benefits Paid to Employees (aufgehoben)
11/83	75	Deferral of the Effective Date of Certain Accounting Requirements for Pension Plans of State and Local Governmental Units
11/83	76	Extinguishment of Debt (aufgehoben)
12/83	77	Reporting by Transferors for Transfers of Receivables with Recourse (aufgehoben)
12/83	78	Classification of Obligations That Are Callable by the Creditor
2/84	79	Elimination of Certain Disclosures for Business Combinations by Nonpublic Enterprises (aufgehoben)

8/84	80	Accounting for Futures Contracts (aufgehoben)
11/84	81	Disclosure of Postretirement Health Care and Life Insurance Benefits (aufgehoben)
11/84	82	Financial Reporting and Changing Prices: Elimination of Certain Disclosures (aufgehoben)
3/85	83	Designation of AICPA Guides and Statement of Position on Accounting by Brokers and Dealers in Securities, by Employee Benefit Plans, and by Banks as Preferable for Purposes on Applying APB Opinion 20 (aufgehoben)
3/85	84	Induced Conversions of Convertible Debt
3/85	85	Yield Test for Determining whether a Convertible Security Is a Common Stock Equivalent (aufgehoben)
8/85	86	Accounting for the Costs of Computer Software to Be Sold, Leased, or Otherwise Marketed
12/85	87	Employers' Accounting for Pensions (abgeändert)
12/85	88	Employers' Accounting for Settlements and Curtailments of Defined Benefit Pension Plans and for Termination Benefits (abgeändert)
12/86	89	Financial Reporting and Changing Prices (abgeändert)
12/86	90	Regulated Enterprises – Accounting for Abandonments and Disallowances of Plant Costs (abgeändert)
12/86	91	Accounting for Nonrefundable Fees and Costs Associated with Originating or Acquiring Loans and Initial Direct Costs of Leases (abgeändert)
8/87	92	Regulated Enterprises – Accounting for Phase-in Plans
8/87	93	Recognition of Depreciation by Not-for-Profit Organizations (abgeändert)
10/87	94	Consolidation of All Majority-Owned Subsidiaries
11/87	95	Statement of Cash Flows (abgeändert)
12/87	96	Accounting for Income Taxes (aufgehoben)
12/87	97	Accounting and Reporting by Insurance Enterprises for Certain Long-Duration Contracts and for Realized Gains and Losses from the Sale of Investments (abgeändert)
6/88	98	Accounting for Leases: Sale-Leaseback Transactions Involving Real Estate; Sales-Type Leases of Real Estate; Definition of the Lease Term; Initial Direct Costs of Direct Financing Leases
9/88	99	Deferral of the Effective Date of Recognition of Depreciation by Not-for-Profit Organizations
12/88	100	Accounting for Income Taxes – Deferral of the Effective Date of FASB Statement No. 96 (aufgehoben)
12/88	101	Regulated Enterprises – Accounting for the Discontinuation of Application of FASB Statement No. 71 (abgeändert)
2/89	102	Statement of Cash Flows – Exemption of Certain Enterprises and Classification of Cash Flows from Certain Securities Acquired for Resale (abgeändert)
12/89	103	Accounting for Income Taxes – Deferral of the Effective Date of FASB Statement No. 96 (aufgehoben)
12/89	104	Statement of Cash Flows – Net Reporting of Certain Cash Receipts and Cash Payments and Classification of Cash Flows from Hedging Transactions

3/90	105	Disclosure of Information about Financial Instruments with Off-Balance-Sheet Risk and Financial Instruments with Concentrations of Credit Risk (aufgehoben)
12/90	106	Employers' Accounting for Postretirement Benefits Other Than Pensions (abgeändert)
12/91	107	Disclosures about Fair Value of Financial Instruments (abgeändert)
12/91	108	Accounting for Income Taxes – Deferral of the Effective Date of FASB Statement No. 96 (aufgehoben)
2/92	109	Accounting for Income Taxes (abgeändert)
8/92	110	Reporting by Defined Benefit Pension Plans of Investment Contracts
11/92	111	Rescission of FASB Statement No. 32 and Technical Corrections
11/92	112	Employers' Accounting for Postemployment Benefits (abgeändert)
12/92	113	Accounting and Reporting for Reinsurance of Short-Duration and Long-Duration Contracts (abgeändert)
5/93	114	Accounting by Creditors for Impairment of a Loan (abgeändert)
5/93	115	Accounting for Certain Investments in Debt and Equity Securities (abgeändert)
6/93	116	Accounting for Contributions Received and Contributions Made
6/93	117	Financial Statements of Not-for-Profit Organizations (abgeändert)
10/94	118	Accounting by Creditors for Impairment of a Loan – Income Recognition and Disclosures
10/94	119	Disclosure about Derivative Financial Instruments and Fair Value of Financial Instruments (aufgehoben)
1/95	120	Accounting and Reporting by Mutual Life Insurance Enterprises and by Insurance Enterprises for Certain Long-Duration Participating Contracts
3/95	121	Accounting for the Impairment of Long-Lived Assets and for Long-Lived Assets to Be disposed Of (aufgehoben)
5/95	122	Accounting for Mortgage Servicing Rights (aufgehoben)
10/95	123	Accounting for Stock-Based Compensation (aufgehoben)
11/95	124	Accounting for Certain Investments Held by Not-for-Profit Organizations
6/96	125	Accounting for Transfers and Servicing of Financial Assets and Extinguishments of Liabilities (aufgehoben)
12/96	126	Exemption from Certain Required Disclosures about Financial Instruments for Certain Nonpublic Entities
12/96	127	Deferral of the Effective Date of Certain Provisions of FASB Statement No. 125
2/97	128	Earnings per Share (abgeändert)
2/97	129	Disclosure of Information about Capital Structure
6/97	130	Reporting Comprehensive Income
6/97	131	Disclosures about Segments of an Enterprise and Related Information
2/98	132	Employers' Disclosures about Pensions and Other Postretirement Benefits (aufgehoben)
6/98	133	Accounting for Derivative Instruments and Hedging Activities (abgeändert)

10/98	134	Accounting for Mortgage-Backed Securities Retained after the Securitization of Mortgage Loans Held for Sale by a Mortgage Banking Enterprise
2/99	135	Rescission of FASB Statement No. 75 and Technical Corrections (abgeändert)
6/99	136	Transfers of Assets to a Not-for-Profit Organization or Charitable Trust That Raises or Holds Contributions for Others (abgeändert)
6/99	137	Accounting for Derivative Instruments and Hedging Activities – Deferral of Effective Date of FASB Statement No. 133
6/00	138	Accounting for Certain Derivative Instruments and Certain Hedging Activities
6/00	139	Rescission of FASB Statement No. 53 and amendments to FASB Statements No. 63, 89, and 121
9/00	140	Accounting for Transfers and Servicing of Financial Assets and Extinguishments of Liabilities (abgeändert)
6/01	141	Business Combinations (abgeändert)
6/01	142	Goodwill and Other Intangible Assets (abgeändert)
7/01	143	Accounting for Asset Retirement Obligations (abgeändert)
10/01	144	Accounting for the Impairment of Disposal of Long-Lived Assets (abgeändert)
4/02	145	Rescission of FASB Statements No. 4, 44, and 64, Amendment of FASB Statement No. 13, and Technical Corrections
7/02	146	Accounting for Costs Associated with Exit of Disposal Activities
10/02	147	Acquisitions of Certain Financial Institutions (an amendment of FASB Statements No. 72 and 144 and FASB Interpretation No. 9)
12/02	148	Accounting for Stock-Based Compensation – Transition and Disclosure (an amendment to FASB Statement No. 123)
4/03	149	Amendment of Statement 133 on Derivative Instruments and Hedging Activities
5/03	150	Accounting for Certain Financial Instruments with Characteristics of both Liabilities and Equity
12/03	132R	Employers Disclosures about Pension and Other Postretirement Benefits (abgeändert)
11/04	151	Inventory Costs – an amendment of ARB No.43, Chapter 4
12/04	123	(revised 2004) Share-Based Payment
12/04	152	Accounting for Real Estate Time-Sharing Transactions (an amendment of FASB Statements No. 66)
12/04	153	Exchanges of Nonmonetary Assets (an amendment of APB Opinion No. 29)
6/05	154	Accounting Changes and Error Corrections
8/05	123(R)-1	Classification and Measurement of Freestanding Financial Instruments Originally Issued in Exchange for Employee Services under FASB Statement No. 123(R)
10/05	123(R)-2	Practical Accommodation to the Application of Grant Date as Defined in FASB Statement No. 123(R)
2/06	155	Accounting for Certain Hybrid Instruments – an amendment of FASB Statement No. 133 Accounting for Derivative Instruments and Hedging Activities and FASB Statement No. 140 Accounting for Transfers and Servicing of Financial Assets and Extinguishments of Liabilities

3/06	156	Accounting for Servicing of Financial Assets – an amendment of FASB Statement No. 140 Accounting for Transfers and Servicing of Financial Assets and Extinguishments of Liabilities – a replacement of FASB Statement No. 125
9/06	157	Fair Value Measurements

Anmerkung zu SFAS 157

SFAS 157 gibt Anleitungen, wie der beizulegende Zeitwert zu ermitteln ist und enthält umfangreiche Offenlegungspflichten im Zusammenhang mit der Ermittlung von Zeitwerten. Der Anwendungsbereich der Fair-Value-Bewertung wird nicht erweitert. SFAS 157 ändert eine sehr große Zahl der bisher gültigen Standards, die nachstehend aufgeführt sind:

APB-18	The Equity Method of Accounting for Investments in Common Stock
APB-21	Interest on Receivables and Payables
APB-28	Interim Financial Reporting
APB-29	Accounting for Nonmonetary Transactions
FAS-13	Accounting for Leases
FAS-15	Accounting by Debtors and Creditors for Troubled Debt Restructurings
FAS-19	Financial Accounting and Reporting by Oil and Gas Producing Companies
FAS-35	Accounting and Reporting by Defined Benefit Pension Plans
FAS 45	Accounting for Franchise Fee Revenue
FAS-60	Accounting and Reporting by Insurance Enterprises
FAS-61	Accounting for Title Plant
FAS-63	Financial Reporting by Broadcasters
FAS-65	Accounting for Certain Mortgage Banking Activities
FAS-66	Accounting for Sales of Real Estate
FAS-67	Accounting for Costs and Initial Rental Operations of Real Estate Projects
FAS-68	Research and Development Arrangements
FAS-84	Induced Conversions of Convertible Debt
FAS-87	Employers' Accounting for Pensions
FAS-106	Employers' Accounting for Postretirement Benefits Other Than Pensions
FAS-107	Disclosures about Fair Value of Financial Instruments
FAS-115	Accounting for Certain Investments in Debt and Equity Securities
FAS-116	Accounting for Contributions Received and Contributions Made
FAS-124	Accounting for Certain Investments Held by Not-for-Profit Organizations
FAS-126	Exemption from Certain Required Disclosures about Financial Instruments for Certain Nonpublic Entities
FAS-133	Accounting for Derivative Instruments and Hedging Activities
FAS-136	Transfer of Assets to a Not-for-Profit Organization or Charitable Trust That Raises or Holds Contributions for Others
FAS-138	Accounting for Certain Derivative Instruments and Certain Hedging Activities
FAS-140	Accounting for Transfers and Servicing of Financial Assets and Extinguishments of Liabilities
FAS-141	Business Combinations
FAS-142	Goodwill and Other Intangible Assets
FAS-143	Accounting for Asset Retirement Obligations
FAS 144	Accounting for the Impairment or Disposal of Long-Lived Assets
FAS 146	Accounting for Costs Associated with Exit or Disposal Activities
FAS 149	Amendment of Statement 133 on Derivative Instruments and Hedging Activities
FAS-150	Accounting for Certain Financial Instruments with Characteristics of both Liabilities and Equity
FIN-45	Guarantor's Accounting and Disclosure Requirements for Guarantees, Including Indirect Guarantees of Indebtedness of Others
FIN-46(R)	Consolidation of Variable Interest Entities

9/06	158	Employers' Accounting for Defined Benefit Pension and Other Postretirement Plans – an amendment of FASB Statements No. 87, 88, 106 and 132R

FASB Interpretations

6/74	1	Accounting Changes Related to the Cost of Inventory (an interpretation of APB Opinion No. 20)
6/74	2	Imputing Interest on Debt Arrangements Made under the Federal Bankruptcy Act (an interpretation of APB Opinion No. 21) (aufgehoben)
12/74	3	Accounting for the Cost of Pension Plans Subject to the Employee Retirement Income Security Act of 1974 (an interpretation of APB Opinion No. 8) (aufgehoben)
2/75	4	Applicability of FASB Statement No. 2 to Business Combinations Accounted for by the Purchase Method (an interpretation of FASB Statement No. 2)
2/75	5	Applicability of FASB Statement No. 2 to Development Stage Enterprises (an interpretation of of FASB Statement No. 2) (aufgehoben)
2/75	6	Applicability of FASB Statement No. 2 to Computer Software (an interpretation of of FASB Statement No. 2) (abgeändert)
10/75	7	Applying FASB Statement No. 7 in Financial Statements of Established Operating Enterprises (an interpretation of FASB Statement No. 7)
1/76	8	Classification of a Short-Term Obligation Repaid Prior to Being Replaced by a Long-Term Security (an interpretation of FASB Statement No. 6)
2/76	9	Applying APB Opinions No. 16 and 17 When a Savings and Loan Association or a Similar Institution is Acquired in a Business Combination Accounted for by the Purchase Method (an interpretation of APB Opinions No. 16 and 17) (abgeändert)
9/76	10	Application of FASB Statement No. 12 to Personal Financial Statements (an interpretation of FASB Statement No. 12) (aufgehoben)
9/76	11	Changes in Market Value after the Balance Sheet Date (an interpretation of FASB Statement No. 12) (aufgehoben)
9/76	12	Accounting for Previously Established Allowance Accounts (an interpretation of FASB Statement No. 12) (aufgehoben)
9/76	13	Consolidation of a Parent and Its Subsidiaries Having Different Balance Sheet Dates (an interpretation of FASB Statement No. 12) (aufgehoben)
9/76	14	Reasonable Estimation of the Amount of a Loss (an interpretation of FASB Statement No. 5)
9/76	15	Translation of Unamortized Policy Acquisition Costs by Stock Life Insurance Company (an interpretation of FASB Statement No. 8) (aufgehoben)
2/77	16	Clarification of Definitions and Accounting for Marketable Equity Securities That Become Nonmarketable (an interpretation of FASB Statement No. 12) (aufgehoben)
2/77	17	Applying the Lower of Cost or Market Rule in Translated Financial Statements (an interpretation of FASB Statement No. 8) (aufgehoben)
3/77	18	Accounting for Income Taxes in Interim Periods (an interpretation of APB Opinion No. 28) (abgeändert)

10/77	19	Lessee Guarantee of the Residual Value of Leased Property (an interpretation of FASB Statement No. 13)
11/77	20	Reporting Accounting Changes under AICPA Statements of Position (an interpretation of APB Opinion No. 20) (abgeändert)
4/78	21	Accounting for Leases in a Business Combination (an interpretation of FASB Statement No. 13)
4/78	22	Applicability of Indefinite Reversal Criteria to Timing Differences (an interpretation of APB Opinions No. 11 and 23) (aufgehoben)
8/78	23	Leases of Certain Property Owned by a Governmental Unit or Authority (an interpretation of FASB Statement No. 13)
9/78	24	Leases Involving Only Part of a Building (an interpretation of FASB Statement No. 13)
9/78	25	Accounting for an Unused Investment Tax Credit (an interpretation of APB Opinions No. 2, 4, 11, and 16) (aufgehoben)
9/78	26	Accounting for Purchase of a Leased Asset by the Lessee during the Term of the Lease (an interpretation of FASB Statement No. 13)
11/78	27	Accounting for a Loss on a Sublease (an interpretation of FASB Statement No. 13 and APB Opinion No. 30)
12/78	28	Accounting for Stock Appreciation Rights and Other Variable Stock Option or Award Plans (an interpretation of APB Opinions No. 15 and 25) (abgeändert)
2/79	29	Reporting Tax Benefits Realized on Disposition of Investments in Certain Subsidiaries and Other Investees (an interpretation of APB Opinions No. 23 and 24) (aufgehoben)
9/79	30	Accounting for Involuntary Conversions of Nonmonetary Assets to Monetary Assets (an interpretation of APB Opinion No. 29) (abgeändert)
2/80	31	Treatment of Stock Compensation Plans in EPS Computations (an interpretation of APB Opinion No. 15 and a modification of FASB interpretation No. 28) (aufgehoben)
3/80	32	Application of Percentage Limitations in Recognizing Investment Tax Credit (an interpretation of APB Opinions No. 2, 4, and 11) (aufgehoben)
8/80	33	Applying FASB Statement No. 34 to Oil and Gas Producing Operations Accounted for by the Full Cost Method (an interpretation of FASB Statement No. 34)
3/81	34	Disclosure of Indirect Guarantees of Indebtedness of Others (an interpretation of FASB Statement No. 5) (aufgehoben)
5/81	35	Criteria for Applying the Equity Method of Accounting for Investments in Common Stock (an interpretation of APB Opinion No. 18)
10/81	36	Accounting for Exploratory Wells in Progress at the End of a Period (an interpretation of FASB Statement No. 19)
7/83	37	Accounting for Translation Adjustments upon Sale of Part of an Investment in a Foreign Entity (an interpretation of FASB Statement No. 52)
8/84	38	Determining the Measurement Date for Stock Option, Purchase, and Award Plans Involving Junior Stock (an interpretation of APB Opinion No. 25) (abgeändert)
3/92	39	Offsetting of Amounts Related to Certain Contracts (an interpretation of APB Opinion No. 10 and FASB Statement No. 105) (abgeändert)

4/93	40	Applicability of Generally Accepted Accounting Principles to Mutual Life Insurance and Other Enterprises (an interpretation of FASB Statements No. 12, 60, 97, and 113) (abgeändert)
12/94	41	Offsetting of Amounts Related to Certain Repurchase and Reverse Repurchase Agreements (an interpretation of APB Opinion No. 10 and a modification of FASB Interpretation No. 39)
9/96	42	Accounting for Transfers of Assets in Which a Not-for-Profit Organization is Granted Variance Power (an interpretation of FASB Statement No. 116) (aufgehoben)
6/99	43	Real Estate Sales (an interpretation of FASB Statement No. 66) (abgeändert)
3/00	44	Accounting for Certain Transactions involving Stock Compensation (an interpretation of APB Opinion No. 25) (abgeändert)
11/02	45	Guarantor's Accounting and Disclosure Requirements for Guarantees, Including Indirect Guarantees of Indebtedness of Others (an interpretation of FASB Statements No. 5, 57, and 107 and rescission of FASB Interpretation No. 34)
1/03	46	Consolidation of Variable Interest Entities (an interpretation of ARB No. 51) (aufgehoben)
12/03	46(R)	Consolidation of Variable Interest Entities (revised December 2003 (an interpretation of ARB No. 51)
3/05	47	Accounting for Conditional Asset Retirement Obligations
7/06	48	Accounting for Uncertainty in Income Taxes – an Interpretation of SFAS No. 109 – Accounting for Income Taxes

Praktische Beispiele für die Anwendung der US-GAAP können aus dem jährlich erscheinenden Buch American Institute of Certified Public Accoutants (AICPA): Accounting Trends & Techniques. Annual Survey of Accounting Practices Followed in 600 Stockholders' Reports. AICPA, New York entnommen werden.

5. Die Rechnungslegungsvorschriften und sonstige Offenlegungsvorschriften der SEC

Emittenten von Wertpapieren haben der SEC Registrierungsberichte (registration statements) und andere Berichte (reports) einzureichen. Welche Informationen zu geben sind, ist in Forms (Formblättern) genau festgelegt. In welcher Art und Weise sie zu geben sind, ist in der Regulation S-X und Regulation S-K geregelt.

a) Regulation S-X

Allgemeines
Die allgemeine Regulation S-X wurde 1940 eingeführt und 1980 im Rahmen der Einführung des Integrated Disclosure System (IDS), das eine weitgchend einheitliche

Berichterstattung nach dem SA von 1933 und dem SEA von 1934 ermöglichte, grundlegend geändert. Die Regulation S-X enthält Vorschriften (rules) über Form, Inhalt, Prüfung und Offenlegungsfristen der bei der SEC einzureichenden Jahresabschlüsse und Quartalsabschlüsse sowie Anforderungen an die Qualifikation und Unabhängigkeit des Wirtschaftsprüfers. Vorschriften über Bilanzierungs- und Bewertungsmethoden sind nicht enthalten.

Regulation S-X setzt sich aus folgenden Abschnitten (articles), die ihrerseits Vorschriften (rules) enthalten, zusammen:

Article	Subject	Inhalt
1	Application of Regulation S-X	Anwendungsbereich der Regulation S-X und Definitionen
2	Qualifications and Reports of Accountants	Anforderungen an die Qualifikation und die Unabhängigkeit der Wirtschaftsprüfer sowie den Inhalt des Prüfungsberichtes
3	General Instructions for Financial Statements	Generelle Vorschriften über die Art, den Inhalt und Zeitpunkt der einzureichenden Jahres- und Zwischenabschlüsse
3A	Consolidated and Combined Financial Statements	Vorschriften zur Aufstellung von Konzernabschlüssen
4	Rules of General Application	Vorschriften über die Form, Gliederung und Terminologie der Jahresabschlüsse sowie für zusätzliche Angaben (notes); Vorschriften für die Öl- und Gasindustrie
5	Commercial and Industrial Companies	Vorschriften über die Form, den Inhalt und die Offenlegung von Bilanz und Gewinn- und Verlustrechnung sowie der schedules (tabellenartige Übersichten)
6	Registered Investment Companies	Vorschriften über Form, Inhalt und Offenlegung von Jahresabschlüssen von börsennotierten Finanzunternehmen (Investmentgesellschaften, Fonds, Versicherungen, Banken)
6A	Employee Stock Purchase, Savings and Similar Plans	
7	Insurance Companies	
9	Bank Holding Companies	
8	(seit 1985 außer Kraft gesetzt)	
10	Interim Financial Statements	Vorschriften über Form, Inhalt und Zeitraum von Zwischenabschlüssen
11	Pro Forma Financial Information	Vorschriften über Form und Inhalt von pro forma financial disclosures (Darstellung der Auswirkungen von bestimmten Transaktionen – z.B. Unternehmenszusammenschlüsse, Verkauf oder Aufgabe von Geschäftsbereichen – auf frühere Jahresabschlüsse, wenn die Transaktion bereits in der Vergangenheit abgeschlossen worden wäre)
12	Form and Content of Schedules	Detaillierte Vorschriften über Form und Inhalt von dem Jahresabschluß beizufügenden schedules (tabellenartige Übersichten)

Regulation S-X gilt für sämtliche Financial Statements, die nach dem Securities Act (SA) oder dem Securities Exchange Act (SEA) eingereicht werden müssen.

Alle Financial Statements sind auf konsolidierter Basis zu erstellen. Sie müssen von einem »independent public accountant« geprüft sein. In der Regel müssen Bilanzen für die letzten zwei Geschäftsjahre und Gewinn- und Verlustrechnungen und Kapitalflußrechnungen der letzten drei Geschäftsjahre eingereicht werden. Wenn die Antragstellung im laufenden Jahr erfolgt, sind u.U. auch Zwischenbilanzen (interim balance sheets) erforderlich, die jedoch ungeprüft sein dürfen.

Den Financial Statements ist eine Analyse der Änderungen des »other stockholders' equity« (sonstiges Eigenkapital) beizufügen.

Die verlangten Angaben sind Mindestangaben. Weitere Informationen sind hinzuzufügen, wenn sie verhindern, daß durch die Financial Statements unter den gegebenen Umständen ein falscher Eindruck entsteht.

Gegebenenfalls sind im Financial Statement oder in den notes Angaben zu folgenden Punkten zu machen (Regulation S-X, Rule 4-08):
- Konsolidierungsgrundsätze,
- dinglich belastete Vermögenswerte,
- Nichterfüllung von Verträgen (defaults),
- Vorzugsaktien,
- Ausschüttungsbeschränkungen,
- wesentliche Veränderungen bei Anleihen, Grundpfandrechten und ähnlichen Verpflichtungen,
- zusammengefaßte Finanzinformationen über wesentliche nicht konsolidierte Tochterunternehmen und über Beteiligungen von 50% oder weniger an nach der Equity-Methode bewerteten Unternehmen,
- Steueraufwand,
- Warrants und »rights outstanding«,
- Transaktionen mit nahestehenden Unternehmen und Personen (related parties) und
- Rückkauf- und Wiederverkaufvereinbarungen (repurchase and reverse repurchase agreements),
- Bilanzierungs- und Bewertungsgrundsätze für derivative Instrumente.

Die einzelnen Punkte sind in Regulation S-X erläutert. Für gewisse Industriezweige, wie z.B. Öl- und Gasindustrie, gibt es Sondervorschriften.

Bilanz und Gewinn- und Verlustrechnung
Da die GAAP und das Conceptual Framework bezüglich der Gliederung des Jahresabschlusses unvollständig sind, werden in Rule 5-02 und 5-03 der Regulation S-X die einzelnen Bilanz- und GuV-Posten aufgezählt und dazu zusätzliche Anweisungen gegeben:

Balance Sheet
Assets and other debits
1. Cash and cash items
2. Marketable securities
3. Accounts and notes receivable

4. Allowances for doubtful accounts and notes receivable
5. Unearned income
6. Inventories
7. Prepaid expenses
8. Other current assets
9. Total current assets, when appropriate
10. Securities of related parties
11. Indebtedness of related parties – not current
12. Other investments
13. Property, plant and equipment
14. Accumulated depreciation, depletion, and amortization of property, plant and equipment
15. Intangible assets
16. Accumulated depreciation and amortization of intangible assets
17. Other assets
18. Total assets

Liabilities and stockholders' equity
19. Accounts and notes payable
20. Other current liabilities
21. Total current liabilities, when appropriate
22. Bonds, mortgages and other long-term debt, including capitalized leases
23. Indebtedness to related parties – non current
24. Other liabilities
25. Commitments and contingent liabilities
26. Deferred credits
27. Minority interests in consolidated subsidiaries
28. Preferred stocks subject to mandatory redemption requirements or whose redemption is outside the control of the issuer
29. Preferred stocks which are not redeemable or are redeemable solely at the option of the issuer
30. Common stocks
31. Other stockholders' equity
32. Total liabilities and stockholders' equity

Income Statement
1. Net sales and gross revenues
2. Costs and expenses applicable to sales and revenues
3. Other operating costs and expenses
4. Selling, general and administrative expenses
5. Provision for doubtful accounts and notes
6. Other general expenses
7. Non-operating income
8. Interest and amortization of debt discount and expense
9. Non-operating expenses
10. Income or loss before income tax expense and appropriate items below
11. Income tax expense

12. Minority interest in income of consolidated subsidiaries
13. Equity in earnings of unconsolidated subsidiaries and 50 percent or less owned persons
14. Income or loss from continuing operations
15. Discontinued operations
16. Income or loss before extraordinary items and cumulative effects of changes in accounting principles
17. Extraordinary items, less applicable tax
18. Cumulative effects of changes in accounting principles
19. Net income or loss
20. Earnings per share data

Schedules (tabellenartige Übersichten)
Den Financial Statements sind eine Reihe schedules (tabellenartige Übersichten) beizufügen. Die schedules müssen wie die Financial Statements testiert sein.
Regulation S-X enthält in Rule 12-01ff Vorlagen für die einzelnen schedules. In den schedules sind auch verbale Angaben zu machen.

Pro forma financial information
In bestimmten Situationen (z.B. Unternehmenszusammenschlüsse und Kauf oder Aufgabe von Geschäftsbereichen) sind zusätzlich sogenannte pro forma financial Statements einzureichen. Sie haben den Zweck, Investoren über die Auswirkungen bestimmter noch nicht beendeter oder noch bevorstehender Transaktionen aufzuklären, indem gezeigt wird, welchen Einfluß diese Transaktionen auf die normalen Financial Statements gehabt hätten, wenn sie bereits in der Vergangenheit abgeschlossen worden wären.

b) Regulation S-K

Die Regulation S-K wurde 1977 eingeführt und 1982 überarbeitet. Sie enthält Vorschriften über die Publizitätspflicht von Informationen außerhalb des Jahresabschlusses. Sinn der Regulation S-K ist es – ähnlich der Regulation S-X – die Offenlegung in den einzelnen Formblättern zu vereinheitlichen.

Regulation S-K setzt sich aus folgenden Abschnitten (Items) zusammen:

Item	Subject
Subpart 229.10	General a) Application of Regulation S-K b) Commission policy on projections c) Commission policy on security ratings d) Incorporation by reference e) Use of non-GAAP financial measures in Commission filings

Item	Subject
Subpart 229.100	Business
229.101	Description of business
229.102	Description of property
229.103	Legal proceedings
Subpart 229.200	Securities of the Registrant
229.201	Market price of and dividends on the registrant's common equity and related stockholder matters
229.202	Description of registrant's securities
Subpart 229.300	Financial Information
229.301	Selected financial data
229.302	Supplementary financial information
229.303	Management's discussion and analysis of financial condition and results of operations
229.304	Changes in and disagreements with accountants on accounting and financial disclosure
229.305	Quantitative and qualitative disclosures about market risk
229.306	Audit committee report
229.307	Disclosure controls and procedures
229.308	Internal control over financial reporting
Subpart 229.400	Management and Certain Security Holders
229.401	Directors, executive officers, promoters and control persons
229.402	Executive compensation
229.403	Security ownership of certain beneficial owners and management
229.404	Certain relationships and related transactions
229.405	Compliance with section 16(a) of the Exchange Act
229.406	Code of ethics
Subpart 229.500	Registration Statement and Prospectus Provisions
229.501	Forepart of registration statement and outside front cover page of prospectus
229.502	Inside front and outside back cover pages of prospectus
229.503	Prospectus summary, risk factors and ratio of earnings to fixed charges
229.504	Use of proceeds
229.505	Determination of offering price
229.506	Dilution

Item	Subject
229.507	Selling security holders
229.508	Plan of distribution
229.509	Interests of named experts and counsel
229.510	Disclosure of Commission position on indemnification for Securities Act liabilities
229.511	Other expenses of issuance and distribution
229.512	Undertakings
Subpart 229.600	Exhibits
229.601	Exhibits
Subpart 229.700	Miscellaneous
229.701	Recent sales of unregistered securities; use of proceeds from registered securities
229.702	Indemnification of directors and officers
229.703	Purchases of equity securities by the issuer and affiliated purchasers
Subpart 229.800	List of Industry Guides
229.801	Securities Act industry guides
229.802	Exchange Act industry guides
Subpart 229.900	Roll-up Transactions
229.901	Definitions
229.902	Individual partnership supplements
229.903	Summary
229.904	Risk factors and other considerations
229.905	Comparative information
229.906	Allocation of roll-up consideration
229.907	Background of the roll-up transaction
229.908	Reasons for and alternatives to the roll-up transaction
229.909	Conflicts of interests
229.910	Fairness of the transaction
229.911	Reports, opinions and appraisals
229.912	Source and amount of funds and transactional expenses
229.913	Other provisions of the transaction
229.914	Pro forma financial statements: selected financial data
229.915	Federal income tax consequences

Item	Subject
Mergers and Acquisitions (Regulation M-A)	
229.1000	Definitions
229.1001	Summary term sheet
229.1002	Subject company information
229.1003	Identity and background of filing person
229.1004	Terms of the transaction
229.1005	Past contacts, transactions, negotiations and agreements
229.1006	Purposes of the transaction and plans or proposals
229.1007	Source and amount of funds or other consideration
229.1008	Interest in securities of the subject company
229.1009	Persons/assets, retained, employed, compensated or used
229.1010	Financial statements
229.1011	Additional information
229.1012	The solicitation or recommendation
229.1013	Purposes, alternatives, reasons and effects in a going-private transaction
229.1014	Fairness of the going-private transaction
229.1015	Reports, opinions, appraisals and negotiations
229.1016	Exhibits
Asset-Backed Securities (Regulation AB)	
229.1100	General
229.1101	Definitions
229.1102	Forepart of registration statement and outside cover page of the prospectus
229.1103	Transaction summary and risk factors
229.1104	Sponsors
229.1105	Static pool information
229.1106	Depositors
229.1107	Issuing entities
229.1108	Servicers
229.1109	Trustees
229.1110	Originators
229.1111	Pool assets
229.1112	Significant obligors of pool assets
229.1113	Structure of the transaction

Item	Subject
229.1114	Credit enhancement and other support, except for certain derivatives instruments
229.1115	Certain derivatives instruments
229.1116	Tax matters
229.1117	Legal proceedings
229.1118	Reports and additional information
229.1119	Affiliations and certain relationships and related transactions
229.1120	Ratings
229.1121	Distribution and pool performance information
229.1122	Compliance with applicable servicing criteria
229.1123	Servicer compliance statement

Der Inhalt der Items von Regulation S-K geht größtenteils aus dem weiter unten dargestellten Form 10-K hervor.

c) Forms (Formblätter)

Für inländische und ausländische Gesellschaften gibt es unterschiedliche Forms (Formblätter).

In welcher Art und Weise die Einzelinformationen in den Forms zu geben sind, ist in der Regulation S-X und der Regulation S-K geregelt. Für ausländische Gesellschaften (foreign private issuer) gibt es eine Reihe von Erleichterungen. Als ausländische Gesellschaft gilt gemäß Securities Act Rule 405, wenn keines der beiden folgenden Kriterien erfüllt ist:
- mehr als 50% der ausgegebenen Stimmrechtsaktien werden von in den USA ansässigen Personen gehalten und
- entweder die Mehrheit der executive officers oder directors sind US-Staatsbürger bzw. haben in den USA ihren Wohnsitz oder mehr als 50% der Vermögenswerte der Gesellschaft befinden sich in den USA oder die Gesellschaft tätigt ihre Geschäfte von den USA aus.

Über Einzelheiten der Berichterstattung, z.B. Umfang der Segmentberichterstattung, können ausländische Gesellschaften mit der SEC verhandeln.

Formblätter für inländische Gesellschaften (US reporting issuers)

Form 10-K (annual report)

Form 10-K ist das Formblatt für die jährlich einzureichenden Abschlüsse.
Der Geschäftsbericht gemäß Form 10-K muß gemäß der am 14.12.2005 geänderten Final Rule »Acceleration of Periodic Filing Dates and Disclosure Concerning Website

Access to Reports« vom September 2002 der SEC von der neu eingeführten Kategorie von Unternehmen mit der Bezeichnung large accelerated filers (Unternehmen mit öffentlich gehandelten Wertpapieren im Volumen von 700 Mio US$ oder mehr) innerhalb von 60 Kalendertagen (vorher 75 Kalendertage) und von accelerated filers (Unternehmen mit öffentlich gehandelten Wertpapieren im Volumen von mindestens 75 Mio US$, jedoch weniger als 700 Mio US$) innerhalb von 75 Kalendertagen (vorher 75 Kalendertage) nach dem Ende des Geschäftsjahres bei der SEC eingereicht werden. Die im September 2002 beschlossene Einreichungsfrist von 60 Tagen für alle accelerated filers ist somit aufgehoben.

Form 10-K besteht aus vier Teilen und ist wie folgt aufgebaut (hinter dem Titel der einzelnen Items von Form 10-K wurden die diesbezüglichen Items bzw. Rules der Regulations sowie der Inhalt der einzelnen Items von Form 10-K in deutscher Sprache angegeben):

Part I
Item 1   Business (Item 101 of Regulation S-K)
         Beschreibung der Geschäftstätigkeit
           Allgemeine Entwicklung der Geschäfte des Antragstellers (registrant), seiner Tochterunternehmen und seiner Rechtsvorgänger während der letzten fünf Jahre
           Angaben über frühere Geschäftsjahre sind zu machen, wenn es für das Verständnis der allgemeinen Entwicklung der Geschäftstätigkeit wesentlich ist. Bei der Beschreibung der Geschäftstätigkeit sind Angaben zu machen über
           – Gründungsjahr und Unternehmensstruktur des Antragstellers
           – Art und Ergebnis von Konkurs- oder Vergleichsverfahren des Antragstellers oder seiner wesentlichen Tochterunternehmen
           – Art und Ergebnis von wesentlichen Restrukturierungen (reclassification)
           – Fusionen des Antragstellers oder wesentlicher Tochterunternehmen
           – Erwerb oder Veräußerung wesentlicher Vermögenswerte, soweit sie nicht zur gewöhnlichen Geschäftstätigkeit zählen
           – wesentliche Änderungen in der Art der Geschäftsausübung (mode of conducting the business)
           – wesentliche Forschungs- und Entwicklungsarbeiten während des Geschäftsjahres
           – voraussichtliche wesentliche Produktionserweiterungen mit Angabe der Kapazitäten
           – voraussichtliche wesentliche Veränderungen der Anzahl der Mitarbeiter in den Bereichen Forschung und Entwicklung, Produktion, Vertrieb und Verwaltung
           – andere wesentliche Besonderheiten der Geschäftstätigkeit des Antragstellers.

Angaben nach Geschäftsfeldern: Umsätze mit nicht zum Konzern gehörigen Kunden, Betriebsergebnisse und Vermögenswerte der letzten drei Geschäftsjahre, aufgeteilt nach Geschäftsfeldern (falls Angaben im Jahresabschluß enthalten sind, ist keine Doppelberichterstattung notwendig, sondern nur ein Hinweis auf den Jahresabschluß)

Verbale Beschreibung des Geschäftes:
- bisherige und geplante Geschäftstätigkeit des Antragstellers und seiner Tochterunternehmen
- wichtige Produkte und Dienstleistungen und ihr Anteil am Umsatz sowie die Hauptmärkte und die Vertriebsmethoden
- Entwicklungsstand angekündigter neuer Produkte, die Investitionen erfordern
- Herkunft und Verfügbarkeit von Rohstoffen
- Bedeutung für das Geschäftsfeld und Dauer und Wirkung von bestehenden Patenten, Warenzeichen, Lizenzen, Franchise-Verträgen und Konzessionen
- Saisonabhängigkeit von Geschäftsfeldern
- Besonderheiten beim Vorratsvermögen und anderen Posten des Umlaufvermögens
- Abhängigkeit von Großkunden (Angabe des Namens von Großkunden, falls sich der Umsatz mit ihnen auf mindestens 10 % des Konzernumsatzes beläuft)
- Auftragsbestand
- mögliche Änderungen eines wesentlichen Teils des Geschäftes aufgrund von Wahlen
- ausführliche Darlegung der Wettbewerbssituation
- Ausgaben für Auftragsforschung, sofern wesentlich, in den letzten drei Jahren
- erwartete Auswirkungen von Umweltschutzauflagen auf Investitionen, Ergebnisse und Wettbewerbssituation
- Zahl der Beschäftigten

Angaben nach Regionen:
- Umsätze mit nicht zum Konzern gehörigen Kunden und Vermögenswerte der letzten drei Geschäftsjahre, aufgeteilt nach Regionen (falls Angaben im Jahresabschluß enthalten sind, ist keine Doppelberichterstattung notwendig, sondern nur ein Hinweis auf den Jahresabschluß)
- Informationen über Länderrisiken.

Item 1A	Risk Factors (Item 503c of Regulation S-K) Risiken
Item 1B	Unresolved Staff Comments Unbeantwortete Kommentare der Commission

Item 2	Properties (Item 102 of Regulation S-K) Beschreibung des Standortes und der Art der wichtigen Betriebsstätten Standort und Art der wichtigen Produktionsstätten, der Bergwerke und sonstigen wesentlichen Grundstücke und Anlagen des Antragstellers und seiner Tochterunternehmen sowie Angabe, zu welchen Geschäftsfeldern sie gehören.
Item 3	Legal Proceedings (Item 103 of Regulation S-K) Wesentliche Rechtsstreitigkeiten – Kurze Beschreibung der wesentlichen Rechtsstreitigkeiten des Antragstellers oder seiner Tochterunternehmen mit Angabe des Gerichts, des Datums der Klageerhebung, des Namens des Prozeßgegners und des Streitgegenstandes – Informationen zu Rechtsstreitigkeiten, die im 4. Quartal des Geschäftsjahres beendet wurden.
Item 4	Submission of Matters to a Vote of Securities Holders Entscheidungen einer eventuellen Aktionärsversammlung im vierten Quartal des Geschäftsjahres.

Part II

Item 5	Market for Registrant's Common Equity and Related Stockholder Matters (Item 201 of Regulation S-K) Börsen, Kurse und Dividenden – Börsen, an denen die Stammaktien des Unternehmens notiert sind – Höchst- und Tiefstkurse je Quartal in den letzten zwei Jahren – ungefähre Zahl der Aktionäre für jede Art von Stammaktien – Dividendenhäufigkeit und -höhe in den letzten zwei Jahren – Angabe von eventuellen Dividendenrestriktionen von Tochterunternehmen.
Item 6	Selected Financial Data (Item 301 of Regulation S-K) Ausgewählte Finanzdaten der letzten fünf Geschäftsjahre – Umsatzerlöse – Ergebnis der gewöhnlichen Geschäftstätigkeit – Ergebnis der gewöhnlichen Geschäftstätigkeit je Stammaktie – Gesamtvermögen – langfristige Verbindlichkeiten und kündbare Vorzugsaktien – Bardividenden je Aktie Ferner sind Angaben oder Querverweise zu machen zu: – Änderung der Bilanzierungs- und Bewertungsmethoden – Unternehmenszusammenschlüsse – Verkauf oder Aufgabe von Geschäftsfeldern, sofern dadurch die Vergleichbarkeit wesentlich beeinflußt wird.

Alle Angaben sind für den Antragsteller einschließlich seiner konsolidierten Tochterunternehmen zu machen.
Die Unternehmen werden ermutigt, jedoch nicht verpflichtet, Informationen über die voraussichtliche Entwicklung des Unternehmens zu geben.

Item 7 Management's Discussion and Analysis of Financial Condition and Results of Operations (MD&A) (Item 303 of Regulation S-K)
Diskussion und Analyse der Finanz- und Ertragslage durch das Management
Liquidität
- bekannte Entwicklungen oder bekannte Ansprüche, Verpflichtungen, Ereignisse oder Unsicherheitsfaktoren, die wahrscheinlich zu einer wesentlichen Veränderung der Liquidität führen oder voraussichtlich führen werden und beabsichtigte Maßnahmen zur Vermeidung von Liquiditätsschwierigkeiten

Kapitalquellen (capital resources)
- bedeutende finanzielle Verpflichtungen aufgrund von Investitionen und ihre Finanzierung (Mittelherkunft)
- wesentliche bedeutende Entwicklungen (günstig oder ungünstig) bei der Kapitalversorgung und Änderung der Kapitalstruktur

Ertragslage
- Beschreibung der außergewöhnlichen oder seltenen Ereignisse oder Geschäftsvorfälle und bedeutenden wirtschaftlichen Änderungen, die das veröffentlichte Ergebnis der gewöhnlichen Geschäftstätigkeit wesentlich beeinflußt haben, sowie die Höhe der jeweiligen Ergebniswirkungen
  • Entwicklungen oder Unsicherheitsfaktoren, die einen wesentlichen günstigen oder ungünstigen Einfluß auf die Umsätze, Erträge oder das Ergebnis der gewöhnlichen Geschäftstätigkeit gehabt haben oder wahrscheinlich haben werden, z.B. bereits bekannte künftige Lohn- oder Materialkostenerhöhungen, Preiserhöhungen oder Bestandskorrekturen
  • Erläuterung der Mengen- und Preissteigerungen und des Einflusses neuer Produkte bei wesentlichen Umsatz- und Ertragssteigerungen
  • Einfluß der Inflation auf die Ertragslage der letzten drei Jahre.

Die Informationen zur Liquidität und zu den Kapitalquellen können zusammengefaßt werden, wenn sie voneinander abhängen.
Alle Angaben sind für den Antragsteller einschließlich seiner konsolidierten Tochterunternehmen zu machen.

Item 7A Quantitative and Qualitative Disclosures About Market Risk (Item 305 of Regulation S-K)
Ausführliche quantitative Informationen bezüglich Marktrisiken bei den Finanzinstrumenten und qualitative Beschreibung dieser Finanzinstrumente.

Item 8	Financial Statements and Supplementary Data (Rule 3-01, 3-02 und 3-04 of Regulation S-X und Item 302 of Regulation S-K)

Jahres-, d.h. Konzernabschlüsse und zusätzliche Finanzinformationen
- geprüfte Bilanzen der letzten zwei Jahre
- geprüfte Gewinn- und Verlustrechnungen der letzten drei Jahre
- geprüfte Kapitalflußrechnungen der letzten drei Jahre
- geprüfte Eigenkapitalveränderungsrechnungen der letzten drei Jahre
- Quartalsinformationen für die letzten zwei Geschäftsjahre über
  - Umsatz, Rohertrag, Ergebnis der gewöhnlichen Geschäftstätigkeit sowie Ergebnis je Aktie
  - die Auswirkungen der Aufgabe von Geschäftsfeldern und von außerordentlichen, außergewöhnlichen und seltenen Ereignissen.

Item 9	Changes in and Disagreements With Accountants on Accounting and Financial Disclosure (Item 304 of Regulation S-K)

Wechsel des Wirtschaftsprüfers und Meinungsverschiedenheiten mit ihm.

Item 9A	Controls and Procedures
	Internes Kontrollsystem
Item 9B	Other Information
	Sonstige Informationen

Part III

Item 10	Directors and Executive Officers of the Registrant (Item 401 of Regulation S-K)

Vorstandsmitglieder und Direktoren
- Name, Alter, Position, vereinbarte Dienstzeit, bisherige Dienstzeit, Vereinbarungen
- Verwandtschaftsverhältnisse zwischen Vorstandsmitgliedern und Direktoren
- Berufserfahrung der letzten fünf Jahre
- Verwicklung in Rechtsstreitigkeiten oder Konkurse in den letzten fünf Jahren.

Item 11	Executive Compensation (Item 402 of Regulation S-K)

Vergütungen von Vorstandsmitgliedern und Direktoren
- Tabelle über die Zusammensetzung der Bezüge des chief executive officer (»CEO«) und der vier höchstbezahlten Manager neben dem »CEO« für die letzten drei Geschäftsjahre
- gewährte Aktienoptionen
- ausgeübte Aktienoptionen
- Vergütungen aus langfristigen Anreizplänen, soweit es keine Aktienoptionen sind
- Angaben über Pensionsansprüche.

Item 12   Security Ownership of Certain Beneficial Owners and Management and Related Stockholder Matters (Item 403 of Regulation S-K)
Aktuelle Angaben über den Aktienbesitz von Anteilseignern und Managern, soweit sie über 5% der Aktien besitzen.

Item 13   Certain Relationships and Related Transactions (Item 404 of Regulation S-K)
Angabepflichtige Geschäftsbeziehungen mit natürlichen Personen im letzten Geschäftsjahr oder der laufenden Periode.

Item 14   Principal Accountant Fees and Services
Gebühren und Leistungen des Wirtschaftsprüfers

Part IV
Item 15   Exhibits, Financial Statement Schedules
Anlagen, Aufstellungen

Wie aus der Gliederung ersichtlich ist, enthält Form 10-K neben Finanzinformationen viele andere Informationen.

Form 10-Q (quarterly report)
Form 10-Q ist das Formblatt für die einzureichenden ersten drei Quartalsabschlüsse. Form10-Q muß gemäß der am 14.12.2005 geänderten Final Rule »Acceleration of Periodic Filing Dates and Disclosure Concerning Website Access to Reports" vom September 2002 der SEC von large accelerated filers und von accelerated filers innerhalb von 40 Kalendertagen nach dem Ende der ersten drei Quartale des Geschäftsjahres bei der SEC eingereicht werden. Die im September 2002 beschlossene Einreichungsfrist von 35 Tagen für alle accelerated filers ist somit aufgehoben.

Form 10-Q besteht aus zwei Teilen:

Part I Financial Information
Item 1   Financial Statements (Rule 10-01 of Regulation S-X)
– Bilanz zum Ende des letzten Quartals mit Vorjahresvergleichszahlen
– Gewinn- und Verlustrechnung des letzten Quartals und Vorjahresvergleichszahlen
– Gewinn- und Verlustrechnung vom Ende des letzten Geschäftsjahres bis zum Ende des letzten Quartals mit Vorjahresvergleichszahlen
– Kapitalflußrechnung des letzten Quartals und Vorjahresvergleichszahlen
– Kapitalflußrechnung vom Ende des letzten Geschäftsjahres bis zum Ende des letzten Quartals mit Vorjahresvergleichszahlen
Die in Form 10-Q enthaltenen Zwischenabschlüsse können in Kurzform erstellt werden und müssen nicht geprüft sein. Detaillierte Fußnoten und zusätzliche Aufstellungen sind nicht erforderlich. Ereignisse seit Ende des letzten Geschäftsjahres, die einen wesentlichen Einfluß auf den Abschluß haben, sind anzugeben.

Darüber hinaus sind Angaben über angemessene Quartalsabgrenzungen, eventuelle Saisongeschäfte, Unternehmensverbindungen, Gewinn je Aktie, Änderung der Bilanzierungs- und Bewertungsmethoden zu machen.

Item 2 Management's Discussion and Analysis of Financial Condition and Results of Operations (Item 303 of Regulation S-K).

Item 3 Quantitative and Qualitative Disclosures About Market Risk (Item 305 of Regulation S-K).

Item 4 Controls and Procedures
Internes Kontrollsystem

Part II Other Information
Item 1 Legal Proceedings (wesentliche Rechtsstreitigkeiten)

Item 1A Risk Factors

Item 2 Unregistered Sales of Equity Securities and Use of Proceeds (Items 701 and 703 of Regulation S-K)

Item 3 Defaults Upon Senior Securities (Angaben über Zahlungsverzug von 30 Tagen bei vom Antragsteller oder seinen Tochterunternehmen ausgegebenen Wertpapieren, wenn diese Verbindlichkeiten 5% der konsolidierten Aktiva überschreiten sowie Angaben über rückständige Vorzugsdividenden).

Item 4 Submission of Matters to a Vote of Security Holders (Entscheidungen einer eventuellen Aktionärsversammlung).

Item 5 Other Information.

Item 6 Exhibits.

Form 8-K (current report)
Form 8-K ist bei Ad-hoc-Informationen anzuwenden.

Form S-1
Form S-1 ist für die Neuemission von Wertpapieren unter dem SA anzuwenden. Es ist weitgehend mit Form 10-K deckungsgleich und enthält zusätzlich eine Reihe von emissionsbezogenen Daten.

Form 10
Für die Zulassung von neu emittierten Wertpapieren zum Börsenhandel oder zum Handel im Freiverkehr ist neben der Registrierung unter dem SA auf der Basis eines Form S eine weitere Registrierung unter dem SEA erforderlich. Hierzu ist von US-amerikanischen Emittenten Form 10 zu benutzen. Form 10 enthält gegenüber Form 10-K einige zusätzliche Informationen.

Sonstige Forms
Auf die Darstellung der sonstigen Forms, nämlich S-2, S-3, S-4, S-8 und S-11 ist verzichtet worden. Sie sind entweder für Emittenten anzuwenden, deren Wertpapiere bereits registriert sind (S-2 und S-3), oder gelten für besondere Zwecke.
Kleine börsennotierte Gesellschaften (Umsatz und Marktwert der Aktien in Publikumsbesitz unter 25 Mio US$) werden als Small Business Issuers (SBI) bezeichnet. Für sie gelten Publizitätserleichterungen und sie unterliegen deshalb seit 1992 nicht mehr der Regulation S-X und S-K. Für sie gilt die neu geschaffene Regulation S-B, und es sind die Forms 10-KSB, 10-QSB, 10-SB und für Neuemissionen SB-1 und SB-2 anzuwenden.

Formblätter für ausländische Gesellschaften (foreign private issuers)

Form 20-F
Form 20-F wird für sämtliche Registrierungen für bereits im Umlauf befindliche Aktien nach dem Securities Exchange Act und für die jährliche Berichterstattung verwendet.
Form 20-F gilt somit nur für ein public listing und nicht für ein public selling, d.h. nicht für die Neuemission von Wertpapieren. Dann ist Form F-1 anzuwenden.
Der Geschäftsbericht gemäß Form 20-F muß innerhalb von sechs Monaten nach dem Ende des Geschäftsjahres bei der SEC eingereicht werden. Falls bei einer Registrierung die eingereichten Jahresabschlüsse später als zehn Monate nach dem Ende des letzten Geschäftsjahres der SEC eingereicht werden, ist ein ungeprüfter Zwischenabschluß beizufügen, der nicht älter als zehn Monate sein darf.

Form 20-F, das aufgrund der im Jahre 1998 von der IOSCO verabschiedeten »International Disclosure Standards for Cross-Border Offerings and Initial Listings by Foreign Issuers« mit Wirkung vom 30. September 2000 erheblich geändert wurde, ist wie folgt aufgebaut:

Item 1	Identity of Directors, Senior Management and Advisers *nicht erforderlich bei jährlicher Berichterstattung*
Item 2	Offer Statistics and Expected Timetable *nicht erforderlich bei jährlicher Berichterstattung*
Item 3	Key Information Wichtige Informationen A. Selected financial data Ausgewählte Finanzdaten der letzten fünf Geschäftsjahre

Umsatzerlöse, Ergebnis der gewöhnlichen Geschäftstätigkeit, Ergebnis der fortzuführenden Geschäftstätigkeit, Ergebnis, Ergebnis der gewöhnlichen Geschäftstätigkeit je Stammaktie, Ergebnis der fortzuführenden Geschäftstätigkeit je Stammaktie, Gesamtvermögen, Reinvermögen, Eigenkapital (ohne Vorzugsaktien mit Kündigungsrecht), Anzahl der Aktien, Dividende je Aktie in der Währung der Berichterstattung und in Landeswährung, verwässertes Ergebnis je Aktie

B. Capitalization and indebtedness
nicht erforderlich bei jährlicher Berichterstattung

C. Reasons for the offer and use of proceeds
nicht erforderlich bei jährlicher Berichterstattung

D. Risks factors
Risiken
Angabe von speziellen Unternehmens- und Branchenrisiken (z.B. Art des Geschäftes, Länderrisiken, Finanz- und Ertragslage, unübliche Wettbewerbsverhältnisse, Auslaufen wichtiger Patente, Warenzeichen oder Verträge, Abhängigkeit von wenigen Kunden und Lieferanten) in zusammengefaßter Form, die an anderer Stelle ausführlich beschrieben werden.

Item 4   Information on the Company
Informationen über die Gesellschaft
A. History and development of the company
Historische Entwicklung
- rechtlicher und tatsächlicher Name der Gesellschaft,
- Tag der Gesellschaftsgründung,
- Sitz und Rechtsform sowie Adresse und Telefonnummer der Gesellschaft,
- wichtige Ereignisse, z.B. Informationen über Art und Ergebnisse wesentlicher Restrukturierungen (reclassification), Fusion der Gesellschaft oder wesentlicher Tochterunternehmen, Erwerb oder Veräußerung wesentlicher Vermögenswerte, wesentliche Änderungen in der Art der Geschäftsausübung (mode of conducting the business), wesentliche Änderungen bei den hergestellten Produkten oder den Dienstleistungen, Art und Ergebnis von Insolvenzverfahren o.ä. der Gesellschaft oder wesentlicher Tochterunternehmen,
- Beschreibung und Höhe der wesentlichen Investitionen und Desinvestitionen der letzten drei Geschäftsjahre,
- Informationen über Anlagen im Bau, ihre regionale Aufteilung (Inland und Ausland) und ihre Finanzierung,
- Angaben über Angebote einer Unternehmensübernahme seitens Dritter oder gemachte Angebote einer Unternehmensübernahme im letzten und laufenden Geschäftsjahr einschließlich der Angabe des Übernahmepreises und des Ergebnisses dieser Angebote

B. Business overview
Geschäftstätigkeit
- Art der Geschäftstätigkeit und die wesentlichen Aktivitäten mit Angabe der verkauften Hauptprodukte und -dienstleistungen in den letzten drei Geschäftsjahren, bedeutende neue Produkte und Dienstleistungen, Stand der Entwicklung neuer Produkte und Dienstleistungen,
- Beschreibung der Hauptmärkte, in denen die Gesellschaft tätig ist mit Angabe der Umsätze nach Tätigkeitsbereichen und Regionen in den letzten drei Geschäftsjahren,
- Saisonale Einflüsse,
- Beschreibung der Herkunft und Verfügbarkeit der Rohstoffe mit Angaben über die Preisvolatilität,
- Beschreibung der Absatzkanäle, einschließlich der Erläuterung spezieller Verkaufsmethoden wie Ratenverkäufe,
- Abhängigkeit von Patenten, Lizenzen, Verträgen und neuen Herstellungsverfahren,
- Wettbewerbssituation,
- regulatorisches Umfeld mit Angabe der Regulierungsbehörde

C. Organizational structure
Organisationsstruktur
Kurze Beschreibung des Konzerns und der Stellung der Gesellschaft im Konzern; Liste der wesentlichen Beteiligungen, mit Name, Land, Höhe der Beteiligung und, falls abweichend davon, Stimmrechtsanteil

D. Property, plants and equipment
Sachanlagen
- Informationen über die wesentlichen Sachanlagen einschließlich der geleasten Anlagen und der darauf liegenden Belastungen sowie eine Beschreibung der Größe und Nutzung der Anlagen; Produktionskapazität und Produktionsauslastung; Zustand der Anlagen; hergestellte Produkte; Standort,
- Umweltauflagen,
- Neu-, Erweiterungs- und Rationalisierungsinvestitionen mit Angabe der Investitionssummen einschließlich der bereits geleisteten Zahlungen, eine Beschreibung der Finanzierung, des voraussichtlichen Fertigstellungsdatums und der Kapazitätserhöhung.

Item 4A Unresolved Staff Comments
Unbeantwortete Kommentare der Commission

Item 5   Operating and Financial Review and Prospects
Analyse der Finanz- und Ertragslage
Vergleich der Finanz- und Ertragslage des Berichtsjahres mit der des Vorjahres sowie des Vorjahres mit der des Vorvorjahres unter Darlegung der Gründe für die wesentlichen Änderungen der einzelnen Posten, um die geschäftliche Lage der Gesellschaft insgesamt zu ver-

stehen; es sind auch Informationen nach Segmenten zu geben; alle Informationen sind so zu geben, daß der Investor ein verständliches Bild der wirtschaftlichen Lage der Gesellschaft erhält

A. Operating results
Ertragslage

Informationen über bedeutende Faktoren einschließlich ungewöhnlicher und seltener Ereignisse oder neuer Entwicklungen, die einen wesentlichen Einfluß auf das operative Ergebnis haben
- bei wesentlichen Veränderungen der Umsatzerlöse oder Erträge verbale Informationen über Preisänderungen, Mengenänderungen und neue Produkte oder Dienstleistungen,
- Einfluß der Inflation, falls wesentlich,
- Einfluß von Wechselkursänderungen, falls wesentlich, und Angaben über die Kurssicherung von Investitionen in Fremdwährung,
- wirtschaftliche, steuerliche, monetäre oder politische Faktoren, die direkt oder indirekt die Geschäftstätigkeit der Gesellschaft oder Investitionen von US-amerikanischen Staatsangehörigen wesentlich beeinflußt haben oder beeinflussen können

B. Liquidity and capital resources
Liquidität und Kapitalquellen
- Informationen über die kurz- und langfristige Liquidität
  - eine Beschreibung der internen und externen Liquiditätsquellen und eine kurze Darstellung wesentlicher nicht genutzter Liquiditätsreserven,
  - eine Beurteilung der Quellen und Beträge des Cash-flows der Gesellschaft und der Art und des Ausmaßes von rechtlichen oder wirtschaftlichen Restriktionen auf die Fähigkeit der Tochterunternehmen, Mittel an die Gesellschaft zu transferieren,
  - Informationen über die Höhe der Schulden am Ende des Geschäftsjahres, die Saisonabhängigkeit der notwendigen Schulden und die Fälligkeit der bestehenden Schulden,
- Informationen über die Art der genutzten Finanzinstrumente, die Fälligkeits-, Währungs- und Zinsstruktur einschließlich der Erläuterung der Finanzierungs- und Treasury-Politik und der Kontrolle der Treasury-Aktivitäten, die Währungsstruktur der Zahlungsmittel, die Höhe der festverzinslichen Schulden und die Nutzung von Finanzinstrumenten zur Kurssicherung,
- wesentliche finanzielle Verpflichtungen aufgrund zukünftiger Investitionen mit Angabe des Investitionszwecks und der Finanzierungsquellen

C. Research and development, patents and licences, etc.
Forschung und Entwicklung, Patente und Lizenzen u.ä.

Beschreibung der Forschungs- und Entwicklungsaktivitäten der Gesellschaft während der letzten drei Geschäftsjahre unter Angabe der Forschungs- und Entwicklungsaufwendungen

D. Trend information
   Aktuelle Entwicklungen
   Bedeutende Trends bei der Produktion, den Umsätzen, den Vorräten, dem Auftragsbestand, den Kosten und den Verkaufspreisen seit dem letzten Jahr. Bekannte Trends, Unsicherheiten, Ansprüche, Verpflichtungen oder Ereignisse, die einen wesentlichen Einfluß auf Umsätze, Ergebnis der gewöhnlichen Geschäftstätigkeit, Rentabilität, Liquidität oder Kapitalressourcen haben können oder die bewirken können, daß von den gegebenen Finanzinformationen nicht zwingend auf die zukünftige Ertrags- oder Finanzlage geschlossen werden kann.
   Mit der am 22.12.2003 veröffentlichten Interpretation Guidance Reporting Management's Discussion and Analysis (MD&A) of Financial Condition and Results of Operations fordert die SEC ausländische Unternehmen auf, sich in Item 5 auf die Erläuterung der primären Rechenwerke sowie der Unterschiede zwischen nationalen Rechnungslegungsnormen und US-GAAP zu konzentrieren.
E. Off-Balance sheet arrangements
   Nicht bilanzwirksame Vereinbarungen
   Nicht bilanzwirksame Vereinbarungen, die Auswirkungen auf die Finanzlage, Erträge oder Aufwendungen, Ergebnisse und Investitionen haben.
F. Tabular disclosure of contractual obligations
   Tabellarische Aufstellung vertraglicher Verpflichtungen
   Einzelheiten der vertraglichen Verpflichtungen zum letzten Bilanzstichtag.
G. Safe Harbor
   Sicherer Hafen

Item 6 Directors, Senior Management and Employees
        Aufsichtsrat, Vorstand und Mitarbeiter
        A. Directors and senior management
           Mitglieder des Vorstands
           – Name, Berufserfahrung, Funktionen, bisherige Tätigkeit in der Gesellschaft,
           – wesentliche Erfahrungen außerhalb der Gesellschaft,
           – Geburtsdaten oder Alter (sofern im Sitzland des Unternehmens oder an anderer Stelle veröffentlicht),
           – Verwandtschaftsverhältnisse zwischen obigen Personen,
           – Vereinbarungen mit Großaktionären, Kunden, Lieferanten oder anderen, die die Berufung obiger Personen als Vorstandsmitglied oder obere Führungskraft betreffen
        B. Compensation
           Vergütung
           – Vergütungen an die einzelnen Mitglieder des Aufsichtsrats und des Vorstandes (namentliche Nennung nicht notwendig, wenn sie im Heimatland oder an anderer Stelle nicht erfolgt),

- Aufwendungen der Gesellschaft und seiner Tochterunternehmen für Pensionen, Altersversorgung oder ähnliche Vergünstigungen

C. Board practices
Verträge mit Vorstandsmitgliedern
- Laufzeit der Verträge und bisherige Dienstzeit,
- Angaben über Vergütungen nach Ablauf des Vertrages,
- Angaben über den Prüfungsausschuß und den Vergütungsausschuß der Gesellschaft

D. Employees
Mitarbeiter
Anzahl der Mitarbeiter am Ende der drei letzten Geschäftsjahre oder im Durchschnitt der drei letzten Geschäftsjahre, möglichst aufgeteilt nach Tätigkeitsbereichen und Regionen; Angaben zu den Beziehungen mit der Gewerkschaft

E. Share ownership
Aktienbesitz
Aktienbesitz der Vorstandsmitglieder
- Anzahl der Aktien, der Stimmrechte und der Optionen auf Aktien,
- Angaben zu Belegschaftsaktien.

Item 7 Major Shareholders and Related Party Transactions
Großaktionäre und Beziehungen zu nahestehenden Unternehmen und Personen

A. Major Shareholders
Großaktionäre
- Name und Anteilsbesitz der Aktionäre, die mindestens 5% der Aktien der Gesellschaft besitzen, bedeutende Änderungen im Anteilsbesitz in den letzten drei Geschäftsjahren, Angaben zu unterschiedlichem Stimmrecht,
- Anzahl der einzelnen Aktienarten, die in den USA gehalten werden und Anzahl der US-Aktionäre,
- Angaben über Anteile von anderen Gesellschaften, ausländischen Regierungen oder Personen an der Gesellschaft,
- Angaben zu Vereinbarungen über eine mögliche Änderung des Anteilsbesitzes

B. Related party transactions
Beziehungen zu nahestehenden Unternehmen und Personen
- Art und Umfang der Transaktionen oder beabsichtigten Transaktionen, die wesentlich oder unüblich hinsichtlich der Art und der Konditionen sind, mit nahestehenden Unternehmen und Personen,
- Forderungen der Gesellschaft, ihres Mutterunternehmens, ihrer Tochterunternehmen an nahestehende Unternehmen oder Personen mit näheren Angaben

C. Interests of experts and counsel
nicht erforderlich bei jährlicher Berichterstattung.

Item 8	Financial Information
	Finanzinformationen

A. Consolidated Statements and Other Financial Information
   Konsolidierte Jahresabschlüsse und andere Finanzinformationen
   - geprüfte konsolidierte Jahresabschlüsse des letzten Geschäftsjahres und geprüfte konsolidierte Jahresabschlüsse der beiden vorhergehenden Geschäftsjahre zum Vergleich,
   - Höhe des Exports und Anteil des Exports an den gesamten Umsatzerlösen,
   - Informationen über Rechtsstreitigkeiten, die wesentlichen Einfluß auf die Finanz- und Ertragslage der Gesellschaft haben können oder in den letzten Jahren gehabt haben,
   - Beschreibung der Dividendenpolitik der Gesellschaft

B. Significant Changes
   Bedeutende Veränderungen
   Bedeutende Veränderungen seit dem letzten Bilanzstichtag.

Item 9	The Offer and Listing
	Angebot und Notierung

A. Offer and listing details
   Angebot und Einzelheiten über die Notierung
   - Höchst- und Tiefstkurse der letzten fünf Geschäftsjahre,
   - Höchst- und Tiefstkurse für jedes Quartal der letzten zwei Geschäftsjahre und des darauf folgenden Quartals,
   - Höchst- und Tiefstkurse für jeden der letzten sechs Monate

B. Plan of distribution
   Nicht erforderlich bei jährlicher Berichterstattung

C. Markets
   Börsenplätze
   Angabe aller Börsenplätze, an denen die Wertpapiere gehandelt werden

D. Selling shareholders
   nicht erforderlich bei jährlicher Berichterstattung

E. Dilution
   nicht erforderlich bei jährlicher Berichterstattung

F. Expenses of the issue
   nicht erforderlich bei jährlicher Berichterstattung.

Item 10	Additional Information
	Zusätzliche Informationen

A. Share capital
   nicht erforderlich bei jährlicher Berichterstattung

B. Memorandum and articles of association
   Satzung
   Im einzelnen definierte Auszüge aus der Satzung und ggf. Unterschiede zum Recht in den USA

C. Material contracts
   Wichtige Verträge

Zusammenstellung der wichtigen nicht die normale Geschäftstätigkeit betreffenden Verträge mit Angabe des wesentlichen Inhalts

D. Exchange controls
Devisenkontrollen
Angaben über Devisenbeschränkungen des Sitzlandes der Gesellschaft beim Kapitalimport und -export und bei Dividenden- und Zinszahlungen

E. Taxation
Besteuerung
Beschreibung der Besteuerung der US-Aktionäre und Informationen über Doppelbesteuerungsabkommen

F. Dividends and paying agents
nicht erforderlich bei jährlicher Berichterstattung

G. Statement by experts
nicht erforderlich bei jährlicher Berichterstattung

H. Documents on display
Veröffentlichungen der Gesellschaft
Angabe des Ortes, wo die Veröffentlichungen der Gesellschaft eingesehen werden können

I. Subsidiary Information
nicht erforderlich bei jährlicher Berichterstattung.

Item 11   Quantitative and Qualitative Disclosures About Market Risk
Quantitative und qualitative Beschreibung bezüglich Marktrisiken bei den Finanzinstrumenten
Es sind in Form 20-F vorgegebene ausführliche Angaben zu machen.

Item 12   Description of Securities Other than Equity Securities
nicht erforderlich bei jährlicher Berichterstattung

Item 13   Defaults, Dividend Arrearages and Delinquencies
Zahlungsverzug und rückständige Vorzugsdividenden
Es sind Angaben zu machen.

Item 14   Material Modifications to the Rights of Security Holders and Use of Proceeds
Änderung der Rechte ausgegebener Wertpapiere
Es sind Angaben zu machen.

Item 15   Control and Procedures
Internes Kontrollsystem

Item 16   (reserved)

Item 16A   Audit Committee Financial Expert
Sachverständiges Mitglied des Prüfungsausschusses

Item 16B	Code of Ethics Standard, der Fehlverhalten verhindern und angemessene Verhaltensweisen fördern soll.
Item 16C	Principal Accountant Fees and Services Gebühren und Leistungen des Wirtschaftsprüfers
Item 16D	Exemptions From the Listing Standards for Audit Committees *nicht erforderlich bei jährlicher Berichterstattung*
Item 16E	Purchases of Equity Securities by the Issuer and Affiliated Purchasers Rückkauf eigener Aktien

Item 17	Financial Statements
	Jahresabschlüsse *(alternativ zu Item 18)*
	– Der Inhalt der Jahresabschlüsse soll im wesentlichen den nach US-GAAP erstellten Jahresabschlüssen entsprechen,
	– Die Jahresabschlüsse können nach US-GAAP erstellt werden. Falls sie nach anderen Rechnungslegungsgrundsätzen erstellt wurden, ist folgendes anzugeben:
	  • die angewandten Rechnungslegungsgrundsätze,
	  • eine Beschreibung der wesentlichen Unterschiede, wobei für jede Berichtsperiode
	    - eine Überleitung des ausgewiesenen Ergebnisses auf das Ergebnis nach US-GAAP mit Erläuterungen der wesentlichen Unterschiede,
	    - eine Überleitung der ausgewiesenen Bilanzposten auf eine Bewertung nach US-GAAP mit Erläuterungen der wesentlichen Unterschiede bzw. eine Überleitung des Eigenkapitals,
	    - ein Cash-flow statement nach US-GAAP oder nach IAS 7 oder eine Beschreibung der wesentlichen Unterschiede,
	    - der Gewinn je Aktie nach US-GAAP, sofern der nach den angewandten Rechnungslegungsgrundsätzen ermittelte Gewinn je Aktie wesentlich davon abweicht,
	  anzugeben sind.
	Für die jährliche Berichterstattung genügt Item 17.

Item 18	Financial Statements Jahresabschlüsse *(alternativ zu Item 17)* – Alle Angaben nach Item 17 sowie – alle nach US-GAAP und Regulation S-X geforderten Informationen, sofern ausländische Gesellschaften nicht ausdrücklich davon befreit sind.
Item 19	Exhibits Anlagen.

Nach einer Verlautbarung der SEC brauchen IFRS-Erstanwender, die ihre Bilanzierung für das Geschäftsjahr 2007 oder früher auf IFRS umstellen, den Eigenkapitalspiegel und die Kapitalflußrechnung nicht – wie in Form 20-F gefordert – für drei, sondern nur für zwei Jahre einzureichen. Es werden jedoch eine Überleitung von der früheren Rechnungslegung auf IFRS und zusätzliche Informationen verlangt. Die Überleitungen auf US-GAAP sind weiterhin einzureichen.

Bei einem Treffen des Vorsitzenden der SEC, Christopher Cox, mit dem EU-Kommissar, Charlie Mc Creevy, am 8.2.2006 bestätigte Cox nochmals das Ziel, die Überleitungen auf US-GAAP für IFRS-Bilanzierungen bis zum Jahre 2009 abzuschaffen.

Um sich ein Bild machen zu können, wie in der Praxis die umfangreiche Berichterstattung nach Form 20-F aussieht, wird auf die Jahresabschlüsse von deutschen Unternehmen verwiesen, die an der New York Stock Exchange notieren. Die Jahresabschlüsse nach Form 20-F sind bei den Investor Relations-Abteilungen dieser Unternehmen erhältlich.

Form 6-K
Form 6-K ist zu benutzen für die Anzeige wesentlicher Informationen (z.B. Zwischenberichte, Änderung der Geschäftätigkeit, Änderung bei der Unternehmensleitung, Wechsel des beherrschenden Einflusses auf das berichtspflichtige Unternehmen, Akquisitionen und Desinvestitionen, Konkurs- oder Vergleichsantrag, Wechsel des Wirtschaftsprüfers, Finanz- und Ertragslage, wesentliche Rechtsstreitigkeiten, Änderung der Rechte ausgegebener Wertpapiere, Beschreibung des Zahlungsverzuges bei ausgegebenen Wertpapieren, Entscheidungen einer Aktionärsversammlung, Geschäftsvorfälle mit Vorstandsmitgliedern, Direktoren und Anteilseignern, Gewährung jeglicher Art von Optionen an Vorstandsmitglieder und Direktoren), die im Heimatland oder anderswo veröffentlicht worden sind.

Form F-1
Form F-1 wird für Registrierungen von Neuemissionen von Wertpapieren nach dem Securities Act (Sponsored Level III ADR) verwandt, sofern kein anderes Form zugelassen oder vorgeschrieben ist. Der Umfang der Berichterstattung bei Form F-1 entspricht weitgehend dem für Form S-1. Im Form F-1 sind sämtliche im letzten Form 20-F gemachten Angaben zu wiederholen.

Form F-2
Das verkürzte Form F-2 kann anstatt Form F-1 benutzt werden, wenn Wertpapiere des Unternehmens bereits registriert sind und es seiner Berichtspflicht seit 36 Monaten ordnungsgemäß nachgekommen ist oder es sich um einen sogenannten „world class issuer" (Marktwert der von Dritten gehaltenen stimmberechtigten Aktien dieses Unternehmens übersteigt weltweit 75 Mio US$) handelt. Voraussetzung ist in beiden Fällen, daß das letzte Form 20-F Item 18 enthält. Bei Form F-2 kann auf Form 20-F verwiesen werden.

Form F-3
Das wesentlich verkürzte Form F-3 kann anstatt Form F-1 von „world class issuer" (Marktwert der von Dritten gehaltenen stimmberechtigten Aktien dieses Unternehmens übersteigt weltweit 75 Mio US$) benutzt werden, sofern das Unternehmen seit 12 Monaten seiner Berichtspflicht nachgekommen ist und das letzte Form 20-F Item 18 enthält. Form F-20 muß nur in Ausnahmefällen auf Anforderung dem registration statement beigefügt werden.

Form F-4
Form F-4 gilt für spezielle Vorgänge, wie z.B. Unternehmenszusammenschlüsse.

6. Verhältnis Handelsbilanz zur Steuerbilanz

In den USA gibt es keine Maßgeblichkeit der Handelsbilanz für die Steuerbilanz. Handelsbilanz und Steuerbilanz haben sich in der Vergangenheit vollkommen getrennt entwickelt, da sie unterschiedliche Zielsetzungen haben. Lediglich bei der Lifo-Bewertung der Vorräte gilt die umgekehrte Maßgeblichkeit der Handelsbilanz für die Steuerbilanz.

7. Prüfungs- und Offenlegungspflicht

a) Prüfungspflicht

Einzelstaatliche Vorschriften
In den USA besteht weder für Einzelunternehmen noch für Personen- und Kapitalgesellschaften eine gesetzlich vorgeschriebene gesellschaftsrechtliche Verpflichtung zur Erstellung eines GAAP-konformen Jahres- bzw. Konzernabschlusses. Ein Gesellschaftsrecht des Bundes gibt es in den USA nicht, sondern nur gesellschaftsrechtliche Gesetze der Einzelstaaten. Soweit die Einzelstaaten gesellschaftsrechtliche Vorschriften erlassen haben, ist in ihnen jedoch niemals von einer Rechnungslegungspflicht nach US-GAAP die Rede. Deshalb erübrigt sich eine weitere Erörterung der einzelstaatlichen Vorschriften.

Rechnungslegung nach US-GAAP und ihre Prüfung durch einen Wirtschaftsprüfer
Die Notwendigkeit einer Rechnungslegung nach GAAP und ihre Prüfung durch einen Wirtschaftsprüfer kann sich für ein amerikanisches Unternehmen aus drei Gründen ergeben:
- In der Satzung des Unternehmens ist die Erstellung des Jahresabschlusses nach GAAP und seine Testierung durch einen Wirtschaftsprüfer vorgesehen.

- Kreditgeber haben mit dem Unternehmen vereinbart, daß ihnen ein durch einen Wirtschaftsprüfer testierter Jahresabschluß vorzulegen ist. (Ein Wirtschaftsprüfer kann einen Jahresabschluß nur testieren, wenn er nach GAAP erstellt wurde.)
- Das Unternehmen unterliegt der staatlichen Börsenaufsicht. Solche Unternehmen müssen ihre Jahresabschlüsse nach GAAP erstellen, von einem Wirtschaftsprüfer testieren lassen und veröffentlichen.

Die Prüfung hat durch einen certified public accountant (CPA) zu erfolgen.
Die Haftung der CPAs ist hoch.

b) Offenlegungspflicht

Berichtspflichtige Gesellschaften haben gegenüber der SEC eine Offenlegungspflicht
Unternehmen mit öffentlich gehandelten Wertpapieren im Volumen von 700 Mio US$ oder mehr (large accelerated filers) müssen innerhalb von 60 Kalendertagen und Unternehmen mit öffentlich gehandelten Wertpapieren im Volumen von mindestens 75 Mio US$, jedoch weniger als 700 Mio US$ (accelerated filers) müssen innerhalb von 75 Kalendertagen nach dem Ende des Geschäftsjahres der SEC einen von einem Wirtschaftsprüfer geprüften Bericht gemäß Form 10-K einreichen und veröffentlichen. Für nicht der SEC berichtspflichtige Unternehmen gibt es keine Offenlegungspflicht.

D. Rechnungslegung in Deutschland

I. Allgemeine Informationen

1. Geschichtliche Entwicklung der externen Rechnungslegung

a) Einzelabschluß

Das erste deutsche Gesetz über Rechnungslegung war das Preußische Allgemeine Landrecht von 1794. Es wurde in Anlehnung an die französische Ordonnance de Commerce von 1673 geschaffen. Die Ordonnance de Commerce geht auf Vorschläge von Savary zurück, weshalb sie auch oft kurz »Code Savary« genannt wird. Savary hat 1675 einen Kommentar zur Ordonnance mit dem Titel »Le Parfait Négociant« verfaßt. Anlaß für die Entstehung der Ordonnance war die große Anzahl der Konkurse.
Gemäß dem Preußischen Allgemeinen Landrecht von 1794 wird ein Kaufmann im Falle eines Konkurses bestraft, wenn er »*die Balance seines Vermögens wenigstens jährlich einmal zu ziehen unterläßt und sich dadurch in Unwissenheit über die Lage seiner Umstände erhält*«.
Im Juli 1861 trat in Preußen das Allgemeine Deutsche Handelsgesetzbuch (AHGB) in Kraft, das die Aufnahme eines Inventars und einer Bilanz vorschrieb.
Das Preußische Allgemeine Landrecht und das Allgemeine Deutsche Handelsrecht enthielten keine Vorschriften über die externe Rechnungslegung (Publizitätsvorschriften).
Das erste grundlegende aktienrechtliche Gesetz in Deutschland war das Bundesgesetz über die Kommanditgesellschaften auf Aktien und die Aktiengesellschaften vom 11.6.1870, dessen Geltungsbereich ein Jahr später auf das ganze Reich erstreckt wurde. Es diente der Vereinheitlichung des Aktienrechts. Durch das Gesetz fiel das Erfordernis der staatlichen Konzession für die Errichtung von Aktiengesellschaften und die staatliche Überwachung ihres Geschäftsbetriebs weg. Das Gesetz enthielt eine Reihe Vorschriften »*zum Schutze des Publikums gegen Übervorteilung und Täuschung einen geeigneten Ersatz zu schaffen für diejenige Fürsorge, welche bisher in der Form von Konzessionsbedingungen bei der staatlichen Prüfung und Feststellung des einzelnen Statuts geübt wurde.*« Die Aktiennovelle von 1870 enthielt jedoch nur eine einzige Bewertungsvorschrift, nämlich daß kurshabende Wertpapiere höchstens zum Kurswert bewertet werden dürfen. Außerdem verbot die Novelle die Aktivierung von Organisations- und Verwaltungskosten.
In den folgenden Gründerjahren kam es zu einer erheblichen Zunahme der Aktiengesellschaften.
Da die Aktiennovelle von 1870 unzureichend war und es in größerem Umfang zu Aktienschwindel kam, mußte 1884 eine neue Aktiennovelle erlassen werden. Sie schrieb erstmals neben der Erstellung einer Bilanz auch die Erstellung einer Gewinn- und Verlustrechnung vor. Die Bilanz und Gewinn- und Verlustrechnung waren bekanntzumachen. Die Aktiennovelle von 1884 führte anstelle der vorher nicht ausgeschlossenen

Bewertung zum Zeitwert die Bewertung zu Anschaffungs- oder Herstellungskosten ein. Es wurde eine Reihe anderer Bestimmungen, insbesondere Strafbestimmungen, in das Gesetz aufgenommen, um Betrügereien möglichst zu verhindern. Auf diese Strafbestimmungen sind die in der deutschen Bilanzliteratur so überstrapazierten Begriffe wie Vorsichtsprinzip und Gläubigerschutz zurückzuführen, die heute noch von Unternehmensleitungen zum Nachteil der Jahresabschlußleser und Anteilseigner mißbraucht werden.

Im Jahre 1892 wurde in Deutschland erstmals die Gesellschaft mit beschränkter Haftung als neue juristische Person in das Handelsrecht eingeführt. Bei den Anlagegegenständen wurde die Bewertung nach Aktienrecht für erforderlich gehalten. Bei den Gegenständen des Umlaufvermögens sah man von der Vorschrift ab, daß sie höchstens zu Anschaffungs- oder Herstellungskosten angesetzt werden dürfen, da man eine Versuchung, fiktive Dividenden zu verteilen, bei der GmbH nicht für so groß ansah wie bei der Aktiengesellschaft.

Durch das Handelsgesetzbuch (HGB) von 1897 gab es keine wesentliche Änderung der Bewertungsvorschriften. Das HGB erhielt erstmals die Vorschrift, daß jeder Kaufmann verpflichtet ist, »in den Büchern seine Handelsgeschäfte und die Lage seines Vermögens nach den Grundsätzen ordnungsmäßiger Buchführung ersichtlich zu machen«. In der Begründung dazu heißt es, es sei »nach den Gepflogenheiten sorgfältiger Kaufleute zu beurteilen, in welcher Weise die Bücher geführt werden müssen. Je nach dem Gegenstande, der Art und insbesondere dem Umfange der Geschäfte können diese Anforderungen verschieden sein.«

Bemerkenswert ist es, daß es die Denkschrift zum Entwurf des HGB ausdrücklich ablehnte, die besonderen Bewertungsregeln des Aktienrechts allgemein auf alle Kaufleute auszudehnen mit der Begründung, daß diese lediglich den Zweck hätten, eine »Verminderung des statutenmäßigen Grundkapitals der Aktiengesellschaft und die Verteilung eines tatsächlich noch nicht realisierten Gewinnes zu verhindern«, sie seien deshalb anderswo »zwecklos und ohne praktische Bedeutung«.

Das Einkommensteuergesetz von 1920 und 1925 erklärte die Maßgeblichkeit der Handelsbilanz für die Steuerbilanz. In einigen deutschen Ländern wurde sie schon vorher praktiziert (z.B. Bremen und Sachsen seit 1874, Preußen seit 1891). Die Maßgeblichkeit der Handelsbilanz für die Steuerbilanz führte in der Praxis zu einer De-facto-Maßgeblichkeit der Steuerbilanz für die Handelsbilanz. Da in der Praxis der Steuerbilanz eine wesentlich größere Bedeutung zukommt als der Handelsbilanz, weil außer bei Aktiengesellschaften in der Regel nur Steuerbilanzen und keine Handelsbilanzen erstellt werden, haben die steuerliche Gesetzgebung und Gerichtsurteile dadurch eine außerordentliche Bedeutung für die externe Rechnungslegung erhalten.

Aufgrund zahlreicher vorangegangener Unternehmenszusammenbrüche wurde am 19.9.1931 eine Notverordnung erlassen, die u.a. für Aktiengesellschaften das Niederstwertprinzip beim Umlaufvermögen einführte und die Pflichtprüfung vorsah.

Am 30.1.1937 wurde das neue Aktiengesetz erlassen. Die Bewertungsregeln erfuhren dadurch keine größeren Veränderungen. Die Feststellung der Jahresbilanz sowie der Gewinn- und Verlustrechnung wurde dem Vorstand übertragen.

Das Aktiengesetz von 1937 berechtigte den Vorstand und den Aufsichtsrat, weitgehend stille Reserven zu bilden, indem es sich darauf beschränkte zu bestimmen, mit welchem Wert das Aktivvermögen im Jahresabschluß höchstens und mit welchem Wert Verbindlichkeiten mindestens anzusetzen waren.

Bis zum Änderungsgesetz vom 23.12.1959, das den Bruttonachweis aller Aufwendungen und Erträge, insbesondere den gesonderten Ausweis der Umsatzerlöse einführte, hatte § 132 AktG folgendes Gliederungsschema vorgesehen:

»In der Gewinn- und Verlustrechnung sind, wenn der Geschäftszweig keine abweichende Gliederung bedingt, die gleichwertig sein muß, unbeschadet einer weiteren Gliederung folgende Posten gesondert auszuweisen:

I. Auf der Seite der Aufwendungen:
1. *Löhne und Gehälter;*
2. *soziale Abgaben;*
3. *Abschreibungen und Wertberichtigungen auf das Anlagevermögen;*
4. *Zinsen, soweit sie die Ertragszinsen übersteigen; den Zinsen stehen ähnliche Aufwendungen gleich;*
5. *Steuern vom Einkommen, vom Ertrag und vom Vermögen mit Ausnahme derjenigen Steuern vom Einkommen, die regelmäßig durch Steuerabzug erhoben werden;*
6. *Beiträge an Berufsvertretungen, wenn die Zugehörigkeit auf gesetzlicher Vorschrift beruht;*
7. *Beträge von*
    a) *Wertminderungen,*
    b) *sonstigen Verlusten, zu deren Ausgleich die gesetzliche Rücklage verwandt worden ist;*
8. *außerordentliche Aufwendungen, soweit sie nicht in Nr. 1 bis 7 und 9 enthalten sind;*
9. *alle übrigen Aufwendungen, soweit sie den Teil des Jahresertrages unter II Nr. 1 übersteigen.*

II. Auf der Seite der Erträge:
1. *der Jahresertrag nach Abzug der Aufwendungen, soweit sie nicht nach I Nr. 1 bis 8 auf der Seite der Aufwendungen gesondert auszuweisen sind, sowie nach Abzug der Erträge, die unter Nr. 2 bis 6 gesondert auszuweisen sind;*
2. *Erträge aus Beteiligungen;*
3. *Zinsen, soweit sie die Aufwandszinsen übersteigen; den Zinsen stehen ähnliche Erträge gleich;*
4. *außerordentliche Erträge einschließlich der Beträge, die durch Auflösung von Wertberichtigungen, Rückstellungen und freien Rücklagen gewonnen sind;*
5. *die aus der Auflösung der gesetzlichen Rücklage gewonnenen Beträge;*
6. *außerordentliche Zuwendungen.*

Der Reingewinn oder Reinverlust ist am Schlusse der Gewinn- und Verlustrechnung ungeteilt und gesondert auszuweisen. Ein vorjähriger Gewinn- oder Verlustvortrag ist zu vermerken.«

Man konnte aus dieser Gliederung der Gewinn- und Verlustrechnung die Höhe des Umsatzes nicht entnehmen.

Am 6.9.1965 wurde ein neues Aktiengesetz erlassen. Es verminderte etwas die Möglichkeit, stille Reserven zu bilden.
Für Jahresabschlüsse der nach dem 31.12.1986 beginnenden Geschäftsjahre ist das Bilanzrichtlinien-Gesetz vom 19.12.1985 anzuwenden. Bei dem Bilanzrichtlinien-

Gesetz handelt es sich um die Umsetzung der 4. gesellschaftsrechtlichen EG-Richtlinie (Einzelabschluß) vom 25.7.1978 sowie der 7. (Konzernabschluß) und 8. (Prüferqualifikation) gesellschaftsrechtlichen EG-Richtlinie in deutsches Recht. Das Bilanzrichtlinien-Gesetz enthält viele Wahlrechte.

Die Umsetzung der 4. EG-Richtlinie erfolgte in Deutschland allerdings in verwässerter Form, da der Art. 2 Abs. 3 mit dem Zusatz »*unter Beachtung der Grundsätze ordnungsmäßiger Buchführung*« versehen wurde und der Art. 2 Abs. 5, in dem in Ausnahmefällen ein Abweichen von den Vorschriften der 4. EG-Richtlinie gefordert wird, um ein den tatsächlichen Verhältnissen entsprechendes Bild der Vermögens-, Finanz- und Ertragslage vermitteln zu können, überhaupt nicht umgesetzt wurde. Auch wird die Generalnorm in Deutschland falsch kommentiert (siehe Wirtschaftsprüfer-Handbuch, 2000, Band I, S. 354), und in der Bilanzliteratur ist weiterhin vom Gläubigerschutz die Rede, anstatt vom »*Schutz der Gesellschafter sowie Dritter*«, wie es in der Präambel der 4. EG-Richtlinie heißt.

> Wie aus der vorstehenden kurzen Darstellung der geschichtlichen Entwicklung der externen Rechnungslegung in Deutschland zu entnehmen ist, wurden die älteren Vorschriften – die teilweise aus einer Zeit stammen, in der man noch den Zeitwert statt der Anschaffungs- und Herstellungskosten, die Einnahmen-/Ausgabenrechnung statt der Gewinn- und Verlustrechnung anwendete und in der man an die jederzeitige Liquidation des Unternehmens dachte – zum Schutze der Gläubiger vor Betrügereien erlassen. Die Vorschriften wurden in spätere Gesetze übertragen, obwohl sich die Umstände verändert haben. Die starke Betonung des Vorsichtsprinzips und des Gläubigerschutzes in der deutschen Bilanzliteratur beruhen somit immer noch auf Vorgängen und Umständen längst vergangener Zeiten.

b) Konzernabschluß

In Deutschland wurden erst um 1930, d.h. über 30 Jahre später als in den USA, vereinzelt die ersten Konzernabschlüsse aufgestellt, und zwar von solchen Gesellschaften, die sich um ausländische Kredite bemühten.

Die deutsche Literatur über den Konzernabschluß war im wesentlichen durch die amerikanische Literatur und Praxis geprägt.

Wie die das deutsche Bilanzwesen beherrschende juristische Denkweise die Erstellung von externen Konzernabschlüssen in Deutschland verhinderte, geht aus nachfolgendem Literaturauszug von Eisolt (Eisolt, Dirk: US-amerikanische und deutsche Konzernrechnungslegung. Hamburg 1992, S. 15) hervor:

»*Der deutsche Gesetzgeber griff zu dieser Zeit noch nicht in die aufkommende Diskussion um den Konzernabschluß ein. Obwohl der Zusammenbruch mehrerer großer deutscher Konzerne zu Beginn der dreißiger Jahre zeigte, ›wie nichtssagend und undurchsichtig die Rechnungslegung größter Unternehmungen ihren Aktionären und der Öffentlichkeit gegenüber war‹, reagierte der Gesetzgeber nur zurückhaltend. In der Verordnung über Aktienrecht vom 19. September 1931 konnte man sich nicht dazu entschließen, den deutschen Konzerngesellschaften einen Konzernabschluß vorzuschrei-*

ben, da – so die amtliche Begründung – ausreichende Lösungen für die bei der Aufstellung von Konzernbilanzen auftretenden Probleme fehlten. Statt dessen wurde mit § 261 d Nr. 2 HGB eine neue Vorschrift in das HGB eingefügt, die den Reichsminister der Justiz ermächtigte, im Einvernehmen mit dem Reichswirtschaftsminister Vorschriften über die Aufstellung von Konzernabschlüssen zu erlassen.

Die sich anschließenden lebhaften wissenschaftlichen Erörterungen waren vor allem ›ein Ringen um die Veröffentlichung der bisher schon intern aufgestellten konsolidierten Bilanzen und ferner eine Auseinandersetzung um die Grundsätze, die bei der Erstellung der konsolidierten Bilanzen angewandt werden sollten‹. Es stellte sich heraus, daß ›Aufstellung, Prüfung und Publikation der konsolidierten Bilanz fast einhellig befürwortet‹ wurden. Man versprach sich von der Konzernbilanz einen wesentlichen Fortschritt bei der wirtschaftlich richtigen Bilanzierung der Konzernverhältnisse.

In der Diskussion hatte jedoch vor allem auch ein Bericht des Ausschusses für Aktienrecht der Akademie für Deutsches Recht eine nachhaltige Wirkung. Obwohl auch der Ausschuß einräumen mußte, daß die Aufstellung einer Konzernbilanz ›in einzelnen Fällen zweckmäßig und klarstellend sein‹ kann, lehnte er diese jedoch letztlich mit der mittlerweile berühmt gewordenen Bemerkung ab, daß die Konzernbilanz in ›den meisten Fällen ... eine Künstelei und einen Wirrwarr bedeuten‹ würde. Besondere Bedenken äußerte der Ausschuß hinsichtlich der Konsolidierung wesensfremder und ausländischer Gesellschaften. Obwohl die Fachliteratur die Bedenken des Ausschusses über die Zusammensetzung des Konsolidierungskreises durchaus teilte, widersprach sie deutlich dessen grundsätzlicher Ablehnung der Konzernbilanz. Trotz der gegen den Bericht des Ausschusses vorgetragenen Kritik, sollte dieser jedoch in der Folgezeit eine weitere Verbreitung der Konzernbilanz verhindern.

Später wurde die Ermächtigung des § 261d Nr. 2 HGB dann wörtlich in § 134 Nr. 2 des AktG vom 30.1.1937 übernommen. Vorschläge, über diese Ermächtigung hinauszugehen und bereits eine gesetzliche Regelung zu treffen, wurden wiederum von dem Ausschuß für Aktienrecht der Akademie für Deutsches Recht ›als nicht spruchreif abgelehnt‹. Von der aktienrechtlichen Ermächtigung zum Erlaß von Konzernrechnungslegungsvorschriften ist nie Gebrauch gemacht worden.«

Wie rückständig in Deutschland die Denkweise bezüglich eines Konzernabschlusses noch lange nach Ende des 2. Weltkrieges war, geht aus nachfolgendem Literaturauszug von Fuchs, Hermann/Gerloff, Otto: Die konsolidierte Bilanz. Köln 1954, S. 5, in dem von
- zu großen sachlichen Schwierigkeiten,
- zu geringem Erkenntniswert,
- einer Einheitsidee, die leicht zu Willkür und Wirrwarr im Bilanzwesen führt, und
- wirklichkeitsfremdem Zahlenspiel, das den praktischen Bedürfnissen widerspricht,

die Rede ist, hervor:

»Die Mustersatzung für die ›neugeordneten‹ Unternehmen im Bereich von Kohle, Stahl und Eisen schreibt vor, daß dem Geschäftsbericht der Obergesellschaft auch eine konsolidierte Bilanz beizufügen ist.
Der aus der Dekonzentration sich ergebende Anlaß, sich mit dem Problem zu befassen, erscheint als paradox. Abgesehen davon, daß die natürlichen wirtschaftlichen

Tendenzen, wie sie überall gegeben sind, sich auch in Deutschland wieder durchsetzen, stehen Verwaltungen, Anteilseigner und Öffentlichkeit nunmehr zwangsläufig vor der Aufgabe, zu der konsolidierten Bilanz erneut Stellung zu nehmen, entweder weil sie von der Satzung unmittelbar betroffen sind oder weil ihnen die Entwicklung nicht gleichgültig sein kann.

Bisher war die konsolidierte Bilanz vorwiegend ein internes Instrument der deutschen Konzernverwaltungen, sie kam daher selten zur Kenntnis der Außenwelt. Selbst in einer Zeit ungehemmter Konzentrationstendenz in der deutschen Wirtschaft hat die konsolidierte Bilanz als Publizitätsmittel keine Bedeutung erlangt, da die in ihr liegenden sachlichen Schwierigkeiten sich als zu groß erwiesen und, im Vergleich hierzu, ihr Erkenntniswert als zu gering erschien. Die Frage ist daher in Deutschland über das Stadium einer theoretischen Behandlung kaum hinausgekommen. Das Schrifttum aber ist nicht nur in starkem Maße von ausländischen Vorbildern beherrscht, was für sich bezeichnend ist, sondern auch von wirklichkeitsfremden Grundsätzen bestimmt, wie dies vor allem in der Forderung nach Ausschaltung der stillen Reserven in der konsolidierten Bilanz zum Ausdruck kommt. Der deutsche Gesetzgeber hat daher auch davon abgesehen, besondere gesetzliche Vorschriften für Konzernunternehmen über die Aufstellung des eigenen und über die Aufstellung eines gemeinschaftlichen Jahresabschlusses zu erlassen.

Die Lücke, die sich zwischen der bisherigen Theorie und der nunmehr entstehenden Praxis für die konsolidierte Bilanz (soweit diese dem Geschäftsbericht der Obergesellschaft beizufügen ist) zeigt, ist groß. Diese Arbeit versucht, die bestehende Lücke auszufüllen.

Ein solcher Versuch kann jedoch nur erfolgreich sein, wenn von dem Bilanzrecht und der Bilanzpraxis, wie sie nun einmal in Deutschland gegeben sind, ausgegangen wird. Diese Erwägung führt zwangsläufig zu der diese Abhandlung beherrschenden Auffassung, daß die Idee der ›wirtschaftlichen Einheit‹, wie sie meist im Schrifttum über die konsolidierte Bilanz verankert ist, nicht der Ausgangspunkt für die Erstellung der konsolidierten Bilanz, die dem Geschäftsbericht der Obergesellschaft beizufügen ist, sein kann. Abgesehen davon, daß die Einheitsidee sich bilanzmäßig nur sehr schwer realisieren läßt, führt sie tatsächlich leicht zu Willkür und Wirrwarr im Bilanzwesen der Konzerne. Die fruchtbare Alternative kann nur sein, die konsolidierte Bilanz starr (ohne z.B. die stillen Reserven oder die Zwischengewinne aus Konzernverrechnungspreisen herauszurechnen) aus den Bilanzen der einzelnen Konzernunternehmen zu entwickeln, da allein die Einzelbilanz die Bilanz im Sinne des Handels- und Steuerrechts darstellt. Wenn man dem Publikum überhaupt eine neue Erkenntnisquelle von einigem Nutzen bieten will, ist es unmöglich, sich von der Einzelbilanz zu lösen, die allein durch eine feststehende Praxis und durch Gesetz geregelt ist.«

»*Die Verfasser kommen zu dem Schluß, daß die laut Satzung zu erstellende konsolidierte Bilanz die Bilanz der Obergesellschaft ›erläutern‹, aber nicht abweichend ›gestalten‹ soll, bildet sie doch einen Teil der ›Erläuterungen‹ zum Geschäftsbericht. Sie soll der Klarstellung dienen, aber nicht ein wirklichkeitsfremdes Zahlenspiel bringen, das den praktischen Bedürfnissen widerspricht.«*

Durch das neue Aktiengesetz vom 6.9.1965 wurde erstmals in Deutschland ein zusätzlicher Konzernabschluß für Aktiengesellschaften zur Pflicht. Es waren jedoch nur die inländischen Unternehmen in den Konzernabschluß einzubeziehen. Die Kapitalkon-

solidierung hatte nach der erfolgsunwirksamen deutschen Methode und nicht nach der erfolgswirksamen angelsächsischen Methode (Purchase-Methode) zu erfolgen. Assoziierte Unternehmen werden mit Anschaffungskosten bewertet.
Etwa seit 1970 haben große deutsche Unternehmen freiwillig zusätzlich sogenannte Weltbilanzen erstellt. Aufgrund der rückständigen deutschen Gesetzgebung waren sie somit gezwungen, drei Jahresabschlüsse zu erstellen und zu veröffentlichen. Erst für die nach dem 31.12.1989 beginnenden Geschäftsjahre ist aufgrund des Bilanzrichtlinien-Gesetzes vom 19.12.1985, das bezüglich des Konzernabschlusses die Umsetzung der 7. gesellschaftsrechtlichen EG-Richtlinie in deutsches Recht beinhaltet, ein Konzernabschluß im Sinne eines Weltabschlusses zu erstellen.
Wegen der geringen Aussagefähigkeit der Konzernabschlüsse nach dem HGB veröffentlichte in der Zeit von 1993 bis 1998, d.h. bis Inkrafttreten des Kapitalaufnahmeerleichterungsgesetzes, eine Reihe deutscher Unternehmen Parallelabschlüsse (einen Jahresabschluß nach dem HGB und einen Jahresabschluß nach IAS) oder einen dualen Jahresabschluß (Jahresabschluß, der gleichzeitig sowohl den Vorschriften des HGB als auch den der IAS entsprechen soll).

c) Rechnungslegungskommission oder normsetzende Institution (standard setter) in Deutschland

Die meisten Industrieländer haben eine Rechnungslegungskommission oder normsetzende Institution (standard setter), deren Aufgabe die Weiterentwicklung und Anpassung der Rechnungslegungsvorschriften an veränderte politische und wirtschaftliche Bedingungen ist. Deutschland hatte bis 1998 keine solche Rechnungslegungskommission oder normsetzende Institution (standard setter).
1978 hat die Kommission Rechnungswesen im Verband der Hochschullehrer für Betriebswirtschaft e.V. die Bildung einer Kommission vorgeschlagen, die für die Auslegung und Fortentwicklung der im Gesetz verankerten Grundsätze ordnungsmäßiger Buchführung und Bilanzierung zuständig sein sollte und politisch unabhängige und fachlich hinreichend qualifizierte Mitglieder haben sollte. Es war an eine Kommission in Anlehnung an den amerikanischen Financial Accounting Standards Board (FASB) gedacht. Von den Wirtschaftsverbänden (DIHT, BDI, BDB, BdA, CDV) wurde das entschieden abgelehnt. Die Wirtschaftsprüfer, die Grund genug hätten, sich für eine Rechnungslegungskommission einzusetzen, haben es nicht getan. Ihnen waren die undefinierten Grundsätze ordnungsmäßiger Buchführung lieber, um sich ggf. herausreden zu können. Unter diesen Voraussetzungen wurde dieser Vorschlag vom Bundesministerium der Justiz nicht weiter verfolgt.
Eine solche Rechnungslegungskommission oder normsetzende Institution (standard setter) hätte neben der notwendigen Auslegung und Fortentwicklung der Grundsätze ordnungsmäßiger Buchführung die in Panik vorgeschlagene Notlösung des Kapitalaufnahmeerleichterungsgesetzes im Jahre 1996 vermieden. Außerdem hätte sie wahrscheinlich eine rechtzeitige und konstruktive Mitarbeit beim IASC erleichtert (z.B. durch eigene Vorschläge für spezielle deutsche Probleme, wie gespaltener Körperschaftsteuersatz und Pensionsrückstellungen).
1998 wurde unter dem Druck des Bundesministeriums der Justiz das DRSC – Deutsches Rechnungslegungs Standards Committee e.V. gegründet (siehe Abschnitt D.I.1g).

d) Bilanztheorien und Wirtschaftswissenschaft

In einem hauptsächlich für die Praxis bestimmten Buch über internationale Rechnungslegung sollte man nicht zu viele Worte über die geschichtliche Entwicklung von Bilanztheorien verlieren. Trotzdem werden nachstehend einige Ausführungen gemacht, um folgende Behauptungen, die immer wieder in der deutschen Literatur stark betont werden, zu korrigieren.
1) die externe Rechnungslegung dient dem Gläubigerschutz, der Kapitalerhaltung und der Ermittlung des ausschüttungsfähigen Gewinnes,
2) das kontinentaleuropäische vorsichtige deutsche Bilanzrecht wird durch das angelsächsische Bilanzwesen bedroht.

Replik zu 1)

In der ersten Hälfte des vorigen Jahrhunderts gab es angesehene deutsche Wirtschaftswissenschaftler (z.B. Schmalenbach, Schmidt, Kosiol), die genau das Gegenteil sagten.

Als Beweis seien einige Zitate von Kosiol nachstehend aufgeführt (Kosiol, Erich: Bilanzreform und Einheitsbilanz. Berlin/Stuttgart 1949, S. 188-197):

»Die Handelsbilanz hat in Verbindung mit der Gewinn- und Verlustrechnung das Rechnungsziel der periodischen Erfolgsermittlung als Bestands- und Bewegungsrechnung möglichst genau und zuverlässig zum Ausdruck zu bringen. Darauf beruhen ihre betriebswirtschaftliche Aussagefähigkeit und ihr zahlenmäßiger Erkenntniswert.«

»Die selbständige Handelsbilanz darf keinesfalls der besonderen steuerlichen Zielsetzung geopfert werden.«

»Aus den Äußerungen von Unternehmern selbst gewinnt man mitunter den Eindruck, als ob sie die wahren Beweggründe schamhaft verschwiegen und sich deshalb hinter recht allgemeinen und vagen Gedankengängen verschanzten. Daß man eine heiß erkämpfte und bequeme Bilanzierungsmöglichkeit, die gegenüber allen irgendwie vorstellbaren Wagnissen als beliebig regulierbares Sicherheitsventil wirkt, nur ungern preisgibt, sei zugegeben. Hier handelt es sich aber darum, ob man den gemeinwirtschaftlichen Grundsatz der Bilanzwahrheit unausweichlich durchbrechen muß.«

»Die Selbstfinanzierung ist auch mittels offener Rücklagen durchführbar, ohne daß sie in Unkenntnis der Aktionäre, mangels ausreichender Kontrolle über den Verbleib der Mittel und unter Verzicht auf Rechenschaftslegung in eine gefahrvolle Geheimfinanzierung ausarten müßte. Die künstliche Aufrechterhaltung stabiler Dividenden ist überhaupt kein wünschenswertes Ziel der Erfolgsermittlung, die ja gerade ein Spiegelbild der tatsächlichen Erfolgsbewegungen als Barometer der Wirtschaftstätigkeit sein soll. Gleichmäßige Gewinne können zwar erarbeitet werden, wenn dies die Verhältnisse zulassen, dürfen aber niemals aus untergeordneten Gründen der Kurspflege, der Ausschüttung oder Kreditverbesserung durch Rechenakrobatik vorgetäuscht werden. Der gesunde Kern solcher Maßnahmen kann ohne Vorspiegelung falscher Tatsachen durch eine offene Ausgleichsrücklage erreicht werden. Auch die Sicherung der Liquiditätslage vor untragbaren Ausschüttungen ist ohne stille Reserven möglich, ganz abgesehen davon, daß sich der erzielte Gewinn grundsätzlich nicht mit den vorhandenen flüssigen Mitteln zu decken braucht. Für die Beurteilung der Kreditwürdigkeit sind die Bewertungsreserven vom volkswirtschaftlichen Standpunkt aus schärfstens abzulehnen. Gerade bei ungünstiger Ertragslage führt die stille Auflösung der Rücklagen

zu einer unwirtschaftlichen Kreditzuteilung. Richtige Kapitallenkung setzt einen ungetrübten Einblick in die wahren Rentabilitätsverhältnisse voraus.«

»Allgemein ist zu allen befürwortenden Argumenten zu sagen, daß hierbei im letzten dispositive Maßnahmen mit rechnerischen Kunstgriffen verwechselt werden. Wirksamere Selbstfinanzierung, Stabilisierung der Jahresergebnisse, Verbesserung der Liquidität, Erhöhung der Kreditwürdigkeit, Zunahme des Ansehens und Wahrung der Gefolgschaftsinteressen können nicht durch Umbiegung der Bilanzausweise gewonnen werden. Stille Reserven können nur die wahren Verhältnisse verschleiern und rechtzeitige Dispositionen verzögern.«

»Schon 1934 schreibt mit Recht le Coutre in der Deutschen Bergwerks-Zeitung: ›Ist es nicht aber ein völlig unhaltbarer Zustand und wirklich unzeitgemäß, daß eine Unternehmung ihre berechtigten, lebenswichtigen Interessen, die auch unmittelbar volkswirtschaftliche Interessen sind, praktisch nur durchsetzen kann auf dem Wege der Verheimlichung eines Teils ihres Vermögens mit dem sehr zweischneidigen Mittel der stillen Reserven und der Nichterfüllung der sinngemäßen Rechenschaftspflicht?‹ Um so unbegreiflicher ist, daß die amtliche Begründung zum Aktiengesetz mit einem veralteten Text von 1931 die stillen Reserven rechtfertigt.«

»Auf die Verfälschung des Vermögensausweises und der Erfolgsrechnung ist schon wiederholt hingewiesen worden. Wenn das Vermögen willkürlich vermindert und der erzielte Gewinn beliebig nach oben und unten manipuliert werden kann, verliert die Rechenschaftslegung ihren eigentlichen Sinn. Auf die Dauer muß eine solche Handhabung das Wertungsempfinden abstumpfen, müssen Bewertungssicherheit und Gefühl für Bilanzwahrheit abhanden kommen. Die ganze Abrechnung läßt keinen Schluß auf die tatsächliche Rentabilität mehr zu. Die daraus gefolgerten Entscheidungen führen auf Abwege und lähmen die dispositive Reaktionsfähigkeit der Unternehmung. Die Möglichkeit der Verlustverschleierung schwächt das Verantwortungsbewußtsein der leitenden Organe. Gewagte Geschäfte, gefährliche Spekulationen, eigennützige Sondervorteile, Tantiemenverbesserung, Aktienschiebungen, Bilanzmanöver, leichtfertige Betriebsführung, Nachlässigkeit in der Kontrolle, Kapitalfehlleitung, Kredittäuschung, Demoralisation und Veruntreuung sind allzu leicht die Kehrseite der stillen Rücklagen.«

»F. Schmidt weist mit Recht darauf hin, daß das Eigentum an der stillen Reserve ein rechtliches Kuriosum darstellt. Die Eigentümer und auch die Interessenten (Aktionäre, Gläubiger, Belegschaft und Volksgemeinschaft) bleiben völlig im dunkeln über die Entstehung, den Verbleib und die Auflösung sowie überhaupt über die Höhe dieser oft erheblichen Kapitalien. Wissen und Verfügungsmacht über dieses fremde Eigentum besitzt ausschließlich die Verwaltung, die sich zudem weithin in den Genuß der Vorteile daraus zu setzen vermag.«

»Es muß verlangt werden, daß auch das Vorsichtsprinzip selbst mit größter Vorsicht gehandhabt wird. Sonst wird es zum Willkürprinzip, das in Leichtfertigkeit ausarten kann.«

»Vorsicht in der Verfügung über Gewinne ist für die Unternehmung wichtiger als Vorsicht in der Gewinnermittlung. Im Sicherheitsgefühl stiller Rücklagen, über deren Umfang zudem der Verwaltung gröbste Irrtümer unterlaufen können, wird nicht mehr so vorsichtig und abwägend gewirtschaftet. Ihre Rückwirkung sind daher Unvorsicht und Leichtsinn.«

»Ein weites Feld vorsichtiger Unternehmensführung liegt vor allem in der Bildung offener Rücklagen. Es kann nicht genug vor einer Verquickung von Erfolgsrechnung und

Gewinnausschüttung gewarnt werden. Sie trübt den Blick für die notwendige Unterscheidung zweier gänzlich verschiedener Dinge. Die pagatorische Bilanz hat die Aufgabe, den erzielten Periodenerfolg zu ermitteln. Wenn man, wie z.B. auch Walb, der Handelsbilanz die Ermittlung irgendwie entziehbarer Gewinne zuschreibt, so kann ich dem nicht zustimmen. Die überaus wichtige Frage der Gewinnausschüttung, die ernsthafter Überlegungen bedarf, wird dadurch von hinten herum beantwortet, statt sie unter langfristiger Perspektive zur selbständigen Erörterung zu stellen. Die Gesichtspunkte, die hierbei eine Rolle spielen, erschöpfen sich nicht in einer oft über den Daumen gepeilten Reservenbildung.«

»Es ist ein wirtschaftlicher Atavismus, wenn man sich der Ungeheuerlichkeit gar nicht bewußt wird, die darin liegt, daß man im Verheimlichen, Irreführen, Vorspiegeln und Übersohrhauen immer noch Merkmale tüchtigen Wirtschaftens erblickt.«

Die Zitate von Kosiol sind heute noch in Deutschland aktuell – zumindest soweit Unternehmen nach dem HGB bilanzieren –, da sich die Verhältnisse trotz Änderung des Aktienrechts und des HGB im Kern nicht wesentlich verändert haben.

Auf eine rühmliche Ausnahme in heutiger Zeit sei hingewiesen. Wolfram Engels schrieb am 9.4.1993 in einem Kommentar in der WirtschaftsWoche unter dem Titel »Vorsichtig gelogen« u.a. folgendes: *»Nach deutscher Auffassung steht der Gläubigerschutz, die Vorsicht und die Substanzerhaltung über allem. Entsprechend sind deutsche Bilanzen besonders unbrauchbar. Die Bilanz soll informieren. Informationen können falsch, richtig, irreführend, ungenau sein. Eine vorsichtige Information gibt keinen Sinn; vorsichtig sind Entscheidungen oder Strategien. Mit dem Gläubigerschutz ist es auch nicht weit her. Wenn ziemlich willkürlich stille Reserven gebildet und wieder aufgedeckt werden können, dann werden Aktionäre und Gläubiger falsch informiert. Die sogenannte Substanzerhaltung der Betriebe, eine deutsche Spezialität, hat international nie ein Echo gefunden – zu Recht, denn warum sollte man die Substanz eines unrentablen Unternehmens erhalten, anstatt die Mittel produktiver zu investieren? Es wäre für Deutschland ein Vorteil, würde sich das klarere angelsächsische Bilanzprinzip auch in der EG durchsetzen. Freilich gilt auch hier das Niederstwertprinzip (cost- or market-principle) mit allen Möglichkeiten, die es zur Manipulation von Bilanzen bietet. In einer Zeit, in der der Geldwert stabil war, in der die Risiken an den Finanzmärkten gering und die Zahl der Finanzinnovationen klein war, mochte das ein robustes Verfahren sein. Heute führt es in die Irre. Das Tageswert- (oder Marktwert- oder Kapitalwert-)prinzip dagegen machte unsere Bilanzen wieder informativ und das Bilanzrecht einfach. Für den Gläubigerschutz braucht man kein Vorsichtsprinzip. Man muß lediglich vorschreiben, daß Gewinne zwar gezeigt werden, wenn sie entstanden sind, daß sie aber erst ausgeschüttet werden dürfen, wenn sie auch realisiert werden.«*

Die Argumentation mit dem Gläubigerschutz und der Kapitalerhaltung ist insofern inkonsequent oder sogar heuchlerisch, da in deutschen Jahresabschlüssen eine Täuschung, z.B. durch stille Auflösung stiller Reserven und durch sale and leaseback, möglich ist, indem für Pensionszusagen aus der Zeit vor 1985 keine Rückstellungen gebildet werden müssen und in den meisten Fällen nur Pensionsrückstellungen gemäß § 6a EStG gebildet werden, die unzureichend sind.

Unredlich oder dumm ist es, wenn der seinerzeitige Vorstandsvorsitzende des IDW, Peter-Jürgen Schmidt, bei seiner Eröffnungsansprache zur IDW-Fachtagung im Oktober 1997 in Hannover in Zusammenhang mit einer vorsichtigen Bewertung und somit dem Gläubigerschutz – unter Hinweis auf die »kreativen« Buchführungsmethoden in Großbritannien, die niemand in Deutschland einführen will – sagt, daß eine Vielzahl von Insolvenzfällen in anderen Ländern die Problematik einer Rechnungslegung, die nicht an einer vorsichtigen Bewertung orientiert ist, aufgezeigt hat. Den Beweis, daß es wegen der in Deutschland praktizierten sogenannten vorsichtigen Bewertung hier weniger Insolvenzfälle gibt als in anderen Ländern, hat er nicht angetreten, und er hat auch nicht erklärt, warum in Deutschland trotz vorsichtiger Bewertung die durchschnittliche Quote bei nicht bevorrechtigten Forderungen im Konkursfall in den letzten Jahren weiter unter 10 % liegt, und ein Gläubigerschutz somit in Deutschland nicht gewährleistet ist.

Eine konsequente Einhaltung der Betonung des Gläubigerschutzes wäre eine Bewertung zum Liquidationswert statt zu Anschaffungs- oder Herstellungskosten, was wegen der im Gesetz vorgeschriebenen Annahme der Fortführung des Unternehmens nicht möglich ist und unsinnig wäre.
Den Gläubigern dient kein zwischen Anschaffungs- oder Herstellungskosten und Liquidationswert willkürlich festgesetzter Bilanzwert, sondern sie benötigen periodengerechte Ergebnisse, den Cash-flow und Informationen über die Geschäftsentwicklung, um die Kreditwürdigkeit des Unternehmens beurteilen zu können.

> Bisher ist noch nicht bewiesen worden, daß ein Gläubiger durch das Vorsichtsprinzip, d.h. eine falsche Bewertung, geschützt worden ist. Viele Gläubiger sind aber schon geschädigt worden, weil die Schuldner durch falschen Ergebnisausweis aufgrund still aufgelöster stiller Reserven ihre Gläubiger zu einer weiteren Kreditgewährung animierten, aber anschließend zahlungsunfähig wurden.
> Kapitalerhaltung ist nur dann sinnvoll, wenn das Kapital rentabel ist, andernfalls ist eine Liquidation anzustreben. Voraussetzung zur Rentabilitätsmessung ist aber eine periodengerechte und keine willkürliche Ergebnisermittlung.
> Ausschüttungsfähig ist der Gewinn oder besser gesagt, ausgeschüttet werden sollte der Gewinn, dessen Reinvestition im Unternehmen nur eine Rendite unter der Kapitalmarktrendite erwirtschaften würde. Einen solchen ausschüttungsfähigen Gewinn kann man jedoch nicht aufgrund von Bilanzlügen ermitteln, da dann eine Kapitalrendite nicht mehr festzustellen ist.

Wie unsinnig das Argument mit dem ausschüttungsfähigen Gewinn ist, zeigt auch die Tatsache, daß Einzelabschlüsse, aus denen der sogenannte ausschüttungsfähige Gewinn ersichtlich ist, in den meisten Geschäftsberichten nicht mehr veröffentlicht und von den Aktionären auch nicht verlangt werden. Die Aktionäre interessieren sich für die Konzernabschlüsse, die die wirtschaftliche Grundlage für Gewinnausschüttungen sind.

Replik zu 2)
Schmalenbach, einer der angesehensten Väter der deutschen Betriebswirtschaftslehre, kam mit seiner Dynamischen Bilanz (Schmalenbach, Eugen: Dynamische Bilanz. 13. Aufl., Köln/Opladen 1962, übersetzt in mehrere Sprachen), deren 1. Auflage bereits 1919 erschien und bei der die Erfolgsermittlung Hauptzweck der Rechnungslegung ist, dem Grundgedanken der angelsächsischen Rechnungslegung sehr nahe. Seine Gedanken kamen wegen der starken Macht der Wirtschaftsverbände und Banken, des Versagens der Wirtschaftsprüfer und der Anpassung der meisten Wirtschaftswissenschaftler an diesen Zustand in der deutschen Bilanzpraxis nur nicht zum Durchbruch.

> Man sollte nicht von einer kontinentaleuropäischen oder sogar deutschen Bilanzkultur einerseits und einer angelsächsischen Bilanzkultur andererseits, sondern von einem Bilanzkulturrückstand in Deutschland (d.h. nicht von einem kontinentaleuropäischen vorsichtigen deutschen Bilanzrecht) sprechen.
> Das deutsche Bilanzrecht, das
> – auf einer Interpretation von Vorschriften aus der Gründerzeit Ende des vorvorigen Jahrhunderts zur Vermeidung von Wirtschaftskriminalität,
> – auf fehlenden Bilanzierungsvorschriften und
> – auf steuerrechtlichen Vorschriften verbunden mit einer gewissen Bilanzierungswillkür beruht, ist rückständig gegenüber einer Bilanzkultur, die sich eine entscheidungsorientierte Rechnungslegung und Rechenschaftslegung zum Ziel gesetzt hat wie die IAS/IFRS und die US-GAAP und bei der die periodengerechte Erfolgsermittlung oberster Grundsatz ist.

Es gibt immer noch deutsche Wirtschaftswissenschaftler, die sich mit Vehemenz gegen eine Harmonisierung der Rechnungslegung wehren. Hingewiesen sei z.B. auf Schildbach, Thomas: Harmonisierung der Rechnungslegung – ein Phantom. In: BFuP, Heft 1/1998, Seite 1-22, und Schildbach, Thomas: Rechnungslegung nach US-GAAP – ein Fortschritt für Deutschland? In: zfbf, Sonderheft 40/1998, Seite 55-81. Diese Aufsätze strotzen vor unbewiesenen Behauptungen, Halbwahrheiten, Angst und einseitigen Hinweisen auf US-Literatur. Es lohnt sich nicht, sich im einzelnen mit den Aussagen von Schildbach auseinanderzusetzen. Der Leser sollte sich unbedingt eine eigene Meinung bilden. Der Verfasser kann sich des Eindrucks nicht erwehren, daß es die Hauptsorge von Schildbach ist, daß sein »über Jahre aufgebautes Spezialwissen und seine Spezialliteratur« (BFuP, S. 17) entwertet werden. Der realitätsferne Elfenbeinturmgelehrte Schildbach hat wohl – wie manch anderer Professor der Betriebswirtschaftslehre – bis heute nicht begriffen, daß man Jahresabschlüsse nicht für die Schublade, sondern für Empfänger macht, die diese Jahresabschlüsse lesen und analysieren. Er selbst dürfte wohl noch nie deutsche und US-amerikanische Jahresabschlüsse für Zwecke der Entscheidungsfindung analysiert haben, sonst hätte er nicht die wahrheitswidrige Behauptung aufstellen können, US-GAAP und IAS erfüllen die Informationsaufgabe nicht wirklich besser als HGB und GoB in Deutschland (BFuP, S. 1).

Ähnlich wie Schildbach verhält sich auch Luttermann (Luttermann, Claus: Bilanzrecht in den USA und internationale Konzernrechnungslegung. Tübingen 1999). Ohne im

geringsten die US-GAAP darzustellen oder einen Vergleich mit den deutschen oder anderen Rechnungslegungssystemen vorzunehmen, maßt er sich an, aufgrund
- 35 Jahre alter Zitate (S. 3) des früheren U.S. Supreme Court Justice Oliver Wendell Holmes über Rechtsnormen (nicht über das Bilanzrecht in den USA),
- einer Rede von Arthur Lewitt, Chairman der SEC vor der New York University am 29.9.1998 (S. 4), in der er Ergebnisglättungen durch großzügig ausgenutzte Ermessensspielräume (nicht schlechte oder unzureichende Bilanzierungsvorschriften) anprangerte und die Befürchtung äußerte, daß dadurch die Qualität der Finanzberichterstattung Schaden erleiden könnte, gleichzeitig aber notwendige Maßnahmen ankündigte,
- anderer einzelner aus der amerikanischen Literatur herausgepickter kritischer Äußerungen über die US-GAAP, die aber aus einer Zeit stammen, in der die US-GAAP noch nicht die heutige Qualität hatten, und
- Vermutungen (S. 5)

ein Urteil, und zwar ein negatives, über die US-GAAP abgeben zu können.

Luttermann erkennt trotz überwältigender Gegenbeweise in der Praxis nicht an, daß die aus sehr detaillierten Vorschriften bestehenden US-GAAP, die eine fair presentation zum Ziel haben, den wenigen allgemeinen und unzureichenden Vorschriften des HGB, das verlogene Jahresabschlüsse zuläßt, überlegen sind.

Luttermann betreibt eine negative Stimmungsmache gegen die US-GAAP und damit verbunden gegen eine internationale Standardisierung der Rechnungslegung auf privatrechtlicher Basis, indem er z.B. von
- »Mythen und Fakten« (S. 23),
- »Handstreich des Privatsektors« (S. 42),
- »ominöser Begriff ›generally accepted accounting principles‹« (S. 59),
- »unübersichtlicher Tummelplatz, auf dem sich neben staatlichen Kompetenzträgern besonders private Interessengruppen in der Standardsetzung versuchen« (S. 62),
- »Etikettenschwindel« (S. 66),
- »zahllose Privatköche im Universum ›GAAP‹ eine undurchsichtige Brühe angerührt haben« (S. 72),
- »In den USA selbst ist die Legalität der dort gängigen Standardsetzung durchaus fragwürdig, weil unklar« (S. 129)

spricht.

Bei seiner negativen Stimmungsmache gegen die auf privatrechtlicher Basis geschaffenen US-GAAP schießt Luttermann auch Eigentore. So bedauert er, daß es kaum Gerichtsentscheidungen zu den GAAP gibt (S. 69-71). Aber gerade die fehlenden Gerichtsentscheidungen beweisen, daß diese auf privatrechtlicher Grundlage geschaffenen Rechnungslegungsgrundsätze relativ gute generally accepted accounting principles sein müssen, weil alle Betroffenen damit offenbar sehr gut leben können und deshalb keine Gerichte anrufen. Kann es denn etwas Schlimmeres für ein Rechnungslegungssystem, das der Rechenschaftslegung und der Entscheidungsfindung dienen soll, geben, als wenn es zu seiner Interpretation jahrelang dauernder Gerichtsverfahren bedarf.

Luttermann träumt weiter von dem »gesetzlich fixierten Handelsbilanzrecht im deutschen Rechtsbereich« (S. 119), das uns neben der bisherigen Bilanzierungswillkür darüber hinaus noch mit dem Kapitalaufnahmeerleichterungsgesetz in Gestalt des § 292a HGB den Bilanzierungswirrwarr beschert hat, und von dem Rechtsrahmen »Europäische Union mit ihren Bilanzrichtlinien« (S. 131), d.h. von Bilanzrichtlinien, die sich hauptsächlich mit formellen Fragen beschäftigen, eine Unzahl von Wahlrechten zulassen und keine Rechnungslegungsvorschriften für eine Reihe von wesentlichen Punkten beinhalten. Selbst die EU-Kommission hat ihre Bilanzrichtlinien inzwischen praktisch zugunsten der IAS aufgegeben (Mitteilung KOM(95) 508 der EU-Kommission).

Luttermann beurteilt offenbar die Güte eines Rechnungslegungssystems mehr danach, inwieweit Juristen damit beschäftigt werden, und weniger nach seiner betriebswirtschaftlichen Aussagefähigkeit.

In dem Aufsatz »Unternehmenskontrolle und Bilanzmanipulation nach anglo-amerikanischen Mustern (IAS/IFRS und US »GAAP«)«, in: WPg 59. Jg. (2006). S. 778-786, weitet Luttermann aufgrund vermeintlicher und tatsächlicher Mängel der Rechnungslegung in den USA seine Hetze auf die IAS/IFRS aus. Seine Unsachlichkeit bei der Beurteilung der IAS/IFRS gipfelt in Abschnitt X. Zwischenfazit: Entmaterialisierung und Makroökonomie in der Aussage »... *Die makroökonomischen Bezüge gehören dazu. Anglo-amerikanische Muster sind besonders zukunftsgerichtet. Man kann das eine Weltsicht nennen, Ausdruck von Motivation, Geisteshaltung. Gerade in den USA (›The best is still ahead!‹) gemixt mit massiver Konsumlust (Kreditkartenmentalität, Negativsparrate, Verbraucherinsolvenz: ›Leben auf Pump‹). Das zeigen Gesamtkategorien: Dollarinflation, aufgeblasene Derivate- und Immobilienmärkte (›Home-ATM‹), riesige Budget- und Außenhandelsdefizite, Staatsverschuldung, auch der ›Shareholder value‹*...«

Luttermann hat in diesem unsachlichen Artikel im wahrsten Sinne des Wortes »die Sau rausgelassen« und das Institut der Wirtschaftsprüfer in Deutschland hat es für angemessen gehalten, dieses Pamphlet in »Die Wirtschaftsprüfung« abzudrucken. Viele Kommentatoren der IAS/IFRS und US-GAAP, bei denen man zwischen den Zeilen sehr deutlich ihre Abneigung gegen IAS/IFRS und US-GAAP erkennt, vielen Jahresabschlußerstellern, die sich nach der sehr großen Gestaltungsfreiheit in der HGB-Zeit zurücksehen und vielen Wirtschaftsprüfern, die der HGB-Zeit nachtrauern, in der sie fast alles abhaken konnten und der Jahresabschluß trotzdem noch ordnungsgemäß war, wohingegen sie heute bei der Prüfung eines IAS/IFRS-Abschlusses ins Schwitzen geraten, dürfte Luttermann aus dem Herzen gesprochen haben. Die Abschlußadressaten, d.h. diejenigen, für die Abschlüsse erstellt werden und die Informationen aus dem Abschluß entnehmen wollen und die somit die wichtigsten Personen sind, interessieren Luttermann offenbar nicht. Durch seine hochnäsige Denkungsweise gerät Deutschland international noch mehr ins Abseits und schmälert die Aussicht, mit einer auch aus Sicht der Abschlußadressaten mehr oder weniger berechtigten Kritik an der Entwicklung und den Übertreibungen bei den IAS/IFRS Gehör zu finden. Wenn in Deutschland die Erkenntnisse deutscher Professoren der Betriebswirtschaft aus der ersten Hälfte des zwanzigsten Jahrhunderts in der zweiten Hälfte des zwanzigsten Jahrhunderts weiterentwickelt und in der Praxis durchgesetzt worden wären und Deutschland in den 60er Jahren des vorigen Jahrhunderts nicht eine abschlußadressatenunfreundliche Politik bei der Entwicklung der EU-Richtlinien betrieben und nicht versucht hätte, der EU das HGB aufzudrängen und nicht eine abschlußadressatenunfreundliche Bilanzkultur entwickelt hätte, die Luttermann gerne wieder herstellen würde, hätte Deutschland heute bei dem IASB mehr Gewicht und vielleicht wären auch die IAS/IFRS besser.

Die von Schildbach und Luttermann einseitig herausgepickten kritischen Äußerungen über die US-GAAP erinnern den Autor an jemand, der bisher nur Fast Food-Restaurants kennt, sich aber einen Gourmet-Restaurantführer kauft. Überrascht stellt er fest, daß ein in seiner Nachbarschaft befindliches, ihm bisher unbekanntes Feinschmecker-Restaurant darin enthalten ist. Es wird im Gourmet-Restaurantführer hoch eingestuft, aber gleichzeitig, wie es üblich ist, für irgendwelche nicht perfekt geratenen i-Tüpfelchen kritisiert (vergleichbar mit einzelnen kritischen Äußerungen über die auf hohem Niveau stehenden US-GAAP). Daraus zieht der Käufer des Gourmet-Restaurantführers den Schluß (Schildbach und Luttermann), daß das Feinschmecker-Restaurant ein niedrigeres gastronomisches Niveau habe als das Fast Food-Restaurant (vergleichbar mit dem HGB, das nicht von deutschen Hochschullehrern und Wirtschaftsprüfern kritisiert wird).

Mindestens ebenso schlimm wie die Literatur von Schildbach und Luttermann sind die Aufsätze von Adolf Moxter. Während sich Schildbach seit kurzer Zeit intensiv mit IAS und US-GAAP beschäftigt hat und die Informationsfunktion des Jahresabschlusses zumindest grundsätzlich anerkennt, scheint Moxter weder Ahnung von IAS und US-GAAP noch Verständnis für eine entscheidungsorientierte Rechnungslegung und Rechenschaftslegung zu haben. Moxter versucht lediglich, mit arroganten Äußerungen die Handelsbilanz für Zwecke der Steuerbilanz zu vergewaltigen und sein zusammengefallenes Theoriegebäude zu verteidigen. Dieser Professor der Betriebswirtschaftslehrer und Ehrenmitglied im Institut der Wirtschaftsprüfer (IDW) hat sich mit seinen praxisfernen Aufsätzen, in denen es nicht an herablassenden Bemerkungen gegenüber Praktikern und Laien – d.h. Personen, die etwas von Rechnungslegung verstehen, aber über seine verkrampften Theorien den Kopf schütteln – fehlt, vollkommen von der Betriebswirtschaftslehre abgekoppelt, er ist ein Knecht und Anbeter der Steuerjuristerei und hängt einer längst überholten Bilanztheorie des vorvorigen Jahrhunderts an. Durch eine einseitige Ausbildung seiner Frankfurter Schüler (Moxterianer) während der letzten Jahrzehnte trägt er ein sehr hohes Maß an Mitschuld an dem Bilanzkulturrückstand in Deutschland.

Da man so gut wie keine deutlichen Widersprüche zu diesen Meinungen von Schildbach, Luttermann, Moxter o.a., diesen tapferen Verteidigern einer verlogenen Rechnungslegung in Deutschland, in der deutschen wirtschaftswissenschaftlichen Literatur findet, scheint wohl die Mehrheit der deutschen Professoren der Betriebswirtschaftslehre ähnlicher Ansicht zu sein und/oder keine Ahnung von IAS und US-GAAP zu haben. Eine Ausnahme ist ein Aufsatz von Busse von Colbe (Busse von Colbe, Walther: Rechnungslegungsziele und Ansätze zur internationalen Harmonisierung der Rechnungslegung deutscher Unternehmen. In: Ballwieser, Wolfgang: US-amerikanische Rechnungslegung. 1.-4. Aufl., Stuttgart 1994, 1996, 1998 und 2000). Solche Aufsätze können aber nur Professoren schreiben, die sich seit vielen Jahren mit der internationalen Rechnungslegung beschäftigen und keine Angst haben, daß ihr über »Jahre aufgebautes Spezialwissen« entwertet wird.

e) Wirtschaftsprüfer

Das IDW, die deutsche Standesorganisation der Wirtschaftsprüfer mit freiwilliger Mitgliedschaft (der etwa 80% der Wirtschaftsprüfer angehören dürften), leistete nicht nur keinen Beitrag zur Entwicklung der externen Rechnungslegung, sondern schottete Deutschland bewußt von der internationalen Entwicklung ab. Beispielsweise gab es nach Angaben des IASC bereits Ende 1996 Übersetzungen der IAS in 29 Sprachen, wobei deutsch nicht enthalten war, obwohl das IDW die Aktivitäten des IASC als Mitglied – das IDW war sogar Gründungs- und Board-Mitglied – fördern sollte.

f) Rechtsprechung

Die deutsche Bilanzrechtsprechung war in der Vergangenheit praktisch nur eine Steuerbilanzrechtsprechung. Ein einziges Urteil, nämlich das Urteil des Europäischen Gerichtshofes (EuGH) vom 27.6.1996 (Rs. C 234/94, Waltraud Tomberger gegen Gebrüder von der Weltern GmbH), kann aber zeigen, auf welch niedriger Kulturstufe im Bilanzwesen Deutschland heute noch steht.

In diesem Streitfall ging es um die phasengleiche Vereinnahmung des Gewinnes einer Tochtergesellschaft bei der Muttergesellschaft.

Der Europäische Gerichtshof hat entschieden, daß eine Pflicht zu phasengleicher Aktivierung von Gewinnen nicht gegen das Realisationsprinzip (Art. 31 Abs. 1 Buchst. c Unterabs. aa der 4. Richtlinie) verstößt, wenn die Gewinne in der Bilanz der Muttergesellschaft für das Geschäftsjahr ausgewiesen werden, in dem sie von der Tochtergesellschaft zugewiesen wurden, sofern

(1) eine Gesellschaft (Muttergesellschaft) Alleingesellschafterin einer anderen Gesellschaft (Tochtergesellschaft) ist und sie kontrolliert,
(2) die Mutter- und die Tochtergesellschaft nach nationalem Recht einen Konzern bilden,
(3) die Geschäftsjahre beider Gesellschaften deckungsgleich sind,
(4) der Jahresabschluß der Tochtergesellschaft für das fragliche Geschäftsjahr von ihrer Gesellschafterversammlung vor Abschluß der Prüfung des Jahresabschlusses der Muttergesellschaft für dieses Geschäftsjahr festgestellt wurde,
(5) aus dem Jahresabschluß der Tochtergesellschaft für das fragliche Geschäftsjahr, wie er von ihrer Gesellschafterversammlung festgestellt wurde, hervorgeht, daß die Tochtergesellschaft an ihrem Bilanzstichtag – d.h. am letzten Tag dieses Geschäftsjahres – der Muttergesellschaft einen Gewinn zugewiesen hat, und
(6) das nationale Gericht sich vergewissert hat, daß der Jahresabschluß der Tochtergesellschaft für das fragliche Geschäftsjahr ein den tatsächlichen Verhältnissen entsprechendes Bild ihrer Vermögens-, Finanz- und Ertragslage vermittelt.

Der EuGH stützt seine Auffassung im wesentlichen auf den Grundsatz der Bilanzwahrheit (Art. 2 Abs. 3 4. EG-RiLi. entsprechend § 264 Abs. 1 HGB), dessen Beachtung Hauptzielsetzung der 4. Richtlinie sei, und auf das Vorsichtsprinzip (Art. 31 Abs. 1 4. EG-RiLi. entspr. § 252 Abs. 1 Nr. 4 HGB). Danach müssen die Jahresabschlüsse der Gesellschaften ein den tatsächlichen Verhältnissen entsprechendes Bild ihrer Vermögens-, Finanz- und Ertragslage vermitteln. Die Einhaltung der Grundsätze der Bilanzwahrheit und der Vorsicht ist nach Auffassung des EuGH dann gewähr-

leistet, wenn im Jahresabschluß der Tochtergesellschaft die Gewinne der Muttergesellschaft zugewiesen wurden und diese Darstellung der wirtschaftlichen Lage der Tochtergesellschaft selbst dem Grundsatz der Bilanzwahrheit entspricht.
Zu bemerken ist noch, daß Art. 59 der 4. EG-Richtlinie vom 25.7.1978 die Equity-Methode beim Einzelabschluß als Länderwahlrecht zuließ; sie wurde jedoch nicht in dem deutschen Bilanzrichtlinien-Gesetz zugelassen.

Wenn in Deutschland – wo die Frage der phasengleichen Bilanzierung des Gewinnanspruchs in der Literatur noch umstritten ist (DB 1996, S. 1481) – ein Gesellschafter über mehrere deutsche Instanzen beim Europäischen Gerichtshof die Bilanzwahrheit erstreiten muß, darf man wohl sagen, daß Deutschland im Bilanzwesen noch auf einer niedrigen Kulturstufe steht.

g) Kapitalaufnahmeerleichterungsgesetz (KapAEG)

Am 24. April 1998 trat das Gesetz zur Verbesserung der Wettbewerbsfähigkeit deutscher Konzerne an Kapitalmärkten und zur Erleichterung der Aufnahme von Gesellschafterdarlehen (Kapitalaufnahmeerleichterungsgesetz – KapAEG) in Kraft.
Das Kapitalaufnahmeerleichterungsgesetz fügte in das HGB den neuen § 292a (der durch das Kapitalgesellschaften und Co-Richtlinie-Gesetz [KapCoRiLiG] vom 24.2.2000 geändert wurde) ein, der börsennotierten Unternehmen die befreiende Aufstellung von Konzernabschlüssen nach international anerkannten Rechnungslegungsgrundsätzen in Einklang mit der siebenten EG-Richtlinie (83/349 EWG) erlaubt. International anerkannte Rechnungslegungsvorschriften sind – nach Begründung des Regierungsentwurfes vom 11.12.1996 – die IAS und die US-GAAP. Gemäß Art. 5 des Kapitalaufnahmeerleichterungsgesetzes tritt § 292a HGB am 31. Dezember 2004 außer Kraft, d.h. die Bestimmung ist letztmals auf das Geschäftsjahr anzuwenden, das spätestens am 31. Dezember 2004 endet.
Da die 7. EG-Richtlinie aufgrund von fehlenden Detailregelungen und vielen Wahlrechten mit den IAS und den US-GAAP praktisch kompatibel ist, stand obengenannten Unternehmen nichts mehr im Wege, nach IAS oder US-GAAP zu bilanzieren.
Anzumerken bleibt hier, daß die 7. EG-Richtlinie auf die 4. EG-Richtlinie, in der die Ansatz- und Bewertungsvorschriften enthalten sind, Bezug nimmt, was zur Folge hat, daß der Konzernabschluß auch im Einklang mit der 4. EG-Richtlinie stehen muß.
Warum das Kapitalaufnahmeerleichterungsgesetz nur für börsennotierte Unternehmen, d.h. Unternehmen, deren Anteile an einem organisierten Kapitalmarkt gehandelt werden, und nicht für alle Unternehmen, d.h. deren Anteile ebenfalls – wenn auch in weit geringerem Umfang – gehandelt werden und deren Jahresabschlußleser ebenfalls Wert auf entsprechende Informationen legen, galt, ist nicht einzusehen. Diese unterschiedliche Behandlung war nur damit zu erklären, daß die Lobby der Unternehmensleitungen der börsennotierten Unternehmen und die Lobby der nicht börsennotierten Unternehmen sehr unterschiedliche Interessen beim Gesetzgebungsverfahren vertreten haben. Nicht unerwähnt sollte hierbei bleiben, daß der Regierungsentwurf vom 11.12.1996, der vom Bundesministerium der Justiz erarbei-

tet worden war, vorsah, daß das Gesetz nur für Mutterunternehmen gelten sollte, die einen ausländischen Kapitalmarkt in Anspruch nehmen.
Wie bereits oben gesagt, trat § 292a am 31.12.2004 außer Kraft.

DRSC – Deutsches Rechnungslegungs Standards Committee e.V.
Der Rechtsausschuß des Deutschen Bundestages hat sich in seiner Beschlußempfehlung zum Kapitalaufnahmeerleichterungsgesetz vom 11. Februar 1998 für die Einrichtung eines Rechnungslegungsgremiums ausgesprochen, das Deutschland in internationalen Rechnungslegungsgremien vertreten soll. Das Gesetz zur Kontrolle und Transparenz im Unternehmensbereich (KonTraG), das am 1. Mai 1998 in Kraft getreten ist, sieht in den neuen §§ 342 und 342a HGB die Bildung eines deutschen Rechnungslegungsgremiums vor (BGBl 1998 I S. 786-794).
Bereits wenige Tage nach Verabschiedung des KonTraG wurde das DRSC – Deutsches Rechnungslegungs Standards Committee e.V. gegründet. International tritt der Verein unter dem Namen GASC – German Accounting Standards Committee auf. Er hat seinen Sitz in Berlin-Charlottenburg. Gleichzeitig wurden in der Presse bereits die Namen des geschäftsführenden Generalsekretärs und des zu wählenden Verwaltungsrates veröffentlicht, bevor die systematische Mitgliederaufnahme begonnen hat.

Das DRSC hat den Zweck
- die Entwicklung von Empfehlungen (Standards) zur Anwendung der Grundsätze über die Konzernrechnungslegung
- die Zusammenarbeit mit dem International Accounting Standards Board (IASC) und anderen Standardisierungsgremien
- die Beratung bei der Gesetzgebung auf nationaler und zwischenstaatlicher Ebene, insbesondere zu Rechnungslegungsvorschriften
- die Vertretung der Bundesrepublik Deutschland in internationalen Standardisierungsgremien und die Harmnonisierung fördernden Organisationen
- die Förderung der Forschung auf diesen Gebieten

Der Verein wird vom Vorstand, der gleichzeitig das Präsidium des Verwaltungsrates bildet, vertreten.

Die Mitglieder des Deutschen Standardisierungsrates (DSR), das eigentliche Arbeitsgremium des DRSC, sind zur Zeit:
Prof. Dr. Harald Wiedmann, Präsident
Norbert Barth
Martin Edelmann
Dr. Christoph Hütten
Dr. Susanne Kanngiesser
Jochen Pape
Prof. Dr. Claus-Peter Weber

Das DRSC hat Ende 2003 die Gründung eines Rechnungslegungs Interpretation Committee (RIC) beschlossen.

Das DRSC ist durch den Standardisierungsvertrag vom 3. September 1998 vom Bundesministerium der Justiz (BMJ) »als die zuständige Standardisierungsorganisation für Deutschland« anerkannt worden.

Inzwischen hat das DRSC folgende Standards verabschiedet:

DRS 1	Befreiender Konzernabschluß nach § 292a HGB
DRS 2	Kapitalflußrechnung
DRS 2-10	Kapitalflußrechnung von Kreditinstituten
DRS 2-20	Kapitalflußrechnung von Versicherungsunternehmen
DRS 3	Segmentberichterstattung
DRS 3-10	Segmentberichterstattung von Kreditinstituten
DRS 3-20	Segmentberichterstattung von Versicherungsunternehmen
DRS 4	Unternehmenserwerbe im Konzernabschluß
DRS 5	Risikoberichterstattung
DRS 5-10	Risikoberichterstattung von Kredit- und Finanzdienstleistungsinstituten
DRS 5-20	Risikoberichterstattung von Versicherungsunternehmen
DRS 6	Zwischenberichterstattung
DRS 7	Konzerneigenkapital und Konzerngesamtergebnis
DRS 8	Bilanzierung von Anteilen an assoziierten Unternehmen im Konzernabschluß
DRS 9	Bilanzierung von Anteilen an Gemeinschaftsunternehmen im Konzernabschluß
DRS 1a	Befreiender Konzernabschluß nach § 292a HGB Konzernabschluß nach US-GAAP: Goodwill und andere immaterielle Vermögenswerte
DRS 10	Latente Steuern im Konzernabschluß
DRS 11	Berichterstattung über Beziehungen zu nahestehenden Personen
DRS 12	Immaterielle Vermögenswerte des Anlagevermögens
DRS 13	Grundsatz der Stetigkeit und Berichtigung von Fehlern
DRS 14	Währungsumrechnung
DRS 15	Lageberichterstattung
DRÄS 1	Dieser Deutsche Rechnungslegungs-Änderungsstandard soll DRS an zwischenzeitlich eingetretene Gesetzesänderungen anpassen und bestehende Inkonsistenzen innerhalb und zwischen den DRS beseitigen
DRÄS 2	Aufhebung von DRS 1 und DRS 1a
DRÄS 3	Mit diesem Deutschen Rechnungslegungs-Änderungsstandard werden Änderungen an 19 Deutschen Rechnungslegungsstandards vorgenommen. Die Anpassungen resultieren im wesentlichen aus den Änderungen des HGB durch das Bilanzrechtsreformgesetz.

Da ab dem Jahre 2005 in der EU die IAS/IFRS für Konzernabschlüsse von börsennotierten Unternehmen verbindlich und für nicht börsennotierte Unternehmen zulässig sind, haben die Standards des DRS, die ein Abklatsch der IAS/IFRS bzw. US-GAAP sind, keine Bedeutung mehr. Hinzu kommt, daß es sich nach § 342 HGB nur um

Empfehlungen zur Anwendung der Grundsätze über die Konzernrechnungslegung (nicht für den Einzelabschluß) handelt und sie – selbst wenn sie vom Bundesministerium der Justiz bekanntgemacht worden sind – nur eine GoB-Vermutung darstellen und im Gesetz keine Sanktionen bei Nichtbeachtung der DRS vorgesehen sind. Bemerkenswert ist, wie ein fachlich hochkarätiges deutsches Gremium von Bilanzfachleuten bisherige deutsche Bilanzierungsgrundsätze über den Haufen wirft, die gesamte deutsche Kommentarliteratur zur Makulatur werden läßt und die EG-Richtlinien entgegen bisherigen Literaturmeinungen und Einwendungen sehr großzügig auslegt.

Kritische Anmerkungen zum Kapitalaufnahmeerleichterungsgesetz
So erfreulich es einerseits ist, daß nach Verabschiedung des Kapitalaufnahmeerleichterungsgesetzes börsennotierte deutsche Unternehmen einen Konzernabschluß nach international anerkannten Normen erstellen durften, ohne einen Parallelabschluß erstellen zu müssen oder die unbefriedigende und nachhaltig nicht durchführbare Lösung eines dualen Konzernabschlusses wählen zu müssen, so verdient das Gesetz doch große Kritik.
Durch dieses Gesetz wurde der Vergleich der Rechnungslegung deutscher Unternehmen untereinander und mit ausländischen Unternehmen noch schwieriger, da ein neues Wahlrecht geschaffen wurde.
Nicht an der Börse notierte Unternehmen durften weiterhin nicht nach international anerkannten Normen bilanzieren, d.h. ihre Rechnungslegung erfüllte nicht das Merkmal einer entscheidungsorientierten Rechnungslegung und Rechenschaftslegung.
Das Gesetz wurde u.a. mit der Abschaffung der Inländerdiskriminierung deutscher Unternehmen begründet. Als Inländerdiskriminierung deutscher Unternehmen verstand das Gesetz die Anerkennung in Deutschland von nach US-GAAP aufgestellten Abschlüssen ausländischer Unternehmen für Börsenzwecke und von Teil-Konzernabschlüssen, ohne daß nach HGB aufgestellte Jahresabschlüsse an US-Börsen anerkannt wurden. Diese Tatsache darf man nicht als Inländerdiskriminierung deutscher Unternehmen bezeichnen. In Wirklichkeit schützt die SEC die Kapitalanleger in den USA, was durch das Bundesministerium der Justiz und das Wertpapieraufsichtsamt für die Kapitalanleger in Deutschland nicht entsprechend geschieht.
Das Gesetz förderte die Bilanzpolitik der Unternehmen und somit die Täuschung der Abschlußleser, da es keine Vorschriften über die Behandlung der sich bei der Umstellung ergebenden Bewertungsunterschiede und über die Darstellung von Vergleichsinformationen der vorhergehenden Geschäftsjahre enthielt.
Bedauerlicherweise wurden durch das Kapitalaufnahmeerleichterungsgesetz nicht nur die IAS, sondern auch nationale Rechnungslegungssysteme wie die US-GAAP in Deutschland zugelassen. Dies war auf den Druck großer deutscher Unternehmen zurückzuführen, die möglichst bald eine Notierung an der New Yorker Börse (NYSE) anstrebten, aber einen Parallelabschluß (HGB und US-GAAP) bzw. eine Überleitung vermeiden wollten, um nicht wie die ehemalige Daimler-Benz AG dem deutschen Publikum ihre Bilanzmanipulationen der Vergangenheit zeigen zu müssen. Das Argument, daß die Bilanzierung nach dem HGB hinderlich für eine Notierung an der New Yorker Börse wäre, war fadenscheinig, da eine Vielzahl von ausländischen Gesellschaften seit vielen Jahren an der New Yorker Börse notiert waren und einen Parallelabschluß bzw. eine Überleitung erstellten.

Deutsche Unternehmen waren nur zu eingebildet auf die sogenannten Grundsätze ordnungsmäßiger Buchführung, die sie bei der Fertigstellung der EG-Richtlinien und des Bilanzrichtlinien-Gesetzes mit allergrößtem Nachdruck verteidigt hatten. Damals wollten sie die tatsächliche Finanz- und Ertragslage nicht zeigen. Sie haben deshalb die New Yorker Börse gemieden. Da die Globalisierung sie inzwischen eines anderen belehrt hat, wollten sie plötzlich von den deutschen Grundsätzen ordnungsmäßiger Buchführung nichts mehr wissen. Die durch diesen Druck zustande gekommene nicht notwendige Zulassung der US-GAAP in Deutschland hat den Bilanzwirrwarr in Deutschland noch verschlimmert.

h) Gesetze aus jüngster Zeit

In jüngster Zeit wurden folgende Gesetze erlassen:
- Transparenz- und Publizitätsgesetz (TransPuG),
- Bilanzrechtsreformgesetz (BilReG),
- Bilanzkontrollgesetz (BilKoG).
- Transparenzrichtlinien-Umsetzungsgesetz (TUG).

Transparenz- und Publizitätsgesetz (TransPuG)
Am 25.7.2002 wurde im Bundesgesetzblatt das Gesetz zur weiteren Reform des Aktien- und Bilanzrechts, zur Transparenz und Publizität (Transparenz- und Publizitätsgesetz – TransPuG) verkündet. Durch das TransPuG wird der Corporate Governance Kodex für börsennotierte Gesellschaften rechtlich eingebunden, indem eine jährliche Entsprechenserklärung abzugeben ist. Außer Änderungen des Aktienrechtes beinhaltet das TransPuG auch Änderungen der Konzernrechnungslegungsvorschriften und bei der Berichterstattung im Prüfungsbericht, die zu einer Änderung des HGB führten.

Bilanzrechtsreformgesetz (BilReG)
Am 4. Dezember 2004 wurde im Bundesgesetzblatt das Gesetz zur Einführung internationaler Rechnungslegungsstandards und zur Sicherung der Qualität der Abschlußprüfung (Bilanzrechtsreformgesetz – BilReG) verkündet.

Mit dem Bilanzrechtsreformgesetz werden vier europäische Verordnungen bzw. Richtlinien teilweise in deutsches Recht umgesetzt, nämlich
- die IAS-Verordnung vom 19.7.2002,
- die Schwellenrichtwertlinie vom 13.5.2001,
- die Fair-Value-Richtlinie 27.9.2001 und
- die Modernisierungsrichtlinie vom 18.6.2003.

Außerdem enthält das Bilanzrechtsreformgesetz Vorschriften über die Unabhängigkeit der Abschlußprüfer.

IAS-Verordnung
Das Bilanzrechtsreformgesetz bestätigt durch Einfügung des § 315a in das HGB die in der IAS-Verordnung der EU vom 19. Juli 2002 für kapitalmarktorientierte Mutterunternehmen enthaltene Pflicht, Konzernabschlüsse ab dem 1. Januar 2005 nach

IAS/IFRS aufzustellen. Die betreffenden Mutterunternehmen haben gemäß § 315a HGB beim Konzernabschluß zusätzlich bestimmte Vorschriften des HGB anzuwenden und einen Konzernlagebericht zu erstellen. Mutterunternehmen, die nicht unter die IAS-Verordnung fallen, dürfen anstelle eines HGB-Konzernabschlusses einen Konzernabschluß nach IAS/IFRS aufstellen, wobei die von der EU übernommenen IAS/IFRS vollständig angewandt werden müssen.

Unternehmen, die zum Zwecke der Börsennotierung in einem Drittstaat international anerkannte Rechnungslegungsstandards anwenden oder die nur Fremdkapitaltitel emittiert haben, müssen ihren Konzernabschluß erst ab dem Geschäftsjahr nach IAS/IFRS erstellen, das nach dem 31.12.2006 beginnt, d.h. sie können bis dahin noch § 292a anwenden.

Für die Offenlegungspflicht nach §§ 325ff HGB ist es dem Unternehmen erlaubt, anstelle eines nach den HGB-Vorschriften aufgestellten Jahresabschlusses (Einzelabschluß) auch einen nach IAS/IFRS aufgestellten Einzelabschluß zu veröffentlichen, wobei zusätzliche Angaben nach dem HGB zu machen sind. In diesem Falle ist intern außerdem ein Jahresabschluß (Einzelabschluß) nach HGB zu erstellen.

Schwellenwertrichtlinie
Mit der Umsetzung der Schwellenwertrichtlinie wurden die Größenklassen für kleine, mittelgroße und große Kapitalgesellschaften angepaßt. Die Schwellenwerte erhöhen sich dadurch um ca. 17%.

Fair-Value-Richtlinie
Das Bilanzrechtsreformgesetz setzt die zwingenden Vorgaben der Fair-Value-Richtlinie in deutsches Recht um. Die in der Fair-Value-Richtlinie vorgesehenen Mitgliedstaatenwahlrechte sollen erst im Rahmen des angekündigten Bilanzrechtsmodernisierungsgesetzes umgesetzt werden. Es sind im einzelnen vorgeschriebene Erläuterungen zu den Finanzinstrumenten zu geben.

Modernisierungsrichtlinie
Das Bilanzrechtsreformgesetz setzt die zwingende Vorgabe der Modernisierungsrichtlinie in deutsches Recht um. Die in der Modernisierungsrichtlinie vorgesehenen Mitgliedstaatenwahlrechte sollen erst im Rahmen des angekündigten Bilanzrechtsmodernisierungsgesetzes umgesetzt werden.
Der Informationsgehalt der Lageberichte wird erhöht.
Das Konsolidierungsverbot bei abweichender Tätigkeit von Tochterunternehmen wird aufgehoben.

Unabhängigkeit der Abschlußprüfung
Das Gesetz enthält eine Vielzahl von Vorschriften zur Stärkung der Unabhängigkeit der Abschlußprüfer. Das Gesetz schreibt außerdem vor, daß sowohl im Einzel- als auch im Konzernabschluß das Honorar für die Abschlußprüfer, aufgeteilt in vier Kategorien, angegeben werden muß.

Bilanzkontrollgesetz (BilKoG)
Am 20. Dezember 2004 wurde im Bundesgesetzblatt das Gesetz zur Kontrolle von Unternehmensabschlüssen (Bilanzkontrollgesetz – BilKoG) verkündet.
Mit dem Bilanzkontrollgesetz wird ein zweistufiges Enforcement-Verfahren zur Durch-

setzung einer ordnungsgemäßen Rechnungslegung bei kapitalmarktorientierten Unternehmen eingeführt. In der ersten Stufe des Kontrollverfahrens wird die durch den privatrechtlichen Verein »Deutsche Prüfstelle für Rechnungslegung (DPR) e.V.« getragene unabhängige Prüfstelle für Rechnungslegung sowohl auf Stichprobenbasis als auch bei Vorliegen von Anhaltspunkten für Fehler in der Bilanzierung tätig. Arbeitet das Unternehmen nicht mit der Prüfstelle zusammen, oder kommt es zu keiner einvernehmlichen Lösung, prüft in der zweiten Stufe die Bundesanstalt für Finanzdienstleistungsaufsicht (BaFin) den Fall. Sie kann die Prüfung mit hoheitlichen Mitteln und ggf. zwangsweise durchsetzen.
Die Deutsche Prüfstelle für Rechnungslegung (DPR) e.V. hat ihre Tätigkeit am 1. Juli 2005 aufgenommen.

Transparenztrichtlinien-Umsetzungsgesetz (TUG)
Das Transparenzrichtlinien-Umsetzungsgesetz (TUG) wurde am 30.11.2006 vom Deutschen Bundestag beschlossen und soll am 20.1.2007 in Kraft treten. Mit diesem Gesetz wurde die Transparenzrichtlinie der EU vom 17.12.2004 in deutsches Recht umgesetzt.

i) Kritische Schlußbemerkungen zu der geschichtlichen Entwicklung der externen Rechnungslegung in Deutschland

Die vorstehenden Ausführungen über die geschichtliche Entwicklung der externen Rechnungslegung in Deutschland zeigen, daß sie von Juristen und Steuerrechtlern bestimmt wurde. Es wurde gedanklich an Vorschriften festgehalten, die Ende des vorvorigen Jahrhunderts einmal sinnvoll waren (Gläubigerschutz, Ausschüttungsbemessungsfunktion).
Die rechtliche Betrachtungsweise der externen Rechnungslegung in Deutschland läßt eine wirtschaftlich vollkommen unsinnige Bilanzierung zu. So darf z.B. der Geschäfts- oder Firmenwert in der Konzernbilanz mit Kapital- oder Gewinnrücklagen verrechnet werden. In der Kommentarliteratur (z.B. Beck'scher Bilanzkommentar, 6. Auflage 2006, S. 1689) wird dies immer noch für zulässig gehalten, obwohl dadurch die Unternehmensleitung für Ausgaben keine Rechenschaft in der Gewinn- und Verlustrechnung ablegen muß. Schlimmer noch ist, daß nicht nur eine erfolgsneutrale Verrechnung bei der Erstkonsolidierung, sondern auch eine ratierliche Verrechnung mit den Rücklagen über mehrere Jahre zulässig ist, was die Angelegenheit für den Abschlußleser noch undurchsichtiger macht.
Unser Bilanzrecht ist so antiquiert, daß noch im Jahre 1996 Gesellschafter eines Unternehmens eine auf wirtschaftlicher Betrachtungsweise beruhende wahrheitsgemäße Bilanzierung über den Bundesgerichtshof und den Europäischen Gerichtshof erstreiten mußten.
Leider haben die Wirtschaftswissenschaftler zu wenig und die Wirtschaftsprüfer, die Anwälte der Jahresabschlußleser sein sollten, überhaupt nichts getan, damit jahresabschlußleserfreundliche Jahresabschlüsse erstellt werden.
Man kann zusammenfassend sagen, daß es in Deutschland keine Bilanzkultur, sondern allenfalls eine Bilanzstreitkultur gibt. In der Bilanzliteratur werden im wesentlichen nur Vorschriften, die aus der Gründerzeit Ende des vorvorigen Jahrhunderts

zur Vermeidung von Wirtschaftskriminalität erlassen wurden, verbunden mit den Steuersparinteressen der Unternehmen diskutiert. Sie verhelfen den Bilanzakrobaten in den Unternehmen zu ihren bilanzpolitischen Freiräumen und den Wirtschaftsprüfern geben sie die Ausrede, fast alles, was man ihnen vorlegt, unter dem Deckmantel der sogenannten Grundsätze ordnungsmäßiger Buchführung abhaken zu können.

Hohe Bilanzkultur ist das Bestreben, die Finanz- und Ertragslage eines Unternehmens möglichst angemessen darzustellen. Die deutsche Bilanzstreitkultur ist dagegen anachronistisch und wirkt auf den Jahresabschlußleser, der an einer angemessenen Darstellung der Finanz- und Ertragslage interessiert ist, formalistisch und kleinkariert. Soweit die Literatur für das Vorsichtsprinzip eintritt und nicht gleichzeitig die ohne Begründung und zusätzliche Erläuterungen anwendbaren Wahlrechte, die Unterbewertung der Pensionsrückstellungen, die mögliche stille Auflösung von stillen Reserven und die mögliche bilanzielle Behandlung von sale and leaseback anprangert, ist sie sogar heuchlerisch oder dumm.

Noch schlimmer als die fehlende Bilanzkultur ist es, daß man sich in Deutschland einbildet, man hätte eine hohe Bilanzkultur. Nicht anders ist es zu erklären, daß Berater große deutsche Unternehmen vor einigen Jahren veranlaßten, auf Basis eines HGB-Konzernabschlusses eine Börsenzulassung an der New Yorker Stock Exchange zu verlangen und nach der Ablehnung durch die Securities and Exchange Commission (SEC) von »Fachleuten« viele unsinnige Äußerungen in der deutschen Presse geschrieben wurden (siehe Born, Karl: Bilanzanalyse international, 1. Auflage 1994, S. 21). Nach dem »Survey of Financial Statement, Reconciliations by Foreign Registrants« der SEC vom 1. Mai 1993 waren zu dieser Zeit 528 Unternehmen aus 37 Ländern bei der SEC registriert, wovon 84 nach US-GAAP bilanzierten und die anderen Unternehmen eine Überleitung (reconciliation) zu den US-GAAP erstellten. Darunter waren keine deutschen Unternehmen. Was deutsche Fachleute und Berater zum gleichen Zeitpunkt veranlaßte zu versuchen, die SEC zu bewegen, für Deutschland mit seinem in der Welt sehr gering angesehenen Bilanzrecht eine Ausnahme zu machen, kann nur mit Unkenntnis und/oder provinzieller Einbildung erklärt werden.

In diesem Zusammenhang sind auch die Ausführungen von Wirtschaftsprüfer Dr. Heinz Kleekämper, von 1991-1997 Board-Vertreter im IASC, zu sehen (Kleekämper, Heinz: Aktuelle Entwicklungen beim IASC. In: BFuP 1995, S. 414-415): »*In Deutschland wurde deshalb einfach kein Bedarf für eine Angleichung gesehen. Als 1973 auf Initiative von Großbritannien das IASC als privatrechtliche Organisation gegründet wurde mit dem Ziel, internationale Standards zur Rechnungslegung zu entwickeln und ihre weltweite Akzeptanz zu fördern, gehörte Deutschland zu den neun Gründungsländern, genauer gesagt zählte der Berufsstand der Wirtschaftsprüfer, vertreten durch das Institut der Wirtschaftsprüfer (IDW) und die Wirtschaftsprüferkammer (WPK) zu den Gründungsmitgliedern, sehr zum Mißfallen von Interessenverbänden der deutschen Wirtschaft. Diese ignorierte dann auch fast zwei Jahrzehnte lang das Geschehen im IASC. Man zeigte weder Interesse an einer Repräsentanz in der Consultative Group, einem Beratungsgremium des IASC, noch an der Mitarbeit in den mit der Entwicklung von Standards befaßten Steering Committees. Sehr zurückhaltend wurde auch von der Möglichkeit Gebrauch gemacht, den deutschen Interessen im Entwurfsstadium der International Accounting Standards (IAS) durch schriftliche Stellungnahmen Gewicht zu verleihen. Statt dessen setzte man voll auf die politische Durchsetzung der gegenseitigen Anerkennung der heimischen Rechnungsle-*

gung insbesondere gegenüber der Securities and Exchange Commission (SEC), dem Börsenaufsichtsamt der USA. Es war den Wirtschaftsprüfern überlassen, durch Stellungnahmen zu den Entwürfen in den verschiedenen Entwicklungsphasen der IAS und durch ihren Delegierten im Board des IASC für die deutschen Rechnungslegungsgrundsätze zu werben.«

2. Rechtliche und tatsächliche Grundlagen

Die rechtlichen Grundlagen für die externe Rechnungslegung sind im HGB enthalten. Eine weitere Grundlage für die Rechnungslegung in Deutschland sind die in § 243 HGB erwähnten Grundsätze ordnungsmäßiger Buchführung (siehe folgenden Abschnitt D.I.3).
Nachfolgend sind die Vorschriften des HGB wiedergegeben, die die Vorschriften zur Aufstellung des Jahresabschlusses enthalten:

Erster Abschnitt. Vorschriften für alle Kaufleute
Zweiter Unterabschnitt. Eröffnungsbilanz. Jahresabschluß
Erster Titel. Allgemeine Vorschriften

§ 242 Pflicht zur Aufstellung. *(1) Der Kaufmann hat zu Beginn seines Handelsgewerbes und für den Schluß eines jeden Geschäftsjahrs einen das Verhältnis seines Vermögens und seiner Schulden darstellenden Abschluß (Eröffnungsbilanz, Bilanz) aufzustellen. Auf die Eröffnungsbilanz sind die für den Jahresabschluß geltenden Vorschriften entsprechend anzuwenden, soweit sie sich auf die Bilanz beziehen.*
(2) Er hat für den Schluß eines jeden Geschäftsjahrs eine Gegenüberstellung der Aufwendungen und Erträge des Geschäftsjahrs (Gewinn- und Verlustrechnung) aufzustellen.
(3) Die Bilanz und die Gewinn- und Verlustrechnung bilden den Jahresabschluß.
§ 243 Aufstellungsgrundsatz. *(1) Der Jahresabschluß ist nach den Grundsätzen ordnungsmäßiger Buchführung aufzustellen.*
(2) Er muß klar und übersichtlich sein.
(3) Der Jahresabschluß ist innerhalb der einem ordnungsmäßigen Geschäftsgang entsprechenden Zeit aufzustellen.
§ 244 Sprache. Währungseinheit. *Der Jahresabschluß ist in deutscher Sprache und in Euro aufzustellen.*
§ 245 Unterzeichnung. *Der Jahresabschluß ist vom Kaufmann unter Angabe des Datums zu unterzeichnen. Sind mehrere persönlich haftende Gesellschafter vorhanden, so haben sie alle zu unterzeichnen.*

Zweiter Titel. Ansatzvorschriften

§ 246 Vollständigkeit. Verrechnungsverbot. *(1) Der Jahresabschluß hat sämtliche Vermögensgegenstände, Schulden, Rechnungsabgrenzungsposten, Aufwendungen und Erträge zu enthalten, soweit gesetzlich nichts anderes bestimmt ist. Vermögensgegen-*

stände, die unter Eigentumsvorbehalt erworben oder an Dritte für eigene oder fremde Verbindlichkeiten verpfändet oder in anderer Weise als Sicherheit übertragen worden sind, sind in die Bilanz des Sicherungsgebers aufzunehmen. In die Bilanz des Sicherungsnehmers sind sie nur aufzunehmen, wenn es sich um Bareinlagen handelt.
(2) Posten der Aktivseite dürfen nicht mit Posten der Passivseite, Aufwendungen nicht mit Erträgen, Grundstücksrechte nicht mit Grundstückslasten verrechnet werden.
§ 247 Inhalt der Bilanz. *(1) In der Bilanz sind das Anlage- und das Umlaufvermögen, das Eigenkapital, die Schulden sowie die Rechnungsabgrenzungsposten gesondert auszuweisen und hinreichend aufzugliedern.*
(2) Beim Anlagevermögen sind nur die Gegenstände auszuweisen, die bestimmt sind, dauernd dem Geschäftsbetrieb zu dienen.
(3) Passivposten, die für Zwecke der Steuern vom Einkommen und vom Ertrag zulässig sind, dürfen in der Bilanz gebildet werden. Sie sind als Sonderposten mit Rücklageanteil auszuweisen und nach Maßgabe des Steuerrechts aufzulösen. Einer Rückstellung bedarf es insoweit nicht.

Zweiter Abschnitt. Ergänzende Vorschriften für Kapitalgesellschaften (Aktiengesellschaften, Kommanditgesellschaften auf Aktien und Gesellschaften mit beschränkter Haftung) sowie bestimmte Personenhandelsgesellschaften
Erster Unterabschnitt. Jahresabschluß der Kapitalgesellschaft und Lagebericht
Erster Titel. Allgemeine Vorschriften

§ 264 Pflicht zur Aufstellung. *(1) Die gesetzlichen Vertreter einer Kapitalgesellschaft haben den Jahresabschluß (§ 242) um einen Anhang zu erweitern, der mit der Bilanz und der Gewinn- und Verlustrechnung eine Einheit bildet, sowie einen Lagebericht aufzustellen. Der Jahresabschluß und der Lagebericht sind von den gesetzlichen Vertretern in den ersten drei Monaten des Geschäftsjahrs für das vergangene Geschäftsjahr aufzustellen. Kleine Kapitalgesellschaften (§ 267 Abs. 1) brauchen den Lagebericht nicht aufzustellen; sie dürfen den Jahresabschluß auch später aufstellen, wenn dies einem ordnungsgemäßen Geschäftsgang entspricht, jedoch innerhalb der ersten sechs Monate des Geschäftsjahres.*
(2) Der Jahresabschluß der Kapitalgesellschaft hat unter Beachtung der Grundsätze ordnungsmäßiger Buchführung ein den tatsächlichen Verhältnissen entsprechendes Bild der Vermögens-, Finanz- und Ertragslage der Kapitalgesellschaft zu vermitteln. Führen besondere Umstände dazu, daß der Jahresabschluß ein den tatsächlichen Verhältnissen entsprechendes Bild im Sinne des Satzes 1 nicht vermittelt, so sind im Anhang zusätzliche Angaben zu machen.
(3) Eine Kapitalgesellschaft, die Tochterunternehmen eines nach § 290 zur Aufstellung eines Konzernabschlusses verpflichteten Mutterunternehmens ist, braucht die Vorschriften dieses Unterabschnitts und des Dritten und Vierten Unterabschnitts dieses Abschnitts nicht anzuwenden, wenn
1. *alle Gesellschafter des Tochterunternehmens der Befreiung für das jeweilige Geschäftsjahr zugestimmt haben und der Beschluß nach § 325 offengelegt worden ist,*
2. *das Mutterunternehmen zur Verlustübernahme nach § 302 des Aktiengesetzes verpflichtet ist oder eine solche Verpflichtung freiwillig übernommen hat und diese Erklärung nach § 325 offengelegt worden ist,*

3. das Tochterunternehmen in den Konzernabschluß nach den Vorschriften dieses Abschnitts einbezogen worden ist,
4. die Befreiung des Tochterunternehmens im Anhang des von dem Mutterunternehmen aufgestellten Konzernabschlusses angegeben wird und
5. die von dem Mutterunternehmen nach den Vorschriften über die Konzernrechnungslegung gemäß § 325 offenzulegenden Unterlagen auch zum Handelsregister des Sitzes der die Befreiung in Anspruch nehmenden Kapitalgesellschaft eingereicht worden sind.

(4) Absatz 3 ist auf Kapitalgesellschaften, die Tochterunternehmen eines nach § 11 des Publizitätsgesetzes zur Aufstellung eines Konzernabschlusses verpflichteten Mutterunternehmens sind, entsprechend anzuwenden, soweit in diesem Konzernabschluß von dem Wahlrecht des § 13 Abs. 3 Satz 1 des Publizitätsgesetzes nicht Gebrauch gemacht worden ist.

§ 264a Anwendung auf bestimmte offene Handelsgesellschaften und Kommanditgesellschaften. *(1) Die Vorschriften des Ersten bis Fünften Unterabschnitts des Zweiten Abschnitts sind auch anzuwenden auf offene Handelsgesellschaften und Kommanditgesellschaften, bei denen nicht wenigstens ein persönlich haftender Gesellschafter*
1. eine natürliche Person oder
2. eine offene Handelsgesellschaft, Kommanditgesellschaft oder andere Personengesellschaft mit einer natürlichen Person als persönlich haftendem Gesellschafter
ist oder sich die Verbindung von Gesellschaften in dieser Art fortsetzt.
(2) In den Vorschriften dieses Abschnitts gelten als gesetzliche Vertreter einer offenen Handelsgesellschaft und Kommanditgesellschaft nach Absatz 1 die Mitglieder des vertretungsberechtigten Organs der vertretungsberechtigten Gesellschaften.

§ 264b Befreiung von der Pflicht zur Aufstellung eines Jahresabschlusses nach den für Kapitalgesellschaften geltenden Vorschriften. *Eine Personenhandelsgesellschaft im Sinne des § 264a Abs. 1 ist von der Verpflichtung befreit, einen Jahresabschluß und einen Lagebericht nach den Vorschriften dieses Abschnitts aufzustellen, prüfen zu lassen und offen zu legen, wenn*
1. sie in den Konzernabschluß eines Mutterunternehmens mit Sitz in einem Mitgliedstaat der Europäischen Union oder einem anderen Vertragsstaat des Abkommens über den Europäischen Wirtschaftsraum oder in den Konzernabschluß eines anderen Unternehmens, das persönlich haftender Gesellschafter dieser Personenhandelsgesellschaft ist, einbezogen ist;
2. der Konzernabschluß sowie der Konzernlagebericht im Einklang mit der Richtlinie 83/349/ EWG des Rates vom 13. Juni 1983 auf Grund von Artikel 54 Abs. 3 Buchstabe g des Vertrages über den konsolidierten Abschluß (ABl. EG Nr. L 193 S. 1) und der Richtlinie 84/ 253/EWG des Rates vom 10. April 1984 über die Zulassung der mit der Pflichtprüfung der Rechnungslegungsunterlagen beauftragten Personen (ABl. EG Nr. L 126 S. 20) in ihren jeweils geltenden Fassungen nach dem für das den Konzernabschluß aufstellende Unternehmen maßgeblichen Recht aufgestellt, von einem zugelassenen Abschlußprüfer geprüft und offengelegt worden ist;
3. das den Konzernabschluß aufstellende Unternehmen die offenzulegenden Unterlagen in deutscher Sprache auch zum Handelsregister des Sitzes der Personenhandelsgesellschaft eingereicht hat und
4. die Befreiung der Personenhandelsgesellschaft im Anhang des Konzernabschlusses angegeben ist.

§264c Besondere Bestimmungen für offene Handelsgesellschaften und Kommanditgesellschaften im Sinne des § 264a. *(1) Ausleihungen, Forderungen und Verbindlichkeiten gegenüber Gesellschaftern sind in der Regel als solche jeweils gesondert auszuweisen oder im Anhang anzugeben. Werden sie unter anderen Posten ausgewiesen, so muß diese Eigenschaft vermerkt werden.*
(2) § 266 Abs. 3 Buchstabe A ist mit der Maßgabe anzuwenden, daß als Eigenkapital die folgenden Posten gesondert auszuweisen sind:
I. Kapitalanteile
II. Rücklagen
III. Gewinnvortrag/Verlustvortrag
IV. Jahresüberschuß/Jahresfehlbetrag.
Anstelle des Postens »Gezeichnetes Kapital« sind die Kapitalanteile der persönlich haften Gesellschafter auszuweisen; sie dürfen auch zusammengefaßt ausgewiesen werden. Der auf den Kapitalanteil eines persönlich haftenden Gesellschafters für das Geschäftsjahr entfallende Verlust ist von dem Kapitalanteil abzuschreiben. Soweit der Verlust den Kapitalanteil übersteigt, ist er auf der Aktivseite unter der Bezeichnung »Einzahlungsverpflichtungen persönlich haftender Gesellschafter« unter den Forderungen gesondert auszuweisen, soweit eine Zahlungsverpflichtung besteht. Besteht keine Zahlungsverpflichtung, so ist der Betrag als »Nicht durch Vermögenseinlagen gedeckter Verlustanteil persönlich haftender Gesellschafter« zu bezeichnen und gemäß § 268 Abs. 3 auszuweisen. Die Sätze 2 bis 5 sind auf die Einlagen von Kommanditisten entsprechend anzuwenden, wobei diese insgesamt gesondert gegenüber den Kapitalanteilen der persönlich haftenden Gesellschafter auszuweisen sind. Eine Forderung darf jedoch nur ausgewiesen werden, soweit eine Einzahlungsverpflichtung besteht; dasselbe gilt, wenn ein Kommanditist Gewinnanteile entnimmt, während sein Kapitalanteil durch Verlust unter den Betrag der geleisteten Einlage herabgemindert ist, oder soweit durch die Entnahme der Kapitalanteil unter den bezeichneten Betrag herabgemindert wird. Als Rücklagen sind nur solche Beträge auszuweisen, die auf Grund einer gesellschaftsrechtlichen Vereinbarung gebildet worden sind. Im Anhang ist der Betrag der im Handelsregister gemäß § 172 Abs. 1 eingetragenen Einlagen anzugeben, soweit diese nicht geleistet sind.
(3) Das sonstige Vermögen der Gesellschafter (Privatvermögen) darf nicht in die Bilanz und die auf das Privatvermögen entfallenden Aufwendungen und Erträge dürfen nicht in die Gewinn- und Verlustrechnung aufgenommen werden. In der Gewinn- und Verlustrechnung darf jedoch nach dem Posten »Jahresüberschuß/Jahresfehlbetrag« ein dem Steuersatz der Komplementärgesellschaft entsprechender Steueraufwand der Gesellschafter offen abgesetzt oder hinzugerechnet werden.
(4) Anteile an Komplementärgesellschaften sind in der Bilanz auf der Aktivseite unter den Posten A.III.1 oder A.III.3 auszuweisen. § 272 Abs. 4 ist mit der Maßgabe anzuwenden, daß für diese Anteile in Höhe des aktivierten Betrags nach dem Posten »Eigenkapital« ein Sonderposten unter der Bezeichnung »Ausgleichsposten für aktivierte eigene Anteile« zu bilden ist. §§ 269, 274 Abs. 2 sind mit der Maßgabe anzuwenden, daß nach dem Posten »Eigenkapital« ein Sonderposten in Höhe der aktivierten Bilanzierungshilfen anzusetzen ist.

> Die Anforderungen an die Jahresabschlüsse von Unternehmen, die Nicht-Kapitalgesellschaften sind, sind somit wesentlich geringer, da bei ihnen u.a. die Forderung »ein den tatsächlichen Verhältnissen entsprechendes Bild der Vermögens-, Finanz- und Ertragslage der Kapitalgesellschaft zu vermitteln« fehlt. Die Anforderungen an die Jahresabschlüsse großer Personengesellschaften sind somit noch geringer als die Anforderungen an Jahresabschlüsse kleiner Kapitalgesellschaften. Nicht-Kapitalgesellschaften dürfen z.B. willkürlich stille Reserven bilden.
> Die Einzelvorschriften haben Vorrang vor der Generalnorm für Kapitalgesellschaften (§ 264 Abs. 2 HGB). Falls dies nicht der Fall ist, sind im Anhang zusätzliche Angaben zu machen. Das bedeutet, daß zunächst aufgrund der Einzelvorschriften in der Bilanz und/oder der Gewinn- und Verlustrechnung ein falsches Bild der Vermögens-, Finanz- und Ertragslage vermittelt werden muß, was anschließend im Anhang wieder zu korrigieren ist.

Durch den Zusatz »unter Beachtung der Grundsätze ordnungsmäßiger Buchführung« ist die Generalnorm der 4. EG-Richtlinie »Der Jahresabschluß hat ein den tatsächlichen Verhältnissen entsprechendes Bild der Vermögens-, Finanz- und Ertragslage der Gesellschaft zu vermitteln« nicht richtlinienkonform umgesetzt worden. Weitere Einzelheiten hierzu siehe Born, Karl: Bilanzanalyse international, 2. Auflage 2001, S. 17-18.

3. Grundsätze ordnungsmäßiger Buchführung (GoB)

Jahresabschlüsse sind in Deutschland gemäß § 243 HGB nach den Grundsätzen ordnungsmäßiger Buchführung (GoB) aufzustellen, die aber nirgendwo zusammengefaßt definiert sind. Sie sind ein unbestimmter Rechtsbegriff.

Das Wirtschaftsprüfer-Handbuch 2006, Band I, Seite 253, sagt zur Ermittlung der GoB folgendes:
»Die Frage, wie die GoB zu ermitteln sind, war in der Vergangenheit umstritten. Nach der induktiven Methode sollte die Anschauung ordentlicher, ehrenwerter Kaufleute festzustellen sein, wobei es nicht entscheidend darauf ankam, ob die tatsächlichen Gepflogenheiten mit diesen Anschauungen übereinstimmten. Die induktive Methode kann nach der h.M. nicht als alleinige Ermittlungsmethode für die GoB angesehen werden. Nach der deduktiven Methode, die lange Zeit als h.M. angesehen wurde, sind die GoB aus den Zwecken der Rechnungslegung (z.B. Information, Gläubigerschutz) abzuleiten, wobei als Entscheidungshilfen in Frage kommen: Gesetz und die zugrundeliegenden EG-Richtlinien, Rechtsprechung des BGH (RG), des EuGH, des BFH, der Spruchstelle (§ 324 HGB), die Stellungnahmen des IDW zur Rechnungslegung (St/HFA, IDW RS u.a.) einschließlich der zugehörigen Hinweise (IDW RH), gutachtliche Stellungnahmen des DIHT und der Industrie- und Handelskammern, die gesicherten Erkenntnisse der Betriebswirtschaftslehre, die Fachliteratur sowie die Bilanzierungspraxis ordentlicher Kaufleute. Im Hinblick auf die Konzernrechnungslegung sind im

Übrigen die vom Deutschen Standardisierungsrat (DSR) beim Deutschen Rechnungslegungs Standards Committee (DRSC) entwickelten Standards (DRS) grds. als GoB zu beachten (vgl. dazu § 342 HGB sowie Abschn. M Tz. 724 f., 776), soweit sie nicht gesetzliche Wahlrechte einschränken oder den HGB-Vorschriften widersprechen. Die Regelung des § 342 Abs. 2 HGB (GoB-Vermutung) gilt nicht für den handelsrechtlichen JA. Daher kommt den DRS für den JA nicht die gleiche Bedeutung zu wie für den KA, auch wenn die Anwendung der Standards für den JA ausdrücklich empfohlen wird. Die deduktive Methode wird vor allem wegen der mangelnden Eindeutigkeit der Ableitungsbasis für die GoB kritisiert. Zunehmende Bedeutung erlangt die sog. hermeneutische Methode, nach der alle Einflusselemente auf die Rechnungslegung Berücksichtigung bei der Auslegung kodifizierter und der Ableitung nicht kodifizierter GoB finden sollen und sich die Ergebnisse in das Gesamtsystem der GoB sowie in das System der übrigen kodifizierten Vorschriften einfügen müssen. Dabei sind als Kernelemente insb. Wortlauf und Wortsinn, Bedeutungszusammenhang und Entstehungsgeschichte von gesetzlichen Vorschriften sowie vom Gesetzgeber oder mit der Berichterstattung verfolgte Zwecke von Bedeutung. Auch die hermeneutische Methode wird in der Literatur kritisiert.
Auch die internationalen Rechnungslegungsgrundsätze (International Financial Reporting Standards – IFRS) des IASB können Anhaltspunkte bei der Ermittlung von GoB und bei der Auslegung des Gesetzes bieten. Der EuGH vertritt die Auffassung, dass die dem deutschen Handelsbilanzrecht zu Grunde liegenden EG-Richtlinien auch unter Berücksichtigung der jeweils geltenden IFRS auszulegen seien.«

Je nachdem, ob die induktive, die deduktive oder die hermeneutische Methode der Auslegung des § 243 HGB in Mode ist, können sich die GoB ändern. Nach der deduktiven Methode, die lange Zeit als herrschende Meinung angesehen wurde, bildet das Gemenge der Erkenntnisse aus
– Handels- und Steuergesetzen,
– zum Teil Jahrzehnte alten Urteilen von Finanzgerichten, die unter steuerlichen Gesichtspunkten urteilen,
– Stellungnahmen des IDW, die teilweise verschiedene Bilanzierungsmöglichkeiten zulassen,
– nicht definierten Stellungnahmen des DIHT und der Industrie- und Handelskammern,
– nicht genau definierten gesicherten Erkenntnissen der Betriebswirtschaftslehre,
– der Fachliteratur, die nicht selten unterschiedliche Meinungen vertritt,
– der Bilanzierungspraxis von Kaufleuten, die zwar ordentlich sein mögen, die aber keinen Grund haben, ihre Geschäftslage zu offenbaren,
die Grundsätze ordnungsmäßiger Buchführung.

§ 243 HGB kann folglich nicht für Jahresabschlußersteller (ausgenommen Bilanzakrobaten, die die Jahresabschlußleser durch bilanzpolitische Maßnahmen täuschen wollen), und erst recht nicht für Jahresabschlußleser als praktische Hilfe angesehen werden.

Kritische Anmerkungen
In der deutschen Bilanzliteratur kommt immer wieder ein unterschwelliger Stolz bei der Behandlung der rechtlichen Grundlagen der Bilanzierung im Vergleich zum

amerikanischen Bilanzwesen hervor. Der Stolz resultiert aus dem Vorhandensein von gesetzlichen Vorschriften für die Bilanzierung, während es in den USA keine gesetzlichen Vorschriften gibt.

In Deutschland konnte z.B. das größte deutsche Unternehmen, die Daimler-Benz AG, die von der größten deutschen Wirtschaftsprüfungsgesellschaft, der KPMG, geprüft wird und an der die größte deutsche Bank, die Deutsche Bank AG, einen Minderheitenanteil von 24,5 % hielt, mehrmals gegen einen der wichtigsten Grundsätze der Rechnungslegung, nämlich das Stetigkeitsgebot, verstoßen und anschließend im Jahre 1993 nach den sogenannten deutschen Grundsätzen ordnungsmäßiger Buchführung einen Gewinn von 615 Mio. DM ausweisen, während sie nach den US-GAAP bei einer periodengerechten Erfolgsermittlung einen Verlust von 1.839 Mio. DM ausweisen mußte. Dieser Gewinnausweis in der Rechnungslegung nach dem HGB und den sogenannten deutschen Grundsätzen ordnungsmäßiger Buchführung war möglich, weil die Daimler-Benz AG in guten Zeiten durch eine willkürliche und übertriebene Auslegung des Vorsichtsprinzips hohe stille Reserven legte und dadurch die Jahresabschlußleser täuschte, und in schlechten Zeiten gegen das Vorsichtsprinzip verstieß, indem sie die stillen Reserven auflöste und dadurch nochmals versuchte, die Jahresabschlußleser zu täuschen.

Erkennen konnte man diesen Skandal durch die von der Securities and Exchange Commission (SEC) geforderte und nur in den USA veröffentlichte Überleitung (reconciliation) auf US-GAAP wegen der Notierung an der New Yorker Börse.

Auch ist es in Deutschland möglich, bei Amtsantritt eines neuen Vorstandsvorsitzenden besonders vorsichtig zu bilanzieren, um im Laufe der Amtsperiode aufgrund der dadurch gelegten stillen Reserven mit guten Ergebnissen glänzen zu können. Ein Beispiel dafür ist der Daimler-Benz AG-Abschluß des Jahres 1995.

4. Verhältnis Handelsbilanz zur Steuerbilanz

Die handelsrechtlichen Rechnungslegungsvorschriften einschließlich der nicht kodifizierten Grundsätze ordnungsmäßiger Buchführung sind gemäß § 5 Abs. 1 Satz 1 EStG grundsätzlich auch für den Ansatz des Betriebsvermögens zum Zwecke der Besteuerung maßgebend. Eine nach den Grundsätzen ordnungsmäßiger Buchführung aufgestellte Handelsbilanz bildet daher zugleich die Grundlage für die steuerliche Gewinnermittlung (Maßgeblichkeitsprinzip).

Gemäß § 5 Abs. 1 Satz 2 EStG sind steuerliche Wahlrechte bei der Gewinnermittlung in Übereinstimmung mit der handelsrechtlichen Jahresbilanz auszuüben, sofern nicht steuerliche Spezialgesetze etwas anderes anordnen (umgekehrtes Maßgeblichkeitsprinzip).

Die §§ 247 Abs. 3, 254, 273, 279 Abs. 2 und 280 Abs. 2 HGB erlauben – um die steuerliche Begünstigung zu ermöglichen – eine Abweichung von grundsätzlich zwingenden handelsrechtlichen Bilanzierungs- und Bewertungsvorschriften.

II. Rechnungslegung allgemein

Nachstehend werden die gesetzlichen Vorschriften des HGB aufgeführt. Bewußt wurde auf die z.T. unterschiedlichen Meinungen der privaten Kommentatoren bei der Auslegung des HGB sowie auf die Darstellung der nicht kodifizierten herrschenden Meinung verzichtet. Im Einzelfall werden jedoch ergänzende Bemerkungen gemacht. Außerdem verweise ich auf mein Buch »Bilanzanalyse international«, insbesondere auf Teil 2 »Inhalt und Bewertung der einzelnen Posten des Jahresabschlusses und die Konsequenzen für die Bilanzanalyse«.
Nicht aufgeführt werden die §§ 331-335 (Straf- und Bußgeldvorschriften, Zwangsgelder), und die §§ 336-341 (Ergänzende Vorschriften für eingetragene Genossenschaften, Kreditinstitute und Versicherungsunternehmen).

> Bei einem Vergleich mit den IAS/IFRS und den US-GAAP zeigt sich, daß im HGB nur sehr wenige allgemeine Vorschriften bestehen und wichtige Teile überhaupt nicht geregelt sind. Außerdem kann man aus dem Text des HGB entnehmen, daß sich ein wesentlicher Teil der Vorschriften nur mit Wahlrechten und Ausnahmen von den ohnehin unzureichenden Regelungen befaßt.

1. Grundsätze der Rechnungslegung

Erster Abschnitt. Vorschriften für alle Kaufleute
Zweiter Unterabschnitt. Eröffnungsbilanz. Jahresabschluß
Dritter Titel. Bewertungsvorschriften

§ 252 Allgemeine Bewertungsgrundsätze. *(1) Bei der Bewertung der im Jahresabschluß ausgewiesenen Vermögensgegenstände und Schulden gilt insbesondere folgendes:*
1. *Die Wertansätze in der Eröffnungsbilanz des Geschäftsjahrs müssen mit denen der Schlußbilanz des vorhergehenden Geschäftsjahrs übereinstimmen.*
2. *Bei der Bewertung ist von der Fortführung der Unternehmenstätigkeit auszugehen, sofern dem nicht tatsächliche oder rechtliche Gegebenheiten entgegenstehen.*
3. *Die Vermögensgegenstände und Schulden sind zum Abschlußstichtag einzeln zu bewerten.*
4. *Es ist vorsichtig zu bewerten, namentlich sind alle vorhersehbaren Risiken und Verluste, die bis zum Abschlußstichtag entstanden sind, zu berücksichtigen, selbst wenn diese erst zwischen dem Abschlußstichtag und dem Tag der Aufstellung des Jahresabschlusses bekanntgeworden sind; Gewinne sind nur zu berücksichtigen, wenn sie am Abschlußstichtag realisiert sind.*

5. Aufwendungen und Erträge des Geschäftsjahrs sind unabhängig von den Zeitpunkten der entsprechenden Zahlungen im Jahresabschluß zu berücksichtigen.
6. Die auf den vorhergehenden Jahresabschluß angewandten Bewertungsmethoden sollen beibehalten werden.
(2) Von den Grundsätzen des Absatzes 1 darf nur in begründeten Ausnahmefällen abgewichen werden.

§ 253 Wertansätze der Vermögensgegenstände und Schulden, Abs. 1
Vermögensgegenstände sind höchstens mit den Anschaffungs- oder Herstellungskosten, vermindert um Abschreibungen nach den Absätzen 2 und 3 anzusetzen. Verbindlichkeiten sind zu ihrem Rückzahlungsbetrag, Rentenverpflichtungen, für die eine Gegenleistung nicht mehr zu erwarten ist, zu ihrem Barwert und Rückstellungen nur in Höhe des Betrags anzusetzen, der nach vernünftiger kaufmännischer Beurteilung notwendig ist; Rückstellungen dürfen nur abgezinst werden, soweit die ihnen zugrundeliegenden Verbindlichkeiten einen Zinsanteil enthalten.

§ 255 Anschaffungs- und Herstellungskosten. (1) Anschaffungskosten sind die Aufwendungen, die geleistet werden, um einen Vermögensgegenstand zu erwerben und ihn in einen betriebsbereiten Zustand zu versetzen, soweit sie dem Vermögensgegenstand einzeln zugeordnet werden können. Zu den Anschaffungskosten gehören auch die Nebenkosten sowie die nachträglichen Anschaffungskosten. Anschaffungspreisminderungen sind abzusetzen.
(2) Herstellungskosten sind die Aufwendungen, die durch den Verbrauch von Gütern und die Inanspruchnahme von Diensten für die Herstellung eines Vermögensgegenstands, seine Erweiterung oder für eine über seinen ursprünglichen Zustand hinausgehende wesentliche Verbesserung entstehen. Dazu gehören die Materialkosten, die Fertigungskosten und die Sonderkosten der Fertigung. Bei der Berechnung der Herstellungskosten dürfen auch angemessene Teile der notwendigen Materialgemeinkosten, der notwendigen Fertigungsgemeinkosten und des Wertverzehrs des Anlagevermögens, soweit er durch die Fertigung veranlaßt ist, eingerechnet werden. Kosten der allgemeinen Verwaltung sowie Aufwendungen für soziale Einrichtungen des Betriebs, für freiwillige soziale Leistungen und für betriebliche Altersversorgung brauchen nicht eingerechnet zu werden. Aufwendungen im Sinne der Sätze 3 und 4 dürfen nur insoweit berücksichtigt werden, als sie auf den Zeitraum der Herstellung entfallen. Vertriebskosten dürfen nicht in die Herstellungskosten einbezogen werden.
(3) Zinsen für Fremdkapital gehören nicht zu den Herstellungskosten. Zinsen für Fremdkapital, das zur Finanzierung der Herstellung eines Vermögensgegenstands verwendet wird, dürfen angesetzt werden, soweit sie auf den Zeitraum der Herstellung entfallen; in diesem Falle gelten sie als Herstellungskosten des Vermögensgegenstands.
(4) Als Geschäfts- oder Firmenwert darf der Unterschiedsbetrag angesetzt werden, um den die für die Übernahme eines Unternehmens bewirkte Gegenleistung den Wert der einzelnen Vermögensgegenstände des Unternehmens abzüglich der Schulden im Zeitpunkt der Übernahme übersteigt. Der Betrag ist in jedem folgenden Geschäftsjahr zu mindestens einem Viertel durch Abschreibungen zu tilgen. Die Abschreibung des Geschäfts- oder Firmenwerts kann aber auch planmäßig auf die Geschäftsjahre verteilt werden, in denen er voraussichtlich genutzt wird.

In § 252 HGB sind folgende allgemeine Bewertungsgrundsätze aufgeführt:
- Bilanzidentität,
- Annahme der Fortführung der Unternehmenstätigkeit,
- Einzelbewertung,
- Vorsichtsprinzip,
- periodengerechte Erfolgsermittlung,
- Bewertungsstetigkeit.

Der Grundsatz der Bilanzidentität ist eine Selbstverständlichkeit.

Der Grundsatz der Einzelbewertung ergibt sich bereits aus § 240 Abs. 1 und 2 und § 246 Abs. 2 HGB. Dieser Grundsatz ist somit ebenfalls selbstverständlich. Obwohl das Gesetz den selbstverständlichen Grundsatz der Einzelbewertung einerseits überbetont, läßt es andererseits Bewertungsvereinfachungsverfahren zu, und zwar in § 256 Satz 1 Verbrauchsfolgeverfahren und in § 256 Satz 2 Festwerte und die Gruppenbewertung.

Das Vorsichtsprinzip wird aus steuerlichen Gründen (Maßgeblichkeitsprinzip und umgekehrtes Maßgeblichkeitprinzip) und für bilanzpolitische Maßnahmen gerne vorgeschoben. Tatsächlich ist es oft so, daß in sehr guten Jahren sehr vorsichtig oder vorsichtig (Bildung stiller Reserven) und in schlechten Jahren weniger vorsichtig (Auflösung stiller Reserven) bilanziert wird. In der Praxis findet somit eine Umkehrung des Vorsichtsprinzips statt.

Aus folgenden Gründen wird die periodengerechte Erfolgsermittlung erheblich beeinträchtigt:
- die starke Betonung des Vorsichtsprinzips in guten Geschäftsjahren und die schwache Betonung des Vorsichtsprinzips in schlechten Geschäftsjahren,
- eine sehr lasche Handhabung der Bewertungsstetigkeit,
- der Vorrang der Einzelvorschriften, die der Generalnorm widersprechen können, vor der Generalnorm des § 264 Abs. 2 HGB, »ein den tatsächlichen Verhältnissen entsprechendes Bild der Vermögens-, Finanz- und Ertragslage zu vermitteln« (siehe Wirtschaftsprüfer-Handbuch 2000, Band I, S. 354) und der in der Generalnorm enthaltene Zusatz »unter Beachtung der Grundsätze ordnungsmäßiger Buchführung«,
- die Maßgeblichkeit der Handelsbilanz für die Steuerbilanz sowie insbesondere die umgekehrte Maßgeblichkeit,
- die im Gesetz enthaltenen Bilanzierungs- und Bewertungswahlrechte sowie Bilanzierungshilfen (siehe Born, Karl: Bilanzanalyse international, 2. Auflage 2001, S. 19-21).

Darüber hinaus wirken sich
- eine vollkommen unzureichende Regelungsdichte für die Bilanzierung und Bewertung einzelner Sachverhalte,
- der Vorrang der rechtlichen Betrachtungsweise vor der wirtschaftlichen Betrachtungsweise und
- unzureichende und unpräzise zusätzliche Angaben und Informationen
negativ auf eine aussagefähige Rechnungslegung aus.

2. Bestandteile und Gliederung des Jahresabschlusses

a) Bestandteile

Der Jahresabschluß besteht aus:
- Bilanz (Kontoform),
- Gewinn- und Verlustrechnung (Gesamtkosten- oder Umsatzkostenverfahren in Staffelform),
- Anhang (bei Kapitalgesellschaften),
- Kapitalflußrechnung (nur Konzernabschluß)
  (Der Inhalt der Kapitalflußrechnung ist im HGB nicht geregelt),
- Eigenkapitalspiegel (nur Konzernabschluß),
- Zusätzlicher Lagebericht bei Kapitalgesellschaften (prüfungspflichtig bei mittelgroßen und großen Kapitalgesellschaften).

b) Gliederung (bei Kapitalgesellschaften) und Vorjahreszahlen

Zweiter Abschnitt. Ergänzende Vorschriften für Kapitalgesellschaften (Aktiengesellschaften, Kommanditgesellschaften auf Aktien und Gesellschaften mit beschränkter Haftung) sowie bestimmte Personenhandelsgesellschaften
Erster Unterabschnitt. Jahresabschluß der Kapitalgesellschaft und Lagebericht
Erster Titel. Allgemeine Vorschriften

§ 265 Allgemeine Grundsätze für die Gliederung. *(1) Die Form der Darstellung, insbesondere die Gliederung der aufeinanderfolgenden Bilanzen und Gewinn- und Verlustrechnungen, ist beizubehalten, soweit nicht in Ausnahmefällen wegen besonderer Umstände Abweichungen erforderlich sind. Die Abweichungen sind im Anhang anzugeben und zu begründen.*
(2) In der Bilanz sowie in der Gewinn- und Verlustrechnung ist zu jedem Posten der entsprechende Betrag des vorhergehenden Geschäftsjahrs anzugeben. Sind die Beträge nicht vergleichbar, so ist dies im Anhang anzugeben und zu erläutern. Wird der Vorjahresbetrag angepaßt, so ist auch dies im Anhang anzugeben und zu erläutern.
(3) Fällt ein Vermögensgegenstand oder eine Schuld unter mehrere Posten der Bilanz, so ist die Mitzugehörigkeit zu anderen Posten bei dem Posten, unter dem der Ausweis erfolgt ist, zu vermerken oder im Anhang anzugeben, wenn dies zur Aufstellung eines klaren und übersichtlichen Jahresabschlusses erforderlich ist. Eigene Anteile dürfen unabhängig von ihrer Zweckbestimmung nur unter dem dafür vorgesehenen Posten im Umlaufvermögen ausgewiesen werden.
(4) Sind mehrere Geschäftszweige vorhanden und bedingt dies die Gliederung des Jahresabschlusses nach verschiedenen Gliederungsvorschriften, so ist der Jahresabschluß nach der für einen Geschäftszweig vorgeschriebenen Gliederung aufzustellen und nach der für die anderen Geschäftszweige vorgeschriebenen Gliederung zu ergänzen. Die Ergänzung ist im Anhang anzugeben und zu begründen.
(5) Eine weitere Untergliederung der Posten ist zulässig; dabei ist jedoch die vorgeschriebene Gliederung zu beachten. Neue Posten dürfen hinzugefügt werden, wenn ihr Inhalt nicht von einem vorgeschriebenen Posten gedeckt wird.

(6) Gliederung und Bezeichnung der mit arabischen Zahlen versehenen Posten der Bilanz und der Gewinn- und Verlustrechnung sind zu ändern, wenn dies wegen Besonderheiten der Kapitalgesellschaft zur Aufstellung eines klaren und übersichtlichen Jahresabschlusses erforderlich ist.

(7) Die mit arabischen Zahlen versehenen Posten der Bilanz und der Gewinn- und Verlustrechnung können, wenn nicht besondere Formblätter vorgeschrieben sind, zusammengefaßt ausgewiesen werden, wenn

1. *sie einen Betrag enthalten, der für die Vermittlung eines den tatsächlichen Verhältnissen entsprechenden Bildes im Sinne des § 264 Abs. 2 nicht erheblich ist, oder*
2. *dadurch die Klarheit der Darstellung vergrößert wird; in diesem Falle müssen die zusammengefaßten Posten jedoch im Anhang gesondert ausgewiesen werden.*

(8) Ein Posten der Bilanz oder der Gewinn- und Verlustrechnung, der keinen Betrag ausweist, braucht nicht aufgeführt zu werden, es sei denn, daß im vorhergehenden Geschäftsjahr unter diesem Posten ein Betrag ausgewiesen wurde.

Zweiter Titel. Bilanz

§ 266 Gliederung der Bilanz. *(1) Die Bilanz ist in Kontoform aufzustellen. Dabei haben große und mittelgroße Kapitalgesellschaften (§ 267 Abs. 3, 2) auf der Aktivseite die in Absatz 2 und auf der Passivseite die in Absatz 3 bezeichneten Posten gesondert und in der vorgeschriebenen Reihenfolge auszuweisen. Kleine Kapitalgesellschaften (§ 267 Abs. 1) brauchen nur eine verkürzte Bilanz aufzustellen, in die nur die in den Absätzen 2 und 3 mit Buchstaben und römischen Zahlen bezeichneten Posten gesondert und in der vorgeschriebenen Reihenfolge aufgenommen werden.*

(2) Aktivseite
A. *Anlagevermögen:*
   I. *Immaterielle Vermögensgegenstände:*
      1. *Konzessionen, gewerbliche Schutzrechte und ähnliche Rechte und Werte sowie Lizenzen an solchen Rechten und Werten;*
      2. *Geschäfts- oder Firmenwert;*
      3. *geleistete Anzahlungen;*
  II. *Sachanlagen:*
      1. *Grundstücke, grundstücksgleiche Rechte und Bauten einschließlich der Bauten auf fremden Grundstücken;*
      2. *technische Anlagen und Maschinen;*
      3. *andere Anlagen, Betriebs- und Geschäftsausstattung;*
      4. *geleistete Anzahlungen und Anlagen im Bau;*
  III. *Finanzanlagen:*
      1. *Anteile an verbundenen Unternehmen;*
      2. *Ausleihungen an verbundene Unternehmen;*
      3. *Beteiligungen;*
      4. *Ausleihungen an Unternehmen, mit denen ein Beteiligungsverhältnis besteht;*

            5. Wertpapiere des Anlagevermögens;
            6. sonstige Ausleihungen.
    B. Umlaufvermögen:
        I. Vorräte:
            1. Roh-, Hilfs- und Betriebsstoffe;
            2. unfertige Erzeugnisse, unfertige Leistungen;
            3. fertige Erzeugnisse und Waren;
            4. geleistete Anzahlungen;
        II. Forderungen und sonstige Vermögensgegenstände:
            1. Forderungen aus Lieferungen und Leistungen;
            2. Forderungen gegen verbundene Unternehmen;
            3. Forderungen gegen Unternehmen, mit denen ein Beteiligungsverhältnis besteht;
            4. sonstige Vermögensgegenstände;
        III. Wertpapiere:
            1. Anteile an verbundenen Unternehmen;
            2. eigene Anteile;
            3. sonstige Wertpapiere;
        IV. Kassenbestand, Bundesbankguthaben, Guthaben bei Kreditinstituten und Schecks.
    C. Rechnungsabgrenzungsposten.

(3) Passivseite
    A. Eigenkapital:
        I. Gezeichnetes Kapital;
        II. Kapitalrücklage;
        III. Gewinnrücklagen:
            1. gesetzliche Rücklage;
            2. Rücklage für eigene Anteile;
            3. satzungsmäßige Rücklagen;
            4. andere Gewinnrücklagen;
        IV. Gewinnvortrag/Verlustvortrag;
        V. Jahresüberschuß/Jahresfehlbetrag.
    B. Rückstellungen:
        1. Rückstellungen für Pensionen und ähnliche Verpflichtungen;
        2. Steuerrückstellungen;
        3. sonstige Rückstellungen.
    C. Verbindlichkeiten:
        1. Anleihen, davon konvertibel;
        2. Verbindlichkeiten gegenüber Kreditinstituten;
        3. erhaltene Anzahlungen auf Bestellungen;
        4. Verbindlichkeiten aus Lieferungen und Leistungen;
        5. Verbindlichkeiten aus der Annahme gezogener Wechsel und der Ausstellung eigener Wechsel;
        6. Verbindlichkeiten gegenüber verbundenen Unternehmen;
        7. Verbindlichkeiten gegenüber Unternehmen, mit denen ein Beteiligungsverhältnis besteht;

8. sonstige Verbindlichkeiten, davon aus Steuern, davon im Rahmen der sozialen Sicherheiten.
D. Rechnungsabgrenzungsposten.

§ 267 Umschreibung der Größenklassen. *(1) Kleine Kapitalgesellschaften sind solche, die mindestens zwei der drei nachstehenden Merkmale nicht überschreiten:*
1. 4 015 000 Euro Bilanzsumme nach Abzug eines auf der Aktivseite ausgewiesenen Fehlbetrags (§ 268 Abs. 3).
2. 8 030 000 Euro Umsatzerlöse in den zwölf Monaten vor dem Abschlußstichtag.
3. Im Jahresdurchschnitt fünfzig Arbeitnehmer.
(2) Mittelgroße Kapitalgesellschaften sind solche, die mindestens zwei der drei in Absatz 1 bezeichneten Merkmale überschreiten und jeweils mindestens zwei der drei nachstehenden Merkmale nicht überschreiten:
1. 16 060 000 Euro Bilanzsumme nach Abzug eines auf der Aktivseite ausgewiesenen Fehlbetrags (§ 268 Abs. 3).
2. 32 120 000 Euro Umsatzerlöse in den zwölf Monaten vor dem Abschlußstichtag.
3. Im Jahresdurchschnitt zweihundertfünfzig Arbeitnehmer.
(3) Große Kapitalgesellschaften sind solche, die mindestens zwei der drei in Absatz 2 bezeichneten Merkmale überschreiten. Eine Kapitalgesellschaft gilt stets als große, wenn sie einen organisierten Markt im Sinne des § 2 Abs. 5 des Wertpapierhandelsgesetzes durch von ihr ausgegebene Wertpapiere im Sinne des § 2 Abs. 1 Satz 1 des Wertpapierhandelsgesetzes in Anspruch nimmt oder die Zulassung zum Handel an einem organisierten Markt beantragt worden ist.
(4) Die Rechtsfolgen der Merkmale nach den Absätzen 1 bis 3 Satz 1 treten nur ein, wenn sie an den Abschlußstichtagen von zwei aufeinanderfolgenden Geschäftsjahren über- oder unterschritten werden. Im Falle der Umwandlung oder Neugründung treten die Rechtsfolgen schon ein, wenn die Voraussetzungen des Absatzes 1, 2 oder 3 am ersten Abschlußstichtag nach der Umwandlung oder Neugründung vorliegen.
(5) Als durchschnittliche Zahl der Arbeitnehmer gilt der vierte Teil der Summe aus den Zahlen der jeweils am 31. März, 30. Juni, 30. September und 31. Dezember beschäftigten Arbeitnehmer einschließlich der im Ausland beschäftigten Arbeitnehmer, jedoch ohne die zu ihrer Berufsausbildung Beschäftigten.
(6) Informations- und Auskunftsrechte der Arbeitnehmervertretungen nach anderen Gesetzen bleiben unberührt.

Dritter Titel. Gewinn- und Verlustrechnung

§ 275 Gliederung. *(1) Die Gewinn- und Verlustrechnung ist in Staffelform nach dem Gesamtkostenverfahren oder dem Umsatzkostenverfahren aufzustellen. Dabei sind die in Absatz 2 oder 3 bezeichneten Posten in der angegebenen Reihenfolge gesondert auszuweisen.*
(2) Bei Anwendung des Gesamtkostenverfahrens sind auszuweisen:
1. Umsatzerlöse
2. Erhöhung oder Verminderung des Bestands an fertigen und unfertigen Erzeugnissen
3. andere aktivierte Eigenleistungen
4. sonstige betriebliche Erträge

5. Materialaufwand:
   a) Aufwendungen für Roh-, Hilfs- und Betriebsstoffe und für bezogene Waren
   b) Aufwendungen für bezogene Leistungen
6. Personalaufwand:
   a) Löhne und Gehälter
   b) soziale Abgaben und Aufwendungen für Altersversorgung und für Unterstützung, davon für Altersversorgung
7. Abschreibungen:
   a) auf immaterielle Vermögensgegenstände des Anlagevermögens und Sachanlagen sowie auf aktivierte Aufwendungen für die Ingangsetzung und Erweiterung des Geschäftsbetriebs
   b) auf Vermögensgegenstände des Umlaufvermögens, soweit diese die in der Kapitalgesellschaft üblichen Abschreibungen überschreiten
8. sonstige betriebliche Aufwendungen
9. Erträge aus Beteiligungen, davon aus verbundenen Unternehmen
10. Erträge aus anderen Wertpapieren und Ausleihungen des Finanzanlagevermögens, davon aus verbundenen Unternehmen
11. sonstige Zinsen und ähnliche Erträge, davon aus verbunden Unternehmen
12. Abschreibungen auf Finanzanlagen und auf Wertpapiere des Umlaufvermögens
13. Zinsen und ähnliche Aufwendungen, davon an verbundene Unternehmen
14. Ergebnis der gewöhnlichen Geschäftstätigkeit
15. außerordentliche Erträge
16. außerordentliche Aufwendungen
17. außerordentliches Ergebnis
18. Steuern vom Einkommen und vom Ertrag
19. sonstige Steuern
20. Jahresüberschuß/Jahresfehlbetrag.

(3) Bei Anwendung des Umsatzkostenverfahrens sind auszuweisen:
1. Umsatzerlöse
2. Herstellungskosten der zur Erzielung der Umsatzerlöse erbrachten Leistungen
3. Bruttoergebnis vom Umsatz
4. Vertriebskosten
5. allgemeine Verwaltungskosten
6. sonstige betriebliche Erträge
7. sonstige betriebliche Aufwendungen
8. Erträge aus Beteiligungen davon aus verbundenen Unternehmen
9. Erträge aus anderen Wertpapieren und Ausleihungen des Finanzanlagevermögens, davon aus verbundenen Unternehmen
10. sonstige Zinsen und ähnliche Erträge, davon aus verbundenen Unternehmen
11. Abschreibungen auf Finanzanlagen und auf Wertpapiere des Umlaufvermögens
12. Zinsen und ähnliche Aufwendungen davon an verbundene Unternehmen
13. Ergebnis der gewöhnlichen Geschäftstätigkeit
14. außerordentliche Erträge
15. außerordentliche Aufwendungen
16. außerordentliches Ergebnis
17. Steuern vom Einkommen und vom Ertrag
18. sonstige Steuern

19. Jahresüberschuß/Jahresfehlbetrag.
(4) Veränderungen der Kapital- und Gewinnrücklagen dürfen in der Gewinn- und Verlustrechnung erst nach dem Posten »Jahresüberschuß/Jahresfehlbetrag« ausgewiesen werden.

§ 276 Größenabhängige Erleichterungen. *Kleine und mittelgroße Kapitalgesellschaften (§ 267 Abs. 1, 2) dürfen die Posten § 275 Abs. 2 Nr. 1 bis 5 oder Abs. 3 Nr. 1 bis 3 und 6 zu einem Posten unter der Bezeichnung »Rohergebnis« zusammenfassen. Kleine Kapitalgesellschaften brauchen außerdem die in § 277 Abs. 4 Satz 2 und 3 verlangten Erläuterungen zu den Posten »außerordentliche Erträge« und »außerordentliche Aufwendungen« nicht zu machen.*

§ 277 Vorschriften zu einzelnen Posten der Gewinn- und Verlustrechnung. *(1) Als Umsatzerlöse sind die Erlöse aus dem Verkauf und der Vermietung oder Verpachtung von für die gewöhnliche Geschäftstätigkeit der Kapitalgesellschaft typischen Erzeugnissen und Waren sowie aus von für die gewöhnliche Geschäftstätigkeit der Kapitalgesellschaft typischen Dienstleistungen nach Abzug von Erlösschmälerungen und der Umsatzsteuer auszuweisen.*
(2) Als Bestandsveränderungen sind sowohl Änderungen der Menge als auch solche des Wertes zu berücksichtigen; Abschreibungen jedoch nur, soweit diese die in der Kapitalgesellschaft sonst üblichen Abschreibungen nicht überschreiten.
(3) Außerplanmäßige Abschreibungen nach § 253 Abs. 2 Satz 3 sowie Abschreibungen nach § 253 Abs. 3 Satz 3 sind jeweils gesondert auszuweisen oder im Anhang anzugeben. Erträge und Aufwendungen aus Verlustübernahme und auf Grund einer Gewinngemeinschaft, eines Gewinnabführungs- oder eines Teilgewinnabführungsvertrags erhaltene oder abgeführte Gewinne sind jeweils gesondert unter entsprechender Bezeichnung auszuweisen.
(4) Unter den Posten »außerordentliche Erträge« und »außerordentliche Aufwendungen« sind Erträge und Aufwendungen auszuweisen, die außerhalb der gewöhnlichen Geschäftstätigkeit der Kapitalgesellschaft anfallen. Die Posten sind hinsichtlich ihres Betrags und ihrer Art im Anhang zu erläutern, soweit die ausgewiesenen Beträge für die Beurteilung der Ertragslage nicht von untergeordneter Bedeutung sind. Satz 2 gilt auch für Erträge und Aufwendungen, die einem anderen Geschäftsjahr zuzurechnen sind.

Gemäß § 330 HGB ist das Bundesministerium der Justiz ermächtigt, für Kapitalgesellschaften, deren Geschäftszweig eine abweichende Gliederung erfordert, Formblätter oder eine abweichende Gliederung vorzuschreiben.

3. Währungsumrechnung von Geschäftsvorfällen in fremder Währung

a) Bewertung

Es bestehen keine speziellen Vorschriften.

b) Angaben

Zweiter Abschnitt. Ergänzende Vorschriften für Kapitalgesellschaften (Aktiengesellschaften, Kommanditgesellschaften auf Aktien und Gesellschaften mit beschränkter Haftung) sowie bestimmte Personenhandelsgesellschaften
Erster Unterabschnitt. Jahresabschluß der Kapitalgesellschaft und Lagebericht
Fünfter Titel. Anhang

§ 284 Erläuterung der Bilanz und der Gewinn- und Verlustrechnung, Abs. 2 Nr. 2
Im Anhang müssen die Grundlagen für die Umrechnung in Euro angegeben werden, soweit der Jahresabschluß Posten enthält, denen Beträge zugrunde liegen, die auf fremde Währung lauten oder ursprünglich auf fremde Währung lauteten.

Achter Titel. Konzernanhang

§ 313 Erläuterung der Konzernbilanz und der Konzern-Gewinn- und Verlustrechnung. Angaben zum Beteiligungsbesitz, Abs. 1 Nr. 2
Im Konzernanhang müssen die Grundlagen für die Umrechnung in Euro angegeben werden, sofern der Konzernabschluß Posten enthält, denen Beträge zugrunde liegen, die auf fremde Währung lauten oder ursprünglich auf fremde Währung lauteten.

4. Inflationsbereinigung

Es ist keine Bewertung oder Berichterstattung zum Zeitwert vorgesehen.

5. Änderung von Bilanzierungs- und Bewertungsmethoden

Zweiter Abschnitt. Ergänzende Vorschriften für Kapitalgesellschaften (Aktiengesellschaften, Kommanditgesellschaften auf Aktien und Gesellschaften mit beschränkter Haftung) sowie bestimmte Personenhandelsgesellschaften
Erster Unterabschnitt. Jahresabschluß der Kapitalgesellschaft und Lagebericht
Fünfter Titel. Anhang

§ 284 Erläuterung der Bilanz und der Gewinn- und Verlustrechnung, Abs. 2 Nr. 3
Im Anhang müssen Abweichungen von Bilanzierungs- und Bewertungsmethoden angegeben und begründet werden; deren Einfluß auf die Vermögens-, Finanz- und Ertragslage ist gesondert darzustellen.

Zweiter Unterabschnitt. Konzernabschluß und Konzernlagebericht
Achter Titel. Konzernanhang

§ 313 Erläuterung der Konzernbilanz und der Konzern-Gewinn- und Verlustrechnung. Angaben zum Beteiligungsbesitz, Abs. 1 Nr. 3

Im Konzernanhang müssen Abweichungen von Bilanzierungs-, Bewertungs- und Konsolidierungsmethoden angegeben und begründet werden; deren Einfluß auf die Vermögens-, Finanz-und Ertragslage des Konzerns ist gesondert darzustellen.

Der Einfluß auf die Vermögens-, Finanz- und Ertragslage kann nach Literaturmeinung verbal ohne Angabe von Beträgen oder mit Angabe von Beträgen dargestellt werden.

Bei den Bilanzierungswahlrechten (Ansatzwahlrechten), z.B. Aufwendungen für die Ingangsetzung und Erweiterung des Geschäftsbetriebs und Bildung von Aufwandsrückstellungen, besteht nach Literaturmeinung kein Stetigkeitsgebot.

Die Möglichkeit, bei Änderungen von Bilanzierungs- und Bewertungsmethoden den Einfluß auf die Vermögens-, Finanz- und Ertragslage nur verbal darzustellen, die Möglichkeit, Bilanzierungwahlrechte (Ansatzwahlrechte) und Bewertungswahlrechte zu nutzen, und das fehlende Stetigkeitsgebot bei Bilanzierungswahlrechten (Ansatzwahlrechten) und die damit zusammenhängende fehlende Angabepflicht bei der Änderung der Ausübung von Bilanzierungswahlrechten (Ansatzwahlrechten) beeinträchtigen die Aussagefähigkeit des Jahresabschlusses sehr. Es ist ein Grund für das geringe Ansehen deutscher Jahresabschlüsse im Ausland.

6. Korrekturen von Fehlern aus Vorjahren

Grundsätzlich ist keine Berichtigung vorhergehender Jahresabschlüsse vorgesehen. Korrekturen erfolgen im laufenden Jahr.

7. Ereignisse nach dem Bilanzstichtag

Wertaufhellende Tatsachen (Ereignisse, die weitere Klarheit über bereits zum Bilanzstichtag bestehende Ereignisse bringen) nach dem Bilanzstichtag sind im Jahresabschluß zu berücksichtigen. Das gilt sowohl für positive als auch negative wertaufhellende Tatsachen.

Wertbeeinflussende Tatsachen (Ereignisse nach dem Bilanzstichtag, die nicht im Zusammenhang mit den Verhältnissen zum Bilanzstichtag bestehen) bleiben bei der Bilanzierung außer Betracht. Vorgänge von besonderer Bedeutung, die nach dem Schluß des Geschäftsjahres eingetreten sind, sind im Lagebericht darzustellen (§§ 289 Abs. 2 Nr. 1 und 315 Abs. 2 Nr. 1 HGB).

III. Inhalt, Ausweis und Bilanzierungs- und Bewertungsgrundsätze einzelner Posten der Bilanz sowie der dazugehörigen Angaben

1. Immaterielle Vermögenswerte

a) Definition

Der Begriff ist im Gesetz nicht definiert.

b) Ausweis

Gemäß § 247 Abs. 2 sind beim Anlagevermögen nur die Gegenstände auszuweisen, die bestimmt sind, dauernd dem Geschäftsbetrieb zu dienen.

Gemäß **§ 266** Abs. 2 sind getrennt auszuweisen:
1. *Konzessionen, gewerbliche Schutzrechte und ähnliche Rechte und Werte sowie Lizenzen an solchen Rechten und Werten;*
2. *Geschäfts- oder Firmenwert;*
3. *geleistete Anzahlungen.*

c) Ansatz und Bewertung

Es gibt keine speziellen Vorschriften (siehe D.II.1 §§ 252 und 253 HGB).

d) Selbstgeschaffene immaterielle Vermögensgegenstände

Erster Abschnitt. Vorschriften für alle Kaufleute
Zweiter Unterabschnitt. Eröffnungsbilanz. Jahresabschluß
Zweiter Titel. Ansatzvorschriften

§ 248 **Bilanzierungsverbote**, Abs. 2
Für immaterielle Vermögensgegenstände des Anlagevermögens, die nicht entgeltlich erworben wurden, darf ein Aktivposten nicht angesetzt werden.

e) Geschäfts- oder Firmenwert

Dritter Titel. Bewertungsvorschriften

Aktivierungswahlrecht für den derivativen Geschäfts- oder Firmenwert gemäß § 255. **Anschaffungs- und Herstellungskosten**, Abs. 4
Als Geschäfts- oder Firmenwert darf der Unterschiedsbetrag angesetzt werden, um den die für die Übernahme eines Unternehmens bewirkte Gegenleistung den Wert der einzelnen Vermögensgegenstände des Unternehmens abzüglich der Schulden im Zeitpunkt der Übernahme übersteigt. Der Betrag ist in jedem folgenden Geschäftsjahr zu mindestens einem Viertel durch Abschreibungen zu tilgen. Die Abschreibung des Geschäfts- oder Firmenwerts kann aber auch planmäßig auf die Geschäftsjahre verteilt werden, in denen er voraussichtlich genutzt wird.

Zweiter Abschnitt. Ergänzende Vorschriften für Kapitalgesellschaften (Aktiengesellschaften, Kommanditgesellschaften auf Aktien und Gesellschaften mit beschränkter Haftung) sowie bestimmte Personenhandelsgesellschaften
Erster Unterabschnitt. Jahresabschluß der Kapitalgesellschaft und Lagebericht
Zweiter Titel. Bilanz

Die Entwicklung des Postens ist im Anlagespiegel gem. **§ 268. Vorschriften zu einzelnen Posten der Bilanz. Bilanzvermerke**, Abs. 2 darzustellen:
In der Bilanz oder im Anhang ist die Entwicklung der einzelnen Posten des Anlagevermögens und des Postens »Aufwendungen für die Ingangsetzung und Erweiterung des Geschäftsbetriebs« darzustellen. Dabei sind, ausgehend von den gesamten Anschaffungs- und Herstellungskosten, die Zugänge, Abgänge, Umbuchungen und Zuschreibungen des Geschäftsjahrs sowie die Abschreibungen in ihrer gesamten Höhe gesondert aufzuführen. Die Abschreibungen des Geschäftsjahrs sind entweder in der Bilanz bei dem betreffenden Posten zu vermerken oder im Anhang in einer der Gliederung des Anlagevermögens entsprechenden Aufgliederung anzugeben.

Fünfter Titel. Anhang

§ 285 Sonstige Pflichtangaben, Nr. 13
Bei Anwendung des § 255 Abs. 4 Satz 3 HGB sind die Gründe für die planmäßige Abschreibung des Geschäfts- oder Firmenwerts anzugeben.

f) Sonderposten: Aufwendungen für die Ingangsetzung und Erweiterung des Geschäftsbetriebs

Zweiter Titel. Bilanz

§ 269 Aufwendungen für die Ingangsetzung und Erweiterung des Geschäftsbetriebs. *Die Aufwendungen für die Ingangsetzung des Geschäftsbetriebs und dessen Erweiterung dürfen, soweit sie nicht bilanzierungsfähig sind, als Bilanzierungshilfe aktiviert werden; der Posten ist in der Bilanz unter der Bezeichnung »Aufwendungen für die Ingangsetzung und Erweiterung des Geschäftsbetriebs« vor dem Anlagevermögen auszuweisen und im Anhang zu erläutern. Werden solche Aufwendungen in der Bilanz ausgewiesen, so dürfen Gewinne nur ausgeschüttet werden, wenn die nach der Ausschüttung verbleibenden jederzeit auflösbaren Gewinnrücklagen zuzüg-*

lich eines Gewinnvortrags und abzüglich eines Verlustvortrags dem angesetzten Betrag mindestens entsprechen.
§ 274a Größenabhängige Erleichterungen, Nr. 5
Kleine Kapitalgesellschaften sind von der Anwendung der folgenden Vorschriften befreit: § 269 Satz 1 insoweit, als die Aufwendungen für die Ingangsetzung und Erweiterung des Geschäftsbetriebs im Anhang erläutert werden müssen.

Vierter Titel. Bewertungsvorschriften

§ 282 Abschreibung der Aufwendungen für die Ingangsetzung und Erweiterung des Geschäftsbetriebs. *Für die Ingangsetzung und Erweiterung des Geschäftsbetriebs ausgewiesene Beträge sind in jedem folgenden Geschäftsjahr zu mindestens einem Viertel durch Abschreibungen zu tilgen.*

g) **Aufwendungen für die Gründung des Unternehmens und für die Beschaffung des Eigenkapitals**

Erster Abschnitt. Vorschriften für alle Kaufleute
Zweiter Unterabschnitt. Eröffnungsbilanz. Jahresabschluß
Zweiter Titel. Ansatzvorschriften

§ 248 Bilanzierungsverbote, Abs. 1
Aufwendungen für die Gründung des Unternehmens und für die Beschaffung des Eigenkapitals dürfen in die Bilanz nicht als Aktivposten aufgenommen werden.

h) **Sonstiges**

§ 248 Bilanzierungsverbote, Abs. 3
Aufwendungen für den Abschluß von Versicherungsverträgen dürfen nicht aktiviert werden.

i) **Angaben**

Zweiter Abschnitt. Ergänzende Vorschriften für Kapitalgesellschaften (Aktiengesellschaften, Kommanditgesellschaften auf Aktien und Gesellschaften mit beschränkter Haftung) sowie bestimmte Personenhandelsgesellschaften
Erster Unterabschnitt. Jahresabschluß der Kapitalgesellschaft und Lagebericht
Zweiter Titel. Bilanz

§ 268 Vorschriften zu einzelnen Posten der Bilanz. Bilanzvermerke, Abs. 2
In der Bilanz oder im Anhang ist die Entwicklung der einzelnen Posten des Anlagevermögens und des Postens »Aufwendungen für die Ingangsetzung und Erweiterung des Geschäftsbetriebs« darzustellen. Dabei sind, ausgehend von den gesamten Anschaffungs- und Herstellungskosten, die Zugänge, Abgänge, Umbuchungen und

Zuschreibungen des Geschäftsjahrs sowie die Abschreibungen in ihrer gesamten Höhe gesondert aufzuführen. Die Abschreibungen des Geschäftsjahrs sind entweder in der Bilanz bei dem betreffenden Posten zu vermerken oder im Anhang in einer der Gliederung des Anlagevermögens entsprechenden Aufgliederung anzugeben.
§ 274a Größenabhängige Erleichterungen, Nr. 1
Kleine Kapitalgesellschaften sind von der Anwendung der folgenden Vorschriften befreit: § 268 Abs. 2 über die Aufstellung eines Anlagengitters.

2. Sachanlagen

a) Definition

Der Begriff ist im Gesetz nicht definiert.

b) Ausweis

Gemäß § 247 Abs. 2 sind beim Anlagevermögen nur die Gegenstände auszuweisen, die bestimmt sind, dauernd dem Geschäftsbetrieb zu dienen.

Zweiter Abschnitt. Ergänzende Vorschriften für Kapitalgesellschaften (Aktiengesellschaften, Kommanditgesellschaften auf Aktien und Gesellschaften mit beschränkter Haftung) sowie bestimmte Personenhandelsgesellschaften
Erster Unterabschnitt. Jahresabschluß der Kapitalgesellschaft und Lagebericht
Zweiter Titel. Bilanz

Gemäß **§ 266** Abs. 2 sind getrennt auszuweisen:
1. Grundstücke, grundstücksgleiche Rechte und Bauten einschließlich der Bauten auf fremden Grundstücken;
2. technische Anlagen und Maschinen;
3. andere Anlagen, Betriebs- und Geschäftsausstattung;
4. geleistete Anzahlungen und Anlagen im Bau.

c) Ansatz und Bewertung

Es gibt keine speziellen Vorschriften (siehe D.II.1 §§ 252 und 253 HGB).
Geringwertige Wirtschaftsgüter i.S.v. § 6 Abs. 2 EStG können sofort als Aufwand behandelt werden.

Erster Abschnitt. Vorschriften für alle Kaufleute
Erster Unterabschnitt. Buchführung. Inventar

§ 240 Inventar, Abs. 3
Vermögensgegenstände des Sachanlagevermögens sowie Roh-, Hilfs- und Betriebsstoffe

können, wenn sie regelmäßig ersetzt werden und ihr Gesamtwert für das Unternehmen von nachrangiger Bedeutung ist, mit einer gleichbleibenden Menge und einem gleichbleibenden Wert angesetzt werden, sofern ihr Bestand in seiner Größe, seinem Wert und seiner Zusammensetzung nur geringen Veränderungen unterliegt. Jedoch ist in der Regel alle drei Jahre eine körperliche Bestandsaufnahme durchzuführen.

d) Angaben

Zweiter Abschnitt. Ergänzende Vorschriften für Kapitalgesellschaften (Aktiengesellschaften, Kommanditgesellschaften auf Aktien und Gesellschaften mit beschränkter Haftung) sowie bestimmte Personenhandelsgesellschaften
Erster Unterabschnitt. Jahresabschluß der Kapitalgesellschaft und Lagebericht
Zweiter Titel. Bilanz

§ 268 Vorschriften zu einzelnen Posten der Bilanz. **Bilanzvermerke**, Abs. 2
In der Bilanz oder im Anhang ist die Entwicklung der einzelnen Posten des Anlagevermögens und des Postens »Aufwendungen für die Ingangsetzung und Erweiterung des Geschäftsbetriebs« darzustellen. Dabei sind, ausgehend von den gesamten Anschaffungs- und Herstellungskosten, die Zugänge, Abgänge, Umbuchungen und Zuschreibungen des Geschäftsjahrs sowie die Abschreibungen in ihrer gesamten Höhe gesondert aufzuführen. Die Abschreibungen des Geschäftsjahrs sind entweder in der Bilanz bei dem betreffenden Posten zu vermerken oder im Anhang in einer der Gliederung des Anlagevermögens entsprechenden Aufgliederung anzugeben.
§ 274a **Größenabhängige Erleichterungen**, Nr. 1
Kleine Kapitalgesellschaften sind von der Anwendung der folgenden Vorschriften befreit: § 268 Abs. 2 über die Aufstellung eines Anlagengitters.

3. Finanzanlagen

a) Definition

Der Begriff ist im Gesetz nicht definiert.
Langfristige Forderungen sind Bestandteil der Finanzanlagen (s. auch unter Abschnitt D.II.6 Forderungen und sonstige Vermögensgegenstände).

Zweiter Abschnitt. Ergänzende Vorschriften für Kapitalgesellschaften (Aktiengesellschaften, Kommanditgesellschaften auf Aktien und Gesellschaften mit beschränkter Haftung) sowie bestimmte Personenhandelsgesellschaften
Erster Unterabschnitt. Jahresabschluß der Kapitalgesellschaft und Lagebericht
Zweiter Titel. Bilanz

§ 271 **Beteiligungen. Verbundene Unternehmen.** *(1) Beteiligungen sind Anteile an anderen Unternehmen, die bestimmt sind, dem eigenen Geschäftsbetrieb durch Herstellung einer dauernden Verbindung zu jenen Unternehmen zu dienen. Dabei ist es*

unerheblich, ob die Anteile in Wertpapieren verbrieft sind oder nicht. Als Beteiligung gelten im Zweifel Anteile an einer Kapitalgesellschaft, die insgesamt den fünften Teil des Nennkapitals dieser Gesellschaft überschreiten. Auf die Berechnung ist § 16 Abs. 2 und 4 des Aktiengesetzes entsprechend anzuwenden. Die Mitgliedschaft in einer eingetragenen Genossenschaft gilt nicht als Beteiligung im Sinne dieses Buches.
(2) Verbundene Unternehmen im Sinne dieses Buches sind solche Unternehmen, die als Mutter- oder Tochterunternehmen (§ 290) in den Konzernabschluß eines Mutterunternehmens nach den Vorschriften über die Vollkonsolidierung einzubeziehen sind, das als oberstes Mutterunternehmen den am weitestgehenden Konzernabschluß nach dem Zweiten Unterabschnitt aufzustellen hat, auch wenn die Aufstellung unterbleibt, oder das einen befreienden Konzernabschluß nach § 291 oder nach einer nach § 292 erlassenen Rechtsverordnung aufstellt oder aufstellen könnte; Tochterunternehmen, die nach § 296 nicht einbezogen werden, sind ebenfalls verbundene Unternehmen.

b) Ausweis

Gemäß § 247 Abs. 2 sind beim Anlagevermögen nur die Gegenstände auszuweisen, die bestimmt sind, dauernd dem Geschäftsbetrieb zu dienen.

Gemäß **§ 266** Abs. 2 sind getrennt auszuweisen:
1. Anteile an verbundenen Unternehmen;
2. Ausleihungen an verbundene Unternehmen;
3. Beteiligungen;
4. Ausleihungen an Unternehmen, mit denen ein Beteiligungsverhältnis besteht;
5. Wertpapiere des Anlagevermögens;
6. sonstige Ausleihungen.

c) Ansatz und Bewertung

Es gibt keine speziellen Vorschriften.

d) Allgemeine Vorschriften

Es gelten die Vorschriften der §§ 253, 254 und 280 (siehe auch unter Abschnitt D.III.4 Abschreibungen).

Vierter Titel. Bewertungsvorschriften

§ 279 Nichtanwendung von Vorschriften. Abschreibungen. *(1) § 253 Abs. 4 ist nicht anzuwenden. § 253 Abs. 2 Satz 3 darf, wenn es sich nicht um eine voraussichtlich dauernde Wertminderung handelt, nur auf Vermögensgegenstände, die Finanzanlagen sind, angewendet werden.*

(2) Abschreibungen nach § 254 dürfen nur insoweit vorgenommen werden, als das Steuerrecht ihre Anerkennung bei der steuerrechtlichen Gewinnermittlung davon abhängig macht, daß sie sich aus der Bilanz ergeben.

e) Angaben

Zweiter Titel. Bilanz

§ 268 Vorschriften zu einzelnen Posten der Bilanz. Bilanzvermerke, Abs. 2
In der Bilanz oder im Anhang ist die Entwicklung der einzelnen Posten des Anlagevermögens und des Postens »Aufwendungen für die Ingangsetzung und Erweiterung des Geschäftsbetriebs« darzustellen. Dabei sind, ausgehend von den gesamten Anschaffungs- und Herstellungskosten, die Zugänge, Abgänge, Umbuchungen und Zuschreibungen des Geschäftsjahrs sowie die Abschreibungen in ihrer gesamten Höhe gesondert aufzuführen. Die Abschreibungen des Geschäftsjahrs sind entweder in der Bilanz bei dem betreffenden Posten zu vermerken oder im Anhang in einer der Gliederung des Anlagevermögens entsprechenden Aufgliederung anzugeben.
§ 274a Größenabhängige Erleichterungen, Nr. 1
Kleine Kapitalgesellschaften sind von der Anwendung der folgenden Vorschriften befreit: § 268 Abs. 2 über die Aufstellung eines Anlagengitters.

Fünfter Titel. Anhang

§ 285 Sonstige Pflichtangaben, Nr. 11
Ferner sind im Anhang anzugeben: Name und Sitz anderer Unternehmen, von denen die Kapitalgesellschaft oder eine für Rechnung der Kapitalgesellschaft handelnde Person mindestens den fünften Teil der Anteile besitzt; außerdem sind die Höhe des Anteils am Kapital, das Eigenkapital und das Ergebnis des letzten Geschäftsjahrs dieser Unternehmen anzugeben, für das ein Jahresabschluß vorliegt; auf die Berechnung der Anteile ist § 16 Abs. 2 und 4 des Aktiengesetzes entsprechend anzuwenden; ferner sind von börsennotierten Kapitalgesellschaften zusätzlich alle Beteiligungen an großen Kapitalgesellschaften anzugeben, die fünf vom Hundert der Stimmrechte überschreiten.
§ 286 Unterlassen von Angaben, Abs. 3
Die Angaben nach § 285 Satz 1 Nr. 11 können unterbleiben, soweit sie
1. für die Darstellung der Vermögens-, Finanz- und Ertragslage der Kapitalgesellschaft nach § 264 Absatz 2 von untergeordneter Bedeutung sind oder
2. nach vernünftiger kaufmännischer Beurteilung geeignet sind, der Kapitalgesellschaft oder dem anderen Unternehmen einen erheblichen Nachteil zuzufügen.
Die Angabe des Eigenkapitals und des Jahresergebnisses kann unterbleiben, wenn das Unternehmen, über das zu berichten ist, seinen Jahresabschluß nicht offenzulegen hat und die berichtende Kapitalgesellschaft weniger als die Hälfte der Anteile besitzt. Die Anwendung der Ausnahmeregelung nach Satz 1 Nr. 2 ist im Anhang anzugeben.

4. Vorräte

a) Ausweis

Zweiter Abschnitt. Ergänzende Vorschriften für Kapitalgesellschaften (Aktiengesellschaften, Kommanditgesellschaften auf Aktien und Gesellschaften mit beschränkter Haftung) sowie bestimmte Personenhandelsgesellschaften
Erster Unterabschnitt. Jahresabschluß der Kapitalgesellschaft und Lagebericht
Zweiter Titel. Bilanz

Gemäß § 266 Abs. 2 sind getrennt auszuweisen:
1. Roh-, Hilfs- und Betriebsstoffe;
2. unfertige Erzeugnisse, unfertige Leistungen;
3. fertige Erzeugnisse und Waren;
4. geleistete Anzahlungen.

§ 268 Vorschriften zu einzelnen Posten der Bilanz. Bilanzvermerke, Abs. 5 Satz 2
Erhaltene Anzahlungen auf Bestellungen sind, soweit Anzahlungen auf Vorräte nicht von dem Posten »Vorräte« offen abgesetzt werden, unter den Verbindlichkeiten gesondert auszuweisen.

b) Bewertung

Vorräte werden zu Anschaffungs- oder Herstellungskosten bewertet, sofern nicht nach dem Niederstwertprinzip eine niedrigere Bewertung notwendig (§ 253 Abs. 3 Satz 1 und 2 HGB) oder zulässig (§ 253 Abs. 3 Satz 3 und Abs. 4 sowie § 254 HGB) ist.

Erster Abschnitt. Vorschriften für alle Kaufleute
Erster Unterabschnitt. Buchführung. Inventar

§ 240 Inventar, Abs. 3 und 4
(3) Vermögensgegenstände des Sachanlagevermögens sowie Roh-, Hilfs- und Betriebsstoffe können, wenn sie regelmäßig ersetzt werden und ihr Gesamtwert für das Unternehmen von nachrangiger Bedeutung ist, mit einer gleichbleibenden Menge und einem gleichbleibenden Wert angesetzt werden, sofern ihr Bestand in seiner Größe, seinem Wert und seiner Zusammensetzung nur geringen Veränderungen unterliegt. Jedoch ist in der Regel alle drei Jahre eine körperliche Bestandsaufnahme durchzuführen.
(4) Gleichartige Vermögensgegenstände des Vorratsvermögens sowie andere gleichartige oder annähernd gleichwertige bewegliche Vermögensgegenstände und Schulden können jeweils zu einer Gruppe zusammengefaßt und mit dem gewogenen Durchschnittswert angesetzt werden.

Zweiter Unterabschnitt. Eröffnungsbilanz. Jahresabschluß
Dritter Titel. Bewertungsvorschriften

III. Inhalt, Ausweis und Bilanzierungs- und Bewertungsgrundsätze einzelner Posten der Bilanz **439**

§ 256 Bewertungsvereinfachungsverfahren. *Soweit es den Grundsätzen ordnungsmäßiger Buchführung entspricht, kann für den Wertansatz gleichartiger Vermögensgegenstände des Vorratsvermögens unterstellt werden, daß die zuerst oder daß die zuletzt angeschafften oder hergestellten Vermögensgegenstände zuerst oder in einer sonstigen bestimmten Folge verbraucht oder veräußert worden sind. § 240 Abs. 3 und 4 ist auch auf den Jahresabschluß anwendbar.*

c) Angaben

Zweiter Abschnitt. Ergänzende Vorschriften für Kapitalgesellschaften (Aktiengesellschaften, Kommanditgesellschaften auf Aktien und Gesellschaften mit beschränkter Haftung) sowie bestimmte Personenhandelsgesellschaften
Erster Unterabschnitt. Jahresabschluß der Kapitalgesellschaft und Lagebericht
Fünfter Titel. Anhang

§ 284 Erläuterung der Bilanz und der Gewinn- und Verlustrechnung, Abs. 2 Nr. 4
Im Anhang müssen bei Anwendung einer Bewertungsmethode nach § 240 Abs. 4 § Satz 1 die Unterschiedsbeträge pauschal für die jeweilige Gruppe ausgewiesen werden, wenn die Bewertung im Vergleich zu einer Bewertung auf der Grundlage des letzten vor dem Abschlußstichtag bekannten Börsenkurses oder Marktpreises einen erheblichen Unterschied aufweist.

5. Langfristige Fertigungsaufträge

Es gibt keine speziellen Vorschriften. In der Literatur ist strittig, inwieweit § 252 Abs. 2 HGB bei langfristiger Auftragsfertigung eine Abweichung vom Realisationsprinzip in § 252 Abs. 1 Satz 4 durch eine anteilige Gewinnrealisierung entsprechend dem Projektfortschritt ohne endgültige Teilabrechnung zuläßt.

6. Kurzfristige Forderungen und sonstige Vermögensgegenstände (einschließlich Rechnungsabgrenzungsposten)

a) Ausweis

Zweiter Abschnitt. Ergänzende Vorschriften für Kapitalgesellschaften (Aktiengesellschaften, Kommanditgesellschaften auf Aktien und Gesellschaften mit beschränkter Haftung) sowie bestimmte Personenhandelsgesellschaften
Erster Unterabschnitt. Jahresabschluß der Kapitalgesellschaft und Lagebericht
Zweiter Titel. Bilanz

Gemäß § 266 Abs. 2 sind getrennt auszuweisen:
1. *Forderungen aus Lieferungen und Leistungen;*
2. *Forderungen gegen verbundene Unternehmen;*
3. *Forderungen gegen Unternehmen, mit denen ein Beteiligungsverhältnis besteht;*
4. *sonstige Vermögensgegenstände.*

b) Bewertung

Es gibt keine speziellen Vorschriften.

c) Rechnungsabgrenzungsposten

Erster Abschnitt. Vorschriften für alle Kaufleute
Zweiter Unterabschnitt. Eröffnungsbilanz. Jahresabschluß
Zweiter Titel. Ansatzvorschriften

§ 250 Rechnungsabgrenzungsposten, Abs. 1 und 3
(1) Als Rechnungsabgrenzungsposten sind auf der Aktivseite Ausgaben vor dem Abschlußstichtag auszuweisen, soweit sie Aufwand für eine bestimmte Zeit nach diesem Tag darstellen. Ferner dürfen ausgewiesen werden
1. *als Aufwand berücksichtigte Zölle und Verbrauchsteuern, soweit sie auf am Abschlußstichtag auszuweisende Vermögensgegenstände des Vorratsvermögens entfallen,*
2. *als Aufwand berücksichtigte Umsatzsteuer auf am Abschlußstichtag auszuweisende oder von den Vorräten offen abgesetzten Anzahlungen.*
(3) Ist der Rückzahlungsbetrag einer Verbindlichkeit höher als der Ausgabebetrag, so darf der Unterschiedsbetrag in den Rechnungsabgrenzungsposten auf der Aktivseite aufgenommen werden. Der Unterschiedsbetrag ist durch planmäßige jährliche Abschreibungen zu tilgen, die auf die gesamte Laufzeit der Verbindlichkeit verteilt werden können.

Zweiter Abschnitt. Ergänzende Vorschriften für Kapitalgesellschaften (Aktiengesellschaften, Kommanditgesellschaften auf Aktien und Gesellschaften mit beschränkter Haftung) sowie bestimmte Personenhandelsgesellschaften
Erster Unterabschnitt. Jahresabschluß der Kapitalgesellschaft und Lagebericht
Zweiter Titel. Bilanz

§ 268 Vorschriften zu einzelnen Posten der Bilanz. Bilanzvermerke, Abs. 6
Ein nach § 250 Abs. 3 in den Rechnungsabgrenzungsposten auf der Aktivseite aufgenommener Unterschiedsbetrag ist in der Bilanz gesondert auszuweisen oder im Anhang anzugeben.

d) Angaben

§ 268 Vorschriften zu einzelnen Posten der Bilanz. Bilanzvermerke, Abs. 4
Der Betrag der Forderungen mit einer Restlaufzeit von mehr als einem Jahr ist bei jedem gesondert ausgewiesenen Posten zu vermerken. Werden unter dem Posten »sonstige Vermögensgegenstände« Beträge für Vermögensgegenstände ausgewiesen, die erst nach dem Abschlußstichtag rechtlich entstehen, so müssen Beträge, die einen größeren Umfang haben, im Anhang erläutert werden.
§ 274a Größenabhängige Erleichterungen, Nr. 2 und 4
Kleine Kapitalgesellschaften sind von der Anwendung der folgenden Vorschriften befreit:
2. § 268 Abs. 4 Satz 2 über die Pflicht zur Erläuterung bestimmter Forderungen im Anhang,
4. § 268 Abs. 6 über den Rechnungsabgrenzungsposten nach § 250 Abs. 3.

7. Wertpapiere des Umlaufvermögens

a) Ausweis

Zweiter Titel. Bilanz

Gemäß **§ 266** Abs. 2 sind getrennt auszuweisen:
1. *Anteile an verbundenen Unternehmen;*
2. *Anteile;*
3. *sonstige Wertpapiere.*

b) Bewertung

Es gibt keine speziellen Vorschriften.

8. Flüssige Mittel

Es gibt keine speziellen Vorschriften.

9. Eigenkapital

a) Ausweis

Zweiter Abschnitt. Ergänzende Vorschriften für Kapitalgesellschaften (Aktiengesellschaften, Kommanditgesellschaften auf Aktien und Gesellschaften mit beschränkter Haftung) sowie bestimmte Personenhandelsgesellschaften

**Erster Unterabschnitt. Jahresabschluß der Kapitalgesellschaft und Lagebericht
Zweiter Titel. Bilanz**

Gemäß § 266 Abs. 3 sind getrennt auszuweisen:
I. *Gezeichnetes Kapital;*
II. *Kapitalrücklage;*
III. *Gewinnrücklagen:*
   1. *gesetzliche Rücklage;*
   2. *Rücklage für eigene Anteile;*
   3. *satzungsmäßige Rücklagen;*
   4. *andere Gewinnrücklagen;*
IV. *Gewinnvortrag/Verlustvortrag;*
V. *Jahresüberschuß/Jahresfehlbetrag.*

Gemäß § 264c sind bei offenen Handelsgesellschaften und Kommanditgesellschaften im Sinne des § 264a die folgenden Posten gesondert auszuweisen:
I. *Kapitalanteile*
II. *Rücklagen*
III. *Gewinnvortrag/Verlustvortrag*
IV. *Jahresüberschuß/Jahresfehlbetrag.*

§ 272 Eigenkapital. (1) *Gezeichnetes Kapital ist das Kapital, auf das die Haftung der Gesellschafter für die Verbindlichkeiten der Kapitalgesellschaft gegenüber den Gläubigern beschränkt ist. Die ausstehenden Einlagen auf das gezeichnete Kapital sind auf der Aktivseite vor dem Anlagevermögen gesondert auszuweisen und entsprechend zu bezeichnen; die davon eingeforderten Einlagen sind zu vermerken. Die nicht eingeforderten ausstehenden Einlagen dürfen auch von dem Posten »Gezeichnetes Kapital« offen abgesetzt werden; in diesem Falle ist der verbleibende Betrag als Posten »Eingefordertes Kapital« in der Hauptspalte der Passivseite auszuweisen und ist außerdem der eingeforderte, aber noch nicht eingezahlte Betrag unter den Forderungen gesondert auszuweisen und entsprechend zu bezeichnen. Der Nennbetrag oder, falls ein solcher nicht vorhanden ist, der rechnerische Wert von nach § 71 Nr. 6 oder 8 des Aktiengesetzes zur Einziehung erworbenen Aktien ist in der Vorspalte offen von dem Posten »Gezeichnetes Kapital« als Kapitalrückzahlung abzusetzen. Ist der Erwerb der Aktien nicht zur Einziehung erfolgt, ist Satz 4 auch anzuwenden, soweit in dem Beschluß über den Rückkauf die spätere Veräußerung von einem Beschluß der Hauptversammlung in entsprechender Anwendung des § 182 Abs. 1 Satz 1 des Aktiengesetzes abhängig gemacht worden ist. Wird der Nennbetrag oder der rechnerische Wert von Aktien nach Satz 4 abgesetzt, ist der Unterschiedsbetrag dieser Aktien zwischen ihrem Nennbetrag oder dem rechnerischen Wert und ihrem Kaufpreis mit den anderen Gewinnrücklagen (§ 266 Abs. 3 A.III.4.) zu verrechnen; weitergehende Anschaffungskosten sind als Aufwand des Geschäftsjahres zu berücksichtigen.*
(2) *Als Kapitalrücklage sind auszuweisen*
1. *der Betrag, der bei der Ausgabe von Anteilen einschließlich von Bezugsanteilen über den Nennbetrag oder, falls ein Nennbetrag nicht vorhanden ist, über den rechnerischen Wert hinaus erzielt wird;*
2. *der Betrag, der bei der Ausgabe von Schuldverschreibungen für Wandlungsrechte und Optionsrechte zum Erwerb von Anteilen erzielt wird;*

3. der Betrag von Zuzahlungen, die Gesellschafter gegen Gewährung eines Vorzugs für ihre Anteile leisten;
4. der Betrag von anderen Zuzahlungen, die Gesellschafter in das Eigenkapital leisten.
(3) Als Gewinnrücklagen dürfen nur Beträge ausgewiesen werden, die im Geschäftsjahr oder in einem früheren Geschäftsjahr aus dem Ergebnis gebildet worden sind. Dazu gehören aus dem Ergebnis zu bildende gesetzliche oder auf Gesellschaftsvertrag oder Satzung beruhende Rücklagen und andere Gewinnrücklagen.
(4) In eine Rücklage für eigene Anteile ist ein Betrag einzustellen, der dem auf der Aktivseite der Bilanz für die eigenen Anteile anzusetzenden Betrag entspricht. Die Rücklage darf nur aufgelöst werden, soweit die eigenen Anteile ausgegeben, veräußert oder eingezogen werden oder soweit nach § 253 Abs. 3 auf der Aktivseite ein niedrigerer Betrag angesetzt wird. Die Rücklage, die bereits bei der Aufstellung der Bilanz vorzunehmen ist, darf aus vorhandenen Gewinnrücklagen gebildet werden, soweit diese frei verfügbar sind. Die Rücklage nach Satz 1 ist auch für Anteile eines herrschenden oder eines mit Mehrheit beteiligten Unternehmens zu bilden.

§ 268 Vorschriften zu einzelnen Posten der Bilanz. Bilanzvermerke, Abs. 1 und 3
(1) Die Bilanz darf auch unter Berücksichtigung der vollständigen oder teilweisen Verwendung des Jahresergebnisses aufgestellt werden. Wird die Bilanz unter Berücksichtigung der teilweisen Verwendung des Jahresergebnisses aufgestellt, so tritt an die Stelle der Posten »Jahresüberschuß/Jahresfehlbetrag« und »Gewinnvortrag/Verlustvortrag« der Posten »Bilanzgewinn/Bilanzverlust«; ein vorhandener Gewinn- oder Verlustvortrag ist in den Posten »Bilanzgewinn/Bilanzverlust« einzubeziehen und in der Bilanz oder im Anhang gesondert anzugeben.
(3) Ist das Eigenkapital durch Verluste aufgebraucht und ergibt sich ein Überschuß der Passivposten über die Aktivposten, so ist dieser Betrag am Schluß der Bilanz auf der Aktivseite gesondert unter der Bezeichnung »Nicht durch Eigenkapital gedeckter Fehlbetrag« auszuweisen.

§ 270 Bildung bestimmter Posten. (1) Einstellungen in die Kapitalrücklage und deren Auflösung sind bereits bei der Aufstellung der Bilanz vorzunehmen. Satz 1 ist auf Einstellungen in den Sonderposten mit Rücklageanteil und dessen Auflösung anzuwenden.
(2) Wird die Bilanz unter Berücksichtigung der vollständigen oder teilweisen Verwendung des Jahresergebnisses aufgestellt, so sind Entnahmen aus Gewinnrücklagen sowie Einstellungen in Gewinnrücklagen, die nach Gesetz, Gesellschaftsvertrag oder Satzung vorzunehmen sind oder auf Grund solcher Vorschriften beschlossen worden sind, bereits bei der Aufstellung der Bilanz zu berücksichtigen.

Vierter Titel. Bewertungsvorschriften

§ 283 Wertansatz des Eigenkapitals. Das gezeichnete Kapital ist zum Nennbetrag anzusetzen.

Für offene Handelsgesellschaften und Kommanditgesellschaften im Sinne des § 264a enthält **§ 264c** Abs. 3 Satz 1 folgende Vorschrift:
Das sonstige Vermögen der Gesellschafter (Privatvermögen) darf nicht in die Bilanz und die auf das Privatvermögen entfallenden Aufwendungen und Erträge dürfen nicht in die Gewinn- und Verlustrechnung aufgenommen werden.

b) Sonderposten mit Rücklageanteil

Erster Abschnitt. Vorschriften für alle Kaufleute
Zweiter Unterabschnitt. Eröffnungsbilanz. Jahresabschluß
Zweiter Titel. Ansatzvorschriften

§ 247 Inhalt der Bilanz, Abs. 3
Passivposten, die für Zwecke der Steuern vom Einkommen und vom Ertrag zulässig sind, dürfen in der Bilanz gebildet werden. Sie sind als Sonderposten mit Rücklageanteil auszuweisen und nach Maßgabe des Steuerrechts aufzulösen. Einer Rückstellung bedarf es insoweit nicht.

Zweiter Abschnitt. Ergänzende Vorschriften für Kapitalgesellschaften (Aktiengesellschaften, Kommanditgesellschaften auf Aktien und Gesellschaften mit beschränkter Haftung) sowie bestimmte Personenhandelsgesellschaften
Erster Unterabschnitt. Jahresabschluß der Kapitalgesellschaft und Lagebericht
Zweiter Titel. Bilanz

§ 273 Sonderposten mit Rücklageanteil. *Der Sonderposten mit Rücklageanteil (§ 247 Abs. 3) darf nur insoweit gebildet werden, als das Steuerrecht die Anerkennung des Wertansatzes bei der steuerrechtlichen Gewinnermittlung davon abhängig macht, daß der Sonderposten in der Bilanz gebildet wird. Er ist auf der Passivseite vor den Rückstellungen auszuweisen; die Vorschriften, nach denen er gebildet worden ist, sind in der Bilanz oder im Anhang anzugeben.*

Vierter Titel. Bewertungsvorschriften

§ 281 Berücksichtigung steuerrechtlicher Vorschriften. *(1) Die nach § 254 zulässigen Abschreibungen dürfen auch in der Weise vorgenommen werden, daß der Unterschiedsbetrag zwischen der nach § 253 in Verbindung mit § 279 und der nach § 254 zulässigen Bewertung in den Sonderposten mit Rücklageanteil eingestellt wird. In der Bilanz oder im Anhang sind die Vorschriften anzugeben, nach denen die Wertberichtigung gebildet worden ist. Unbeschadet steuerrechtlicher Vorschriften über die Auflösung ist die Wertberichtigung insoweit aufzulösen, als die Vermögensgegenstände, für die sie gebildet worden ist, aus dem Vermögen ausscheiden oder die steuerrechtliche Wertberichtigung durch handelsrechtliche Abschreibungen ersetzt wird.*
(2) Im Anhang ist der Betrag der im Geschäftsjahr allein nach steuerrechtlichen Vorschriften vorgenommenen Abschreibungen, getrennt nach Anlage- und Umlaufvermögen, anzugeben, soweit er sich nicht aus der Bilanz oder der Gewinn- und Verlustrechnung ergibt, und hinreichend zu begründen. Erträge aus der Auflösung des Sonderpostens mit Rücklageanteil sind in dem Posten »sonstige betriebliche Erträge«, Einstellungen in den Sonderposten mit Rücklageanteil sind in dem Posten »sonstige betriebliche Aufwendungen« der Gewinn- und Verlustrechnung gesondert auszuweisen oder im Anhang anzugeben.

III. Inhalt, Ausweis und Bilanzierungs- und Bewertungsgrundsätze einzelner Posten der Bilanz   **445**

c) Stock options (Aktienoptionen an Mitarbeiter, insbesondere an Führungskräfte)

Es gibt keine Vorschriften bezüglich Ansatz, Bewertung und Anhangangaben für stock options.

10. Rückstellungen für Pensionen und ähnliche Verpflichtungen

a) Ansatz

Es gibt keine speziellen Vorschriften.

Erster Abschnitt. Vorschriften für alle Kaufleute
Zweiter Unterabschnitt. Eröffnungsbilanz. Jahresabschluß
Zweiter Titel. Ansatzvorschriften

§ 249 Rückstellungen, Satz 1
Rückstellungen sind für ungewisse Verbindlichkeiten und für drohende Verluste aus schwebenden Geschäften zu bilden.

b) Bewertung

Dritter Titel. Bewertungsvorschriften

§ 253 Wertansätze der Vermögensgegenstände und Schulden, Abs. 1 Satz 2
Verbindlichkeiten sind zu ihrem Rückzahlungsbetrag, Rentenverpflichtungen, für die eine Gegenleistung nicht mehr zu erwarten ist, zu ihrem Barwert und Rückstellungen nur in Höhe des Betrags anzusetzen, der nach vernünftiger kaufmännischer Beurteilung notwendig ist; Rückstellungen dürfen nur abgezinst werden, soweit die ihnen zugrundeliegenden Verbindlichkeiten einen Zinsanteil enthalten.

c) Wahlrecht

EGHGB
2. Einführungsgesetz zum Handelsgesetzbuche
Zweiter Abschnitt. Übergangsvorschriften zum Bilanzrichtlinien-Gesetz

Art. 28 (Pensionsrückstellungen). *(1) Für eine laufende Pension oder eine Anwartschaft auf eine Pension auf Grund einer unmittelbaren Zusage braucht eine Rückstellung nach § 249 Abs. 1 Satz 1 des Handelsgesetzbuchs nicht gebildet zu werden, wenn der Pensionsberechtigte seinen Rechtsanspruch vor dem 1. Januar 1987 erworben hat oder sich ein vor diesem Zeitpunkt erworbener Rechtsanspruch nach dem*

31. Dezember 1986 erhöht. Für eine mittelbare Verpflichtung aus einer Zusage für eine laufende Pension oder eine Anwartschaft auf eine Pension sowie für eine ähnliche unmittelbare oder mittelbare Verpflichtung braucht eine Rückstellung in keinem Fall gebildet zu werden.
(2) Bei Anwendung des Absatzes 1 müssen Kapitalgesellschaften die in der Bilanz nicht ausgewiesenen Rückstellungen für laufende Pensionen, Anwartschaften auf Pensionen und ähnliche Verpflichtungen jeweils im Anhang und im Konzernanhang in einem Betrag angeben.

d) Steuerrecht

Ansatz und Bewertung von Pensionsrückstellungen sind in § 6a EStG geregelt.

Darüber hinaus gibt es weitere Anweisungen der Finanzverwaltung. Meistens werden dem handelsrechtlichen Jahresabschluß die steuerrechtlichen Vorschriften zugrunde gelegt.

11. Sonstige Rückstellungen, Eventualschulden und Eventualforderungen

a) Sonstige Rückstellungen

Erster Abschnitt. Vorschriften für alle Kaufleute
Zweiter Unterabschnitt. Eröffnungsbilanz. Jahresabschluß
Zweiter Titel. Ansatzvorschriften

§ 249 Rückstellungen. (1) Rückstellungen sind für ungewisse Verbindlichkeiten und für drohende Verluste aus schwebenden Geschäften zu bilden. Ferner sind Rückstellungen zu bilden für
1. im Geschäftsjahr unterlassene Aufwendungen für Instandhaltung, die im folgenden Geschäftsjahr innerhalb von drei Monaten, oder für Abraumbeseitigung, die im folgenden Geschäftsjahr nachgeholt werden,
2. Gewährleistungen, die ohne rechtliche Verpflichtung erbracht werden. Rückstellungen dürfen für unterlassene Aufwendungen für Instandhaltung auch gebildet werden, wenn die Instandhaltung nach Ablauf der Frist nach Satz 2 Nr. 1 innerhalb des Geschäftsjahrs nachgeholt wird.
(2) Rückstellungen dürfen außerdem für ihrer Eigenart nach genau umschriebene, dem Geschäftsjahr oder einem früheren Geschäftsjahr zuzuordnende Aufwendungen gebildet werden, die am Abschlußstichtag wahrscheinlich oder sicher, aber hinsichtlich ihrer Höhe oder des Zeitpunkts ihres Eintritts unbestimmt sind.
(3) Für andere als die in den Absätzen 1 und 2 bezeichneten Zwecke dürfen Rückstellungen nicht gebildet werden. Rückstellungen dürfen nur aufgelöst werden, soweit der Grund hierfür entfallen ist.

Dritter Titel. Bewertungsvorschriften

§ 253 Wertansätze der Vermögensgegenstände und Schulden, Abs. 1 Satz 2
Verbindlichkeiten sind zu ihrem Rückzahlungsbetrag, Rentenverpflichtungen, für die eine Gegenleistung nicht mehr zu erwarten ist, zu ihrem Barwert und Rückstellungen nur in Höhe des Betrags anzusetzen, der nach vernünftiger kaufmännischer Beurteilung notwendig ist; Rückstellungen dürfen nur abgezinst werden, soweit die ihnen zugrundeliegenden Verbindlichkeiten einen Zinsanteil enthalten.

b) Ausweis

Zweiter Abschnitt. Ergänzende Vorschriften für Kapitalgesellschaften (Aktiengesellschaften, Kommanditgesellschaften auf Aktien und Gesellschaften mit beschränkter Haftung) sowie bestimmte Personenhandelsgesellschaften
Erster Unterabschnitt. Jahresabschluß der Kapitalgesellschaft und Lagebericht
Fünfter Titel. Anhang

§ 285 Sonstige Pflichtangaben, Nr. 12
Im Anhang sind anzugeben: Rückstellungen, die in der Bilanz unter dem Posten »sonstige Rückstellungen« nicht gesondert ausgewiesen werden, sind zu erläutern, wenn sie einen nicht unerheblichen Umfang haben.

c) Haftungsverhältnisse

Erster Abschnitt. Vorschriften für alle Kaufleute
Zweiter Unterabschnitt. Eröffnungsbilanz. Jahresabschluß
Zweiter Titel. Ansatzvorschriften

§ 251 Haftungsverhältnisse. *Unter der Bilanz sind, sofern sie nicht auf der Passivseite auszuweisen sind, Verbindlichkeiten aus der Begebung und Übertragung von Wechseln, aus Bürgschaften, Wechsel- und Scheckbürgschaften und aus Gewährleistungsverträgen sowie Haftungsverhältnisse aus der Bestellung von Sicherheiten für fremde Verbindlichkeiten zu vermerken; sie dürfen in einem Betrag angegeben werden. Haftungsverhältnisse sind auch anzugeben, wenn ihnen gleichwertige Rückgriffsforderungen gegenüberstehen.*

Zweiter Abschnitt. Ergänzende Vorschriften für Kapitalgesellschaften (Aktiengesellschaften, Kommanditgesellschaften auf Aktien und Gesellschaften mit beschränkter Haftung) sowie bestimmte Personenhandelsgesellschaften
Erster Unterabschnitt. Jahresabschluß der Kapitalgesellschaft und Lagebericht
Zweiter Titel. Bilanz

§ 268 Vorschriften zu einzelnen Posten der Bilanz. Bilanzvermerke, Abs. 7
Die in § 251 bezeichneten Haftungsverhältnisse sind jeweils gesondert unter der Bilanz oder im Anhang unter Angabe der gewährten Pfandrechte und sonstigen Sicherhei-

ten anzugeben; bestehen solche Verpflichtungen gegenüber verbundenen Unternehmen, so sind sie gesondert anzugeben.

d) Angaben

Fünfter Titel. Anhang

§ 285 Sonstige Pflichtangaben, Nr. 3 und 9c
3. Ferner ist im Anhang anzugeben: der Gesamtbetrag der sonstigen finanziellen Verpflichtungen, die nicht in der Bilanz erscheinen und auch nicht nach § 251 anzugeben sind, sofern diese Angabe für die Beurteilung der Finanzlage von Bedeutung ist; davon sind Verpflichtungen gegenüber verbundenen Unternehmen gesondert anzugeben.
9. c) Ferner sind im Anhang anzugeben für die Mitglieder des Geschäftsorgans, eines Aufsichtsrats, eines Beirats oder einer ähnlichen Einrichtung jeweils für jede Personengruppe: die gewährten Vorschüsse und Kredite unter Angabe der Zinssätze, der wesentlichen Bedingungen und der gegebenenfalls im Geschäftsjahr zurückgezahlten Beträge sowie die zugunsten dieser Personen eingegangenen Haftungsverhältnisse.

12. Verbindlichkeiten (einschließlich Rechnungsabgrenzungsposten)

a) Ausweis

Zweiter Abschnitt. Ergänzende Vorschriften für Kapitalgesellschaften (Aktiengesellschaften, Kommanditgesellschaften auf Aktien und Gesellschaften mit beschränkter Haftung) sowie bestimmte Personenhandelsgesellschaften
Erster Unterabschnitt. Jahresabschluß der Kapitalgesellschaft und Lagebericht
Zweiter Titel. Bilanz

Gemäß § 266 Abs. 3 sind getrennt auszuweisen:
1. Anleihen, davon konvertibel;
2. Verbindlichkeiten gegenüber Kreditinstituten;
3. erhaltene Anzahlungen auf Bestellungen;
4. Verbindlichkeiten aus Lieferungen und Leistungen;
5. Verbindlichkeiten aus der Annahme gezogener Wechsel und der Ausstellung eigener Wechsel;
6. Verbindlichkeiten gegenüber verbundenen Unternehmen;
7. Verbindlichkeiten gegenüber Unternehmen, mit denen ein Beteiligungsverhältnis besteht;
8. sonstige Verbindlichkeiten, davon aus Steuern, davon im Rahmen der sozialen Sicherheiten.

§ 268 Vorschriften zu einzelnen Posten der Bilanz. Bilanzvermerke, Abs. 5
Der Betrag der Verbindlichkeiten mit einer Restlaufzeit bis zu einem Jahr ist bei jedem gesondert ausgewiesenen Posten zu vermerken. Erhaltene Anzahlungen auf Bestellungen sind, soweit Anzahlungen auf Vorräte nicht von dem Posten »Vorräte« offen abgesetzt werden, unter den Verbindlichkeiten gesondert auszuweisen. Sind unter dem Posten »Verbindlichkeiten« Beträge für Verbindlichkeiten ausgewiesen, die erst nach dem Abschlußstichtag rechtlich entstehen, so müssen Beträge, die einen größeren Umfang haben, im Anhang erläutert werden.

§ 274a Größenabhängige Erleichterungen, Nr. 3
Kleine Kapitalgesellschaften sind von der Anwendung der folgenden Vorschriften befreit: § 268 Abs. 5 Satz 3 über die Erläuterung bestimmter Verbindlichkeiten im Anhang.

Fünfter Titel. Anhang

§ 285 Sonstige Pflichtangaben, Nr. 1 und 2
Ferner sind im Anhang anzugeben:
1. *zu den in der Bilanz ausgewiesenen Verbindlichkeiten*
    a) der Gesamtbetrag der Verbindlichkeiten mit einer Restlaufzeit von mehr als fünf Jahren,
    b) der Gesamtbetrag der Verbindlichkeiten, die durch Pfandrechte oder ähnliche Rechte gesichert sind, unter Angabe von Art und Form der Sicherheiten;
2. *die Aufgliederung der in Nummer 1 verlangten Angaben für jeden Posten der Verbindlichkeiten nach dem vorgeschriebenen Gliederungsschema, sofern sich diese Angaben nicht aus der Bilanz ergeben.*

b) Bewertung

Erster Abschnitt. Vorschriften für alle Kaufleute
Zweiter Unterabschnitt. Eröffnungsbilanz. Jahresabschluß
Zweiter Titel. Ansatzvorschriften

§ 250 Rechnungsabgrenzungsposten, Abs. 3
Ist der Rückzahlungsbetrag einer Verbindlichkeit höher als der Ausgabebetrag, so darf der Unterschiedsbetrag in den Rechnungsabgrenzungsposten auf der Aktivseite aufgenommen werden. Der Unterschiedsbetrag ist durch planmäßige jährliche Abschreibungen zu tilgen, die auf die gesamte Laufzeit der Verbindlichkeit verteilt werden können.

c) Rechnungsabgrenzungsposten

§ 250 Rechnungsabgrenzungsposten, Abs. 2
Auf der Passivseite sind als Rechnungsabgrenzungsposten Einnahmen vor dem Abschlußstichtag auszuweisen, soweit sie Ertrag für eine bestimmte Zeit nach diesem Tag darstellen.

13. Latente Steuern

a) Ausweis

Zweiter Abschnitt. Ergänzende Vorschriften für Kapitalgesellschaften (Aktiengesellschaften, Kommanditgesellschaften auf Aktien und Gesellschaften mit beschränkter Haftung) sowie bestimmte Personenhandelsgesellschaften
Erster Unterabschnitt. Jahresabschluß der Kapitalgesellschaft und Lagebericht
Zweiter Titel. Bilanz

§ 274 Steuerabgrenzung. *(1) Ist der dem Geschäftsjahr und früheren Geschäftsjahren zuzurechnende Steueraufwand zu niedrig, weil der nach den steuerrechtlichen Vorschriften zu versteuernde Gewinn niedriger als das handelsrechtliche Ergebnis ist, und gleicht sich der zu niedrige Steueraufwand des Geschäftsjahrs und früherer Geschäftsjahre in späteren Geschäftsjahren voraussichtlich aus, so ist in Höhe der voraussichtlichen Steuerbelastung nachfolgender Geschäftsjahre eine Rückstellung nach § 249 Abs. 1 Satz 1 zu bilden und in der Bilanz oder im Anhang gesondert anzugeben. Die Rückstellung ist aufzulösen, sobald die höhere Steuerbelastung eintritt oder mit ihr voraussichtlich nicht mehr zu rechnen ist.*
(2) Ist der dem Geschäftsjahr und früheren Geschäftsjahren zuzurechnende Steueraufwand zu hoch, weil der nach den steuerrechtlichen Vorschriften zu versteuernde Gewinn höher als das handelsrechtliche Ergebnis ist, und gleicht sich der zu hohe Steueraufwand des Geschäftsjahrs und früherer Geschäftsjahre in späteren Geschäftsjahren voraussichtlich aus, so darf in Höhe der voraussichtlichen Steuerentlastung nachfolgender Geschäftsjahre ein Abgrenzungsposten als Bilanzierungshilfe auf der Aktivseite der Bilanz gebildet werden. Dieser Posten ist unter entsprechender Bezeichnung gesondert auszuweisen und im Anhang zu erläutern. Wird ein solcher Posten ausgewiesen, so dürfen Gewinne nur ausgeschüttet werden, wenn die nach der Ausschüttung verbleibenden jederzeit auflösbaren Gewinnrücklagen zuzüglich eines Gewinnvortrags und abzüglich eines Verlustvortrags dem angesetzten Betrag mindestens entsprechen. Der Betrag ist aufzulösen, sobald die Steuerentlastung eintritt oder mit ihr voraussichtlich nicht mehr zu rechnen ist.

b) Angaben

Fünfter Titel. Anhang

§ 285 Sonstige Pflichtangaben, Nr. 12
Ferner sind im Anhang anzugeben: Rückstellungen, die in der Bilanz unter dem Posten »sonstige Rückstellungen« nicht gesondert ausgewiesen werden, sind zu erläutern, wenn sie einen nicht unerheblichen Umfang haben.

14. Leasing

a) Ausweis und Ansatz

Es gibt keine speziellen Vorschriften.

b) Steuerrecht

Die Zurechnung und folglich die Bilanzierung von Leasinggegenständen richtet sich danach, ob sich das wirtschaftliche Eigentum beim Leasinggeber oder beim Leasingnehmer befindet.
Die Praxis der Vertragsgestaltung und der handelsrechtlichen Bilanzierung folgt in der Regel den steuerlichen Zurechnungsgrundsätzen (Schreiben des BMF vom 19.4.1971 bezüglich beweglicher Wirtschaftsgüter und Schreiben des BMF vom 21.3.1972 bezüglich unbeweglicher Wirtschaftsgüter). Diese Schreiben des BMF werden auch Leasingerlasse genannt. Dabei wird der Leasinggegenstand nur selten dem Leasingnehmer zugeordnet.
Es wird zwischen Vollamortisationsverträgen und Teilamortisationsverträgen unterschieden. In der Praxis überwiegen die Teilamortisationsverträge.

c) Sale and leaseback

Sale and leaseback ist weder im HGB noch im Steuerrecht oder im Gutachten HFA 1/1989 geregelt.

15. Derivative und nicht-derivative Finanzinstrumente, Sicherungsbeziehungen

Die Bilanzierung und Bewertung derivativer Finanzinstrumente ist nicht geregelt und nach den im HGB enthaltenen allgemeinen Grundsätzen nicht zufriedenstellend zu lösen.

Es gibt mehrere Verlautbarungen des Banken- und des Hauptfachausschusses des IDW zu diesem Thema.

IV. Inhalt, Ausweis und Bilanzierungs- und Bewertungsgrundsätze einzelner Posten der Gewinn- und Verlustrechnung sowie der dazugehörigen Angaben

1. Ansatz und Realisierung von Erträgen

Es gibt keine speziellen Vorschriften.
Bei der Realisierung von Erträgen ist besonders das Vorsichtsprinzip zu beachten, das das Realisationsprinzip (Erfolg ist erst bei der Realisation und nicht bei der Verursachung zu erfassen) und das Imparitätsprinzip (Ausweis nicht realisierter Verluste, kein Ausweis nicht realisierter Gewinne) umfaßt.

2. Zuwendungen der öffentlichen Hand

Es gibt keine speziellen Vorschriften.
Es gibt ein HFA 1/84 Bilanzierungsfragen bei Zuwendungen, dargestellt am Beispiel finanzieller Zuwendungen der öffentlichen Hand.

3. Forschungs- und Entwicklungskosten

a) Ansatz

Eigene Forschungs- und Entwicklungskosten sind nicht aktivierungsfähig, da für immaterielle Vermögensgegenstände des Anlagevermögens, die nicht entgeltlich erworben wurden, ein Aktivposten nicht angesetzt werden darf (§ 248 Abs. 2 HGB). Auftrags- oder objektgebundene Aufwendungen für Planung, Entwicklung, Konstruktion und Versuche fallen nicht unter das Aktivierungsverbot, da sie als Sondereinzelkosten der Fertigung angesehen werden.

b) Angaben

Der Lagebericht soll auf den Bereich Forschung und Entwicklung (§ 289 Abs. 2 Satz 3 HGB) eingehen.

4. Abschreibungen

Erster Abschnitt. Vorschriften für alle Kaufleute
Zweiter Unterabschnitt. Eröffnungsbilanz. Jahresabschluß
Dritter Titel. Bewertungsvorschriften

§ 253 Wertansätze der Vermögensgegenstände und Schulden, Absätze 2, 3, 4 und 5
(2) Bei Vermögensgegenständen des Anlagevermögens, deren Nutzung zeitlich begrenzt ist, sind die Anschaffungs- oder Herstellungskosten um planmäßige Abschreibungen zu vermindern. Der Plan muß die Anschaffungs- oder Herstellungskosten auf die Geschäftsjahre verteilen, in denen der Vermögensgegenstand voraussichtlich genutzt werden kann. Ohne Rücksicht darauf, ob ihre Nutzung zeitlich begrenzt ist, können bei Vermögensgegenständen des Anlagevermögens außerplanmäßige Abschreibungen vorgenommen werden, um die Vermögensgegenstände mit dem niedrigeren Wert anzusetzen, der ihnen am Abschlußstichtag beizulegen ist; sie sind vorzunehmen bei einer voraussichtlich dauernden Wertminderung.
(3) Bei Vermögensgegenständen des Umlaufvermögens sind Abschreibungen vorzunehmen, um diese mit einem niedrigeren Wert anzusetzen, der sich aus einem Börsen- oder Marktpreis am Abschlußstichtag ergibt. Ist ein Börsen- oder Marktpreis nicht festzustellen und übersteigen die Anschaffungs- oder Herstellungskosten den Wert, der den Vermögensgegenständen am Abschlußstichtag beizulegen ist, so ist auf diesen Wert abzuschreiben. Außerdem dürfen Abschreibungen vorgenommen werden, soweit diese nach vernünftiger kaufmännischer Beurteilung notwendig sind, um zu verhindern, daß in der nächsten Zukunft der Wertansatz dieser Vermögensgegenstände auf Grund von Wertschwankungen geändert werden muß.
(4) Abschreibungen sind außerdem im Rahmen vernünftiger kaufmännischer Beurteilung zulässig.
(5) Ein niedrigerer Wertansatz nach Absatz 2 Satz 3, Absatz 3 oder 4 darf beibehalten werden, auch wenn die Gründe dafür nicht mehr bestehen.
§ 254 Steuerrechtliche Abschreibungen. *Abschreibungen können auch vorgenommen werden, um Vermögensgegenstände des Anlage- oder Umlaufvermögens mit dem niedrigeren Wertanzusetzen, der auf einer nur steuerrechtlich zulässigen Abschreibung beruht. § 253 Abs. 5 ist entsprechend anzuwenden.*

Zweiter Abschnitt. Ergänzende Vorschriften für Kapitalgesellschaften (Aktiengesellschaften, Kommanditgesellschaften auf Aktien und Gesellschaften mit beschränkter Haftung) sowie bestimmte Personenhandelsgesellschaften
Erster Unterabschnitt. Jahresabschluß der Kapitalgesellschaft und Lagebericht
Vierter Titel. Bewertungsvorschriften

§ 279 Nichtanwendung von Vorschriften. Abschreibungen. *(1) § 253 Abs. 4 ist nicht anzuwenden. § 253 Abs. 2 Satz 3 darf, wenn es sich nicht um eine voraussichtlich dauernde Wertminderung handelt, nur auf Vermögensgegenstände, die Finanzanlagen sind, angewendet werden.*
(2) Abschreibungen nach § 254 dürfen nur insoweit vorgenommen werden, als das Steuerrecht ihre Anerkennung bei der steuerrechtlichen Gewinnermittlung davon abhängig macht, daß sie sich aus der Bilanz ergeben.

§ 280 Wertaufholungsgebot. *(1) Wird bei einem Vermögensgegenstand eine Abschreibung nach § 253 Abs. 2 Satz 3 oder Abs. 3 oder § 254 Satz 1 vorgenommen und stellt sich in einem späteren Geschäftsjahr heraus, daß die Gründe dafür nicht mehr bestehen, so ist der Betrag dieser Abschreibung im Umfang der Werterhöhung unter Berücksichtigung der Abschreibungen, die inzwischen vorzunehmen gewesen wären, zuzuschreiben. § 253 Abs. 5, § 254 Satz 2 sind insoweit nicht anzuwenden.*
(2) Von der Zuschreibung nach Absatz 1 kann abgesehen werden, wenn der niedrigere Wertansatz bei der steuerrechtlichen Gewinnermittlung beibehalten werden kann und wenn Voraussetzung für die Beibehaltung ist, daß der niedrigere Wertansatz auch in der Bilanz beibehalten wird.
(3) Im Anhang ist der Betrag der im Geschäftsjahr aus steuerrechtlichen Gründen unterlassenen Zuschreibungen anzugeben und hinreichend zu begründen.

Siehe auch Abschnitt B.III.9 Eigenkapital, Sonderposten mit Rücklageanteil.

§ 281 Berücksichtigung steuerrechtlicher Vorschriften. *(1) Die nach § 254 zulässigen Abschreibungen dürfen auch in der Weise vorgenommen werden, daß der Unterschiedsbetrag zwischen der nach § 253 in Verbindung mit § 279 und der nach § 254 zulässigen Bewertung in den Sonderposten mit Rücklageanteil eingestellt wird. In der Bilanz oder im Anhang sind die Vorschriften anzugeben, nach denen die Wertberichtigung gebildet worden ist. Unbeschadet steuerrechtlicher Vorschriften über die Auflösung ist die Wertberichtigung insoweit aufzulösen, als die Vermögensgegenstände, für die sie gebildet worden ist, aus dem Vermögen ausscheiden oder die steuerrechtliche Wertberichtigung durch handelsrechtliche Abschreibungen ersetzt wird.*
(2) Im Anhang ist der Betrag der im Geschäftsjahr allein nach steuerrechtlichen Vorschriften vorgenommenen Abschreibungen, getrennt nach Anlage- und Umlaufvermögen, anzugeben, soweit er sich nicht aus der Bilanz oder der Gewinn- und Verlustrechnung ergibt, und hinreichend zu begründen. Erträge aus der Auflösung des Sonderpostens mit Rücklageanteil sind in dem Posten »sonstige betriebliche Erträge«, Einstellungen in den Sonderposten mit Rücklageanteil sind in dem Posten »sonstige betriebliche Aufwendungen« der Gewinn- und Verlustrechnung gesondert auszuweisen oder im Anhang anzugeben.

Fünfter Titel. Anhang

§ 285 Sonstige Pflichtangaben, Nr. 5
Ferner sind im Anhang anzugeben: das Ausmaß, in dem das Jahresergebnis dadurch beeinflußt wurde, daß bei Vermögensgegenständen im Geschäftsjahr oder in früheren Geschäftsjahren Abschreibungen nach §§ 254, 280 Abs. 2 auf Grund steuerrechtlicher Vorschriften vorgenommen oder beibehalten wurden oder ein Sonderposten nach § 273 gebildet wurde; ferner das Ausmaß erheblicher künftiger Belastungen, die sich aus einer solchen Bewertung ergeben.

5. Gewinne oder Verluste aus der Aufgabe von Geschäftsbereichen und der Bewertung der zur Veräußerung gehaltenen langfristigen Vermögenswerte

Es gibt keine speziellen Vorschriften.

6. Außerordentliche Aufwendungen und Erträge

a) Ausweis

Zweiter Abschnitt. Ergänzende Vorschriften für Kapitalgesellschaften (Aktiengesellschaften, Kommanditgesellschaften auf Aktien und Gesellschaften mit beschränkter Haftung) sowie bestimmte Personenhandelsgesellschaften
Erster Unterabschnitt. Jahresabschluß der Kapitalgesellschaft und Lagebericht
Dritter Titel. Gewinn- und Verlustrechnung

§ 277 Vorschriften zu einzelnen Posten der Gewinn- und Verlustrechnung, Abs. 4
Unter den Posten »außerordentliche Erträge« und »außerordentliche Aufwendungen« sind Erträge und Aufwendungen auszuweisen, die außerhalb der gewöhnlichen Geschäftstätigkeit der Kapitalgesellschaft anfallen. Die Posten sind hinsichtlich ihres Betrags und ihrer Art im Anhang zu erläutern, soweit die ausgewiesenen Beträge für die Beurteilung der Ertragslage nicht von untergeordneter Bedeutung sind. Satz 2 gilt auch für Erträge und Aufwendungen, die einem anderen Geschäftsjahr zuzurechnen sind.

b) Angaben

Fünfter Titel. Anhang

§ 285 Sonstige Pflichtangaben, Nr. 6
Ferner sind im Anhang anzugeben: in welchem Umfang die Steuern vom Einkommen und vom Ertrag das Ergebnis der gewöhnlichen Geschäftstätigkeit und das außerordentliche Ergebnis belasten.

7. Fremdkapitalkosten

Erster Abschnitt. Vorschriften für alle Kaufleute
Zweiter Unterabschnitt. Eröffnungsbilanz. Jahresabschluß
Dritter Titel. Bewertungsvorschriften

§ 255 Anschaffungs- und Herstellungskosten, Abs. 3
Zinsen für Fremdkapital gehören nicht zu den Herstellungskosten. Zinsen für Fremdkapital, das zur Finanzierung der Herstellung eines Vermögensgegenstands verwendet

wird, dürfen angesetzt werden, soweit sie auf den Zeitraum der Herstellung entfallen; in diesem Falle gelten sie als Herstellungskosten des Vermögensgegenstands.

Zweiter Abschnitt. Ergänzende Vorschriften für Kapitalgesellschaften (Aktiengesellschaften, Kommanditgesellschaften auf Aktien und Gesellschaften mit beschränkter Haftung) sowie bestimmte Personenhandelsgesellschaften
Erster Unterabschnitt. Jahresabschluß der Kapitalgesellschaft und Lagebericht
Fünfter Titel. Anhang

§ 284 Erläuterung der Bilanz und der Gewinn- und Verlustrechnung, Nr. 5
Im Anhang müssen Angaben über die Einbeziehung von Zinsen für Fremdkapital in die Herstellungskosten gemacht werden.

8. Ertragsteuern

Dritter Titel. Gewinn- und Verlustrechnung

§ 278 Steuern. *Die Steuern vom Einkommen und vom Ertrag sind auf der Grundlage des Beschlusses über die Verwendung des Ergebnisses zu berechnen; liegt ein solcher Beschluß im Zeitpunkt der Feststellung des Jahresabschlusses nicht vor, so ist vom Vorschlag über die Verwendung des Ergebnisses auszugehen. Weicht der Beschluß über die Verwendung des Ergebnisses vom Vorschlag ab, so braucht der Jahresabschluß nicht geändert zu werden.*

Für offene Handelsgesellschaften und Kommanditgesellschaften im Sinne des § 253a enthält **§ 264c** Abs. 3 Satz 2 folgende Vorschrift:

In der Gewinn- und Verlustrechnung darf jedoch nach dem Posten »Jahresüberschuß/Jahresfehlbetrag« ein dem Steuersatz der Komplementärgesellschaft entsprechender Steueraufwand der Gesellschafter offen abgesetzt oder hinzugerechnet werden.

V. Konzernabschluß

1. Konsolidierungspflicht

Zweiter Abschnitt. Ergänzende Vorschriften für Kapitalgesellschaften (Aktiengesellschaften, Kommanditgesellschaften auf Aktien und Gesellschaften mit beschränkter Haftung) sowie bestimmte Personenhandelsgesellschaften
Zweiter Unterabschnitt. Konzernabschluß und Konzernlagebericht
Erster Titel. Anwendungsbereich

§ 290 Pflicht zur Aufstellung. *(1) Stehen in einem Konzern die Unternehmen unter der einheitlichen Leitung einer Kapitalgesellschaft (Mutterunternehmen) mit Sitz im Inland und gehört dem Mutterunternehmen eine Beteiligung nach § 271 Abs. 1 an dem oder den anderen unter der einheitlichen Leitung stehenden Unternehmen (Tochterunternehmen), so haben die gesetzlichen Vertreter des Mutterunternehmens in den ersten fünf Monaten des Konzerngeschäftsjahrs für das vergangene Konzerngeschäftsjahr einen Konzernabschluß und einen Konzernlagebericht aufzustellen.*
(2) Eine Kapitalgesellschaft mit Sitz im Inland ist stets zur Aufstellung eines Konzernabschlusses und eines Konzernlageberichts verpflichtet (Mutterunternehmen), wenn ihr bei einem Unternehmen (Tochterunternehmen)
1. die Mehrheit der Stimmrechte der Gesellschafter zusteht,
2. das Recht zusteht, die Mehrheit der Mitglieder des Verwaltungs-, Leitungs- oder Aufsichtsorgans zu bestellen oder abzuberufen, und sie gleichzeitig Gesellschafter ist oder
3. das Recht zusteht, einen beherrschenden Einfluß auf Grund eines mit diesem Unternehmen geschlossenen Beherrschungsvertrags oder auf Grund einer Satzungsbestimmung dieses Unternehmens auszuüben.
(3) Als Rechte, die einem Mutterunternehmen nach Absatz 2 zustehen, gelten auch die einem Tochterunternehmen zustehenden Rechte und die den für Rechnung des Mutterunternehmens oder von Tochterunternehmen handelnden Personen zustehenden Rechte. Den einem Mutterunternehmen an einem anderen Unternehmen zustehenden Rechten werden die Rechte hinzugerechnet, über die es oder ein Tochterunternehmen auf Grund einer Vereinbarung mit anderen Gesellschaftern dieses Unternehmens verfügen kann. Abzuziehen sind Rechte, die
1. mit Anteilen verbunden sind, die von dem Mutterunternehmen oder von Tochterunternehmen für Rechnung einer anderen Person gehalten werden, oder
2. mit Anteilen verbunden sind, die als Sicherheit gehalten werden, sofern diese Rechte nach Weisung des Sicherungsgebers oder, wenn ein Kreditinstitut die Anteile als Sicherheit für ein Darlehen hält, im Interesse des Sicherungsgebers ausgeübt werden.
(4) Welcher Teil der Stimmrechte einem Unternehmen zusteht, bestimmt sich für die Berechnung der Mehrheit nach Absatz 2 Nr. 1 nach dem Verhältnis der Zahl der Stimmrechte, die es aus den ihm gehörenden Anteilen ausüben kann, zur Gesamt-

zahl aller Stimmrechte. Von der Gesamtzahl aller Stimmrechte sind die Stimmrechte aus eigenen Anteilen abzuziehen, die dem Tochterunternehmen selbst, einem seiner Tochterunternehmen oder einer anderen Person für Rechnung dieser Unternehmen gehören.

§ 291 Befreiende Wirkung von EU/EWR-Konzernabschlüssen. *(1) Ein Mutterunternehmen, das zugleich Tochterunternehmen eines Mutterunternehmens mit Sitz in einem Mitgliedstaat der Europäischen Union oder in einem anderen Vertragsstaat des Abkommens über den Europäischen Wirtschaftsraum ist, braucht einen Konzernabschluß und einen Konzernlagebericht nicht aufzustellen, wenn ein den Anforderungen des Absatzes 2 entsprechender Konzernabschluß und Konzernlagebericht seines Mutterunternehmens einschließlich des Bestätigungsvermerks oder des Vermerks über dessen Versagung nach den für den entfallenden Konzernabschluß und Konzernlagebericht maßgeblichen Vorschriften in deutscher Sprache offengelegt wird. Ein befreiender Konzernabschluß und ein befreiender Konzernlagebericht können von jedem Unternehmen unabhängig von seiner Rechtsform und Größe aufgestellt werden, wenn das Unternehmen als Kapitalgesellschaft mit Sitz in einem Mitgliedstaat der Europäischen Union oder in einem anderen Vertragsstaat des Abkommens über den Europäischen Wirtschaftsraum zur Aufstellung eines Konzernabschlusses unter Einbeziehung des zu befreienden Mutterunternehmens und seiner Tochterunternehmen verpflichtet wäre.*

(2) Der Konzernabschluß und Konzernlagebericht eines Mutterunternehmens mit Sitz in einem Mitgliedstaat der Europäischen Union oder in einem anderen Vertragsstaat des Abkommens über den Europäischen Wirtschaftsraum haben befreiende Wirkung, wenn

1. *das zu befreiende Mutterunternehmen und seine Tochterunternehmen in den befreienden Konzernabschluß unbeschadet des § 296 einbezogen worden sind,*
2. *der befreiende Konzernabschluß und der befreiende Konzernlagebericht im Einklang mit der Richtlinie 83/349/EWG des Rates vom 13. Juni 1983 über den konsolidierten Abschluß (ABl. EG Nr. L 193 S. 1) und der Richtlinie 84/253/EWG des Rates vom 10. April 1984 über die Zulassung der mit der Pflichtprüfung der Rechnungslegungsunterlagen beauftragten Personen (ABl. EG Nr. L 126 S. 20) in ihren jeweils geltenden Fassungen nach dem für das aufstellende Mutterunternehmen maßgeblichen Recht aufgestellt und von einem zugelassenen Abschlußprüfer geprüft worden sind,*
3. *der Anhang des Jahresabschlusses des zu befreienden Unternehmens folgende Angaben enthält:*
   a) Name und Sitz des Mutterunternehmens, das den befreienden Konzernabschluß und Konzernlagebericht aufstellt,
   b) einen Hinweis auf die Befreiung von der Verpflichtung, einen Konzernabschluß und einen Konzernlagebericht aufzustellen, und
   c) eine Erläuterung der im befreienden Konzernabschluß vom deutschen Recht abweichend angewandten Bilanzierungs-, Bewertungs- und Konsolidierungsmethoden.

Satz 1 gilt für Kreditinstitute und Versicherungsunternehmen entsprechend; unbeschadet der übrigen Voraussetzungen in Satz 1 hat die Aufstellung des befreienden Konzernabschlusses und des befreienden Konzernlageberichts bei Kreditinstituten im Einklang mit der Richtlinie 86/635/EWG des Rates vom 8. Dezember 1986 über den

Jahresabschluß und den konsolidierten Abschluß von Banken und anderen Finanzinstituten (ABl. EG Nr. L 372 S. 1) und bei Versicherungsunternehmen im Einklang mit der Richtlinie 91/674/EWG des Rates vom 19. Dezember 1991 über den Jahresabschluß und den konsolidierten Jahresabschluß von Versicherungsunternehmen (ABl. EG Nr. L 374 S. 7) in ihren jeweils geltenden Fassungen zu erfolgen.
(3) Die Befreiung nach Absatz 1 kann trotz Vorliegens der Voraussetzungen nach Absatz 2 von einem Mutterunternehmen nicht in Anspruch genommen werden, wenn
1. von dem zu befreienden Mutterunternehmen ausgegebene Wertpapiere am Abschlußstichtag in einem Mitgliedstaat der Europäischen Union oder in einem anderen Vertragsstaat des Abkommens über den Europäischen Wirtschaftsraum zum Handel an einem geregelten Markt im Sinne des Artikels 1 Nr. 13 der Richtlinie 93/22/EWG des Rates vom 10. Mai 1993 über Wertpapierdienstleistungen (ABl. EG Nr. L 141 S. 27), die zuletzt durch die Richtlinie 2002/87/EG des Europäischen Parlaments und des Rates vom 16. Dezember 2002 (ABl. EU 2003 Nr. L 35 S. 1) geändert worden ist, in ihrer jeweiligen Fassung zugelassen sind, oder
2. Gesellschafter, denen bei Aktiengesellschaften und Kommanditgesellschaften auf Aktien mindestens zehn vom Hundert und bei Gesellschaften mit beschränkter Haftung mindestens zwanzig vom Hundert der Anteile an dem zu befreienden Mutterunternehmen gehören, spätestens sechs Monate vor dem Ablauf des Konzerngeschäftsjahrs die Aufstellung eines Konzernabschlusses und eines Konzernlageberichts beantragt haben. Gehören dem Mutterunternehmen mindestens neunzig vom Hundert der Anteile an dem zu befreienden Mutterunternehmen, so kann Absatz 1 nur angewendet werden, wenn die anderen Gesellschafter der Befreiung zugestimmt haben.

§ 292 Rechtsverordnungsermächtigung für befreiende Konzernabschlüsse und Konzernlageberichte. *(1) Das Bundesministerium der Justiz wird ermächtigt, im Einvernehmen mit dem Bundesministerium der Finanzen und dem Bundesministerium für Wirtschaft durch Rechtsverordnung, die nicht der Zustimmung des Bundesrates bedarf, zu bestimmen, daß § 291 auf Konzernabschlüsse und Konzernlageberichte von Mutterunternehmen mit Sitz in einem Staat, der nicht Mitglied der Europäischen Union und auch nicht Vertragsstaat des Abkommens über den Europäischen Wirtschaftsraum ist, mit der Maßgabe angewendet werden darf, daß der befreiende Konzernabschluß und der befreiende Konzernlagebericht nach dem mit den Anforderungen der Richtlinie 83/349/EWG übereinstimmenden Recht eines Mitgliedstaates der Europäischen Union oder eines anderen Vertragsstaates des Abkommens über den Europäischen Wirtschaftsraum aufgestellt worden oder einem nach diesem Recht eines Mitgliedstaates der Europäischen Union oder eines anderen Vertragsstaates des Abkommens über den Europäischen Wirtschaftsraum aufgestellten Konzernabschluß und Konzernlagebericht gleichwertig sein müssen. Das Recht eines anderen Mitgliedstaates der Europäischen Union oder Vertragsstaates des Abkommens über den Europäischen Wirtschaftsraum kann einem befreienden Konzernabschluß und einem befreienden Konzernlagebericht jedoch nur zugrunde gelegt oder für die Herstellung der Gleichwertigkeit herangezogen werden, wenn diese Unterlagen in dem anderen Mitgliedstaat oder Vertragsstaat anstelle eines sonst nach dem Recht dieses Mitgliedstaates oder Vertragsstaates vorgeschriebenen Konzernabschlusses und Konzernlageberichts offengelegt werden. Die Anwendung dieser Vorschrift kann in der Rechtsverordnung nach Satz 1 davon abhängig gemacht werden, daß die nach diesem Unterabschnitt* *aufgestellten Konzernabschlüsse und Konzernlageberichte in dem Staat, in dem das Mutterunternehmen seinen Sitz hat, als gleichwertig mit den dort für Unternehmen mit entsprechender Rechtsform und entsprechendem Geschäftszweig vorgeschriebenen Konzernabschlüssen und Konzernlageberichten angesehen werden.*

(2) Ist ein nach Absatz 1 zugelassener Konzernabschluß nicht von einem in Übereinstimmung mit den Vorschriften der Richtlinie 84/253/EWG zugelassenen Abschlußprüfer geprüft worden, so kommt ihm befreiende Wirkung nur zu, wenn der Abschlußprüfer eine den Anforderungen dieser Richtlinie gleichwertige Befähigung hat und der Konzernabschluß in einer den Anforderungen des Dritten Unterabschnitts entsprechenden Weise geprüft worden ist.

(3) In einer Rechtsverordnung nach Absatz 1 kann außerdem bestimmt werden, welche Voraussetzungen Konzernabschlüsse und Konzernlageberichte von Mutterunternehmen mit Sitz in einem Staat, der nicht Mitglied der Europäischen Union und auch nicht Vertragsstaat des Abkommens über den Europäischen Wirtschaftsraum ist, im einzelnen erfüllen müssen, um nach Absatz 1 gleichwertig zu sein, und wie die Befähigung von Abschlußprüfern beschaffen sein muß, um nach Absatz 2 gleichwertig zu sein. In der Rechtsverordnung können zusätzliche Angaben und Erläuterungen zum Konzernabschluß vorgeschrieben werden, soweit diese erforderlich sind, um die Gleichwertigkeit dieser Konzernabschlüsse und Konzernlageberichte mit solchen nach diesem Unterabschnitt oder dem Recht eines anderen Mitgliedstaates der Europäischen Union oder Vertragsstaates des Abkommens über den Europäischen Wirtschaftsraum herzustellen.

(4) Die Rechtsverordnung ist vor Verkündung dem Bundestag zuzuleiten. Sie kann durch Beschluß des Bundestages geändert oder abgelehnt werden. Der Beschluß des Bundestages wird dem Bundesministerium der Justiz zugeleitet. Das Bundesministerium der Justiz ist bei der Verkündung der Rechtsverordnung an den Beschluß gebunden. Hat sich der Bundestag nach Ablauf von drei Sitzungswochen seit Eingang einer Rechtsverordnung nicht mit ihr befaßt, so wird die unveränderte Rechtsverordnung dem Bundesministerium der Justiz zur Verkündung zugeleitet. Der Bundestag befaßt sich mit der Rechtsverordnung auf Antrag von so vielen Mitgliedern des Bundestages, wie zur Bildung einer Fraktion erforderlich sind.

§ 293 Größenabhängige Befreiungen. *(1) Ein Mutterunternehmen ist von der Pflicht, einen Konzernabschluß und einen Konzernlagebericht aufzustellen befreit, wenn*

1. am Abschlußstichtag seines Jahresabschlusses und am vorhergehenden Abschlußstichtag mindestens zwei der drei nachstehenden Merkmale zutreffen:

   a) Die Bilanzsummen in den Bilanzen des Mutterunternehmens und der Tochterunternehmen, die in den Konzernabschluß einzubeziehen wären, übersteigen insgesamt nach Abzug von in den Bilanzen auf der Aktivseite ausgewiesenen Fehlbeträgen nicht 19 272 000 Euro.

   b) Die Umsatzerlöse des Mutterunternehmens und der Tochterunternehmen, die in den Konzernabschluß einzubeziehen wären, übersteigen in den zwölf Monaten vor dem Abschlußstichtag insgesamt nicht 38 544 000 Euro.

   c) Das Mutterunternehmen und die Tochterunternehmen, die in den Konzernabschluß einzubeziehen wären, haben in den zwölf Monaten vor dem Abschlußstichtag im Jahresdurchschnitt nicht mehr als 250 Arbeitnehmer beschäftigt; oder

2. am Abschlußstichtag eines von ihm aufzustellenden Konzernabschlusses und am vorhergehenden Abschlußstichtag mindestens zwei der drei nachstehenden Merkmale zutreffen:
   a) Die Bilanzsumme übersteigt nach Abzug eines auf der Aktivseite ausgewiesenen Fehlbetrags nicht 16 060 000 Euro.
   b) Die Umsatzerlöse in den zwölf Monaten vor dem Abschlußstichtag übersteigen nicht 32 120 000 Euro.
   c) Das Mutterunternehmen und die in den Konzernabschluß einbezogenen Tochterunternehmen haben in den zwölf Monaten vor dem Abschlußstichtag im Jahresdurchschnitt nicht mehr als 250 Arbeitnehmer beschäftigt.

Auf die Ermittlung der durchschnittlichen Zahl der Arbeitnehmer ist § 267 Abs. 5 anzuwenden.

(2), (3) (aufgehoben)

(4) Außer in den Fällen des Absatzes 1 ist ein Mutterunternehmen von der Pflicht zur Aufstellung des Konzernabschlusses und des Konzernlageberichts befreit, wenn die Voraussetzungen des Absatzes 1 nur am Abschlußstichtag oder nur am vorhergehenden Abschlußstichtag erfüllt sind und das Mutterunternehmen am vorhergehenden Abschlußstichtag von der Pflicht zur Aufstellung des Konzernabschlusses und des Konzernlageberichts befreit war.

(5) Die Absätze 1 und 4 sind nicht anzuwenden, wenn das Mutterunternehmen oder ein in den Konzernabschluß des Mutterunternehmens einbezogenes Tochterunternehmen am Abschlußstichtag einen organisierten Markt im Sinne des § 2 Abs. 5 des Wertpapierhandelsgesetzes durch von ihm ausgegebene Wertpapiere im Sinne des § 2 Abs. 1 Satz 1 des Wertpapierhandelsgesetzes in Anspruch nimmt oder die Zulassung zum Handel an einem organisierten Markt beantragt worden ist.

Zehnter Titel.
Konzernabschluß nach internationalen Rechnungslegungsstandards

§ 315a Konzernabschluß nach internationalen Rechnungslegungsstandards (1) Ist ein Mutterunternehmen, das nach den Vorschriften des Ersten Titels einen Konzernabschluß aufzustellen hat, nach Artikel 4 der Verordnung (EG) Nr. 1606/2002 des Europäischen Parlaments und des Rates vom 19. Juli 2002 betreffend die Anwendung internationaler Rechnungslegungsstandards (ABl. EG Nr. L 243 S.1) in der jeweils geltenden Fassung verpflichtet, die nach den Artikeln 2, 3 und 6 der genannten Verordnung übernommenen internationalen Rechnungslegungsstandards anzuwenden, so sind von den Vorschriften des Zweiten bis Achten Titels nur § 294 Abs. 3, § 298 Abs. 1, dieser jedoch nur in Verbindung mit den §§ 244 und 245, ferner § 313 Abs. 2 bis 4, § 314 Abs. 1 Nr. 4, 6, 8 und 9 sowie die Bestimmungen des Neunten Titels und die Vorschriften außerhalb dieses Unterabschnitts, die den Konzernabschluß oder den Konzernlagebericht betreffen, anzuwenden.

(2) Mutterunternehmen, die nicht unter Absatz 1 fallen, haben ihren Konzernabschluß nach den dort genannten internationalen Rechnungslegungsstandards und Vorschriften aufzustellen, wenn für sie bis zum jeweiligen Bilanzstichtag die Zulassung eines Wertpapiers im Sinne des § 2 Abs. 1 Satz 1 des Wertpapierhandelsgesetzes zum Handel an einem organisierten Markt im Sinne des § 2 Abs. 5 des Wertpapierhandelsgesetzes im Inland beantragt worden ist.

(3) Mutterunternehmen, die nicht unter Absatz 1 oder 2 fallen, dürfen ihren Konzernabschluß nach den in Absatz 1 genannten internationalen Rechnungslegungsstandards und Vorschriften aufstellen. Ein Unternehmen, das von diesem Wahlrecht Gebrauch macht, hat die in Absatz 1 genannten Standards und Vorschriften vollständig zu befolgen.

2. Konsolidierungskreis

Zweiter Titel. Konsolidierungskreis

§ 294 Einzubeziehende Unternehmen. Vorlage- und Auskunftspflichten. *(1) In den Konzernabschluß sind das Mutterunternehmen und alle Tochterunternehmen ohne Rücksicht auf den Sitz der Tochterunternehmen einzubeziehen, sofern die Einbeziehung nicht nach § 296 unterbleibt.*
(2) Hat sich die Zusammensetzung der in den Konzernabschluß einbezogenen Unternehmen im Laufe des Geschäftsjahrs wesentlich geändert, so sind in den Konzernabschluß Angaben aufzunehmen, die es ermöglichen, die aufeinanderfolgenden Konzernabschlüsse sinnvoll zu vergleichen. Dieser Verpflichtung kann auch dadurch entsprochen werden, daß die entsprechenden Beträge des vorhergehenden Konzernabschlusses an die Änderung angepaßt werden.
(3) Die Tochterunternehmen haben dem Mutterunternehmen ihre Jahresabschlüsse, Einzelabschlüsse nach § 325 Abs. 2a, Lageberichte, Konzernabschlüsse, Konzernlageberichte und, wenn eine Abschlußprüfung stattgefunden hat, die Prüfungsberichte sowie, wenn ein Zwischenabschluß aufzustellen ist, einen auf den Stichtag des Konzernabschlusses aufgestellten Abschluß unverzüglich einzureichen. Das Mutterunternehmen kann von jedem Tochterunternehmen alle Aufklärungen und Nachweise verlangen, welche die Aufstellung des Konzernabschlusses und des Konzernlageberichts erfordert.

§ 296 Verzicht auf die Einbeziehung. *(1) Ein Tochterunternehmen braucht in den Konzernabschluß nicht einbezogen zu werden, wenn*
1. *erhebliche und andauernde Beschränkungen die Ausübung der Rechte des Mutterunternehmens in bezug auf das Vermögen oder die Geschäftsführung dieses Unternehmens nachhaltig beeinträchtigen,*
2. *die für die Aufstellung des Konzernabschlusses erforderlichen Angaben nicht ohne unverhältnismäßig hohe Kosten oder Verzögerungen zu erhalten sind oder*
3. *die Anteile des Tochterunternehmens ausschließlich zum Zwecke ihrer Weiterveräußerung gehalten werden.*

(2) Ein Tochterunternehmen braucht in den Konzernabschluß nicht einbezogen zu werden, wenn es für die Verpflichtung, ein den tatsächlichen Verhältnissen entsprechendes Bild der Vermögens-, Finanz- und Ertragslage des Konzerns zu vermitteln, von untergeordneter Bedeutung ist. Entsprechen mehrere Tochterunternehmen der Voraussetzung des Satzes 1, so sind diese Unternehmen in den Konzernabschluß einzubeziehen, wenn sie zusammen nicht von untergeordneter Bedeutung sind.
(3) Die Anwendung der Absätze 1 und 2 ist im Konzernanhang zu begründen.

3. Vollkonsolidierung

a) Kapitalkonsolidierung bei Unternehmenserwerb

Vierter Titel. Vollkonsolidierung

§ 301 Kapitalkonsolidierung. *(1) Der Wertansatz der dem Mutterunternehmen gehörenden Anteile an einem in den Konzernabschluß einbezogenen Tochterunternehmen wird mit dem auf diese Anteile entfallenden Betrag des Eigenkapitals des Tochterunternehmens verrechnet. Das Eigenkapital ist anzusetzen*
1. *entweder mit dem Betrag, der dem Buchwert der in den Konzernabschluß aufzunehmenden Vermögensgegenstände, Schulden, Rechnungsabgrenzungsposten, Bilanzierungshilfen und Sonderposten, gegebenenfalls nach Anpassung der Wertansätze nach § 308 Abs. 2 entspricht, oder*
2. *mit dem Betrag, der dem Wert der in den Konzernabschluß aufzunehmenden Vermögensgegenstände, Schulden, Rechnungsabgrenzungsposten, Bilanzierungshilfen und Sonderposten entspricht, der diesen an dem für die Verrechnung nach Absatz 2 gewählten Zeitpunkt beizulegen ist.*

Bei Ansatz mit dem Buchwert nach Satz 2 Nr. 1 ist ein sich ergebender Unterschiedsbetrag den Wertansätzen von in der Konzernbilanz anzusetzenden Vermögensgegenständen und Schulden des jeweiligen Tochterunternehmens insoweit zuzuschreiben oder mit diesen zu verrechnen, als deren Wert höher oder niedriger ist als der bisherige Wertansatz. Die angewandte Methode ist im Konzernanhang anzugeben.
(2) Die Verrechnung nach Absatz 1 wird auf der Grundlage der Wertansätze zum Zeitpunkt des Erwerbs der Anteile oder der erstmaligen Einbeziehung des Tochterunternehmens in den Konzernabschluß oder, beim Erwerb der Anteile zu verschiedenen Zeitpunkten, zu dem Zeitpunkt, zu dem das Unternehmen Tochterunternehmen geworden ist, durchgeführt. Der gewählte Zeitpunkt ist im Konzernanhang anzugeben.
(3) Ein bei der Verrechnung nach Absatz 1 Satz 2 Nr. 2 entstehender oder ein nach Zuschreibung oder Verrechnung nach Absatz 1 Satz 3 verbleibender Unterschiedsbetrag ist in der Konzernbilanz, wenn er auf der Aktivseite entsteht, als Geschäfts- oder Firmenwert und, wenn er auf der Passivseite entsteht, als Unterschiedsbetrag aus der Kapitalkonsolidierung auszuweisen. Der Posten und wesentliche Änderungen gegenüber dem Vorjahr sind im Anhang zu erläutern. Werden Unterschiedsbeträge der Aktivseite mit solchen der Passivseite verrechnet, so sind die verrechneten Beträge im Anhang anzugeben.
(4) Absatz 1 ist nicht auf Anteile an dem Mutterunternehmen anzuwenden, die dem Mutterunternehmen oder einem in den Konzernabschluß einbezogenen Tochterunternehmen gehören. Solche Anteile sind in der Konzernbilanz als eigene Anteile im Umlaufvermögen gesondert auszuweisen.

Zu diesem Sachverhalt hat das DRSC am 28.8.2000 den DRS 4 Unternehmenserwerbe im Konzernabschluß verabschiedet, der am 30.12.2000 durch das Bundesministerium der Justiz bekannt gemacht wurde.

b) Kapitalkonsolidierung bei Interessenzusammenführung

§ 302 Kapitalkonsolidierung bei Interessenzusammenführung. *(1) Ein Mutterunternehmen darf die in § 301 Abs. 1 vorgeschriebene Verrechnung der Anteile unter den folgenden Voraussetzungen auf das gezeichnete Kapital des Tochterunternehmens beschränken:*
1. *die zu verrechnenden Anteile betragen mindestens neunzig vom Hundert des Nennbetrags oder, falls ein Nennbetrag nicht vorhanden ist, des rechnerischen Wertes der Anteile des Tochterunternehmens, die nicht eigene Anteile sind,*
2. *die Anteile sind auf Grund einer Vereinbarung erworben worden, die die Ausgabe von Anteilen eines in den Konzernabschluß einbezogenen Unternehmens vorsieht, und*
3. *eine in der Vereinbarung vorgesehene Barzahlung übersteigt nicht zehn vom Hundert des Nennbetrags oder, falls ein Nennbetrag nicht vorhanden ist, des rechnerischen Wertes der ausgegebenen Anteile.*

(2) Ein sich nach Absatz 1 ergebender Unterschiedsbetrag ist, wenn er auf der Aktivseite entsteht, mit den Rücklagen zu verrechnen oder, wenn er auf der Passivseite entsteht, den Rücklagen hinzuzurechnen.
(3) Die Anwendung der Methode nach Absatz 1 und die sich daraus ergebenden Veränderungen der Rücklagen sowie Name und Sitz des Unternehmens sind im Konzernanhang anzugeben.

c) Konsolidierungsvorgang

Dritter Titel. Inhalt und Form des Konzernabschlusses

§ 297 Inhalt. *(1) Der Konzernabschluß besteht aus der Konzernbilanz, der Konzern-Gewinn- und Verlustrechnung, dem Konzernanhang, der Kapitalflußrechnung und dem Eigenkapitalspiegel. Er kann um eine Segmentberichterstattung erweitert werden.*
(2) Der Konzernabschluß ist klar und übersichtlich aufzustellen. Er hat unter Beachtung der Grundsätze ordnungsmäßiger Buchführung ein den tatsächlichen Verhältnissen entsprechendes Bild der Vermögens-, Finanz- und Ertragslage des Konzerns zu vermitteln. Führen besondere Umstände dazu, daß der Konzernabschluß ein den tatsächlichen Verhältnissen entsprechendes Bild im Sinne des Satzes 2 nicht vermittelt, so sind im Konzernanhang zusätzliche Angaben zu machen.
(3) Im Konzernabschluß ist die Vermögens-, Finanz- und Ertragslage der einbezogenen Unternehmen so darzustellen, als ob diese Unternehmen insgesamt ein einziges Unternehmen wären. Die auf den vorhergehenden Konzernabschluß angewandten Konsolidierungsmethoden sollen beibehalten werden. Abweichungen von Satz 2 sind in Ausnahmefällen zulässig. Sie sind im Konzernanhang anzugeben und zu begründen. Ihr Einfluß auf die Vermögens-, Finanz- und Ertragslage des Konzerns ist anzugeben.
§ 298 Anzuwendende Vorschriften. Erleichterungen. *(1) Auf den Konzernabschluß sind, soweit seine Eigenart keine Abweichung bedingt oder in den folgenden Vorschriften nichts anderes bestimmt ist, die §§ 244 bis 247 Abs. 1 und 2, §§ 248 bis 253, §§ 255, 256, 265, 266, 268 bis 272, 274, 275, 277 bis 279 Abs. 1, § 280 Abs. 1, §§ 282 und 283 über den Jahresabschluß und die für die Rechtsform und den Geschäfts-*

zweig der in den Konzernabschluß einbezogenen Unternehmen mit Sitz im Geltungsbereich dieses Gesetzes geltenden Vorschriften, soweit sie für große Kapitalgesellschaften gelten, entsprechend anzuwenden.
(2) In der Gliederung der Konzernbilanz dürfen die Vorräte in einem Posten zusammengefaßt werden, wenn deren Aufgliederung wegen besonderer Umstände mit einem unverhältnismäßigen Aufwand verbunden wäre.
(3) Der Konzernanhang und der Anhang des Jahresabschlusses des Mutterunternehmens dürfen zusammengefaßt werden. In diesem Falle müssen der Konzernabschluß und der Jahresabschluß des Mutterunternehmens gemeinsam offengelegt werden. Aus dem zusammengefaßten Anhang muß hervorgehen, welche Angaben sich auf den Konzern und welche Angaben sich nur auf das Mutterunternehmen beziehen.

§ 299 Stichtag für die Aufstellung. (1) Der Konzernabschluß ist auf den Stichtag des Jahresabschlusses des Mutterunternehmens aufzustellen.
(2) Die Jahresabschlüsse der in den Konzernabschluß einbezogenen Unternehmen sollen auf den Stichtag des Konzernabschlusses aufgestellt werden. Liegt der Abschlußstichtag eines Unternehmens um mehr als drei Monate vor dem Stichtag des Konzernabschlusses, so ist dieses Unternehmen auf Grund eines auf den Stichtag und den Zeitraum des Konzernabschlusses aufgestellten Zwischenabschlusses in den Konzernabschluß einzubeziehen.
(3) Wird bei abweichenden Abschlußstichtagen ein Unternehmen nicht auf der Grundlage eines auf den Stichtag und den Zeitraum des Konzernabschlusses aufgestellten Zwischenabschlusses in den Konzernabschluß einbezogen, so sind Vorgänge von besonderer Bedeutung für die Vermögens-, Finanz- und Ertragslage eines in den Konzernabschluß einbezogenen Unternehmens, die zwischen dem Abschlußstichtag dieses Unternehmens und dem Abschlußstichtag des Konzernabschlusses eingetreten sind, in der Konzernbilanz und der Konzern-Gewinn- und Verlustrechnung zu berücksichtigen oder im Konzernanhang anzugeben.

Vierter Titel. Vollkonsolidierung

§ 300 Konsolidierungsgrundsätze. Vollständigkeitsgebot. (1) In dem Konzernabschluß ist der Jahresabschluß des Mutterunternehmens mit den Jahresabschlüssen der Tochterunternehmen zusammenzufassen. An die Stelle der dem Mutterunternehmen gehörenden Anteile an den einbezogenen Tochterunternehmen treten die Vermögensgegenstände, Schulden, Rechnungsabgrenzungsposten, Bilanzierungshilfen und Sonderposten der Tochterunternehmen, soweit sie nach dem Recht des Mutterunternehmens bilanzierungsfähig sind und die Eigenart des Konzernabschlusses keine Abweichungen bedingt oder in den folgenden Vorschriften nichts anderes bestimmt ist.
(2) Die Vermögensgegenstände, Schulden und Rechnungsabgrenzungsposten sowie die Erträge und Aufwendungen der in den Konzernabschluß einbezogenen Unternehmen sind unabhängig von ihrer Berücksichtigung in den Jahresabschlüssen dieser Unternehmen vollständig aufzunehmen, soweit nach dem Recht des Mutterunternehmens nicht ein Bilanzierungsverbot oder ein Bilanzierungswahlrecht besteht. Nach dem Recht des Mutterunternehmens zulässige Bilanzierungswahlrechte dürfen im Konzernabschluß unabhängig von ihrer Ausübung in den Jahresabschlüssen der in den Konzernabschluß einbezogenen Unternehmen ausgeübt werden. Ansätze, die auf der Anwendung von für Kreditinstitute oder Versicherungsunternehmen wegen der Besonderhei-

ten des Geschäftszweigs geltenden Vorschriften beruhen, dürfen beibehalten werden; auf die Anwendung dieser Ausnahme ist im Konzernanhang hinzuweisen.

§ 303 Schuldenkonsolidierung. *(1) Ausleihungen und andere Forderungen, Rückstellungen und Verbindlichkeiten zwischen den in den Konzernabschluß einbezogenen Unternehmen sowie entsprechende Rechnungsabgrenzungsposten sind wegzulassen.*

(2) Absatz 1 braucht nicht angewendet zu werden, wenn die wegzulassenden Beträge für die Vermittlung eines den tatsächlichen Verhältnissen entsprechenden Bildes der Vermögens-, Finanz- und Ertragslage des Konzerns nur von untergeordneter Bedeutung sind.

§ 304 Behandlung der Zwischenergebnisse. *(1) In den Konzernabschluß zu übernehmende Vermögensgegenstände, die ganz oder teilweise auf Lieferungen oder Leistungen zwischen in den Konzernabschluß einbezogenen Unternehmen beruhen, sind in der Konzernbilanz mit einem Betrag anzusetzen, zu dem sie in der auf den Stichtag des Konzernabschlusses aufgestellten Jahresbilanz dieses Unternehmens angesetzt werden könnten, wenn die in den Konzernabschluß einbezogenen Unternehmen auch rechtlich ein einziges Unternehmen bilden würden.*

(2) Absatz 1 braucht nicht angewendet zu werden, wenn die Behandlung der Zwischenergebnisse nach Absatz 1 für die Vermittlung eines den tatsächlichen Verhältnissen entsprechenden Bildes der Vermögens-, Finanz- und Ertragslage des Konzerns nur von untergeordneter Bedeutung ist.

§ 305 Aufwands- und Ertragskonsolidierung. *(1) In der Konzern-Gewinn- und Verlustrechnung sind*

1. *bei den Umsatzerlösen die Erlöse aus Lieferungen und Leistungen zwischen den in den Konzernabschluß einbezogenen Unternehmen mit den auf sie entfallenden Aufwendungen zu verrechnen, soweit sie nicht als Erhöhung des Bestands an fertigen und unfertigen Erzeugnissen oder als andere aktivierte Eigenleistungen auszuweisen sind,*
2. *andere Erträge aus Lieferungen und Leistungen zwischen den in den Konzernabschluß einbezogenen Unternehmen mit den auf sie entfallenden Aufwendungen zu verrechnen, soweit sie nicht als andere aktivierte Eigenleistungen auszuweisen sind.*

(2) Aufwendungen und Erträge brauchen nach Absatz 1 nicht weggelassen zu werden, wenn die wegzulassenden Beträge für die Vermittlung eines den tatsächlichen Verhältnissen entsprechenden Bildes der Vermögens-, Finanz- und Ertragslage des Konzerns nur von untergeordneter Bedeutung sind.

§ 306 Steuerabgrenzung. *Ist das im Konzernabschluß ausgewiesene Jahresergebnis auf Grund von Maßnahmen, die nach den Vorschriften dieses Titels durchgeführt worden sind, niedriger oder höher als die Summe der Einzelergebnisse der in den Konzernabschluß einbezogenen Unternehmen, so ist der sich für das Geschäftsjahr und frühere Geschäftsjahre ergebende Steueraufwand, wenn er im Verhältnis zum Jahresergebnis zu hoch ist, durch Bildung eines Abgrenzungspostens auf der Aktivseite oder, wenn er im Verhältnis zum Jahresergebnis zu niedrig ist, durch Bildung einer Rückstellung nach § 249 Abs. 1 Satz 1 anzupassen, soweit sich der zu hohe oder der zu niedrige Steueraufwand in späteren Geschäftsjahren voraussichtlich ausgleicht. Der Posten ist in der Konzernbilanz oder im Konzernanhang gesondert anzugeben. Er darf mit den Posten nach § 274 zusammengefaßt werden.*

§ 307 Anteile anderer Gesellschafter. *(1) In der Konzernbilanz ist für nicht dem Mutterunternehmen gehörende Anteile an in den Konzernabschluß einbezogenen Tochterunternehmen ein Ausgleichsposten für die Anteile der anderen Gesellschafter in Höhe ihres Anteils am Eigenkapital unter entsprechender Bezeichnung innerhalb des Eigenkapitals gesondert auszuweisen. In den Ausgleichsposten sind auch die Beträge einzubeziehen, die bei Anwendung der Kapitalkonsolidierungsmethode nach § 301 Abs. 1 Satz 2 Nr. 2 dem Anteil der anderen Gesellschafter am Eigenkapital entsprechen.*
(2) In der Konzern-Gewinn- und Verlustrechnung ist der im Jahresergebnis enthaltene, anderen Gesellschaftern zustehende Gewinn und der auf sie entfallende Verlust nach dem Posten »Jahresüberschuß/Jahresfehlbetrag« unter entsprechender Bezeichnung gesondert auszuweisen.

Fünfter Titel. Bewertungsvorschriften

§ 308 Einheitliche Bewertung. *(1) Die in den Konzernabschluß nach § 300 Abs. 2 übernommenen Vermögensgegenstände und Schulden der in den Konzernabschluß einbezogenen Unternehmen sind nach den auf den Jahresabschluß des Mutterunternehmens anwendbaren Bewertungsmethoden einheitlich zu bewerten. Nach dem Recht des Mutterunternehmens zulässige Bewertungswahlrechte können im Konzernabschluß unabhängig von ihrer Ausübung in den Jahresabschlüssen der in den Konzernabschluß einbezogenen Unternehmen ausgeübt werden. Abweichungen von den auf den Jahresabschluß des Mutterunternehmens angewandten Bewertungsmethoden sind im Konzernanhang anzugeben und zu begründen.*
(2) Sind in den Konzernabschluß aufzunehmende Vermögensgegenstände oder Schulden des Mutterunternehmens oder der Tochterunternehmen in den Jahresabschlüssen dieser Unternehmen nach Methoden bewertet worden, die sich von denen unterscheiden, die auf den Konzernabschluß anzuwenden sind, oder die von den gesetzlichen Vertretern des Mutterunternehmens in Ausübung von Bewertungswahlrechten auf den Konzernabschluß angewendet werden, so sind die abweichend bewerteten Vermögensgegenstände oder Schulden nach den auf den Konzernabschluß angewandten Bewertungsmethoden neu zu bewerten und mit den neuen Wertansätzen in den Konzernabschluß zu übernehmen. Wertansätze, die auf der Anwendung von für Kreditinstitute oder Versicherungsunternehmen wegen der Besonderheiten des Geschäftszweigs geltenden Vorschriften beruhen, dürfen beibehalten werden; auf die Anwendung dieser Ausnahme ist im Konzernanhang hinzuweisen. Eine einheitliche Bewertung nach Satz 1 braucht nicht vorgenommen zu werden, wenn ihre Auswirkungen für die Vermittlung eines den tatsächlichen Verhältnissen entsprechenden Bildes der Vermögens-, Finanz- und Ertragslage des Konzerns nur von untergeordneter Bedeutung sind. Darüber hinaus sind Abweichungen in Ausnahmefällen zulässig; sie sind im Konzernanhang anzugeben und zu begründen.

§ 309 Behandlung des Unterschiedsbetrags. *(1) Ein nach § 301 Abs. 3 auszuweisender Geschäfts- oder Firmenwert ist in jedem folgenden Geschäftsjahr zu mindestens einem Viertel durch Abschreibungen zu tilgen. Die Abschreibung des Geschäfts- oder Firmenwerts kann aber auch planmäßig auf die Geschäftsjahre verteilt werden, in denen er voraussichtlich genutzt werden kann. Der Geschäfts- oder Firmenwert darf auch offen mit den Rücklagen verrechnet werden.*

(2) Ein nach § 301 Abs. 3 auf der Passivseite auszuweisender Unterschiedsbetrag darf ergebniswirksam nur aufgelöst werden, soweit
1. *eine zum Zeitpunkt des Erwerbs der Anteile oder der erstmaligen Konsolidierung erwartete ungünstige Entwicklung der künftigen Ertragslage des Unternehmens eingetreten ist oder zu diesem Zeitpunkt erwartete Aufwendungen zu berücksichtigen sind oder*
2. *am Abschlußstichtag feststeht, daß er einem realisierten Gewinn entspricht.*

4. Gemeinschaftsunternehmen (joint ventures) – Anteilmäßige Konsolidierung

Sechster Titel. Anteilmäßige Konsolidierung

§ 310 *(1) Führt ein in einen Konzernabschluß einbezogenes Mutter- oder Tochterunternehmen ein anderes Unternehmen gemeinsam mit einem oder mehreren nicht in den Konzernabschluß einbezogenen Unternehmen, so darf das andere Unternehmen in den Konzernabschluß entsprechend den Anteilen am Kapital einbezogen werden, die dem Mutterunternehmen gehören.*
(2) Auf die anteilmäßige Konsolidierung sind die §§ 297 bis 301, §§ 303 bis 306, 308, 309 entsprechend anzuwenden.

Am 13.9.2001 hat das DRSC den DRS 9 Bilanzierung von Anteilen an Gemeinschaftsunternehmen im Konzernabschluß verabschiedet, der am 11.12.001 durch das Bundesministerium der Justiz bekannt gemacht wurde.

5. Assoziierte Unternehmen – Equity-Bewertung

Siebenter Titel. Assoziierte Unternehmen

§ 311 Definition. Befreiung. *(1) Wird von einem in den Konzernabschluß einbezogenen Unternehmen ein maßgeblicher Einfluß auf die Geschäfts- und Finanzpolitik eines nicht einbezogenen Unternehmens, an dem das Unternehmen nach § 271 Abs. 1 beteiligt ist, ausgeübt (assoziiertes Unternehmen), so ist diese Beteiligung in der Konzernbilanz unter einem besonderen Posten mit entsprechender Bezeichnung auszuweisen. Ein maßgeblicher Einfluß wird vermutet, wenn ein Unternehmen bei einem anderen Unternehmen mindestens den fünften Teil der Stimmrechte der Gesellschafter innehat.*
(2) Auf eine Beteiligung an einem assoziierten Unternehmen brauchen Absatz 1 und § 312 nicht angewendet zu werden, wenn die Beteiligung für die Vermittlung eines den tatsächlichen Verhältnissen entsprechenden Bildes der Vermögens-, Finanz- und Ertragslage des Konzerns von untergeordneter Bedeutung ist.

§ 312 Wertansatz der Beteiligung und Behandlung des Unterschiedsbetrags.
(1) Eine Beteiligung an einem assoziierten Unternehmen ist in der Konzernbilanz
1. *entweder mit dem Buchwert oder*
2. *mit dem Betrag, der dem anteiligen Eigenkapital des assoziierten Unternehmens entspricht, anzusetzen. Bei Ansatz mit dem Buchwert nach Satz 1 Nr. 1 ist der Unterschiedsbetrag zwischen diesem Wert und dem anteiligen Eigenkapital des assoziierten Unternehmens bei erstmaliger Anwendung in der Konzernbilanz zu vermerken oder im Konzernanhang anzugeben. Bei Ansatz mit dem anteiligen Eigenkapital nach Satz 1 Nr. 2 ist das Eigenkapital mit dem Betrag anzusetzen, der sich ergibt, wenn die Vermögensgegenstände, Schulden, Rechnungsabgrenzungsposten, Bilanzierungshilfen und Sonderposten des assoziierten Unternehmens mit dem Wert angesetzt werden, der ihnen an dem nach Absatz 3 gewählten Zeitpunkt beizulegen ist, jedoch darf dieser Betrag die Anschaffungskosten für die Anteile an dem assoziierten Unternehmen nicht überschreiten; der Unterschiedsbetrag zwischen diesem Wertansatz und dem Buchwert der Beteiligung ist bei erstmaliger Anwendung in der Konzernbilanz gesondert auszuweisen oder im Konzernanhang anzugeben. Die angewandte Methode ist im Konzernanhang anzugeben.*
(2) Der Unterschiedsbetrag nach Absatz 1 Satz 2 ist den Wertansätzen von Vermögensgegenständen und Schulden des assoziierten Unternehmens insoweit zuzuordnen, als deren Wert höher oder niedriger ist als der bisherige Wertansatz. Der nach Satz 1 zugeordnete oder der sich nach Absatz 1 Satz 1 Nr. 2 ergebende Betrag ist entsprechend der Behandlung der Wertansätze dieser Vermögensgegenstände und Schulden im Jahresabschluß des assoziierten Unternehmens im Konzernabschluß fortzuführen, abzuschreiben oder aufzulösen. Auf einen nach Zuordnung nach Satz 1 verbleibenden Unterschiedsbetrag und einen Unterschiedsbetrag nach Absatz 1 Satz 3 zweiter Halbsatz ist § 309 entsprechend anzuwenden.
(3) Der Wertansatz der Beteiligung und die Unterschiedsbeträge werden auf der Grundlage der Wertansätze zum Zeitpunkt des Erwerbs der Anteile oder der erstmaligen Einbeziehung des assoziierten Unternehmens in den Konzernabschluß oder beim Erwerb der Anteile zu verschiedenen Zeitpunkten zu dem Zeitpunkt, zu dem das Unternehmen assoziiertes Unternehmen geworden ist, ermittelt. Der gewählte Zeitpunkt ist im Konzernanhang anzugeben.
(4) Der nach Absatz 1 ermittelte Wertansatz einer Beteiligung ist in den Folgejahren um den Betrag der Eigenkapitalveränderungen, die den dem Mutterunternehmen gehörenden Anteilen am Kapital des assoziierten Unternehmens entsprechen, zu erhöhen oder zu vermindern; auf die Beteiligung entfallende Gewinnausschüttungen sind abzusetzen. In der Konzern-Gewinn- und Verlustrechnung ist das auf assoziierte Beteiligungen entfallende Ergebnis unter einem gesonderten Posten auszuweisen.
(5) Wendet das assoziierte Unternehmen in seinem Jahresabschluß vom Konzernabschluß abweichende Bewertungsmethoden an, so können abweichend bewertete Vermögensgegenstände oder Schulden für die Zwecke der Absätze 1 bis 4 nach den auf den Konzernabschluß angewandten Bewertungsmethoden bewertet werden. Wird die Bewertung nicht angepaßt, so ist dies im Konzernanhang anzugeben. § 304 über die Behandlung der Zwischenergebnisse ist entsprechend anzuwenden, soweit die für die Beurteilung maßgeblichen Sachverhalte bekannt oder zugänglich sind. Die Zwischenergebnisse dürfen auch anteilig entsprechend den dem Mutterunternehmen gehörenden Anteilen am Kapital des assoziierten Unternehmens weggelassen werden.

(6) Es ist jeweils der letzte Jahresabschluß des assoziierten Unternehmens zugrunde zu legen. Stellt das assoziierte Unternehmen einen Konzernabschluß auf, so ist von diesem und nicht vom Jahresabschluß des assoziierten Unternehmens auszugehen.

Zu diesem Sachverhalt hat das DRSC am 3.4.2001 den DRS 8 Bilanzierung von Anteilen an assoziierten Unternehmen im Konzernabschluß verabschiedet, der am 29.5.2001 durch das Bundesministerium der Justiz bekannt gemacht wurde.

6. Währungsumrechnung ausländischer Jahresabschlüsse

Achter Titel. Konzernanhang

§ 313 Erläuterung der Konzernbilanz und der Konzern-Gewinn- und Verlustrechnung. Angaben zum Beteiligungsbesitz, Abs. 1 Nr. 2
Im Konzernanhang müssen die Grundlagen für die Umrechnung in Euro angegeben werden, sofern der Konzernabschluß Posten enthält, denen Beträge zugrunde liegen, die auf fremde Währung lauten oder ursprünglich auf fremde Währung lauteten.

VI. Zusätzliche Angaben und Informationen

1. Anhang bzw. Angabepflichten

Der Anhang enthält Angaben, die der Ergänzung und Richtigstellung der Bilanz und Gewinn- und Verlustrechnung dienen.

Zweiter Abschnitt. Ergänzende Vorschriften für Kapitalgesellschaften (Aktiengesellschaften, Kommanditgesellschaften auf Aktien und Gesellschaften mit beschränkter Haftung) sowie bestimmte Personenhandelsgesellschaften
Erster Unterabschnitt. Jahresabschluß der Kapitalgesellschaft und Lagebericht
Fünfter Titel. Anhang

§ 284 Erläuterung der Bilanz und der Gewinn- und Verlustrechnung. *(1) In den Anhang sind diejenigen Angaben aufzunehmen, die zu den einzelnen Posten der Bilanz oder der Gewinn- und Verlustrechnung vorgeschrieben oder die im Anhang zu machen sind, weil sie in Ausübung eines Wahlrechts nicht in die Bilanz oder in die Gewinn- und Verlustrechnung aufgenommen wurden.*
(2) Im Anhang müssen
1. die auf die Posten der Bilanz und der Gewinn- und Verlustrechnung angewandten Bilanzierungs- und Bewertungsmethoden angegeben werden;
2. Die Grundlagen für die Umrechnung in Deutsche Mark angegeben werden, soweit der Jahresabschluß Posten enthält, denen Beträge zugrunde liegen, die auf fremde Währung lauten oder ursprünglich auf fremde Währung lauteten;
3. Abweichungen von Bilanzierungs- und Bewertungsmethoden angegeben und begründet werden; deren Einfluß auf die Vermögens-, Finanz- und Ertragslage ist gesondert darzustellen;
4. bei Anwendung einer Bewertungsmethode nach § 240 Abs. 4, § 256 Satz 1 die Unterschiedsbeträge pauschal für die jeweilige Gruppe ausgewiesen werden, wenn die Bewertung im Vergleich zu einer Bewertung auf der Grundlage des letzten vor dem Abschlußstichtag bekannten Börsenkurses oder Marktpreises einen erheblichen Unterschied aufweist;
5. Angaben über die Einbeziehung von Zinsen für Fremdkapital in die Herstellungskosten gemacht werden.
§ 285 Sonstige Pflichtangaben. *Ferner sind im Anhang anzugeben:*
1. zu den in der Bilanz ausgewiesen Verbindlichkeiten
   a) der Gesamtbetrag der Verbindlichkeiten mit einer Restlaufzeit von mehr als fünf Jahren,
   b) der Gesamtbetrag der Verbindlichkeiten, die durch Pfandrechte oder ähnliche Rechte gesichert sind, unter Angabe von Art und Form der Sicherheiten;
2. die Aufgliederung der in Nummer 1 verlangten Angaben für jeden Posten der Verbindlichkeiten nach dem vorgeschriebenen Gliederungsschema, sofern sich diese Angaben nicht aus der Bilanz ergeben;

3. der Gesamtbetrag der sonstigen finanziellen Verpflichtungen, die nicht in der Bilanz erscheinen und auch nicht nach § 251 anzugeben sind, sofern diese Angabe für die Beurteilung der Finanzlage von Bedeutung ist; davon sind Verpflichtungen gegenüber verbundenen Unternehmen gesondert anzugeben;
4. die Aufgliederung der Umsatzerlöse nach Tätigkeitsbereichen sowie nach geographisch bestimmten Märkten, soweit sich, unter Berücksichtigung der Organisation des Verkaufs von für die gewöhnliche Geschäftstätigkeit der Kapitalgesellschaft typischen Erzeugnissen und der für die gewöhnliche Geschäftstätigkeit der Kapitalgesellschaft typischen Dienstleistungen, die Tätigkeitsbereiche und geographisch bestimmten Märkte untereinander erheblich unterscheiden;
5. das Ausmaß, in dem das Jahresergebnis dadurch beeinflußt wurde, daß bei Vermögensgegenständen im Geschäftsjahr oder in früheren Geschäftsjahren Abschreibungen nach §§ 254, 280 Abs. 2 auf Grund steuerrechtlicher Vorschriften vorgenommen oder beibehalten wurden oder ein Sonderposten nach § 273 gebildet wurde; ferner das Ausmaß erheblicher künftiger Belastungen, die sich aus einer solchen Bewertung ergeben;
6. in welchem Umfang die Steuern vom Einkommen und vom Ertrag das Ergebnis der gewöhnlichen Geschäftstätigkeit und das außerordentliche Ergebnis belasten;
7. die durchschnittliche Zahl der während des Geschäftsjahrs beschäftigten Arbeitnehmer getrennt nach Gruppen;
8. bei Anwendung des Umsatzkostenverfahrens (§ 275 Abs. 3)
   a) der Materialaufwand des Geschäftsjahrs, gegliedert nach § 275 Abs. 2 Nr. 5,
   b) der Personalaufwand des Geschäftsjahrs, gegliedert nach § 275 Abs. 2 Nr. 6;
9. für die Mitglieder des Geschäftsführungsorgans, eines Aufsichtsrats, eines Beirats oder einer ähnlichen Einrichtung jeweils für jede Personengruppe
   a) die für die Tätigkeit im Geschäftsjahr gewährten Gesamtbezüge (Gehälter, Gewinnbeteiligungen, Bezugsrechte und sonstige aktienbasierte Vergütungen, Aufwandsentschädigungen, Versicherungsentgelte, Provisionen und Nebenleistungen jeder Art). In die Gesamtbezüge sind auch Bezüge einzurechnen, die nicht ausgezahlt, sondern in Ansprüche anderer Art umgewandelt oder zur Erhöhung anderer Ansprüche verwendet werden. Außer den Bezügen für das Geschäftsjahr sind die weiteren Bezüge anzugeben, die im Geschäftsjahr gewährt, bisher aber in keinem Jahresabschluß angegeben worden sind;
   b) die Gesamtbezüge (Abfindungen, Ruhegehälter, Hinterbliebenenbezüge und Leistungen verwandter Art) der früheren Mitglieder der bezeichneten Organe und ihrer Hinterbliebenen. Buchstabe a Satz 2 und 3 ist entsprechend anzuwenden. Ferner ist der Betrag der für diese Personengruppe gebildeten Rückstellungen für laufende Pensionen und Anwartschaften auf Pensionen und der Betrag der für diese Verpflichtungen nicht gebildeten Rückstellungen anzugeben;
   c) die gewährten Vorschüsse und Kredite unter Angabe der Zinssätze, der wesentlichen Bedingungen und der gegebenenfalls im Geschäftsjahr zurückgezahlten Beträge sowie die zugunsten dieser Personen eingegangenen Haftungsverhältnisse;
10. alle Mitglieder des Geschäftsführungsorgans und eines Aufsichtsrats, auch wenn sie im Geschäftsjahr oder später ausgeschieden sind, mit dem Familiennamen und mindestens einem ausgeschriebenen Vornamen, einschließlich des ausgeüb-

ten Berufs und bei börsennotierten Gesellschaften auch der Mitgliedschaft in Aufsichtsräten und anderen Kontrollgremien im Sinne des § 125 Abs. 1 Satz 3 des Aktiengesetzes. Der Vorsitzende eines Aufsichtsrats, seine Stellvertreter und ein etwaiger Vorsitzender des Geschäftsführungsorgans sind als solche zu bezeichnen;

11. Name und Sitz anderer Unternehmen, von denen die Kapitalgesellschaft oder eine für Rechnung der Kapitalgesellschaft handelnde Person mindestens den fünften Teil der Anteile besitzt; außerdem sind die Höhe des Anteils am Kapital, das Eigenkapital und das Ergebnis des letzten Geschäftsjahrs dieser Unternehmen anzugeben, für das ein Jahresabschluß vorliegt; auf die Berechnung der Anteile ist § 16 Abs. 2 und 4 des Aktiengesetzes entsprechend anzuwenden; ferner sind von börsennotierten Kapitalgesellschaften zusätzlich alle Beteiligungen an großen Kapitalgesellschaften anzugeben, die fünf vom Hundert der Stimmrechte überschreiten;

11a. Name, Sitz und Rechtsform der Unternehmen, deren unbeschränkt haftender Gesellschafter die Kapitalgesellschaft ist;

12. Rückstellungen, die in der Bilanz unter dem Posten »sonstige Rückstellungen« nicht gesondert ausgewiesen werden, sind zu erläutern, wenn sie einen nicht unerheblichen Umfang haben;

13. bei Anwendung des § 255 Abs. 4 Satz 3 die Gründe für die planmäßige Abschreibung des Geschäfts- oder Firmenwerts;

14. Name und Sitz des Mutterunternehmens der Kapitalgesellschaft, das den Konzernabschluß für den größten Kreis von Unternehmen aufstellt, und ihres Mutterunternehmens, das den Konzernabschluß für den kleinsten Kreis von Unternehmen aufstellt, sowie im Falle der Offenlegung der von diesen Mutterunternehmen aufgestellten Konzernabschlüsse der Ort, wo diese erhältlich sind.

15. soweit es sich um den Anhang des Jahresabschlusses einer Personenhandelsgesellschaft im Sinne des § 264a Abs. 1 handelt, Name und Sitz der Gesellschaften, die persönlich haftende Gesellschafter sind, sowie deren gezeichnetes Kapital;

16. daß die nach § 161 des Aktiengesetzes vorgeschriebene Erklärung abgegeben und den Aktionären zugänglich gemacht worden ist;

17. soweit es sich um ein Unternehmen handelt, das einen organisierten Markt im Sinne des § 2 Abs. 5 des Wertpapierhandelsgesetzes in Anspruch nimmt, für den Abschlußprüfer im Sinne des § 319 Abs. 1 Satz 1, 2 das im Geschäftsjahr als Aufwand erfaßte Honorar für
    a) die Abschlußprüfung,
    b) sonstige Bestätigungs- oder Bewertungsleistungen,
    c) Steuerberatungsleistungen,
    d) sonstige Leistungen;

18. für jede Kategorie derivativer Finanzinstrumente
    a) Art und Umfang der Finanzinstrumente,
    b) der beizulegende Zeitwert der betreffenden Finanzinstrumente, soweit sich dieser gemäß den Sätzen 3 bis 5 verläßlich ermitteln läßt, unter Angabe der angewandten Bewertungsmethode sowie eines gegebenenfalls vorhandenen Buchwerts und des Bilanzpostens, in welchem der Buchwert erfaßt ist;

19. für zu den Finanzanlagen (§ 266 Abs. 2A.III.) gehörende Finanzinstrumente, die über ihrem beizulegenden Zeitwert ausgewiesen werden, da insoweit eine außerplanmäßige Abschreibung gemäß § 253 Abs. 2 Satz 3 unterblieben ist:

a) der Buchwert und der beizulegende Zeitwert der einzelnen Vermögensgegenstände oder angemessener Gruppierungen sowie
b) die Gründe für das Unterlassen einer Abschreibung gemäß § 253 Abs. 2 Satz 3 einschließlich der Anhaltspunkte, die darauf hindeuten, daß die Wertminderung voraussichtlich nicht von Dauer ist.

Als derivative Finanzinstrumente im Sinne des Satzes 1 Nr. 18 gelten auch Verträge über den Erwerb oder die Veräußerung von Waren, bei denen jede der Vertragsparteien zur Abgeltung in bar oder durch ein anderes Finanzinstrument berechtigt ist, es sei denn, der Vertrag wurde geschlossen, um einen für den Erwerb, die Veräußerung oder den eigenen Gebrauch erwarteten Bedarf abzusichern, sofern diese Zweckwidmung von Anfang an bestand und nach wie vor besteht und der Vertrag mit der Lieferung der Ware als erfüllt gilt. Der beizulegende Zeitwert im Sinne des Satzes 1 Nr. 18 Buchstabe b, Nr. 19 entspricht dem Marktwert, sofern ein solcher ohne weiteres verläßlich feststellbar ist. Ist dies nicht der Fall, so ist der beizulegende Zeitwert, sofern dies möglich ist, aus den Marktwerten der einzelnen Bestandteile des Finanzinstruments oder aus dem Marktwert eines gleichwertigen Finanzinstruments abzuleiten, anderenfalls mit Hilfe allgemein anerkannter Bewertungsmodelle und -methoden zu bestimmen, sofern diese eine angemessene Annäherung an den Marktwert gewährleisten. Bei der Anwendung allgemein anerkannter Bewertungsmodelle und -methoden sind die tragenden Annahmen anzugeben, die jeweils der Bestimmung des beizulegenden Zeitwerts zugrunde gelegt wurden. Kann der beizulegende Zeitwert nicht bestimmt werden, sind die Gründe dafür anzugeben.

§ 286 Unterlassen von Angaben. (1) Die Berichterstattung hat insoweit zu unterbleiben, als es für das Wohl der Bundesrepublik Deutschland oder eines ihrer Länder erforderlich ist.

(2) Die Aufgliederung der Umsatzerlöse nach § 285 Satz 1 Nr. 4 kann unterbleiben, soweit die Aufgliederung nach vernünftiger kaufmännischer Beurteilung geeignet ist, der Kapitalgesellschaft oder einem Unternehmen, von dem die Kapitalgesellschaft mindestens den fünften Teil der Anteile besitzt, einen erheblichen Nachteil zuzufügen.

(3) Die Angaben nach § 285 Satz 1 Nr. 11 und 11a können unterbleiben, soweit sie

1. für die Darstellung der Vermögens-, Finanz- und Ertragslage der Kapitalgesellschaft nach § 264 Absatz 2 von untergeordneter Bedeutung sind oder
2. nach vernünftiger kaufmännischer Beurteilung geeignet sind, der Kapitalgesellschaft oder dem anderen Unternehmen einen erheblichen Nachteil zuzufügen.

Die Angabe des Eigenkapitals und des Jahresergebnisses kann unterbleiben, wenn das Unternehmen, über das zu berichten ist, seinen Jahresabschluß nicht offenzulegen hat und die berichtende Kapitalgesellschaft weniger als die Hälfte der Anteile besitzt. Satz 1 Nr. 2 findet keine Anwendung, wenn eine Kapitalgesellschaft einen organisierten Markt im Sinne des § 2 Abs. 5 des Wertpapierhandelsgesetzes durch von ihr oder einem ihrer Tochterunternehmen (§ 290 Abs. 1, 2) ausgegebene Wertpapiere im Sinne des § 2 Abs. 1 Satz 1 des Wertpapierhandelsgesetzes in Anspruch nimmt oder wenn die Zulassung solcher Wertpapiere zum Handel an einem organisierten Markt beantragt worden ist. Im Übrigen ist die Anwendung der Ausnahmeregelung nach Satz 1 Nr. 2 im Anhang anzugeben.

(4) Die in § 285 Satz 1 Nr. 9 Buchstabe a und b verlangten Angaben über die Gesamt-

bezüge der dort bezeichneten Personen können unterbleiben, wenn sich anhand dieser Angaben die Bezüge eines Mitglieds dieser Organe feststellen lassen.

§ 287 Aufstellung des Anteilsbesitzes. *Die in § 285 Satz 1 Nr. 11 und 11a verlangten Angaben dürfen statt im Anhang auch in einer Aufstellung des Anteilsbesitzes gesondert gemacht werden. Die Aufstellung ist Bestandteil des Anhangs. Auf die besondere Aufstellung nach Satz 1 und den Ort ihrer Hinterlegung ist im Anhang hinzuweisen.*

§ 288 Größenabhängige Erleichterungen. *Kleine Kapitalgesellschaften im Sinne des § 267 Abs. 1 brauchen die Angaben nach § 284 Abs. 2 Nr. 4, § 285 Satz 1 Nr. 2 bis 8 Buchstabe a, Nr. 9 Buchstabe a und b sowie Nr. 12, 17 und 18 nicht zu machen. Mittelgroße Kapitalgesellschaften im Sinne des § 267 Abs. 2 brauchen die Angaben nach § 285 Satz 1 Nr. 4 nicht zu machen.*

Zweiter Unterabschnitt. Konzernabschluß und Konzernlagebericht
Achter Titel. Konzernanhang

§ 313 Erläuterung der Konzernbilanz und der Konzern-Gewinn- und Verlustrechnung. Angaben zum Beteiligungsbesitz. *(1) In den Konzernanhang sind diejenigen Angaben aufzunehmen, die zu einzelnen Posten der Konzernbilanz oder der Konzern-Gewinn- und Verlustrechnung vorgeschrieben oder die im Konzernanhang zu machen sind, weil sie in Ausübung eines Wahlrechts nicht in die Konzernbilanz oder in die Konzern-Gewinn- und Verlustrechnung aufgenommen wurden. Im Konzernanhang müssen*
1. *die auf die Posten der Konzernbilanz und der Konzern-Gewinn- und Verlustrechnung angewandten Bilanzierungs- und Bewertungsmethoden angegeben werden;*
2. *die Grundlagen für die Umrechnung in Deutsche Mark angegeben werden, sofern der Konzernabschluß Posten enthält, denen Beträge zugrunde liegen, die auf fremde Währung lauten oder ursprünglich auf fremde Währung lauteten;*
3. *Abweichungen von Bilanzierungs-, Bewertungs- und Konsolidierungsmethoden angegeben und begründet werden; deren Einfluß auf die Vermögens-, Finanz- und Ertragslage des Konzerns ist gesondert darzustellen.*
(2) Im Konzernanhang sind außerdem anzugeben:
1. *Name und Sitz der in den Konzernabschluß einbezogenen Unternehmen, der Anteil am Kapital der Tochterunternehmen, der dem Mutterunternehmen und den in den Konzernabschluß einbezogenen Tochterunternehmen gehört oder von einer für Rechnung dieser Unternehmen handelnden Person gehalten wird, sowie der zur Einbeziehung in den Konzernabschluß verpflichtende Sachverhalt, sofern die Einbeziehung nicht auf einer der Kapitalbeteiligung entsprechenden Mehrheit der Stimmrechte beruht. Diese Angaben sind auch für Tochterunternehmen zu machen, die nach § 296 nicht einbezogen worden sind;*
2. *Name und Sitz der assoziierten Unternehmen, der Anteil am Kapital der assoziierten Unternehmen, der dem Mutterunternehmen und den in den Konzernabschluß einbezogenen Tochterunternehmen gehört oder von einer für Rechnung dieser Unternehmen handelnden Person gehalten wird. Die Anwendung des § 311 Abs. 2 ist jeweils anzugeben und zu begründen;*
3. *Name und Sitz der Unternehmen, die nach § 310 nur anteilmäßig in den Kon-*

zernabschluß einbezogen worden sind, der Tatbestand, aus dem sich die Anwendung dieser Vorschrift ergibt, sowie der Anteil am Kapital dieser Unternehmen, der dem Mutterunternehmen und den in den Konzernabschluß einbezogenen Tochterunternehmen gehört oder von einer für Rechnung dieser Unternehmen handelnden Person gehalten wird;

4. Name und Sitz anderer als der unter den Nummern 1 bis 3 bezeichneten Unternehmen, bei denen das Mutterunternehmen, ein Tochterunternehmen oder eine für Rechnung eines dieser Unternehmen handelnde Person mindestens den fünften Teil der Anteile besitzt, unter Angabe des Anteils am Kapital sowie der Höhe des Eigenkapitals und des Ergebnisses des letzten Geschäftsjahrs, für das ein Abschluß aufgestellt worden ist. Ferner sind anzugeben alle Beteiligungen an großen Kapitalgesellschaften, die andere als die in Nummer 1 bis 3 bezeichneten Unternehmen sind, wenn sie von einem börsennotierten Mutterunternehmen, einem börsennotierten Tochterunternehmen oder einer für Rechnung eines dieser Unternehmen handelnden Person gehalten werden und fünf vom Hundert der Stimmrechte überschreiten. Diese Angaben brauchen nicht gemacht zu werden, wenn sie für die Vermittlung eines den tatsächlichen Verhältnissen entsprechenden Bildes der Vermögens-, Finanz- und Ertragslage des Konzerns von untergeordneter Bedeutung sind. Das Eigenkapital und das Ergebnis brauchen nicht angegeben zu werden, wenn das in Anteilsbesitz stehende Unternehmen seinen Jahresabschluß nicht offenzulegen hat und das Mutterunternehmen, das Tochterunternehmen oder die Person weniger als die Hälfte der Anteile an diesem Unternehmen besitzt.

(3) Die in Absatz 2 verlangten Angaben brauchen insoweit nicht gemacht zu werden, als nach vernünftiger kaufmännischer Beurteilung damit gerechnet werden muß, daß durch die Angaben dem Mutterunternehmen, einem Tochterunternehmen oder einem anderen in Absatz 2 bezeichneten Unternehmen erhebliche Nachteile entstehen können. Die Anwendung der Ausnahmeregelung ist im Konzernanhang anzugeben. Satz 1 gilt nicht, wenn ein Mutterunternehmen einen organisierten Markt im Sinne des § 2 Abs. 5 des Wertpapierhandelsgesetzes durch von ihm oder einem seiner Tochterunternehmen ausgegebene Wertpapiere im Sinne des § 2 Abs. 1 Satz 1 des Wertpapierhandelsgesetzes in Anspruch nimmt oder wenn die Zulassung solcher Wertpapiere zum Handel an einem organisierten Markt beantragt worden ist.

(4) Die in Absatz 2 verlangten Angaben dürfen statt im Anhang auch in einer Aufstellung des Anteilsbesitzes gesondert gemacht werden. Die Aufstellung ist Bestandteil des Anhangs. Auf die besondere Aufstellung des Anteilsbesitzes und den Ort ihrer Hinterlegung ist im Anhang hinzuweisen.

§ 314 Sonstige Pflichtangaben. (1) Im Konzernanhang sind ferner anzugeben:
1. Der Gesamtbetrag der in der Konzernbilanz ausgewiesenen Verbindlichkeiten mit einer Restlaufzeit von mehr als fünf Jahren sowie der Gesamtbetrag der in der Konzernbilanz ausgewiesenen Verbindlichkeiten, die von in den Konzernabschluß einbezogenen Unternehmen durch Pfandrechte oder ähnliche Rechte gesichert sind, unter Angabe von Art und Form der Sicherheiten;
2. der Gesamtbetrag der sonstigen finanziellen Verpflichtungen, die nicht in der Konzernbilanz erscheinen oder nicht nach § 298 Abs. 1 in Verbindung mit § 251 anzugeben sind, sofern diese Angabe für die Beurteilung der Finanzlage des Konzerns von Bedeutung ist; davon und von den Haftungsverhältnissen nach § 251 sind

Verpflichtungen gegenüber Tochterunternehmen, die nicht in den Konzernabschluß einbezogen werden, jeweils gesondert anzugeben;
3. *die Aufgliederung der Umsatzerlöse nach Tätigkeitsbereichen sowie nach geographisch bestimmten Märkten, soweit sich, unter Berücksichtigung der Organisation des Verkaufs von für die gewöhnliche Geschäftätigkeit des Konzerns typischen Erzeugnissen und der für die gewöhnliche Geschäftstätigkeit des Konzerns typischen Dienstleistungen, die Tätigkeitsbereiche und geographisch bestimmten Märkte untereinander erheblich unterscheiden;*
4. *die durchschnittliche Zahl der Arbeitnehmer der in den Konzernabschluß einbezogenen Unternehmen während des Geschäftsjahrs, getrennt nach Gruppen, sowie der in dem Geschäftsjahr verursachte Personalaufwand, sofern er nicht gesondert in der Konzern-Gewinn- und Verlustrechnung ausgewiesen ist; die durchschnittliche Zahl der Arbeitnehmer von nach § 310 nur anteilmäßig einbezogenen Unternehmen ist gesondert anzugeben;*
5. *(aufgehoben)*
6. *für die Mitglieder des Geschäftsführungsorgans, eines Aufsichtsrats, eines Beirats oder einer ähnlichen Einrichtung des Mutterunternehmens, jeweils für jede Personengruppe:*
    (a) *die für die Wahrnehmung ihrer Aufgaben im Mutterunternehmen und den Tochterunternehmen im Geschäftsjahr gewährten Gesamtbezüge (Gehälter, Gewinnbeteiligungen, Bezugsrechte und sonstige aktienbasierte Vergütungen, Aufwandsentschädigungen, Versicherungsentgelte, Provisionen und Nebenleistungen jeder Art). In die Gesamtbezüge sind auch Bezüge einzurechnen, die nicht ausgezahlt, sondern in Ansprüche anderer Art umgewandelt oder zur Erhöhung anderer Ansprüche verwendet werden. Außer den Bezügen für das Geschäftsjahr sind die weiteren Bezüge anzugeben, die im Geschäftsjahr gewährt, bisher aber in keinem Konzernabschluß angegeben worden sind;*
    (b) *die für die Wahrnehmung ihrer Aufgaben im Mutterunternehmen und den Tochterunternehmen gewährten Gesamtbezüge (Abfindungen, Ruhegehälter, Hinterbliebenenbezüge und Leistungen verwandter Art) der früheren Mitglieder der bezeichneten Organe und ihrer Hinterbliebenen; Buchstabe a Satz 2 und 3 ist entsprechend anzuwenden. Ferner ist der Betrag der für diese Personengruppe gebildeten Rückstellungen für laufende Pensionen und Anwartschaften auf Pensionen und der Betrag der für diese Verpflichtungen nicht gebildeten Rückstellungen anzugeben;*
    (c) *die vom Mutterunternehmen und den Tochterunternehmen gewährten Vorschüsse und Kredite unter Angabe der Zinssätze, der wesentlichen Bedingungen und der gegebenenfalls im Geschäftsjahr zurückgezahlten Beträge sowie die zugunsten dieser Personengruppen eingegangenen Haftungsverhältnisse;*
7. *der Bestand an Anteilen an dem Mutterunternehmen, die das Mutterunternehmen oder ein Tochterunternehmen oder ein anderer für Rechnung eines in den Konzernabschluß einbezogenen Unternehmens erworben oder als Pfand genommen hat; dabei sind die Zahl und der Nennbetrag oder rechnerische Wert dieser Anteile sowie deren Anteil am Kapital anzugeben;*
8. *für jedes in den Konzernabschluß einbezogene börsennotierte Unternehmen, daß die nach § 161 des Aktiengesetzes vorgeschriebene Erklärung abgegeben und den Aktionären zugänglich gemacht worden ist;*

9. soweit es sich um ein Mutterunternehmen handelt, das einen organisierten Markt im Sinne des § 2 Abs. 5 des Wertpapierhandelsgesetzes in Anspruch nimmt, für den Abschlußprüfer des Konzernabschlusses im Sinne des § 319 Abs. 1 Satz 1, 2 das im Geschäftsjahr als Aufwand erfaßte Honorar für
   a) die Abschlußprüfungen,
   b) sonstige Bestätigungs- oder Bewertungsleistungen,
   c) Steuerberatungsleistungen,
   d) sonstige Leistungen, die für das Mutterunternehmen oder Tochterunternehmen erbracht worden sind;
10. für jede Kategorie derivativer Finanzinstrumente, wobei § 285 Satz 2 anzuwenden ist:
    a) Art und Umfang der Finanzinstrumente,
    b) der beizulegende Zeitwert der betreffenden Finanzinstrumente, soweit sich dieser gemäß § 285 Satz 3 bis 6 verläßlich ermitteln läßt, unter Angabe der angewandten Bewertungsmethode sowie eines gegebenenfalls vorhandenen Buchwerts und des Bilanzpostens, in welchem der Buchwert erfaßt ist;
11. für zu den Finanzanlagen (§ 266 Abs. 2A.III.) gehörende Finanzinstrumente, die gemäß § 285 Satz 1 Nr. 19 über ihrem beizulegenden Zeitwert ausgewiesen werden, da insoweit eine außerplanmäßige Abschreibung gemäß § 253 Abs. 2 Satz 3 unterblieben ist, wobei § 285 Satz 2 bis 6 entsprechend anzuwenden ist:
    a) der Buchwert und der beizulegende Zeitwert der einzelnen Vermögensgegenstände oder angemessener Gruppierungen sowie
    b) die Gründe für das Unterlassen einer Abschreibung gemäß § 253 Abs. 2 Satz 3 einschließlich der Anhaltspunkte, die darauf hindeuten, daß die Wertminderung voraussichtlich nicht von Dauer ist.

(2) Mutterunternehmen, die den Konzernabschluß um eine Segmentberichterstattung erweitern (§ 297 Abs. 1 Satz 2), sind von der Angabepflicht gemäß Absatz 1 Nr. 3 befreit.

2. Kapitalflußrechnung

Zweiter Abschnitt. Ergänzende Vorschriften für Kapitalgesellschaften (Aktiengesellschaften, Kommanditgesellschaften auf Aktien und Gesellschaften mit beschränkter Haftung) sowie bestimmte Personenhandelsgesellschaften
Zweiter Unterabschnitt. Konzernabschluß und Konzernlagebericht
Dritter Titel. Inhalt und Form des Konzernabschlusses

§ 297 Inhalt. Abs. 1, Satz 1
Der Konzernabschluß besteht aus der Konzernbilanz, der Konzern-Gewinn- und Verlustrechnung, dem Konzernanhang, der Kapitalflußrechnung und dem Eigenkapitalspiegel.
Zu diesem Sachverhalt hat das DRSC am 29.10.1999 den DRS 2 Kapitalflußrechnung verabschiedet, der am 31.5.2000 durch das Bundesministerium der Justiz bekannt gemacht wurde.

Außerdem wurde vom DRSC noch der DRS 2-10 Kapitalflußrechnung von Kreditinstituten und DRS 2-20 Kapitalflußrechnung von Versicherungsunternehmen verabschiedet.

3. Lagebericht

Zweiter Abschnitt. Ergänzende Vorschriften für Kapitalgesellschaften (Aktiengesellschaften, Kommanditgesellschaften auf Aktien und Gesellschaften mit beschränkter Haftung) sowie bestimmte Personenhandelsgesellschaften
Erster Unterabschnitt. Jahresabschluß der Kapitalgesellschaft und Lagebericht
Sechster Titel. Lagebericht

§ 289 *(1) Im Lagebericht sind der Geschäftsverlauf einschließlich des Geschäftsergebnisses und die Lage der Kapitalgesellschaft so darzustellen, daß ein den tatsächlichen Verhältnissen entsprechendes Bild vermittelt wird. Er hat eine ausgewogene und umfassende, dem Umfang und der Komplexität der Geschäftstätigkeit entsprechende Analyse des Geschäftsverlaufs und der Lage der Gesellschaft zu enthalten. In die Analyse sind die für die Geschäftstätigkeit bedeutsamsten finanziellen Leistungsindikatoren einzubeziehen und unter Bezugnahme auf die im Jahresabschluß ausgewiesenen Beträge und Angaben zu erläutern. Ferner ist im Lagebericht die voraussichtliche Entwicklung mit ihren wesentlichen Chancen und Risiken zu beurteilen und zu erläutern; zugrunde liegende Annahmen sind anzugeben.*
(2) Der Lagebericht soll auch eingehen auf:
1. Vorgänge von besonderer Bedeutung, die nach dem Schluß des Geschäftsjahrs eingetreten sind;
2. a) die Risikomanagementziele und -methoden der Gesellschaft einschließlich ihrer Methoden zur Absicherung aller wichtigen Arten von Transaktionen, die im Rahmen der Bilanzierung von Sicherungsgeschäften erfaßt werden, sowie
 b) die Preisänderungs-, Ausfall- und Liquiditätsrisiken sowie die Risiken aus Zahlungsstromschwankungen, denen die Gesellschaft ausgesetzt ist,
 jeweils in Bezug auf die Verwendung von Finanzinstrumenten durch die Gesellschaft und sofern dies für die Beurteilung der Lage oder der voraussichtlichen Entwicklung von Belang ist;
3. den Bereich Forschung und Entwicklung;
4. bestehende Zweigniederlassungen der Gesellschaft.
5. die Grundzüge des Vergütungssystems der Gesellschaft für die in § 285 Satz 1 Nr. 9 genannten Gesamtbezüge, soweit es sich um eine börsennotierte Aktiengesellschaft handelt. Werden dabei auch Angaben entsprechend § 285 Satz 1 Nr. 9 Buchstabe a Satz 5 bis 9 gemacht, können diese im Anhang unterbleiben.
(3) Bei einer großen Kapitalgesellschaft (§ 267 Abs. 3) gilt Absatz 1 Satz 3 entsprechend für nicht finanzielle Leistungsindikatoren, wie Informationen über Umwelt- und Arbeitnehmerbelange, soweit sie für das Verständnis des Geschäftsverlaufs oder der Lage von Bedeutung sind.

Zweiter Unterabschnitt. Konzernabschluß und Konzernlagebericht
Neunter Titel. Konzernlagebericht

§ 315 *(1) Im Konzernlagebericht sind der Geschäftsverlauf einschließlich des Geschäftsergebnisses und die Lage des Konzerns so darzustellen, daß ein den tatsächlichen Verhältnissen entsprechendes Bild vermittelt wird. Er hat eine ausgewogene und umfassende, dem Umfang und der Komplexität der Geschäftstätigkeit entsprechende Analyse des Geschäftsverlaufs und der Lage des Konzerns zu enthalten. In die Analyse sind die für die Geschäftstätigkeit bedeutsamsten finanziellen Leistungsindikatoren einzubeziehen und unter Bezugnahme auf die im Konzernabschluß ausgewiesenen Beträge und Angaben zu erläutern. Satz 3 gilt entsprechend für nichtfinanzielle Leistungsindikatoren, wie Informationen über Umwelt- und Arbeitnehmerbelange, soweit sie für das Verständnis des Geschäftsverlaufs oder der Lage von Bedeutung sind. Ferner ist im Konzernlagebericht die voraussichtliche Entwicklung mit ihren wesentlichen Chancen und Risiken zu beurteilen und zu erläutern; zugrunde liegende Annahmen sind anzugeben.*
(2) Der Konzernlagebericht soll auch eingehen auf:
1. Vorgänge von besonderer Bedeutung, die nach dem Schluß des Konzerngeschäftsjahrs eingetreten sind;
2. a) die Risikomanagementziele und -methoden des Konzerns einschließlich seiner Methoden zur Absicherung aller wichtigen Arten von Transaktionen, die im Rahmen der Bilanzierung von Sicherungsgeschäften erfaßt werden, sowie
   b) die Preisänderungs-, Ausfall- und Liquiditätsrisiken sowie die Risiken aus Zahlungsstromschwankungen, denen der Konzern ausgesetzt ist,
   jeweils in Bezug auf die Verwendung von Finanzinstrumenten durch den Konzern und sofern dies für die Beurteilung der Lage oder der voraussichtlichen Entwicklung von Belang ist;
3. den Bereich Forschung und Entwicklung des Konzerns;
4. die Grundzüge des Vergütungssystems für die in § 314 Abs. 1 Nr. 6 genannten Gesamtbezüge, soweit das Mutterunternehmen eine börsennotierte Aktiengesellschaft ist. Werden dabei auch Angaben entsprechend § 314 Abs. 1 Nr. 6 Buchstabe a Satz 5 bis 9 gemacht, können diese im Konzernanhang unterbleiben.
(3) § 298 Abs. 3 über die Zusammenfassung von Konzernanhang und Anhang ist entsprechend anzuwenden.

4. Beziehungen zu nahestehenden Unternehmen und Personen

Es gibt gesonderte Posten in der Bilanz und teilweise in der Gewinn- und Verlustrechnung des Einzelabschlusses für Geschäftsbeziehungen mit verbundenen Unternehmen.

Zweiter Abschnitt. Ergänzende Vorschriften für Kapitalgesellschaften (Aktiengesellschaften, Kommanditgesellschaften auf Aktien und Gesellschaften mit beschränkter Haftung) sowie bestimmte Personenhandelsgesellschaften
Erster Unterabschnitt. Jahresabschluß der Kapitalgesellschaft und Lagebericht
Fünfter Titel. Anhang

§ 285 Sonstige Pflichtangaben, Nr. 9, 10, 11, 11a, 15 und 16
Ferner sind im Anhang anzugeben:
9. für die Mitglieder des Geschäftsführungsorgans, eines Aufsichtsrats, eines Beirats oder einer ähnlichen Einrichtung jeweils für jede Personengruppe
   a) die für die Tätigkeit im Geschäftsjahr gewährten Gesamtbezüge (Gehälter, Gewinnbeteiligungen, Bezugsrechte und sonstige aktienbasierte Vergütungen, Aufwandsentschädigungen, Versicherungsentgelte, Provisionen und Nebenleistungen jeder Art). In die Gesamtbezüge sind auch Bezüge einzurechnen, die nicht ausgezahlt, sondern in Ansprüche anderer Art umgewandelt oder zur Erhöhung anderer Ansprüche verwendet werden. Außer den Bezügen für das Geschäftsjahr sind die weiteren Bezüge anzugeben, die im Geschäftsjahr gewährt, bisher aber in keinem Jahresabschluß angegeben worden sind;
   b) die Gesamtbezüge (Abfindungen, Ruhegehälter, Hinterbliebenenbezüge und Leistungen verwandter Art) der früheren Mitglieder der bezeichneten Organe und ihrer Hinterbliebenen. Buchstabe a Satz 2 und 3 ist entsprechend anzuwenden. Ferner ist der Betrag der für diese Personengruppe gebildeten Rückstellungen für laufende Pensionen und Anwartschaften auf Pensionen und der Betrag der für diese Verpflichtungen nicht gebildeten Rückstellungen anzugeben;
   c) die gewährten Vorschüsse und Kredite unter Angabe der Zinssätze, der wesentlichen Bedingungen und der gegebenenfalls im Geschäftsjahr zurückgezahlten Beträge sowie die zugunsten dieser Personen eingegangenen Haftungsverhältnisse;
10. alle Mitglieder des Geschäftsführungsorgans und eines Aufsichtsrats, auch wenn sie im Geschäftsjahr oder später ausgeschieden sind, mit dem Familiennamen und mindestens einem ausgeschriebenen Vornamen, einschließlich des ausgeübten Berufs und bei börsennotierten Gesellschaften auch der Mitgliedschaft in Aufsichtsräten und anderen Kontrollgremien im Sinne des § 125 Abs. 1 Satz 3 des Aktiengesetzes. Der Vorsitzende eines Aufsichtsrats, seine Stellvertreter und ein etwaiger Vorsitzender des Geschäftsführungsorgans sind als solche zu bezeichnen;
11. Name und Sitz anderer Unternehmen, von denen die Kapitalgesellschaft oder eine für Rechnung der Kapitalgesellschaft handelnde Person mindestens den fünften Teil der Anteile besitzt; außerdem sind die Höhe des Anteils am Kapital, das Eigenkapital und das Ergebnis des letzten Geschäftsjahrs dieser Unternehmen anzugeben, für das ein Jahresabschluß vorliegt; auf die Berechnung der Anteile ist § 16 Abs. 2 und 4 des Aktiengesetzes entsprechend anzuwenden; ferner sind von börsennotierten Kapitalgesellschaften zusätzlich alle Beteiligungen an großen Kapitalgesellschaften anzugeben, die fünf vom Hundert der Stimmrechte überschreiten;

11a. *Name, Sitz und Rechtsform der Unternehmen, deren unbeschränkt haftender Gesellschafter die Kapitalgesellschaft ist;*

15. *soweit es sich um den Anhang des Jahresabschlusses einer Personenhandelsgesellschaft im Sinne des § 264a Abs. 1 handelt, Name und Sitz der Gesellschaften, die persönlich haftende Gesellschafter sind, sowie deren gezeichnetes Kapital;*

16. *daß die nach § 161 des Aktiengesetzes vorgeschriebene Erklärung abgegeben und den Aktionären zugänglich gemacht worden ist.*

Zweiter Unterabschnitt. Konzernabschluß und Konzernlagebericht
Achter Titel. Konzernanhang

§ 314 Sonstige Pflichtangaben, Nr. 6
Im Konzernanhang sind ferner anzugeben: für die Mitglieder des Geschäftsführungsorgans, eines Aufsichtsrats, eines Beirats oder einer ähnlichen Einrichtung des Mutterunternehmens, jeweils für jede Personengruppe:

a) *die für die Wahrnehmung ihrer Aufgaben im Mutterunternehmen und den Tochterunternehmen im Geschäftsjahr gewährten Gesamtbezüge (Gehälter, Gewinnbeteiligungen, Bezugsrechte und sonstige aktienbasierte Vergütungen, Aufwandsentschädigungen, Versicherungsentgelte, Provisionen und Nebenleistungen jeder Art). In die Gesamtbezüge sind auch Bezüge einzurechnen, die nicht ausgezahlt, sondern in Ansprüche anderer Art umgewandelt oder zur Erhöhung anderer Ansprüche verwendet werden. Außer den Bezügen für das Geschäftsjahr sind die weiteren Bezüge anzugeben, die im Geschäftsjahr gewährt, bisher aber in keinem Konzernabschluß angegeben worden sind;*

b) *die für die Wahrnehmung ihrer Aufgaben im Mutterunternehmen und den Tochterunternehmen gewährten Gesamtbezüge (Abfindungen, Ruhegehälter, Hinterbliebenenbezüge und Leistungen verwandter Art) der früheren Mitglieder der bezeichneten Organe und ihrer Hinterbliebenen; Buchstabe a Satz 2 und 3 ist entsprechend anzuwenden. Ferner ist der Betrag der für diese Personengruppe gebildeten Rückstellungen für laufende Pensionen und Anwartschaften auf Pensionen und der Betrag der für diese Verpflichtungen nicht gebildeten Rückstellungen anzugeben;*

c) *die vom Mutterunternehmen und den Tochterunternehmen gewährten Vorschüsse und Kredite unter Angabe der Zinssätze, der wesentlichen Bedingungen und der gegebenenfalls im Geschäftsjahr zurückgezahlten Beträge sowie die zugunsten dieser Personengruppen eingegangenen Haftungsverhältnisse.*

Für Beziehungen zu nahestehenden Unternehmen und Personen sind keine zusätzlichen besonderen Angaben vorgesehen.

5. Angaben nach Geschäftsfeldern und Regionen

Zweiter Abschnitt. Ergänzende Vorschriften für Kapitalgesellschaften (Aktiengesellschaften, Kommanditgesellschaften auf Aktien und Gesellschaften mit beschränkter Haftung) sowie bestimmte Personenhandelsgesellschaften
Erster Unterabschnitt. Jahresabschluß der Kapitalgesellschaft und Lagebericht
Fünfter Titel. Anhang

§ 285 Sonstige Pflichtangaben, Nr. 4
Ferner sind im Anhang anzugeben: die Aufgliederung der Umsatzerlöse nach Tätigkeitsbereichen sowie nach geographisch bestimmten Märkten, soweit sich, unter Berücksichtigung der Organisation des Verkaufs von für die gewöhnliche Geschäftstätigkeit der Kapitalgesellschaft typischen Erzeugnissen und der für die gewöhnliche Geschäftstätigkeit der Kapitalgesellschaft typischen Dienstleistungen, die Tätigkeitsbereiche und geographisch bestimmten Märkte untereinander erheblich unterscheiden.

Zweiter Unterabschnitt. Konzernabschluß und Konzernlagebericht
Dritter Titel. Inhalt und Form des Konzernabschlusses

§ 297 Inhalt, Abs. 1
(1) Der Konzernabschluß besteht aus der Konzernbilanz, der Konzern-Gewinn- und Verlustrechnung, dem Konzernanhang, der Kapitalflußrechnung und dem Eigenkapitalspiegel. Er kann um eine Segmentberichterstattung erweitert werden.

Achter Titel. Konzernanhang

§ 314 Sonstige Pflichtangaben, Nr. 3
Im Konzernanhang sind ferner anzugeben: die Aufgliederung der Umsatzerlöse nach Tätigkeitsbereichen sowie nach geographisch bestimmten Märkten, soweit sich, unter Berücksichtigung der Organisation des Verkaufs von für die gewöhnliche Geschäftstätigkeit des Konzerns typischen Erzeugnissen und der für die gewöhnliche Geschäftstätigkeit des Konzerns typischen Dienstleistungen, die Tätigkeitsbereiche und geographisch bestimmten Märkte untereinander erheblich unterscheiden.

6. Ergebnis je Aktie

Die Angabe eines Ergebnisses je Aktie ist im HGB nicht vorgesehen.
Es ist teilweise üblich, ein Ergebnis nach DVFA/SG anzugeben. Das Ergebnis nach DVFA/SG ist aus dem Jahresabschluß nicht nachvollziehbar und wird nicht vom Wirtschaftsprüfer testiert.

7. Zwischenberichte

Das HGB enthält keine Vorschriften.
Gemäß § 44b Abs. 1 des Börsenzulassungsgesetzes vom 16.12.1985 haben Unternehmen, deren Aktien oder sie vertretende Zertifikate im amtlichen Handel notiert sind, innerhalb von 2 Monaten nach dem Ende des Berichtszeitraums einen Zwischenbericht (Halbjahresbericht) zu erstellen. Es muß kein vollständiger Abschluß publiziert werden, sondern es sind nur ausgewählte Unternehmensdaten zu veröffentlichen. Der Zwischenbericht ist nicht prüfungspflichtig. Börsen können zusätzliche Informationen verlangen.
Zu diesem Sachverhalt hat das DRSC am 11.1.2001 den DRS 6 Zwischenberichterstattung verabschiedet, der am 13.2.2001 durch das Bundesministerium der Justiz bekannt gemacht wurde.

VII. Prüfungs- und Offenlegungspflicht

1. Prüfungspflicht

Zweiter Abschnitt. Ergänzende Vorschriften für Kapitalgesellschaften (Aktiengesellschaften, Kommanditgesellschaften auf Aktien und Gesellschaften mit beschränkter Haftung) sowie bestimmte Personenhandelsgesellschaften
Dritter Unterabschnitt. Prüfung

§ 316 Pflicht zur Prüfung. *(1) Der Jahresabschluß und der Lagebericht von Kapitalgesellschaften, die nicht kleine im Sinne des § 267 Abs. 1 sind, sind durch einen Abschlußprüfer zu prüfen. Hat keine Prüfung stattgefunden, so kann der Jahresabschluß nicht festgestellt werden.*
(2) Der Konzernabschluß und der Konzernlagebericht von Kapitalgesellschaften sind durch einen Abschlußprüfer zu prüfen. Hat keine Prüfung stattgefunden, so kann der Konzernabschluß nicht gebilligt werden.
(3) Werden der Jahresabschluß, der Konzernabschluß, der Lagebericht oder der Konzernlagebericht nach Vorlage des Prüfungsberichts geändert, so hat der Abschlußprüfer diese Unterlagen erneut zu prüfen, soweit es die Änderung erfordert. Über das Ergebnis der Prüfung ist zu berichten; der Bestätigungsvermerk ist entsprechend zu ergänzen.
§ 317 Gegenstand und Umfang der Prüfung. *(1) In die Prüfung des Jahresabschlusses ist die Buchführung einzubeziehen. Die Prüfung des Jahresabschlusses und des Konzernabschlusses hat sich darauf zu erstrecken, ob die gesetzlichen Vorschriften und sie ergänzende Bestimmungen des Gesellschaftsvertrags oder der Satzung beachtet worden sind. Die Prüfung ist so anzulegen, daß Unrichtigkeiten und Verstöße gegen die in Satz 2 aufgeführten Bestimmungen, die sich auf die Darstellung des sich nach § 264 Abs. 2 ergebenden Bildes der Vermögens-, Finanz- und Ertragslage des Unternehmens wesentlich auswirken, bei gewissenhafter Berufsausübung erkannt werden.*
(2) Der Lagebericht und der Konzernlagebericht sind darauf zu prüfen, ob der Lagebericht mit dem Jahresabschluß, gegebenenfalls auch mit dem Einzelabschluß nach § 325 Abs. 2a, und der Konzernlagebericht mit dem Konzernabschluß sowie mit den bei der Prüfung gewonnenen Erkenntnissen des Abschlußprüfers in Einklang stehen und ob der Lagebericht insgesamt eine zutreffende Vorstellung von der Lage des Unternehmens und der Konzernlagebericht insgesamt eine zutreffende Vorstellung von der Lage des Konzerns vermittelt. Dabei ist auch zu prüfen, ob die Chancen und Risiken der künftigen Entwicklung zutreffend dargestellt sind.
(3) Der Abschlußprüfer des Konzernabschlusses hat auch die im Konzernabschluß zusammengefaßten Jahresabschlüsse, insbesondere die konsolidierungsbedingten Anpassungen, in entsprechender Anwendung des Absatzes 1 zu prüfen. Dies gilt nicht für Jahresabschlüsse, die auf Grund gesetzlicher Vorschriften nach diesem Unterabschnitt oder die ohne gesetzliche Verpflichtungen nach den Grundsätzen dieses Unterabschnitts

geprüft worden sind. Satz 2 ist entsprechend auf die Jahresabschlüsse von in den Konzernabschluß einbezogenen Tochterunternehmen mit Sitz im Ausland anzuwenden; sind diese Jahresabschlüsse nicht von einem in Übereinstimmung mit den Vorschriften der Richtlinie 84/253/EWG zugelassenen Abschlußprüfer geprüft worden, so gilt dies jedoch nur, wenn der Abschlußprüfer eine den Anforderungen dieser Richtlinie gleichwertige Befähigung hat und der Jahresabschluß in einer den Anforderungen dieses Unterabschnitts entsprechenden Weise geprüft worden ist.
(4) Bei einer Aktiengesellschaft, die Aktien mit amtlicher Notierung ausgegeben hat, ist außerdem im Rahmen der Prüfung zu beurteilen, ob der Vorstand die ihm nach § 91 Abs. 2 des Aktiengesetzes obliegenden Maßnahmen in einer geeigneten Form getroffen hat und ob das danach einzurichtende Überwachungssystem seine Aufgaben erfüllen kann.

§ 318 Bestellung und Abberufung des Abschlußprüfers. (1) Der Abschlußprüfer des Jahresabschlusses wird von den Gesellschaftern gewählt; den Abschlußprüfer des Konzernabschlusses wählen die Gesellschafter des Mutterunternehmens. Bei Gesellschaften mit beschränkter Haftung und bei offenen Handelsgesellschaften und Kommanditgesellschaften im Sinne des § 264a Abs. 1 kann der Gesellschaftsvertrag etwas anderes bestimmen. Der Abschlußprüfer soll jeweils vor Ablauf des Geschäftsjahrs gewählt werden, auf das sich seine Prüfungstätigkeit erstreckt. Die gesetzlichen Vertreter, bei Zuständigkeit des Aufsichtsrats dieser, haben unverzüglich nach der Wahl den Prüfungsauftrag zu erteilen. Der Prüfungsauftrag kann nur widerrufen werden, wenn nach Absatz 3 ein anderer Prüfer bestellt worden ist.
(2) Als Abschlußprüfer des Konzernabschlusses gilt, wenn kein anderer Prüfer bestellt wird, der Prüfer als bestellt, der für die Prüfung des in den Konzernabschluß einbezogenen Jahresabschlusses des Mutterunternehmens bestellt worden ist. Erfolgt die Einbeziehung auf Grund eines Zwischenabschlusses, so gilt, wenn kein anderer Prüfer bestellt wird, der Prüfer als bestellt, der für die Prüfung des letzten vor dem Konzernabschlußstichtag aufgestellten Jahresabschlusses des Mutterunternehmens bestellt worden ist.
(3) Auf Antrag der gesetzlichen Vertreter, des Aufsichtsrats oder von Gesellschaftern, bei Aktiengesellschaften und Kommanditgesellschaften auf Aktien jedoch nur, wenn die Anteile dieser Gesellschafter bei Antragstellung zusammen den zwanzigsten Teil des Grundkapitals oder einen Börsenwert von 500 000 Euro erreichen, hat das Gericht nach Anhörung der Beteiligten und des gewählten Prüfers einen anderen Abschlußprüfer zu bestellen, wenn dies aus einem in der Person des gewählten Prüfers liegenden Grund geboten erscheint, insbesondere wenn ein Ausschlußgrund nach § 319 Abs. 2 bis 5, § 319a besteht. Der Antrag ist binnen zwei Wochen nach dem Tag der Wahl des Abschlußprüfers zu stellen; Aktionäre können den Antrag nur stellen, wenn sie gegen die Wahl des Abschlußprüfers bei der Beschlußfassung Widerspruch erklärt haben. Wird ein Befangenheitsgrund erst nach der Wahl bekannt oder tritt ein Befangenheitsgrund erst nach der Wahl ein, ist der Antrag binnen zwei Wochen nach dem Tag zu stellen, an dem der Antragsberechtigte Kenntnis von den befangenheitsbegründenden Umständen erlangt hat oder ohne grobe Fahrlässigkeit hätte erlangen müssen. Stellen Aktionäre den Antrag, so haben sie glaubhaft zu machen, daß sie seit mindestens drei Monaten vor dem Tag der Wahl des Abschlußprüfers Inhaber der Aktien sind. Zur Glaubhaftmachung genügt eine eidesstattliche Versicherung vor einem Notar. Unterliegt die Gesellschaft einer staatlichen Aufsicht, so kann auch die Aufsichtsbehörde den Antrag stellen. Der Antrag kann nach Erteilung des Bestä-

tigungsvermerks, im Fall einer Nachtragsprüfung nach § 316 Abs. 3 nach Ergänzung des Bestätigungsvermerks nicht mehr gestellt werden. Gegen die Entscheidung ist die sofortige Beschwerde zulässig.
(4) Ist der Abschlußprüfer bis zum Ablauf des Geschäftsjahrs nicht gewählt worden, so hat das Gericht auf Antrag der gesetzlichen Vertreter, des Aufsichtsrats oder eines Gesellschafters den Abschlußprüfer zu bestellen. Gleiches gilt, wenn ein gewählter Abschlußprüfer die Annahme des Prüfungsauftrags abgelehnt hat, weggefallen ist oder am rechtzeitigen Abschluß der Prüfung verhindert ist und ein anderer Abschlußprüfer nicht gewählt worden ist. Die gesetzlichen Vertreter sind verpflichtet, den Antrag zu stellen. Gegen die Entscheidung des Gerichts findet die sofortige Beschwerde statt; die Bestellung des Abschlußprüfers ist unanfechtbar.
(5) Der vom Gericht bestellte Abschlußprüfer hat Anspruch auf Ersatz angemessener barer Auslagen und auf Vergütung für seine Tätigkeit. Die Auslagen und die Vergütung setzt das Gericht fest. Gegen die Entscheidung ist die sofortige Beschwerde zulässig. Die weitere Beschwerde ist ausgeschlossen. Aus der rechtskräftigen Entscheidung findet die Zwangsvollstreckung nach der Zivilprozeßordnung statt.
(6) Ein von dem Abschlußprüfer angenommener Prüfungsauftrag kann von dem Abschlußprüfer nur aus wichtigem Grund gekündigt werden. Als wichtiger Grund ist es nicht anzusehen, wenn Meinungsverschiedenheiten über den Inhalt des Bestätigungsvermerks, seine Einschränkung oder Versagung bestehen. Die Kündigung ist schriftlich zu begründen. Der Abschlußprüfer hat über das Ergebnis seiner bisherigen Prüfung zu berichten. § 321 ist entsprechend anzuwenden.
(7) Kündigt der Abschlußprüfer den Prüfungsauftrag nach Absatz 6, so haben die gesetzlichen Vertreter die Kündigung dem Aufsichtsrat, der nächsten Hauptversammlung oder bei Gesellschaften mit beschränkter Haftung den Gesellschaftern mitzuteilen. Den Bericht des bisherigen Abschlußprüfers haben die gesetzlichen Vertreter unverzüglich dem Aufsichtsrat vorzulegen. Jedes Aufsichtsratsmitglied hat das Recht, von dem Bericht Kenntnis zu nehmen. Der Bericht ist auch jedem Aufsichtsratsmitglied oder, soweit der Aufsichtsrat dies beschlossen hat, den Mitgliedern eines Ausschusses auszuhändigen. Ist der Prüfungsauftrag vom Aufsichtsrat erteilt worden, obliegen die Pflichten der gesetzlichen Vertreter dem Aufsichtsrat einschließlich der Unterrichtung der gesetzlichen Vertreter.

§ 319 Auswahl der Abschlußprüfer und Ausschlußgründe. *(1) Abschlußprüfer können Wirtschaftsprüfer und Wirtschaftsprüfungsgesellschaften sein. Abschlußprüfer von Jahresabschlüssen und Lageberichten mittelgroßer Gesellschaften mit beschränkter Haftung (§ 267 Abs. 2) oder von mittelgroßen Personenhandelsgesellschaften im Sinne des § 264a Abs. 1 können auch vereidigte Buchprüfer und Buchprüfungsgesellschaften sein. Die Abschlußprüfer nach den Sätzen 1 und 2 müssen über eine wirksame Bescheinigung über die Teilnahme an der Qualitätskontrolle nach § 57a der Wirtschaftsprüferordnung verfügen, es sei denn, die Wirtschaftsprüferkammer hat eine Ausnahmegenehmigung erteilt.*
(2) Ein Wirtschaftsprüfer oder vereidigter Buchprüfer ist als Abschlußprüfer ausgeschlossen, wenn Gründe, insbesondere Beziehungen geschäftlicher, finanzieller oder persönlicher Art, vorliegen, nach denen die Besorgnis der Befangenheit besteht.
(3) Ein Wirtschaftsprüfer oder vereidigter Buchprüfer ist insbesondere von der Abschlußprüfung ausgeschlossen, wenn er oder eine Person, mit der er seinen Beruf gemeinsam ausübt,

1. *Anteile oder andere nicht nur unwesentliche finanzielle Interessen an der zu prüfenden Kapitalgesellschaft oder eine Beteiligung an einem Unternehmen besitzt, das mit der zu prüfenden Kapitalgesellschaft verbunden ist oder von dieser mehr als zwanzig vom Hundert der Anteile besitzt;*
2. *gesetzlicher Vertreter, Mitglied des Aufsichtsrats oder Arbeitnehmer der zu prüfenden Kapitalgesellschaft oder eines Unternehmens ist, das mit der zu prüfenden Kapitalgesellschaft verbunden ist oder von dieser mehr als zwanzig vom Hundert der Anteile besitzt;*
3. *über die Prüfungstätigkeit hinaus bei der zu prüfenden oder für die zu prüfende Kapitalgesellschaft in dem zu prüfenden Geschäftsjahr oder bis zur Erteilung des Bestätigungsvermerks*
   a) bei der Führung der Bücher oder der Aufstellung des zu prüfenden Jahresabschlusses mitgewirkt hat,
   b) bei der Durchführung der internen Revision in verantwortlicher Position mitgewirkt hat,
   c) Unternehmensleitungs- oder Finanzdienstleistungen erbracht hat oder
   d) eigenständige versicherungsmathematische oder Bewertungsleistungen erbracht hat, die sich auf den zu prüfenden Jahresabschluß nicht nur unwesentlich auswirken,
   sofern diese Tätigkeiten nicht von untergeordneter Bedeutung sind; dies gilt auch, wenn eine dieser Tätigkeiten von einem Unternehmen für die zu prüfende Kapitalgesellschaft ausgeübt wird, bei dem der Wirtschaftsprüfer oder vereidigte Buchprüfer gesetzlicher Vertreter, Arbeitnehmer, Mitglied des Aufsichtsrats oder Gesellschafter, der mehr als zwanzig vom Hundert der den Gesellschaftern zustehenden Stimmrechte besitzt, ist;
4. *bei der Prüfung eine Person beschäftigt, die nach den Nummern 1 bis 3 nicht Abschlußprüfer sein darf;*
5. *in den letzten fünf Jahren jeweils mehr als dreißig vom Hundert der Gesamteinnahmen aus seiner beruflichen Tätigkeit von der zu prüfenden Kapitalgesellschaft und von Unternehmen, an denen die zu prüfende Kapitalgesellschaft mehr als zwanzig vom Hundert der Anteile besitzt, bezogen hat und dies auch im laufenden Geschäftsjahr zu erwarten ist; zur Vermeidung von Härtefällen kann die Wirtschaftsprüferkammer befristete Ausnahmegenehmigungen erteilen.*

Dies gilt auch, wenn der Ehegatte oder der Lebenspartner einen Ausschlußgrund nach Satz 1 Nr. 1, 2 oder 3 erfüllt.

(4) Wirtschaftsprüfungsgesellschaften und Buchprüfungsgesellschaften sind von der Abschlußprüfung ausgeschlossen, wenn sie selbst, einer ihrer gesetzlichen Vertreter, ein Gesellschafter, der mehr als zwanzig vom Hundert der den Gesellschaftern zustehenden Stimmrechte besitzt, ein verbundenes Unternehmen, ein bei der Prüfung in verantwortlicher Position beschäftigter Gesellschafter oder eine andere von ihr beschäftigte Person, die das Ergebnis der Prüfung beeinflussen kann, nach Absatz 2 oder Absatz 3 ausgeschlossen sind. Satz 1 gilt auch, wenn ein Mitglied des Aufsichtsrats nach Absatz 3 Satz 1 Nr. 2 ausgeschlossen ist oder wenn mehrere Gesellschafter, die zusammen mehr als zwanzig vom Hundert der den Gesellschaftern zustehenden Stimmrechte besitzen, jeweils einzeln oder zusammen nach Absatz 2 oder Absatz 3 ausgeschlossen sind.

(5) Absatz 1 Satz 3 sowie die Absätze 2 bis 4 sind auf den Abschlußprüfer des Konzernabschlusses entsprechend anzuwenden.

§ 319a Besondere Ausschlußgründe bei Unternehmen von öffentlichem Interesse. *(1) Ein Wirtschaftsprüfer ist über die in § 319 Abs. 2 und 3 genannten Gründe hinaus auch dann von der Abschlußprüfung eines Unternehmens, das einen organisierten Markt im Sinne des § 2 Abs. 5 des Wertpapierhandelsgesetzes in Anspruch nimmt, ausgeschlossen, wenn er*
1. *in den letzten fünf Jahren jeweils mehr als fünfzehn vom Hundert der Gesamteinnahmen aus seiner beruflichen Tätigkeit von der zu prüfenden Kapitalgesellschaft oder von Unternehmen, an denen die zu prüfende Kapitalgesellschaft mehr als zwanzig vom Hundert der Anteile besitzt, bezogen hat und dies auch im laufenden Geschäftsjahr zu erwarten ist,*
2. *in dem zu prüfenden Geschäftsjahr über die Prüfungstätigkeit hinaus Rechts- oder Steuerberatungsleistungen erbracht hat, die über das Aufzeigen von Gestaltungsalternativen hinausgehen und die sich auf die Darstellung der Vermögens-, Finanz- und Ertragslage in dem zu prüfenden Jahresabschluß unmittelbar und nicht nur unwesentlich auswirken,*
3. *über die Prüfungstätigkeit hinaus in dem zu prüfenden Geschäftsjahr an der Entwicklung, Einrichtung und Einführung von Rechnungslegungsinformationssystemen mitgewirkt hat, sofern diese Tätigkeit nicht von untergeordneter Bedeutung ist, oder*
4. *einen Bestätigungsvermerk nach § 322 über die Prüfung des Jahresabschlusses des Unternehmens bereits in sieben oder mehr Fällen gezeichnet hat; dies gilt nicht, wenn seit seiner letzten Beteiligung an der Prüfung des Jahresabschlusses drei oder mehr Jahre vergangen sind.*

§ 319 Abs. 3 Satz 1 Nr. 3 letzter Teilsatz, Satz 2 und Abs. 4 gilt für die in Satz 1 genannten Ausschlußgründe entsprechend. Satz 1 Nr. 1 bis 3 gilt auch, wenn Personen, mit denen der Wirtschaftsprüfer seinen Beruf gemeinsam ausübt, die dort genannten Ausschlußgründe erfüllen. Satz 1 Nr. 4 findet auf eine Wirtschaftsprüfungsgesellschaft mit der Maßgabe Anwendung, daß sie nicht Abschlußprüfer sein darf, wenn sie bei der Abschlußprüfung des Unternehmens einen Wirtschaftsprüfer beschäftigt, der nach Satz 1 Nr. 4 nicht Abschlußprüfer sein darf.
(2) Absatz 1 ist auf den Abschlußprüfer des Konzernabschlusses entsprechend anzuwenden.

§ 320 Vorlagepflicht. Auskunftsrecht. *(1) Die gesetzlichen Vertreter der Kapitalgesellschaft haben dem Abschlußprüfer den Jahresabschluß und den Lagebericht unverzüglich nach der Aufstellung vorzulegen. Sie haben ihm zu gestatten, die Bücher und Schriften der Kapitalgesellschaft sowie die Vermögensgegenstände und Schulden, namentlich die Kasse und die Bestände an Wertpapieren und Waren, zu prüfen.*
(2) Der Abschlußprüfer kann von den gesetzlichen Vertretern alle Aufklärungen und Nachweise verlangen, die für eine sorgfältige Prüfung notwendig sind. Soweit es die Vorbereitung der Abschlußprüfung erfordert, hat der Abschlußprüfer die Rechte nach Absatz 1 Satz 2 und nach Satz 1 auch schon vor Aufstellung des Jahresabschlusses. Soweit es für eine sorgfältige Prüfung notwendig ist, hat der Abschlußprüfer die Rechte nach den Sätzen 1 und 2 auch gegenüber Mutter- und Tochterunternehmen.
(3) Die gesetzlichen Vertreter einer Kapitalgesellschaft, die einen Konzernabschluß aufzustellen hat, haben dem Abschlußprüfer des Konzernabschlusses den Konzernabschluß, den Konzernlagebericht, die Jahresabschlüsse, Lageberichte und, wenn eine Prüfung stattgefunden hat, die Prüfungsberichte des Mutterunternehmens und der Tochterunternehmen vorzulegen. Der Abschlußprüfer hat die Rechte nach Absatz 1

Satz 2 und nach Absatz 2 bei dem Mutterunternehmen und den Tochterunternehmen, die Rechte nach Absatz 2 auch gegenüber den Abschlußprüfern des Mutterunternehmens und der Tochterunternehmen.

§ 321 Prüfungsbericht. *(1) Der Abschlußprüfer hat über Art und Umfang sowie über das Ergebnis der Prüfung schriftlich und mit der gebotenen Klarheit zu berichten. In dem Bericht ist vorweg zu der Beurteilung der Lage des Unternehmens oder Konzerns durch die gesetzlichen Vertreter Stellung zu nehmen, wobei insbesondere auf die Beurteilung des Fortbestandes und der künftigen Entwicklung des Unternehmens unter Berücksichtigung des Lageberichts und bei der Prüfung des Konzernabschlusses von Mutterunternehmen auch des Konzerns unter Berücksichtigung des Konzernlageberichts einzugehen ist, soweit die geprüften Unterlagen und der Lagebericht oder der Konzernlagebericht eine solche Beurteilung erlauben. Außerdem hat der Abschlußprüfer über bei Durchführung der Prüfung festgestellte Unrichtigkeiten oder Verstöße gegen gesetzliche Vorschriften sowie Tatsachen zu berichten, die den Bestand des geprüften Unternehmens oder des Konzerns gefährden oder seine Entwicklung wesentlich beeinträchtigen können oder die schwerwiegende Verstöße der gesetzlichen Vertreter oder von Arbeitnehmern gegen Gesetz, Gesellschaftsvertrag oder die Satzung erkennen lassen.*

(2) Im Hauptteil des Prüfungsberichts ist festzustellen, ob die Buchführung oder sonstiger maßgeblicher Rechnungslegungsgrundsätze und die weiteren geprüften Unterlagen, der Jahresabschluß, der Lagebericht, der Konzernabschluß und der Konzernlagebericht den gesetzlichen Vorschriften und den ergänzenden Bestimmungen des Gesellschaftsvertrags oder der Satzung entsprechen. In diesem Rahmen ist auch über Beanstandungen zu berichten, die nicht zur Einschränkung oder Versagung des Bestätigungsvermerks geführt haben, soweit dies für die Überwachung der Geschäftsführung und des geprüften Unternehmens von Bedeutung ist. Es ist auch darauf einzugehen, ob der Abschluß insgesamt unter Beachtung der Grundsätze ordnungsmäßiger Buchführung ein den tatsächlichen Verhältnissen entsprechendes Bild der Vermögens-, Finanz- und Ertragslage der Kapitalgesellschaft oder des Konzerns vermittelt. Dazu ist auch auf wesentliche Bewertungsgrundlagen sowie darauf einzugehen welchen Einfluß Änderungen in den Bewertungsgrundlagen einschließlich der Ausübung von Bilanzierungs- und Bewertungswahlrechten und der Ausnutzung von Ermessensspielräumen sowie sachverhaltsgestaltende Maßnahmen insgesamt auf die Darstellung der Vermögens-, Finanz- und Ertragslage haben. Hierzu sind die Posten des Jahres- und des Konzernabschlusses aufzugliedern und ausreichend zu erläutern, soweit diese Angaben nicht im Anhang enthalten sind. Es ist darzustellen, ob die gesetzlichen Vertreter die verlangten Aufklärungen und Nachweise erbracht haben.

(3) In einem besonderen Abschnitt des Prüfungsberichts sind Gegenstand, Art und Umfang der Prüfung zu erläutern. Dabei ist auch auf die angewandten Rechnungslegungs- und Prüfungsgrundsätze einzugehen.

(4) Ist im Rahmen der Prüfung eine Beurteilung nach § 317 Abs. 4 abgegeben worden, so ist deren Ergebnis in einem besonderen Teil des Prüfungsberichts darzustellen. Es ist darauf einzugehen, ob Maßnahmen erforderlich sind, um das interne Überwachungssystem zu verbessern.

(5) Der Abschlußprüfer hat den Bericht zu unterzeichnen und den gesetzlichen Vertretern vorzulegen. Hat der Aufsichtsrat den Auftrag erteilt, so ist der Bericht ihm vorzulegen; dem Vorstand ist vor Zuleitung Gelegenheit zur Stellungnahme zu geben.

§ 321a Offenlegung des Prüfungsberichts in besonderen Fällen. *(1) Wird über das Vermögen der Gesellschaft ein Insolvenzverfahren eröffnet oder wird der Antrag auf Eröffnung des Insolvenzverfahrens mangels Masse abgewiesen, so hat ein Gläubiger oder Gesellschafter die Wahl, selbst oder durch einen von ihm zu bestimmenden Wirtschaftsprüfer oder im Fall des § 319 Abs. 1 Satz 2 durch einen vereidigten Buchprüfer Einsicht in die Prüfungsberichte des Abschlußprüfers über die aufgrund gesetzlicher Vorschriften durchzuführende Prüfung des Jahresabschlusses der letzten drei Geschäftsjahre zu nehmen, soweit sich diese auf die nach § 321 geforderte Berichterstattung beziehen. Der Anspruch richtet sich gegen denjenigen, der die Prüfungsberichte in seinem Besitz hat.*
(2) Bei einer Aktiengesellschaft oder einer Kommanditgesellschaft auf Aktien stehen den Gesellschaftern die Rechte nach Absatz 1 Satz 1 nur zu, wenn ihre Anteile bei Geltendmachung des Anspruchs zusammen den einhundertsten Teil des Grundkapitals oder einen Börsenwert von 100 000 Euro erreichen. Dem Abschlußprüfer ist die Erläuterung des Prüfungsberichts gegenüber den in Absatz 1 Satz 1 aufgeführten Personen gestattet.
(3) Der Insolvenzverwalter oder ein gesetzlicher Vertreter des Schuldners kann einer Offenlegung von Geheimnissen, namentlich Betriebs- oder Geschäftsgeheimnissen, widersprechen, wenn die Offenlegung geeignet ist, der Gesellschaft einen erheblichen Nachteil zuzufügen. § 323 Abs. 1 und 3 bleibt im Übrigen unberührt. Unbeschadet des Satzes 1 sind die Berechtigten nach Absatz 1 Satz 1 zur Verschwiegenheit über den Inhalt der von ihnen eingesehenen Unterlagen nach Absatz 1 Satz 1 verpflichtet.
(4) Die Absätze 1 bis 3 gelten entsprechend, wenn der Schuldner zur Aufstellung eines Konzernabschlusses und Konzernlageberichts verpflichtet ist.
§ 322 Bestätigungsvermerk. *(1) Der Abschlußprüfer hat das Ergebnis der Prüfung in einem Bestätigungsvermerk zum Jahresabschluß oder zum Konzernabschluß zusammenzufassen. Der Bestätigungsvermerk hat Gegenstand, Art und Umfang der Prüfung zu beschreiben und dabei die angewandten Rechnungslegungs- und Prüfungsgrundsätze anzugeben; er hat ferner eine Beurteilung des Prüfungsergebnisses zu enthalten.*
(2) Die Beurteilung des Prüfungsergebnisses muß zweifelsfrei ergeben, ob
1. ein uneingeschränkter Bestätigungsvermerk erteilt,
2. ein eingeschränkter Bestätigungsvermerk erteilt,
3. der Bestätigungsvermerk aufgrund von Einwendungen versagt oder
4. der Bestätigungsvermerk deshalb versagt wird, weil der Abschlußprüfer nicht in der Lage ist, ein Prüfungsurteil abzugeben.
Die Beurteilung des Prüfungsergebnisses soll allgemein verständlich und problemorientiert unter Berücksichtigung des Umstandes erfolgen, daß die gesetzlichen Vertreter den Abschluß zu verantworten haben. Auf Risiken, die den Fortbestand des Unternehmens oder eines Konzernunternehmens gefährden, ist gesondert einzugehen. Auf Risiken, die den Fortbestand eines Tochterunternehmens gefährden, braucht im Bestätigungsvermerk zum Konzernabschluß des Mutterunternehmens nicht eingegangen zu werden, wenn das Tochterunternehmen für die Vermittlung eines den tatsächlichen Verhältnissen entsprechenden Bildes der Vermögens-, Finanz- und Ertragslage des Konzerns nur von untergeordneter Bedeutung ist.
(3) In einem uneingeschränkten Bestätigungsvermerk (Absatz 2 Satz 1 Nr. 1) hat der Abschlußprüfer zu erklären, daß die von ihm nach § 317 durchgeführte Prüfung zu keinen Einwendungen geführt hat und daß der von den gesetzlichen Vertretern der

Gesellschaft aufgestellte Jahres- oder Konzernabschluß aufgrund der bei der Prüfung gewonnenen Erkenntnisse des Abschlußprüfers nach seiner Beurteilung den gesetzlichen Vorschriften entspricht und unter Beachtung der Grundsätze ordnungsmäßiger Buchführung oder sonstiger maßgeblicher Rechnungslegungsgrundsätze ein den tatsächlichen Verhältnissen entsprechendes Bild der Vermögens-, Finanz- und Ertragslage des Unternehmens oder des Konzerns vermittelt. Der Abschlußprüfer kann zusätzlich einen Hinweis auf Umstände aufnehmen, auf die er in besonderer Weise aufmerksam macht, ohne den Bestätigungsvermerk einzuschränken.

(4) Sind Einwendungen zu erheben, so hat der Abschlußprüfer seine Erklärung nach Absatz 3 Satz 1 einzuschränken (Absatz 2 Satz 1 Nr. 2) oder zu versagen (Absatz 2 Satz 1 Nr. 3). Die Versagung ist in den Vermerk, der nicht mehr als Bestätigungsvermerk zu bezeichnen ist, aufzunehmen. Die Einschränkung oder Versagung ist zu begründen. Ein eingeschränkter Bestätigungsvermerk darf nur erteilt werden, wenn der geprüfte Abschluß unter Beachtung der vom Abschlußprüfer vorgenommenen, in ihrer Tragweite erkennbaren Einschränkung ein den tatsächlichen Verhältnissen im Wesentlichen entsprechendes Bild der Vermögens-, Finanz- und Ertragslage vermittelt.

(5) Der Bestätigungsvermerk ist auch dann zu versagen, wenn der Abschlußprüfer nach Ausschöpfung aller angemessenen Möglichkeiten zur Klärung des Sachverhalts nicht in der Lage ist, ein Prüfungsurteil abzugeben (Absatz 2 Satz 1 Nr. 4). Absatz 4 Satz 2 und 3 gilt entsprechend.

(6) Die Beurteilung des Prüfungsergebnisses hat sich auch darauf zu erstrecken, ob der Lagebericht oder der Konzernlagebericht nach dem Urteil des Abschlußprüfers mit dem Jahresabschluß und gegebenenfalls mit dem Einzelabschluß nach § 325 Abs. 2a oder mit dem Konzernabschluß in Einklang steht und insgesamt ein zutreffendes Bild von der Lage des Unternehmens oder des Konzerns vermittelt. Dabei ist auch darauf einzugehen, ob die Chancen und Risiken der zukünftigen Entwicklung zutreffend dargestellt sind.

(7) Der Abschlußprüfer hat den Bestätigungsvermerk oder den Vermerk über seine Versagung unter Angabe von Ort und Tag zu unterzeichnen. Der Bestätigungsvermerk oder der Vermerk über seine Versagung ist auch in den Prüfungsbericht aufzunehmen.

§ 323 Verantwortlichkeit des Abschlußprüfers. *(1) Der Abschlußprüfer, seine Gehilfen und die bei der Prüfung mitwirkenden gesetzlichen Vertreter einer Prüfungsgesellschaft sind zur gewissenhaften und unparteiischen Prüfung und zur Verschwiegenheit verpflichtet; § 57b der Wirtschaftsprüferordnung bleibt unberührt. Sie dürfen nicht unbefugt Geschäfts- und Betriebsgeheimnisse verwerten, die sie bei ihrer Tätigkeit erfahren haben. Wer vorsätzlich oder fahrlässig seine Pflichten verletzt, ist der Kapitalgesellschaft und, wenn ein verbundenes Unternehmen geschädigt worden ist, auch diesem zum Ersatz des daraus entstehenden Schadens verpflichtet. Mehrere Personen haften als Gesamtschuldner.*

(2) Die Ersatzpflicht von Personen, die fahrlässig gehandelt haben, beschränkt sich auf eine Million Euro für eine Prüfung. Bei Prüfung einer Aktiengesellschaft, deren Aktien zum Handel im amtlichen Markt zugelassen sind, beschränkt sich die Ersatzpflicht von Personen, die fahrlässig gehandelt haben, abweichend von Satz 1 auf vier Millionen Euro für eine Prüfung. Dies gilt auch, wenn an der Prüfung mehrere Personen beteiligt gewesen oder mehrere zum Ersatz verpflichtende Handlungen begangen worden sind, und ohne Rücksicht darauf, ob andere Beteiligte vorsätzlich gehandelt haben.

(3) Die Verpflichtung zur Verschwiegenheit besteht, wenn eine Prüfungsgesellschaft Abschlußprüfer ist, auch gegenüber dem Aufsichtsrat und den Mitgliedern des Aufsichtsrats der Prüfungsgesellschaft.
(4) Die Ersatzpflicht nach diesen Vorschriften kann durch Vertrag weder ausgeschlossen noch beschränkt werden.
(5) (aufgehoben)
§ 324 Meinungsverschiedenheiten zwischen Kapitalgesellschaft und Abschlußprüfer. *(1) Bei Meinungsverschiedenheiten zwischen dem Abschlußprüfer und der Kapitalgesellschaft über die Auslegung und Anwendung der gesetzlichen Vorschriften sowie von Bestimmungen des Gesellschaftsvertrags oder der Satzung über den Jahresabschluß, Lagebericht, Konzernabschluß oder Konzernlagebericht entscheidet auf Antrag des Abschlußprüfers oder der gesetzlichen Vertreter der Kapitalgesellschaft ausschließlich das Landgericht.*
(2) Auf das Verfahren ist das Gesetz über die Angelegenheiten der freiwilligen Gerichtsbarkeit anzuwenden. Das Landgericht entscheidet durch einen mit Gründen versehenen Beschluß. Die Entscheidung wird erst mit der Rechtskraft wirksam. Gegen die Entscheidung findet die sofortige Beschwerde statt, wenn das Landgericht sie in der Entscheidung zugelassen hat. Es soll sie nur zulassen, wenn dadurch die Klärung einer Rechtsfrage von grundsätzlicher Bedeutung zu erwarten ist. Die Beschwerde kann nur durch Einreichung einer von einem Rechtsanwalt unterzeichneten Beschwerdeschrift eingelegt werden. Über sie entscheidet das Oberlandesgericht; § 28 Abs. 2 und 3 des Gesetzes über die Angelegenheiten der freiwilligen Gerichtsbarkeit ist entsprechend anzuwenden. Die weitere Beschwerde ist ausgeschlossen. Die Landesregierung kann durch Rechtsverordnung die Entscheidung über die Beschwerde für die Bezirke mehrerer Oberlandesgerichte einem der Oberlandesgerichte oder dem Obersten Landesgericht übertragen, wenn dies der Sicherung einer einheitlichen Rechtsprechung dient. Die Landesregierung kann die Ermächtigung durch Rechtsverordnung auf die Landesjustizverwaltung übertragen.
(3) Für die Kosten des Verfahrens gilt die Kostenordnung. Für das Verfahren des ersten Rechtszugs wird das Doppelte der vollen Gebühr erhoben. Für den zweiten Rechtszug wird die gleiche Gebühr erhoben; dies gilt auch dann, wenn die Beschwerde Erfolg hat. Wird der Antrag oder die Beschwerde zurückgenommen, bevor es zu einer Entscheidung kommt, so ermäßigt sich die Gebühr auf die Hälfte. Der Geschäftswert ist von Amts wegen festzusetzen. Er bestimmt sich nach § 30 Abs. 2 der Kostenordnung. Der Abschlußprüfer ist zur Leistung eines Kostenvorschusses nicht verpflichtet. Schuldner der Kosten ist die Kapitalgesellschaft. Die Kosten können jedoch ganz oder zum Teil dem Abschlußprüfer auferlegt werden, wenn dies der Billigkeit entspricht.
§ 324a Anwendung auf den Einzelabschluß nach § 325 Absatz 2a. *(1) Die Bestimmungen dieses Unterabschnitts, die sich auf den Jahresabschluß beziehen, sind auf einen Einzelabschluß nach § 325 Abs. 2a entsprechend anzuwenden. An Stelle des § 316 Abs. 1 Satz 2 gilt § 316 Abs. 2 Satz 2 entsprechend.*
(2) Als Abschlußprüfer des Einzelabschlusses nach § 325 Abs. 2a gilt der für die Prüfung des Jahresabschlusses bestellte Prüfer als bestellt. Der Prüfungsbericht zum Einzelabschluß nach § 325 Abs. 2a kann mit dem Prüfungsbericht zum Jahresabschluß zusammengefaßt werden.

Sechster Abschnitt. Prüfstelle für Rechnungslegung

§ 342b Prüfstelle für Rechnungslegung. *(1) Das Bundesministerium der Justiz kann im Einvernehmen mit dem Bundesministerium der Finanzen eine privatrechtlich organisierte Einrichtung zur Prüfung von Verstößen gegen Rechnungslegungsvorschriften durch Vertrag anerkennen (Prüfstelle) und ihr die in den folgenden Absätzen festgelegten Aufgaben übertragen. Es darf nur eine solche Einrichtung anerkannt werden, die auf Grund ihrer Satzung, ihrer personellen Zusammensetzung und der von ihr vorgelegten Verfahrensordnung gewährleistet, daß die Prüfung unabhängig, sachverständig, vertraulich und unter Einhaltung eines festgelegten Verfahrensablaufs erfolgt. Änderungen der Satzung und der Verfahrensordnung sind vom Bundesministerium der Justiz im Einvernehmen mit dem Bundesministerium der Finanzen zu genehmigen. Die Prüfstelle kann sich bei der Durchführung ihrer Aufgaben anderer Personen bedienen. Das Bundesministerium der Justiz macht die Anerkennung einer Prüfstelle sowie eine Beendigung der Anerkennung im amtlichen Teil des elektronischen Bundesanzeigers bekannt.*
(2) Die Prüfstelle prüft, ob der zuletzt festgestellte Jahresabschluß und der zugehörige Lagebericht oder der zuletzt gebilligte Konzernabschluß und der zugehörige Konzernlagebericht eines Unternehmens im Sinne des Satzes 2 den gesetzlichen Vorschriften einschließlich der Grundsätze ordnungsmäßiger Buchführung oder den sonstigen durch Gesetz zugelassenen Rechnungslegungsstandards entspricht. Geprüft werden die Abschlüsse und Berichte von Unternehmen, deren Wertpapiere im Sinne des § 2 Abs. 1 Satz 1 des Wertpapierhandelsgesetzes an einer inländischen Börse zum Handel im amtlichen oder geregelten Markt zugelassen sind. Die Prüfstelle prüft,
1. soweit konkrete Anhaltspunkte für einen Verstoß gegen Rechnungslegungsvorschriften vorliegen,
2. auf Verlangen der Bundesanstalt für Finanzdienstleistungsaufsicht oder
3. ohne besonderen Anlaß (stichprobenartige Prüfung).
Im Falle des Satzes 3 Nr. 1 unterbleibt die Prüfung, wenn offensichtlich kein öffentliches Interesse an der Prüfung besteht. Die stichprobenartige Prüfung erfolgt nach den von der Prüfstelle im Einvernehmen mit dem Bundesministerium der Justiz und dem Bundesministerium der Finanzen festgelegten Grundsätzen. Das Bundesministerium der Finanzen kann die Ermächtigung zur Erteilung seines Einvernehmens auf die Bundesanstalt für Finanzdienstleistungsaufsicht übertragen.
(3) Eine Prüfung des Jahresabschlusses und des zugehörigen Lageberichts durch die Prüfstelle findet nicht statt, solange eine Klage auf Nichtigkeit gemäß § 256 Abs. 7 des Aktiengesetzes anhängig ist. Wenn nach § 142 Abs. 1 oder Abs. 2 oder § 258 Abs. 1 des Aktiengesetzes ein Sonderprüfer bestellt worden ist, findet eine Prüfung ebenfalls nicht statt, soweit der Gegenstand der Sonderprüfung, der Prüfungsbericht oder eine gerichtliche Entscheidung über die abschließenden Feststellungen der Sonderprüfer nach § 260 des Aktiengesetzes reichen.
(4) Wenn das Unternehmen bei einer Prüfung durch die Prüfstelle mitwirkt, sind die gesetzlichen Vertreter des Unternehmens und die sonstigen Personen, derer sich die gesetzlichen Vertreter bei der Mitwirkung bedienen, verpflichtet, richtige und vollständige Auskünfte zu erteilen und richtige und vollständige Unterlagen vorzulegen. Die Auskunft und die Vorlage von Unterlagen kann verweigert werden, soweit diese der Verpflichteten oder einen seiner in § 52 Abs. 1 der Strafprozeßordnung bezeichneten

Angehörigen der Gefahr strafgerichtlicher Verfolgung oder eines Verfahrens nach dem Gesetz über Ordnungswidrigkeiten aussetzen würde. Der Verpflichtete ist über sein Recht zur Verweigerung zu belehren.
(5) Die Prüfstelle teilt dem Unternehmen das Ergebnis der Prüfung mit. Ergibt die Prüfung, daß die Rechnungslegung fehlerhaft ist, so hat sie ihre Entscheidung zu begründen und dem Unternehmen unter Bestimmung einer angemessenen Frist Gelegenheit zur Äußerung zu geben, ob es mit dem Ergebnis der Prüfstelle einverstanden ist.
(6) Die Prüfstelle berichtet der Bundesanstalt für Finanzdienstleistungsaufsicht über:
1. die Absicht, eine Prüfung einzuleiten,
2. die Weigerung des betroffenen Unternehmens, an einer Prüfung mitzuwirken,
3. das Ergebnis der Prüfung und gegebenenfalls darüber, ob sich das Unternehmen mit dem Prüfungsergebnis einverstanden erklärt hat.
Ein Rechtsbehelf dagegen ist nicht statthaft.
(7) Die Prüfstelle und ihre Beschäftigten sind zur gewissenhaften und unparteiischen Prüfung verpflichtet; sie haften für durch die Prüfungstätigkeit verursachte Schäden nur bei Vorsatz.
(8) Die Prüfstelle zeigt Tatsachen, die den Verdacht einer Straftat im Zusammenhang mit der Rechnungslegung eines Unternehmens begründen, der für die Verfolgung zuständigen Behörde an. Tatsachen, die auf das Vorliegen einer Berufspflichtverletzung durch den Abschlußprüfer schließen lassen, übermittelt sie der Wirtschaftsprüferkammer.

§ 342c Verschwiegenheitspflicht. *(1) Die bei der Prüfstelle Beschäftigten sind verpflichtet, über die Geschäfts- und Betriebsgeheimnisse des Unternehmens und die bei ihrer Prüftätigkeit bekannt gewordenen Erkenntnisse über das Unternehmen Verschwiegenheit zu bewahren. Dies gilt nicht im Fall von gesetzlich begründeten Mitteilungspflichten. Die bei der Prüfstelle Beschäftigten dürfen nicht unbefugt Geschäfts- und Betriebsgeheimnisse verwerten, die sie bei ihrer Tätigkeit erfahren haben. Wer vorsätzlich oder fahrlässig diese Pflichten verletzt, ist dem geprüften Unternehmen und, wenn ein verbundenes Unternehmen geschädigt worden ist, auch diesem zum Ersatz des daraus entstehenden Schadens verpflichtet. Mehrere Personen haften als Gesamtschuldner.*
(2) Die Ersatzpflicht von Personen, die fahrlässig gehandelt haben, beschränkt sich für eine Prüfung und die damit im Zusammenhang stehenden Pflichtverletzungen auf den in § 323 Abs. 2 Satz 2 genannten Betrag. Dies gilt auch, wenn an der Prüfung mehrere Personen beteiligt gewesen oder mehrere zum Ersatz verpflichtende Handlungen begangen worden sind, und ohne Rücksicht darauf, ob andere Beteiligte vorsätzlich gehandelt haben. Sind im Falle des Satzes 1 durch eine zum Schadensersatz verpflichtende Handlung mehrere Unternehmen geschädigt worden, beschränkt sich die Ersatzpflicht insgesamt auf das Zweifache der Höchstgrenze des Satzes 1. Übersteigen in diesem Fall mehrere nach Absatz 1 Satz 4 zu leistende Entschädigungen das Zweifache der Höchstgrenze des Satzes 1, so verringern sich die einzelnen Entschädigungen in dem Verhältnis, in dem ihr Gesamtbetrag zum Zweifachen der Höchstgrenze des Satzes 1 steht.
(3) Die §§ 93 und 97 der Abgabenordnung gelten nicht für die in Absatz 1 Satz 1 bezeichneten Personen, soweit sie zur Durchführung des § 342b tätig werden. Sie finden Anwendung, soweit die Finanzbehörden die Kenntnisse für die Durchführung

eines Verfahrens wegen einer Steuerstraftat sowie eines damit zusammenhängenden Besteuerungsverfahrens benötigen, an deren Verfolgung ein zwingendes öffentliches Interesse besteht, und nicht Tatsachen betroffen sind, die von einer ausländischen Stelle mitgeteilt worden sind, die mit der Prüfung von Rechnungslegungsverstößen betraut ist.

§ 342d Finanzierung der Prüfstelle. *Die Prüfstellung hat über die zur Finanzierung der Erfüllung ihrer Aufgaben erforderlichen Mittel einen Wirtschaftsplan für das Folgejahr im Einvernehmen mit der Bundesanstalt für Finanzdienstleistungsaufsicht aufzustellen. Der Wirtschaftsplan ist dem Bundesministerium der Justiz und dem Bundesministerium der Finanzen zur Genehmigung vorzulegen. Die Bundesanstalt für Finanzdienstleistungsaufsicht schießt der Prüfstelle die dieser nach dem Wirtschaftsplan voraussichtlich entstehenden Kosten aus der gemäß § 17d Abs. 1 Satz 3 des Finanzdienstleistungsaufsichtsgesetzes eingezogenen Umlagevorauszahlung vor, wobei etwaige Fehlbeträge und nicht eingegangene Beträge nach dem Verhältnis von Wirtschaftsplan zu dem betreffenden Teil des Haushaltsplanes der Bundesanstalt für Finanzdienstleistungsaufsicht anteilig zu berücksichtigen sind. Nach Ende des Haushaltsjahres hat die Prüfstelle ihren Jahresabschluß aufzustellen. Die Entlastung erteilt das zuständige Organ der Prüfstelle mit Zustimmung des Bundesministeriums der Justiz und des Bundesministeriums der Finanzen.*

§ 342e Bußgeldvorschriften. *(1) Ordnungswidrig handelt, wer vorsätzlich oder fahrlässig entgegen § 342b Absatz 4 Satz 1 der Prüfstelle eine Auskunft nicht richtig oder nicht vollständig erteilt oder eine Unterlage nicht richtig oder nicht vollständig vorlegt.*
(2) Die Ordnungswidrigkeit kann mit einer Geldbuße bis zu fünfzigtausend Euro geahndet werden.
(3) Verwaltungsbehörde im Sinne des § 36 Abs. 1 Nr. 1 des Gesetzes über Ordnungswidrigkeiten ist bei Ordnungswidrigkeiten nach Absatz 1 die Bundesanstalt für Finanzdienstleistungsaufsicht.

2. Offenlegungspflicht

Zweiter Abschnitt. Ergänzende Vorschriften für Kapitalgesellschaften (Aktiengesellschaften, Kommanditgesellschaften auf Aktien und Gesellschaften mit beschränkter Haftung) sowie bestimmte Personenhandelsgesellschaften
Vierter Unterabschnitt. Offenlegung (Einreichung zu einem Register, Bekanntmachung im Bundesanzeiger). Veröffentlichung und Vervielfältigung. Prüfung durch das Registergericht

§ 325 Offenlegung. *(1) Die gesetzlichen Vertreter von Kapitalgesellschaften haben den Jahresabschluß unverzüglich nach seiner Vorlage an die Gesellschafter, jedoch spätestens vor Ablauf des zwölften Monats des dem Abschlußstichtag nachfolgenden Geschäftsjahrs, mit dem Bestätigungsvermerk oder dem Vermerk über dessen Versagung zum Handelsregister des Sitzes der Kapitalgesellschaft einzureichen; gleichzeitig sind der Lagebericht, der Bericht des Aufsichtsrats und, soweit sich der Vorschlag* *für die Verwendung des Ergebnisses und der Beschluß über seine Verwendung aus dem eingereichten Jahresabschluß nicht ergeben, der Vorschlag für die Verwendung des Ergebnisses und der Beschluß über seine Verwendung unter Angabe des Jahresüberschusses oder Jahresfehlbetrags einzureichen; Angaben über die Ergebnisverwendung brauchen von Gesellschaften mit beschränkter Haftung nicht gemacht zu werden, wenn sich anhand dieser Angaben die Gewinnanteile von natürlichen Personen feststellen lassen, die Gesellschafter sind. Die gesetzlichen Vertreter haben unverzüglich nach der Einreichung der in Satz 1 bezeichneten Unterlagen im Bundesanzeiger bekanntzumachen, bei welchem Handelsregister und unter welcher Nummer diese Unterlagen eingereicht worden sind. Werden zur Wahrung der Frist nach Satz 1 der Jahresabschluß und der Lagebericht ohne die anderen Unterlagen eingereicht, so sind der Bericht und der Vorschlag nach ihrem Vorliegen, die Beschlüsse nach der Beschlußfassung und der Vermerk nach der Erteilung unverzüglich einzureichen; wird der Jahresabschluß bei nachträglicher Prüfung oder Feststellung geändert, so ist auch die Änderung nach Satz 1 einzureichen.*

(2) Absatz 1 ist auf große Kapitalgesellschaften (§ 267 Abs. 3) mit der Maßgabe anzuwenden, daß die in Absatz 1 bezeichneten Unterlagen zunächst im Bundesanzeiger bekanntzumachen sind und die Bekanntmachung unter Beifügung der bezeichneten Unterlagen zum Handelsregister des Sitzes der Kapitalgesellschaft einzureichen ist; die Bekanntmachung nach Absatz 1 Satz 2 entfällt. Die Aufstellung des Anteilsbesitzes (§ 287) braucht nicht im Bundesanzeiger bekannt gemacht zu werden.

(2a) Bei der Offenlegung nach Absatz 2 kann an die Stelle des Jahresabschlusses ein Einzelabschluß treten, der nach den in § 315a Abs. 1 bezeichneten internationalen Rechnungslegungsstandards aufgestellt worden ist. Ein Unternehmen, das von diesem Wahlrecht Gebrauch macht, hat die dort genannten Standards vollständig zu befolgen. Auf einen solchen Abschluß finden § 243 Abs. 2, §§ 244, 245, 247, 285 Satz 1 Nr. 7, 8 Buchstabe b, Nr. 9 bis 11a, 14 bis 17, § 286 Abs. 1 und 3 sowie § 287 Anwendung. Der Lagebericht nach § 289 muß in dem erforderlichen Umfang auch auf den Abschluß nach Satz 1 Bezug nehmen. Die übrigen Vorschriften des Zweiten Unterabschnitts des Ersten Abschnitts und des Ersten Unterabschnitts des Zweiten Abschnitts des Dritten Buchs gelten insoweit nicht. Kann wegen der Anwendung des § 286 Abs. 1 auf den Anhang die in Satz 2 genannte Voraussetzung nicht eingehalten werden, so entfällt das Wahlrecht nach Satz 1.

(2b) Die befreiende Wirkung der Offenlegung des Einzelabschlusses nach Absatz 2a tritt ein, wenn

1. *statt des vom Abschlußprüfer zum Jahresabschluß erteilten Bestätigungsvermerks oder des Vermerks über dessen Versagung der entsprechende Vermerk zum Abschluß nach Absatz 2a in die Offenlegung nach Absatz 2 einbezogen wird,*
2. *der Vorschlag für die Verwendung des Ergebnisses und gegebenenfalls der Beschluß über seine Verwendung unter Angabe des Jahresüberschusses oder Jahresfehlbetrags in die Offenlegung nach Absatz 2 einbezogen werden und*
3. *der Jahresabschluß mit dem Bestätigungsvermerk oder dem Vermerk über dessen Versagung nach Absatz 1 Satz 1 und 2 offengelegt wird.*

(3) Die gesetzlichen Vertreter einer Kapitalgesellschaft, die einen Konzernabschluß aufzustellen hat, haben den Konzernabschluß unverzüglich nach seiner Vorlage an die Gesellschafter, jedoch spätestens vor Ablauf des zwölften Monats des dem Konzernabschlußstichtag nachfolgenden Geschäftsjahrs, mit dem Bestätigungsvermerk oder dem

Vermerk über dessen Versagung und den Konzernlagebericht sowie den Bericht des Aufsichtsrats im Bundesanzeiger bekanntzumachen und die Bekanntmachung unter Beifügung der bezeichneten Unterlagen zum Handelsregister des Sitzes der Kapitalgesellschaft einzureichen. Die Aufstellung des Anteilsbesitzes (§ 313 Abs. 4) braucht nicht im Bundesanzeiger bekannt gemacht zu werden. Absatz 1 Satz 3 ist entsprechend anzuwenden.

(3a) Ist die Berichterstattung des Aufsichtsrats über Konzernabschluß und Konzernlagebericht in einem nach Absatz 2 Satz 1 zweiter Teilsatz offengelegten Bericht des Aufsichtsrats enthalten, so kann die Bekanntmachung des Berichts nach Absatz 3 Satz 1 durch einen Hinweis auf die frühere oder gleichzeitige Bekanntmachung nach Absatz 2 Satz 1 erster Halbsatz ersetzt werden. Wird der Konzernabschluß zusammen mit dem Jahresabschluß des Mutterunternehmens oder mit einem von diesem aufgestellten Einzelabschluß nach Absatz 2a bekannt gemacht, so können die Vermerke des Abschlußprüfers nach § 322 zu beiden Abschlüssen zusammengefaßt werden; in diesem Fall können auch die jeweiligen Prüfungsberichte zusammengefaßt werden.

(4) Bei Anwendung der Absätze 2 und 3 ist für die Wahrung der Fristen nach Absatz 1 Satz 1 und Absatz 3 Satz 1 der Zeitpunkt der Einreichung der Unterlagen beim Bundesanzeiger maßgebend.

(5) Auf Gesetz, Gesellschaftsvertrag oder Satzung beruhende Pflichten der Gesellschaft, den Jahresabschluß, den Einzelabschluß nach Absatz 2a, den Lagebericht, Konzernabschluß oder Konzernlagebericht in anderer Weise bekanntzumachen, einzureichen oder Personen zugänglich zu machen, bleiben unberührt.

§ 325a Zweigniederlassungen von Kapitalgesellschaften mit Sitz im Ausland. *(1) Bei inländischen Zweigniederlassungen von Kapitalgesellschaften mit Sitz in einem anderen Mitgliedstaat der Europäischen Wirtschaftsgemeinschaft oder Vertragsstaat des Abkommens über den Europäischen Wirtschaftsraum haben die in § 13e Abs. 2 Satz 4 Nr. 3 genannten Personen oder, wenn solche nicht angemeldet sind, die gesetzlichen Vertreter der Gesellschaft die Unterlagen der Rechnungslegung der Hauptniederlassung, die nach dem für die Hauptniederlassung maßgeblichen Recht erstellt, geprüft und offengelegt worden sind, nach den §§ 325, 328, 329 Abs. 1 offenzulegen. Die Unterlagen sind zu dem Handelsregister am Sitz der Zweigniederlassung einzureichen; bestehen mehrere inländische Zweigniederlassungen derselben Gesellschaft, brauchen die Unterlagen nur zu demjenigen Handelsregister eingereicht zu werden, zu dem gemäß § 13e Abs. 5 die Satzung oder der Gesellschaftsvertrag eingereicht wurde. Die Unterlagen sind in deutscher Sprache oder in einer von dem Register der Hauptniederlassung beglaubigten Abschrift einzureichen. Von der Beglaubigung des Registers ist eine beglaubigte Übersetzung in deutscher Sprache einzureichen.*

(2) Diese Vorschrift gilt nicht für Zweigniederlassungen, die von Kreditinstituten im Sinne des § 340 oder von Versicherungsunternehmen im Sinne des § 341 errichtet werden.

§ 326 Größenabhängige Erleichterungen für kleine Kapitalgesellschaften bei der Offenlegung. *Auf kleine Kapitalgesellschaften (§ 267 Abs. 1) ist § 325 Abs. 1 mit der Maßgabe anzuwenden, daß die gesetzlichen Vertreter nur die Bilanz und den Anhang spätestens vor Ablauf des zwölften Monats des dem Bilanzstichtag nachfolgenden Geschäftsjahrs einzureichen haben. Der Anhang braucht die die Gewinn- und Verlustrechnung betreffenden Angaben nicht zu enthalten.*

§ 327 Größenabhängige Erleichterungen für mittelgroße Kapitalgesellschaften bei der Offenlegung. *Auf mittelgroße Kapitalgesellschaften (§ 267 Abs. 2) ist § 325 Abs. 1 mit der Maßgabe anzuwenden, daß die gesetzlichen Vertreter*
1. *die Bilanz nur in der für kleine Kapitalgesellschaften nach § 266 Abs. 1 Satz 3 vorgeschriebenen Form zum Handelsregister einreichen müssen. In der Bilanz oder im Anhang sind jedoch die folgenden Posten des § 266 Abs. 2 und 3 zusätzlich gesondert anzugeben:*
Auf der Aktivseite

A I 2	Geschäfts- oder Firmenwert;	
A II 1	Grundstücke, grundstücksgleiche Rechte und Bauten einschließlich der Bauten auf fremden Grundstücken;	
A II 2	technische Anlagen und Maschinen;	
A II 3	andere Anlagen, Betriebs- und Geschäftsausstattung;	
A II 4	geleistete Anzahlungen und Anlagen im Bau;	
A III 1	Anteile an verbundenen Unternehmen;	
A III 2	Ausleihungen an verbundene Unternehmen;	
A III 3	Beteiligungen;	
A III 4	Ausleihungen an Unternehmen, mit denen ein Beteiligungsverhältnis besteht;	
B II 2	Forderungen gegen verbundene Unternehmen;	
B II 3	Forderungen gegen Unternehmen, mit denen ein Beteiligungsverhältnis besteht;	
B III 1	Anteile an verbundenen Unternehmen;	
B III 2	eigene Anteile.	

Auf der Passivseite

C 1	Anleihen
	davon konvertibel;
C 2	Verbindlichkeiten gegenüber Kreditinstituten;
C 6	Verbindlichkeiten gegenüber verbundenen Unternehmen;
C 7	Verbindlichkeiten gegenüber Unternehmen, mit denen ein Beteiligungsverhältnis besteht;

2. *den Anhang ohne die Angaben nach § 285 Satz 1 Nr. 2, 5 und 8 Buchstabe a, Nr. 12 zum Handelsregister einreichen dürfen.*

§ 328 Form und Inhalt der Unterlagen bei der Offenlegung. Veröffentlichung und Vervielfältigung. *(1) Bei der vollständigen oder teilweisen Offenlegung des Jahresabschlusses, des Einzelabschlusses nach § 325 Abs. 2a oder des Konzernabschlusses und bei der Veröffentlichung oder Vervielfältigung in anderer Form auf Grund des Gesellschaftsvertrags oder der Satzung sind die folgenden Vorschriften einzuhalten:*
1. *Abschlüsse sind so wiederzugeben, daß sie den für ihre Aufstellung maßgeblichen Vorschriften entsprechen, soweit nicht Erleichterungen nach §§ 326, 327 in Anspruch genommen werden; sie haben in diesem Rahmen vollständig und richtig zu sein. Ist der Abschluß festgestellt oder gebilligt worden, so ist das Datum der Feststellung oder Billigung anzugeben. Wurde der Abschluß auf Grund gesetzlicher Vorschriften durch einen Abschlußprüfer geprüft, so ist jeweils der vollständige Wortlaut des Bestätigungsvermerks oder des Vermerks über dessen Versagung wiederzugeben; wird der Jahresabschluß wegen der Inanspruchnahme von Erleichterungen nur teilweise offengelegt und bezieht sich der Bestätigungsvermerk auf den vollständigen Jahresabschluß, so ist hierauf hinzuweisen.*

2. Werden Abschlüsse zur Wahrung der gesetzlich vorgeschriebenen Fristen über die Offenlegung vor der Prüfung oder Feststellung, sofern diese gesetzlich vorgeschrieben sind, oder nicht gleichzeitig mit beizufügenden Unterlagen offengelegt, so ist hierauf bei der Offenlegung hinzuweisen.

(2) Werden Abschlüsse in Veröffentlichungen und Vervielfältigungen, die nicht durch Gesetz, Gesellschaftsvertrag oder Satzung vorgeschrieben sind, nicht in der nach Absatz 1 vorgeschriebenen Form wiedergegeben, so ist jeweils in einer Überschrift darauf hinzuweisen, daß es sich nicht um eine der gesetzlichen Form entsprechende Veröffentlichung handelt. Ein Bestätigungsvermerk darf nicht beigefügt werden. Ist jedoch auf Grund gesetzlicher Vorschriften eine Prüfung durch einen Abschlußprüfer erfolgt, so ist anzugeben, zu welcher der in § 322 Abs. 2 Satz 1 genannten zusammenfassenden Beurteilungen des Prüfungsergebnisses der Abschlußprüfer in Bezug auf den in gesetzlicher Form erstellten Abschluß gelangt ist und ob der Bestätigungsvermerk einen Hinweis nach § 322 Abs. 3 Satz 1 enthält. Ferner ist anzugeben, bei welchem Handelsregister und in welcher Nummer des Bundesanzeigers die Offenlegung erfolgt ist oder daß die Offenlegung noch nicht erfolgt ist.

(3) Absatz 1 Nr. 1 ist auf den Lagebericht, den Konzernlagebericht, den Vorschlag für die Verwendung des Ergebnisses und den Beschluß über seine Verwendung sowie auf die Aufstellung des Anteilsbesitzes entsprechend anzuwenden. Werden die in Satz 1 bezeichneten Unterlagen nicht gleichzeitig mit dem Jahresabschluß oder dem Konzernabschluß offengelegt, so ist bei ihrer nachträglichen Offenlegung jeweils anzugeben, auf welchen Abschluß sie sich beziehen und wo dieser offengelegt worden ist; dies gilt auch für die nachträgliche Offenlegung des Bestätigungsvermerks oder des Vermerks über seine Versagung.

§ 329 Prüfungspflicht des Registergerichts. (1) Das Gericht prüft, ob die vollständig oder teilweise zum Handelsregister einzureichenden Unterlagen vollzählig sind und, sofern vorgeschrieben, bekanntgemacht worden sind.

(2) Gibt die Prüfung nach Absatz 1 Anlaß zu der Annahme, daß von der Größe der Kapitalgesellschaft abhängige Erleichterungen nicht hätten in Anspruch genommen werden dürfen, so kann das Gericht zu seiner Unterrichtung von der Kapitalgesellschaft innerhalb einer angemessenen Frist die Mitteilung der Umsatzerlöse (§ 277 Abs. 1) und der durchschnittlichen Zahl der Arbeitnehmer (§ 267 Abs. 5), in den Fällen des § 325a Abs. 1 Satz 5 zusätzlich die Bilanzsumme der Zweigniederlassung und in den Fällen des § 3401 Abs. 2 in Verbindung mit Abs. 4 Satz 1 die Bilanzsumme der Zweigstelle des Kreditinstituts verlangen. Unterläßt die Kapitalgesellschaft die fristgemäße Mitteilung, so gelten die Erleichterungen als zu Unrecht in Anspruch genommen.

(3) In den Fällen des § 325a Abs. 1 Satz 4, § 3401 Abs. 2 Satz 4 kann das Gericht im Einzelfall die Vorlage einer Übersetzung in die deutsche Sprache verlangen.

§ 330 enthält eine Verordnungsermächtigung für Formblätter und andere Vorschriften, deren Text nicht wiedergegeben wurde.

Außerdem sind Nicht-Kapitalgesellschaften, die die in § 1 Abs. 1 des Publizitätsgesetzes (PublG) festgelegten Größenmerkmale überschreiten, publizitätspflichtig.

Die Offenlegungspflicht wird von kleineren Gesellschaften fast überhaupt nicht befolgt. Bei mittelgroßen und großen Kapitalgesellschaften wurden Publizitätsraten zwischen 25% und 35% festgestellt.

Das HGB stellt somit einerseits übertriebene Anforderungen an die Offenlegung, die aber wegen der in § 335 enthaltenen unzureichenden Sanktionsmöglichkeiten besonders von Gesellschaften mit beschränkter Haftung größtenteils nicht eingehalten werden, und andererseits wesentlich zu geringe Anforderungen an die Aufstellung der Jahresabschlüsse.

Für börsennotierte Gesellschaften gibt es keine wesentliche zusätzliche Offenlegungspflicht.

E. Unterschiede zwischen den International Accounting Standards (IAS)/International Financial Reporting Standards (IFRS) und der Rechnungslegung in Deutschland

In den Vergleich wurden die DRS nicht aufgenommen, da sie keine gesetzlichen Vorschriften sind und die Abschlußadressaten nicht davon ausgehen können, daß sie angewandt werden.

5. Unterschiede zwischen
den International Accounting
Standards (IAS)/International
Financial Reporting Standards
(IFRS) und der Rechnungslegung
in Deutschland

I. Allgemeine Informationen

1. Gesetzliche Vorschriften

IAS/IFRS
a) Die IAS/IFRS sind keine gesetzlichen Vorschriften, sondern von einer unabhängigen privatrechtlichen Körperschaft entwickelte Rechnungslegungsgrundsätze.
b) Die IAS/IFRS sind – anders als die deutschen Vorschriften – rechtsform- und größenunabhängig. Eine Ausnahme bildet IAS 14 Segmentberichterstattung.
Die IAS/IFRS gelten für Einzel- und Konzernabschlüsse, sofern sich eine Vorschrift nicht ausdrücklich auf den Einzel- oder Konzernabschluß bezieht.
c) Das Steuerrecht hat keinen Einfluß auf die IAS/IFRS.

HGB
a) Es gibt nur unzureichende Vorschriften des HGB hinsichtlich der Bilanzierung und Bewertung einzelner Sachverhalte; wichtige Sachverhalte sind überhaupt nicht geregelt.
b) In Deutschland gibt es unterschiedliche Vorschriften für Nicht-Kapitalgesellschaften und Kapitalgesellschaften, für kleinere, mittlere und große Kapitalgesellschaften und für den Einzel- und Konzernabschluß. Da im Einzelabschluß die Equity-Methode nicht erlaubt ist, weisen Einzel- und Konzernabschluß unterschiedliche Ergebnisse aus.
c) Der Einfluß des Steuerrechts auf die handelsrechtliche Bilanzierung ist sehr hoch.

2. Entwicklung, Umfang und Qualität der Rechnungslegungsgrundsätze

IAS/IFRS
a) Die IAS/IFRS werden von einer unabhängigen privatrechtlichen Körperschaft, dem 1973 gegründeten International Accounting Standards Committee (IASC) und seit 2001 dem International Accounting Standards Board (IASB), entwickelt.
b) Es gibt detaillierte Vorschriften. Es bestehen nur wenige Wahlrechte.
c) Es bestehen umfangreiche materiell bedeutende Angabepflichten.
d) Das IASC/der IASB wird von vielen Gruppen getragen. Durch den Einfluß der IOSCO auf das IASC/den IASB werden die Interessen der Jahresabschlußleser (Investoren, Kreditgeber, Öffentlichkeit) gewahrt.

HGB

a) In Deutschland existierte in der Vergangenheit keine normsetzende Institution (standard setter). Die Wirtschaftsprüfer nahmen keinen Einfluß auf Rechnungslegungsgrundsätze. Sie betrachten sich nicht als normsetzende Institution.

b) Die sogenannten Grundsätze ordnungsmäßiger Buchführung (GoB) sind nirgends zusammengefaßt definiert. Neuere Entwicklungen (z.B. derivative Finanzinstrumente) sind und können nicht auf der Grundlage der GoB geregelt werden. Es bestehen viele Wahlrechte und große Ermessensspielräume.

c) Für materiell bedeutsame Vorgänge sind die Angabepflichten gering.

d) Die Jahresabschlußleser haben keinen Einfluß auf die Rechnungslegungsgrundsätze. Das deutsche Bilanzrecht ist deshalb sehr jahresabschlußleserunfreundlich. Es läßt bisher sogar eine jahresabschlußleserfreundliche Bilanzierung nur bedingt zu, selbst wenn der Jahresabschlußersteller es will.

II. Rechnungslegung allgemein

1. Grundsätze der Rechnungslegung

a) Ziele des Abschlusses und der Unternehmensberichterstattung

IAS/IFRS

a) Das Ziel von Abschlüssen ist es, den Anforderungen derjenigen Abschlußleser zu entsprechen, die nicht in der Lage sind, genau die Informationen zu fordern, die ihren speziellen Bedürfnissen entsprechen.

Abschlüsse sollen es allen Abschlußlesern, nämlich derzeitigen und potentiellen Investoren, Arbeitnehmern, Kreditgebern, Lieferanten und anderen Kreditoren, Kunden, Regierungen und ihren Behörden und der Öffentlichkeit, erlauben, ihre unterschiedlichen Informationsbedürfnisse zu befriedigen. Ziel eines nach den IAS/IFRS erstellten Abschlusses ist, Informationen über die Vermögens- und Finanzlage (financial position), die Ertragslage, d.h. die erbrachte Leistung (performance), und die Mittelzuflüsse und -abflüsse eines Unternehmens zu vermitteln, d.h. Informationen, die für wirtschaftliche Entscheidungen nützlich sind. Abschlüsse dienen auch der Rechenschaftslegung der Unternehmensleitung. Abschlüsse sollen es deshalb ermöglichen, über das Halten oder Verkaufen von Anteilen an dem Unternehmen und das Wiederbestellen oder Ersetzen der Unternehmensleitung entscheiden zu können. Der Abschluß einschließlich der notes (Zusatzinformationen) soll seinen Lesern helfen, die künftigen Mittelzuflüsse und -abflüsse des Unternehmens zu prognostizieren und insbesondere Aussagen darüber machen zu können, wann und mit welcher Wahrscheinlichkeit das Unternehmen in der Lage sein wird, Zahlungsmittel und Zahlungsmitteläquivalente zu erwirtschaften.

b) Die in den Abschlüssen enthaltenen Informationen haben eine Reihe von qualitativen Merkmalen zu erfüllen, die in F 24ff wiedergegeben sind (siehe Abschnitt B.I.4).

HGB

a) Das deutsche Handelsrecht konkretisiert nirgends explizit die Ziele des Jahresabschlusses. Jahresabschlüsse, speziell Einzelabschlüsse, werden durch die Ermittlung des ausschüttungsfähigen Gewinnes und die steuerliche Gewinnermittlung dominiert.

b) Das HGB kennt keine vergleichbaren qualitativen Merkmale für die Rechnungslegung.

b) Annahme der Fortführung der Unternehmenstätigkeit

Grundsätzlich bestehen keine Unterschiede.
Die Anwendung des Vorsichtsprinzips als übergeordnetes Prinzip in Deutschland kann der Annahme der Fortführung der Unternehmenstätigkeit widersprechen.

c) Bewertungsstetigkeit

IAS/IFRS
a) Bilanzierungs- und Bewertungsmethoden sind für ähnliche Geschäftsvorfälle, sonstige Ereignisse und Bedingungen stetig anzuwenden, sofern nicht ein Standard oder eine Interpretation eine Kategorisierung von Sachverhalten fordert oder erlaubt, für die andere Bilanzierungs- und Bewertungsmethoden angebracht sind. In diesem Falle ist für jede Kategorie eine angemessene Bilanzierungs- und Bewertungsmethode stetig anzuwenden.
b) Das Stetigkeitsgebot erstreckt sich auch auf die Bilanzierungsmethoden und nicht nur auf die Bewertungsmethoden.

HGB
a) Nach dem HGB sollen die Bewertungsmethoden beibehalten werden. Von diesem Grundsatz darf nur in begründeten Ausnahmefällen abgewichen werden. In der Praxis werden von den Wirtschaftsprüfern viele Ausnahmen geduldet.
b) Das Stetigkeitsgebot erstreckt sich nicht auf die Bilanzierungsmethoden.

d) Periodengerechte Erfolgsermittlung

IAS/IFRS
Die periodengerechte Erfolgsermittlung gehört bei den IAS/IFRS zu den zugrunde liegenden Annahmen der Rechnungslegung.

HGB
Das Realisationsprinzip und das Imparitätsprinzip, das Steuerrecht, die Wahlrechte, der Vorrang der Einzelvorschriften vor der Generalnorm und der in der Generalnorm enthaltene Zusatz »unter Beachtung der Grundsätze ordnungsmäßiger Buchführung« beeinträchtigen in Deutschland die periodengerechte Erfolgsermittlung erheblich.

e) Vorsichtsprinzip

IAS/IFRS
Bei den IAS/IFRS ist das Vorsichtsprinzip (prudence) eine Schätzregel für ungewisse Erwartungen. Es darf nicht die Bildung stiller Reserven rechtfertigen.

HGB

Im deutschen Handelsrecht wird das Vorsichtsprinzip als ein übergeordnetes Prinzip aufgefaßt. Das Realisationsprinzip und das Imparitätsprinzip, die Teile des Vorsichtsprinzips sind, werden sehr weit ausgelegt. Das Vorsichtsprinzip bietet deutschen Unternehmen die Möglichkeit zu fast an Willkür grenzende Bilanzpolitik.

f) Wirtschaftliche Betrachtungsweise

Der Grundsatz der wirtschaftlichen Betrachtungsweise ist im HGB im Gegensatz zu den IAS/IFRS nicht kodifiziert. Er wird praktisch in Deutschland auch in wichtigen Fällen nicht angewendet (z.B. Leasing, Sale and leaseback).

g) Wesentlichkeit

Der Grundsatz der Wesentlichkeit ist im HGB im Gegensatz zu den IAS/IFRS nicht generell kodifiziert.
Da das deutsche Handelsrecht die Ziele des Jahresabschlusses nirgends explizit konkretisiert, kann nicht unterstellt werden, daß das Prinzip der Wesentlichkeit bei der Erstellung von Jahresabschlüssen so angewendet wird, wie man es nach der Definition der Wesentlichkeit in den IAS/IFRS erwarten sollte.

h) Verständlichkeit, Relevanz, Verläßlichkeit (glaubwürdige Darstellung, Neutralität, Vollständigkeit) und Vergleichbarkeit bei den IAS/IFRS und Klarheit, Übersichtlichkeit und Vollständigkeit im HGB

In der Überschrift sind die vier qualitativen Anforderungen bei den IAS/IFRS, die die in den Jahresabschlüssen enthaltenen Informationen für den Leser gemäß F 24ff nützlich machen, den Bilanzansatz- und Bewertungsgrundsätzen des HGB gegenübergestellt.
Es besteht zwar kein Widerspruch zwischen den Grundsätzen, jedoch sind die Grundsätze der IAS/IFRS wesentlich ausführlicher, und sie werden von der Nützlichkeit für den Leser der Jahresabschlüsse bestimmt.
Selbst die wenigen im HGB angeführten Grundsätze werden bei deutschen Jahresabschlüssen nur eingeschränkt praktiziert. Wesentliche Gründe dafür sind
- die Maßgeblichkeit der Handelsbilanz für die Steuerbilanz und die umgekehrte Maßgeblichkeit sowie
- die Möglichkeit, durch Angaben im Anhang Bilanz und Gewinn- und Verlustrechnung richtigzustellen.

Zusammenfassend kann man sagen, daß wesentliche Unterschiede bei diesen allgemeinen Grundsätzen bestehen.

i) Saldierung

Grundsätzlich bestehen keine Unterschiede.

j) Ansatzvorschriften

Vermögenswerte und Schulden sind in den IAS/IFRS definiert. Vermögensgegenstände und Verpflichtungen (Verbindlichkeiten und Rückstellungen) sind im HGB nicht definiert.
Der Begriff Vermögenswert geht über den Begriff Vermögensgegenstand hinaus, und der Begriff Schulden wird enger als Verbindlichkeiten und Rückstellungen gesehen.
Wegen des engen Begriffes Vermögensgegenstände dürfen gemäß HGB auch genau definierte Bilanzierungshilfen und Rechnungsabgrenzungsposten aktiviert werden.
Wegen der nicht gleichen Begriffe können nach IAS/IFRS zusätzliche Aktivierungen notwendig sein und weniger Passivierungsmöglichkeiten bestehen. Einzelheiten sind aus dem Vergleich der einzelnen Posten der Bilanz und der Gewinn- und Verlustrechnung zu entnehmen.

k) Anschaffungs- oder Herstellungskosten

IAS/IFRS
a) Die IAS/IFRS kennen keine Wahlrechte bei den Herstellungskosten.
b) Nicht unmittelbar fertigungsbezogene Kosten der allgemeinen Verwaltung dürfen nach den IAS/IFRS nicht aktiviert werden.
c) Bezüglich der Unterschiede bei den Fremdkapitalkosten siehe unter Abschnitt E.IV.7 Fremdkapitalkosten.
d) Die IAS/IFRS kennen keine Gewinnrealisierung bei Tausch und tauschähnlichen Vorgängen.
e) Im allgemeinen ist zu den Anschaffungs- und Herstellungskosten zu bewerten. Immaterielle Vermögenswerte, Sachanlagen und als Finanzinvestition gehaltene Immobilien können in der Folgebewertung neu bewertet werden. Nach dem erstmaligen Ansatz sind finanzielle Vermögenswerte mit gewissen Ausnahmen und biologische Vermögenswerte zum beizulegenden Zeitwert zu bewerten.

HGB
a) Das HGB kennt bei den Herstellungskosten Pflicht- und Wahlbestandteile.
b) Nach dem HGB besteht für die Kosten der allgemeinen Verwaltung ein Aktivierungswahlrecht. Somit ist nach HGB eine höhere Bewertung als nach IAS/IFRS möglich.

l) True and fair view (IAS/IFRS) und Generalnorm (HGB)

IAS/IFRS
Gemäß dem Framework ist davon auszugehen, daß die Beachtung der grundsätz-

lichen qualitativen Merkmale und der entsprechenden Rechnungslegungsgrundsätze der IAS/IFRS im Regelfall in den Jahresabschlüssen eine true and fair view vermittelt. Wenn die im Framework angegebenen Ziele bei der Erstellung eines Jahresabschlusses beachtet werden, ist kein Fall denkbar, daß ein nach den IAS/IFRS erstellter Jahresabschluß der true and fair view nicht Rechnung trüge.

HGB
Die Generalnorm der 4. EG-Richtlinie, »ein den tatsächlichen Verhältnissen entsprechendes Bild der Vermögens-, Finanz- und Ertragslage zu geben«, ist im HGB durch den Zusatz »unter Beachtung der Grundsätze ordnungsmäßiger Buchführung« erheblich verwässert worden. Diese verwässerte Generalnorm ist nicht gleichwertig mit der true and fair view.
Da das deutsche Handelsrecht nirgends explizit die Ziele des Jahresabschlusses konkretisiert und durch den Zusatz »unter Beachtung der Grundsätze ordnungsmäßiger Buchführung« Einzelvorschriften Vorrang vor der Generalnorm haben, erfüllt die Rechnungslegung nach HGB die Anforderungen an eine true and fair view nicht. Daran ändert auch eine Richtigstellung im Anhang nichts.
Im einzelnen widersprechen folgende Punkte dem Prinzip der true and fair view:
– übergeordnetes Vorsichtsprinzip einschließlich des Realisations- und Imparitätsprinzips,
– Bewertungsstetigkeit ist nur eine Sollvorschrift; in der Praxis werden von den Wirtschaftsprüfern viele Ausnahmen geduldet,
– das Stetigkeitsgebot bezieht sich nicht auf die Bilanzierungsmethoden,
– der Grundsatz der wirtschaftlichen Betrachtungsweise ist nirgends kodifiziert und wird nicht angewendet,
– es gibt die Möglichkeit, stille Reserven still aufzulösen,
– es gibt die Möglichkeit, Aufwandsrückstellungen zu bilden,
– die Angabepflichten sind zu gering und zu unpräzise (z.B. sonstige finanzielle Verpflichtungen).

Folgende Punkte beeinträchtigen die true and fair view bei deutschen Jahresabschlüssen:
– In besonderen Fällen kann auch der Grundsatz der Einzelbewertung (z.B. derivative Finanzinstrumente), die rechtliche Betrachtungsweise und der Grundsatz der Bilanzidentität (z.B. bei schwerwiegenden Fehlern und der Änderung der Bilanzierungs- und Bewertungsmethoden) der true and fair view widersprechen.
– Die geforderte Angabe der Bilanzierungs- und Bewertungsmethoden bei den IAS/IFRS erfüllt die Anforderung an die true and fair view wesentlich besser als die geforderte Angabe nach dem HGB.
– Die den Bilanzierungs- und Bewertungsgrundsätzen (Klarheit, Übersichtlichkeit und Vollständigkeit) des HGB entsprechenden Vorschriften der IAS/IFRS sind detaillierter und lassen im Gegensatz zum HGB keine Richtigstellung der Bilanz und der Gewinn- und Verlustrechnung im Anhang zu.

Darüber hinaus widersprechen noch folgende Punkte dem Prinzip der true and fair view, die für den Konzernabschluß nur eingeschränkt oder nicht gelten:

– Maßgeblichkeit der Handelsbilanz für die Steuerbilanz und umgekehrte Maßgeblichkeit,
– Vorrang der Ergebnisbemessungsfunktion vor der Informationsfunktion (herrschende Literaturmeinung).

m) Angabe der Bilanzierungs- und Bewertungsmethoden

IAS/IFRS
Bei den IAS/IFRS sind im Jahresabschluß alle wesentlichen Bilanzierungs- und Bewertungsmethoden anzugeben. Bei jedem Posten der Bilanz, der Gewinn- und Verlustrechnung, der Eigenkapitalveränderungsrechnung und der Kapitalflußrechnung ist ein Querverweis zu den entsprechenden Informationen in den notes zu machen.
Fehler oder unangemessene Bewertungen in der Bilanz, der Gewinn- und Verlustrechnung oder in Nebenrechnungen können nicht durch die Angabe der Bewertungsgrundsätze oder durch zusätzliche Angaben geheilt werden. Alle wesentlichen Informationen, die erforderlich sind, damit der Jahresabschluß klar und verständlich ist, sind offenzulegen.

HGB
Im HGB heißt es nur, daß die auf die Posten der Bilanz und der Gewinn- und Verlustrechnung angewendeten Bilanzierungs- und Bewertungsmethoden angegeben werden müssen.

n) Grundsatz der Bilanzidentität

IAS/IFRS
a) Der Grundsatz der Bilanzidentität ist in den IAS/IFRS nicht gesondert aufgeführt. Er kann aufgrund der in den IAS/IFRS angegebenen grundsätzlichen qualitativen Merkmale als selbstverständlich angesehen werden.
b) In den IAS/IFRS ist geregelt, daß bei schwerwiegenden Fehlern und einer Änderung der Bilanzierungs- und Bewertungsmethoden der Anfangsbestand der Gewinnrücklage unter Angabe vergleichbarer Informationen für die Vorjahre zu korrigieren ist. Da vergleichbare Informationen für die Vorjahre anzugeben sind, kann man bei wirtschaftlicher Betrachtungsweise nicht von einer Durchbrechung des Grundsatzes der Bilanzidentität sprechen.

HGB
a) Im HGB ist der Grundsatz der Bilanzidentität gesondert aufgeführt.
b) Die rechtliche Betrachtungsweise läßt wegen des § 252 Abs. 1 HGB in Deutschland eine rückwirkende Änderung nicht zu.

o) Grundsatz der Einzelbewertung

IAS/IFRS
Der Grundsatz der Einzelbewertung ist in den IAS/IFRS nicht gesondert aufgeführt, läßt sich jedoch indirekt aus dem Framework (F 82-84) und einzelnen IAS ableiten.
Der nicht explizit in den IAS/IFRS genannte Grundsatz der Einzelbewertung läßt eine wirtschaftlich sinnvollere Bewertung, z.B. bei den Wertpapieren und derivativen Finanzinstrumenten, zu.

HGB
Im HGB ist der Grundsatz der Einzelbewertung explizit aufgeführt. Gewichtige Ausnahmen sind die laut HGB zugelassene Gruppenbewertung, Festbewertung und das Verbrauchsfolgeverfahren.

2. Bestandteile und Gliederung des Jahresabschlusses

a) Bestandteile

IAS/IFRS
Bilanz
Gewinn- und Verlustrechnung
Eigenkapitalveränderungsrechnung, die entweder
  – alle Eigenkapitalveränderungen oder
  – die Eigenkapitalveränderungen, die Geschäftsvorfälle mit Anteilseignern in ihrer Eigenschaft als Anteilseigner betreffen,
  zeigt
Kapitalflußrechnung
Zusatzinformationen, die die Zusammenfassung der wesentlichen Bilanzierungs- und Bewertungsmethoden und andere erläuternde zusätzliche Informationen enthalten.

HGB
Bilanz
Gewinn- und Verlustrechnung
Anhang (Ergänzung und Richtigstellung des Jahresabschlusses)
Kapitalflußrechnung (nur Konzernabschluß)
   (Der Inhalt der Kapitalflußrechnung ist im HGB nicht geregelt)
Eigenkapitalspiegel (nur Konzernabschluß)

b) Gliederung

IAS/IFRS
Die IAS/IFRS enthalten eine Mindestgliederung.

HGB

In den §§ 266 und 275 HGB ist das Gliederungsschema für Kapitalgesellschaften enthalten.

3. Währungsumrechnung von Geschäftsvorfällen in fremder Währung

IAS/IFRS
a) Monetäre Posten sind mit dem Kurs zum Abschlußstichtag umzurechnen. Währungsumrechnungsdifferenzen sind erfolgswirksam zu behandeln.
b) Währungsumrechnungsdifferenzen, die in einem engen Zusammenhang mit einer Nettoinvestition in einen ausländischen Geschäftsbetrieb stehen, sind erfolgsneutral als Eigenkapital zu behandeln.
c) Die Angabepflichten nach den IAS/IFRS sind weitgehender als nach dem HGB.

HGB
Im HGB gibt es keine Regelung für die Währungsumrechnung (Ausnahme: Rechnungslegung der Kreditinstitute).
a) Wegen des Realisationsprinzips ist es nicht zulässig, unrealisierte Erträge aus der Währungsumrechnung erfolgswirksam zu behandeln. Neuerdings wird es als zulässig erachtet, kurzfristige Forderungen und Schulden zum Stichtagskurs zu bewerten.
b) Soweit es in der Literatur dazu Stellungnahmen gibt, wird ein erfolgsneutraler Ausweis von Währungsumrechnungsdifferenzen in diesem Fall nicht für zulässig gehalten.
c) Nach HGB sind nur die Grundlagen der Währungsumrechnung anzugeben.

4. Inflationsbereinigung

IAS/IFRS
International konnte keine Übereinkunft erzielt werden, wie die Inflationsbereinigung in Abschlüssen zu behandeln ist. Deshalb hat der Board des IASC im Oktober 1989 beschlossen, nicht auf einer Anwendung des IAS 15 Informationen über die Auswirkungen von Preisänderungen zu bestehen. Der Board ermutigt jedoch alle Unternehmen, danach zu verfahren, und die im IAS 15 geforderten Angaben zu machen.
IAS 29 Rechnungslegung in Hochinflationsländern dürfte für deutsche Einzelabschlüsse nicht anzuwenden sein, da es keine Hinweise für ein Vorliegen von Hochinflation gibt.
Da IAS 15 ausgesetzt ist, gibt es nur Angabeempfehlungen.

HGB
Wegen des Anschaffungskostenprinzips ist eine Inflationsbereinigung nicht zulässig. Angaben über die Auswirkungen von Preisänderungen sind im HGB nicht enthalten.

5. Änderung von Bilanzierungs- und Bewertungsmethoden

IAS/IFRS
Das Prinzip der Bewertungsstetigkeit ist bei den IAS/IFRS wesentlich strenger als beim HGB.
Wenn eine Änderung von Bilanzierungs- und Bewertungsmethoden gemäß IAS 8.19 rückwirkend vorzunehmen ist, dann sind der Anfangsbestand jedes betreffenden Eigenkapitalpostens in der frühest dargestellten Periode und die anderen veröffentlichten Vergleichszahlen so anzupassen, als wenn die neuen Bilanzierungs- und Bewertungsmethoden immer angewandt worden wären. Es sind die Art und die Gründe der Änderung von Bilanzierungs- und Bewertungsmethoden und der Anpassungsbetrag der betroffenen Abschlußposten für die Berichtsperiode und die Vorperioden anzugeben.

HGB
Abweichungen von den Bilanzierungs- und Bewertungsmethoden müssen angegeben und begründet werden; deren Einfluß auf die Vermögens-, Finanz- und Ertragslage ist gesondert darzustellen. Eine verbale Berichterstattung der wesentlichen Abweichungen wird als genügend angesehen.

6. Korrekturen von Fehlern aus Vorperioden

IAS/IFRS
Wesentliche Fehler aus früheren Perioden sind durch Anpassung der Vergleichsbeträge der früheren Periode(n), in der der Fehler auftrat, oder, falls der Fehler vor der frühest dargestellten Periode entstand, durch Anpassung des Anfangsbestandes der Vermögenswerte, Schulden und des Eigenkapitals der frühest möglichen Periode zu korrigieren. Die Korrektur eines Fehlers aus einer Vorperiode darf nicht in der Periode, in der er entdeckt worden ist, erfolgswirksam berücksichtigt werden. Die Angabepflichten sind weitgehender als nach dem HGB.

HGB
Die Korrektur wird erfolgswirksam in der Berichtsperiode vorgenommen.

7. Ereignisse nach dem Bilanzstichtag

IAS/IFRS

Wertbeeinflussende Ereignisse, die von solcher Bedeutung sind, daß eine Nichtveröffentlichung die Möglichkeit der Abschlußadressaten zu einer angemessenen Bewertung und Entscheidungsfindung beeinträchtigen würde, sind mit der Schätzung der finanziellen Auswirkungen anzugeben, oder es ist eine Aussage darüber zu machen, daß eine Schätzung nicht vorgenommen werden kann.

Die Angaben nach den IAS/IFRS sind somit weitergehender als nach dem HGB, da auf die finanziellen Auswirkungen eingegangen werden muß.

HGB

Bei Kapitalgesellschaften hat der Lagebericht auf Vorgänge von besonderer Bedeutung, die nach dem Schluß des Geschäftsjahres eingetreten sind, einzugehen.

III. Inhalt, Ausweis und Bilanzierungs- und Bewertungsgrundsätze einzelner Posten der Bilanz sowie der dazugehörigen Angaben

1. Immaterielle Vermögenswerte

IAS/IFRS
a) Selbstgeschaffene immaterielle Vermögenswerte sind, sofern sie die Voraussetzungen für die Aktivierung eines Vermögenswertes erfüllen, zu aktivieren. Entwicklungskosten sind zu aktivieren, falls alle Voraussetzungen erfüllt sind.
b) Eine Neubewertung ist möglich.
c) Aufwendungen für die Ingangsetzung und Erweiterung des Geschäftsbetriebs sind sofort erfolgswirksam zu erfassen.
d) Der Geschäfts- oder Firmenwert ist bei einem asset deal zu aktivieren (bei share-deal: Equity-Bewertung).
e) Immaterielle Vermögenswerte mit unbestimmbarer Nutzungsdauer sind nicht abzuschreiben. Es ist jährlich und wenn ein Hinweis auf Wertminderung vorliegt ein Werthaltigkeitstest vorzunehmen.
f) Die Angabepflichten sind wesentlich weitgehender als nach dem HGB.

HGB
a) Für immaterielle Vermögensgegenstände des Anlagevermögens, die nicht entgeltlich erworben wurden, darf kein Aktivposten angesetzt werden.
b) Eine Neubewertung ist nicht möglich.
c) Für die Aufwendungen für die Ingangsetzung und Erweiterung des Geschäftsbetriebs besteht ein Bilanzierungwahlrecht als Bilanzierungshilfe. Sie unterliegen der Ausschüttungssperre.
d) Ein bei einem Unternehmenskauf in Form von Vermögensgegenständen (asset deal) entstandener Geschäfts- oder Firmenwert darf aktiviert oder sofort als Aufwand verrechnet werden. (Bei einem Unternehmenskauf in Form von Anteilen [share deal] ist der gesamte Kaufpreis als Beteiligung zu aktivieren.)
e) Immaterielle Vermögenswerte sind planmäßig über die wirtschaftliche Nutzungsdauer abzuschreiben. Steuerlich zulässige Abschreibungen dürfen vorgenommen werden. Bei voraussichtlich dauernder Wertminderung ist eine außerordentliche Abschreibung vorzunehmen.

2. Sachanlagen

IAS/IFRS
a) Bei den Herstellungskosten sind die Vollkosten anzusetzen.
b) Kosten, die in Zusammenhang mit der Verpflichtung zum Abbruch, zum Abräumen der Sachanlage oder zur Wiederherstellung des Standortes stehen, sind Teil der Herstellungskosten.
c) Regelmäßig zu ersetzende Teile und regelmäßig anfallende wesentliche Generalinspektionen oder Generalüberholungen sind zu aktivieren, wenn die Ansatzvoraussetzungen erfüllt sind. Ein vorhandener Buchwert der ersetzten Teile und ein Buchwert aus vorherigen Inspektionen oder Überholungen sind auszubuchen.
d) In den Folgejahren kann die Bewertung nach der Neubewertungsmethode erfolgen. Die Neubewertung kann über die Anschaffungs- und Herstellungskosten hinausgehen.
e) Für als Finanzinvestition gehaltene Immobilien gibt es spezielle Vorschriften (siehe unter Finanzanlagen).
f) Die Abschreibungen haben der erwarteten wirtschaftlichen Nutzung zu entsprechen. Abschreibungsdauer und Abschreibungsmethode sind regelmäßig zu überprüfen und ggf. anzupassen. Jeder Teil einer Sachanlage mit einem im Verhältnis zum gesamten Wert bedeutenden Anschaffungswert ist getrennt abzuschreiben (Komponentenansatz).
g) Die außerplanmäßigen Abschreibungen orientieren sich am erzielbaren Betrag, d.h. dem Wert, der durch die künftige Nutzung eines Vermögenswertes einschließlich des Restwertes bei dessen Abgang erzielt werden kann.
h) Steuerrechtliche Abschreibungen können nicht vorgenommen werden.
i) Eine Wertaufholung ist vorzunehmen, wenn ein in Vorjahren angesetzter Verlust aus Wertminderung nicht mehr oder nur noch teilweise besteht. Der Werthaltigkeitstest ist zu jedem Bilanzstichtag vorzunehmen.
j) Die Frage des Restwertes ist explizit geregelt.
k) Das Festwertverfahren ist nicht ausdrücklich als Bewertungsvereinfachungsverfahren erwähnt. Wegen des Grundsatzes der Wesentlichkeit und der Wirtschaftlichkeit (benefits vs. costs) dürfte es in Ausnahmefällen nicht zu beanstanden sein.
l) Die Angabepflichten sind weitergehender als nach dem HGB. Bei einer Neubewertung bestehen zusätzliche Angabepflichten.

HGB
a) Das HGB unterscheidet bei den Herstellungskosten zwischen Pflichtbestandteilen und Wahlbestandteilen.
b) Kosten, die in Zusammenhang mit der Verpflichtung zum Abbruch, zum Abräumen der Sachanlage oder zur Wiederherstellung des Standortes stehen, sind kein Teil der Herstellungskosten. Sie sind als Rückstellungen anzusetzen.
c) Nachträgliche Ausgaben, die den gegenwärtigen Zustand nur erhalten (regelmäßig zu ersetzende Teile, Generalinspektionen und Generalüberholungen) sind als Aufwand zu erfassen.
d) Eine Neubewertung ist nicht möglich.
e) Für als Finanzinvestition gehaltene Immobilien gibt es keine speziellen Vorschriften.

III. Inhalt, Ausweis und Bilanzierungs- und Bewertungsgrundsätze einzelner Posten der Bilanz

f) Bei zeitabhängiger Abschreibung müssen die Anschaffungs- oder Herstellungskosten planmäßig auf die Geschäftsjahre verteilt werden, in denen der Vermögensgegenstand voraussichtlich genutzt wird. Man orientiert sich an den steuerlichen Abschreibungstabellen. Die einmal gewählte Abschreibungsmethode ist grundsätzlich beizubehalten; es darf jedoch von der degressiven zur linearen Methode gewechselt werden.
g) Die außerplanmäßigen Abschreibungen orientieren sich am niedrigeren beizulegenden Wert; die Ermittlung des niedrigeren beizulegenden Wertes ist gesetzlich nicht geregelt; in der Regel orientiert man sich am Wiederbeschaffungswert. Es besteht nur eine Abschreibungspflicht bei dauerndem Verlust aus Wertminderung, nicht bei vorübergehendem Verlust aus Wertminderung.
h) Steuerrechtliche Abschreibungen (z.B. erhöhte Absetzungen, Sonderabschreibungen) können vorgenommen werden (umgekehrte Maßgeblichkeit). Der Unterschied zwischen dem handelsrechtlichen und dem niedrigeren steuerlichen Wertansatz kann passivisch als Sonderposten mit Rücklageanteil ausgewiesen werden.
i) Bei Wegfall des Grundes für eine Wertminderung ist eine Wertaufholung bis zu den fortgeführten Anschaffungs- und Herstellungskosten vorzunehmen.
j) Die Frage des Restwertes ist nicht explizit geregelt.
k) Das Festwertverfahren ist zulässig, wenn der Gesamtwert der Vermögensgegenstände für das Unternehmen von nachrangiger Bedeutung ist und er nur geringen Veränderungen unterliegt und alle drei Jahre eine körperliche Inventuraufnahme durchgeführt wird.

3. Finanzanlagen

IAS/IFRS

a) Finanzinstrumente werden in folgende vier Kategorien eingeteilt:
   - erfolgswirksam zum beizulegenden Zeitwert bewertete finanzielle Vermögenswerte,
   - bis zur Endfälligkeit zu haltende Finanzinvestitionen,
   - Kredite und Forderungen,
   - zur Veräußerung verfügbare finanzielle Vermögenswerte.

   Nach IAS 1.51 und 1.68 sind unter den langfristigen Vermögenswerten, außer dem Posten finanzielle Vermögenswerte, noch als Finanzinvestition gehaltene Immobilen und nach der Equity-Methode bilanzierte Finanzanlagen getrennt auszuweisen. Nach IAS 1.68 sind zusätzliche Posten darzustellen, wenn dies für das Verständnis der Finanzlage des Unternehmens relevant ist. Gemäß IFRS 7.8 sind zusätzliche Angaben entsprechend den oben aufgeführten Kategorien zu machen.

   Neben den erfolgswirksam zum beizulegenden Zeitwert bewerteten Vermögenswerten sind auch die zur Veräußerung verfügbaren finanziellen Vermögenswerte in der Folgebewertung zum beizulegenden Zeitwert zu bewerten. Bis zur Endfälligkeit zu haltende Finanzinvestitionen sowie Kredite und Forderungen sind zu fortgeführten Anschaffungskosten zu bewerten.

b) Als Finanzinvestition gehaltene Immobilien (investment properties) sind in den Jahren nach der Anschaffung mit dem beizulegenden Zeitwert oder mit den fort-

geführten Anschaffungs- oder Herstellungskosten zu bewerten. Gewinne oder Verluste aus der Veränderung des beizulegenden Zeitwertes sind erfolgswirksam zu berücksichtigen.
c) Im Einzelabschluß sind Anteile an Tochterunternehmen, die in den Konzernabschluß einbezogen werden, zu Anschaffungskosten oder gemäß IAS 39 zu bilanzieren.
d) Die Angabepflichten sind weitgehender als nach dem HGB.

HGB
a) Gemäß § 247 Abs. 2 HGB sind beim Anlagevermögen nur die Gegenstände auszuweisen, die bestimmt sind, dauernd dem Geschäftsbetrieb zu dienen. Gemäß § 266 Abs. 2 sind unter Finanzanlagen getrennt auszuweisen:
   – Anteile an verbundenen Unternehmen,
   – Ausleihungen an verbundene Unternehmen,
   – Beteiligungen,
   – Ausleihungen an Unternehmen, mit denen ein Beteiligungsverhältnis besteht,
   – Wertpapiere des Anlagevermögens,
   – sonstige Ausleihungen.
   Im HGB erfolgt der Ausweis somit nach Art der Vermögensgegenstände. Die Anschaffungs- und Herstellungskosten sind die Bewertungsobergrenze. Bei einer voraussichtlich nur vorübergehenden Wertminderung können außerordentliche Abschreibungen vorgenommen werden; bei einer voraussichtlich dauernden Wertminderung müssen außerordentliche Abschreibungen vorgenommen werden. Bei Wegfall der Gründe für eine Wertminderung ist eine Wertaufholung bis zu den Anschaffungskosten vorzunehmen.
b) Für als Finanzinvestition gehaltene Immobilien gibt es keine speziellen Vorschriften. Bei einem vorübergehenden Verlust aus Wertminderung können Abschreibungen auf den niedrigeren Wert vorgenommen werden. Bei einem voraussichtlich dauernden Verlust aus Wertminderung besteht Abschreibungspflicht.
c) Im Einzelabschluß ist für Anteile an Tochterunternehmen die Anwendung der Equity-Methode nicht zulässig: Die Bewertung ist mit den fortgeführten Anschaffungskosten vorzunehmen.

4. Vorräte

IAS/IFRS
a) Das Lifo-Verfahren ist nicht zulässig.
b) Handelswaren sollten, zumindest wenn sie einen größeren Umfang haben, gesondert ausgewiesen werden.
c) Eine Saldierung von erhaltenen Anzahlungen mit Vorräten ist nicht zulässig (Ausnahme bei langfristiger Auftragsfertigung gemäß IAS 13.21).
d) Die Bewertung hat zu Vollkosten zu erfolgen.
e) Nicht unmittelbar fertigungsbezogene Kosten der allgemeinen Verwaltung dürfen nicht aktiviert werden.

f) Die Bestimmung des Niederstwertes richtet sich nach dem Absatzmarkt.
g) Abschreibungen auf den niedrigeren Zukunftswert und steuerrechtliche Abschreibungen sind unzulässig.
h) Das Festwertverfahren ist nicht ausdrücklich als Bewertungsvereinfachungsverfahren erwähnt. Wegen des Grundsatzes der Wesentlichkeit dürfte es in Ausnahmefällen nicht zu beanstanden sein.
i) Die Angabepflichten sind weitergehender als nach dem HGB.

HGB
a) Das Lifo-Verfahren ist zulässig.
b) Handelswaren werden nicht gesondert ausgewiesen.
c) Erhaltene Anzahlungen können offen von den Vorräten abgesetzt werden.
d) Das HGB unterscheidet bei den Herstellungskosten zwischen Pflichtbestandteilen und Wahlbestandteilen.
e) Nicht unmittelbar fertigungsbezogene Kosten der allgemeinen Verwaltung dürfen als Wahlbestandteil aktiviert werden.
f) Die Bestimmung des Niederstwertes ist nicht eindeutig geregelt. Steuerrechtlich kann in Deutschland bei der Ermittlung des Niederstwertes ein durchschnittlicher Unternehmensgewinn abgezogen werden.
g) Es können Abschreibungen auf den niedrigeren Zukunftswert und steuerrechtliche Abschreibungen gemacht werden.
h) Das Festwertverfahren ist zulässig, wenn der Gesamtwert dieser Vermögensgegenstände für das Unternehmen von nachrangiger Bedeutung ist und er nur geringen Veränderungen unterliegt und alle drei Jahre eine körperliche Inventuraufnahme durchgeführt wird.

5. Langfristige Fertigungsaufträge

IAS/IFRS
a) Bei Vorliegen der Voraussetzungen sind die Auftragserlöse und die dazugehörigen Auftragskosten entsprechend dem Grad der Fertigstellung (percentage of completion) zum Abschlußstichtag erfolgswirksam zu erfassen.
b) Es sind eine Reihe konkreter Angaben über die langfristigen Fertigungsaufträge zu machen.

HGB
a) Im HGB sind keine Vorschriften über die langfristige Auftragsfertigung enthalten. Wegen des Realisationsprinzips ist es sehr fraglich, ob eine anteilige Gewinnrealisierung entsprechend dem Projektfortschritt ohne endgültige Teilabrechnung zulässig ist.
b) Es ist nur eine pauschale Angabe über die Bilanzierungs- und Bewertungsmethoden zu machen.

6. Kurzfristige Forderungen und sonstige Vermögensgegenstände (einschließlich Rechnungsabgrenzungsposten)

IAS/IFRS
a) Eine in Deutschland übliche Pauschalwertberichtigung ohne konkrete Berechnungsmethode ist nicht zulässig.
b) Fremdwährungsforderungen sind zum Stichtagskurs umzurechnen.
c) Nicht erstattungsfähige Zölle und Verbrauchsteuern, soweit sie auf am Abschlußstichtag auszuweisende Vermögensgegenstände des Vorratsvermögens entfallen, dürfen nicht als Rechnungsabgrenzungsposten, sondern müssen als Anschaffungs- oder Herstellungskosten des Vorratsvermögens berücksichtigt werden.
d) Ein Disagio ist erfolgswirksam über die Laufzeit der zugrunde liegenden Verbindlichkeit zu verteilen.

HGB
a) Pauschalwertberichtigungen ohne konkrete Berechnungsmethode sind üblich.
b) Fremdwährungsforderungen sind zum Kurs der Erstverbuchung oder ggf. zum niedrigeren Stichtagskurs auszuweisen.
c) Nicht erstattungsfähige Zölle und Verbrauchsteuern, soweit sie auf am Abschlußstichtag auszuweisende Vermögensgegenstände des Vorratsvermögens entfallen, dürfen auch als Rechnungsabgrenzungsposten statt als Anschaffungs- oder Herstellungskosten des Vorratsvermögens ausgewiesen werden.
d) Ein Disagio darf als Rechnungsabgrenzungsposten aktiviert werden. Steuerlich besteht Aktivierungspflicht. Es sind planmäßige Abschreibungen vorzunehmen, die auf die gesamte Laufzeit der Verbindlichkeiten verteilt werden können.

7. Wertpapiere des Umlaufvermögens

IAS/IFRS
a) Finanzielle Vermögenswerte sind zum beizulegenden Zeitwert zu bewerten (Ausnahme: Kredite und Forderungen gemäß IAS 39.9, bis zur Endfälligkeit zu haltende Finanzinstrumente und Eigenkapitalinstrumente, die keinen notierten Marktpreis auf einem aktiven Markt haben).
b) Die Angabepflichten sind weitgehender als nach dem HGB.

HGB
a) Wertpapiere des Umlaufvermögens sind mit den Anschaffungskosten bzw. mit dem niedrigeren beizulegenden Wert zu bewerten.

8. Flüssige Mittel

IAS/IFRS
Über flüssige Mittel, die Verfügungsbeschränkungen unterliegen oder die wegen Devisenverkehrsbeschränkungen nicht sofort verfügbar sind, sind Angaben zu machen.

HGB
Das HGB enthält keine Regelungen über den Ausweis und die Angabe von flüssigen Mitteln, die Verfügungsbeschränkungen unterliegen.

9. Eigenkapital

IAS/IFRS
a) Eine Eigenkapitalveränderungsrechnung ist Pflichtbestandteil des Abschlusses.
b) Es gibt kein starres Gliederungsschema, jedoch viele Angabepflichten.
c) Eigene Aktien sind vom Eigenkapital abzusetzen.
d) Ein nicht durch Eigenkapital gedeckter Fehlbetrag dürfte nach dem Verständnis der IAS/IFRS als negativer Posten des Eigenkapitals zu zeigen sein.
e) Es gibt keine Sonderposten mit Rücklageanteil.
f) Anteilsbasierte Vergütungen sind zum Gewährungszeitpunkt erfolgswirksam zum beizulegenden Zeitwert zu erfassen.

HGB
a) Ein Eigenkapitalspiegel ist nur beim Konzernabschluß Pflichtbestandteil.
b) Es gibt ein Gliederungsschema. Weitere Posten dürfen hinzugefügt werden. Es besteht ein Wahlrecht für den Ausweis nicht eingeforderter ausstehender Einlagen.
c) Eigene Aktien sind unter den Wertpapieren gesondert auszuweisen, sofern sie nicht eingezogen werden sollen.
d) Ein nicht durch Eigenkapital gedeckter Fehlbetrag ist am Schluß der Bilanz auf der Aktivseite gesondert auszuweisen.
e) Aufgrund steuerrechtlicher Vorschriften können Sonderposten mit Rücklagenanteil gebildet werden.
f) Es gibt keine Vorschriften für anteilsbasierte Vergütungen.

10. Rückstellungen für Pensionen und ähnliche Verpflichtungen

IAS/IFRS
a) Bei leistungsorientierten Versorgungszusagen (defined benefit plans) erfolgt die Bewertung nach dem Anwartschaftsbarwertverfahren (projected unit credit method). Hierbei ist die künftige Lohn- und Gehaltssteigerung zu berücksich-

tigen; der Abzinsungssatz hat sich an erstrangigen festverzinslichen Industrieanleihen zu orientieren. Für pensionsähnliche Verpflichtungen besteht ebenfalls Passivierungspflicht.

b) Aufwendungen aus einer Einführung oder Änderung der Versorgungsregelung und aus Anpassungen und veränderten Annahmen sind über die voraussichtlich noch verbleibende Dienstzeit zu verteilen.
Die Auswirkungen von Änderungen im Versorgungsplan von Rentnern sind zum Barwert zu bewerten und erfolgswirksam in dem Geschäftsjahr zu erfassen, in dem sie vorgenommen wurden.
Abweichungen der tatsächlichen Entwicklung von den gemachten Annahmen beim Barwert der Pensionsverpflichtungen und beim Zeitwert des Planvermögens müssen nur erfolgswirksam berücksichtigt werden, wenn sie 10% übersteigen (Korridorverfahren). Die 10% übersteigenden versicherungsmathematischen Gewinne und Verluste sind über die durchschnittliche Restlebensarbeitszeit der vom Plan erfaßten Arbeitnehmer erfolgswirksam zu erfassen. Das Korridorverfahren ist nicht Pflicht.

c) Bei beitragsorientierten Versorgungszusagen bestehen im Prinzip keine Unterschiede, da die Verpflichtung in der Zahlung von vereinbarten Beiträgen besteht.

d) Es bestehen umfangreiche Angabepflichten.

e) Die Bewertung nach IAS/IFRS ist realitätsnah.

HGB

a) Das HGB enthält keine speziellen Vorschriften über die Ermittlung der Pensionsrückstellungen. Die Passivierungspflicht besteht nach dem HGB nur für Neuzusagen ab dem 1.1.1987. Es gibt auch keine Passivierungspflicht für die Erhöhung der Altzusagen.
Für mittelbare Pensionsverpflichtungen (Unterstützungskassen) und ähnliche Verpflichtungen (Begriff ist im Gesetz nicht definiert) besteht ebenfalls keine Passivierungspflicht.
Die nicht passivierten Pensionsverpflichtungen sind im Anhang anzugeben.
Steuerlich ist das Teilwertverfahren, das zur Gruppe der Gleichverteilungsverfahren gehört, vorgegeben; künftige Lohn- und Gehaltssteigerungen sind dabei nicht zu berücksichtigen. Es ist ein Kapitalisierungszinsfuß von 6% vorgeschrieben, während nach HGB auch ein niedrigerer Zinsfuß zulässig ist.

b) Der sich aus einer Erhöhung der Pensionsverpflichtungen ergebende Aufwand kann unter bestimmten Voraussetzungen steuerrechtlich auf drei Geschäftsjahre verteilt werden. Handelsrechtlich ist dies ebenfalls üblich.

c) Bei beitragsorientierten Versorgungszusagen bestehen im Prinzip keine Unterschiede, da die Verpflichtung in der Zahlung von vereinbarten Beiträgen besteht.

d) Die Bilanzierungs- und Bewertungsmethode ist anzugeben.

e) Die Pensionsverpflichtungen sind meistens zu niedrig bewertet.

11. Sonstige Rückstellungen, Eventualschulden und Eventualforderungen

IAS/IFRS

a) Es sind nur Verpflichtungen gegenüber Dritten, denen sich das Unternehmen aus rechtlichen oder wirtschaftlichen Gründen nicht entziehen kann, passivierungsfähig. Es dürfen somit keine Aufwandsrückstellungen gebildet werden. Die IAS/IFRS stellen höhere Anforderungen an die Wahrscheinlichkeit des relevanten Ereignisses und an die Bestimmbarkeit des Rückstellungsbetrages. Es ist der Betrag mit der höchsten Eintrittswahrscheinlichkeit anzusetzen. Wenn der Abzinsungseffekt wesentlich ist, ist der Barwert zurückzustellen.
Es gibt spezielle Vorschriften für Restrukturierungskosten.

b) Eventualschulden sind nicht anzusetzen (Ausnahme bei einem Unternehmenszusammenschluß). Sofern die Möglichkeit eines Mittelabflusses nicht sehr gering (remote) ist, ist für jede Gruppe von Eventualschulden eine Beschreibung, möglichst mit einer Schätzung der finanziellen Auswirkungen und Hinweisen auf die Unsicherheiten hinsichtlich der Höhe und des Zeitpunktes eines Mittelabflusses und Hinweisen auf die Möglichkeit einer Rückerstattung durch Dritte zu machen.

c) Eventualforderungen sind nicht anzusetzen. Wenn die Realisierung eines wirtschaftlichen Nutzens so gut wie sicher ist (virtually certain), dann ist ein Vermögenswert anzusetzen. Wenn der Zufluß von wirtschaftlichem Nutzen wahrscheinlich ist, sind eine kurze Beschreibung und möglichst eine Schätzung der finanziellen Auswirkungen zu machen.

d) Die Angabepflichten sind etwas weitergehender als nach dem HGB.

HGB

a) Rückstellungen sind für ungewisse Verbindlichkeiten und für drohende Verluste aus schwebenden Geschäften zu bilden. Sie können gebildet werden, wenn der Eintritt einer Verpflichtung möglich ist.
Es sind auch Rückstellungen für unterlassene Instandhaltung, die im folgenden Geschäftsjahr innerhalb von drei Monaten, und für Abraumbeseitigung, die im folgenden Geschäftsjahr nachgeholt wird, zu bilden. Es können auch Rückstellungen für unterlassene Instandhaltung, die innerhalb eines Geschäftsjahres nachgeholt wird, sowie Aufwandsrückstellungen gebildet werden.
Bei der Ermittlung des Rückstellungsbetrages ist das Vorsichtsprinzip zu beachten. Rückstellungen dürfen nur abgezinst werden, soweit die ihnen zugrundeliegenden Verbindlichkeiten einen Zinsanteil enthalten.
Es gibt keine speziellen Vorschriften für Restrukturierungskosten.
Der Ermessensspielraum bei den sonstigen Rückstellungen ist sehr groß.

b) Es sind die Haftungsverhältnisse (Eventualschulden) aus der Begebung und Übertragung von Wechseln (Wechselobligo), aus Wechsel- und Scheckbürgschaften und aus Gewährleistungsverträgen und die Haftungsverhältnisse aus der Bestellung von Sicherheiten für fremde Verbindlichkeiten unabhängig von der Höhe des damit verbundenen Risikos zu vermerken. Andere Haftungsverhältnisse sind nicht anzugeben. Die Haftungsverhältnisse sind auch anzugeben, wenn ihnen Rückgriffsforderungen (z.B. Wechselregreß) gegenüberstehen.

c) Eventualforderungen dürfen aufgrund des Realisationsprinzips nicht ausgewiesen werden.

12. Verbindlichkeiten

IAS/IFRS
a) Es gibt keine ausdrückliche Regelung für die Bewertung von langfristigen Verbindlichkeiten.
b) Fremdwährungsverbindlichkeiten sind zum Stichtagskurs umzurechnen.
c) Für Rechnungsabgrenzungsposten ist ein gesonderter Ausweis nur bei wesentlichen Posten erforderlich.
d) Die Angabepflichten sind weitgehender als nach dem HGB.

HGB
a) Langfristige Verbindlichkeiten werden in der Regel mit dem Rückzahlungsbetrag angesetzt.
b) Fremdwährungsverbindlichkeiten sind zum Kurs der Erstverbuchung oder ggf. zum höheren Stichtagskurs auszuweisen.
c) Rechnungsabgrenzungsposten sind in einem gesonderten Posten auszuweisen.

13. Latente Steuern

IAS/IFRS
a) Für aktive latente Steuern besteht Aktivierungspflicht. Aktive latente Steuern aufgrund von steuerlichen Verlustvorträgen sind auszuweisen, sofern es wahrscheinlich ist, daß in Zukunft steuerpflichtige Ergebnisse zu erwarten sind, um die aktiven Steuern realisieren zu können.
b) Es ist die Verbindlichkeitsmethode (liability method) anzuwenden.
Latente Steuerverpflichtungen, die auf künftig zu erwartenden, aber noch nicht vorgeschlagenen oder beschlossenen Gewinnausschüttungen von Tochterunternehmen oder nach der Equity-Methode bewerteten Beteiligungen lasten, sind als latente Steuern zu erfassen.
c) Die latenten Steuern sind auf temporäre Unterschiede (Unterschiede zwischen dem handelsrechtlichen und steuerrechtlichen Bilanzansatz von Vermögenswerten und Schulden, die sich später umkehren) abzugrenzen. Quasipermanente Unterschiede werden wie temporäre Unterschiede behandelt.
d) Eine Saldierung der latenten Steuern, die verschiedene Steuerbehörden betreffen und die verschiedene Unternehmen des Konzerns betreffen, ist nicht gestattet.
e) Die Angabepflichten sind wesentlich weitgehender als nach dem HGB.

HGB
a) Für aktive latente Steuern besteht ein Aktivierungswahlrecht. Für die durch Konsolidierungsmaßnahmen verursachten aktiven latenten Steuern besteht im Konzernabschluß dagegen Aktivierungspflicht. Die Entlastungswirkungen von steuerlichen Verlustvorträgen dürfen nur im Rahmen der passiven latenten Steuern berücksichtigt werden, nicht aber zu einem eigenen Posten aktive latente Steuern führen.
b) Nach dem Wortlaut des HGB müßte in Deutschland bei den passiven latenten Steuern die Verbindlichkeitsmethode angewendet werden; in der Bilanzierungspraxis geschieht dies aber nicht immer in vollem Umfang.
Da sich nach herrschender Meinung die latenten Steuern im Konzernabschluß aus der Summe der latenten Steuern der Einzelabschlüsse ergeben, ist bei deutschen Konzernabschlüssen die Einbeziehung der latenten Steuerverpflichtungen, die auf künftig zu erwartenden, aber noch nicht vorgeschlagenen oder beschlossenen Gewinnausschüttungen von Tochterunternehmen oder nach der Equity-Methode bewerteten Beteiligungen lasten, nicht möglich.
c) Es werden die latenten Steuern auf timing differences (Unterschiede zwischen den handelsrechtlichen und steuerrechtlichen Gewinnen, die sich in späteren Perioden umkehren) abgegrenzt. Quasipermanente Unterschiede werden wir permanente Unterschiede behandelt.
d) Gemäß Wirtschaftsprüfer-Handbuch 2006, S. 1278, ist eine Saldierung der aktiven und passiven latenten Steuern auch in der Konzernbilanz möglich. (Dagegen fordert DRS 10 den unsaldierten Ausweis der latenten Steuern.)

14. Leasing

IAS/IFRS
a) Finanzierungsleasing/Mietleasing
Die IAS/IFRS unterscheiden zwischen Finanzierungsleasing (finance lease) und Mietleasing (operating lease). Die Einstufung, ob es sich um Finanzierungsleasing oder Mietleasing handelt, hängt vom wirtschaftlichen und nicht vom rechtlichen Inhalt des Leasingvertrages ab. Beim Finanzierungsleasing hat der Leasingnehmer das Leasingobjekt zu aktivieren und als Verbindlichkeit zu passivieren und beim Mietleasing hat der Leasinggeber das Leasingobjekt zu aktivieren.
b) Sale and leaseback
Bei einem Sale-and-leaseback-Geschäft ist die Realisierung eines Veräußerungsgewinnes zum Verkaufszeitpunkt nicht zulässig.
c) Angabepflichten
Es sind umfangreiche Angabepflichten zu erfüllen.

HGB
a) Finanzierungsleasing/Mietleasing
Das HGB enthält keine Vorschriften über Leasing.
Die Vertragsgestaltung in der Praxis und die handelsrechtliche Bilanzierung erfol-

gen in der Regel nach den sogenannten Leasingerlassen der Finanzverwaltung. Danach kommt es selten zu einer Zurechnung des Leasinggegenstandes zum Leasingnehmer. Die rechtliche Betrachtungsweise in Deutschland und die wirtschaftliche Betrachtungsweise in den IAS/IFRS machen eine Einzelfallprüfung notwendig, ob es sich gemäß den IAS/IFRS um ein Finanzierungsleasing oder ein Mietleasing handelt.

b) Sale and leaseback
Durch die Zurechnung des Leasinggegenstandes zum Leasinggeber kommt es in Deutschland bei einem Sale-and-leaseback-Geschäft grundsätzlich beim Leasingnehmer zu einer Realisierung eines Veräußerungsgewinnes. Dies ist trotz des übergeordneten Vorsichtsprinzips und des Realisationsprinzips möglich.

c) Angabepflichten
Es dürfte eine Angabe der Leasingverbindlichkeiten im Gesamtbetrag der im HGB nicht definierten sonstigen finanziellen Verpflichtungen zu erfolgen haben.

15. Derivative und nicht-derivative Finanzinstrumente, Sicherungsbeziehungen

IAS/IFRS

a) Derivative Finanzinstrumente sind mit dem beizulegenden Zeitwert (fair value) zu bewerten. Für die Bilanzierung von Sicherungsgeschäften (hedge accounting) bestehen detaillierte Vorschriften.
b) Es bestehen umfangreiche Angabepflichten.

HGB

a) Die Bilanzierung und Bewertung derivativer Finanzinstrumente ist nicht geregelt und nach den im HGB enthaltenen allgemeinen Grundsätzen nicht zufriedenstellend zu lösen.
b) Es bestehen Angabepflichten.

IV. Inhalt, Ausweis und Bilanzierungs- und Bewertungsgrundsätze einzelner Posten der Gewinn- und Verlustrechnung sowie der dazugehörigen Angaben

1. Ansatz und Realisierung von Erträgen

Im HGB gibt es im Gegensatz zu den IAS/IFRS keine speziellen Vorschriften zu diesem Punkt.
In der Praxis dürfte es mit Ausnahme der langfristigen Fertigungsaufträge und der aktiven latenten Steuern keine wesentlichen Unterschiede geben.

2. Zuwendungen der öffentlichen Hand

IAS/IFRS
Vermögensbezogene Zuwendungen sind entweder als passiver Abgrenzungsposten auszuweisen oder von dem Vermögenswert zu kürzen.
Ertragsbezogene Zuwendungen können als sonstige Erträge ausgewiesen oder mit den entsprechenden Aufwendungen verrechnet werden.
Bei einer Rückzahlung von vermögensbezogenen Zuwendungen sind die kumulierten Abschreibungen, die angefallen wären, wenn eine Zuwendung nicht gezahlt worden wäre, sofort nachzuholen.
Es sind Angaben über die Bilanzierungs- und Bewertungsmethode, die Art und den Umfang der im Abschluß enthaltenen Zuwendungen, ein Hinweis auf andere Formen von Beihilfen seitens der öffentlichen Hand und über noch nicht erfüllte Auflagen und andere Erfolgsunsicherheiten bei den im Abschluß enthaltenen Beihilfen zu machen.

HGB
Es gibt keine Vorschriften über Zuwendungen der öffentlichen Hand.
Die Verrechnung von ertragsbezogenen Zuwendungen mit den entsprechenden Aufwendungen wird nach § 246 Abs. 2 HGB nicht für zulässig gehalten.

3. Forschungs- und Entwicklungskosten

IAS/IFRS
Entwicklungskosten sind zu aktivieren, wenn gewisse Voraussetzungen erfüllt sind.
Als Aufwand erfaßte Entwicklungskosten dürfen später nicht aktiviert werden.

Es bestehen zusätzliche Angabepflichten über die Bilanzierung der Forschungs- und Entwicklungskosten.

HGB
Entwicklungskosten dürfen nicht aktiviert werden, sofern es sich nicht um auftragsgebundene Entwicklungskosten handelt, die als Sondereinzelkosten der Fertigung gelten.

4. Abschreibungen

Siehe unter den entsprechenden Posten des Anlagevermögens.
Die Anwendung steuerrechtlicher Abschreibungen ist nach dem HGB im Gegensatz zu den IAS/IFRS erlaubt.

5. Gewinne oder Verluste aus der Aufgabe von Geschäftsbereichen und der Bewertung der zur Veräußerung gehaltenen langfristigen Vermögenswerte

IAS/IFRS
a) In der Gewinn- und Verlustrechnung sind das Ergebnis nach Steuern der aufgegebenen Geschäftsbereiche und das Ergebnis nach Steuern aus der Bewertung zum beizulegenden Zeitwert abzüglich Verkaufskosten oder aus der Veräußerung von Vermögenswerten der aufgegebenen Geschäftsbereiche anzugeben.
b) Zur Veräußerung gehaltene langfristige Vermögenswerte sind in der Bilanz getrennt auszuweisen. Hierfür gibt es besondere Bewertungsvorschriften. Sie sind nicht mehr planmäßig abzuschreiben.
c) Es gibt umfangreiche Angabepflichten.

HGB
Im HGB sind keine speziellen Angaben vorgeschrieben.

6. Außerordentliche Aufwendungen und Erträge

IAS/IFRS
a) Der Ausweis außerordentlicher Aufwendungen und außerordentlicher Erträge ist weder in der Bilanz noch in den notes zulässig.
b) Wenn Posten der Gewinn- und Verlustrechnung wesentlich sind, sind ihre Art und der Betrag gesondert anzugeben.

HGB
a) Außerordentliche Posten sind im HGB nicht definiert.
b) Aufwendungen und Erträge von besonderer Bedeutung aus der gewöhnlichen Geschäftstätigkeit müssen nicht gesondert angegeben werden.

7. Fremdkapitalkosten

IAS/IFRS
a) Nach der Benchmark-Methode sind Fremdkapitalkosten sofort als Aufwand zu behandeln. Alternativ ist die Aktivierung von Fremdkapitalkosten bei den Anschaffungs- oder Herstellungskosten, soweit sie direkt zurechenbar sind, zulässig.
b) Zu den Fremdkapitalkosten zählen neben den Zinsen für Fremdkapital auch sonstige mit der Finanzierung im Zusammenhang stehende Kosten.
c) Zur Ermittlung der bei den Anschaffungs- oder Herstellungskosten zurechenbaren Fremdkapitalkosten gibt es detaillierte Vorschriften.
d) Die Bilanzierungs- und Bewertungsmethode für die Fremdkapitalkosten ist anzugeben; bei Anwendung der alternativ zulässigen Methode sind die Beträge der aktivierten Fremdkapitalkosten und der zugrunde gelegte Fremdkapitalkostensatz anzugeben.

HGB
a) Zinsen für Fremdkapital gehören nicht zu den Herstellungskosten. Sie dürfen jedoch als Herstellungskosten angesetzt werden, soweit sie auf den Zeitraum der Herstellung entfallen.
b) Die Aktivierung von Nebenkosten wird nach herrschender Meinung nicht für zulässig gehalten.
c) Zur Ermittlung der bei den Herstellungskosten zurechenbaren Zinsen für Fremdkapital gibt es im HGB keine Vorschriften.
d) Es sind verbale Angaben über die Einbeziehung von Fremdkapitalkosten in die Herstellungskosten zu machen.

8. Ertragsteuern

Unterschiede gibt es bei den latenten Steuern und dem Ausweis der Ertragsteuern.

V. Konzernabschluß

1. Konsolidierungspflicht

IAS/IFRS
a) Es besteht Konsolidierungspflicht.
b) Unternehmen, die vollständig oder teilweise im Besitz eines Mutterunternehmens sind, sind – sofern die Minderheitsanteilseigner zustimmen – von der Pflicht zur Aufstellung eines Teil-Konzernabschlusses befreit. Für die Befreiung ist außerdem Voraussetzung, daß die Eigen- und Fremdkapitalinstrumente nicht an einem öffentlichen Markt gehandelt werden, das Unternehmen keinen Börsengang vorbereitet und das oberste oder ein zwischengeschaltetes Mutterunternehmen Konzernabschlüsse nach IFRS veröffentlicht.

HGB
a) Für Kapitalgesellschaften besteht eine gesetzliche Konsolidierungspflicht. Daneben besteht nach dem PublG Konsolidierungspflicht für Nichtkapitalgesellschaften, wenn sie bestimmte Größenkriterien erfüllen.
Der Konzernabschluß ist eine Ergänzung des Einzelabschlusses des Mutterunternehmens. Da nach dem HGB bei assoziierten Unternehmen im Einzelabschluß nicht die Equity-Methode anzuwenden ist und beim Konzernabschluß Ansatz- und Bewertungswahlrechte neu ausgeübt werden können, sind in Deutschland die Jahresergebnisse und das Reinvermögen des Einzelabschlusses und des Konzernabschlusses nicht gleich hoch.
b) Gemäß der schwer verständlichen Regelung des § 291 Abs. 3 Satz 2 HGB ist eine Befreiung von der Pflicht zur Aufstellung eines Teil-Konzernabschlusses möglich. Die Befreiungsregel ist großzügiger als die nach IAS/IFRS.
c) § 293 HGB enthält größenabhängige Befreiungen. Sie gelten nicht für börsennotierte Gesellschaften.

2. Konsolidierungskreis

IAS/IFRS
a) Es sind alle Tochterunternehmen (einschließlich Zweckgesellschaften), auf die ein beherrschender Einfluß (control) ausgeübt wird, in den Konzernabschluß einzubeziehen.
b) Für wesentliche in den Konzernabschluß einbezogene Tochterunternehmen sind Name, Sitz und Kapitalanteil und – soweit abweichend – die Stimmrechtsquote anzugeben.
c) Auch bei abweichender Tätigkeit sind Tochterunternehmen in die Konsolidierung einzubeziehen. Gegebenenfalls sind zusätzlich Angaben zu machen.

d) Es besteht ein Einbeziehungsverbot bei Weiterveräußerungsabsicht.
e) Es besteht keine ausdrückliche Ausnahmeregelung für Tochterunternehmen, wenn die erforderlichen Angaben nicht ohne unverhältnismäßig hohe Kosten oder Verzögerungen zu erhalten sind.

HGB
a) Es sind alle Tochterunternehmen, die unter einheitlicher Leitung (tatsächlicher Einfluß) eines Mutterunternehmens (Kapitalgesellschaft) stehen oder auf die ein beherrschender Einfluß (rechtliche Einflußmöglichkeit = control) ausgeübt werden kann, in den Konzernabschluß einzubeziehen. Die einheitliche Leitung wird nicht definiert. Der beherrschende Einfluß wird durch drei Tatbestände in § 290 Abs. 2 HGB definiert.
b) Für alle in den Konzernabschluß einbezogenen Tochterunternehmen sind Name, Sitz und Kapitalanteil und der zur Einbeziehung in den Konzernabschluß verpflichtende Sachverhalt, sofern die Einbeziehung nicht auf einer der Kapitalbeteiligung entsprechenden Mehrheit der Stimmrechte beruht, anzugeben.
c) Es besteht ein Einbeziehungswahlrecht bei Weiterveräußerungsabsicht und bei erheblichen und andauernden Beschränkungen der Rechte des Mutterunternehmens.
d) Es besteht ein Einbeziehungswahlrecht für Tochterunternehmen, wenn die erforderlichen Angaben nicht ohne unverhältnismäßig hohe Kosten oder Verzögerungen zu erhalten sind.

3. Vollkonsolidierung

IAS/IFRS
a) Unternehmenszusammenschlüsse sind ausschließlich nach der Erwerbsmethode (purchase method) abzubilden. Die Interessenzusammenführungsmethode ist nicht mehr zugelassen.
b) Es ist die vollständige Neubewertungsmethode anzuwenden.
c) Für die Erstkonsolidierung sind die Wertverhältnisse zum Zeitpunkt des Erwerbs, d.h. der Zeitpunkt, zu dem der beherrschende Einfluß des Erwerbers beginnt, zugrunde zu legen. Dies gilt auch bei sukzessivem Erwerb.
d) Der Geschäfts- oder Firmenwert ist zu aktivieren.
e) Der Geschäfts- oder Firmenwert ist nicht planmäßig abzuschreiben. Es ist jährlich und wenn ein Hinweis auf eine Wertminderung vorliegt ein Werthaltigkeitstest vorzunehmen. Festgestellte Verluste aus Wertminderungen sind durch Abschreibungen zu berücksichtigen.
f) Ein nach einer nochmaligen Überprüfung der Wertansätze der erworbenen Vermögenswerte verbleibender passiver Unterschiedsbetrag, d.h. ein negativer Geschäfts- oder Firmenwert, ist erfolgswirksam zu behandeln.
g) Ein saldierter Ausweis von aktiven und passiven Unterschiedsbeträgen ist in den IAS/IFRS nicht vorgesehen.
h) Konzerninterne Zwischenergebnisse sind zu eliminieren. Ein Wahlrecht für die Eli-

minierung von unrealisierten Zwischenergebnissen unter bestimmten Umständen kennen die IAS/IFRS nicht. Eventuell könnte jedoch der Grundsatz der Wesentlichkeit angewandt werden.
i) Der Konzernabschlußstichtag ist mit dem Abschlußstichtag des Mutterunternehmens identisch.
j) Es sind einheitliche Bilanzierungs- und Bewertungsmethoden anzuwenden.
k) Verlustanteile anderer Gesellschafter, die den Eigenkapitalanteil übersteigen, sind mit dem Eigenkapital des Mehrheitsanteilseigners zu verrechnen.
l) Die Angabepflichten sind weitergehender als nach dem HGB.

HGB

a) Grundsätzlich ist die Erwerbsmethode anzuwenden. In besonderen Fällen darf die Interessenzusammenführungsmethode angewandt werden; es besteht ein Wahlrecht für die Anwendung der Interessenzusammenführungsmethode.
b) Bei Anwendung der Erwerbsmethode kann die Buchwertmethode (anteilige Neubewertungsmethode) oder die vollständige Neubewertungsmethode angewandt werden.
c) Für die Erstkonsolidierung können entweder die Wertverhältnisse zum Zeitpunkt des Erwerbs oder die Wertverhältnisse zum Stichtag der erstmaligen Einbeziehung des Tochterunternehmens in den Konzernabschluß zugrunde gelegt werden. Bei sukzessivem Erwerb kann auch der Zeitpunkt genommen werden, an dem das Unternehmen erstmals Tochterunternehmen geworden ist.
d) Der Geschäfts- oder Firmenwert darf aktiviert werden oder offen (einmalig oder ratierlich) mit den Rücklagen verrechnet werden.
e) Der Geschäfts- oder Firmenwert ist ab dem auf die Aktivierung folgenden Geschäftsjahr entweder in vier Jahren oder planmäßig über eine längere Nutzungsdauer (steuerlich 15 Jahre) abzuschreiben.
f) Ein nach der Konsolidierung verbleibender passiver Unterschiedsbetrag ist als Unterschiedsbetrag aus der Kapitalkonsolidierung auszuweisen. Ein passiver Unterschiedsbetrag darf nur bei Eintritt einer erwarteten ungünstigen Entwicklung der Ertragslage oder wenn feststeht, daß er einem realisierten Gewinn entspricht, aufgelöst werden.
g) Aktive und passive Unterschiedsbeträge können – bei Angabe der verrechneten Beträge im Anhang – saldiert ausgewiesen werden.
h) Es besteht keine Pflicht zur Eliminierung von unrealisierten Ergebnissen aus konzerninternen Transaktionen, wenn die Lieferung oder Leistung zu marktüblichen Bedingungen vorgenommen worden ist und die Ermittlung der Zwischenergebnisse einen unverhältnismäßig hohen Aufwand erfordern würde.
i) Der Konzernabschlußstichtag kann unter gewissen Voraussetzungen vom Abschlußstichtag des Mutterunternehmens abweichen. Bei Abweichungen der Stichtage von Tochterunternehmen unter drei Monaten sind Vorgänge von besonderer Bedeutung für die Vermögens-, Finanz- und Ertragslage zwischen den abweichenden Stichtagen entweder in der Konzernbilanz und der Konzern-Gewinn- und Verlustrechnung zu berücksichtigen oder im Konzernanhang anzugeben.
j) Es sind einheitliche Bewertungsmethoden anzuwenden. Einheitliche Bilanzierungsmethoden sind nicht gefordert. Abweichungen von der einheitlichen Bewertungsmethode sind

- für Wertansätze, die auf besonderen Vorschriften für Kreditinstitute und Versicherungsunternehmen beruhen,
- wenn ihre Auswirkungen für die Vermittlung eines den tatsächlichen Verhältnissen entsprechenden Bildes der Vermögens-, Finanz- und Ertragslage des Konzerns nur von untergeordneter Bedeutung sind,
- in nicht näher spezifizierten Ausnahmefällen,
- bei steuerlichen Wertansätzen aufgrund der umgekehrten Maßgeblichkeit im Einzelabschluß

zulässig.

k) Ein Gebot wie in den IAS/IFRS, die Verlustanteile anderer Gesellschafter, die den Eigenkapitalanteil übersteigen, mit dem Eigenkapitalanteil des Mehrheitsanteilseigners zu verrechnen, besteht nicht.

4. Gemeinschaftsunternehmen (joint ventures) – Anteilmäßige Konsolidierung

IAS/IFRS

a) Bei Gemeinschaftsunternehmen ist eine anteilmäßige Konsolidierung vorzunehmen. Alternativ ist auch die Equity-Methode zulässig. Falls die Anteile an dem Gemeinschaftsunternehmen in naher Zukunft veräußert werden sollen oder das Gemeinschaftsunternehmen unter schwerwiegenden langfristigen Beschränkungen arbeitet, die seine Möglichkeit zu Zahlungen an den Venture-Partner entscheidend beeinflussen, hat der Partner IAS 39 anzuwenden.
b) Es sind Vorschriften über die Realisierung von Gewinnen aus Geschäftsvorfällen zwischen einem Partner und dem Gemeinschaftsunternehmen zu beachten.
c) Es sind einheitliche Bilanzierungs- und Bewertungsmethoden anzuwenden.
d) Die Angabepflichten sind weitgehender als nach dem HGB.

HGB

a) Bei Gemeinschaftsunternehmen besteht ein Wahlrecht zwischen der anteilmäßigen Konsolidierung und der Equity-Methode.
b) Es gibt keine spezielle Vorschrift über die Realisierung von Gewinnen aus Geschäftsvorfällen zwischen einem Partner und dem Gemeinschaftsunternehmen, sondern nur den Verweis auf § 304 Behandlung der Zwischenergebnisse. Dieser Verweis wird in der Literatur nicht einheitlich ausgelegt.
c) Es sind einheitliche Bewertungsmethoden anzuwenden. Einheitliche Bilanzierungsmethoden sind nicht gefordert. Abweichungen von den einheitlichen Bewertungsmethoden sind in gewissen Fällen zulässig (siehe Vollkonsolidierung).

5. Assoziierte Unternehmen – Equity-Bewertung

IAS/IFRS
a) Assoziierte Unternehmen sind im Konzernabschluß nach der Equity-Methode zu bewerten, wenn ein maßgeblicher Einfluß ausgeübt werden kann.
b) Die Equity-Methode ist nicht zulässig für Tochterunternehmen, die nicht in die Vollkonsolidierung einbezogen werden dürfen (Weiterveräußerungsabsicht).
c) Wendet das assoziierte Unternehmen andere Bilanzierungs- und Bewertungsmethoden als der Anteilseigner an, sind Anpassungen vorzunehmen.
d) Der Geschäfts- oder Firmenwert ist wie bei der Vollkonsolidierung zu aktivieren.
e) Die Angabepflichten sind weitgehender als nach dem HGB.

HGB
a) Assoziierte Unternehmen sind im Konzernabschluß nach der Equity-Methode zu bewerten, wenn ein maßgeblicher Einfluß ausgeübt wird (Buchwert- oder Kapitalanteilsmethode).
b) Die Equity-Methode ist zulässig für Tochterunternehmen, die in die Vollkonsolidierung nicht einbezogen werden dürfen (abweichende Tätigkeit) oder nicht einbezogen werden (Weiterveräußerungsabsicht, dauernde Beschränkung der Rechte des Mutterunternehmens, erforderliche Angaben sind nicht ohne unverhältnismäßig hohe Kosten oder Verzögerungen zu erhalten).
c) Es können die Bilanzierungs- und Bewertungsmethoden des Anteilseigners angewandt werden.
d) Der Geschäfts- oder Firmenwert darf wie bei der Vollkonsolidierung mit den Rücklagen verrechnet werden.

6. Währungsumrechnung ausländischer Jahresabschlüsse

IAS/IFRS
a) Die Methode der funktionalen Währung ist anzuwenden.
b) Die Angabepflichten sind weitgehender als nach dem HGB.

HGB
a) Es gibt keine gesetzlichen Vorschriften.
b) Die Grundlagen für die Währungsumrechnung sind anzugeben.

VI. Zusätzliche Angaben und Informationen

1. Anhang bzw. Angabepflichten (notes)

IAS/IFRS
a) Die Angabepflichten dienen der Ergänzung und Erläuterung der übrigen Teile des Jahresabschlusses. Darüber hinaus enthalten sie zusätzliche Informationen.
b) Die Angabepflichten wurden in den einzelnen Abschnitten des Kapitels B angegeben.

HGB
a) Der Anhang (nur bei Kapitalgesellschaften) enthält zusätzliche Angaben, die der Ergänzung und Richtigstellung der Bilanz und Gewinn- und Verlustrechnung dienen.
b) Der Inhalt des Anhangs ist im HGB nicht nach den einzelnen Posten des Jahresabschlusses gegliedert. In Born, Karl: Bilanzanalyse international. 2. Aufl., Stuttgart 2001, ist auf S. 55ff und S. 83ff eine Zusammenstellung der gesetzlichen Vorschriften über den Anhang, gegliedert nach Jahresabschlußposten bzw. Problembereichen, enthalten.

2. Kapitalflußrechnung

Das HGB schreibt eine Kapitalflußrechnung nur für den Konzernabschluß vor. Der Inhalt der Kapitalflußrechnung ist im HGB nicht geregelt.

3. Lagebericht

Ein zusätzlicher Lagebericht ist in den IAS/IFRS nicht vorgeschrieben.
Der materielle Gehalt der in den IAS/IFRS enthaltenen Angabepflichten ist allerdings hoch.

4. Beziehungen zu nahestehenden Unternehmen und Personen

IAS/IFRS

a) Der Kreis der in die Berichterstattung nach den IAS/IFRS einzubeziehenden Unternehmen und Personen ist größer als der Kreis der durch ähnliche Regelungen im HGB erfaßten Unternehmen und Personen.
b) Es sind die Art der Beziehung zu den nahestehenden Unternehmen und Personen und Informationen über die Geschäfte und offenen Posten, die zum Verständnis der möglichen Auswirkungen der Beziehung notwendig sind, anzugeben. IAS 17 enthält Mindestinformationen.

HGB

a) Im HGB gibt es keinen Oberbegriff für »related parties«. Der Kreis der in die Berichterstattung einzubeziehenden Unternehmen und Personen ist kleiner als der Kreis der in den IAS erfaßten Unternehmen und Personen.
b) Es bestehen nur gewisse Vermerkpflichten (Davon-Angaben) bei bestimmten Posten der Bilanz, der Gewinn- und Verlustrechnung, den Haftungsverhältnissen und sonstigen finanziellen Verpflichtungen.

5. Angaben nach Geschäftsfeldern und Regionen

IAS/IFRS

a) Unternehmen, deren Eigenkapitalanteile oder Schuldtitel öffentlich gehandelt werden, sind publizitätspflichtig.
b) Die primären Segmente (Geschäftsfeld oder Region) werden durch die hauptsächlichen Risiken und Eigenkapitalrenditen bestimmt und sollten von der internen Organisations-und Führungsstruktur und dem System der internen Berichterstattung an die Unternehmensleitung abgeleitet werden. Über ein Segment muß berichtet werden, wenn es die Mehrheit seiner Erträge durch Umsätze mit fremden Dritten erzielt und entweder seine Umsätze, Betriebsergebnisse oder Vermögenswerte mehr als 10% aller Segmente betragen. Folgende wesentliche Angaben sind für die primären Segmente zu machen:
- Umsätze mit fremden Dritten,
- Umsätze mit anderen Segmenten,
- Segmentergebnis,
- Vermögenswerte und Schulden,
- Investitionen,
- Abschreibungen, Wertberichtigungen und andere wesentliche nicht zahlungswirksame Aufwendungen,
- anteilige Gesamtbeträge am Gewinn oder Verlust von nach der Equity-Methode bilanzierten Unternehmen,
- Buchwert der Beteiligungen der nach der Equity-Methode bilanzierten Unternehmen.

Für die sekundären Segmente sind Umsätze, Vermögenswerte und Investitionen (keine Ergebnisse) anzugeben.
c) Die IAS/IFRS enthalten keine Schutzklausel.

HGB
a) Publizitätspflichtig sind Kapitalgesellschaften.
b) Im HGB sind keine Abgrenzungskriterien für die Geschäftsfelder und Regionen enthalten. Angabepflichtig ist die Aufgliederung der Umsatzerlöse.
c) Das HGB enthält eine Schutzklausel, nach der Angaben unterbleiben können.

6. Ergebnis je Aktie

IAS/IFRS
Es sind neben der Angabe des unverwässerten Ergebnisses je Aktie und dem verwässerten Ergebnis je Aktie Überleitungsrechnungen und zusätzliche Angaben zu machen.

HGB
Die Angabe eines Ergebnisses je Aktie ist im HGB nicht vorgesehen.
Ein Vergleich mit dem Ergebnis nach DVFA/SG ist nicht angebracht, da es nicht aus dem Jahresabschluß nachvollziehbar ist und nicht von Wirtschaftsprüfern testiert wird.

7. Zwischenbericht

IAS/IFRS
Falls ein Zwischenbericht veröffentlicht wird, ist IAS 34 zu beachten.
Jeder Zwischenbericht ist als Teil der Jahresberichterstattung zu verstehen.
IAS 34 schreibt nicht vor, welche Unternehmen wie oft und innerhalb welchen Zeitraums Zwischenberichte zu veröffentlichen haben. Es wird auf Regierungen, Börsenaufsichtsbehörden, Börsen und auf die Berufsverbände, die sich mit der Rechnungslegung befassen, verwiesen.

HGB
Ein Zwischenbericht ist im HGB nicht vorgesehen.
Börsennotierte Unternehmen haben einen nicht prüfungspflichtigen Halbjahresbericht mit ausgewählten Unternehmensdaten, jedoch keinen Zwischenabschluß zu veröffentlichen.

VII. Prüfungs- und Offenlegungspflicht

1. Prüfungspflicht

IAS/IFRS
Die IAS/IFRS befassen sich nur mit der Rechnungslegung und nicht mit der Prüfung von Jahresabschlüssen.
Standards und Verlautbarungen für die Prüfung von Jahresabschlüssen werden von dem International Auditing Practice Committee (IAPC) der International Federation of Accountants (IFAC) herausgegeben.

HGB
Der Jahresabschluß und der Lagebericht der großen und mittelgroßen Kapitalgesellschaften und der Konzernabschluß und der Konzernlagebericht sind durch einen Abschlußprüfer zu prüfen.

2. Offenlegungspflicht

IAS/IFRS
Der IASB kann Unternehmen nicht zwingen, Jahresabschlüsse offenzulegen.

HGB
Große Kapitalgesellschaften einschließlich aller börsennotierten Kapitalgesellschaften sind verpflichtet, spätestens zwölf Monate nach dem Abschlußstichtag
- den Jahresabschluß und den Konzernabschluß mit dem Bestätigungsvermerk des Wirtschaftsprüfers oder dem Vermerk über die Versagung des Bestätigungsvermerks,
- den Lagebericht,
- den Bericht des Aufsichtsrats,
- den Vorschlag für die Verwendung des Jahresergebnisses und den Beschluß über seine Verwendung

im Bundesanzeiger bekanntzumachen und anschließend diese Unterlagen und die Bekanntmachung im Bundesanzeiger beim Handelsregister einzureichen.
Für mittelgroße Kapitalgesellschaften und zusätzlich für kleine Kapitalgesellschaften gelten Erleichterungen.
Der Jahresabschluß und der Lagebericht von Nicht-Kapitalgesellschaften, die die in § 1 Abs. 1 des Publizitätsgesetzes festgelegten Größenmerkmale überschreiten, sind ebenfalls publizitätspflichtig.
Die Sanktionsmöglichkeiten, die Offenlegungspflicht durchzusetzen, sind vollkommen unzureichend, da die Offenlegungspflicht nicht erzwungen werden kann.

VIII. Branchenspezifische Standards

IAS/IFRS
Die IAS/IFRS enthalten bisher folgende branchenspezifische Standards:
- IAS 30 Angaben im Abschluß von Banken und ähnlichen Finanzinstitutionen (ersetzt durch IFRS 7),
- IAS 41 Landwirtschaft,
- IFRS 4 Versicherungsverträge,
- IFRS 6 Exploration und Evaluierung von mineralischen Rohstoffen.

HGB
Das HGB enthält im vierten Abschnitt folgende ergänzende Vorschriften für Unternehmen bestimmter Geschäftszweige:
- §§ 340-340o Ergänzende Vorschriften für Kreditinstitute und Finanzdienstleistungsinstitute,
- §§ 341-341o Ergänzende Vorschriften für Versicherungsunternehmen.

F. Unterschiede zwischen der Rechnungslegung in den USA und der Rechnungslegung in Deutschland

I. Allgemeine Informationen

1. Gesetzliche Vorschriften

US-GAAP

a) Es gibt keine gesetzlichen Vorschriften, die Rechnungslegungsgrundsätze enthalten. Da die von dem FASB erlassenen Statements of Financial Accounting Standards (SFAS) die Unterstützung der SEC haben, haben die sehr detaillierten US-GAAP einen gesetzesähnlichen Charakter.
Für börsennotierte Gesellschaften gibt es zusätzliche Vorschriften der SEC.

b) Die US-GAAP sind – anders als die deutschen Vorschriften – rechtsform- und größenunabhängig.
Für SEC-registrierte Unternehmen, d.h. Unternehmen, deren Aktien oder Schuldverschreibungen an einer Börse notiert sind, gibt es – anders als in Deutschland – zusätzliche Angabepflichten.
Die US-GAAP gelten für Einzel- und Konzernabschlüsse. In den USA wird in der Praxis meistens nur ein Konzernabschluß erstellt. Einzelabschlüsse werden nur von Unternehmen erstellt, die keine Tochterunternehmen besitzen.

c) Das Steuerrecht hat keinen Einfluß auf die handelsrechtliche Bilanzierung (Ausnahme: Lifo-Bewertung).

HGB

a) Es gibt nur unzureichende Vorschriften des HGB hinsichtlich der Bilanzierung und Bewertung einzelner Sachverhalte; wichtige Sachverhalte sind überhaupt nicht geregelt.

b) In Deutschland gibt es unterschiedliche Vorschriften für Nicht-Kapitalgesellschaften und Kapitalgesellschaften, für kleinere, mittlere und große Kapitalgesellschaften und für den Einzel- und Konzernabschluß. Da im Einzelabschluß die Equity-Methode nicht erlaubt ist, weisen Einzel- und Konzernabschluß unterschiedliche Ergebnisse aus.

c) Der Einfluß des Steuerrechts auf die handelsrechtliche Bilanzierung ist sehr hoch.

2. Entwicklung, Umfang und Qualität der Rechnungslegungsgrundsätze

US-GAAP

a) Anfang des vorigen Jahrhunderts beschäftigte sich die American Association of Public Accountants (AAPA) bereits mit der Entwicklung von »accounting principles«. Die SEC hat 1938 das American Institute of Certified Public Accountants

(AICPA), das bis 1957 noch American Institute of Accountants (AIA) hieß, beauftragt, materielle Rechnungslegungs-grundsätze, d.h. Generally Accepted Accounting Principles (GAAP), zu formulieren. 1974 wurde die Aufgabe an die unabhängige Institution Financial Accounting Standards Board (FASB) übertragen.
b) Die US-GAAP sind sehr genau definiert und werden laufend aktualisiert. Die US-GAAP enthalten grundsätzlich keine expliziten Wahlrechte. Die unvermeidbaren Ermessensspielräume (Schätzungswahlrechte) beeinträchtigen den Aussagewert von Jahresabschlüssen wegen der umfangreichen Zusatzinformationen so gut wie nicht.
c) Es bestehen umfangreiche materiell bedeutende Angabepflichten.
d) Der FASB wird von vielen Gruppen getragen. Durch die Aufsicht der SEC werden besonders die Interessen der Jahresabschlußleser (Investoren, Kreditgeber, Öffentlichkeit) gewahrt.

HGB
a) In Deutschland existierte in der Vergangenheit keine normsetzende Institution (standard setter). Die Wirtschaftsprüfer nahmen keinen Einfluß auf Rechnungslegungsgrundsätze. Sie betrachten sich nicht als normsetzende Institution.
b) Die sogenannten Grundsätze ordnungsmäßiger Buchführung (GoB) sind nirgends zusammengefaßt definiert. Neuere Entwicklungen (z.B. derivative Finanzinstrumente) sind und können nicht auf der Grundlage der GoB geregelt werden. Es bestehen viele Wahlrechte und große Ermessensspielräume.
c) Für materiell bedeutsame Vorgänge sind die Angabepflichten gering.
d) Die Jahresabschlußleser haben keinen Einfluß auf die Rechnungslegungsgrundsätze. Das deutsche Bilanzrecht ist deshalb sehr jahresabschlußleserunfreundlich. Es läßt bisher sogar eine jahresabschlußleserfreundliche Bilanzierung nur bedingt zu, selbst wenn der Jahresabschlußersteller es will.

II. Rechnungslegung allgemein

1. Grundsätze der Rechnungslegung

a) Ziele des Abschlusses und der Unternehmensberichterstattung

US-GAAP
a) Die Ziele der Unternehmensberichterstattung werden hauptsächlich von den Bedürfnissen externer Jahresabschlußleser bestimmt, die nicht die Macht haben, die benötigten Informationen zu fordern und die sich auf die von der Unternehmensleitung gegebenen Informationen verlassen müssen. Die gesamte Unternehmensberichterstattung und somit auch der Jahresabschluß sollen für wirtschaftliche Entscheidungen relevante Informationen liefern, d.h. den jetzigen und potentiellen Investoren und Kreditgebern und anderen Lesern des Jahresabschlusses beim Treffen von Investitions-, Kredit- und anderen Entscheidungen nützen. Die Informationen müssen für in der Wirtschaft tätige Personen in angemessener Zeit verständlich sein. Die Unternehmensberichterstattung soll Informationen liefern, die Investoren, Kreditgebern und anderen Lesern des Jahresabschlusses helfen, die Beträge, den Zeitpunkt und die Wahrscheinlichkeit künftiger Mittelzuflüsse und -abflüsse des Unternehmens abzuschätzen. Die Unternehmensberichterstattung soll Informationen über die wirtschaftlichen Ressourcen, z.B. Vermögenswerte eines Unternehmens, die Anspruchsberechtigten der Ressourcen (z.B. Gläubiger und Eigenkapitalgeber) und die Auswirkungen von Transaktionen, Ereignissen und Umständen, die eine Änderung der Ressourcen und der Anspruchsberechtigten der Ressourcen bewirken, liefern.
Hauptziel der Unternehmensberichterstattung sind Informationen über die Höhe und die Zusammensetzung der Ergebnisse des Unternehmens.
b) Die Rechnungslegungsinformationen haben eine Reihe von qualitativen Merkmalen zu erfüllen, die in SFAC 2 wiedergegeben sind (siehe Abschnitt C.I.3b).

HGB
a) Das deutsche Handelsrecht konkretisiert nirgends explizit die Ziele des Jahresabschlusses. Jahresabschlüsse, speziell Einzelabschlüsse, werden durch die Ermittlung des ausschüttungsfähigen Gewinnes und die steuerliche Gewinnermittlung dominiert.
b) Das HGB kennt keine vergleichbaren qualitativen Merkmale für die Rechnungslegung.

b) Annahme der Fortführung der Unternehmenstätigkeit

Grundsätzlich bestehen keine Unterschiede.
Die Anwendung des Vorsichtsprinzips als übergeordnetes Prinzip in Deutschland kann der Annahme der Fortführung der Unternehmenstätigkeit widersprechen.

c) Bewertungsstetigkeit

US-GAAP

a) Eine Änderung der Bilanzierungs- und Bewertungsmethoden ergibt sich aus der Anwendung eines »generally accepted accounting principle«, das sich von einer vorher angewendeten Bilanzierungs- und Bewertungsmethode unterscheidet. Das Unternehmen muß die Anwendung der anderen Bilanzierungs- und Bewertungsmethode begründen.

b) Das Stetigkeitsgebot erstreckt sich auch auf die Bilanzierungsmethoden und nicht nur auf die Bewertungsmethoden.

HGB

a) Nach dem HGB sollen die Bewertungsmethoden beibehalten werden. Von diesem Grundsatz darf nur in begründeten Ausnahmefällen abgewichen werden. In der Praxis werden von den Wirtschaftsprüfern viele Ausnahmen geduldet.

b) Das Stetigkeitsgebot erstreckt sich nicht auf die Bilanzierungsmethoden.

d) Periodengerechte Erfolgsermittlung

US-GAAP

In den USA ist die periodengerechte Erfolgsermittlung (accrual principle) der wichtigste Rechnungslegungsgrundsatz.

HGB

Das Realisationsprinzip und das Imparitätsprinzip, das Steuerrecht, die Wahlrechte, der Vorrang der Einzelvorschriften vor der Generalnorm und der in der Generalnorm enthaltene Zusatz »unter Beachtung der Grundsätze ordnungsmäßiger Buchführung« beeinträchtigen in Deutschland die periodengerechte Erfolgsermittlung erheblich.

e) Vorsichtsprinzip

US-GAAP

Das Vorsichtsprinzip (conservatism) wird in den USA nicht als ein selbständiger Grundsatz oder qualitatives Merkmal betrachtet, da es in der Regel dem Prinzip der periodengerechten Erfolgsermittlung widerspricht. Es wird jedoch im sehr eng ausgelegten Imparitätsprinzip und im Niederstwertprinzip berücksichtigt.

HGB

Im deutschen Handelsrecht wird das Vorsichtsprinzip als ein übergeordnetes Prinzip aufgefaßt. Das Realisationsprinzip und das Imparitätsprinzip, die Teile des Vorsichtsprinzips sind, werden sehr weit ausgelegt. Das Vorsichtsprinzip bietet deutschen Unternehmen die Möglichkeit zu an Willkür grenzende Bilanzpolitik.

f) Wirtschaftliche Betrachtungsweise

US-GAAP

Der Grundsatz der wirtschaftlichen Betrachtungsweise (substance over form) ist nicht ausdrücklich in SFAC 2 aufgeführt. Er wird jedoch indirekt durch die anderen in SFAC 2 aufgeführten Merkmale, insbesondere die Verläßlichkeit (reliability) und glaubwürdige Darstellung (representational faithfulness), berücksichtigt. Aus den sehr detaillierten US-GAAP-Verlautbarungen kann man jedoch erkennen, daß der Grundsatz der wirtschaftlichen Betrachtungsweise bei der Entwicklung von US-GAAP eine herausragende Rolle spielt.

HGB

Der Grundsatz der wirtschaftlichen Betrachtungsweise ist im HGB nicht kodifiziert. Er wird auch praktisch in wichtigen Fällen nicht angewendet (z.B. Leasing, Sale and leaseback).

g) Wesentlichkeit

US-GAAP

In den US-GAAP wird Wesentlichkeit weniger als qualitatives Merkmal, sondern als quantitatives Merkmal gesehen. Das bedeutet, Informationen brauchen nur dann gegeben zu werden, wenn eine sachverständige Person anders entschieden hätte, wenn die Informationen vollständig gewesen wären. Durch den Grundsatz der Wesentlichkeit soll verhindert werden, daß die relevanten Informationen des Jahresabschlusses durch eine zu große Menge unwichtiger Informationen verschleiert und nicht beachtet werden.

HGB

Der Grundsatz der Wesentlichkeit ist im HGB im Gegensatz zu den US-GAAP nicht generell kodifiziert.

h) Verständlichkeit, Relevanz (Voraussagetauglichkeit, Erwartungsüberprüfung, zeitnahe Berichterstattung), Verläßlichkeit (Nachprüfbarkeit, Neutralität, glaubwürdige Darstellung) und Vergleichbarkeit bei den US-GAAP und Klarheit, Übersichtlichkeit und Vollständigkeit im HGB

In der Überschrift sind die Grundsätze bzw. qualitativen Anforderungen bei den US-GAAP, die Rechnungslegungsinformationen für Entscheidungsträger nützlich zu machen, den Bilanzansatz- und Bewertungsgrundsätzen des HGB gegenübergestellt.
Es besteht zwar kein Widerspruch zwischen den Grundsätzen, jedoch sind die amerikanischen Grundsätze wesentlich ausführlicher und werden von der Nützlichkeit für Entscheidungsträger bestimmt.
Selbst die wenigen im HGB angeführten Grundsätze werden bei deutschen Jahresabschlüssen nur eingeschränkt praktiziert.

Wesentliche Gründe dafür sind
- die Maßgeblichkeit der Handelsbilanz für die Steuerbilanz und die umgekehrte Maßgeblichkeit sowie
- die Möglichkeit, durch Angaben im Anhang die Bilanz und Gewinn- und Verlustrechnung richtigzustellen.

Zusammenfassend kann man sagen, daß wesentliche Unterschiede bei diesen allgemeinen Grundsätzen bestehen.

i) Saldierung

Grundsätzlich bestehen keine Unterschiede.

j) Ansatzvorschriften

Vermögenswerte und Schulden sind in den US-GAAP definiert. Vermögensgegenstände und Verpflichtungen (Verbindlichkeiten und Rückstellungen) sind im HGB nicht definiert. Der Begriff Vermögenswert geht über den Begriff Vermögensgegenstand hinaus, und der Begriff Schulden wird enger als Verbindlichkeiten und Rückstellungen gesehen. Wegen des engen Begriffes Vermögensgegenstände dürfen gemäß HGB auch genau definierte Bilanzierungshilfen und Rechnungsabgrenzungsposten aktiviert werden.
Wegen der nicht gleichen Begriffe können nach US-GAAP zusätzliche Aktivierungen notwendig sein und weniger Passivierungsmöglichkeiten bestehen. Einzelheiten sind aus dem Vergleich der einzelnen Posten der Bilanz und der Gewinn- und Verlustrechnung zu entnehmen.

k) Anschaffungs- oder Herstellungskosten

US-GAAP
a) Die US-GAAP kennen keine Wahlrechte bei den Herstellungskosten.
b) Nur eindeutig fertigungsbezogene Kosten der Verwaltung dürfen nach den US-GAAP aktiviert werden.
c) Bezüglich der Unterschiede bei den Fremdkapitalkosten siehe unter Abschnitt F.IV.7 Fremdkapitalkosten.
d) Im allgemeinen ist zu den Anschaffungs- und Herstellungskosten zu bewerten. Nach dem erstmaligen Ansatz sind gewisse Wertpapiere und derivative Finanzinstrumente zum beizulegenden Zeitwert zu bewerten. Vorräte dürfen in Ausnahmefällen über die Anschaffungskosten bewertet werden (z.B. Edelmetalle mit einem Börsenpreis und unbedeutenden Vertriebskosten).

HGB
a) Das HGB kennt bei den Herstellungskosten Pflicht- und Wahlbestandteile.
b) Nach dem HGB besteht für die Kosten der allgemeinen Verwaltung ein Aktivie-

rungswahlrecht. Somit ist nach HGB eine höhere Bewertung als nach US-GAAP möglich.

l) Fair presentation (US-GAAP) und Generalnorm (HGB)

US-GAAP
Der Abschlußprüfer darf nur das Testat erteilen, wenn »the financial statements ... present fairly, in all material respects, the financial positions of the ... Company ... and the results of their operations and their cash flows ... in conformity with generally accepted accounting principles«.

HGB
Die Generalnorm der 4. EG-Richtlinie, »ein den tatsächlichen Verhältnissen entsprechendes Bild der Vermögens-, Finanz- und Ertragslage zu geben«, ist im HGB durch den Zusatz »unter Beachtung der Grundsätze ordnungsmäßiger Buchführung« erheblich verwässert worden. Diese verwässerte Generalnorm ist nicht gleichwertig mit der fair presentation.

Da das deutsche Handelsrecht nirgends explizit die Ziele des Jahresabschlusses konkretisiert und durch den Zusatz »unter Beachtung der Grundsätze ordnungsmäßiger Buchführung« Einzelvorschriften Vorrang vor der Generalnorm haben, erfüllt die Rechnungslegung nach HGB die Anforderungen an eine fair presentation nicht. Daran ändert auch eine Richtigstellung im Anhang nichts.

Im einzelnen widersprechen folgende Punkte dem Prinzip der fair presentation:
- übergeordnetes Vorsichtsprinzip einschließlich des Realisations- und Imparitätsprinzips,
- Bewertungsstetigkeit ist nur eine Sollvorschrift; in der Praxis werden von den Wirtschaftsprüfern viele Ausnahmen geduldet,
- das Stetigkeitsgebot bezieht sich nicht auf die Bilanzierungsmethoden,
- der Grundsatz der wirtschaftlichen Betrachtungsweise ist nirgends kodifiziert und wird nicht angewendet,
- es gibt die Möglichkeit, stille Reserven still aufzulösen,
- es gibt die Möglichkeit, Aufwandsrückstellungen zu bilden,
- die Angabepflichten sind zu gering und zu unpräzise (z.B. sonstige finanzielle Verpflichtungen).

Folgende Punkte beeinträchtigen die fair presentation bei deutschen Jahresabschlüssen:
- In besonderen Fällen kann auch der Grundsatz der Einzelbewertung (z.B. derivative Finanzinstrumente), die rechtliche Betrachtungsweise und der Grundsatz der Bilanzidentität (z.B. bei schwerwiegenden Fehlern und der Änderung der Bilanzierungs- und Bewertungsmethoden) der fair presentation widersprechen.
- Die geforderte Angabe der Bilanzierungs- und Bewertungsmethoden bei den US-GAAP erfüllt die Anforderung an eine fair presentation wesentlich besser als die geforderte Angabe nach dem HGB.
- Die den Bilanzierungs- und Bewertungsgrundsätzen (Klarheit, Übersichtlichkeit und Vollständigkeit) des HGB entsprechenden Vorschriften der US-GAAP sind

detaillierter und lassen im Gegensatz zum HGB keine Richtigstellung der Bilanz und der Gewinn- und Verlustrechnung im Anhang zu.

Darüber hinaus widersprechen noch folgende Punkte dem Prinzip der fair presentation, die für den Konzernabschluß nur eingeschränkt oder nicht gelten:
- Maßgeblichkeit der Handelsbilanz für die Steuerbilanz und umgekehrte Maßgeblichkeit,
- Vorrang der Ergebnisbemessungsfunktion vor der Informationsfunktion (herrschende Literaturmeinung).

m) Angabe der Bilanzierungs- und Bewertungsmethoden

US-GAAP
Bei den US-GAAP sind die Bilanzierungs- und Bewertungsmethoden zu beschreiben, die die Finanz- und Ertragslage wesentlich beeinflussen. Sie sind vor allem dann darzustellen, wenn
- eine Wahl unter mehreren möglichen Alternativen stattgefunden hat,
- es sich um besondere Grundsätze und Methoden eines bestimmten Industriezweiges handelt oder
- die konkrete Anwendung ungewöhnlich oder innovativ ist.

Es gibt keine Vorschriften, wo die Angaben im einzelnen zu machen sind. Die wesentlichen Bilanzierungs- und Bewertungsmethoden müssen hervorgehoben und als Kernbestandteil des Jahresabschlusses gekennzeichnet werden.

HGB
Im HGB heißt es nur, daß die auf die Posten der Bilanz und der Gewinn- oder Verlustrechnung angewendeten Bilanzierungs- und Bewertungsmethoden angegeben werden müssen.

n) Grundsatz der Bilanzidentität

US-GAAP
a) Der Grundsatz der Bilanzidentität ist in den US-GAAP nicht gesondert aufgeführt. Er kann aufgrund der in dem Conceptual Framework angegeben qualitativen Merkmale als selbstverständlich angesehen werden.
b) In den US-GAAP ist geregelt, daß Fehler aus Vorjahren und gewisse Änderungen von Bewertungsgrundsätzen durch die Änderung des Anfangsbestandes der Gewinnrücklage zu korrigieren sind. Die Abschlüsse der Vorjahre sind ebenfalls zu korrigieren. Bei wirtschaftlicher Betrachtungsweise kann man bei dieser Vorgehensweise nicht davon sprechen, daß der Grundsatz der Bilanzidentität durchbrochen wird.

HGB
a) Im HGB ist der Grundsatz der Bilanzidentität gesondert aufgeführt.
b) Die rechtliche Betrachtungsweise läßt wegen des § 252 Abs. 1 HGB eine vergleichbare Vorgehensweise in Deutschland nicht zu.

o) Grundsatz der Einzelbewertung

US-GAAP
Der Grundsatz der Einzelbewertung ist in den US-GAAP nicht gesondert aufgeführt, läßt sich jedoch indirekt aus SFAC 6 und einzelnen Verlautbarungen der US-GAAP ableiten.
Der nicht explizit in den US-GAAP genannte Grundsatz der Einzelbewertung läßt eine wirtschaftlich sinnvollere Bewertung, z.B. bei den Wertpapieren und den derivativen Finanzinstrumenten, zu.

HGB
Im HGB ist der Grundsatz der Einzelbewertung explizit aufgeführt. Gewichtige Ausnahmen sind die laut HGB zugelassene Gruppenbewertung, Festbewertung und das Verbrauchsfolgeverfahren.

2. Bestandteile und Gliederung des Jahresabschlusses

a) Bestandteile

US-GAAP
Bilanz
Gewinn- und Verlustrechnung (Umsatzkostenverfahren)
Gesamtgewinn (comprehensive income = total nonowner changes in equity)
Kapitalflußrechnung
Eigenkapitalveränderungsrechnung (statement of changes in stockholders' equity)
Notes (Zusatzinformationen)

HGB
Bilanz
Gewinn- und Verlustrechnung nach dem Gesamtkosten- oder dem Umsatzkostenverfahren
Anhang (Ergänzung und Richtigstellung des Jahresabschlusses)
Kapitalflußrechnung (nur Konzernabschluß)
    (Der Inhalt der Kapitalflußrechnung ist im HGB nicht geregelt)
Eigenkapitalspiegel (nur Konzernabschluß)

b) Gliederung

US-GAAP
Genaue Gliederungsvorschriften gibt es nur für börsennotierte Gesellschaften. Von den anderen Gesellschaften wird diese Gliederungsvorschrift weitgehend befolgt.

HGB
In den §§ 266 und 275 HGB ist das Gliederungsschema für Kapitalgesellschaften enthalten.

3. Währungsumrechnung von Geschäftsvorfällen in fremder Währung

US-GAAP
a) Zum Bilanzstichtag sind die monetären Posten in fremder Währung zum Stichtagskurs umzurechnen.
b) Währungsumrechnungsdifferenzen, die in einem engen Zusammenhang mit einer Beteiligung an einem ausländischen Unternehmen stehen, sind erfolgsneutral als Eigenkapital zu behandeln.
c) Die Angabepflichten sind weitgehender als nach dem HGB.

HGB
Im HGB gibt es keine Regelung für die Währungsumrechnung (Ausnahme: Rechnungslegung der Kreditinstitute).
a) Wegen des Realisationsprinzips ist es nicht zulässig, unrealisierte Erträge aus der Währungsumrechnung erfolgswirksam zu behandeln. Neuerdings wird es als zulässig erachtet, kurzfristige Forderungen und Schulden zum Stichtagskurs zu bewerten.
b) Soweit es in der Literatur dazu Stellungnahmen gibt, wird ein erfolgsneutraler Ausweis von Währungsumrechnungsdifferenzen in diesem Fall nicht für zulässig gehalten.
c) Nach HGB sind nur die Grundlagen der Währungsumrechnung anzugeben.

4. Inflationsbereinigung

US-GAAP
Es werden zusätzliche Informationen empfohlen.

HGB
Das HGB enthält keine Vorschriften oder Empfehlungen.
Wegen des Anschaffungskostenprinzips ist eine Inflationsbereinigung nicht zulässig.

5. Änderung von Bilanzierungs- und Bewertungsmethoden

US-GAAP
Das Prinzip der Bewertungsstetigkeit ist bei den US-GAAP wesentlich strenger als beim HGB.
Eine Änderung von Bewertungsgrundsätzen darf nur aufgrund einer neu herausgegebenen Verlautbarung vorgenommen werden oder wenn das Unternehmen nachweist, daß eine andere zulässige Bewertungsmethode vorzuziehen ist. Die Änderung ist rückwirkend vorzunehmen, d.h. die Buchwerte sind in der frühesten im aktuel-

len Abschluß dargestellten Vergleichsperiode anzupassen, sofern es nicht undurchführbar ist. Die Art und der Grund der Änderung der Bilanzierungs- und Bewertungsmethode und die Methode der Änderung sind anzugeben.

HGB
Abweichungen von den Bilanzierungs- und Bewertungsmethoden müssen angegeben und begründet werden; deren Einfluß auf die Vermögens-, Finanz- und Ertragslage ist gesondert darzustellen. Eine verbale Berichterstattung von wesentlichen Abweichungen wird als genügend angesehen.

6. Korrekturen von Fehlern aus Vorperioden

US-GAAP
Nach den US-GAAP sind Fehler aus Vorjahren durch die Änderung des Anfangsbestandes der Gewinnrücklagen und durch Änderung der Vorjahresabschlüsse zu korrigieren.

HGB
Die Korrektur wird erfolgswirksam in der Berichtsperiode vorgenommen.

7. Ereignisse nach dem Bilanzstichtag

US-GAAP
Eine Offenlegung von wertbeeinflussenden Tatsachen kann angebracht sein, um eine Irreführung durch den Jahresabschluß zu vermeiden. Wenn die wertbeeinflussenden Tatsachen bedeutend sind, sind Pro-forma-Finanzdaten unter der Annahme offenzulegen, daß sich die Tatsachen bereits zum Bilanzstichtag ereignet hätten.
Die Angaben sind weitgehender als nach dem HGB.

HGB
Bei Kapitalgesellschaften hat der Lagebericht auf Vorgänge von besonderer Bedeutung, die nach dem Schluß des Geschäftsjahres eingetreten sind, einzugehen.

III. Inhalt, Ausweis und Bilanzierungs- und Bewertungsgrundsätze einzelner Posten der Bilanz sowie der dazugehörigen Angaben

1. Immaterielle Vermögenswerte

US-GAAP
a) Selbstgeschaffene immaterielle Vermögenswerte sind aktivierungsfähig, sofern der erwartete künftige Vorteil verläßlich bestimmbar und der Rückfluß der Mittel ziemlich sicher ist und sofern eine Aktivierung nicht ausdrücklich unmöglich ist. In der Regel handelt es sich dabei aber nur um die Kosten zur Erlangung und Sicherung der Nutzungsrechte der selbstgeschaffenen immateriellen Vermögenswerte (z.B. Kosten der Eintragung und Anmeldung eines Patents einschließlich der dadurch entstehenden Kosten für Zeichnungen und Modelle). Es gibt eine Reihe von speziellen Vorschriften für bestimmte immaterielle Vermögenswerte (z.B. Computer Software).
b) Aufwendungen für die Ingangsetzung und Erweiterung des Geschäftsbetriebs und Gründungskosten sind sofort erfolgswirksam zu erfassen.
c) Der Geschäfts- oder Firmenwert ist bei einem asset deal zu aktivieren (bei share deal: Equity-Bewertung).
d) Immaterielle Vermögenswerte mit unbestimmter Nutzungsdauer sind nicht planmäßig abzuschreiben. Sie sind in jeder Berichtsperiode oder wenn Anzeichen für eine Wertminderung vorliegen zu untersuchen, ob ein Verlust aus der Wertminderung zu buchen ist.
e) Die Angabepflichten sind weitergehender als nach dem HGB.

HGB
a) Für immaterielle Vermögensgegenstände des Anlagevermögens, die nicht entgeltlich erworben wurden, darf kein Aktivposten angesetzt werden.
b) Für die Aufwendungen für die Ingangsetzung und Erweiterung des Geschäftsbetriebs besteht ein Bilanzierungswahlrecht als Bilanzierungshilfe. Sie unterliegen der Ausschüttungssperre. Aufwendungen für die Gründung des Unternehmens und für die Beschaffung des Eigenkapitals dürfen nicht aktiviert werden.
c) Ein bei einem Unternehmenskauf in Form von Vermögensgegenständen (asset deal) entstandener Geschäfts- oder Firmenwert darf aktiviert oder sofort als Aufwand verrechnet werden. (Bei einem Unternehmenskauf in Form von Anteilen [share deal] ist der gesamte Kaufpreis als Beteiligung zu aktivieren.)
d) Immaterielle Vermögensgegenstände sind planmäßig über die wirtschaftliche Nutzungsdauer abzuschreiben. Steuerlich zulässige Abschreibungen dürfen vorgenommen werden. Bei voraussichtlich dauernder Wertminderung ist eine außerordentliche Abschreibung vorzunehmen.

2. Sachanlagen

US-GAAP

a) Fremdkapitalkosten sind zu aktivieren.
b) Die Anschaffungs- oder Herstellungskosten sind über die voraussichtliche wirtschaftliche Nutzungsdauer zu verteilen. Es gibt keine Abschreibungstabellen. Man orientiert sich an den Abschreibungsmethoden und -sätzen der Konkurrenz.
c) Wenn der Netto-cash-flow eines Vermögenswertes seinen Buchwert unterschreitet, ist eine außerordentliche Abschreibung vorzunehmen.
d) Steuerrechtliche Abschreibungen können nicht vorgenommen werden.
e) Eine Wertaufholung ist nicht möglich.
f) Das Festwertverfahren ist nicht ausdrücklich als Bewertungsvereinfachungsverfahren erwähnt. Wegen des Grundsatzes der Wesentlichkeit und der Wirtschaftlichkeit (benefits vs. costs) dürfte es in Ausnahmefällen nicht zu beanstanden sein.
g) Die Angabepflichten sind weitgehender als nach dem HGB. Nicht betriebsnotwendige Sachanlagen sind getrennt auszuweisen.

HGB

a) Für Fremdkapitalkosten besteht ein Aktivierungswahlrecht.
b) Bei zeitabhängiger Abschreibung müssen die Anschaffungs- oder Herstellungskosten planmäßig auf die Geschäftsjahre verteilt werden, in denen der Vermögensgegenstand voraussichtlich genutzt wird. Man orientiert sich an den steuerlichen Abschreibungstabellen. Die einmal gewählte Abschreibungsmethode ist grundsätzlich beizubehalten; es darf jedoch von der degressiven zur linearen Methode gewechselt werden.
c) Die außerplanmäßigen Abschreibungen orientieren sich am niedrigeren beizulegenden Wert; die Ermittlung des niedrigen Wertes ist gesetzlich nicht geregelt; in der Regel orientiert man sich am Wiederbeschaffungswert. Es besteht nur eine Abschreibungspflicht bei dauerndem Verlust aus Wertminderung, nicht bei vorübergehendem Verlust aus Wertminderung.
d) Steuerrechtliche Abschreibungen (z.B. erhöhte Absetzungen, Sonderabschreibungen) können vorgenommen werden (umgekehrte Maßgeblichkeit). Der Unterschied zwischen dem handelsrechtlichen und dem niedrigeren steuerlichen Wertansatz kann passivisch als Sonderposten mit Rücklageanteil ausgewiesen werden.
e) Bei Wegfall des Grundes für eine Wertminderung ist eine Wertaufholung bis zu den fortgeführten Anschaffungs- und Herstellungskosten vorzunehmen.
f) Das Festwertverfahren ist zulässig, wenn der Gesamtwert der Vermögensgegenstände für das Unternehmen von nachrangiger Bedeutung ist und er nur geringen Veränderungen unterliegt und alle drei Jahre eine körperliche Inventuraufnahme erfolgt.

3. Finanzanlagen

US-GAAP

a) Zu den Wertpapieren des Anlagevermögens zählen
   - held-to-maturity securities (schuldrechtliche Wertpapiere, die bis zu ihrer Fälligkeit im Besitz des Unternehmens verbleiben sollen, sofern die Wertpapiere nicht im folgenden Jahr fällig werden),
   - available-for-sale securities (Anteile und schuldrechtliche Wertpapiere, die weder eindeutig zum dauernden Besitz im Unternehmen bestimmt sind noch mit der Absicht zum baldigen Verkauf erworben wurden).

Darüber hinaus kennen die US-GAAP noch die trading securities (Anteile und schuldrechtliche Wertpapiere, die hauptsächlich zum baldigen Verkauf gehalten werden), die jedoch Wertpapiere des Umlaufvermögens sind.

Held-to-maturity securities sind mit den Anschaffungskosten unter Berücksichtigung der anteiligen Abschreibung eines Agios oder Disagios zu bewerten. Available-for-sale securities sind mit dem beizulegenden Zeitwert (fair value) zu bewerten. Unrealisierte Gewinne und Verluste (./. Ertragsteuern) sind in einem gesonderten Eigenkapitalposten ergebnisneutral zu erfassen.

Bei held-to-maturity securities und available-for-sale securities sind bei nachhaltigem Verlust aus Wertminderung unter die Anschaffungskosten außerplanmäßige Abschreibungen vorzunehmen. Eine spätere Wertaufholung ist nicht möglich.

Spätere Veränderungen des beizulegenden Zeitwertes bei available-for-sale securities sind in einem gesonderten Eigenkapitalposten zu erfassen.

b) Die Angabepflichten sind weitgehender als nach dem HGB.

HGB

a) Gemäß § 247 Abs. 2 HGB sind beim Anlagevermögen nur die Gegenstände auszuweisen, die bestimmt sind, dauernd dem Geschäftsbetrieb zu dienen. Gemäß § 266 Abs. 2 sind unter Finanzanlagen getrennt auszuweisen:
   - Anteile an verbundenen Unternehmen,
   - Ausleihungen an verbundene Unternehmen,
   - Beteiligungen,
   - Ausleihungen an Unternehmen, mit denen ein Beteiligungsverhältnis besteht,
   - Wertpapiere des Anlagevermögens,
   - sonstige Ausleihungen.

Im HGB erfolgt der Ausweis somit nach Art der Vermögensgegenstände. Die Anschaffungs- und Herstellungskosten sind die Bewertungsobergrenze. Bei einer voraussichtlich nur vorübergehenden Wertminderung können außerordentliche Abschreibungen vorgenommen werden; bei einer voraussichtlich dauernden Wertminderung müssen außerordentliche Abschreibungen vorgenommen werden. Bei Wegfall der Gründe der Wertminderung ist eine Wertaufholung bis zu den Anschaffungskosten vorzunehmen.

4. Vorräte

US-GAAP
a) Die Bewertung hat zu Vollkosten zu erfolgen.
b) Nicht unmittelbar fertigungsbezogene Kosten der allgemeinen Verwaltung dürfen nicht aktiviert werden.
c) Bei der Bestimmung des Niederstwertes ist auch der Absatzmarkt zu berücksichtigen.
d) Abschreibungen auf den niedrigeren Zukunftswert und steuerrechtliche Abschreibungen sind unzulässig.
e) In besonderen Ausnahmefällen dürfen Vorräte über den Anschaffungskosten bewertet werden (z.B. Edelmetalle).
f) Das Festwertverfahren ist in den US-GAAP nicht ausdrücklich als Bewertungsverfahren erwähnt. Wegen des Grundsatzes der Wesentlichkeit und der Wirtschaftlichkeit (benefits vs. costs) dürfte es in Ausnahmefällen nicht zu beanstanden sein.
g) Die Angabepflichten sind etwas weitergehender als nach dem HGB.

HGB
a) Das HGB unterscheidet bei den Herstellungskosten zwischen Pflichtbestandteilen und Wahlbestandteilen.
b) Nicht unmittelbar fertigungsbezogene Kosten der allgemeinen Verwaltung dürfen als Wahlbestandteil aktiviert werden.
c) Die Bestimmung des Niederstwertprinzips ist nicht eindeutig geregelt. Steuerrechtlich kann in Deutschland bei der Ermittlung des Niederstwertes ein durchschnittlicher Unternehmensgewinn abgezogen werden.
d) Es können Abschreibungen auf den niedrigeren Zukunftswert und steuerrechtliche Abschreibungen gemacht werden.
e) Eine Bewertung über den Anschaffungskosten ist nicht zulässig.
f) Das Festwertverfahren ist zulässig, wenn der Gesamtwert dieser Vermögensgegenstände für das Unternehmen von nachrangiger Bedeutung ist und nur geringen Veränderungen unterliegt und alle drei Jahre eine körperliche Inventaraufnahme durchgeführt wird.

5. Langfristige Fertigungsaufträge

US-GAAP
a) Die percentage-of-completion method wird empfohlen, wenn die Schätzung des Fertigstellungsgrades der Gesamterträge und der Gesamtkosten des langfristigen Vertrages einigermaßen verläßlich bestimmbar ist. Die completed-contract method ist dann vorzuziehen, wenn in Ermangelung verläßlicher Schätzungen oder innewohnender Risiken Prognosen zweifelhaft erscheinen. Die percentage-of-completion method ist in den USA allgemein üblich.

b) Es sind eine Reihe konkreter Angaben über die langfristigen Fertigungsaufträge zu machen.

HGB
a) Im HGB sind keine Vorschriften über die langfristige Auftragsfertigung enthalten. Wegen des Realisationsprinzips ist es sehr fraglich, ob eine anteilige Gewinnrealisierung entsprechend dem Projektfortschritt ohne endgültige Teilabrechnung zulässig ist.
b) Es ist nur eine pauschale Angabe über Bilanzierungs- und Bewertungsmethoden zu machen.

6. Kurzfristige Forderungen und sonstige Vermögensgegenstände (einschließlich Rechnungsabgrenzungsposten)

US-GAAP
a) Üblich sind Pauschalwertberichtigungen nach der percentage-of-credit-sale method.
b) Fremdwährungsforderungen sind mit dem Stichtagskurs (Geldkurs) umzurechnen.
c) Nicht erstattungsfähige Zölle und Verbrauchsteuern, soweit sie auf am Abschlußstichtag auszuweisende Vermögensgegenstände des Vorratsvermögens entfallen, dürfen nicht als Rechnungsabgrenzungsposten, sondern müssen als Anschaffungs- oder Herstellungskosten des Vorratsvermögens berücksichtigt werden.
d) Ein Disagio ist von der Verbindlichkeit abzusetzen und während der Laufzeit zuzuschreiben.

HGB
a) Pauschalwertberichtigungen ohne konkrete Berechnungsmethode sind üblich.
b) Fremdwährungsforderungen sind zum Kurs der Erstverbuchung oder ggf. zum niedrigeren Stichtagskurs auszuweisen.
c) Nicht erstattungsfähige Zölle und Verbrauchsteuern, soweit sie auf am Abschlußstichtag auszuweisende Vermögensgegenstände des Vorratsvermögens entfallen, dürfen auch als Rechnungsabgrenzungsposten statt als Anschaffungs- oder Herstellungskosten des Vorratsvermögens ausgewiesen werden.
d) Ein Disagio darf als Rechnungsabgrenzungsposten aktiviert werden. Steuerlich besteht Aktivierungspflicht. Es sind planmäßige Abschreibungen vorzunehmen, die auf die gesamte Laufzeit der Verbindlichkeiten verteilt werden können.

7. Wertpapiere des Umlaufvermögens

US-GAAP
a) Zu Handelszwecken gehaltene finanzielle Vermögenswerte (held for trading) sind mit dem beizulegenden Zeitwert zu bewerten. Gewinne oder Verluste aus der

Veränderung des beizulegenden Zeitwertes sind erfolgswirksam zu berücksichtigen.

Zur Veräußerung verfügbare finanzielle Vermögenswerte (available for sale) sind mit dem beizulegenden Zeitwert zu bewerten. Gewinne und Verluste sind erfolgsneutral direkt im Eigenkapital zu erfassen.

Bis zur Endfälligkeit zu haltende finanzielle Vermögenswerte (held to maturity), die im folgenden Jahr fällig werden, sind Wertpapiere des Umlaufvermögens; sie sind mit den fortgeführten Anschaffungskosten nach der Effektivzinsmethode zu bewerten. Gegebenenfalls sind außerordentliche Abschreibungen vorzunehmen; eine Wertaufholung ist nicht zulässig.

b) Die Angabepflichten sind weitergehender als nach dem HGB.

HGB

a) Wertpapiere des Umlaufvermögens sind mit den Anschaffungskosten bzw. mit dem niedrigeren beizulegenden Wert zu bewerten.

8. Flüssige Mittel

US-GAAP

Zweckgebundene flüssige Mittel sind unter den other assets auszuweisen. Verfügungsbeschränkungen sind im Jahresabschluß anzugeben.

HGB

Das HGB enthält keine Regelungen über zweckgebundene flüssige Mittel sowie über den Ausweis und die Angabe von flüssigen Mitteln, die Verfügungsbeschränkungen unterliegen.

9. Eigenkapital

US-GAAP

a) Eine Eigenkapitalveränderungsrechnung ist Pflichtbestandteil des Abschlusses.
b) Eigene Aktien sind nicht – sofern sie nicht definitiv gelöscht sind – unter den Wertpapieren auszuweisen, sondern offen mit ihren Anschaffungskosten vom Eigenkapital abzusetzen.
c) Ein nicht durch Eigenkapital gedeckter Fehlbetrag ist als negativer Posten des Eigenkapitals zu zeigen.
d) Es gibt keine Sonderposten mit Rücklageanteil.
e) Vorzugsaktien mit Kündigungsrecht sind im Ausgabezeitpunkt mit ihrem Marktwert (fair value) außerhalb des Eigenkapitals gesondert anzusetzen. Der Unterschied zwischen dem Marktwert im Ausgabezeitpunkt und dem Rückzahlungsbetrag (mandatory redemption amount) ist durch eine periodische Zuschreibung zu Lasten der Gewinnrücklagen laufend zu vermindern.

f) Anteilsbasierte Vergütungen sind zum Gewährungszeitpunkt erfolgswirksam zum beizulegenden Zeitwert zu erfassen.
g) Gesetzliche Rücklagen und Gewinnvorträge gibt es nicht.

HGB
a) Ein Eigenkapitalspiegel ist nur beim Konzernabschluß Pflichtbestandteil.
b) Eigene Aktien sind unter den Wertpapieren gesondert auszuweisen, sofern sie nicht eingezogen werden sollen.
c) Ein nicht durch Eigenkapital gedeckter Fehlbetrag ist am Schluß der Bilanz auf der Aktivseite gesondert auszuweisen.
d) Aufgrund steuerrechtlicher Vorschriften können Sonderposten mit Rücklageanteil gebildet werden.
e) Regelungen über Vorzugsaktien mit Kündigungsrecht gibt es nicht.
f) Es gibt keine Vorschriften für anteilsbasierte Vergütungen.

10. Rückstellungen für Pensionen und ähnliche Verpflichtungen

US-GAAP
a) Bei leistungsorientierten Versorgungszusagen (defined benefit plans) erfolgt die Bewertung nach dem Anwartschaftsbarwertverfahren (projected unit credit method). Hierbei ist die künftige Lohn- und Gehaltssteigerung zu berücksichtigen; der Abzinsungssatz hat sich am langfristigen Kapitalmarktzins zu orientieren. Für pensionsähnliche Verpflichtungen besteht ebenfalls Passivierungspflicht.
b) Abweichungen der tatsächlichen Entwicklung von den gemachten Annahmen beim Barwert der Pensionsverpflichtungen und beim Zeitwert des Planvermögens müssen nur erfolgswirksam berücksichtigt werden, wenn sie 10% übersteigen (Korridorverfahren). Die 10% übersteigenden versicherungsmathematischen Gewinne und Verluste sind über die durchschnittliche Restlebensarbeitszeit der vom Plan erfaßten Arbeitnehmer erfolgswirksam zu erfassen. Das Korridorverfahren ist nicht Pflicht.
Wenn der beizulegende Zeitwert des Planvermögens geringer ist als die bisher erdienten Versorgungsverpflichtungen ohne Berücksichtigung zukünftiger Gehaltserhöhungen (accumulated benefit obligation – ABO), dann ist eine additional minimum liability auszuweisen. Ist eine solche Passivierung vorzunehmen, dann ist als immaterieller Vermögenswert ein gleich hoher Betrag zu aktivieren, sofern er die unrecognized prior service cost nicht übersteigt. Aufwendungen für Zusageerhöhungen bei Arbeitnehmern können über die zukünftige Dienstzeit verteilt werden. Auswirkungen von Änderungen im Versorgungsplan von Rentnern können über die zukünftige Dienstzeit der Arbeitnehmer oder die erwartete Restlebensdauer der Rentner (bei sehr hohem Rentneranteil) verteilt werden.
c) Bei beitragsorientierten Versorgungszusagen bestehen im Prinzip keine Unterschiede, da die Verpflichtung in der Zahlung von vereinbarten Beiträgen besteht.

d) Es bestehen umfangreiche Angabepflichten.
e) Die Bewertung nach US-GAAP ist realitätsnah.

HGB
a) Das HGB enthält keine speziellen Vorschriften über die Ermittlung der Pensionsrückstellungen. Die Passivierungspflicht besteht nach dem HGB nur für Neuzusagen ab dem 1.1.1987. Es gibt auch keine Passivierungspflicht für die Erhöhung der Altzusagen.
Für mittelbare Pensionsverpflichtungen (Unterstützungskassen) und ähnliche Verpflichtungen (Begriff ist im Gesetz nicht geregelt) besteht ebenfalls keine Passivierungspflicht.
Die nicht passivierten Pensionsverpflichtungen sind im Anhang anzugeben. Steuerlich ist das Teilwertverfahren, das zur Gruppe der Gleichverteilungsverfahren gehört, vorgegeben; künftige Lohn- und Gehaltssteigerungen sind dabei nicht zu berücksichtigen. Es ist ein Kapitalisierungszinsfuß von 6% vorgeschrieben, während nach HGB auch ein niedrigerer Zinsfuß zulässig ist.
b) Der sich aus einer Erhöhung der Pensionsverpflichtungen ergebende Aufwand kann unter bestimmten Voraussetzungen steuerrechtlich auf drei Geschäftsjahre verteilt werden. Handelsrechtlich ist dies ebenfalls üblich.
c) Bei beitragsorientierten Versorgungszusagen bestehen im Prinzip keine Unterschiede, da die Verpflichtung in der Zahlung von vereinbarten Beiträgen besteht.
d) Die Bilanzierungs- und Bewertungsmethode ist anzugeben.
e) Die Pensionsverpflichtungen sind meistens zu niedrig bewertet.

11. Sonstige Rückstellungen, Eventualschulden und Eventualforderungen

US-GAAP
a) Die US-GAAP unterscheiden nicht zwischen Rückstellungen und Schulden, da sie nur die Begriffe accrued liabilities und contingent liabilities und nicht den Begriff provision kennen.
Es sind nur Verpflichtungen gegenüber Dritten zu passivieren, die wahrscheinlich sind und vernünftig geschätzt werden können. Im Zweifelsfalle ist nur der Mindestbetrag anzusetzen. Es dürfen somit keine Aufwandsrückstellungen gebildet werden.
Die Frage der Abzinsung ist generell nicht explizit geregelt. In bestimmten Fällen (z.B. Umweltschutzmaßnahmen) ist eine Abzinsung vorgesehen.
Es gibt spezielle Vorschriften für Restrukturierungskosten, für Verpflichtungen bei Stillegung von Anlagen und Verpflichtungen aus Garantien.
b) Eventualschulden sind nicht anzusetzen. Sofern die Voraussetzungen für eine Rückstellung nicht vorliegen, sind, sofern die Erfolgsunsicherheit (contingency) nicht relativ unwahrscheinlich ist, Angaben über die Erfolgsunsicherheit und den möglichen Verlust oder die Bandbreite des Verlustes zu machen.

c) Eventualforderungen werden normalerweise nicht gebucht, bevor sie eingetreten sind. Eine Angabe kann jedoch angebracht sein.
d) Die Angabepflichten sind etwas weitgehender als nach dem HGB.

HGB
a) Rückstellungen sind für ungewisse Verbindlichkeiten und für drohende Verluste aus schwebenden Geschäften zu bilden. Sie können gebildet werden, wenn der Eintritt einer Verpflichtung möglich ist.
Es sind auch Rückstellungen für unterlassene Instandhaltung, die im folgenden Geschäftsjahr innerhalb von drei Monaten, und für Abraumbeseitigung, die im folgenden Geschäftsjahr nachgeholt wird, zu bilden. Es können auch Rückstellungen für unterlassene Instandhaltung, die innerhalb eines Geschäftsjahres nachgeholt wird, sowie Aufwands-rückstellungen gebildet werden.
Bei der Ermittlung des Rückstellungsbetrages ist das Vorsichtsprinzip zu beachten.
Rückstellungen dürfen nur abgezinst werden, soweit die ihnen zugrundeliegenden Verbindlichkeiten einen Zinsanteil enthalten.
Es gibt keine speziellen Vorschriften für Restrukturierungskosten, für Verpflichtungen bei Stillegung von Anlagen und Verpflichtungen aus Garantien.
Der Ermessensspielraum bei den sonstigen Rückstellungen ist sehr groß.
b) Es sind die Haftungsverhältnisse (Eventualschulden) aus der Begebung und Übertragung von Wechseln (Wechselobligo), aus Wechsel- und Scheckbürgschaften und aus Gewährleistungsverträgen und die Haftungsverhältnisse aus der Bestellung von Sicherheiten für fremde Verbindlichkeiten unabhängig von der Höhe des damit verbundenen Risikos zu vermerken. Andere Haftungsverhältnisse sind nicht anzugeben. Die Haftungsverhältnisse sind auch anzugeben, wenn ihnen Rückgriffsforderungen (z.B. Wechselregreß) gegenüberstehen.
c) Eventualforderungen dürfen aufgrund des Realisationsprinzips nicht ausgewiesen werden.

12. Verbindlichkeiten

US-GAAP
a) Falls der vereinbarte Zinssatz nicht mit dem Marktzins übereinstimmt, sind die langfristigen Verbindlichkeiten, d.h. die nach einem Jahr oder später fällig werden, mit dem Barwert anzusetzen.
b) Fremdwährungsverbindlichkeiten sind zum Stichtagskurs umzurechnen.
c) Rechnungsabgrenzungsposten sind zusammen mit den anderen kurzfristigen Verbindlichkeiten auszuweisen.
d) Die Angabepflichten sind weitgehender als nach dem HGB.

HGB
a) Langfristige Verbindlichkeiten werden in der Regel mit dem Rückzahlungsbetrag angesetzt.

b) Fremdwährungsverbindlichkeiten sind zum Kurs der Erstverbuchung oder ggf. zum höheren Stichtagskurs auszuweisen.
c) Rechnungsabgrenzungsposten sind in einem gesonderten Posten auszuweisen.

13. Latente Steuern

US-GAAP

a) Für aktive latente Steuern besteht Aktivierungspflicht, sofern die Realisierung mit über 50 % wahrscheinlich ist. Das gilt auch für aktive latente Steuern aus steuerlichen Verlustvorträgen.
b) Bei passiven latenten Steuern ist die Verbindlichkeitsmethode (liability method) anzuwenden.
c) Es sind die latenten Steuern auf temporäre Unterschiede (Unterschiede zwischen dem handelsrechtlichen und steuerrechtlichen Bilanzansatz von Vermögenswerten und Schulden, die sich später umkehren) abzugrenzen. Quasipermanente Unterschiede werden wie permanente Unterschiede behandelt.
d) Aktive und passive latente Steuern sind getrennt zu zeigen.
e) Die Angabepflichten sind wesentlich weitgehender als nach dem HGB.

HGB

a) Für aktive latente Steuern besteht ein Aktivierungswahlrecht. Für die durch Konsolidierungsmaßnahmen verursachten aktiven latenten Steuern besteht im Konzernabschluß dagegen Aktivierungspflicht. Die Entlastungswirkungen von steuerlichen Verlustvorträgen dürfen nur im Rahmen der passiven latenten Steuern berücksichtigt werden, nicht aber zu einem eigenen Posten aktive latente Steuern führen.
b) Nach dem Wortlaut des HGB müßte in Deutschland bei den passiven latenten Steuern die Verbindlichkeitsmethode angewendet werden, in der Bilanzierungspraxis geschieht das aber nicht immer in vollem Umfang.
Da sich nach herrschender Meinung die latenten Steuern im Konzernabschluß aus der Summe der latenten Steuern der Einzelabschlüsse ergeben, ist bei deutschen Konzernabschlüssen die Einbeziehung der latenten Steuerverpflichtungen, die auf künftig zu erwartenden, aber noch nicht vorgeschlagenen oder beschlossenen Gewinnausschüttungen von Tochterunternehmen oder nach der Equity-Methode bewerteten Beteiligungen lasten, nicht möglich.
c) Es werden die latenten Steuern auf timing differences (Unterschiede zwischen den handelsrechtlichen und steuerrechtlichen Gewinnen, die sich in späteren Perioden umkehren) abgegrenzt. Quasipermanente Unterschiede werden wie temporäre Unterschiede behandelt.
d) Gemäß Wirtschaftsprüfer-Handbuch 2006, S. 1278, ist eine Saldierung der aktiven und passiven latenten Steuern auch in der Konzernbilanz möglich. (Dagegen fordert DRS 10 den unsaldierten Ausweis der latenten Steuern.)

14. Leasing

US-GAAP

a) Finanzierungsleasing/Mietleasing
   Die US-GAAP unterscheiden zwischen Finanzierungsleasing (capital lease) und Mietleasing (operating lease). Die Einstufung, ob es sich um Finanzierungsleasing oder Mietleasing handelt, hängt vom wirtschaftlichen und nicht vom rechtlichen Inhalt des Leasingvertrages ab. Beim Finanzierungsleasing hat der Leasingnehmer das Leasingobjekt zu aktivieren und als Verbindlichkeit zu passivieren und beim Mietleasing hat der Leasinggeber das Leasingobjekt zu aktivieren.
b) Sale and leaseback
   Bei einem Sale-and-leaseback-Geschäft ist die Realisierung eines Veräußerungsgewinnes zum Verkaufszeitpunkt nicht zulässig.
c) Angabepflichten
   Es sind umfangreiche Angabepflichten zu erfüllen.

HGB

a) Finanzierungsleasing/Mietleasing
   Das HGB enthält keine Vorschriften über Leasing.
   Die Vertragsgestaltung in der Praxis und die handelsrechtliche Bilanzierung erfolgen in der Regel nach den sogenannten Leasingerlassen der Finanzverwaltung. Danach kommt es selten zu einer Zurechnung des Leasinggegenstandes zum Leasingnehmer. Die rechtliche Betrachtungsweise in Deutschland und die wirtschaftliche Betrachtungsweise in den US-GAAP machen eine Einzelfallprüfung notwendig, ob es sich gemäß den US-GAAP um ein Finanzierungsleasing oder ein Mietleasing handelt.
b) Sale and leaseback
   Durch die Zurechnung des Leasinggegenstandes zum Leasinggeber kommt es in Deutschland bei einem Sale-and-leaseback-Geschäft grundsätzlich beim Leasingnehmer zu einer Realisierung eines Veräußerungsgewinnes. Dies ist trotz des übergeordneten Vorsichtsprinzips und des Realisationsprinzips möglich.
c) Angabepflichten
   Es dürfte eine Angabe der Leasingverbindlichkeiten im Gesamtbetrag der im HGB nicht definierten sonstigen finanziellen Verpflichtungen zu erfolgen haben.

15. Derivative und nicht-derivative Finanzinstrumente, Sicherungsbeziehungen

US-GAAP

a) Derivative Finanzinstrumente sind mit dem beizulegenden Zeitwert (fair value) zu bewerten. Für die Bilanzierung von Sicherungsgeschäften (hedge accounting) bestehen detaillierte Vorschriften.
b) Es bestehen umfangreiche Angabepflichten.

HGB
a) Die Bilanzierung und Bewertung derivativer Finanzinstrumente ist nicht geregelt und nach im HGB enthaltenen allgemeinen Grundsätzen nicht zufriedenstellend zu lösen.
b) Es bestehen Angabepflichten.

IV. Inhalt, Ausweis und Bilanzierungs- und Bewertungsgrundsätze einzelner Posten der Gewinn- und Verlustrechnung sowie der dazugehörigen Angaben

1. Ansatz und Realisierung von Erträgen

Im HGB gibt es im Gegensatz zu den US-GAAP keine speziellen Vorschriften zu diesem Punkt.
In der Praxis dürfte es mit Ausnahme der langfristigen Fertigungsaufträge und der aktiven latenten Steuern keine wesentlichen Unterschiede geben.

2. Zuwendungen der öffentlichen Hand

US-GAAP
Es gibt keinen authorative standard über Zuwendungen der öffentlichen Hand, sondern nur ein AICPA Issues Paper Accounting for Grants Received From Governments vom Oktober 1979.
Ertragsbezogene Zuwendungen der öffentlichen Hand sind in dem Geschäftsjahr erfolgswirksam zu verbuchen, in dem die entsprechenden Aufwendungen anfallen.
Zuwendungen der öffentlichen Hand im Zusammenhang mit dem Erwerb oder der Herstellung eines Vermögenswertes sind als passiver Abgrenzungsposten auszuweisen und über die erwartete wirtschaftliche Nutzungsdauer zu verteilen.
Die erhaltenen erfolgswirksam ausgewiesenen Zuwendungen und die damit verbundenen Bedingungen und Unsicherheitsfaktoren sollten offengelegt werden.

HGB
Es gibt keine Vorschriften über Zuwendungen der öffentlichen Hand.
Die Verrechnung von ertragsbezogenen Zuwendungen mit den entsprechenden Aufwendungen wird nach § 246 Abs. 2 HGB nicht für zulässig gehalten.

3. Forschungs- und Entwicklungskosten

Es bestehen keine Unterschiede.
Bezüglich der Entwicklungskosten von Computer Software nach US-GAAP siehe Abschnitt C.III.1f Immaterielle Vermögenswerte.

4. Abschreibungen

Siehe unter den entsprechenden Posten des Anlagevermögens.
Die Anwendung steuerrechtlicher Abschreibungen ist nach dem HGB im Gegensatz zu den US-GAAP erlaubt.

5. Gewinne oder Verluste aus der Aufgabe von Geschäftsbereichen und der Bewertung der zur Veräußerung gehaltenen langfristigen Vermögenswerte

US-GAAP
In der Berichtsperiode, in der der Geschäftsbereich abgeht oder als zum Verkauf stehend (held for sale) eingestuft wird, ist in der Gewinn- und Verlustrechnung der Berichtsperiode und der Vorperioden das Ergebnis aus der Geschäftstätigkeit dieses Geschäftsbereiches einschließlich eventueller Verluste aus Wertminderungen oder Gewinne aus Wertaufholung getrennt zu zeigen.

HGB
Es sind keine speziellen Angaben vorgeschrieben.

6. Außerordentliche Aufwendungen und Erträge

US-GAAP
a) Außerordentliche Posten sind sehr eng definiert.
b) Wesentliche Ereignisse und Geschäftsvorfälle, die nur eine der beiden Voraussetzungen eines außerordentlichen Postens, nämlich unüblich (unusual nature) oder selten (infrequency of occurence) zu sein, erfüllen, sind gesondert als Teil der continuing operations auszuweisen oder in den notes anzugeben.
c) Außerordentliche Posten sind netto nach Abzug der Steuern auszuweisen.
d) Die Angabepflichten sind weitgehender als nach dem HGB.

HGB
a) Außerordentliche Posten sind im HGB nicht definiert. In der Praxis wird die Definition weiter ausgelegt als in den US-GAAP.
b) Unübliche oder seltene Ereignisse und Geschäftsvorfälle, d.h. die nur eine der beiden Voraussetzungen eines außerordentlichen Postens erfüllen, sind nicht gesondert auszuweisen oder anzugeben.
c) Es sind verbale Angaben über den Steueraufwand für die außerordentlichen Posten zu machen.

7. Fremdkapitalkosten

US-GAAP
a) Fremdkapitalkosten sind, sofern wesentlich, bei den Anschaffungs- oder Herstellungskosten von Vermögenswerten, die bis zu ihrer beabsichtigten Nutzung oder zum Verkauf einen langen Zeitraum benötigten, zu aktivieren.
b) Zur Ermittlung der bei den Anschaffungs- oder Herstellungskosten zurechenbaren Fremdkapitalkosten gibt es detaillierte Vorschriften.
c) Die tatsächlich angefallenen und die aktivierten Fremdkapitalkosten sind anzugeben.

HGB
a) Zinsen für Fremdkapital gehören nicht zu den Herstellungskosten. Sie dürfen jedoch als Herstellungskosten angesetzt werden, soweit sie auf den Zeitraum der Herstellung entfallen.
b) Zur Ermittlung der bei den Herstellungskosten zurechenbaren Zinsen für Fremdkapital gibt es im HGB keine Vorschriften.
c) Es sind verbale Angaben über die Einbeziehung von Fremdkapitalkosten in die Herstellungskosten zu machen.

8. Ertragsteuern

Unterschiede gibt es bei den latenten Steuern und dem Ausweis der Ertragsteuern.

V. Konzernabschluß

1. Konsolidierungspflicht

US-GAAP
a) Eine gesetzliche Konsolidierungspflicht besteht nicht. Die Konsolidierungspflicht ergibt sich aus den US-GAAP (ARB 51 und SFAS 94) und der SEC Regulation S-X, Rule 3-01 und 3-02.
b) Es gibt keine Befreiung für die Erstellung eines Teil-Konzernabschlusses, da der Konzernabschluß den Einzelabschluß ersetzt.

HGB
a) Bei Kapitalgesellschaften besteht eine gesetzliche Konsolidierungspflicht. Daneben besteht nach dem PublG Konsolidierungspflicht für Nichtkapitalgesellschaften, wenn sie bestimmte Größenkriterien erfüllen. Der Konzernabschluß ist eine Ergänzung des Einzelabschlusses des Mutterunter-nehmens. Da nach dem HGB bei assoziierten Unternehmen im Einzelabschluß nicht die Equity-Methode anzuwenden ist und beim Konzernabschluß Ansatz- und Bewertungswahlrechte neu ausgeübt werden können, sind in Deutschland die Jahresergebnisse und das Reinvermögen des Einzelabschlusses und des Konzernabschlusses nicht gleich hoch.
b) Gemäß der schwer verständlichen Regelung des § 291 Abs. 3 Satz 2 HGB ist eine Befreiung von der Pflicht zur Aufstellung eines Teil-Konzernabschlusses möglich.
c) § 293 HGB enthält größenabhängige Befreiungen. Sie gelten nicht für börsennotierte Unternehmen.

2. Konsolidierungskreis

US-GAAP
a) Alle Tochterunternehmen (einschließlich Zweckunternehmen), auf die das Mutterunternehmen einen beherrschenden Einfluß (control) ausübt, sind zu konsolidieren. SFAS 94 und Regulation S-X definieren nicht einzelne Control-Verhältnisse, sondern den Control-Begriff. Die amerikanische Control-Definition stellt auf die tatsächlichen Verhältnisse und nicht auf die rechtlichen Verhältnisse ab und ist somit flexibel.
b) Es besteht ein Einbeziehungsverbot, wenn die Möglichkeit des beherrschenden Einflusses nur vorübergehend gegeben ist (z.B. starke Behinderung der Ausübung der Vermögensrechte bei ausländischen Tochterunternehmen, Unternehmen in einem Sanierungs- oder Konkursverfahren).

c) Es besteht keine Ausnahmeregelung für Tochterunternehmen, wenn die erforderlichen Angaben nicht ohne unverhältnismäßig hohe Kosten oder Verzögerungen zu erhalten sind.

HGB

a) Es sind alle Tochterunternehmen, die unter einheitlicher Leitung (tatsächlicher Einfluß) eines Mutterunternehmens (Kapitalgesellschaft) stehen oder auf die ein beherrschender Einfluß (rechtliche Einflußmöglichkeit = control) ausgeübt werden kann, in den Konzernabschluß einzubeziehen. Die einheitliche Leitung wird nicht definiert. Der beherrschende Einfluß wird durch drei Tatbestände in § 290 Abs. 2 HGB definiert.
b) Es besteht ein Einbeziehungswahlrecht bei Weiterveräußerungsabsicht und bei erheblichen und andauernden Beschränkungen der Rechte des Mutterunternehmens.
c) Es besteht ein Einbeziehungswahlrecht für Tochterunternehmen, wenn die erforderlichen Angaben nicht ohne unverhältnismäßig hohe Kosten oder Verzögerungen zu erhalten sind.

3. Vollkonsolidierung

US-GAAP

a) Unternehmenszusammenschlüsse sind ausschließlich nach der Erwerbsmethode (purchase method) zu konsolidieren. Die Interessenzusammenführungsmethode ist nicht mehr zugelassen.
b) In der Praxis wird sowohl die vollständige als auch die beteiligungsproportionale Neubewertungsmethode angewandt.
c) Für die Erstkonsolidierung sind die Wertverhältnisse zum Zeitpunkt des Erwerbs zugrunde zu legen. Bei einem sukzessiven Erwerb von Anteilen ist jeder wesentliche Erwerb getrennt zu behandeln.
d) Der Geschäfts- oder Firmenwert ist zu aktivieren.
e) Der Geschäfts- oder Firmenwert ist nicht planmäßig abzuschreiben. Es ist jährlich und bei besonderen Ereignissen oder Umständen ein Werthaltigkeitstest durchzuführen. Festgestellte Verluste aus Wertminderung sind in einem gesonderten Posten in der Gewinn- und Verlustrechnung auszuweisen.
f) Ein passiver nach einer Reduzierung der erworbenen Vermögenswerte bis auf Null verbleibender Unterschiedsbetrag, d.h. ein negativer Geschäfts- oder Firmenwert, ist als außerordentlicher Gewinn zu erfassen.
g) Ein saldierter Ausweis von aktiven und passiven Unterschiedsbeträgen ist in den US-GAAP nicht vorgesehen.
h) Ein Wahlrecht für die Eliminierung von unrealisierten Zwischenergebnissen unter bestimmten Umständen kennen die US-GAAP nicht. Eventuell könnte jedoch der Grundsatz der Wesentlichkeit angewendet werden.
i) Zwischenergebnisse aus Lieferungen und Leistungen an das Mutterunternehmen (upstream) brauchen nur anteilmäßig eliminiert zu werden.

j) Der Konzernabschlußstichtag ist mit dem Bilanzstichtag des Mutterunternehmens identisch.
k) Durch die GAAP-Konformität wird die einheitliche Bewertung als gegeben angesehen. Gegebenenfalls sind jedoch unterschiedliche Bewertungsmethoden von Einzelabschlüssen in den notes anzugeben.
l) Anteile anderer Gesellschafter werden in der Konzernbilanz in der Regel als separater Posten zwischen den langfristigen Verbindlichkeiten und dem Eigenkapital ausgewiesen.
m) Verlustanteile anderer Gesellschafter, die den Eigenkapitalanteil übersteigen, sind mit dem Eigenkapitalanteil der Mehrheitsanteilseigner zu verrechnen.
n) Die Angabepflichten sind weitergehender als nach dem HGB.

HGB

a) Grundsätzlich ist die Erwerbsmethode anzuwenden. In besonderen Fällen darf die Interessenzusammenführungsmethode angewandt werden; es besteht ein Wahlrecht für die Anwendung der Interessenzusammenführungsmethode.
b) Bei Anwendung der Erwerbsmethode kann die Buchwertmethode (anteilige Neubewertungsmethode) oder die vollständige Neubewertungsmethode angewandt werden.
c) Für die Erstkonsolidierung können entweder die Wertverhältnisse zum Zeitpunkt des Erwerbs oder die Wertverhältnisse zum Stichtag der erstmaligen Einbeziehung des Tochterunternehmens in den Konzernabschluß zugrunde gelegt werden. Bei sukzessivem Erwerb kann auch der Zeitpunkt genommen werden, an dem das Unternehmen erstmals Tochterunternehmen geworden ist.
d) Der Geschäfts- oder Firmenwert darf aktiviert werden oder offen (einmalig oder ratierlich) mit den Rücklagen verrechnet werden.
e) Der Geschäfts- oder Firmenwert ist ab dem auf die Aktivierung folgenden Geschäftsjahr entweder in vier Jahren oder planmäßig über eine längere Nutzungsdauer (steuerlich 15 Jahre) abzuschreiben.
f) Ein nach der Konsolidierung verbleibender passiver Unterschiedsbetrag, d.h. ein negativer Geschäfts- oder Firmenwert, ist als Unterschiedsbetrag aus der Kapitalkonsolidierung auszuweisen. Ein passiver Unterschiedsbetrag darf nur bei Eintritt einer erwarteten ungünstigen Entwicklung der Ertragslage oder wenn feststeht, daß er einem realisierten Gewinn entspricht, aufgelöst werden.
g) Aktive und passive Unterschiedsbeträge können – bei Angabe der verrechneten Beträge im Anhang – saldiert ausgewiesen werden.
h) Es besteht keine Pflicht zur Eliminierung von unrealisierten Ergebnissen aus konzerninternen Transaktionen, wenn die Lieferung und Leistung zu marktüblichen Bedingungen vorgenommen worden ist und die Ermittlung der Zwischenergebnisse einen unverhältnismäßig hohen Aufwand erfordern würde.
i) Es gibt keine Vorschrift, daß Zwischenergebnisse aus Lieferungen und Leistungen an das Mutterunternehmen (upstream) nur anteilmäßig eliminiert zu werden brauchen.
j) Der Konzernabschlußstichtag kann unter gewissen Voraussetzungen vom Abschlußstichtag des Mutterunternehmens abweichen.
k) Es sind einheitliche Bewertungsmethoden anzuwenden. Einheitliche Bilanzie-

rungsmethoden sind nicht gefordert. Abweichungen von der einheitlichen Bewertungsmethode sind
- für Wertansätze, die auf besonderen Vorschriften für Kreditinstitute und Versicherungsunternehmen beruhen,
- wenn ihre Auswirkungen für die Vermittlung eines den tatsächlichen Verhältnissen entsprechenden Bildes der Vermögens-, Finanz- und Ertragslage des Konzerns nur von untergeordneter Bedeutung sind,
- in nicht näher spezifizierten Ausnahmefällen,
- bei steuerlichen Wertansätzen aufgrund der umgekehrten Maßgeblichkeit im Einzelabschluß

zulässig.

l) Anteile anderer Gesellschafter sind in der Konzernbilanz als gesonderter Posten innerhalb des Eigenkapitals auszuweisen.

m) Ein Gebot wie in den US-GAAP, die Verlustanteile anderer Gesellschafter, die den Eigenkapitalanteil übersteigen, mit dem Eigenkapitalanteil des Mehrheitsanteilseigners zu verrechnen, besteht nicht.

4. Gemeinschaftsunternehmen (joint ventures) – Anteilmäßige Konsolidierung

US-GAAP
Gemeinschaftsunternehmen sind nach der Equity-Methode zu bewerten. In gewissen Branchen, insbesondere der Öl- und Gasindustrie, ist aufgrund gesellschaftsrechtlicher Besonderheiten eine anteilmäßige Konsolidierung üblich.

HGB
Bei Gemeinschaftsunternehmen besteht ein Wahlrecht zwischen der anteilmäßigen Konsolidierung und der Equity-Methode.

5. Assoziierte Unternehmen – Equity-Bewertung

US-GAAP
a) Assoziierte Unternehmen sind im Konzernabschluß nach der Equity-Methode zu bewerten, wenn ein maßgeblicher Einfluß ausgeübt werden kann.
b) Die Equity-Methode ist keine Alternative für eine Vollkonsolidierung, wenn die Bedingungen für eine Vollkonsolidierung vorliegen.
c) Durch die GAAP-Konformität wird wie bei der Vollkonsolidierung die einheitliche Bewertung als gegeben angesehen.
d) Die wesentlichen anteiligen außerordentlichen und periodenfremden Posten sind bei dem Ergebnis aus assoziierten Unternehmen gesondert anzugeben.
e) Der Geschäfts- oder Firmenwert ist wie bei der Vollkonsolidierung zu aktivieren.
f) Die Angabepflichten sind weitergehender als nach dem HGB.

HGB
a) Assoziierte Unternehmen sind im Konzernabschluß nach der Equity-Methode zu bewerten, wenn ein maßgeblicher Einfluß ausgeübt wird (Buchwert- oder Kapitalanteilsmethode).
b) Die Equity-Methode ist zulässig für Tochterunternehmen die in die Vollkonsolidierung nicht einbezogen werden dürfen (abweichende Tätigkeit) oder nicht einbezogen werden (Weiterveräußerungsabsicht, dauernde Beschränkung der Rechte des Mutterunternehmens, erforderliche Angaben sind nicht ohne unverhältnismäßig hohe Kosten oder Verzögerungen zu erhalten).
c) Es können die Bilanzierungs- und Bewertungsmethoden des Anteilseigners angewandt werden.
d) Die wesentlichen anteiligen außerordentlichen und periodenfremden Posten sind bei dem Ergebnis aus assoziierten Unternehmen nicht gesondert anzugeben.
e) Der Geschäfts- oder Firmenwert darf wie bei der Vollkonsolidierung mit den Rücklagen verrechnet werden.

6. Währungsumrechnung ausländischer Jahresabschlüsse

US-GAAP
Die Methode der funktionalen Währung ist anzuwenden.
Die Angabepflichten sind weitergehender als nach dem HGB.

HGB
Es gibt keine gesetzlichen Vorschriften.
Die Grundlagen für die Währungsumrechnung sind anzugeben.

VI. Zusätzliche Angaben und Informationen

1. Anhang bzw. Angabepflichten (notes)

US-GAAP
Ein amerikanischer Jahresabschluß ist um die notes zu ergänzen. Sie dienen der Ergänzung und Erläuterung der übrigen Teile des Jahresabschlusses. Darüber hinaus enthalten sie zusätzliche Informationen.
Der Inhalt und der Umfang der notes werden in den einzelnen Abschnitten des Kapitels C angegeben.

HGB
Der Anhang (nur bei Kapitalgesellschaften) enthält zusätzliche Angaben, die der Ergänzung und Richtigstellung der Bilanz- und Gewinn- und Verlustrechnung dienen.
Der Inhalt des Anhangs ist im HGB nicht nach den einzelnen Posten des Jahresabschlusses gegliedert. In Born, Karl: Bilanzanalyse international. 2. Aufl., Stuttgart 2001, ist auf S. 55ff und S. 83ff eine Zusammenstellung der gesetzlichen Vorschriften über den Anhang, gegliedert nach Jahresabschlußposten bzw. Problembereichen, enthalten.

2. Kapitalflußrechnung

Das HGB schreibt eine Kapitalflußrechnung nur für den Konzernabschluß vor. Der Inhalt der Kapitalflußrechnung ist im HGB nicht geregelt.

3. Lagebericht

Ein zusätzlicher Lagebericht ist in den US-GAAP nicht vorgeschrieben.
Der materielle Gehalt der in den US-GAAP enthaltenen Angabepflichten ist allerdings hoch.
Börsennotierte Unternehmen müssen einem Lagebericht vergleichbare Informationen in einem Management's Discussion and Analysis of Financial Condition and Results of Operations (MD&A) veröffentlichen.

4. Beziehungen zu nahestehenden Unternehmen und Personen

US-GAAP
a) Der Kreis der in die Berichterstattung nach den US-GAAP einzubeziehenden Unternehmen und Personen ist größer als der Kreis der durch ähnliche Regelungen im HGB erfaßten Unternehmen und Personen.
b) Es werden Angaben zu allen Geschäftsvorfällen sowie Informationen, die notwendig sind, um die Auswirkungen dieser Geschäftsvorfälle auf den Jahresabschluß zu verstehen, verlangt.
c) Die Angabe der Bezüge des Geschäftsführungsorgans, eines Aufsichtsrats, eines Beirats oder einer ähnlichen Einrichtung ist nicht gefordert. Von Gesellschaften, die Jahresabschlüsse bei der SEC einreichen müssen, werden Angaben gefordert.

HGB
a) Im HGB gibt es keinen Oberbegriff für »related parties«. Der Kreis der in die Berichterstattung einzubeziehenden Unternehmen und Personen ist kleiner als der Kreis der in den US-GAAP erfaßten Unternehmen und Personen.
b) Es bestehen nur gewisse Vermerkpflichten (Davon-Angaben) bei bestimmten Posten der Bilanz, der Gewinn- und Verlustrechnung, den Haftungsverhältnissen und sonstigen finanziellen Verpflichtungen.
c) Es wird die Angabe der Bezüge des Geschäftsführungsorgans, eines Aufsichtsrats, eines Beirats oder einer ähnlichen Einrichtung gefordert, sofern sich nicht anhand dieser Angaben die Bezüge eines Mitglieds dieser Organe feststellen lassen, sowie die Gesamtbezüge der früheren Mitglieder der bezeichneten Organe und ihrer Hinterbliebenen.

5. Angaben nach Geschäftsfeldern und Regionen

US-GAAP
a) Publizitätspflichtig sind Unternehmen, deren Aktien oder Schuldverschreibungen an einem öffentlichen Markt gehandelt werden, die Jahresabschlüsse bei der SEC einreichen müssen oder die Jahresabschlüsse in Hinblick auf die Ausgabe von Wertpapieren an einer Börse erstellen.
b) Grundlage für die Segmentberichterstattung ist die interne Berichterstattung über die operativen Segmente an die Unternehmensleitung. Operative Segmente sind Teile des Unternehmens, für die finanzielle Informationen vorliegen und deren Ergebnisse aus laufender Geschäftstätigkeit der Unternehmensleitung dienen, Entscheidungen bezüglich der Verwendung von Mitteln und der Beurteilung der erbrachten Leistung zu fällen. Folgende wesentliche Angaben sind für die operativen Segmente zu machen:
   – Umsätze und Ergebnisse,
   – Vermögenswerte,

- Zinserträge/Zinsaufwendungen,
- Abschreibungen, Wertberichtigungen und andere wesentliche nicht zahlungswirksame Aufwendungen,
- außergewöhnliche Aufwendungen und Erträge und außerordentliche Posten,
- Ertragsteueraufwendungen und -erträge,
- Ergebnisbeitrag der Beteiligungen, die nach der Equity-Methode bewertet wurden,
- Gesamtbetrag der Beteiligungen, die nach der Equity-Methode bewertet wurden,
- Investitionen,
- Überleitung von den Segmentinformationen auf die konsolidierten Beträge.

Außerdem sind die Umsätze nach Regionen und die Umsätze mit Kunden, mit denen 10% und mehr des Gesamtumsatzes erzielt werden, unter Angabe des Segmentes/der Segmente (ohne Angabe des Namens der Großkunden und ohne Angabe der Umsätze nach Segmenten mit den Großkunden) anzugeben.

c) Es gibt keine Schutzklausel, nach der Angaben unterbleiben können.

HGB

a) Publizitätspflichtig sind Kapitalgesellschaften.
b) Im HGB sind keine Abgrenzungskriterien für die Geschäftsfelder und Regionen enthalten. Angabepflichtig ist die Aufgliederung der Umsatzerlöse.
c) Das HGB enthält eine Schutzklausel, nach der Angaben unterbleiben können.

6. Ergebnis je Aktie

US-GAAP

Es sind neben dem unverwässerten Ergebnis je Aktie und – sofern eine komplexe Kapitalstruktur vorliegt – dem verwässerten Ergebnis je Aktie weitere Informationen über die Ermittlung und Zusammensetzung des unverwässerten Ergebnisses und verwässerten Ergebnisses je Aktie anzugeben.

HGB

Die Angabe eines Ergebnisses je Aktie ist im HGB nicht vorgesehen. Ein Vergleich mit dem Ergebnis nach DVFA/SG ist nicht angebracht, da es nicht aus dem Jahresabschluß nachvollziehbar ist und nicht von Wirtschaftsprüfern testiert wird.

7. Zwischenberichte

US-GAAP

Eine Pflicht zur Erstellung und Offenlegung von Zwischenberichten besteht nur aufgrund von SEC-Vorschriften (Form 10-Q). Die Berichtspflicht besteht nur für amerikanische Gesellschaften.

Jeder Zwischenbericht ist als Teil der Jahresberichterstattung zu verstehen. Die Zwischenberichte müssen nicht von einem Wirtschaftsprüfer geprüft und bestätigt werden.
Der Mindestinhalt der Zwischenberichterstattung umfaßt:
- Umsatz,
- abgegrenzte Ertragsteuern,
- Ergebnis nach Ertragsteuern,
- unverwässertes Ergebnis und verwässertes Ergebnis je Aktie.

Gegebenenfalls sind zusätzliche Angaben zu bestimmten Punkten zu machen.

HGB
Ein Zwischenbericht ist im HGB nicht vorgesehen.
Börsennotierte Unternehmen haben einen nicht prüfungspflichtigen Halbjahresbericht mit ausgewählten Unternehmensdaten, jedoch keinen Zwischenabschluß zu veröffentlichen.

VII. Prüfungs- und Offenlegungspflicht

1. Prüfungspflicht

US-GAAP
Die Notwendigkeit einer Rechnungslegung nach GAAP und ihre Prüfung durch einen Wirtschaftsprüfer kann sich für ein amerikanisches Unternehmen aus drei Gründen ergeben:
- In der Satzung des Unternehmens ist die Erstellung des Jahresabschlusses nach GAAP und seine Testierung durch einen Wirtschaftsprüfer vorgesehen.
- Kreditgeber haben mit dem Unternehmen vereinbart, daß ihnen ein durch einen Wirtschaftsprüfer testierter Jahresabschluß vorzulegen ist. (Ein Wirtschaftsprüfer kann einen Jahresabschluß nur testieren, wenn er nach GAAP erstellt wurde.)
- Das Unternehmen unterliegt der staatlichen Börsenaufsicht. Solche Unternehmen müssen ihre Jahresabschlüsse nach GAAP erstellen, von einem Wirtschaftsprüfer testieren lassen und veröffentlichen.

HGB
Der Jahresabschluß und der Lagebericht der großen und mittelgroßen Kapitalgesellschaften und der Konzernabschluß und der Konzernlagebericht sind durch einen Abschlußprüfer zu prüfen.
Die Haftung der Wirtschaftsprüfer ist gering.

2. Offenlegungspflicht

US-GAAP
Berichtspflichtige Gesellschaften haben gegenüber der SEC eine Offenlegungspflicht. Der SEC berichtspflichtige amerikanische Unternehmen müssen dieser innerhalb von 60 Tagen nach Ende des Geschäftsjahres einen von einem Wirtschaftsprüfer geprüften Bericht gemäß Form 10-K einreichen und veröffentlichen.
Für nicht der SEC gegenüber berichtspflichtige Unternehmen gibt es keine Offenlegungspflicht.

HGB
Große Kapitalgesellschaften einschließlich aller börsennotierten Kapitalgesellschaften sind verpflichtet, spätestens neun Monate nach dem Abschlußstichtag
- den Jahresabschluß und den Konzernabschluß mit dem Bestätigungsvermerk des Wirtschaftsprüfers oder dem Vermerk über die Versagung des Bestätigungsvermerks,
- den Lagebericht,

– den Bericht des Aufsichtsrats,
– den Vorschlag für die Verwendung des Jahresergebnisses und den Beschluß über seine Verwendung

im Bundesanzeiger bekanntzumachen und anschließend diese Unterlagen und die Bekanntmachung im Bundesanzeiger beim Handelsregister einzureichen.

Für mittelgroße Kapitalgesellschaften und zusätzlich für kleine Kapitalgesellschaften gelten Erleichterungen.

Der Jahresabschluß und der Lagebericht von Nicht-Kapitalgesellschaften, die die in § 1 Abs. 1 des Publizitätsgesetzes festgelegten Größenmerkmale überschreiten, sind ebenfalls publizitätspflichtig.

Die Sanktionsmöglichkeiten, die Offenlegungspflicht durchzusetzen, sind vollkommen unzureichend, da die Offenlegungspflicht nicht erzwungen werden kann.

VIII. Branchenspezifische Standards

US-GAAP
Die US-GAAP enthalten eine Vielzahl branchenspezifischer Standards.

HGB
Das HGB enthält im vierten Abschnitt folgende ergänzende Vorschriften für Unternehmen bestimmter Geschäftszweige:
- §§ 340-340o Ergänzende Vorschriften für Kreditinstitute und Finanzdienstleistungsinstitute,
- §§ 341-341o Ergänzende Vorschriften für Versicherungsunternehmen.

G. Unterschiede zwischen den International Accounting Standards (IAS)/International Financial Reporting Standards (IFRS) und der Rechnungslegung in den USA

I. Allgemeine Informationen

1. Gesetzliche Vorschriften

IAS/IFRS
a) Die IAS/IFRS sind keine gesetzlichen Vorschriften, sondern von einer unabhängigen privatrechtlichen Körperschaft entwickelte Rechnungslegungsgrundsätze.
b) Die Anwendung der IAS/IFRS kann nicht erzwungen werden.

US-GAAP
a) Es gibt in den USA keine gesetzlichen Vorschriften, die Rechnungslegungsgrundsätze enthalten. Da die von dem FASB erlassenen Statements of Financial Accounting Standards (SFAS) die Unterstützung der SEC haben, haben die US-GAAP einen gesetzesähnlichen Charakter.
Für börsennotierte Gesellschaften gibt es zusätzliche Vorschriften der SEC.
b) Die Anwendung der US-GAAP ist nicht zwingend. Das Testat eines Wirtschaftsprüfers kann nur bei Anwendung der US-GAAP erteilt werden. Für SEC-registrierte Unternehmen gibt es zusätzliche Angabepflichten.

2. Entwicklung, Umfang und Qualität der Rechnungslegungsgrundsätze

IAS/IFRS
a) Die IAS/IFRS werden von einer unabhängigen privatrechtlichen Körperschaft, dem 1973 gegründeten International Accounting Standards Committee (IASC) und seit 2001 dem International Accounting Standards Board (IASB), entwickelt.
b) Es gibt detaillierte Vorschriften.
c) Es bestehen nur noch unbedeutende Wahlrechte. Die Ermessensspielräume sind sehr gering, sie werden außerdem durch die im Framework enthaltenen zugrunde liegenden Annahmen und qualitativen Anforderungen an den Abschluß, die in IAS 1 dargestellten grundlegenden Überlegungen und die in IAS 8 dargestellten Bilanzierungs- und Bewertungsmethoden eingeschränkt.

US-GAAP
a) Die SEC hat 1938 das American Institute of Certified Public Accountants (AICPA) und 1974 die unabhängige Institution Financial Accounting Standards Board (FASB) beauftragt, materielle Rechnungslegungsgrundsätze, d.h. Generally Accepted Accounting Principles (GAAP), zu formulieren.
b) Es gibt sehr detaillierte Vorschriften.

c) Wegen der sehr detaillierten und laufend aktualisierten Vorschriften gibt es grundsätzlich keine expliziten Wahlrechte und die Ermessensspielräume sind sehr gering. Sie werden außerdem durch die in SFAS 2 genannten qualitativen Anforderungen der Relevanz (relevance) und Verläßlichkeit (reliability) und der Notwendigkeit einer fair presentation stark eingeschränkt.

II. Rechnungslegung allgemein

1. Grundsätze der Rechnungslegung

a) Ziele des Abschlusses und der Unternehmensberichterstattung

Es bestehen keine Unterschiede.

b) Annahme der Fortführung der Unternehmenstätigkeit

Es bestehen keine Unterschiede.

c) Bewertungsstetigkeit

Es bestehen keine Unterschiede.

d) Periodengerechte Erfolgsermittlung

Es bestehen keine Unterschiede.

e) Vorsichtsprinzip

Das Vorsichtsprinzip (prudence) ist in IAS 8 und im Framework erwähnt. Es ist eine Schätzregel für ungewisse Erwartungen. Es darf nicht die Bildung stiller Reserven rechtfertigen.
Das Vorsichtsprinzip (conservatism) wird in den USA nicht als ein qualitatives Merkmal betrachtet, da es in der Regel dem Prinzip der periodengerechten Erfolgsermittlung widerspricht. Es wird jedoch im sehr eng ausgelegten Imparitätsprinzip und im Niederstwertprinzip berücksichtigt.
In der Praxis dürften sich kaum Unterschiede ergeben.

f) Wirtschaftliche Betrachtungsweise

Der Grundsatz der wirtschaftlichen Betrachtungsweise (substance over form) ist in IAS 8 und im Framework erwähnt.
Die wirtschaftliche Betrachtungsweise wird in den USA nicht als ein qualitatives Merkmal betrachtet. Es wird jedoch indirekt durch die anderen in SFAC 2 aufge-

führten Merkmale, insbesondere die Verläßlichkeit (reliability) und die glaubwürdige Darstellung (representational faithfulness), berücksichtigt. Der Grundsatz der wirtschaftlichen Betrachtungsweise spielt bei der Entwicklung von US-GAAP eine herausragende Rolle.
In der Praxis dürften sich kaum Unterschiede ergeben.

g) Wesentlichkeit

Es bestehen kein Unterschiede.
Da viele SFAS und SEC-Vorschriften die Bemerkung enthalten, daß sie nicht angewendet werden müssen, wenn der Posten nicht wesentlich ist, wird dem Grundsatz der Wesentlichkeit in den US-GAAP eine besonders hohe Bedeutung beigemessen.

h) Verständlichkeit, Relevanz, Verläßlichkeit (glaubwürdige Darstellung, Neutralität, Vollständigkeit) und Vergleichbarkeit bei den IAS/IFRS und Verständlichkeit, Relevanz (Voraussagetauglichkeit, Erwartungsüberprüfung, zeitnahe Berichterstattung, Verläßlichkeit (Nachprüfbarkeit, Neutralität, glaubwürdige Darstellung) und Vergleichbarkeit bei den US-GAAP

Es bestehen keine Unterschiede.

i) Saldierung

Grundsätzlich bestehen keine Unterschiede.

j) Ansatzvorschriften

Es bestehen keine grundsätzlichen Unterschiede.

k) Anschaffungs- oder Herstellungskosten

IAS/IFRS
Im allgemeinen ist zu den Anschaffungs- und Herstellungskosten zu bewerten. Immaterielle Vermögenswerte, Sachanlagen und als Finanzinvestition gehaltene Immobilien können in der Folgebewertung neu bewertet werden. Nach dem erstmaligen Ansatz sind finanzielle Vermögenswerte mit gewissen Ausnahmen und biologische Vermögenswerte zum beizulegenden Zeitwert zu bewerten.

US-GAAP
Im allgemeinen ist zu den Anschaffungs- und Herstellungskosten zu bewerten. Nach dem erstmaligen Ansatz sind gewisse Wertpapiere und derivative Finanzinstrumente zum beizulegenden Zeitwert zu bewerten.

l) True and fair view (IAS/IFRS) und fair presentation (US-GAAP)

Es bestehen keine Unterschiede.

m) Angabe der Bilanzierungs- und Bewertungsmethoden

Es bestehen keine grundsätzlichen Unterschiede.

n) Grundsatz der Bilanzidentität

Es bestehen keine Unterschiede.

o) Grundsatz der Einzelbewertung

Es bestehen keine Unterschiede.

2. Bestandteile und Gliederung des Jahresabschlusses

a) Bestandteile

Die Darstellung des Gesamtgewinnes (comprehensive income) bzw. der Eigenkapitalveränderung kann unterschiedlich erfolgen.
In den USA werden von börsennotierten Gesellschaften zusätzliche Informationen verlangt.

b) Gliederung

IAS/IFRS
a) Die IAS/IFRS enthalten eine Mindestgliederung.
b) Die IAS/IFRS lassen das Umsatz- und Gesamtkostenverfahren zu.

US-GAAP
a) US-GAAP enthalten keine Gliederungsvorschriften. Die SEC-Vorschriften enthalten ein Gliederungsschema.
b) Nach den US-GAAP ist das Umsatzkostenverfahren zwingend.

3. Währungsumrechnung von Geschäftsvorfällen in fremder Währung

Bei der Währungsumrechnung zum Abschlußstichtag bestehen keine Unterschiede.

4. Inflationsbereinigung

IAS/IFRS und US-GAAP empfehlen, zusätzliche Informationen über die Auswirkungen der Inflation zu geben.
Die IAS/IFRS enthalten außerdem Vorschriften für Hochinflationsländer.

5. Änderung von Bilanzierungs- und Bewertungsmethoden

Es bestehen keine wesentlichen Unterschiede.

6. Korrekturen von Fehlern aus Vorperioden

Es bestehen keine Unterschiede.

7. Ereignisse nach dem Bilanzstichtag

Im Prinzip bestehen keine Unterschiede.

III. Inhalt, Ausweis und Bilanzierungs- und Bewertungsgrundsätze einzelner Posten der Bilanz sowie der dazugehörigen Angaben

1. Immaterielle Vermögenswerte

IAS/IFRS
a) Selbstgeschaffene immaterielle Vermögenswerte sind, sofern sie die Voraussetzungen für die Aktivierung eines Vermögenswertes erfüllen, zu aktivieren. Entwicklungskosten sind zu aktivieren, falls alle Voraussetzungen erfüllt sind.
b) Eine Neubewertung ist möglich.
c) Die Angabepflichten sind weitgehender als nach den US-GAAP.

US-GAAP
a) Selbstgeschaffene immaterielle Vermögenswerte sind aktivierungsfähig, sofern der erwartete zukünftige Vorteil verläßlich bestimmbar und der Rückfluß der Mittel ziemlich sicher ist, und sofern eine Aktivierung nicht ausdrücklich unmöglich ist. In der Regel handelt es sich dabei aber nur um die Kosten zur Erlangung und Sicherung der Nutzungsrechte der selbstgeschaffenen immateriellen Vermögenswerte (z.B. Kosten der Eintragung und Anmeldung eines Patents einschließlich der dadurch entstehenden Kosten für Zeichnungen und Modelle). Es gibt eine Reihe von speziellen Vorschriften für bestimmte immaterielle Vermögenswerte (z.B. Computer Software).
b) Eine Neubewertung ist nicht möglich.

2. Sachanlagen

IAS/IFRS
a) Regelmäßig zu ersetzende Teile und regelmäßig anfallende wesentliche Generalinspektionen oder Generalüberholungen sind zu aktivieren, wenn die Ansatzvoraussetzungen erfüllt sind. Ein vorhandener Buchwert der ersetzten Teile und ein Buchwert aus vorheriger Inspektionen oder Überholungen sind auszubuchen.
b) Für Fremdkapitalzinsen besteht ein Aktivierungswahlrecht.
c) Abschreibungsdauer und Abschreibungsmethode sind regelmäßig zu überprüfen und ggf. anzupassen. Jeder Teil einer Sachanlage mit einem im Verhältnis zum gesamten Wert bedeutenden Anschaffungswert ist getrennt abzuschreiben (Komponentenansatz).
d) Sachanlagen können neu bewertet werden. Die Neubewertung kann über die Anschaffungs- oder Herstellungskosten hinausgehen.

e) Für als Finanzinvestition gehaltene Immobilien gibt es spezielle Vorschriften (siehe unter Finanzanlagen).
f) Bei einer Wertminderung von Vermögenswerten (impairment of assets) ist der Vermögenswert mit dem erlösbaren Betrag anzusetzen. Der erlösbare Betrag ist der abgezinste Nettoverkaufserlös oder der abgezinste Nutzungswert, wobei der höhere Betrag maßgeblich ist.
g) Eine Wertaufholung ist vorzunehmen, wenn ein in Vorjahren angesetzter Verlust aus Wertminderung nicht mehr oder nur noch teilweise besteht. Der Werthaltigkeitstest ist zu jedem Bilanzstichtag vorzunehmen.

US-GAAP
a) Die US-GAAP haben hierzu keine expliziten Regelungen.
b) Fremdkapitalkosten sind zu aktivieren.
c) Eine Vorschrift, Abschreibungsdauer und Abschreibungsmethode regelmäßig zu überprüfen, besteht nicht. Der Komponentenansatz ist unbekannt.
d) Eine Neubewertung ist nicht zulässig.
e) Für als Finanzinvestition gehaltene Immobilien gibt es keine speziellen Vorschriften.
f) Falls der nicht abgezinste Netto-cash-flow eines Vermögenswertes den Buchwert unterschreitet, ist eine außerordentliche Abschreibung vorzunehmen. Für die Ermittlung des beizulegenden Zeitwertes (fair value) können verschiedene Methoden angewandt werden.
g) Eine Wertaufholung ist nicht möglich.
h) Die Angabepflichten sind weitgehender als nach IAS/IFRS.

3. Finanzanlagen

IAS/IFRS
a) Die Einteilung in vier Kategorien (und die sich daraus ergebenden Konsequenzen für Ausweis und Bewertung) gilt für alle Finanzinstrumente.
b) Eine Wertaufholung ist vorzunehmen, wenn ein in Vorjahren angesetzter Verlust aus Wertminderung nicht mehr oder nur noch teilweise besteht. Der Werthaltigkeitstest ist zu jedem Bilanzstichtag vorzunehmen.
c) Als Finanzinvestition gehaltene Immobilien sind getrennt auszuweisen und in den Jahren nach der Anschaffung mit dem beizulegenden Zeitwert oder mit den fortgeführten Anschaffungs- oder Herstellungskosten zu bewerten. Gewinne oder Verluste aus der Änderung des beizulegenden Zeitwertes sind erfolgswirksam zu berücksichtigen.
d) Im Einzelabschluß sind Anteile an einem assoziierten Unternehmen, die in den Konzernabschluß einbezogen werden, entweder zu Anschaffungskosten oder gemäß IAS 39 zu bewerten.

US-GAAP
a) Die Einteilung in drei Kategorien (und die sich daraus ergebenden Konsequenzen für Ausweis und Bewertung) gilt nur für Wertpapiere.

b) Eine Wertaufholung ist nicht möglich.
c) Für als Finanzinvestition gehaltene Immobilien gibt es keine speziellen Vorschriften.
d) Es gibt keine speziellen Bewertungsvorschriften für Anteile an einem assoziierten Unternehmen, die in den Konzernabschluß einbezogen werden. Sie sind sowohl im Einzelabschluß als auch im Konzernabschluß nach der Equity-Methode zu bewerten.

4. Vorräte

IAS/IFRS
a) Die Lifo-Methode ist nicht zulässig.
b) Die Bestimmung des Niederstwertes richtet sich nach dem Absatzmarkt.
c) Die IAS/IFRS kennen keine Ausnahme vom Anschaffungswertprinzip bei den Vorräten.

US-GAAP
a) Die Lifo-Methode ist wie andere Methoden eine akzeptable Methode der Bewertung.
b) Die Bestimmung des Niederstwertes richtet sich nach dem Beschaffungsmarkt unter zusätzlicher Berücksichtigung des Absatzmarktes.
c) In besonderen Fällen dürfen Vorräte über die Anschaffungskosten bewertet werden (z.B. Edelmetalle).

5. Langfristige Fertigungsaufträge

Es bestehen keine grundsätzlichen Unterschiede. Unterschiede können sich aus unterschiedlichen, unvollständigen oder nicht genauen Definitionen ergeben.
Bei Vorliegen der Voraussetzungen fordern die IAS/IFRS die percentage-of-completion method. Die US-GAAP empfehlen bei Vorliegen der Voraussetzungen die percentage-of-completion method; sie ist in den USA allgemein üblich, da die Anwendung der completed-contract method bei Vorliegen der Voraussetzungen für die Anwendung der percentage-of-completion method einer fair presentation in der Regel widersprechen würde.
Wenn das Ergebnis eines Fertigungsauftrages nicht verläßlich geschätzt werden kann, dürfen nach IAS/IFRS Umsatzerlöse bis zur Höhe der angefallenen und wahrscheinlich abrechenbaren Kosten erfaßt werden, während nach US-GAAP unter diesen Umständen eine teilweise Umsatzrealisierung nicht vorgesehen ist.

6. Kurzfristige Forderungen und sonstige Vermögensgegenstände (einschließlich Rechnungsabgrenzungsposten)

IAS/IFRS
Für zweifelhafte Forderungen ist eine Wertberichtigung vorzunehmen. Für eine Gruppe von Forderungen mit gleichartigem Risikomerkmal ist eine Wertberichtigung auf Portfoliobasis möglich.

US-GAAP
Üblich sind Pauschalwertberichtigungen nach der percentage-of-credit-sale method.

7. Wertpapiere des Umlaufvermögens

IAS/IFRS
Gewinne oder Verluste aus der Veränderung des beizulegenden Zeitwertes bei zur Veräußerung verfügbaren finanziellen Vermögenswerten sind direkt im Eigenkapital durch die Eigenkapitalveränderungsrechnung zu erfassen.

US-GAAP
Gewinne oder Verluste aus der Veränderung des beizulegenden Zeitwertes bei zur Veräußerung verfügbaren finanziellen Vermögenswerten sind erfolgswirksam zu berücksichtigen. Eine Wertaufholung ist nicht zulässig.

8. Flüssige Mittel

IAS/IFRS
Über flüssige Mittel, die Verfügungsbeschränkungen unterliegen oder die wegen Devisenverkehrsbeschränkungen nicht sofort verfügbar sind, sind Angaben zu machen.

US-GAAP
Zweckgebundene flüssige Mittel sind unter den other assets auszuweisen. Verfügungsbeschränkungen sind im Jahresabschluß anzugeben.

9. Eigenkapital

Es bestehen keine grundsätzlichen Unterschiede.
Nach IAS/IFRS sind Vorzugsaktien mit obligatorischem Rückkauf durch den Emittenten (preferred shares with mandatory issuer redemption) als Verbindlichkeiten zu betrachten.

Nach US-GAAP sind Vorzugsaktien mit Kündigungsrecht (redeemable preferred stocks) außerhalb des Eigenkapitals auszuweisen.

10. Rückstellungen für Pensionen und ähnliche Verpflichtungen

Es bestehen keine grundsätzlichen Unterschiede.

IAS/IFRS
a) Die Auswirkungen von Änderungen im Versorgungsplan von Arbeitnehmern, deren Ansprüche unverfallbar sind, und von Rentnern sind zum Barwert zu bewerten und erfolgswirksam in dem Geschäftsjahr zu erfassen, in dem sie vorgenommen wurden.
b) Die IAS/IFRS kennen keine additional minimum liability.
c) Gemeinschaftliche Pläne mehrerer Arbeitgeber können leistungsorientierte Pläne oder beitragsorientierte Pläne sein.

US-GAAP
a) Die Auswirkungen von Änderungen im Versorgungsplan von Arbeitnehmern, deren Ansprüche unverfallbar sind, und von Rentnern sind als prior service cost zu behandeln und über die zukünftige Dienstzeit der Arbeitnehmer oder die erwartete Restlebenszeit der Rentner (bei sehr hohem Rentneranteil) zu verteilen.
b) Wenn der beizulegende Zeitwert des Planvermögens geringer ist als die bisher erdienten Versorgungsverpflichtungen ohne Berücksichtigung zukünftiger Gehaltserhöhungen (accumulated benefit obligation – ABO), dann ist eine additional minimum liability auszuweisen. Ist eine solche Passivierung vorzunehmen, dann ist als immaterieller Vermögenswert ein gleich hoher Betrag zu aktivieren, sofern er die unrecognized prior service cost nicht übersteigt.
c) Gemeinschaftliche Pläne mehrerer Arbeitgeber sind beitragsorientierte Pläne.

11. Sonstige Rückstellungen, Eventualschulden und Eventualforderungen

Im Prinzip bestehen zwischen IAS/IFRS und US-GAAP keine Unterschiede. Die US-GAAP sind beim Ansatz und bei der Bewertung von Rückstellungen etwas restriktiver.

12. Verbindlichkeiten

Im Prinzip bestehen zwischen IAS/IFRS und US-GAAP keine Unterschiede.
Falls der vereinbarte Zinssatz nicht mit dem Marktzins übereinstimmt, sind die langfristigen Verbindlichkeiten, d.h. die nach einem Jahr oder später fälligen Verbindlichkeiten, nach den US-GAAP mit dem Barwert anzusetzen.
In den IAS/IFRS gibt es keine ausdrückliche Regelung für die Bewertung von langfristigen Verbindlichkeiten.

13. Latente Steuern

IAS/IFRS

a) Aktive latente Steuern für noch nicht genutzte steuerliche Verlustvorträge sind auszuweisen, soweit es wahrscheinlich ist, daß in Zukunft steuerpflichtige Ergebnisse zu erwarten sind, um die aktiven latenten Steuern realisieren zu können.
b) Die Voraussetzungen für die Aktivierung von latenten Steuern sind zu jedem Abschlußstichtag zu prüfen; falls eine Nutzungsmöglichkeit in Zukunft nicht mehr wahrscheinlich ist, ist der aktivierte Betrag erfolgswirksam aufzulösen.
c) Bei Änderung von Steuersätzen und Steuergesetzen sind die zum Bilanzstichtag geltenden oder verbindlich angekündigten (enacted or substantively enacted) Steuersätze und Steuergesetze anzuwenden.

US-GAAP

a) Aktive latente Steuern aufgrund von steuerlichen Verlustvorträgen sind voll anzusetzen, sofern mehr dafür als dagegen spricht, daß ein Teil oder die gesamten aktiven latenten Steuern realisiert werden können.
b) Es ist eine Wertberichtigung der aktiven latenten Steuern vorzunehmen, um die latenten Steuern auf den Betrag zu reduzieren, der mehr wahrscheinlich als nicht (more likely than not) realisiert werden kann. More likely than not bedeutet eine Wahrscheinlichkeit von über 50 %. Die Veränderung der Wertberichtigung ist anzugeben.
c) Bei Änderung von Steuersätzen und Steuergesetzen sind die zum Bilanzstichtag (enactment date) geltenden Steuersätze und Steuergesetze anzuwenden.

14. Leasing

Es bestehen keine wesentlichen Unterschiede.

IAS/IFRS

a) Finanzierungsleasing
   Ein Finanzierungsleasing ist normalerweise anzunehmen, wenn

- am Ende der Laufzeit des Leasingverhältnisses dem Leasingnehmer das Eigentum an dem Vermögenswert übertragen wird,
- der Leasingnehmer eine günstige Kaufoption hat,
- die Vertragslaufzeit den überwiegenden Teil der wirtschaftlichen Nutzungsdauer umfaßt,
- zu Beginn des Leasingverhältnisses der Barwert der Mindestleasingraten mindestens dem beizulegenden Zeitwert des Leasinggegenstandes entspricht und
- die Leasinggegenstände eine spezielle Beschaffenheit haben, so daß sie nur der Leasingnehmer nutzen kann, ohne daß wesentliche Veränderungen vorgenommen werden.

b) Leasing im Jahresabschluß des Leasingnehmers
Beim Finanzierungsleasing hat die Abschreibung über die betriebsgewöhnliche Nutzungsdauer zu erfolgen. Falls nicht sicher ist, ob der Leasinggegenstand erworben wird, ist der Leasinggegenstand über die Vertragslaufzeit oder – falls kürzer – über die gewöhnliche Nutzungsdauer abzuschreiben.
Beim Mietleasing erfolgt eine planmäßige Verrechnung des Aufwandes entsprechend dem Nutzungsverlauf beim Leasingnehmer.

c) Leasing im Jahresabschluß des Leasinggebers
Es ist eine konstante Rendite auf das noch ausstehende net investment oder das noch ausstehende net cash investment zugrundezulegen.

d) Sale and leaseback
Bei einem Finanzierungsleasing ist der Überschuß des Verkaufserlöses über dem Buchwert über den Leasingzeitraum zu verteilen.
Bei einem Mietleasing ist
- der Gewinn oder Verlust sofort zu berücksichtigen, falls die Transaktion eindeutig zum Verkehrswert abgewickelt wurde,
- der Gewinn oder Verlust sofort zu berücksichtigen, falls der Verkaufspreis unter dem Verkehrswert liegt,
- der Verlust über die voraussichtliche Nutzungsdauer des Leasingobjektes zu verteilen, wenn er durch künftige unter den Marktpreisen liegende Leasingraten ausgeglichen wird,
- der über dem Verkehrswert (fair value) liegende Teil des Verkaufspreises über die voraussichtliche Nutzungsdauer des Leasingobjektes zu verteilen,
- der Verlust bei einer Veräußerung unter dem Buchwert sofort zu erfassen.

e) Die IAS machen diese Unterteilungen nicht.
f) In den IAS gibt es keine besonderen Vorschriften für Immobilienleasing.
g) Es gibt geringfügige Unterschiede bei der Ermittlung des Zinssatzes zur Berechnung des Barwertes der Mindestleasingraten und bei der Behandlung des Veräußerungsgewinnes bei Sale-and-leaseback-Geschäften.

US-GAAP

a) Finanzierungsleasing
Ein Finanzierungsleasing ist anzunehmen, wenn eines der folgenden Merkmale vorliegt:
- Das Eigentum an dem Leasinggegenstand wird bis zum Ende des Leasingzeitraums auf den Leasingnehmer übertragen.
- Der Leasingnehmer hat eine günstige Kaufoption.

- Der Leasingzeitraum beläuft sich auf 75% oder mehr der geschätzten gewöhnlichen Nutzungsdauer.
- Der Barwert der Leasingraten beträgt mindestens 90% des Verkehrswertes des Vermögensgegenstandes.

b) Leasing im Jahresabschluß des Leasingnehmers
   Beim Finanzierungsleasing ist der Leasinggegenstand über die betriebsgewöhnliche Nutzungsdauer abzuschreiben, wenn er eines der beiden ersten obengenannten Merkmale erfüllt und über den Leasingzeitraum abzuschreiben, wenn er eines der beiden letzten obengenannten Merkmale erfüllt.
   Beim Mietleasing sind die Leasingraten normalerweise linear dem Ergebnis zu belasten.

c) Leasing im Jahresabschluß des Leasinggebers
   Es wird zwischen sales type lease, direct financing lease und leveraged lease unterschieden. (Einzelheiten siehe unter Abschnitt C.III.14c.)

d) Sale and leaseback
   Bei einem Finanzierungsleasing (außer Immobilien) ist der Gewinn bzw. Verlust im Verhältnis zur Abschreibung des geleasten Gegenstandes aufzuteilen.
   Bei einem Mietleasing ist der Gewinn bzw. Verlust entsprechend der Verteilung des Gesamtmietaufwandes auf den Leasingzeitraum zu verteilen. (Zu Sonderfällen siehe Einzelheiten unter Abschnitt C.III.14e.)
   Besondere Vorschriften gelten für Immobilienleasing. (Einzelheiten siehe unter Abschnitt C.III.14d.)

e) Finanzierungsleasing wird unterteilt in sales-type lease und direct financing lease. Außerdem gibt es spezielle Vorschriften für leveraged lease (Untergruppe von direct financing lease).

f) Besondere Vorschriften gelten für Immobilienleasing. (Einzelheiten siehe unter Abschnitt C.III.14d.)

g) Es gibt geringfügige Unterschiede bei der Ermittlung des Zinssatzes zur Berechnung des Barwertes der Mindestleasingraten und bei der Behandlung des Veräußerungsgewinnes bei Sale-and-leaseback-Geschäften.

15. Derivative und nicht-derivative Finanzinstrumente, Sicherungsbeziehungen

Es bestehen keine grundsätzlichen Unterschiede. In Einzelfällen, von denen die wichtigsten nachstehend angegeben sind, bestehen kleine Unterschiede.

IAS/IFRS

a) Finanzinstrumente, die nicht zum Handelsbestand gehören, können in die Kategorie als erfolgswirksam zum beizulegenden Zeitwert bewertete Vermögenswerte oder Schulden eingestuft werden (fair value option).

b) Nicht börsennotierte Eigenkapitalinstrumente sind zum beizulegenden Zeitwert zu bewerten, wenn dieser verläßlich ermittelbar ist.

c) Umklassifizierungen zwischen den einzelnen Kategorien sind unzulässig.
d) Wenn mehr als ein unbedeutender Teil der bis zur Endfälligkeit zu haltenden Finanzinvestitionen vor Fälligkeit verkauft wird, ist eine Klassifizierung von Finanzinstrumenten als bis zur Endfälligkeit zu haltende Finanzinvestitionen in den nächsten zwei Jahren nicht möglich.
e) In der Regel ist ein Sicherungsinstrument in seiner Gesamtheit mit einem einzigen beizulegenden Zeitwert zu bewerten. Optionskontrakte und Terminkontrakte dürfen jedoch in ihre Komponenten zerlegt werden.
f) Es wird die Wirksamkeit eines Sicherungsgeschäftes beschrieben. Sie ist zu jedem Bilanzstichtag zu messen.
g) Eine Portfolioabsicherung eines Zinssatzrisikos (macro hedging) ist unter gewissen Bedingungen erlaubt.
h) Eine Wertaufholung ist unter gewissen Voraussetzungen vorzunehmen.

US-GAAP
a) US-GAAP kennen diese fair value option nicht.
b) Nicht börsennotierte Eigenkapitalinstrumente sind zu Anschaffungskosten zu bewerten.
c) Umklassifizierungen von available for sale in held for trading sind unter bestimmten Umständen erforderlich.
d) Wenn mehr als ein unbedeutender Teil der bis zur Endfälligkeit zu haltenden Finanzinvestitionen vor Fälligkeit verkauft wird, ist eine Klassifizierung von Finanzinstrumenten der bis zur Endfälligkeit zu haltenden Finanzinvestitionen in Zukunft nicht mehr möglich.
e) Es ist nicht zulässig, Sicherungsinstrumente aufzuteilen.
f) Das Unternehmen hat die Wirksamkeit eines Sicherungsgeschäftes zu beschreiben. Sie ist mindestens alle drei Monate zu messen.
g) Eine Portfolioabsicherung eines Zinssatzrisikos ist nicht zulässig.
h) Eine Wertaufholung ist nicht zulässig.

IV. Inhalt, Ausweis und Bilanzierungs- und Bewertungsgrundsätze einzelner Posten der Gewinn- und Verlustrechnung sowie der dazugehörigen Angaben

1. Ansatz und Realisierung von Erträgen

Es bestehen keine grundsätzlichen Unterschiede.

2. Zuwendungen der öffentlichen Hand

IAS/IFRS
Vermögensbezogene Zuwendungen sind entweder als passiver Abgrenzungsposten auszuweisen oder von dem Vermögenswert zu kürzen.
Ertragsbezogene Zuwendungen können als sonstige Erträge ausgewiesen oder mit den entsprechenden Aufwendungen verrechnet werden.
Bei einer Rückzahlung von vermögensbezogenen Zuwendungen sind die kumulierten Abschreibungen, die angefallen wären, wenn eine Zuwendung nicht gezahlt worden wäre, sofort nachzuholen.
Es sind Angaben über die Bilanzierungs- und Bewertungsmethode, die Art und den Umfang der im Abschluß enthaltenen Zuwendungen, ein Hinweis auf andere Formen von Beihilfen seitens der öffentlichen Hand und über noch nicht erfüllte Auflagen und andere Erfolgsunsicherheiten bei den im Abschluß enthaltenen Beihilfen zu machen.

US-GAAP
Es gibt keinen authoritative standard über Zuwendungen der öffentlichen Hand, sondern nur ein AICPA Issues Paper vom Oktober 1979. (Einzelheiten siehe unter Abschnitt C.IV.2.)

3. Forschungs- und Entwicklungskosten

IAS/IFRS
Entwicklungskosten sind zu aktivieren, wenn gewisse Voraussetzungen erfüllt sind.
Zuvor als Aufwand erfaßte Entwicklungskosten dürfen später nicht aktiviert werden.

US-GAAP
Entwicklungskosten dürfen nicht aktiviert werden.
Kosten für Computer Software, die verkauft, vermietet oder auf andere Art und Weise vermarktet werden soll, sind solange als Forschungs- und Entwicklungskosten zu behandeln, bis sich das Programm als technisch realisierbar erwiesen hat. Die danach anfallenden Kosten sind zu aktivieren.

4. Abschreibungen

Siehe unter den entsprechenden Posten des Anlagevermögens.

5. Gewinne oder Verluste aus der Aufgabe von Geschäftsbereichen und der Bewertung der zur Veräußerung gehaltenen langfristigen Vermögenswerte

Es bestehen keine grundsätzlichen Unterschiede.

6. Außerordentliche Aufwendungen und Erträge

IAS/IFRS
a) Der Ausweis außerordentlicher Aufwendungen und außerordentlicher Erträge ist weder in der Bilanz noch in den notes zulässig.
b) Wenn Posten der Gewinn- und Verlustrechnung wesentlich sind, sind ihre Art und der Betrag gesondert anzugeben.

US-GAAP
a) Außerordentliche Aufwendungen und Erträge (extraordinary items) sind Ereignisse und Geschäftsvorfälle, die durch die ungewöhnliche Art (unusual nature) und die Seltenheit ihres Vorkommens (infrequency of occurence) gekennzeichnet sind.
Außerdem sind wesentliche Gewinne oder Verluste aus der normalen Tilgung von Verbindlichkeiten als außerordentliche Aufwendungen oder Erträge auszuweisen.
b) Wesentliche Ereignisse und Geschäftsvorfälle, die nur eine der beiden Voraussetzungen eines außerordentlichen Postens, nämlich unüblich (unusual nature) oder selten (infrequency of occurence) zu sein, erfüllen, sind gesondert als Teil der continuing operations auszuweisen oder in den notes anzugeben.

7. Fremdkapitalkosten

IAS/IFRS

Nach der Benchmark-Methode sind Fremdkapitalkosten (borrowing costs) sofort als Aufwand zu behandeln. Alternativ ist die Aktivierung von Fremdkapitalkosten bei den Anschaffungs- oder Herstellungskosten, soweit sie direkt zurechenbar sind, zulässig.

Der Begriff borrowing costs (IAS/IFRS) enthält – im Gegensatz zu dem Begriff interest costs (US-GAAP) – auch Währungsumrechnungsdifferenzen, soweit sie Zinsen berichtigen.

US-GAAP

Fremdkapitalkosten (interest costs) sind, sofern wesentlich, bei den Anschaffungs- oder Herstellungskosten von Vermögenswerten, die bis zu ihrer beabsichtigten Nutzung oder zum Verkauf einen langen Zeitraum benötigen, zu aktivieren.

8. Ertragsteuern

Unterschiede gibt es bei den latenten Steuern und dem Ausweis der Ertragsteuern.

V. Konzernabschluß

1. Konsolidierungspflicht

IAS/IFRS
a) Es besteht Konsolidierungspflicht.
b) Unternehmen, die vollständig oder teilweise im Besitz eines Mutterunternehmens sind, sind – sofern die Minderheitsanteilseigner zustimmen – von der Pflicht zur Aufstellung eines Teil-Konzernabschlusses befreit. Für die Befreiung ist außerdem Voraussetzung, daß die Eigen- und Fremdkapitalinstrumente nicht an einem öffentlichen Markt gehandelt werden, das Unternehmen keinen Börsengang vorbereitet und das oberste oder ein zwischengeschaltetes Mutterunternehmen Konzernabschlüsse nach IFRS veröffentlicht.

US-GAAP
a) Eine gesetzliche Konsolidierungspflicht besteht nicht. Die Konsolidierungspflicht ergibt sich aus den US-GAAP (ARB 51 und SFAS 94) und der SEC Regulation S-X, Rule 3-01 und 3-02.
b) Es gibt keine Befreiung für die Erstellung eines Teil-Konzernabschlusses, da der Konzernabschluß den Einzelabschluß ersetzt.

2. Konsolidierungskreis

Es bestehen praktisch keine Unterschiede.

IAS/IFRS
a) Alle Tochterunternehmen, auf die das Mutterunternehmen einen beherrschenden Einfluß hat, sind zu konsolidieren. Der beherrschende Einfluß wird sehr ähnlich definiert; in der Regel sind das mehr als 50% der Stimmrechte.
b) Ein Tochterunternehmen darf nicht in den Konzernabschluß einbezogen werden, wenn die Anteile ausschließlich zum Zwecke der Weiterveräußerung in naher Zukunft gehalten werden.

US-GAAP
a) Alle Tochterunternehmen, auf die das Mutterunternehmen einen beherrschenden Einfluß hat, sind zu konsolidieren. Der beherrschende Einfluß wird sehr ähnlich definiert; in der Regel sind das mehr als 50% der Stimmrechte.
b) Tochterunternehmen sind nicht in den Konzernabschluß einzubeziehen, wenn die Möglichkeit des beherrschenden Einflusses nur vorübergehend gegeben ist (z.B. starke Behinderung der Ausübung der Vermögensrechte bei ausländischen

Tochterunternehmen), oder wenn aufgrund anderer Umstände ein beherrschender Einfluß trotz Besitzes der Mehrheit der Stimmrechte nicht vorliegt (Unternehmen, die sich in einem Sanierungs- oder Konkursverfahren befinden).

3. Vollkonsolidierung

IAS/IFRS
a) Es ist die vollständige Neubewertungsmethode anzuwenden.
b) Erworbene Forschungs- und Entwicklungsprojekte sind zu aktivieren, wenn sie die Aktivierungsvoraussetzungen von IAS 38 erfüllen und ihr beizulegender Zeitwert verläßlich ermittelt werden kann.
c) Ein passiver Unterschiedsbetrag ist erfolgswirksam zu behandeln.

US-GAAP
a) In der Praxis wird sowohl die vollständige als auch die anteilige Neubewertungsmethode angewandt.
b) Erworbene Forschungs- und Entwicklungsprojekte sind zunächst zu aktivieren und anschließend sofort abzuschreiben, sofern für sie keine alternative künftige Verwendungsmöglichkeit besteht.
c) Ein passiver Unterschiedsbetrag ist als außerordentlicher Gewinn zu erfassen.
d) Unter bestimmten Voraussetzungen können bei der Aufteilung der Anschaffungskosten Restrukturierungsrückstellungen erfolgsneutral gebildet werden.

4. Gemeinschaftsunternehmen (joint ventures) – Anteilmäßige Konsolidierung

IAS/IFRS
Bei Gemeinschaftsunternehmen ist eine anteilmäßige Konsolidierung vorzunehmen. Alternativ ist auch die Equity-Methode zulässig. Falls die Anteile an dem Gemeinschaftsunternehmen in naher Zukunft veräußert werden sollen oder das Gemeinschaftsunternehmen unter schwerwiegenden langfristigen Beschränkungen arbeitet, die seine Möglichkeit zu Zahlungen an den Venture-Partner entscheidend beeinflussen, hat der Partner IAS 39 anzuwenden.

US-GAAP
Gemeinschaftsunternehmen sind nach der Equity-Methode zu bewerten. In gewissen Branchen, insbesondere der Öl- und Gasindustrie, ist aufgrund gesellschaftsrechtlicher Besonderheiten eine anteilmäßige Konsolidierung üblich.

5. Assoziierte Unternehmen – Equity-Bewertung

Es bestehen praktisch keine Unterschiede.

6. Währungsumrechnung ausländischer Jahresabschlüsse

Es bestehen praktisch keine Unterschiede, da sowohl IAS/IFRS als auch US-GAAP die Methode der funktionalen Währung anwenden.
Bei Abschlüssen aus Hochinflationsländern besteht ein kleiner Unterschied.

VI. Zusätzliche Angaben und Informationen

1. Anhang bzw. Angabepflichten (notes)

Die Angabepflichten der IAS/IFRS und der Inhalt und Umfang der gemäß US-GAAP und SEC-Vorschriften zu machenden notes sind in den einzelnen Abschnitten der Kapitel B und C angegeben. Da die Gliederung der Kapitel B und C gleich ist, werden diese hier nicht dargestellt.

2. Kapitalflußrechnung

Bezüglich der Darstellung der Kapitalflußrechnung wird auf die Abschnitte B.VI.2 und C.VI.2 verwiesen.
Nach IAS 7.8 können kurzfristige Banküberziehungskredite mit den Zahlungsmitteln und Zahlungsmitteläquivalenten verrechnet werden.
Gezahlte und erhaltene Zinsen und Dividenden können nach IAS 7.33-34 als Mittelzuflüsse und -abflüsse aus laufender Geschäftstätigkeit ausgewiesen werden oder gezahlte Zinsen und Dividenden können der Finanzierungstätigkeit und erhaltene Zinsen und Dividenden können der Investitionstätigkeit zugerechnet werden. Nach US-GAAP sind gezahlte und erhaltene Zinsen sowie erhaltene Dividenden der laufenden Geschäftstätigkeit und gezahlte Dividenden der Finanzierungstätigkeit zuzuordnen.
Sofern Mittelzuflüsse und -abflüsse aus Ertragsteuern nicht die laufende Geschäftstätigkeit, sondern die Finanzierungstätigkeit oder die Investitionstätigkeit betreffen, sind sie nach IAS 7.35 diesen Tätigkeiten zuzuordnen, während nach US-GAAP Ertragsteuern immer der laufenden Geschäftstätigkeit zuzuordnen sind.
Zusammengesetzte Geschäftsvorfälle (z.B. Rückzahlung eines Darlehens einschließlich Zinsen) können nach IAS 7.32 aufgeteilt werden, während sie nach US-GAAP der dominierenden Tätigkeit zuzuordnen sind.
Nach IAS ist nur bei Anwendung der indirekten Methode eine Überleitung vom Jahresüberschuß auf den Cash-flow aus der laufenden Geschäftstätigkeit zu erstellen, während nach US-GAAP eine Überleitung sowohl bei Anwendung der direkten als auch der indirekten Methode zu erstellen ist.
IAS 7 verlangt einige zusätzliche Informationen (separater Ausweis der Mittelzuflüsse und -abflüsse aus außerordentlichen Geschäftsvorfällen bei der laufenden Geschäftstätigkeit, Investitionstätigkeit oder Finanzierungstätigkeit, Angabe der wesentlichen Abschlußposten bei Erwerb oder Veräußerung eines konsolidierten Unternehmens) und empfiehlt in IAS 7.50 zusätzliche Informationen.
Die Ähnlichkeit der Kapitalflußrechnungen und die zusätzlichen Informationen gemäß IAS 7 dürften die IOSCO dazu bewogen haben, IAS 7 Cash Flow Statement seit 1993 zu unterstützen.
IAS 7 wird von der SEC bei Nicht-US-Unternehmen akzeptiert.

3. Lagebericht

Ein Lagebericht ist in den IAS/IFRS und US-GAAP nicht vorgeschrieben. Börsennotierte Unternehmen haben in den USA gemäß der SEC Regulation S-K sehr detailliert vorgeschriebene Informationen zu liefern.

4. Beziehungen zu nahestehenden Unternehmen und Personen

Es bestehen keine wesentlichen Unterschiede in den zu machenden Angaben.

5. Angaben nach Geschäftsfeldern und Regionen

IAS/IFRS
Die primären Segmente (Geschäftsfeld oder Region) werden durch die hauptsächlichen Risiken und Eigenkapitalrenditen bestimmt und sollten von der internen Organisations- und Führungsstruktur und dem System der internen Berichterstattung an die Unternehmensleitung abgeleitet werden. Über ein Segment muß berichtet werden, wenn es die Mehrheit seiner Erträge durch Umsätze mit fremden Dritten erzielt und entweder seine Umsätze, Betriebsergebnisse oder Vermögenswerte mehr als 10% aller Segmente betragen. Folgende wesentliche Angaben sind für die primären Segmente zu machen:
– Umsätze und Ergebnisse,
– Vermögenswerte und Schulden,
– Investitionen,
– Abschreibungen, Wertberichtigungen und andere wesentliche nicht zahlungswirksame Aufwendungen,
– anteilige Gesamtbeträge am Gewinn oder Verlust von nach der Equity-Methode bilanzierten Unternehmen,
– Buchwert der Beteiligungen der nach der Equity-Methode bilanzierten Unternehmen.

Für die sekundären Segmente sind Umsätze, Vermögenswerte und Investitionen (keine Ergebnisse) anzugeben.

US-GAAP
Grundlage für die Segmentberichterstattung ist die interne Berichterstattung über die operativen Segmente an die Unternehmensleitung. Operative Segmente sind Teile des Unternehmens, für die finanzielle Informationen vorliegen und deren Ergebnisse aus laufender Geschäftstätigkeit der Unternehmensleitung dienen, Entscheidungen bezüglich der Verwendung von Mitteln und der Beurteilung der erbrachten Leistung zu fällen. Es gelten die gleichen 10%-Kriterien wie bei den IAS/IFRS. Folgende wesentliche Angaben sind für die operativen Segmente zu machen:

- Umsätze und Ergebnisse,
- Vermögenswerte,
- Zinserträge/Zinsaufwendungen,
- Abschreibungen, Wertberichtigungen und andere wesentliche nicht zahlungswirksame Aufwendungen,
- außergewöhnliche Aufwendungen und Erträge und außerordentliche Posten,
- Ertragsteueraufwendungen und -erträge,
- Ergebnisbeitrag der Beteiligungen, die nach der Equity-Methode bewertet wurden,
- Gesamtbetrag der Beteiligungen, die nach der Equity-Methode bewertet wurden,
- Investitionen,
- Überleitung von den Segmentinformationen auf die konsolidierten Beträge.

Außerdem sind die Umsätze nach Regionen und die Umsätze mit Kunden, mit denen 10 % und mehr des Gesamtumsatzes erzielt werden, unter Angabe des Segmentes/der Segmente (ohne Angabe des Namens der Großkunden und ohne Angabe der Umsätze nach Segmenten mit den Großkunden) anzugeben.

6. Ergebnis je Aktie

Es bestehen keine wesentlichen Unterschiede.

7. Zwischenberichte

IAS/IFRS
Falls ein Zwischenbericht veröffentlicht wird, ist IAS 34 zu beachten.
Jeder Zwischenbericht ist als Teil der Jahresberichterstattung zu verstehen. IAS 34 erlaubt keine Abgrenzung von saisonal oder zyklisch bedingten und gelegentlich erzielten Erträgen in der unterjährigen Berichtsperiode, wenn eine solche Abgrenzung am Ende des Geschäftsjahres nicht angemessen wäre.
IAS 34 schreibt nicht vor, welche Unternehmen wie oft und innerhalb welchen Zeitraums Zwischenberichte zu veröffentlichen haben. Es wird auf Regierungen, Börsenaufsichtsbehörden, Börsen und auf die Berufsverbände, die sich mit der Rechnungslegung befassen, verwiesen.

US-GAAP
Falls ein Zwischenbericht veröffentlicht wird, ist APB Opinion 28 zu beachten.
Jeder Zwischenbericht ist als Teil der Jahresberichterstattung zu verstehen. APB 28 enthält detaillierte Regelungen über die Abgrenzung von Aufwendungen in der unterjährigen Berichtsperiode (z.B. Großreparaturen, mengenabhängige Boni, Herstellungskosten auf Basis von Jahresdurchschnittswerten, keine Auflösung der Lifo-Reserve bei unterjährigem Bestandsabbau, keine Berücksichtigung von vorübergehend gefallenen Marktpreisen bei erwarteter Preiserhöhung im Laufe des Geschäftsjahres, unterjährige Abweichung von Standardkosten).

Eine Pflicht zur Erstellung und Offenlegung von Zwischenberichten besteht nur aufgrund von SEC-Vorschriften (Form 10-Q). Die Berichtspflicht besteht nur für amerikanische Gesellschaften.

VII. Prüfungs- und Offenlegungspflicht

1. Prüfungspflicht

IAS/IFRS

Die IAS/IFRS befassen sich nur mit der Rechnungslegung und nicht mit der Prüfung von Jahresabschlüssen.

Standards und Verlautbarungen für die Prüfung von Jahresabschlüssen werden von dem International Auditing Practice Committee (IAPC) der International Federation of Accountants (IFAC) herausgegeben.

US-GAAP

Die Notwendigkeit einer Rechnungslegung nach GAAP und ihre Prüfung durch einen Wirtschaftsprüfer kann sich für ein amerikanisches Unternehmen aus drei Gründen ergeben:
– In der Satzung des Unternehmens ist die Erstellung des Jahresabschlusses nach GAAP und seine Testierung durch einen Wirtschaftsprüfer vorgesehen.
– Kreditgeber haben mit dem Unternehmen vereinbart, daß ihnen ein durch einen Wirtschaftsprüfer testierter Jahresabschluß vorzulegen ist. (Ein Wirtschaftsprüfer kann einen Jahresabschluß nur testieren, wenn er nach GAAP erstellt wurde.)
– Das Unternehmen unterliegt der staatlichen Börsenaufsicht. Solche Unternehmen müssen ihre Jahresabschlüsse nach GAAP erstellen, von einem Wirtschaftsprüfer testieren lassen und veröffentlichen.

2. Offenlegungspflicht

IAS/IFRS

Der IASB kann Unternehmen nicht zwingen, Jahresabschlüsse offenzulegen.

US-GAAP

Berichtspflichtige Gesellschaften haben gegenüber der SEC eine Offenlegungspflicht. Unternehmen mit öffentlich gehandelten Wertpapieren im Volumen von 700 Mio US$ oder mehr (large accelerated filers) müssen innerhalb von 60 Kalendertagen und Unternehmen mit öffentlich gehandelten Wertpapieren im Volumen von mindestens 75 Mio US$, jedoch weniger als 700 Mio US$ (accelerated filers) müssen innerhalb von 75 Kalendertagen nach dem Ende des Geschäftsjahres der SEC einen von einem Wirtschaftsprüfer geprüften Bericht gemäß Form 10-K einreichen und veröffentlichen.

Für nicht der SEC gegenüber berichtspflichtige Unternehmen gibt es keine Offenlegungspflicht.

VIII. Branchenspezifische Standards

IAS/IFRS
Die IAS/IFRS enthalten bisher folgende branchenspezifische Standards:
- IAS 30 Angaben im Abschluß von Banken und ähnlichen Finanzinstitutionen (ersetzt durch IFRS 7),
- IAS 41 Landwirtschaft,
- IFRS 4 Versicherungsverträge,
- IFRS 6 Exploration und Evaluierung von mineralischen Rohstoffen.

US-GAAP
Die US-GAAP enthalten ein Vielzahl branchenspezifischer Standards.

H. 4. und 7. EG-Richtlinie und neue Strategie der EU-Kommission

I. Allgemeine Informationen

1. Entwicklung der 4. und 7. EG-Richtlinie

Ziel des Vertrages zur Gründung der Europäischen Wirtschaftsgemeinschaft (EWGV) vom 25. März 1957 war die Errichtung eines »gemeinsamen Marktes«. Er sollte durch Abbau bestehender Beschränkungen zwischen den Mitgliedstaaten erreicht werden. Der Rat und die Kommission sollen nach Art. 54 Abs. 3 Buchst. g des EWGV »soweit erforderlich die Schutzbestimmungen koordinieren, die in den Mitgliedstaaten den Gesellschaften im Sinne des Art. 58 Abs. 2 im Interesse der Gesellschafter sowie Dritter vorgeschrieben sind, um diese Bestimmungen gleichwertig zu gestalten.«
1965 begannen die ersten Vorarbeiten zur Harmonisierung der Rechnungslegung. Die Arbeiten waren nicht zu schwierig, da die Rechnungslegungssysteme der damaligen Mitgliedstaaten Belgien, Deutschland, Frankreich, Italien, Luxemburg und die Niederlande mit Ausnahme der Niederlande in vielen Bereichen ähnlich waren. 1968 wurde der Bericht einer Studienkommission der Europäischen Kommission vorgelegt, der bis 1970 beraten wurde. Wegen des bevorstehenden Beitritts von Dänemark, Großbritannien und Irland zum 1. Januar 1973 wurden keine Richtlinien herausgegeben. Da die Rechnungslegungssysteme dieser drei Länder von den Rechnungslegungssystemen der sechs Gründerstaaten erheblich abwichen, konnte die 4. gesellschaftsrechtliche EG-Richtlinie (Bilanzrichtlinie) erst nach langen Beratungen am 25. Juli 1978 durch den Ministerrat verabschiedet werden. Am 4.6.1983 wurde die 7. gesellschaftsrechtliche EG-Richtlinie (Konzernrechnungsrichtlinie) verabschiedet.
Diese Richtlinien sind nicht direkt anzuwenden, sondern von den Mitgliedstaaten in nationales Recht umzusetzen.

2. Umsetzung der 4. und 7. EG-Richtlinie

Die Umsetzung der 4. EG-Richtlinie sollte in den Mitgliedstaaten bis zum 31. Juli 1980 und die Umsetzung der 7. EG-Richtlinie bis zum 31. Dezember 1987 erfolgen.
Die an die 4. EG-Richtlinie angepaßten nationalen Vorschriften sollten erstmals auf Geschäftsjahre angewendet werden, die nach dem 31. Dezember 1982 (für kleinere Gesellschaften auf Geschäftsjahre, die nach dem 31. Juli 1985) beginnen. Die Frist für die 7. EG-Richtlinie war der 1. Januar 1990.
Die Umsetzung der EG-Richtlinien in nationales Recht erfolgte tatsächlich mit erheblicher Verspätung.

3. Ziel der 4. und 7. EG-Richtlinie

Ziel der Richtlinien war von vornherein keine Rechtsvereinheitlichung, sondern nur eine Angleichung der nationalen Rechtsvorschriften. Das hatte zur Folge, daß in der 4. EG-Richtlinie bei nur 20 Seiten
- 41 nationale Wahlrechte (z.T. zeitlich begrenzt) und
- 35 Unternehmenswahlrechte (Bilanzierungs- und Bewertungswahlrechte der Unternehmen innerhalb eines Landes)

und in der 7. EG-Richtlinie weitere nationale Wahlrechte und Unternehmenswahlrechte enthalten sind. Besonders negativ ist, daß auf deutschen Druck sogar das Wahlrecht der »umgekehrten Maßgeblichkeit« (Art. 35 Abs. 1 d und Art. 39 Abs. 1 e), die den Ausbund der Bilanzunkultur verkörpert, eingefügt wurde. Teilweise wurden sogar Wahlrechte eingeräumt, wo vorher keine bestanden haben. Dadurch wurden internationale und zusätzlich sogar nationale vergleichende Analysen noch mehr eingeschränkt.

Außerdem wurden einige wesentliche Punkte, wie Währungsumrechnung, Leasing, langfristige Auftragsfertigung, Ermittlung der latenten Steuern und Zuwendungen der öffentlichen Hand (Subventionen) nicht geregelt, was zu unterschiedlichen oder gar keinen Rechnungslegungsvorschriften in den einzelnen Ländern führte.

Die Wahlrechte und die nicht geregelten Punkte waren der Preis für die Einigung. Sie zeigen, daß die kontinentaleuropäische Denkweise, insbesondere die deutsche, mit der angelsächsischen Denkweise unvereinbar ist.

4. Beurteilung der Harmonisierungsbestrebungen der EG

In den EG-Richtlinien sind keine Ziele der Rechnungslegung genannt. In der Präambel der 4. EG-Richtlinie wird lediglich auf die besondere Bedeutung des Schutzes der Gesellschafter und Dritter hingewiesen.

Die Aussagefähigkeit über den materiellen Inhalt und die Vergleichbarkeit der Jahresabschlüsse wurden durch die Wahlrechte und die obengenannten nicht geregelten wesentlichen Punkte (Währungsumrechnung, Leasing, langfristige Auftragsfertigung, Ermittlung der latenten Steuern, Zuwendungen der öffentlichen Hand) nicht nur innerhalb der EG, sondern auch innerhalb eines Landes erheblich beeinträchtigt. Die gesetzlich vorgeschriebenen Informationen im Anhang konnten diesen Mangel nur teilweise mildern.

Hinzu kommt, daß außer in Dänemark, Großbritannien, Irland und den Niederlanden die Handelsbilanzen weiterhin mehr oder weniger durch unterschiedliche steuerrechtliche Vorschriften beeinflußt werden. Das in der Präambel der 4. EG-Richtlinie gesetzte Ziel,

> die verschiedenen Bewertungsmethoden müssen, soweit erforderlich, vereinheitlicht werden, um die Vergleichbarkeit und die Gleichwertigkeit der in den Jahresabschlüssen gemachten Angaben zu gewährleisten,

wurde somit keineswegs – selbst noch nicht einmal für die an der Börse notierten Gesellschaften – erreicht.

Der Verdienst der 4. EG-Richtlinie besteht deshalb weniger darin, einen Beitrag zur Vereinheitlichung des europäischen Bilanzrechts geleistet zu haben, als darin, bewußt

gemacht zu haben, wie weit das Bilanzrecht der einzelnen EG-Länder inhaltlich noch auseinanderlag. Durch eine gewisse Vereinheitlichung der äußeren Form der Jahresabschlüsse der einzelnen EG-Länder ohne einheitliche Bewertungsmethoden wurde den Jahresabschlußlesern nur eine Harmonisierung vorgetäuscht.
Die Richtlinien beschäftigen sich hauptsächlich mit formellen Fragen (z.B. Gliederungs- und Publizitätsvorschriften).
Selbst die EU-Kommission dürfte die Harmonisierungsbestrebungen der EG nicht wesentlich anders beurteilen, wie aus dem Ausspruch von Karel Van Hulle, Europäische Kommission, indirekt hervorgeht: »Nicht alles, was wir in der EU im Bereich der Rechnungslegung realisiert haben, ist schlecht....« (WPg 1998, S. 152).

5. Weitere Aktivitäten der EU-Kommission

a) Kontaktausschuß

Gemäß Art. 52 der 4. EG-Richtlinie wurde bei der Kommission ein Kontaktausschuß eingesetzt, der die Aufgabe hatte,
- unbeschadet der Bestimmungen der Artikel 169 und 170 des Vertrages eine gleichmäßige Anwendung dieser Richtlinie durch die regelmäßige Abstimmung, insbesondere in konkreten Anwendungsfragen, zu erleichtern;
- die Kommission, falls es erforderlich sein sollte, bezüglich Ergänzungen oder Änderungen dieser Richtlinie zu beraten.

Der Kontaktausschuß setzte sich aus Vertretern der Mitgliedstaaten sowie Vertretern der Kommission zusammen. Der Vorsitz wurde von einem Vertreter der Kommission wahrgenommen. Die Sekretariatsgeschäfte wurden von der Dienststelle der Kommission wahrgenommen.
Der Vorsitzende berief den Ausschuß von sich aus oder auf Antrag eines der Mitglieder des Ausschusses ein.
Gemäß Art. 47 der 7. EG-Richtlinie wurden die Aufgaben des Kontaktausschusses auf die 7. EG-Richtlinie ausgeweitet.

b) Accounting Advisory Forum (AAF)

Die EU-Kommission hat 1990 (ohne Zustimmung des Ministerrats) einen zusätzlichen Ausschuß, nämlich das Accounting Advisory Forum (AAF), geschaffen. Das Accounting Advisory Forum sollte die Kommission in allen Fragen des Bilanzrechts auf technischer Ebene beraten und gemeinschaftliche Standpunkte für Verhandlungen mit internationalen Organisationen, die sich mit der Harmonisierung der Rechnungslegung befassen, vorbereiten.
Das AAF setzte sich aus Vertretern der nationalen normsetzenden Institutionen (standard setter) der Mitgliedsländer, Vertretern europäischer Organisationen, die die hauptsächlichen Jahresabschlußnutzer und Jahresabschlußersteller (Industrie, Gewerkschaften, Banken, Versicherungen, Börsen, Finanzanalysten) repräsentierten, sowie aus Wirtschaftsprüfern und Hochschullehrern zusammen.

Außerdem befaßte sich das AAF mit der Vorbereitung von Standpunkten der Kommission gegenüber Entwürfen von Stellungnahmen des IASC.

c) **Mitteilung der Kommission zu Auslegungsfragen in Hinblick auf bestimmte Artikel der Vierten und der Siebenten Richtlinie des Rates auf dem Gebiet der Rechnungslegung**

1997 hat die EG-Kommission die Mitteilung XV/7009/97 DE mit obigem Titel herausgegeben. Sie ist im Amtsblatt der Europäischen Gemeinschaften C 16 vom 20. Januar 1998 erschienen (98/C 16/04).

6. Neue Strategie der EU-Kommission seit 1995

a) **Mitteilung Com 95 (508) vom 29. November 1995 »Harmonisierung auf dem Gebiet der Rechnungslegung: Eine neue Strategie im Hinblick auf die Internationale Harmonisierung«**

In der Mitteilung Com 95 (508) »Harmonisierung auf dem Gebiet der Rechnungslegung: Eine neue Strategie im Hinblick auf die Internationale Harmonisierung« teilt die Kommission u.a. folgendes mit:

»Vorgeschlagener Ansatz
Bei der Ausarbeitung dieses empfohlenen Ansatzes zur Lösung der aktuellen Rechnungslegungsprobleme hat die Kommission besonderen Wert auf die Beachtung der nunmehr im Maastrichter Vertrag verankerten Grundsätze der Subsidiarität und der Verhältnismäßigkeit gelegt. Neue Rechtsvorschriften oder Änderungen der bestehenden EU-Vorschriften sollten soweit wie möglich vermieden werden. Außerdem sollte auch auf die Aufstellung zusätzlicher Rechnungslegungsgrundsätze in Ergänzung der bereits bestehenden oder sich in Vorbereitung befindenden verzichtet werden. Ferner bedarf es eines flexibleren rechtlichen Rahmens, innerhalb dessen rasch auf die derzeitigen und künftigen Entwicklungen reagiert werden kann. Gleichzeitig müssen der erforderliche Grad an Rechtssicherheit gewahrt und die Einhaltung der EU-Rechtsvorschriften gewährleistet werden.
Um das dringende Problem europäischer eine Börsennotierung auf den internationalen Kapitalmärkten anstrebender Unternehmen zu lösen, schlägt die Kommission vor, zunächst mit den Mitgliedstaaten im Rahmen des Kontaktausschusses vorrangig zu prüfen, inwiefern die vorhandenen »International Accounting Standards« (IAS) mit den Rechnungslegungs-Richtlinien vereinbar sind. Diese Konformitäts-Feststellung ist für die Mitgliedstaaten ein erster wichtiger Schritt bei der Erteilung einer Genehmigung für ihre Großunternehmen, ihre Abschlüsse von nun an auf dieser Basis zu erstellen. (Diesbezüglich obliegt es den Mitgliedstaaten, eine ähnliche »Konformitäts-Überprüfung« mit ihren nationalen Vorschriften vorzunehmen. Da nicht alle Richtlinien-Wahlrechte in die einzelstaatlichen Rechtsvorschriften eingeflossen sind, kann der Fall eintreten, daß ein mit den Richtlinien in Einklang stehender IAS u.U. gegen nationales Recht verstößt.)

Sollte sich bei dieser Überprüfung herausstellen, daß die Richtlinien und die IAS in gewissen Punkten nicht miteinander vereinbar sind, so müssen diese Fälle auf Einzelfallbasis untersucht werden. Nach einer ersten Einschätzung der Kommission dürften diesbezüglich nur wenige bzw. überhaupt keine Schwierigkeiten auftreten. Im Konfliktfall muß natürlich eine Lösung herbeigeführt werden. So könnte der IASC gebeten werden, den entsprechenden Rechnungslegungsgrundsatz zu ändern, oder die Rechnungslegungs-Richtlinien müßten modifiziert werden. Der IASC-»Executive« hat sich bereiterklärt, alle IAS, die u.U. mit den Richtlinien nicht vereinbar sind, zu überprüfen. Falls es absolut erforderlich sein sollte, wird auch die Kommission Änderungen der Richtlinien vorschlagen. Sollten die Richtlinien tatsächlich aufgrund einer Unstimmigkeit zwischen einem IAS und einer ihrer Bestimmungen geändert werden müssen, sollte nach Meinung der Kommission ernsthaft über die Möglichkeit der Kompetenzerteilung an einen Ausschuß nachgedacht werden, um den Prozeß der Änderung der Rechnungslegung-Richtlinien zu beschleunigen. Weitere Kollisionen mit den IAS können für die Zukunft nämlich nicht ausgeschlossen werden, und dann wäre es nützlich, wenn die EU ihr rechtliches Rahmenwerk schneller modifizieren könnte.

Um eine angemessene europäische Einflußnahme auf die laufenden IASC-Arbeiten zu gewährleisten, wird der Kontaktausschuß eine gemeinsame Position der EU zu den künftigen Arbeitspapieren (»exposure drafts«) bzw. Entwürfen von Rechnungslegungsgrundsätzen des IASC einnehmen und durchzusetzen versuchen. So kann dem IASC dann eine gemeinsame Haltung der EU zu seinen Arbeitspapieren übermittelt werden. Dies wird den Einfluß der Union auf die IASC-Arbeiten allmählich stärken, wobei auch an die Festlegung seiner Tagesordnung zu denken ist, d.h. die Arbeiten dürften in wachsendem Maße den Standpunkt der EU widerspiegeln.

In bezug auf die Einführung eines Mechanismus zur Erarbeitung von gemeinsamen Positionen zu Fragen wie Verträglichkeit mit den IAS wird vorgeschlagen, den Kontaktausschuß mit größeren Kompetenzen auszustatten. Die Fähigkeit des Ausschusses, sich mit technischen Fragen zu befassen, wird durch die Einrichtung von Unterausschüssen gefördert, die sich ggf. von Sachverständigen beraten lassen können. Im Sinne der Kostenersparnis sollen die Arbeiten in Kooperation mit den Mitgliedstaaten pragmatisch organisiert werden.

Die Arbeiten des Kontaktausschusses sollten sich auf konsolidierte Abschlüsse konzentrieren. Ein allgemeinerer Ansatz, bei dem auch die Einzelabschlüsse miteinbezogen würden, dürfte wahrscheinlich eher umstritten sein, da letztere in vielen Mitgliedstaaten unmittelbar mit dem Finanzausweis für Steuerzwecke verbunden sind. Eine Konzentration auf einen Konzernabschluß erstellende Unternehmen ist auch deshalb gerechtfertigt, als diese Gesellschaften stärker von den obengenannten Problemen betroffen sind.

Demgegenüber soll für jene Unternehmen, die dem Druck der internationalen Kapitalmärkte nicht so unmittelbar ausgesetzt sind und die Konzernabschlüsse erstellen, weiter an der Verbesserung der Vergleichbarkeit der Abschlüsse gearbeitet werden. Der Kontaktausschuß sollte seine Bemühungen um die Erzielung eines harmonisierten Ansatzes verstärken, indem er auf die praktischen Probleme eingeht, die sich im Zusammenhang mit der Anwendung der Richtlinien ergeben. Durch die im Kontaktausschuß geführten Gespräche wird die Kommission versuchen, die Tätigkeiten der verschiedenen nationalen Einrichtungen, die sich mit Rechnungslegungsgrundsätzen beschäftigen, besser zu koordinieren. Die Kommission wird auch darüber befinden, wie die Ratschläge des Kontaktausschusses am besten zu verwenden sind, d.h. ob sie beispielsweise in eine Mitteilung zu Auslegungsfragen oder eine Empfehlung einfließen sollen. Außerdem wird die Kommission die Arbeiten des Kontaktausschusses erforderlichenfalls angemessen publik machen. Es ist zu erwarten, daß auch Klein- und Mittelbetriebe, die externe Finanzressourcen in Anspruch nehmen wollen, letztlich von einer verbesserten Berichterstattung auf Basis des konsolidierten Abschlusses profitieren.

Natürlich ist dieser flexible Ansatz nur innerhalb der von den Rechnungslegungs-Richtlinien vorgegebenen Grenzen möglich. Die Richtlinien müssen auf jeden Fall eingehalten werden, und die Kommission wird – falls es aus Gründen der Rechtssicherheit erforderlich sein sollte – nicht zögern, ggf. Änderungsvorschläge zu den Richtlinien zu unterbreiten. Eine effiziente technische Zusammenarbeit im Kontaktausschuß wird in den meisten Fällen zur Vermeidung weiterer Rechtsvorschriften beitragen. Deshalb ist es wichtig, daß alle Einrichtungen, die sich auf nationaler Ebene mit der Normung von Rechnungslegungsgrundsätzen befassen, an den Arbeiten des Kontaktausschusses beteiligt werden und daß ihre Vertreter über genügend Sachverstand für die technischen Diskussionen verfügen.

Das Beratende Rechnungslegungsforum wird seiner Aufgabe als beratendes Organ weiterhin nachkommen. Es wird sicherstellen, daß die Anwender und Aufsteller von Abschlüssen auch in Zukunft eng in die auf EU-Ebene auf dem Gebiet der Rechnungslegung durchgeführten Arbeiten einbezogen werden. Mit einer Einladung der Mitglieder des Kontaktausschusses in die Forumssitzungen und einer Beteiligung der Sachverständigen des Forums an den technischen Arbeiten des Kontaktausschusses könnte eine angemessene Koordinierung der Arbeiten beider Organe gewährleistet werden.

Schlußfolgerungen
Die Union muß den Anwendern und Aufstellern von Abschlüssen unverzüglich Gewißheit darüber verschaffen, daß die Unternehmen, die eine Börsennotierung in den USA und auf anderen internationalen Märkten anstreben, sich weiterhin auf das EU-Rahmenwerk im Bereich der Rechnungslegung stützen können und daß die amerikanischen GAAP, auf die weder sie noch ihre Regierungen Einfluß nehmen können, nicht die einzige Möglichkeit sind. Außerdem ist klarzustellen, daß die EU nicht auf die Harmonisierung der Rechnungslegung verzichtet, sondern vielmehr ihr Engagement und ihren Beitrag zum internationalen Normungsprozeß ausbaut, der die effizienteste und schnellste Lösungsmöglichkeit für die Probleme weltweit operierender Unternehmen ist. Diese Aussagen bedürfen der expliziten Unterstützung und Zustimmung der Mitgliedstaaten, ohne die sie wirkungslos sind.«

Änderung der Richtlinien
In einem am 14. Januar 1998 im Rahmen der IDW-Arbeitstagung in Baden-Baden gehaltenen Vortrag von Prof. Karel Van Hulle, Europäische Kommission, »Die Zukunft der europäischen Rechnungslegung im Rahmen einer sich ändernden internationalen Rechnungslegung« führte Karel Van Hulle u.a. folgendes aus (WPg 1998, S. 149):

»Der für den Binnenmarkt zuständige Kommissar Mario Monti hat bereits im Mai 1997 angekündigt, daß die Zeit gekommen ist, über eine Änderung der Richtlinien nachzudenken. Solche Änderungen werden auch im Aktionsplan »Gemeinsamer Markt«

angekündigt, der ausdrücklich vom Europäischen Rat in Amsterdam gebilligt wurde.«
.....
»Die Kommission hat sich überlegt, in drei Bereichen Änderungen vorzuschlagen. Die Änderungen betreffen hauptsächlich die Vierte Richtlinie. Die erste Änderung betrifft die Einführung einer Möglichkeit, bestimmte Bilanzpositionen zu höheren Marktwerten auszuweisen. Eine zweite Änderung betrifft die Schwellenwerte für die Definition von kleinen und mittelgroßen Kapitalgesellschaften. Die dritte Änderung betrifft die Einführung eines vereinfachten Verfahrens für die Änderung der Bilanzrichtlinien. Es besteht die Absicht, noch im Jahre 1998 einen offiziellen Vorschlag dem Europäischen Parlament und dem Ministerrat vorzulegen. Wenn der Vorschlag gut vorbereitet und er in seinem Inhalt nicht zu ausführlich ist, könnten die Verhandlungen noch vor dem Ende des Jahres 2000 abgeschlossen werden.«

b) **Mitteilung der EU-Kommission an den Rat und das Europäische Parlament zur »Rechnungslegungsstrategie der EU: Künftiges Vorgehen« vom 13. Juni 2000 (KOM [2000] 359 endg.)**

In dieser Mitteilung wurde vorgeschlagen, daß alle auf einen geregelten Markt notierten EU-Unternehmen verpflichtet werden sollen, ihre konsolidierten Abschlüsse bis spätestens 2005 nach einem einzigen Regelwerk von Rechnungslegungsgrundsätzen aufzustellen, und zwar nach den International Accounting Standards (IAS).

c) **Vorschlag für eine Verordnung des Europäischen Parlaments und des Rates betreffend die Anwendung internationaler Rechnungslegungsgrundsätze (KOM [2001] 80 endg.)**

Am 13.2.2001 hat die EU-Kommission einen Vorschlag für eine Verordnung des Europäischen Parlaments und des Rats betreffend die Anwendung internationaler Rechnungslegungsgrundsätze (Dokument 501 PC0080) vorgelegt.

Kurz zusammengefaßt beinhaltete der Vorschlag der EU-Kommission folgendes: Alle börsennotierten EU-Unternehmen haben ab dem Jahre 2005 Konzernabschlüsse nach IAS zu erstellen. Die Mitgliedstaaten haben die Möglichkeit, die Anwendung der IAS auch bei Einzelabschlüssen von börsennotierten Unternehmen und bei Konzern- und Einzelabschlüssen von nicht börsennotierten Unternehmen zu gestatten oder vorzuschreiben.
Die Anerkennung der IAS zur Anwendung innerhalb der EU erfolgt nach einem sogenannten Komitologie-Verfahren. Bei dem Komitologie-Verfahren ist eine gesetzliche Umsetzung in den Mitgliedstaaten nicht erforderlich. Dies soll gewährleisten, daß die Vereinbarkeit der IAS mit den EU-Richtlinien in kurzer Zeit und unter Wahrung der institutionellen Zuständigkeiten der EU-Kommission, des Rates und des Europäischen Parlaments geprüft und über deren Anerkennung innerhalb der EU entschieden wird.
Der in dem Vorschlag erwähnte Technische Ausschuß auf dem Gebiet der Rechnungslegung (Sachverständigenebene des Anerkennungs-Mechanismus) wurde am

31.3.2001 unter dem Namen European Financial Reporting Advisory Group (EFRAG) als privatrechtliche Organisation gegründet. Die EFRAG soll die europäischen Interessen gegenüber dem IASB vertreten und dabei die Arbeit der europäischen Rechnungslegungsinstitutionen koordinieren.

Die EU-Kommission hat 2006 eine Prüfgruppe für Standardübernahmeempfehlungen (Standards Advice Review Group) aus unabhängigen Sachverständigen und hochrangigen Vertretern nationaler standardsetzender Gremien für Rechnungslegung einberufen, um die von der privatrechtlichen Organisation EFRAG vorgelegten Übernahmeregelungen auf deren inhaltliche Ausgewogenheit und Objektivität zu prüfen.

d) IAS-Verordnung vom 19. Juli 2002

Die am 12.3.2002 vom Europäischen Parlament gebilligte und am 6.6.2002 vom EU-Ministerrat verabschiedete Verordnung Nr. 1606/2002 der Europäischen Union »betreffend die Anwendung internationaler Rechnungslegungsstandards« (IAS-Verordnung) vom 19.7.2002 wurde am 11.9.2002 im Amtsblatt der Europäischen Union veröffentlicht, wodurch sie am 14.9.2002 in Kraft trat. Die IAS-Verordnung der EU bedarf nicht, wie die 4. und 7. EG-Richtlinie, einer Umsetzung in nationales Recht. Somit ist sie nach dem Inkrafttreten am 14.9.2002 geltendes Recht in allen Mitgliedsstaaten. Nach dieser Verordnung sind kapitalmarktorientierte europäische Mutterunternehmen ab 2005 verpflichtet, ihre Konzernabschlüsse nach den IAS/IFRS zu erstellen. Als kapitalmarktorientiert gelten Unternehmen, deren Wertpapiere (Eigenkapital- und/oder Fremdkapitaltitel) in einem EU-Mitgliedstaat zum Handel an einem geregelten Markt zugelassen sind. In Nicht-Mitgliedstaaten, d.h. in der Regel in den USA börsennotierte Gesellschaften, die bisher nach US-GAAP bilanzierten sowie Unternehmen, von denen lediglich Fremdkapitaltitel im öffentlichen Handel zugelassen sind, wird eine Übergangsfrist von zwei Jahren bis zum Jahre 2007 eingeräumt. Die Fristverlängerung für die in den USA börsennotierten Unternehmen erfolgte auf Wunsch von Deutschland, das ursprünglich eine Fristverlängerung bis zum Jahre 2010 anstrebte. Durch diese Fristverlängerung, die auf Druck einiger deutscher Großunternehmen erfolgte, die nach US-GAAP bilanzieren und deren Aktien an der New York Stock Exchange notieren, verlängert die deutsche Bundesregierung nochmals den Bilanzwirrwarr in Deutschland.

Den Mitgliedstaaten wird in der IAS-Verordnung ein Wahlrecht eingeräumt, den Anwendungsbereich der Verordnung auf Konzernabschlüsse nicht kapitalmarktorientierter Unternehmen und auf Einzelabschlüsse auszudehnen.

In der IAS-Verordnung ist ein begrenztes Prüfungsrecht der EU-Kommission enthalten, bevor die Standards im EU-Amtsblatt veröffentlicht und erst damit für Unternehmen in der EU verbindlich werden (Endorsement). Es wird geprüft, ob die jeweiligen IFRS
– mit den Art 16 (3) der 7. Richtlinie und Art 2 (3) der 4. Richtlinie in Einklang stehen (Vermittlung eines den tatsächlichen Verhältnissen entsprechenden Bildes der Vermögens-, Finanz- und Ertragslage),
– nicht europäischen öffentlichen Interessen entgegenstehen,
– verständlich, für die Benutzer relevant und verläßlich sind und mit früheren Abschlüssen des gleichen Unternehmens und mit denjenigen anderer Unterneh-

men vergleichbar sind, um den Benutzern für ihre wirtschaftlichen Entscheidungen zu dienen und ihnen zu ermöglichen, die Leistungen der Unternehmensleitung zu beurteilen.

Die EU-Kommission wird auf der politischen Ebene bei ihrer Entscheidung gemäß der IAS-Verordnung durch einen Regelungsausschuß für Rechnungslegung beraten. Der Regelungsausschuß für Rechnungslegung mit dem Namen Accounting Regulatory Committee (ARC) nimmt das Prüfungsrecht wahr. Das ARC besteht aus Vertretern der für Rechnungslegung zuständigen Ministerien oder öffentlichen Institutionen der Mitgliedsstaaten der EU. Falls das ARC den Vorschlägen der EU-Kommission nicht zustimmt, muß sich der EU-Ministerrat mit den Kommissionsvorschlägen befassen. Das ARC wird durch die weiter oben erwähnte European Financial Reporting Advisory Group (EFRAG), auch technische Sachverständige genannt, unterstützt.

Die EU-Kommission hat mit den im Amtsblatt der Europäischen Union veröffentlichten Verordnungen folgende IAS/IFRS und Interpretationen anerkannt (Endorsement):

Verordnung	Amtsblatt vom	anerkannte IAS/IFRS und Interpretationen
1725/2003	13.10.2003	die zu diesem Zeitpunkt geltenden IAS, d.h. ohne die Überarbeitung durch das Improvements Project und die dazugehörigen SIC-Interpretationen mit Ausnahme der IAS 32 und 39 sowie SIC 5, 16, 17
707/2004	17.4.2004	IFRS 1
2086/2004	9.12.2004	IAS 39 mit Ausnahme der Bestimmungen, die die Verwendung der Option der Bewertung zum beizulegenden Zeitwert und einige Bestimmungen auf dem Gebiet von Sicherungsgeschäften betreffen, jedoch einschließlich Änderungen zu IAS 39 Bilanzierung von Sicherungsgeschäften (Hedge Accounting) bei einer Portfolioabsicherung des Zinsänderungsrisikos
2236/2004	31.12.2004	IFRS 3 IFRS 4 IFRS 5 IAS 36 und 38
2237/2004	31.12.2004	IAS 32 IFRIC 1
2238/2004	31.12.2004	überarbeitete IAS 1, 2, 8, 10, 16, 17, 21, 24, 27, 28, 31, 33, 40 (Improvements Project)

Verordnung	Amtsblatt vom	anerkannte IAS/IFRS und Interpretationen
211/2005	11.2.2005	IFRS 2
1073/2005	8.7.2005	IFRIC 2
1751/2005	26.10.2005	Änderungen zu IAS 39 und IFRS 1 (Übergang und erstmalige Erfassung von finanziellen Vermögenswerten und Schulden) Änderung zu SIC-12 (Zweckgesellschaften)
1864/2005	16.11.2005	Änderung zu IAS 39 Wahlrecht der Bewertung zum beizulegenden Zeitwert (Fair Value Option) in der vom IASB im Juni 2005 geänderten Version
1910/2005	24.11.2005	IFRS 6 Änderung zu IAS 19 (versicherungsmathematische Gewinne und Verluste, zusätzliche Angaben) IFRIC 4 IFRIC 5
2106/2005	22.12.2005	Änderung zu IAS 39: Cash Flow Hedging konzerninterner Transaktionen
108/2006	27.1.2006	Änderungen zu IFRS 1 und IFRS 6: Ausnahmebestimmungen IFRS 6 IFRS 7 Änderung zu IAS 1: Angaben zum Kapital Änderungen zu IAS 39 und IFRS 4: Finanzgarantien IFRIC 6
708/2006	9.5.2006	IFRIC 7 Änderung zu IAS 21: Auswirkungen von Änderungen der Wechselkurse – Nettoinvestition in einen ausländischen Geschäftsbetrieb
1329/2006	9.9.2006	IFRIC 8 IFRIC 9

In einer Mitteilung des Europäischen Parlaments, des Rates und der Kommission vom 21.10.2006 wurde bekannt gegeben, daß zukünftig auch das Europäische Parlament in die Entscheidungen über das Endorsement von IFRS und IFRIC einbezogen werden muß.

e) Richtlinie 2001/65/EG des Europäischen Parlaments und des Rates vom 27. September 2001 zur Änderung der 4. und 7. EG-Richtlinie (Fair-Value-Richtlinie)

Durch die Einfügungen wurde die 4. und 7. EG-Richtlinie geändert. Diese Einfügungen ermöglichen die Bewertung von Finanzinstrumenten zum beizulegenden Zeitwert (fair value).

f) Modernisierung der 4. und 7. EG-Richtlinie (Modernisierungsrichtlinie)

Der EU-Ministerrat hat am 6.5.2003 die Modernisierungsrichtlinie (2003/51 EG) zur Änderung der EU-Rechnungslegungsrichtlinien (78/660 EWG, 83/349 EWG, 86/635 EWG, 91/674 EWG) verabschiedet. Sie wurde am 17. Juli 2003 im Amtsblatt der Europäischen Union veröffentlicht und sieht eine Anpassung der 4. und 7. EG-Richtlinie sowie der Bankbilanzrichtlinie vom 18.6.2003 und der Versicherungsbilanzrichtlinie vom 19.12.1991 an die IAS/IFRS vor. Diese Richtlinie gilt auch für Gesellschaften, die nicht ab 2005 von der IAS-Verordnung betroffen sind.

g) Transparenz-Richtlinie vom 17. Dezember 2004

Am 17. Dezember 2004 haben der EU-Ministerrat und das EU-Parlament die von der EU-Kommission vorgeschlagene Transparenz-Richtlinie verabschiedet. Nach der Richtlinie müssen Unternehmen, deren Eigen- oder Fremdkapitaltitel an einem regulierten Markt gehandelt werden, geprüfte Jahresabschlüsse nach IFRS, die um einen Bericht des Managements zu ergänzen wären, innerhalb von vier Monaten nach Ablauf des Geschäftsjahres veröffentlichen. Zusätzlich sind halbjährlich verdichtete Zwischenberichte nach Maßgabe von IAS 34 »Interim Financial Reporting« zu erstellen. Aktienemittenten haben zusätzlich begrenzte Quartalsinformationen zur Verfügung zu stellen. Die Transparenz-Richtlinie ist bis Anfang 2007 in nationales Recht umzusetzen.

h) Änderung der 4. und 7. EG-Richtlinie

Der EU-Ministerrat hat die Richtlinie 2006/46/EG zur Änderung der Richtlinie 78/660/EWG (4. EU-Richtlinie), der Richtlinie 83/349/EWG (7. EU-Richtlinie), der Richtlinie 86/635/EWG (Richtlinie für Banken) und der Richtlinie 91/674/EWG (Richtlinie für Versicherungsunternehmen) verabschiedet. Sie wurde am 16.8.2006 im Amtsblatt der Europäischen Union veröffentlicht. Die Mitgliedsstaaten haben zwei Jahre Zeit, die Anforderungen der neuen Richtlinie in nationales Recht umzusetzen.

Die Richtlinie begründet eine gemeinsame Verantwortung der Mitglieder des Vorstandes für die Jahresabschlüsse bzw. Konzernabschlüsse, verbessert die Transparenz bezüglich Geschäftsvorfällen mit nahestehenden Unternehmen und Personen und in bezug auf außerbilanzielle Vereinbarungen und führt für börsennotierte Unternehmen eine verpflichtende Erklärung zur Corporate Governance ein. Den Mitgliedsstaaten wird außerdem die Möglichkeit eröffnet, die Schwellenwerte für die Definition kleiner und mittelgroßer Unternehmen um ca. 20% zu erhöhen.

Anhang

Praktische Beispiele der Umstellung von HGB-Abschlüssen auf IAS/IFRS-Abschlüsse

Von den nachstehend genannten DAX-30-, M-Dax- und S-Dax-Gesellschaften, die im Geschäftsjahr 2005 ihre Rechnungslegung gemäß IFRS 1 von HGB auf IAS/IFRS umgestellt haben, werden die in den Geschäftsberichten 2005 enthaltenen Erläuterungen zur Umstellung auf IAS/IFRS wiedergegeben. Von der BASF AG wird außerdem die Anpassung von IAS/IFRS auf US-GAAP gezeigt.

- BASF Aktiengesellschaft
- Deutsche Telekom AG
- ElringKlinger AG
- Grammer AG
- Indus Holding AG
- K + S Aktiengesellschaft
- Klöckner-Werke AG

BASF Aktiengesellschaft

(Auszug aus Geschäftsbericht 2005, S. 106-116)

3. Auswirkungen der Umstellung der Rechnungslegung auf IFRS

Die Rechnungslegung der BASF-Gruppe erfolgte bis einschließlich Jahresabschluss 2004 nach den Vorschriften des Handelsgesetzbuchs (HGB) und des Aktiengesetzes (AktG) sowie der vom Deutschen Standardisierungsrat aufgestellten Rechnungslegungsgrundsätze. International Financial Reporting Standards (IFRS) wurden dabei weitestmöglich berücksichtigt.
Auf Grund der EU-Verordnung vom 19. Juli 2002 hat BASF als kapitalmarktorientiertes Unternehmen unter Beachtung von IFRS 1 »First time adoption« die Rechnungslegung ab 1. Januar 2005 vollständig auf IFRS umgestellt. Die Vorjahreszahlen wurden entsprechend angepasst. Die Auswirkungen der Umstellungen wurden mit den Gewinnrücklagen per 1. Januar 2004 verrechnet.

Die Anpassungen betreffen im Einzelnen:

Überleitung des Eigenkapitals auf IFRS

Millionen €	Anmerkung	01.01.2004	31.12.2004
Eigenkapital nach HGB		15.878,4	15.765,0
Aktivierung von Bauzeitzinsen	(a)	322,4	314,3
Aktivierung selbstgeschaffener immaterieller Vermögenswerte	(b)	114,4	80,6
Bilanzierung von Pensionen	(c)	-160,8	-62,7
Bilanzierung von Rückstellungen	(d)	186,4	178,8
Bilanzierung von Finanzinstrumenten	(e)	-22,6	196,3
Bewertung von Vorräten	(f)	102,2	11,8
Aufhebung planmäßiger Abschreibungen auf Geschäfts- oder Firmenwerte und Vornahme von Abschreibungen infolge Wertminderungen	(g)	–	108,7
Sonstige Anpassungen	(h)	-71,2	52,6
Steuerauswirkungen geplanter Dividendenausschüttungen und sonstige Steuereffekte	(i)	57,9	43,2
Bewertungsanpassungen bei Gesellschaften, die nach der Equity-Methode bilanziert werden	(j)	53,2	–
Anpassungen an IFRS		581,9	837,2
Eigenkapital nach IFRS		16.460,3	16.602,2

Das Ergebnis des Jahres 2004 wurde im vorliegenden Abschluss in Übereinstimmung mit den IFRS ausgewiesen. Die rückwirkende Anpassung des Ergebnisses für das Jahr 2004 führte zu folgenden Überleitungsposten:

Überleitung des Ergebnisses der Betriebstätigkeit (EBIT) auf IFRS

Millionen €	Anmerkung	2004
EBIT1 nach HGB		4.855,6
Aktivierung von Bauzeitzinsen	(a)	-63,6
Aktivierung selbstgeschaffener immaterieller Vermögenswerte	(b)	-53,5
Bilanzierung von Pensionen	(c)	65,6
Bilanzierung von Rückstellungen	(d)	13,9
Bilanzierung von Finanzinstrumenten	(e)	95,2
Bewertung von Vorräten	(f)	-3,4
Aufhebung planmäßiger Abschreibungen auf Geschäfts- oder Firmenwerte und Vornahme von Abschreibungen infolge Wertminderungen	(g)	150,4
Sonstige Anpassungen	(h)	-22,8
Ausweisänderung des Finanzierungssaldos aus Personalverpflichtungen		155,1
Anpassungen an IFRS		**336,9**
EBIT nach IFRS		**5.192,5**

Überleitung des Ergebnisses nach Steuern und Anteilen anderer Gesellschafter auf IFRS

Millionen €	Anmerkung	2004
Jahresüberschuss nach Anteilen anderer Gesellschafter nach HGB		1.883,0
Aktivierung von Bauzeitzinsen	(a)	4,3
Aktivierung selbstgeschaffener immaterieller Vermögenswerte	(b)	-32,5
Bilanzierung von Pensionen	(c)	41,1
Bilanzierung von Rückstellungen	(d)	-8,5
Bilanzierung von Finanzinstrumenten	(e)	150,1
Bewertung von Vorräten	(f)	-2,1
Aufhebung planmäßiger Abschreibungen auf Geschäfts- oder Firmenwerte und Vornahme von Abschreibungen infolge Wertminderungen	(g)	112,9
Sonstige Anpassungen	(h)	16,4
Steuerauswirkungen geplanter Dividendenausschüttungen und sonstige Steuereffekte	(i)	-107,2
Bewertungsanpassungen bei Gesellschaften, die nach der Equity-Methode bilanziert werden	(j)	-53,2
Anpassungen an IFRS		**121,3**
Jahresüberschuss nach Anteilen anderer Gesellschafter nach IFRS		**2.004,3**

Die wesentlichen Anpassungen an IFRS werden nachstehend erläutert:

(a) Aktivierung von Bauzeitzinsen: Für Sachanlagen mit einer längeren Bauzeit können nach IFRS bis zur Inbetriebnahme Fremdkapitalzinsen für den Zeitraum der Herstellung auf die angefallenen Projektkosten aktiviert werden. Bisher wurden in Übereinstimmung mit handelsrechtlichen Bewertungsvorschriften keine Fremdkapitalzinsen angesetzt. Nach US-GAAP ist die Aktivierung von Zinsen auf die Projektkosten geboten. Um Abweichungen zwischen IFRS und US-GAAP zu vermeiden, wird im Abschluss nach IFRS von dem Wahlrecht zur Aktivierung Gebrauch gemacht.

(b) Aktivierung selbstgeschaffener immaterieller Vermögenswerte: Hier sind Kosten für selbstentwickelte und selbstgenutzte Software ausgewiesen, die nach IFRS als immaterielle Vermögenswerte zu aktivieren und planmäßig abzuschreiben sind. Nach handelsrechtlicher Vorschriften dürfen selbsterstellte immaterielle Vermögenswerte des Anlagevermögens nicht bilanziert werden. IAS 38 »Intangible Assets« regelt die Aktivierung von Entwicklungskosten.

(c) Bilanzierung von Pensionen: Die Bilanzierung von unmittelbaren Pensionsverpflichtungen erfolgte bereits im HGB-Abschluss zum 31. Dezember 2004 gemäß IAS 19 »Employee Benefits«. Dies führte zu einer Neubewertung, bei der bisher abgegrenzte Gewinne und Verluste aus Abweichungen von versicherungsmathematischen Annahmen mit Wirkung vom 1. Januar 2004 erfolgsneutral mit den Gewinnrücklagen verrechnet wurden.

Darüber hinaus werden Pensionszusagen im Rahmen rechtlich unabhängiger Versorgungseinrichtungen, insbesondere der BASF Pensionskasse WaG, erteilt. Da BASF als Trägerunternehmen Gewährleistungen übernimmt, sind diese Versorgungseinrichtungen nach IFRS als leistungsorientierte Pensionspläne (»Defined-Benefit-Pläne«) zu klassifizieren und in den Gruppen Abschluss nach IFRS einzubeziehen. Die Einbeziehung dieser Pensionspläne in den HGB-Abschluss war nicht möglich. Dies erfolgt nunmehr gemäß IAS 19 rückwirkend ab dem 1. Januar 2004. Hierbei wurden gemäß Wahlrecht nach IFRS 1 »First-time adoption« versicherungsmathematische Gewinne und Verluste nicht angesetzt.

BASF übt die Option des IAS 19 aus, versicherungsmathematische Gewinne und Verluste in der Periode ihrer Entstehung unmittelbar ergebnisneutral mit den Gewinnrücklagen zu verrechnen.

Außerdem wurden die Finanzierungskosten für Pensionen und übrige Personalverpflichtungen mit den erwarteten Erträgen des Planvermögens (Jahr 2004: 155,1 Millionen €) saldiert und nicht wie bisher in den Positionen vor dem EBIT, sondern im übrigen Finanzergebnis ausgewiesen.

(d) Bilanzierung von Rückstellungen:
Dieser Überleitungsposten enthält die folgenden Abweichungen:
- Rückstellungen wurden nach HGB für unterlassene Instandhaltungsaufwendungen und für Anpassungsverpflichtungen im Zusammenhang mit dem Betrieb von Produktionsanlagen gebildet. Nach IFRS werden diese Maßnahmen bei Anfall der Ausgaben ergebniswirksam.
- Rückstellungen für bestimmte Umweltschutzmaßnahmen und Rekultivierungsverpflichtungen sind nach IFRS in Höhe der erwarteten Verpflichtungen zu passivieren und erhöhen gleichzeitig die Anschaffungskosten der betroffenen Anlagen. Nach HGB wurden die Kosten über den Zeitraum der Nutzung dieser Anlagen

angesammelt; nach IFRS werden die geschätzten Kosten aktiviert und planmäßig abgeschrieben.
- Nach HGB wurden Rückstellungen für zyklische Großreparaturen gebildet, die in bestimmten Zeitintervallen durchzuführen sind. Nach IFRS sind die Ausgaben bei Anfall zu aktivieren und über das Zeitintervall bis zur nächsten Großreparatur abzuschreiben.
- Langfristige Rückstellungen sind nach IFRS abzuzinsen, während sie nach HGB mit dem Nominalwert angesetzt wurden.

(e) Bilanzierung von Finanzinstrumenten: Die IFRS verlangen den Ansatz von Derivaten in der Bilanz zu Marktwerten, auszuweisen als übrige Forderungen oder übrige Verbindlichkeiten. Veränderungen der Marktwerte sind – soweit die Voraussetzungen für Hedge-Accounting nicht vorliegen – im Ergebnis zu erfassen. Gewinne aus Swaps und sonstigen Termingeschäften wurden nach HGB erst bei Fälligkeit oder vorzeitiger Realisierung des Derivats berücksichtigt, unrealisierte Verluste hingegen als drohende Verluste aus schwebenden Geschäften im Ergebnis erfasst.

Nach handelsrechtlichen Vorschriften wurden langfristige Forderungen und Verbindlichkeiten in Fremdwährung zu den zum Anschaffungszeitpunkt gültigen Kursen beziehungsweise zu niedrigeren Kursen (Forderungen) oder höheren Kursen (Verbindlichkeiten) am Abschlussstichtag bewertet. Nach IFRS ist eine Bewertung zu Kursen am Abschlussstichtag vorzunehmen.

Die jederzeit veräußerbaren finanziellen Vermögenswerte sind nach IFRS zu Marktwerten am Abschlussstichtag anzusetzen. Marktwertänderungen werden bis zur Realisierung erfolgsneutral im Eigenkapital berücksichtigt. Wertminderungen werden ergebniswirksam berücksichtigt. Im Abschluss nach HGB wurden diese Wertpapiere zu Anschaffungskosten oder niedrigeren Marktwerten am Abschlussstichtag erfolgswirksam bewertet.

(f) Bewertung von Vorräten: Da die Lifo-Methode nach IFRS unzulässig ist, wurde die Bewertung der Vorräte bereits im HGB-Abschluss per 1. Januar 2004 geändert und auf die IFRS-konforme Durchschnittsmethode umgestellt.

Nach handelsrechtlichen Vorschriften mussten für Rohstoffe und Handelswaren Abschläge, basierend auf niedrigeren Wiederbeschaffungskosten, vorgenommen werden. Nach IFRS dürfen nur Abschläge auf einen niedrigeren Wert am Absatzmarkt berücksichtigt werden.

(g) Aufhebung planmäßiger Abschreibungen auf Geschäfts- oder Firmenwerte und Vornahme von Abschreibungen infolge Wertminderungen: Geschäfts- oder Firmenwerte wurden bisher gemäß handelsrechtlicher Vorschriften planmäßig über die erwartete Nutzungsdauer abgeschrieben. Der Rechnungslegungsstandard IFRS 3 »Business Combinations« sieht hingegen vor, dass Geschäfts- oder Firmenwerte wenigstens einmal jährlich gemäß IAS 36 »Impairment of Assets« auf Werthaltigkeit geprüft wird. Auf Grund von IFRS 1 »First-time-Adoption« in Verbindung mit IFRS 3 »Business Combinations« waren bereits ab dem 1. Januar 2004 keine planmäßigen Abschreibungen mehr vorzunehmen.

In Folge der zum Umstellungszeitpunkt und zum Jahresende 2004 beziehungsweise 2005 durchgeführten Impairment-Tests wurden keine außerplanmäßigen Abschreibungen erforderlich.

(h) Sonstige Anpassungen: Diese betreffen insbesondere die Bilanzierung von Investitionszulagen, die nach IFRS nicht sofort ergebniswirksam zu vereinnahmen sind, sondern die Anschaffungskosten der jeweiligen Sachanlagen kürzen. Außerdem betrifft dies Umgliederungen in der Gewinn- und Verlust-Rechnung, die auf der folgenden Seite unter »Ausweis« ausführlich erläutert werden.

(i) Steuerauswirkungen geplanter Dividendenausschüttungen und sonstige Steuereffekte:
Nach IFRS wurden im Jahre 2004 gemäß der Finanzplanung und unter Berücksichtigung einer Änderung des deutschen Körperschaftsteuergesetzes (§ 8b KStG) latente Steuern für die Steuerauswirkungen vorgesehener Dividendenausschüttungen von Gruppengesellschaften gebildet.

(j) Bewertungsanpassungen bei Gesellschaften, die nach der Equity-Methode bilanziert werden: Diese Bewertungsanpassungen an IFRS betreffen insbesondere die Aktivierung und planmäßige Abschreibung von selbstentwickelter und selbstgenutzter Software sowie die Bilanzierung von Bauzeitzinsen bei nach der Equity-Methode bilanzierten Gesellschaften. Durch diese Bewertungsanpassungen lag der Beteiligungsbuchwert nach IFRS zum 1. Januar 2004 über dem Wert nach HGB. Der negative Überleitungsposten zum Ergebnis nach IFRS ergab sich wegen außerplanmäßiger Abschreibungen auf diese Beteiligungen.

Ausweis
Der Ausweis in der Gewinn-und-Verlust-Rechnung sowie in der Bilanz erfolgt gemäß IAS 1 »Presentation of Financial Statements«. Zur Verbesserung der Klarheit werden dabei einzelne Positionen zusammengefasst und nur im Anhang zum Jahresabschluss ausführlich dargestellt.

Bilanz
In der Bilanz nach IFRS wird beim Ausweis des Vermögens zwischen lang- und kurzfristigen Positionen unterschieden. HGB sah hingegen die Aufteilung in Anlagevermögen und Umlaufvermögen vor. Die Position »At Equity-bewertete Beteiligungen« enthält im Jahr 2004 insbesondere die zur Veräußerung bestimmte Beteiligung an dem Jointventure Basell. Im Eigenkapital werden gemäß den IFRS erfolgsneutral vorzunehmende Veränderungen in der Position »Sonstige Eigenkapitalposten« ausgewiesen. Gemäß den Regelungen von IFRS 1 wurde von dem Wahlrecht Gebrauch gemacht, die Translationsanpassung per 1. Januar 2004 mit den Gewinnrücklagen zu verrechnen. Das Fremdkapital nach IFRS gliedert sich nach der Fristigkeit, während das HGB eine Gliederung nach Rückstellungen und Verbindlichkeiten vorsah.

Gewinn-und-Verlust-Rechnung
Die Finanzierungskosten für Pensionen und übrige Personalverpflichtungen, saldiert mit den erwarteten Erträgen der Pensionsplanvermögen, werden im Abschluss nach IFRS nicht in den Positionen vor dem Ergebnis der Betriebstätigkeit, sondern in der Position »Übriges Finanzergebnis« ausgewiesen. Hierin sind außerdem die Aktivierung von Bauzeitzinsen, Aufzinsungen sonstiger Rückstellungen und Marktwertveränderungen von Zinsderivaten enthalten.

5. Überleitung von Ergebnis und Eigenkapital auf US-GAAP

Im Jahresabschluß der BASF-Gruppe werden die US-amerikanischen Rechnungslegungsvorschriften US-GAAP so weit als möglich im Rahmen der Bilanzierungs- und Bewertungswahlrechte nach IFRS berücksichtigt. Die verbleibenden Unterschiede betreffen folgende Anpassungen:

Ergebnis nach US-GAAP

Millionen €	Anmerkung	2005	2004
Ergebnis nach Steuern und Anteilen anderer Gesellschafter nach IFRS		3.006,7	2.004,3
Anpassungen an US-GAAP			
Bilanzierung von Pensionen	(a)	-72,6	-24,6
Bilanzierung von Rückstellungen	(b)	6,5	6,1
Bewertungsanpassungen bei Gesellschaften, die nach der Equity-Methode bilanziert werden	(e)	–	-108,4
Akquisitionen	(f)	-21,8	–
Sonstige Anpassungen	(g)	166,9	-11,0
Abgrenzung latenter Steuern	(h)	26,2	-2,4
Anteile anderer Gesellschafter	(i)	1,1	-1,2
Anpassungen an US-GAAP		**53,9**	**-141,5**
Ergebnis nach US-GAAP		**3.060,6**	**1.862,8**
Ergebnis je Aktie nach US-GAAP (€)		**5,83**	**3,39**
Verwässerungseffekte		–	–
Verwässertes Ergebnis je Aktie nach US-GAAP (€)		**5,83**	**3,39**

Eigenkapital nach US-GAAP

Millionen €	Anmerkung	2005	2004
Eigenkapital zum 31.12. nach IFRS		17.523,5	16.602,2
Anteile anderer Gesellschafter		-481,8	-328,5
Eigenkapital ohne Anteile anderer Gesellschafter		**17.041,7**	**16.273,7**
Anpassungen an US-GAAP			
Bilanzierung von Pensionen	(a)	920,1	1.020,1
Bilanzierung von Rückstellungen	(b)	113,0	105,0
Bilanzierung von Finanzinstrumenten	(c)	-12,1	–
Aufhebung planmäßiger Abschreibungen auf Geschäfts- oder Firmenwerte und Vornahme von Abschreibungen infolge Wertminderungen	(d)	344,5	325,7

Millionen €	Anmerkung	2005	2004
Bewertungsanpassungen bei Gesellschaften, die nach der Equity-Methode bilanziert werden	(e)	39,0	39,0
Akquisitionen	(f)	-21,8	-
Sonstige Anpassungen	(g)	-0,1	-145,7
Abgrenzung latenter Steuern	(h)	-463,4	-441,7
Anteile anderer Gesellschafter	(i)	–16,1	–17,0
Anpassungen an US-GAAP		903,1	885,4
Eigenkapital nach US-GAAP zum 31.12.		17.994,8	17.159,1

Die Ermittlung des Ergebnisses je Aktie ist ausführlich in Anmerkung 4 beschrieben.

Ergebnis je Aktie

	2005	2004
Ergebnis nach US-GAAP (Millionen €)	3.060,6	1.862,8
Anzahl der Aktien (1.000)		
Gewichteter Durchschnitt ausstehender Aktien – nicht verwässert	525.125	548.714
Verwässerungseffekte	–	–
Gewichteter Durchschnitt ausstehender Aktien – verwässert	525.125	548.714
Ergebnis je Aktie nach US-GAAP (€)	5,83	3,39
Verwässerungseffekte	–	–
Verwässertes Ergebnis je Aktie nach US-GAAP	5,83	3,39

(a) Bilanzierung von Pensionen:

Pensionsrückstellungen und Aufwendungen, die unter den Anwendungsbereich von SFAS 87 fallen, basieren auf den gleichen versicherungsmathematischen Annahmen wie nach IFRS (siehe Anmerkung 23).

BASF übt das Wahlrecht aus, versicherungsmathematische Gewinne und Verluste unmittelbar im Jahr ihrer Entstehung ergebnisneutral mit den Gewinnrücklagen zu verrechnen. Gemäß SFAS 87 sind diese Posten entsprechend dem bisher verwendeten Korridor-Ansatz ergebniswirksam zu verrechnen, soweit sie 10 % des größeren Betrags von Pensionsverpflichtung und Pensionsvermögen überschreiten. Darüber hinaus treten Unterschiedsbeträge auf, weil die Additional Minimum Liability nach US-GAAP das Eigenkapital reduziert.

Der Anwartschaftsbarwert der Pensionsverpflichtungen ohne Berücksichtigung künftiger Gehaltssteigerungen beträgt im Jahr 2005 11.398,0 Millionen € nach 9.419,9 Millionen € im Jahr 2004. Von diesen Beträgen entfallen auf Pensionspläne, deren Planvermögen den Anwartschaftsbarwert (ohne Berücksichtigung künftiger Gehaltssteigerungen) nicht vollständig deckt:

Vermögensdeckung der Pensionspläne

Millionen €	2005 Anwartschaftsbarwert	2005 Pensionsvermögen	2004 Anwartschaftsbarwert	2004 Pensionsvermögen
Ohne Pensionsvermögensdeckung	582,2	–	3.563,1	–
Teilweise Pensionsvermögensdeckung	6.954,6	6.756,6	1.727,5	1.686,3
Unvollständige Pensionsvermögensdeckung	**7.536,8**	**6.756,6**	**5.290,6**	**1.686,3**
Vollständige Pensionsvermögensdeckung	3.861,2	4.258,6	4.129,3	4.518,0
	11.398,0	11.015,2	9.419,9	6.204,3

Im IFRS-Abschluss wird der Saldo aus den erwarteten Erträgen des Pensionsplanvermögens und der Verzinsung der Pensionsrückstellungen im Finanzergebnis erfasst (siehe Anmerkung 9). Nach US-GAAP wären diese Posten im Personalaufwand zu berücksichtigen. Das Ergebnis der Betriebstätigkeit wäre daher nach US-GAAP um 120,8 Millionen € (2004: 134,8 Millionen €) niedriger und das Finanzergebnis entsprechend höher.

Zum 31.12.2005 bestanden versicherungsmathematische Verluste von 2.587,1 Millionen € und zum 31.12.2004 von 1.505,8 Millionen €. Hierauf wurden im Jahr 2005 ergebniswirksam 62,2 Millionen € amortisiert nach 15,4 Millionen € im Jahr 2004. Zum 31.12.2005 bestanden noch nicht verrechnete Leistungen für frühere Dienstjahre von 54,2 Millionen € und zum 31.12.2004 von 64,3 Millionen €. Hierauf wurden im Jahr 2005 ergebniswirksam 10,4 Millionen € amortisiert nach 9,2 Millionen € im Jahr 2004.

Die zusätzlichen nach SFAS 132 »Employers Disclosures about Pensions and Other Postretirement Benefits« (geändert 2003) geforderten Angaben sind in Anmerkung 23 enthalten.

(b) Bilanzierung von Rückstellungen: Der Überleitungsposten enthält folgende Abweichungen:

Rückstellungen für Altersteilzeitverpflichtungen: Im vorliegenden Abschluss werden die im Rahmen des Altersteilzeitmodells zugesagten Aufstockungszahlen in voller Höhe bei Vertragsabschluss zurückgestellt und mit einem Rechnungszinsfuss von 3,0 % abgezinst. Ebenso werden für Altersteilzeitverträge, die während der Laufzeit des tarifvertraglich vereinbarten Modells unter Berücksichtigung der Zumutbarkeitsgrenze voraussichtlich abgeschlossen werden, Rückstellungen in Höhe der erwarteten Belastung gebildet. Nach US-GAAP sind Rückstellungen nur für bereits abgeschlossene Verträge zu bilden, wobei die zu leistenden Aufstockungszahlungen über die verbleibende Dienstzeit des Mitarbeiters ratierlich anzusammeln sind. Hieraus ergibt sich ein Ergebniseffekt von -29,4 Millionen € im Jahr 2005 und von -22,3 Millionen € im Jahr 2004. Das Eigenkapital erhöht sich um 125,3 Millionen € im Jahr 2005 und um 154,7 Millionen € im Jahr 2004.

Rückstellungen für Restrukturierungsmaßnahmen: Nach dem Standard SFAS 146 »Accounting for Costs Associated with Exit or Disposal Activities« sind die Kosten aus der Aufgabe geschäftlicher Aktivitäten bei Vorliegen einer Verpflichtung gegenüber Dritten erfolgswirksam zu erfassen. Abfindungsbeträge sind im Falle einer Restdienstzeit ratierlich über diesen Zeitraum anzusammeln.

Abzinsung von Rückstellungen und Verbindlichkeiten: Nach IFRS sind langfristige Rückstellungen und Verbindlichkeiten abzuzinsen und mit dem Barwert anzusetzen, sofern der Abzinsungseffekt wesentlich ist. Nach US-GAAP kann dagegen eine Abzinsung nur dann vorgenommen werden, wenn sich die Zahlungsströme und -zeitpunkte des Mittelabflusses hinreichend konkretisieren lassen. Daraus ergibt sich ein Ergebniseffekt im Jahr 2005 von 10,8 Millionen € und von 47,0 Millionen € im Jahr 2004. Das Eigenkapital verminderte sich um 30,5 Millionen € im Jahr 2005 und um 41,3 Millionen € im Jahr 2004.

(c) **Bilanzierung von Finanzinstrumenten:** Die Regelungen zur Bilanzierung von Finanzinstrumenten nach IAS 39 »Financial Instruments: Recognition and Measurement« und SFAS 133 »Accounting for Derivatives and Hedging Aktivities entsprechen sich inhaltlich weitgehend. Die im Überleitungsposten enthaltenen Werte beziehen sich auf die unterschiedliche Behandlung der erfolgsneutral im Eigenkapital erfassten Marktwertveränderungen von Derivaten, die Bestandteil eines Cashflow Hedge sind. Gemäß IAS 39 besteht bei der Sicherung von künftigen Transaktionen, die bei Eintritt der Transaktion zum Ansatz eines nichtfinanziellen Vermögenswerts beziehungsweise einer Schuld führen, ein Wahlrecht hinsichtlich der Ausbuchung dieser Wertänderungen. Einerseits können diese Wertänderungen direkt mit den Anschaffungskosten der nichtfinanziellen Vermögenswerte beziehungsweise den Schulden verrechnet werden. Diese Vorgehensweise wurde von BASF für nichtfinanzielle Vermögenswerte gewählt. Andererseits können die direkt im Eigenkapital erfassten kumulierten Marktwertänderungen in den Berichtsperioden erfolgswirksam ausgebucht werden, in denen das gesicherte Grundgeschäft in der Gewinn-und-Verlust-Rechnung berücksichtigt wird. Nach SFAS 133 ist die zweite Methode vorgeschrieben und die direkte Verrechnung mit den Anschaffungskosten unzulässig. Der zeitliche Unterschied der erfolgswirksamen Erfassung führt zu einem unterschiedlichen Eigenkapital und hat keine Erfolgswirkung.

(d) **Aufhebung planmäßiger Abschreibungen auf Geschäfts- oder Firmenwerte und Vornahme von Abschreibungen infolge Wertminderungen:** Geschäfts- oder Firmenwerte werden gemäß SFAS 142 seit dem 1. Januar 2002 nur noch bei Vorliegen einer Wertminderung abgeschrieben. Gemäß IFRS 1 »First-time adoption« in Verbindung mit IFRS 3 »Business Combinations« entfallen die planmäßigen Abschreibungen erst ab dem 1. Januar 2004. Die im vorliegenden Abschluss in den Jahren 2002 und 2003 noch vorgenommenen planmäßigen Abschreibungen sind daher aufzuheben und dem Eigenkapital hinzuzurechnen.

(e) **Bewertungsanpassungen bei Gesellschaften, die nach der Equity-Methode bilanziert werden:** In diesem Überleitungsposten werden die Abweichungen ausgewiesen, die sich für at-Equity-bewertete Beteiligungen aus den unterschiedlichen Zeitpunkten der Beendigung der planmäßigen Abschreibungen von Geschäfts- oder Firmenwerten ergeben.

(f) **Akquisitionen:** Ein weiterer Unterschied bei der Erstkonsolidierung zwischen den IFRS und den US-GAAP besteht bei der Behandlung von Forschungs- und Entwicklungsprojekten. Während nach US-GAAP eine sofortige erfolgswirksame Abschreibung im Jahr der Erstkonsolidierung erfolgt, wird nach IFRS eine Aktivierung als immaterieller Vermögenswert und eine planmäßige Abschreibung berücksichtigt. Hieraus ergibt sich im Jahr 2005 ein Ergebniseffekt von -25,5 Millionen €. Das Eigenkapital vermindert sich ebenfalls um 25,5 Millionen €.

Im Jahr 2004 wurden keine Forschungs- und Entwicklungsleistungen im Rahmen von Akquisitionen erworben.

Nach US-GAAP sind bedingte Kaufpreise erst zum Zeitpunkt der Zahlung zu berücksichtigen. Gemäß den Regelungen des IFRS 3 hingegen fließen diese bereits mit einem geschätzten Wert bei der Erstkonsolidierung ein. Sollte ein negativer Unterschiedsbetrag bei der Restkonsolidierung auf Grund dieser unterschiedlichen Behandlung verbleiben, ist dieser nach IFRS sofort erfolgswirksam zu vereinnahmen und nach US-GAAP als Minderung der aufgedeckten stillen Reserven zu berücksichtigen. Hieraus ergibt sich im Jahr 2005 ein Ergebniseffekt von 3,7 Millionen €. Das Eigenkapital erhöht sich ebenfalls um 3,7 Millionen €. Im Jahr 2004 bestanden keine solchen Unterschiede aus bedingten Kaufpreisanpassungen.

(g) Sonstige Anpassungen: Diese enthalten insbesondere die Eliminierung der Rückstellungen für den Marktwert der gewährten Aktienoptionen, Unterschiede aus der Bilanzierung von Sale and Lease Back sowie von Großreparaturen.

Seit dem Jahr 2002 werden Aktienoptionen grundsätzlich durch Barvergütung erfüllt. Nach US-GAAP sind derartige Verpflichtungen mit dem inneren Wert der Optionen am Bilanzstichtag zu bewerten. Die in den Vorjahren gewährten Optionen, bei denen eine Barvergütung ursprünglich nicht vorgesehen war, sind nach US-GAAP als Eigenkapitalinstrumente gemäß SFAS 123 mit dem Marktwert zum Ausgabetag anzusetzen. Im vorliegenden Abschluss werden alle Verpflichtungen aus Aktienoptionen mit dem Marktwert am Bilanzstichtag bewertet und verteilt über die Sperrfrist der Optionen einer Rückstellung zugeführt. Die unterschiedliche Bewertung führt im Jahr 2005 zu einem um 6,1 Millionen € und im Jahr 2004 zu einem um 16,1 Millionen € höheren Ergebnis nach US-GAAP.

Die Verpflichtungen aus Aktienoptionen werden im vorliegenden Abschluss als Rückstellung ausgewiesen. Nach US-GAAP werden die Optionen, für die eine Barvergütung ursprünglich nicht vorgesehen war, weiterhin als Eigenkapitalzugang erfasst. Der gesamte Eigenkapitaleffekt aus der Gewährung von Aktienoptionen beträgt im Jahr 2005 -17,4 Millionen € und im Jahr 2004 -9,4 Millionen €.

Nach IFRS werden Aufwendungen für turnusmäßige Abstellungen von Großanlagen in Höhe der zu erwartenden Kosten der Maßnahme als Teil des betreffenden Vermögenswertes selbständig angesetzt und linear bis zur nächsten Großreparatur abgeschrieben. Nach US-GAAP wurden für die zu erwartenden Kosten Rückstellungen gebildet. Die Bilanzierung wurde im Jahre 2005 auf das Verfahren nach IFRS umgestellt. Der kumulierte Effekt von 117,0 Millionen € wurde im Ergebnis erfasst.

Gewinne aus der Veräußerung von Vermögenswerte, die im Rahmen eines Operating Leasingverhältnisses weiter genutzt werden, sind nach IFRS sofort ergebniswirksam zu erfassen, wenn der Verkauf zu marktüblichen Bedingungen erfolgt ist. Nach US-GAAP ist der Gewinn abzugrenzen und über die erwartete Nutzungsdauer ergebniswirksam zu erfassen.

(h) Abgrenzung latenter Steuern: Die Bewertungsanpassungen an US-GAAP führen zu temporär abweichenden Wertansätzen zwischen Handels- und Steuerbilanzen und betreffen folgende Überleitungsposten:

Millionen €	Anmerkung	Eigenkapital 2005	Eigenkapital 2004	Ergebnis 2005	Ergebnis 2004
Bilanzierung von Pensionen	(a)	-348,5	-384,2	27,4	10,2
Bilanzierung von Rückstellungen	(b)	-51,6	-46,0	-5,2	10,7
Bilanzierung von Finanzinstrumenten	(c)	4,3	–	-5,3	–
Aufhebung planmäßiger Abschreibungen auf Geschäfts- oder Firmenwerte und Vornahme von Abschreibungen infolge Wertminderungen	(d)	-96,2	-86,9	–	–
Akquisitionen	(f)	9,3	–	9,3	–
Sonstige Anpassungen	(g)	19,3	75,4	-52,4	-23,3
		-463,7	**-441,4**	**-26,2**	**-2,4**

(i) Anteile anderer Gesellschafter: Die auf andere Gesellschafter entfallenden Anteile an den Bewertungsanpassungen an US-GAAP werden hierunter gesondert ausgewiesen.

Konsolidierungskreis: Bei erstmaliger Einbeziehung von Tochtergesellschaften in die Konsolidierung wären nach den US-GAAP die Werte der Vorperioden anzupassen. Die Auswirkungen der zusätzlich einbezogenen Gesellschaften auf die Vermögens-, Finanz- und Ertragslage der BASF-Gruppe sind unwesentlich, so dass auf eine Anpassung verzichtet wurde.

Noch nicht berücksichtigte US-Rechnungslegungsstandards

SFAS 123 (revised 2004) »Share-Based Payment« (SFAS 123R) ersetzt SFAS 123 »Accounting for Stock-Based Compensation«. Das bisher bestehende Wahlrecht, alternativ die Regelungen des APB 25 »Accounting for Stock Issued to Employees« anwenden zu dürfen, wurde abgeschafft. Gemäß SFAS 123R müssen börsennotierte Unternehmen alle aktienbasierten Vergütungen über den Erdienungszeitraum als Aufwand erfassen. Als Vergütung gewährte Eigenkapitalinstrumente sind zum Gewährungszeitpunkt mit dem beizulegenden Zeitwert zu bewerten. Für aktienbasierte Vergütungen, die in bar erfüllt werden, ist der beizulegende Zeitwert zu jedem Berichtszeitpunkt bis zum Zahlungsausgleich neu zu ermitteln. SFAS 123R ist für Geschäftsjahre anzuwenden, die nach dem 15. Juni 2005 beginnen. Da BASF aktienbasierte Vergütung bereits aufwandswirksam erfasst, ergeben sich keine wesentlichen Auswirkungen auf den BASF-Gruppenabschluss.

SFAS 154 ersetzt APB Opinion No. 20, »Accounting Changes« und FASB Statement No. 3, »Reporting Accounting Changes in Interim Financial Statements« und ändert die Vorschriften für die Rechnungslegung und Berichterstattung bei einer freiwilligen Änderung von Bilanzierungsmethoden. Nach SFAS 154 werden künftig die Ergebniseffekte von freiwilligen Methodenänderungen nicht in der Gewinn-und-Verlust-Rechnung der laufenden Periode als »cumulative change in accounting principle« in einem separaten Posten ausgewiesen, sondern im Abschluss des jeweiligen Unternehmens unter Anpassung aller veröffentlichten Vorperioden grundsätzlich so dargestellt, als ob die neue Methode schon immer angewendet worden wäre.

EITF 04-13 »Inventory Exchanges« regelt, wann ein Kauf und ein Verkauf von Vorratsvermögen als ein Tauschgeschäft anzusehen ist. Bei Tauschgeschäften ist nach den Vorschriften von APB Opinion No. 29 »Accounting for Nonmonetary Transactions« kein Umsatz zu erfassen. Das entscheidende Kriterium hierbei ist, ob Kauf und Verkauf in einem engem Zusammenhang stehen. In EITF 04-13 wird klargestellt, dass bei rechtlich voneinander abhängigen Kauf- und Verkaufsgeschäften von Vorräten zwingend kein Umsatz zu erfassen ist. Weiterhin wird der Anwendungsbereich des FASB Statement No. 153 »Exchanges of Nonmonetary Assets« durch EITF 04-13 konkretisiert. EITF 04-13 ist auf alle Transaktionen anzuwenden, die in Berichtsperioden abgeschlossen werden, die nach dem 15. März 2006 beginnen.

Bei Tauschgeschäften im Sinne dieses Standards wird in der BASF-Gruppe kein Umsatz erfasst. Die Regelungen sind mit denen der IFRS grundsätzlich vergleichbar.

Sonstige Eigenkapitalveränderungen
Gemäß den Regelungen von IFRS 1 wurde von dem Wahlrecht Gebrauch gemacht, die Translationsanpassung per 1. Januar 2004 mit den Gewinnrücklagen zu verrechnen. Nach US-GAAP ist die Translationsanpassung unverändert fortzuführen. Bestimmte Aufwendungen oder Erträge werden nach den US-GAAP gemäß SFAS 130 außerhalb der Ergebnisrechnung erfasst (Other Comprehensive Income):

Millionen €	2005	2004
Ergebnis nach US-GAAP	3.060,6	1.862,8
Veränderung Translationsanpassung		
Brutto	765,6	-291,3
Abgrenzung latenter Steuern	-33,1	17,2
Veränderung unrealisierter Gewinne aus der Bewertung von Wertpapieren zu Marktwerten am Bilanzstichtag		
Brutto	66,7	95,6
Abgrenzung latenter Steuern	4,5	0,3
Veränderung unrealisierter Verluste aus der Absicherung künftiger Zahlungsströme (Cashflow Hedge)		
Brutto	-21,2	-54,0
Abgrenzung latenter Steuern	11,6	18,7
Ansatz der Mindestpensionsverpflichtung		
Brutto	-1.179,7	-514,7
Abgrenzung latenter Steuern	457,1	197,0
Sonstige Ergebnisveränderungen	**71,5**	**-631,2**
Gesamtergebnis nach US-GAAP	**3.132,1**	**1.331,6**
Eigenkapital nach US-GAAP (vor sonstigen Eigenkapitalveränderungen)	19.408,9	18.694,7
Sonstige Eigenkapitalveränderungen		
Translationsanpassungen		
Brutto	-603,4	-1.369,0
Abgrenzung latenter Steuern	36,1	69,2

Millionen €	2005	2004
Unrealisierte Gewinne aus der Bewertung von Wertpapieren zu Marktwerten am Bilanzstichtag		
Brutto	262,9	196,2
Abgrenzung latenter Steuern	-40,9	-45,4
Unrealisierte Verluste aus der Absicherung zukünftiger Zahlungsströme (Cashflow Hedge)		
Brutto	-79,3	-58,1
Abgrenzung latenter Steuern	31,7	20,1
Ansatz der Mindestpensionsverpflichtung		
Brutto	-1.730,7	-551,0
Abgrenzung latenter Steuern	659,5	202,4
Sonstige Eigenkapitalveränderungen, kumuliert	-1.464.1	1.535,6
Eigenkapital nach US-GAAP	17.994,8	17.159,1

Deutsche Telekom AG

(Auszug aus Geschäftsbericht 2005, S. 126-131)

Erläuterungen zur Umstellung der Rechnungslegung auf IFRS

Die Deutsche Telekom ist nach Artikel 4 der Verordnung (EG) Nr. 1606/2002 des Europäischen Parlaments und des Rats vom 19. Juli 2002 betreffend die Anwendung internationaler Rechnungslegungsstandards (ABl. EG Nr. L 243 S. 1) dazu verpflichtet, für das Geschäftsjahr 2005 erstmals einen Konzernabschluss nach International Financial Reporting Standards aufzustellen. Die IFRS-Konzern-Eröffnungsbilanz wurde auf den 1. Januar 2003 aufgestellt (Zeitpunkt des Übergangs auf IFRS gemäß IFRS 1). Die Deutsche Telekom wendet die von der Europäischen Kommission für die Anwendung in der EU übernommenen IFRS erstmalig in ihrem Konzernabschluss für das am 31. Dezember 2005 endende Geschäftsjahr an, der auch die Vergleichsabschlüsse für die Geschäftsjahre zum 31. Dezember 2004 bzw. 2003 umfasst. Gemäß IFRS 1 muss ein Unternehmen in seinem ersten IFRS-Konzernabschluss Ansatz- und Bewertungsmethoden anwenden, die auf den Standards und den zugehörigen Interpretationen basieren, die am Abschlussstichtag seines ersten IFRS-Konzernabschlusses gelten. Diese Bilanzierungs- und Bewertungsmethoden sind zum Zeitpunkt des Übergangs auf IFRS und für alle inerhalb seines ersten IFRS-Konzernabschlusses dargestellten Perioden anzuwenden.

Die Vermögenswerte und Schulden werden in Übereinstimmung mit IFRS 1 nach denjenigen IFRS angesetzt und bewertet, die am 31. Dezember 2005 verpflichtend zu beachten sind. Die sich ergebenden Unterschiedsbeträge zwischen den Buchwerten der Vermögenswerte und Schulden nach IFRS und den Buchwerten der Vermögenswerte und Schulden in der HGB-Konzern-Bilanz zum 1. Januar 2003 werden im Zeitpunkt des Übergangs auf IFRS erfolgsneutral im Eigenkapital erfasst.

Erläuterung der in Anspruch genommenen Vereinfachungswahlrechte nach IFRS 1
In der IFRS-Konzern-Eröffnungsbilanz zum 1. Januar 2003 sind die Buchwerte der Vermögenswerte und Schulden aus der HGB-Konzern-Bilanz zum 31. Dezember 2002 grundsätzlich rückwirkend nach den Regelungen derjenigen IFRS anzusetzen und zu bewerten, die am 31. Dezember 2005 in Kraft sind. Gemäß IFRS 1 sind jedoch in Einzelfällen Ausnahmen von diesem Grundsatz möglich. Im Folgenden werden die wesentlichen Wahlrechte erläutert, von denen die Deutsche Telekom Gebrauch gemacht hat.

Unternehmenszusammenschlüsse
IFRS 3 »Business Combinations«, braucht auf Unternehmenszusammenschlüsse, die vor dem Zeitpunkt des Übergangs auf IFRS stattfanden, nicht retrospektiv angewen-

det zu werden. Die Deutsche Telekom hat von diesem Wahlrecht Gebrauch gemacht. Die Klassifizierung eines Unternehmenszusammenschlusses nach HGB sowie die in diesem Zusammenhang ausgewiesenen Beträge sind in diesem Fall beizubehalten. Grundsätzlich sind sämtliche Vermögenswerte und Schulden in der IFRS-Konzern-Eröffnungsbilanz anzusetzen, die im Rahmen von Unternehmenszusammenschlüssen erworben bzw. übernommen wurden. Nicht immaterielle Vermögenswerte und Schulden, welche in der Konzern-Bilanz nach HGB angesetzt waren, jedoch die Ansatzvoraussetzungen der IFRS nicht erfüllen, werden nicht in die IFRS-Konzern-Eröffnungsbilanz übernommen und mindern oder erhöhen den Betrag der Gewinnrücklagen. Nicht Immaterielle Vermögenswerte und Schulden, welche in der Konzern-Bilanz nach HGB nicht angesetzt waren, jedoch die Ansatzvoraussetzungen der IFRS erfüllen, werden in die IFRS-Konzern-Eröffnungsbilanz übernommen und erhöhen oder mindern den Betrag der Gewinnrücklagen. Änderungen der Buchwerte bereits nach HGB angesetzter Vermögenswerte und Schulden werden ebenfalls in den Gewinnrücklagen erfasst. Der Buchwert des Goodwills nach HGB wird vorbehaltlich gegebenenfalls erforderlicher Anpassungen in die IFRS-Eröffnungsbilanz übernommen. Im Zeitpunkt des Übergangs auf IFRS wurde der Goodwill auf Werthaltigkeit getestet und soweit erforderlich zum gleichen Zeitpunkt wertberichtigt. Weitere Anpassungen des Buchwertes waren hingegen nicht erforderlich.

Die historischen Anschaffungskosten und kumulierten Abschreibungen auf den Goodwill wurden zur Erstellung der IFRS-Konzern-Eröffnungsbilanz saldiert.

Ereignisorientierte Neubewertung
Unternehmen, die vor erstmaliger Anwendung der IFRS ihre Vermögenswerte auf Grund eines einmaligen Ereignisses mit den historischen beizulegenden Zeitwerten neu bewertet haben, dürfen diese als Ersatz für die fortgeführten Anschaffungs- oder Herstellungskosten übernehmen und ab dem Zeitpunkt der Neubewertung nach den im Zeitpunkt der erstmaligen Aufstellung eines IFRS-Abschlusses geltenden IFRS fortschreiben. Die Deutsche Telekom hat von dieser Möglichkeit Gebrauch gemacht und die beizulegenden Zeitwerte der Vermögenswerte, welche in der Konzern-Eröffnungsbilanz anlässlich der Privatisierung zum 1. Januar 1995 angesetzt wurden, unter IFRS zum 1. Januar 1995 als Anschaffungs- oder Herstellungskosten für die betreffenden Vermögenswerte angenommen. Für die Zeit vom 1. Januar 1995 bis zum 1. Januar 2003 (Zeitpunkt der Aufstellung unserer IFRS-Konzern-Eröffnungsbilanz) wurden diese Werte entsprechend fortgeführt.

Bewertung zum beizulegenden Zeitwert
Bestimmte Vermögenswerte des Anlagevermögens können zum Übergangszeitpunkt zum beizulegenden Zeitwert an Stelle der nach IFRS fortgeführten historischen Anschaffungs- oder Herstellungskosten bewertet werden; dieses Wahlrecht kann für jeden Vermögenswert einzeln ausgeübt werden. Die Deutsche Telekom hat von dieser Möglichkeit in Einzelfällen Gebrauch gemacht.

Leistungen an Arbeitnehmer
Optiert ein Unternehmen für die Erfassung der ab dem Zeitpunkt des Übergangs auf IFRS anfallenden versicherungsmathematischen Gewinne oder Verluste, die im Zusam-

menhang mit der Bewertung von leistungsorientierten Zusagen entstehen, nach der gemäß IAS 19, »Employee Benefits«, zulässigen »Korridorregelung«, so hat es dennoch die Möglichkeit, rückwirkend auf die Beachtung der »Korridorregelung« zu verzichten und im Zeitpunkt des Übergangs auf IFRS die versicherungsmathematischen Gewinne oder Verluste aus leistungsorientierten Plänen im Eigenkapital zu erfassen. Die Deutsche Telekom hat von diesem Wahlrecht Gebrauch gemacht.

Kumulierte Währungsumrechnungsdifferenzen

Differenzen aus der Umrechnung von Abschlüssen, die in einer von der Berichtswährung des Mutterunternehmens abweichenden Währung aufgestellt sind, sind nach IAS 21, »The Effects of Change in Foreign Exchange Rates«, erfolgsneutral und gesondert im Eigenkapital zu erfassen. Nach dem Grundsatz der retrospektiven Anwendung der IFRS wäre eine rückwirkende Ermittlung dieser Differenzen notwendig. Nach IFRS 1 besteht die Möglichkeit, diese Währungsumrechnungsdifferenzen im Zeitpunkt des Übergangs auf IFRS mit Null anzusetzen. Bei späterem Abgang des betreffenden Unternehmens werden nur solche Währungsumrechnungsdifferenzen erfolgswirksam erfasst, die nach dem Zeitpunkt des Übergangs auf IFRS entstanden sind. Die Deutsche Telekom hat von diesem Wahlrecht Gebrauch gemacht.

Anteilsbasierte Vergütungen

Eigenkapitalinstrumente aus anteilsbasierten Zusagen, die am oder vor dem 7. November 2002, sowie solche, die nach dem 7. November 2002 gewährt, aber vor dem 1. Januar 2005 unverfallbar wurden, müssen gemäß IFRS 1 von einem Erstanwender nicht nach IFRS 2, »Share-based Payment«, abgebildet werden. Die Deutsche Telekom hat von diesem Wahlrecht Gebrauch gemacht.

Abweichend von den bereits im Jahr 2005 veröffentlichten Quartalsabschlüssen sind im Rahmen der abschließenden Erstellungsarbeiten neben Ausweisänderungen hauptsächlich noch folgende Anpassungen im vorliegenden, erstmalig nach IFRS aufgestellte, Konzernabschluss vorgenommen worden, die die Eröffnungsbilanz und die Folgeperioden betrafen: Neubewertung von Anleihen auf Grund eingetretener Ratingänderungen sowie die Korrektur der Periodenabgrenzung von Umsatzerlösen. Deren Einfluss auf die Ertrags-, Vermögens- und Finanzlage der Vorperioden war insgesamt nicht wesentlich.

Wesentliche Auswirkungen aus der Umstellung der Rechnungslegung von HGB auf IFRS auf die Vermögens-, Finanz- und Ertragslage werden durch nachstehende Überleitungsrechnungen dargestellt.

Konzern-Eigenkapitalüberleitung

in Mio. €	Erläuterung	31.12.2004	31.12.2003	1.1.2003
Eigenkapital nach HGB		**37 941**	**33 811**	**35 416**
Goodwill	1	(3 070)	(3 508)	(5 953)
Mobilfunklizenzen	1	9 773	13 134	13 973
Software	2	583	608	623
Fremdkapitalzinsen	3	(477)	(574)	(774)

Konzern-Eigenkapitalüberleitung (Fortsetzung)

in Mio. €	Erläuterung	31.12.2004	31.12.2003	1.1.2003
Zur Veräußerung verfügbare finanzielle Vermögenswerte	4	856	270	283
Leasing	5	(641)	(456)	(189)
Rückstellungen	6	1 550	1 587	1 093
Pensionsrückstellungen		381	279	(167)
Sonstige Rückstellungen		1 169	1 308	1 260
Umsatzabgrenzung	7	(1 023)	(944)	(923)
Sonstige IFRS-Anpassungen	8	294	60	101
Latente Steuern	9	17	(250)	1 314
Aktive latente Steuern		2 854	4 008	7 008
Passive latente Steuern		(2 837)	(4 258)	(5 694)
Eigenkapital nach IFRS		**45 803**	**43 738**	**44 964**

Jahresüberschuss-Überleitung

in Mio. €	Erläuterung	Geschäftsjahr 2004	Geschäftsjahr 2003
Jahresüberschuss nach HGB		**4 933**	**1 623**
Goodwill	1	115	1 584
Mobilfunklizenzen	1	(3 083)	1 113
Software	2	(24)	(6)
Fremdkapitalzinsen	3	94	184
Zur Veräußerung verfügbare finanzielle Vermögenswerte	4	(13)	(7)
Leasing	5	(191)	(271)
Rückstellungen	6	30	500
Pensionsrückstellungen		105	439
Sonstige Rückstellungen		(75)	61
Umsatzabgrenzung	7	(83)	(24)
Sonstige IFRS-Anpassungen	8	721	(118)
Latente Steuern	9	167	(2 061)
Jahresabschluss nach IFRS		**2 017**	**2 517**

1 Goodwill und Mobilfunklizenzen

FCC-Lizenzen haben eine unbegrenzte Nutzungsdauer, da sie von künftigen technologischen Entwicklungen unabhängig sind und mit geringem Kostenaufwand unbegrenzt verlängert werden können. Daher werden die FCC-Lizenzen unter IFRS im Unterschied zu HGB nicht planmäßig abgeschrieben, sondern jährlich auf Wertminderung untersucht (»Impairment-Only«-Ansatz). Aus diesem Grunde wurden die nach

HGB vorgenommenen planmäßigen und außerplanmäßigen Abschreibungen der FCC-Lizenzen zum 1. Januar 2003 rückgängig gemacht. Dies erhöhte zum 1. Januar 2003 den Buchwert der FCC-Lizenzen um 9,9 Mrd. € zum Buchwert nach HGB.

Der Goodwill wird auf Grund seiner unbegrenzten Nutzungsdauer unter IFRS im Gegensatz zum HGB nicht planmäßig abgeschrieben. Stattdessen ist der Goodwill auf die zahlungsmittelgenerierenden Einheiten des Konzerns aufzuteilen und einmal jährlich sowie bei Vorliegen bestimmter Anhaltspunkte auf Werthaltigkeit zu prüfen.

Der Werthaltigkeitstest nach IFRS ergab eine Wertminderung der Einheit T-Mobile USA zum 1. Januar 2003 von 5,0 Mrd. € und zum 31. Dezember 2003 von 0,8 Mrd. €, die entsprechend durch Minderung des Buchwertes des Goodwills berücksichtigt wurde. Im Zusammenhang mit der Auflösung des US-Mobilfunk-Joint-Ventures mit Cingular Wireless im Jahre 2004 und der damit verbundenen Übertragung von Mobilfunklizenzen wurden diese um 1,3 Mrd. € wertberichtigt. Außerdem haben wir die Zuschreibung des zuvor erfassten Wertminderungsaufwands der FCC-Lizenzen nach HGB in Höhe von 2,4 Mrd. € im Jahre 2004 rückgängig gemacht.

Der Werthaltigkeitstest der der T-Mobile zugehörigen zahlungsmittelgenerierenden Einheit T-Mobile UK ergab eine Wertminderung nach IFRS zum 1. Januar 2003 von 0,6 Mrd. € und zum 31. Dezember 2004 von 2,2 Mrd. €, die den Buchwert des Goodwills entsprechend minderte.

Die Wertminderung von T-Mobile UK im Jahr 2004 war in erster Linie auf folgende Ursachen zurückzuführen:
– die erwartete Zunahme des Wettbewerbs auf Grund des Markteinstiegs neuer Wettbewerber,
– Auswirkungen der Bestimmungen der unabhängigen britischen Regulierungs- und Wettbewerbsbehörde OFCOM (Office of Communications) für die Kommunikationsbranche in Großbritannien auf die Terminierungsentgelte.

Der Werthaltigkeitstest der der T-Mobile zugehörigen zahlungsmittelgenerierenden Einheit T-Mobile Netherlands ergab eine Wertminderung nach IFRS zum 1. Januar 2003, die durch eine Minderung des Buchwertes des Goodwills um 0,1 Mrd. € berücksichtigt wurde.

Der Werthaltigkeitstest der der T-Com zugehörigen zahlungsmittelgenerierenden Einheit Magyar Telekom (ehemals MATÁV) ergab eine Wertminderung nach IFRS zum 1. Januar 2003 von 0,3 Mrd. € und zum 31. Dezember 2003 von 0,2 Mrd. €; der Werthaltigkeitstest der der T-Com zugehörigen zahlungsmittelgenerierenden Einheit Slovak Telecom ergab eine Wertminderung nach IFRS zum 31. Dezember 2004 von 0,2 Mrd. €. Die Wertminderungen wurden jeweils durch eine Abschreibung des Goodwills berücksichtigt.

UMTS-Lizenzen sind auf Grund ihrer bestimmbaren Lebensdauer nach IFRS planmäßig abzuschreiben. Allerdings gestattet IFRS die planmäßige Abschreibung nicht bereits ab dem Erwerbszeitpunkt, sondern erst mit Beginn der Inbetriebnahme des

Netzes. In Österreich wurde das UMTS-Netz im Dezember 2003 in Betrieb genommen, in Deutschland im zweiten Quartal 2004 und in Großbritannien im dritten Quartal 2004. In den Niederlanden und in Tschechien ist das UMTS-Netz noch nicht in Betrieb genommen. Daher wurden die bis zum 1. Januar 2003 nach HGB erfassten planmäßigen und außerplanmäßigen Abschreibungen rückgängig gemacht. Die Rückgängigmachung der Abschreibungen führte zum 1. Januar 2003 zu einer Erhöhung des Buchwertes der UMTS-Lizenzen um 4,1 Mrd. €. Durch die Inbetriebnahme der UMTS-Netze im Jahr 2004 in Deutschland und Großbritannien wurden die UMTS-Lizenzen im Geschäftsjahr 2004 nach IFRS erstmals um 0,5 Mrd. € planmäßig abgeschrieben.

2 Software

Softwareentwicklungskosten und andere Entwicklungskosten wurden nach HGB im Entstehungszeitpunkt verursachungsgemäß als Aufwand erfasst. Nach IFRS sind unter bestimmten Voraussetzungen Kosten für die Software planmäßig abzuschreiben. Durch die Aktivierung selbst erstellter Software unter IFRS erhöht sich das Eigenkapital in allen dargestellten Perioden. In den auf die Aktivierung folgenden Perioden bleibt der Jahresüberschuss nach IFRS in den dargestellten Perioden im Wesentlichen unverändert.

3 Fremdkapitalzinsen

Fremdkapitalzinsen (Finanzierungskosten), die während der Bauzeit anfallen, wurden nach HGB aktiviert. Nach IFRS besteht ein Wahlrecht zur Aktivierung von Fremdkapitalzinsen für »Qualifying Assets«. Die Deutsche Telekom hat für alle angefallenen Finanzierungskosten im Zusammenhang mit »Qualifying Assets« von diesem Wahlrecht Gebrauch gemacht. Die ertragswirksame Erfassung von Fremdkapitalzinsen mindert das Eigenkapital nach IFRS in allen Perioden. Der Jahresüberschuss erhöht sich infolge der im Vergleich zum HGB geringeren Abschreibungen.

4 Zur Veräußerung verfügbare finanzielle Vermögenswerte

Beteiligungen an nicht vollkonsolidierten und nicht nach der Equity-Methode in den Konzernabschluss einbezogenen Unternehmen sind gemäß IFRS zum beizulegenden Zeitwert zu bewerten. Die daraus resultierenden unrealisierten Gewinne und Verluste werden grundsätzlich erfolgsneutral im Eigenkapital erfasst. Sollte eine Wertminderung dauerhaft sein, ist die Wertminderung erfolgswirksam zu erfassen. Nach den Vorschriften des HGB werden diese Vermögenswerte mit ihren fortgeführten historischen Anschaffungskosten oder gegebenenfalls ihrem niedrigeren beizulegenden Wert bewertet. Auf Grund der unterschiedlichen Bewertungsmethoden zwischen IFRS und HGB erhöht sich das Eigenkapital nach IFRS in allen dargestellten Perioden. Zum 31. Dezember 2004 resultiert der wesentliche Effekt aus der Neubewertung der Mobile TeleSystems OJSC (MTS). Der Buchwert der Beteiligung an der MTS nach IFRS am 31. Dezember 2004 beträgt 1,0 Mrd. €; der Effekt aus der Neubewertung in Höhe von 0,8 Mrd. € wird erfolgsneutral im Eigenkapital erfasst. Der Jahresüberschuss bleibt in den dargestellten Perioden im Wesentlichen unverändert.

5 Leasing

Die Klassifizierung von Leasingverhältnissen im handelsrechtlichen Abschluss entspricht grundsätzlich der steuerrechtlichen Zuordnung. Die Klassifizierung von Leasinggegenständen richtet sich nach IFRS nach der wirtschaftlichen Substanz des Leasingverhältnisses. Nach IFRS sind in der Regel mehr Leasingvereinbarungen als Finance Leases zu klassifizieren als nach HGB. Während bei Operating Leases der Leasinggeber den Vermögenswert in seiner Bilanz ansetzt, wird dieser beim Finance Lease in der Bilanz des Leasingnehmers angesetzt. Im Zusammenhang mit ihrem Immobilienbesitz hat die Deutsche Telekom Sale-and-Leaseback-Transaktionen durchgeführt. Diese Transaktionen führten nach HGB im Allgemeinen zu einem Verkauf mit anschließender Rückanmietung der entsprechenden Immobilien im Rahmen eines Operating Lease, während nach IFRS die Gebäude als Finance Leases und die Grundstücke als Operating Leases zu klassifizieren sind. Dies führt nach IFRS für die Gebäude zur Erfassung von Zinsaufwand sowie Aufwand aus Abschreibungen und für die Grundstücke zur Erfassung von Mietaufwand; Veräußerungsgewinne sowie Veräußerungsverluste, die nicht auf die Wertminderung des Vermögenswertes zurückzuführen sind, sind über die Laufzeit des Leasingvertrags zu verteilen. Nach HGB werden Gewinne oder Verluste aus dem Verkauf von Immobilie sowie Mietaufwand erfasst.

Im Ergebnis mindern sich Eigenkapital und Jahresüberschuss nach IFRS in allen dargestellten Perioden.

6 Rückstellungen

Für Pensionsverpflichtungen sind sowohl nach den deutschen Rechnungslegungsvorschriften als auch nach IFRS Rückstellungen zu bilden. Handelsrechtlich wurden die Pensionsverpflichtungen bei der Deutschen Telekom nach SFAS 87 berechnet. Abweichungen zwischen den Wertansätzen nach IFRS und SFAS 87 ergeben sich insbesondere aus der unterschiedlichen Behandlung von versicherungsmathematischen Gewinnen und Verlusten in der IFRS-Eröffnungsbilanz zum 1. Januar 2003 und der Nichtberücksichtigung der Additional Minimum Liability nach IFRS. Im Ergebnis mindert sich das Eigenkapital in der IFRS-Konzern-Eröffnungsbilanz und erhöht sich zu den anderen dargestellten Stichtagen. Der Jahresüberschuss erhöht sich in den dargestellten Perioden.

Innerhalb der sonstigen Rückstellungen führen im Wesentlichen die Restrukturierungsrückstellungen zu einer Erhöhung des Eigenkapitals in allen dargestellten Perioden, da der Ansatz von Restrukturierungsrückstellungen nach IFRS im Unterschied zum HGB an sehr enge Voraussetzungen geknüpft ist. Darüber hinaus werden nach HGB zulässigerweise gebildete Aufwandsrückstellungen unter IFRS nicht angesetzt. Der Jahresüberschuss bleibt im Wesentlichen unverändert.

7 Umsatzabgrenzung

Der wesentliche Unterschied zwischen HGB und IFRS liegt in der unterschiedlichen Erfassung von Bereitstellungsentgelten. Nach HGB werden die Bereitstellungsentgelte zu dem Zeitpunkt als Umsatz erfasst, zu dem der Anschluss bereitgestellt wird. Nach

IFRS werden die Bereitstellungsentgelte und die zugehörigen Kosten (»Incremental Costs«) zunächst abgegrenzt und anschließend über die durchschnittliche Kundenbindungsdauer erfasst. Daneben wirken sich Unterschiede in der Erfassung von Umsätzen aus langfristigen Fertigungsaufträgen, Mietverträgen sowie Mehrkomponentenverträgen auf den Umsatz aus. Insgesamt ergibt sich unter IFRS eine Minderung des Eigenkapitals in allen dargestellten Perioden. Der Jahresüberschuss bleibt im Wesentlichen unverändert.

8 Sonstige IFRS-Anpassungen
Die sonstigen IFRS-Anpassungen betreffen in erster Linie die unterschiedlichen Bilanzierungsvorschriften für Asset-Backed-Securities-(ABS)-Transaktionen und für derivative Finanzinstrumente sowie die Bewertung des Sachanlagevermögens. Insgesamt ergibt sich eine Erhöhung des Eigenkapitals in allen dargestellten Perioden. Der Jahresüberschuss erhöht sich für das Geschäftsjahr 2004 und mindert sich für das Geschäftsjahr 2003.

9 Latente Steuern
Die Deutsche Telekom hat in den bis zum 31. Dezember 2004 nach deutschem Handelsrecht aufgestellten Konzernabschlüssen DRS 10 nicht angewendet. Die Unterschiede in der Abgrenzungskonzeption für latente Steuern zwischen IFRS und HGB stehen insbesondere im Zusammenhang mit dem Goodwill aus der Privatisierung der Deutschen Telekom AG, steuerlichen Verlustvorträgen und allgemeinen Ansatz- und Bewertungsdifferenzen zwischen IFRS und HGB.

Infolge der Privatisierung der Deutschen Telekom AG wurde in der Steuerbilanz Goodwill aktiviert, während in der Konzernbilanz der Deutschen Telekom AG nach IFRS kein Goodwill anzusetzen ist. Auf diese temporäre Differenz aktiviert die Deutsche Telekom nach IAS 12 im Unterschied zu HGB latente Steuern, die nach Maßgabe der planmäßigen Abschreibung des Goodwills ratierlich aufgelöst werden.

Weiterhin werden nach IFRS im Gegensatz zu HGB auf künftig zu erwartende Steuerminderungen aus der Anrechnung von steuerlichen Verlustvorträgen aktive latente Steuern angesetzt. Die aktiven latenten Steuern wurden insoweit angesetzt, als es wahrscheinlich ist, dass die erfassten aktiven latenten Steuern aus Verlustvorträgen unter Berücksichtigung der erwarteten Entwicklungen der künftigen Ergebnisse realisiert werden.

Durch die Aktivierung der latenten Steuern in Höhe von 7,0 Mrd. € zum 1. Januar 2003 erhöhte sich das Eigenkapital nach IFRS; die Position »Ertragsteuern« in der Gewinn- und Verlustrechnung erhöht sich durch die Auflösung der aktiven latenten Steuern in allen dargestellten Perioden.

Wesentlicher Bestandteil der latenten Steuern auf Ansatz- und Bewertungsunterschiede sind passive latente Steuern auf temporäre Differenzen auf Grund von Bewertungsunterschieden zwischen IFRS und HGB im Zusammenhang mit der Aufdeckung stiller Reserven bei US-amerikanischen Mobilfunklizenzen. Durch die Passivierung dieser latenten Steuern mindert sich das Eigenkapital nach IFRS. Da diese Lizenzen nicht planmäßig abgeschrieben werden, lösen sich die entsprechenden passiven latenten Steuern zunächst nicht auf. Mit der im zweiten Quartal 2004 vorgenommenen Wertberichtigung nach IFRS und der Rückgängigmachung der Zuschreibung dieser Lizenzen nach HGB ergab sich eine entsprechende, den Jahresüberschuss nach IFRS erhöhende Auflösung der passiven latenten Steuern.

Erläuterungen von wesentlichen Anpassungen bei der Kapitalflussrechnung

Cash-Flow aus Geschäftstätigkeit

in Mio. €	Erläuterung	Geschäftsjahr 2004	Geschäftsjahr 2003
HGB		16 307	14 316
Selbst erstellte Software	10	254	242
ABS	11	(339)	378
Leasing	12	207	150
Fremdkapitalzinsen	13	(58)	(41)
Übrige		349	8
IFRS		16 720	15 053

Cash-Flow aus Investitionstätigkeit

in Mio. €	Erläuterung	Geschäftsjahr 2004	Geschäftsjahr 2003
HGB		(4 318)	(2 073)
Selbst erstellte Software	10	(254)	(242)
ABS	11	41	46
Leasing	12	37	0
Fremdkapitalzinsen	13	58	41
Übrige		(65)	(21)
IFRS		(4 501)	(2 249)

Cash-Flow aus Finanzierungstätigkeit

in Mio. €	Erläuterung	Geschäftsjahr 2004	Geschäftsjahr 2003
HGB		(12 652)	(5 226)
Selbst erstellte Software	10	0	0
ABS	11	298	(424)
Leasing	12	(244)	(150)
Fremdkapitalzinsen	13	0	0
Übrige		(283)	5
IFRS		(12 881)	(5 795)

10 Selbst erstellte Software

Nach HGB werden die Aufwendungen für selbst erstellte Software ergebniswirksam als operativer Aufwand erfasst. Entsprechend werden die Auszahlungen im Cash-Flow aus Geschäftstätigkeit ausgewiesen. Nach IFRS werden diese Aufwendungen als selbst erstellte immaterielle Vermögenswerte aktiviert. Daher führen die Auszahlungen zu einem Anlagenzugang und werden somit im Cash-Flow aus Investitionstätigkeit gezeigt.

11 ABS

Im Rahmen von ABS-Transaktionen werden bestimmte finanzielle Vermögenswerte an eine Zweckgesellschaft veräußert. Die Zweckgesellschaft refinanziert sich über den Kapitalmarkt. Zweckgesellschaften werden nach IFRS grundsätzlich beim wirtschaftlich Begünstigten konsolidiert. Insgesamt werden drei Zweckgesellschaften aus ABS-Transaktionen von der Deutschen Telekom konsolidiert. Daraus ergibt sich nach IFRS eine Erhöhung sowohl der Finanzverbindlichkeiten (zum 31. Dezember 2004: 1 563 Mio. €; davon 256 Mio. € mit einer Laufzeit von weniger als einem Jahr) als auch der Forderungen aus Lieferungen und Leistungen. Die Veränderungen dieser Posten werden entsprechend im Cash-Flow aus Finanzierungstätigkeit bzw. Working Capital und damit Cash-Flow aus Geschäftstätigkeit gezeigt. Die Effekte aus einbehaltenen Abschlägen werden nicht mehr wie nach HGB im Cash-Flow aus Geschäftstätigkeit gezeigt, sondern nach IFRS den Finanzverbindlichkeiten bzw. Finanzforderungen zugeordnet und entsprechend im Cash-Flow aus Investitionstätigkeit bzw. Cash-Flow aus Finanzierungstätigkeit ausgewiesen.

12 Leasing

Verträge, die unter IFRS als Finance Lease, unter HGB jedoch als Operating Lease klassifiziert werden, führen nach IFRS zu einer Aktivierung des Leasingobjekts beim Leasingnehmer mit einem entsprechenden Ausweis von Leasingverbindlichkeiten. Die Leasingzahlungen stellen beim Leasingnehmer Zins- und Tilgungszahlungen dar. Diese Tilgungszahlungen werden im Cash-Flow aus Finanzierungstätigkeit gezeigt. Wenn nach HGB ein Operating Lease vorlag, wurden diese (operativen) Leasingzahlungen dem Cash-Flow aus Geschäftstätigkeit zugeordnet. In den Fällen, in denen die Deutsche Telekom bei einem Finance Lease unter IFRS als Leasinggeber auftritt, stellen die Einzahlungen (vom Leasingnehmer) Rückzahlungen von Finanzforderungen dar und entsprechend werden diese Zahlungen im Cash-Flow aus Investitionstätigkeit ausgewiesen.

13 Fremdkapitalzinsen

Nach HGB werden Fremdkapitalzinsen aktiviert und in den Auszahlungen für Investitionen ausgewiesen. Nach IFRS wurde das Wahlrecht zur Aktivierung von Fremdkapitalzinsen nicht ausgeübt und die Auszahlungen sind in den Zinszahlungen innerhalb des Cash-Flows aus Geschäftstätigkeit enthalten.

ElringKlinger AG

(Auszug aus Geschäftsbericht 2005, S. 75-78)

Rechnungslegungsgrundsätze

Der Konzernabschluss der ElringKlinger AG zum 31. Dezember 2005 ist erstmals in Übereinstimmung mit den International Financial Reporting Standards (IFRS) des International Accounting Standards Board (IASB), London, und unter Beachtung der Interpretationen des International Financial Reporting Interpretation Committee (IFRIC) erstellt. Die Umstellung der Rechnungslegung erfolgte gemäß den Regelungen des IFRS 1 »Erstmalige Anwendung der International Financial Reporting Standards«. Der Konzernabschluss wurde in Euro aufgestellt. Alle Beträge werden in Tausend Euro (TEUR) angegeben, soweit nichts anderes vermerkt ist.

Für die Gewinn- und Verlustrechnung wurde das Umsatzkostenverfahren angewendet. Um die Klarheit der Darstellung zu verbessern, werden verschiedene Posten der Bilanz und der Gewinn- und Verlustrechnung zusammengefasst.

Die Erstellung des Konzernabschlusses unter Beachtung der Verlautbarungen des IASB erfordert Schätzungen und Annahmen, die sich auf die Wertansätze in der Bilanz bzw. in der Gewinn- und Verlustrechnung sowie auf die Angabe von Eventualvermögen und -verbindlichkeiten auswirken.

Übergang auf die Rechnungslegung nach IFRS

Die bisher im deutschen handelsrechtlichen Konzernabschluss der ElringKlinger AG angewandten Bilanzierungs-, Bewertungs- und Konsolidierungsmethoden werden durch die erstmalige Anwendung der IFRS in einigen Fällen geändert.

Die Einflüsse, die die Umstellung von HGB auf IFRS auf die Vermögens-, Finanz- und Ertragslage hat, werden in den folgenden Überleitungsrechnungen dargestellt:

Überleitung des Konzerneigenkapitals von HGB auf IFRS

In der nachfolgenden Tabelle sind die Auswirkungen der Umstellung von HGB auf IFRS auf das Konzerneigenkapital dargestellt:

	01.01.2004 TEUR	31.12.2004 TEUR
Eigenkapital HGB	113.186	137.932
Aktivierung Entwicklungskosten	1.315	1.656
Bewertung von Anlagevermögen	55.815	55.049
Bewertung der Vorräte	1.330	1.584
Bewertung der Forderungen aus Lieferungen und Leistungen	1.052	1.040
Bewertung der Pensionsrückstellungen	-7.807	-10.414
Ansatz und Bewertung von Rückstellungen	1.151	1.975
Bewertung der Finanzverbindlichkeiten	2.140	1.661
Latente Steuern	-26.367	-26.388
Sonstiges	-4	-172
Eigenkapital nach IFRS	141.811	163.923

Die Entwicklungskosten wurden im HGB-Abschluss als Aufwand der Periode erfasst. In der IFRS-Eröffnungsbilanz wurden diese in Höhe von TEUR 1.315 aktiviert, da die Aktivierungsvoraussetzungen nach IAS 38 kumulativ erfüllt waren.

Die planmäßigen Abschreibungen auf immaterielle Vermögenswerte, Sachanlagevermögen und auf als Finanzinvestition gehaltene Immobilien wurden nach HGB unter Berücksichtigung der steuerlichen Nutzungsdauern vorgenommen. Nach IFRS spiegeln die Abschreibungen die wirtschaftliche Nutzungsdauer wider. Gegenläufig haben sich die Finanzanlagen um TEUR 1.324 dadurch vermindert, dass nach IFRS zwei Joint Ventures quotal einbezogen werden. Im HGB-Konzernabschluss wurde für diese Joint Ventures der Beteiligungsansatz at equity bewertet. Die Buchwerte der immateriellen Vermögenswerte, Sachanlagen, der als Finanzinvestition gehaltenen Immobilien sowie der Finanzanlagen haben sich somit im Saldo zum 1. Januar 2004 um insgesamt TEUR 55.815 erhöht.

Der Wertansatz der Vorräte hat sich in der IFRS-Eröffnungsbilanz um TEUR 1.330 erhöht. Die Zunahme des Wertansatzes der Vorräte ist auf zwei Gründe zurückzuführen. Zum einen werden nach IFRS über die Einzel- und Gemeinkosten hinaus die produktionsbezogenen Kosten der allgemeinen Verwaltung aktiviert (TEUR 382). Zum anderen werden gemäß IFRS keine Wertminderungen auf Grund der niedrigeren Einkaufspreise anerkannt (TEUR 948).

Nach HGB und IFRS werden Forderungen aus Lieferungen und Leistungen mit den Anschaffungskosten vermindert um Wertberichtigungen für geschätzte uneinbringliche Beträge angesetzt. Die pauschalen Wertberichtigungen werden jedoch nach IFRS ausschließlich unter Berücksichtigung der Erfahrungswerte vorgenommen. Aus diesem Grund ist der Bilanzwert der Forderungen aus Lieferungen und Leistungen um TEUR 1.052 gestiegen.

Der Wertansatz der Pensionsverpflichtungen wurde im HGB-Abschluss nach dem steuerlich anerkannten Teilwertverfahren ermittelt. Der IFRS-Wert wird nach dem Anwartschaftsbarwertverfahren (»Projected Unit Credit Method«) gemäß IAS 19 ermittelt, bei dem im Gegensatz zur Bewertung nach HGB der Diskontierungszinssatz die wirtschaftliche Entwicklung widerspiegelt, des Weiteren werden die Dynamisierungseffekte der Karriere-, Gehalts- und Rententrends berücksichtigt. Der Wertansatz der Pensionsrückstellungen nach IFRS hat sich zum 1. Januar 2004 gegenüber HGB um TEUR 7.807 erhöht.

Die Veränderungen bei Ansatz und Bewertung von Rückstellungen sind im Wesentlichen auf den Wegfall von Aufwandsrückstellungen, denen keine Drittverpflichtung zugrunde liegt, sowie auf die nach IFRS erforderliche Abzinsung von langfristigen Rückstellungen zurückzuführen.

Die Verminderung des Wertansatzes der langfristigen Finanzverbindlichkeiten um TEUR 2.140 resultiert aus der Einbeziehung der Disagien in die Bewertung der Finanzverbindlichkeiten. Nach HGB wurden die Disagien zum Zeitpunkt ihrer Entstehung sofort aufwandswirksam erfasst.

Im HGB-Konzernabschluss zum 31. Dezember 2004 sind aktive latente Steuern auf ergebniswirksame Konsolidierungsmaßnahmen gebildet worden. In der IFRS-Eröffnungsbilanz zum 1. Januar 2004 sind gem. IAS 12 für temporäre Differenzen zwischen den Wertansätzen der Steuerbilanzen und der IFRS-Bilanzen der einzelnen Gesellschaften latente Steuern gebildet worden. Daraus ergaben sich in der IFRS-Eröffnungsbilanz des Konzerns insgesamt aktive latente Steuern von TEUR 7.348 und passive latente Steuern von TEUR 33.715. Die Bewertungsänderungen haben sich zum 1. Januar 2004 in Höhe von TEUR 26.367 eigenkapitalmindernd ausgewirkt.

Überleitung des Konzernjahresüberschusses von HGB auf IFRS
In der nachfolgenden Tabelle sind die Auswirkungen der Umstellung von HGB auf IFRS auf die Ertragslage des Konzerns dargestellt:

	2004 TEUR
Konzernjahresüberschuss HGB	**42.644**
Abschreibungen Anlagevermögen	-1.640
Abschreibungen Geschäftswerte	2.313
Entwicklungskosten	345
Pensionsrückstellungen	-2.584
Quotenkonsolidierung	-90
Währungsumrechnung	139
Latente Steuern	-322
Sonstiges	-403
Konzernjahresüberschuss IFRS	**40.402**
Veränderung	-2.241

Die Differenzen bei der Ermittlung des Konzernjahresüberschusses nach IFRS sind auf die oben beschriebenen abweichenden Bilanzierungs- und Bewertungsmethoden nach IFRS zurückzuführen.

Überleitung der Konzernkapitalflussrechnung von HGB auf IFRS
Die Kapitalflussrechnung nach IFRS, die nach den Vorschriften des IAS 7 (Cashflow Statements) erstellt wurde, stellt die Veränderung des Finanzmittelbestands des ElringKlinger-Konzerns in den folgenden Bereichen dar: laufende Geschäftstätigkeit sowie Investitions- und Finanzierungstätigkeit.
In der nachfolgenden Tabelle sind die Auswirkungen der Umstellung von HGB auf IFRS auf die Konzernkapitalflussrechnung für 2004 dargestellt:

	HGB TEUR	Anpassung an IFRS TEUR	IFRS TEUR
Cashflow aus laufender Geschäftstätigkeit	74.043	1.360	75.403
Cashflow aus Investitonstätigkeit	-41.138	-1.333	-42.471
Cashflow aus Finanzierungstätigkeit	-32.206	517	-31.689
Zahlungswirksame Veränderung des Finanzmittelfonds	**699**	**544**	**1.243**
Finanzmittelfonds am Anfang der Periode	**8.416**	**1.765**	**10.181**
Wechselkursbedingte und übrige Änderung des Finanzmittelfonds	-73	-108	-181
Finanzmittelfonds am Ende der Periode	**9.042**	**2.201**	**11.243**

Die Abweichungen in der Kapitalflussrechnung nach IFRS resultieren aus solchen unterschiedlichen Bilanzierungs- und Bewertungsmethoden nach IFRS, die die Höhe, Zuordnung und Aktivierungsvoraussetzungen der Bilanzpositionen sowie die Veränderung des Konsolidierungskreises beeinflussen.

Grammer AG

(Auszug aus Geschäftsbericht 2005, S. 76-80)

2 Einführung IFRS beim Grammer Konzern

Die Grammer AG ist nach Artikel 4 der Verordnung (EG) Nr. 16062002 des Europäischen Parlaments und des Rates vom 19. Juli 2002 betreffend die Anwendung internationaler Rechnungslegungsstandards (ABl. EG Nr. L 343 S. 1) dazu verpflichtet, für das Geschäftsjahr 2005 erstmals einen Konzernabschluss nach International Financial Reporting Standards (IFRS) aufzustellen; die IFRS-Konzerneröffnungsbilanz wird auf den 1. Januar 2004 aufgestellt (Tag des Übergangs auf IFRS gemäß IFRS 1).
Die nachfolgenden ausgewählten Finanzinformationen sind in Übereinstimmung mit den IFRS aufgestellt, die bis zum 31. Dezember 2005 veröffentlicht waren und entweder im erstmaligen IFRS-Konzernabschluss zum 31. Dezember 2005 verpflichtend anzuwenden sind oder freiwillig angewendet werden können. Alle für den 31. Dezember 2005 gültigen Standards wurden auch für 2004 angewendet.
Die Konzernbilanz und Konzern-Gewinn- und -Verlustrechnung wurden in Euro aufgestellt. Soweit nicht anders vermerkt, werden alle Beträge in Tausend Euro (TEUR) angegeben. Die Kapitalkonsolidierung wurde für Unternehmenserwerbe vor dem 1. Januar 2004 nach dem bisherigen Konsolidierungsverfahren gemäß § 301 Abs. 1 Satz 2 Nr. 1 HGB (Buchwertmethode) durch Verrechnung der Buchwerte der Anteile mit dem anteiligen Eigenkapital der in den Konzernabschluss einbezogenen Tochterunternehmen zum Zeitpunkt ihres Erwerbs bzw. der erstmaligen Einbeziehung in den Konzernabschluss weitergeführt (IFRS 1). Die Kapitalkonsolidierung des quotal einbezogenen Gemeinschaftsunternehmens erfolgte nach den gleichen Grundsätzen.
Darüber hinaus wurde die teilweise frühere Rücklagenverrechnung gemäß § 309 Abs. 1 Satz 3 HGB der im Rahmen der Erstkonsolidierung entstandenen Geschäfts- oder Firmenwerte übernommen.
Für den Zweck der Erstbewertung der Geschäftswerte aus der Konsolidierung wurde nach IFRS 1 die Möglichkeit des Ansatzes mit den HGB-Werten zum 1. Januar 2004 (Stichtag der erstmaligen Anwendung) gewählt.
Abweichungen in der Darstellung der Konzernbilanz und Konzern-Gewinn- und -Verlustrechnung sowie beim Ansatz und der Bewertung einzelner Abschlusspositionen gegenüber dem HGB Konzernabschluss zum 31. Dezember 2004 sind durch die erstmalige Anwendung der IFRS/IAS bedingt. Die Abweichungen sind gemäß IFRS 1 in den folgenden Überleitungsrechnungen erläutert.
1. Eigenkapitalüberleitung zum 1. Januar 2004 und zum 31. Dezember 2004
2. Überleitung des Periodenergebnisses 2004

Eigenkapitalüberleitung zum 1. Januar 2004 und zum 31. Dezember 2004

Stichtag	Eigenkapital 01.01.2004 TEUR	Eigenkapital 31.12.2004 TEUR
Stand nach HGB zum jeweiligen Stichtag	**130.228**	**151.542**
Veränderungspositionen		
Immaterielle Vermögenswerte (1)	4.299	6.380
Sachanlagen (2)	22.278	20.277
Finanzanlagen (3)	-432	-174
Latente Steueransprüche und Steuerverpflichtungen (4)	-3.309	-1.802
Vorräte (5)	-15.137	-17.708
Forderungen aus Lieferungen und Leistungen (6)	1.333	-567
Sonstige Forderungen und Vermögenswerte (7)	16.537	19.888
Finanzielle Vermögenswerte (8)	226	-58
Pensionsverpflichtungen (9)	-13.134	-12.429
Finanzielle Verpflichtungen (10)	-1.290	-1.767
Sonstige Rückstellungen/Verbindlichkeiten (11)	-2.680	345
Stand nach IFRS zum jeweiligen Stichtag	**138.920**	**163.909**

Anmerkungen

1. Immaterielle Vermögenswerte

Die Anpassung bei den immateriellen Vermögenswerten resultiert vor allem aus der Aktivierung von selbst geschaffenen Patenten (3,8 Mio. EUR). Entwicklungskosten sind nach IAS 38 als Immaterielle Vermögenswerte aktiviert, sofern die Herstellung der entwickelten Produkte dem Grammer Konzern wahrscheinlich einen wirtschaftlichen Nutzen bringen wird. Diese Aktivierung, die nach HGB nicht zulässig ist, erhöht das Eigenkapital in den dargestellten Perioden.

2. Sachanlagen

Abschreibungsdauern und Differenzen aus Währungsumrechnung
Anpassungen bei der Bemessung der planmäßigen Abschreibungen an die Erfordernisse von IFRS führen zu wesentlichen Änderungen der Buchwerte des Sachanlagevermögens und zu einer wesentlichen Erhöhung des Eigenkapitals des Konzerns. Die Minderung des Ausgleichspostens aus der Fremdwährungsumrechnung resultiert aus der Anwendung der nach IAS 21 maßgeblichen modifizierten Stichtagskursmethode für die Umrechnung der Abschlüsse von ausländischen Unternehmen.

Leasing
Nach IAS 17 werden mehr Leasingverträge als so genannte »finance leasing«-Verträge klassifiziert, als dies nach HGB der Fall ist. Bei solchen Leasingverhältnissen, die bisher nach HGB als sog. »operating leasing« beim Leasingnehmer nicht bilan-

ziert worden sind, jedoch gemäß IAS 17 als Finanzierungsleasing zu qualifizieren sind, erfolgen eine Aktivierung des Vermögenswertes sowie eine Passivierung der Restverbindlichkeit nach den Zuordnungskriterien von IAS 17 in der Bilanz des Leasingnehmers. Der wesentliche Teil kommt mit 4,8 Mio. EUR aus der Grammer AG.

3. Finanzanlagen
Die Beteiligungen an nicht vollkonsolidierten Unternehmen und nicht nach der Equity-Methode in den Konzernabschluss einbezogenen Unternehmen sind nach HGB mit fortgeführten Anschaffungskosten zu bewerten, nach IAS 39 jedoch zum beizulegenden Zeitwert. Daraus resultierende Gewinne und Verluste werden in der Eröffnungsbilanz erfolgsneutral im Eigenkapital erfasst, so dass sich aufgrund der Bewertungsunterschiede zwischen IFRS und HGB das Eigenkapital verändert.

4. Latente Steuern
Dabei handelt es sich um latente Steuern auf Bewertungsdifferenzen zwischen IFRS und HGB insbesondere in den Bereichen Sachanlagevermögen, Leasingvermögen, Aktivierung von selbst erstellten Patenten, Vorräten sowie Pensionsrückstellungen.

5. Vorräte
Nach IFRS erfolgt eine Bewertung der Vorräte unter Anwendung der Percentage-of-Completion-(PoC-)Methode bei langfristiger Auftragsfertigung. Im Rahmen dessen kommt es zu einer Umgliederung der Forderungen aus schon nach IFRS realisierten Teilleistungen aus dem Vorratsvermögen in die sonstigen Forderungen und Vermögenswerte, die in der Überleitung des Eigenkapitals zum 1. Januar 2004 als Verminderung des Eigenkapitals dargestellt ist.

6. Forderungen aus Lieferungen und Leistungen
Die Änderung des Eigenkapitals durch die Anpassung zwischen IFRS und HGB resultieren aus der Auflösung von nach HGB gebildeten und nach IFRS nicht zugelassenen pauschalen Wertberichtigungen sowie aus der Erfassung von unrealisierten Gewinnen aus der Umrechnung von Fremdwährungsforderungen. Nach HGB werden unrealisierte Fremdwährungsgewinne nicht im Konzernabschluss ausgewiesen. Zusätzlich sind nach IFRS Umgliederungen vorgenommen worden.

7. Sonstige Forderungen und Vermögenswerte
Aus der Anwendung der Percentage-of-Completion-Methode für die Umsatzrealisierung im Bereich der langfristigen Auftragsfertigung ergibt sich eine Erhöhung der Forderungen und damit des Eigenkapitals. Dies ist in Verbindung mit den Minderungen bei den Vorräten zu betrachten.

8. Finanzielle Vermögenswerte
Die Differenz zwischen HGB und IFRS resultiert vor allem aus der »fair value«-Bewertung derivativer Finanzinstrumente gemäß IAS 39. Derivative Finanzinstrumente werden gemäß IFRS mit ihrem Zeitwert bilanziert, auch wenn dieser die Anschaffungskosten übersteigt. Die vorliegenden Veränderungen kommen zum größten Teil aus den Zeitwerten der Währungssicherungsgeschäfte. Beim Cash-Flow-Hedge wird der effektive Teil des derivativen Finanzinstruments bis zur Erfassung des Ergebnis-

ses erfolgsneutral im Eigenkapital erfasst. Die Ergebnisse aus der Abrechnung dieser Kontrakte werden mit ihrer Fälligkeit erfolgswirksam.

9. Pensionsverpflichtungen

Die Abweichungen ergeben sich aus der unterschiedlichen Berechnung der Pensionsrückstellungen nach HGB und IFRS. Unter Anwendung von IAS 19 werden Pensionsrückstellungen nach dem Anwartschaftsbarwertverfahren für leistungsorientierte Versorgungspläne unter Berücksichtigung zukünftiger Gehalts- und Rentensteigerungen ermittelt. Die vorliegenden Veränderungen wurden durch Gutachten ermittelt und stammen zum weitaus überwiegenden Teil aus der Gesellschaft.

10. Finanzielle Verbindlichkeiten

Derivative Finanzinstrumente werden gemäß IFRS mit ihrem Zeitwert bilanziert und werden erfolgswirksam erfasst. Eine Saldierung der Positionen mit den Finanziellen Vermögenswerten ist nicht zulässig, so dass der gesplittete Ausweis im Wesentlichen für unrealisierte Verpflichtungen aus IAS 39 für Zins-Swap-Geschäfte hier erfolgt.

11. Sonstige Rückstellungen/Verbindlichkeiten

Rückstellungen

Nach IFRS ist die Passivierung von Rückstellungen an die strengen Regelungen von IAS 37 in Hinblick auf die Wahrscheinlichkeit der Inanspruchnahme geknüpft, so dass nach IFRS bestimmte Rückstellungen nicht passiviert werden, insbesondere Pauschalwertrückstellungen oder steuerlich zulässige Rückstellungen. Die Bewertungsunterschiede bei den Rückstellungen zwischen IFRS und HGB führen zu einer Erhöhung des Eigenkapitals.

Verbindlichkeiten

Nach IAS 17 wurden Leasingverträge aufgrund von Günstigkeitsklauseln als so genannte »finance leasing«-Verträge klassifiziert. Bei solchen Leasingverhältnissen, die bisher nach HGB als so genannte »operating leasing« beim Leasingnehmer nicht bilanziert worden sind, jedoch gemäß IAS 17 als Finanzierungsleasing zu qualifizieren sind, erfolgt eine Passivierung der Leasingverbindlichkeiten in Höhe des Barwerts der künftigen Leasingzahlungen. Leasingzahlungen, die innerhalb eines Jahres fällig sind, werden unter den kurzfristigen Verbindlichkeiten ausgewiesen. Zusätzlich sind nach IFRS Umgliederungen vorgenommen worden.

Im Rahmen der Bewertung von in Fremdwährung aufgenommenen Finanzverbindlichkeiten sind nach IFRS im Unterschied zu HGB auch unrealisierte Währungsgewinne zu erfassen, die den Buchwert der Verbindlichkeiten mindern und das Eigenkapital somit erhöhen.

Überleitung Periodenergebnis 2004

	Konzernüberschuss TEUR
Periode 2004 HGB	**20.568**
Veränderungspositionen	
Umsatzeffekte (1)	235
Effekte Vorratsvermögen (2)	-1.241
Effekte Personalkosten (3)	2.164
Effekte Abschreibungen (4)	75
Effekte Zinsergebnis (5)	-1.866
Steuereffekte (6)	1.439
Sonstige Effekte (7)	-86
Periode 2004 IFRS	**21.288**

Anmerkungen

1. Umsatzeffekte resultieren im Wesentlichen aus den Bewertungseffekten der PoC-Methode nach IAS 11.
2. Die Effekte Vorratsvermögen ergeben sich durch unterschiedliche Ausweis- und Bewertungsansätze von HGB und IFRS.
3. Die Personalkosten reduzieren sich im Wesentlichen durch die Veränderung des Ausweises der Zuführungen (Zinskomponente) zu den Pensionsrückstellungen.
4. Die Effekte bei den Abschreibungen sind durch das stringentere Nutzungsdauerkonzept und die Veränderungen der Abschreibung bei den Immateriellen Vermögenswerten entstanden (zum Beispiel Aussetzung der Goodwillabschreibung).
5. Die Änderung im Finanzergebnis sind durch den Zinsanteil der Pensionsrückstellungszuführung und die unterschiedliche Bewertung von Zins-Swaps nach IAS 39 und Leasing nach IAS 17 entstanden.
6. Die Steuereffekte ergeben sich aus der unterschiedlichen Berechnung der latenten Steuern nach IAS 12.
7. Die sonstigen Effekte betreffen unter anderem die unterschiedlichen Bilanzierungsvorschriften bezüglich derivativer Finanzinstrumente, Währungsumrechnung und Leasing sowie Rückstellungen.

Erläuterungen der wesentlichen Anpassungen der Kapitalflussrechnung zum 31. Dezember 2004

Im Geschäftsjahr 2004 erhaltene Zinsen werden nach IFRS als Cash-Flows aus der Investitionstätigkeit klassifiziert, nach den vorherigen Rechnungslegungsgrundsätzen erfolgte die Erfassung in unter dem operativen Cash-Flow enthaltenen Positionen. Die gezahlten Zinsen werden dahingegen als Finanzierungs-Cash-Flows erfasst.

INDUS Holding Aktiengesellschaft

(Auszug aus Geschäftsbericht 2005, S. 68-72)

Erläuterungen zur Umstellung der Rechnungslegung auf IFRS

Entsprechend Artikel 4 der EG-Verordnung Nr. 1606/2002 ist die INDUS Holding AG dazu verpflichtet, für das Geschäftsjahr 2005 erstmals einen Konzernabschluss nach den International Financial Reporting Standards zu erstellen. Der Abschluss für das Geschäftsjahr 2005 umfasst auch die Vergleichszahlen für das Jahr 2004. Die Eröffnungsbilanz des Jahres 2004 ist nicht zu veröffentlichen.

Mit dem Zeitpunkt des Übergangs auf die Bilanzierung nach IFRS werden sämtliche IFRS-Standards vollständig angewendet, unter Berücksichtigung der Besonderheiten des IFRS 1 (Erstmalige Anwendung der International Financial Reporting Standards). Nach diesem Standard muss INDUS alle IFRS-Standards, die zum 31. Dezember 2005 in Kraft sind, in der aktuellen Fassung vollständig retrospektiv anwenden. Von diesem Grundsatz gibt es Ausnahmen in Form von Vereinfachungen und Verboten. Die Vereinfachungen liegen in Form von Wahlrechten vor:

Unternehmenszusammenschlüsse: Die Vereinfachungen des IFRS 1 zu diesem Themengebiet wurden **nicht** in Anspruch genommen. Da der Erwerb von Beteiligungen das Kerngeschäft der INDUS ist, ermöglicht nur die vollständig retrospektive Anwendung des IFRS 3 die bestmögliche Aussagefähigkeit des IFRS-Abschlusses. Dazu wurde die Erstkonsolidierung nach IFRS 3 für alle Gesellschaften seit Gründung der INDUS Holding AG im Jahre 1990 vollständig aufgearbeitet. Die Standards IAS 36 (Wertminderung von Vermögenswerten) und IAS 38 (Immaterielle Vermögenswerte) werden gleichzeitig angewendet.

Der besonderen Bedeutung des Goodwills wird im INDUS-Abschluss durch eine eigene Berichtszeile sowohl in Bilanz als auch im Anlagenspiegel Rechnung getragen.

Ersatzbewertung von Sachanlagevermögen: Die Vereinfachungen in Form von Neubewertung des Sachanlagevermögens zu Zeitwerten oder Indizierung von Anschaffungs- und Herstellungskosten wurden nicht in Anspruch genommen. Vielmehr wurden mit dem Zeitpunkt des Übergangs von HGB nach IFRS alle Sachanlagen auf Konsistenz zu den Wertansätzen nach IFRS geprüft und bei wesentlichen Abweichungen Anpassungen auf diesen Wertansatz vorgenommen.

Leistungen an Arbeitnehmer: INDUS wendet bei der Bewertung von Pensionen den »Korridor-Ansatz« an. Die Vereinfachungsregelung des IFRS 1 sieht vor, auf eine vollständig retrograde Bewertung der Pensionspläne zu verzichten und die versicherungsmathematischen Gewinne und Verluste zum Zeitpunkt des Übergangs auf IFRS im Eigenkapital zu erfassen. INDUS hat von diesem Wahlrecht Gebrauch gemacht, da eine Ermittlung der erforderlichen Informationen nicht mit vertretbarem Aufwand durchführbar ist und die möglichen Auswirkungen auf den Konzernabschluss nachrangig sind.

Kumulierte Währungsumrechnungsdifferenzen: Nach IAS 21 sind die Abschlüsse von Tochtergesellschaften, deren funktionale Währung nicht auf Euro lautet, differenziert umzurechnen und entstehende Umrechnungsdifferenzen im Eigenkapital fortzuführen. Die Vereinfachung des IFRS 1 sieht vor, dass auf eine rückwirkende Ermittlung dieser Differenzen verzichtet werden kann und zum Zeitpunkt des Übergangs auf IFRS diese Differenzen mit null angesetzt werden. INDUS hat dieses Wahlrecht in Anspruch genommen, da eine Ermittlung der erforderlichen Informationen nicht mit vertretbarem Aufwand durchführbar ist und die möglichen Auswirkungen auf den Konzernabschluss nachrangig sind.

Anteilsbasierte Vergütungen: Vergütungen auf Eigenkapitalbasis existieren bei INDUS nicht, die entsprechenden Vereinfachungen sind nicht relevant.

Finanzinstrumente: Zusammengesetzte Finanzinstrumente mit getrennter Schuld- und Eigenkapitalkomponente existieren bei INDUS nicht. Die Einstufung anderer Finanzinstrumente erfolgt mit dem Übergang auf IFRS entsprechend den Voraussetzungen von IAS 32 und IAS 39. Die Vereinfachungsregelungen zu Finanzinstrumenten wurden insofern nicht genutzt.

Überleitung Eigenkapital HGB nach IFRS

TEUR	1.1.2004	31.12.2004
Eigenkapital nach HGB	124.545	124.264
Mehrwerte aus Erstkonsolidierung	81.020	101.337
Anpassungen Abschreibungen	2.577	2.391
Langfristige Fertigungsaufträge	1.306	1.366
Immaterielle Wirtschaftsgüter	540	2.103
Zeitwert Bewertung von Wertpapieren	-917	-
Rückstellungen Pensionen	-1.562	-1.451
Leasingverbindlichkeiten	-3.815	-2.566
Marktwerte Finanzderivate	-5.925	-10.063
Latente Steuern	-8.588	-10.839
Abgänge Konsolidierungskreis		-12.609
Sonstige Anpassungen	-1.217	-1.122
Unterschiedsbetrag IFRS – HGB	**63.419**	**68.547**
Eigenkapital nach IFRS	**187.964**	**192.811**

Überleitung Periodenergebnis HGB nach IFRS 2004

TEUR

Jahresüberschuss HGB: Geschäftsjahr 2004		24.344
Abschreibungen Mehrwerte aus Erstkonsolidierung		
– verarbeitet im HGB-Abschluss	34.211	
– verarbeitet im IFRS-Abschluss	13.894	
Mehrergebnis IFRS	**20.317**	
Immaterielle Wirtschaftsgüter	1.563	
Leasing	1.249	
Zeitwert Bewertung von Wertpapieren	917	
Rückstellung Pensionen	111	
Langfristige Fertigungsaufträge	60	
Anpassungen Abschreibungen	-186	
Mehrergebnis IFRS	**3.714**	
Latente Steuern	-3.196	
Abgänge Konsolidierungskreis	-12.609	
Sonstige	-211	
Jahresüberschuss IFRS: Geschäftsjahr 2004		32.359

Erläuterung der Überleitung

Das nach IFRS im Vergleich zum HGB verbesserte Eigenkapital und Ergebnis resultiert aus einer Vielzahl an Einzelpositionen. Die bedeutendsten Auswirkungen resultieren aus der Bilanzierung von Goodwill und latenten Steuern.

Während im HGB-Abschluss der Goodwill planmäßig über 15 Jahre abgeschrieben wird und außerplanmäßige Abschreibungen die Ausnahme darstellen, wird der **Goodwill** aus der erstmaligen Kaufpreisallokation nach IFRS nicht mehr planmäßig abgeschrieben, sondern im Rahmen eines Impairment-Tests periodisch auf Werthaltigkeit geprüft. Für den Fall, daß eine Imparität von Nutzungswert und Bilanzansatz festgestellt wird, wird eine außerplanmäßige Abschreibung vorgenommen. In der Eröffnungsbilanz sind Wertminderungen, die aus der retrospektiven Anwendung des IAS 36 resultieren, in Höhe von 28,9 Mio. AUR als kumulierte Abschreibungen ausgewiesen.

Das Geschäftsmodell der INDUS Holding AG wird durch diese Bilanzierungsschrift im Konzernabschluss besser abgebildet als nach HGB, da der das erworbene Eigenkapital übersteigende Teil der Kaufpreise nicht mehr vollständig abgeschrieben werden muss. Bei Fortführung des Geschäftsmodells wird dieser Ergebniseffekt voraussichtlich dauerhaft sein.

Latente Steuern werden nach IFRS auf alle temporären Unterschiede zwischen den steuerlichen Wertansätzen und den Wertansätzen der Konzernbilanz auf Basis des zukünftig geltenden Steuersatzes berechnet. Nach den deutschen Rechnungslegungsvorschriften erfolgte die Berechnung nur für zeitlich begrenzte Differenzen auf Basis des aktuellen Steuersatzes. Nach HGB müssen passive latente Steuern angesetzt werden sowie aktive latente Steuern auf Konsolidierungsvorgänge. Die Aktivierung der übrigen latenten Steuern kann per Wahlrecht, von dem INDUS keinen Gebrauch gemacht hat, vorgenommen werden. Für quasipermanente Unterschiede zwischen den steuerlichen Wertansätzen und denen nach HGB, die sich erst über einen sehr langen Zeitraum durch Verkauf oder Liquidation auflösen, dürfen nach HGB keine latenten Steuern bilanziert werden.

Quasipermanente Unterschiede entstehen bei Personengesellschaften, wenn ein Goodwill über 15 Jahre abgeschrieben wird. Auf den abweichenden Wertansatz nach IFRS müssen latente Steuern berechnet werden, bis die Gesellschaft den Konsolidierungspreis verlässt. Dieser Effekt wirkt gegenläufig zum Mehrkapital und Mehrergebnis aus der nach HGB abweichenden Bilanzierung des Goodwills.

Nach deutschem Bilanzrecht wurden keine aktiven latenten Steuern auf mit hinreichender Wahrscheinlichkeit realisierbare Verlustvorträge gebildet, während dies in den IFRS-Abschlüssen verpflichtend ist.

Für selbst erstellte **immaterielle Wirtschaftsgüter** gilt nach HGB ein Aktivierungsverbot. Nach IFRS besteht unter bestimmten Voraussetzungen Aktivierungspflicht. Dies führt im Vergleich von IFRS und HGB zunächst zu höheren Wertansätzen nach IFRS. Das **Sachanlagevermögen** ist nach HGB teilweise durch steuerlich motivierte Abschreibungen vermindert. Wenn diese Ansätze nach IFRS nicht akzeptabel sind, werden IFRS-adäquate Wertansätze bilanziert, die grundsätzlich über denen nach HGB liegen. Mit Ausnahme des Goodwills führen höhere Wertansätze im Anlagevermögen in der Folge zu einer Ergebnisbelastung durch höhere Abschreibungen.

Die Klassifizierung der **Leasing**verträge im HGB-Abschluss entspricht grundsätzlich der steuerrechtlichen Zuordnung. Die Klassifizierung von Leasingverträgen nach IFRS richtet sich nach der wirtschaftlichen Substanz, die Definition des Operating Leasing ist enger gefasst. Wesentliche Auswirkungen in der Umstellung auf die Bilanzierung nach IFRS ergeben sich aus der Ergebnisabgrenzung bei Sale-and-Leaseback-Transaktionen, wenn der Verkaufserlös über dem Zeitwert liegt bzw. dieser nicht verlässlich schätzbar ist.

Das Ergebnis von langfristigen **Fertigungsaufträgen** wird proportional zum Leistungsfortschritt bilanziert. Dies widerspricht dem Realisationsprinzip des HGB. Durch den Bestand an diesen Aufträgen zum Stichtag der Eröffnungsbilanz erhöht sich das Kapital nach IFRS.

Die Berechnung von **Pensionsrückstellungen** nach IFRS unterscheidet sich vom HGB im Wesentlichen durch die Annahme von zukünftigen Wachstumsparametern, die grundsätzlich zu einer Erhöhung der Pensionsrückstellungen führen, sowie durch die stichtagsabhängige Wahl des Abzinsungssatzes. Insbesondere aus Zinsänderungen resultieren Schwankungen des Wertansatzes, die innerhalb eines definierten »Korridors« außerhalb der Bilanz fortentwickelt werden.

Wertpapiere, die nach HGB dem Anlagevermögen zugerechnet sind, werden maximal mit ihren Anschaffungskosten bewertet, Wertminderungen werden nur berücksichtigt, wenn diese voraussichtlich dauerhaft sind. Nach IFRS ist eine Bewertung zum Zeitwert zwingend, je nach Sachverhalt ergebniswirksam oder ergebnisneutral durch Fortentwicklung im Eigenkapital. Spezielle Wertpapiere mit einem HGB Buchwert von 10.140 TEUR, für die ein Börsen- oder Marktwert verlässlich ermittelt werden kann, sind in der IFRS Eröffnungsbilanz als »erfolgswirksam zum Zeitwert bewertet« designiert.

Die Änderung von Zeitwerten der **Derivate**, die Sicherungszwecken dienen, werden ergebnisneutral im Eigenkapital fortentwickelt. In der Eröffnungsbilanz mindern die negativen Marktwerte der Zinsswaps das Eigenkapital. Relevante Auswirkungen auf die Gewinn- und Verlustrechnung ergeben sich, wenn die Effizienz der Sicherung nicht mehr besteht. Dies war im Zeitraum der Eröffnungsbilanz bis zum Bilanzstichtag des aktuellen Berichtsjahrs nicht festzustellen.

Die **Abgänge aus dem Konsolidierungskreis** verursachen unterschiedliche Ergebniseffekte in den verschiedenen Rechnungslegungskreisen augrund unterschiedlicher Restbuchwerte. Das Minderergebnis in der Überleitung nach IFRS resultiert im Wesentlichen aus Abgang von Goodwill, der im Vergleichabschluss nach HGB bereits abgeschrieben war. Bei der Berechnung der darauf latenten Steuer ist zu berücksichtigen, dass der Wertansatz steuerlich wiederum von dem nach HGB abweichen kann.

Die **sonstigen Anpassungen** enthalten im Wesentlichen Effekte aus der Veränderung des Konsolidierungskreises beim Übergang von HGB nach IFRS. In der Überleitung des Eigenkapitals sind zusätzlich Effekte aus der Währungsumrechnung zu berücksichtigen.

K + S Aktiengesellschaft

(Auszug aus Geschäftsbericht 2005, S. 90-92)

Angaben zur erstmaligen Anwendung von IFRS

Überleitung des Periodenergebnisses zum 31. Dezember 2004 (in T€)

Periodenergebnis nach HGB zum 31. Dezember 2004	140.541
Umsatzbewertung	-42.585
Währungsergebnis	38.258
Aktivierung Strecken und Grubenbaue	4.520
Aktivierung Entwicklungskosten	1.248
Abschreibungen	-12.315
Auflösung passiver Unterschiedsbetrag	-14.025
Veränderungen Rückstellungen	23.573
Marktwertveränderung Derivate	-26.445
Zinsaufwand für langfristige Rückstellungen	-13.493
Latente Steuern	-13.625
Sonstiges	1.149
Periodenergebnis nach IFRS zum 31. Dezember 2004	**86.801**

Die Anwendung von IFRS hat im Vergleich zu den Regeln des deutschen Handelsrechts (HGB) folgende wesentliche Auswirkungen auf das Periodenergebnis des Jahres 2004:
- Die Umsatzerlöse fallen niedriger aus, weil US-Dollarumsätze nicht mehr zu günstigeren Sicherungskursen, sondern zu Kassakursen bewertet werden,
- das in den sonstigen betrieblichen Erträgen und Aufwendungen enthaltene Währungsergebnis fällt höher aus, weil hier der Erfolg aus Kurssicherungsgeschäften in voller Höhe enthalten ist (und nicht mehr im Umsatz),
- die weitergehenden Aktivierungspflichten, zum Beispiel für Strecken und Grubenbaue sowie für Entwicklungskosten, wirken Ergebnis erhöhend,
- durch die rückwirkende Erhöhung der Buchwerte des Anlagevermögens (längere Abschreibungsdauern, erweiterte Aktivierungen) fallen die Abschreibungen höher aus,
- die nach HGB vorgenommene planmäßige Auflösung eines passiven Unterschiedsbetrags entfällt,
- durch unterschiedliche Ansatz- und Bewertungsregeln für Rückstellungen fällt das IFRS-Ergebnis höher aus; dies wird teilweise durch den Zinsaufwand kompensiert, der aus der Bewertung bergbaulicher Rückstellungen zum Barwert resultiert,

- die ergebniswirksame Behandlung von Marktwertveränderungen derivativer Finanzinstrumente führt zu einem niedrigeren Periodenergebnis,
- durch den umfassenden Ansatz latenter Steuern, insbesondere für den Verbrauch steuerlicher Verlustvorträge, fällt das Periodenergebnis niedriger aus.

Überleitung des Eigenkapitals zum 1. Januar 2004 (in T€)

Eigenkapital nach HGB zum 1. Januar 2004	555.403
Sachanlagen	128.317
Immaterielle Vermögenswerte	-294
Forderungen/Verbindlichkeiten/Zahlungsmittel	-24.716
Marktwerte Derivate	27.703
Wertpapiere	15.430
Aktive latente Steuern	106.116
Unterschiedsbeträge aus der Kapitalkonsolidierung	29.472
Rückstellungen	-2.787
– davon bergbauliche Verpflichtungen	1.604
– davon Pensionsrückstellungen	-42.835
Passive latente Steuern	4.397
Sonstige Anpassungen	-3.707
Eigenkapital nach IFRS zum 1. Januar 2004	**835.334**

Überleitung des Eigenkapitals zum 31. Dezember 2004 (in T€)

Eigenkapital nach HGB zum 31. Januar 2004	601.397
Sachanlagen	130.016
Immaterielle Vermögenswerte	-217
Forderungen/Verbindlichkeiten/Zahlungsmittel	-29.045
Marktwerte Derivate	1.257
Wertpapiere	17.203
Aktive latente Steuern	93.207
Unterschiedsbeträge aus der Kapitalkonsolidierung	62.300
Rückstellungen	6.100
– davon bergbauliche Verpflichtungen	40.069
– davon Pensionsrückstellungen	-43.440
Passive latente Steuern	9.988
Sonstige Anpassungen	-11.604
Eigenkapital nach IFRS zum 31. Dezember 2004	**880.602**

Das Eigenkapital ist in der IFRS-Bilanz zum 1. Januar und zum 31. Dezember 2004 deutlich höher als nach HGB. Die wesentlichen Ursachen für die Veränderungen sind:

- Die Buchwerte der Sachanlagen sind durch rückwirkende Anpassung von Nutzungsdauern und weitergehende Aktivierungen höher anzusetzen,
- Forderungen und flüssige Mittel sind niedriger zu bewerten, da US-Dollarpositionen nicht mehr zu Sicherungskursen, sondern zu Stichtagskursen umzurechnen sind,
- die Buchwerte von Wertpapieren und Derivaten sind zu Marktwerten anzusetzen,
- eine umfassende Aktivierung latenter Steuern, insbesondere für steuerliche Verlustvorträge,
- der in der HGB-Bilanz ausgewiesene passive Unterschiedsbetrag aus der Kapitalkonsolidierung ist in das Eigenkapital umgegliedert,
- Pensionsrückstellungen werden nach dem Anwartschaftsbarwertverfahren unter Verwendung eines niedrigeren Rechnungszinses berechnet und führen zu einer Reduzierung des Eigenkapitals,
- langfristige Rückstellungen werden mit dem Barwert angesetzt.

Überleitung der Cashflows zum 31. Dezember 2004 (in T€)

Brutto-Cashflow nach HGB zum 31. Dezember 2004	268.944
Operatives Ergebnis (EBIT I)	-6.047
Abschreibungen/Zuschreibungen	11.451
Auflösung passiver Unterschiedsbeträge	14.025
Zunahme/Abnahme langfristiger Rückstellungen	-20.368
Finanzergebnis (zahlungswirksam)	3.397
Sonstiges	2.726
Brutto-Cashflow nach IFRS zum 31. Dezember 2004	**274.128**
Cashflow aus laufender Geschäftstätigkeit nach HGB zum 31. Dezember 2004	196.661
Brutto-Cashflow	5.184
Veränderung Forderungen und sonstige Vermögenswerte	-7.678
Veränderung kurzfristiger Rückstellungen und Verbindlichkeiten aus laufender Geschäftstätigkeit	7.994
Sonstiges	-422
Cashflow aus laufender Geschäftstätigkeit nach IFRS zum 31. Dezember 2004	**201.739**
Cashflow aus Investitionstätigkeit nach HGB zum 31. Dezember 2004	-217.135
Auszahlungen für immaterielles Vermögen	-926
Auszahlungen für Sachanlagevermögen	-6.747
Sonstiges	213
Cashflow aus Investitionstätigkeit nach IFRS zum 31. Dezember 2004	**-224.595**
Cashflow aus Finanzierungstätigkeit nach HGB zum 31. Dezember 2004	-42.500
Aufnahme/Tilgung von Darlehen	2.771
Cashflow aus Finanzierungstätigkeit nach IFRS zum 31. Dezember 2004	**-39.729**

Die Abweichungen des Brutto-Cashflows und des Cashflows aus laufender Geschäftstätigkeit haben folgende wesentliche Ursachen:
- Abweichende Periodenzuordnungen operativer Ergebnisbestandteile, insbesondere aus der Kurssicherung, wirken sich auf die Cashflows aus,
- durch die Einbeziehung von Spezialfonds ist der Betrag des Finanzergebnisses zu den Cashflows höher.

Der Cashflow aus Investitionstätigkeit ist im Wesentlichen wegen des erweiterten Aktivierungsumfangs nach IFRS höher. Außerdem beinhaltet der Cashflow aus Investitionstätigkeit Käufe und Verkäufe von Wertpapieren, die nach HGB im Finanzmittelfonds enthalten waren. Der Cashflow aus Finanzierungstätigkeit weicht aufgrund einer geänderten Zuordnung von Darlehensverbindlichkeiten zum Finanzmittelfonds vom HG-Wert ab.

Klöckner-Werke AG

(Auszug aus Geschäftsbericht 2005, S. 64-70)

Erstmalige Anwendung der IFRS

Mit Wirkung zum 1. Januar 2004 hat die Kölckner-Werke AG für ihre Konzernrechnungslegung erstmals die IFRS angewendet. Die erstmalige Anwendung der Vorschriften des IASB erfolgt unter Berücksichtigung des IFRS 1. Vereinfachungsmöglichkeiten des IFRS 1 in Bezug auf die retrospektive Anwendung wurden für die Vorschriften zu Unternehmenszusammenschlüssen (IFRS 3) und für die Behandlung der kumulierten Umrechnungsdifferenzen (IAS 21) in Anspruch genommen. Die Geschäfts- und Firmenwerte werden danach mit ihren handelsrechtlichen Werten zum 1. Januar 2004 angesetzt. Die kumulierten Umrechnungsdifferenzen für alle ausländischen Geschäftsbetriebe werden zum 1. Januar 2004 mit dem Wert null angesetzt.

Die nachfolgenden Überleitungsrechnungen für die Konzernbilanz zum 31. Dezember 2004 und die Konzern-Gewinn- und Verlustrechnung für das Geschäftsjahr 2004 zeigen alle Veränderungen an, die sich aus den unterschiedlichen Rechnungslegungsvorschriften ergeben. Wesentliche Sachverhalte werden im Anschluss erläutert.

KLÖCKNER-WERKE-KONZERNBILANZ ÜBERLEITUNGSRECHNUNG 2004

AKTIVA

in TEUR	HGB 31.12. 2004	Umgliederung von HGB	Anpassung nach IFRS	IFRS 31.12. 2004	
Anlagevermögen					**Langfristige Vermögenswerte**
Immaterielle Vermögensgegenstände	29.190		2.628	31.818	Immaterielle Vermögenswerte
Sachanlagen	118.635	-18.542	3.803	103.896	Sachanlagen
				18.542	Als Finanzinvestition gehaltene Immobilien
Finanzanlagen	34.068	-22.392	3.012	14.688	Finanzielle Vermögenswerte
		114		114	Sonstige Vermögenswerte
		5.309		5.309	Ertragsteuererstattungsansprüche
			27.873	27.373	Latente Steueransprüche
	181.893	-16.969	37.316	202.240	
Umlaufvermögen					**Kurzfristige Vermögenswerte**
Vorräte	141.142		5.410	146.552	Vorratsvermögen
Forderungen aus Lieferungen und Leistungen	183.889	7.094	19.157	210.140	Forderungen aus Lieferungen u. Leistungen u. sonstige Forderungen
Übrige Forderungen und sonstige Vermögensgegenstände	201.135	-201.135			
Wertpapiere	230.889	189.816	2.081	422.786	Finanzielle Vermögenswerte
		28.691	-4.693	23.998	Sonst. Vermögenswerte
		841		841	Ertragsteuererstattungsansprüche
Liquide Mittel	97.016		0	97.016	Zahlungsmittel u. Zahlungsmitteläquivalente
	854.071	25.307	21.955	901.334	
Rechnungsabgrenzungsposten	8.338	-8.338			
	1.044.302		9.271	1.103.574	

PASSIVA

in TEUR	HGB 31.12. 2004	Umgliederung von HGB	Anpassung nach IFRS	IFRS 31.12. 2004	
Eigenkapital					**Eigenkapital**
					Den Aktionären der Klöckner-Werke AG zurechenbarer Anteil am Eigenkapital
Gezeichnetes Kapital	234.470			234.570	Gezeichnetes Kapital
Kapitalrücklagen	78.794	371.971	-648	450.117	Rücklagen
Gewinnrücklagen	317.413	-317.413			
Konzerngewinn	54.558	-54.558			
Anteile anderer Gesellschafter am Eigenkapital	1.195		128	1.323	Minderheitenanteile
	686.530	0	-520	686.010	
					Schulden
					Langfristige Schulden
Rückstellungen		134.466	37.949	172.415	Rückstellungen
Rückstellungen für Pensionen	129.325	-129.325			
Andere Rückstellungen	95.066	-95.066			
	224.391				
Verbindlichkeiten		19.919	3.920	21.839	Finanzverbindlichkeiten
Verbindlichkeiten gegenüber Kreditinstituten	24.621	-24.621			
Verbindlichkeiten aus Lieferungen und Leistungen	84.033	-84.033			
Übrige Verbindlichkeiten	24.727	-24.727			
		1.279		1.279	Sonstige Verbindlichkeiten
			370	370	Latente Steuerverbindlichkeiten
		1.202		1.202	Ertragsteuerschulden
	133.381			197.105	
					Kurzfristige Schulden
		52.683	168	52.851	Rückstellungen
		12.275	-842	11.434	Finanzverbindlichkeiten
		107.765	7.446	115.211	Verbindlichkeiten aus Lieferungen und Leistungen
		217	0	217	Ertragsteuerschulden
		29.966	10.780	40.746	Sonstige Verbindlichkeiten
				220.459	
	1.044.302		59.272	1.103.574	

in TEUR	HGB 1.1. bis 31.12. 2004	Umgliederung von HGB	Anpassung nach IFRS	IFRS 1.1. bis 31.12. 2004	
Umsatzerlöse	786.930		8.759	795.689	Umsatzerlöse
Erhöhung/Verminderung (-) des Bestandes	41.418		-16.644	24.774	Bestandsveränderungen und aktivierte Eigenleistungen
Sonstige betriebliche Erträge	76.308	-13.558		62.750	Sonstige betriebliche Erträge
Materialaufwand	-460.271		1.829	-458.442	Materialaufwand
Personalaufwand	-236.629		9.533	-227.096	Personalaufwand
Abschreibungen auf immaterielle Vermögensgegenstände des Anlagevermögens u. Sachanlagen	-20.012	20.012			
Sonstige betriebliche Aufwendungen	-146.098	1.316	-14.885	-159.667	Sonstige betriebliche Aufwendungen
Beteiligungsergebnis	764		367	2.231	Sonstiges Beteiligungsergebnis
Zinsergebnis	9.991	-9.991			
				40.239	Ergebnis vor Zinsen, Steuern und Abschreibungen (EBITDA)
		-16.357		-16.357	Abschreibungen
				23.882	Ergebnis vor Zinsen und Steuern (EBIT)
		17.364	-6.487	10.877	Zinsergebnis
Ergebnis der gewöhnlichen Geschäftstätigkeit	52.401			34.759	Ergebnis vor Steuern (EBT)
Außerordentliches Ergebnis	-114				
Steuern vom Einkommen und vom Ertrag	-3.728		3.186	-542	Ertragsteuern inklusive latenter Steuern
Konzern-Jahresüberschuss	48.559		-14.342	34.217	Konzern-Jahresüberschuss

Die grundlegenden Veränderungen zum HGB-Konzernabschluss ergeben sich im Wesentlichen aus der Anwendung der Percentage-of-Completion-Method nach IAS 11, durch den Ausweis von latenten Steuern entsprechend IAS 12 sowie aus der Unterteilung in kurz- und langfristige Vermögenswerte bzw. Schulden.

Die Geschäfts- und Firmenwerte werden nach IFRS 3 im Gegensatz zum handelsrechtlichen Abschluss nicht mehr planmäßig abgeschrieben. Ihre Werthaltigkeit wird gemäß IAS 36 jährlich überprüft.

Die als Finanzinvestition gehaltenen Immobilien betreffen bebaute und unbebaute Grundstücke, die zur Erzielung von Mieteinnahmen oder zum Zwecke der Wertsteigerungen gehalten werden. Der Ausweis entsteht durch die Umgliederung aus den Sachanlagen.

Die finanziellen Vermögenswerte resultieren aus der Position Finanzanlagen, die in einen kurz- und langfristigen Teil aufgeteilt wurden. Während sich im Langfristbereich keine gravierenden Veränderungen ergaben, haben sich durch Umgliederungen von den »Übrigen Forderungen und sonstigen Vermögenswerten« und den »Wertpapieren« zu den finanziellen Vermögenswerten nach IFRS die wesentlichen Veränderungen ergeben. Das Verrechnungskonto der Klöckner-Werke AG gegenüber der WCM AG sowie die Forderung der Klöckner-Werke AG aus dem Wertpapieroptionsgeschäft betreffend RSE-Aktien mit der WCM AG wurde nach IFRS den finanziellen Vermögenswerten zugeordnet.

Die latenten Steueransprüche betreffen entsprechend IAS 12 aktive latente Steuern, die auf temporäre Differenzen zwischen den Werten der Konzernbilanz und der Steuerbilanz sowie auf steuerliche Verlustvorträge gebildet wurden.

Ausweisänderungen im Vorratsvermögen und in den Forderungen aus Lieferungen und Leistungen entstehen durch die kundenspezifische Auftragsfertigung. Nach IAS 11 werden die Auftragsumsätze und -ergebnisse jedes Auftrags entsprechend dem tatsächlichen Baufortschritt ermittelt (Percentage-of-Completion-Method). Der Baufortschritt wird aus dem Verhältnis zwischen den bislang angefallenen Auftragskosten und den geschätzten Gesamtkosten zum jeweiligen Stichtag errechnet. Die Bestände aus Auftragsfertigung mit aktivischem Saldo werden nach Abzug von erhaltenen Anzahlungen unter den Forderungen aus Lieferungen und Leistungen und sonstigen Forderungen ausgewiesen; dies führt zu einer Minderung des Vorratsvermögens.

Die sonstigen Vermögenswerte umfassen im Wesentlichen die Positionen aus den anderen kurzfristigen Vermögenswerten und die nach HGB separat ausgewiesenen aktiven Rechnungsabgrenzungsposten.

Die laufenden Ertragsteuererstattungsansprüche werden nach IFRS separat als eigene Position ausgewiesen.

Für die Ermittlung der Rückstellung für Pensionen und ähnliche Verpflichtungen findet das Anwartschaftsbarwertverfahren (Projected Unit Credit Method) nach IAS 19 Anwendung. Das Verfahren berücksichtigt auch künftige Gehalts- und Rentensteigerungen. Darüber hinaus werden im Vergleich zum HGB niedrigere Abzinsungssätze angewendet. Insgesamt ergibt sich zum 31. Dezember 2004 eine um rd. 33 Mio. EUR höhere Rückstellung.

Nach deutschen Rechnungslegungsvorschriften sind für ungewisse Verbindlichkeiten und drohende Verluste aus schwebenden Geschäften Rückstellungen zu bilden. Ferner sind Aufwandsrückstellungen zulässig. Nach IAS 37 (Provisions, Contingent Liabilities and Contingent Assets) dürfen Rückstellungen hingegen nur gebildet werden, wenn eine rechtliche oder faktische Außenverpflichtung besteht, die tatsächliche Inanspruchnahme wahrscheinlich (more likely than not) und eine zuverlässige Schätzung des Mittelabflusses möglich ist. Darüber hinaus wird der Bilanzausweis der sonstigen Rückstellungen dadurch gemindert, dass wesentliche Positionen als Verbindlichkeiten ausgewiesen werden. Im Vergleich zwischen den sonstigen Rückstellungen nach HGB und den Rückstellungen nach IFRS haben sich im Klöckner-Werke-Konzern, außer dem Ausweis der Rückstellungen in einem kurz- und einem langfristigen Bereich, keine wesentlichen Veränderungen ergeben.

Sowohl die laufenden Ertragsteuerschulden als auch die latenten Steuerverbindlichkeiten werden in der Konzernbilanz nach IFRS als separate Positionen ausgewiesen.

In der Gewinn- und Verlustrechnung für das Jahr 2004 wirkt sich vor allem der gesonderte Ausweis der Percentage-of-Completion-Method und deren Effekte, die latenten Steuern sowie eine Anpassungsbuchung in Höhe von -14,2 Mio. EUR bezüglich des RSE-Optionsgeschäftes aus.

Zusätzlich zum Ergebnis der gewöhnlichen Geschäftstätigkeit, das dem Ergebnis vor Steuern (EBT) entspricht, wird in der Gewinn- und Verlustrechnung nach IFRS ein Ergebnis vor Zinsen, Steuern und Abschreibungen (EBITDA) und ein Ergebnis vor Zinsen und Steuern (EBIT) ausgewiesen.

Die Erhöhung der Umsatzerlöse und die gleichzeitige Verminderung des Bestands resultiert aus der Anwendung der Percentage-of-Completion-Method für die kundenspezifische Auftragsfertigung.

Die Veränderungen bei den sonstigen betrieblichen Erträgen, Personalaufwand und Zinsergebnis resultierten aus Umgliederungen. Die bedeutendste Ergebniskorrektur im Geschäftsjahr 2004 stellt der zusätzlich eingebuchte Aufwand aus dem RSE-Optionsgeschäft dar. Entsprechend dem Jahresabschluss 2004 nach den handelsrechtlichen Vorschriften wurde für das vergangene Wirtschaftsjahr ein Ertrag aus dem Wertpapieroptionsgeschäft in Höhe von 24,9 Mio. EUR erstmals realisiert. Bei der Umstellung auf IFRS wurde im Eigenkapital zum 1. Januar 2004 bereits der anteilige Ergebniseffekt berücksichtigt. Daher wurde das Ergebnis nach IFRS entsprechend um 14,2 Mio. EUR korrigiert.

Aus den nach IFRS anzuwendenden Bilanzierungs- und Bewertungsmethoden ergeben sich folgende wesentliche Effekte auf das Konzern-Eigenkapital zu den Stichtagen 1. Januar 2004 und 31. Dezember 2004 und den Konzern-Jahresüberschuss für das Geschäftsjahr 2004:

ÜBERLEITUNGSRECHNUNG

in Mio. EUR	1.1.2004	31.12.2004
Eigenkapital nach HGB	641,5	686,5
Anpassungen aus der Marktbewertung von Wertpapieren	6,8	3,0
Anpassungen bei Finanzderivaten	0,3	0,2
Anwendung der Percentage-of-Completion-Method	11,9	4,3
Bewertung der Pensionsrückstellungen	-23,4	-29,1
Bewertung der anderen Rückstellungen/ Übrige Verbindlichkeiten	-3,0	-2,6
Latente Steuern	13,4	21,4
RSE-Optionsgeschäft	14,2	0,0
Planmäßige Abschreibungen von Firmenwerten	0,0	4,0
Übrige Veränderungen	1,6	-1,7
Eigenkapital nach IFRS	**663,3**	**686,0**

in Mio. EUR	
Konzern-Jahresüberschuss nach HGB	48,6
Anwendung der Percentage-of-Completion-Method	-7,6
Bewertung der Pensionsrückstellungen	0,5
Bewertung der anderen Rückstellungen	0,4
Latente Steuern	5,4
RSE-Optionsgeschäft	-14,2
Planmäßige Abschreibungen von Firmenwerten	4,0
Übrige Veränderungen	2,9
Konzern-Jahresüberschuss nach IFRS	**34,2**

Auswirkungen aus der IFRS-Umstellung auf die Konzern-Kapitalflussrechnung für das Geschäftsjahr 2004 ergeben sich wie folgt:

in TEUR	HGB 2004	IFRS 2004	Abweichung
Mittelzufluss aus laufender Geschäftstätigkeit	25.547	23.622	3.925
Mittelabfluss (-) aus Investitionstätigkeit	-10.905	-6.776	-4.129
Mittelzufluss aus Finanzierungstätigkeit	21.982	21.778	204
Zahlungswirksame Veränderung des Finanzmittelfonds	38.624	38.624	0
Wechselkursbedingte Änderungen des Finanzmittelfonds	-480	-480	0
Konsolidierungsbedingte Änderungen des Finanzmittelfonds	83	0	83
Finanzmittelfonds zu Beginn der Periode	58.789	58.872	-83
Finanzmittelfonds am Ende der Periode	**97.016**	**97.016**	**0**

Die erhaltenen Zinsen (4.129 TEUR) werden nach IFRS als Mittelzufluss aus der Investitionstätigkeit behandelt.

Abkürzungsverzeichnis

AAA	American Accounting Association
AAER	Accounting and Auditing Enforcement Releases
AAF	Accounting Advisory Forum
ABO	Accumulated Benefit Obligation
AcSB	Accounting Standards Board des Canadian Institute of Chartered Accountants
AcSEC	Accounting Standards Executive Committee
ADR(s)	American Depositary Receipt(s)
AG	Die Aktiengesellschaft
AIA	American Institute of Accountants
AICPA	American Institute of Certified Public Accountants
AIMR	Association for Investment Management and Research
APB	Accounting Principles Board
ARB	Accounting Research Bulletin
ARD	Accounting Research Division
ASR	Accounting Series Release
BB	Betriebs-Berater
BddW	Blick durch die Wirtschaft
BFuP	Betriebswirtschaftliche Forschung und Praxis
BIAC	Business and Industry Advising Committee
BilKoG	Bilanzkontrollgesetz
BilReG	Bilanzrechtsreformgesetz
CAP	Committee on Accounting Procedures
CIME	Committee on International Investment and Multinational Enterprises
CPA	Certified Public Accountant(s)
DB	Der Betrieb
DBW	Die Betriebswirtschaft
Diss.	Dissertation
DP	Discussion Paper
DRS	Deutsche Rechnungslegungsstandards
DRSC	Deutsches Rechnungslegungs Standards Committee e.V.
DSOP	Draft Statement of Principles
DSR	Deutscher Standardisierungsrat
DStR	Deutsches Steuerrecht
DSWR	Datenverarbeitung, Steuer, Wirtschaft, Recht
DTCI/UNCTAD	United Nations Division on Transnational Corporations and Investment
DVFA/SG	Deutsche Vereinigung für Finanzanalyse und Anlageberatung e.V./Schmalenbach-Gesellschaft – Deutsche Gesellschaft für Betriebswirtschaft e.V.
ED	Exposure Draft
EDGAR	Electronic Data Gathering Analysis and Retrieval System

EFRAG	European Financial Reporting Advisory Group
EGHGB	Einführungsgesetz zum Handelsgesetzbuch
EITF	Emerging Issues Task Force
EPS	Earnings per Share
EU	Europäische Union
EuGH	Europäischer Gerichtshof
EWGV	Vertrag zur Gründung der Europäischen Wirtschaftsgemeinschaft
F	Framework
FAF	Financial Accounting Foundation
FASAC	Financial Accounting Standards Advisory Council
FASB	Financial Accounting Standards Board
FAZ	Frankfurter Allgemeine Zeitung
FEE	Fédération des Experts Comptables Européens
FEI	Financial Executives Institute
Fifo	First in – first out
FIN	FASB Interpretation
FRR	Financial Reporting Releases
GAAP	Generally Accepted Accounting Principles
GEISAR	Group of Experts on International Standards of Accounting and Reporting
GoB	Grundsätze ordnungsmäßiger Buchführung
GuV	Gewinn- und Verlustrechnung
HFA	Hauptfachausschuß
HGB	Handelsgesetzbuch
i.V.m.	in Verbindung mit
IAFEI	International Association of Financial Executives Institutes
IAPC	International Auditing Practice Committee
IAS	International Accouting Standard(s)
IASB	International Accounting Standards Board
IASC	International Accouting Standards Committee
IASCF	International Accounting Standards Committee Foundation
IBA	International Bar Association
ICC	International Chamber of Commerce
ICCFAA	International Coordinating Committee of Financial Analysts' Associations
ICFTU	International Confederation of Free Trade Unions
IDW	Institut der Wirtschaftsprüfer in Deutschland e.V.
IFAC	International Federation of Accountants
IFRS	International Financial Reporting Standards
IOSCO	International Organization of Securities Commissions
IRZ	Zeitschrift für Internationale Rechnungslegung
ISA	International Standards on Auditing
ISAR	Intergovernmental Working Group of Experts on International Standards of Accounting and Reporting
IStR	Internationales Steuerrecht
IVSC	International Valuation Standards Committee
IWB	Internationale Wirtschafts-Briefe

Jg.	Jahrgang
JoA	Journal of Accountancy
KapCoRiLiG	Kapitalgesellschaften- und Co-Richtlinie-Gesetz
KapAEG	Kapitalaufnahmeerleichterungsgesetz
KonTraG	Gesetz zur Kontrolle und Transparenz im Unternehmensbereich
KoR	Kapitalmarktorientierte Rechnungslegung
Lifo	Last in – first out
MA	Institute of Managements Accountants
NAA	National Association of Accountants
NAFTA	North American Free Trade Association
NYSE	New York Stock Exchange
o.V.	ohne Verfasser
OECD	Organization for Economic Cooperation and Development
OTC	Over the Counter
PBO	Projected Benefit Obligation
PublG	Publizitätsgesetz
QIB	Qualified Institutional Buyer
RIW	Recht der Internationalen Wirtschaft
RP	Research Paper
RTA	Research and Technical Acitivities Staff
S.	Seite
SA	Securities Act
SAB	Staff Accounting Bulletins
SAS	Statement on Auditing Standards
SEA	Securities Exchange Act
SEC	Securities and Exchange Commission
Sec(s)	Section(s)
SFAC	Statement of Financial Accounting Concepts
SFAS	Statement of Financial Accounting Standards
SIA	Securities Industry Association
SIC	Standing Interpretations Committee
SOP	Statement of Position
StuB	Steuern und Bilanzen
TransPuG	Transparenz- und Publizitätsgesetz
TUAC	Trade Union Advising Committee
UN	United Nations
Vol.	Volume

WISU	Das Wirtschaftsstudium
WPg	Die Wirtschaftsprüfung
WPK	Wirtschaftsprüferkammer
ZfB	Zeitschrift für Betriebswirtschaft
ZfbF	Zeitschrift für betriebswirtschaftliche Forschung
ZGR	Zeitschrift für Unternehmens- und Gesellschaftsrecht
ZHR	Zeitschrift für das gesamte Handelsrecht und Wirtschaftsrecht

Literaturverzeichnis

Achleitner, Ann-Kristin: Die Normierung der Rechnungslegung. Eine vergleichende Untersuchung unterschiedlicher institutioneller Ausgestaltungen des nationalen und internationalen Standardsetzungsprozesses. Zürich 1995

Ackermann, Ulrich: Marktwertbilanzierung von Finanzinstrumenten nach US-GAAP/IAS – Auswirkungen auf Managementscheidungen. Frankfurt am Main u.a. 2001

Adler/Düring/Schmaltz: Rechnungslegung und Prüfung der Unternehmen. Kommentar. 5. Aufl., 10 Teillieferungen. Stuttgart 1987–1992

Afterman, Allan B.: Handbook of SEC-Accounting and Disclosure 2004, New York 2004

Albach, Horst/Klein, Günter (Hrsg.): Harmonisierung der Konzernrechnungslegung in Europa. Wiesbaden 1990

Albach, Horst/Klein, Günter: Harmonisierung der Rechnungslegung in Europa. Die Umsetzung der 4. EG-Richtlinie in das nationale Recht der Mitgliedstaaten der EG – Ein Überblick. Wiesbaden 1988

Alexander, David/Archer, Simon: 2006 Miller International Accounting/Financial Reporting Standards Guide. Chicago 2006

Alexander, David/Nobes, Christopher: A European Introduction to Financial Accounting. Hempstead 1994

Alvarez, Manuel/Büttner, Manuel: ED 8 Operating Segments – Der neue Standardentwurf des IASB zur Segmentberichterstattung im Kontext des »Short-term Convergence Project« von IASB und FASB. In: KoR, 6. Jg. (2006), S. 307–318

American Institute of Certified Public Accountants: AICPA Technical Practice Aids. 2000

Andrejewski, Kai C./Fladung, Hans-Dieter/Kühn, Sigrid: Abbildung von Unternehmenszusammenschlüssen nach ED IFRS 3. In: WPg, 59. Jg. (2006), S. 80–88

Andreßen, Rüdiger: Birgt der § 292a HGB Ausstiegspotenzial aus der HGB-Rechnungslegung in sich? In: DB, 54. Jg. (2001), S. 2561–2565

Arcy, Anne d': Gibt es eine anglo-amerikanische oder eine kontinentaleuropäische Rechnungslegung? Klassen nationaler Rechnungslegungssysteme zwischen Politik und statistischer Überprüfbarkeit. Frankfurt am Main u.a. 1999

Arthur Andersen & Co. u.a. (Hrsg.): Survey of International Accounting Practices. USA 1991

Arthur Andersen: GAAP Analysis, 1997 Edition

Auer, Kurt V.: International harmonisierte Rechnungslegungsstandards aus Sicht der Aktionäre – Vergleich von EG-Richtlinien, US-GAAP und IAS. 2., überarb. und erw. Aufl., Wiesbaden 1999

Auer, Kurt V.: Mythos und Realität von US-GAAP und IAS – Vier zu der aktuellen Diskussion symptomatische Thesen. In: ZfB, 69. Jg. (1999), S. 979–1002

Auer, Kurt V. (Hrsg.): Die Umstellung der Rechnungslegung auf IAS/US-GAAP – Erfahrungsberichte. 2., aktual. Aufl., Frankfurt/Wien 2001

Baetge, Jörg (Hrsg.): Die deutsche Rechnungslegung vor dem Hintergrund internationaler Entwicklungen. Vorträge und Diskussionen aus nationaler und internationaler Sicht zum 10. Münsterischen Tagesgespräch »Haben die deutschen Rechnungslegungsvorschriften noch eine Chance?« Düsseldorf 1994

Baetge, Jörg/Dörner, Dietrich/Kleekämper, Heinz/Wollmert, Peter (Hrsg.): Rechnungslegung nach International Accounting Standards (IAS) – Kommentar auf der Grundlage des deutschen Bilanzrechts. Stuttgart 1997

Baetge, Jörg/Kirsch, Hans-Jürgen/Thiele, Stefan: Bilanzen. 5., überarb. und erw. Aufl., Düsseldorf 2001

Baetge, Jörg/Kirsch, Hans-Jürgen/Thiele, Stefan: Konzernbilanzen. 7., überarb. Aufl., Düsseldorf 2004

Ballwieser, Wolfgang (Hrsg.): US-amerikanische Rechnungslegung – Grundlagen und Vergleiche mit dem deutschen Recht. 4., überarb. und erw. Aufl., Stuttgart 2000

Ballwieser, Wolfgang: IFRS-Rechnungslegung – Konzept, Regeln und Wirkungen. München 2006

Ballwieser, Wolfgang/Moxter, Adolf/Nonnenmacher, Rolf (Hrsg.): Rechnungslegung – warum und wie. Festschrift für Hermann Clemm zum 70. Geburtstag. München 1996

Ballwieser, Wolfgang/Schildbach, Thomas (Hrsg.): Rechnungslegung und Steuern international. Tagung des Ausschusses Unternehmensrechnung im Verein für Socialpolitik am 9. und 10. Mai 1997 in Evelle/Frankreich. ZfbF, Sonderheft 40, 1998

Ballwieser, Wolfgang u.a. (herausgegeben und überarbeitet): Epstein/Mirza – Wiley Kommentar zur internationalen Rechnungslegung nach IFRS 2006. 2. Aufl., Weinheim 2006

Barckow, Andreas/Rose, Simone: Die Bilanzierung von Derivaten und Hedgestrategien – Konzeption, Anwendungsbereich und Inhalte des zukünftigen US-amerikanischen Standards SFAS 13X. In: WPg, 50. Jg. (1997), S. 789–801

Bardenz, Alexander: Von Deutscher zu Internationaler Rechnungslegung – HGB und IAS. Frankfurt am Main 1998, auch Diss. Universität Münster 1997

Barth, Kuno: Die Entwicklung des deutschen Bilanzrechts und der auf ihm beruhenden Bilanzauffassungen, handelsrechtlich und steuerrechtlich zugleich mit einem wichtigen Buchführungs- und Bilanzbestimmungen enthaltenden Anhang. Band I Handelsrechtlich. Stuttgart 1953

Barth, Kuno: Die Entwicklung des deutschen Bilanzrechts und der auf ihm beruhenden Bilanzauffassungen, handelsrechtlich und steuerrechtlich zugleich mit einem wichtigen Buchführungs- und Bilanzbestimmungen enthaltenden Anhang. Band II Steuerrecht. Stuttgart 1955

Barth, Kuno: Die Grundsätze ordnungsmäßiger Buchführung, betriebswirtschaftlich, handelsrechtlich und steuerlich – Ein geschichtlicher Aufriß. In: ZfbF, 15. Jg. (1963), S. 384-397

Barth, Hubert/Porlein, Norbert: Rechnungslegung für derivative Instrumente und Sicherungsgeschäfte nach SFAS 133 im Überblick. In: Finanz Betrieb, 2. Jg. (2000), Beilage zu Heft 9/2000, S. 16–23

Beaujean, Rainer: Registrierung bereits emittierter Aktien und laufende Berichterstattung durch ausländische Unternehmen an der NYSE. In: DB, 51. Jg. (1998), S. 273–276

Beine, Frank/Porstmann, Mark: Überleitung vom HGB-Abschluß zu US-GAAP Statements. In: BB, 53. Jg. (1998), S. 995–1001

Belkaoui, Ahmed Riahi: International Multinational Accounting. London u.a. 1994

Bellavite-Hövermann, Yvette/Prahl, Reinhard: Bankbilanzierung nach IAS – Leitfaden für eine internationale Konzernbilanzierung. Stuttgart 1997

Berndlmaier, Alexander F./Klein, Georg A.: Kundenorientierung in der US-amerikanischen Rechnungslegung: Der Comprehensive Report des Special Committee on Financial Reporting des AICPA. In: DB, 51. Jg. (1998), S. 1089–1095

Bieg, Hartmut/Hossfeld, Christopher/Kußmaul, Heinz/Waschbusch, Gerd: Handbuch der Rechnungslegung nach IFRS – Grundlagen und praktische Anwendung. Düsseldorf 2006

Blomeyer, Wolfgang/Peemöller, Volker H. (Hrsg.): International Rechnungslegung und Prüfung – Betriebswirtschaftliche und juristische Aspekte: HGB, IAS, US-GAAP und ISA. Herne/Berlin 2000

Bloomer, Carrie: The IASC-U.S. Comparison Project: A Report on the Similarities and Differences between IASC Standards and U.S. GAAP. 2nd ed., Norwalk, CT 1999

Böcking, Hans-Joachim: IAS für Konzern- und Einzelabschluß? In: WPg, 54. Jg. (2001), S. 1433-1440

Börsig, Clemens/Wagenhofer, Alfred (Hrsg.): IFRS in Rechnungswesen und Controlling. Stuttgart 2006

Bohl, Werner/Riese, Joachim/Schlüter, Jörg (Hrsg.): Beck'sches IFRS-Handbuch – Kommentierung der IFRS/IAS. 2., vollständig überarb. und erw. Aufl., München, Wien, Bern 2006

Bonse, Andreas: Informationsgehalt von Konzernabschlüssen nach HGB, IAS und US-GAAP – Eine empirische Analyse aus Sicht der Eigenkapitalgeber. Diss. 2002, Frankfurt am Main u.a. 2004

Born, Karl: Bilanzanalyse international – Deutsche und ausländische Jahresabschlüsse lesen und beurteilen. 2., aktual. und überarb. Aufl., Stuttgart 2001

Born, Karl: Rechnungslegung nach IAS, US-GAAP und HGB im Vergleich. 2., überarb. und aktual. Aufl., Stuttgart 2001

Born, Karl: Unternehmensanalyse und Unternehmensbewertung. 2., aktualisierte und erw. Aufl., Stuttgart 2003

Brücks, Michael/Richter, Michael: Business Combinations (Phase II). In: KoR, 5. Jg. (2005), S. 407-415

Bruns, Hans-Georg: Anforderungen an die handelsrechtliche Rechnungslegung im europäischen und internationalen Kontext. In: WPg Sonderheft, 54. Jg. (2001), S. 67-74

Bruns, Hans-Georg/Renner, Wolfgang: Annual Report on Form 20-F: A Guidance on Transitioning to the New »International Disclosure Standards«. In: Finanz Betrieb, 2. Jg. (2000), S. 615-620

Bruns, Hans-Georg/Renner, Wolfgang: Finanzanalytische SEC-Berichterstattung in der Form 20-F – »Operating and Financial Review and Prospects« (OFR). In: BFuP, 53. Jg. (2001), S. 7-26

Buchheim, Regine/Schmidt, Martin: IFRS 7: Angaben zu Finanzinstrumenten – Darstellung und Würdigung. In: KoR, 5. Jg. (2005), S. 397-407

Budde, Wolfgang Dieter/Steuber, Elgin: Rechnungslegung im Spannungsfeld zwischen Gläubigerschutz und Information der Gesellschafter. In: AG, 41. Jg. (1996), S. 542-550

Budde, Wolfgang Dieter/Steuber, Elgin: Verfassungsrechtliche Voraussetzungen zur Transformation internationaler Rechnungslegungsgrundsätze. In: DStR, 36. Jg. (1998), S. 504-508

Buhleier, Claus/Helmschrott, Harald: Die neue Strategie der Europäischen Union zur Harmonisierung der Rechnungslegung und ihre möglichen Auswirkungen auf Deutschland. In: DStR, 24. Jg. (1996), S. 354-360

Busse von Colbe, Walther: Das Rechnungswesen im Dienste einer kapitalmarktorientierten Unternehmensführung. In: WPg, 48. Jg. (1995), S. 713-720

Busse von Colbe, Walther: Zur Internationalisierung der Konzernrechnungslegung deutscher Unternehmen. In: WPK-Mitteilungen, 35. Jg. (1996), S. 137-143

Busse von Colbe, Walther: Anpassung der EG-Bilanzrichtlinien an die IAS – Konsequenzen für das deutsche Bilanzrecht. In: KoR, 1. Jg. (2001), S. 199-205

Busse von Colbe, Walther u.a. (Hrsg.): Ergebnis je Aktie nach DVFA/SG. Gemeinsame Empfehlung der Kommission für kapitalmarktbezogene Aktienanalyse und Bewertungsmethoden (Methoden-kommission) der Deutschen Vereinigung für Finanzanalyse und Anlageberatung e.V. (DVFA) und des Arbeitskreises »Externe Unternehmensrechnung« der Schmalenbach-Gesellschaft – Deutsche Gesellschaft für Betriebswirtschaft (SG). 3., grundlegend überarb. Aufl., Stuttgart 2000

Busse von Colbe, Walther u.a.: Konzernabschlüsse – Rechnungslegung nach betriebswirtschaftlichen Grundsätzen sowie nach Vorschriften des HGB und der IAS/IFRS. 8. Aufl., Wiesbaden 2006

Busse von Colbe, Walther/Lutter, Marcus (Hrsg.): Die Rechnungslegung in den Ländern der Europäischen Gemeinschaft und in den USA – Arbeitsbericht Nr. 7 des Instituts für Unternehmensführung und Unternehmensforschung der Ruhr-Universität Bochum. 2. Aufl., Bochum 1978

Busse von Colbe, Walther/Seeberg, Thomas (Hrsg.): Vereinbarkeit internationaler Konzernrechnungslegung mit handelsrechtlichen Grundsätzen – Empfehlungen des Arbeitskreises »Externe Unternehmensrechnung« der Schmalenbach-Gesellschaft – Deutsche Gesellschaft für Betriebswirtschaft e.V. ZfbF, Sonderheft 43, 1999

Cairns, David: A Guide to Applying International Accounting Standards. Central Milton Keynes 1995 Cairns, David: Are IASs and US GAAP compatible? In: Accountancy International, February 1997, S. 60–61

Cairns, David: The future shape of harmonization: a reply. In: The European Accounting Review 1997, S. 305–348

Cairns, David: Exceptions to the rule – Many companies opting to report in accordance with IASs disclose exceptions from full compliance. In: Accountancy International, November 1999, S. 84–85

Cairns, David: Waving a different flag. Differences and similarities between IASs and US GAAP. In: Accountancy, September 2000, S. 104–106

Cairns, David: IAS lite is alive and well. In: Accountancy, May 2001, S. 98–99

Carlson, Peter: Advancing The Harmonisation of International Accounting Standards: Exploring an Alternative Path. In: The International Journal of Accounting, Vol. 32, No. 3 (1997), S. 357–378

Carmichael, D.R./Lilien, Steven B./Mellman, Martin (Hrsg.): Accountants' Handbook. Financial Accounting and General Topics. 8th ed., New York u.a. 1996

Choi, Frederick D.S. (Hrsg.): International Accounting and Finance Handbook. Second edition, New York u.a. 1997

Choi, Frederick D.S./Levich, Richard M.: International Accounting Diversity and Capital Market Decisions. In: Handbook of International Accounting, hrsg. von Frederick D.S. Choi, New York u.a. 1991, Chapter 7

Choi, Frederick D.S./Levich, Richard M. (Hrsg.): International capital markets in a world of accounting differences. New York 1994

Choi, Frederick D.S./Mueller, Gerhard G.: International Accounting. 2. Aufl., Englewood Cliffs 1992

Claßen, Wolfgang/Enzweiler, Tasso/Hillebrand, Walter: Wie deutsche Konzerne mit ihren Bilanzen jonglieren. In: Capital, 35. Jg. (1996), S. 37–48

Claussen, Carsten P.: So mußte es kommen! – Über die Situation des deutschen Rechnungslegungsrechts. In: AG, 38. Jg. (1993), S. 278–280

Coenenberg, Adolf G.: Einheitlichkeit oder Differenzierung von internem und externem Rechnungswesen: Die Anforderungen der internen Steuerung. In: DB, 48. Jg. (1995), S. 2077–2083

Coenenberg, Adolf G.: Jahresabschluss und Jahresabschlussanalyse – Betriebswirtschaftliche, handelsrechtliche, steuerrechtliche und internationale Grundsätze – HGB, IFRS und US-GAAP. 20., überarb. Aufl., Stuttgart 2005

Coenenberg, Adolf G./Pohle, Klaus (Hrsg.): Internationale Rechnungslegung – Konsequenzen für Unternehmensführung, Rechnungswesen, Standardsetting, Prüfung und Kapitalmarkt. Stuttgart 2001

Cook, David u.a.: IFRS/US GAAP Comparison – A comparison between International Finanacial Reporting Standards and US GAAP by the Financial Reporting Group of Ernst & Young. 3rd ed., London 2005

Coopers & Lybrand: Accounting Comparisons US and IASC. London 1996 Coopers & Lybrand (Hrsg.): Understanding IAS. Analysis and Interpretation. Großbritannien 1996

Coopers & Lybrand (International): International Accounting Summaries. A Guide for Interpretation and Comparison. 2nd ed., New York u.a. 1993

C&L Deutsche Revision AG (Hrsg.): Harmonisierung der Rechnungslegung. Ergebnisse einer Umfrage unter Führungskräften der deutschen Wirtschaft und Universitätsprofessoren. Frankfurt am Main 1995

Dawo, Sascha/Heiden, Matthias: Aktuelle Entwicklungen zur Erfassung immaterieller Werte in der externen Berichterstattung – Neuorientierung durch die Verwendung kennzahlenbasierter Konzepte. In: DStR, 39. Jg. (2001), S. 1716–1724
Deutsche Vereinigung für Finanzanalyse und Anlageberatung e.V./Schmalenbach-Gesellschaft – Deutsche Gesellschaft für Betriebswirtschaft e.V.: DVFA/SG setzt eindeutig auf das Pferd der internationalen Rechnungslegung. In: Börsen-Zeitung, 22.10.1996
Deutsches Rechnungslegungs Standards Committee (Hrsg.): Deutsche Rechnungslegungs Standards (DRS) – German Accounting Standards (GAS). Stuttgart 2001
Döring, Claus: Das Hintertürchen fürs HGB. In: Börsen-Zeitung, 29.11.1996
Dörner, Dietrich/Menold, Dieter/Pfitzer, Norbert (Hrsg.): Reform des Aktienrechts, der Rechnungslegung und Prüfung. KonTraG – KapAEG – EuroEG – StückAG. Stuttgart 1999
Doupnik, Timothy S./Salter, Stephen B.: An Empirical Test of Judgemental International Classification of Financial Reporting Practices. In: Journal of International Business Studies, first quarter 1993, S.41–60
Doupnik, Timothy S./Salter, Stephen B.: External Environment, Culture, and Accounting Practice: A Preliminary Test of a General Model of International Accounting Development. In: The International Journal of Accounting, 1995, S. 189–207
DRSC: Der Präsident: Presseerklärung aus Anlaß der konstituierenden Sitzung. Frankfurt am Main 15.5.1998
DRSC: Der Vorstand: Presseerklärung aus Anlaß der Einsetzung des Standardisierungsrates durch den Verwaltungsrat. Frankfurt am Main 15.5.1998
Dusemond, Michael/Harth, Hans-Jörg/Heusinger, Sabine: Synopse zur Rechnungslegung nach IFRS und US-GAAP. Herne/Berlin 2005

Eckes, Burkhard/Sittmann-Haury, Caroline: Die neuen Offenlegungsvorschriften zu Finanzinstrumenten nach IFRS 7 und zum Kapital nach IAS 1 – Aussagekraft und Implikationen für die Praxis. In: WPg, 59. Jg. (2006), S. 425–436
Eisolt, Dirk: US-amerikanische und deutsche Konzernrechnungslegung. Hamburg 1992
Eisolt, Dirk: Der Konzernabschluß in Deutschland und den USA – Vergleichende Darstellung der Vorschriften über Inhalt, Form, Ansatz und Bewertung. In: RIW, 39. Jg. (1993), S. 309–319
Eisolt, Dirk: Die rechtlichen Grundlagen der amerikanischen Konzernrechnungslegung. In: AG, 38. Jg. (1993), S. 209–232
Eisolt, Dirk: Konzernrechnungslegungspflicht nach HGB und US-amerikanischen Vorschriften. In: WPg, 46. Jg. (1993), S. 344–353
Eisolt, Dirk: Konsolidierungskreis deutscher und amerikanischer Konzernabschlüsse. In: BB, 49. Jg. (1994), S. 467–472
Ellrott, Helmut u.a. (Hrsg.): Beck'scher Bilanz-Kommentar. Handels- und Steuerbilanz. 6., völlig neubearb. Aufl., München 2006
Engel-Ciric, Dejan: Vergleichende Betrachtung der Bilanzierungsgrundsätze nach HGB und USGAAP. In: RIW, 44. Jg. (1998), S. 775–780
Engels, Wolfram: Bilanzwert. In: Wirtschaftswoche, Nr. 19/1988, S. 174
Engels, Wolfram: Vorsichtig gelogen. In: Wirtschaftswoche, Nr. 15/1993, S. 130
Epstein, Barry J./Black, Ervin L./Nach, Ralph/Delaney, Patrick R.: GAAP 2005 – Interpretation and Application of Generally Accepted Accounting Principles. Hoboken, New Jersey 2004
Epstein, Barry J./Mirza Abbas, Ali: IAS 2001 – Interpretation and Application. New York u.a. 2001

Ernst, Christoph: Bilanzrecht: quo vadis? – Die kommende Reform des europäischen Bilanzrechts und mögliche Auswirkungen auf die deutsche Rechnungslegung. In: WPg, 54. Jg. (2001), S. 1440–1445

Ernst, Christoph: EU-Verordnungsentwurf zur Anwendung von IAS: Europäisches Bilanzrecht vor weitreichenden Änderungen. In: BB, 56. Jg. (2001), S. 823–825

Ernst, Christoph/Seibert, Ulrich/Stuckert, Fritz (zsgest.): KonTraG, KapAEG, StückAG, EuroEG – (Gesellschafts- und Bilanzrecht). Textausgabe mit Begründungen der Regierungsentwürfe, Stellungnahmen des Bundesrates mit Gegenäußerungen der Bundesregierung, Berichten des Rechtsausschusses des Deutschen Bundestages. Düsseldorf 1998

Eschbach, Werner: Entwurf eines Ausübungsregelwerks für Stock Options. In: WPg, 53. Jg. (2000), S. 1–11

EU-Kommission. Mitteilung der Kommission: Harmonisierung auf dem Gebiet der Rechnungslegung: Eine neue Strategie im Hinblick auf die internationale Harmonisierung. Com 95(508). Brüssel 14.11.1995

Europäische Union: International Financial Reporting Standards IFRS – einschließlich International Accounting Standards IAS und Interpretationen – Die amtlichen EU-Texte Englisch-Deutsch. IDW-Textausgabe. 3., aktual. und erw. Aufl., Düsseldorf 2006

Federmann, Rudolf: Bilanzierung nach Handelsrecht und Steuerrecht – Gemeinsamkeiten, Unterschiede und Abhängigkeiten von Handels- und Steuerbilanz unter Berücksichtigung internationaler Rechnungslegungsstandards. 11., neu bearb. und erw. Aufl., Berlin 2000

Federmann, Rudolf/International Accounting Standards Committee Foundation (Hrsg.): IAS/IFRS mit SIC/IFRIC-Interpretationen. 3., neu beab. und erw. Aufl., Berlin 2006

Feld, Klaus-Peter: IAS und US-GAAP: Aktuelle Unterschiede und Möglichkeiten zur Konvergenz. In: WPg, 54. Jg. (2001), S. 1025–1040

Fey, Gerd: Ungewisse Ansprüche und Verbindlichkeiten. Rückstellungen und Angaben zu »Contingencies« nach den International Accounting Standards (IAS). In: BddW, 1.3.1996

Fey, Gerd: Schwierige Auslegung der Accounting Standards – Traditionelle Unterschiede im Rechtssystem zwischen Angelsachsen und Kontinentaleuropäern. In: BddW, 17.4.1996

Fey, Gerd: Vom »Financial Reporting« zum »Business Reporting«? Amerikanische Vorschläge zur Verbesserung der Unternehmensberichterstattung. In: BddW, 3.5.1996

Fey, Gerd: IAS oder US-GAAP? Ein Vergleich der beiden Rechnungslegungssysteme / Mehr Einfluß der Europäer contra Akzeptanz bei der amerikanischen Börsenaufsichtsbehörde. In: BddW, 2.8.1996

Fey, Gerd: Internes Berichtswesen als Maß für externe Berichterstattung. Änderungen der International Accounting Standards diskutiert / Mehr Transparenz für die Bilanzleser. In: BddW, 8.8.1996

Fey, Gerd: Rechnungslegung zuwenig einheitlich – Ein International Accounting Standards-Gremium soll sich formieren. In: BddW, 16.8.1996

Fey, Gerd: Anerkennung der International Accounting Standards in Amerika – Zeitpunkt und Bedingungen für die Aufnahme sind jedoch innerhalb der Börsenaufsicht SEC noch umstritten. In: BddW, 4.10.1996

Fey, Gerd: Vergleichbare Texte und klare Sprache – Die amerikanische Börsenaufsicht dringt auf leserfreundlichere Abschlußangaben. In: BddW, 13.11.1996

Financial Accounting Standards Board: Current Text – 2004/2005 Edition. Accounting Standards as of June 1, 2004. Vol. I: General Standards. Vol. II: Industry Standards, Topical Index/Appendixes. Norwalk, CT 2004

Financial Accounting Standards Board: Original Pronouncements – 2004/2005 Edition. Accounting Standards as of June 1, 2004. Vol. I: FASB Statements of Standards 1–125, Vol. II: FASB Statements of Standards 126–150, Vol. III: AICPA Pronouncements, FASB Interpretations, FASB Technical Bulletins, FASB Concepts Statements, Topical Index/Appendixes. Norwalk, CT 2004

Financial Accounting Standards Board: Improving Business Reporting: Insights into Enhancing Voluntary Disclosures. 2001

Fink, Christian/Ulbrich, Philipp: Segmentberichterstattung nach ED 8 – Operating Segments. In: KoR, 6. Jg. (2006), S. 233–243

Fitzgerald, Julie/Carnall, Wayne: What you should know – Before you go for a US listing, you need to know how to deal with the SEC, and what mistakes to avoid. In: Accountancy International, November 1999, S. 86–89

Fladt, Guido/Feige, Peter: Die Änderungsvorschläge des IASB zu IAS 37 und IAS 19 – Analyse und kritische Würdigung. In: WPg, 59. Jg. (2006), S. 274–281

Flower, John: The future shape of harmonization: the EU versus the IASC versus the SEC. In: The European Accounting Review 1997, S. 281–303

Flower, John with Ebbers, Gabi: Global Financial Reporting. Houndsmills/New York 2002

Förschle, Gerhart/Glaum, Martin/Mandler, Udo: Internationale Rechnungslegung und Kapitalaufnahmeerleichterungsgesetz – Meinungswandel bei Führungskräften deutscher Unternehmungen? In: DB, 51. Jg. (1998), S. 2281–2288

Förschle, Gerhart/Holland, Bettina/Kroner, Matthias: Internationale Rechnungslegung: US-GAAP, HGB und IAS. 5., überarb. und aktual. Aufl., Heidelberg 2001

Förschle, Gerhart/Kaiser, Klaus/Moxter, Adolf: Rechenschaftslegung im Wandel. Festschrift für Wolfgang Dieter Budde. München 1995

Frankenberg, Peter: Jahresabschlüsse im internationalen Vergleich – Analyse US-amerikanischer und deutscher Unternehmen. Wiesbaden 1993

Fraune, Christian: Börsennotierung deutscher Aktiengesellschaften in den USA. In: RIW, 40. Jg. (1994), S. 126–140

Freidank, Carl-Christian (Hrsg.): Die deutsche Rechnungslegung und Wirtschaftsprüfung im Umbruch. Festschrift für Wilhelm Theodor Strobel zum 70. Geburtstag. München 2001

Gebhardt, Günther/Naumann, Thomas K.: Grundzüge der Bilanzierung von Financial Instruments und von Absicherungszusammenhängen nach IAS 39. In: DB, 52. Jg. (1999), S. 1461–1469

GEFIU (Gesellschaft für Finanzwirtschaft in der Unternehmensführung e.V.): Möglichkeiten und Grenzen der Anpassung deutscher Konzernabschlüsse an die Rechnungslegungsgrundsätze des International Accounting Standards Committee (IASC) (Teil 1 und 2). In: DB, 48. Jg. (1995), S. 1137–1143 und 1185–1191

Gidlewitz, Hans-Jörg: Internationale Harmonisierung der Konzernrechnungslegung unter besonderer Berücksichtigung der Vereinbarkeit der Bestimmungen des IASC und des HGB. Frankfurt am Main u.a. 1996

Gingele, Rudolf: Der konsolidierte Abschluß in den Vereinigten Staaten von Amerika. Frankfurt a.M. u.a. 1989

Glaum, Martin/Mandler, Udo: Rechnungslegung auf globalen Kapitalmärkten – HGB, IAS und US-GAAP. Wiesbaden 1996

Göbel, Stefan: Internationalisierung der externen Rechnungslegung von Unternehmen – Problemedes Übergangs von der Rechnungslegung nach HGB auf US-GAAP oder IAS. In: DB, 52. Jg. (1999), S. 293–298

Göthel, Stephan R.: Europäisches Bilanzrecht im Umbruch. In: DB, 54. Jg. (2001), S. 2057–2061

Gräfer, Horst: Annual Report – Der US-amerikanische Jahresabschluß. Stuttgart 1992

Grass, Doris/Jennen, Birgit: Internationale Standards für Rechnungslegung in der EU. In: Financial Times Deutschland, 14.12.2001

Grass, Doris/Paoli, Nicola de: Deutschland setzt sich bei IAS durch. Internationale Rechnungslegung wird später als geplant verbindlich. Schärferes Vorgehen gegen Marktmanipulation. In: Financial Times Deutschland, 14.12.2001

Gray, S.J./Coenenberg, A.G./Gordon, P.D. (Hrsg.): International Group Accounting. Issues in European Harmonization. 2nd ed., London, New York 1993

Grünberger, David/Grünberger, Herbert: IAS/IFRS und US-GAAP 2004 – Ein systematischer Praxis-Leitfaden. 2. Aufl., Herne/Berlin 2004

Grünberger, David: IAS/IFRS 2006 – Ein systematischer Praxis-Leitfaden. 4., vollständig überarb. und erw. Aufl., Herne/Berlin 2006

Hahn, Klaus: Deutsche Rechnungslegung im Umbruch – Stand und Entwicklungstendenzen der deutschen Rechnungslegung vor dem Hintergrund neuer EU-Vorgaben. In: DStR, 39. Jg. (2001), S. 1267–1272

Haller, Axel: Die Rolle des International Accounting Standards Committee bei der weltweiten Harmonisierung der externen Rechnungslegung. In: DB, 46. Jg. (1993), S. 1297–1305

Haller, Axel: Die Grundlagen der externen Rechnungslegung in den USA. 4. Aufl., Stuttgart 1994

Haller, Axel: Zur Eignung der US-GAAP für Zwecke des internen Rechnungswesens. In: Controlling, Juli/August 1997, S. 270–276

Haller, Axel/Dietrich, Ralph: Kapitalmarktorientierte Gestaltung der Lageberichterstattung. In: KoR, 1. Jg. (2001), S. 164–174

Haller, Axel/Dietrich, Ralph: Freiwillige Unternehmensberichterstattung in den USA – Ergebnisse des Business Reporting Research Project des FASB. In: KoR, 1. Jg. (2001), S. 206–211

Haller, Axel/Eierle, Brigitte: Ideenfindung und -verarbeitung zur Entwicklung von Rechnungslegungsstandards beim »Financial Accounting Standards Board«. In: DB, 51. Jg. (1998), S. 733

Haller, Axel/Raffournier, Bernard/Walton, Peter (Hrsg.) unter Mitarbeit von Brigitte Eierle: Unternehmenspublizität im internationalen Wettbewerb. Stuttgart 2000

Harris, Trevor S.: International Accounting Standards versus US-GAAP Reporting: Empirical Evidence Based On Case Studies. Cincinnati 1995

Harris, Trevor S./Lang, Mark/Möller, Hans Peter: Zur Relevanz der Jahresabschlußgrößen Erfolg und Eigenkapital für die Aktienbewertung in Deutschland und den USA. In: ZfbF, 45. Jg. (1995), S. 996–1028

Hasenburg, Christof/Dräxler, Manfred: Die geplanten Änderungen zur Darstellung von IFRS-Abschlüssen – Der Exposure Draft zur Änderung des IAS 1. In: KoR, 6. Jg. (2006), S. 289–298

Hayn, Benita/Hayn, Sven: Neuausrichtung der Konzernrechnungslegung nach IFRS – Current Status. In: IRZ, 1. Jg. (2006), S. 73–82

Hayn, Sven: Internationale Rechnungslegung – Ursachen, Wirkungen und Lösungsansätze zur Überwindung internationaler Rechnungslegungsdivergenzen. Stuttgart 1997

Hayn, Sven/Waldersee, Georg Graf: IFRS/US-GAAP/HGB im Vergleich – Synoptische Darstellung für den Einzel- und Konzernabschluß. 5., überarb. Aufl., Stuttgart 2004

Heintges, Sebastian: Bilanzkultur und Bilanzpolitik in den USA und in Deutschland. Berlin 1996

Helmschrott, Harald/Buhleier, Claus: Die Konsequenzen einer GoB-widrigen Anwendung internationaler Rechnungslegungsnormen aus der Perspektive des Handelsrechts und des Strafrechts. In: DB, 50. Jg. (1997), S. 10–17

Herz, Robert H./Dittmar, Nelson W., Jr./Lis, Stephen J./Decker, William E., Jr./Murray, Ronald J.: The Coopers & Lybrand SEC Manual. 7th, New York u.a. 1997

Hommel, Michael/Wüstemann, Jens: Synopse der Rechnungslegung nach HGB und IFRS – Eine qualitative Gegenüberstellung. München 2006

Holzer, H. Peter/Ernst, Christian: (Other) Comprehensive Income und Non-Ownership Movements in Equity – Erfassung und Ausweis des Jahresergebnisses und des Eigenkapitals nach US-GAAP und IAS. In: WPg, 52. Jg. (1999), S. 353–370

Hulle, Van, Karel: Das Europäische Bilanzrecht. In: WPK-Mitteilungen, 33. Jg. (1994), S. 9–17

Hulle, Van, Karel: Tendenzen bei der Koordinierung der Rechnungslegung in der EU. In: Neuorientierung der Rechenschaftslegung – Eine Herausforderung für Unternehmer und Wirtschaftsprüfer. 27.–28. Oktober 1994 in Stuttgart (Bericht über die Fachtagung 1994 des Instituts der Wirtschaftsprüfer in Deutschland e.V.), hrsg. vom IDW, Düsseldorf 1995, S. 39–54

Hülsebeck, Rachéle: Der Weg zu den US-Börsen für mittelständische deutsche Unternehmen. In: DStR, 38. Jg. (2000), S. 894–900

Hütten, Christoph/Brakensiek, Sonja: »Deutsche US-GAAP« ohne eine SEC – Auto ohne Bremsen? In: BB, 55. Jg. (2000), S. 870–872

Institut der Wirtschaftsprüfer (Hrsg.): Rechnungslegung nach International Accounting Standards – Praktischer Leitfaden für die Aufstellung IAS-konformer Jahres- und Konzernabschlüsse in Deutschland. Düsseldorf 1995

Institut der Wirtschaftsprüfer: Neuorientierung der Rechenschaftslegung – Eine Herausforderung für Unternehmer und Wirtschaftsprüfer. 27.–28. Oktober 1994 in Stuttgart (Bericht über die Fachtagung 1994 des Instituts der Wirtschaftsprüfer in Deutschland e.V.). Düsseldorf 1995

Institut der Wirtschaftsprüfer (Hrsg.): Weltweite Rechnungslegung und Prüfung – Risiken, Chancen und Konsequenzen einer unaufhaltsamen Entwicklung. Bericht über die IDW-Fachtagung 1. und 2. Oktober 1997 in Hannover. Düsseldorf 1998

Institut der Wirtschaftsprüfer (Hrsg.): Wirtschaftsprüfer-Handbuch 2000. 12. Aufl., Band I, Düsseldorf 2000

Institut der Wirtschaftsprüfer (Hrsg.): WP Handbuch 2006 – Wirtschaftsprüfung, Rechnungslegung, Beratung. Band I. 13. Aufl., Düsseldorf 2006

International Accounting Standards Committee Foundation (Hrsg): Annual Report 2003. London

International Accounting Standards Board (Hrsg.): IFRIC Update (erscheint nach jeder Tagung des IFRIC)

International Accounting Standards Board: International Financial Reporting Standards 2005. (Deutsche Loseblattausgabe). Stuttgart 2005

International Accounting Standards Board: International Financial Reporting Standards (IFRSs) 2006. London 2006

International Accounting Standards Board (Hrsg.): IASB Insight (erscheint vierteljährlich)

International Accounting Standards Board (Hrsg.): IASB Update (erscheint nach jeder Board-Sitzung)

International Accounting Standards Committee (Hrsg.): IAS/US GAAP Comparison – A comparison between IAS and US accounting principles. London 2000

Internationale Accounting Standards Committee Foundation: International Financial Reporting Standards (IFRSs) – Briefing für Vorstände, Geschäftsführer, Prüfungsausschüsse, Aufsichtsorgane und leitende Manager. Stuttgart 2005

Jung, Willi: US-amerikanische und deutsche Rechnungslegung. Düsseldorf, Frankfurt 1979

Jung, Willi/Isele, Horst/Groß, Christoph: Rechnungslegung in den USA im Vergleich zu den deutschen Rechnungslegungsvorschriften. In: Rechnungslegung, Prüfung, Wirtschaftsrecht und Steuern in den USA, hrsg. von Erik Sonnemann, Wiesbaden 1989, S. 53–94

Keitz, Isabel von: Praxis der IASB-Rechnungslegung. Stuttgart 2003

Kessler, Harald/Leinen, Markus/Strickmann, Michael: Fallstudie zur Umstellung auf die IFRS-Rechnungslegung. Herne/Berlin 2005

Kieso, Donald E./Weygandt, Jerry J./Warfield, Terry D.: Intermediate Accounting. 10th ed., New York u.a. 2001

Kirsch, Hans-Jürgen: Die »Anwendung« von International Accounting Standards in Konzernabschlüssen deutscher Mutterunternehmen. In: DB, 48. Jg. (1995), S. 1773-1778

Kleber, Herbert: Amerikanische Rechnungslegungsgrundsätze: Vorbild für Europa? In: BFuP, 45. Jg. (1993), S. 380-399

Kleekämper, Heinz: Aktivitäten und Tendenzen im IASC. In: IASC-Rechnungslegung. Beiträge zu aktuellen Problemen, hrsg. von Dietrich Dörner und Peter Wollmert, Düsseldorf 1995, S. 99-127

Kleekämper, Heinz: Aktuelle Entwicklungen beim IASC. In: BFuP, 47. Jg. (1995), S. 414-431

Kleindiek, Detlef: Neue Goodwill-Bilanzierung nach US-GAAP und europäisches Bilanzrecht – Stellungnahme zum E-DRS 1a. In: BB, 56. Jg. (2001), S. 2572-2577

Knorr, Liesel: Hat das Deutsche Rechnungslegungs Standards Committee (DRSC) eine Daseinsberechtigung über 2004 hinaus? In: KoR, 1. Jg. (2001), S. 89-90

Kommission der Europäischen Gemeinschaften: Die Angleichung des Bilanzrechts in der Europäischen Gemeinschaft – Probleme bei der Anwendung der vierten Richtlinie über den Jahresabschluß von Kapitalgesellschaften. Brüssel, Luxemburg 1990

Kontaktausschuß für Richtlinien der Rechnungslegung der EU: Eine Überprüfung der Konformität der Internationalen Rechnungslegungsgrundsätze (IAS) mit den europäischen Richtlinien der Rechnungslegung. Brüssel 1.4.1996

Kosiol; Erich: Bilanzreform und Einheitsbilanz. Grundlegende Studien zu den Möglichkeiten einer Rationalisierung der periodischen Erfolgsrechnung. 2. Aufl., Berlin, Stuttgart 1949

KPMG Deutsche Treuhand-Gesellschaft (Hrsg.): Rechnungslegung nach US-amerikanischen Grundsätzen – Grundlagen der US-GAAP und SEC-Vorschriften. 3., überarb. und erw. Aufl., Düsseldorf 2003

KPMG Deutsche Treuhand-Gesellschaft (Hrsg.): International Financial Reporting Standards – Einführung in die Rechnungslegung nach den Grundsätzen des IASB. 3., überarb. Aufl., Stuttgart 2004

KPMG Deutsche Treuhand-Gesellschaft AG (Hrsg.): IFRS aktuell – Neuerungen bis 2006: IFRS 6 und 7, Amendments zu IAS 19, 21 und 39 sowie IFRIC 1, 2 und 4 bis 9. 2. Aufl., Stuttgart 2006

KPMG: International Accounting Standards – Financial Instruments Accounting. September 2000

Krawitz, Norbert: Die Rechnungslegungsvorschriften nach HGB, IAS und US-GAAP im kritischen Vergleich. In: StuB, 13/2001, S. 629-633 und 15/2001, S. 733-744

Krumnow, Jürgen: Die deutsche Rechnungslegung auf dem Weg ins Abseits? Ein Ausblick nach der vorläufig abgeschlossenen EG-Harmonisierung. In: Bilanzrecht und Kapitalmarkt. Festschrift zum 65. Geburtstag von Adolf Moxter, hrsg. von Wolfgang Ballwieser u.a., Düsseldorf 1995, S. 679-698

Kubin, Konrad W.: Die Konzernrechnungslegung in den USA. In: Rechnungslegung, Prüfung, Wirtschaftsrecht und Steuern in den USA, hrsg. von Erik Sonnemann, Wiesbaden 1989, S. 95-120

Kübler, Friedrich: Institutioneller Gläubigerschutz oder Kapitalmarkttransparenz? – Rechtsvergleichende Überlegungen zu den »stillen Reserven«. In: ZHR, 159 (1995), S. 550-566

Kübler, Friedrich: Vorsichtsprinzip versus Kapitalmarktinformation. In: Rechenschaftslegung im Wandel. Festschrift für Wolfgang Dieter Budde, hrsg. von Gerhart Förschle, Klaus Kaiser und Adolf Moxter, München 1995, S. 361-375

Kühnberger, Manfred: Zur Bedeutung internationaler Rechnungslegungsstandards für deutsche Unternehmen. Zugleich ein Beitrag zur Entwicklung von konzernarteigenen Grundsätzen ordnungsmäßiger Buchführung. In: RIW, 42. Jg. (1996), S. 566-576

Kühne, Mareike/Schwedler, Kristina: Geplante Änderungen der Bilanzierung von Unternehmenszusammenschlüssen – ED of Proposed Amendments to IFRS 3 und ED of Proposed Amendments to IAS 27. In: KoR, 5. Jg. (2005), S. 329–338

Küting, Karlheinz: US-amerikanische und deutsche Bilanzierung im Vergleich – unter besonderer Berücksichtigung der Konzernrechnungslegung und des Daimler-Benz-Listing in New York. In: BFuP, 45. Jg. (1993), S. 357–379

Küting, Karlheinz: Die Talfahrt der Daimler-Benz AG. Neun Jahre Bilanzpolitik des Technologiekonzerns auf dem Prüfstand / Enorme Bewertungsspielräume genutzt / Die Rolle der Aufsichtsräte und Wirtschaftsprüfer. In: BddW, 12.4.1996

Küting, Karlheinz: Rechnungslegung nach IAS und US-GAAP – Grundlagen der Rechnungslegungskonzeptionen und wesentliche Unterschiede. In: DSWR, 11/97, S. 286–290

Küting, Karlheinz: SFAS 142 öffnet Bilanzpolitik Tür und Tor. In: FAZ, 26.11.2001

Küting, Karlheinz/Dürr, Ulrike: IFRS 2 Share-based Payment – ein Schritt zur weltweiten Konvergenz? In: WPg, 57. Jg. (2004), S. 609–620

Küting Karlheinz/Hayn, Sven: Internationale Rechnungslegung im Spiegel der Börseneinführungsmodalitäten unterschiedlicher Kapitalmärkte. In: IStR, 1. Jg. (1992), S. 38–43

Küting, Karlheinz/Hayn, Sven: Börseneinführungsmodalitäten in den USA. In: WPg, 46. Jg. (1993), S. 401–411

Küting, Karlheinz/Hayn, Sven: Der internationale Konzernabschluß als Eintrittskarte zum weltweiten Kapitalmarkt. In: BB, 50. Jg. (1995), S. 662–672

Küting, Karlheinz/Hayn, Sven: Unterschiede zwischen den Rechnungslegungsvorschriften von IASC und SEC/FASB vor dem Hintergrund einer internationalen Rechnungslegung in Deutschland. In: DStR, 33. Jg. (1995), S. 1601–1604 und 1642–1648

Küting, Karlheinz/Hayn, Sven: Der Aussagewert eines angelsächsischen Konzernabschlusses im Vergleich zum HGB-Abschluß. In: AG, 41. Jg. (1996), S. 49–71

Küting, Karlheinz/Langenbucher, Günther (Hrsg.): Internationale Rechnungslegung. Festschrift für Professsor Claus-Peter Weber zum 60. Geburtstag. Stuttgart 1999

Küting, Karlheinz/Weber, Claus-Peter (Hrsg.): Handbuch der Rechnungslegung. Kommentar zur Bilanzierung und Prüfung. Band Ia, 4., grundl. überarb. u. wesentl. erw. Aufl., Stuttgart 1995

Küting, Karlheinz/Weber, Claus-Peter (Hrsg.): Das Rechnungswesen auf dem Prüfstand – Antworten auf die Konzernierung der deutschen Wirtschaft im Spannungsfeld der Globalisierung. 4. Fachtagung vom 28. und 29. November 1996 in Frankfurt am Main. Frankfurt am Main u.a. 1998

Küting, Karlheinz/Weber, Claus-Peter (Hrsg.): Handbuch der Konzernrechnungslegung – Kommentar zur Bilanzierung und Prüfung. Band II, 2., grundl. überarb. Aufl., Stuttgart 1998

Küting, Karlheinz/Weber, Claus-Peter/Wirth Johannes: Die neue Goodwillbilanzierung nach SFAS 142 – Ist der Weg frei für eine neue Akquisitionswelle? In: KoR, 1. Jg. (2001), S. 185–198

Kuhn, Steffen/Paa, Christian: Neue Offenlegungsvorschriften nach IFRS 7 Financial Instruments: Disclosures sowie geänderte Angabepflichten zum Kapital nach IAS 1. In: DB, 58. Jg. (2005), S. 1977–1983

Lachnit, Laurenz: Der Daimler-Benz-Konzern in der externen Jahresabschlußanalyse. In: DB, 49. Jg. (1996), S. 2137–2145

Lachnit, Laurenz/Freidank, Carl-Christian (Hrsg.): Investororientierte Unternehmenspublizität – Neue Entwicklungen von Rechnungslegung, Prüfung und Jahresabschlußanalyse. Wiesbaden 2000

Lenz, Hansrudi: Unabhängigkeit des Abschlußprüfers und Non-Audit Services – Neue Vorschriften der SEC. In: BB, 56. Jg. (2001), S. 299–304

Löw, Edgar: IFRS 7 – Financial Instruments: Disclosures. In: WPg, 58. Jg. (2005), S. 1337–1352

Lüdenbach, Norbert/Hoffmann, Wolf-Dieter (Hrsg.): Haufe IFRS-Kommentar. 4. Aufl., Freiburg i. Br. 2006

Luttermann, Claus: Bilanzrecht in den USA und internationale Konzernrechnungslegung. Tübingen 1999

Luttermann, Claus: Unternehmenskontrolle und Bilanzmanipulation nach anglo-amerikanischen Mustern (IAS/IFRS und U.S.»GAAP«). In: WPg, 59. Jg. (2006), S. 778–786

Maulshagen, Almut und Olaf: Die Neuregelung der Bilanzierung derivativer Finanzinstrumente nach US-GAAP. In: BB, 53. Jg. (1998), S. 2151–2155

Meilicke, Wienand: Eine unheilige Allianz zwischen Bilanzfriseuren und dem deutschen Fiskus. In: BB, 41. Jg. (1986), S. 1369–1376

Menn, Bernd-Joachim: Was bedeutet die Übernahme der IAS für deutsche Unternehmen? In: Globale Finanzmärkte. Konsequenzen für Finanzierung und Unternehmensrechnung. Kongress-Dokumentation. 49. Deutscher Betriebswirtschafter-Tag 1995, hrsg. von der Schmalenbach Gesellschaft – Deutsche Gesellschaft für Betriebswirtschaft e.V., Stuttgart 1996, S. 121–135

Menzies, Christof (Hrsg.): Sarbanes-Oxley Act – Professionelles Management interner Kontrollen. Stuttgart 2004

Miller, Paul B. W./Redding, Rodney J./Bahnson, Paul R.: The FASB. The People, the Process and the Politics. 4. Aufl., Burr Ridge, Ill. u.a. 1998

Moxter, Adolf: Aussagegrenzen von »Bilanzen«. In: WISU, 4. Jg. (1975), S. 325–329

Moxter, Adolf u.a. (Hrsg.): Rechnungslegung – Entwicklungen bei der Bilanzierung und Prüfung von Kapitalgesellschaften. Festschrift zum 65. Geburtstag von Karl-Heinz Forster. Düsseldorf 1992

Moxter, Adolf: Standort Deutschland: Zur Überlegenheit des deutschen Rechnungslegungsrechts. In: Standort Deutschland. Grundsatzfragen und aktuelle Perspektiven für die Besteuerung, die Prüfung und das Controlling. Anton Heigl zum 65. Geburtstag, hrsg. von Volker H. Peemöller und Peter Uecker, Berlin 1995, S. 31–41

Moxter, Adolf: Rechnungslegungsmythen. In: BB, 55. Jg. (2000), S. 2143–2149

Mueller, Gerhard G./Gernon, Helen/Meek, Gary K.: Accounting, An International Perspective. 4. Aufl., Burr Ridge, Ill. u.a. 1997

Niehus, Rudolf J.: Die neue »Internationalität« deutscher Konzernabschlüsse. In: DB, 48. Jg. (1995), S. 1341–1345

Niehus, Rudolf J.: Zur »Internationalisierung« der Konzernabschlüsse 1994 der Bayer AG und der Schering AG. In: DB, 48. Jg. (1995), S. 937–940

Niehus, Rudolf J.: Bestätigungsvermerk von »dualen« Konzernabschlüssen. In: BB, 51. Jg. (1996), S. 893–898

Niehus, Rudolf J.: »Vorsichtsprinzip« und »Accrual Basis« – Disparitäten bei den Determinanten der »Fair Presentation« in der sog. internationalen Rechnungslegung. In: DB, 51. Jg. (1998), S. 14211427

Niehus, Rudolf J.: Die IFRS auf Deutsch – Fehler und Unzulänglichkeiten der Übersetzung. In: DB, 58. Jg. (2005), S. 2477–2483

Niehus, Rudolf J./Thyll, Alfred: Konzernabschluß nach U.S. GAAP – Grundlagen und Gegenüberstellung mit den deutschen Vorschriften. 2., überarb. und erw. Aufl., Stuttgart 2000

Nobes, Christopher: International classification of financial reporting. 2nd ed., London, New York 1992

Nobes, Christopher: Interpreting European Financial Statements. 2nd ed., London, Dublin & Edinburgh 1994 Nobes, Christopher: German Accounting Explained – Reducing the barriers to measuring company performance in Europe's largest economy. 2nd ed., London 1997

Nobes, Christopher W./Mueller, Gerhard G.: How ‚uniform' is financial reporting in Germany?: some replies. In: The European Accounting Review 1997, S. 123–129

Nobes, Christopher/Parker, Robert: Comparative International Accounting. 8th ed., London u.a. 2004

o.V.: »Die deutschen Publizitätsvorschriften sind provinziell« – SEC-Chef Richard C. Breeden lehnt Sonderregelungen für deutsche Aktien in Amerika entschieden ab. In: FAZ, 27.9.1992

o.V.: Kritik von S&P. »Bilanzen deutscher Firmen kaum aussagefähig«. In: Handelsblatt, 18.8.1995

o.V.: Daimler: Vom Flagschiff zum angeschlagenen Konzern. Nach dem Milliardenverlust: Haben Aufsichtsräte und Wirtschaftsprüfer versagt? / Bilanzpolitischer Slalomkurs. In: BddW, 12.4.1996

o.V.: HGB-Abschluß hat ausgedient. In: BddW, 19.7.1996

o.V.: Wie deutsche Konzernchefs informieren. In: Capital, 35. Jg. (1996), S. 52–56

Ordelheide, Dieter: Notwendigkeiten und Probleme der Weiterentwicklung der EG-Bilanzrichtlinien und des deutschen Konzernabschlußrechts. In: Die deutsche Rechnungslegung vor dem Hintergrund internationaler Entwicklungen, hrsg. von Jörg Baetge, Düsseldorf 1994, S. 11–39

Ordelheide, Dieter: Brauchen wir für die Unternehmensüberwachung mehr Publizität? In: Corporate Governance. Unternehmensüberwachung auf dem Prüfstand. Stuttgart 1995, hrsg. von Arnold Picot (im Auftrag der Schmalenbach Gesellschaft – Deutsche Gesellschaft für Betriebswirtschaft e.V.), Stuttgart 1995, S. 89–109

Ordelheide, Dieter/KPMG Worldwide (Hrsg.): Transnational Accounting – TRANSACC, 2., überarb. und aktual. Aufl., London 2001

Pacter, Paul: Side by Side – Comparing the international and US standards on financial instruments. In: Accountancy International, June 1999, S. 74–76

Pape, Jochen/Breker, Norbert: Financial Instruments – Joint Working Group. Aktueller Stand der Erörterungen im Oktober 1998. In: WPg, 52. Jg. (1999), S. 1–12

Pellens, Bernard/Crasselt, Nils: Bilanzierung von Aktienoptionsplänen und ähnlichen Entgeltformen nach IFRS 2 „Share-based Payment". In: KoR, 4 Jg. (2004), S. 113–118

Pellens, Bernhard/Detert, Karsten: IFRS 1 „First-time Adoption of International Financial Reporting Standards". In: KoR, 3. Jg. (2003), S. 369–387

Pellens, Bernhard/Fülbier, Rolf Uwe/Gassen, Joachim: Internationale Rechnungslegung. 6., überarb. Aufl., Stuttgart 2006

Pellens, Bernhard/Sellhorn, Thorsten: Goodwill-Bilanzierung nach SFAS 141 und 142 für deutsche Unternehmen. In: DB, 54. Jg. (2001), S. 1681–1689

Pellens, Bernhard/Sellhorn, Thorsten: Neue Goodwill-Bilanzierung nach US-GAAP – Der Impairment-Only Approach des FASB. In: DB, 54. Jg. (2001), S. 713–720

Petersen, Karl/Bansbach, Florian/Dornbach, Eike (Hrsg.): IFRS Praxishandbuch – Ein Leitfaden für die Rechnungslegung mit Fallbeispielen. 2. aktual. und erw. Aufl., München 2006

Pfitzer, Norbert/Oser, Peter/Orth, Christian: Reform des Aktien-, Bilanz- und Aufsichtsrechts – BilReG, BilKoG, APAG, AnSVG, UMAG sowie weitere Reformgesetze. Stuttgart 2005

Prahl, Reinhard/Naumann, Thomas K. unter Mitarbeit von Matthias Kropp und Annette Merz: Financial Instruments. Sonderdruck aus: Handbuch des Jahresabschlusses, hrsg. von Wysocki, Klaus v./ Schulze-Osterloh, Joachim. Köln 2000

Price Waterhouse: European Companies Handbook 1991. London 1991

Price Waterhouse: Financial Reporting – An International Survey. May 1995

Price Waterhouse GmbH: Einführung in die International Accounting Standards. Wesentliche Unterschiede zum HGB. Stuttgart 1996

Price Waterhouse International (Fitzgerald, R.D./Stickler, A.D./Watts, T.R.): International Survey of Accounting Principles and Reporting Practices. Scarborough/Ontario 1979

PricewaterhouseCoopers: International Accounting Standards – Similarities and Differences – IAS, US GAAP and UK GAAP. November 1998

PwC Deutsche Revision (Hrsg.): IAS für Banken. Frankfurt am Main 1999

Radebaugh, Lee H./Gray, Sidney J.: International Accounting and Multinational Enterprises. 4th ed., New York u.a. 1997

Risse, Axel: International Accounting Standards für den deutschen Konzernabschluß. Wiesbaden 1996

Roberts, Clare/Weetman, Pauline/Gordon, Paul: International Financial Accounting – A Comparative Approach. London 1998

Röhler, Klaus-Peter: American Depositary Shares – Zugang deutscher Gesellschaften zum US-amerikanischen Eigenkapitalmarkt, Rechnungslegung und das rechtliche Verhältnis zur Aktie. Baden-Baden 1997

Rossmanith, Jonas/Funk, Wilfried/Alber, Miriam: Stock Options – Neue Bilanzierungs- und Bewertungsansätze nach IFRS 2 und SFAS 123 (R) im Vergleich. In: WPg, 59. Jg. (2006), S. 664–671

Rost, Peter: Der internationale Harmonisierungsproß der Rechnungslegung. Frankfurt a.M. u.a. 1991

Rudolph, Bernd (Hrsg.): Derivative Finanzinstrumente. Stuttgart 1995

Saudagaran, Shahrokh M.: International Accounting: A User Perspective. Cincinnati, Ohio 2001

Sauter, Douglas: Remodeling the house of GAAP. Proposed changes in the GAAP hierarchy may be the most extensive ever. In: JoA, July 1991, S. 30–37

Scharpf, Paul: Bilanzierung von Financial Instruments nach IAS 39. In: Finanz Betrieb, 2. Jg. (2000), S. 125–137, 208–217, 284–292 und 372–381

Scharpf, Paul: Rechnungslegung von Financial Instruments nach IAS 39. Stuttgart 2001 Schildbach, Thomas: Internationale Rechnungslegungsstandards auch für deutsche Einzelabschlüsse? In: Bilanzrecht und Kapitalmarkt. Festschrift zum 65. Geburtstag von Adolf Moxter, hrsg. von Wolfgang Ballwieser u.a., Düsseldorf 1994, S. 699–721

Schildbach, Thomas: Rechnungslegungsideale, Bilanzkulturen, Harmonisierung und internationaler Wettbewerb. In: BB, 50. Jg. (1995), S. 2635–2644

Schildbach, Thomas: Die Glaubwürdigkeitskrise der Wirtschaftsprüfer – zu Intensität und Charakter der Jahresabschlußprüfung aus wirtschaftlicher Sicht. In: BFuP 48. Jg. (1996), S. 1–30

Schildbach, Thomas: Harmonisierung der Rechnungslegung – ein Phantom. In: BFuP, Heft 1/1998, S. 1–22

Schildbach, Thomas: Rechnungslegung nach US-GAAP – ein Fortschritt für Deutschland? In: ZfbF, Sonderheft 40/1998, S. 55–81

Schildbach, Thomas: Rechnungslegung nach US-GAAP: Hoffnung und Wirklichkeit. In: BB, 54. Jg. (1999), S. 359–365 und 411–415

Schildbach, Thomas: Pensionsverpflichtungen nach US-GAAP/IAS versus HGB/GoB und die Informationsfunktion des Jahresabschusses. In: ZfB, 69. Jg. (1999), S. 957–977

Schildbach, Thomas: US-GAAP – Amerikanische Rechnungslegung und ihre Grundlagen. München 2000

Schmalenbach Gesellschaft – Deutsche Gesellschaft für Betriebswirtschaft e.V. (Hrsg.): Globale Finanzmärkte. Konsequenzen für Finanzierung und Unternehmensrechnung. Kongress-Dokumentation. 49. Deutscher Betriebswirtschafter-Tag 1995. Stuttgart 1996

Schmidt, Martin: Neue Amendments zu IAS 39 im Juni 2005: Die revidierte Fair Value-Option. In: KoR, 5. Jg. (2005), S. 269–275

Schneider, Dieter: Betriebswirtschaftslehre. Band 2: Rechnungswesen. München 1994

Schruff, Lothar (Hrsg.): Bilanzrecht unter dem Einfluß internationaler Reformzwänge. Bericht über die Göttinger Bilanztage »10 Jahre BiRiLiG: Bilanzrecht vor neuen Reformen« am 7. und 8. Dezember 1995. Düsseldorf 1996

Schruff, Wienand: Die internationale Vereinheitlichung der Rechnungslegung nach den Vorschlägen des IASC – Gefahr oder Chance für die deutsche Bilanzierung? In: BFuP, 45. Jg. (1993), S. 400–426

Schwedler, Kristina: IASB-Projekt »Business Combinations«: Überblick und aktuelle Bestandsaufnahme. In: KoR, 6. Jg. (2006), S. 410–415

Schween, Carsten: Standardentwurf des IASB zur Segmentberichterstattung: ED IFRS 8 – Operating Segments. In: WPg, 59. Jg. (2006), S. 516–517

Schwitters, Jürgen/Bogajewskaja, Janina: Bilanzierung von derivativen Finanzinstrumenten. In: Beck'sches Handbuch der Rechnungslegung. Band I. München 2000

Securities and Exchange Commission: 2006 SEC Guidelines – Rules and Regulations. New York 2006

Siebert, Henning: Grundlagen der US-amerikanischen Rechnungslegung, Ziele und Inhalte der Verlautbarungen der SEC und des FASB sowie ihre Unterschiede zum deutschen Bilanzrecht. Köln 1996

Skousen, Fred K.: An Introduction to the SEC. 5th ed., Cincinnati 1991

Sonnemann, Erik: Institutionelle und konzeptionelle Grundlagen der externen Rechnungslegung in den USA. In: Rechnungslegung, Prüfung, Wirtschaftsrecht und Steuern in den USA, hrsg. von Erik Sonnemann, Wiesbaden 1989, S. 17–52

Strobel, Wilhelm: Neuerungen des Handelsbilanzrechts in Richtung auf internationale Normen. In: BB, 51. Jg. (1996), S. 1601–1607

U.S. Securities and Exchange Commission: Foreign Issuer Package. February 1998

Van Hulle, Karel siehe unter Hulle, Van, Karel

Vater, Hendrik: Anatomie der Rechnungslegung nach US-amerikanischen Grundsätzen – Anmerkungen zum Entwurf einer »Hierarchy of Generally Accepted Accounting Principles«. In: WPg, 59. Jg. (2006), S. 940–950

Vater, Hendrik: Exposure Draft zur Ergänzung von IFRS 2 »Share-based Payment«. In: WPg, 59. Jg. (2006), S. 713–718

Wagenhofer, Alfred: Internationale Rechnungslegungsstandards – IAS/IFRS. 5., überarb. und erw. Aufl., Frankfurt/M. 2005

Wallman, Steven M.H.: The Future of Accounting and Disclosure in an Evolving World – The Need for Dramatic Change. In: Accounting Horizons, Vol. 9 (September 1995), S. 81–91

Wallman, Steven M.H.: The Future of Accounting and Financial Reporting – The Colorized Approach. In: Accounting Horizons, Vol. 10 (June 1996), S. 138–148

Weiss, Judith: 2006 Miller GAAP Guide Levels B, C, and D – Restatement and Analysis of Other Current FASB, EITF, and AICPA Pronouncements. Chicago 2006

Wilhelm, Christiane: Die Registrierungs- und Publizitätspflichten bei der Emission und dem Handel von Wertpapieren auf dem US-amerikanischen Kapitalmarkt. Lohmar, Köln 1997, auch Diss. Universität Münster 1996

Williams, Jan R./Carcello, Joseph V.: 2006 Miller GAAP Guide Level A – Restatement and Analysis of Current FASB Standards. Chicago 2006

Winkeljohann, Norbert (Hrsg.): Rechnungslegung nach IRFS – Ein Handbuch für mittelständische Unternehmen. Herne/Berlin 2004

Wollmert, Peter: IASC-Rechnungslegung, Synopse zu den handelsrechtlichen Vorschriften. Stuttgart 1995

Wollmert, Peter/Achleitner, Ann-Kristin: Konzeptionelle Grundlagen der IAS- Rechnungslegung. In: WPg, 50. Jg. (1997), S. 209–222 und 245–256

Wüstemann, Jens: US-GAAP: Modell für das deutsche Bilanzrecht? In: WPg, 49. Jg. (1996), S. 421–431

Zachert, Matthias: Erschließung des US-amerikanischen Eigenkapitalmarkts durch das American Depositary Receipt. In: DB, 46. Jg. (1993), S. 1985–1988

Zachert, Matthias: Zugangshindernisse und Zugangsmöglichkeiten zum US-amerikanischen Eigenkapitalmarkt aus Sicht eines deutschen Unternehmens. In: AG, 39. Jg. (1994), S. 207–222

Zaß, Manfred: Amerikanische und deutsche Bilanzierungskultur – Ein Wechsel wäre mehr als ein technischer Vorgang. In: Der langfristige Kredit, 6/97, S. 30–33

Zeimes, Markus: Zur erstmaligen Anwendung der International Financial Reporting Standards gemäß IFRS 1. In: WPg, 56. Jg. (2003), S. 982–991

Ziehms, Heiko: Geplante Änderungen bei der Bilanzierung des Goodwill nach US-GAAP. In: IWB, Nr. 14/2001, S. 731–734

Zitzelsberger, Siegfried: Ist die 4. EG-Richtlinie noch zeitgemäß? In: WPg, 51. Jg. (1998), S. 799–808

Zülpich, Henning: Das IASB Improvement Project – Wesentliche Neuerungen und ihre Würdigung. In: KoR, 4. Jg. (2004), S. 153–167

Stichwortverzeichnis

Abgänge 126
Abschlüsse
– Zielsetzung von 66
Abschlußposten 68, 69
Abschlußprüfer 487
Abschreibungen 250, 453, 530, 601
Accounting Advisory Forum (AAF) 617
Accounting Principles Board (APB) 332
Accounting Research Bulletins (ARB) 333
Advisory Council 47
American Institute of Certified Public Accountants (AICPA) 331
Angaben nach Geschäftsfeldern und Regionen 297, 538, 577, 607
Angabepflichten 117
Anhang (notes) 288, 471, 537, 576, 606
Ansatzvorschriften 510, 550, 588
Anschaffungskosten 91, 271, 510, 550, 588
Assets 68
Aufgabe von Geschäftsbereichen 264, 454
Aufwendungen und Erträge
– außerordentliche 266, 455, 530, 569, 601

Banken 316
Berichterstattung 13
Bestätigungsvermerk 491
Betrachtungsweise
– wirtschaftliche 91, 509, 549, 587
Bewertung 11
Bewertungsmethoden 89, 105, 429, 512, 515, 552, 554, 589
Bewertungsstetigkeit 508, 548, 587
Bilanz 93, 424
Bilanzidentität 512, 552, 589
Bilanzierungsmethoden 89, 105, 429, 512, 515, 552, 554, 589
Bilanzkontrollgesetz (BilKoG) 410
Bilanzrechtsreformgesetz (BilReG) 409
Bilanzstichtag 109, 430, 516, 555

cash generating units 256
Committee on Accounting Procedure (CAP) 332
Conceptual Framework 337
Consultative Group 47

Darstellungsstetigkeit 90
Dienstleistungen 247

DRSC – Deutsches Rechnungslegungs Standards Committee e.V. 406
due process 70

EG-Richtlinie 615
Eigenkapital 96, 148, 220, 441, 523, 561, 594
Einzelbewertung 513, 589
Entwicklungskosten 250, 452, 529, 568, 600
Equity 68
Equity-Bewertung 468, 536, 574, 605
Ereignisse nach dem Bilanzstichtag 110
Erfolgsermittlung
– periodengerechte 10, 90, 508, 548, 587
Ergebnis je Aktie 307, 483, 539, 578, 608
Erstmalige Anwendung der IAS/IFRS 111
Erträge
– Ansatz und Realisierung von 452, 529
Ertragsteuern 268, 456, 531, 570, 602
Erzeugnisse 246
EU-Kommission 617
Eventualforderungen 175, 446, 525, 563, 595
Eventualschulden 175, 446, 525, 563, 595
Expenses 68

Fair presentation (US-GAAP) 87, 551, 589
Fertigungsaufträge
– langfristige 142, 439, 521, 559, 593
Financial Accounting Standards Board (FASB) 333
Finanzanlagen 134, 435, 519, 558, 592
Finanzgarantie 219
Finanzierungsleasing 204, 206
Finanzinstitutionen 316
Finanzinstrumente 216
– derivative 211, 451, 528, 566, 598
– nicht-derivative 211, 451, 528, 566, 598
Folgebewertung 124
Forderungen 439
– kurzfristige 147, 522, 560, 594
Forms (Formblätter) 328, 367
Forschungskosten 250, 452, 529, 568, 600
Framework 65, 80
Fremdkapitalkosten 267, 455, 531, 570, 602
Fremdkapitalzinsen 648, 652

Gemeinschaftsunternehmen (joint ventures) 138, 280, 468, 535, 574, 604
Generally Accepted Accounting Principles (GAAP) 345
Generalnorm (HGB) 510, 551
Geschäfts- oder Firmenwert (Goodwill) 273
Geschäftsbereiche
- Aufgabe von 530, 569, 601
Geschäftsfelder und Regionen
- Angaben nach 538, 577, 607
Gestaltungsspielräume 13
Gewinn- und Verlustrechnung 95, 426
Globalisierung 27
Grundsätze ordnungsmäßiger Buchführung (GoB) 416

Handelsbilanz 385, 419
Harmonisierungsbestrebungen 616
hedging 231
Herstellungskosten 91, 510, 550, 588

IAS/IFRS 31, 505
IASB 43, 51
IASC 43
IASC/IASCF 35
IASC Foundation 64
IAS-Verordnung 622
IFRS-Abschluß 111
IFRS-Anpassungen 650
IFRS-Berichtsperiode 111
IFRS-Eröffnungsbilanz 112
Immobilien 134
impairment loss 255
Income 68
Inflationsbereinigung 103, 429, 514, 554, 590
Internationale Rechnungslegung
- Unterschiede 3, 38, 503
International Financial Reporting Interpretations Committee (IFRIC) 52
Interpretationen 77
IOSCO 35

Jahresabschluß 423, 553

Kapitalaufnahmeerleichterungsgesetz (KapAEG) 405
Kapitalerhaltung 31
Kapitalerhaltungskonzept 70
Kapitalflußrechnung 97, 288, 478, 537, 576, 606
Kapitalkonsolidierung 270
Kapitalmarkt 5
Konsolidierung 12
- anteilmäßige 468, 535, 574, 604
Konsolidierungskreis 269, 462, 532, 571, 603

Konsolidierungspflicht 269, 457, 532, 571, 603
Konsolidierungsvorgang 274
Kontaktausschuß 617
Konvergenzprojekte 81
Konvergenzvereinbarung 81
Konzernabschluß 269, 392, 457, 532, 571, 603
Korrekturen 430, 515, 555
Korrekturen von Fehlern aus Vorperioden 108, 515, 555, 590
Kreditgeschäft 318

Lagebericht 293, 479, 537, 576, 607
Landwirtschaft 319
Leasing 12, 201, 451, 527, 566, 596, 649, 652
Liabilities 68

Maßgeblichkeit 3
Mietleasing 204, 207
Mittel
- flüssige 148, 441, 523, 561, 594
Modernisierungsrichtlinie 625

Nahestehende Unternehmen und Personen
- Beziehungen zu 294, 481
Nettoveräußerungspreis 253
Nominierungskomitee 50
Notes 97
Nutzungsdauer 125
Nutzungswert 253

OECD 33
Offenlegungspflicht 315, 385, 386, 496, 540, 580, 610

Pensionen 157, 445
Planvermögen 166
Prüfungsbericht 490
Prüfungspflicht 315, 385, 485, 540, 580, 610

Rechnungsabgrenzungsposten 147, 185, 439, 448, 522, 560
Rechnungslegung
- Grundsätze 87, 507, 547
- Harmonisierung 27
- Standardisierung 27
- Theorien der 9
Rechnungslegungskommission 395
Rechnungslegungssysteme
- Klassifizierungsansätze 23
Rechtsprechung 404
Rechtssystem 4
Regulation S-K 328, 363
Regulation S-X 328, 359

Rückstellungen 11, 157, 175, 445, 523, 562, 595, 649
- sonstige 446, 525, 563, 595

Sachanlagen 128, 434, 518, 557, 591
Saldierung 91, 510, 550, 588
Sale and leaseback 209
Sarbanes-Oxley Act 329
Schulden 93, 220
Securities and Exchange Commission (SEC) 326
Segmentberichterstattung 297
Sicherungsbeziehungen 219
Software 648
Standards 72
- branchenspezifische 316, 541, 582, 611
Standards Advisory Council 52
Standing Interpretations Committee 48
Steering Committees 48
Stetigkeitsgebot 105
Steuerbilanz 385, 419
Steuern
- latente 186, 450, 526, 565, 596, 650
Stillegungen 126
Strategy Working Party 48

Tochterunternehmen 138
Transparenz- und Publizitätsgesetz (TransPuG) 409
True and fair view (IAS/IFRS) 510, 589

Überleitung 118, 634
Überleitungen 118
Umsatzabgrenzung 649
Umstellungskosten 29
Unternehmen
- assoziierte 138, 468, 536, 574, 605
Unternehmensberichterstattung 587
Unternehmenstätigkeit
- Annahme der Fortführung 508
- Fortführung 89, 547, 587

Unternehmenszusammenschluß 276

Verbindlichkeiten 185, 448, 526, 564, 596
Verbote 116
Vergleichsinformationen 117
Verlautbarungen 72
Vermögensgegenstände
- sonstige 147, 439, 522, 560, 594
Vermögenswerte 93, 250, 648
- immaterielle 120, 431, 517, 556, 591
Versicherungsverträge 319
Versorgungspläne 172
Vollkonsolidierung 270, 463, 533, 572, 604
Vorjahreszahlen 99
Vorlagepflicht 489
Vorperioden
- Korrekturen aus 108
Vorräte 139, 438, 520, 559, 593
Vorsicht 91
Vorsichtsprinzip 10, 508, 548, 587

Wahlrechte 13, 84
Währungsumrechnung 101, 428, 470, 514, 536, 554, 575, 590, 605
Waren 246
Wertaufholung 258
Wertberichtigungen 11
Wertminderung 258
Wertpapierbörsen 28
Wertpapiere 148, 441, 522, 560, 594
Wesentlichkeit 90, 509, 549, 588
Wirtschaftliche Betrachtungsweise 91
Wirtschaftsprüfer 6, 404

Zeitwert 227
Zuwendungen der öffentlichen Hand 248, 452, 529, 568, 600
Zwischenberichte 118, 310, 539, 578, 608